O Livro das Pedras

O que Elas São e o que Ensinam

Robert Simmons e Naisha Ahsian
Com contribuições de Hazel Raven

O Livro das Pedras

O que Elas São e o que Ensinam

Tradução:
Rosalia Munhoz

Publicado originalmente em inglês sob o título *The Book of Stones: Who They Are and What They Teach*, por North Atlantic Books e Heaven & Earth Publishing LLC.
© 2005, 2007, Robert Simmons.
Direitos de edição e tradução para todos os países de língua portuguesa.
Tradução autorizada do inglês.
© 2024, Madras Editora Ltda.

Editor:
Wagner Veneziani Costa *(in memoriam)*

Produção e Capa:
Equipe Técnica Madras

Tradução:
Rosalia Munhoz

Revisão da Tradução:
Cristian Clemente

Revisão:
Maria Cristina Scomparini
Silvia Massimini Felix
Francisco Jean Siqueira Diniz

Dados Internacionais de Catalogação na Publicação (CIP)
(Câmara Brasileira do Livro, SP, Brasil)

Simmons, Robert
O livro das pedras: o que elas são e o que ensinam/Robert Simmons e Naisha Ahsian; tradução Rosalia Munhoz. – São Paulo: Madras, 2024.
Título original: The book of stones: who they are and what they teach
Bibliografia.
ISBN 978-85-370-0845-4

1. Cristais – Uso terapêutico 2. Gemas – Uso terapêutico
3. Ocultismo 4. Pedras preciosas – Uso terapêutico
I. Ahsian, Naisha. II. Título.

13-02722 CDD-133.2548
      -133.25538

Índices para catálogo sistemático:
1. Cristais: Uso terapêutico: Esoterismo 133.2548
2. Gemas e pedras preciosas: Uso terapêutico: Esoterismo 133.25538

É proibida a reprodução total ou parcial desta obra, de qualquer forma ou por qualquer meio eletrônico, mecânico, inclusive por meio de processos xerográficos, incluindo ainda o uso da internet, sem a permissão expressa da Madras Editora, na pessoa de seu editor (Lei nº 9.610, de 19.2.98).

Todos os direitos desta edição, em língua portuguesa, reservados pela

MADRAS EDITORA LTDA.
Rua Paulo Gonçalves, 88 – Santana
CEP: 02403-020 – São Paulo/SP
Tel.: (11) 2281-5555 — (11) 98128-7754
www.madras.com.br

AGRADECIMENTOS

Para minha esposa e parceira, Kathy Helen Warner, ofereço minha gratidão mais profunda pelas centenas de horas de trabalho dedicadas à criação e produção deste livro, por sua mente vivaz e coração amoroso, e por ajudar-me a tomar consciência dos aspectos espirituais das pedras. Para minha coautora Naisha Ahsian, ofereço meu apreço e respeito por seus dons interiores e sua lealdade a eles. Agradecimentos especiais vão também para Hazel Raven, por sua contribuição para o livro e seu trabalho pioneiro como curadora e professora de cristais na Grã-Bretanha e na Europa.

Para a *designer* de nosso livro, Margery Cantor, que entrou em nosso escritório sem ser anunciada, com sua intuição puxando-a pela manga, obrigado por prestar atenção e por tornar o livro bonito. Para Be Engler, cujos olhos de águia encontraram centenas de equívocos grandes e pequenos, obrigado por nos fazer parecermos escritores melhores. Para John Goodman, que desejava continuar tirando fotos até tarde da noite, deixo de herança uma guitarra elétrica e a esperança de que nós dois nos tornemos estrelas de rock – de outro tipo. Louvores ao dr. Bill Warnock por me ajudar a ficar bem da doença misteriosa que iria me impedir de terminar este livro. Obrigado também a Patrice e Joe Alexander, Greg Warner, Tigran Muradian, Sean Willey, Yula Troughton, Jean Barberi e Angela Payette – à equipe de Heaven and Earth –, que apoiaram meu trabalho de modos inumeráveis.

Para os que nos emprestaram pedras ou permitiram que usássemos suas fotos de pedras, agradeço-os por sua generosidade. Para os compradores que adquiriram as cópias deste livro há dois anos, obrigado por sua paciência. Para os inúmeros amantes de cristais no decorrer dos anos que enviaram e me contaram histórias de sua experiência espiritual com as pedras, obrigado por espalharem a boa nova e manterem o bom trabalho!

Para meus guias e professores, obrigado a vocês por me ajudarem a percorrer esse caminho sem rota.

Robert Simmons

Em reconhecimento aos que me apoiaram e ajudaram no processo de escrever este trabalho. Devo começar agradecendo ao Criador, Kchi Niwaskw, que concedeu a faísca original de inspiração e o fluxo contínuo de energia, tanto para minha vida como para todas as minhas cocriações. Possa toda a minha obra ser para o objetivo de trazer equilíbrio para a Mãe Terra e todos os nossos relacionamentos.

Também devo agradecer aos meus professores espirituais e guias que tiveram papel importante na escrita deste livro e em meu próprio desenvolvimento e crescimento. Muito obrigada aos *Crystal Allies*, que compartilharam sua paciência, humor e amor, além das informações que lhes solicitei. Ensinaram-me que informação não equivale a conhecimento, e que a alquimia de transformar informação em conhecimento requer um alto grau de vontade de aprender e cair de cara.

Obrigada a você também, Vovó Coruja Malhada, que me ensinou a realidade da ilusão aparente.

Obrigada, Ron, por me agarrar pelos tornozelos e me puxar com força de volta para a Terra ocasionalmente, aturar-me com minhas noites longas, esquecimento de refeições, desequilíbrios ocasionais de humor e por interromper meu movimento errático e mostrar-me uma direção, amorosamente

– qualquer direção! Você me ensina tanto sobre presença, rendição, prazer e o poder das risadas! Você é meu melhor amigo.

Marie Sierra-Hope Thorn Mali Kindria Katcoffe! Meu pequeno Silverwings está se tornando uma águia! Eu te amo muito! Você é um milagre. Obrigada por me lembrar como é ridículo ser um adulto, e por sua paciência em perder sua mãe de novo para a escrita.

Para meus estudantes de Terapia de Ressonância do Cristal, obrigada por sua boa vontade em fazer seu trabalho! Aprendo muito com vocês! Obrigada também aos meus Praticantes de Primus Healing Technique por conduzirem a vibração mais importante de todas para a Terra e a humanidade.

Aos meus amigos: obrigada a Janet por viagens em busca de cristais, cafezinhos, ajustes de atitude e compaixão; obrigada, Laura, por seu apoio no escritório, amizade e risadas; Daphne, por assumir a responsabilidade por coisas que ninguém mais quer possuir; e obrigada também ao restante da Turma Hardwick P. (Janet D, Jill E.e Sierra T.) por me ajudarem a não me levar tão a sério!

Por fim, obrigada a Robert Simmons e Kathy Helen Warner por seu trabalho em meio a um labor prolongado e o nascimento final desta criação para o mundo.

E, como sempre, a todos que ajudaram, feriram, curaram ou acreditaram em mim – obrigada pelas lições!

Naisha Ahsian

Os agradecimentos abaixo são feitos pela permissão de publicar material publicado anteriormente:

Dr. Mae-Wan Ho, pelo material do Institute of Science in Society website: <www.i-sis.org.uk>.

De *The Cosmic Serpent* de Jeremy Narby. Copyright © 1998 de Jeremy Narby.
Usado por permissão de Jeremy Narby, um selo de Penguin Group (USA) Inc.

Aviso de isenção de responsabilidade:

As informações discutidas neste livro sobre as propriedades metafísicas das pedras foram obtidas por intuição e não foram cientificamente avaliadas. Os leitores são alertados a considerarem-nas como informações de natureza especulativa e avaliá-las à luz de sua própria experiência. Os autores deste livro não dispensam recomendações médicas, nem prescrevem o uso de pedras ou qualquer outra técnica como forma de tratamento para problemas físicos, psicológicos, emocionais ou médicos sem o conselho de um clínico geral, seja direta ou indiretamente. A intenção dos autores é apenas oferecer informações de natureza geral, para ajudar os leitores em sua busca espiritual por maior consciência e bem-estar. No caso de uso das informações deste livro para si, o que é nosso direito constitucional, os autores e editoras não assumem responsabilidade pelas ações do leitor.

AS PEDRAS

As pedras estão sempre à volta Dela
Rolando sob as ondas do oceano
Elas fitaram Seu rosto branco de estrela
E dançaram pelas marés da lua.

As pedras ecoam Seu nome
Em veios de rochas profundas, cantam e contam
Sobre torrentes de regatos e colinas ocas.
A escuridão abençoada de Seu ventre.

As pedras ouvem Sua canção –
Cordas de harpa tocadas pelo vento e a chuva
Do arco dos Céus ao coração profundo da Terra –
Na grande teia da vida, cada nota um filamento.

As pedras são frutos da Terra –
Vestido arcaico de joias sagradas –
E quando despertam as fagulhas de nossa visão
Um vislumbre Dela que nos chega!

Anônimo

"Sabemos que muito do pensamento pagão, como exemplificado pela famosa frase 'assim em cima como embaixo', sugere que os termos 'inferior' e 'superior' são irreais. A ideia 'assim em cima como embaixo' evoca um espanto diante da Natureza, uma sensação de que compartilhamos consciência com plantas, animais, estrelas e pedras, e todas as criaturas viventes, inclusive as pedras, compartilham uma consciência com a Alma do Mundo... ou o Espírito da Terra."

– Robert Bly, em *News of the Universe*

"Em um cristal, temos a evidência clara da existência de uma essência formativa de vida, e embora não possamos compreender a vida de um cristal, sem dúvida ele é um ser vivo."

– Nikola Tesla

ÍNDICE

Prefácio 17
Introdução 20
Primeiros Passos 24
    Por que as pedras funcionam: uma teoria 24
    O que fazer com minhas pedras? Algumas sugestões........................... 26
    Quem são as pedras? 30
Energias Elementais no Reino Mineral 32
Acmita 37
Adamita 39
Adulária 42
Ágata 44
    Ágata Azul de Holly 44
    Ágata Azul Ellensburgo 45
    Ágata Blue Lace 47
    Ágata Dendrítica 48
    Ágata de Fogo 49
    Ágata Musgo 49
    Ágata Púrpura Sálvia 51
Água-marinha 53
Ajoíta (Quartzo Ajo) 56
Albita 59
Alexandrita 61
Amazonita 63
Âmbar 65
Ambligonita 68
Amegrina 70
Ametista 72
Ametrina 75
Andaluzita 77
Angelita (Anidrita Azul) 79
Anidrita Azul Asa de Anjo 81
Apatita 83
    Apatita Azul 83
    Apatita Dourada 84
    Apatita Verde 85
Apofilita 87
    Apofilita Clara 88

Apofilita Verde	89
Aqua-Aura	91
Aragonita	93
Aragonita Azul	93
Aragonita Geodo de Estrelas	94
Astrofilita	96
Aventurina	98
Aventurina Azul	98
Aventurina Verde	99
Aventurina Vermelha	101
Axinita	103
Azeviche	105
Azeztulite	107
Azurita	110
Barita	112
Benitoíta	114
Berilonita	116
Bixbita (Berílio Vermelho)	118
Brasilianita	120
Broquita	122
Bustamita	124
Cacoxenita	126
Calcedônia	128
Calcedônia Azul	128
Calcedônia Roxa	129
Calcita	132
Calcita Azul	132
Calcita Clara (Espato da Islândia)	133
Calcita Laranja	135
Calcita Mel	136
Calcita Merkabita	137
Calcita Raio Estelar	138
Calcita Rosa Opaca	140
Calcita Rosa Transparente	141
Calcita Verde	142
Calcita Vermelha	144
Cassiterita	146
Cavansita	148
Celestita	151
Celestita de Ohio	152
Cerussita	154
Charoíta	156
Cinábrio	158
Citrino	160
Citrino Natural	161
Citrino Tratado a Calor	162
Clinocloro	163
Cornalina	165
Covellita	167
Creedita (ou Beliankita)	169
Criolita	171

Índice

Crisoberilo 173
    Crisoberilo Dourado 174
    Crisoberilo Olho de Gato 175
    Crisoberilo Verde 175
Crisocola 176
Crisoprásio 179
Cristais Semente da Lemúria 181
Cristal Clorita Fantasma 184
Crocoíta 186
Cuprita 188
Danburita 190
Danburita Ouro Fogo 192
Datolita 194
Diamante 196
Diáspora 199
Diopsida 201
Dioptase 204
Dolomita 206
Dumortierita 208
Epídoto 210
Escapolita 212
Escolecita 215
Esfarelita 217
Esfena (Titanita) 219
Esmeralda 221
Espinélio 223
Estaurolita 226
Estibinita 228
Estilbita 230
Estroncianita 232
Euclásio 234
Eudialita 237
Fenacita 239
Ferro Tigre 242
Fluorita 244
Fulgurita 247
Gabro 250
Galena 252
Gaspeita 254
Goethita 256
Goshenita 258
Granada 260
    Granada Almandina 260
    Granada Andradita Negra 261
    Granada Espessartina 263
    Granada Grossulária 264
    Granada Rodolita 265
    Granada Uvavorita 267
Halita 268
    Halita Azul 269
    Halita Rosa 270
Hanksita 272

Heliodoro	274
Hematita	276
Hematita Especular	277
Magnetos de Hematita	278
Hemimorfita	280
Herderita	282
Heulandita	285
Heulandita Branca	286
Heulandita Verde	286
Hidenita	288
Infinita	290
Iolita	292
Iolita Pedra do Sol	294
Jade	296
Jade Azul	297
Jade Lavanda	298
Jade Negro	298
Jade Roxo	299
Jade Verde	300
Jade Vermelho	301
Jade Lemuriano	303
Jaspe	305
Jaspe da Floresta Tropical	305
Jaspe Decorativo	306
Jaspe Mookaita	307
Jaspe Pintura	308
Jaspe Unakita	309
Jaspe Vermelho	310
Jaspe Aranha	311
Jaspe Oceano	313
Kunzita	315
Kyanita	317
Labradorita	320
Labradorita Dourada	322
Lágrimas de Apache	324
Lápis-lazúli	326
Larimar	328
Lazulita	331
Lepidocrocita	333
Lepidolita	335
Lepidolita Lilás	337
Lingam de Shiva	339
Madeira Petrificada	341
Magnesita	343
Magnetita	345
Malaquita	347
Marcassita	349
Merlinita	351
Metais	354

Índice

- Ouro 354
- Prata 355
- Platina 356
- Cobre 357
- Titânio 358
- Nióbio 359
- Meteorito 360
  - Meteorito Condrito 360
  - Meteorito Níquel-Ferro 362
  - Meteorito Pallasito 363
- Moldavita 365
- Morganita 372
- Muscovita 374
- Natrolita 376
- Nuummita 378
- Obsidiana 380
  - Obsidiana Arco-íris 380
  - Obsidiana Dourada 381
  - Obsidiana Floco de Neve 382
  - Obsidiana Mogno 383
  - Obsidiana Negra 384
  - Obsidiana Pavão 385
- Olho de Tigre 387
- Ônix 389
- Opala 391
  - Opala Azul Owyhee 391
  - Opala Comum 392
  - Opala Fogo 395
  - Opala Oregon 396
  - Opala Preciosa Branca 397
  - Opala Preciosa Negra 398
- Ouro do Curador 400
- Papagoita 402
- Pederneira 404
- Pedra Crisântemo 406
- Pedra da Lua 408
  - Pedra da Lua Arco-íris 409
  - Pedra da Lua Branca 410
  - Pedra da Lua Cinza 410
  - Pedra da Lua Olho de Gato 411
  - Pedra da Lua Pêssego 411
- Pedra do Profeta 412
- Pedra do Sangue 414
- Pedra do Sol 416
- Pedra do Xamã 418
- Pedra Gaia 420
- Pedra Nébula 422
- Peridoto 424
- Petalita 426
- Pietersita 428

Pirita	430
Piromorfita	432
Prasiolita (Ametista Verde)	434
Prehenita	436
Proustita	438
Purpurita	440
Quartzo (Claro)	442
Localizações	444
Formações	445
Bastão Laser	445
Gerador	445
Tabular	445
Dupla Terminação	446
Autocurado	446
Espírito Manifesto (Ísis)	446
Tríade de Cristais Mestres	447
Cristal Iniciação (Canalizador)	447
Cristal Integração (Transmissor)	447
Cristal Templo Coração (Dow)	448
Arquivistas	449
Quartzo Portal (Conexão de Tempo)	449
Quartzo Cetro	450
Quartzo Trigônico	450
Quartzo Aura do Anjo	452
Quartzo Aura Tanzine	454
Quartzo Azul Siberiano	457
Quartzo Bastão de Fada	459
Quartzo Catedral	461
Quartzo Celestial	463
Celestias Brancos	464
Celestais Vermelhos	465
Quartzo "Diamante" Herkimer	466
Quartzo Elestial	469
Quartzo Espírito	472
Quartzo Faden	475
Quartzo Fantasma Branco	477
Quartzo Fantasma do Anjo (Quartzo Anfibólio)	479
Quartzo Fantasma Negro	481
Quartzo Fumê	483
Quartzo Hollandita	485
Quartzo Lítio	487
Quartzo Negro Tibetano	489
Quartzo Nirvana	491
Quartzo Nirvana Trigônico	493
Quartzo Ouro Imperial	495
Quartzo Rosa	497
Quartzo Rutilado	499
Quartzo Satyaloka	501
Quartzo Sichuan	503
Quartzo Sonho	505

Índice

Quartzo Tangerina 507
Quartzo Titânio 509
Quartzo Turmalinado 511
Quartzo Verde de Serifos 513
Quartzo Vermelho Russo 515
Rodizita 517
Rodocrosita 519
Rodonita 521
Rubi 523
    Rubi Estrela 524
Rutilo 526
Safira 528
    Safira Amarela 528
    Safira Azul 530
    Safira Branca 531
    Safira Estrela 532
    Safira Padparadsha 532
    Safira Rosa 534
Selenita 535
Serafinita 537
Serpentina 539
Shattuckita 541
Sílica Gel de Lítio 543
Sílica Gema 545
Smithsonita 547
Sodalita 549
Stichtita 551
Strombolita (Spurrita) 553
Sugilita 555
Tanzanita 557
Tectito 559
Tectito Ouro Líbio 561
Thulita 563
Topázio 565
    Topázio Azul 565
    Topázio Branco (Topázio Incolor) 566
    Topázio Dourado (Topázio Imperial) 567
Tremolita 569
Tugtupita 571
Turmalina 573
    Turmalina Azul (Indicolita) 574
    Dravita (Turmalina Marrom) 575
    Rubelita (Turmalina Vermelha) 576
    Turmalina Dourada 578
    Turmalina Melancia 579
    Turmalina Negra 580
    Turmalina Rosa 581
    Turmalina Verde 582
Turquesa 584
Ulexita 586

Vanadinita 588
Variscita 590
Vesuvianita 592
Vivianita 594
Willemita 596
Wulfenita 598
Zincita 600
Zircônio 603
Zoisita (com Rubi) 605
Epílogo: O Despertar da Azeztulite 607
Vindo da Luz 614
Índice de Referência de Propriedades das Pedras 615
    Correspondências Físicas 615
    Correspondências Espirituais e Emocionais 621
Créditos das Fotos 634
Fontes 635

PREFÁCIO

Este livro extraordinariamente belo, em seu título O Livro das Pedras, com suavidade e sem alarde, mas com uma verdade imensa, anuncia-nos que sua escrita vem diretamente das pedras; é delas, não uma teoria conceitual imposta sobre as pedras escrita de uma perspectiva sem engajamento da alma. Entre a miríade de livros disponíveis atualmente sobre gemas e minerais e suas propriedades metafísicas, esta obra é tanto o fundamento como o clímax. Tem algo diferente, muito diferente sobre o livro que você tem em seu colo (ele pode ser um tanto pesado para segurar por muito tempo nas mãos; mas, afinal, supostamente, pedras são pesadas). O amor, cuidado, precisão, beleza, aceitação, profundidade e perfeição que caracterizam este escrito, e o próprio projeto do livro, ressoam uma forma nova e emergente de metafísica espiritual; uma metafísica engajada, que dissolve a separação entre as propriedades das pedras e a passividade do portador da pedra; uma despedida do tipo comum de metafísica espiritual que espera receber algo sem dar muito.

Exatamente pelo modo como foi escrito e apresentado, este livro declara em alto e bom som que trabalhar com pedras nos chama para um encontro eu-tu mais do que esperar que as benesses brotem no momento em que é feita uma aquisição. As propriedades metafísicas e espirituais das pedras como listadas no livro são mais "a promessa", feita pelas pedras, do que pode acontecer se nos aproximarmos delas como seres vivos. Podemos obscurecer e limitar severamente essa dimensão mais básica do trabalho com as pedras se tomarmos as muitas tentativas de colocar a intimidade da ligação de alma com as pedras em termos científicos e depois começarmos a encarar esses termos de modo ingênuo e literal.

Encarar literalmente o que é prometido pelas pedras nos prenderá em um tipo terrível de materialismo. É sua promessa, e tem de ser ouvida e sentida em seus termos, não em termos de nossas necessidades pessoais. Por exemplo, se uma pedra promete prosperidade, receber essa oferta literalmente é abusar do discurso da pedra, pois "prosperidade", quando dito em uma relação íntima, não tem a possibilidade de significar "você vai me tornar materialmente rico". Se eu digo para um amigo querido, amorosamente, com todo o meu sentimento, "Desejo-lhe prosperidade", não estou dizendo que ele se tornará rico materialmente por nossa relação. Estou dizendo que por nossa intimidade sua alma prosperará e o mundo brilhará com mais intensidade.

O novo trabalho proposto nestes escritos começa, afinal, a ir além, requerendo apoio científico por um lado e as práticas do passado por outro. Assim como o ser humano emite um campo eletromagnético, também as pedras o fazem. Contudo, nunca me relaciono com outra pessoa enquanto ser com alma, em termos de campo eletromagnético, e a tentativa de sermos científicos pode obscurecer o mistério de nosso encontro, em um esforço de torná-lo mais aceitável para os que não compreendem o amor a uma pedra. Chegou a hora de tirar as pedras do armário! Existe uma presença indubitável, um Quem, que acompanha cada pedra com que estabelecemos uma relação. E a ligação é espiritual, embora se dê totalmente no seio da matéria. Aqui, ao trabalhar em profundidade com as pedras, a divisão milenar e falsa entre espírito e matéria é demonstrada como errônea a cada momento em que reservamos um tempo, de fato, para percebermos o que acontece enquanto seguramos uma pedra. Matéria, espírito e alma revelam-se para nós em sua extrema peculiaridade. De vez em quando ficamos chocados e chegamos às lágrimas com o reconhecimento deslumbrante da alma da matéria. Outras vezes, simplesmente sentimos que levará tempo para que o relacionamento se desenvolva.

Assim como o conhecimento científico do que acontece quando seguramos, carregamos, meditamos com uma pedra não deve ser encarado literalmente, também não devem ser tratadas ao pé da letra as referências a sistemas espirituais/ocultos, tais como xamanismo, alquimia ou tradição oculta, nem ser tomados como fato. Ambos, quando não interpretados literalmente, dizem que a gama do sentir-perceber de um relacionamento com uma pedra simultaneamente atravessa a totalidade do espaço exterior e o todo do mundo interior, que é, afinal, o mesmo. Pedras, em outras palavras, são as ferramentas mais perfeitas em todo o Universo para conhecimento simultâneo do mundo e o autoconhecimento. As explicações científicas são metáforas para a dimensão exterior do relacionamento, e as explicações de magia são metáforas para as dimensões interiores. As metáforas da ciência imprimem em nós o que a matéria implica, e as metáforas ocultas imprimem em nós que toda a matéria possui alma. Já é época, aliás, se trabalhar com pedras significa passarmos para o próximo nível do que pode acontecer, para nos afastarmos da mentalidade dualística e caminharmos para imagens mais adequadas como "ressonância", "campos", "correntes", "surgimento", "desdobramento interativo", "totalidade", e recebermos outras percepções mais descritivas e, portanto, verdadeiras do que acontece. O filósofo Martin Heidegger disse que qualquer explicação apenas pode alcançar a explicação do fenômeno. Uma ideia maravilhosa. No caso das pedras, as explanações tendem ir bem, bem à frente das explicações. Explicar significa simplesmente estar totalmente presente com, ouvir interior e intencionalmente e descrever o fenômeno de dentro do próprio fenômeno. Nisso reside a precisão que torna este livro o fundamento e o ápice de todos os livros sobre os mundos minerais. Mais, muito mais tempo é gasto em explicação do que explanação. Isto é, você tem a oportunidade de encontrar as pedras, intimamente, em proximidade, com toda a alma, antes de tentar explicar como fazem o que realizam.

Cada pedra funciona simultaneamente de três modos, em três níveis – um nível físico, um nível da alma e um nível espiritual. Essa sugestão não tem nada de teórico ou especulativo; simplesmente é questão de perceber. Para alcançar o nível físico, é necessária uma empatia de receptividade. Temos de suspender o julgamento, ver o que está diante de nós sem preconceitos, e sermos capazes de estar presentes de forma perceptiva, com uma atenção ao mesmo tempo focada e difusa, para ver a pedra em suas peculiaridades, com foco, e também sua relação com seu entorno com atenção difusa. Atingir o nível da alma requer mais; temos de estar disponíveis ao modo como uma pedra manifesta sua presença, quando não está mais fisicamente presente. Lembro-me, por exemplo, de trabalhar com Azeztulite. Demorou muito para eu ver essa pedra de verdade. Inicialmente, pensei que fosse apenas um membro da categoria dos "quartzos", supostamente com qualidades extraordinárias. Então, um dia, olhei mesmo e vi a luz cintilante, multifacetada, reluzindo da profundeza branca dessa pedra. O que percebera antes por meio de categorias conhecidas sumiu e vi essa pedra pela primeira vez, embora ela estivesse em minha casa havia vários meses. Na manhã seguinte, quando despertei, existia a presença interior de incontáveis luzes resplandecendo e irradiando e tive a sensação de leve conexão com a pedra. Soube, então, que tínhamos mudado para um nível de relacionamento de alma. Depois, mais tarde, em meditação com a pedra, uma combinação consciente com as qualidades internas da pedra aconteceu, de tal modo que eu não conseguia distinguir onde eu acabava e o ser da pedra começava. E ocorreram infindáveis correntes brancas, suaves, infinitas em profundidade. Nesse momento tudo o que eu sabia sobre religião e o espírito desapareceu de repente, e fiquei diante de uma presença espiritual inexplicável e ao mesmo tempo suave. Sua presença, apesar disso, era tão poderosa que todas as categorias religiosas caíram por terra. Não sabia o que esperar, nem sei agora, já que o trabalho parece ser permitir o que ela deseja revelar.

Pedras não são apenas mercadorias para serem compradas e vendidas, usadas e colocadas de lado. Como os alquimistas bem sabiam existir um relacionamento entre os sete metais e os seres espirituais dos sete planetas e nossa saúde corporal, parece-me um relacionamento íntimo entre os milhares de pedras e os seres espirituais de milhões de estrelas. E suspeito que esse relacionamento tenha a ver com a saúde da Terra, de que nós que nos sentimos atraídos pelas pedras somos chamados para nos colocarmos a serviço da Alma do Mundo. Nossos professores mostrando-nos os caminhos para fazer isso são as pedras, e o que elas têm para nos mostrar é muito, muito além de tudo o que possamos imaginar. Este livro é o portal para trabalhar com seres espirituais que, por milhões de anos de desenvolvimento, estão encarnados. Sabedoria.

Robert Sardello, Ph.D.
The School of Spiritual Psychology

INTRODUÇÃO

Há mais ou menos 20 anos, vi-me na rodovia percorrendo toda a extensão de Cape Cod, sonhando acordado sobre meteoritos. Eu era um *designer* de joias e artesão, e tentava pensar em algum modo atraente e original de incorporar pedaços de meteorito em peças de joalheria. Queria fazer algo singular, em vez de rubi, esmeralda, safira e anéis de diamante que eram minhas mercadorias típicas.

De repente, surgiu uma imagem em minha mente – um cometa dourado com um meteorito na cabeça e diamantes pequeninos rebrilhando espalhados na cauda. Fiquei cativado pela visão e estava certo de ter descoberto a resposta para minha questão interna. Que eu soubesse, ninguém nunca tinha feito nada como isso antes. Alguns meses mais tarde, soube que o cometa Halley – o cometa mais famoso na história do mundo – apareceria nos céus dentro de mais ou menos um ano e meio. Imaginei uma "febre de cometa" varrendo o globo e, com ela, uma grande demanda para minha inspiração recente de um projeto de pingente em formato de cometa. Visões de fama e fortuna dançaram em minha mente.

Elas dançaram de um modo tão hipnótico que me desviei de meus compromissos de vendas e viajei mais 48 quilômetros antes de perceber. Naquela altura, abandonei meus planos e decidi visitar um amigo que vivia naquela parte de Cape e que uma vez tivera sucesso na venda de uma joia com *design* também singular.

Quando lhe contei sobre minha ideia, ele disse: "É ótima, mas você deveria usar Moldavita em vez de um metal de meteorito. Ela é um Tectito, outro tipo de pedra de meteorito, mas também é uma gema. Li a respeito há alguns anos".

Procurando em sua estante, ele encontrou a referência – uma revista de lapidação de 1958 com um artigo sobre Moldavita. Percorri-o com avidez, descobrindo que, de fato, lá estava uma gema celestial, um material vítreo verde que podia ser facetado em gemas. Também descobri o fato peculiar de que o escritor acreditava que essas rochas espaciais tinham "poderes" especiais, que poderiam trazer boa fortuna e progresso espiritual para os que a possuíssem. De fato, ele a ligava a inúmeros episódios e lendas históricas, comparando-a com a lendária "pedra de Shambhala" e a "Pedra do Cálice Sagrado". Eu estava confuso, mas estranhamente excitado, e uma sensação incomum de fatalidade movimentou-se como uma onda por minha mente em geral cética. Decidi ligar para o autor, para ver ser poderia encontrá-lo e fazer-lhe algumas perguntas.

Em questão de minutos, o operador havia me dado o número de telefone de George Bruce, em Stone Mountain, Geórgia. Fiz a chamada perguntando-me o que eu diria se ele atendesse. Depois de alguns toques, uma voz rascante de velho atendeu: "Alô?".

"Alô. Meu nome é Robert Simmons, estive lendo seu artigo sobre Moldavita. Eu gostaria de fazer algumas perguntas a respeito."

Houve um longo silêncio, que finalmente acabou quando a voz de velho perguntou com incredulidade: "Você estava lendo meu artigo agora?". Quase ri. Eu tinha esquecido que a revista tinha 26 anos.

Conversamos por quatro horas. Ainda não sei bem qual dos dois gostou mais do papo. Ele estava encantado por alguém, enfim, se interessar por sua pedra favorita, e eu estava ficando cada vez mais intrigado com as histórias que ele contava sobre esses objetos misteriosos que caíam do céu. Também tinha certeza de ter encontrado a gema certa para meu pingente de cometa. Nós desligamos, concordando que o sr. Bruce me enviaria amostras.

Minha esposa e eu escrevemos todo um livro sobre Moldavita e nossa experiência com ela, então não me estenderei aqui. É suficiente dizer que aquele dia foi minha porta para o mundo das pedras metafísicas. Sempre tinha gostado de rochas e minerais – desde a Cornalina, que comprara quando menino, até a Esmeralda, que colocava em meus anéis de ouro –, mas, a partir do momento em que a Moldavita chamou minha atenção de maneira estranhamente acidental, a mudança evolutiva veio rápido e quase sem esforço. Muitas, muitas sincronicidades me levaram a mudar meu estilo de vida para outro mais saudável e espiritualmente orientado. Alguns meses mais tarde, encontrei minha futura esposa, Kathy Warner, curadora que trabalhava com cristais. Foi a primeira pessoa a perceber que a Moldavita tinha um propósito maior do que meus pingentes de cometa, e tornou-se minha professora sobre as propriedades e usos de muitos membros do reino mineral. Simplesmente pareceu natural abrirmos nossa pequena loja no dia seguinte ao do nosso casamento. E o nome, Heaven and Earth, descrevia a origem de nosso estoque bem como nossa esperança de que trabalharmos com cristais e pedras reuniria nossos clientes.

Vinte anos mais tarde, meu ceticismo sobre se as pedras emanam "energias" extinguiu-se, embora muitas questões permaneçam. Observei, literalmente, milhares de pessoas terem seu primeiro "formigamento" da Moldavita ou outro cristal, li centenas de cartas de pessoas que escreveram para contar como uma pedra ou outra fora catalisador para a cura interior, autodescoberta e/ou uma ligação íntima com o espírito. Passei por muitas experiências pessoais da ligação energética com as pedras e os seres que se comunicam por meio delas. Tenho teorias sobre como essas coisas podem acontecer, mas nenhuma medida ou provas objetivas a oferecer aos cientificamente inclinados. O melhor conselho que posso oferecer a todos é: "Experimente e *veja* por si". Nem todos são imediatamente capazes de sentir a energia das pedras, ou perceber seu efeito na consciência. Para eles, digo: "Se estiver interessado, continue tentando". Demorou seis meses de meditação antes de eu sentir claramente a energia de uma pedra, mas aquela primeira vez foi um grande feito! Mudei minha imagem da realidade.

Estar no negócio de vender cristais para uso metafísico sempre envolve compartilhar informações. Nos primeiros tempos de nossa loja, Kathy e eu passávamos muitas horas conversando com clientes, contando nossas histórias, compartilhando nossas intuições e fazendo sugestões sobre que pedras as pessoas deveriam tentar para ajudá-las a conquistarem objetivos específicos. Nossa habilidade para harmonizar com as pedras e as pessoas se aguçou com a prática, e nosso trabalho com as pedras incrementou nosso repertório de conhecimento. Depois de alguns anos, produzimos o primeiro *Heaven and Earth Network News*, um folheto informativo destinado a explorar as propriedades e usos das pedras. Pedimos ajuda de médiuns e canalizadores, e também exploramos as informações fornecidas por nossos guias interiores. Meu guia veio com um nome e uma imagem – Radha, uma senhora dos anos 1960 de óculos, um penteado colmeia e um senso de humor malicioso. Neste livro, com sua permissão invisível, coloquei meu nome ao lado das ideias que intuímos juntos.

Outra fonte vital de informação intuitiva sobre as propriedades metafísicas das pedras foi minha amiga e coautora Naisha Ahsian. Ela veio à loja um dia para conferir as energias de nosso estoque e acabou tendo uma das reações mais intensas à Moldavita que já havíamos testemunhado. Psiquicamente sensitiva desde a infância, Naisha foi capaz de "canalizar" vários guias que falaram por meio dela sobre como os humanos poderiam se beneficiar do uso de pedras. Ela também previu o surgimento da pedra Azeztulite meses antes de a descobrirmos. Quando nos tornamos amigos, comecei a incorporar suas informações no folheto informativo. Anos mais tarde, ela experimentou um contato intenso e contínuo com as entidades que chama de "Aliados Cristal" – seres espirituais benevolentes que personificam as energias emanadas pelas várias pedras. O resultado dessa ligação foi a criação por Naisha das cartas de oráculo e do livro *The Crystal Ally Cards*. Também fundou uma escola, o Crystalis Institute, que oferece um programa de certificação em Terapia de Ressonância de Cristal (para mais informações, *veja* a seção de Fontes na parte final deste livro).

Também quero agradecer a outra amiga, Hazel Raven, que ajudou ao fornecer suas intuições sobre as propriedades de várias pedras cultivadas em laboratórios ou "tratadas". Elas fazem parte deste livro, embora algumas pessoas (entre elas Naisha) prefiram trabalhar apenas com minerais completamente naturais. Meus motivos para incluir tal material são simples – as pessoas estão usando-as e sentindo suas energias e elas oferecem padrões de vibração diferentes não encontrados em outras pedras. Hazel Raven, que é talvez a professora e autora mais conhecida na Grã-Bretanha no campo do trabalho com energia de cristais, ofereceu gentilmente suas intuições sobre todas as pedras pedidas por mim e elas aumentaram muito meu conhecimento.

Ao encorajar o leitor a seguir adiante em suas aventuras pelo reino mineral, ofereço uma pequena advertência. Não tome nossas palavras ou a de ninguém como uma verdade bíblica. As experiências das pessoas com as energias das pedras variam tanto quanto sua experiência com a música, arte, habilidades psíquicas ou outros tipos de percepção. Tentamos descrever nossas intuições sobre como as pedras deste livro podem ser utilizadas para incrementar a consciência, as emoções, saúde e crescimento espiritual de alguém, e nós acreditamos, a partir de experiências passadas, que uma grande parte dos que as tentam concordará. Entretanto, também vimos com frequência que a vontade individual algumas vezes reage a pedras específicas de modos completamente diferentes umas das outras. Mesmo Naisha e eu vemos determinadas pedras por lentes perceptivas um tanto diferentes. Para nós, isso expande em vez de invalidar o acúmulo de conhecimento que todos estamos construindo juntos. Aqueles entre nós que tentam ouvir o que os cristais estão dizendo e recebem o que oferecem são exploradores, mapeadores de um território desconhecido. As próprias pedras, e nossos guias interiores, são os melhores professores.

Isso traz ao assunto uma das razões de termos incluído uma foto colorida de cada uma das pedras que discutimos. Elas não apenas mostram a beleza do reino mineral e fornecem aos leitores uma imagem para reconhecimento – também oferecem uma ligação energética com as próprias pedras. Um modo de decidir qual pedra alguém pode desejar selecionar para um objetivo específico é manter sua intenção em mente enquanto folheia as páginas deste livro. Veja o que chama sua atenção. Pergunte-se interiormente o que a pedra retratada oferece. Depois, leia o comentário, sem descartar suas próprias intuições. Por meio da imagem, pode-se criar uma ligação ressonante com a própria pedra, e com a prática pode-se aprender a escolher a partir da foto.

Selecionamos as pedras neste livro com base em suas propriedades espirituais e sua disponibilidade. Deixamos de fora minerais que consideramos inúteis e os que sabemos serem radioativos ou muito venenosos. (Algumas pedras incluídas podem ter níveis de toxidade, como os minerais com base em chumbo ou mercúrio. Então, por favor, não coma nenhuma das pedras deste livro! E tenha cuidado com o modo como segura aquelas sobre as quais tenha dúvidas ou inquietações. Procure-as em um livro de referência sobre minerais se não estiver seguro.) Também deixamos de fora materiais excessivamente raros ou indisponíveis no mercado, embora em alguns exemplos, em que as energias são simplesmente boas demais para serem deixadas de lado, tenhamos incluído minerais raros. O objetivo de *O Livro das Pedras* é fornecer uma referência pictórica e metafísica para a gama mais ampla de cristais, minerais e gemas que as pessoas possam realmente encontrar e usar. Também esperamos ter proporcionado alguma informação mais aprofundada do que a disponível antes dele. E acreditamos que, ao apresentar os pontos de vista de dois autores diferentes lado a lado, tenhamos dado a nossos leitores uma visão mais multidimensional do que as pedras podem oferecer.

Trabalhar com pedras para o crescimento espiritual, expansão da consciência e autocura é um campo de exploração e especulação. Não podemos provar cientificamente que nenhuma dessas coisas funciona, e talvez nunca possamos ser capazes de fornecer tal prova. Mesmo assim, milhões de pessoas estão por aí comprando cristais e usando-os desse jeito. A "mania" que começou há 20 ou 30 anos não acabou. Todavia, não advogamos o uso de pedras em substituição a cuidados médicos ou psicológicos. Faça ambos se quiser. Tanto quanto podemos afirmar, cristais são como canja de galinha – não fazem mal. Então, experimente de acordo com seu coração, mas não arrisque sua saúde física ou mental.

Introdução

Para nós, a maior alegria de nosso trabalho com pedras tem sido o lado espiritual. As histórias de abertura de chacras, surgimento de guias, de luz e êxtase sendo incitado são muitas para contarmos, embora centenas delas tenham fornecido rotas de experimentação para o que dizemos nas páginas a seguir. As pedras não apenas nos ajudaram a abrir nossos tesouros interiores, mas também nos mostraram que a Terra é viva, de modos que nunca tínhamos suspeitado, expressando-se por meio dessas emanações de sua própria substância e energia. O aprimoramento de nosso relacionamento, como almas individuais, com a Alma do Mundo é o maior presente que podemos receber do reino mineral. E podemos retribuir esse presente com nossas ações amorosas, para o bem do mundo.

Robert Simmons

PRIMEIROS PASSOS

Por que as pedras funcionam: uma teoria

Muitos leitores deste livro já estarão familiarizados, por vivência, com as propriedades energéticas e espirituais dos cristais e minerais. Outros, provavelmente, verão tudo isso como novidade. Um número considerável em ambas as categorias pode se perguntar, como me perguntei, sobre o como e o porquê de tudo isso. De que modo algo inorgânico como uma pedra pode afetar um organismo vivo, como eu, com uma experiência que eu descreveria como "energia"? O que é afinal a energia do cristal? Como a experiência da energia das pedras se relaciona com algo espiritual? Por que algumas pessoas podem "sentir" os cristais enquanto outras não conseguem? De onde vem a informação sobre as propriedades energéticas das pedras e por que alguém deveria prestar atenção nisso? Durante meus 20 anos de trabalho com pedras, vim a aceitar como fato a energia dos cristais e a capacidade humana de experimentá-la conscientemente, e desenvolvi ideias que, temporariamente, respondem a algumas dessas questões persistentes.

Um dos aspectos mais surpreendentes do mundo dos cristais é sua ampla penetração. Toda matéria sólida é constituída de partículas atômicas arranjadas em alguma estrutura cristalina organizada, chamada de "grade". A estrutura de grade do cristal, especialmente como é encontrada em minerais como Quartzo, Berilo, Diamante, etc., prové uma grande estabilidade de estrutura e regularidade de fluxo de quaisquer energias eletromagnéticas que se movimentem por ela. (Os sistemas de grade dos cristais minerais descritos neste livro são mencionados no primeiro parágrafo de cada verbete.) É por isso que os chips de silício são usados para fornecer as memórias de computadores. Essa também é a razão de cristais de Quartzo poderem ser incorporados a relógios de pulso e relógios para fornecerem medidas de tempo muito precisas.

Uma propriedade do Quartzo e de alguns outros minerais que os torna úteis em muitas áreas da vida cotidiana é o efeito piezelétrico. A palavra *piezo* é grega e significa "empurrar" ou "pressionar". O efeito conhecido como piezeletricidade foi descoberto pelos irmãos Pierre e Jacques Curie em 1880. Cristais que adquirem uma carga quando comprimidos, torcidos ou distorcidos são conhecidos como piezelétricos. Por meio do efeito piezelétrico, a energia mecânica pode ser convertida em energia eletromagnética e vice-versa. O primeiro uso prático dos cristais piezelétricos remonta ao início dos anos 1920, quando a estabilidade das primeiras estações retransmissoras foi muito incrementada com uso de um oscilador de cristal. O cristal de Quartzo ainda é usado em rádios por causa de sua estabilidade; graças a ele os canais de frequência podem ser divididos e estreitados para permitir um uso maior do espectro do rádio. Um microfone com cristal de Quartzo reage à pressão mecânica (força) das ondas sonoras atingindo um cristal, transformando a energia do som em impulsos elétricos que então podem ser amplificados ou transmitidos.

Outros tipos de cristal, em especial Galena e Pirita, são usados para construir receptores de rádio. Esses cristais têm a habilidade de converter a energia eletromagnética do sinal de rádio em ondas de som audíveis. Rádios de cristal não precisam de bateria ou outra fonte de energia porque são capazes de extrair energia das ondas de rádio sendo transmitidas pela atmosfera. O rádio de cristal é simplesmente um circuito modulado destinado a ressoar na frequência da banda de rádio AM.

Esses exemplos demonstram que certos cristais podem agir como ressonadores e conversores de energia eletromagnética. Com esse princípio em mente, não é um grande salto imaginar que eles podem ser capazes de transformar e/ou amplificar outras formas de energia que ainda não foram detectadas por instrumentos científicos. Também pode ser verdade que o corpo humano e/ou a consciência humana sejam capazes de detectar ou "sentir" essas energias, em especial quando se está em contato com o cristal adequado.

Outra surpresa que encontrei em minha busca por uma explicação da energia das pedras é a cristalinidade dos organismos vivos. A molécula de DNA presente em cada célula de todos os organismos vivos é em si uma estrutura de cristal hexagonal, com aproximadamente dez átomos de largura por 1,8 metro de comprimento. É claro que a molécula de DNA é dobrada de modo intrincado, para caber no núcleo pequeno da célula; porém, se as moléculas de DNA de um único corpo humano fossem esticadas a seu comprimento total e enfileiradas juntas, a distância coberta seria de 201.168 bilhões de quilômetros, ou por volta de 70 viagens de ida e volta entre Saturno e o Sol. Contudo, a estrutura de grade do cristal desses fios infinitesimais, estreitos demais para refletirem a luz, é tão forte que os códigos da vida que dão a cada organismo sua forma e características foram conduzidos por ela por bilhões de anos de evolução.

Biofísicos sugerem agora que os corpos físicos dos seres humanos e outros organismos são cristais líquidos. Um cristal líquido é definido como um líquido cujas partículas, átomos ou moléculas componentes tendem a se arranjar com graus de ordem muito maiores que os encontrados em líquidos comuns, próximos aos dos cristais sólidos. A biofísica Mae-Wan Ho escreve: "Organismos são de uma dinâmica tão coerente no nível molecular que parecem ser cristalinos (...) Existe um contínuo de tecidos conectivos cristalinos líquidos dinâmico, e uma matriz extracelular ligando diretamente no interior do citoplasma, igualmente líquido cristalino, dentro de cada célula individual do corpo. A cristalinidade líquida dá aos organismos sua flexibilidade característica, sensitividade e reações elegantes, com isso otimizando a intercomunicação rápida e sem ruído, que possibilita aos organismos funcionarem como um todo coerente e coordenado. O organismo tem uma consistência além de nossos sonhos mais malucos. Cada parte está em comunicação com a outra por intermédio de um meio líquido cristalino reativo e dinâmico que permeia todo o corpo, dos órgãos e tecidos ao interior de cada célula".

Lendo isso, comecei a compreender que não somos tão diferentes, tão separados, do mundo inorgânico dos minerais como eu pensara. Se nós mesmos somos cristais, compostos de estruturas coerentes semelhantes às dos cristais sólidos, e por outro lado retendo a grande flexibilidade da cristalinidade líquida, é fácil imaginar como um fluxo de energia de uma pedra poderia ser recebido e percebido por minha mente/corpo, de modo semelhante a como um cristal de rádio recebe os sinais da torre de retransmissão. E revertendo o fluxo, posso ver como, ao focar sua intenção em um Quartzo ou outro cristal, poderia potencialmente amplificar a força dessa intenção. Mais ainda: o cristal pode ser capaz de manter o padrão dessa intenção, sendo "programado" como um chip de computador. Se a cristalinidade fosse de fato uma propriedade tanto das pedras como dos humanos, nossa interação seria mais plausível do que eu percebera.

Encontrei duas peças de informação científica intrigantes sobre a possível interação de minerais e organismos vivos no livro do antropologista Jeremy Narby, *The Cosmic Serpent*, que foi também a fonte de informação sobre a estrutura em cristal do DNA. Ao discutir o DNA, Narby menciona que essas moléculas vivas emitem fótons de luz em intervalos regulares, com uma coerência consistente o suficiente para ser comparadas a um "*laser* ultra fraco". Isso em si me remeteu aos rádios de cristal e seu efeito conversor de energia, bem como ao fato de que os *lasers* reais usam cristais de minerais, como o Rubi, para focarem os feixes de luz. Perguntei-me: seria possível termos pequeninos "*lasers*" em nossas células, e a excitação das qualidades produtoras de luz do DNA ser responsável pelos fenômenos da aura humana e corpo de luz? E poderia a exposição a determinados cristais fornecer a energia necessária para influenciar, alterar e/ou incrementar o campo humano? Muitas pessoas no mundo metafísico dos cristais registraram exatamente essas vivências.

Narby também narrou os experimentos de Alexander Gurvich, em 1923, que percebeu que as células separadas por uma tela de Quartzo influenciavam o processo de multiplicação umas das outras, o que não acontecia com anteparos de metal. Deduziu disso que as células emitem ondas eletromagnéticas com que se comunicam. Demorou mais de meio século para o desenvolvimento de um "fotomultiplicador" capaz de mensurar essa radiação muito fraca: o contêiner desse dispositivo também é feito de Quartzo. Talvez a tela de Quartzo tenha até amplificado o fluxo de energia entre as células ou proporcionado uma grande coesão aos sinais. Para mim, o simples fato de as células vivas emanarem energia eletromagnética foi outra ligação com o mundo do cristal. E a menção de Narby de que todos os instrumentos de medida de emissão de biofóton – a luz emitida pelo DNA – utilizam Quartzo.

Narby adentrou no mundo tanto do DNA como dos cristais com seu estudo sobre xamanismo, especialmente dos *ayahuasqueros* da Amazônia, e com aquele trabalho ele desenvolveu a hipótese de que o próprio DNA tem uma consciência, que pode ser descrita como "a mente da biosfera", e que essa consciência de alguma maneira também está relacionada aos cristais. Ele assinala que os cristais e outras pedras translúcidas tiveram papéis muito significativos nas crenças xamanísticas de muitas culturas e também foram proeminentes na alquimia, magia e bruxaria do Velho Mundo. Ele também menciona que a própria Serpente Cósmica, que compara com a faculdade de consciência do DNA, é vista pelos aborígenes australianos como a Serpente Arco-íris: um "personagem cósmico (...) cujos poderes eram simbolizados pelos cristais de Quartzo. Também os desana da Amazônia colombiana associam a Anaconda Cósmica, criadora da vida, com um cristal de Quartzo". De fato, diz-se da Anaconda Cósmica ter sido guiada pela "pedra divina". Essas ligações do DNA, o reino mineral e o espírito divino da criação, por todo o mundo, remetendo a muito, muito tempo no passado, abriram meus olhos para o enorme significado potencial das pedras que meus clientes e eu tanto amamos. Os potenciais espirituais de que os médiuns, canalizadores e guias espirituais nos contam poderem ser destravados em nós pelo uso de pedras podem ser mais viáveis se, por meio deles, como os xamãs declararam, pudermos ser capazes de nos ligar à própria fonte da energia de vida.

Essa ideia de ligação consciente pelo uso de cristais com a fonte de vida – o Divino – certamente não é nova. Culturas nativas, tanto na América do Norte como em Burma, acreditavam que os Quartzos claros eram entidades vivas e os presenteavam com alimento como oferendas rituais. Bolas de cristal trazidas pelos cruzados foram ditas possuidoras de poderes mágicos. Na Escócia e Irlanda, esferas de cristal de rocha eram usadas há muito tempo para curar doenças no gado. Em culturas do passado da América do Sul e Central, cristais de Quartzo esculpidos na forma de crânios humanos eram venerados como objetos religiosos poderosos – a morada dos ancestrais falecidos ou deuses.

Os japoneses antigos, que reverenciavam os dragões em seus mitos de criação, acreditavam que o Quartzo fora formado do hálito de dragões brancos. Para eles, o Quartzo representava a perfeição, que, embora inatingível, valia a pena buscar. O Quartzo tinha papéis fundamentais nos rituais de chuva dos nativos americanos e aborígines australianos. Dizia-se que a deusa egípcia Ísis protegia os mortos com um amuleto de Cornalina chamado de Thet. A mitologia grega exalta a Ametista como uma pedra capaz de conceder proteção espiritual contra a intoxicação e também fala da Granada como uma pedra que pode, por meio de influência divina, curar rupturas amorosas entre amantes. Essas são histórias numerosas das propriedades sobrenaturais benevolentes das pedras na mitologia mundial, e um número delas é recontado no início de nossas seções sobre pedras individuais. Os exemplos citados são apresentados para demonstrar que ao longo de toda a história a humanidade teve consciência de que certas pedras oferecem acesso aos seres espirituais e energias divinas. O interesse disseminado atual nas propriedades metafísicas das pedras recobrou muitas dessas correntes antigas e está começando a tecê-las em uma tapeçaria de compreensão profunda.

O que fazer com minhas pedras? Algumas sugestões

Milhares de pessoas em todo o mundo colecionam gemas e minerais por suas propriedades metafísicas e usam suas pedras de muitas maneiras. Desde o colecionador que simplesmente coloca seus cristais em volta da casa ao inventor que projeta ferramentas complexas de energia de pedra, todos trabalham para beneficiar a si e a outros por meio das energias da pedra. Mencionarei apenas alguns dos modos mais populares para chegar ao que o mundo mineral tem a oferecer.

UM AMBIENTE CRISTALINO. O que de mais simples você pode fazer é selecionar algumas pedras pelas quais se sinta atraído e colocá-las em torno de sua casa ou área de trabalho. Por exemplo, muitas pessoas gostam de usar geodos de Ametista para purificar as energias de suas casas ou escritórios, criando uma vibração positiva de cura no espaço. Conheço muitos médicos, conselheiros e trabalhadores de saúde que fazem isso, mesmo que não empreguem ativamente cristais em suas práticas. Qualquer número de outras pedras pode ser acrescentado para melhorar mais as energias do ambiente, dependendo das necessidades e desejos da pessoa. Alguns indivíduos colocam pedras de proteção nas entradas de suas casas, enquanto outros concentram suas coleções em um quarto de meditação ou altar pessoal. Pessoas com ambiente de trabalho difícil em geral colocam uma pedra como Ajoíta ou Sugilita (que transmutam a energia negativa) em sua mesa. Quando minha esposa Kathy e eu construímos nossa casa, queríamos que todo o lugar fosse instilado com energia de amor, então revestimos nossa lareira e chaminé com placas de Quartzo Rosa polido. Quando uma pessoa constrói uma casa, pode desejar incrustar pedras benéficas e/ou cristais programados nas fundações. Do lado de fora, pode-se ir além, colocando pedras nos limites da propriedade ou em um padrão de grade em torno da casa, jardim ou área de meditação. Todos esses arranjos podem afetar com benefícios a experiência do dia a dia de uma pessoa e de quem entra em seu espaço.

SEGURANDO E ESCULPINDO. A maioria dos amantes de cristais tem uma seleção de "pedras de bolso" que usa de acordo com as necessidades do dia. Uma das melhores maneiras de escolher uma pedra é pegá-la e segurá-la por alguns momentos, prestando atenção para as mudanças em sua energia e sensações enquanto faz isso. Em outras ocasiões, pode-se escolher simplesmente segurar uma pedra em especial por alguns momentos, ou por quanto tempo for necessário, para receber o que se precisa energeticamente. No meu caso em particular, lembro-me de uma época especialmente estressante de minha vida em que percebi ser de grande ajuda sentar e segurar um cristal de Danburita em cada mão quando voltava do trabalho para casa. Em minutos, eu podia sentir, literalmente, a tensão fluindo para fora de meu corpo por minhas mãos. Tanto segurar como carregar pedras tem o efeito de trazer suas emanações vibracionais para o campo áurico da pessoa, permitindo as modificações benéficas de sua energia.

USAR PEDRAS NAS BOLSAS E EM JOIAS. Uma extensão natural da prática de segurar e carregar pedras é usá-las em "bolsas medicinais" ou incorporá-las a joias. Ambas as práticas existem há muitos séculos. (Por exemplo, as coroas dos reis e rainhas, que eram vistas como representativas dos deuses, incluíam gemas, com o objetivo de facilitar a comunicação com os reinos espirituais.) Uma vantagem de bolsas e peças de joalheria é permitirem à pessoa incorporar combinações de pedras que funcionam juntas para produzir os efeitos desejados. Um dos *designs* mais populares de joalheria que eu criei foi o "pingente de chacra", que consistia em um arranjo vertical alinhado de sete pedras, correspondentes aos sete chacras, ou centros de energia, a partir da base da espinha ao topo da cabeça. Em geral, uso um desses quando estou em contato com o público em uma feira ou palestra, e sinto que me ajuda a manter-me equilibrado, focado e energizado, mesmo em jornadas de muitas horas que demandam muitas interações com pessoas diferentes. Outras joias ou combinações em bolsas podem incluir pedras de ascensão, pedras de proteção, pedras de cura, pedras de energia amorosa, pedras da prosperidade e por aí vai. Em muitos casos parece não importar se a pessoa trabalha com uma bolsa ou uma peça de joalheria, embora eu prefira o alinhamento vertical que um pingente pode fornecer para o chacra ou as pedras de ascensão.

Com frequência, as pessoas perguntam se um anel funciona tanto quanto um pingente, e creio que na maioria dos casos funciona. O importante é que a pedra, ou pedras, esteja no campo áurico da pessoa. O campo energético de uma pessoa é holográfico, o que significa que o padrão vibracional da totalidade pode ser observado ou alterado a partir de qualquer ponto dentro do campo. Em alguns casos – por exemplo, quando alguém está usando pedras para curar ou abrir o coração –, a proximidade das pedras da região de foco pode ser benéfica. Seguindo a mesma simbologia, curadores podem chegar à conclusão de que anéis com determinadas gemas são particularmente úteis quando canalizam energia com as mãos. Todas essas escolhas podem ser reconhecidas pela atenção da pessoa a seus impulsos intuitivos.

MEDITAÇÃO COM PEDRAS. Talvez o melhor meio singular para aprender a "sentir" as energias do cristal seja segurar uma pedra ou várias pedras durante a meditação. Na meditação, pode-se trabalhar para esvaziar a mente dos pensamentos suavemente e entrar em um estado de receptividade positiva. Muitas das pedras indutoras de serenidade, como Celestita, podem ajudar alguém a alcançar esse estado. Outras pedras que podem ser escolhidas para o objetivo de alterar a consciência, curar ou ativar centros energéticos específicos no corpo ou aura terão seus efeitos mais intensos durante a meditação. Isso acontece porque a meditação aquieta a mente e permite a penetração de novas influências na consciência. Portanto, durante a meditação, as pedras são sentidas com mais força, não apenas porque a pessoa é capaz de prestar uma atenção mais completa a mudanças sutis, mas porque o estado de abertura permite efeitos mais pronunciados.

Muitos dos minerais discutidos neste livro podem facilitar o despertar e a alteração da consciência. Acredito que o uso mais importante das pedras envolve a expansão da consciência e aceleração da evolução humana por meio dessas aberturas interiores. A meditação com pedras é o meio mais significativo para tais processos ser iniciados, e foi durante a meditação que minhas próprias experiências com pedras aconteceram. O leitor é encorajado a empreender sua exploração dos mundos elevados pela meditação, com qualquer "chamado" mineral, seja das páginas deste livro ou das prateleiras da loja de cristais local. Tais pedras, como Fenacita, Azeztulite, Broquita, Herderita, Moldavita e outras, estão entre as ferramentas mais poderosas para facilitar a experiência visionária, viagens fora do corpo e outras aberturas para as dimensões mais elevadas.

TRABALHO COM SONHOS. Um meio por onde todos nós entramos em outros reinos de consciência são os sonhos. Por sua habilidade para alterar os padrões do campo de energia da pessoa, muitos minerais e cristais podem afetar profundamente o estado de sonhos de alguém, – trazendo sonhos mais vívidos e frequentes – sonhos de orientação espiritual, sonhos de "visitas" dos amados que partiram, sonhos lúcidos, viagem astral e outros tipos de experiências fora do corpo. A Moldavita, por exemplo, quando colada com fita adesiva na testa ou enfiada no travesseiro, quase sempre facilitará sonhos múltiplos, extremamente vívidos de conteúdo espiritual elevado, mesmo para pessoas que insistem em nunca sonhar. De fato, quando uso Moldavita desse modo, quase sempre acordo por volta das 3h e removo a pedra para que possa ter um pouco de sono comum! Os "Diamantes" Herkimer aumentam a qualidade visionária dos sonhos e podem fazer as pessoas sonharem em cores. Danburita, Petalita, Celestita e Natrolita podem elevar o cenário dos sonhos de uma pessoa aos reinos angelicais. A Herderita e a Broquita podem desencadear experiências fora do corpo e sonhos lúcidos. Essa é outra grande área para experiências. Simplesmente, faça escorregar para dentro da fronha do travesseiro a pedra adequada e *veja* para onde vai.

P.S.: Mantenha um diário de sonhos!

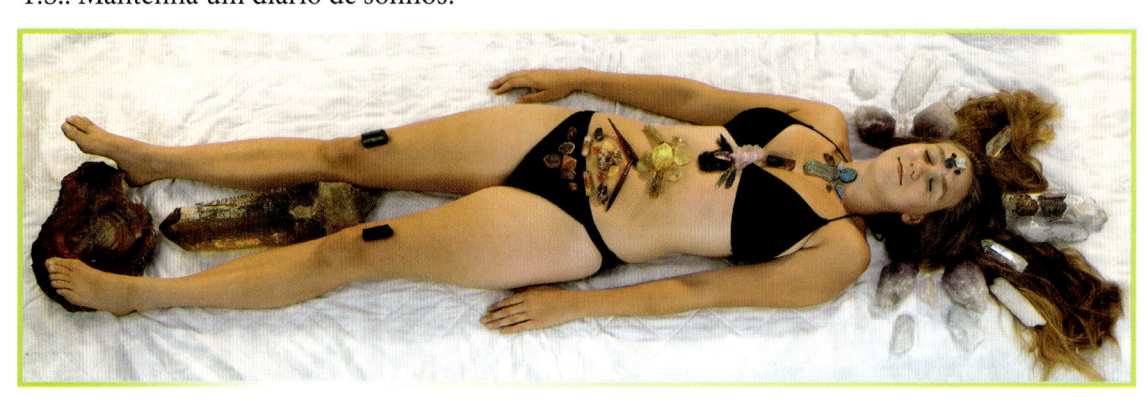

ARRANJOS CORPORAIS. A arte de "colocar pedras" para a cura é considerada uma prática antiga. Com certeza, é verdade que os curadores e exploradores modernos têm uma gama muito mais ampla de pedras disponíveis para eles do que em qualquer outra época na história registrada. Tipicamente, os arranjos corporais envolvem uma pessoa deitada em uma mesa de massagem ou cama enquanto um amigo ou praticante coloca pedras sobre o corpo, em geral nos pontos de chacras, meridianos ou perto de órgãos em que a pessoa possa deseja atuar. Algumas vezes, o arranjo no corpo pode ser simples como uma disposição de sintonização dos chacras, consistindo em uma ou mais pedras em cada um dos sete pontos de chacra, com cada pedra escolhida por suas afinidades com aquele chacra em particular. Contudo, os arranjos corporais oferecem, talvez, maior oportunidade para vivenciar a interação de múltiplas energias de pedras, e elas ficam limitadas apenas pela imaginação e orientação interior da pessoa. Os arranjos de pedra podem ser criados para focar na cura física ou emocional, purificação e limpeza da energia, proteção psíquica, ascensão espiritual, viagem astral e um número de outros propósitos. O praticante/amigo pode simplesmente colocar as pedras sobre o corpo e sair enquanto elas fazem seu trabalho, ou pode facilitar o movimento das energias com outras modalidades. Minha coautora, Naisha Ahsian, já fez muito trabalho nessa área.

GRADES. Padrões de vários cristais e pedras colocados para o aprimoramento mútuo de suas energias e das energias do espaço circunscrito são chamados de grades. Na maioria das vezes, eles são colocados em padrões geométricos simétricos, o mais popular deles sendo hexagonal porque espelha a estrutura do Quartzo e de muitos outros minerais. Uma pequena grade com apenas alguns centímetros de diâmetro, talvez em torno de um retrato seu ou de alguém que se deseje ajudar, pode ser construída em um altar ou mesa. Uma grade para sentar ou reclinar-se em meditação pode ser arranjada no chão de um quarto na casa da pessoa. Eu falei com várias pessoas que fizeram grades em suas chácaras para proteção energética e para a melhoria da força vital de suas plantações. Minha esposa Kathy e eu gradeamos nosso jardim para ajudar os vegetais a crescerem e manter os insetos longe. Contudo, as grades usadas com mais frequência são as feitas para uma pessoa sentar ou deitar no meio para meditação e/ou cura. Combinar uma dessas grades com um arranjo corporal de pedras pode fornecer um ambiente energético profundamente poderoso.

ORÁCULOS DE PEDRAS. A combinação das energias das pedras com o poder da sincronicidade, exemplificado em tais oráculos como o tarô e *I Ching*, foi conseguida no *Crystal Ally Cards* e outros conjuntos de cartas que trabalham com as energias do reino mineral. Como no tarô e oráculos similares, são usadas cartas – dessa vez com figuras mostrando minerais, seus nomes, energias essenciais e uma cena simbólica representando essas energias – para adquirir informação sobre situações atuais ou futuras. Como no tarô, a pessoa faz uma pergunta, embaralha as cartas e espalha-as em um padrão predeterminado com significados atribuídos para o lugar de cada carta. Embaralhar introduz a necessária aleatoriedade para permitir que entrem as mensagens do espírito, e a estrutura simbólica da disposição e do significado das cartas torna possível interpretar as mensagens. O fato de tais oráculos como *Crystal Ally Cards* funcionarem tão bem é uma prova da habilidade de minha coautora Naisha Ahsian de compreender de verdade as energias essenciais das pedras e da tapeçaria de sentidos sincrônica, intrincadamente tramada, viva, dinâmica, do Universo.

Uma forma de oráculos de pedra que prescinde do tarô e outros sistemas similares são as pedras em si. Depois das cartas terem revelado a mensagem para o questionador, a pessoa tem a opção de usar as pedras que surgiram na leitura. A pessoa pode carregar, usar ou meditar com as pedras que facilitam o fim desejado. Pode-se até perguntar às cartas que pedras usar para fins específicos, tais como cura, crescimento espiritual, ligação com o guia ou qualquer outra aspiração. Algumas vezes a resposta pode ser surpreendente, mas elas sempre são de ajuda, e não existe limite para a quantidade de informação que se pode adquirir quando trabalhamos com as pedras e cartas juntas.

FERRAMENTAS DE ENERGIA Uma ferramenta de energia é criada quando uma ou mais pedras são ligadas a outra para o objetivo de misturar e/ou ampliar suas energias. Ferramentas desse tipo podem ou não envolver outros materiais ou aparatos (tais como fios de cobre, magnetos, tubos de vidro, etc.). Uma ferramenta simples de energia seria um imenso gerador de cristal de Quartzo onde uma pessoa tivesse grudado uma pedra menor, como uma Alexandrita. Nesse exemplo, o gerador de Quartzo amplificará e transmitirá as vibrações agradáveis da pequena Alexandrita, permitindo a elas que permeiem todo um ambiente vivo.

Uma de minhas ferramentas de energia favoritas é uma varinha de cristal de Selenita com outras pedras grudadas ao longo de um de seus lados. A Selenita é um poderoso ajustador de foco e ampliador de quaisquer outras pedras que fiquem grudadas nela e está disponível em tamanhos de 15 centímetros ou mais a um preço relativamente baixo. Tenho construído varinhas desse tipo para equilíbrio dos chacras, amor e abertura do coração, limpeza de energia, comunicação, ascensão e ativação sinérgica geral do campo de energia humana. É possível, com uso da intuição ou de um oráculo do tipo *Crystal Ally Cards*, de Ahsian, customizar-projetar tais ferramentas para as necessidades e desejos de indivíduos específicos.

Outras ferramentas de energia incluem varinhas feitas de vidro ou tubos de Quartzo e cheias com combinações de pedras, e também "modelos de energia", que são, na verdade, grades do tamanho de uma palma grudadas a uma fatia hexagonal de Quartzo claro. Em uma ocasião, construí uma versão maior de modelos, com placas de Ametista fatiadas sobre as quais fixei "Diamantes" Herkimer grandes e Moldavita lapidada. Essas foram as ferramentas de energia mais poderosas que já fiz ou experimentei.

Outra ferramenta de energia digna de nota é a tiara de gemas. Essas podem ser feitas de plástico flexível oco, cortado para se ajustar com conforto em volta da cabeça, e que é enchido com a combinação de pedras desejada pela pessoa. O fechamento pode ser feito com o uso de um peso de cobre ajustado. A proximidade do cérebro torna essas ferramentas especialmente poderosas para a expansão da consciência. Uma versão modificada desse conceito é simplesmente colocar uma combinação desejada de pedras dentro de uma tiara elástica. Se as pedras causarem desconforto, podem-se usar duas tiaras – uma por dentro e outra por fora das pedras.

Para os que desejam combinar o poder da pirâmide com as energias das pedras, construir uma pirâmide de tubos de cobre cheia de cristais pode levar o ambiente de meditação da pessoa a todo um novo nível. O cobre é um bom condutor das energias do cristal e a estrutura de pirâmide parece melhorar poderosamente os efeitos das pedras.

Essas são apenas algumas das ferramentas de energia possíveis que uma pessoa pode reunir com algumas pedras e um pouco de imaginação. Eu construí todas elas, e as pessoas me dizem que gostam dos resultados. Espero que nossos leitores sigam suas inspirações e criem ferramentas novas, mais sofisticadas para servirem nossa evolução e despertar coletivos.

ÓLEOS E ESSÊNCIAS. As energias das pedras podem ser misturadas com óleos essenciais ou usadas em uma infusão de composto aquoso para criar essências. Em ambos os casos, as energias vibratórias das pedras são absorvidas pelo meio óleo ou água. Outros autores utilizaram essa técnica com grandes detalhes. Os interessados são instruídos a procurar essa informação e não utilizar substâncias ou pedras tóxicas.

Quem são as pedras?

Tendo esboçado uma variedade de meios pelos quais uma pessoa pode tirar vantagem dos benefícios potenciais oferecidos pela energia das pedras, quero concluir este capítulo introdutório com uma questão. As pedras são vivas? Claro que sabemos que, em termos de definições biológicas de vida, elas não são vivas. Porém, cristais crescem, algumas vezes decaem e, talvez o mais importante, parecem se comunicar conosco – pelo menos com os que os "ouvem". Estejamos discutindo o cristal de Quartzo que guiou a Serpente Arco-íris da mitologia aborígine australiana, o crânio de cristal, por meio do qual o xamã fala com seres do Outro Mundo, ou a pedra na prateleira da loja de cristais, que "chama" por nós quando passamos por ela, a interação dos seres humanos com o espírito por meio do mineral (e talvez com o espírito dos minerais) é tanto duradoura como disseminada. E se, como discutido antes, nossos próprios corpos são cristais líquidos com que nos expressamos como almas, nossas conversas com as pedras podem não ser tão implausíveis.

Minha coautora Naisha Ahsian criou o termo Aliados Cristal para as entidades amistosas ou energias benevolentes que se expressam pelas pedras. Gosto desse nome, porque tanto as personifica como descreve sua orientação como ajudantes da humanidade. Um dos custos de nossa objetividade racional ocidental é termos, figurativamente, matado o mundo. Nós nos vemos cercados por objetos mortos em vez de um mundo vivo, pululante e consciente. Mesmo os animais e as plantas parecem relativamente mortos para muitos de nós – certamente não possuindo as qualidades de alma e espírito que nos reservamos. Contudo, essa não é a visão de muitas culturas indígenas. Na América do Sul, os xamãs relatam que as plantas têm falado diretamente com eles há séculos, contando sobre suas propriedades medicinais e outras. O mesmo é verdade em muitas outras sociedades para os espíritos animais, e mesmo as pedras. Quero sugerir que, se retirarmos as vendas culturais de nossa formação, podemos descobrir que o mundo em todas as suas manifestações é bem vivo e consciente, constantemente em comunicação com os que têm ouvidos para ouvir e olhos para ver. Se nós seguirmos o aviso de Martin Buber e virmos cada objeto em nosso mundo não como uma "coisa", mas como "tu", mais vida e maior prazer irá brotar em nosso interior. Nós perderemos um pouco de nossa arrogância e ganharemos consciência e comunhão com tudo o que é.

Portanto, convidamos nossos leitores a imaginar que existem tais entidades como os Aliados Cristal, dando-nos boas-vindas para seu reino e compartilhando o conhecimento de como podemos trabalhar juntos para o benefício da vida, do amor e da consciência. Em nossos escritos intuitivos, Naisha e eu nos abrimos assim, expressando com liberdade os pensamentos e imagens que vieram a nós. Essas ideias, combinadas com experimentos e vivências com as pedras, formam a essência deste livro. Com respeito e afeto para as pedras como seres amigos, colocamos seus nomes em maiúsculas nestas páginas. Esperamos que goste de encontrar os habitantes do reino mineral em sua jornada pelas páginas de *O Livro das Pedras*, aprendendo quem eles são e o que ensinam.

Joalheria para melhorar energias, feitas de algumas das pedras descritas neste livro.

*Gemas de Chacra: (a partir de cima): Danburita, Ametista, Iolita, Água-marinha, Moldavita, Citrino, Zincita e Granada.

ENERGIAS ELEMENTAIS NO REINO MINERAL

As pessoas me perguntam muito sobre o modelo dos elementos que uso junto com meu trabalho com cristais e pedras. "Nem todas as pedras têm relação com o elemento Terra?", perguntam. "Todas elas vêm da Terra!" Embora superficialmente possa parecer óbvio que todas as pedras carreguem a energia do elemento Terra, olhando mais de perto se torna evidente que esse não é necessariamente o caso. Algumas pedras carregam energias de frequências muito baixas. Algumas são mais apropriadas para a cura física, enquanto outras têm mais ressonância com aspectos emocionais, energéticos ou mentais. A tremenda gama de energias carregadas pelo reino mineral reflete com clareza a gama de energias presentes nas forças elementais da natureza. Para compreender o relacionamento dessas energias, é necessário entender as interações holísticas de todas as energias disponíveis para nós na Terra e como elas são equilibradas e distribuídas pelo planeta.

As forças elementais da natureza são expressão das energias carregadas por todo o organismo da Terra. As forças elementais da Terra, Fogo, Água, Ar e Tempestade, não são componentes químicos estáticos, mas acontecimentos que descrevem interações energéticas. Como em nosso corpo, Gaia tem muitos sistemas diferentes para permitir que se movimente para o equilíbrio por meio de reações dinâmicas a seu campo energético em perpétua mudança. Minerais e pedras são os veículos que distribuem e equilibram a energia da Terra.

Para compreender o relacionamento entre os minerais, as pedras e as energias elementais que carregam, é necessário entender primeiro o organismo holístico que é nosso planeta e os modos como as forças elementais, os cristais e as pedras afetam a totalidade do organismo.

O planeta Terra (a quem vou me referir como Gaia daqui para a frente) é um organismo vivo, que respira e espelha nossos corpos de muitos modos. Cada ser no planeta age como uma célula em um sistema do grande todo. O reino mineral, o reino das plantas, animais, pássaros, insetos e humanos são todos partes integrantes do corpo maior do organismo de Gaia.

Gaia tem um campo de energia, ou aura, que consiste em energia (luz) eletromagnética. Humanos também têm um corpo eletromagnético (aura) que circunscreve e permeia nossos corpos. Dentro da Terra, as placas continentais deslocam-se e se movimentam para equilibrar o corpo de Gaia. Esse aspecto mais denso de Gaia representa a energia do elemento Terra. Em nosso corpo, esse elemento é representado pelos movimentos de nosso aspecto mais denso – nossos ossos e músculos. O centro flamejante de Gaia continuamente recicla a terra, fundindo a pedra e liberando energia por vulcões e atividades geotérmicas. Essa energia é o elemento Fogo, e é espelhada em nosso corpo pela digestão de alimentos e sua transformação em energia e calor. O sistema circulatório de Gaia muda e se movimenta com as marés dos oceanos e o curso dos rios, riachos, fontes lagos e lagoas, carregando nutrição para cada parte de seu ser e retirando as sobras. Esse é o elemento Água, que é refletido em nosso sistema circulatório e linfático. O sopro de Gaia circula em torno e através de seu corpo na forma do ar e outros gases. Esse é o elemento Ar, que está presente na respiração e nos gases de nosso corpo. O elemento da Tempestade é criado quando todas as quatro forças elementares são liberadas ao mesmo tempo. Esse elemento é uma força dinâmica de equilíbrio que ajuda a Terra a corrigir desequilíbrios internos em seu campo de energia. Nós também experimentamos a energia da Tempestade dentro do nosso corpo como experiências de limpeza massiva, despertar espiritual e a correção de desequilíbrios vibratórios.

Para que a Terra seja saudável, todos esses aspectos devem estar em equilíbrio e liberados. Se qualquer força elemental estiver desequilibrada, o organismo torna-se doentio. Isso é verdadeiro também nos humanos. Se qualquer um de nossos sistemas está em desequilíbrio, isso compromete nossa saúde e bem-estar. Saúde, de fato, é um estado de equilíbrio dinâmico entre essas forças elementais – tanto na Terra como em nosso organismo.

Nossos ancestrais sabiam o valor desse equilíbrio dinâmico. Passavam suas vidas imersos nas energias dessas forças elementais e as honravam por suas propriedades doadoras de vida. Os dias eram passados fora no ar fresco e ao sol, bebendo água pura e comendo alimentos cultivados em harmonia com a lei natural. Hoje em dia, passamos a maior parte de nosso tempo isolados dessas fontes naturais de energia, e o resultado são as doenças e o desequilíbrio. Somos ensinados a temer o sol e seu fogo doador de vida. Comemos alimentos cultivados em uma terra esgotada, exaurida de seus minerais. Nossa água é tóxica, bem como nosso ar é poluído e condicionado em excesso. Ao nos separarmos das forças naturais elementais e tentar controlá-las, criamos um tremendo desequilíbrio tanto nas energias e corpo da Terra quanto em nossos corpos e energia.

A cura é um processo de restauro a um estado de equilíbrio dinâmico para o corpo e sistemas de energia, pelo movimento de volta para a harmonia com essas forças naturais. Esse estado de equilíbrio dinâmico nos permite reagir de modo apropriado a experiências e estímulos que encontramos em uma base cotidiana. Quando não somos capazes de reagir dinamicamente a essas energias e experiências em mudança, manifestamos uma série de sintomas, incluindo doenças físicas, emocionais, psicológicas e energéticas. Para restaurar o estado de equilíbrio dinâmico que é a saúde, devemos ser levados de volta à ressonância com toda a gama de frequências de cura disponíveis para nós, movimentando-nos de volta a uma vibração harmônica com as forças elementais de Gaia.

Os cristais e as pedras podem ser especialmente úteis em equilibrar essas forças elementais dentro do corpo. Sim, todos os cristais e as pedras vêm da terra, mas isso não significa que todos os cristais e pedras carregam apenas a energia do elemento Terra. O planeta Terra é feito de pedra e rocha, contudo todos esses elementos dinâmicos estão presentes em seu ser total. Dentro do corpo de Gaia, os minerais agem como "células" de ressonância que carregam as diferentes frequências de energia, como representadas pelas forças elementais. De fato, cristais e pedras agem como reguladores e distribuidores de energia (Luz) eletromagnética por toda a Terra.

O campo eletromagnético da Terra se estende por 56.327 quilômetros no espaço. Esse campo de Luz (toda energia eletromagnética é uma energia de Luz) circunda, permeia e interage com todos e tudo no planeta – do mesmo modo que nosso próprio campo eletromagnético (aura) circunda, permeia e interage com todas as células e partículas criando nosso corpo físico. O centro da Terra gera a maior parte de seu campo eletromagnético, assim como nosso coração gera a maior parte de nosso campo de energia áurico.

O reino mineral age como um sistema de distribuição eletromagnética para a Terra. Alguns minerais têm uma natureza elétrica – como o Quartzo Claro, que libera uma carga elétrica quando é aquecido (piroelétrico) ou quando pressão é aplicada nele (piezelétrico). Portanto, quando esses cristais são aquecidos ou esmagados por compressão na crosta da Terra, liberam uma carga elétrica que é distribuída por todo o campo eletromagnético da Terra. Outros minerais são mais magnéticos na natureza, como o ímã (Magnetita). A energia magnética desses minerais age para regular a frequência de vibração da Terra. Então, algumas pedras agem como estimuladoras da energia da Terra e outras, como uma influência reguladora sobre ela.

Cada mineral dentro da Terra vibra com uma faixa de frequência específica dentro de todo o espectro eletromagnético do planeta. Você pode pensar nessas frequências como as faixas de cores de um arco-íris, embora a cor de uma pedra não revele necessariamente sua frequência de ressonância. Alguns minerais vibram em uma faixa de frequência muito específica e estreita. Outros são capazes de carregar uma gama de energias muito mais ampla. Juntos, esses minerais agem para distribuir e regular o campo energético de Gaia, assegurando que sua aura permaneça vibrante e saudável. Cristais e pedras transportam todo o espectro de energia de Luz disponível para nós – de frequências de energia realmente muito baixas, nós temos a correspondência com o reino físico, às frequências extremamente altas que comparamos com o despertar espiritual.

Quando trazemos um cristal ou pedra para dentro de nosso campo eletromagnético, duas coisas acontecem. Primeiro, as frequências eletromagnéticas transportadas por essa pedra vibrarão com frequências comparáveis a ela em nosso campo de energia por meio da lei física da ressonância, criando um terceiro campo de vibração maior. Nosso sistema nervoso entra em sintonia com essas mudanças de energia e transmitirá essa informação para nosso cérebro, onde as frequências estimulam as mudanças bioquímicas que afetam o corpo físico, desencadeiam experiências emocionais e mudam a função cerebral para abrir você para a experiência espiritual.

Segundo, as pequenas partículas de mineral em seu corpo que também carregam aquela frequência irão se movimentar em ressonância com as partículas de mineral na pedra. Isso faz com que seu corpo acredite ter maior quantidade daquele mineral nele e reagirá de acordo com alterações bioquímicas adicionais. Por exemplo, se você está segurando uma pedra à base de cálcio, as partículas de cálcio em seu corpo serão "ativadas" pelo movimento, em ressonância com o cálcio da pedra. Esse movimento criará um terceiro campo energético mais forte, com a assinatura da energia do cálcio. Seu cérebro recebe essa informação pelo sistema nervoso e reage de acordo – ajustando sua bioquímica como se você tivesse mais cálcio em seu sistema físico. Isso pode desencadear uma cura física de uma doença produzida por desequilíbrio de cálcio ou pode desencadear experiências emocionais ou até espirituais.

A experiência que você tem quando segura um mineral, portanto, está diretamente relacionada à sua assinatura de energia eletromagnética e os sistemas do corpo, mente e espírito que ressoam nesse nível energético. Esses sistemas de corpo, alma e espírito estão agrupados em cinco categorias: física, energética, emocional, mental e espiritual. Cada um desses aspectos também é governado por uma força elemental. O nível físico de vibração é governado pelo elemento Terra; o energético, pelo elemento Fogo; o emocional, pelo elemento Água; o mental, pelo elemento Ar; e o espiritual, pelo elemento Tempestade. Ao compreender que nível é predominantemente afetado pela energia eletromagnética da pedra, você pode determinar a força elemental com que o mineral ressoa.

As pedras relacionadas ao elemento Terra tendem a ser ressonantes com o nível físico de nossa experiência – as frequências e energias magnéticas baixas. Essas pedras são o que consideraríamos pedras de "aterrar". Ajudam a regular energias de alta frequência e criar mudanças bioquímicas e energéticas, possibilitando à pessoa sentir-se mais presente no corpo e na Terra. O elemento Terra governa as estruturas de nossa vida – casa, emprego, estrutura familiar e aspectos financeiros – e as estruturas do corpo. Pedras do elemento Terra tendem a estimular e equilibrar o chacra Estrela da Terra (localizado aproximadamente de 15 a 30 centímetros abaixo das solas dos pés) e o chacra da raiz (localizado na base da espinha). Elas podem ser úteis no trabalho com os aspectos densos do corpo, tais como ossos e tecidos; ou podem ser usadas para apoiar mudanças nas estruturas mais consolidadas de nossas vidas, tais como o fim de relacionamentos de longa duração, mudanças de carreira, mudança de casa ou mudanças no corpo físico. Essas pedras também ajudam a equilibrar as emoções relacionadas aos aspectos densos de nossas vidas, tais como sobrevivência física, ligação ao corpo e sensação de ser capaz e responsável.

Quando você trabalha com uma pedra do elemento Terra, seja em meditação ou simplesmente tendo a pedra dentro de sua aura, você perceberá que esses aspectos de sua vida se tornam enfatizados. Isso o ajuda a tornar-se mais consciente do que precisa ser alterado em sua vida para que esses aspectos entrem em equilíbrio e harmonia.

As pedras do elemento Fogo ajudam a fortalecer e equilibrar os sistemas de energia do corpo. Elas governam o fluxo de energia pelos meridianos, a vitalidade dos chacras e, em um nível mais físico, os sistemas reprodutivo, digestivo e endócrino. As pedras do elemento Fogo afetam aspectos do corpo como digestão e metabolismo, equilíbrio hormonal, questões glandulares, de função sexual e desejo, de fertilidade. O elemento Fogo governa como vivenciamos a energia e como colocamos nossa energia no mundo. Nosso segundo chacra (área do umbigo) e o terceiro chacra (plexo solar) são nossos reguladores de energia do elemento Fogo. Em um nível emocional, as pedras do elemento Fogo lidam com o modo como usamos nossa vontade e poder pessoal, nossa criatividade e expressão sexual, nossa habilidade para agir a fim de alcançar nossos sonhos e desejos, e questões de raiva e medo. Essas pedras tendem a estimular o corpo e o campo energético.

As pedras do elemento Fogo tendem a enfatizar questões de criação e manifestação. Para manifestar algo, uma pessoa precisa ser capaz de agir em direção à sua visão. Se existe falta do elemento Fogo, a autodireção em geral sofre e a habilidade da pessoa para criar e manifestar-se no mundo é comprometida. Quando você trabalha com pedras do elemento Fogo, pode esperar ter experiências que irão mostrar-lhe onde sua energia pessoal pode estar bloqueada ou mal utilizada. Ao trazer o elemento Fogo de volta ao equilíbrio, você pode sentir-se mais fortalecido, criativo e excitado com a vida.

O elemento Água governa o corpo emocional, o sistema circulatório, linfático e os fluidos do corpo. Ajuda a libertar o passado e fluir em direção ao futuro, comunicar seus sentimentos e verdades para os outros, e sentir mais amor e compaixão. O elemento Água governa o quarto chacra (coração) e o quinto chacra (garganta). Quando o elemento Água está desequilibrado, a pessoa pode ter dificuldade para expressar seus pensamentos, opiniões ou sensações. Os relacionamentos podem sofrer pela falta de comunicação. Em um nível físico, praticamente todo o sistema circulatório e as questões do coração nascem do desequilíbrio do elemento Água. Quando você trabalha com pedras do elemento Água, pode esperar aprender como se comunicar com mais eficiência e como expressar seu eu verdadeiro. Podem surgir situações em sua vida que farão com que você desenvolva a habilidade para se expressar ou criar limites emocionais. Pedras do elemento Água ajudam na manutenção de um equilíbrio emocional saudável e são usadas com frequência para aliviar depressão, medo excessivo, disfunções de sono e hiperatividade. Em geral elas são as pedras focadas quando surgem questões de relacionamentos, ou quando uma pessoa deseja atrair um parceiro de relacionamento.

O elemento Ar governa o aspecto mental e abre os portais para o mundo do espírito. Ele traz mensagens do reino do espírito na forma de visões, informação ou "pressentimentos". O elemento Ar governa o sexto chacra (terceiro olho) e o chacra coroa (no topo da cabeça). Esses são os portais para a visão espiritual e os processos mentais. Em um nível físico, o elemento Ar governa o sistema respiratório e a cognição mental. As pedras do elemento Ar estimulam o sistema respiratório e melhoram a função cerebral e as habilidades mentais. Elas são muito usadas para facilitar a meditação, para apoiar o estudo e aprendizado e para melhorar a claridade mental. Essas pedras são excelentes para uso em trabalhos respiratórios, cura do uso do tabaco e para dificuldades respiratórias em geral. Elas tendem a aguçar a mente, a melhorar o foco mental e a habilidade cognitiva, e ajudar a abrir as habilidades psíquicas e intuitivas.

Quando você trabalha com pedras do elemento Ar, pode esperar aprender sobre manutenção do foco, adquirir novas habilidades, expressar seu conhecimento e abrir suas habilidades intuitivas e psíquicas.

O elemento Tempestade, na realidade, é uma energia criada pela combinação sincrônica de frequências dos outros quatro elementos. A energia da tempestade pode ativar qualquer chacra ou nível do corpo, mente ou espírito, porque ela carrega as energias de todas as forças elementais. Em geral, o elemento tempestade está relacionado ao chacra da Estrela da Alma, localizado aproximadamente a 15 centímetros acima da coroa da cabeça. Esse é o chacra com que vivenciamos nossas energias espirituais e intuições mais elevadas.

Pedras do elemento Tempestade são usadas quando se convocam transformações massivas, limpeza e equilíbrio dinâmico radical. Essas pedras, em geral, funcionam em muitos níveis diferentes, afetando todos os sistemas do corpo e energias elementais. Elas são usadas apenas por períodos de tempo curtos e em circunstâncias em que alguém está pronto para mudanças tremendas. Em geral, trazem à tona padrões profundos para ser compreendidos em nível consciente e depois eliminados.

Quando você invoca a tempestade utilizando pedras desse elemento, pode esperar mudanças em seu mundo exterior e também em seu mundo interior. As pessoas muitas vezes relatam mudanças radicais em suas vidas quando essas pedras são utilizadas. O que não estiver em alinhamento com o estado de equilíbrio dinâmico perfeito será eliminado pelas energias do elemento Tempestade dos Aliados Cristal.

Algumas pedras portam uma combinação de energias elementais porque sua composição química e vibração permitem que elas ressoem em uma variação ampla de frequências. Você notará quando ler este livro que algumas pedras têm mais de uma designação elemental. Em tais casos, essas pedras podem ser usadas para qualquer das propriedades dos elementos. Uma vez que você tenha identificado a força elemental geral que requeira equilíbrio, é melhor usar sua intuição para escolher a pedra exata ou combinação de pedras para lidar com suas necessidades específicas.

A prática da utilização do modelo elemental com cristais e pedras é mais profunda do que este capítulo pode cobrir. Meus estudantes de Terapia de Ressonância do Cristal levam um ano de estudo para se tornar proficientes nas interações e aplicações dos elementais. Com o conhecimento básico das pedras e das energias elementais que eu forneci aqui, você deverá ser capaz de começar sua própria exploração desse sistema poderoso de aplicação da energia do cristal. Eu desejo-lhe bênçãos luminosas em sua jornada com seus Aliados Cristal!

ACMITA

PALAVRAS-CHAVE: Limpeza, proteção, energia, confiança
ELEMENTO: Terra, Fogo.
CHACRAS: Todos.

A Acmita é um silicato mineral ferroso de sódio, com uma dureza de 6. Seu sistema de cristal é monoclínico e forma cristais colunares e prismáticos que, de vez em quando, estriam em terminações pontiagudas. É de cor escura, em geral negra, esverdeada negra ou marrom e negra. Ocorre mais comumente em rochas vulcânicas ricas em base alcalina. É encontrada na Groenlândia, Rússia, Canadá, África do Sul e Estados Unidos.

ROBERT SIMMONS: Os cristais de Acmita são ferramentas maravilhosas para remover as energias negativas ou presas de todos os níveis do corpo e ativar o fluxo positivo que deveria estar lá. Cristais de Acmita são excelentes para proteção, e também ajudam a pessoa a encontrar coragem para tornar sua Luz interior brilhante, mesmo em lugares escuros e negativos. Essas são pedras de confiança e força, transportando o conhecimento de que a Luz não tem o que temer das sombras, mas que a Luz, de fato, é a cura da escuridão. Existem poucas pedras tão eficientes quanto a Acmita para quebrar a ligação das entidades negativas ao corpo etéreo de alguém. Tais ligações não são normais em indivíduos saudáveis e equilibrados, mas qualquer um pode se tornar vulnerável em momentos de medo ou raiva intensos. Ligações negativas também podem se enraizar, se a pessoa cria buracos no campo protetor da aura pelo abuso de álcool ou drogas, ou fumar cigarros (embora o efeito seja mais gradual). Carregar ou usar Acmita pode ser uma medida de quebra-galho eficiente para forçar a libertação dessas energias vampíricas, e trabalhar com Acmita em arranjos no corpo ou em conjunto com outras modalidades de energia de cura sutis pode, com o tempo, regenerar o escudo áurico de proteção que foi prejudicado.

A Acmita combina muito bem com a Moldavita, que melhora seus poderes de banir entidades negativas. O Tectito Tibetano e o Azeztulite ajudam a Acmita a curar e equilibrar o campo áurico e a infundi-lo com vibrações elevadas de energias espirituais. A Acmita é um dos minerais que compõem a Pedra Nébula, então também trabalha muito bem com ela.

NAISHA AHSIAN: A Acmita tem a habilidade de limpar a aura, conduzir uma faixa ampla de frequências de luz para dentro dos sistemas de energia e proteger a pessoa de doenças e desequilíbrios energéticos causados por fontes de radiação como as ELF (ondas eletromagnéticas de frequência extremamente baixas), campos eletromagnéticos feitos pelo homem, de computadores a eletrônicos, e outras fontes de radiação, naturais ou artificiais.

A Acmita permite que as ondas de energia de frequência elevada permeiem a aura, ao mesmo tempo em que aterra aquelas frequências nos domínios da manifestação e do corpo físico. Ela age como uma antena para ondas de luz de alta frequência, coletando e focando essas ondas em forma concentrada, o que tem um efeito direto sobre os níveis de energia manifestos. Cristais de Acmita são ferramentas maravilhosas para usar em cura, quando a pessoa necessita trazer densidades, entidades ou nuvens de energia negativa em ressonância com energias de luz de alta frequência. Ela é eficiente no tratamento de desequilíbrios elétricos do corpo e do sistema nervoso, e pode ser usada como um escudo protetor contra qualquer tipo de radiação negativa – física, emocional ou energética. A Acmita também pode ser usada como auxiliar no despertar da energia da kundalini e pode ajudar a estabilizar o campo de energia da pessoa, quando ela se movimenta pela ativação da kundalini. É excelente para ajudar a "ajustar" a sintonia energética ou novos padrões energéticos na aura.

ESPIRITUAL: A Acmita ajuda a pessoa a "ver a luz" quando deprimida e desesperançada, infeliz ou com seus pensamentos alinhados de outros modos com energia negativa. Ela pode ajudar a pessoa a identificar seus pensamentos e atitudes negativas e a mudar essas energias para expressões mais positivas. Ela transporta as energias da ação iluminada, compreensão cármica e compromisso espiritual.

EMOCIONAL: As propriedades espirituais e emocionais da Acmita têm uma ligação muito próxima. Essa aliada pode assistir na evolução de padrões emocionais negativos como censura, vergonha, culpa, inutilidade e autopiedade. Ela ajuda a pessoa a encontrar a energia e determinação para expressar positivamente sua energia no mundo. Pode ser muito útil para os que estão quebrando hábitos de adição por sua habilidade para ajudar a revelar as raízes emocionais de tal comportamento.

Quando alguém se torna ressonante com a energia da Acmita, existe uma elevação da consciência das questões e carma da pessoa em torno do uso do poder. Quando essa informação tiver sido processada e integrada, as energias da Acmita estimularão as experiências que auxiliem a pessoa a reparar seu poder e receber orientação para a aplicação apropriada desse poder.

FÍSICO: A Acmita trabalha com o fígado, o baço e a vesícula biliar. Ela auxilia o corpo a processar e eliminar toxinas nos níveis físicos e energéticos. A energia desse mineral acelera os sistemas elétricos do corpo, estimulando os chacras e irradiando o campo de energia. A Acmita é uma pedra excelente para usar como apoio para a energia e resistência física geral, sendo muito útil para os que se recobram de doenças ou ferimentos. É excelente para o uso por enfermeiras, médicos ou outras pessoas expostas às energias tóxicas dos ambientes dos hospitais.

AFIRMAÇÃO: Limpo minhas energias de toda a desarmonia e influências negativas e me movimento com determinação para minha integridade.

ADAMITA

PALAVRAS-CHAVE: Prazer, amor, criatividade, entusiasmo, perseverança.
ELEMENTO: Fogo, Ar.
CHACRAS: Plexo Solar (terceiro) e Coração (quarto).

A Adamita é um arseniato mineral de zinco com uma dureza de 3,5. A estrutura de seu cristal é ortorrômbica, e quase sempre ocorre em agregados radiais de rosetas em forma de leque. A maioria de seus espécimes tem 2,54 centímetros ou menos de diâmetro. Em geral ela tem uma cor amarelo esverdeada brilhante, mas também pode ser amarelo mel, marrom, branca, verde pálido, verde azulado ou incolor. Forma-se em partes oxidadas de veios de minério, em especial em depósitos de zinco ricos em arsênico. A maioria das peças de Adamita mais refinadas é do México e da Namíbia.

ROBERT SIMMONS: A Adamita é uma pedra para melhorar o alinhamento dos chacras do coração e do plexo solar, permitindo com isso que a pessoa coloque seus sentimentos e vontade em sinergia. Tal alinhamento é de especial ajuda para conseguir os "desejos do coração" – os aspectos da vida pelos quais alguém anseia, mas que parecem impossíveis de realizar. A Adamita acende os fogos do otimismo e da determinação, ajudando a pessoa a assumir quaisquer desafios que devam ser enfrentados, dando os saltos necessários de intuição e perseverando em meio às dificuldades. O coração é o órgão da verdade e pode ouvir o chamado do destino elevado de alguém. A vontade que emana do plexo solar, com maior frequência, segue os ditames da mente. Quando a vontade e a mente trabalham juntas sem a participação do coração, pode existir uma falta de entusiasmo – até depressão – que se espalha pela psique. Quando o coração é trazido, quando a pessoa ouve suas exortações e as segue, está no caminho da verdade pessoal, que não conhece desencorajamento, tédio ou derrota. Claro, os desejos do coração podem parecer pouco práticos e inconvenientes, mas esse é o preço da verdade. A Adamita ajuda a pessoa a transcender essas objeções e se movimentar adiante no caminho da verdadeira satisfação.

Outra das qualidades da Adamita é abrir a percepção da pessoa para o contato com os espíritos, anjos, guias e as almas dos que morreram. Esse é outro aspecto de sua ligação com o coração e o plexo solar. O amor é a corrente sobre a qual a percepção psíquica viaja com maior prontidão. A Adamita ajuda a abrir o coração para os que estão do outro lado do véu e dirigir a intenção da pessoa com foco suficiente para estabelecer e manter um canal de comunicação. Clarividentes, leitores, curadores psíquicos, praticantes de xamanismo e outros para quem a comunicação é o mais vital perceberão que a Adamita aumenta sua receptividade e sensitividade, ampliando também a clareza da mensagem enviada às entidades nos reinos de vibrações mais elevadas.

A Adamita harmoniza com as pedras do coração, Moldavita, Quartzo Rosa, Rodocrosita, Morganita e Esmeralda, e também com as pedras do plexo solar, Heliodoro, Labradorita Dourada, Enxofre e Citrino. Sua natureza brincalhona é melhorada quando a pedra é combinada com Strombolita. A Fenacita ajudará a Adamita na manifestação de visão interior sobre a realidade física, e a Granada Tsavorita auxiliará a pessoa a usar a Adamita para conseguir prosperidade financeira.

NAISHA AHSIAN: A Adamita tem relação tanto com o elemento Fogo como com o Ar, e estimula tanto os corpos energéticos como os mentais. Sua energia é de expressão alegre e de manifestação de saúde física e bem-estar emocional. Ela transporta a energia da criança interior jubilosa e do eu superior sábio, fazendo-nos lembrar tanto de nossa inocência inata como da ligação inquebrável com nossa Fonte Divina.

A Adamita é útil para estimular e apoiar as glândulas suprarrenal e tireoide, acrescentando energia e vitalidade ao corpo físico e à aura. Ela pode ajudar a limpar a energia letárgica do sistema de meridianos e dos canais de energia no interior do corpo, bem como do corpo emocional e da aura. A Adamita também estimula as glândulas pituitária e pineal, melhorando a clareza mental, o foco e acuidade da pessoa. Estimula a liberação de hormônios positivos, tais como serotonina e oxitocina, que criam uma sensação de bem-estar e expansividade.

A Adamita é um aliado excelente para os que devem manter uma energia positiva e amorosa quando em situações complexas, como daqueles que trabalham com crianças, em serviços sociais ou em cargos que exigem um serviço animado para clientes descontentes. Ela ajuda a pessoa a manter o bom humor e permite que as experiências desagradáveis passem por nós sem ser levadas para dentro do sistema de energia da pessoa.

A Adamita pode ajudar a prevenir vampirismo psíquico, uma vez que a frequência de exuberância prazerosa criada por ela é impalpável para os que se recarregam alimentando-se dos campos de energia alheios. Ela pode ser considerada uma pedra de proteção por sua habilidade de abastecer alguém diante da negatividade, mas não é uma pedra para construir muros ou manter os outros afastados. Pelo contrário, é um aliado que ajuda alguém a conseguir e desmembrar um campo de energia positivo de alta frequência que, naturalmente, transmuta a negatividade antes que ela tenha oportunidade de penetrar na aura da pessoa.

Por causa dos efeitos da Adamita no sistema endócrino e em outros sistemas do corpo, essa pedra aumenta a vitalidade e os níveis de energia em geral na pessoa, o que, por outro lado, estimula o desejo por atividade física e a habilidade de encontrar alegria na expressão física. Por essa razão, é uma auxiliar útil na fadiga e no estabelecimento de hábitos saudáveis de exercício.

ESPIRITUAL: A Adamita assiste na ligação com a fonte de criatividade e ajuda a pessoa a manter um campo de energia amoroso, positivo, que ao mesmo tempo é forte e vibrante. Pode ser usada na meditação para ajudar a resolução criativa de problemas ou trazer novas ideias. É útil na construção da confiança da pessoa na habilidade divina de conseguir tudo de que se necessite, e desse modo é uma pedra que serve para ser usada em trabalho espiritual de abundância.

A Adamita também pode facilitar à pessoa descobrir sua verdadeira paixão ou alegria na vida. Muitas vezes as pessoas ficam confusas sobre seu propósito espiritual porque não percebem que a vontade divina é que sigamos nossa maior alegria – para com isso compartilharmos e espalharmos essa alegria para os outros. A habilidade da Adamita para estimular nossa percepção do prazer, aprofundar nossa ligação criativa e auxiliar na manifestação de nossos desejos, tudo ajuda no reconhecimento e manifestação do caminho espiritual de alguém no mundo.

EMOCIONAL: A Adamita ajuda a pessoa a sair do modo passivo e entrar em um relacionamento ativo, dinâmico e expressivo com os outros e com o mundo à sua volta. Pode auxiliar a pessoa a permanecer divertida, alegre, paciente e bondosa. Ela permite à pessoa voltar a um estado de sabedoria e relacionamento com as coisas, semelhante ao da criança, ajudando-a a recuperar o sentido de curiosidade, admiração, criatividade e vitalidade. A Adamita pode ajudar a pessoa a "relaxar" e se movimentar para fora de um estado de paralisia fundada em preocupações.

A energia dessa pedra também pode ajudar a reacender a fagulha de sexualidade passional com relacionamentos amorosos, bem como ajudar casais na redescoberta da capacidade de se divertir e alegrar um com o outro.

ADAMITA

FÍSICA: No nível físico, a Adamita estimula o sistema endócrino, em especial a fluidez do amor – e hormônios relacionados à alegria. Isso pode ser de ajuda para os que se sentem deprimidos ou vivenciam sintomas intensos relacionados ao desequilíbrio hormonal como TPM, depressão de inverno, ou outros desequilíbrios cíclicos relacionados a hormônios, desordem de fadiga crônica, ou uma falta geral de energia. A Adamita é útil para encontrar alegria em exercícios e expressão física, então é uma aliada para os que precisam se religar com seus corpos ou desejam obter perda de peso ou aumentar o nível de boa forma física.

AFIRMAÇÃO: Persigo os desejos de meu coração com paixão, espírito elevado, perseverança e prazer.

ADULÁRIA

PALAVRAS-CHAVE: Tranquilidade, viagem interior, pedra da Deusa, receber orientação interior.
ELEMENTO: Ar, Água.
CHACRAS: Terceiro Olho (sexto), Garganta (quinto), Coração (quarto), Sexual/Criativo (segundo).

A Adulária (conhecida também como Pedra da Lua Adulária) é um silicato de alumínio potássico, também conhecido como da ortoclasse feldspato, com uma dureza de 6 a 6,5. Seu sistema de cristal é triclínico. É considerada por muitos como a variedade mais valiosa de Pedra da Lua, porque a Adulária é mais rara, clara e livre de fraturas e inclusões de outros tipos de Pedra da Lua. Por sua claridade interior, a Adulária é uma das poucas dentre as Pedras da Lua que pode ser lapidada, e uma gema bem cortada desse material com luz refletida de seu interior claro e faíscas iridescentes azul-brancas na superfície pode ser algo de beleza estonteante. Muitos dos melhores depósitos do Sri Lanka foram esvaziados; portanto, as boas pedras tornaram-se caras. Algum material de uma pequena jazida de Adulária excepcionalmente boa, descoberta nos Alpes austríacos por volta de 1989, ainda pode ser encontrado no mercado.

ROBERT SIMMONS: A Adulária ou Pedra da Lua Adulária é a verdadeira pedra da Deusa. Ela incorpora e emana a beleza interior e o poder do Feminino Divino e pode despertar essa energia nos que a portam ou usam. Mesmo em homens, essa pedra evoca os traços positivos doadores de vida do arquétipo feminino. Ela pode ajudar os praticantes a sentirem e canalizarem conscientemente energias de cura. Abre a pessoa para a jornada interior da autodescoberta, levando-a para as profundidades de si mesma, permitindo a liberação de padrões envelhecidos que não servem mais para seu bem maior. Ela ajuda os que desejam desenvolver clarividência, mediunidade e outras habilidades psíquicas. Pode ainda auxiliar a pessoa a curar danos ao corpo emocional, tenham as feridas acontecido na encarnação presente ou passada. Ela engendra um sentido de paz e tranquilidade e leva a visão a perceber os padrões do propósito divino nos acontecimentos da vida.

A Pedra da Lua Adulária é a "pedra de Avalon", uma gema que pode ajudar a pessoa a sintonizar com a presença eterna da ilha oculta, onde uma das formas mais puras de culto à Deusa foi praticada. De acordo com a lenda, Avalon era localizada no "outro mundo", um domínio místico coexistindo com nossa Terra, mas em um plano de vibração mais elevado, e apenas os sacerdotes ou iniciados homens podiam encontrar seu caminho lá. Avalon é também para onde se diz que o rei Artur foi levado para ser curado, depois de receber um ferimento mortal de seu filho, com sua própria espada. De acordo com a lenda, é desse reino que ele retornará um dia.

Interpretando metaforicamente essa história, pode-se dizer que o "rei interior" tanto no homem como na mulher recebeu um ferimento mortal há muitos anos, ou que o rei interior de cada pessoa é morto na infância. Nossa "Avalon" pode ser o mundo da psique, profundo, oculto, em que nosso rei ou rainha feridos esperam o toque de cura, que pode vir apenas de nós mesmos, quando enfrentamos a jornada difícil para o outro mundo. A Adulária é uma gema que emana a luz suave desse mundo, e ela pode ajudar a nos orientarmos lá. Ela clareia e sugere uma percepção calma de que podemos buscar e aceitar o que encontrarmos. Sua luz azul-branca incorpora a luz curativa do espírito, que pode nos tornar íntegros. Sua incandescência suave representa a compaixão e força do Feminino Divino, que é o presente da Adulária para nós.

A Pedra da Lua Adulária harmoniza bem com a Moldavita, Azeztulite Labradorita Dourada, Amazonita, Labradorita e outros minerais feldspatos. A Petalita e a Danburita podem ajudar a elevar sua energia a planos mais elevados de vibração. Colocar a Adulária ao lado da Pedra do Sol pode trazer um equilíbrio de polaridade masculina para as energias pronunciadamente femininas da Adulária.

NAISHA AHSIAN: A Pedra da Lua Adulária é uma pedra com a combinação dos elementos Ar e Água, que permite à pessoa canalizar orientação elevada e informação por meio do corpo emocional. Isso possibilita obter tanto "inteligência da cabeça" como "inteligência do coração" sobre qualquer assunto. A Adulária oferece à pessoa a oportunidade de obter clareza mental sobre questões em que possa estar muito próxima emocionalmente, para que as *veja* com clareza. Ao oferecer intuições lógicas para questões do coração, ela cria uma ponte entre os sentimentos e o entendimento.

A Pedra da Lua Adulária pode ajudar a perceber os padrões emocionais inconscientes que possam conduzir aqueles que são intensamente empáticos ou centrados emocionalmente. Essa aliada, com frequência, também auxilia os que são excessivamente mentais a se tornarem mais alinhados com seu eu emocional. Ela pode ajudar a diminuir o ritmo dos processos de pensamento e focar no conhecimento interior da pessoa.

O elemento Ar em geral é considerado de polaridade masculina, em razão de sua habilidade de focar o pensamento e o intelecto. O elemento Água é considerado feminino, ajudando a pessoa a se tornar mais nutridora para si e para os outros. A Pedra da Lua Adulária combina essas energias em uma mistura perfeitamente equilibrada de pensamento e sentimento. Sua energia espelha os efeitos da brisa fresca do oceano, permitindo à pessoa enfrentar o futuro com visão clara e uma consciência interior do próprio coração.

ESPIRITUAL: A energia da Pedra da Lua Adulária auxilia a ligação tanto com os reinos psíquicos (para receber orientação "externa") quanto com os reinos interiores (para receber ajuda da própria sabedoria mais profunda da pessoa). Ela estimula os chacras da garganta e do terceiro olho e pode ajudar alguém a comunicar orientação elevada efetivamente, bem como no conhecimento de suas emoções e interior. É uma pedra excelente para sensitivos, professores e conselheiros que desejam ser capazes de se dirigir tanto ao eu intelectual como ao eu emocional de seus clientes. Ela pode ser útil na liberação de bloqueios nos chacras da garganta e do terceiro olho.

EMOCIONAL: A Pedra da Lua Adulária auxilia a pessoa a tornar-se consciente de suas sensações e a organizar as emoções para uma análise profunda. Ela ajuda a equilibrar as experiências das emoções com *insights* e compreensão dos impulsos e motivações emocionais.

FÍSICO: A Pedra da Lua Adulária é um apoio excelente para a recuperação de vícios de todos os tipos. Ela pode ajudar a ganhar grande *insight* sobre os fundamentos do comportamento de adição, favorecendo à pessoa organizar os pensamentos antes de agir de modo impulsivo. Também é um excelente apoio para qualquer tipo de trabalho de aconselhamento, já que ajuda a obter *insight* intelectual sobre as emoções. Em trabalhos de cura, a Pedra da Lua Adulária pode ser usada para equilibrar o coração e os impulsos cerebrais, para criar um equilíbrio dentro do campo eletromagnético.

AFIRMAÇÃO: Movo-me entre os mundos em tranquilidade reverente, sabendo que a Deusa é meu guia.

ÁGATA

Ágata é um nome dado a inúmeras variedades de Calcedônia com faixas, um mineral do grupo dos Quartzos. Como outros minerais de Quartzo, as Ágatas têm estrutura de cristal triangular e uma dureza de 7. As pedras como Ágata Musgo e Ágata Dendrítica, por não exibirem faixa, não são Ágatas no senso estrito científico, mas aqui elas serão consideradas assim.

O nome Ágata vem do Rio Achetes na Sicília onde as Ágatas eram encontradas nos tempos antigos. As Ágatas foram descobertas com artefatos de povos neolíticos, e eram usadas pelos antigos egípcios antes de 3000 a.C. As pedras também eram utilizadas em joalheria na antiga Índia. As Ágatas nativas formaram a base da indústria de polimento e lapidação alemã, que floresceu dos séculos XV a XIX, e ainda existe hoje em dia.

Em termos metafísicos, as Ágatas em geral são conhecidas como pedras de baixa intensidade e frequência vibratória mais lenta do que algumas outras, mas isso não é considerado um defeito. Em vez disso, elas devem ser consideradas estabilizadoras e fortalecedoras de influências que podem ajudar alguém a construir uma ligação ou ressonância duradouras com qualquer padrão de energia que uma variedade represente. A ampla variedade de Ágatas oferece um vasto espectro de escolhas.

ÁGATA AZUL DE HOLLY

PALAVRAS-CHAVE: Trazer o espírito para a matéria, estimular habilidades psíquicas, explorar as "dimensões verticais".
ELEMENTO: Ar.
CHACRAS: Coroa (sétimo), Terceiro Olho (sexto), Coração (quinto).

A Ágata Azul de Holly é uma pedra azul-violeta, encontrada perto de Holly, no Oregon. É uma das variedades mais raras de ágata e é muito valorizada por sua cor intensa. É uma joia de joalheria popular.

ROBERT SIMMONS: A Ágata Azul de Holly transporta as vibrações mais elevadas de todas as Ágatas. Ela é uma pedra para aterrar as energias espirituais no mundo físico e pode ser usada para ligar os "corpos" altamente espirituais ao eu físico, para que a pessoa possa experimentar uma consciência de múltiplos níveis. A Ágata Azul de Holly ressoa com as "dimensões verticais" e concede à pessoa movimentar-se para cima e para baixo da escala, vendo a perfeição da operação simultânea dos muitos níveis de consciência que é possível se perceber. Ela ativa os centros psíquicos no cérebro, melhorando PES, sonhos lúcidos, mediunidade e outras habilidades paranormais. Ela também ajuda a pessoa a "ouvir" as orientações de seus guias espirituais.

ÁGATA

NAISHA AHSIAN: A frequência da Ágata Azul de Holly estimula os chacras do terceiro olho e da coroa e liga as energias do coração e da mente. Ela auxilia a abrir habilidades físicas e intuitivas, enquanto fornece proteção contra interferência de energias negativas no trabalho psíquico. A Ágata Azul de Holly ajuda a pessoa a entender as lições por trás de experiências emocionais e a deixar para trás as ligações emocionais com o passado. Pode também facilitar a meditação e a oração ao abrir os chacras mais elevados e ligá-los ao coração.

ESPIRITUAL: A Ágata Azul de Holly vibra em um nível mais elevado que as outras ágatas, portanto ela é capaz de harmonizar as energias espirituais mais elevadas com a densidade do corpo e da vida da pessoa na Terra. Na meditação da kundalini, ela ativa a "pérola azul" – uma experiência de despertar interior que se manifesta primeiro com a visão de um ponto de luz azul elétrico que parece ativar a consciência como se flutuasse a 30 ou 60 centímetros em frente ao chacra do terceiro olho. Essa pedra ativa os centros psíquicos do cérebro, tornando possível uma gama ampla de experiências de clarividência e percepções sutis. Ela pode ativar a dádiva da visão presciente, que pode ser melhorada pelo seu uso com a pedra da profecia.

EMOCIONAL: A transmutação das emoções pela maior consciência espiritual é a dádiva da Ágata Azul de Holly. Essa pedra expande a consciência a um ponto de vista mais cósmico, para que a pessoa perca o desejo de ficar nervosa ou ansiosa com questões menores. Ela traz a sensação de calma, uma percepção de que "tudo está bem com o mundo", mesmo em épocas de dificuldades. Ela facilita a empatia e a compaixão pelos outros e encoraja atos de generosidade e bondade. Ela é útil para professores e todos aqueles cujo trabalho demanda paciência e autocontrole.

FÍSICO: Por sua afinidade com os chacras superiores, a Ágata Azul de Holly limpa energias bloqueadas que podem trazer dores de cabeça, nervosismo, ansiedade e impedimentos de fala ou performance mental relacionados à ansiedade. Ela é calmante para o cérebro e pode ajudar a mudar o centro da consciência dos "centros de sobrevivência" na parte de trás do cérebro para o lobo pré-frontal – o centro da consciência elevada. Pode ser usada para trazer calma e maior clareza de pensamento para os que têm demência, psicoses ou outras disfunções mentais/emocionais/espirituais.

AFIRMAÇÃO: Abro-me aos múltiplos níveis de consciência e minhas habilidades espirituais crescem e expandem-se.

ÁGATA AZUL ELLENSBURGO

PALAVRAS-CHAVE: Comunicação eloquente da verdade do coração, relaxamento do chacra da garganta, calmante da mente, abertura da visão psíquica.
ELEMENTO: Terra, Água.
CHACRAS: Garganta (quinto) e Coração (quarto).

A Ágata Azul Ellensburgo é um nódulo amigdaloide ou tipo de Ágata Geodo encontrada no município de Kittitas, perto de Ellensburg, Washington. É valiosa por sua cor, que vai de um azul-celeste pálido a um azul intenso de flor de milho, a um azul-violeta profundo. Foi depositada por movimentos glaciais; portanto, a verdadeira localização de sua origem é desconhecida. Na história, a Ágata Azul Ellensburgo foi muito estimada pelas tribos dos nativos americanos do noroeste. Em alguns casos, era permitido apenas ao chefe usar uma e, em todo caso, era necessário que pelo menos o chefe tivesse uma dessas Ágatas. Quando os colonos europeus chegaram, os nativos tentaram comercializar seu tesouro azul com seus novos vizinhos, mas os colonos tiveram pouco interesse pelas pedras azuis bonitas. Hoje em dia a Ágata Azul Ellensburgo é procurada por moradores locais e visitantes da região de Ellensburg, atingindo preços elevados em joalherias. Uma revista nacional disse ser da Azul Ellensburgo "a terceira gema mais rara no mundo".

ROBERT SIMMONS: A Ágata Azul Ellensburgo é uma pedra benéfica para o chacra da garganta, transferindo para quem a usa uma habilidade aprimorada de ver e falar a verdade sem se preocupar com as consequências. Ela liga a garganta ao coração, permitindo à pessoa que comunique o que o coração sabe. Essa pedra também pode ajudar os artistas, poetas e músicos a expressarem os tesouros de suas almas com eloquência e as mensagens da Alma do Mundo que vêm por meio deles.

A Ágata Azul Ellensburgo emana a vibração da paz, relaxando o corpo emocional e liberando o estresse da psique. Ela pode ser usada para curar queimaduras, febres baixas e acalmar temperamentos explosivos. É um excelente antídoto para excesso de paixão destrutiva, que é o resultado de julgamentos negativos. Essas pedras oferecem compaixão e perdão, em vez de indignação justificável. Mesmo assim, quando isso acontece, a pessoa não perde a verdade em uma nuvem de ingenuidade – pelo contrário, ela percebe a verdade profunda do sofrimento dos outros de um modo que leva, inevitavelmente, à compaixão.

As nuanças mais profundas da Azul Ellensburgo também podem estimular o terceiro olho, ativando as habilidades psíquicas e visões interiores, assim como o chacra da coroa, para purificação espiritual e ligação com o corpo da alma.

A Ágata Azul Ellensburgo trabalha em sinergia com a Tugtupita, trazendo paixão e eloquência à expressão da verdade pela pessoa. Ela pode ser combinada com a Nuummita para facilitar uma exploração profunda, para dentro de si e da história de sua alma. Com a Pedra Gaia (também de Washington), encoraja a expressão clara do anseio belo e silencioso que vem do coração da Terra.

NAISHA AHSIAN: A Ágata Azul Ellensburgo é uma representante bela e poderosa da tribo mineral do raio azul. Ela é uma transportadora das energias dos elementos Ar e Água, ajudando a pessoa a sintonizar as mensagens do espírito e acalmando a mente para a meditação. Sua energia estimula gentilmente o terceiro olho e o chacra da garganta, facilitando a comunicação de verdades elevadas e *insights*. Essa energia aliada ajuda a moderar a tagarelice do diálogo interno e focar e acalmar a mente, para que a pessoa possa vivenciar com mais facilidade a experiência meditativa ou de estados de transcendência. Ela ajuda a pessoa a relaxar ansiedades e medos na medida em que expande a consciência com suavidade e cria uma sensação de alívio, relaxamento e leveza.

A Ágata Azul Ellensburgo também é uma faxineira gentil e abridora do chacra da garganta. Sua frequência pode ajudar a reconhecer onde pode ter se originado o medo de falar de alguém. Pode auxiliar a pessoa a ser mais confiante ao falar o que para ela seja verdadeiro, e mais disposta a compartilhar suas opiniões ou experiências.

ESPIRITUAL: A Ágata Azul Ellensburgo promove uma ligação suave com os reinos mais elevados ao acalmar a mente e auxiliar a pessoa a meditar. Ela pode ajudar alguém a se ligar com as energias e comunicação angelicais e encorajar a pessoa a compartilhar seus *insights* e informações com os outros.

EMOCIONAL: A Ágata Azul Ellensburgo é calmante para o corpo emocional e ajuda a pessoa a liberar ressentimento, raiva, medo e outras emoções constritivas. Pode ajudar a pessoa a colocar de lado ansiedades e dúvidas e encorajar o otimismo e a expansividade.

FÍSICO: A Ágata Azul Ellensburgo pode ser usada em casos de eczema, psoríase, dermatite e outras irritações e infecções da pele. Ela acalma as coceiras e rigidez do couro cabeludo e da pele. Essa aliada também pode ser usada para esfriar e apoiar as cordas vocais e a região da garganta.

AFIRMAÇÃO: Minha voz canta em honra às doces tristezas do coração.

ÁGATA BLUE LACE

PALAVRAS-CHAVE: Comunicação, clareza, confiança.
ELEMENTO: Água.
CHACRAS: Garganta (quinto).

A Ágata Blue Lace tem faixas em um padrão intrincado de luz azul e branca. Grande parte do melhor material vem da África do Sul. Alguns espécimes da Romênia e África do Sul têm camadas de minúsculos cristais drusi que rebrilham. A Ágata Blue Lace está disponível no mercado na forma de pedras roladas, contas e cabochão para joalheria.

ROBERT SIMMONS: A Ágata Blue Lace é benéfica para os que têm dificuldade em se fazer ouvir pelos outros ou que desejem se tornar mais articulados em sua fala. Ajuda a pessoa a "encontrar as palavras" para compartilhar sua verdade maior com os outros e auxilia a construir a confiança necessária para levantar-se e falar em todas as situações. Ela ajuda a instilar clareza de pensamento e uma resolução firme a respeito das ideias e objetivos que importam mais. É uma pedra de melhoria da lealdade e confiança nos méritos.

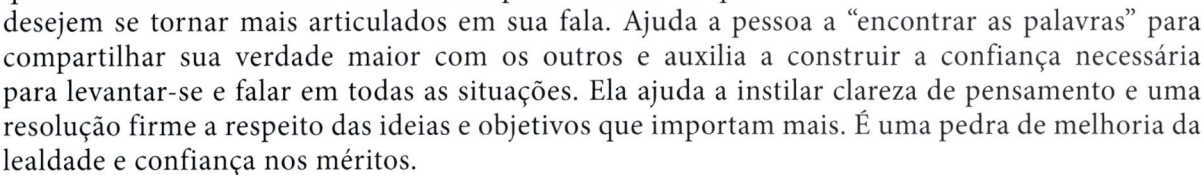

Muitas pessoas trabalham agora para viabilizar conscientemente a realidade que desejam que seja sua, e uma das ferramentas para isso é o uso da afirmação verbal. A ideia de que nosso mundo é como é "porque nós afirmamos ser assim" é tão revolucionária quanto verdadeira. Para os que trabalham com afirmações, a Ágata Blue Lace pode ser uma ferramenta excelente, porque ela fortalece o chacra da garganta e amplifica o poder do que vem por ele. Como outras Ágatas, a Blue Lace funciona de uma maneira lenta e constante. Ela pode não tornar o sonho realidade da noite para o dia, mas ajuda a pessoa a manter a determinação enquanto a transformação está em progresso, e aumenta o efeito de nossos esforços.

NAISHA AHSIAN: A frequência da Ágata Blue Lace abre e clareia o chacra da garganta, ajudando a ligar a comunicação da pessoa com sua orientação superior. É a "pedra do diplomata", por causa de sua habilidade de auxiliar a pessoa a falar sobre seus pensamentos e coração de modo que os outros possam ouvir. A Ágata Blue Lace pode ajudar a comunicação em situações em que as palavras enraivecidas devem ser evitadas e a compreensão clara, promovida.

A pedra ajuda os que têm dificuldade para expressar-se pelo medo do julgamento dos outros ou por suas próprias inseguranças. A Ágata Blue Lace concede uma abertura suave do chacra da garganta e a fala sobre as ideias, verdades e crenças da pessoa. Pode ajudar os que temem falar em público ou compartilhar suas ideias ou pensamentos com estranhos. Ela pode ajudar a pessoa, com gentileza, a visualizar suas próprias crenças sobre a importância de sua contribuição no mundo e superar programações feitas na infância de que a pessoa deveria ser "vista, mas não ouvida".

A Ágata Blue Lace também é útil para equilibrar o chacra da garganta dos que são incapazes de parar de falar ou tendem a falar antes de pensar nas consequências e efeitos de suas palavras no mundo. Essa aliada gentil pode auxiliar esses indivíduos a encontrar a beleza do silêncio interior e a ter mais discernimento sobre as palavras e pensamentos que eles compartilham com outros. Pode auxiliar os que são incapazes de manter um segredo a compreender e obedecer a santidade da confiança na comunicação.

A Ágata Blue Lace também é uma pedra excelente para os que são incapazes de discernir a verdade da falsidade. Ela é excelente para crianças imaginativas, que tendem a criar histórias e apresentá-las como verdade, ajudando-as a se tornarem mais claras sobre se um acontecimento é real ou imaginário.

A Ágata Blue Lace também oferece apoio energético para os que constantemente usam a comunicação em seu trabalho. Ela é uma pedra excelente para apresentadores de *workshops* ou palestrantes, professores ou qualquer pessoa que deve falar com consistência, de maneira clara e inteligível. Ela ajuda a proteger o chacra da garganta do excesso de estímulos e pode ser útil contra gargantas irritadas, laringite ou outras inflamações relacionadas ao chacra da garganta.

ESPIRITUAL: Espiritualmente, a Ágata Blue Lace nos ensina que nossas palavras criam nossa realidade e podem ser um reflexo de nosso eu superior. Ela é uma pedra gentil e tranquilizante, que pode facilitar a comunicação com guias em meditação, em especial ao buscar informação e orientação específicas. Ela pode ajudar a pessoa a compreender a importância de comunicar sua verdade, conhecimento, compreensão e sabedoria. A Ágata Blue Lace também pode ser usada no terceiro olho, para acalmar uma mente excessivamente ativa e auxiliar a acalmar e parar os pensamentos da pessoa.

EMOCIONAL: A Ágata Blue Lace é calmante e centradora. Ela pode ajudar a tranquilizar disposições nervosas ou temerosas e acalmar crianças superestimuladas. A Ágata Blue Lace auxilia a pessoa a compreender a importância de suas palavras na criação de sua realidade. Ela pode facilitar a identificar hábitos e padrões negativos de fala e a mudar seu diálogo interior, para que seja mais positivo e animador. Ela pode ajudar pessoas tímidas a colocar suas ideais e compartilhar seu conhecimento e sabedoria com os outros. Ela pode assistir indivíduos excessivamente verbais a acalmar sua adição a falar, ajudando-os a focar em dizer apenas o que precisa ser dito.

FÍSICO: A energia tranquilizante da Ágata Blue Lace pode ser empregada para garganta irritada, laringite ou outras inflamações na região da garganta. Ela equilibra o timo e as glândulas da tireoide e ajuda a acalmar a hiperatividade. É uma pedra excelente para crianças com dificuldade para comunicar-se ou que possam ter dificuldades para dormir em razão de medo excessivo.

AFIRMAÇÃO: Eu comunico minhas ideias com clareza, convicção e eloquência irresistível.

ÁGATA DENDRÍTICA

PALAVRAS-CHAVE: Crescimento e sabedoria pelo trabalho interior.
ELEMENTO: Terra.
CHACRAS: Todos.

A Ágata Dendrítica não tem faixas e, portanto, não é estritamente uma Ágata em termos científicos. Ela retira seu nome da palavra grega que significa "parecida com árvore", e isso é quase uma descrição dessas pedras. Em geral elas são incolores, brancas ou cinzentas (embora algumas sejam de um roxo claro adorável). Possuem inclusões de ferro ou manganês parecidas com árvores ou samambaias. As inclusões são chamadas dendritos. A maioria das Ágatas Dendríticas vem do Brasil, Índia ou Estados Unidos. Algumas roxas adoráveis são encontradas no Oregon.

ROBERT SIMMONS: As Ágatas Dendríticas são ferramentas ideais para aumentar a força do eu com o trabalho interior. Aqueles envolvidos em terapia, prática de meditação, renascimento, programas de 12 passos ou qualquer outro caminho de trabalho interior sério descobrirão que a Ágata Dendrítica é um talismã útil. Carregar ou usar uma dessas pedras ou mantê-la em seu altar auxiliará a pessoa a dar, dia a dia, os passos necessários para atingir os *insights* e as mudanças de comportamento desejadas. A Ágata Dendrítica ajuda a pessoa a manter uma atitude positiva, embora não irrealista, enquanto passa pelas transformações necessárias. Também auxilia a manter a pessoa em contato com o mundo físico, para que não viva apenas em seus pensamentos e processos mentais. Essas pedras podem ajudar a reduzir o estresse em tempos difíceis, promovendo uma aceitação benevolente das circunstâncias, ao mesmo tempo em que oferece ajuda de longo prazo na melhoria delas. As variedades roxas de Ágata Dendrítica são especialmente boas escolhas para a purificação do corpo e campo energético, e para trabalhar em direção à transformação espiritual.

ÁGATA

NAISHA AHSIAN: A Ágata Dendrítica ajuda a pessoa a perceber as limitações autoimpostas e os padrões criados a partir da experiência pessoal. Essa aliada facilita a percepção do "eu sombra" da pessoa e a integração de todos os aspectos de seu ser. Ajuda a purificar o campo de energia e auxilia a pessoa na compreensão das lições "positivas" das experiências "negativas". É uma pedra que transporta a energia para equilibrar as polaridades e pode auxiliar a pessoa a encontrar o ponto de equilíbrio e sabedoria pela integração de todos os aspectos do eu.

ESPIRITUAL: A Ágata Dendrítica abre os olhos para a marca divina do eu e para as áreas em que a pessoa falhou em ser verdadeiro àquele padrão. Auxilia a pessoa a considerar seus hábitos e comportamentos com firmeza e facilita a determinação estável e sóbria requerida para criar as "correções de curso" necessárias no caminho da vida. As variedades roxas vibram com a chama violeta da purificação espiritual, e essas são especialmente úteis para superar vícios e impulsos autodestrutivos, que se originam da apreensão inconsciente de que a pessoa "não é boa o suficiente".

EMOCIONAL: Por meio de sua ressonância com a verdade a respeito do eu, a Ágata Dendrítica auxilia a pessoa a superar as fontes de culpa, ressentimento, in*veja*, vergonha, censura e outras emoções autodestrutivas. Auxilia a ver e perdoar experiências e pessoas que colocaram os padrões em ação, e permite à pessoa formar um ponto de vista novo e realista de si, não fantasiados por autodepreciação injustificada nem por devaneios exaltados. Ela ajuda a ter uma "leitura de realidade" benéfica e verdadeira.

FÍSICO: Os órgãos e sistemas afetados pela tensão interna e sentimentos de indignidade se beneficiarão mais diretamente da influência benévola da Ágata Dendrítica. Essas pedras permitem à pessoa liberar o estresse, superar vícios e interromper padrões repetitivos de emoções tóxicas, que podem consumir e exaurir o organismo. Em especial, essas pedras podem ajudar os que trabalham para superar dor nas costas, muitas vezes causada pelo desejo inconsciente de evitar confrontar sentimentos difíceis.

AFIRMAÇÃO: Assumo o compromisso de fazer o trabalho interior que traz a verdade, o crescimento e o equilíbrio para minha vida.

ÁGATA DE FOGO

PALAVRAS-CHAVE: Vitalidade, sexualidade, criatividade, vontade.
ELEMENTO: Fogo.
CHACRAS: Raiz (primeiro), Sexual/Criativo (segundo), Plexo Solar (terceiro).

A Ágata de Fogo é o nome dado a uma gema multicolorida brilhante que combina uma base de um tom marrom profundo com lampejos de laranja, vermelho, verde e dourado que parecem labaredas de fogo vivo. As melhores pedras vêm do México. As cores iridescentes da Ágata de Fogo são produzidas pela interferência da luz em camadas finas de cristais regulares de óxido de ferro dentro da Calcedônia.

ROBERT SIMMONS: As Ágatas Fogo vibram com a vitalidade do mundo físico e são ferramentas ideais para os que precisam ter uma "experiência no corpo". Entre o segmento espiritualmente inclinado da população, existem muitos que tentam, ou desejam, evitar as dificuldades desordenadas e dolorosas da vida escapando para os domínios mais elevados. Infelizmente, em geral, o preço pago é alto, e a pessoa pode tornar-se alguém alienado da realidade, com baixa energia, que rebrilha com luz espiritual, mas não gera calor suficiente para realizar nada. Para aqueles dentre nós que lamentam dizendo que não gostam muito da Terra e querem voltar para casa, a Ágata de Fogo é um remédio ideal. Aqui está uma pedra que pode nos ajudar a nos lembrarmos de por que as filas que pessoas fizeram pela oportunidade de nascer neste planeta foram tão longas. A Ágata de Fogo desperta os chacras mais inferiores e enche a pessoa de entusiasmo pela vida. Ela acende os fogos interiores da força da vida, criatividade, sexualidade e vontade. Ela ativa os sentidos e aumenta o prazer tirado da vida cotidiana. Ajuda a pessoa a entrar totalmente no corpo. A Ágata de Fogo auxilia a pessoa a tornar real o plano divino de seu propósito de vida.

NAISHA AHSIAN: A cor mutável do fogo, parecida com a chama da Ágata de Fogo, estimula o primeiro, segundo e terceiro chacras. Essa pedra auxilia a pessoa a realizar ações decisivas em circunstâncias pouco claras. Ela concede a manifestação da orientação divina pela ação e pode ajudar em todos os aspectos de trabalhos de manifestação. É uma pedra da criatividade e expressão, e é especialmente boa para superar bloqueios artísticos de todos os tipos. A Ágata de Fogo pode estimular a energia sexual e física, e aumentar a estamina e a circulação. Trata-se de uma pedra que aquece, ótima no tratamento vibracional de problemas de circulação, letargia, falta de energia ou depressão. Ela também é útil para trabalhar com desequilíbrios sexuais, inclusive impotência e medo de intimidade sexual.

ESPIRITUAL: A Ágata de Fogo alinha o corpo etéreo com o físico, ajudando a pessoa a ficar aterrada, revitalizando a troca de energias espiritual e física pelos corpos sutis do ser. Uma vez que tudo é fluir e processo, a melhoria desse intercâmbio é energizante para a alma e também para o organismo. A Ágata de Fogo abre os canais da criatividade, para que a inspiração divina possa fluir pela pessoa para toda atividade e expressão artística.

EMOCIONAL: Essa pedra coloca a pessoa em contato com o ânimo pela vida e, com isso, ela vivencia um aumento de paixão, uma intensificação de todas as emoções e uma religação com seus desejos mais profundos. A pedra ajuda a encontrar a coragem para correr riscos, realizar o estímulo interior que pede um envolvimento mais apaixonado com a vida. Ela é ideal para despertar a pessoa do estupor da rotina monótona e pode banir sensações de resignação ou desesperança. Quando alguém está usando a Ágata de Fogo, ela também pode excitar as emoções dos outros, algumas vezes facilitando a atração entre parceiros.

FÍSICO: A Ágata de Fogo estimula o corpo etéreo, renovando o corpo por suas ligações com todos os pontos meridianos. Ela é a pedra da eterna juventude, trazendo uma nova sensação de vitalidade para toda a saúde da pessoa. Ela estimula os chacras raiz e sexual e pode ser útil para curar disfunções dos intestinos e dos órgãos sexuais. Por meio do terceiro chacra, ela acende o "fogo na barriga" benéfico para ampliar a eficiência digestiva. Pode ainda aumentar a fertilidade tanto nas mulheres como nos homens.

AFIRMAÇÃO: Abraço meu corpo e o mundo físico, retirando prazer e alegria de toda a minha vida.

ÁGATA MUSGO

PALAVRAS-CHAVE: Estabilidade, persistência, aterramento.
ELEMENTO: Terra.
CHACRAS: Raiz (primeiro), Coração (quarto).

A Ágata Musgo não é uma ágata verdadeira, tecnicamente, porque não tem faixas. É uma Calcedônia com inclusões dendríticas de minerais com cor verde-musgo. Pontos em vermelho também ocorrem em alguns espécimes. Muitas das melhores Ágatas Musgo vêm da Índia. No mercado, as Ágatas Musgo são disponíveis como pedras roladas, contas e cabochões.

ROBERT SIMMONS: Ágata Musgo é uma dessas pedras que seria benéfica para praticamente todo mundo. Sua energia é modesta, porém saudável. Emana as vibrações de equilíbrio e estabilidade no reino físico. É uma pedra excelente para indivíduos que convalescem de uma doença ou para os que estão se "recobrando" de vícios. Como a tartaruga na antiga fábula, o lema da Ágata Musgo é "devagar e sempre se ganha a corrida". A Ágata Musgo pode auxiliar os que se sentem sem chão ou instáveis. Ela melhora a concentração mental, persistência, constância e a capacidade de atingir os objetivos. Pode ser usada como um talismã para aumentar a eficiência dos treinamentos físicos e até do fisiculturismo. Meditando com Ágata Musgo, pode-se projetar a imagem de um objetivo ou plano completado na pedra, e a pedra aumentará a energia da intenção da pessoa, auxiliando com isso que ela alcance o alvo.

NAISHA AHSIAN: A energia clara e profunda da Ágata Musgo auxilia a pessoa a se ligar à energia da Terra e dos reinos dévicos. A pedra traz para o chão, no sentido de ajudar a pessoa a se ligar à Terra, ao mesmo tempo em que estimula o contato psíquico com os elementais e os espíritos da natureza. A Ágata Musgo pode ser empregada para ajudar a trazer ideias e conceitos à realidade por sua influência sedimentadora. É uma pedra excelente para uso em trabalho de abundância, já que promove percepção de todas as coisas que estão sendo fornecidas a nós dentro da criação. Sua energia é de apoio à saúde física, riqueza e compreensão espiritual de todos os aspectos do mundo natural.

ESPIRITUAL: Por suas influências para trazer para o chão e equilíbrio, a Ágata Musgo encoraja a espiritualização da vida em todos os aspectos. Ela ajuda a transmutar tendências pouco saudáveis na pessoa, as quais podem ser ligações cármicas de vidas passadas, e a encontrar a vontade para substituir esses padrões pelo plano divino de seu eu superior. Ela ajuda a tornar sonhos realidade ao auxiliar a pessoa a manter clara sua visão até que a manifestação possa acontecer. A Ágata Musgo, ao abrir os portais de comunicação com os reinos dos devas e espíritos da natureza, traz à consciência da pessoa a realidade de que o mundo em si é um ser vivo, tanto físico como espiritual.

EMOCIONAL: A Ágata Musgo auxilia a pessoa a trazer paz e estabilidade ao corpo emocional. Pode ser de grande ajuda para os que vivenciam mudanças de humor violentas e para os que se tornaram viciados no drama emocional em suas vidas. Ela pode tornar mais pacientes os com temperamento volátil e ajudar praticamente a todos a vivenciar um grande sentimento de integridade e calma interior. Tais mudanças auxiliam a desenvolver grande determinação e persistência ao lidar com os desafios diários da vida.

FÍSICO: A Ágata Musgo é uma influência estabilizante em todos os sistemas do corpo físico; ela traz harmonia e equilíbrio à circulação, digestão, atividade neuronal e órgãos viscerais pelo fortalecimento do corpo etéreo. Ela pode melhorar a acuidade dos sentidos, tornando todas as percepções mais agudas de tal modo que o próprio mundo parece ter uma presença mais vívida na consciência.

AFIRMAÇÃO: Sou equilibrado e estável, saudável e íntegro e me sinto em casa na Terra.

ÁGATA PÚRPURA SÁLVIA

PALAVRAS-CHAVE: Limpeza suave da aura, cura e fortalecimento, ligação com os guias.
ELEMENTO: Ar.
CHACRAS: Todos.

A Ágata Púrpura Sálvia é um membro da família dos Quartzos, um dióxido mineral de silício com uma dureza de 7. Seu sistema de cristal é hexagonal (trigonal). Ocorre apenas no leste do Oregon. A Ágata Púrpura Sálvia tem uma gama de cores que vai do lavanda pálido ao negro purpúreo, e muitas peças também mostram linhas negras e formações dendríticas. O material é bem duro, relativamente livre de fraturas e leva um polimento duro. Embora relativamente nova no mercado, é uma pedra popular para cabochão de joalheria.

ROBERT SIMMONS: A Ágata Púrpura Sálvia é uma pedra de orientação interior, proteção, purificação e cura. Ela emana uma vibração de raio púrpura suave, porém constante, o que a torna ideal para indivíduos que são altamente sensitivos à energia do cristal e podem ser superestimulados pelas pedras de vibração mais intensa. A Ágata Púrpura Sálvia pode ser uma bênção para tais pessoas, que necessitam dos benefícios da limpeza energética da aura e proteção contra influências ambientais negativas, mas que sentem desconforto com pedras como Ametista e Moldavita ou Cristais de Quartzo de alta energia, tais como Bastões de Laser. A Ágata Púrpura Sálvia é salutar e espiritual ao mesmo tempo em que traz para a terra. Ela pode preencher o campo áurico com Luz, mas não leva a pessoa a sair do corpo.

Quando usada em meditação, a Púrpura Sálvia facilita à pessoa o acesso a seus guias espirituais e anjos da guarda. Esses são os seres que permanecem com a pessoa por toda a sua encarnação e que são mais acessíveis para comunicação interior. A Ágata Púrpura Sálvia abre os canais para esse tipo de comunicação, eliminando qualquer interferência ou "estática" e ajudando a permanecer focado no que está vindo dessa comunicação. Essas pedras não enviam a pessoa voando para outras dimensões, mas funcionam muito bem para o trabalho mais modesto de manter a pessoa em ligação consciente com esses guias pessoais.

A Ágata Púrpura Sálvia oferece proteção psíquica pelo fortalecimento e isolamento do campo áurico da pessoa. Gradualmente, ela aumenta a quantidade de Luz espiritual na aura e repara quaisquer "buracos energéticos" que possam estar presentes. Ela harmoniza quaisquer chacras ou pontos meridianos superexcitados e traz um equilíbrio pacífico para todo o fluxo de energia. Nesse estado, a pessoa fica bem menos vulnerável a entidades psíquicas negativas ou ligações do que as pessoas são em geral, especialmente as abertas psiquicamente.

A Ágata Púrpura Sálvia facilita uma combinação dos aspectos espirituais e mundanos da vida, abrindo com gentileza a percepção da pessoa para que ela possa ver o funcionamento do espírito na realidade cotidiana. Ela ajuda a restaurar a fé, permitindo à pessoa ver que a benevolência divina está sempre presente.

A Ágata Púrpura Sálvia harmoniza com Lilás, Lepidolita, Sílica Gel de Lítio, Ambligonita e Ajoíta para a cura gradual do corpo, acalmar as emoções e purificação e fortalecimento do campo áurico. Azeztulite pode melhorar as ligações com o guia e anjos da pessoa.

NAISHA AHSIAN: A Ágata Púrpura Sálvia é uma pedra do elemento Ar, que assiste a pessoa a relaxar a resistência à iluminação espiritual. Acalma a ansiedade excessiva enquanto abre gradualmente os chacras superiores para a ligação com estados expandidos de consciência. Em geral, quando nós emergimos da escuridão física, a luz pode ser devastadora – assustadora até. Quando a pessoa emerge da escuridão espiritual, a expansão da consciência e inundação de luz também pode ser avassaladora.

A Ágata Púrpura Sálvia ajuda a tornar a abertura mais suave e encorajadora e auxilia a aliviar medos de abrir "rápido demais". A Ágata Púrpura Sálvia estimula delicadamente as habilidades psíquicas, permitindo conseguir informação mais intuitiva sem tornar a pessoa sensitiva em excesso. Ajuda a regular os chacras superiores para que o incremento na percepção possa acontecer gradualmente e ser assimilado com maior facilidade.

ESPIRITUAL: A Ágata Púrpura Sálvia ajuda a pessoa a abrir-se gradualmente para o espírito e superar medos do despertar espiritual. Ela liga com suavidade a pessoa aos seus guias superiores e influências angelicais que podem auxiliá-la a adquirir orientação sem se tornar assombrada.

EMOCIONAL: A Ágata Púrpura Sálvia anima o corpo emocional e auxilia a pessoa a libertar-se de raiva, ressentimentos e julgamento. Ela pode ajudar a pessoa a tornar-se mais suave e amorosa consigo e com os outros.

FÍSICO: A Ágata Púrpura Sálvia é excelente para dores de cabeça de tensão, para superar vícios e regular sintomas de despertar psíquico agressivo.

AFIRMAÇÃO: Eu estou purificado, protegido e sou amado por meus guias interiores e anjos, e minha abertura para a Luz ocorre em ritmo perfeito e completa harmonia.

ÁGUA-MARINHA

PALAVRAS-CHAVE: Acalmando, relaxando, melhoria da comunicação clara.

ELEMENTO: Água.
CHACRAS: Garganta (quinto), Coração (quarto).

A Água-marinha é uma variedade de Berilo azul ou azul esverdeado, um silicato mineral de alumínio e berílio com uma dureza de 7,5 a 8. Seu sistema de cristal é hexagonal (trigonal) e seu pigmento é ferro. A história registra seu primeiro uso na Grécia, entre 300 e 500 a.C. Seu nome, derivado do latim significando "água do mar", é uma boa descrição da clareza e cor dos cristais mais refinados de Água-marinha. A Água-marinha foi extraída no Brasil, Paquistão, Afeganistão, Austrália, África e Estados Unidos.

Na tradição, acreditava-se que a Água-marinha era um tesouro das sereias, sendo usada como um talismã para trazer boa sorte, destemor e proteção para os marinheiros. Também era valorizada como uma pedra de juventude e felicidade eternas.

ROBERT SIMMONS: Essa gema azul luminosa é uma das maravilhas do reino mineral. São boas para todos os tipos de relaxamento e serenidade, de mudanças repentinas de humor a raiva, e ao mesmo tempo podem ativar o chacra da garganta, auxiliando a pessoa a comunicar com clareza suas verdades maiores. São pedras do elemento Água, levando ao contato com o subconsciente, o domínio do espírito e de nossas emoções mais profundas. Sua energia é refrescante como um banho em uma cachoeira fria. Embora a Água-marinha acalme, não coloca a pessoa para dormir: permite um estágio de consciência relaxado, alerta, no qual a pessoa está totalmente consciente de seu próprio acúmulo de conhecimento, sabedoria e sentimentos, sendo capaz de articulá-los com clareza e convicção.

Para as mulheres, a Água-marinha proporciona coragem e clareza para expressar seu conhecimento interior e melhorar as habilidades intuitivas. É um portal para a comunicação com a Deusa, tanto interiormente como com suas manifestações exteriores. Para os homens, a Água-marinha ajuda a banir o embotamento emocional e a dificuldade que os homens vivem, de vez em quando, para comunicar seus sentimentos. Também acalma a frustração e ajuda a pessoa a manter sua têmpera, mesmo quando provocada. Para ambos os sexos, ela promove uma comunicação gentil, verdadeira, compassiva. É muito atraente para crianças, embora possa torná-las um tanto tagarelas. Contudo, isso pode ser um benefício se a criança é tímida ou tem dificuldades na verbalização.

Água-marinha é uma pedra de aumento do poder, tanto para mulheres como para homens, e pode ajudar a pessoa a perceber que o poder não vem da força – existe também um poder imenso em alinhar-se com a vitalidade da vida submissa e flexível. A Água-marinha liga ao Divino Feminino, a fonte de vida e energia, e os que desejam conhecê-la melhor podem usar essa pedra como passagem.

A Água-marinha funciona em sinergia com Larimar, Gema Sílica, Crisocola, Turquesa, Topázio Azul e Ajoíta – todas pedras de comunicação e ligação com o Divino Feminino. Ela também harmoniza com outros membros da família dos berilos, incluindo Heliodoro, Morganita e Esmeralda. Parear Heliodoro com Água-marinha ativa tanto o chacra da garganta como o do plexo solar, possibilitando à pessoa falar poderosamente para conseguir o que deseja. Com a Morganita, a Água-marinha auxilia a expressar amor e compaixão. Água-marinha e Esmeralda fortalecem o vínculo entre a garganta e o coração, ativando o poder da verdade e ajudando a pessoa a ter sucesso por meio de visão e fala claras. A Moldavita é um energizador poderoso da Água-marinha, enquanto a Água-marinha acalma a intensidade da Moldavita. Juntas elas possibilitam à pessoa mover-se rápido e ao mesmo tempo com tranquilidade pelas grandes transformações espirituais para as quais muitos são chamados nestes tempos.

NAISHA AHSIAN: A Água-marinha é uma pedra cardinal do elemento Água. É um agente purificador poderoso para o corpo emocional e é uma das melhores pedras para empregar para aclarar questões de comunicação. Talvez a Água-marinha seja a pedra mais forte para limpar e ativar o chacra da garganta. Ela estimula o fluxo de energia e comunicação do coração para a garganta, auxiliando a pessoa a dizer sua verdade mais profunda e sincera. Pode ajudar na superação do medo de falar e é uma pedra excelente para apoio a professores e apresentadores de todos os tipos. É calmante e relaxante para o corpo emocional e pode auxiliar a pessoa a falar com clareza e sem raiva em situações difíceis.

A Água-marinha é a pedra da libertação. Logo, ajuda a pessoa a libertar-se de fixação a velhos padrões de relacionamento e modos de ser. Pode ajudar aos que guardam mágoas ou se ressentem de abandonar o passado. Essa pedra é excelente para trabalhar com luto, uma vez que auxilia a abandonar completamente os vínculos com o corpo de um amado enquanto retém uma ligação emocional positiva com o ser espiritual do ente querido.

A energia da Água-marinha traz os padrões emocionais para a superfície para processamento com suavidade, mas com firmeza. Ela ajuda a compreender onde a pessoa está agarrada às emoções, padrões de comunicação ou pensamentos que limitam sua liberdade de "seguir com a corrente". Ela pode ajudar a pessoa a identificar onde o ego está causando reações exageradas: assumir papel de vítima ou agressor, agir de modo passivo-agressivo, manipular os outros ou martirizar-se. Ao identificar esses padrões e eliminá-los conscientemente, a pessoa pode elevar seus relacionamentos e comunicações a um nível que reflete melhor o amor e compaixão divinos.

A Água-marinha ajuda equilibrar a raiva ou medos excessivos e pode auxiliar a pessoa a eliminar padrões causados por abuso emocional, físico ou verbal acontecido no passado. É uma pedra excelente para crianças que passaram por situações traumáticas e se dissociaram de seus corpos emocionais ou que estão agindo com agressividade desencadeada por suas emoções.

A energia profunda e purificadora da Água-marinha pode auxiliar a pessoa a se movimentar com rapidez pela transição e mudança, removendo as resistências e ajudando a pessoa a superar o medo do desconhecido. Ela é uma aliada excelente quando a bagagem interior ou exterior de uma pessoa ficou pesada demais. Ela ajuda "colecionadores de quinquilharias" a se libertarem de vínculos a bens físicos e eliminar o que atravanca suas vidas.

ESPIRITUAL: A Água-marinha ativa o chacra da garganta, facilita a comunicação de sua verdade, acalma energias excessivamente inflamadas e promove compreensão entre pontos de vista divergentes. Ela ajuda a limpar energia estagnada e auxilia a pessoa a eliminar velhos padrões.

EMOCIONAL: A Água-marinha ajuda a pessoa a abandonar bagagem emocional e papéis do ego velhos. Acalma a raiva e a histeria, auxilia na eliminação de pensamentos vingativos e ajuda a pessoa a ver onde ela perpetua padrões emocionais negativos nos relacionamentos. É útil para passar pelo luto.

ÁGUA-MARINHA

FÍSICO: A Água-marinha é uma pedra calmante. Ela ajuda a conter infecções e é muito útil para laringite, infecção na garganta ou garganta irritada. Favorece a cura de doenças inflamatórias de todos os tipos. É calmante para eczema, urticária, rosácea e psoríases. A Água-marinha aquieta o sistema nervoso. Ela pode ajudar a evitar o surgimento de herpes e a controlar sintomas de alergia.

AFIRMAÇÃO: Eu incorporo o poder dócil e refrescante da água, e expresso minha verdade com calma e convicção.

AJOÍTA (QUARTZO AJO)

PALAVRAS-CHAVE: Amor, cura, apoio emocional, ligações angelicais e com a Deusa.

ELEMENTO: Tempestade.

CHACRAS: Coração (quarto), Garganta (quinto), Terceiro Olho (sexto), Coroa (sétimo), Etéreo (acima da cabeça).

Ajoíta é um silicato mineral de cobre azul ou azul esverdeado. Ela retira seu nome de Ajo, no Arizona, onde foi identificada pela primeira vez. É um mineral raro, sendo vista com maior frequência como uma inclusão no Quartzo. Os espécimes mais bonitos e abundantes de Ajoíta em minas de Cristal de Quartzo vêm da Messina Copper Mine, na África do Sul. Além de Ajoíta, alguns desses cristais contêm Hematita, Limonita e/ou Papagoíta. Outra pequena descoberta de Ajoíta em Quartzo Agatizado foi feita no Zimbábue. Quando da escrita deste livro, ambos os veios encontrados estavam esgotados e a única Ajoíta disponível no mercado vem de estoques antigos dessas duas descobertas africanas.

Ocasionalmente, a Ajoíta se forma no interior do Quartzo em formas brilhantes azul-turquesa que dizem ser parecidas com anjos. De alguns desses, linhas evanescentes de cobre puro emanam em padrões sugestivos de asas. As "Ajoítas Asas de Anjo" são alguns dos espécimes mais avidamente procurados.

Outras Ajoítas incomuns incluem poucas peças cristalizadas com drusas descobertas por volta de 1998 no Zimbábue. Dessa mesma fonte veio uma Ajoíta agatizada com um belo azul e azul esverdeado. Enquanto os cristais de Quartzo de Messina contêm principalmente pequenos pontos de Ajoíta pura, o Quartzo agatizado mostrou muito mais cor. Alguns deles são puros o suficiente para ser transformados em gemas facetadas, cabochões ou contas, e algumas das peças maiores foram usadas para fazer esferas de Ajoíta excepcionais.

A Ajoíta é uma pedra metafísica importante e é a mais procurada por amantes de cristal. Sua energia é calmante e curativa do emocional e muitas pessoas relatam que a Ajoíta as liga com o próprio coração da Terra. Em algumas ocasiões, as pessoas caem em lágrimas na primeira vez que seguram uma peça de Ajoíta nas mãos. Acredita-se que a Ajoíta transmute a energia negativa em positiva e remova a infelicidade. É uma pedra de fortalecimento do feminino e ativa o chacra da garganta.

ROBERT SIMMONS: A Ajoíta em Quartzo emana uma das energias mais meigas, nutridoras e amorosas entre as pedras do reino mineral. Ela é uma portadora pura das vibrações da Mãe Terra, o aspecto feminino da força de vida em nosso planeta. A Ajoíta pode limpar o coração das tristezas, eliminar a negatividade dos pensamentos e abrir as comportas ao oceano de amor para alçar a pessoa aos planos superiores. Ela limpa e ativa o chacra da garganta, ajudando a pessoa a comunicar sua mais profunda verdade interior. Auxilia a pessoa a se ligar com as energias da Deusa, tanto interiormente como pelo

AJOÍTA (Quartzo Ajo)

mundo natural. A Ajoíta pode ser uma ferramenta muito poderosa. Elas podem limpar o campo áurico e alinhar o corpo de luz com o físico. Podem harmonizar as energias de qualquer chacra, dispersar formas-pensamento contraídas que estejam criando dor e qualquer quantidade de negatividade, fazendo o chamamento da verdade de si e dos outros. Todo o funcionamento da Ajoíta é realizado da maneira mais suave e amorosa. Simplesmente é impossível resistir à transformação branda trazida por ela. E a pessoa não deve resistir, pois as mudanças engendradas pela Ajoíta são, de fato, uma grande bênção.

A Ajoíta é uma fortalecedora, curadora e harmonizadora do corpo emocional. Suas vibrações suaves não apenas nos acalmam – elas também retiram o veneno de tristezas, medo, raiva e antigas feridas mantidas inconscientes pela pessoa. A meditação com Ajoíta pode trazer tanto lágrimas como risadas, enquanto as sensações surgem, o que em geral é um alívio profundo, mas ameno das tensões interiores. Contudo, o resultado é um movimento em direção à alegria, felicidade que não necessita de razão exterior.

Existe algo profundamente benéfico na Ajoíta. Elas não apenas nos ajudam a eliminar nossos pesares e dores antigos, mas, uma vez que esse processo tenha progredido, recebemos a dádiva de uma sensação de força e confiança crescentes, uma percepção mentalmente clara de nossa própria bondade e habilidade de nos movimentarmos para a frente no caminho espiritual. A Ajoíta nos lembra da beleza, tanto interior quanto exterior, e nos inspira a levar mais beleza ao mundo com o que dizemos e fazemos. A Ajoíta pode ajudar a pessoa a despertar as emoções da compaixão e do perdão – primeiro para si e depois para todos os seres. Essas emoções são a chave da cura e dos muitos conflitos que existem em todos os níveis da vida humana.

Quanto aos cristais que contêm "Anjos Ajoítas", afirmo que *todos* os cristais de Ajoíta, gemas, pedras roladas, esferas e contas contêm anjos, mas esses espécimes mostram suas formas em uma manifestação física. De fato, é uma delícia descobrir dentro da estrutura de cristal as "asas" azuis evanescentes e os padrões de raios de sol que tornam a pessoa imediatamente consciente dos seres superiores manifestando-se por meio dessas pedras. Elas são realmente bonitas e muito desejáveis. Porém, eu digo de novo, no que diz respeito à energia, *todas* as Ajoítas são as expressões do que chamaríamos de "anjos", e por isso devem ser estimadas.

NAISHA AHSIAN: Como muitas das pedras com base de cobre, a Ajoíta emana uma aliada de energia feminina forte. É uma aliada para convocar quando a pessoa deseja desenvolver receptividade, tranquilidade e render-se ao Divino. Sua cor lembra o azul-celeste do mar e do céu, emprestando uma influência calmante e refrescante às emoções inflamadas e inflamações do corpo. Por sua cor azul, a pessoa pode pensar que essa pedra predominantemente é do chacra da garganta, mas suas energias são ativadoras poderosas de muitos níveis do corpo energético e da coluna dos chacras. Embora seja eficiente abrindo a região da garganta, suas energias são mais bem usadas para ativar os canais de comunicação com o Divino pelos chacras do terceiro olho, coroa e etéreo.

A Ajoíta é uma das pedras mais elevadas da comunicação angelical e divina que eu já encontrei. Com frequência ela auxilia a pessoa não apenas a abrir-se para a orientação dos domínios elevados, mas também a aterrar aquela orientação no plano terrestre pela comunicação ou ensinamento. Simplesmente receber informação pessoal ou orientação do Espírito não é o uso mais elevado dessa pedra. Pelo contrário, a informação que é acessível por meio dos padrões de energia da Ajoíta é de natureza mais macrocósmica, relativa à evolução da humanidade e o bem maior entre todos.

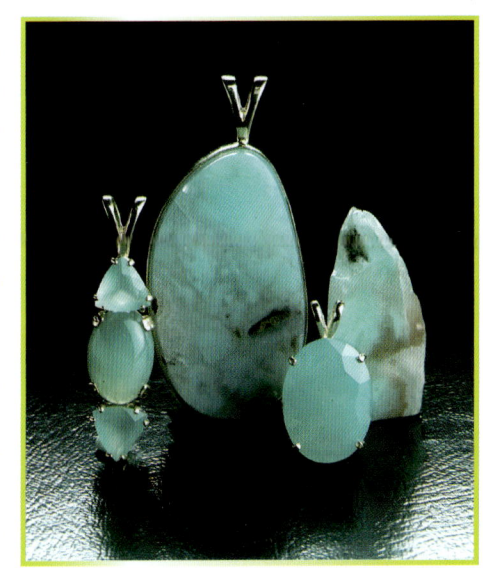

Por essa razão é uma pedra excelente para ser usada por canalizadores, professores espirituais ou outros que tenham a responsabilidade de efetivamente comunicar informação espiritual para grupos e a humanidade em geral.

A Ajoíta pode ajudar a acalmar um processo de pensamento hiperativo, fixando a mente e concedendo maior foco e concentração. Ela pode auxiliar a pessoa na percepção de onde as crenças autolimitantes podem estar influenciando sua habilidade para manifestar e criar no mundo. Ela é uma pedra excelente para ser empregada quando uma compreensão profunda de padrões cármicos for desejada.

ESPIRITUAL: A Ajoíta ajuda na ligação com orientação e informação divinas. É uma pedra excelente para a comunhão com as entidades angelicais ou o aspecto nutridor da Fonte Divina. Ela pode auxiliar a manter o foco em Não Coisas durante a meditação e pode assistir a pessoa na eliminação de ansiedades e medos, para que volte sua atenção mais completamente para o divino.

EMOCIONAL: Em um nível emocional os efeitos da Ajoíta são múltiplos. Sua energia serve de apoio a uma sensação de nutrição e resgate emocional, ao mesmo tempo em que estimula a liberação e limpeza de padrões emocionais ou lições. A Ajoíta pode atrair visão interior e compreensão elevada e também o eu emocional. A Ajoíta tem um efeito calmante e animador no corpo emocional. Pode ajudar aqueles que estão sujeitos a polaridades emocionais extremas ou que sejam suscetíveis a raiva ou medo excessivos. Ela auxilia a pessoa a ganhar perspectiva em situações carregadas emocionalmente e pode ser útil na compreensão das bases emocionais dos padrões e experiências emocionais nas raízes cármicas ou de vida alternada. Possibilita que a pessoa perceba as bases espirituais das lições de vida enquanto a guia para remover suavemente, mas com firmeza, os velhos padrões emocionais.

FÍSICO: A Ajoíta pode ser usada para ajudar a elevar a mente quando o desequilíbrio hormonal causa depressão, raiva excessiva ou outros extremos emocionais. É uma pedra eficiente para usar quando a TPM ou sintomas de menopausa causam dificuldades. Ela pode ajudar a qualquer um – homem ou mulher – em questões de raiva ou medo extremos, auxiliando a pessoa a manter uma percepção do centro em meio a extremos emocionais. Ela assiste pedras de base ferrosa, tais como Hematita, a fortalecerem o sangue e, portanto, pode ser usada como uma pedra adicional para equilibrar problemas de sangue fraco, como a anemia.

AFIRMAÇÃO: Eu abro meu coração para o amor e falo sua verdade com abertura e compaixão. Enquanto sou curado, curo os outros.

ALBITA

PALAVRAS-CHAVE: Melhoria das habilidades mentais e psíquicas, facilitação da exploração interior.

ELEMENTO: Ar.

CHACRAS: Terceiro Olho (sexto), Coroa (sétimo)

Albita é um tipo de feldspato plagioclásio: um silicato mineral de sódio alumínio com uma dureza de 6. Sua estrutura de cristal é triclínica e forma uma grade de moléculas tetraédricas. A forma macroscópica desses cristais pode ser em tabelas, plana, massiva, granular ou em lâminas. Ela pode ser incolor, branca, marrom, avermelhada ou azul. A Albita em geral ocorre como um componente da pegmatita, granita, riólito, xistos, gneissoides e rochas sedimentares. Ela pode também ser encontrada na forma pura em bolsões de veios hidrotermais. A Albita existe em todo o mundo e alguns dos espécimes mais refinados do cristal vêm da Groenlândia.

ROBERT SIMMONS: A Albita ajuda a pessoa a ver o caleidoscópio aparentemente caótico dos acontecimentos da vida por meio das atividades ordenadoras de um corpo mental robusto. Estimula a parte da mente que cria categorias, hierarquias e estruturas, tornando mais fácil para a pessoa priorizar suas escolhas e sustentar os projetos até sua finalização.

A Albita é uma pedra de ação decisiva, confiança aprimorada, coragem e disposição para adentrar o desconhecido. Fomenta o crescimento pessoal pela transformação e melhora a capacidade de abandonar velhos hábitos de ação e ser em favor de novos padrões mais saudáveis. É uma pedra para exploradores dos reinos do espírito e pode acelerar o progresso da pessoa se ela estiver realmente preparada para abandonar o que tiver de ser deixado para trás ao longo do caminho.

Trabalhar com Albita ajuda a pessoa a preparar a mente para o "raio da inspiração" que, em geral, marca rupturas no conhecimento humano ou crescimento pessoal. Ao ordenar o corpo mental, ela concede à pessoa colher e integrar todas as informações relevantes para sua busca e, ao facilitar o abandono de quaisquer noções preconcebidas das formas que novos *insights* "devem" tomar, permite ao subconsciente recombinar as ideias e apresentá-las à consciência em uma nova síntese. Portanto, é uma pedra do momento da "Eureca!", auxiliando a pessoa em meio a passagens difíceis que levam a *insights* revolucionários.

A Albita combina bem com quase qualquer pedra, melhorando e amplificando as propriedades benéficas de cada uma delas. É especialmente poderosa com Moldavita, outra pedra da transformação e do crescimento acelerado. Ela magnifica a capacidade da Labradorita Dourada para manifestação por meio da vontade. Com a Fenacita, Azeztulite, Natrolita ou Herderita, a Albita pode ser um apoio poderoso para abrir a consciência para os reinos espirituais mais elevados. Com a Labradorita, ela pode desvelar os mundos ocultos da magia e, com a Nuummita, pode auxiliar a pessoa a sondar os mistérios do passado profundo. Com a Serafinita, pode melhorar a vontade de cura e incrementar o ânimo para viver.

NAISHA AHSIAN: Albita é uma pedra forte do elemento Ar que estimula a mente, as habilidades cognitivas, a memória e o processamento de informações. Ela trabalha tanto com o cérebro físico como com o corpo mental do campo de energia. A Albita funciona como uma versão mineral do *ginkgo biloba*, estimulando o cérebro e encorajando o pensamento claro e os processos mentais lógicos. Para os que têm excesso de energia "aérea", a Albita pode ajudar a ordenar os padrões mentais abstratos ou desordenados em um processo de pensamento mais linear. Sua habilidade para ordenar e clarear os pensamentos pode ter o efeito de "trazer para a terra" os que têm muitas ideias ou são incapazes de planejar os passos necessários para concretizar seus objetivos e sonhos. Ela é uma pedra excelente para estudantes ou aqueles em situação de aprendizado estruturado, já que melhora a assimilação e retenção de informações.

Em um nível mais etéreo, a Albita estimula os aspectos psíquicos e intuitivos da mente. É útil para abrir o terceiro olho e o chacra da coroa, e para ajudar a pessoa em projeções astrais, leituras psíquicas, visão remota e outros empreendimentos psíquicos. É uma pedra de sonho, excelente para usar quando a pessoa precisa dirigir o acesso ao subconsciente e ao tempo primordial. Uma pedra maravilhosa para usar no trabalho de sonho lúcido.

A Albita é purificadora para a aura. Pode ser usada com grande efeito na cura ou em salas de terapia para ajudar a estabilizar os campos de energia de cura e absorver e processar a liberação energética durante sessões de cura. Ela é útil aos abatidos pelas emoções para adquirir uma perspectiva mais elevada de sua situação e perceber possíveis cursos de ação para mudar suas realidades.

ESPIRITUAL: A Albita ajuda a centrar a mente e permitir uma ligação mais clara com a energia divina durante a meditação. Ela ajuda a pessoa a colocar o aprendizado e as ideias espirituais em ação, purifica a energia da pessoa e auxilia a neutralizar padrões negativos na aura e no ambiente. Ela facilita o desenvolvimento psíquico, a viagem astral e o trabalho com sonhos lúcidos.

EMOCIONAL: A Albita ajuda a pessoa a ser mais objetiva quando está em meio a experiências emocionais fortes. Auxilia a pessoa a passar de um estado de estresse e paralisia para um estado de ação planejada. Ela é útil para dispersar as brumas da mente, incertezas e confusão, e pode ajudar os que se sentem emboscados a encontrar um curso de ações para mudar sua realidade.

FÍSICO: Por suas propriedades poderosas de melhoria do cérebro, a Albita é uma escolha natural para uso em situações em que o cérebro não está trabalhando em sua melhor capacidade. Aqueles com Alzheimer, Parkinson e danos cerebrais por acidente ou outras fontes podem todos se beneficiar do uso dessa pedra. Para os que têm energia mental ou clareza baixas, a Albita pode ajudar a estimular o pensamento claro, cognição, lembranças e entendimento lógico. É uma excelente estimuladora e equilibradora do cérebro. Ela melhora a memória, a clareza e o foco mental; traz ordem para os padrões de pensamento desordenados e auxilia na assimilação dos nutrientes dos alimentos; estimula o metabolismo e equilibra o apetite e a digestão. Ela é especialmente útil quando surgem problemas intestinais por causa de estresse, sensação de estar esmagado, ou uma dependência excessiva das abordagens do cérebro esquerdo para solucionar questões emocionais.

AFIRMAÇÃO: Minha mente é clara, ativa e poderosa, e posso abrir-me às novas descobertas.

ALEXANDRITA

PALAVRAS-CHAVE: Prazer e sabedoria, eliminação da tristeza.

ELEMENTOS: Ar, Água.

CHACRAS: Coração (terceiro), Terceiro Olho (sexto), Coroa (sétimo).

Alexandrita é uma variedade de Crisoberilo, um óxido de berílio e alumínio com uma dureza de 8,5. É uma das gemas mais duras, superada apenas pelo Diamante e o Coríndon. Seu padrão de cristal é ortorrômbico, e algumas vezes forma cristais enlaçados de forma hexagonal. Foi descoberta nas montanhas do Ural na Rússia em 1830, no nascimento do czar Alexandre II, sendo batizada em homenagem a ele. A magia da Alexandrita está em sua propriedade de mudar de cor – ela é de um vermelho claro ou purpúreo em luz artificial incandescente e verde ou azul esverdeada à luz do dia. (Em consonância com seu nome, as cores vermelho e verde da Alexandrita eram as mesmas da guarda imperial russa.) Além da Rússia, a Alexandrita também foi encontrada no Sri Lanka, África do Sul, Burma, Brasil, Madagascar e Estados Unidos. A maior gema cortada, com o peso de 66 quilates, está no Museu Smithsonian em Washington. A Alexandrita é uma das pedras mais raras no mundo, e os espécimes mais requintados são mais caros que Diamantes.

Desde sua descoberta, na Rússia, acreditava-se ser a Alexandrita uma pedra de boa fortuna. Na medida em que a crença sobre as propriedades mágicas das pedras perdeu a força com a promoção da ciência e do racionalismo, a Alexandrita foi a única pedra em que a crença de ser um talismã benéfico persistiu até o século XIX.

No pensamento metafísico atual, diz-se da Alexandrita carregar uma vibração realmente alegre e ser uma agente poderosa da transformação interior e evolução espiritual. Ela incorpora tanto a energia do coração (verde) como a energia da mente superior (roxa). Sua propriedade de mudança de cor em luzes diferentes simboliza o ideal de adaptabilidade interior em que a pessoa é capaz de reagir a partir da mente, do coração ou de ambos juntos, do modo que for o mais apropriado. Usar Alexandrita na meditação, em disposições de pedras ou em joalheria pode estimular uma abertura harmoniosa dos chacras do coração, terceiro olho e coroa, em que os três operam como um todo integrado.

ROBERT SIMMONS: É verdade que as Alexandritas são as pedras da alegria, e por essa razão devem ser levadas a sério. Essas pedras têm uma ligação vibracional com a fonte de energias das dimensões mais elevadas, onde a atmosfera é mais eufórica. Porém, deve-se ter o cuidado de fazer mais que simplesmente desfrutar as sensações de felicidade engendradas pelo contato com a Alexandrita. A entrada da Alexandrita para os êxtases dos reinos mais elevados pode e deve ser o trampolim para a exploração interior. Aqui está uma ferramenta que oferece à pessoa uma jornada para dentro de si mesma. Em primeiro lugar, ela pode ajudar a pessoa a vivenciar o fato de que a alegria dos reinos celestiais também está aqui simultaneamente em cada momento, e sua realidade depende em grande medida dos níveis em que a pessoa escolhe receber. A Alexandrita muda suas cores quando ondas de luz diferentes brilham sobre ela. Uma de suas lições é ensinar-nos a incluir todas as energias que vêm a nós, transmutá-las em tal harmonia e beleza quanto possível, e fazê-lo com a flexibilidade interior de um compromisso com a felicidade. Esse compromisso, com a assistência da ligação da Alexandrita com os reinos mais elevados, torna-nos fontes, em vez de meros receptores de felicidade.

NAISHA AHSIAN: A Alexandrita é uma pedra de grande sabedoria e energia do coração. Ela facilita a pessoa a movimentar-se em meio à dor e autopiedade e possibilita que ela perceba seu próprio ponto de poder no momento. É uma pedra excelente para os que adiam e são incapazes de agir por causa do medo. A Alexandrita abre o chacra do coração e do terceiro olho, ajudando a pessoa a perceber e compreender a sabedoria escondida dentro de experiências emocionais difíceis. Proporciona uma sensação de esperança, mesmo nos tempos mais sombrios, e pode ajudar a pessoa a encontrar o caminho da Luz quando tudo parece perdido.

A Alexandrita também é uma pedra de felicidade, estimulando a pessoa a reconhecer a abundância em todos os níveis. Ela pode ser usada para atrair riqueza e auxiliar na manifestação dos desejos e sonhos do coração. Mesmo em peças que não exibem mudança de cor, a energia da Alexandrita pode ajudar a pessoa a mudar as circunstâncias e emoções para refletir com mais apuro o espírito no plano terrestre.

A Alexandrita traz uma frequência de alegria relacionada com a experiência da revelação. É uma pedra poderosa para estimular os sentidos intuitivo e psíquico, ao mesmo tempo em que abre o coração para o amor divino. Essa força também serve para usar em uma ligação com a Mente Divina. Em meio a esse estado de ligação, é como se você estivesse falando com um parente amoroso, que responderá às perguntas e revelará o conhecimento para você de um modo que reflita uma compreensão profunda de suas experiências. Quando ressonante com a energia da Mente Divina, você se torna capaz de falar de um lugar centrado no coração de conhecimento mais elevado. Isso facilita a comunicação, o ensino e a canalização ou o trabalho de aconselhamento psíquico.

Essa pedra facilita acessar os registros akáshicos e pode auxiliar a pessoa a perceber experiências de vidas passadas e alternativas que são relevantes para a situação atual. Ela tem relação próxima tanto com a energia dos antigos egípcios quanto com a dos atlantes e pode ajudar os que um dia foram sacerdotes ou sacerdotisas a recuperar o conhecimento sagrado antigo.

ESPIRITUAL: No nível espiritual, a Alexandrita concede uma ligação com as frequências do Conhecimento Divino e do Amor Divino. Auxilia a pessoa a ressoar com essas frequências e utilizá-las para recolher conhecimento para o crescimento do eu ou dos outros, enquanto compartilha seu conhecimento a partir do coração. Ela facilita recobrar informações de vidas alternativas e dos registros akáshicos.

EMOCIONAL: A Alexandrita traz a frequência da alegria. Ela ensina a pessoa a perceber o júbilo de ser uma alma incorporada. Ressoar com essa pedra pode auxiliá-lo a lidar com questões de não ser capaz de receber amor ou energia dos outros. Pode ainda ajudar a pessoa a aprender a confiar em sua intuição e orientação, e na abertura para se tornar um canal do conhecimento e amor divinos.

FÍSICO: A Alexandrita estimula as glândulas pituitária e pineal e abre os chacras da coroa ao coração. Ela estimula o cérebro e auxilia no equilíbrio das funções cerebrais. As propriedades da Alexandrita são principalmente espirituais, embora ela possa ser usada para ajudar a pessoa a relaxar para dar suporte à cura física. É uma pedra excelente para usar com os que têm medo dos processos de cura, pois permite que eles relaxem e se tornem mais receptivos à experiência. Ela é uma pedra boa para utilizar com os que se preparam para cirurgias ou outros processos invasivos.

AFIRMAÇÃO: Eu abraço a totalidade da vida com contentamento.

AMAZONITA

PALAVRAS-CHAVE: Verdade, comunicação, harmonia.

ELEMENTO: Água.

CHACRAS: Coração (quarto), Garganta (quinto).

A Amazonita é um feldspato alcalino mineral, um silicato de potássio alumínio com uma dureza de 6 a 6,5. Seu sistema de cristal é triclínico e prismático. Sua cor é verde ou azul esverdeada. Seu nome deriva do Rio Amazonas, no Brasil, onde existem depósitos importantes de Amazonita. A Amazonita também é encontrada no Colorado, Índia, Madagascar, Namíbia e Rússia.

Joias de Amazonita foram produzidas desde há 4 mil anos. Ela era usada na Índia, no Egito, no Sudão e na Mesopotâmia. O sétimo capítulo do *Livro dos Mortos* egípcio foi gravado em Amazonita, e um anel de escaravelho de Amazonita estava no tesouro de Tutancâmon. Acredita-se que ela foi a terceira pedra no peitoral de Moisés. A Amazonita também era usada em joalheria na América Central e América do Sul pré-colombianas. No antigo Egito, a Amazonita era uma pedra amuleto popular, e os assírios associavam-na com o deus Belus.

ROBERT SIMMONS: A Amazonita é uma pedra de harmonia, tanto no interior do ser quanto entre as pessoas. É uma contadora da verdade e pacificadora, ajudando a pessoa a comunicar sua verdade, pensamentos e sentimentos sem excesso de emocionalismo. Ela é o primeiro passo tanto em direção à paz interior quanto à exterior. O segundo passo é ativado pelo despertar pela Amazonita da compaixão, pela estimulação do chacra do coração. Uma vez que a pessoa tenha expressado sua verdade, é necessário assumir os pontos de vista da outra pessoa para alcançar a harmonia, e a Amazonita facilita esse processo. Um processo similar opera no interior de si mesmo, quando as facções competidoras de sua personalidade, com suas motivações e desejos separados, vêm à consciência pelo autoexame. Dormir com Amazonita pode trazer esses componentes internos ao foco pelo simbolismo dos sonhos. A meditação com Amazonita torna tudo mais consciente, de modo que a pessoa pode ouvir e integrar todos os aspectos de si mesma. Por ser uma pedra da verdade, a pessoa pode confiar nas visões, nos sonhos e intuições que surgem ao trabalhar com Amazonita.

A Amazonita também pode fortalecer-nos manifestando nossos sonhos e desejos. Ela amplifica nossas intenções e, por trabalhar pelo chacra da garganta, essas intenções devem ser faladas em voz alta. Segurar uma Amazonita enquanto afirma em voz alta o que se deseja criar pode incrementar poderosamente a habilidade de a pessoa concretizar seu desejo. O poder da palavra falada é algo grande e místico – lembre-se de que o Gênesis afirma que o Universo foi trazido ao ser pela *palavra* de Deus. A Amazonita ensina-nos a falar a verdade e fazer acontecer o que falamos.

Para a ativação do chacra da garganta e a melhoria das comunicações, a Amazonita trabalha bem em combinação com Água-marinha, Ajoíta, Larimar, Aqua-aura, Crisocola e Turquesa. Para aprofundar os *insights* da verdade, adicionar Moldavita, Fenacita e/ou Nuummita pode ser muito eficaz.

Trabalhar com Azeztulite e Amazonita juntas pode trazer jornadas interiores para realidades alternativas e também a capacidade de comunicar acuradamente as informações e *insights* adquiridos nessas viagens.

NAISHA AHSIAN: A Amazonita é profundamente estimulante para os chacras do coração e da garganta. Sua energia é a da verdade pessoal, permitindo à pessoa expressar seu coração pela comunicação. Ela abre e clareia o chacra da garganta para auxiliar os que tendem a reprimir a expressão de seus pensamentos e sentimentos por medo do confronto e do conflito. Essa pedra também ajuda a pessoa a identificar como suas palavras criaram a realidade atual e como mudar seu vocabulário ou estilo de comunicação, para refletir uma realidade mais elevada e alinhada. A Amazonita é excelente para os que estão em posição de resolução de conflitos ou precisam comunicar sua própria verdade com mais eficiência.

A Amazonita também pode ser útil para os que estão sem contato com sua verdade. Quando alguém não sabe o que quer, ou o que sente, a Amazonita pode auxiliá-lo a adquirir clareza. Para os que não distinguem o que têm a oferecer ao mundo, a Amazonita pode apontar para eles, com suavidade, seus dons e conhecimentos.

A Amazonita, além disso, é uma aliada poderosa para os que têm dificuldade em fixar limites apropriados. Auxilia a pessoa a perceber e comunicar sua verdade, permitindo-lhe fixar com eficiência os limites do que ela deseja vivenciar. Por sua habilidade para ajudar as pessoas a superarem o medo ou conflito, ela as liberta para identificarem e fixarem limites firmes e claros relativos aos níveis físico, energético e emocional. Esses limites podem ser internos, que ajudam a pessoa a desenvolver a autodisciplina, ou externos, que auxiliam a definir o espaço pessoal.

A Amazonita pode apoiar a pessoa em "fazer o que prega" e alinhar as ações à palavra. Nesse sentido, auxilia a pessoa no aprendizado das lições de integridade e verdade e é excelente para os que se preocupam em demasia com as opiniões e julgamentos dos outros, ou que podem perder muito tempo oferecendo opiniões e julgamentos aos outros. É uma pedra do "relacionamento acertado", auxiliando a pessoa a conseguir e manter o equilíbrio pessoal quando em relacionamento com outras ou o mundo em geral.

ESPIRITUAL: Espiritualmente, a Amazonita ajuda a pessoa a comunicar as verdades e os conhecimentos elevados. É a pedra da verdade, auxiliando a pessoa a perceber a verdade em si e nos outros. Ela assiste no desenvolvimento do discernimento e dos limites energéticos.

EMOCIONAL: Em um nível emocional, a Amazonita auxilia a pessoa a estabelecer limites apropriados tanto interna (disciplina) quanto exteriormente. Ajuda a pessoa a se movimentar além do medo do confronto ou julgamento, concedendo maior liberdade para agir alinhada com sua verdade e integridade maior. Ela encoraja a caminhar em relacionamentos corretos e a falar e viver sua verdade para o bem maior. Ela auxilia a pessoa a adquirir autoconhecimento e definir seus valores e crenças essenciais.

FÍSICO: A Amazonita auxilia na cura física de muitas doenças. Ela é útil para a regeneração celular e a cura após traumas ou ferimentos. É uma pedra excelente para usar contra gota e artrite. Ela é útil na prevenção de perda de cabelo e de ajuda para reparar cabelos e unhas quebradiços. Pode auxiliar a equilibrar a tireoide e a suprarrenal, principalmente quando essas glândulas estão sobrecarregadas por estresse excessivo e repressão.

AFIRMAÇÃO: Eu falo e vivo minha verdade maior, e convoco sua manifestação no mundo.

ÂMBAR

PALAVRAS-CHAVE: Luz, calor, energias solares, esclarecimento, cura.

ELEMENTO: Terra.
CHACRAS: Plexo Solar (terceiro).

O Âmbar é um material orgânico feito de resinas naturais fossilizadas. Ele é uma mistura de hidrocarbonos com uma dureza entre 2 e 2,5. O antigo termo grego para Âmbar era *elektron*, uma palavra que remete ao sol. O Âmbar é conhecido por desenvolver uma carga elétrica quando esfregado, e nossa palavra "eletricidade" deriva do antigo nome grego do Âmbar. A palavra "âmbar" vem de *âmbar*, a palavra árabe para âmbar cinza, um material de cor semelhante extraído do esperma da baleia e usado na feitura de perfumes.

O Âmbar varia em cor, do amarelo ao marrom ou marrom avermelhado, e em geral é transparente. Com frequência ele contém pedacinhos de matéria de plantas ou insetos fossilizados, alguns datados de até 120 milhões de anos atrás. O Âmbar do Báltico, considerado o mais refinado, foi formado de resinas de árvores coníferas por volta de 30 milhões a 60 milhões de anos atrás.

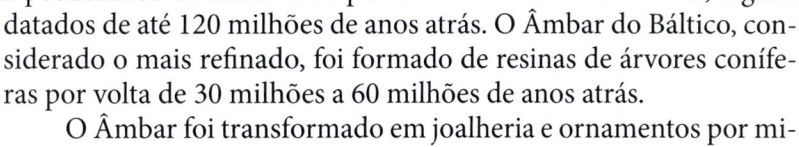

O Âmbar foi transformado em joalheria e ornamentos por milhares de anos. No Egito ele era usado há pelos menos 4.500 anos, e contas de Âmbar, datadas de 2.000 anos, foram encontradas em Creta. Na Europa, durante a Idade Média, contas de rosário feitas de Âmbar eram tão populares que os estoques disponíveis foram esgotados.

Na mitologia da Grécia antiga, o Âmbar foi criado quando Faetonte, filho do deus Hélios, foi derrubado e queimado por um raio. A dor de suas irmãs foi tão intensa que as transformou em álamos, e suas lágrimas foram transformadas em gotas de Âmbar.

ROBERT SIMMONS: Muitas pedras nos ajudam a nos ligarmos com a luz, mas o Âmbar nos traz calor. As energias do Âmbar são muito solares, e elas têm a qualidade de criar uma sensação confortável de calor, saúde e bem-estar em quem as usa. O Âmbar transporta as vibrações da vida orgânica, talvez por ter vindo de árvores vivas, e isso faz com que ele pareça muito amistoso e familiar para nós. O Âmbar sempre foi valorizado pelos humanos, tanto por sua beleza como por suas qualidades de cura, e nossa longa história de consideração positiva ao Âmbar torna-o uma substância de que tendemos a gostar imediatamente. Talvez seja um tipo de "memória da espécie" o que nos faz perceber os traços de saúde e benefícios do Âmbar – independentemente da razão, a associação parece boa para ambos os lados.

O Âmbar é recomendado para ser usado ou carregado para qualquer um que esteja se recuperando de doenças ou ferimentos, porque suas energias aquecedoras e nutrícias nos colocam em contato com nossa potência e segurança essenciais. É excelente para a convalescença, por ativar o ser interior e a força da vida, assim como o desejo emocional por bem-estar. Ele ajuda a pessoa a ver o caminho para a recuperação e ter coragem e confiança de seguir por esse caminho. Porque o Âmbar carrega as vibrações da força de vida, ele nos facilita trazer mais energia para todos os níveis de nosso ser. Ele pode nos ajudar a conseguir longevidade e é uma pedra benéfica para ser utilizada pelos anciãos. Nem todos podem (ou gostariam de) mudar para um retiro em um clima quente e ensolarado, mas o Âmbar facilita a ativação de um "clima interior" solar e caloroso.

O Âmbar também pode estimular nossa capacidade inata de manifestar prosperidade. Para amplificar esse potencial, recomendo usá-lo com pedras da prosperidade como a Tsavorita, Safira Amarela e Moldavita. Ademais, juntar Âmbar com Moldavita também é útil para trazer transformação interior positiva e bem-sucedida. E ainda, o Âmbar funciona especialmente bem quando combinado com Azeviche, facilitando a purificação, saúde e proteção contra negatividade.

NAISHA AHSIAN: Embora, tecnicamente, o Âmbar não seja um mineral, há muito tempo é honrado por suas propriedades energéticas e curativas. O Âmbar é um purificador, agindo nos níveis energético, emocional e físico, para transformar as energias negativas ou estagnadas em frequências límpidas e utilizáveis. Do mesmo modo que as árvores pegam "resíduos" gasosos de dióxido de carbono e transformam em oxigênio, o Âmbar pega as energias "gastas" e as converte em energias utilizáveis. Ele pode auxiliar a pessoa na purificação de sua aura, e também limpar qualquer vibração com que entre em contato em seu ambiente. Isso torna o Âmbar uma pedra excelente para proteção, porque transforma a negatividade em uma fonte de energia limpa.

O Âmbar é uma chave para o conhecimento antigo e pode estimular as lembranças da linhagem da pessoa e das lições genéticas e experiências transmitidas por seus ancestrais. Essa propriedade o torna um excelente aliado para limpar padrões familiares. Ele pode assistir durante as explorações de vidas passadas, durante a meditação e na retirada de detritos cármicos do campo de energia da pessoa. É um aliado poderoso em viagens xamânicas, por suas energias protetoras e habilidade para facilitar a viagem ao mundo subterrâneo.

O Âmbar é uma forma de luz do sol solidificada. Diferentemente de outros cristais ou pedras nascidas nas profundezas da crosta da Terra, o Âmbar é criado em primeiro lugar pela síntese da luz por plantas e árvores. Quando ele é fossilizado, aquela força de vida é solidificada no material que conhecemos como Âmbar. Por seu relacionamento com a Luz e a Estrela que é o centro de nosso sistema solar, o Âmbar é uma fonte excelente de energia da Luz. Ele pode auxiliar a pessoa a se ligar com os seres de Luz interdimensionais e intergalácticos, inclusive os devas da natureza, criadores de círculos em plantações, fadas e outros seres ligados à Natureza sagrada. Ele tem ligação em especial com o deus egípcio Rá.

Graças a suas propriedades de portador da luz, o Âmbar pode ajudar os que se tornam deprimidos no inverno por causa da privação de luz. Ele ajuda a estimular o metabolismo, a energia física e o fluxo de energia ao longo dos meridianos do corpo. Pode ajudar a eliminar infecções e limpar contaminações dos órgãos.

ESPIRITUAL: O Âmbar ajuda a pessoa a se ligar aos seres de Luz, em especial os que estão na Terra ou que existem para nos assistir na mudança que está vindo. Ele nos ajuda a integrar as energias de Luz no corpo físico, e é um apoio excelente para a cura energética. O Âmbar oferece proteção pelo processamento de frequências de energia menos desejáveis em energia mais limpa e elevada. Ele nos liga com a energia solar, lembra-nos da Luz e nos ajuda a eliminar a resistência à nossa evolução pessoal.

EMOCIONAL: O Âmbar pode auxiliar aqueles que sofrem de Desordem Sazonal Afetiva ou outras depressões baseadas em privação de luz. Ele pode ajudar a pessoa a encontrar propósito e força, tomando atitudes para sua realidade progredir em direção à consciência superior. Ele pode assistir os psiquicamente sensitivos ao oferecer uma barreira protetora de luz contra a negatividade até que eles sejam capazes de controlar seus dons intuitivos.

FÍSICO: O Âmbar ajuda a aumentar a vitalidade geral e os níveis de energia. Auxilia energeticamente retirando e prevenindo as infecções. Ele pode estimular a digestão ou órgãos letárgicos e funções glandulares. Para os que trabalham com a remoção de entidades do campo de energia, o Âmbar pode ser um aliado valioso para selar a aura depois da extração e limpar quaisquer padrões negativos remanescentes que possam se restabelecer no campo da pessoa.

AFIRMAÇÃO: Eu convoco a limpeza e cura de meu campo de energia e abraço as bênçãos da vida física.

AMBLIGONITA

PALAVRAS-CHAVE: Poder calmo da vontade, manifestação de ideias criativas.

ELEMENTO: Fogo.
CHACRAS: Plexo Solar (terceiro).

A Ambligonita é um fosfato mineral de alumínio e sódio com uma dureza de 5,5 a 6. Em geral, tem uma cor amarelo pálida, mas algumas vezes é de um amarelo esverdeado ou lilás. Sua estrutura cristalina é triclínica e é muito encontrado em associação com outros minerais que trazem lítio, como Apatita, Lepidolita, Kunzita e Turmalina. É um material relativamente raro e encontrado principalmente no Brasil, Burma e Maine, nos Estados Unidos. Uma pequena porcentagem de Ambligonita é transparente e pode ser facetada em gemas.

ROBERT SIMMONS: A Ambligonita é uma pedra excelente para levar o corpo emocional da pessoa ao equilíbrio para a liberação de suas energias criativas inatas. Muitos indivíduos sentem-se convocados para o trabalho criativo em campos artísticos, tais como escrita, música, dança e por aí vai, mas são estorvados por bloqueios que brotam de áreas emocionais. A pessoa pode sentir-se inadequada para manifestar seus sonhos, ou talvez mágoas ou traumas passados tenham criado uma fixação que bloqueia seu progresso. Usar, carregar ou meditar com Ambligonita pode auxiliar a pessoa a encontrar paz e clareza interior necessárias para o trabalho criativo. A Ambligonita pode ajudar a acender a fagulha criativa, movimentar a pessoa para a frente no caminho da realização de seu propósito maior. Portanto, ela é ao mesmo tempo calmante e energizante, acalmando as emoções enquanto desperta a mente criativa.

Por ativar a criatividade, a Ambligonita pode também ajudar a manifestar neste mundo as imagens que a pessoa cria no etéreo. Pode auxiliar a pessoa a fazer o trabalho necessário para fazer seu sonho se tornar realidade. Para melhorar isso, a Ambligonita pode ser combinada com Fenacita, que tem grande poder para auxiliar a trazer o imaginado para a realidade.

A Ambligonita pode ter inúmeras aplicações práticas. Sempre que alguém estiver diante de uma situação em que a calma e clareza mental sejam necessárias, essa pedra é uma aliada à mão. Ela se harmoniza com outras pedras trazendo calma e clareza para qualquer coisa que elas estejam fazendo.

Para os que desejam trabalhar com pedras de alta intensidade como Moldavita, Fenacita, Natrolita, Azeztulite, Tectito Tibetano e outras, mas estão nervosos com a intensidade de suas energias, a Ambligonita pode fornecer o efeito calmante necessário. Pode amplificar as energias de outros minerais de lítio e é um apoio para a purificação de pedras como Ametista. A Ambligonita combina com Tectito Ouro Líbio para fornecer uma energia de poder pessoal refinado e clareza calma da mente.

NAISHA AHSIAN: Essa pedra com alta quantidade de lítio pode ajudar na limpeza, na estimulação e no fortalecimento do chacra do plexo solar. É excelente para os incapazes de utilizar seu poder pessoal para mudar sua realidade, ou que experimentaram os efeitos negativos do abuso de poder em suas vidas. Ao mesmo tempo em que tranquiliza o corpo emocional, a Ambligonita gentilmente traz essas questões à superfície, para que possam ser eliminadas ou integradas. Pode auxiliar a pessoa a superar medos e fobias instalados profundamente ao acalmar com suavidade o plexo solar e facilitar a ação.

A Ambligonita pode auxiliar indivíduos que têm dificuldade de concentração ou para finalizar projetos. Embora não seja uma pedra forte para a prosperidade, é excelente em união com pedras de prosperidade e ajuda a pessoa a seguir adiante e concretizar suas ideias ou projetos. Por esse motivo, é útil para qualquer um que adie ou se torne esmagado quando tenta criar.

ESPIRITUAL: A Ambligonita pode auxiliar a pessoa a identificar seus problemas em torno do poder. Ela é especialmente útil para os temerosos de agir ou que tenham medo de magoar os outros, ou que resistem em assumir seu poder pessoal em razão de modelos de poder negativos de seu passado.

EMOCIONAL: A Ambligonita ajuda na manutenção de uma visão calma e solar da vida. Ela encoraja a pessoa a encontrar seu centro emocional e manter esse centro quando a experiência de vida se torna febril ou difícil. Pode ajudar a pessoa a superar o estresse, medo de agir e adiamento.

FÍSICO: A Ambligonita é muito útil para todos os tipos de déficit de atenção ou desordens de atenção, em especial quando a hiperatividade também é um problema. É útil para acalmar distúrbios digestivos como excesso de ácido ou azia, úlceras e síndrome do intestino irritável.

AFIRMAÇÃO: Eu chamo meus sonhos criativos à existência, pela força calma de minha vontade.

AMEGRINA

PALAVRAS-CHAVE: Integração mente/coração, ligação espiritual, compaixão, habilidade psíquica, cura emocional.
ELEMENTOS: Terra, Ar.
CHACRAS: Coração (quarto), Coroa (sétimo), Etéreo (oitavo e além, acima da cabeça).

A Amegrina é uma combinação de Ametista Roxa com Prasiolita (Ametista Verde), com uma dureza de 7. As pedras vêm da África, e os cristais crescem em conjunto com o Quartzo Branco. Os melhores espécimes mostram faixas distintas de todas as três cores, e a Ametista Roxa, de vez em quando, acontece em um padrão de asna. A Ametista Verde em si é uma pedra rara, mas a Amegrina é mais rara ainda e pode se tornar extinta logo.

ROBERT SIMMONS: Existe uma delicadeza e leveza maravilhosas nas energias da Amegrina. A Ametista traz o raio púrpura da purificação e estimula o chacra da coroa. A Prasiolita acalma as emoções e equilibra as energias do chacra do coração. O Quartzo Branco que as liga emana a energia pura da Luz Divina branca. A Amegrina fornece um manancial de apoio emocional, ajudando a pessoa a curar feridas do passado ou simplesmente levantar o véu das tristezas ou depressão. Ela nos lembra da força da vida eterna, as flores da primavera, a suavidade de um toque amoroso. Essa pedra é um lembrete para nós de que todos somos profundamente amados pelos seres espirituais que olham por nós e que sua ajuda está disponível quando chamamos por eles.

Usar ou carregar Amegrina ajuda a pessoa a integrar a mente e o coração. Ela permite que a criatividade e inspiração da mente sejam guiadas pela sabedoria do coração. Abre a consciência da pessoa para a influência das energias superiores do Divino, enquanto a auxilia a ficar centrada no corpo, no chacra do coração. As vibrações combinadas da Ametista, Prasiolita e Quartzo branco harmonizam todos os chacras e animam o espírito da pessoa. A Amegrina ajuda a pessoa a dar e receber tanto amor espiritual quanto humano. Ela assiste em erguer a pessoa da estagnação e imprimir um novo empenho em sua vida.

A Amegrina funciona bem em combinação com a Moldavita, que traz a energia ativa da transformação para a união com seu fluxo harmonioso. A combinação da Amegrina com Petalita, Azeztulite ou Fenacita pode servir para enfatizar a conexão da pessoa com reinos espirituais elevados. Outras pedras que harmonizam bem com Amegrina incluem Morganita, Celestita, Quartzo Rosa, Cristais Semente da Lemúria e Quartzo Satyaloka.

NAISHA AHSIAN: A Amegrina é uma aliada fantástica e uma pedra muito especial. Ela transporta as frequências tanto da Ametista (ligação divina) como da Prasiolita (cura centradora do coração), equilibrando a busca espiritual com a manifestação da energia divina no plano terrestre. A Amegrina carrega as energias tanto do elemento Ar como Terra, sendo um dos poucos minerais capazes de acomodar essas polaridades em si com facilidade.

O aspecto Ametista da Amegrina estimula os chacras do terceiro olho e da coroa, auxiliando a pessoa a ligar-se com o Divino. Ela ativa as habilidades intuitivas e psíquicas, capacitando a pessoa a receber mais informação do espírito e das energias em seu ambiente. A Ametista transporta a energia da mente superior além do ego e ressoa com a consciência pura.

O aspecto Prasiolita da energia da Amegrina encoraja a expressão de sua consciência pura pelo compartilhar de seu coração em compaixão. A canalização da luz divina pelo centro do coração estimula a cura física e emocional e auxilia a pessoa a viver a Luz em sua experiência do dia a dia.

A Amegrina traz as frequências do amor, da paz, da consciência e da compaixão para o campo de energia da pessoa. Ela a auxilia a largar os padrões emocionais fundados no ego e na evolução para além das mágoas e traumas percebidos do passado. A Amegrina pode ajudar a pessoa a manter a calma e o interior centrado e pacífico, e a comunicar sua consciência mais elevada por sua presença e energia.

ESPIRITUAL: A Amegrina estimula suavemente os chacras mais elevados, abrindo os centros intuitivos e psíquicos e melhorando a habilidade psíquica. Facilita a meditação, emprestando um sentido de rendição calmo ao Divino. A Amegrina ajuda a aterrar a energia da consciência pura no corpo físico, facilitando a cura. Ela permite que a pessoa reconheça e integre as ilusões da polaridade na realidade do ser centrado.

EMOCIONAL: A Amegrina auxilia a pessoa a liberar papéis emocionais e identidades baseadas no ego, permitindo que a pessoa expresse a consciência completa de seu Eu Superior. Ela emana uma energia de amor, paz e satisfação que é muito útil para conseguir e manter um estado de meditação.

FÍSICO: A habilidade da Amegrina de aterrar energias de Luz de alta frequência no corpo físico a torna uma companheira alegre no processo de cura. Ela é útil para todos os tipos de indisposições que envolvem o coração. Ela ajuda a estimular a cura e reparação do corpo, o que a torna uma pedra de cura genérica para recuperação de injúrias físicas ou traumas.

AFIRMAÇÃO: Ofereço-me para uma ligação total com o espírito, pela abertura e união de minha mente e meu coração.

AMETISTA

PALAVRAS-CHAVE: Proteção, purificação, ligação divina, eliminação de adição.
ELEMENTO: Ar.
CHACRAS: Terceiro Olho (sexto), Coroa (sétimo), Etéreo (oitavo e além, acima da cabeça).

Ametista é um membro da família dos Quartzos com um sistema de cristal trigonal e uma dureza de 7. Sua cor, que varia de um roxo pálido a intenso, deriva da combinação de pequenas quantidades de ferro e alumínio, mais irradiação natural ou aplicada. Cristais de Ametista e gemas brutas são encontrados em várias localizações por todo o mundo, inclusive Brasil, Bolívia, México, África, Canadá, Rússia, Estados Unidos e Europa.

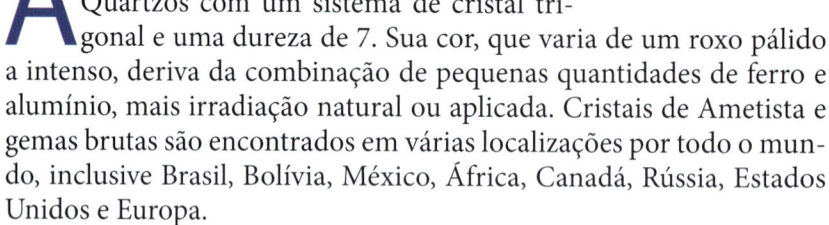

A Ametista foi valorizada por sua beleza e energia lendária por milhares de anos. O povo neolítico na Europa a usava pelo menos em 25000 a.C. e, no antigo Egito, ela era transformada em contas e amuletos. As sociedades antigas da Grécia e de Roma davam muito valor à Ametista, considerada há muito tempo uma pedra da lealdade e utilizada em coroas e cetros e nos anéis dos bispos. A Ametista tem fama de ter sido a nona pedra do peitoral do alto sacerdote de Israel e uma das dez pedras sobre as quais os nomes das tribos de Israel foram gravados. O nome da Ametista vem de uma palavra grega que significa "não embriagado", e um mito grego antigo explica sua derivação: o deus Baco, enraivecido por um insulto, decretou que a primeira pessoa que ele encontrasse seria comida por seus tigres. A desafortunada pessoa veio a ser Ametista, em seu caminho para o culto no santuário de Diana. Quando os tigres saltaram, Diana transformou a garota em um cristal claro transparente. Com remorso, Baco espremeu o suco de suas uvas sobre a pedra como uma oferenda, dando à gema, com esse gesto, sua bela cor roxa. Os gregos acreditavam que a Ametista prevenia intoxicação, acalmava a raiva e aliviava paixões frustradas.

ROBERT SIMMONS: É interessante ver como muitas das propriedades espirituais atribuídas à Ametista em séculos passados são similares àquelas que foram descobertas intuitivamente em anos recentes. De fato, é apropriado ver a Ametista como uma pedra de proteção espiritual e purificação. Ela pode ser de ajuda para controlar a autoindulgência e abandonar hábitos ruins. Pode também ajudar a pessoa a deixar de fumar, beber ou usar drogas. Ela estimula o chacra da coroa e é uma facilitadora para a meditação, ajudando a pessoa a aquietar seus pensamentos e movimentar-se para estados elevados de consciência. Ela pode limpar o campo de energia da pessoa de influências e ligações negativas e pode, portanto, facilitar a criação de um "escudo" energético – um campo de Luz espiritual em torno do corpo que repele a negatividade em seu ambiente.

AMETISTA

Os familiarizados com as histórias de Saint Germain devem lembrar-se da lendária "chama violeta" da purificação espiritual, que os leitores e discípulos eram conclamados a invocar para purgá-los da bagagem cármica ou doenças, e protegê-los contra ataques psíquicos. Essa é uma analogia direta ao campo vibracional sutil emanado pela Ametista, e ela pode ajudar alguém a se ligar com essa energia benéfica.

A Ametista é uma pedra ideal para a melhoria do ambiente físico da pessoa. Colocar grotos, geodos ou cristais de Ametista na casa, sala de meditação, carro, etc. pode trazer a sensação de que se está cercado e protegido por uma "bolha de Luz". Por essa razão, a Ametista é especialmente recomendada para todos, desde curadores e psicólogos a professores e motoristas de caminhão. Se alguém está doente, colocar um espécime de Ametista em seu quarto pode ajudar a manter o espaço de cura limpo. Usar uma Ametista mantém o espaço interno do corpo e o campo de energia em um estado de equilíbrio e bem-estar. Em todos os casos, é aconselhável limpar as energias de sua peça de Ametista de tempos em tempos. O método mais fácil é segurar a pedra embaixo da água corrente por um minuto ou menos, enquanto afirma a intenção de que a pedra seja limpa.

Para proteção espiritual, a Ametista funciona muito bem quando combinada com Moldavita. A Ametista gera suas "bolhas de Luz" características, enquanto a Moldavita eleva as frequências vibracionais da pessoa a um nível em que ela simplesmente não ressoa com as energias baixas de entidades negativas ou forças sombrias. A ligação espiritual proporcionada pela Ametista é muito intensificada por pedras como Azeztulite, Fenacita, Solecita e Natrolita. A Ametista também harmoniza com toda a variedade de Quartzos, inclusive Citrino, Quartzo Fumê, Quartzo Claro, Crisoprásio, Opala, Olho de Tigre e todos os tipos de Calcedônia. A Sugilita e a Ametista juntas são o melhor para a eliminação de comportamentos viciosos. Outras pedras que estimulam as qualidades protetoras da Ametista incluem a Turmalina Negra, Ouro do Curador (Pirita, Magnetita), Obsidiana e Azeviche.

NAISHA AHSIAN: A Ametista é uma das primeiras pedras para a qual as pessoas são atraídas quando começam seu trabalho com o reino mineral. Sua bela luz roxa combinada com sua energia elevada e meiga torna a Ametista um item necessário em qualquer caixa de ferramentas de um trabalhador da Luz. A Ametista é uma pedra do Ar cardeal. O elemento Ar estimula a mente, as habilidades intuitivas e psíquicas e a conexão com os reinos espirituais. A Ametista incorpora todas essas propriedades, o que a torna uma ferramenta poderosa para a expansão espiritual e compreensão cognitiva.

A Ametista é uma ferramenta de meditação clássica. Sua energia concede à pessoa uma entrada fácil em estado de meditação e a manutenção da percepção consciente enquanto em comunhão com o Divino. A vibração da Ametista estimula a mente superior e facilita a função cerebral. Por sua habilidade para estimular os chacras do terceiro olho, coroa e etéreo, a Ametista é uma escolha natural para a abertura psíquica e o trabalho intuitivo. Sua alta frequência inerente age como uma barreira contra energias inferiores, tornando-a uma ferramenta de proteção valiosa para os que fazem trabalho psíquico ou intuitivo. A energia da Ametista constrói um casulo de Luz em torno da aura da pessoa, criando um campo de ressonância poderoso que a ajuda a permanecer limpa e centrada enquanto fica aberta à orientação espiritual e informação intuitiva.

A habilidade da Ametista para ativar a mente superior permite que a pessoa ganhe uma compreensão e um entendimento claros da dinâmica e da raiz das causas das experiências da vida. Em razão da melhoria da clareza e equilíbrio da mente e do pensamento, ela pode ser útil em assistir a pessoa na superação de vícios ao neutralizar os efeitos das drogas na função cerebral, enquanto distribui sua própria energia pacífica e agradável. A Ametista auxilia na eliminação de ações decididas no calor das emoções, permitindo à pessoa agir com base em orientação elevada e compreensão espiritual.

No trabalho de cura, a Ametista ajuda a pessoa a compreender a causa raiz de sua doença ou desequilíbrio. Sua habilidade para conceder clareza ajuda-a a identificar as crenças, comportamentos e hábitos perniciosos que trouxeram um desequilíbrio energético para o domínio físico. Ela revela os padrões desencadeados pelo ego e autodestrutivos e as experiências raiz por trás deles. Ajuda a pessoa a tomar para si a responsabilidade por sua realidade ao lembrá-la de nossa relação cocriativa com o Universo.

ESPIRITUAL: A Ametista facilita a meditação e engendra comunhão e comunicação com o guia e os anjos da pessoa. Ela auxilia na rendição ao Divino e a assumir o poder espiritual como uma criação do ser Divino. Abre e limpa os chacras do terceiro olho e da coroa, o que, por sua vez, acelera o desenvolvimento das habilidades psíquicas e intuitivas.

EMOCIONAL: A Ametista pode ajudar a pessoa a identificar a raiz das causas por trás dos comportamentos, hábitos e padrões emocionais que criam desequilíbrios e doença. Essa aliada poderosa auxilia no reconhecimento de sua responsabilidade como um ser espiritual que está tendo uma experiência física. Ela pode ajudar os que são inclinados à dissociação ou se fazendo de vítimas a reconhecerem seu poder inerente e sua habilidade para alinhar sua realidade física com seu propósito espiritual. A Ametista é útil para os que não sentem que são nativos do plano terrestre, ou que vivenciam uma nostalgia constante "de casa" ou outros mundos, sistemas ou dimensões.

FÍSICO: A Ametista tradicionalmente tem sido usada para neutralizar comportamento e padrões de pensamento viciosos. Ela empresta clareza de mente e torna mais difícil para o álcool, as drogas e outros vícios alterarem o humor da pessoa. Ajuda a equilibrar o sistema nervoso e o cérebro. Ela pode ser usada para ajudar com sintomas de zumbido no ouvido, desordens nervosas ou desequilíbrios cerebrais. A energia da Ametista também auxilia a oxigenação do sangue, ajudando a melhorar a assimilação de oxigênio pelo corpo e a eliminação de resíduos gasosos, principalmente em combinação com outras pedras que contenham muito ferro, como Hematita e Magnetita.

AFIRMAÇÃO: Eu estou purificado, elevado e protegido por minha ligação com o Divino.

AMETRINA

PALAVRAS-CHAVE: Clareza mental e espiritual, decisão.
ELEMENTOS: Ar, Fogo.
CHACRAS: Plexo Solar (terceiro), Coroa (sétimo).

A Ametrina é uma combinação de Ametista e Citrino na mesma pedra. É membro da família dos Quartzos, com um sistema de cristal hexagonal (trigonal) e uma dureza de 7. Sua aparência amarelada e dourada bicolor é espantosa e os melhores espécimes em geral são facetados para joalheria. A Ametrina é encontrada no Brasil e em outras partes da América do Sul, mas os melhores espécimes naturais nos anos recentes vêm do Uruguai e da Bolívia.

ROBERT SIMMONS: A Ametrina é uma combinação harmoniosa das energias da Ametista e do Citrino. A Ametista é estimulante do chacra da coroa, protetora do campo áurico da pessoa, purificadora de suas energias pessoais e elevadora do espírito. Ela pode auxiliar muito no abandono de hábitos ruins e vícios. O Citrino é uma pedra para estimular a clareza mental, criatividade e vontade. A Ametrina combina todos esses traços e traz a espiritualidade da pessoa para a harmonia com a mente, em geral catalisando um fluxo profundo de criatividade, novas ideias e *insights*. É benéfico manter Ametrina na mesa de trabalho ou do lado do computador, ou onde a pessoa se sente para fazer o lado mental do trabalho. A Ametrina ajudará a mente a permanecer clara, criativa, energética e atarefada. Os que tentam perder peso ou interromper outros hábitos autodestrutivos também são aconselhados a trabalhar com Ametrina, nesse caso como uma peça de joalheria ou pedra de bolso, mantendo sua energia dentro de seu campo áurico.

A Ametrina combina bem com todos os outros membros da família do Quartzo. Acrescentando Quartzo Rosa, trará as energias do chacra do coração à ativação, em harmonia com a mente e o espírito. A combinação de Ametrina com Moldavita multiplica seus efeitos de muitas maneiras, uma vez que suas energias de transformação ativam todos os chacras e focam sobre a manifestação da vontade e o avanço da evolução espiritual da pessoa. Outras pedras que podem melhorar os efeitos da Ametrina incluem Sugilita, Labradorita Dourada, Safira Amarela, Lilás, Lepidolita, Fenacita e Azeztulite.

NAISHA AHSIAN: Como a Amegrina, a Ametrina é uma combinação de Quartzos – nesse caso Ametista com Citrino. É uma pedra dos elementos Ar e Fogo, combinando as energias estimulantes do Ar com as energias criativas e orientadas para a ação do Fogo. A Ametrina liga a claridade e a conexão divina da Ametista com a influência purificadora e estimulante do Citrino. Essas duas energias poderosas funcionam juntas na Ametrina para desenvolver a habilidade da pessoa para agir de acordo com sua orientação espiritual e superar os medos.

O aspecto Ametista da Ametrina liga a pessoa aos reinos espirituais, onde ela pode receber instrução de guias, anjos e do Ser Superior. Uma vez estabelecida essa conexão, o aspecto Citrino da

Ametrina entra em ação alinhando o centro de vontade da pessoa (o plexo solar ou terceiro chacra) com o terceiro olho e a coroa. A energia do Citrino na Ametrina ajuda a pessoa a agir de forma clara e decisiva com base em orientação elevada e alinhada com a Vontade Divina. A estimulação e limpeza de energia do Citrino facilita a remoção de bloqueios ou resistências à ação ou mudança, capacitando a pessoa a criar uma realidade mais alinhada espiritualmente.

Essa combinação de energias torna a Ametrina uma pedra excelente para os indecisos ou incapazes de agir porque temem tomar a decisão "errada". Ela também pode auxiliar os que adiam ou são incapazes de se comprometer com uma linha de ação ou realização. A Ametrina pode ajudar o indivíduo a superar o medo do sucesso e erradicar padrões de autossabotagem. Também pode auxiliar a pessoa a fazer as mudanças necessárias para alinhar sua vida com o Divino e aterrar suas frequências mais elevadas em cada aspecto de sua vida.

A energia da Ametrina é útil para manter a mente focada e alerta quando estudar ou aprender. Ela deveria ser usada quando a pessoa sente a mente lenta, confusa ou incapaz de concentração. Seus padrões de vibração estimulam os processos mentais e ajudam a pessoa em seus esforços mentais.

ESPIRITUAL: A Ametrina assiste a pessoa em sua ligação com a orientação divina e, então, a seguir essa orientação para mudar sua realidade com eficiência. Ela é a "pedra das musas" e pode ajudar a pessoa a se conectar com o Divino e manifestar ideias ou informações divinamente inspiradas.

EMOCIONAL: A Ametrina ajuda a pessoa a superar medos de ação ou progresso. Ela pode auxiliar a pessoa a superar autossabotagem e adiamento. É excelente para os que são facilmente influenciados pelos outros, já que ela os ajuda a desenvolver um forte senso de seu próprio poder e potencial.

FÍSICO: A Ametrina pode ser usada para estimular o cérebro, melhorar o aprendizado e a solução criativa de problemas, auxiliando na memória e retenção de informação. Ela ajuda em problemas digestivos estimulando o metabolismo. Por essa razão, a Ametrina pode ser um apoio valioso para regular o peso e fazer escolhas apropriadas de alimento. A Ametrina também pode ser usada em combinação com outras pedras de apoio ao sistema endócrino para ajudar no equilíbrio hormonal.

AFIRMAÇÃO: Eu alinho meus pensamentos e vontade ao padrão divino de meu propósito espiritual.

ANDALUZITA

PALAVRAS-CHAVE: Limpeza, conforto, protetora, recuperar informação antiga.
ELEMENTO: Tempestade.
CHACRAS: Raiz (primeiro), Terceiro Olho (sexto).

A Andaluzita é um silicato mineral de alumínio com uma dureza de 7,5. Ela toma seu nome da Andaluzia, na Espanha, onde foi encontrada. Seu sistema de cristal é ortorrômbico. Algumas vezes, esse mineral se forma em cristais transparentes que podem ser cortados e facetados em gemas. Essas gemas podem exibir cores variadas quando vistas de ângulos diferentes, um sinal do pleiocroísmo. A Andaluzita também é encontrada em cristais prismáticos opacos, que são marrons com uma cruz negra (causada por inclusões carbonáceas), que pode ser vista ao olhar o cristal em secções em cruz perpendiculares ao eixo do prisma.

Essa forma especial da Andaluzita também é conhecida como Chiastolita. A Andaluzita é encontrada no Brasil, Sri Lanka, Canadá, Espanha, Rússia e Estados Unidos.

ROBERT SIMMONS: As vibrações da Andaluzita são mais lentas que as de muitos outros cristais e minerais, mas são profundamente poderosas e benéficas. Essas são pedras antigas e carregam em sua estrutura cristalina o verdadeiro batimento cardíaco da Terra. Quando são seguras na mão, a pessoa pode sentir uma pulsação lenta e profunda, que parece de algum modo amistosa e confortante. É uma pedra excelente para ajudar pessoas sensitivas a sentirem-se em casa e seguras aqui na Terra. Ela oferece proteção psíquica, aterramento, uma infusão de força de vida e sensação de contentamento e bem-estar. Isso é precisamente o que é necessário por muitas pessoas espiritualmente alinhadas, que sentem não pertencer à Terra e querem voltar para sua "casa" nas dimensões mais elevadas. Claro que nossa verdadeira casa é onde estamos e onde nossos corações residem. A Andaluzita ajuda a pessoa a perceber que este mundo (no qual encarnaram voluntariamente) é um lugar bom e protetor no qual a pessoa pode sinceramente gostar de viver.

A memória dessas pedras é extremamente extensa. Os que trabalham com ela em meditação podem usá-las para facilitar o acesso aos registros akáshicos. Lá, a pessoa pode ler a história de sua jornada espiritual vida após vida, bem como as grandes histórias espirituais deste e de outros planetas.

A Andaluzita pode ser usada para fortalecer e energizar qualquer chacra e reparar buracos no campo áurico. Ela transporta os padrões de totalidade etéreos para o corpo, especialmente dentes e sistema de esqueleto.

A afabilidade dessa pedra a torna ideal para os que tentam superar sensações de solidão, isolamento, depressão, ansiedade e vários medos. É recomendada como proteção para os que viajam ou trabalham em regiões de perigo ou negatividade.

A Andaluzita funciona bem em combinação com cristais Semente da Lemúria, Pedras de Xamã, Azeviche, Sugilita e Moldavita. Ela também se adaptará e harmonizará com praticamente qualquer pedra que o usuário deseje portar ou segurar. A sensação de afabilidade bondosa e generosidade que emana dessas pedras é impressionante e única. São muito recomendadas!

NAISHA AHSIAN: A Andaluzita é uma pedra excelente para usar na limpeza da aura. Sua energia intensa do elemento Tempestade aterra as altas frequências nos corpos físico e energético e pode eliminar rapidamente bloqueios dos meridianos e chacras. Ela é especialmente estimulante para os chacras mais inferiores e superiores, ativando os portais da coroa e habilitando a pessoa a acessar as energias de alta frequência no plano terrestre. Ela pode ajudar a estimular o chacra Estrela da Alma, acima da cabeça, e o chacra Estrela da Terra, abaixo dos pés. A ativação desses dois chacras é crítica para a manifestação do Ser Superior no corpo físico.

A Andaluzita é maravilhosa para curadores em razão de sua habilidade de ligar a pessoa a um fluxo constante de energia de alta frequência quando ela completa o circuito de ancoragem com a Terra, garantindo uma saída segura para o excesso de energia. Em certo sentido, essa pedra concede à pessoa tornar-se um "para-raios" para a Luz, protegendo o sistema nervoso de ser massacrado energeticamente.

A energia da Andaluzita guarda a pessoa contra drenagem de energia ou imposição de um desgaste excessivo de seus recursos durante o trabalho psíquico ou de cura. Ela preenche a pessoa até transbordar com energia clara e utilizável. Ela ajuda a pessoa a se abrir para receber energia do Divino e dirigir essa energia para o interior da forma. Embora, estritamente, não seja uma pedra da prosperidade, pode oferecer grande estimulação para trabalhos desse tipo, em especial em combinação com outras pedras de prosperidade.

A Andaluzita é uma aliada excelente para proteção – sua habilidade para trazer energias de alta frequência para dentro da aura pode curar perdas de energia, buracos ou ganchos no campo vibracional que, caso não sejam curados, deixam a pessoa aberta a energias densas ou desalinhadas. A Andaluzita também pode estimular todas as energias elementais no corpo, ajudando no processo de cura. Pode ajudar a pessoa a convocar reservas interiores de vitalidade e força para superar obstáculos ou dificuldades.

ESPIRITUAL: A Andaluzita ajuda a ativar os chacras superiores, tornando fácil para a pessoa acessar o reino espiritual. Ajuda os curadores e médiuns a manter a integridade de seus campos de energia enquanto trabalham. Essa pedra possibilita à pessoa atrair a Luz enquanto protege seus sistemas físico e energético de transbordar.

EMOCIONAL: A Andaluzita pode ajudar a proteger a pessoa de ataque psíquico ou drenagem de energia. Ela auxilia aquelas pessoas com corpos emocionais fracos a recarregarem suas energias, protegendo-os de vibrações baixas.

FÍSICO: A Andaluzita é um fortificante geral. É um tônico excelente para qualquer um que tenha estado doente e ainda possa estar com o campo vibracional fraco precisando de proteção. Ela trabalha para regular o sistema nervoso e o campo energético.

AFIRMAÇÃO: A Terra é minha casa nesta vida, e me sinto bem aqui.

ANGELITA (ANIDRITA AZUL)

PALAVRAS-CHAVE: Comunicação angelical, auto-expressão amena, serenidade, consciência expandida.
ELEMENTO: Ar.
CHACRAS: Garganta (quinto), Terceiro Olho (sexto), Coroa (sétimo).

Angelita é o nome dado comumente a uma forma de Anidrita Azul encontrada no Peru. Ela é um sulfato mineral de cálcio com um sistema de cristal ortorrômbico e uma dureza de 3,5. A Angelita tem uma cor azul suave e tende a formar nódulos com exterior branco, embora alguns cristais de Angelita Azul também tenham sido encontrados.

ROBERT SIMMONS: A Angelita é uma pedra que pode agir como o representante físico ou talismã de ancoragem para as energias de seu anjo da guarda, guias e outros amigos em espírito. Carregar, usar, segurar ou ficar perto de uma pedra de Angelita provê a pessoa com um ponto focal de conexão para receber amor, orientação e ajuda dos invisíveis que nos cercam nos planos mais altos. As pedras em si parecem emanar uma serenidade e benevolência, e essas são as energias constantemente transmitidas *através* delas para nos auxiliar.

A comunicação e comunhão com seres em dimensões mais elevadas são a dádiva especial da Angelita, e isso torna essas pedras úteis para os que desejam desenvolver poderes de ligação psíquica, canalização, mediunidade, clarividência e cura espiritual. Ela pode auxiliar a pessoa para que receba orientação espiritual para si e os outros e, portanto, é uma ferramenta útil para astrólogos, leitores de tarô e outros envolvidos em aconselhamento espiritual. Também pode ajudar a pessoa a desenvolver sensitividade para a comunicação com humanos que "passaram" para o outro lado. Por estimular o chacra da garganta, e também os do terceiro olho e da garganta, a Angelita ajuda na comunicação dos *insights* intuitivos e os "*downloads*" das inteligências do espírito. Ela o faz do modo mais tranquilo, para que os que ouvem a pessoa falar recebam não apenas a informação, mas também as próprias vibrações dos reinos mais elevados.

A Angelita é uma pedra excelente para o trabalho de sonho e pode ajudar a pessoa a permanecer lúcida no estado de sonho e lembrar-se da orientação recebida em sonhos. Ela também pode melhorar a qualidade espiritual dos sonhos. A Angelita pode ajudar a sintonizar em memórias de vidas passadas e registros akáshicos. Pode também auxiliar no entendimento e interpretação de conteúdo simbólico dos sonhos e visões interiores. Na meditação, a Angelita é capaz de facilitar a movimentação para estados interiores de paz, aquietando o pensamento e permitindo que a pessoa flutue suavemente para a consciência expandida.

NAISHA AHSIAN: A Angelita é uma pedra forte do elemento Ar. Como outras aliadas do elemento Ar, a energia da Angelita é estimulante para os chacras do terceiro olho e da coroa. Ela facilita a ligação com os guias e anjos e pode ajudar a pessoa a entrar no estado de meditação com mais facilidade. Sua ligação com as energias angelicais a torna uma pedra excelente para usar quando a intervenção divina é chamada. A frequência da Angelita é muito relaxante para o corpo emocional, produzindo leveza durante tempos difíceis. Ela é uma pedra de tranquilidade e invoca uma sensação de paz interior quando é portada ou usada em meditação. Pode ser utilizada para ajudar a trazer paz para situações em que o conflito ou as posturas de ego tornam o progresso difícil.

A Angelita também auxilia uma comunicação serena e fala compassiva. É uma pedra excelente quando uma pessoa precisa aprender a amainar suas palavras em consideração aos outros. Em vez de estimular o chacra da garganta, a energia da Angelita acalma a região. Isso pode ser de grande ajuda em situações em que a fala excessiva ou verbosidade pode ficar no caminho do entendimento. Ela pode auxiliar aos que têm língua afiada a limpar a energia venenosa de seus chacras da garganta. A energia dessa aliada invoca a doçura nas palavras e comunicação.

ESPIRITUAL: Como seu nome sugere, a Angelita é útil na ligação com a orientação dos anjos e dos seres espiritualmente alinhados. Ela é uma ferramenta de meditação calmante que permite à pessoa abrir-se para os estados de meditação com maior facilidade. Ela estimula suavemente os chacras do terceiro olho e da coroa e ajuda a tranquilizar chacras da garganta hiperativos ou desalinhados.

EMOCIONAL: A Angelita auxilia a pessoa a se comunicar de um jeito claro, conciso e equilibrado. Ela é calmante para a energia geral da pessoa e pode ser uma aliada útil quando a diplomacia ou visão mais elevada de cooperação é exigida.

FÍSICO: A composição mineral da Angelita tem relações com o sistema do esqueleto, particularmente relativa ao suporte energético da densidade e crescimento dos ossos, e também com problemas como artrite e osteoporose. Ela ajuda energeticamente a conseguir grande mobilidade e alcance de ação e auxilia a dissolver a calcificação nas articulações. É uma pedra excelente para melhoria vibracional da capacidade da pessoa para a autocura de rompimentos ou fraturas, e para a manutenção de ossos saudáveis no envelhecimento. Além disso, ela é útil para regular o apetite e as funções digestivas – especialmente quando questões emocionais têm um papel na obesidade.

AFIRMAÇÃO: Estou sempre cercado por amor e benevolência, e ouço as sugestões internas de meus companheiros angelicais.

ANIDRITA AZUL ASA DE ANJO

PALAVRAS-CHAVE: Comunicação com os anjos e espíritos guias, percepção psíquica melhorada, autoaceitação e perdão.
ELEMENTO: Ar.
CHACRAS: Garganta (quinto), Terceiro Olho (sexto), Coroa (sétimo).

Como a pedra semelhante conhecida como Angelita, a Anidrita Azul Asa de Anjo é um sulfato de cálcio mineral com um sistema de cristal ortorrômbico e uma dureza de 3,5. Essas formações no cristal, que muitas vezes criam ramos com aparência de leque que lembram asas, são encontradas no México. Sua cor é o mesmo azul suave da Angelita.

ROBERT SIMMONS: A Anidrita Azul Asa de Anjo é uma pedra de energia "suave" do reino mineral que está entre as mais poderosas. Ela faz a pessoa perceber que, como com os anjos de verdade, o que é meigo também pode ser forte. Essas pedras podem livrar a aura de qualquer quantidade de energia negativa, limpando bloqueios, eliminando implantes, suavizando todos os tipos de desarmonia e fornecendo um condutor de força com que a pessoa pode se religar com a Fonte. Em meditação, essa pedra pode gerar a experiência de "voo". Simplesmente segure uma dessas pedras em cada mão em uma posição sentada. Com gentileza e devagar, com os olhos fechados, mova os braços para cima e para baixo como se fosse um pássaro preguiçoso na gravidade zero. Depois de alguns desses movimentos, recolha os braços no colo e permita que a mente plane para dentro dos domínios mais elevados. Para os que são "anjos em forma humana" – os que assumiram uma encarnação humana para ajudar na transformação da consciência planetária –, a Anidrita Azul Asa de Anjo pode facilitar uma recordação profunda de sua verdadeira identidade. Um modo de discernir se tal lembrança é válida é examinar se a imagem de seu aspecto angelical enche a pessoa de orgulho de ser "mais que humano" ou com avaliação humilde das provações suportadas pelos humanos na vida física. No primeiro caso, é mais provável a pessoa estar em um transe de ego, enquanto a segunda reação, se for sincera, indica um entendimento verdadeiro.

A Anidrita Azul Asa de Anjo harmoniza com Azeztulite, Petalita, Danburita e Diamante. Todas essas pedras têm ligações com os reinos angelicais e podem ajudar a pessoa a elevar sua consciência aos níveis mais elevados. Além disso, a combinação de Serafinita com Anidrita Azul Asa de Anjo pode ajudar a pessoa a "chamar" as energias angelicais para objetivos de cura. Juntas, essas pedras podem imprimir o padrão divino de saúde perfeita e equilíbrio em todos os níveis sobre o corpo etéreo. Se mantido na consciência, esse padrão perfeito pode se manifestar no eu físico e também no corpo astral e etéreo. Combinar Anidrita Azul Asa de Anjo com Opala Azul Owyhee e/ou Opala Oregon pode melhorar a habilidade de realizar cura e reconstrução de um corpo emocional ferido.

Juntar a Alexandrita a elas aumentará a habilidade de ver e remover implantes limitadores e bloqueios emocionais "cristalizados", dois retardadores do progresso no caminho do crescimento espiritual.

NAISHA AHSIAN: A Anidrita Azul aparece em muitas formas e muitas cores, sendo uma das mais conhecidas a forma massiva da Anidrita Azul chamada Angelita. Os cristais de Anidrita Azul Asa de Anjo são semelhantes em cor, mas muito diferentes em energia; mostram-se um aliado do elemento Ar. Eles abrem os sentidos psíquicos da pessoa à percepção mais elevada e melhoram sua ligação com os reinos espirituais.

Esses cristais em forma de leque ou asas são expressões maravilhosas da energia angelical da Anidrita. Em meditação, eles podem ajudar na ligação com as orientações mais elevadas e as forças angelicais ao acalmar e aquietar a mente ao mesmo tempo em que estimulam os chacras mais elevados. Eles ajudam a tranquilizar pensamentos inquietos e o diálogo interno, que podem ser distrações para a meditação.

Os cristais de Anidrita Azul podem estimular o terceiro olho com suavidade, melhorando a visão interior, particularmente visões de seres angelicais, devas e guias que trazem informação durante a meditação.

Esses cristais são excelentes para purificar o corpo emocional. Podem auxiliar a remover padrões emocionais "arraigados" e estabelecer um fluxo de energia refrescante pela aura. Esses aliados ajudam a pessoa a perceber em que ela não está se honrando. Eles são ferramentas excelentes para curar a autoestima e ajudar na percepção de si como manifestação do Divino. Eles podem ajudar a pessoa a libertar-se de ressentimentos ou rancores que se tornaram cristalizados no corpo emocional.

No trabalho de cura, esses belos cristais em forma de leque podem ser usados para estimular a aura, utilizando um movimento parecido com espalhar sorvete em um bolo. Arrastar o cristal pelos níveis exteriores da aura ajuda a desligar entidades errantes, remover prisões e culpas psíquicas, e abrandar "pontos quentes" no campo de energia. Usados no terceiro olho, eles destravam os sentidos psíquicos com suavidade e ajudam a aumentar a percepção da orientação durante leituras, cura ou meditação.

ESPIRITUAL: Os cristais de Anidrita Azul Asa de Anjo ajudam a abrir ao espírito na meditação e oração. Colaboram na ligação às entidades angelicais sempre presentes que estão à nossa volta e nos protegem. Eles auxiliam a estabelecer comunicação com esses seres, ajudando a pessoa a receber apoio, ajuda e informação dos reinos espirituais.

EMOCIONAL: Essas pedras maravilhosas ajudam a desalojar padrões emocionais cristalizados da aura. Elas podem ajudar a banir velhos hábitos de vingança, raiva, críticas ou ressentimento. A Anidrita Azul Asa de Anjo pode facilitar uma comunicação compassiva com os que precisam de compreensão ou perdão, inclusive a comunicação consigo e com sua própria mente.

FÍSICO: Essas são ferramentas maravilhosas para a cura de energia, clareando e limpando a aura e o corpo emocional das densidades e ligações etéreas. Elas são menos ativas no nível físico que as Angelitas, mas também podem ser usadas para fortalecer o sistema do esqueleto e articulações.

AFIRMAÇÃO: Eu sou amado, aceito, ajudado e protegido por meus guias angelicais, e posso chamá-los para assistência diária em minha jornada espiritual aqui na Terra.

APATITA

Apatita é um fosfato mineral de cálcio com uma dureza de 5. Seu sistema de cristal é hexagonal (trigonal). Ela é encontrada no Brasil, Burma, Madagascar, Sri Lanka, Índia, México, Groenlândia, Canadá e Estados Unidos. Seu nome é derivado da palavra grega com o significado de "ludibriar". O nome é em razão de sua variedade de cores e formações, tornando fácil confundi-la com outros minerais. Ela pode ser amarela, azul, verde, marrom, cinza ou incolor. O maior depósito conhecido de Apatita fica em Kirovsk, Rússia. Cristais individuais grandes de Apatita, de até 200 quilos, são encontrados em Renfrew, Ontário, Canadá.

As pedras de Apatita usadas para propósitos metafísicos são antes de tudo de qualidade superior, com formas atraentes de cristais azuis, verdes e dourados. Discutiremos cada uma delas separadamente.

APATITA AZUL

PALAVRAS-CHAVE: Ativação psíquica, acesso ao conhecimento.
ELEMENTO: Ar.
CHACRAS: Terceiro Olho (sexto).

ROBERT SIMMONS: A Apatita Azul é uma influência purificadora no campo áurico, especialmente no corpo mental – o nível vibratório associado com a percepção psíquica e habilidades paranormais. Ela é estimulante para estados visionários e é uma pedra boa para manter na fronha do travesseiro, para sonhos lúcidos e viagem astral. A Apatita Azul pode melhorar a experiência da pessoa da "visão vertical", em que se é capaz de ver múltiplos níveis de consciência operando harmoniosa e simultaneamente. É uma pedra de inspiração, capaz de tornar a pessoa mais suscetível a *insights*, em que se tem um instante de entendimento que cristaliza a resposta para problemas ou dúvidas de longa duração. Sua vibração atrai os "seres azuis" das regiões celestiais – sejam eles ETs, guias ou entidades divinas como Krishna – e permite à pessoa conviver com eles.

NAISHA AHSIAN: A Apatita Azul é uma pedra do elemento Ar que tem seu foco energético em limpar e estimular o chacra do terceiro olho, favorecendo a visão interior e melhorando as habilidades psíquicas. Ela é uma pedra particularmente forte para usar em trabalhos com vidas passadas e vidas alternativas, por causa de sua habilidade para permitir o acesso aos níveis de energia em que os registros akáshicos e os próprios padrões de alma da pessoa existem. Pode ajudar na ligação com a orientação espiritual sobre como a informação de outras vidas pode ser mais bem utilizada nesta.

Por sua habilidade em ajudar a pessoa a acessar informações de vidas passadas, a Apatita Azul pode auxiliar a pessoa a compreender qualquer influência cármica que contribua para sua realidade presente. Essa pedra é especialmente boa para apontar raízes cármicas para desequilíbrios físicos e problemas médicos. A Apatita Azul é estimulante para a mente e pode melhorar a função e clareza mental em geral. Usada no estado de sonho, ela permite à pessoa encontrar soluções criativas para problemas aparentemente insolúveis. Ela eleva o espírito e empresta uma aparência positiva e atitude esperançosa.

ESPIRITUAL: Além de suas aplicações para explorar as outras vidas e seus padrões cármicos, a Apatita Azul pode ser usada como uma pedra de sonho, acessando o subconsciente para a solução criativa de problemas.

EMOCIONAL: A Apatita Azul tem uma energia muito animadora. Pode ajudar a pessoa a ganhar uma perspectiva mais elevada em situações, de modo que ela não se torne atolada em reações emocionais. É útil para os que têm medo de altura ou de cair em razão de experiências em vidas passadas.

FÍSICO: A Apatita Azul pode ser utilizada para aliviar dores de cabeça e estimular a visão. Ela é especialmente boa para problemas dos olhos baseados em falta de movimento do olho, como a diminuição da visão por trabalho constante em computador. Também pode ajudar os que têm vertigem ou tonturas.

AFIRMAÇÃO: Eu abro meus olhos interiores para os reinos do conhecimento oculto.

APATITA DOURADA

PALAVRAS-CHAVE: Criação, clareza, confiança, manifestação.
ELEMENTO: Fogo.
CHACRAS: Plexo Solar (terceiro).

ROBERT SIMMONS: A Apatita Dourada é um dos cristais mais puros do raio amarelo, a vibração da clareza mental, força de vontade e manifestação. Ela é uma pedra solar e, portanto, de tom masculino. Ela pode ajudar tanto homens como mulheres a fortalecer o lado masculino da personalidade. Auxilia a pessoa a desenvolver assertividade e confiança em todas as situações. A Apatita Dourada também é uma pedra de estudo e pode estimular a capacidade de pensar e digerir novas informações – em especial informações que ajudam a manifestar o desejo mais intenso da pessoa. Se alguém não tem clareza sobre o que quer realmente da vida em geral, ou qualquer aspecto específico da vida, a meditação com Apatita Dourada pode trazer tanto o *insight* desejado como a força de propósito para realizá-lo.

Carregar ou usar Apatita Dourada pode aumentar o efeito da potência da pessoa em situações sociais e pode melhorar o carisma pessoal. Essa pedra também pode auxiliar na manifestação de prosperidade em todos os níveis. Ela pode ajudar a encontrar coragem de assumir riscos e a clareza para saber que riscos se deve correr. Um aviso de cautela – os que têm superabundância de confiança natural podem chegar à conclusão de que essa pedra os torna um tanto assertivos demais para o gosto dos outros em seu ambiente, em especial no ambiente de trabalho. Por outro lado, a Apatita Dourada pode ser um aliado útil para qualquer um em uma situação competitiva, dos esportes ao mundo corporativo.

NAISHA AHSIAN: A Apatita Dourada transporta a energia do elemento Fogo, trazendo uma essência estimulante e purificadora para o centro da vontade no plexo solar e o centro de ação do chacra do umbigo. A Apatita Dourada é um aliado a ser empregado em todos os aspectos do trabalho de criação e manifestação. Ela é particularmente útil para os que estão iniciando algo novo ou que desejam concretizar ideias. É uma pedra excelente para empresários ou os que precisam desenvolver suas habilidades para os negócios, para obter o sustento por meio do que gostam de fazer.

A Apatita Dourada ajuda a pessoa a se ligar à Vontade Divina e compreender como manifestar essa Vontade Divina com ações no mundo. Pode auxiliar a pessoa a superar limitações autoimpostas que a impedem de agir. Ela também pode auxiliá-las a superar o medo de agir – trazendo coragem e excitação quando a pessoa hesita em fazer um movimento ou encarar os riscos necessários no decorrer da manifestação de seu sonho.

A frequência da Apatita Dourada ajuda a resolver bloqueios no chacra do plexo solar que podem limitar a pessoa na aceitação de abundância ou prosperidade. Ela pode ajudar a pessoa a superar o medo de sucesso e curar padrões de autossabotagem. Permite o desenvolvimento da autoconfiança e renova a autoestima da pessoa.

A energia da Apatita Dourada também resolve bloqueios do segundo chacra – o centro pelo qual a ação leva à manifestação. Ela ajuda a estimular esse chacra, para que forneça mais energia física e criativa que a pessoa possa utilizar para seus projetos. Auxilia a organizar os pensamentos para que seja feita a ação efetiva para realizar seus objetivos.

ESPIRITUAL: A Apatita Dourada é uma pedra da prosperidade em muitos níveis, mas em especial no nível espiritual. Ela auxilia a pessoa a se ligar com suas paixões e sonhos, encorajando a ação para manifestar esses sonhos. Ela ajuda a conhecer a Vontade Divina, e basear suas escolhas e ações a partir de orientação divina, em vez de simplesmente ir em busca de sua vontade pessoal.

EMOCIONAL: A Apatita Dourada empresta energia solar à aura da pessoa, ajudando-a a sentir-se esperançosa e apaixonada pela vida. Ajuda a estimular a sensação de autoestima e instila autoconfiança.

FÍSICO: A Apatita Dourada é estimulante para o sistema endócrino e pode ajudar a melhorar o nível geral de energia, auxiliando o corpo a desintoxicar. Ela é estimulante para o metabolismo e ajuda o corpo a usar a energia com mais eficiência. Pode ser um auxiliar para a perda de peso ou intensificar os efeitos de exercícios. Ela energiza o baço e a vesícula biliar e melhora a digestão.

AFIRMAÇÃO: Eu evoco minha clareza mental de direito, força de propósito e sucesso na criação e manifestação.

APATITA VERDE

PALAVRAS-CHAVE: Conhecimento do coração, relaxamento, revitalização.
ELEMENTO: Água, Terra.
CHACRAS: Coração (quarto), Garganta (quinto), Terceiro Olho (sexto).

A Apatita Verde na verdade é de uma cor verde azulada na maioria dos casos. O melhor material com grau de gema vem de Madagascar e da Rússia. Na maioria dos casos, é encontrada em blocos e pequenas peças amorfas em vez de cristais prismáticos.

ROBERT SIMMONS: A Apatita Verde é um tônico maravilhoso para nervos em frangalhos e estresse. Suas energias são tão calmantes e relaxantes que a pessoa se lembra da sensação de mergulhar em um lago limpo em um dia quente. Ao mesclar as energias dos chacras do coração, garganta e terceiro olho, a Apatita Verde permite à pessoa comunicar com clareza a sabedoria equilibrada da mente e do coração, mantendo-se em sintonia de modo a não exagerar nem no lado lógico nem no emocional. Essa gema é ideal para os que buscam um papel de professores ou curadores na vida, uma vez que ajuda a pessoa a deslocar a energia para fora ao mesmo tempo em que mantém o equilíbrio interior. A Apatita Verde também pode auxiliar a pessoa na comunicação com os espíritos da natureza, bem como na canalização de energias de cura para a Terra. Essas gemas harmonizam-se com muitas outras, em especial com Danburita, Fenacita, Azeztulite e Larimar. As primeiras três são todas pedras de vibrações altas, e elas elevarão os estados acessíveis com Apatita Verde. Com Larimar, a comunicação e o equilíbrio emocional são melhorados. Essas pedras são do tipo "amistosas ao usuário", e a maioria das pessoas gostará de se conectar com elas.

NAISHA AHSIAN: A Apatita Verde é uma pedra do elemento Água que também ressoa com o elemento Terra. Ela é estimulante para o corpo físico e o chacra do coração, bem como de ajuda para abrir o terceiro olho e as faculdades intuitivas. É uma pedra excelente para usar quando a pessoa tem dificuldade em manifestar sua visão. A Apatita Verde faz fluir a energia do despertar da primavera, trazendo frescor e vitalidade depois da dificuldade ou dor. Ela estimula a esperança e a coragem renovada diante da adversidade. É uma pedra excelente para os que estão se recobrando de longa doença ou dor emocional. Ela também é uma grande pedra para curadores, uma vez que auxilia o praticante a manter um campo de energia claro e positivo e um foco centrado no coração.

A Apatita Verde pode despertar o conhecimento do coração, concedendo que a pessoa compreenda a base cármica de suas vivências atuais – em especial as de natureza emocional. Usá-la é útil quando a pessoa está trabalhando para limpar padrões emocionais de relacionamentos ou descontinuar hábitos de comunicação negativos com os entes queridos. Pode ajudar alguém a elevar-se acima dos padrões do passado em relacionamentos cármicos, para que as interações possam ser baseadas no presente.

A Apatita Verde também pode ser usada como uma pedra da abundância, por causa de sua habilidade para estimular o fluxo de energia no plano físico. Ela ajuda a pessoa a sentir a abundância verdadeira, no sentido de gratidão pela vida, respiração e amor. Quando essa energia é fixada, ela também pode ajudar a atrair dinheiro – um símbolo de energia abundante. Para os que têm uma fixação emocional ou repugnância pelo símbolo do dinheiro, a Apatita Verde pode auxiliar em quebrar essa amarra, permitindo à pessoa ver o dinheiro somente como um símbolo de troca de energia. Ela ajuda a curar padrões de avareza e pobreza com ares de superioridade, conferindo um ar prazenteiro para o processo de manifestar abundância.

A energia da Apatita Verde auxilia a pessoa a se ligar com os campos eletromagnéticos do planeta, permitindo à pessoa que restaure sua energia e estabeleça uma ligação entre o coração da Terra e o coração físico. Ela é uma pedra para curar tanto os humanos como a Terra.

A Apatita Verde ajuda a fortalecer tanto o coração físico quanto o chacra do coração. Ela é especialmente útil para os que têm problemas no coração e/ou estresse em razão da tendência a economizar. É uma pedra excelente para uso geral em cura, apoiando o trabalho de pedras mais específicas enquanto constrói uma sensação de saúde, energia e felicidade abundantes.

ESPIRITUAL: A Apatita Verde ajuda a manifestar a visão da pessoa, aumentar sua sensação de abundância e curar os desequilíbrios em torno do dinheiro. Ela é uma pedra alegre que encoraja na libertação das amarras a enfermidades ou doenças, e focar com esperança renovada em uma boa saúde vibrante.

EMOCIONAL: A Apatita Verde pode assistir na percepção e cura de padrões emocionais com raízes em outras vidas. Ela traz uma sensação de bem-estar emocional e cura na aura. Ela pode ajudar a pessoa a compreender a base emocional para questões de abundância e/ou dinheiro.

FÍSICO: No nível físico, a Apatita Verde estimula o coração físico e ajuda em condições de enfermidades do coração. Ela pode ser uma pedra útil quando alguém está se recobrando de um ataque cardíaco, cirurgia ou outra doença do coração – em especial quando essas enfermidades têm base no estresse e em hábitos com tendência à economia ou no medo de faltar o que se necessita. Ela é uma pedra útil para cura em geral, que traz esperança por recuperação e uma energia de cura revigorante para os que estiveram doentes.

AFIRMAÇÃO: Eu abro meu coração para receber uma energia nova, esperança nova e vida nova.

APOFILITA

A Apofilita é um silicato mineral de cálcio e potássio hidratados com um sistema de cristal tetragonal e uma dureza de 5. Em geral, ela é incolor, branca ou cinza. Também existem espécimes raros em vários tons de verde. A Apofilita geralmente surge em formas cúbicas ou piramidais. A maioria dos espécimes no mercado é da Índia, especialmente dos distritos de Poona e Nasik. Também são encontradas Apofilitas na Itália, Alemanha, Canadá, Islândia, Groenlândia e Brasil.

ROBERT SIMMONS: Todas as Apofilitas transportam as vibrações dos reinos mais elevados – dos dévicos aos angelicais – e elas podem ser usadas para ajudar a pessoa a sintonizar-se com essas realidades, que coexistem com nosso mundo cotidiano. Como disse Jesus: "O Reino do Céu está espalhado pela Terra, e os homens não o veem". Essa cegueira espiritual, da qual aqueles de nós que usam pedras e cristais estão trabalhando para se recuperar, é uma das razões de cientistas e outros poderem ver a matéria como sem vida ou consciência. Uma vez seja levantado o véu, a pessoa vê todo o mundo, interno e externo, como vivo e repleto de consciência inteligente. A Apofilita é uma das ferramentas minerais mais poderosas para levantar esse véu.

NAISHA AHSIAN: Tanto a Apofilita clara quanto a verde têm relação com o elemento Ar, com a Apofilita verde também transportando a energia do elemento Terra. Como ocorre com a maioria dos minerais do elemento Ar, a Apofilita estimula os chacras do terceiro olho e da coroa, ativando a mente superior e melhorando as habilidades psíquicas.

A Apofilita é particularmente boa para eliminação de bloqueios no chacra da coroa. Ela pode auxiliar na abertura suave desse centro de energia no topo do crânio, que liga a pessoa com a fonte espiritual e expande a consciência. Apofilitas são excelentes auxílios para a meditação e a prática de estar presente no agora. Elas ajudam a eliminar pensamentos que distraem a atenção e interpretações de acontecimentos fundadas no ego, permitindo ao cérebro que ressoe com formas-pensamento de espiritualidade mais elevada.

Os cristais de Apofilita são minitemplos dedicados à cura e iluminação da Terra e seus filhos. A meditação com eles pode ajudar a pessoa a perceber a conexão entre todas as coisas na criação, bem como o papel mais elevado na retomada do equilíbrio para a Terra. A Apofilita pode ser utilizada para estimular a ligação com seres interdimensionais e energias angelicais.

APOFILITA CLARA

PALAVRAS-CHAVE: Percepção interdimensional.
ELEMENTOS: Ar, Terra.
CHACRAS: Coroa (sétimo), Terceiro Olho (sexto).

ROBERT SIMMONS: Assim como a Apofilita Verde é ideal para penetrar nas vibrações espirituais do mundo da natureza, a Apofilita Clara se destaca na sintonia com as energias de frequências mais elevadas dos domínios angelicais e interdimensionais. De fato, esses cristais podem servir como janelas para muitos outros mundos, e os que desejam vivenciar viagens interdimensionais gostarão de trabalhar com elas.

A meditação é um dos modos principais de trabalhar com Apofilita Clara. Sugiro em especial focar em "entrar" na pedra. Se a pessoa pode imaginar seu ponto de consciência movimentando-se para o interior da pedra de cristais de Apofilita Clara, ela pode perceber, uma vez que estiver "dentro", que os corredores geométricos de Luz levam para todas as direções e sua consciência pode viajar ao longo desses corredores para miríades de reinos da experiência interior.

Manter uma ou mais Apofilitas Claras em seu ambiente pode fornecer uma atmosfera de pureza e presença espiritual na casa, área de meditação ou espaço de trabalho. Colocar um desses cristais em uma mesa ou estante em cada uma das quatro direções, com uma quinta no centro, cria uma grade geométrica de energia poderosa que limpará e purificará as vibrações de todo o aposento.

Os anjos são atraídos para a Luz e vibrações elevadas emanadas pela Apofilita Clara. A pessoa pode usar essas pedras para contatar seus anjos da guarda e guias espirituais, ou para visitar os reinos angelicais mais elevados. Elas também são ferramentas úteis para desenvolver a visão profética. Os chacras ideais para colocar as Apofilitas Claras são o terceiro olho para a profecia e viagem interdimensional, o chacra da coroa para ligação com os reinos angelicais e o chacra do coração para despertar a percepção do amor divino.

A Apofilita Clara trabalha em sinergia com a Azeztulite, Escolecita, Natrolita, Fenacita, Herderita e Broquita, todas "pedras de ascensão" – facilitadoras de viagens interdimensionais para dentro e pelos reinos mais elevados. As energias da kundalini podem ser ativadas rapidamente com a combinação de Tectito Tibetano com Apofilita Clara. O uso de Selenita em conjunção com a Apofilita Clara pode abrir os caminhos para a comunhão consciente com o Eu Superior.

NAISHA AHSIAN: A Apofilita Clara é uma ferramenta excelente para estimular a visão interior e habilidade psíquica, melhorando a clareza de visão remota e a ligação com seres de outras dimensões ou extraterrestres pelo uso de PES. Ela é um aparelho de comunicação excelente para contatar guias espirituais e para receber orientação do nível de consciência do Eu Superior ou da alma. Pode ajudar a pessoa a invocar a Luz mais elevada para dentro de um ambiente ou situação e é excelente para curar quartos e altares.

A Apofilita Clara é puramente uma ferramenta de meditação, tendo poucos efeitos de cura física além de infundir na aura e no corpo físico frequências elevadas de energia de Luz. É uma pedra muito ativa mentalmente, ajudando a pessoa a entender as lições espirituais e processar a informação espiritual. É uma pedra excelente para usar em situações de cura quando a compreensão espiritual é necessária para reparar o desequilíbrio físico.

A Apofilita Clara também é útil para oferecer uma visão renovada para os que se tornaram desencorajados em seu crescimento espiritual e podem precisar de uma infusão extra de luz para dar-lhes coragem e propósito.

ESPIRITUAL: A Apofilita Clara é uma pedra poderosa para ativar a visão interior, a ligação com guias mais elevados e anjos, trabalhando com informação espiritual e ganho de visão espiritual. Ela auxilia a pessoa a conectar-se e comunicar-se como o Eu Superior e a Alma.

EMOCIONAL: A Apofilita Clara pode ajudar a banir "a noite escura da alma" e auxiliar a pessoa a voltar para seu caminho espiritual depois da desilusão ou dificuldade. Ajuda a pessoa a desenvolver fé e confiança no Divino e ganhar uma perspectiva mais elevada para a vivência física.

FÍSICO: A Apofilita Clara instila a aura humana com energia da Luz, equilibrando e estimulando os sistemas energéticos. Ela ajuda a pessoa a compreender o propósito espiritual para a doença ou desequilíbrios físicos.

AFIRMAÇÃO: Eu abro minha mente e meu coração para a percepção dos reinos mais elevados.

APOFILITA VERDE

PALAVRAS-CHAVE: Ligação com os espíritos da natureza.
ELEMENTO: Ar, Terra.
CHACRAS: Coroa (sétimo), Terceiro Olho (sexto), Coração (quarto).

ROBERT SIMMONS: Os cristais geodes de Apofilita emanam uma energia suave que ressoa com a força de vida abundante do mundo da Natureza. A meditação com elas pode abrir a percepção da pessoa para ver e interagir com os espíritos da Natureza, devas e até comunicação telepática com animais e plantas. Simplesmente manter uma ou mais dessas pedras dentro de casa irá infundir o ambiente com as energias revigorantes da Natureza. Carregar ou usar uma incrementará o fluxo da força de vida por toda a pessoa. Essas são pedras ideais para os que estão se recuperando de doenças – invocando as energias de renascimento, cura e crescimento.

A Apatita Verde pode auxiliar os que desejam trabalhar com espíritos da natureza em jardinagem ou restauro de ambientes naturais. Tais seres gostam muito dessas pedras, e os geodes criam "oferendas" ao ar livre maravilhosas, e também peças decorativas.

A Apofilita Verde pode ser de ajuda na comunicação com animais, abrindo os canais psíquicos de modo que a pessoa possa interagir tanto com um animal em específico quanto com a mente coletiva de espécies inteiras. Ela pode trabalhar do mesmo jeito com plantas ou até outros minerais. Os que desejam se conectar profundamente com outros tipos de pedras e cristais chegarão à conclusão de que a Apofilita Verde é de grande valor.

A Apofilita Verde ressoa intensamente com Quartzo Verde de Serifos, Quartzo Fantasma Verde, Serafinita, Hidenita e Quartzo Bastão de Fada. Todos esses enfatizam a ligação da Apofilita com os espíritos da Natureza. Dioptase, Ajoíta e Esmeralda melhoram a capacidade da Apofilita Verde de facilitar o perdão e a cura emocional. A Zincita e o Rubi podem oferecer um incremento nas energias de vitalidade, recuperação e renascimento da Apofilita Verde.

NAISHA AHSIAN: O foco da Apofilita Verde é na amplificação das energias espirituais da Terra e seus habitantes. Essa aliada auxilia na conexão e comunicação com os poderes da Natureza, os reinos das fadas e dévicos e os reinos das plantas e dos animais. Ela carrega a energia das coisas verdes, crescendo, trazendo vitalidade e saúde para a aura da pessoa.

A Apofilita Verde tem ligação tanto com o elemento Ar quanto com o Terra e é uma das poucas pedras que podem equilibrar essas polaridades de energias. Ela abre a pessoa para a intelecção do mundo natural e auxilia a se ligar com a própria consciência do planeta. É uma pedra excelente para o trabalho de cura e evolução da Terra. Ela pode ser usada como apoio para purificar ambientes tóxicos e proteger-se da poluição ambiental.

Por sua habilidade para produzir sintonia com as frequências espirituais da natureza, essa pedra é ideal quando se está trabalhando com portais e passagens dimensionais. Pode ajudar a pessoa a tornar-se mais sensitiva a essas passagens naturais entre dimensões, já que elas acontecem em vórtices e outros "pontos de poder".

ESPIRITUAL: A Apofilita Verde favorece a comunicação com os seres da natureza. Pode facilitar o uso de vórtices naturais de energia e passagens dimensionais. Ela pode ser usada para a comunicação com outros reinos da natureza, tanto vegetal como animal.

EMOCIONAL: A Apofilita Verde transmite uma energia suave, esperançosa e de crescimento para o corpo emocional. Pode ajudar a pessoa a superar o cinismo quando redescobre a alegria e a admiração infantil simplesmente por estar vivo na Terra.

FÍSICO: A Apofilita Verde pode ajudar na autocura de doenças degenerativas ou enfermidades dos tecidos. Ela pode assistir na desintoxicação do corpo, especialmente de poluição química. Pode ajudar o corpo a se movimentar em ressonância com o campo eletromagnético da Terra.

AFIRMAÇÃO: Eu sou uma criatura da Terra, em união com os reinos da Natureza.

AQUA-AURA

PALAVRAS-CHAVE: Calmante e relaxante, ligação com reinos espirituais, comunicação estimulada, proteção psíquica.
ELEMENTO: Água.
CHACRAS: Garganta (quinto), Terceiro Olho (sexto).

Do ponto de vista deste livro, existem apenas algumas pedras com suas cores intensificadas que consideramos energeticamente ativas, singulares e úteis. Em geral, de acordo com nossa posição, as pedras que são tingidas, descoloridas ou revestidas para que se tornem mais atraentes não são melhores, e muitas vezes são piores, do que em suas formas sem adornos. Uma das exceções a essa regra é o Aqua-Aura. (Outra é seu primo, o Quartzo Aura de Anjo.) Essa pedra é produzida quando pontos ou geodos de Quartzo Claro passam por um processo de tratamento especial em que suas superfícies são unidas com ouro puro vaporizado ou finamente pulverizado. O cristal resultante exibe superfícies de um azul vívido com faíscas sutis de cores iridescentes de arco-íris. O nome Aqua-Aura é derivado da cor intensa de Água-marinha e o fato de que o azul é um revestimento, como uma aura energética. A dureza dessa pedra é 7 e seu sistema de cristal é hexagonal (trigonal) como o de todos os Quartzos. Os cristais de Aqua-Aura têm sido muito populares no mercado metafísico desde o fim dos anos 1980.

ROBERT SIMMONS: A Aqua-Aura compartilha muitas características com a Água-marinha – é muito estimulante do chacra da garganta, melhorando a habilidade da pessoa para comunicar a verdade interior, e também tem um efeito calmante e relaxante no corpo emocional. A Aqua-Aura pode ser usada para acalmar a raiva, baixar febre e eliminar estresse. A pedra tem uma ligação forte com o elemento água e, portanto, é uma pedra para estimular o acesso da pessoa à verdade das emoções e dos portais do espírito, que são acessados por meio das emoções. A Aqua-Aura pode auxiliar a pessoa a sondar seus altos e baixos emocionais enquanto mantém a paz interior. Também pode ser de ajuda para os que desejam se tornar canais conscientes para a sabedoria espiritual, limpando os caminhos da comunicação interdimensional.

A Aqua-Aura tem uma vibração muito elevada e intensa. Tem sido usada para ativar a energia de outros minerais para o trabalho de cura e pode ser uma pedra potente quando usada em disposições sobre o corpo para a ativação dos chacras. Ela pode ser aplicada com sucesso para suavizar e curar o campo áurico e eliminar a negatividade dos corpos emocional, físico, etéreo e astral. Usar uma Aqua-aura talvez ajude a pessoa a brilhar com sua beleza interior, atrair riqueza e sucesso, trazer sabedoria esotérica, eliminar depressão e ansiedade e ajudar na criação de uma aura de paz e bem-estar na pessoa e em seu ambiente. Ela é uma pedra de elevação espiritual, que pode ajudar a elevar a vibração da humanidade ao entrarmos na próxima fase de evolução.

A Aqua-Aura combina harmoniosamente com Ametista, Moldavita, Opala do Oregon, Labradorita Dourada, Danburita, Larimar, Covelita, Charoíta, Lápiz, Serafinita, Crisoprásio, Rodocrosita, Iolita, Citrino, Ametista Verde (Prasiolita) e Tanzanita.

HAZEL RAVEN: A Aqua-Aura é a fusão entre a natureza e a ciência. Átomos de Ouro puro são unidos piroeletricamente a Quartzo Claro de primeira linha a temperaturas altas em condições próximas ao vácuo. O processo de união mistura as duas substâncias permanentemente, o que resulta na cor azul deslumbrante.

A Aqua-Aura funciona inicialmente no chacra da garganta, limpando com delicadeza todos os desequilíbrios que bloquearam o fluxo da comunicação sincera e da habilidade para expressar emoções de um modo construtivo e positivo. Ela reduz "áreas de tensão" no corpo, trazendo calma para a aura, permitindo o fluxo de uma energia pacífica.

Minimizar o estresse emocional é uma boa medida preventiva, uma vez que estresse demais pode enfraquecer o sistema imunológico. Esse cristal alquímico fortalece e estimula a glândula do timo que mantém o sistema imunológico, portanto ela é uma excelente gema essência. A Aqua-Aura provê consolo para o espírito e bem-estar para o corpo ao remover muito rápido padrões de energia caóticos e o estresse. Ela induz uma ressonância pacífica e terapêutica.

A Aqua-Aura salvaguardará seu portador de ataques psíquicos ou psicológicos. Qualquer invasão indesejada de fontes externas será dissipada rapidamente pela transmutação em energia imaculada, pura, amorosa, que então pode ser usada com segurança para curar a situação que causa o ataque. Quanto mais as forças exteriores atacam os campos e a energia da pessoa, mais energia haverá disponível para a cura da causa. A Aqua-Aura desencoraja energias malevolentes ou parasíticas de interferirem com seu campo de energia. Ele impede o dreno de energia ou vampirismo espiritual e dá à pessoa confiança para aceitar o mundo, possibilitando a expressão livre de pensamentos e sentimentos. Na meditação, essa pedra abre a passagem para o reino angelical.

ESPIRITUAL: A Aqua-Aura estimula a ligação com os reinos de vibração mais elevada, facilitando a canalização e todos os tipos de comunicação interdimensional.

EMOCIONAL: A Aqua-Aura acalma o corpo emocional, possibilitando que a pessoa testemunhe seus vários estados emocionais sem ser compelido a identificar-se com eles.

FÍSICO: A Aqua-Aura elimina a energia negativa do campo áurico da pessoa, trazendo paz interior e alívio do estresse.

AFIRMAÇÃO: Meu campo áurico está cheio de paz e bem-estar; eu estou protegido de injúrias e sintonizado com as vibrações dos mundos superiores.

ARAGONITA

A Aragonita é um carbonato de cálcio mineral com dureza de 3,5 a 4. Ocorre em várias cores, incluindo branca, cinza, avermelhada, amarelo esverdeada e azul. As variedades mais populares para trabalho metafísico são a Aragonita Vermelha e Aragonita Azul. O sistema de cristal da Aragonita é ortorrômbico, e ela pode ser encontrada em cristais prismáticos, blocos, massas de estalactite ou outras formas. A Aragonita forma o esqueleto de um número de organismos marinhos, sejam vivos ou fossilizados recentemente. Belas Aragonitas Vermelhas vêm de Molina de Aragon, Espanha. As formas mais populares de Aragonita para uso metafísico são as Aragonitas Vermelhas Geode de Estrelas encontrada no Marrocos e os espécimes estonteantes de Aragonita Azul que vieram recentemente da China. Outras Aragonitas são encontradas na Itália, Grécia, Áustria, Inglaterra, República Tcheca, México, Peru, Paquistão e Estados Unidos.

ARAGONITA AZUL

PALAVRAS-CHAVE: Intuição, comunicação, meditação, percepção emocional e habilidades psíquicas estimuladas.
ELEMENTO: Ar, Água.
CHACRAS: Garganta (quinto), Coração (quarto), Terceiro Olho (sexto).
ROBERT SIMMONS: Muitas das pedras azul suaves, como a Água-marinha e a Larimar, são conhecidas por acalmar emoções perturbadas e possibilitar a comunicação do estado emocional da pessoa. A Aragonita Azul vai mais além – ela melhora todos os níveis de percepção emocional e intensifica a satisfação com todos os estados emocionais. Muito do sofrimento vem da supressão das emoções. A Aragonita Azul alivia o medo que nos leva a nos embotarmos para os prazeres e tristezas da vida, e traz um ânimo e coragem renovados para experimentar todas as sensações. Ela não é apenas uma intensificadora dos estados emocionais positivos, mas também é de auxílio para curar mágoas emocionais do passado e do presente. Ela permite que a pessoa aceite totalmente tudo o que a vida traz, tornando mais fácil ver a beleza e a perfeição tanto do triunfo como da tragédia, amor e perda, bem como todos os estados intermediários.

Ao mesmo tempo em que ativa e aperfeiçoa o estado do corpo emocional, a Aragonita Azul intensifica as habilidades empáticas e psíquicas naturais. Ela é de especial importância para os que são curadores, leitores psíquicos, médicos intuitivos ou trabalhadores do corpo. Suas vibrações são harmoniosas com as energias do *reiki*. Ela é uma pedra excelente para ser usada em disposições corporais para autocura ou ativação de estados mais elevados de consciência.

A Aragonita Azul tem uma influência estabilizante, de modo que a pessoa não é devastada por receptividade emocional e empatia intensificadas pelos outros. Ela aumenta a capacidade de lidar com energias fortes de todos os tipos sem vivenciar estresse. Ela é uma pedra excelente para os que têm vidas movimentadas e desafiadoras – os que escolhem assumir muitas responsabilidades, mas desejam se manter em contato com toda a sua sensitividade. Ela melhora o *insight* e auxilia na comunhão com fontes "mais elevadas" de informação e inteligência. Ela pode ajudar a pessoa a colocar o coração e a mente em uma harmonia dinâmica sincrônica que pode aumentar sua capacidade para pensamento, comunicação, criatividade e emoção.

A Aragonita Azul combina bem com Moldavita, que magnifica e acelera todos os seus efeitos. Água-Marinha, Opala Azul Owyhee, Larimar e Topázio Azul somam para sua melhoria da comunicação. Azeztulite, Fenacita, Danburita, Petalita, Scolecita, Natrolita e Quartzo Satyaloka aumentam seus efeitos de sensibilização das capacidades espirituais. Serafinita pode ser usada para fortalecer as propriedades curativas da Aragonita Azul.

NAISHA AHSIAN: A Aragonita Azul transporta a energia dos elementos Ar e Água, criando um canal para informação vinda dos reinos mais elevados para ser expressa pelos chacras da garganta e do coração. Sua energia estimula a visão interior e a ligação da pessoa com os guias, e acalma e abre a área da garganta para que a pessoa possa efetivamente comunicar informação espiritual. Essa é uma pedra excelente para canalizadores, sensitivos ou professores de princípios espirituais.

A Aragonita Azul é muito útil no apoio à prática do trabalho de respiração para cura emocional. Ela é de ajuda para equilibrar o sistema respiratório, melhorando a asma e bronquite. Sua frequência estimula a inspiração, sendo uma pedra poderosa para alcançar estados de meditação profundos. A Aragonita Azul é excelente para estimular o chacra da garganta, tornando-a uma boa escolha para os que são hesitantes ou têm dificuldade para se expressar por ser incapazes de encontrar as palavras certas para descrever suas ideias ou sentimentos.

Por ligar os chacras da garganta e do coração, a Aragonita Azul pode ajudar a pessoa a compartilhar seu coração com os outros e ser mais compassiva em sua fala e atitudes. Ela é excelente para cantores, terapeutas do som ou outros que usam a vibração sonora para expressar as energias terapêuticas do coração. É ideal para ajudar as vítimas de abuso verbal a encontrarem palavras e frases curativas para substituir as palavras ofensivas que tendem a repetir em seus diálogos internos.

ESPIRITUAL: A Aragonita Azul facilita a comunicação espiritual e ajuda a pessoa a transmitir ideias e conceitos com clareza. Ela auxilia a pessoa a expressar seu conhecimento mais elevado e também seus sentimentos mais profundos. Ela é excelente para curadores que usam som de todos os tipos; ajuda a acalmar e focar a mente.

EMOCIONAL: A Aragonita Azul melhora a perspectiva emocional e cura. Ajuda a falar e pensar com mais compaixão e curar de abuso verbal. Ela assiste na superação de hesitação ou medo de falar e compartilhar ideias e pensamentos com os outros.

FÍSICO: A Aragonita Azul ajuda na cura de doenças ou fraquezas respiratórias, em especial as que envolvem inflamação. Ela estimula os pulmões e é útil em trabalho com respiração *pranayama* ou outras práticas de respiração profunda.

AFIRMAÇÃO: Eu aceito abertamente a expansão das minhas habilidades emocionais e intuitivas.

ARAGONITA GEODO DE ESTRELAS

PALAVRAS-CHAVE: Equilibrando os campos de energia, cura emocional, renovação da força e confiança.
ELEMENTO: Tempestade.
CHACRAS: Todos.

ROBERT SIMMONS: Essas pedras são aliadas poderosas para cura e equilíbrio do corpo emocional. Podem auxiliar na manutenção de um centro de serenidade em circunstâncias difíceis e para descarregar tensões subconscientes mantidas em relação a mágoas emocionais passadas.

ARAGONITA

A meditação com esses geodos de cristais bonitos e de forma singular pode abrir o olho interior para experiências visionárias de vidas passadas e acontecimentos desta vida que foram esquecidos. Essas memórias podem ocorrer inicialmente revivendo velhas mágoas de maneira vívida. Contudo, quando tais vínculos foram limpos do corpo e do campo áurico, a Aragonita Geodo de Estrelas pode facilitar uma verdadeira aventura de exploração em que a pessoa pode percorrer os arquivos da história de sua alma, recobrando informações benéficas para o desenvolvimento da alma. Essas pedras podem ajudar a pessoa a ter uma percepção consciente dos desequilíbrios em seu campo de energia ou do campo de energia de outra pessoa que as segure. Elas são ferramentas de diagnóstico poderosas para os trabalhadores com cristal que fazem disposições no corpo. Usar uma Aragonita Geodo de Estrelas pode ainda melhorar sua sensação de força e confiança emocional, concedendo à pessoa que seja uma "estrela humana" emanando amor e compaixão para as outras. Esses são cristais para os quais a limpeza frequente (uma vez por semana) – em água corrente ou com fumaça de sálvia – é recomendada, em especial se a pessoa estiver fazendo trabalho de cura em si ou nos outros. São ferramentas maravilhosas para aliviar dor e medo, e trazer mais amor para o mundo.

As Aragonitas Estrelas ressoam bem com todos os membros da família das Calcitas, bem como com Selenita, que facilita o processo de viagem interdimensional. A Celestita pode auxiliar as Aragonitas Estrelas na abertura das passagens internas para os reinos angelicais. A Fenacita e o "Diamante" Herkimer podem melhorar a percepção visual da experiência dos planos internos. A Hematita pode ser uma ajuda útil se a viagem interior com Aragonita Estrela deixar uma sensação de descolamento da Terra.

NAISHA AHSIAN: A energia da Aragonita Geodo de Estrelas é ao mesmo tempo calmante e energizante. Sua vibração se espalha imediatamente pelo corpo – clareando, limpando e equilibrando todos os centros energéticos e níveis da aura. Por causa de sua forma, a Aragonita Estrela irradia uma energia para fora em muitas direções, criando uma "teia" de Força de Luz por todos os sistemas de energia. Envolvida por essa teia, a pessoa sente uma sensação de paz e alívio quando as energias estimulam a integração terapêutica de mágoas passadas ou bloqueios de energia.

A Aragonita Geodo de Estrelas mistura as energias de todos os cinco elementos, criando uma sensação de equilíbrio e inteireza. Quando usada em cura, elas podem ser colocadas em cada um dos chacras, progressivamente. Esse padrão permitirá a abertura suave e a liberação de bloqueios dentro dos chacras e terá um efeito equilibrador para que outras energias possam ser aplicadas com sucesso. Essa disposição pode ser particularmente eficiente quando a libertação e cura emocional são necessárias.

As Aragonitas Estrelas também são excelentes como ferramentas de meditação, facilitando a conexão com estados mais elevados de consciência. São apropriadas para os que desejam se ligar com a Mente Superior, para comunicar seus ensinamentos para o plano terrestre.

ESPIRITUAL: A Aragonita Estrela facilita a limpeza e ativação do campo áurico, chacras e meridianos. Elas podem auxiliar a pessoa na exploração dos reinos mais elevados. Encorajam a expressão da energia da pessoa por palavras, artes ou outros canais de comunicação.

EMOCIONAL: A Aragonita Estrela auxilia no crescimento emocional e trabalho de autocura. Elas ajudam a pessoa a encontrar um centro calmo em seu coração e a liberar vínculos a dramas emocionais ou investimentos do ego em mágoas passadas. A Aragonita Estrela nos ajuda a compreender que a única emoção verdadeiramente alinhada é o amor e a realinhar-se com essa força primária do Universo.

FÍSICO: Aragonitas estimulam os sistemas de energia do corpo, aumentando a vitalidade e estamina. Elas são úteis para aterrar energias de Luz no interior dos aspectos mais densos de nossos eus físicos, os ossos. Podem ser usadas para regeneração dos tecidos ósseos e para curar ossos quebrados.

AFIRMAÇÃO: Eu crio equilíbrio e harmonia em meu interior enquanto continuo com a cura de meu corpo emocional.

ASTROFILITA

PALAVRAS-CHAVE: Autoconhecimento, percepção do eu multidimensional, autoaceitação, perdão, infusão de si mesmo com Luz.
ELEMENTO: Tempestade.
CHACRAS: Todos.

A Astrofilita é um mineral complexo, um silicato de potássio, sódio, ferro, manganês e titânio com uma dureza de 3,5. Ela se forma em agregados laminares de cristal que em geral ocorrem em padrões radiais estrelados dentro de uma matriz de rocha cor de canela. Sua cor é em geral de um bronze acobreado, mas pode ser amarelo dourado. Seu sistema de cristal é triclínico. Ela se forma em cavidades em rochas ígneas, principalmente sienita nefelina. Ela pode ocorrer em associação com Acmita, Feldspatos, Micas marrons, Titanita e Zircônio. Ela foi encontrada na Groenlândia, Noruega e Estados Unidos, mas a maior parte do material no mercado veio da península Kola, na Rússia.

ROBERT SIMMONS: A Astrofilita é uma gema aliada para navegar nas idas e voltas das viagens além do corpo – no reino astral e nos vários níveis seguintes acima dele. Ela pode ajudar a pessoa a obter o estado de lucidez em que se podem fazer escolhas e agir com propósito, mesmo nos domínios em geral caóticos dos sonhos. Ela é tanto um estímulo para a expansão da consciência, para dentro dos reinos mais elevados, quanto uma âncora que pode auxiliar a pessoa a voltar para o "ponto de início", não importando a extensão de suas perambulações.

As palavras famosas do oráculo de Delfos, "Conhece a ti mesmo", poderiam ser a mensagem concentrada da Astrofilita. Ela pode revelar os padrões ocultos do plano divino da pessoa, ou propósito de vida, se ela desejar trabalhar com a pedra durante a meditação. Outro modo de conseguir isso é simplesmente usar ou carregar a pedra, depois aprender a prestar atenção às sincronicidades em sua vida cotidiana. Seguindo os padrões de tais acontecimentos "randômicos", podem-se discernir os contornos do que o Universo deseja de nós e para nós. Astrofilita é tanto um magneto para essas sincronicidades como um auxiliar para ficar mais consciente de sua ocorrência e significado.

Ficar fora de alinhamento com seu propósito interno pode causar todo tipo de sintomas, tais como tédio, depressão, comer em excesso, vícios e por aí vai. A Astrofilita pode ajudar a pessoa a esclarecer esses estados, não como um remédio direto, mas como um amplificador do interesse latente nos propósitos mais significativos e profundos de sua vida. Quando estamos absortos no drama emocionante da autodescoberta, tais distrações e compensações são menos atraentes. A estrutura complexa e os reflexos faiscantes da Astrofilita ressoam com seu propósito profundo de jogar luz no espelho da consciência, para iluminar o eu verdadeiro.

A Astrofilita e a Moldavita funcionam excepcionalmente bem juntas, em especial quando a questão é ativar o propósito maior na vida da pessoa e auxiliá-la a seguir esse caminho. A aceleração que elas possibilitam algumas vezes necessita de uma "queima" intensa do carma antigo, mas, para os que estão prontos, essa é uma bênção imensa. Astrofilita e Tectito Tibetano combinam para estimular as energias da kundalini, tanto internamente como além dos limites do corpo. Se for necessária energia extra para a ativação da Estrela da Alma, Natrolita e Escolecita são as aliadas ideais. Se a Estrela da Terra está fraca, Turmalina Negra, Quartzo Fumê e Hematita podem ser úteis.

NAISHA AHSIAN: A Astrofilita é uma pedra poderosa do elemento Tempestade, que ativa a coluna de chacras para torná-la um canal para as energias de Luz de alta frequência. Ela ativa e liga o chacra Estrela da Alma acima da cabeça com o chacra Estrela da Terra abaixo dos pés. Na conexão desses dois centros poderosos de energia etérea, todos os outros chacras do corpo são ativados, carregados e alinhados. A Astrofilita capacita a pessoa a ressoar com todo o espectro da energia eletromagnética que é a luz e irradiá-lo. Desde as frequências mais elevadas de energia até as mais baixas, a Astrofilita nos lembra de que todo o espectro da luz é necessário para nossa saúde e crescimento espiritual.

A Astrofilita transporta uma energia que ajuda os que chegaram de surpresas e ETs a sentirem-se mais em casa na Terra. Ela estimula os chacras superiores e encoraja a comunicação intergaláctica, interdimensional, e a telepatia com seres desses reinos. Ela pode melhorar a comunicação telepática no plano terrestre também, possibilitando uma interpretação mais exata da informação psíquica. É uma aliada excelente para empregar quando a pessoa deseja receber uma informação científica ou técnica precisa desses outros reinos ou de outros tempos, como a vida passada da pessoa em Atlântida ou no antigo Egito. Ela pode auxiliar a pessoa a fazer viagem do tempo psíquica ou viagem intergaláctica.

A Astrofilita tem a habilidade de dirigir a Luz para os recessos escuros do ser e experiência da pessoa. Ela pode ajudá-la a perceber e compreender seus pensamentos e sentimentos mais enterrados e não reconhecidos. Ao trazer esses aspectos sombrios do eu para a percepção consciente, podem-se obter inteireza, autoaceitação e autoperdão. A Astrofilita é excelente para os que acreditam estar além da redenção ou salvação em razão de seus investimentos de ego em sua sombra. Ela pode ajudar esses indivíduos a perceberem sua divindade inerente, aceitando-se e amando-se totalmente, decidindo viver seu potencial total. Por isso, a Astrofilita pode oferecer excelente auxílio para aconselhamento dos que foram institucionalizados em nosso sistema penitenciário ou de saúde mental. Ela também é útil em exorcismo e trabalho de remoção de entidades.

A Astrofilita fortalece o campo de energia, agindo como uma proteção natural contra vibrações negativas ou prejudiciais. A energia eletromagnética é energia de Luz, sendo necessária para a maior parte dos trabalhos de cura e psíquicos. Entretanto, campos eletromagnéticos excessivamente intensos ou focados podem ser prejudiciais, e a poluição eletromagnética é uma preocupação crescente em nossa sociedade. A Astrofilita pode mediar esses efeitos da poluição eletromagnética – como as produzidas por eletrônicos, radiotransmissores e torres de celulares –, mesmo quando ela auxilia o corpo a processar uma gama maior de energia eletromagnética. Ela age como uma proteção natural contra radioatividade também.

ESPIRITUAL: A Astrofilita melhora a habilidade de se comunicar com ETs, seres interdimensionais e outras civilizações do passado ou futuro. Ele ativa toda a coluna de chacras e auxilia o corpo a ressoar com todo um espectro de energia de Luz. Ele pode assistir em exorcismos e remoção de entidades e em virar as entidades sombrias em direção à Luz.

EMOCIONAL: A Astrofilita pode ajudar a pessoa a aceitar seu eu sombra, sentindo-se mais completa e aceitando-se melhor. Pode dar esperança aos que sentem o julgamento de outros ou do Divino. Ela auxilia a pessoa a encontrar Luz nos cantos escuros e decidir expressar toda a sua Luz no mundo. A Astrofilita permite à pessoa que encare seus medos mais sombrios e exija todo o seu poder.

FÍSICO: A Astrofilita pode proteger energeticamente contra radiação e campos eletromagnéticos. Ajuda a regular o sistema nervoso e melhora as funções cerebrais. A Astrofilita é útil no apoio a desintoxicação energética ou física.

AFIRMAÇÃO: Eu me conheço e aceito em todos os aspectos, histórias e dimensões, e evoco as manifestações mais elevadas de meu propósito espiritual.

AVENTURINA

A Aventurina é um membro da família Quartzo, um dióxido mineral silício com uma dureza de 7. Sua estrutura é hexagonal (trigonal) e é criptocristalina. Seu nome é derivado do italiano *a ventura*, um tipo de vidro descoberto por volta do ano 1700. O nome foi escolhido pela semelhança do vidro com suas cintilações iridescentes de espacialidade randômica dessas pedras similares ao vidro. A Aventurina é encontrada principalmente em três cores: verde, azul e vermelho marrom. A cor da Aventurina Verde origina-se de partículas microscópicas de Fucsita no interior do Quartzo, e a cor da Aventurina Vermelha vem de inclusões de Hematita. A Aventurina Azul é colorida por inclusões de silicatos de cobre. Os depósitos principais de Aventurina são encontrados no Brasil, Índia e Rússia.

AVENTURINA AZUL

PALAVRAS-CHAVE: Sintonia psíquica, autodisciplina, força interior.
ELEMENTO: Ar, Água.
CHACRAS: Terceiro Olho (sexto).

ROBERT SIMMONS: A Aventurina Azul é uma pedra de autodisciplina e força interior. Ela auxilia a pessoa a tomar decisões claras e manter-se nelas. Pode ser útil para iniciar mudanças de hábitos problemáticos como fumar, reações exageradas, abuso de substâncias e até traços como egoísmo e agressão passiva. Ela apoia energeticamente a pessoa na tomada de responsabilidade por si e seus relacionamentos, em parte ao ajudá-la a descobrir que na verdade ela *pode* lidar com êxito com sua vida. Ela pode ser útil para indivíduos com a síndrome de "Peter Pan", de nunca desejar crescer. Sob a influência positiva da Aventurina Azul, pode-se perceber que ser adulto é preferível à juventude eterna.

Quando a pessoa se torna mais forte e mais "confortável na própria pele", os poderes inatos e sensitividades que foram bloqueados pelas desarmonias internas podem começar a vir à tona. Habilidades psíquicas e intuitivas, sintonia com orientação benéfica dos domínios espirituais, a capacidade de "ler" os outros enfaticamente e o talento para "sintonizar-se" com informações do registro akáshico estão entre os potenciais que a influência da Aventurina Azul pode ajudar a pessoa a perceber.

Aqueles que desejam trabalhar com a Aventurina Azul são advertidos de colocá-la sobre o terceiro olho ou segurar um pedaço em cada mão durante a meditação. Dormir com uma dessas pedras na fronha do travesseiro ou simplesmente carregar uma no bolso pode funcionar muito bem. A ideia é possibilitar tempo suficiente para a pedra influenciar o padrão de vibração da pessoa. A Aventurina Azul funciona gradualmente, então a pessoa não deve esperar milagres da noite para o dia.

AVENTURINA

A Aventurina Azul harmoniza-se com todas as Aventurinas e também com Quartzo Claro, Ametista, Citrino, Opala, Moldavita, Lápis e Sodalita. Ela pode trazer força adicional e foco para as energias de qualquer outra pedra. Sua capacidade para abertura psíquica é melhorada com sua combinação com Fenacita, Azeztulite, Celestita, Herderita, Escolecita, Broquita, Natrolita e/ou Datolita.

NAISHA AHSIAN: A Aventurina Azul ressoa tanto com o elemento Ar quanto com o Água, estimulando a mente e o coração. Ela ajuda a abrir os chacras da garganta e do terceiro olho, encorajando a pessoa a expor sua sabedoria mais elevada e fortalecer sua comunicação. Ela ressoa com o chacra do coração, encorajando o amor e a compaixão. A Aventurina Azul é útil para os que são empáticos e intuitivos, mas tendem a ser suscetíveis à negatividade por causa de sua sensitividade. Enquanto protege a pessoa da energia negativa, a Aventurina Azul pode ajudar na percepção de como curar sua suscetibilidade e fortalecer sua habilidade de focar em informações psíquicas positivas e úteis.

A Aventurina Azul é calmante e relaxante para o campo áurico e o sistema nervoso. Pode ajudar a equilibrar a hiperatividade e melhorar a habilidade para o foco e concentração. A Aventurina Azul é útil para encorajar a pessoa a aceitar seu poder assumindo total responsabilidade por sua vida. Ela é útil para revelar os padrões de vítima e capacitar a pessoa a aceitar responsabilidades por suas vivências. A Aventurina Azul nos ensina como nossas ações afetam nossas vivências e nos ajuda a perceber que ações, pensamentos ou padrões emocionais fundamentam nossas criações.

ESPIRITUAL: A Aventurina Azul promove a total responsabilidade da pessoa por sua vida – um precursor para a recuperação do poder pessoal. Ela abre o terceiro olho, encorajando a visão e ideias inspiradas. Ajuda na expressão mais elevada da sabedoria e conhecimento e é excelente para professores.

EMOCIONAL: A Aventurina Azul auxilia a pessoa a perceber que está fazendo papel de vítima e negando-se a ter poder. Ela ajuda a ver como suas ações e pensamentos criaram sua realidade atual, para que a pessoa possa ser fortalecida pela mudança em sua experiência. Ela auxilia a acalmar emoções inflamadas e possibilita à pessoa sentir-se mais pacífica e menos afetada por energias externas.

FÍSICO: A Aventurina Azul é útil para equilibrar os hormônios – principalmente para mulheres. Ela pode ajudar a diminuir tremores musculares, espasmos e tiques faciais. Favorece a saúde do sangue e sua oxigenação. É útil para ajudar "bebês com cianose" a fortalecer seus sistemas circulatórios e respiratórios. Ela também é útil para fortalecer as paredes das veias e artérias. A Aventurina Azul pode auxiliar em acalmar a hiperatividade e melhorar o foco e a concentração mental.

AFIRMAÇÃO: Eu cresço em força e consciência ao aceitar responsabilidade e exigir meu poder.

AVENTURINA VERDE

PALAVRAS-CHAVE: Vitalidade, crescimento, confiança.
ELEMENTO: Água, Terra.
CHACRAS: Coração (quarto).

ROBERT SIMMONS: A Aventurina Verde é uma pedra de otimismo e entusiasmo pela vida. Ela ajuda a pessoa a ir em frente com confiança para situações novas, como mudança de emprego, residência, escola, relacionamentos ou foco espiritual. Ela até assiste a pessoa para aceitar questões desafiadoras como envelhecimento, doença ou sua própria mortalidade. Não é tanto uma pedra de resignação ou aceitação, mas uma facilitadora para encarar qualquer coisa sem perder o equilíbrio. Essa pedra traz consigo uma sensação de leveza, até humor, enquanto auxilia a lidar com os altos e baixos da vida. Na meditação, ajuda a pessoa a perseverar por tempos em que não parece acontecer nada. Na vida emocional, permite à pessoa que olhe para o lado brilhante de questões difíceis. Na cura, instila força da vida e ajuda na reconstrução de reservas de energias esgotadas.

A Aventurina Verde pode ser uma pedra de "boa sorte" e é recomendada para os que desejam manifestar grande prosperidade. Ela pode auxiliar em outras situações nas quais o resultado independe das ações visíveis externas da pessoa. É uma boa pedra para carregar em pistas de corrida, auditoria de impostos ou primeiro encontro. Ela é uma pedra muito "amigável ao usuário", e é preciso apenas ficar perto dela para extrair seus benefícios.

A Aventurina Verde harmoniza com todos os membros da família Quartzo, modificando levemente seu foco enquanto ressoa com as frequências de suas pedras companheiras. A combinação de Moldavita com Aventurina Verde cria uma energia muito dinâmica que ajuda a pessoa a passar até por transformações drásticas com equanimidade, confiança e bom humor. Pedra da Lua, Morganita e tanto a Turmalina Verde quanto a Rosa têm o efeito de magnificar as energias do chacra do coração da Aventurina, tornando a pessoa inclinada a dar e receber amor com mais facilidade.

NAISHA AHSIAN: A Aventurina Verde é uma expressão poderosa das energias combinadas dos elementos Água e Terra. Ela sustenta a cura emocional e física e o equilíbrio de energias. A essência da Aventurina Verde é a da primavera irrompendo depois de um inverno longo e escuro. Sua frequência estimula a renovação dos níveis físico, emocional, espiritual, auxiliando a pessoa a abandonar padrões desgastados, doenças e lições, para que um novo crescimento e movimento possam ter lugar.

A energia do elemento Água da Aventurina Verde pode assistir na percepção de questões emocionais de fundo por trás de doenças ou desequilíbrios. Ela alivia mágoas emocionais e facilita a eliminação de relacionamentos, padrões emocionais e pesares obsoletos. Sua frequência estimula uma sensação de esperança renovada e alegria e é muito útil para os que têm problemas de depressão. Por sua combinação de energias dos elementos Água e Terra, a Aventurina Verde possibilita que a pessoa se mantenha emocionalmente estável por períodos de mudança ou reviravolta. Ela age como uma âncora emocional, mantendo a pessoa enraizada no coração quando surgem tempestades emocionais.

A Aventurina Verde traz à memória a lei da impermanência. Ajuda a eliminar vínculos à formação e vivências. Ela encoraja a encarar filosoficamente as mudanças e ver cada destruição na vida como uma oportunidade para crescimento em uma nova direção. Ela encoraja o otimismo e gratidão profunda pela miríade de experiências que a vida oferece.

A Aventurina Verde auxilia a pessoa a se conectar com as energias da Terra e/ou dévicas. Ela tem um efeito gravitacional suave no campo vibracional, encorajando a energia a movimentar-se para fora da cabeça e para dentro do centro do coração. Ela é útil para os que tendem a ser muito "cabeças" ou intelectuais. A Aventurina Verde nos recorda que muitas vezes a experiência em si é o ensinamento e nem todo acontecimento deve ser analisado.

A Aventurina Verde apoia o coração, auxiliando com problemas circulatórios e estimulando o fluxo de energia vivificante por todo o corpo. Ela engendra atividade corporal e movimento enquanto auxilia a pessoa na regeneração física. É excelente para uso dos que têm problemas cardíacos ou estejam se recuperando de cirurgias ou doenças. A Aventurina é especialmente boa para estimular energeticamente o crescimento em crianças pequenas e infantes prematuros. Ela ajuda a corrigir a letargia e exaustão ou falta de força vital. Ela ajuda a limpar os sistemas energéticos e estimula um novo crescimento e compreensão.

ESPIRITUAL: A Aventurina Verde ajuda a limpar e reforçar o corpo emocional e o chacra do coração. Ela auxilia a pessoa a eliminar vínculos com o que está obsoleto e a estar mais presente em suas experiências. Ajuda ainda a pessoa a estar disposta à cura e seguir em frente na vida.

EMOCIONAL: A Aventurina Verde auxilia a pessoa a encontrar esperança, otimismo e prazer na vida cotidiana. Ela ajuda a manter-se centrado no coração e navegar pacificamente por experiências emocionais difíceis. Essa pedra facilita a disposição para eliminar vínculos com relacionamentos ou situações de vida do passado e aceitar a mudança, o crescimento e a renovação.

FÍSICO: A Aventurina Verde ajuda a curar e regular o coração e sistema circulatório. Ela estimula a reparação celular, renovação e cura em geral. Pode auxiliar bebês e crianças de desenvolvimento lento a desabrocharem. Ela estimula a força da vida, aumentando a vitalidade física e vibracional.

AFIRMAÇÃO: Eu vou em frente com otimismo, confiança e vitalidade renovada.

AVENTURINA

AVENTURINA VERMELHA

PALAVRAS-CHAVE: Discernimento, determinação, força, criatividade, sexualidade, alinhamento com o caminho mais elevado.
ELEMENTO: Terra, Fogo.
CHACRAS: Raiz (primeiro), Sexual/Criativo (segundo), Terceiro Olho (sexto).

ROBERT SIMMONS: A Aventurina Vermelha é uma pedra de vitalidade, criatividade, sexualidade, alerta mental e manifestação por ação. Ela aumenta o desejo da pessoa de assumir e superar os desafios da vida, e ajuda a conseguir a determinação para perseverar nas situações mais difíceis. Ela aumenta o fluxo do *prana*, ou força da vida, ajudando pessoas com baixa vitalidade a completar as coisas. Indivíduos recobrando-se de enfermidades podem usá-la para auxiliá-los na reconstrução das energias físicas e também de sua confiança. Pessoas com apetite sexual reduzido podem encontrar uma excitação renovada quando essa pedra é mantida com elas ou perto de suas camas. Artistas, escritores e outros que contam com suas capacidades criativas podem descobrir que a Aventurina Vermelha os auxilia a encontrar novas inspirações. Aqueles que têm de trabalhar durante horas com atenção focada descobrirão uma aliada poderosa na Aventurina Vermelha. E todos que desejarem tornar seus desejos realidade criarão coragem da habilidade da Aventurina Vermelha de infundir a pessoa com confiança, fé e energia para perseverar. A mensagem da Aventurina Vermelha é "eu posso fazer", e ela facilita o processo pelo qual a convicção e as capacidades da pessoa sobem ao nível de seus desejos.

A Aventurina Vermelha harmoniza com todas as variedades de Quartzo, incluindo as outras Aventurinas. Para fortalecer a força da vida, aconselha-se a combiná-la com Rubi. Para a sexualidade e criatividade e também manifestação, a Zincita é uma aliada ideal. Para melhorar a manifestação, Fenacita e Labradorita Dourada são recomendadas. A Moldavita levará os poderes da Aventurina Vermelha a influenciar as tarefas de transformação espiritual. Se a Aventurina Vermelha fizer com que a pessoa se sinta excessivamente poderosa, uma pedra suavizante como Ajoíta amenizará quaisquer asperezas.

NAISHA AHSIAN: A Aventurina Vermelha transporta uma combinação dos elementos Terra e Fogo. Sua energia é muito diversa das Aventurinas Verde ou Azul e deveria ser tratada como um material completamente diferente. A Aventurina Vermelha tem relação com o nível físico do ser e com a transformação da fisicalidade pelo foco da energia em ação. A Aventurina Vermelha ajuda a pessoa a regular sua energia para que o esforço consistente possa ser gerado. Ajuda a pessoa a permanecer focada na tarefa à mão e buscar seus objetivos com determinação. Ela auxilia a trazer ideais divinamente inspirados à existência, ao ajudar a pessoa a determinar o melhor curso de ação.

A Aventurina Vermelha ajuda a escolher o caminho mais elevado entre as muitas opções. Estimula o discernimento e a habilidade de ver que ideias se provarão no fim e quais são "falsas esperanças". Sua energia empresta resolução aos que em geral são incapazes de se comprometer com um caminho. Para os teimosos em razão do ego, a Aventurina Vermelha pode ajudar a revelar em que a flexibilidade irá impulsionar as visões ou os objetivos definitivamente. Para indivíduos que têm muitas ideias criativas mas têm dificuldade para concretizá-las, a Aventurina Vermelha irá se provar uma aliada valiosa.

Essa pedra auxilia a pessoa a ser firme e ao mesmo tempo centrada diante do conflito. Ela possibilita reconhecer e admitir quando a pessoa não está no caminho mais elevado ou quando se equivocou. Ela encoraja a pessoa a perdoar-se e à habilidade de rir de si e de suas fraquezas.

ESPIRITUAL: Essa aliada ajuda a pessoa a desenvolver a fortaleza necessária para manifestar seus ideais mais elevados pela ação consistente. Ela ajuda a prevenir que alguém seja desviado do curso alinhado com seu bem maior e ao mesmo tempo possibilita que reconheça se está em um caminho que seja menos que o mais elevado. Ela encoraja o discernimento, o compromisso e a perseverança.

EMOCIONAL: A Aventurina Vermelha ajuda a pessoa a perdoar-se e a capacita a rir de seus equívocos. Sua energia revela rapidamente o autoengano.

FÍSICO: A Aventurina Vermelha é uma pedra fortalecedora do sangue. Pode ajudar a estimular a produção de células vermelhas do sangue na medula óssea e auxiliar na regulagem do sangue no corpo. Ela ajuda a equilibrar as desordens autoimunes e o sistema imunológico em geral. É estimuladora para o fígado e auxilia nos esforços de desintoxicação.

AFIRMAÇÃO: Vejo com clareza meu caminho mais elevado. Eu sei que sou capaz de percorrê-lo e estou comprometido com cumprir meu destino.

AXINITA

PALAVRAS-CHAVE: Aterramento, persistência, vitalidade, exploração interior.
ELEMENTO: Tempestade.
CHACRAS: Raiz (primeiro), Terceiro Olho (sexto).

A Axinita é um borossilicato ou um silicato mineral borato com uma dureza de 6,5 a 7. Sua cor em geral é marrom, embora também já tenham sido encontrados espécimes azuis e violeta. Seu sistema de cristal é triclínico. Seu nome é derivado da similaridade de seu cristal de pontas afiadas e em cunha formarem um eixo. A Axinita ocorre em geral dentro das veias e cavidades do granito. Ela é encontrada na França, México, Rússia e Estados Unidos.

ROBERT SIMMONS: A Axinita emana uma energia verdadeiramente saudável e útil. É elucidativa para a consciência da pessoa, harmonizadora para as emoções, expansiva para a percepção e equilibradora das energias físicas. Ela puxa muito para a Terra, porém, mais que isso, ajuda a pessoa a trazer as energias da Terra para cima através dos pés para todo o seu corpo. Isso pode ser uma ajuda poderosa para a constância e vitalidade da pessoa. Ela é recomendada para qualquer um que trabalha por muitas horas.

Nos domínios interiores, a Axinita age para possibilitar à mente desperta o acesso aos reinos subconsciente e superconsciente. Parece que também ajuda a manter na memória as experiências dos planos espirituais, talvez por aterrar totalmente as energias da pessoa. A Axinita pode ser usada para a obtenção do acesso consciente aos campos mórficos de conhecimento acumulados por cada espécie pelo tempo e espaço, independentemente da fonte exterior.

Para vitalidade física máxima, combine Axinita com Zincita e/ou Moldavita. Para trabalhar com os planos interiores, use Axinita com Herderita e/ou pedras como Fenacita, Azeztulite, Berilonita, Tremolita e Danburita. Axinita com Alexandrita pode facilitar recordações de vidas passadas, em especial no que diz respeito a lições relevantes para esta vida.

NAISHA AHSIAN: A Axinita estimula a mente, ativa e melhora a memória e possibilita à pessoa entrar conscientemente no estado de sonho da mente subconsciente. Por causa de sua habilidade para cortar através do véu entre os estados de sonho e vigília, a Axinita é um aliado poderoso para explorar as disciplinas da viagem astral ou sonho lúcido. Na meditação, a Axinita facilitará que a pessoa alcance os estados expandidos de consciência. Ela ajuda a atravessar padrões de distração de pensamentos e preocupações que impedem de atingir o estado de meditação.

A energia da Axinita capacita a acessar e explorar aspectos de vidas alternadas no nível subconsciente da mente. Isso pode ajudar a pessoa a eliminar influências de vidas alternativas que afetam esta vida, possibilitando curar mágoas cármicas antigas e criar suas vidas conscientemente. As frequências da Axinita também podem ser empregadas para acessar os registros akáshicos ou genéticos.

As energias da Axinita ajudam a pessoa a atravessar dificuldades, atrasos e obstáculos frustrantes. Ela é uma pedra de viagem útil que auxilia o corpo a se adaptar com facilidade às mudanças de zona de horário, climas e padrões de sono. É especialmente útil para manter a saúde física quando se está em lugares ou condições que não são as melhores. Ela pode auxiliar a dissipar conflitos, possibilitando a todas as partes se sentirem fortalecidas e cooperativas. Pode ser utilizada em situações legais para prevenir atrasos, acelerar as rodas da justiça em geral lentas e trazer a verdade. Ela ajuda a superar decepções e revelar a verdade em todas as situações.

Na cura, a Axinita pode ser usada com eficiência nos pés para estimular todos os sistemas do corpo. A Axinita é uma pedra excelente do primeiro chacra, facilitando o movimento da energia para cima pelas pernas e espinha e a coluna de chacras. Seu poder de cura metafísico reside em sua habilidade de dirigir energias de alta frequência para o corpo físico, limpando padrões ultrapassados e realinhando o eu físico com o eu espiritual.

ESPIRITUAL: A Axinita é a "pedra da verdade", garantindo que a verdade seja revelada. Ela ativa os chacras mais elevados criando um fio de aterramento forte pelo qual o excesso de energia pode ser liberado. Ela pode ser útil para acessar registros celulares e informações de vidas alternativas e auxiliar na limpeza da mente para a meditação eficiente.

EMOCIONAL: A Axinita ajuda a pessoa a dissipar lutas de poder e evitar conflitos. Ela engendra uma sensação de colaboração e facilita uma solução mutuamente benéfica a situações de conflito. Essa pedra auxilia a pessoa a sentir-se fortalecida e competente.

FÍSICO: A Axinita traz energia leve para os chacras inferiores, energizando o corpo físico e infundindo cada célula com energia de cura. É uma aliada excelente para a saúde geral e o bem-estar, vitalidade física e energia abundante.

AFIRMAÇÃO: Eu trago para dentro de meu corpo a vitalidade e o aterramento da Terra e o conhecimento dos planos mais elevados.

AZEVICHE

PALAVRAS-CHAVE: Proteção, purificação, aterramento.
ELEMENTO: Terra.
CHACRAS: Base (primeiro), para aterramento; Todos, para purificação.

O Azeviche é uma variedade preta ou marrom escura de carvão chamada *lignita*. Ela é uma combinação de carbono mais compostos de hidrocarbono com uma dureza de 3 a 4. Acredita-se que seu nome seja derivado do nome da cidade e do Rio Gagas na antiga Turquia, onde ele ou um material semelhante foi encontrado. O Azeviche foi formado pela litificação de madeira flutuante submersa em lama do fundo do mar. A costa noroeste da Inglaterra tem sido há muito tempo a fonte do melhor Azeviche do mundo, mas ele também já foi encontrado nos Estados Unidos, Polônia, França, Alemanha, Espanha, Índia e Rússia. O Azeviche tem a propriedade, como o Âmbar, de se tornar eletricamente carregado quando esfregado com lã ou seda.

A joalheria de Azeviche era produzida na Bretanha já em 1500 a.C., e os antigos romanos importaram joias feitas com Azeviche confeccionada em York. Entalhes de Azeviche eram usados como talismãs e para funerais nos séculos XIV e XV na Espanha. Os nativos norte-americanos do Alaska à América do Sul usaram o Azeviche para decoração nos tempos pré-colombianos. Na Inglaterra vitoriana, o Azeviche foi usado amplamente em joalheria de luto, rosários, cruzes e esculturas.

ROBERT SIMMONS: Para os interessados na ativação dos poderes de magia e interação com as forças dos elementos, o Azeviche pode ser um auxiliar e protetor. Ele assiste na elevação da *shakti* da pessoa e permite que uma parte daquela energia do fogo seja dirigida conscientemente pela vontade. Ajuda a pessoa a extrair as energias da Terra e canalizar esse fluxo poderoso para as direções desejadas. Essa energia dirigida conscientemente pode beneficiar qualquer aspecto da vida, desde o cósmico ao mundano, do *insight* espiritual à abundância financeira. Ao mesmo tempo o Azeviche é um neutralizador das energias negativas, limpando o campo de energia da pessoa de todas as vibrações desarmoniosas. Qualquer um engajado em viagens astrais ou mediunidade é aconselhado a ter várias peças de Azeviche para segurar e/ou colocar sobre o corpo. Um colar ou pingente de Azeviche cria um amuleto poderoso para a purificação da aura da pessoa e proteção contra influências negativas. Uma pequena vasilha de peças de Azeviche é ideal para limpar cristais, gemas e joias. O Azeviche e o Âmbar juntos em uma disposição no corpo ou combinados em uma joia criam um circuito de energia de cura. Os engajados na exploração de vidas passadas, do subconsciente pessoal e/ou dos arquétipos do inconsciente coletivo podem descobrir que o Azeviche facilita que a pessoa vá mais fundo nesses mundos desconhecidos.

Para proteção psíquica e purificação, o Azeviche pode ser combinado com Turmalina Negra, Acmita, Quartzo Fumê, Quartzo Negro Tibetano, Obsidiana Negra e/ou Granada Andradita. Para elevar a *shakti* e estimular as energias da kundalini, Infinita, Serpentina e/ou Tectito Tibetano são aliadas poderosas. Para objetivos de cura, recomenda-se que o Azeviche seja combinado com Âmbar, Serafinita e Sugilita. Para a ligação profunda com as energias da Terra, o Azeviche pode ser usado com Ajoíta e/ou Pedra Gaia. Para alívio do estresse, o Azeviche funciona bem com Lepidolita, Sílica Gel de Lítio e Ambligonita. Moldavita e Azeviche funcionam juntos para a transformação interior e para o caminho mais elevado ao indivíduo no mundo exterior. Quando o Azeviche é trazido à cena, a tendência da Moldavita para causar descargas rápidas de qualquer coisa que o indivíduo precise eliminar é suavizada pela habilidade do Azeviche de absorver e transmutar quaisquer energias negativas acompanhantes.

NAISHA AHSIAN: O Azeviche é uma pedra de purificação e proteção. É capaz de absorver negatividade e processá-la em energia limpa e utilizável. Do mesmo modo que o carvão pode filtrar e limpar as impurezas da água, o Azeviche pode purificar e limpar a aura. Ele é uma proteção especialmente boa contra o mau uso da energia ou poder mágicos; absorve a negatividade ou energia maliciosa e a neutraliza. Ele pode ajudar a limpar o corpo de impurezas e é uma grande pedra de aterramento.

O Azeviche nos permite ressoar a um nível de vibração em que somos capazes de acessar memórias antigas em um nível celular. Ele age como um espelho para nos mostrar o que mais precisamos limpar em nós para trazer mais da nossa Luz para nossas realidades. Ele retém a sabedoria antiga da Terra e também – por falar em raízes e começos – poder natural e energia elemental. O Azeviche pode oferecer proteção e a habilidade de transmutar energia negativa em energia limpa e neutra.

ESPIRITUAL: O Azeviche auxilia a pessoa a entrar e explorar o vácuo interior da criação. Esse é o lugar em que reside o potencial e poder da pessoa. Ele capacita a pessoa a ver as lições por trás das experiências "negativas" e ajuda-a a integrar essas lições para que sua manifestação possa ser liberada.

EMOCIONAL: O Azeviche limpa o campo energético de vínculos e padrões que surgem como experiências negativas na vida da pessoa. Ele pede como retribuição que a pessoa possua honestamente suas falhas e habilidades. A ressonância com o Azeviche auxilia a pessoa a perceber seu poder pessoal e reconhecer quais aspectos do eu devem ser desenvolvidos para que ela alcance seu potencial completo.

FÍSICO: O Azeviche é protetor no nível físico, no sentido de que ele auxilia a pessoa a curar qualquer vazamento de energia na aura. Ele ajuda na limpeza energética do fígado e dos rins.

AFIRMAÇÃO: Meu corpo, mente e espírito estão aterrados, centrados e purificados.

AZEZTULITE™

PALAVRAS-CHAVE: Luz interior, realidades alternativas, prazer e serenidade.
ELEMENTO: Tempestade.
CHACRAS: Todos (inclusive os chacras etéreos acima do corpo).

A Azeztulite tem uma das histórias mais incomuns entre todas as pedras deste livro. Quimicamente ela é uma variedade de Quartzo com um sistema de cristal hexagonal (trigonal) e uma dureza de 7. Se não fosse por suas energias excepcionais, provavelmente ninguém estaria interessado nessa pedra de aparência comum. Elas são incolores, brancas, ou uma mistura dos dois, e suas formas são irregulares. A Azeztulite original e mais poderosa veio de uma descoberta única na Carolina do Norte por volta de 1979 e cerca de 30 anos depois um segundo depósito foi descoberto em Vermont. Em geral, considera-se que a Azeztulite de Vermont tem energias mais estáveis e menos intensas, embora ambas as pedras vibrem no mesmo espectro de frequências.

Não há como explicar a Azeztulite sem contar uma história pessoal. A Azeztulite surgiu e veio para o mundo dos amantes de cristais por uma série de comunicações internas e sincronicidades que começaram em 1991. Elas envolvem a mim (Robert Simmons), minha esposa, Kathy Warner, e minha amiga e coautora, Naisha Ahsian.

Embora contar tais histórias não faça parte do formato geral deste livro, todos nós concordamos em fazer uma exceção.

No fim de 1991, Kathy e eu recebemos um telefonema de três mulheres que estavam trabalhando juntas em canalização. A pessoa que fazia o trabalho principal era Naisha Ahsian, que mais tarde veio a trabalhar conosco e criou as *Crystal Ally Cards*. Naquela época, não a conhecíamos bem; porém, quando ela ligou, contou-nos que ela e as outras mulheres queriam encomendar uma peça especial de joalheria. Ela conteria cinco pedras poderosas – Moldavita, Tanzanita, Danburita, Fenacita e Azeztulite. Nós ficamos animados em fazer a peça, mas tivemos de dizer a ela que nunca ouvíamos falar de Azeztulite. Ela respondeu que os seres que estavam se comunicando com ela disseram que em nossa empresa, Heaven and Earth, realmente ainda não havia a pedra, mas nós a teríamos em breve. Ela continuou dizendo que o termo Azeztulite era um nome canalizado, que os próprios seres eram chamados de Azez e que a pedra se tornaria uma ferramenta importante para trabalhadores da Luz. Foi-nos dito que a nova pedra seria incolor e teria uma forma estranha, não como os cristais prismáticos de Quartzo e outros minerais com os quais estávamos familiarizados. Depois de muita busca e investigação por todos nós que deram em nada, uma caixa de pedras sem cor, com formas incomuns, chegou pelo correio enviada por um estranho, um caçador de pedras que pensou que elas fossem Fenacita. Quando Naisha e suas amigas inspecionaram a caixa, disseram: "Isso não é Fenacita – é a Azeztulite. Compre!". E foi como começamos nosso trabalho com ela. Logo depois de recebermos nosso primeiro lote, Naisha enviou-nos uma carta que incluía informações sobre Azeztulite e os Azez, até mesmo com transcrições de suas canalizações.

"Os seres com que estou me comunicando fazem parte de uma sociedade interdimensional, seres extraterrestres, e eles disseram que podemos chamá-los de Azez. Pelo que entendi, sua razão de ser está centrada em torno de ancorar a 'Luz Inominável' nos planetas e sociedades que estiverem se aproximando da influência dessa energia. A palavra 'Azez' parece significar tanto Luz Inominável quanto a incorporação dessa Luz no Universo, que é o Grande Sol Central. A pedra Azeztulite não é apenas para comunicação com os Azez, mas também contém e canaliza a energia da 'Luz Inominável' e sua manifestação a partir do Grande Sol Central. Esses seres têm bases em todo o mundo em centros de energia que são conhecidos e desconhecidos para nós, incluindo os Andes, o Himalaia, os Adirondacks e outras cadeias de montanhas. Eu não sei se canalização é o termo correto para o modo que eu me comunico com eles. É mais uma ligação telepática direta."

Em seguida, veio uma transcrição das palavras que ela recebeu dos Azez: "Viagem interdimensional envolve 'pulsos' de energia no Universo. Esses pulsos agem como pontes para as viagens dimensionais. Quando viajamos por muitas dimensões, os pulsos de energia causam rompimentos – tornando difícil para nós nos comunicarmos com outras bases em outras dimensões e em outros planetas. Aqui entra a pedra Azeztulite. Ela é usada por nós para criarmos canais para nossas comunicações com outras bases. Em cada base ou planeta que habitamos escolhemos uma pedra para ser a âncora desses canais.

Depois de alguma manipulação e alteração, projetamos a pedra Azeztulite. Ela tem capacidade de suportar as energias intensas que são transportadas por ela. Até recentemente não tínhamos a tecnologia para projetar um recipiente para conter sua frequência de energia. A Azeztulite é esse recipiente. Em nossa cultura, 'Azez' é o termo para o que é a 'Luz Inominável', da qual o Grande Sol Central é a incorporação. Por favor, compreendam as implicações do que estamos explicando. Essa pedra é a incorporação dos Azez e carrega com ela a energia manifesta do Grande Sol Central. Ela é uma pedra poderosa. Essa pedra anuncia muitas mudanças!

Essa pedra irá capacitar os que entre vocês são 'janelas' telepáticas e engenheiros dimensionais a começarem a reclamar o conhecimento dessas práticas de seus bancos de memória genéticos. Agora vamos começar a nos tornar conhecidos mais completamente para aqueles seres que ajudam no despertar e transformação.

A doença em seu planeta é o resultado de determinadas frequências de luz. Vocês bloqueiam essas ondas de luz no nível celular por meio de escudos de formas-pensamento e padrões emocionais de contração. Portanto, suas consciências celulares são incapazes de aprender e expandir apropriadamente, resultando em doenças. A Azeztulite transporta energias e frequências de Luz que ajudam a eliminar os escudos e bloqueios, curando doenças e ajudando no rejuvenescimento e expansão celular. Do mesmo modo, sua ativação em determinados pontos do seu planeta ajudará na cura de todo o organismo de Gaia."

Desde aquela época, vimos centenas ou até milhares de pessoas se ligarem à Azeztulite. Em todas as feiras de comércio, contamos muitas vezes a história de sua descoberta; mesmo assim, cada vez que a contamos, nos traz arrepios de excitação. Vimos pessoas vivenciarem contatos e reconhecimentos tão profundos que chegaram às lágrimas. Ela permanece a pedra que parece carregar a vibração mais rarefeita. Fascina-nos observar que algumas pessoas a sentem como extremamente poderosa enquanto outras não percebem nada quando a seguram. Algumas dúzias de pessoas compraram cordões inteiros de pepitas de Azeztulite, e cada vez sentimos que os cordões eram talismãs de iniciação que os proprietários pretendiam usar para despertar outros além de si mesmos.

Desde sua descoberta, ficamos sabendo que quimicamente a Azeztulite é um Quartzo encontrado nas áreas montanhosas da Carolina do Norte. Que saibamos, pouco dele foi extraído. Isso aprofunda o mistério dessas pedras, pois as pessoas energeticamente sensitivas concordam quase universalmente que as vibrações da Azeztulite não são nada parecidas com as dos Quartzos comuns. Pessoalmente, quando seguramos a Azeztulite, sentimos instantaneamente uma sensação de formigamento nas mãos que é inequívoca e pode se espalhar rapidamente por todo o corpo. O Quartzo comum não faz isso conosco.

Naisha oferece seus últimos *insights*: a Azeztulite fala para nós sobre realidades alternativas. Como humanos, habitamos uma faixa estreita de realidade. É como se caminhássemos por esta Terra com vendas, sem ver a incrível profundidade e beleza de todos os níveis de realidade que nos cercam. A Azeztulite foi enviada como uma aliada para ajudar-nos a nos ligar com os outros reinos à nossa volta, capacitando-nos a nos abrirmos para a verdadeira amplitude de percepção de que somos capazes.

A Era de Luz que está chegando diz respeito a nos abrirmos para esses níveis de realidade mais expandidos. Ela é sobre nos religarmos com a Fonte de energia que existe além de nós e está incorporada no Grande Sol Central. A Azeztulite transporta essa energia e, quando ressoamos com ela, ela compartilha sua perspectiva ampliada conosco. A partir dessa ligação, ganharemos uma sabedoria e compreensão maiores dos seres que somos realmente – seres de Luz.

OS NOVOS NÍVEIS DE ATIVAÇÃO DA AZEZTULITE: Anos depois da chegada da Azeztulite, vieram novas informações pelo espírito-guia Radha: "Um portal ou véu foi aberto recentemente, relativo às energias da Azeztulite. Houve uma intensificação das vibrações que emanam dessas pedras. Um grupo de seres mais elevados previra essa aceleração em uma mensagem anterior. As pedras chamadas Azeztulite estão no limite de ativação para um nível mais elevado de funcionamento. Como as vibrações de seu planeta estão aumentando gradualmente, haverá um ponto de transição em que acontecerá um salto quântico. A Azeztulite, por suas qualidades interdimensionais, já está em contato com o estado vibracional além desse salto quântico. Quando o planeta se movimentar para mais perto dessa transição, a Azeztulite emanará mais e mais das energias do novo estado mais elevado que está chegando. As pessoas que usam ou carregam Azeztulite têm a possibilidade de atingir os estados elevados com mais rapidez e facilidade do que conseguiriam de outro modo, e elas ajudarão os outros a fazer a transição. O tempo para o qual a Azeztulite foi inicialmente projetada está se aproximando rapidamente, e os designados para trabalhar com ela serão atraídos poderosamente à Azeztulite."

"A humanidade movimentou-se do útero para o canal de nascimento. Chegou a hora do maior potencial e maior perigo. É responsabilidade de todos que têm consciência redobrarem seus esforços para aterrarem a Luz neste planeta a fim de que a transformação possa ter sucesso. Não deixem que as aparências os empurrem para o medo. Aterrem a Luz e usem essa ferramenta, a pequena pedra Azeztulite, para melhorar sua conexão com os seres de Luz que estão sendo enviados agora para vocês."

Em todo caso, a Azeztulite é uma pedra que claramente está em sintonia com os domínios de vibrações mais elevadas. Ela enche o corpo de energia da pessoa com luz espiritual, e concede-lhe ser o farol dessa Luz neste mundo. Ela dá a impressão de nunca precisar de limpeza e sempre irradia uma sensação agradável de prazer e serenidade confiante que parece invulnerável às turbulências da vida diária. Ela pode fazer a pessoa sentir-se como uma janela pela qual a luz passa dos reinos mais elevados.

AFIRMAÇÃO: Eu me abro à frequência da Luz Inominável, e estou ansioso para ser um veículo pelo qual essa energia possa ser espalhada por todo o mundo.

AZURITA

PALAVRAS-CHAVE: *Insight*, visão, intuição, intelecto.
ELEMENTO: Ar.
CHACRAS: Terceiro Olho (sexto), Coroa (sétimo).

A Azurita é um mineral carbonato de cálcio com uma dureza de 3,5 a 4. Seu nome é derivado de sua cor azul-celeste escura. Seu sistema de cristal é monoclínico e, embora ela seja encontrada com maior frequência em formas compactas ou de botrioides, algumas vezes cresce em longos cristais prismáticos azul profundos. Ela também ocorre em estalactites, formas colunares ou radiantes. Com frequência, surge em combinação com a Malaquita, outro carbonato de cobre, este com uma cor verde brilhante. É encontrada na Austrália, China, Chile, Rússia e Estados Unidos. Azuritas especialmente bonitas e Azuritas/Malaquitas foram encontradas nas minas de cobre de Brisbee, Arizona.

ROBERT SIMMONS: Nenhuma pedra é uma incorporação mais pura do raio azul do que a Azurita. Seu azul-escuro esplêndido transporta a frequência exata do chacra do terceiro olho e é uma ferramenta natural para a ativação desse centro energético. A Azurita é uma pedra de visão interior e pode ser usada para a melhoria dos sonhos e também no desenvolvimento de poderes psíquicos. Pode estimular o intelecto e também a intuição, e é uma auxiliar útil para os que estão estudando temas novos ou desafiadores. É recomendado que qualquer um que seja estudante, incluindo um "estudante da vida", carregue ou use uma Azurita para ajudá-lo na assimilação e retenção de novas informações e ideias. A Azurita também pode facilitar a agilidade de mente requerida para dar saltos conceituais e atingir novos *insights*.

A Azurita pode ser usada para fortalecer os corpos astral e etéreo, tornando a pessoa menos vulnerável a vínculo ou ataque psíquico. Ela pode ser usada para selar "buracos" na aura, com isso aliviando tendências de sucumbir à fadiga. Estimula todos os centros da mente da pessoa, nutrindo no interior do ser um interesse aguçado por todos os aspectos de sua vida e função na sociedade. Ela é um antídoto excelente para o tédio, já que abre a visão interior para uma ampla gama de ligações e possibilidades. Aqueles engajados em ocupações acadêmicas podem descobrir que a Azurita torna mais fácil reter clareza e foco enquanto estudam. Ela pode auxiliar com certeza a pessoa a fazer novas conexões entre campos de conhecimento aparentemente não relacionados. É uma pedra de síntese, em que a descoberta de novas associações e ligações entre ideias diferentes leva a níveis mais elevados de compreensão da vida e do mundo.

A Azurita se mistura bem energeticamente com Malaquita, Cuprita, Covelita, Crisocola e Turquesa. Todos esses minerais derivados do cobre complementam e amplificam os efeitos da Azurita, sem modificá-los. Pedra da Lua Arco-íris pode acrescentar tranquilidade emocional para a ativação da mente pela Azurita. Pedra do Sol, Aventurina Vermelha e Cornalina emprestam força, coragem e determinação para perseverar em direção aos *insights* facilitados pela Azurita. Azeztulite, Fenacita,

AZURITA

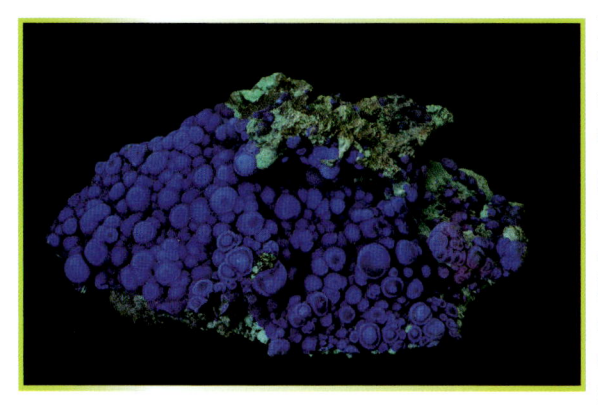

Broquita, Natrolita, Escolecita e Moldavita podem "espiritualizar" as energias da Azurita. Sempre que usada, a Azurita é uma pedra que abre as portas para o descobrimento interior.

NAISHA AHSIAN: A Azurita é a pedra do *insight* e da visão. É uma excelente aliada para abrir e limpar o chacra do terceiro olho e da coroa, estimular a habilidade psíquica e intuitiva e alinhar a visão interior à orientação mais elevada. A Azurita pode auxiliar na exploração de vidas passadas ou alternativas, e em recobrar informação e conhecimento dessas vidas.

A habilidade da Azurita de estimular a visão interior também é útil para o investigador espiritual. Como investigador, é nosso dever monitorar constantemente nossos pensamentos e motivos em um esforço de nos melhorarmos mental, psíquica e espiritualmente. Como humanos, nossos egos muitas vezes estão dirigindo forças em nossos motivos e ações. A Azurita nos propicia a visão interior para ver honestamente em que se baseiam nossos motivos. O verdadeiro investigador espiritual usará suas habilidades intuitivas e visão interior para o maior bem de todos os seres, não para ganho pessoal ou satisfação do ego. A Azurita pode com facilidade derrubar o "castelo de cartas" do ego, revelando a verdade por trás das ilusões que nossos egos nos fariam ver.

A Azurita também proporciona à pessoa a habilidade de "ler nas entrelinhas" do que outras pessoas querem que acreditemos. Ela é de grande ajuda para discernimento sem julgamento, porque permite que a pessoa perceba os verdadeiros motivos dos outros assim como os seus. A Azurita é uma aliada excelente para empregar quando assume negócios ou sociedades pessoais, já que ela ajuda que a verdade surja à superfície.

A Azurita é uma aliada clássica para psíquicos, médiuns, canalizadores ou outros trabalhadores intuitivos da Luz. Ela melhora os poderes de Percepção Extrassensorial (PES) da pessoa e a ajuda a manter a objetividade e precisão. Ela ajuda a interpretar com clareza informações mediúnicas sem colocar sua opinião, julgamento e experiências no meio. Ela é estimulante para a mente e pode ajudar com aprendizado, memorização, escrita, palestras ou outras tarefas que tenham a ver com a apresentação ou integração ordenada de informação. Ela é uma pedra excelente para levar em situações de teste e negociações.

ESPIRITUAL: A Azurita abre o terceiro olho e a coroa, estimulando os poderes mediúnicos, auxiliando na recordação de vidas passadas e trazendo uma sensação maior de ligação com o Divino. Ela ajuda a pessoa a sentir a verdade em uma situação e protege-a de ser desviada. Possibilita à pessoa compreender os motivos alheios e agir alinhada com o espírito. Ela auxilia os médiuns e outros conselheiros intuitivos a melhorar a precisão de suas interpretações.

EMOCIONAL: A falsidade brota do medo. A Azurita tem a habilidade de ajudar a pessoa a compreender a raiz de seus medos quando ela é habitualmente mentirosa ou enganosa. Pode propiciar à pessoa a coragem de corrigir esses padrões e ser mais clara e verdadeira consigo e com os outros.

FÍSICO: A Azurita é útil em todos os problemas do cérebro e da cabeça. Pode ajudar a acalmar enxaquecas, diminuir zumbidos e equilibrar a vertigem.

AFIRMAÇÃO: Eu abro minha mente para nova visão, tanto interior quanto exterior, enquanto expando minha percepção.

BARITA

PALAVRAS-CHAVE: Visão interior, alinhamento energético, viagem interdimensional.
ELEMENTO: Tempestade.
CHACRAS: Terceiro Olho (sexto), Coroa (sétimo).

A Barita é um cristal de sulfato de bário com um sistema cristal ortorrômbico e uma dureza de 3 a 3,5. Em geral, é incolor, branco, azul-claro ou verde. Com menos frequência, pode ser amarelada ou marrom avermelhada. Ela se forma em uma variedade de padrões, em geral é tabular, mas também pode ocorrer em formação de rosetas conhecidas como "rosa do deserto". A Barita é encontrada com mais abundância na Inglaterra, Romênia e Estados Unidos.

ROBERT SIMMONS: A Barita oferece uma ligação suave e clara com os mundos mais elevados, auxiliando o viajante interior na descoberta de muitas mansões dos reinos espirituais. Ela é uma pedra de viagem interdimensional, concedendo aos que meditam ou sonham com ela descobrir novos mundos, não para escapar da vida na Terra, mas para enriquecê-la. Ela auxilia a pessoa a manter contato com o Eu Superior, estimulando com isso a tranquilidade e sabedoria em suas palavras e ações. Ela é uma pedra para "trazer o céu para a terra" por meio de seu próprio ser. Talvez seja melhor dizer que ela ajuda a pessoa a abrir os olhos para o fato de que o céu já está aqui na terra, coexistindo com o mundo profano, e ela foi hipnotizada para acreditar que o mundo mundano é tudo o que existe. Trabalhar com a Barita ajuda a remover as "vendas" espirituais que podem impedir a pessoa de vivenciar até as tristezas da vida com prazer.

Para trabalho exploratório de sonho, a pessoa é encorajada a colocar um cristal ou roseta de Barita na fronha do travesseiro ou colar um pequeno na testa com adesivo. Qualquer dessas aplicações abrirá os chacras do terceiro olho e da coroa para os domínios de frequências elevadas com os quais a Barita ressoa. A pessoa deveria manter material para escrita do lado da cama e registrar seus sonhos por pelo menos uma semana. Um mês é melhor. Na maioria dos casos, padrões simbólicos importantes irão emergir, mostrando o estado espiritual atual do sonhador, revelando bloqueios internos e apontando o caminho para entrar nos mundos mais elevados. É desses domínios dos arquétipos que emanam os padrões de sincronicidade que governam nossas vidas (mais do que comumente sabemos). Trabalhar em sonhos com Barita pode dar à pessoa uma pintura simbólica de beleza estonteante de como esses padrões se desdobram para si.

Segurar uma Barita em cada mão e colocar uma na testa durante a meditação cria uma grade de energia triangular no interior do campo áurico do corpo, elevando o espectro de frequência e permitindo à pessoa experimentar uma "ascensão" temporária aos mundos mais elevados. Por toda história os gênios espirituais afirmaram que o propósito da vida humana adulta, principalmente nos últimos anos, é a exploração desses mundos. Trabalhar com Barita em meditação pode facilitar tais explorações. Nessas viagens interiores, a pessoa pode encontrar anjos, espíritos guias e até as entidades arquetípicas conhecidas como "deuses" nos tempos antigos. Podem-se ver paisagens divinas de beleza de tirar o fôlego e corredores geométricos de padrões fantásticos de Luz. A meditação permite que a pessoa use a vontade para "guiar" sua viagem mais do que em sonhos, mas ambas as possibilidades são altamente recomendadas.

As energias interdimensionais da Barita podem ser estimuladas por seu uso em conjunção com Fenacita, Azeztulite, Escolecita e Natrolita. Suas propriedades indutoras de calma e serenidade são aumentadas pela Petalita e Ambligonita. Os que desejam visitar os domínios angelicais podem beneficiar-se da combinação de Barita com Danburita. Para influências de trazer para a terra, que também podem melhorar o pensamento claro e a visão intuitiva, a Fluorita é recomendada.

NAISHA AHSIAN: A Barita é tremendamente poderosa para a ativação e limpeza dos chacras mais elevados – em especial os do terceiro olho e coroa. Ela age como um magneto para energias de alta frequência, criando um campo de ressonância forte com a Luz. A Barita auxilia na limpeza de bloqueios que impedem o acessar e o tornar-se um canal para o próprio Eu Superior. Ela pode auxiliar na ligação com as orientações mais elevadas e canalizar energias de alta frequência para cura.

A Barita ajuda a conectar a pessoa com seu propósito mais elevado. No processo, a pessoa deve abandonar qualquer aspecto de sua vida que não esteja alinhado com seu Eu Superior. Esse processo pode criar uma limpeza profunda em todos os níveis da vida – particularmente no qual a pessoa esteve resistindo à mudança ou libertação por medo de assumir seu poder ou destino espiritual por inteiro.

Cristais tabulares de Barita facilitam essa limpeza e libertação com maior potência, praticamente forçando um alinhamento com as frequências mais elevadas de energia disponíveis. Rosetas de Barita podem ser utilizadas para limpar o carma e padrões energéticos habituais em nível pessoal. Geodos de cristal de Barita podem auxiliar na limpeza de padrões culturais e raciais da matriz genética.

A energia dos cristais de Barita tabular rivaliza com a da Herderita por sua habilidade de facilitar a sincronização hemisférica no cérebro. Essa pedra oferece uma energia excelente para indivíduos que vivenciam dificuldades por causa de desequilíbrio na química cerebral ou danos no cérebro.

ESPIRITUAL: A Barita auxilia na ativação da ligação da pessoa com o Eu Superior e em trazer essa energia para o corpo físico. Pode ajudar na limpeza de padrões genéticos que não servem mais à pessoa e em realinhar sua vida para que reflita os níveis mais elevados de vibração. Ela assiste a pessoa em encontrar seu propósito maior e o veículo pelo qual manifestar esse propósito na Terra.

EMOCIONAL: A Barita pode auxiliar a pessoa a eliminar vínculos às formas e estruturas de sua vida que são baseadas no medo (tais como continuar em um trabalho que odeia porque tem medo de perder o salário). Ela gera uma sensação de excitação sobre a manifestação de seu propósito espiritual, combinada com uma disposição para fazer o que for necessário para alcançar esse objetivo. Ela auxilia a reconhecer em que deve relaxar e permitir a mudança para que a evolução aconteça.

FÍSICO: A Barita é uma pedra excelente para equilibrar a química do cérebro e melhorar a função mecânica das células e sinapses cerebrais. É útil em casos de doenças degenerativas do cérebro. Ela facilita a memória e a retenção de informação.

AFIRMAÇÃO: Eu abro meus olhos interiores para ver mais alto e mais profundamente dentro do mundo dos espíritos.

BENITOÍTA

PALAVRAS-CHAVE: Canalização, habilidades mediúnicas aprimoradas, aumento na sincronicidade.
ELEMENTO: Ar.
CHACRAS: Terceiro Olho (sexto).

A Benitoíta é um silicato mineral de titânio e bário com um sistema de cristal hexagonal (trigonal) e uma dureza de 6 a 6,5. Seu nome deriva do único lugar em que é encontrado, no município de San Benito, Califórnia. Cristais de Benitoíta variam de azul-claro a escuros e de opacos a totalmente transparentes. Eles são bem pequenos, de microscópicos a talvez 1 grama. A maioria dos cristais se forma em uma pirâmide dupla trigonal. A Benitoíta é encontrada em associação com os minerais Natrolita e Netunita.

ROBERT SIMMONS: A Benitoíta é de uma ajuda fantástica para as viagens interiores. Ela facilita viajar para os planos astral, sutil e causal e pode ajudar a pessoa a manter a estabilidade de consciência quando fora do corpo. Auxilia também a abrir as portas para a melhoria de todos os tipos de habilidades paranormais e melhorar a percepção das pessoas sobre as sincronicidades significativas que constantemente acontecem à nossa volta. As sincronicidades estão entre as pistas mais claras do fluxo das intenções divinas no mundo, e elas podem servir para confirmar o curso da pessoa ou sugerir novo caminho. Tornar-se mais consciente das sincronicidades aumenta sua frequência, em uma espiral autorreforçada de consciência expandida. A Benitoíta pode ajudar a dar partida nesse processo.

Foi dito por alguns médiuns clarividentes que os anjos da guarda da pessoa estão envolvidos em arranjar as sincronicidades que facilitam seu crescimento espiritual. A meditação com Benitoíta pode facilitar o processo pelo qual a pessoa pode entrar em comunicação consciente com esses guias angelicais. A pessoa pode começar a pedir "mensagens" sincrônicas, confirmando que a comunicação foi recebida e entendida. Os acontecimentos da vida da pessoa se tornariam uma espécie de quebra-cabeça ou jogo vivo em que ela deve, em certo grau, guiar conscientemente seu caminho evolutivo.

O fato de a Benitoíta ser encontrada em conjunção com a Natrolita também não é coincidência. A Natrolita está entre os ativadores mais poderosos dos chacras do terceiro olho e da coroa e dos chacras transpessoais acima da cabeça. Tal energia funciona em harmonia perfeita com a habilidade nativa da Benitoíta de ativar os sentidos mais elevados. A Natrolita acrescentará uma quantidade grande de energia para o poder já considerável da Benitoíta. Encontrar espécimes que contêm os dois minerais juntos é altamente recomendado para os que trabalham seriamente com pedras para expansão da consciência.

A Benitoíta também combina harmoniosamente com outras pedras. Cristais como Fenacita, Azeztulite, Berilonita, Tremolita, Danburita e Herderita são ideais para a expansão da consciência e viagem fora do corpo. A Safira Azul pode trazer disciplina e estrutura para o desenvolvimento interior facilitado pela Benitoíta. Acrescentar Moldavita aumentará o potencial para a pessoa usar suas habilidades intuitivas para se comunicar com seres extraterrestres.

NAISHA AHSIAN: A Benitoíta é uma das principais pedras de canalização, em razão de sua habilidade de estimular os sentidos mediúnicos e ligar a pessoa com a orientação mais elevada. Ela pode assistir na visão remota e viagem astral e facilitar estados de meditação. A Benitoíta é uma pedra excelente para médicos intuitivos, já que sua habilidade de estimular a visão interior pode ajudar a pessoa na percepção da aura, dos chacras e do modelo etéreo do corpo. Também pode deflagrar proteção psíquica ao estimular a ligação com as fontes mais elevadas de informação e compreensão e ao infundir o campo energético com energias de alta frequência.

Por sua estimulação intensa da visão interior, a Benitoíta é uma pedra excelente para qualquer um que vivencie problemas de visão ou equilíbrio. Pode auxiliar a pessoa a superar o medo de perceber e entender a verdade. Sua energia encoraja o discernimento e o uso correto do julgamento. Ela é uma aliada benéfica para tomar decisões baseadas no conhecimento mais elevado.

A Benitoíta é uma pedra poderosa para acessar informações de culturas antigas e civilizações das estrelas. É útil para auxiliar a pessoa a entender matemática, geometria e outras linguagens numéricas. Ela ajuda o indivíduo a se conectar com sua compreensão inerente das leis do Universo, permitindo que a pessoa adquira maestria sobre a realidade física por meio da compreensão espiritual. Ela é uma "pedra dos milagres", possibilitando se superar com mais facilidade a ilusão da fisicalidade e subjugar as tendências físicas universais.

ESPIRITUAL: Despertar mediúnico, feitura de milagres, viagem no tempo e recuperação de conhecimento de civilizações antigas são todos do reino da energia da Benitoíta. É uma ferramenta avançada para os que encaram com seriedade a superação das limitações da fisicalidade. Ela pode auxiliar alguém a desenvolver a habilidade de ver chacras, auras, padrões de energia e outras frequências de Luz.

EMOCIONAL: A energia da Benitoíta pode ser inebriante, possibilitando que a pessoa se sinta eufórica e ilimitada. Ela ajuda a ver a realidade das possibilidades ilimitadas por trás da ilusão dos limites da realidade.

FÍSICO: A Benitoíta ativa o cérebro e o sistema nervoso. Pode auxiliar a liberar informação estocada dos tecidos conectivos e, por essa razão, é uma companheira valiosa no trabalho corporal ou situações de cura de energia.

AFIRMAÇÃO: Abro-me para a visão interior e percepção mais elevada, para o bem de todos.

BERILONITA

PALAVRAS-CHAVE: Luz na escuridão, propósito divino, alegria.
ELEMENTOS: Tempestade.
CHACRAS: Coração (quarto), Terceiro Olho (sexto), Coroa (sétimo).

A Berilonita é um mineral de fosfato de berílio e sódio com uma dureza de 5,5 a 6. Em geral é incolor ou branco; às vezes, de um amarelo pálido. Seu sistema de cristal é hexagonal (trigonal). Os cristais podem ser prismáticos e em geral têm estrias ao longo do corpo, similares às da Turmalina. A Berilonita é um material relativamente raro. Ocorre no Maine, nos Estados Unidos e também no Brasil, África e Afeganistão.

ROBERT SIMMONS: Todos nós vivemos tempos de escuridão em nossas vidas, sejam eles momentâneos ou prolongados. E, é claro, o único remédio para a escuridão é a Luz. A Berilonita ativa a habilidade da pessoa para perceber e receber a Luz espiritual, mesmo nas circunstâncias mais sombrias e difíceis. É uma pedra para auxiliar a pessoa a gerar esperança e, o mais importante, fé, porque ela ativa o poder do *insight* espiritual, em que se podem ver os padrões do propósito divino em quaisquer acontecimentos que estiverem acontecendo na tela de cinema da vida. Essa Luz pode se manifestar em todos os níveis – como luz visual com os olhos abertos ou fechados, como ânimo emocional, como vitalidade física e experiência visionária. Como Jesus disse: "O Reino do céu está espalhado por toda a Terra, e os homens não o veem". A Berilonita é uma pedra que envia a Luz para penetrar o véu e revelar o modo como o bem maior está se manifestando constantemente, mesmo em meio ao sofrimento.

Carregar, usar ou meditar com a Berilonita pode proporcionar uma sensação de alegria e uma melhoria na atitude diante da vida. A pessoa sente a presença constante do Espírito e percebe todas as pequenas ocasiões para deleite na vida cotidiana. Dormir com Berilonita pode facilitar sonhos realmente prazenteiros, em geral com temas espirituais. Para os que têm uma "nuvem escura" sobre suas cabeças, ela pode ser uma brisa fresca que revela o sol brilhante.

A Berilonita ativa com vigor o chacra do terceiro olho, iniciando experiências visionárias e ajudando a pessoa a desenvolver clarividência. Essa pedra pode auxiliar a ver os bloqueios ou desequilíbrios que seguram a pessoa ou outros da consciência integral e percepção de seu destino espiritual. Ela pode validar a necessidade de a pessoa acreditar em ajuda que está disponível nos planos mais elevados, ao tornar possível que ela "*veja*" seus guias e anjos.

Em nível mais profundo, a Berilonita também energiza os chacras do coração e da coroa e é uma auxiliar poderosa para a expansão da consciência. Ela pulsa em uma frequência muito alta, até mais alta que a Fenacita (com a qual se harmoniza muito bem). De fato, a Berilonita combina em sinergia com Broquita, Fenacita, Azeztulite, Herderita, Petalita, Danburita, Natrolita, Escolecita e Tremolita – todas as pedras dos níveis de vibração mais elevados. Qualquer combinação dessas pedras, escolhidas com intuição, servirá bem para erguer o nível de percepção espiritual da pessoa. Combinar Berilonita

BERILONITA

com Moldavita acelerará seus efeitos e assistirá na atração de experiências sincrônicas que a pessoa necessita para evoluir de acordo com seu modelo divino. A Berilonita também harmoniza com todos os membros da família Berílio, incluindo Água-marinha, Esmeralda, Heliodoro, Goethita e Morganita. A Morganita em particular é uma aliada benéfica para a Berilonita. Ela intensifica a ativação do chacra do coração e ajuda a pessoa a se manter sintonizada com o amor, quaisquer que sejam os altos e baixos de suas experiências de vida.

NAISHA AHSIAN: A Berilonita é a guerreira espiritual dos cristais e gemas. Uma vez que esse termo implica conflito, a Berilonita representa a habilidade de superar escuridão, ódio, medo e outras emoções fundadas nas ilusões do ego ao irradiar incessantemente consciência e Luz – em vez de pelo confronto e polaridade. De fato, essa é uma das grandes lições da Berilonita – a pessoa não pode superar a ilusão da escuridão lutando contra ela. Pode-se apenas transcender essas ilusões pela percepção de que elas não existem e ao manter essa consciência até que a própria ilusão se torne consciência. A Berilonita ajuda a superar as ilusões ao exibir a espada brilhante da consciência espiritual, que é um lembrete para a escuridão de que sua natureza verdadeira é a Luz. A Berilonita é a energia do despertar, da percepção e do banimento da ilusão.

A Berilonita ativa os chacras superiores, incluindo o terceiro olho e a coroa. Essa ativação, entretanto, é para o propósito da expansão da consciência e a prática da consciência sem objeto – não para meras viagens mentais. Essa pedra é um lembrete de que está chegando um tempo em que a ligação com os guias não é mais necessária. Nesse estágio, a pessoa incorpora sua conexão mais elevada com o Espírito e não necessita mais de ajuda dos seres espirituais. Vínculos desse tipo são motivo de comemoração no plano espiritual, uma vez que assinalam a conquista do nível de Avatar ou Mestre. A Berilonita incorpora a ligação com esse nível de consciência.

ESPIRITUAL: A Berilonita age para banir ilusão, escuridão, medo e limitação ao manter a pessoa na luz brilhante da verdade espiritual. Ela auxilia a pessoa a se ligar com a frequência pura do Divino e assumir o papel espiritual mais elevado que alguém pode incorporar em qualquer tempo.

EMOCIONAL: A Berilonita ajuda a eliminar vínculos ao seu desequilíbrio, doença, dramas e infortúnios. Ela encoraja a pessoa a focar somente na Luz e reconhecer a ilusão como a fonte de toda infelicidade e descontentamento.

FÍSICO: A Berilonita funciona para curar a base de doenças ao auxiliar a pessoa a alinhar-se com a verdade da saúde e do bem-estar integrais. Ela ajuda a prevenir a pessoa do investimento do ego em seu desequilíbrio e doenças. Estimula todos os aspectos do corpo físico e sistemas de energia para refletir a Luz pura do Espírito.

AFIRMAÇÃO: Eu vejo e afirmo a manifestação do propósito divino em todos os acontecimentos da vida.

BIXBITA (BERÍLIO VERMELHO)

PALAVRAS-CHAVE: Vitalidade, coragem, amor, autoestima, paixão.
ELEMENTO: Terra.
CHACRAS: Raiz (primeiro), Coração (segundo)

A Bixbita é um membro da família dos berílios, um silicato de berílio alumínio mineral, com uma dureza de 7,5 a 8. Foi descoberta no Colorado, Estados Unidos, nos anos 1980, e provavelmente é o mais raro dos berílios. Sua cor vermelho framboesa vem do manganês. Seu sistema de cristal é hexagonal (trigonal). Forma-se em cristais prismáticos, algumas vezes estriados. Ocasionalmente ela é chamada de "Esmeralda Vermelha" e suas gemas de qualidade superior têm altos preços para joalheria.

ROBERT SIMMONS: A Bixbita estimula coragem, paixão, vitalidade física, força de propósito e uma personalidade dinâmica. Mesmo assim, ela faz essas coisas enquanto ajuda a pessoa a manter-se centrada no coração, compassiva com os outros e consigo, e amorosa em suas ações. Essa pedra mistura com maestria as energias dos chacras do coração e raiz, ajudando a pessoa a extrair força da vida da terra e melhorando os laços emocionais com o mundo e com outras pessoas.

A Bixbita pode ser uma ferramenta muito útil para os que trabalham como curadores. Em disposições de pedras, pode ser colocada no primeiro e no quarto chacras. Ela pode ajudar a revitalizar clientes que estejam fatigados, estressados ou convalescendo depois de uma enfermidade longa. Como ela abre o chacra do coração, as memórias reprimidas de mágoas do passado podem vir à superfície. Essa é uma oportunidade para a pessoa eliminar e limpar tais memórias, liberando a energia usada anteriormente para manter as memórias inconscientes para que o indivíduo use como bem entender.

A Bixbita pode ser uma pedra excelente para a melhoria dos relacionamentos amorosos. De fato, é recomendada como pedra para anel de noivado ou casamento, porque pode levar os corações dos indivíduos a uma harmonia vibracional. Ela ainda melhora a comunicação e compreensão emocional. Em relacionamentos íntimos, ajuda a incitar os fogos da paixão e pode auxiliar a pessoa a encontrar a coragem para assumir compromissos emocionais profundos.

Como uma pedra da coragem, a Bixbita estimula e harmoniza os chacras da raiz e do coração, duas das áreas principais de onde a coragem surge. Fortalece a lealdade e camaradagem, e também a autoconfiança e o assentamento. Ela dissipa medos irracionais e "consciência de vítima", libertando a pessoa para viver com ânimo e vigor.

A Bixbita harmoniza com Rubi, que estimula seus efeitos no chacra da raiz. Ela é excelente com pedras do coração como Morganita, Dioptase, Kunzita, Esmeralda e Rodocrosita. Todas essas trazem energia adicional para a Bixbita dar sustentação à cura emocional e do amor. A Bixbita funciona bem com outros berílios, como Água-marinha e Heliodoro, espalhando a influência positiva para abranger todo o corpo de energia. A Fenacita e a Berilonita são ferramentas poderosas para espiritualizar a força de vida e amor gerados por meio da Bixbita. Ambas estimulam o terceiro olho, intensificando a visão interior e trazendo *insight* para problemas emocionais ou físicos despertados pela Bixbita.

NAISHA AHSIAN: A Bixbita é uma pedra poderosa do elemento Terra para os que manifestaram enfermidades geradas por falta de amor-próprio, ou até com o objetivo de autoataque. A Bixbita pode ajudar a pessoa a sentir-se mais amorosa consigo e com os outros. Estimula a autoestima e encoraja a honrar dons e habilidades. Ela ajuda a aterrar a energia da pessoa no domínio físico e a encoraja a expressar sua energia pela ação ou pelo movimento. Auxilia a dar suporte a atletas e outros que usam seus corpos físicos extensivamente, infundindo o corpo com vitalidade e resistência.

A Bixbita estimula vigorosamente o corpo físico para ação, reparo e cura. É uma aliada excelente para todos os tipos de trabalho de cura, com destaque para cura do fígado, dos órgãos sexuais e da medula óssea. Ela pode ser útil para apoio no tratamento energético de leucemia ou outros tipos de câncer. A Bixbita estimula os órgãos sexuais e pode ajudar em problemas como infertilidade. Auxilia também os que vivenciaram abuso sexual a sentirem-se mais equilibrados e saudáveis com sua expressão sexual. É uma pedra ótima para desequilíbrios sexuais – em especial os que envolvem problemas emocionais.

ESPIRITUAL: A Bixbita ajuda a assentar a energia no corpo físico, fortalecendo todo o campo vibratório, mas estimulando especialmente a Estrela da Terra abaixo das solas dos pés e o primeiro chacra na base da espinha dorsal. Ela estimula a pessoa a agir e a auxilia a se tornar "descolada" quando não consegue ver um caminho para sair de circunstâncias indesejadas.

EMOCIONAL: A Bixbita ajuda a pessoa a sentir um alto grau de autoestima e cuidar melhor de si em todos os níveis. É uma pedra excelente para curar abuso sexual. Ajuda a evitar que a pessoa ataque a si mesma por meio de autossabotagem, automutilação e comportamento autodestrutivo.

FÍSICO: A Bixbita fortalece o fígado, a medula óssea e os órgãos sexuais. Aumenta a vitalidade geral e resistência, apoiando a habilidade do corpo físico de reparar-se.

AFIRMAÇÃO: Eu navego pela vida com coragem, paixão, confiança, alegria e amor.

BRASILIANITA

PALAVRAS-CHAVE: Criatividade, manifestação, limpeza, potencialização da vontade, conexão atlante.
ELEMENTO: Ar, Fogo.
CHACRAS: Sexual/Criativo (segundo), Plexo Solar (terceiro).

A Brasilianita é um fosfato de alumínio e sódio com um sistema de cristal monoclínico e uma dureza de 5,5. Sua cor é amarela ou amarelo-esverdeada e ela forma cristais prismáticos. Algumas vezes, é identificada erroneamente como Ambligonita ou Crisoberilo. Ela é encontrada principalmente nos estados do Espírito Santo e Minas Gerais, Brasil, e também em New Hampshire, nos Estados Unidos.

ROBERT SIMMONS: A Brasilianita transporta a energia vibratória da antiga civilização de Atlântida e é associada com o poder criativo e força da vontade dirigida e focada, que foi instrumental em muitas das realizações extraordinárias dos seres que viveram lá. Se os atlantes existiram realmente no plano material da Terra ou em um domínio de frequências mais elevadas, invisível para a maioria de nós agora, a pedra Brasilianita serve como um condutor para o que poderiam ser chamadas de "as energias atlantes". Essas energias, quando focalizadas pela própria consciência da pessoa, podem auxiliá-la em atos de criatividade e manifestação fantásticos.

Atlântida ficou conhecida nas lendas como uma civilização de tecnologias mediúnicas e espirituais avançadas. Seus habitantes utilizavam com eficácia energias tremendas com a combinação de cristal e consciência. Formas geométricas sagradas de energia permitiam aos atlantes "irradiarem para cima" aos reinos mais elevados. A metamorfose era prática comum. Campos de proteção eram construídos com a energia dos chacras dirigida conscientemente, amplificada por cristais. Com o uso de Brasilianita em exercícios de meditação, a pessoa pode explorar os campos de memória dessas práticas, encontrando aplicativos para uso em sua própria vida.

Claramente, o uso mais óbvio da Brasilianita é para amplificar a potência das sementes criativas da pessoa e dirigi-las à manifestação pelo uso equilibrado da vontade. A vontade é expressa principalmente pelo plexo solar, ou terceiro chacra, e a Brasilianita manifesta as energias do terceiro chacra vigorosamente. A mensagem da Brasilianita é que a pessoa deveria "ir em busca" ou, nas palavras de Goethe, "O que você pode fazer, ou pensa que pode, comece. A ação tem gênio, poder e magia em si". Como sempre, a pessoa é avisada a ser consciente e benevolente ao dirigir o poder profundo da vontade focada. A pessoa precisa apenas olhar para a queda de Atlântida, causada pelo mau uso de seu poder, para ver a importância disso.

As energias da Brasilianita combinam sinergicamente com Labradorita Dourada, Heliodoro, Datolita, Citrino, Escapolita e Apatita Dourada. Todas essas pedras estimulam o plexo solar e melhoram o poder pessoal de manifestação. A Moldavita é particularmente recomendada com a Brasilianita, por causa de seu poder de acelerar o progresso evolucionário da pessoa e seu vínculo com o bem maior de cada indivíduo. Isso pode salvaguardar a pessoa de manifestações negativas não intencionais. Quando

BRASILIANITA

a intenção é manifestar na Terra as visões recebidas nos reinos espirituais mais elevados, a Fenacita é uma aliada excelente para a Brasilianita. Se o desejo da pessoa é equilibrar o poder da Brasilianita dirigido para fora com uma energia mais para dentro, Aqua Lemúria e Jade Lemuriano são ferramentas úteis.

NAISHA AHSIAN: A Brasilianita é estimulante e purificadora tanto no nível físico quanto no energético. Ela pode auxiliar a eliminar raiva ou ressentimento e dizer quando os limites foram cruzados. Pode ajudar a pessoa a ganhar coragem para apresentar suas ideias ao mundo e, portanto, é uma aliada excelente para escritores e artistas. A Brasilianita auxilia a pessoa a sair em campo e compartilhar seus dons e talentos com o mundo. Ela afeta o segundo e terceiro chacras, estimulando a habilidade para agir a partir de suas ideias criativas e movimentar-se em direção à sua visão.

A Brasilianita é excelente para os que desejam superar padrões habituais de vítima ou que tendem em direção a um complexo de mártir. É uma pedra para assumir responsabilidade por si, seus talentos e suas habilidades, aplicando-as por meio da ação direta no mundo.

ESPIRITUAL: A Brasilianita estimula a capacidade criativa e de expressão. Ela pode ajudar a pessoa a sentir-se mais apaixonada com a vida e mais disposta a assumir riscos de manifestar seus sonhos.

EMOCIONAL: A Brasilianita ajuda a pessoa a sentir-se com poder de decisão e a abandonar papéis de vítima ou manipulação dos outros. Ela auxilia a eliminar ressentimento, raiva ou outras emoções baseadas no ego. Ajuda a superar medos do julgamento alheio.

FÍSICO: A Brasilianita influencia beneficamente os rins, o baço e, em grau menor, os órgãos sexuais. Ela estimula o sistema endócrino e a produção de hormônios. Pode ser útil para ajudar o corpo a livrar-se de metais pesados e outras contaminações.

AFIRMAÇÃO: O poder de minha criatividade e vontade aumenta para a manifestação do bem maior.

BROQUITA

PALAVRAS-CHAVE: Despertar e alinhamento dos chacras mais elevados, comunicação interdimensional.
ELEMENTO: Tempestade.
CHACRAS: Terceiro Olho (sexto), Coroa (sétimo), Etéreo (oitavo e além, acima da cabeça).

Broquita é um cristal de óxido de titânio com uma dureza de 5,5 a 6. Seu sistema de cristal é ortorrômbico. Em geral, ele se forma em rochas metamórficas, em especial em gnaisses de xisto. Ocorre, raramente, como uma inclusão no Quartzo e mais comumente como um cristal quadrado cor de carvão de 1,25 centímetro de tamanho. Bons espécimes são encontrados na Inglaterra, nos Alpes franceses e em Arkansas, Estados Unidos. Com maior frequência, sua cor é cinza escuro ou preta, mas também pode ser amarela amarronzada ou marrom avermelhada. Nos Alpes, veios com Broquita também contêm, muitas vezes, Rutilo, Anatase e Albita.

ROBERT SIMMONS: A Broquita é uma das pedras principais para a expansão da consciência além do corpo físico. É um ativador poderoso do sexto e sétimo chacras e dos chacras etéreos acima da cabeça. Ela pode alinhar todos os chacras superiores com o restante do corpo de energia da pessoa, permitindo-lhe explorar os reinos sutis com uma percepção altamente sensitiva e estável.

    Quando usada no terceiro olho em meditação, a Broquita pode produzir uma vibração rítmica, pulsante, que se movimenta da frente da testa para o interior da cabeça e para cima através da coroa. A pessoa pode sentir os olhos físicos cruzarem e se voltarem em direção ao terceiro olho (o alvo desejado em alguns tipos de meditação), criando um fluxo de energia triangular que parece se mover para cima e para fora do chacra coroa. Ao permitir que o processo continue, pode-se expandir para a consciência dos vários níveis dos corpos etéreo, astral e causal. Em geral, a pessoa sentirá a presença benevolente dos espíritos guias e anjos encorajando e auxiliando esse processo de expansão. Ao remover as pedras do terceiro olho, pode-se sentir um lento "recolhimento" das energias enquanto elas voltam ao estado normal. Embora tal normalidade ainda retenha a ligação que foi estabelecida com os domínios mais elevados.

    A Broquita capacita a pessoa a alcançar um estado expandido em que pode se comunicar e comungar com seres dos níveis de vibração mais elevados. Ela ensina à pessoa a natureza dos níveis mais elevados de vibração de consciência. Ela pode ajudar a pessoa a obter a "perspectiva cósmica" que lhe permite ver até as situações desagradáveis como benéficas para o crescimento. Ela é inspiradora e energizante, auxiliando a pessoa a superar antigos padrões e ir em frente para um desenvolvimento interior maior.

    A Broquita combinará bem com outras pedras de vibração elevada como Fenacita, Azeztulite, Danburita, Herderita, Serafinita, Natrolita, Escolecita, Tectito Tibetano, Quartzo Satyaloka, Petalita, Tanzanita, Calcita Celestial e Moldavita. Se a pessoa sentir necessidade de aterrar as energias da Broquita mais profundamente no corpo, a Zincita ou a Turmalina Negra são recomendadas.

BROQUITA

A Broquita pode ser montada harmoniosamente em joalheria com qualquer das pedras mencionadas, além de Sugilita ou Charoíta quando um elemento de proteção psíquica for desejado. Para os que se sentem superestimulados pelas vibrações altas da Broquita, combiná-la com pedras com alta dosagem de lítio, tais como Lepidolita Lilás e Ambligonita, pode acalmar o indivíduo sem que ele perca o acesso aos reinos mais elevados.

NAISHA AHSIAN: A Broquita é um ativador poderoso dos chacras superiores, em especial o do terceiro olho, coroa e etéreo. Ela tem uma habilidade especial para ligar a pessoa com a consciência do espaço e com seres que vêm de outras regiões do espaço ou de outras dimensões. A Broquita age como um facilitador, permitindo à pessoa que se ligue com ETs e seres interdimensionais e estabeleça comunicação com outras formas de vida e consciência no Universo.

A Broquita melhora muito a prática da meditação e facilita o acesso a estados interiores de comunhão com a criação. Ela também ativa a coluna de chacras ou canal da kundalini que sobe pela espinha. É excelente para aqueles que desejam fazer uma ponte no vão entre os reinos físico e espiritual. Ela habilita a pessoa a acessar tanto os espíritos da Natureza do plano físico como os guias etéreos dos reinos espirituais. A Broquita é uma pedra importante no processo de ascensão em razão de sua habilidade de aterrar energias de Luz de alta frequência para o corpo e o plano físico.

ESPIRITUAL: A Broquita é uma pedra de ascensão, ajudando a pessoa a incrementar a frequência vibratória do corpo físico. Ela melhora a comunicação psíquica e ligação a seres extraterrestres. Permite à pessoa conceber realidades que não sejam baseadas na consciência humana, e promove mente aberta e tolerância com os pontos de vista dos outros.

EMOCIONAL: A Broquita ajuda a pessoa a sentir-se presente em seu corpo como um ser espiritual. Ela pode ajudar a pessoa a sentir-se menos desesperada por mudança e crescimento, encorajando-a a focar no agora em vez de lutar por uma realidade futura efêmera. Ela encoraja a pessoa a viver seus ideais espirituais.

FÍSICO: A Broquita ajuda a pessoa a assimilar minerais, melhorando a assimilação de vitaminas e nutrientes do alimento. Ela auxilia no processamento pelo corpo de energia eletromagnética (Luz) e encoraja adaptações saudáveis para a energia de Luz em nível celular.

AFIRMAÇÃO: Abro e expando minha percepção para comunicação e comunhão com meu Eu Superior, meus espíritos guias e a comunidade de seres que amam e servem a Luz.

BUSTAMITA

PALAVRAS-CHAVE: Jovialidade, vitalidade, sexualidade, criatividade, sonhos, iniciação.
ELEMENTO: Fogo.
CHACRAS: Raiz (primeiro), Sexual/Criativo (segundo).

A Bustamita é um silicato mineral de cálcio e manganês com uma dureza de 6. Seu sistema de cristal é triclínico. Sua cor varia de vermelho claro a vermelho amarronzado. É encontrada tipicamente em depósitos minerais ricos em manganês e sua ocorrência mais conhecida é nos Estados Unidos, na Frankling and Sterling Hill, New Jersey. Uma descoberta mais recente de Bustamita aconteceu na África do Sul.

ROBERT SIMMONS: A Bustamita limpa e abre o chacra da raiz, concedendo grande vitalidade e alegria na vida física. Ela é uma daquelas pedras que nos lembram de apreciar as maravilhas de simplesmente viver como um animal humano em um planeta rico e com diversidade de vida.

Usar ou meditar com Bustamita ativa a habilidade de dissolver as barreiras artificiais entre o eu e o restante do Universo vivo. Ela permite que a pessoa *veja* o entrelaçamento estonteante de todas as coisas e a participar jovialmente como um aspecto consciente de tudo o que é.

A Bustamita, como consequência de sua vibração alegre e criativa, estimula a criatividade e a energia sexual. Carregar ou usar uma peça de Bustamita durante o trabalho criativo ou diversão pode trazer grande inspiração e fertilidade para os empreendimentos. O mesmo pode também acontecer quando a intimidade sexual está em pauta. Manter uma peça de Bustamita na mesa, em cada lado da cama, pode trazer experiências memoráveis e também aumentar a vivacidade dos sonhos.

Em um nível mais estritamente espiritual, a Bustamita pode auxiliar a pessoa a fazer progresso em meditação, facilitando experiências de iniciação aos planos mais elevados. Guias espirituais e seres angelicais parecem gostar dessa energia, e é mais fácil para a pessoa fazer contato com eles quando usa essas pedras.

A Bustamita combina bem com Rodocrosita para trabalho de cura da criança interior. Uma vez que encoraja a valorização da diversão, ela apresenta memórias reprimidas – de luto, mágoas, medo, ou até tempos felizes que escorregaram para fora da consciência. Essas duas pedras são ideais para trabalho meditativo ou de hipnoterapia, em que o cliente é encorajado a apresentar memórias perdidas, como um aspecto de limpeza e renovação espiritual e emocional.

Outra pedra que funciona bem com Bustamita é Estrombolita, que estimula o humor, brincadeira e leveza. Pode-se combinar Lápis-lazúli e Rodonita com Bustamita, para revelar talentos escondidos ou esquecidos e dons criativos. Para trazer as ideias criativas à manifestação, a Bustamita pode ser usada com Brasilianita, Heliodoro, Labradorita Dourada ou Fenacita. Se a pessoa precisa de proteção psíquica para sentir-se segura enquanto relembra material traumático da infância ou de vidas passadas, a Bustamita pode ser usada com Turmalina Negra, Azeviche, Quartzo Fumê ou Obsidiana.

BUSTAMITA

Às vezes a Bustamita ocorre naturalmente associada à Zincita, como nos espécimes de New Jersey. Essa é uma combinação natural muito afortunada, já que ambas as pedras estimulam vigorosamente a criatividade, a sexualidade e a capacidade de brincar. Se a pessoa for afortunada o bastante para encontrar um espécime como esse, ela pode ser uma ajuda poderosa para sua alegria de viver.

NAISHA AHSIAN: A Bustamita é uma pedra de diversão jovial e pode auxiliar a pessoa a lembrar-se do divertimento que pode estar presente em todos os aspectos da vida. A energia dessa pedra ajuda a pessoa a "iluminar" e abandonar regras autoimpostas muito restritivas. É uma pedra excelente para religar com a criança interior. Ela ajuda a pessoa a alinhar-se com sua habilidade de brincar e criar com liberdade.

A energia da Bustamita é estimulante para capacidade criativa e expressão artística. Ela concede que a pessoa se religue com a força criativa do Universo, tornando-a uma pedra excelente para o trabalho de manifestação. Ajuda a encorajar ação rumo aos sonhos e dissipa sensações de imobilidade quando a pessoa é colocada diante de tarefas desencorajadoras. Pode ajudar na superação de adiamentos ou evitar ações necessárias.

ESPIRITUAL: A Bustamita liga a pessoa com a energia da criação que preenche e permeia o Universo. Ela ajuda a pessoa a cocriar com o Divino e trazer suas ideias e projetos à fruição. É uma aliada valiosa para trabalhar com a criança interior, em especial quando a pessoa precisa se lembrar de como brincar e expressar-se espontaneamente.

EMOCIONAL: A Bustamita ajuda a pessoa a sentir-se menos constrita por regras sociais, julgamento dos outros ou autocondenação. Ela estimula a habilidade de expressar as ideias, pensamentos e energia com jovialidade. Ajuda a pessoa a sentir-se otimista e encarar desafios com uma atitude "eu posso fazer".

FÍSICA: A Bustamita estimula o sistema endócrino, o sistema digestivo e os órgãos sexuais.

AFIRMAÇÃO: Eu aceito com alegria meus eus físico e espiritual, conhecendo-os como um e o mesmo.

CACOXENITA

PALAVRAS-CHAVE: Alinhamento com o plano divino, limpeza e purificação espiritual, regeneração do corpo.
ELEMENTO: Ar.
CHACRAS: Plexo Solar (terceiro), Terceiro Olho (sexto), Coroa (sétimo).

A Cacoxenita é uma inclusão dourada, amarelada ou amarronzada encontrada de vez em quando no Quartzo ou na Ametista. Ela se forma no interior desses cristais em linhas frisantes ou faixas que podem ser confundidas com Rutilo. Alguns dos espécimes de Cacoxenita/Ametista mais requintados foram encontrados no Arizona, Estados Unidos, mas bons espécimes também vêm do Brasil.

ROBERT SIMMONS: A Cacoxenita, principalmente os espécimes encontrados no interior de Ametistas, são pedras com o poder de auxiliar na evolução espiritual e na elevação da vibração do eu físico da pessoa. A reprogramação das células para que continuamente se renovem e resistam ao processo de envelhecimento, bem como a ativação das "novas" fitas da espiral genética são duas aplicações para as quais a Cacoxenita é bem adequada. Esses processos podem ser iniciados conscientemente com meditação e trabalho de sonhos, mas também podem acontecer de modo inconsciente simplesmente ao usar ou carregar a pedra Cacoxenita.

Aliada a Fenacita, Danburita, Azeztulite, Escolecita, Natrolita ou Herderita, ou uma combinação dessas pedras, a Cacoxenita pode ativar vigorosamente os chacras do terceiro olho e da coroa, para experiência visionária interior e comunicação interdimensional e ligação com o Espírito. Unindo a Cacoxenita com a Broquita, ou adicionando Broquita em uma combinação de Cacoxenita e uma ou mais das pedras dos chacras superiores mencionadas anteriormente, abrir-se-ão os chacras transpessoais acima da cabeça e se facilitará a viagem consciente além do corpo físico. A Moldavita e a Cacoxenita formam o par mais forte para elevar as vibrações celulares e acelerar o caminho evolucionário da pessoa. Combinar Ametista facetada com uma fatia polida de Cacoxenita em Ametista trará intensidade e foco para a abertura do chacra da coroa e a provisão de proteção psíquica. Em disposições no corpo e uso diário, a Cacoxenita oferece atração e aterramento da Luz espiritual mais elevada. Se a pessoa deseja utilizar Cacoxenita como um suplemento para cura e/ou regeneração do corpo, a Sugilita e a Serafinita ajudarão nesse processo.

NAISHA AHSIAN: A Cacoxenita em Quartzo promove a expansão dos chacras da coroa e do terceiro olho. Essa expansão da consciência ajuda na cura da ruptura percebida entre os reinos físico e espiritual. A energia dessa pedra ajuda a lembrar a pessoa de sua habilidade de abrir-se para o Espírito, quando existe um desejo ou necessidade de ligação. Sua vibração ajuda a alinhar o terceiro chacra com o Divino. Isso é útil para os que experimentam reviravoltas emocionais ou os que sentem uma luta entre o ego e o plano divino.

CACOXENITA

Ao abrir a ligação com o Espírito e em seguida alinhar sua vontade com o plano divino, a Cacoxenita habilita a pessoa a limpar os sistemas de energia de qualquer vínculo negativo que a impeça de ir adiante em seu caminho. As "cordas" emocionais ligando a pessoa a relacionamentos obsoletos podem ser dissolvidas na Luz do Espírito, que é assentada no plano terrestre pela Cacoxenita. Alternativamente, se a pessoa busca uma ligação emocional forte com outra pessoa, a Cacoxenita fortalecerá esses laços, caso elas estejam alinhadas com a energia do Divino.

Colocar a Cacoxenita no terceiro olho ou no plexo solar pode iniciar um fluxo de energia de promoção da percepção e compreensão de problemas emocionais na vida da pessoa. Esses problemas, então, podem ser integrados e curados usando a luz violeta calmante emanada pela Cacoxenita em Quartzo.

A Cacoxenita pode habilitar a pessoa a se ligar com maior facilidade com seus guias ou espíritos guardiões. Quando usada em meditação, ela facilita a ligação com as inteligências mais elevadas e pode ser utilizada por canalizadores para melhorar a ligação consciente e o alinhamento com seres mais elevados.

ESPIRITUAL: A Cacoxenita auxilia a pessoa a alinhar sua vontade pessoal com a vontade divina. Ela limpa e fortalece a ligação com os reinos espirituais, tornando mais fácil para a pessoa compreender a vontade do Divino e receber orientação sobre a manifestação dessa vontade no plano terrestre.

EMOCIONAL: A Cacoxenita fomenta um sentido de rendição ao Divino e ajuda a manter as rebeliões do ego a distância. Ela pode auxiliar na compreensão da base emocional das criações da vida e ajuda a pessoa a sentir-se autorizada a alinhar sua vida mais estreitamente com sua visão espiritual.

FÍSICO: A Cacoxenita é útil para todos os tipos de problemas estomacais, digestivos e de assimilação de nutrientes. É de grande apoio para a suprarrenal e a tireoide.

AFIRMAÇÃO: Eu me limpo dos vínculos negativos e trago a Luz espiritual mais elevada para todos os níveis de meu ser.

CALCEDÔNIA

A Calcedônia é um dióxido mineral de silício composto de grãos de Quartzo submicroscópicos, coloridos e algumas vezes ornamentado por outros pigmentos minerais. Sua dureza é 7. A Calcedônia difere do Jaspe porque nela o Quartzo é arranjado em camadas fibrosas diferentes dos grãos como de açúcar encontrados no Jaspe. Embora as fibras na Calcedônia sejam paralelas e perpendiculares à superfície, microscopicamente ela exibe uma estalactite radiada, com aparência de uva ou forma de rins. Os depósitos de Calcedônia estão distribuídos por toda a Terra, em especial na Índia, Brasil, Madagascar e Turquia. As Calcedônias variam amplamente em cor, padrão, localização de origem e nomes. Mencionaremos aqui duas das variedades mais populares, a Calcedônia Azul e a Calcedônia Roxa. (Veja também Crisoprásio, Cornalina e Pedra do Sangue.)

O nome Calcedônia pode ser derivado da cidade portuária grega de Calcedônia. Variedades de Calcedônia foram trabalhadas em joalheria e esculturas pelas civilizações antigas no Egito, na Grécia e em Roma. Como gemas da Antiguidade, acreditava-se que elas imbuíssem seus possuidores com vários benefícios.

CALCEDÔNIA AZUL

PALAVRAS-CHAVE: Equilíbrio calmo, centralidade, conhecimento interior, comunicação.
ELEMENTO: Água.
CHACRAS: Garganta (quinto), Terceiro olho (sexto).

ROBERT SIMMONS: Quando existe a necessidade de suavidade no campo áurico, em épocas em que o estresse monta e o centro da pessoa começa a balançar, a Calcedônia Azul pode restaurar a calma e o equilíbrio. Essa pedra usa a capacidade do Quartzo, seu elemento constitutivo principal, de amplificar a energia para canalizar suas vibrações serenas de um modo que acalma todo o ser da pessoa, da mente consciente à criança interior, e todo o caminho até o eu animal.

Por ser uma representante vigorosa do raio azul, associado com os chacras da garganta e do terceiro olho, a Calcedônia Azul afeta a mente em muitos níveis. Ela estimula a telepatia e todos os tipos de comunicações com os reinos invisíveis. Ela ajuda a pessoa a falar coisas que estão abaixo de sua percepção consciente normal e, portanto, é uma pedra boa para os que estão em terapia e uma ferramenta excelente para os engajados no aconselhamento dos outros. Por ela se ligar ao subconsciente, a Calcedônia Azul também pode auxiliar na recordação de vidas passadas, e sua orientação para a cura interior significa que as memórias recuperadas com a Calcedônia Azul serão as mais relevantes para o que é necessário ao progresso e crescimento da pessoa.

CALCEDÔNIA

A Calcedônia Azul se harmoniza com Calcedônia Roxa, Crisoprásio, Opala Azul Owyhee, Opala do Oregon, Alexandrita, Petalita, Lápis e Ajoíta. Em especial a Ajoíta e a Opala Azul Owyhee auxiliam na estimulação do chacra da garganta, o Crisoprásio aproxima o coração e o Lápis estimula os poderes da mente. A Alexandrita e a Opala do Oregon abrem a pessoa às recordações de vidas passadas, possibilitando à Calcedônia Azul auxiliar a pessoa a articular a sabedoria recobrada. Com a Moldavita e o Tectito Tibetano, a Calcedônia Azul emprega uma energia mais dinâmica de transformação por meio do trabalho interior.

NAISHA AHSIAN: A Calcedônia Azul toca o campo de energia como o azul relaxante de um lago gelado na montanha. Sua frequência é calmante e centradora e ajuda a apaziguar o corpo emocional. A Calcedônia Azul é excelente para os que tendem a se preocupar, já que ajuda a pessoa a centrar no presente em vez de habitualmente se projetar em um futuro imaginário.

A Calcedônia Azul ativa os chacras da garganta e do terceiro olho, auxiliando a pessoa a falar com facilidade sobre seu conhecimento e orientação mais profundos. É uma pedra poderosa para a comunicação com o Espírito e pode ser usada para encorajar a fala em línguas desconhecidas ou na linguagem da Luz. Ela auxilia a pessoa a ser mais positiva, consciente e clara em suas comunicações. A Calcedônia Azul é excelente para cantores ou outros que possam forçar seu aparelho vocal por excesso de uso.

A frequência da Calcedônia Azul é sentida como um cubo de gelo interior profundo em inflamações ou ferimentos no campo de energia. Ela pode ajudar a prevenir vazamentos energéticos e reparar buracos na aura. Auxilia a pessoa a eliminar padrões de raiva profundos do campo energético. Ela é útil para aliviar sentimentos de desespero, pânico e ansiedade.

ESPIRITUAL: Essa aliada ajuda com a comunicação divina, fala e trabalho de canalização. Ela auxilia a reparar o campo energético e a selar vazamentos ou buracos.

EMOCIONAL: Para os que vivenciam surtos frequentes de raiva irracional, medo, pânico ou ansiedade, a Calcedônia Azul pode auxiliar a acalmar esses padrões emocionais e dissolvê-los no campo de energia. Para os que tendem a falar antes de considerar o impacto de suas palavras, essa aliada ajuda a pessoa a tornar-se mais consciente de suas palavras e do tom de voz.

FÍSICO: A Calcedônia Azul é uma pedra boa e abençoada para o chacra da garganta e para a saúde da garganta física. Ela pode ajudar a fortalecer o aparato vocal da pessoa e a prevenir ou curar cansaço vocal. É uma escolha excelente para aliviar gargantas irritadas e infecções na garganta.

AFIRMAÇÃO: Eu estou em paz comigo e com meu mundo, e minha percepção de tudo o que sou está sempre aumentando.

CALCEDÔNIA ROXA

PALAVRAS-CHAVE: Despertar de habilidades psíquicas, limpeza na aura, purificação, união com o Eu Superior.
ELEMENTO: Ar.
CHACRAS: Terceiro Olho (sexto), Coroa (sétimo).

ROBERT SIMMONS: As energias psíquicas tocadas suavemente pela Calcedônia Azul são totalmente ativadas com a sintonização com a Calcedônia Roxa. As capacidades dormentes da pessoa para a clarividência, clariaudiência e clarisciência, psicometria, canalização, presciência e profecia podem todas ser ativadas pelo trabalho intensivo com essa pedra. O acesso aos registros akáshicos e conhecimento passado de antigas civilizações também está entre os reinos que a pessoa pode adentrar com as chaves de vibração interior fornecidas pela Calcedônia Roxa.

A Calcedônia Roxa é uma pedra pura do raio violeta. Isso a torna uma influência poderosa para a purificação e limpeza do campo áurico e como provedora de proteção psíquica. Os vínculos negativos desta vida, ou até de muitas vidas passadas, podem ser cortados ao trazer à tona as energias purificadoras dessa pedra. A Calcedônia Roxa tem uma forte associação com as energias de St. Germain e com o que é conhecido como presença mágica – o entrelaçamento da identidade cotidiana da pessoa com o Eu Superior por meio de um raio de luz violeta, do chacra da coroa para cima onde o Eu Superior está centralizado, no ápice do centro de energia da pessoa.

O raio violeta (ou chama violeta) irradiado pela Calcedônia Roxa também é útil para os que desejam atrair seu gêmeo espiritual ou alma gêmea. Quando a pessoa é purificada interiormente pela chama violeta, seu verdadeiro eu começa a brilhar com mais clareza, dissipando os véus de falsas camadas de seu "eu" doutrinado. Quando isso acontece, os padrões vibratórios puros podem atrair o padrão ressonante de sua alma gêmea, de um modo que pode ser ao mesmo tempo rápido e impressionante.

Carregar ou usar uma Calcedônia Roxa servirá para incorporar seus padrões de energia dentro do padrão da pessoa, mas resultados mais rápidos são encontrados com meditações e sonhos.

A Calcedônia Roxa harmoniza com Moldavita, Calcedônia Azul, Ametista, Sugilita, Charoíta, Fenacita, Lepidolita Lilás e Lítio Sílica Gel. Ametista, Sugilita, Lítio Sílica Gel e Charoíta são todas pedras do raio violeta, e elas ajudam a fortalecer essa ligação. A Fenacita auxilia na estimulação da capacidade de clarividência, enquanto a Moldavita acelera o processo de transformação do eu inferior. Para os que não estão com os chacras inferiores totalmente ativos, acrescentar Cornalina ou Zincita será muito útil. A Labradorita Dourada ajuda a pessoa a dirigir os poderes despertados pela Calcedônia Roxa por meio da vontade evoluída, para o bem maior.

NAISHA AHSIAN: A Calcedônia Roxa age como um estimulador e protetor psíquico, e também como uma convocadora de visões e sonhos. Tanto a Calcedônia Roxa quanto a Calcedônia Azul ativam o chacra do terceiro olho, mas as frequências da Calcedônia Roxa acessam os níveis mais profundos do subconsciente, trazendo bloqueios escondidos há muito, memórias e padrões para a consciência. É uma pedra poderosa para viagens conscientes pelo estado de sonho. Ela é uma aliada excelente para a limpeza e o equilíbrio do chacra do terceiro olho. Pode ser útil, para médiuns ou outros, colocar essa pedra no terceiro olho para quebrar a ligação com alguém com quem eles se sintonizaram.

A frequência da Calcedônia Roxa ajuda os que se sentem bombardeados por informação mediúnica "negativa" que eles captam de pessoas ou do ambiente. Por causa de suas qualidades calmantes e protetoras, é excelente para os que sentem ser excessivamente sensíveis à energia, e ela pode auxiliar esses indivíduos a ganharem mais controle e discernimento em sua percepção psíquica.

A Calcedônia Roxa pode ajudar as crianças a sentirem-se seguras com suas habilidades intuitivas e mediúnicas. Ajuda-as a aprender a regular sua receptividade e sentir-se mais protegidas no nível energético.

ESPIRITUAL: A Calcedônia Roxa oferece tanto o despertar mediúnico como a proteção psíquica. Ela estimula o estado de sonho e pode ajudar com trabalho de sonho lúcido. Permite que a pessoa permaneça centrada positivamente enquanto recebe informação intuitiva ou energética de fontes exteriores; ela evita que a pessoa seja deslocada do centro pela negatividade que possa encontrar em um nível mediúnico.

EMOCIONAL: A Calcedônia Roxa é menos ativa no corpo emocional do que a Calcedônia Azul, mas ela oferece um sentido de proteção emocional da negatividade e ajuda a pessoa a sentir-se mais ligada à sua fonte mais elevada. É especialmente útil para auxiliar as crianças a entrar em acordo com suas habilidades mediúnicas e protegê-las de energias negativas.

FÍSICO: A Calcedônia Roxa ajuda a pessoa a alcançar os padrões de ondas cerebrais meditativos Teta e Delta enquanto permanece consciente. É excelente para os que tendem a cair no sono durante a meditação. Ela pode ser usada para ajudar a equilibrar os efeitos da narcolepsia e outras desordens do sono.

AFIRMAÇÃO: Eu sou desperto para minha identidade integral – eu aceito essa expansão e rendo-me à vontade de meu Eu Superior.

CALCITA

A Calcita é um carbonato de cálcio mineral com uma dureza de 3. Calcitas estão entre os cristais mais variados e abundantes e ocorrem em uma variedade ampla de formas e cores. A estrutura molecular desses cristais é romboédrica, mas espécimes podem surgir como escalenoédricos, romboédricos, prismas, massas compactas, estalactites, etc. A Calcita forma a maioria dos mármores e pedras calcárias. Os cristais de Calcita são encontrados em todos os continentes. Grandes depósitos de Calcita colorida estão no México e algumas das formas mais desejadas, como as Calcitas Raio Estelar, são encontradas nos Estados Unidos. A seguir, discutiremos os tipos principais de Calcita que são importantes para uso metafísico.

ROBERT SIMMONS: Se você puder trabalhar com apenas um tipo de cristal para todas as energias de cura e espirituais, a Calcita será uma escolha tentadora. A variedade de cores e vibrações emanadas pelas diferentes espécies de Calcita é rica, e praticamente todas as Calcitas fazem seu trabalho com suavidade. A Calcita é uma influência purificadora, revigorante e revitalizante. Ela abre bloqueios e ativa os sistemas de energia. Pode trazer a sensação de ver o mundo com outros olhos, capacitando a pessoa a ver a alegria inerente em todos os aspectos da vida.

NAISHA AHSIAN: Todas as formas de Calcita são excelentes para a remoção de bloqueios e auxiliar a pessoa a movimentar-se além dos padrões passados. Elas estimulam o elemento Fogo e auxiliam no movimento de energia pelos chacras e meridianos. Cada forma de Calcita, contudo, dirige-se a áreas específicas do corpo e sistemas de energia.

CALCITA AZUL

PALAVRAS-CHAVE: Habilidade mediúnica, viagem astral, acalmar o corpo emocional.
ELEMENTOS: Fogo, Ar.
CHACRAS: Garganta (quinto), Terceiro Olho (sexto).

A Calcita Azul pode ocorrer em forma compacta ou romboédrica. É encontrada com abundância no México; espécimes azuis com as cores mais escuras foram descobertos na África do Sul.

ROBERT SIMMONS: A Calcita Azul é uma das pedras mais relaxantes para o corpo emocional. Ela suaviza o impacto dos estímulos psíquicos, permitindo aos energeticamente sensíveis que relaxem, protegidos do bombardeamento dos pensamentos e energias emocionais de outras pessoas. Ela fornece um "casulo" de Luz espiritual azul suave que gradualmente se envolve em torno do campo áurico daqueles que a seguram ou carregam.

Esse campo possibilita à pessoa que flutue com suavidade para fora do corpo, seja em estados de sonho ou no domínio da viagem astral. Se a pessoa estiver interessada em fazer viagens astrais, a Calcita Azul também é útil para jogar para fora energias negativas ou desagradáveis.

Para os engajados em trabalho criativo, a Calcita Azul estimula o acesso à inspiração. Ela abre a estrada interior para a exploração consciente dos reinos inconscientes, de onde brotam muitas das ideias mais criativas. A Calcita Azul também estimula a vida onírica, tanto no que diz respeito à nitidez e ao conteúdo simbólico dos sonhos como à habilidade de recordar e integrá-los. A estimulação do chacra da garganta pela Calcita Azul capacita a pessoa a expressar melhor os *insights* recebidos das explorações interiores em palavras, música ou arte.

Acrescentar Moldavita melhorará mais a qualidade de proteção da Calcita Azul. Se a pessoa desejar enfatizar a expansão e o movimento da consciência além do corpo, combinar Herderita e/ou Broquita com a Calcita Azul irá melhorar muito esse efeito. Fomentar a estimulação do chacra da garganta pode ser conseguido pela combinação de Calcita Azul com Água-marinha, Opala Azul Owyhee, Calcedônia ou Ágata Blue Lace.

NAISHA AHSIAN: A Calcita Azul ajuda a remover bloqueios no terceiro olho e estimula as atividades intuitivas e capacidades mediúnicas. Pode ajudar no desenvolvimento da visão interior e clarividência. Ela pode auxiliar a pessoa a ser mais sensível às ideias dos outros e melhorar a telepatia e a comunicação mediúnica cobrindo longas distâncias. A Calcita Azul é uma pedra da inspiração. Ela pode facilitar a experiência do *insight* se a pessoa estiver lutando para uma solução de um dilema.

A Calcita Azul é uma pedra excelente para os que são fatalistas e "simplesmente não veem" como suas escolhas e ações pessoais contribuem para sua realidade. Ela ajuda a pessoa a compreender como suas palavras e pensamentos causam impacto em sua realidade – mesmo quando esses pensamentos e palavras não são falados. Ela pode auxiliar a pessoa a refocalizar a mente em pensamentos e ideias positivas e é uma pedra muito boa para apoiar trabalho com afirmação.

A Calcita Azul pode ser usada para limpar o chacra da garganta – em especial quando a pessoa hesita em compartilhar seu conhecimento ou informação espiritual com outras. Ela facilita o fluxo de ideias e pode ser útil na superação de bloqueios de escritores ou artistas.

ESPIRITUAL: A Calcita Azul promove a visão interior, clarividência e telepatia. Pode ajudar a refocalizar a mente em pensamentos positivos e melhora a eficácia de afirmações. Ela pode auxiliar a pessoa a religar-se com a musa, uma vez que facilita a expressão de pensamentos e ideias criativas.

EMOCIONAL: Essa aliada concede que a pessoa supere a sensação de fatalismo e assuma maior responsabilidade pela criação de sua realidade. Em geral, ela é calmante para as emoções e pode ajudar a pessoa a eliminar o estresse e ser mais otimista e com mais autonomia em sua visão de mundo.

FÍSICO: A Calcita Azul pode ser útil na limpeza de congestão nos pulmões e no sistema respiratório. É uma pedra boa para enfisema, estimulando os pulmões para maior expansão e utilização do oxigênio. A Calcita Azul também é útil para dores de cabeça e é uma pedra excelente para uso no tratamento de catarata e outras doenças não inflamatórias dos olhos.

AFIRMAÇÃO: Minha percepção intuitiva está sempre aumentando, minhas emoções estão calmas e serenas e eu expresso minha visão interior com verdade e clareza.

CALCITA CLARA (ESPATO DA ISLÂNDIA)

PALAVRAS-CHAVE: *Insight*, clareza, manifestação, perdão.
ELEMENTO: Fogo, Ar.
CHACRAS: Todos.

A Calcita Clara (Espato de Islândia) é uma variedade incolor, transparente, também conhecida como Calcita ótica. Com mais frequência ela é um cristal romboédrico. Foi descoberta originalmente na Islândia, mas pode ser encontrada também no México e outras localidades. A Calcita Clara é duplamente refrativa, portanto, objetos vistos através dela parecerão estar em dois lugares ao mesmo tempo.

ROBERT SIMMONS: A Calcita Clara é a mais próxima do Quartzo Claro. Ambas as pedras podem ser programadas para amplificar os efeitos da intenção da pessoa, ajudando a trazer esse objetivo para o mundo físico. Além disso, essa pedra é excelente para os que precisam de uma "atitude de ajustamento". Ela ajuda a pessoa a ver com clareza as raízes de seus problemas que causam sintomas de raiva, ressentimento, in*veja* e/ou arrogância, especialmente se acompanhados por ataques de raiva. Com tais *insights*, pode-se com facilidade perdoar a si e aos outros por ações passadas e buscar o bem maior. A natureza duplamente refrativa da natureza da Calcita Clara também concede aos que a usam em meditação que atinjam percepção em múltiplos níveis, o que permite à pessoa manter ideias paradoxais ou contraditórias na mente sem tomar partido de um lado ou outro. Esse atributo é especialmente útil, uma vez que parece que a realidade é paradoxal em sua essência e os que desejam compreendê-la devem aceitar o paradoxo.

Todos os tipos de Calcita funcionam bem uma com a outra, mas a Calcita Clara também harmoniza com a Moldavita, Fenacita, Azeztulite, Escolecita e Danburita. Pode-se usar a Calcita em conjunção com uma varinha *laser* de Quartzo para ativar chacras e meridianos dormentes ou bloqueados. Em meditação ou trabalho de sonho, a Calcita Clara pode tornar as visões mais detalhadas e vívidas.

NAISHA AHSIAN: A Calcita Clara ótica auxilia a pessoa a perceber em que as limitações autoimpostas a impedem de ir adiante com sua vida. Ela auxilia a sair fora de seu caminho e eliminar resistências à vontade divina. Sua energia tem relação tanto com o elemento Fogo quanto com o Ar. Quando essas duas forças elementais são estimuladas juntas, elas trazem uma energia física e mental, clareza e foco e uma experiência do "fogo" espiritual. A Calcita Clara ajuda a pessoa a convidar o Espírito para sua vida e eliminar resistências à mudança trazida pela rendição. Ajuda a pessoa a reconhecer onde está amarrada a motivações egoístas ou baseadas em motivações do ego, e substituir essas motivações com desejos mais alinhados com o Espírito.

A Calcita Clara ajuda a remover bloqueios energéticos que impedem a ligação espiritual. Ela auxilia a trazer clareza e compreensão para as lições por trás das situações de vida atuais. Quando colocada nos chacras ou meridianos de energia, a Calcita Clara pode dissolver constrições, estagnação, densidades ou outras energias bloqueadas, restaurando o fluxo adequado. É excelente para o terceiro olho por ajudar a abrir essa energia e promover a visão psíquica. Ela pode ajudar os que têm dificuldades em ver auras a começarem a perceber as cores e luzes radiantes em volta dos outros.

A Calcita Clara ajuda a pessoa a eliminar vínculos com o passado, encorajando-a a começar de novo com uma lousa limpa. Pode ajudar a pessoa a perdoar a si e aos outros de equívocos do passado. A Calcita Clara instila nova esperança e entusiasmo por todas as experiências da vida.

ESPIRITUAL: A Calcita Clara ajuda a limpar bloqueios energéticos, estimula o terceiro olho e auxilia na libertação do passado. Ela pode fornecer clareza sobre o caminho correto para tomar em direção à nova realidade. Pode ajudar a ver possibilidades de renovação, crescimento e criação que antes estavam ocultas.

EMOCIONAL: Essa aliada auxilia na libertação de motivações baseadas no medo ou escassez para as ações e criações. Encoraja o perdão e a clareza em relação a si e aos outros. Ajuda a pessoa a render-se ao Divino e Nele confiar para conduzi-la para seu bem maior.

FÍSICO: A Calcita Clara pode dissolver bloqueios de energia, dissipar a estagnação ou densidade nos sistemas de energia e estimular o fluxo de energia pela aura. Ela acelera o metabolismo e pode ser usada como aliada para a perda de peso – particularmente se a pessoa está usando alimento como autopunição.

AFIRMAÇÃO: Eu vejo todos os aspectos de mim e do mundo com clareza cada vez maior, e aceito tudo o que vejo.

CALCITA LARANJA

PALAVRAS-CHAVE: Criatividade, sexualidade, jovialidade, confiança, inovação.
ELEMENTO: Fogo.
CHACRAS: Sexual/Criativo (segundo), Plexo Solar (terceiro).

A Calcita Laranja, em geral, surge na forma compacta em vez da cristalina e os melhores espécimes vêm do México. Sua cor pode variar do amarelo pálido ao laranja vívido, e algumas vezes existem inclusões brancas. Essa pedra em geral é modelada em esferas e outras formas tanto para fins decorativos como metafísicos.

ROBERT SIMMONS: A Calcita Laranja ajuda a mobilizar as energias e recursos para todos os tipos de atividades, em especial as que envolvem a criatividade e/ou sexualidade. Ela é ideal para os que estão procurando estratégias novas e inovadoras para lidar com problemas persistentes ou projetos parados. A Calcita Laranja coloca a energia em movimento e encoraja a pessoa a ver os dilemas antigos com novos olhos, de modo que a solução fica evidente.

A Calcita Laranja pode ser usada para curar problemas emocionais relacionados a abusos à sexualidade, criatividade e/ou vontade. Ela pode ser um aliado para os que trabalham para recobrar de experiências de vergonha ou até problemas profundos de abuso sexual na infância. A Calcita Laranja revigora a jovialidade e encoraja a confiança. Pode ser um catalisador para a inspiração e até um tipo de afrodisíaco mineral. Ela afetará pessoas diferentes de modos diferentes, de acordo com suas necessidades ou receptividade.

A Calcita Laranja harmoniza com Cornalina, Labradorita Dourada, Citrino, Heliodoro e todas as outras Calcitas. A cornalina enfatiza e estimula as energias sexual/criativa. Para problemas relativos à vitalidade física, a Cuprita pode fornecer um auxílio valioso. Em situações que requeiram *insight* e/ou amplificação das energias da Calcita Laranja, uma Selenita clara é recomendada.

NAISHA AHSIAN: A Calcita Laranja estimula o corpo físico e as energias sexual e criativa. Ela ajuda a superar depressão, letargia ou inatividade e pode ser uma aliada maravilhosa na recuperação da saúde ou vitalidade. A Calcita Laranja é uma pedra cardinal do elemento Fogo; ela encoraja a circulação de calor, o metabolismo e o fluxo de energia. Pode auxiliar a pessoa a dissipar os aspectos da vida que precisam ser eliminados antes que ela possa seguir em frente.

A Calcita Laranja traz um raio de sol para os cantos sombrios do campo energético da pessoa, encorajando-a a chacoalhar a "tristeza" e mirar seus sonhos de novo. A Calcita Laranja ajuda a limpar e ativar o segundo e terceiro chacras (área do umbigo e plexo solar). É uma aliada poderosa para os envolvidos em artes criativas, ou para os que desejam vivenciar uma expressão completa de sua criatividade. Ela é excelente para melhorar os negócios ou incrementar o fluxo de dinheiro por canais já estabelecidos.

A Calcita Laranja transporta energia solar. Ela encoraja em novos empreendimentos e ajuda a pessoa a quebrar padrões desgastados. É uma aliada excelente para superar timidez ou indecisão.

ESPIRITUAL: A Calcita Laranja traz a energia solar para o campo vibracional e corpo físico da pessoa. Ela alinha os pensamentos com a vontade, auxiliando a agir para realizar seus objetivos.

EMOCIONAL: A Calcita Laranja é uma pedra excelente para o equilíbrio para os tímidos ou com fobias sociais. Sua energia estimula a aura e o corpo físico, ajudando a pessoa a superar depressão, letargia ou desesperança.

FÍSICO: A Calcita Laranja sustenta todos os sistemas do elemento Fogo no corpo – o sistema endócrino e equilíbrio hormonal, os sistema digestivo e metabolismo, e os órgãos sexuais e a sexualidade.

Ela também é útil na remoção de bloqueios dos sistemas de meridianos e é estimulante do segundo e terceiro chacras.

AFIRMAÇÃO: Eu aprecio vividamente todas as dimensões de meu ser e de minha vida e retiro prazer em criar mais.

CALCITA MEL

PALAVRAS-CHAVE: Clareza de *insight* e ação, confiança, persistência, poder intelectual.
ELEMENTO: Fogo, Ar.
CHACRAS: Raiz (primeiro), Plexo Solar (terceiro), Terceiro Olho (sexto).

A Calcita Mel pode ocorrer tanto na forma compacta como na forma de cristal romboédrico. Em geral, ela é de uma cor dourada amarronzada, transparente ou semitransparente. A fonte mais importante é o México.

ROBERT SIMMONS: A Calcita Mel auxilia a trazer à tona aquela combinação singular de clareza mental, energia focada e o aterramento necessário para completar com sucesso tarefas complexas e projetos de longa duração. Ela ativa o chacra da raiz, do plexo solar e do terceiro olho, harmonizando e unificando suas energias. Estimula o intelecto, tornando possível para a pessoa analisar desafios e ver as soluções mais efetivas. Ela é uma das melhores pedras para todos os tipos de situações de trabalho que requeiram toda a atenção e persistência por longo período. Pode ajudar a pessoa a superar sonolência, possibilitando que fique alerta durante trabalhos que exijam muitas horas. Ao mesmo tempo, ela facilita um estado de relaxamento, para que o trabalho da pessoa não resulte em estresse.

A Calcita Mel combina bem com Moldavita, que pode guiar a pessoa para o trabalho que seja adequado para seu propósito maior. Com Heliodoro e Fenacita, a Calcita Mel pode ser aplicada ao objetivo de usar a vontade e intelecto para manifestar os sonhos. Ela funcionará com Natrolita e Escolecita para ajudar a pessoa a persistir nas práticas de meditação por tempo suficiente para obter os resultados desejados. Com a Cuprita, o aterramento das energias espirituais e estimulação do chacra da raiz da Calcita Mel são enfatizados. A Celestita, principalmente os cristais tubulares de Ohio, pode ser usada com a Calcita Mel para viajar para os reinos mais elevados sem perder a ligação com o corpo e a Terra. A Calcita Mel também se harmoniza bem com todas as Calcitas.

NAISHA AHSIAN: A Calcita Mel combina as energias do Fogo e do Ar, estimulando a vontade e a mente. Ela ajuda a pessoa a compreender como colocar a orientação e inspiração divinas em ação. Ajuda a clarear a mente e prepará-la para receber novos ensinamentos e conhecimento mais elevado. Pode ser uma ajuda eficiente para estudos e desenvolvimento de novos dons. A Calcita Mel estimula a pessoa a tomar novas direções na vida. Ela tem a habilidade de "ensinar novos truques para cachorros velhos". Fornece à pessoa determinação e fé para romper velhos padrões e tomar novas direções estimulantes.

A Calcita Mel funciona principalmente no terceiro chacra ou do plexo solar, embora tenha efeitos secundários no terceiro olho e na coroa. Ela ajuda a pessoa a superar o medo de agir e pode auxiliar na superação de adiamentos. A Calcita Mel também estimula a autoestima da pessoa.

A Calcita Mel pode ser usada para remover bloqueios que impeçam a pessoa de perceber toda a sua abundância. Ela auxilia no desenvolvimento de uma atitude de gratidão e em reconhecer que o Divino está providenciando tudo o que ela precisa. Ela ajuda a abrir a fonte infinita de abundância que é a criação divina, ao mesmo tempo em que revela as ideias e crenças que cegaram a pessoa para ela.

Essa aliada ensina o uso correto do poder e pode auxiliar a pessoa a perceber e integrar lições sobre o direito de usar o poder dessa ou de outras vidas. Se você tem medo de usar mal o poder, essa aliada pode ajudá-lo a assumir responsabilidade para o uso correto do poder em sua vida. Para os que usam o poder para manipular os outros ou por ganhos pessoais, a Calcita Mel oferece uma energia corretora imediata, capacitando a pessoa a ser mais espiritualmente alinhada no uso do poder.

A Calcita é uma pedra maravilhosa para os que vivenciaram abuso sexual ou emocional, por sua habilidade de desalojar os padrões restritivos que esses abusos podem criar. Ela ajuda na saúde e no equilíbrio das glândulas e pode ajudar a corrigir desequilíbrios imunes de todos os tipos.

ESPIRITUAL: A Calcita Mel ensina sobre o uso correto do poder e a responsabilidade de empregar o poder para o maior bem de todos. Ajuda a pessoa a perceber a abundância infinita e superar qualquer crença limitante na escassez. Ela auxilia o aprendizado de todos os tipos. Ela pode ajudar a reconhecer e desenvolver uma multiplicidade de talentos, tanto mundanos como espirituais.

EMOCIONAL: A Calcita Mel ajuda a pessoa a superar sensações de estar devastada e a ser positiva sobre a habilidade de mudar sua vida. Ela estimula a autoconfiança e a coragem.

FÍSICO: Como a maioria das Calcitas, a Calcita Mel funciona no equilíbrio do sistema endócrino e dos níveis de hormônios. Ela ajuda a encontrar a cura para abusos do passado e compreender as lições de poder que essas experiências ensinaram. Fortalece o pâncreas e pode auxiliar no apoio saudável dos níveis de açúcar no sangue.

AFIRMAÇÃO: Movimento-me com confiança e eficiência para manifestar meu propósito mais elevado com meu trabalho no mundo.

CALCITA MERKABITA

PALAVRAS-CHAVE: Expansão da consciência, viagem interdimensional, ascensão, acesso ao conhecimento mais elevado.
ELEMENTOS: Fogo, Tempestade.
CHACRAS: Terceiro Olho (sexto), Coroa (sétimo), Transpessoal e Etéreo (oitavo e além, acima da cabeça).

A Calcita Merkabita é uma variedade branca que ocorre em formações cristalinas irregulares, algumas vezes em formas semelhantes a discos com terminações em cunha. É encontrada nas pradarias do oeste do Kansas, nos Estados Unidos.

ROBERT SIMMONS: A Calcita Merkabita é simplesmente uma pedra estonteante! Quando ela é mantida no terceiro olho, a pessoa pode sentir uma grande torrente de energia, como um vento interior, soprando através dos chacras superiores e fora do topo da cabeça. Permitir que essa energia se movimente, e alinhar-se com ela, possibilitará à pessoa ser transportada, em estágios definidos, para cima através de cada um dos sete chacras dos corpos de Luz acima da cabeça. A sensação pode ser a de estar em um elevador e, quando as portas da percepção se abrem em cada "andar", a pessoa vivencia domínios diferentes e de frequências mais elevadas a cada parada. Como a Calcita Raio Estelar, a Calcita Merkabita pode facilitar o acesso a múltiplos "salões de registros" e outros reinos interdimensionais. É apropriado que essas pedras retirem seu nome do veículo de Luz fabuloso *Merkabah* mencionado nos textos cabalísticos, pois ela abre muitas portas dentro dos reinos interiores.

Essas pedras atingem no modelo interior para a ascensão da consciência, e o grau de ativação dependerá de algum modo da clareza interior da pessoa e que ela esteja livre de bloqueios. Contudo, se existirem bloqueios, a Merkabita ajudará a pessoa a remover qualquer que seja a congestão existente no corpo etéreo e nos chacras superiores com gentileza. Porém, se o bloqueio estiver abaixo do quinto chacra, pode ser útil usar ou segurar uma pedra poderosa como a Moldavita para limpar as coisas dos níveis mais baixos. A Calcita Merkabita parece não se conectar com o corpo abaixo do quinto chacra, pelo menos não para limpeza. Contudo, ela pode ajudar a trazer a integração do corpo de Luz com o físico, uma vez que todos os chacras estejam purificados. A Merkabita é uma ferramenta valiosa para os que procuram evoluir e integrar as dimensões mais elevadas com o mundo físico.

Além da Moldavita, a Calcita Merkabita funciona sinergicamente com a Calcita Raio Estelar, Fenacita, Azeztulite, Danburita, Escolecita, Natrolita, Serafinita, Ajoíta, Fulgurita e a maioria das pedras de frequências elevadas. Para os que precisam de algum aterramento com ela, Sugilita, Charoíta ou Ametista são sugeridas. Em geral, essas não são pedras para assentamento, mas a Merkabita tem uma frequência tão alta que ela simplesmente não se ligará com muitas das pedras usuais. Se o chacra do coração da pessoa não ressoar com a Calcita Merkabita, pode-se acrescentar Calcita Transparente ou Calcita Rosa Opaca para completar o circuito energético necessário. A Calcita Merkabita é uma pedra que deveria ser distribuída entre as pessoas para o propósito de uma elevação geral da vibração da humanidade.

NAISHA AHSIAN: A Merkabita é uma variedade poderosa de Calcita que ativa e limpa o campo energético. Ela elimina bloqueios e permite o movimento livre da energia. A Merkabita é especial, contudo, em sua habilidade de ativar os níveis mais elevados de consciência, removendo qualquer bloqueio que a pessoa possa ter para se ligar com o Eu Superior. A Merkabita auxilia a pessoa a liberar medos em torno da expansão e assumir o poder espiritual. Ela encoraja o uso correto do poder e auxilia na conexão com seu caminho mais definitivamente. A Merkabita afirma: "Eu sou, portanto eu sirvo". Ela liga a alma e o Ser Superior com o aspecto físico do eu, através do corpo de Luz e do sistema nervoso.

ESPIRITUAL: A Calcita Merkabita ajuda a pessoa a se ligar com o Ser Superior e assumir a totalidade de seu poder.
EMOCIONAL: Essa aliada ajuda a dissolver preocupações, medos e hesitação. Ela possibilita à pessoa que se renda completamente à Vontade Divina e a seu Caminho Divino.
FÍSICO: A Calcita Merkabita estimula o sistema nervoso, corpos energéticos e chacras. Pode ajudar a ativar e equilibrar os hemisférios do cérebro, auxiliando a pessoa a dirigir-se para os padrões de ondas cerebrais mais profundos.
AFIRMAÇÃO: Enquanto minha consciência cresce, eu ascendo e exploro as muitas mansões dentro da casa do Espírito.

CALCITA RAIO ESTELAR

PALAVRAS-CHAVE: Vontade divina, manifestação, viagem interdimensional, acesso a conhecimento mais elevado.
ELEMENTOS: Fogo, Tempestade.
CHACRAS: Plexo Solar (terceiro), Terceiro Olho (sexto), Coroa (sétimo), Transpessoal e Etéreo (oitavo e além, acima da cabeça).

A Calcita Raio Estelar é uma formação de cristal escalenoedral de Calcita com terminações longas e pontudas, em geral âmbar ou amarelo. Alguns dos melhores espécimes vêm do Tennessee, nos Estados Unidos. Acredita-se que o nome "Raio Estelar" se deve à sua semelhança visual com espaçonaves imaginárias, e talvez também pela intensidade das energias dirigidas por suas terminações.

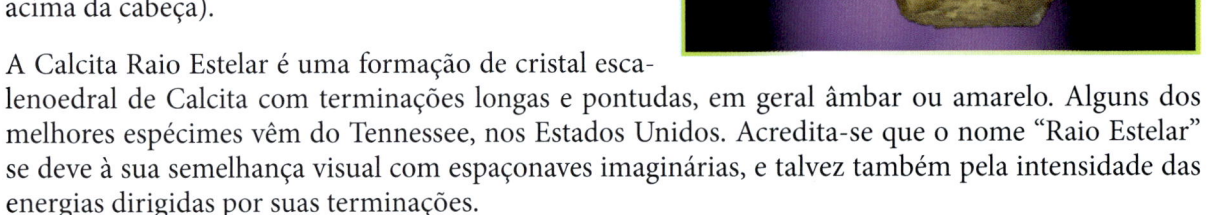

ROBERT SIMMONS: As Calcitas Raio Estelar são uma entre as duas mais interdimensionais das Calcitas, sendo a outra a Calcita Merkabita. São muito poderosas para a estimulação dos chacras do terceiro olho e da coroa, e alinham esses chacras com os do corpo etéreo mais elevado, tornando possível uma "ascensão" aos reinos mais elevados da consciência. Elas estimulam as lembranças das vivências pessoais no estado de imersão no Espírito anterior ao nascimento e auxiliam na recordação de vidas passadas. As Calcitas Raio Estelar também transportam as frequências de vibração associadas com inteligências extraterrestres e podem ajudar a pessoa a estabelecer contato com esses seres em meditação ou sonhos, ou no estado peculiar da "vigilância fora do corpo" que muitos dos que contataram ETs relataram.

Além disso, a Calcita Raio Estelar pode facilitar a viagem interior pelos corredores das formas de geometria sagrada, por onde a pessoa pode obter acesso ao saguão dos registros akáshicos e também a outros arquivos não físicos de conhecimento e informação do passado. Atlântida, Lemúria e o antigo Egito (com sua ligação com Sírius) estão entre as civilizações cujos segredos espirituais podem ser encontrados com essas ferramentas. Viajantes talentosos também podem sintonizar-se com os campos mórficos de uma gama de informação praticamente ilimitada, em especial as existentes na história da Terra.

A Calcita Raio Estelar harmoniza especialmente bem com a Calcita Merkabita, e juntas elas multiplicam os efeitos uma da outra no que diz respeito a viagens interdimensionais. Outras pedras que combinam sinergicamente para esse tipo de aplicação incluem Azeztulite, Fenacita, Natrolita, Herderita, Petalita, Escolecita, Apofilita Clara e Danburita. Contudo, os cristais tabulares de Celestita são as pedras complementares ideais para a Calcita Raio Estelar. Essas Celestitas são simplesmente tão poderosas quanto as Raios Estelares, e elas também erguem a consciência aos reinos mais elevados, acrescentando uma energia de serenidade que pode "acalmar" as vibrações elevadas da Raio Estelar, sem diminuí-las. Para aumentar a capacidade da Calcita Raio Estelar para a manifestação, Heliodoro e Labradorita Dourada são as pedras mais recomendadas.

NAISHA AHSIAN: As Calcitas Raio Estelar estimulam os chacras mais elevados e auxiliam a pessoa a abrir-se para a mente e vontade divinas. São excelentes para meditação, em especial quando a pessoa busca orientação em questões de serviço ou manifestação de seu caminho espiritual. Essa pedra é útil para superar a resistência ao caminho dármico ou assumir todo o seu poder. A Calcita Raio Estelar estimula o chacra do terceiro olho e o da coroa enquanto alinha o chacra do plexo solar com a vontade divina. Ele ajuda a manifestar a vontade divina na Terra.

A Calcita Raio Estelar pode ser de grande uso para os que buscam se ligar aos guias espirituais e/ou anjos. Sua energia ajuda a garantir que apenas os guias mais elevados entre os disponíveis serão acessados durante a meditação. Também pode auxiliar na transição entre guias, quando a pessoa superou um guia e está se movimentando para outro nível de aprendizado. Ela é uma pedra de proteção ideal para médiuns e outros que trabalham nos reinos astrais.

A Calcita Raio Estelar é uma ferramenta excelente para a cirurgia mediúnica. Elas têm uma precisão semelhante à do *laser*, o que concede à pessoa executar extrações precisas de bloqueios, entidades e outras densidades na aura. São úteis na reconstrução e cura do plano etéreo para reparar intrusões em virtude de cirurgia, ferimentos, remoção de membros ou outros traumas do diagrama do corpo energético.

A Calcita Raio Estelar é excelente para criar grades da luz branca dourada das frequências mais elevadas. Colocar esses cristais em uma formação geométrica em volta de uma área de cura ou meditação pode criar um espaço fortalecido e sagrado para cura e exploração espiritual. Essas grades também podem ser usadas para criar vórtices de energia e portais dimensionais para reinos de frequências mais elevadas.

Uma vez que a pessoa tenha feito o trabalho consciente de mudar os pensamentos, hábitos e padrões limitantes, as Calcitas Raio Estelar podem ser "atraídas" pelos campos energéticos para eliminar padrões de pensamentos persistentes que possam causar recaída. São úteis para limpar o campo energético aberto após o retorno de viagens xamânicas e para eliminar os espaços de entidades de pensamento negativo, *poltergeists* e padrões persistentes de desequilíbrios.

ESPIRITUAL: As Calcitas Raio Estelar estão entre as aliadas mais poderosas para invocar a Luz branca dourada. Elas enchem a aura da pessoa com Luzes de alta frequência, erradicando energia ou formas-pensamento negativas. Usadas em grades, elas podem alinhar espaços e criar vórtices energéticos e portais dimensionais. As Calcitas Raio Estelar são ferramentas poderosas para cirurgia mediúnica. Elas auxiliam a pessoa a alinhar-se com os seus guias mais elevados e anjos.

EMOCIONAL: A Calcita Raio Estelar pode ser usada para limpar a aura de formas-pensamento, padrões e hábitos negativos que ainda possam permanecer depois que a pessoa fez um trabalho de limpeza consciente. Elas auxiliam no alinhamento com a vontade divina e a fortalecer a pessoa para que progrida em seu caminho mais elevado.

FÍSICO: A Calcita Raio Estelar é relativamente inativa no nível físico, embora seja útil para cirurgia mediúnica e alinhamento energético com a Luz.

AFIRMAÇÃO: Eu aceito todo o poder de minha consciência e me abro para a percepção multidimensional.

CALCITA ROSA OPACA

PALAVRAS-CHAVE: Bem-estar, integridade, saúde, empatia e ligação com a "mente do coração".
ELEMENTOS: Fogo.
CHACRAS: Coração (quarto).

A Calcita Rosa Opaca tem uma cor rosa cremosa e é encontrada apenas na forma compacta. O rosa vem do manganês. A única fonte maior dessa pedra é o Peru. Elas estão disponíveis com maior frequência na forma livre rolada ou em formas polidas à mão como esferas e ovos.

ROBERT SIMMONS: O campo eletromagnético do coração é um dos meios para a ligação com a totalidade de "tudo que existe". Esse campo está em fluxo constante e pode ser lido como um barômetro de todo o bem-estar do organismo. Além disso, quando se está em um estado de apreciação e equilíbrio, pode sintonizar-se com qualquer coisa ou pessoa pela atenção à interação do ente em questão com seu próprio campo do coração. A Calcita Rosa Opaca pode ser usada para facilitar esse estado de equilíbrio apreciativo. Suas energias estimulam e estabilizam o campo do coração e tornam a pessoa potencialmente mais perceptiva de tudo o que toca. Porque o coração sabe sem palavras, a consciência por meio do campo do coração pode tomar a forma de identificação empática com qualquer coisa que se perceba. Em outras palavras, pelo coração, nós "nos tornamos o que contemplamos". Tal percepção é uma das alegrias mais profundas da vida e não é algo de que se esqueça. A Calcita Rosa Opaca é uma ferramenta para facilitar isso e, portanto, é muito valiosa.

Essa é uma pedra da empatia e pode auxiliar os indivíduos a aumentarem sua ligação empática com os outros. Ela é uma ferramenta valiosa para os que fazem trabalho de "cura a distância", porque auxilia a pessoa a sintonizar com os campos energéticos dos outros, mesmo que eles não estejam presentes. Pode ser usada para dissipar discussões e teimosia em si e nos outros, porque seu estímulo da reação empática leva a pessoa a ver os pontos de vista dos outros como se fossem os seus. Existem pedras excelentes para uso em conflitos entre pais e filhos. É sugerido colocar uma dessas pedras sob o colchão de cada parte. Em geral surgirá um "tratado de paz".

A Calcita Rosa Opaca harmoniza com outras pedras do coração, tais como Quartzo Rosa, Morganita, Kunzita e Moldavita, bem como com todas as outras Calcitas. Usá-la em conjunto com Calcita Rosa Transparente pode melhorar todo o espectro dos aspectos físicos e não físicos do coração. Usá-la em par com a Moldavita amplificará e acelerará seus efeitos.

NAISHA AHSIAN: A Calcita Rosa Opaca auxilia o corpo a integrar minerais, particularmente cálcio, de alimentos e fontes suplementares. Ela carrega o padrão da saúde e integridade, estimulando sutilmente o apoio do campo áurico à habilidade do corpo de regenerar tecidos na recuperação de cirurgias ou ferimento traumático. A energia da Calcita Rosa encoraja a otimização do funcionamento do coração físico e ao mesmo tempo é calmante e limpa o corpo emocional. É ideal para bebês ou velhos com dificuldades do coração. A Calcita Rosa também pode estimular a liberação suave de raiva ou tristeza enterrada, para a limpeza completa dos padrões emocionais da pessoa.

Colocar essas pedras em uma janela no quarto de criança ou em áreas de recreação infunde a área com uma energia de sustentação calmante e amorosa. Também para os adultos isso é verdade – preenchendo o espaço de convivência com uma vibração relaxante, purificadora e revitalizante. A Calcita Rosa é maravilhosa em áreas em que as pessoas podem estar sentindo um trauma ou tumulto emocional fortes – como quartos de cura, consultórios de terapeutas, clínicas ou hospitais. Ela ajuda a aliviar a histeria e encoraja na liberação de emoções enquanto apoia e dá leveza ao coração.

A Calcita Rosa é uma ferramenta excelente para os que têm dificuldade em se conectar com suas emoções ou que tendem a enterrar suas emoções por trás de um verniz de intelectualismo, cinismo ou sarcasmo. Ela pode auxiliar esses indivíduos a ser mais honestos em suas comunicações e pode ajudar a prevenir comportamento passivo-agressivo e/ou raiva irracional. Essa pedra também é estimulante para a circulação e ajuda na distribuição de nutrientes para os tecidos.

ESPIRITUAL: A Calcita Rosa Opaca liga a pessoa ao amor divino e ativa o coração.

EMOCIONAL: A Calcita Rosa é uma pedra excelente para a saúde do corpo emocional. Pode auxiliar a limpar bloqueios à expressão emocional e a eliminar padrões emocionais duradouros que já não servem. Ela é uma aliada poderosa para empregar na sustentação dos que estão em tristeza profunda, trauma ou histeria emocional.

FÍSICO: Essa pedra ajuda na regeneração dos tecidos e na cura depois de trauma e cirurgia. Pode auxiliar pessoas com doenças do coração, em especial as que têm dificuldade para expressar seus sentimentos verdadeiros. Ela ajuda na circulação e na distribuição e assimilação de nutrientes pelo corpo.

AFIRMAÇÃO: Meu coração está em um estado de constante bem-estar e gratidão, e por meio de meu coração eu me ligo com "Tudo o Que É".

CALCITA ROSA TRANSPARENTE

PALAVRAS-CHAVE: Cura emocional, compaixão, alegria.
ELEMENTOS: Fogo, Água.
CHACRAS: Coração (quarto).

A Calcita Rosa Transparente ocorre em cristais romboédricos que variam de um rosa muito pálido a um salmão escuro, algumas vezes incluindo tons amarelos. A fonte mais abundante desses cristais é o México.

ROBERT SIMMONS: A Calcita Rosa Transparente é uma pedra de compaixão profunda, e ela gera essa energia nos que trabalham com ela. Essa compaixão ocorre primeiro por si, e seus equívocos do passado e decisões baseadas no medo, e depois pelos outros.

A Calcita Rosa Transparente também facilita o estado de aceitação sem julgamento e o amor incondicional. Essa pedra conecta com a energia do Kwan Yin, o bodisatva da compaixão, e aqueles que são atraídos por sua energia podem encontrar uma ressonância harmônica com esses belos cristais. De fato, pode-se usar a Calcita Rosa Transparente na meditação e no ritual, para se ligar conscientemente a Kwan Yin. Algumas vezes, em tais meditações, a pessoa sentirá a abertura inesperada e jubilosa do coração, preenchendo o corpo energético e físico com amor. Quando isso acontece, a pessoa saberá que Ela está aqui.

Olhar para o interior de uma dessas gemas como a Calcita Rosa pode trazer à pessoa um estado de apreciação arrebatadora da beleza da existência. Isso, por outro lado, pode acender a chama da alegria em seu próprio coração. Para os que são atraídos para esse tipo de experiência, a meditação com uma dessas pedras, imaginando o cristal se movendo para dentro do peito e mesclando-se com seu próprio coração, é altamente recomendada.

A Calcita Rosa Transparente ressoa especialmente bem com a Turmalina Rosa e também harmoniza com outras pedras do coração, tais como Quartzo Rosa, Morganita e Kunzita. A combinação de pedras como Lepidolita Lilás e/ou Ametista pode melhorar a sensação de conexão com os reinos mais elevados do Espírito. Para fortalecer mais essa ligação, a Fenacita e a Danburita são particularmente recomendadas.

NAISHA AHSIAN: As variedades claras da Calcita Rosa são menos potentes para o nível físico do que suas primas opacas, mas são muito mais estimulantes para os corpos emocional e energético. Essas pedras estão entre as poucas que podem ressoar tanto com as energias do Fogo quanto com as da Água, ajudando a equilibrar os aspectos emocionais e os orientados para a ação do ser. Elas estimulam o coração e o plexo solar, possibilitando à pessoa agir com base na verdade de seu coração.

A Calcita Rosa Transparente ajuda a dissolver "tecidos de cicatrização" e outras marcas de vibração em torno dos chacras do coração e plexo solar. Ela concede libertação de constrições e aceleração na expansão desses chacras. Cria uma cura da vontade e do coração ajudando a pessoa a readquirir confiança em si e na orientação recebida do Espírito. Isso, por outro lado, ajuda a pessoa a superar o medo de agir e colocar seu coração no mundo. A Calcita Rosa Transparente ajuda a prover um sentido de compaixão para o coração e concede que a pessoa supere limitações pessoais para se colocar a serviço do bem maior.

ESPIRITUAL: A Calcita Rosa Transparente ajuda a eliminar traumas passados do corpo emocional, sejam os traumas dessa encarnação ou de vidas passadas. Ela ajuda a limpar padrões emocionais ancestrais da memória genética e garante uma expressão emocional mais saudável em gerações futuras. Ela abre, purifica e estimula os chacras do coração e do plexo solar.

EMOCIONAL: A Calcita Rosa Transparente é excelente para todos os aspectos da cura emocional. Ela auxilia a agir pela verdade de seu coração. Engendra um sentido de compaixão e radiação de amor pelos outros.

FÍSICO: A Calcita Rosa Transparente propicia sustentação para a saúde geral do coração e pode auxiliar a equilibrar problemas digestivos por causa de estresse ou perturbação emocional. É uma pedra excelente para encorajar os laços entre mães e recém-nascidos.

AFIRMAÇÃO: Meu corpo emocional está curado e inteiro, e eu estendo a graça da compaixão de meu coração para mim e para todos os seres.

CALCITA VERDE

PALAVRAS-CHAVE: Relaxamento, equilíbrio emocional, liberação do estresse e ressentimento, ligação com o coração.
ELEMENTOS: Fogo, Água.
CHACRAS: Coração (quarto).

A Calcita Verde é encontrada em geral em formas compactas em vez de cristalinas, e os depósitos mais ricos em material de alta qualidade estão no México. A cor pode variar de esmeralda a verde pálida.

ROBERT SIMMONS: A energia da Calcita Verde é refrescante para o corpo etéreo do mesmo modo que um mergulho em uma piscina pode ser para o físico. Ela é refrigerante para as emoções "quentes" como a raiva e irritabilidade; ela nutre

CALCITA

traços positivos como a compaixão e o altruísmo e limpa o chacra do coração do estresse e outros tipos de entulhos psíquicos não saudáveis. Auxilia a pessoa a ficar em sintonia maior com a natureza e os espíritos das plantas e dos animais. A Calcita Verde ajuda a dirigir a atenção da mente para as urgências do coração, auxiliando a pessoa a mudar seu centro de atenção para o que o coração sabe.

A Calcita Verde pode melhorar a qualidade da meditação, ajudando a cessar a voz incessante da mente pensante e permitindo à pessoa que vivencie a percepção sem palavras. Dormir com Calcita Verde pode tornar os sonhos mais prazenteiros. Carregar ou usá-la pode fazer com que a pessoa se sinta limpa e relaxada em meio aos estresses da vida cotidiana.

A Calcita Verde harmoniza bem com todas as outras Calcitas e também Apofilita Verde, Crisoprásio, Petalita e Lepidolita. A Apofilita Verde acentua a afinidade da Calcita Verde com os espíritos da natureza e seu foco moderado no coração. As outras pedras funcionam com a Calcita Verde para facilitar o relaxamento profundo e a eliminação do estresse. Os que usam a Calcita Verde em modalidades de cura podem aumentar sua eficácia acrescentando Serafinita.

NAISHA AHSIAN: A Calcita Verde estimula o chacra do coração e a habilidade de cura do corpo físico. Ela traz uma sensação de frescor e vitalidade para o corpo e o espírito e auxilia a pessoa a reobter seu senso de propósito e possibilidade. Ela pode trazer energia fresca para qualquer aposento ou ambiente e é especialmente útil para os que têm desordens afetivas sazonais ou depressão durante o período do inverno.

A Calcita Verde pode ajudar na remoção de padrões do passado relativos a relacionamentos e vínculos emocionais, auxiliando a pessoa a se abrir mais completamente para o amor divino. Ela traz uma suavidade para o coração e pode ajudar a promover o perdão e a eliminação de sentimentos persistentes de ressentimento em relação aos outros. Estimula a compaixão e disposição para compartilhar o amor com os outros. Ela pode ajudar a superar fobias sociais por causa de sua habilidade de tornar a pessoa mais aberta a estranhos.

A Calcita Verde é ideal para os que manifestaram doenças em razão de raiva ou ressentimento autodirigidos, resultado de experiências emocionais difíceis no passado. Auxilia a pessoa a reconhecer em que o autoaperfeiçoamento ou mudança nos hábitos é necessário. Ela encoraja o crescimento e movimento na vida e instila uma sensação de propósito renovado e disposição para a mudança.

ESPIRITUAL: A Calcita Verde ajuda a pessoa a ressoar com a energia do Amor e expressar compaixão e boa vontade para com os outros. Ela traz uma sensação de propósito renovado e vitalidade e um desejo de fazer mudanças positivas na vida.

EMOCIONAL: A Calcita Verde engendra perdão para si e para os outros. Ela ajuda a reconhecer onde é necessário o autoaprimoramento e dá à pessoa disposição e energia para mudar. Ela ajuda a sentir carinho por si e auxilia na superação de fobias.

FÍSICO: A Calcita Verde ajuda a eliminar placas e bloqueios excessivos nas artérias. Ela traz um ar geral de saúde, energia e bem-estar para a aura. Usada diretamente sobre o chacra do coração, ela auxilia na liberação de emoções enterradas que podem ter se manifestado em enfermidade física. A Calcita Verde também estimula o corpo a superar o declínio e o efeito do envelhecimento.

AFIRMAÇÃO: Eu ouço a voz silenciosa de meu coração e sigo sua sabedoria.

CALCITA VERMELHA

PALAVRAS-CHAVE: Vitalidade, consciência sensorial, clareza.
ELEMENTO: Fogo, Terra.
CHACRA: Raiz (primeiro), Coroa (sétimo).

A Calcita Vermelha ocorre nas formas de cristal romboédrico e compacta. Sua cor muda de várias gradações, do vermelho ao vermelho alaranjado e róseo. A maioria dos cristais é parcialmente transluzente e alguns exibem áreas incolores semitransparentes. As fontes mais abundantes de Calcita Vermelha estão no México.

ROBERT SIMMONS: A Calcita Vermelha é uma pedra de "vitalidade suave", no sentido de que ela energiza o chacra da raiz e traz para o interior prana adicional, ou energia da força da vida; contudo, ela o faz de um modo sutil que é muito fácil de aceitar, não traz "solavancos" ou desconforto com ela. Essas pedras também conectam o chacra da raiz com o da coroa, criando uma ponte na "fissura" entre a existência física e a vida espiritual. A Calcita Vermelha ajuda a pessoa a valorizar as maravilhas da vida física e os êxtases da percepção sensorial. Pode dissipar a sonolência da consciência "normal" e ajudar a restaurar o senso de maravilha que a percepção completa traz. Permite que a pessoa aprenda a dar atenção completa aos sentidos sempre que decidir fazê-lo. Ela pode trazer algumas vezes o benefício profundo de calar o diálogo interno do cérebro e dar à pessoa a experiência da consciência sem palavras. A meditação ao ar livre com Calcita Vermelha no ambiente mais natural possível é recomendada por facilitar essa experiência.

A Calcita Vermelha funciona bem com Cuprita, Rubi e Granada Vermelha para estimulação das energias de força de vida. Para aterramento adicional, Hematita, Quartzo Fumê, Granada Andradita Negra e/ou Turmalina Negra são recomendadas. A Celestita pode trazer uma sensação de elevação espiritual para as energias da Calcita Vermelha. Essa pedra também harmoniza e mescla com facilidade suas energias com todas as outras variedades de Calcita.

NAISHA AHSIAN: Como com todas as pedras do Fogo, a Calcita Vermelha governa o movimento de energia pelo reino físico. Ela é ativa nos sistemas endócrino e linfático. A Calcita Vermelha é uma pedra excelente para mulheres de todas as idades, já que auxilia no equilíbrio hormonal e na absorção de minerais. É excelente para perda de peso ou desintoxicação do corpo físico. É útil para os que são desequilibrados sexualmente ou que têm medo profundo da intimidade sexual. Pode ser usada para apoiar as mulheres que se preparam para ficar grávidas ou em trabalho de parto.

A Calcita Vermelha pode beneficiar aos que resistem a estar em seus corpos ao ajudá-los a aprender a valorizar seus corpos e a experiência física. Ela previne alienação ao queimar as brumas da confusão, possibilitando a tomada de decisões e as ações. A Calcita Vermelha pode ser usada para apoiar a prática tântrica e erguer a energia geral e o nível de vitalidade do corpo.

Essa aliada auxilia na criação de novos hábitos e no cumprimento de compromissos. Ela pode ajudar a pessoa a estabelecer limites físicos e emocionais apropriados ao engendrar um ponto de vista realístico de seu tempo e recursos. Pode auxiliar aos que constantemente excedem os limites ou compromissos pessoais a dizerem "não". Ela também pode auxiliar os que se controlam em excesso a ser mais espontâneos.

ESPIRITUAL: A Calcita Vermelha pode auxiliar a pessoa a sentir-se confortável sendo corpórea e pode ajudar a desfrutar a experiência sensorial. Ela assiste em ver o sagrado no mundano. Ela traz para a terra e pode ajudar a conter o excesso de alienação.

EMOCIONAL: A Calcita Vermelha ajuda a pessoa a sentir maior vitalidade, energia e disposição para viver a vida. Pode ser de ajuda na superação de medos em torno da sexualidade ou da expressão da

CALCITA

paixão ou afeto. Pode ajudar a pessoa a prevenir o emprego excessivo de suas energias e aliviar a sensação de estar derrotado.

FÍSICO: A Calcita Vermelha é ideal para o apoio à saúde reprodutiva, gravidez e nascimento. Ela ajuda a equilibrar o sistema endócrino e a regular os hormônios. Encoraja o crescimento e densidade dos ossos. É útil para curar ossos quebrados ou em casos de degeneração óssea, em particular a perda óssea resultante de mudanças hormonais. A Calcita Vermelha também ajuda a fortalecer o sangue.

AFIRMAÇÃO: Eu abraço a experiência de minha vida física, sabendo que ela é totalmente interligada com minha vida espiritual.

CASSITERITA

PALAVRAS-CHAVE: Manifestação e destruição, nascimento e morte, iniciação, o pórtico do limiar.
ELEMENTO: Tempestade.
CHACRAS: Raiz (primeiro), Sexual/Criativo (segundo), Plexo Solar (terceiro).

A Cassiterita é um óxido mineral de estanho com uma dureza de 6 a 7. Seu nome deriva da palavra grega para estanho. Seu sistema de cristal é tetragonal e algumas vezes ela ocorre em cristais pequenos, prismáticos, embora surja com mais frequência em formas massivas, granulares, radiadas, fibrosas ou botrioidais. Ela tem um lustro metálico adamantino e sua cor varia de marrom avermelhada a negro amarronzada, com alguns espécimes ocasionais incolores. Algumas vezes ela pode ser cortada em gemas, embora peças de tão alta qualidade sejam raras. Ela tem sido encontrada na Austrália, Bolívia, México, Malásia, Inglaterra e Namíbia.

ROBERT SIMMONS: A Cassiterita liga a consciência da pessoa com a Fonte profunda. Ela conecta o indivíduo que a utiliza, carrega ou usa com as raízes do Ser e Tornar-se. É uma pedra de iniciação, e sua vibração é a do pórtico, o espaço do limiar entre os mundos. Como pode ser? Como uma pedra pode estar conectada tanto com a Fonte quanto com o pórtico? Porque, nos domínios espirituais, a Fonte e o Pórtico são um e o mesmo! Os que trabalham com essas pedras em meditação ou sonhos lúcidos estão propensos a se familiarizar com atravessar muitos pórticos e se movimentar por muitos portais interdimensionais, porque é onde as vibrações da Cassiterita levam a pessoa. Esses atributos a tornam ideal para xamãs, médiuns, canalizadores e todos os que trabalham no "outro mundo". Ela facilita mudanças bruscas de consciência que tornam essas viagens interiores possíveis.

A Cassiterita estimula os chacras inferiores – raiz, sexual/criativo e do plexo solar – e também o Estrela da Terra, abaixo do corpo, e os chacras Estrela da Alma e etéreo, acima da cabeça. Ela é singular no sentido de que trabalha nos chacras mais inferiores do corpo e também com os chacras transpessoais. Entretanto, isso é necessário para seu propósito de pedra de iniciação das passagens. Quando a pessoa está fazendo uma transição importante, ela se move com maior rapidez dos reinos espirituais para os físicos ou vice-versa.

Apesar de sua natureza de serviço pesado, a Cassiterita é uma pedra de otimismo e até de humor, permitindo aos que viajam pelas dimensões que o façam com o coração leve. Ela ajuda a pessoa a reconhecer que até os trabalhos mais profundos da vida são apenas estações momentâneas no caminho da alma.

A Cassiterita mistura suas energias especialmente bem com Zincita e Cuprita, talvez por sua similaridade de estrutura química. Todas essas pedras são óxidos metálicos. Todas as três são densas e pesadas, e todas se ligam fortemente com os chacras inferiores do corpo físico. Se a pessoa precisa de um prana extra, ou energias de força da vida, a Cuprita será de grande ajuda. Se deseja

CASSITERITA

estimular os fogos sexual/criativo relativamente aos portais oferecidos pela Cassiterita, a Zincita é a melhor aliada possível.

NAISHA AHSIAN: A Cassiterita é uma pedra poderosa da energia Tempestade, que supervisiona o nascimento da energia na matéria e a passagem da matéria de volta para a energia. Ela ressoa com o nível de passagem do nascimento e da morte, criação e destruição. Essa frequência de energia primeiro empurra o espírito para a forma, encarnando a alma no corpo. Ela está presente no nascimento, quando a alma entra totalmente neste mundo como uma entidade independente. Também está presente na morte, quando a energia parte do físico, que começa a desfazer-se até que apenas a energia permaneça.

As vibrações da Cassiterita criam um portal para manifestação ou destruição. Ela pode ser usada para estimular a abundância e prosperidade ao auxiliar a pessoa a canalizar energia para a forma que deseja. Pode ajudar a romper formas antigas, liberando energia de estruturas obsoletas.

A Cassiterita ajuda a pessoa a entender tanto a natureza da impermanência quanto o conceito da Fonte Divina onipresente e eterna. Nos reinos de frequência da Cassiterita, esse paradoxo da impermanência e permanência é a condição natural da realidade.

Usada em meditação, a Cassiterita pode auxiliar a pessoa a ver que aspectos de sua vida se tornaram ultrapassados e devem ser enviados de volta para a fonte. Uma vez esses padrões eliminados, essa aliada pode auxiliar na criação de uma nova forma para ser assumida pela energia. Ela age como um portal por onde se pode acessar o vazio da criação. É uma pedra de aterramento no sentido de trazer a luz divina para o reino físico. Porém, ela também pode ajudar o movimento na direção oposta, liberando padrões emperrados e auxiliando o movimento para fora da densidade e para dentro da Luz.

Ela é uma pedra poderosa para assentamento no corpo da alma dos recém-nascidos; também pode ser usada em cerimônias de morte para facilitar a ascensão da alma do corpo para a Luz. Durante qualquer rito de passagem, ela ajuda a garantir que o passado seja liberto e o futuro, manifesto. Ela pode ajudar a pessoa a superar o medo da morte. Para os que já tiveram experiências de quase morte, a Cassiterita permite que eles retornem para a Terra e completem suas missões com graça.

ESPIRITUAL: A Cassiterita auxilia na manifestação de novas formas e na destruição de formas do passado. Ela age como um portal dimensional entre os reinos manifesto e não manifesto e ajuda na passagem da alma da Luz para o corpo e de volta para a Luz.

EMOCIONAL: A Cassiterita auxilia a pessoa a superar o medo da morte e movimentar-se pelas mudanças com graça e aceitação.

FÍSICO: A Cassiterita é excelente para os que tiveram um prognóstico de doença terminal. Ela auxilia a tornar a transição entre este mundo e o próximo com graça e sem medo.

AFIRMAÇÃO: Eu vou em frente, com coragem, por todas as transições e passagens da vida e da morte.

CAVANSITA

PALAVRAS-CHAVE: Clarividência e clariaudiência, acesso aos registros akáshicos, comunicação melhorada, expansão da consciência.
ELEMENTO: Ar.
CHACRAS: Terceiro Olho (sexto), Coroa (sétimo).

A Cavansita é um óxido silicato de cálcio vanádio hidratado com uma dureza de 3 a 4. Ocorre como cristais tabulares ou prismáticos em rosetas, algumas vezes em associação com outros minerais zeólitos como Estilbita ou Apofilita. A cor da Cavansita varia de azul a verde azulada. Os melhores espécimes de sua localização mais famosa em Poona, Índia, são de um azul ultramarino escuro.

ROBERT SIMMONS: Essa é uma pedra da vibração mais pura do raio azul. Ela une as energias do quinto e sexto chacras – a garganta e o terceiro olho –, facilitando *insights* claros e comunicação articulada do que foi visto ou compreendido. Portanto, a Cavansita é uma pedra da verdade interior. Abre a mente para a compreensão direta e permite à pessoa ser um canal puro para a verdade maior.

Na tradição mística, existem histórias dos registros akáshicos, uma "biblioteca" interna contendo todo o conhecimento e história. Indivíduos talentosos e persistentes podem aprender a sintonizar com as frequências de tais campos de conhecimento. Tanto os "bobos ensináveis" quanto os "sábios geniais" como Rudolf Steiner são capazes de acertar alguns desses campos. Para os que desejam desenvolver tais habilidades, a Cavansita pode ser uma ferramenta útil, uma vez que vibra para as frequências do conhecimento e verdade interiores. Trabalhando com ela em meditação, a pessoa pode aprender a ressoar e sintonizar com esses campos. Tal conhecimento direto está dentro do potencial de todos os seres humanos, e ajudar a pessoa a perceber esses potenciais é a dádiva da Cavansita.

De modo similar, a Cavansita pode auxiliar os que "canalizam" informação espiritual ou que desejam fazê-lo. Ela pode ajudar a pessoa em todas as áreas da intuição, incluindo habilidades psíquicas, tais como mediunidade, psicocineses, psicometria, visão remota, etc. Pode ajudar a pessoa a colocar-se de lado e deixar sua verdade fluir livremente, sem a interferência de pensamentos ou dúvidas.

A Cavansita é relaxante para as emoções e calmante para os nervos em frangalhos. Ela permite que a pessoa relaxe e abandone ideias obsoletas. Auxilia a pessoa a ficar livre de "empacamento" tanto na mente como em situações externas. Ela ajuda a encontrar coragem e suavidade para dizer as palavras que devem ser ditas, sem infligir culpa ou vergonha. É uma pedra excelente para carregar ou usar em situações difíceis em que a pessoa deseje evitar conflito sem sacrificar a verdade.

A Cavansita algumas vezes cresce misturada com cristais de Estilbita e isso é um combinação acidental maravilhosa. Para as qualidades já mencionadas da Cavansita, a pessoa pode acrescentar as virtudes da Estilbita, que incluem uma suavidade profunda e delicada e uma alegria calma e incessante. As

CAVANSITA

Estilbitas são claramente pedras da vibração do amor. Elas abrem e curam o chacra do coração, e ajudam a pessoa a manter abertura e vulnerabilidade emocional, mesmo nas situações mais difíceis. Quando usada em meditação, a Estilbita fornece uma expansão da consciência calma e sem esforço para os reinos astrais, e além deles para as dimensões sutil e causal. A expansão que ela oferece é tão delicada que a pessoa pode com facilidade cair em um estado de bem-aventurança e não perceber completamente o que aconteceu. Para os que são inquietos à noite, a Cavansita/Estilbita pode trazer uma influência calmante que ajuda a pessoa a cair no sono. Para os que têm dificuldade para meditar ou aquietar o diálogo interno da mente, a Cavansita/Estilbita pode ser a portadora de paz interna que liberta o eu. Para os que estão se curando de perdas e luto, ela pode ser um bálsamo para as emoções.

A Cavansita e a Estilbita juntas podem ser uma combinação profunda de abertura e cura para a verdade, o amor e a paz. Ela pode abrir as portas da percepção enquanto aumenta a sintonia da pessoa com os reinos do coração. Desse modo, fornece uma centralização e animação profundas. A beleza dessas pedras ainda reflete as propriedades que elas despertam no ser.

A Cavansita também ressoa bem com Apofilita, para viagem interdimensional e melhoria das capacidades mediúnicas e clarividentes. Ela pode ser combinada com pedras como Quartzo Rosa, Morganita, Turmalina Rosa e/ou Esmeralda, para criar uma comunhão iluminada entre a mente mais elevada e o coração.

NAISHA AHSIAN: A Cavansita é uma aliada poderosa e bela do elemento Ar. Seu raio azul puro incorpora as energias da revelação, inovação, compreensão, profecia e iluminação espiritual. Sua energia ajuda a pessoa a encontrar um lugar de grande quietude na meditação onde a presença do "Eu Sou" se une em perfeita comunhão com a alma individual.

A Cavansita traz uma frequência de alegria, boa vontade, excitação e curiosidade que pode ajudar a pessoa a se movimentar além da apatia e desilusão. Ela pode ajudar a acessar os níveis de orientação e conhecimento que impulsionarão a pessoa para a fase seguinte de seu conhecimento. A Cavansita é uma pedra de transição. Ajuda a pessoa a perceber as lições aprendidas em experiências passadas e liberar com alegria essas lições para que possa se movimentar graciosamente para o futuro. Ela pode assistir em todos os modos de trabalho mediúnico, mas é especialmente útil na prática da clarividência e clariaudiência.

A Cavansita é uma aliada excelente para qualquer um com a incumbência de comunicar ideias ou dar orientação, particularmente quando é na forma escrita. Para professores e escritores, ela pode auxiliar a pessoa a ser clara, concisa e sucinta na comunicação de sua mensagem pretendida.

A energia do elemento Ar dessa pedra estimula o elemento Fogo da pessoa, ajudando-a a sentir-se energizada, excitada e esperançosa com o futuro. Ela pode auxiliar a pessoa a ganhar informação sobre os próximos passos necessários quando está assumindo um novo projeto ou caminho.

ESPIRITUAL: A Cavansita é uma ajudante para tornar a comunicação clara e pode auxiliar a pessoa a se ligar com novos professores ou guias quando ela está preparada para um novo nível. Ela estimula o terceiro olho e pode ser usada para ajudar a desenvolver a percepção visual das energias. É uma pedra de meditação excelente, mas pode ser estimulante demais para indivíduos excessivamente mentais e deveria, nesse caso, ser combinada com minerais com base de manganês, para aterrar e suavizar suas energias.

EMOCIONAL: A Cavansita pode ajudar a pessoa a superar sentimentos de desesperança, falta de direção, confusão e cinismo. Ela traz uma energia prazenteira e otimista para o corpo emocional da pessoa. Seu raio azul puro auxilia a pessoa a ir além de experiências emocionais do passado e aceitar o futuro com curiosidade e coragem.

FÍSICO: A energia da Cavansita é estimulante para o sistema endócrino, em especial as glândulas pituitária e pineal. Ela pode ser usada para ajudar contra doenças induzidas pelo estresse, em especial enxaquecas e dores de cabeça desencadeadas por situações estressantes.

AFIRMAÇÃO: Eu me movimento para o futuro com entusiasmo e expectativas otimistas, e sou apoiado pelo fluxo de sabedoria espiritual, constantemente jorrando para dentro e por mim vinda dos mundos mais elevados.

CELESTITA

PALAVRAS-CHAVE: Comunicação angelical, acesso a dimensões mais elevadas, serenidade.
ELEMENTOS: Ar.
CHACRAS: Terceiro Olho (sexto), Coroa (sétimo), Transpessoal e Etéreo (do oitavo ao 14º acima da cabeça).
CHACRAS ADICIONAIS: (com Celestita de Ohio) Coração (quarto), Garganta (quinto).

A Celestita (também conhecida como Celestina) é um sulfato mineral de estrôncio com uma dureza de 3 a 3,5. Seu sistema de cristal é ortorrômbico. Ele forma cristais tanto tabulares como prismáticos, e a Celestita também ocorre em configurações compactas, fibrosas, granulares ou nodulares. Ela pode ser incolor, branca, cinza, azul, verde, amarela, laranja, avermelhada ou marrom. A Celestita encontrada com maior frequência no mercado é uma variedade cinza azulado de Madagascar, que tende a ocorrer em aglomerados e geodos. Outra variedade mais rara é a Celestita de Ohio, que em geral se forma em cristais solitários, esbranquiçados, ou em cristais tabulares azulado cinzentos, de menos de 2,5 centímetros a 20 centímetros de comprimento. Alguns desses cristais são pelo menos parcialmente transparentes e poucos entre eles têm terminação dupla. Os cristais tabulares de Celestita de Ohio tornaram-se extremamente populares com os curadores de energia, que foram capazes de adquiri-los. A Celestita Dourada da Europa Oriental foi popular nos anos 1990, mas esses cristais simplesmente desapareceram do mercado.

ROBERT SIMMONS: A Celestita oferece uma energia suave, animadora, que pode erguer e expandir a percepção da pessoa no interior dos reinos mais elevados. É uma das pedras mais eficientes para acessar os reinos angelicais e pode facilitar a comunicação entre a pessoa e seus anjos da guarda e guias angelicais. Ela estimula os chacras do terceiro olho e da coroa e os chacras etéreos, acima da cabeça. Ela é uma pedra suave tanto física como energeticamente. Ao mesmo tempo em que eleva a percepção, a Celestita faz com que a pessoa se sinta como se estivesse flutuando em uma nuvem em vez de zunindo em um foguete.

A Celestita Azul cinzenta de Madagascar surge principalmente em aglomerados e é ideal para ser colocada no quarto da pessoa, quarto de terapia ou espaço de meditação, como uma purificadora ambiental e fonte de energias positivas suaves. Suas vibrações radiam em todas as direções, tornando-a maravilhosa para ter em volta, embora ela seja menos útil para trabalho de cura ou meditação que requeira foco em uma área, chacra ou pontos de meridiano específicos. Para essas funções, cristais solitários de Celestita de Ohio são melhores.

A Celestita Dourada, quando pode ser encontrada, é uma pedra excelente do terceiro olho, estimulando aquela área e abrindo a pessoa para a experiência visionária interior. Ela ativa o chacra da coroa ainda mais vigorosamente, ajudando a pessoa a movimentar o ponto da consciência além e acima do corpo nos mundos mais elevados.

CELESTITA DE OHIO

ROBERT SIMMONS: As Celestitas mais potentes e benéficas ainda disponíveis de algum modo são as Celestitas de Ohio. Por seu alinhamento linear e forma tabular, elas permitem um fluxo de energia muito mais focado e intenso do que qualquer outro tipo de cristal de Celestita. Elas elevam o humor e trazem uma sensação de inspiração para qualquer atividade em que a pessoa esteja engajada. Quando levadas ao terceiro olho, as Celestitas de Ohio oferecem uma vibração adorável de prazer e júbilo interior. São ao mesmo tempo delicadas e vigorosas, abrindo o terceiro olho para múltiplos reinos de dimensões mais elevadas. Em meditação com elas, a pessoa pode movimentar-se por muitos corredores interiores de Luz que levam a vários domínios espirituais. Os reconhecidos com mais facilidade são vários dos níveis angelicais. A Celestita de Ohio parece ter ligação íntima com os anjos e facilitar a comunicação consciente com eles.

A Celestita de Ohio ativa o chacra da coroa e também o do terceiro olho, algumas vezes possibilitando "baixar" informação espiritual através da coroa aberta. Ela também age beneficamente no chacra da garganta, tornando possível articular com clareza sua visão interior e também as informações recebidas de fontes mais elevadas. A Celestita de Ohio também estimula o chacra do coração, abrindo a pessoa para a compaixão aprofundada, a paz interior e o amor expandido por si e os outros.

Além disso, os poderes da mente são estimulados e despertados pelos cristais de Celestita de Ohio, facilitando a clarividência e clariaudiência. A habilidade para ver à frente no tempo, como em profecia, também é fortalecida. Além disso, a mente racional é nutrida por essas pedras, auxiliando a pessoa em todos os tipos de disciplina mental, matemática, linguagem e pensamento abstrato. O acesso à inspiração e saltos de intuição também são benefícios dos cristais de Celestita de Ohio.

Essas Celestitas realmente fazem jus ao nome, pois existe um sentido poderoso do celestial, o paradisíaco, nelas. Uma vibração constante de *ananda*, ou bem-aventurança divina, emana delas, ajudando a pessoa a perceber o regozijo definitivo em toda a criação, independentemente das circunstâncias exteriores. Segurando ou usando uma, a pessoa pode sentir-se envolvida em um casulo de Luz que lhe permite saber a verdade do êxtase da existência. Sua energia não é masculina nem feminina, vibrando em vez disso de um lugar de equilíbrio puro de todas as polaridades. Segurando um desses cristais em cada mão, pode-se sentir um reequilíbrio completo das energias do corpo etéreo, uma elevação emocional poderosa e um entusiasmo crescente pela experiência da vida.

Existem muitos modos para se usar os cristais de Celestita de Ohio. Em meditação, eles são ideais colocados no terceiro olho, e também nos chacras da coroa, da garganta e do coração. De fato, colocar uma peça em cada um desses quatro chacras pode produzir um estado de meditação profunda sem esforços. O mesmo é verdade para buscas internas mais ativas, como viagem interdimensional, canalização e comunicação angelical.

Usar um cristal de Celestita de Ohio pode levar a pessoa a um estado de comunhão constante com as dimensões mais elevadas. Ela também traz calma e uma sensação de esperança. Usar uma Celestita de Ohio é muito recomendado como um antídoto vibratório calmante para o estresse e a tensão. Essas pedras trabalharão em sinergia com Moldavita, Azeztulite, Petalita, Danburita, Escolecita, Morganita, Alexandrita, Natrolita, Fenacita, Herderita, Broquita, Tectito Tibetano, Quartzo Lítio e Quartzo Satyaloka.

CELESTITA

A harmonia com outras pedras estende-se além de usá-las – para disposições e ferramentas de Luz também. Disposições de pedras combinando Celestitas com qualquer uma das pedras mencionadas anteriormente serão bastante poderosas. Nesse sentido, a criação de ferramentas de energia ou padrões usando Celestita com algumas dessas é recomendada. As Celestitas de Ohio irão não só amplificar as energias das outras pedras, mas também trazer elevação vibratória e equilíbrio para a mistura.

NAISHA AHSIAN: A Celestita é uma gema aliada poderosa que estimula os sentidos espirituais e a ligação da pessoa com os reinos celestiais e a orientação divina. Independentemente de sua cor, ela pode ser utilizada para atenuar as transições no estado de meditação enquanto mantém a pessoa límpida e focada no processo. Auxilia a pessoa a abrir seus sentidos mais elevados para perceber as informações mediúnicas e intuitivas, e estimula tanto o chacra da coroa como o do terceiro olho.

As frequências das Celestitas Azul Cinzentas ajudam na ligação com os reinos angelicais e a fonte da cura divina. Ela ensina à pessoa o valor da paciência e da perfeita confiança no processo divino. A Celestita Azul Cinzenta ativa vigorosamente o terceiro olho e pode ser usada para melhorar o trabalho de visão e sonho. Ela tem um efeito purificador suave no campo de energia ou ambiente. É uma pedra boa para colocar em salas que se tornaram congestionadas com energia emocional ou negatividade. Em geral, ela é usada em aposentos de cura para atrair energia angelical e ajudar a purificar o espaço.

A Celestita dourada ressoa mais com o chacra da coroa do que com o do terceiro olho. Ela auxilia na abertura à comunhão extática da pessoa com seus guias e conselhos mais elevados. Além de sua estimulação da coroa, essa variedade pode com rapidez levar a pessoa a um estado de meditação profunda. Ela facilita a canalização e o trabalho de cura que emprega guias mais elevados e seres espirituais. É útil para problemas de infecção ou vínculos etéreos. A Celestita Dourada é útil em problemas do terceiro chacra, em que a pessoa precisa de assistência espiritual para o aprendizado do uso correto do poder ou para assumi-lo.

ESPIRITUAL: Todas as Celestitas são valiosas para abertura e purificação dos chacras do terceiro olho e da coroa. As variedades azul cinzentas agem no terceiro olho, melhorando a visão interior e a habilidade intuitiva. Ela está alinhada com as energias angelicais e ajuda a atrair ajuda ou espíritos protetores. A variedade dourada está alinhada com o chacra da coroa, estimulando a ligação da pessoa com a fonte divina. Ela pode auxiliar na remoção de vínculos negativos e na limpeza do campo áurico dos entulhos.

EMOCIONAL: As Celestitas Azul Cinzentas trazem uma sensação calma, centrada e exaltada para o corpo emocional. Ela ajuda a pessoa a sentir-se segura e protegida e pode ser usada para superar o medo, a suspeita ou paranoia. A variedade dourada da Celestita ajuda a pessoa a sentir-se otimista, revigorada e até eufórica. É excelente para trazer uma Luz dourada estimulante para o corpo emocional e o coração da pessoa.

FÍSICO: Ambas as variedades de Celestita são sulfatos e, portanto, úteis para eliminar infecções e vínculos de todos os tipos. Elas são purificadoras para o campo áurico, estimuladoras para os sistemas energéticos do corpo e podem ajudar a ativar o metabolismo. O tipo azul cinzento é útil para ajudar a curar infecção no olho ou fraqueza. A variedade dourada é de ajuda na estimulação da digestão, para equilibrar o apetite e encorajar a perda de peso. É especialmente útil para auxiliar com questões de fraqueza nos rins, xixi na cama ou infecções do trato urinário.

AFIRMAÇÃO: Eu sou um ser adorável na integridade da serenidade e verdade interior, sempre em comunhão com meu Eu Superior, anjos e guias espirituais.

CERUSSITA

PALAVRAS-CHAVE: Transformação alquímica do eu, infusão de Luz, aceitação da mudança evolutiva.
ELEMENTO: Tempestade.
CHACRAS: Raiz (primeiro), Coroa (sétimo).

A Cerussita é um carbonato mineral de chumbo com uma dureza de 3,5. Seu sistema de cristais é ortorrômbico e ela surge tipicamente em associações com minerais como Esfalerita, Galena, Piromorfita, Anglesita e Smithsonita. Em geral, forma cristais que são incolores, cinza ou marrons, e tem um lustro adamantino. Os cristais de Cerussitas de boa qualidade foram encontrados na República Tcheca, Sardenha, Áustria, Escócia, Namíbia e Estados Unidos.

ROBERT SIMMONS: A Cerussita é uma pedra de alquimia interior. Aqueles que já leram um pouco da história da alquimia sabem que essa prática antiga era uma das magias simpáticas em que se acreditava que a transformação de substâncias exteriores catalisava e era catalisada pelas mudanças internas no mago. A mudança alquímica exterior mais investigada era a transmutação de chumbo em ouro, enquanto a magia interior trabalhava para transformar a pessoa humana em uma manifestação viva do Divino. Os experimentos dos alquimistas foram a base da ciência da química atual, embora poucos químicos atuais se esforcem para a transmutação interna simpática.

Para os pioneiros espirituais que desejam a autotransformação, a Cerussita pode ser uma ferramenta útil. Ela estimula as energias do chacra da raiz e as conecta com o chacra da coroa. Ela constrói uma espiral vibratória ascendente através da coluna espinhal, energizando cada um dos chacras ao longo do caminho. Ao fazê-lo, ela cria um padrão de realinhamento que reverbera por todos os níveis do ser da pessoa, oferecendo-lhe a oportunidade de escolher reestruturar sua vida nos níveis mais elevados de funcionamento espiritual. A Cerussita é ideal para os que desejam fazer mudanças de carreira que refletirão suas aspirações espirituais e seu desejo de estar a serviço do mundo. Também pode auxiliar os que estão passando por transições inesperadas – na saúde, em relacionamentos ou autopercepção – para que encontrem os novos padrões que sejam mais apropriados para sua vida.

A Cerussita harmoniza bem com a Zincita, que dá uma ênfase extra nos chacras inferiores, despertando-os para novos níveis de possibilidades e entusiasmo pela vida. Para o chacra da raiz em particular – um ponto importante, uma vez que é o início da espiral de energia da Cerussita –, a Granada Andradita Negra pode ajudar a ancorar a energia. Na outra ponta da coluna de chacras, a Cerussita conecta sinergicamente com Azeztulite, Petalita, Escolecita e Natrolita, todas elas estimulantes do chacra da coroa, abrindo a consciência da pessoa para a percepção do Divino. Outros minerais com base no chumbo, como a Esfarelita ou Galena, podem fornecer um apoio adicional aos propósitos da Cerussita. Um aliado final e talvez mais importante para ser mencionado – a Celestita (principalmente as pontas tabulares solitárias de Ohio) – pode pegar as energias recém-despertadas trazidas à consciência pela

CERUSSITA

Cerussita e elevá-las para além do nível do corpo físico, ligando a pessoa aos mundos mais elevados. Esse era o objetivo último dos alquimistas espirituais.

NAISHA AHSIAN: Cerussita é uma pedra poderosa do elemento Tempestade que nos ensina valiosas lições sobre esperança, transformação, magia e nosso próprio poder inerente como seres espirituais de Luz. A Cerussita é a manifestação espiritual de dois dos elementos mais densos, o chumbo e o carbono. Quando esses elementos são expostos ao alento do espírito (oxigênio), ocorre uma transformação, resultando em uma formação cristalina. Essa é uma metáfora poderosa para a transformação e transmutação da matéria em seu estado mais elevado e espiritual. Quando nossos aspectos mais densos são expostos para a energia e Luz do Espírito, todos os aspectos do eu se realinham e recristalizam, revelando um ser novo e radiante.

A energia da Cerussita encoraja a manifestação da Luz no interior dos aspectos mais densos do ser. Os cristais mais belos de Cerussita são muito claros, quase incolores, e têm uma estrutura ortorrômbica distinta. É difícil imaginar que esse cristal lindo e poderoso foi formado de um de nossos metais mais comuns e menos valorizados. Por sua experiência de transformação radical da densidade para a luz, a Cerussita é um professor valioso. A partir da energia e experiência da Cerussita, aprendemos sobre esperança, iluminação e a manifestação da energia mais elevada possível na forma mais densa possível. No interior da energia dessa pedra vemos a realidade do que nos tornaremos – seres humanos de Luz manifestos em forma física.

ESPIRITUAL: A Cerussita Ilumina a pessoa em todos os níveis. Ela traz clareza e presença para a mente, um espectro amplo de energia eletromagnética para a aura e enche o DNA com frequências de transformação para desencadear a evolução. Ela é um lembrete vigoroso de que dentro de todos nós reside o poder de incorporar o Espírito radicalmente e transformar a base de nossa realidade em uma experiência luminescente da energia divina. Ela nos ensina a começar de onde estamos aspirando a luz do Espírito profundamente para nosso interior e radiando-a por nossa vivência exterior.

EMOCIONAL: A Cerussita é inspiradora, facilitando a esperança e a disposição para superar a dificuldade ou densidade. Sua energia não concede melancolia ou nos fixarmos em pensamentos negativos. Ela possibilita à pessoa que *veja* os contornos de prata em qualquer nuvem sombria e funciona efetivamente como uma pedra protetora, iluminando quaisquer energias densas que possamos encontrar. Pode ajudar a pessoa a superar sentimentos de estar massacrada e auxilia na organização dos pensamentos, do espaço e de si mesma. Para os preocupados com perfeição, essa pedra ajuda na superação do medo que é a base dessa ilusão, possibilitando que a pessoa incorpore a perfeição que ela já possui.

FÍSICO: A Cerussita aumenta a atividade e o processamento cerebral, concedendo à pessoa um pensamento mais claro e com maior concentração. Pode ser usada para ajudar os com ADD/ADH, ou hiperatividade em geral. Ela é uma excelente ajudante para a redução de peso, em especial quando o peso foi criado para o objetivo de proteção ou aterramento. Ela pode ser usada para ajudar no apoio dos que têm ataques de ansiedade ou agorafobia. É uma pedra excelente para mulheres grávidas que desejem trazer a Luz para os aspectos mais profundos de seu filho por nascer.

AFIRMAÇÃO: Ofereço-me com toda a disposição para o crisol da transformação, para que meu eu humano possa ser purificado e ressurreto em seu verdadeiro padrão divino.

CHAROÍTA

PALAVRAS-CHAVE: Revelação do caminho ou serviço da pessoa, purgação da negatividade interior, proteção, cura.
ELEMENTO: Ar.
CHACRAS: Terceiro Olho (sexto), Coroa (sétimo), Estrela da Alma (oitavo), Plexo Solar (quinto), Raiz (primeiro), Estrela da Terra (abaixo dos pés).

A Charoíta é um mineral complexo que contém potássio, cálcio, sódio, bário, estrôncio, oxigênio, silicone e hidrogênio. Sua formação é monoclínica; ela ocorre principalmente em agregados fibrosos densos, e sua dureza é por volta de 6. Sua cor varia de lilás pálido a roxo escuro, e é rica em padrões internos; algumas vezes também ocorrem inclusões negras ou douradas. A Charoíta é encontrada na Sibéria e seu nome deriva do Rio Charo dessa região.

ROBERT SIMMONS: A Charoíta é conhecida por sua emanação forte do raio púrpura. Ela pode, portanto, ser usada para purificar e limpar o corpo etéreo da pessoa, eliminando desarmonias e dissipando a negatividade. Pode proteger a pessoa de ataques mediúnicos e eliminar a tendência de ter pesadelos. Facilita a eliminação de medos inconscientes, servindo de catalisador para a cura e transmutação de antigos padrões de desequilíbrio. Pode ajudar a pessoa a acessar memórias de vidas passadas e integrar as lições de experiências de vidas passadas. Para os que sofrem de dificuldades para diagnosticar enfermidades que têm sua raiz em negatividade ou medos internalizados, a Charoíta pode ser uma ajuda poderosa para liberar tais coisas. Ela pode auxiliar a pessoa a mesclar as energias dos chacras do coração e da coroa, concedendo *insights* espirituais profundos em um clima interior de amor incondicional.

Trabalhar com Charoíta pode incrementar a probabilidade de sincronicidades na vida da pessoa. Se alguém aprende a percebê-las e as mensagens que elas implicam, a pessoa pode movimentar-se pela vida como que guiada pelo cordão de ouro, e o caminho sem rotas de sua vontade mais elevada será revelado.

A Charoíta mistura suas energias sinergicamente com Moldavita, Fenacita, Serafinita, Petalita, Ametista, Kunzita e Apatita Azul. Para os que usam Charoíta como proteção contra energias negativas, Sugilita, Azeviche, Turmalina Negra e Quartzo Fumê são bons aliados.

NAISHA AHSIAN: A energia da Charoíta ativa o conhecimento interior latente que pode levar você para seu caminho de serviço para o mundo. Sua energia abre e limpa os chacras do terceiro olho, da coroa e Estrela da Alma, possibilitando à pessoa se ligar com a orientação e os acontecimentos que revelarão seu verdadeiro caminho de serviço. Em segundo lugar, ela abre e limpa o plexo solar, primeiro chacra e Estrela da Terra, possibilitando à pessoa manifestar seu caminho de serviço no plano terrestre.

As formações dendríticas na Charoíta auxiliam no aterramento de energias de alta frequência no mundo físico. Isso ajuda a pessoa a permanecer aterrada e focada quando se engaja mais totalmente no nível espiritual. As inclusões de Calcita no interior das camadas serpenteantes da Charoíta podem ajudar na superação de resistências às mudanças necessárias. A habilidade da Calcita para remover obstáculos funciona na Charoíta para dissolver os bloqueios da pessoa em se aclimatar com vibrações de alta frequência. É excelente para curadores e outros que trabalham com essas energias, uma vez que ela auxilia tanto na regulagem de seu fluxo pelo corpo como no aterramento do excesso de energia para prevenir esgotamentos psíquicos. Para os que focam exclusivamente em elevar suas vibrações e esqueceram-se de aterrar, a Charoíta pode ser um lembrete valioso para trazer as energias de altas frequências para a Terra e aplicá-las na realidade tridimensional. Ajuda a pessoa a superar o escapismo espiritual e encoraja-a a assumir responsabilidade por aterrar a energia espiritual onde ela é mais necessitada, na Terra.

Parte da energia espiritual manifesta na Terra está empenhada com mais profundidade no próprio trabalho pessoal interior de cura. A Charoíta auxilia a pessoa a reconhecer em que ela ainda precisa trabalhar seus próprios problemas, e na revelação do caminho mais direto para essa cura. No processo desse trabalho íntimo, a pessoa se torna um catalisador mais efetivo para a cura de outros. Ao ressonar com as energias da Charoíta, o próprio trabalho interior da pessoa torna-se seu primeiro caminho de serviço no mundo.

A Charoíta é um professor claro, estrito e poderoso. Quando a pessoa dá uma guinada do caminho indicado, engaja-se em um comportamento negativo ou de autossabotagem ou tenta "cair fora" de seu trabalho espiritual, a energia da Charoíta está lá para segurar um espelho energético na frente do rosto da pessoa. Para os que têm seriedade sobre seu trabalho interior e estão prontos para se comprometer com seu caminho de serviço, a Charoíta pode ser o melhor dos amigos e seu melhor aliado.

Na cura, a Charoíta ajuda o facilitador a ser mais objetivo sobre as informações que ele ou ela recebe. Algumas vezes, as energias de um cliente podem desencadear os próprios padrões energéticos, referências e filtros do curador. A não ser que os curadores tenham clareza sobre suas próprias dificuldades, eles podem interpretar mal as energias que estão recebendo. A Charoíta ajuda a pessoa a interpretar com mais acuidade as energias e problemas dos clientes sem colocar a referência pessoal do curador na informação.

ESPIRITUAL: A Charoíta estimula vigorosamente os chacras do terceiro olho, da coroa e Estrela da Alma. Ela ainda ativa o terceiro chacra, primeiro chacra e Estrela da Terra. Ela auxilia a pessoa a reconhecer seu caminho de serviço e manifestá-lo na Terra. Ela estimula a habilidade intuitiva e mediúnica, elimina a negatividade e auxilia a pessoa a ser um curador mais efetivo.

EMOCIONAL: A Charoíta ajuda a pessoa a superar a resistência a seu caminho sagrado. Ajuda a separar suas dificuldades dos problemas dos outros, auxiliando com os limites energéticos e a interpretação de informações mediúnicas.

FÍSICO: A Charoíta ajuda a fortalecer de uma maneira geral o corpo e o campo energético aterrando energias de alta frequência nos sistemas físicos.

AFIRMAÇÃO: Eu peço a revelação de meu caminho mais elevado de serviço e a aceito integralmente, sabendo que estou protegido de todo mal.

CINÁBRIO

PALAVRAS-CHAVE: Alquimia, magia, transformação, *insight*, manifestação, riqueza, agilidade mental.
ELEMENTO: Fogo.
CHACRAS: Raiz (primeiro), Sexual/Criativo (segundo), Terceiro Olho (sexto).

O Cinábrio é um sulfeto de mercúrio mineral com uma dureza de 2 a 2,5. Seu sistema de cristal é trigonal. Sua cor é vermelha ou amarronzada quando estão presentes impurezas. O Cinábrio se forma em cristais tabulares estreitos, romboédricos e prismáticos que em geral são casados. Ele forma-se em torno de respiradouros vulcânicos e fontes de água quente e também pode ocorrer em rochas sedimentares associadas a atividades vulcânicas recentes. O Cinábrio é a forma básica dos veios de mercúrio e é processado para produzir o mercúrio refinado. Uma vez que o mercúrio é um material tóxico, deve-se ter cuidado ao usar o Cinábrio.

Algumas vezes o Cinábrio se forma em conjunto com o Quartzo, e o Quartzo Cinábrio talvez seja a forma mas benéfica do Cinábrio para uso metafísico. A transformação do Quartzo em silício protege e fixa o Cinábrio e também aumenta suas propriedades energéticas.

ROBERT SIMMONS: As pedras de Quartzo Cinábrio são talismãs da transformação alquímica do ser para o Ser, a manifestação integral do plano espiritual da pessoa, a realização do padrão divino que carregamos interiormente. Essa realização requer a queima dos dejetos das imperfeições da pessoa e o refino do que permanece na pura essência do Eu Superior. O Quartzo Cinábrio pode ser um aliado poderoso para essa tarefa.

Além dos dois primeiros chacras, o Quartzo Cinábrio estimula o terceiro olho, contribuindo para maior *insight* e habilidade de ver visões do futuro potencial. Ele também ajuda a pessoa a aterrar suas visões na realidade física. Esses atributos a tornam uma pedra ideal para pessoas criativas e também proprietários de negócios, ambos podendo usá-la para realizarem seus sonhos e criar prosperidade.

A natureza alquímica dessa pedra se ajusta perfeitamente ao entendimento de que ela pode alinhar, equilibrar e remover bloqueios no corpo energético da pessoa. Tais ajustes são a essência da transformação. Do mesmo modo, atributos como a habilidade para atrair riqueza e manifestar "invencibilidade" são componentes de toda a gama de capacidades que a pessoa pode associar ao cumprimento do plano por trás da razão de ser da pessoa.

Pode-se também dizer que o Quartzo Cinábrio é a pedra do arquétipo do Mago. O Mago age como um condutor consciente entre os mundos espiritual e material. Pela orientação da vontade pessoal, em alinhamento com a vontade divina, o Mago pode regular as correntes do fluxo universal para manifestar suas várias dádivas neste mundo. Se a pessoa sente um parentesco com o arquétipo do Mago, o Quartzo Cinábrio pode auxiliá-la a agir com resultados exatos no caminho do Mago. Usar a pedra como um amuleto ou carregá-la em uma bolsa permitirá que as energias trabalhem por todo o campo áurico da pessoa. Deve-se ter a cautela de lembrar que as energias arquetípicas não "pertencem" a nós, que o uso delas por puros motivos egoístas pode produzir resultados indesejados, como na história do aprendiz de feiticeiro.

CINÁBRIO

O Quartzo Cinábrio é um sulfeto de mercúrio, e esse mineral está alinhado com o deus Mercúrio, também conhecido como Hermes ou Thoth. Essas pedras podem ajudar a pessoa a manifestar traços como agilidade mental, rapidez de pensamento e brilhantismo intelectual, pelos quais esses deuses são conhecidos. Todos são atributos do Humano Divino, que essas pedras ajudam a pessoa a se tornar.

O Cinábrio e o Quartzo Cinábrio trabalham em sinergia com Zincita, Granada Vermelha, Cuprita, Cornalina e Turmalina Negra, para ativação dos chacras inferiores e aterramento das energias da pessoa. Elas também ajudam a aterrar as energias despertadas pelo Mago em seu trabalho de manifestação. Acrescentar Fenacita ao Quartzo Cinábrio estimulará as capacidades visionárias da pessoa, tornando seu caminho espiritual uma escolha clara.

NAISHA AHSIAN: O Cinábrio ressoa em uma frequência que queima as limitações e concede que a pessoa molde a realidade à sua vontade. Ela é uma pedra de alquimia e magia, permitindo que a pessoa acesse as linhas subjacentes da criação e use essa energia para mudar a realidade. O Cinábrio ativa vigorosamente os chacras da raiz e do umbigo, estimulando a energia da kundalini e encorajando o fluxo do *chi* pelo corpo. É também uma pedra da prosperidade e pode auxiliar a pessoa a aprender a trazer energia para a forma.

Pela habilidade do Cinábrio de manifestar a energia na forma física e estimular o fluxo de energia pelo corpo, ele também tem o efeito de estimular as habilidades intuitivas e mediúnicas. Pode ser usado para melhorar a percepção das energias sutis.

ESPIRITUAL: O Cinábrio nos ensina que a fisicalidade não é tão sólida quanto aparenta, mas, de fato, é uma expressão de energia constantemente em fluxo e mudança, que pode ser manipulada e transformada. Ela é uma pedra poderosa para os alquimistas espirituais que desejam praticar a magia de manifestação metamórfica e outros tipos de transformação. Auxilia a perceber o Divino por meio da união sexual e honrar esse aspecto da experiência física. Permite à pessoa incorporar seu espírito integralmente, vivenciando o poder do Divino por meio da forma física.

EMOCIONAL: O Cinábrio é estimulante para o corpo emocional e pode auxiliar a pessoa a libertar-se de ressentimentos, raiva e medo enterrados. Pode ajudar a pessoa a encarar com coragem sua realidade sem negar ou racionalizar.

FÍSICO: O Cinábrio é excelente no tratamento de infecções sistêmicas instaladas profundamente, sejam elas de origem viral ou bacteriana. Ele ajuda a estimular o sistema imunológico a purificar o sangue. Pode ser usado como auxiliar no tratamento de HIV, herpes, infecções por estafilococos ou estreptococos e por fungos. Sua energia pode ser útil na cura de verrugas, lesões e queimaduras. Ele pode ser usado para equilibrar problemas sexuais e de fertilidade.

AFIRMAÇÃO: Eu convoco o plano divino de meu Eu Superior, e os padrões do Espírito se manifestam por mim no mundo físico.

CITRINO

PALAVRAS-CHAVE: Manifestação, vontade pessoal, clareza mental, criatividade.
ELEMENTO: Fogo.
CHACRA: Raiz (primeiro), Sexual/Criativo (segundo), Plexo Solar (terceiro).

O Citrino é um dióxido mineral de silício, um membro do grupo Quartzo, com uma dureza de 7. Seu sistema de cristal é trigonal e sua pigmentação amarela é derivada do ferro. Seus tons variam de um amarelo muito pálido a um âmbar escuro, quase laranja, com alguns espécimes exibindo matizes amarronzados. O nome Citrino vem da palavra francesa *citron*, que significa limão. O Citrino era usado como gema na Grécia já em 300 a.C. e foi trabalhado como cabochão, pedras de anel e camafeus na Grécia e em Roma por todo o primeiro e segundo séculos. A maior parte do Citrino comercial no mercado é Ametista tratada a quente. Em geral, os âmbar escuro e alaranjados são tratados a quente. Os Citrinos naturais são em sua maioria de um amarelo-pálido. Depósitos de Citrino natural foram encontrados no Brasil, África, Madagascar, Espanha, Rússia, França, Escócia e Estados Unidos.

ROBERT SIMMONS: O Citrino abre as portas internas para aumentar a clareza de pensamento, melhorar a criatividade e amplificar os poderes da vontade e da manifestação. É umas das pedras principais para o chacra do umbigo e é capaz de despertar os poderes da imaginação criativa, mesmo nos indivíduos mais inconscientes.

A imaginação, como disse Einstein, é mais importante que o conhecimento. O conhecimento diz respeito aos fatos, condições ou princípios já conhecidos e, portanto, está enraizado no passado. Pelo conhecimento só pode haver repetição, não criatividade. Os poderes criativos dos seres humanos, e de todos os seres, estão enraizados na imaginação. Antes que alguém pudesse criar o raio *laser*, o soneto ou o suflê, eles tiveram de ser imaginados. A imaginação é o meio pelo qual a pessoa gira o fluxo do tempo futuro, abrindo o eu além do que foi para o reino do poder ser. O Citrino, tanto na forma natural quanto na aquecida, estimula a imaginação por três portais – o segundo, terceiro e sexto chacras. A ressonância vibratória do Citrino ativa e harmoniza os três centros de energia, tudo o que é necessário para o processo de imaginação criativa.

Por meio do sexto chacra – o do terceiro olho –, o Citrino ativa o processo de pensamento e melhora a clareza mental e também a função visionária por meio da qual as imagens interiores surgem. No fim das contas, em essência, a imaginação é o processo de criar imagens. A pessoa não consegue fazer a invenção até que tenha a imagem. Por meio do segundo chacra, o Citrino estimula a função criativa, a fonte de onde nascem os novos potenciais. É apropriado que esse chacra seja também o centro da energia sexual, a fonte de ambos os tipos de "concepção", imaginativa e biológica. Por meio do terceiro chacra, o plexo solar, o Citrino gera o dínamo humano da vontade pessoal. Diz-se que a grande realização é 1% inspiração e 99 % transpiração. A energia que sustenta a pessoa em meio ao trabalho duro de manifestar suas ideias criativas é a da vontade. Sem esse terceiro componente as ideias podem desaparecer antes de chegarem à fruição. O Citrino fortalece o terceiro chacra, e com isso a pessoa pode buscar com mais presteza e encontrar a persistência para "fazer acontecer".

O Citrino funciona em sinergia com muitas pedras, e a pessoa pode escolher a combinação baseada em onde sente a necessidade de acrescentar (ou multiplicar) energia adicional. Heliodoro, Labradorita Dourada e Topázio Imperial acrescentam poder ao terceiro chacra, local da vontade pessoal. Para ênfase adicional na função criativa, Zincita, Calcita Laranja e Cornalina são escolhas excelentes. Para melhorar a função visionária, Fenacita, Azeztulite e Natrolita são aliadas ideais. Para introjetar mais energias espirituais dos reinos mais elevados, Ametista, Petalita, Danburita, Apofilita Clara, Escolecita e/ou Herderita podem ser de grande ajuda.

NAISHA AHSIAN: Muito de nossa experiência no plano terrestre é adquirida de nossas tentativas de transformarmos nossos sonhos e desejos em tangibilidade física. Esse é o processo de manifestação, criando forma ou vivência a partir do plano energético de nossos pensamentos, crenças e desejos. O Citrino é nosso aliado mais notável no processo de manifestação. A vibração do Citrino estimula nosso segundo e terceiro chacras, iniciando nossa energia criativa e vontade, e aumentando nossa habilidade para trazer energia à forma.

O Citrino capacita-nos a nos abrirmos mais completamente para as energias da vontade divina e o caminho do amor. Ao ressonarmos com o Citrino, somos lembrados de que somos amados e apoiados pelo Universo em nossos esforços para a manifestação. Quando escolhemos o caminho do amor e da alegria, abrindo-nos para o poder da vontade divina, o Citrino nos sustenta para realizarmos o que é verdadeiramente belo.

Existe uma diferença tremenda entre a aparência do Citrino laranja amarelo aquecido comumente encontrado no mercado e o Citrino natural dourado esfumaçado. Essa diferença se estende às energias da pedra.

CITRINO NATURAL

O Citrino Natural transporta uma frequência poderosa que possibilita a limpeza e o fortalecimento do canal de manifestação e a vontade pessoal. Suas propriedades purificadoras vêm de sua energia natural do Quartzo Fumê, combinada com a energia estimulante do elemento Fogo que ele porta. Os fantasmas que muitas vezes aparecem no Citrino Natural permitem que a pessoa se ligue ao seu Eu Superior, para que possa focar em manifestar aquelas criações mais alinhadas com seu bem maior.

O Citrino Natural estimula os chacras do primeiro ao terceiro (raiz, umbigo, plexo solar). Esses são os pontos em que as energias de alta frequência dos planos emocional e espiritual se manifestam dentro dos reinos de baixa frequência da fisicalidade. Em outras palavras, esses chacras são onde a energia se torna física. Por essa razão, eles são pontos poderosos no sistema de energia da pessoa para a manifestação e o trabalho de criação. Essas áreas têm tudo a ver com nossa percepção de merecer o que desejamos e tomar as iniciativas para criar isso. O Citrino Natural faz com que os bloqueios nessas áreas se tornem aparentes para que possam ser eliminados. Ele não apenas estimula essas áreas, mas também limpa qualquer bloqueio de energia, permitindo um fluxo livre pelo canal de manifestação.

Além de suas propriedades de manifestação, o Citrino Natural também é um purificador poderoso do centro de vontade da pessoa. Ele ajuda a perceber e curar problemas de abuso de poder e sentimento de impotência. Ele capacita a pessoa a saber qual a ação mais apropriada para ser empreendida a fim de resolver situações para o bem maior. Ele empresta coragem e bravura à pessoa para fazer escolhas difíceis ou realizar ações desafiadoras.

ESPIRITUAL: O Citrino Natural é o grande manifestador, permitindo que alguém purifique o canal de manifestação e traga a energia divina para a forma por meio da intenção e da ação. Ele auxilia a pessoa na manutenção de sua orientação quando o caminho apresenta dificuldades, ou quando os obstáculos surgem em sua senda.

EMOCIONAL: O Citrino Natural auxilia a pessoa a superar dificuldades, mantendo o esforço em meio à adversidade e agindo de modo decisivo para resolver situações desafiadoras. Ele ajuda a pessoa a superar sentimentos de não merecer abundância.

FÍSICO: O Citrino Natural melhora a resistência e a energia física, sustenta o sistema endócrino e encoraja o metabolismo apropriado.

CITRINO TRATADO A CALOR

NAISHA AHSIAN: A variedade mais comum de Citrino encontrada no mercado são as pedras características de um amarelo limão a laranja criadas pelo aquecimento de cristais de Ametista a uma temperatura elevada. Cristais e minerais são acostumados a temperaturas altas no interior da Terra, então esse aquecimento não produz danos neles. Porém, ele muda sua energia – particularmente as frequências de energia de luz visível que eles transportam. Quando esses cristais de Ametista são aquecidos, eles se tornam o que é comercializado como "Citrino". Essas pedras têm uma energia muito diferente do Citrino natural, e os Citrinos aquecidos deveriam realmente ser considerados minerais distintos no que diz respeito a suas aplicações em cura e trabalho metafísico. Para o propósito deste escrito, eu chamo essa variedade de "Citrino Comum".

O Citrino Comum tem uma energia mais leve do que a do Citrino Natural. Sua energia é baseada mais em sua cor física do que nas propriedades mineralógicas. Ele é muito estimulante para o terceiro chacra, lugar da vontade. Capacita a pessoa a ser mais assertiva e extrovertida. Pode auxiliar na fixação de limites emocionais apropriados e em mantê-los com clareza. Essa é uma ótima pedra para pessoas que não conseguem dizer não. Ela ajuda a pessoa a declarar claramente o que é ou não aceitável.

Antes que o próprio trabalho de manifestação possa ocorrer, é necessário definir o que a pessoa deseja criar. Muitas vezes, entretanto, a pessoa pode ter dificuldade em definir, ou até identificar, o que deseja trazer à vida. Esse tipo de Citrino é muito útil para auxiliar a pessoa a perceber o que deseja manifestar. Por estimular o terceiro chacra, o Citrino comum também pode ajudar a pessoa na identificação de questões problemáticas que ela possa ter a respeito de abundância e prosperidade.

O Citrino Comum pode ajudar a trazer uma energia vibrante, leve, para o campo áurico. Isso ajuda a dissipar emoções ou uma mente pesadas e capacita a pessoa a perceber as coisas com uma luz mais positiva. Pode auxiliar a eliminar padrões de pensamentos negativos e encorajar o otimismo.

ESPIRITUAL: O Citrino Comum casa a energia da mente com a vontade. Ele ajuda a pessoa a perceber problemas de uso de poder, limites e manifestação. Estimula a mente e pode auxiliar no aprendizado.

EMOCIONAL: Essa pedra pode ajudar a aliviar pensamentos pesados e trazer otimismo, jovialidade e felicidade para o sistema energético da pessoa. Ele propicia à pessoa um "novo fôlego" para encarar situações difíceis.

FÍSICO: O Citrino Comum é útil para problemas digestivos e de metabolismo. Pode ser usado para apoio na perda de peso e para aumentar a energia durante exercícios.

AFIRMAÇÃO: Eu me abro para a inspiração de minha imaginação criativa, e pela força de minha vontade, alinhada com a vontade divina, manifesto meus sonhos.

CLINOCLORO

PALAVRAS-CHAVE: Cura, vitalidade, amor, o plano divino de bem-estar, comunicação angelical.
ELEMENTO: Tempestade, Terra.
CHACRAS: Coração (quarto).

O Clinocloro é um silicato de magnésio ferro alumínio com uma dureza entre 2 e 2,5. Seus cristais são tabulares, embora o Clinocloro também ocorra nas formas compacta, folhada, laminada, granular ou terrosa. Existe uma variedade química notável nos minerais do Clinocloro, o que inclui espécies como Serafinita (*veja* em separado), Cookeíta e Kammererita. O Clinocloro em geral é verde, embora possa ser branco, amarelado, incolor ou (raramente) roxo.

ROBERT SIMMONS: Os minerais Clinocloro estão entre os mais vigorosos para trazer cura e bem-estar para o corpo físico pelo alinhamento com o plano divino. Essas pedras têm sintonia com os padrões arquetípicos por meio dos quais as entidades viventes, inclusive os seres humanos, são expressas fisicamente. Quando a pessoa trabalha com sua intenção focada em conectar-se com os padrões de saúde perfeita, a pedra fornece uma "janela" pela qual a pessoa possa ressoar com esse padrão. Essa ressonância energética cria uma impressão sobre o campo etéreo da pessoa, que depois traduz o padrão gradualmente (ou, algumas vezes, muito rápido) no interior da forma física. Uma "janela" similar pode ser acessada por meio da oração e da meditação, ou pela intercessão de curadores talentosos. Contudo, se a pessoa está trabalhando no modo "faça você mesmo" ou até em conjunto com outros auxiliares, a sintonia do Clinocloro com as frequências de saúde podem ser uma ferramenta poderosa.

O Clinocloro também auxilia a pessoa na comunicação com os seres angelicais e guias espirituais. Seu alinhamento vibratório fornece uma "janela" para esses domínios similar à usada para a ressonância de cura. Na maioria dos humanos, existem "véus" internos que criam um tipo de cegueira ou surdez interior para os reinos de vibrações mais elevadas. O Clinocloro pode auxiliar a erguer a vibração da pessoa para que ela possa transcender esses véus e participar na comunhão de almas capaz de expressar e mudar a consciência nesses níveis.

Um dos benefícios de trabalhar com Clinocloro em relação aos reinos mais elevados é que os efeitos negativos do ego da pessoa tendem a ser minimizados. Isso em parte é um efeito natural de a pessoa tornar-se ciente desses mundos – os desejos egoicos e vícios simplesmente não se encaixam aqui –, e isso também se deve ao fato de que as vibrações do Clinocloro sintonizam com o Eu Superior. À medida que a pessoa continua, torna-se mais fácil movimentar-se nas atividades terrestres de bondade amorosa e serviço aos outros.

Em geral, o Clinocloro centra seu padrão de vibração no chacra do coração, irradiando a partir de lá para todas as dimensões dos corpos físico e energético da pessoa. Na comunicação com os reinos mais elevados, enviar suas preces, bênçãos, afirmações e outras declarações do eu por meio do coração é a prática mais clara e efetiva.

Variedades diferentes de Clinocloro oferecem especializações de certo modo diferentes de seus padrões de energia. A Serafinita, que tem seu próprio capítulo neste livro, é a principal pedra de cura da época, para os corpos físico, emocional, etéreo e astral. A Clorita melhora a ligação com a Terra e os espíritos da natureza. A Cookeíta, um Clinocloro raro com base de lítio, é particularmente adequada para acalmar e curar o corpo emocional. Kammererita, um Clinocloro roxo avermelhado, estimula o chacra da raiz para aumentar a força de vida e o chacra da coroa para o despertar espiritual.

O Clinocloro harmoniza para propósito de cura com pedras como Sugilita, Esmeralda, Ametista, Charoíta e a maioria das Ágatas e Calcedônias. Para a elevação espiritual, combiná-lo com Petalita, Danburita, Fenacita, Broquita e Azeztulite pode ser de grande ajuda. Para a cura emocional e recuperação do estresse, Lepidolita Lilás, Quartzo Lítio, Ambligonita e Rodocrosita são aliados benéficos.

NAISHA AHSIAN: Os minerais de Clinocloro são terapeutas excepcionais no nível físico, trazendo vitalidade e energias renovadas para os que estão se recobrando de enfermidades ou traumas. É útil para prover apoio de cura energética para respiração celular, desequilíbrios de nutrição e problemas pulmonares. Também pode ajudar na oxigenação do sangue e é útil para o tratamento de enfisema e outras enfermidades de privação de oxigênio. O Clinocloro é estimulante para o *chi* e facilita o movimento de energia por todo o corpo; auxilia na circulação e fluxo de energia apropriado para os que têm mobilidade muito limitada. É calmante para o corpo emocional e auxilia a pessoa a manter a esperança e uma visão positiva em meio a provas difíceis. Os minerais de Clinocloro são aliados excepcionais na cura de câncer e doenças a ele relacionadas.

Os minerais Clinocloro estimulam a experiência do amor divino, graça e até êxtase. Eles promovem a frequência do amor e ajudam a trazer essa vibração mais elevada para o interior dos sistemas energéticos e corpo físico da pessoa. São excelentes para a cura de seus relacionamentos e expressão de amor incondicional pelos outros e por si. Clinocloros podem ser ferramentas excelentes para o trabalho de abundância. Podem auxiliar a pessoa a receber abundância e abrir-se para a energia infinita do Divino.

ESPIRITUAL: Clinocloros podem abrir a pessoa para amor e luz divinos. Eles promovem experiências de ligação espiritual e êxtase. Ajudam a pessoa a sentir-se constantemente abraçada e sustentada pelo Divino. Eles são excelentes pedras de abundância.

EMOCIONAL: Clinocloros auxiliam na reparação e cura de relacionamentos com os outros e consigo. Eles facilitam um nível de expressão mais amoroso, compassivo e afetivo.

FÍSICO: Minerais Clinocloro têm propriedades terapêuticas amplas. São um dos grupos minerais mais fortes para usar no apoio para a cura do câncer. Eles são benéficos para o coração físico, o sistema circulatório e enfermidades respiratórias; melhoram a resistência geral e a vitalidade em todos os sistemas do corpo.

AFIRMAÇÃO: Eu realizo e afirmo o plano divino de saúde perfeita, bem como o padrão de meu bem mais elevado em todos os aspectos de meu ser.

CORNALINA

PALAVRAS-CHAVE: Coragem, vitalidade, sexualidade, confiança, ação.
ELEMENTO: Fogo.
CHACRAS: Raiz (primeiro), Sexual/Criativo (segundo), Plexo Solar (terceiro).

A Cornalina é uma variedade de Calcedônia, um mineral da família dos Quartzos com uma dureza de 7. Seu nome deriva de sua cor semelhante à da cereja do tipo Kornel. A cor da Cornalina pode variar de um laranja pálido a um laranja escuro avermelhado. Algumas vezes o material tem faixas de várias tonalidades. A Cornalina e todos os tipos de Calcedônia diferem do Jaspe (outro mineral de Quartzo) porque o Quartzo na Calcedônia é arranjado em camadas fibrosas diferentes dos grãos como de açúcar encontrados no Jaspe. As Cornalinas mais requintadas são encontradas na Índia, embora a maioria das pedras no mercado venha do Brasil e Uruguai.

Nos tempos antigos, acreditava-se que a Cornalina dava coragem na batalha a seu possuidor e ajudava os tímidos para falar a se tornarem tanto eloquentes como audaciosos. Essa lenda antiga sobre a Cornalina não é essencialmente diferente das crenças intuitivas contemporâneas sobre ela, que a veem como uma pedra que favorece qualidades de liderança e coragem.

ROBERT SIMMONS: A Cornalina ativa o primeiro, segundo e terceiro chacras, trazendo um influxo de força de vida, energias sexual e criativa, e uma vontade assertiva. Ela é uma ajuda poderosa para os que desejam construir confiança, coragem, paixão e poder em seus interiores. É de grande ajuda para as almas delicadas que desejam boas coisas, mas têm dificuldade em fazê-las acontecer. Muitas vezes, os que se inclinam em direção à espiritualidade fazem seu trabalho interno a partir do chacra do coração para cima, ignorando os reinos desordenados da existência física associados com os três primeiros chacras. Este é um erro que pode tornar a pessoa ineficiente e passiva em sua vida. Sem a vitalidade das energias físicas, a pessoa não pode desfrutar da vida nem tem muito poder sobre ela. Carregar ou usar a Cornalina pode auxiliar no despertar das energias vitais dos três chacras inferiores, aumentando o entusiasmo pela vida e a disposição para encarar os riscos inerentes a todas as ações vigorosas.

A Cornalina mescla bem suas energias com todas as outras variedades de Quartzo, Jaspe e Calcedônias. Combiná-la com Quartzo Rosa, Ágata Blue Lace, Quartzo Azul e Ametista pode trazer a ativação harmoniosa dos sete chacras do corpo. Se for necessário um aterramento extra, o Quartzo Fumê pode ser acrescentado no chacra da raiz. Para ativação de vibrações mais elevadas para ligar a pessoa com a Alma Estrela e os chacras etéreos, uma varinha de Quartzo Claro pode ser empregada. Essas combinações de pedras todas de Quartzo têm um fluxo muito fácil de energia entre elas. Se a pessoa desejar avançar para energias mais intensas, acrescentar Moldavita no chacra do coração, Fenacita no do terceiro olho e Danburita ou Petalita no da coroa elevará todas as energias em uma oitava. E quando estiver usando pedras de tais frequências altas, a habilidade da Cornalina de manter a pessoa ligada ao eu físico é mais importante ainda.

A Sexualidade também pode receber uma onda de excitação da Cornalina. Essas pedras, junto com Zincita e Calcita Laranja, estão entre as mais poderosas para estimular os desejos lúbricos do corpo, junto com a jovialidade da consciência criativa. Em circunstâncias favoráveis, com o parceiro adequado, esse caminho da paixão pode levar à casa do êxtase e da união divina.

NAISHA AHSIAN: A Cornalina é uma aliada poderosa para ser chamada quando a pessoa precisa assumir ações mais importantes. Ela empresta coragem de "dar o salto" e dedicar-se a um novo caminho. A Cornalina pode auxiliar as pessoas que adiam ou são incapazes de decidir sobre um curso de ação. Quando usada na meditação, ela pode auxiliar a pessoa a compreender como trazer um conceito à vida. É útil no trabalho de manifestação em razão da sua habilidade de estimular a pessoa a agir em direção a seus objetivos. O ditado "Deus ajuda aos que se ajudam" descreve muito bem as energias da Cornalina. Ela encoraja a pessoa a parar de esperar que seus sonhos surjam e, em vez disso, começar a dirigir suas próprias experiências como canais para a vontade divina.

Outro aspecto da energia da Cornalina é sua habilidade para fortalecer e fortificar o corpo físico, melhorando o fluxo de energia de força de vida e sua expressão por meio da vitalidade física. Quando negligenciamos o físico, estamos descuidando do templo em que reside o espírito. A energia da Cornalina ressoa com o corpo, focando a atenção sobre o estado da casa do espírito. Nós podemos fortalecer nossa ligação com o Divino pelo fortalecimento da estrutura física que suporta nosso espírito. A Cornalina nos lembra do valor da força física e da saúde.

ESPIRITUAL: A Cornalina auxilia a agir para manifestar os objetivos e sonhos mais elevados da pessoa.

EMOCIONAL: A Cornalina ajuda a pessoa a superar o medo de agir ou o medo de fazer a coisa errada. Ela auxilia a pessoa a aceitar mudanças e transformação em sua vida.

FÍSICO: A Cornalina provê vitalidade e energia para o corpo físico. Ela ajuda a pessoa a purificar e santificar o corpo como um templo do espírito. É um apoio excelente para desintoxicação do álcool e outras drogas, interrompendo hábitos físicos negativos ou prejudiciais, e melhorando a saúde em geral. Ela é especialmente útil para equilibrar e curar os ovários ou testículos.

AFIRMAÇÃO: Eu estou cheio das energias vitais da vida, e ajo com confiança e poder.

COVELLITA

PALAVRAS-CHAVE: Habilidades mediúnicas, visão interior, transformação, criando a ponte entre os mundos mais elevados e inferiores.
ELEMENTO: Tempestade.
CHACRAS: Todos.

A Covellita é um sulfeto mineral de cobre com uma dureza de 1,5 a 2. Seu sistema de cristal é hexagonal. Ele ocorre com mais frequência em forma compacta ou como salpicos em outros minerais de cobre, embora ocasionalmente forme cristais tabulares com estrias hexagonais. Sua cor varia de azul-escura a negra, em geral com uma leve iridescência dourada ou vermelho escura em sua superfície. A Covellita de qualidade suficiente para ser cortada em gemas é uma tanto rara, com os melhores materiais originando-se em minas de cobre em torno de Butte, Montana, Estados Unidos. Outras Covellitas de boa qualidade foram encontradas na Itália e no Peru.

ROBERT SIMMONS: A Covellita liga-se vigorosamente com a realidade física e as energias da Terra e ao mesmo tempo transporta muito dos espectros de vibração mais elevados do plano etéreo e além. Como a humanidade neste tempo de transição, a Covellita está criando uma ponte entre dois mundos e pode ser uma aliada importante para qualquer um que esteja trabalhando para alcançar o salto evolutivo que a humanidade está tendo para o próximo nível do ser. A Covellita é sensível às mudanças do espectro de energia aqui na Terra, e ela alterará seu padrão de energia em harmonia com a aceleração na vibração em nós e à nossa volta. Portanto, ela permanecerá uma ferramenta útil durante toda a transformação.

A Covellita também é um facilitador da jornada profunda para dentro do eu e pode ser de grande auxílio para trazer o lado da sombra inconsciente para a percepção consciente da pessoa. Poucas pessoas desejam fazer a viagem para baixo, para dentro do lado escuro da alma, mas esse caminho é absolutamente necessário se a pessoa deseja dar o salto para o lado "mais elevado" do ser como descrito antes. A verdade paradoxal da psique é que para ascender nós temos de descer. É onde ficou congelada a energia necessária para o despertar integral da consciência – em traumas antigos, perdas, vergonha e medo. Esses problemas podem até ter suas raízes em vidas passadas. Aqueles que trabalham com Covellita em meditação ou sonhos podem encontrar-se desenterrando memórias desse tipo e revivendo-as. Essas são boas novas! A imagem de onde e quando alguém perde uma peça da alma deve ser vista de novo como parte de sua cura e libertação. Se a pessoa se sente soterrada pela emersão desse material, consultar um terapeuta e/ou usar Covellita em pequenas doses pode ser útil. Em qualquer caso, a pessoa é estimulada a fazer essa viagem ao submundo da psique e trazer na volta os muitos tesouros que foram deixados para trás.

Usar Covellita, carregá-la como uma peça de bolso, meditar com ela, dormir e usá-la em disposições no corpo são boas maneiras de utilizar suas energias benéficas. A Covellita harmoniza com a Nuummita para acrescentar ênfase na jornada profunda. Juntar Azeztulite ajudará a pessoa a transportar uma Luz aos lugares sombrios, e Fenacita ou Quartzo Cinábrio acrescentarão poderes de *insight* adicionais para a compreensão dos símbolos e ideias que emergem das profundezas.

NAISHA AHSIAN: A Covellita transporta uma frequência que age como um estimulador poderoso da visão e habilidade mediúnica. Ela ativa os chacras do terceiro olho e da coroa e encoraja trabalhos visionários, como visão remota, evocação de vida alternativa, sonho lúcido e viagem astral.

A Covellita é uma pedra excelente para usar a fim de obter informação sobre tempos alternativos ou vidas passadas. Como apoio para trabalho de vida passada, pode ajudar a pessoa a identificar padrões cármicos e seus fundamentos sem a necessidade de reviver as experiências emocionais que os criaram. Ela também pode ajudar a pessoa a acessar vidas passadas em outros reinos – tais como experiências em dimensões alternativas ou vidas extraterrestres. A Covellita possibilita o acesso aos registros akáshicos e pode auxiliar a pessoa a se conectar com informações sobre a vida dos outros, para facilitar sua cura. É excelente para a cura física quando se suspeita de um fundo cármico ou de desequilíbrio para a doença.

O efeito estimulante da Covellita nos chacras superiores também facilita compartilhar conhecimento por meio da escrita ou outra forma de comunicação. Ela pode assistir na organização dos pensamentos, para sintonizar com uma musa ou espírito guia e encontrar as palavras adequadas para expressar o conhecimento ou informação. Por sua habilidade para estimular a habilidade mediúnica e a expressão de informação espiritual, a Covellita é uma pedra maravilhosa para sensitivos, canalizadores, médiuns ou mestres espirituais que devem comunicar informações recebidas dos reinos mais elevados.

Por todas as suas propriedades de expansão, a Covellita é uma pedra excelente para aterramento. Ela tem a habilidade de ajudar a pessoa a manter os pés firmes no chão enquanto se expande para os reinos mais elevados.

ESPIRITUAL: A Covellita abre o canal para a comunicação divina e a ligação com os anjos e guias espirituais. Ela é estimulante para a visão interior e auxilia a pessoa em todos os tipos de trabalhos psíquicos ou intuitivos. É uma pedra excelente para curadores, uma vez que assegura o aterramento ao mesmo tempo em que abre a pessoa para energias de frequências altas. Ela pode ajudar a estruturar os pensamentos para que as ideias sejam expressas com maior clareza. Ela é uma pedra excelente para a exploração de vidas passadas.

EMOCIONAL: A Covellita ajuda a pessoa a identificar as raízes cármicas de padrões emocionais atuais. É um apoio excelente para terapias que envolvam a limpeza de padrões de vidas passadas ou alternativas.

FÍSICO: A Covellita ajuda a encontrar as raízes cármicas de desequilíbrio físico ou doenças. Ela é útil para as mulheres com tendência a doenças decorrentes de fermentação, fungos ou micróbios. Ela pode ajudar as mulheres a encontrarem a razão da infertilidade, ciclos menstruais irregulares e outros problemas de reprodução.

AFIRMAÇÃO: Eu abro meus olhos interiores para tudo o que está dentro de mim, convoco minhas chagas das profundezas do meu ser e afirmo sua cura e transformação em minha jornada para a integridade.

CREEDITA (OU BELIANKITA)

PALAVRAS-CHAVE: Expansão do estado de alerta, ativação dos chacras superiores em conjunção com o coração.
ELEMENTO: Tempestade.
CHACRAS: Terceiro Olho (sexto), Coroa (sétimo), Transpessoal e Etéreo (do oitavo ao 14º).

A Creedita cristaliza em cristais brancos, incolores, laranja e algumas vezes roxos. As Creeditas laranja em geral se formam em bolas parecidas com ouriços arrepiados com cristais em pontas saindo em todas as direções. A Creedita é um mineral raro, e os melhores espécimes vêm principalmente do México, onde a Fluorita Rosa, rara, é encontrada.

ROBERT SIMMONS: A primeira impressão sobre a Creedita é que ela ativa rápida e poderosamente as energias dos chacras superiores, em especial os chacras do terceiro olho, da coroa e os acima da coroa. Existe uma sensação vívida de expansão do campo de percepção da pessoa e uma euforia em que a pessoa vivencia uma espécie de elevação flutuante. Na medida em que a pessoa continua a ressoar com a pedra, ela percebe um aprofundamento da ligação descendo pelo corpo, particularmente no coração. Essa sensação sinaliza uma ancoragem da percepção expandida no coração, o que pode trazer um sentimento de satisfação ao anseio eterno do coração por uma ligação total com o espírito.

A Creedita é uma pedra de chave de acesso para todos os tipos de informação espiritual codificada. Ela pode auxiliar a pessoa a se sintonizar com os registros akáshicos, "abrindo os arquivos" em cristais arquivistas, entendendo as mensagens dos guias espirituais, interpretando oráculos, tais como tarôs, e canalizando as mensagens de seres espirituais. Ela pode ajudar os meditadores a fazerem um salto quântico para os domínios mais elevados da consciência, eliminando bloqueios do terceiro olho, do chacra da coroa ou dos chacras etéreos acima da cabeça. A Creedita é uma pedra da Luz dos reinos angelicais e pode ajudar a pessoa a manifestar aquela Luz em sua vida diária. Para algumas pessoas a Creedita deveria ser usada em conjunção com pedras de aterramento como Turmalina Negra. Os que precisam desse procedimento saberão de sua necessidade, porque tenderão a flutuar para longe e terão dificuldade para se sentir totalmente em seus corpos depois de trabalhar com a Creedita.

Para abrir os portais aos reinos espirituais mais elevados, a Creedita ressoa bem com Azeztulite, Escolecita, Fenacita, Natrolita, Apofilita e/ou Herderita. Azeviche e Turmalina Negra ajudam os que trabalham com Creedita a purificar seus campos de energia e permanecer aterrados. Combinar Cornalina, Calcita Laranja, Zincita e/ou Âmbar com Credita laranja aumentará seu estímulo das energias criativas. A Creedita e Moldavita funcionam juntas para proporcionar experiências de despertar espiritual e transformação. A Nuummita pode ser usada com Creedita para aterrar as memórias e sonhos e experiências de meditação da pessoa e trazer Luz para experiências de escuridão espiritual.

NAISHA AHSIAN: As frequências poderosas da Creedita começam a ressoar imediatamente pelos chacras do terceiro olho, da coroa e etéreo acima da cabeça. Essa ressonância cria uma expansão suave e purificadora que, por sua vez, facilita um estado de meditação límpido. As frequências da Creedita podem auxiliar a pessoa a se ligar com seus guias mais elevados e recuperar memórias de outras vidas, culturas e tecnologias. Na medida em que as energias de Luz da Creedita preenchem o campo áurico, elas criam uma expansão suave nele. Esse processo de purificação e expansão limpa a aura dos resíduos e aumenta as frequências de ressonância de base do campo energético.

Essa infusão de luz afeta aspectos diferentes dos corpos físico e energético de acordo com a cor e formação dos cristais de Creedita. Os cristais roxos são os mais fortes para conseguir informação espiritual por meio do discurso meditativo com os guias pessoais, anjos e o Eu Superior. Os cristais brancos ou incolores estimulam todo o campo energético e auxiliam o corpo físico em mudar sua frequência de ressonância de base para uma vibração mais elevada. As Creeditas laranja estimulam a visão criativa e são excelentes para elevar as vibrações de espaços de trabalho.

ESPIRITUAL: As Creeditas de todas as cores aceleram as frequências de ressonância de base do corpo e do campo energético. Elas enchem a aura com um espectro de energia de Luz completo e encorajam a ligação com guias pela estimulação dos chacras do terceiro olho, da coroa e etéreo. São excelentes para meditação, visualização criativa e para receber inspiração do Divino.

EMOCIONAL: A Creedita ajuda a pessoa a parar de identificar-se com suas emoções e a começar a identificar-se com uma perspectiva mais elevada de suas experiências. Ela pode ajudar a superar vícios e experiências emocionais dramáticas e pode auxiliar a pessoa a encontrar um lugar de presença calma.

FÍSICO: A infusão de Luz pela Creedita no campo de energia ilumina níveis de corpos de energia que podem não ser percebidos com facilidade – tais como o plano etéreo. Essa iluminação permite aos curadores identificar padrões latentes de desarmonia no interior do campo de energia e remover a contraparte etérea da doença física do campo de energia para acelerar a cura.

AFIRMAÇÃO: Eu estou totalmente aberto e em alinhamento com os reinos do Espírito.

CRIOLITA

PALAVRAS-CHAVE: Inteligência do coração, corrente futura, propósito divino, rendição, libertação, integridade, verdade espiritual.
ELEMENTO: Tempestade.
CHACRAS: Todos (primeiro ao sétimo), Estrela da Alma (oitavo).

A Criolita é um mineral flúor aluminato de sódio com uma dureza de 2,5 a 3. Seu sistema de cristal é monoclínico. A maioria das Criolitas naturais foi encontrada na localidade de Ivigtut, na costa oeste da Groenlândia. Essa fonte foi quase que completamente exaurida, pois a Criolita era utilizada na extração de alumínio como fundente. Ela foi encontrada associada com outros minerais, como Siderita, Quartzo, Topázio, Fluorita, Calcopirita, Galena, Cassiterita, Molibdenita, Columbita e Wolframita. Além dessa descoberta importante na Groenlândia, ela foi encontrada no Colorado, Estados Unidos; Quebec, Canadá; e em Miask, Rússia. A Criolita tem um índice de refração muito baixo, semelhante ao da água, de forma que cristais claros de Criolita parecem "desaparecer" quando imersos na água. Mesmo espécimes de Criolita branca como os que adquirimos parecerão transparentes nas bordas quando na água.

ROBERT SIMMONS: As energias da Criolita focam diretamente no componente mais necessário à evolução humana nesta época – o despertar de nossa percepção para a inteligência do coração e a associação das áreas mais evoluídas do cérebro com aquela inteligência. A Criolita estimula vigorosamente o terceiro olho, e também todo o córtex pré-frontal do cérebro. Também estimula os chacras da coroa e do coração, conectando-os ao terceiro olho e facilitando a visão interior. Ainda mais, ela abre os canais pelos quais o conhecimento holográfico do coração e sua linguagem de sabedoria silenciosa podem ser recebidos e compreendidos pela mente consciente. Essa abertura leva a pessoa da confusão para a certeza, da autobusca egoísta para o amor, generosidade e benevolência, do medo para a confiança, do controle para a rendição. Ela é a vibração da quintessência da nova consciência que está soprando em silêncio sobre a humanidade, e que é destinada a transformar o mundo.

    A experiência inicial das energias da Criolita, principalmente quando a pedra é levada ao terceiro olho, pode ser de energias intensamente pulsantes movimentando-se primeiro para dentro da testa e depois para cima, para a coroa, e para baixo, em direção ao coração. A pessoa pode perceber que essa pulsação corresponde à batida de seu coração. Isso é adequado, pois a Criolita amplifica e foca as energias do coração e também ativa capacidades dormentes nas "áreas silenciosas" do cérebro. O tom emocional gerado pela Criolita é de paz e alegria calma.

    O coração produz um campo eletromagnético em forma de anel que é conectado, por ondas de *quantum*, com todos os campos semelhantes no Universo – dos átomos a galáxias e além. Portanto, por meio do coração somos potencialmente capazes de saber diretamente tudo o que quisermos saber. E, uma vez que o conhecimento do coração alcança além de espaço e tempo, potencialmente, podemos apreender acontecimentos do futuro por meio da ligação entre o coração e a mente. A Criolita funciona como um conjunto de cabos elétricos para "dar partida" nessa ligação muito real, mas dormente. Quando isso é conseguido integralmente, os lobos frontais da pessoa não são mais "mudos", mas ativados para cumprir seu potencial – trazendo a pessoa da escravidão inconsciente para o domínio consciente sobre os reinos de sua vida. Um aspecto interessante disso é que o domínio apenas pode acontecer por meio da rendição constante à inteligência do coração, que se rende igualmente ao fluxo constante da intenção do propósito divino. Contudo, essa rendição é na verdade uma soltura para a libertação, uma vez que a pessoa percebe que ela e o propósito divino são uma e mesma coisa.

A Criolita é uma pedra excelente para usar em combinação com Quartzo Hollandita, já que ambos os materiais, de modos diferentes, trabalham para destravar a verdadeira identidade da pessoa e para que ela alcance seu potencial. A Moldavita é uma aliada pronta e poderosa para ambas as tarefas. Além delas, pedras visionárias como Fenacita, Natrolita, Escolecita, Herderita, Azeztulite e Petalita podem ajudar a ativar posteriormente as capacidades latentes do lado do cérebro superior.

A energia do amor emanada pela Criolita é a vibração transcendente do amor divino. Ela está de algum modo acima e além do amor individual humano que a maioria de nós conhece. Contudo, se alguém deseja trabalhar com pedras que possam ajudar na fusão do amor divino e amor pessoal, recomendo combinar Criolita com pedras do coração, como Rosófia, Morganita e Quartzo Rosa.

NAISHA AHSIAN: A Criolita é uma aliada do elemento Tempestade que auxilia a pessoa a desenvolver a força da mente e da maturidade espiritual. Sua energia é útil para ajudar a agir com integridade e honra em alinhamento com a verdade espiritual. A Criolita é uma pedra excelente para usar quando a pessoa precisa erradicar sistemas de crença ultrapassados, em especial quando essas crenças estavam firmemente fixadas e até eram cultivadas com carinho. Por essa razão a Criolita é uma aliada poderosa para navegar com sucesso por aquele tempo poderoso, embora temido, conhecido apropriadamente como a "noite escura da alma". Quando diante de ações difíceis mas necessárias para realinhar sua realidade com sua integridade e verdade espiritual, a Criolita agirá como um guia de apoio e um orientador firme.

A Criolita é uma pedra maravilhosa para usar em meditação e aprendizado por sua habilidade para clarear a mente e melhorar o foco. Ela pode ser útil na eliminação de padrões de pensamento ou diálogo negativos. Age como uma purificadora mental, ajudando a eliminar a confusão e auxiliando a pessoa a fazer escolhas e adotar decisões, e a tomar atitudes importantes que possam ter sido adiadas por causa do medo ou negação de responsabilidade.

ESPIRITUAL: A pedra facilita a força da mente, fortalecendo a decisão, o valor, purificação ou crença e a eliminação de sistemas de pensamento negativo. A Criolita pode ajudar na ligação com a consciência espiritual da pessoa e a agir a partir de um ponto de alinhamento com a vontade divina. Ela auxilia a pessoa a atrair os professores e guias mais elevados para o próximo passo de seu caminho.

EMOCIONAL: A Criolita pode ajudar a pessoa a superar adiamentos e indecisões enraizadas na negação de responsabilidade por sua vida ou suas ações. Ela ajuda a pessoa a perceber o que deve ser feito e auxilia a encontrar a força e resolução interiores para "simplesmente fazer".

FÍSICO: A energia da Criolita serve de apoio às funções cerebrais, de aprendizado e cognitivas. Sua energia também ajuda a fortalecer a densidade óssea.

AFIRMAÇÃO: Eu me centro no trono de meu coração como uma testemunha que não julga, e comprometo-me com a verdade, confiança, compaixão e amor.

CRISOBERILO

PALAVRAS-CHAVE: Alinhamento da vontade com o coração, abundância, visão profética.
ELEMENTO: Ar e Água.
CHACRAS: Plexo Solar (terceiro), Coração (quarto).

O Crisoberilo é um óxido de alumínio e berílio com uma dureza de 8,5. Ela é uma das gemas mais duras, apenas menos dura que Diamante e Coríndon. Sua cor amarela, verde ou marrom é causada por quantidades pequenas de ferro ou crômio. Seu padrão de cristal é ortorrômbico, e algumas vezes forma cristais hexagonais parecidos com gêmeos. O nome deriva da palavra grega *chrysos*, uma referência à cor dourada da pedra. O Crisoberilo foi valorizado em Roma há 2 mil anos, e até antes na China. Uma das variedades mais famosas de Crisoberilo é o Olho de Gato. A forma mais valiosa, Alexandrita, é tratada separadamente neste livro. A fonte mais importante de Crisoberilo é o Brasil, mas também foram encontrados espécimes no Sri Lanka, Burma, Madagascar e Rússia. A gema mais famosa de Crisoberilo é o Crisoberilo Hope, uma pedra sem falhas, verde-clara, de 45 quilates.

No folclore do Sri Lanka, dizia-se que o Crisoberilo Olho de Gato protegia os que o usavam dos espíritos do mal. As crenças hindus mantinham que ele podia conceder prosperidade e boa saúde. No Oriente, dizia-se que o Crisoberilo induzira o dom da profecia se mantido sobre a testa no terceiro olho.

ROBERT SIMMONS: O Crisoberilo nos auxilia a mesclar e unificar as energias do plexo solar e do coração, trazendo fortalecimento para a vontade, sob a orientação da sabedoria compassiva do coração. A combinação dos raios verde e dourado que o Crisoberilo incorpora podem mudar as vibrações do campo energético da pessoa de um modo que melhora sua habilidade de agir com vigor em uma base de gentileza. Ele auxilia a pessoa a perseverar em projetos altruístas, tais como os que ajudam a curar e preservar a natureza ou que beneficiam outros humanos necessitados.

Outro aspecto da energia do Crisoberilo diz respeito à criação de prosperidade e abundância. O verde e o dourado são cores que associamos com riqueza e, sincronicamente, seu alinhamento com o terceiro e quarto chacras valida esse significado. Quando nossa vontade é forte, mas sob a gema gentil do coração, temos o poder de sermos uma força de generosidade nas vidas dos outros, e isso, por outro lado, cria um estado vibratório em que literalmente magnetizamos a abundância financeira. Como diz o ditado, "Reinar de verdade é servir", e pode-se acrescentar: "Receber de verdade é dar". Nesse universo de abundância infinita, somos mais como válvulas por onde a energia flui do que contêineres em que as coisas se acumulam. Como se preparássemos uma bomba de água, nós abrimos nossas válvulas e começamos o fluxo dando – e o recebimento deve acontecer em seguida. O Crisoberilo pode nos ajudar a iniciar a condição vibratória que é ideal para esse fluxo.

Nem todos têm o dom da profecia, mas os que são convocados para esse trabalho descobrirão que o Crisoberilo Olho de Gato é uma pedra benéfica. De fato, a antiga "superstição" oriental de que segurar uma pedra Olho de Gato no terceiro olho produzirá a visão espiritual e a habilidade de ver adiante no tempo tem alguma validez, especialmente para indivíduos com sensitividade latente. A pessoa deve considerar que essas visões, em geral, são de probabilidades, não inevitabilidades, e que deve escolher entre direcionar à manifestação delas ou não. Vistas a essa luz, a dádiva de presciência do Crisoberilo Olho de Gato pode ser de ajuda para navegar nas correntes da vida.

As energias altruísticas do Crisoberilo são estimuladas com a combinação dele com Charoíta, e sua habilidade para magnetizar a prosperidade é fortalecida pela Fenacita e Tsavorita. Sua conexão com o coração pode ser aprofundada por sua combinação com Morganita, Kunzita, Esmeralda e/ou Quartzo Rosa.

NAISHA AHSIAN: O Crisoberilo auxilia a pessoa a usar a discriminação e a mente mais elevada para navegar pelas escolhas e decisões da vida. Ajuda a abrir e alinhar os chacras da coroa, do terceiro olho, do coração e do plexo solar para que a pessoa possa utilizar seu conhecimento e compreensão mais elevados para governar suas ações no plano terrestre.

CRISOBERILO DOURADO

A variedade dourada de Crisoberilo abre a mente para a compreensão maior da lei espiritual e do autogoverno iluminado. Ele ajuda a eliminar padrões passados de abuso de poder e auxilia a pessoa no uso correto da vontade. Encoraja a responsabilidade própria e o aprendizado a partir da própria experiência sem atribuir um julgamento de "bom" ou "mau" sobre elas. O Crisoberilo Dourado estimula a habilidade da pessoa de agir apropriadamente para atingir seus objetivos. Ele ajuda a pessoa a focar e clarear a mente e a vontade, alinhando cada uma delas para encorajar o movimento em direção às suas visões e sonhos.

O Crisoberilo Dourado estimula a habilidade da pessoa para agir e realizar suas ideias e desejos. Assim, ele assiste no trabalho de manifestação e em trazer seus desejos à vida. Pode ajudar alguém a manifestar riqueza monetária, promoções no emprego, sucesso nos negócios, etc. Sua maior lição é sua habilidade para ajudar a pessoa a eliminar vínculos com essas coisas, mesmo quando emprega energia para criá-las, para garantir que governemos nossa criação em vez de sermos governados por elas.

ESPIRITUAL: O Crisoberilo Dourado auxilia a pessoa a alinhar sua vontade pessoal com o coração, garantindo que suas ações fiquem alinhadas com a energia do amor. Desse modo, ele auxilia que a pessoa assuma seu poder pessoal e sua responsabilidade por suas vivências. É excelente para manifestação e também ajuda psicologicamente aos que são arrastados para o medo de escassez ou a falsa identificação do valor pessoal com posses.

EMOCIONAL: Essa pedra é estimulante para o corpo emocional, ajudando a pessoa a sentir-se leve e energizada. Pode auxiliar no reconhecimento de onde a pessoa capitula de seu poder. Ajuda a superar hábitos de manipulação dos outros fazendo o papel de vítima. Ele encoraja a responsabilidade própria e é uma pedra excelente para superar adiamentos e indecisão.

FÍSICO: O Crisoberilo Dourado estimula a limpeza e o equilíbrio do fígado, dos rins e da vesícula biliar. Auxilia na desintoxicação e na libertação da pessoa de agentes e energias insalubres no corpo.

AFIRMAÇÃO: Eu olho no espelho de meu coração e encontro a fonte verdadeira de minha bondade Divina.

CRISOBERILO OLHO DE GATO

O Crisoberilo Olho de Gato é usado para limpar o terceiro olho e promover a visão e o conhecimento espirituais. Ajuda a alinhar a pessoa com as energias sutis para que ela possa interpretar essas energias com maior precisão por meio de suas faculdades mediúnicas e intuitivas. O Crisoberilo Olho de Gato facilita a visão remota e pode auxiliar a pessoa a perceber outras dimensões e comunicar-se com seres de outras dimensões, inclusive entidades angelicais e ETs.

O Crisoberilo Olho de Gato é ideal para curadores e os que trabalham com energia. Suas inclusões de Rutilo auxiliam na manifestação do raio dourado e em aterrar essa energia por meio do corpo. É uma ferramenta excelente de meditação e pode auxiliar na redescoberta de sua visão sobre a própria vida.

ESPIRITUAL: O Crisoberilo Olho de Gato é um estimulante geral para o terceiro olho e as habilidades mediúnicas. Facilita a comunicação com seres de outras dimensões e níveis de realidade. Ele pode auxiliar no recebimento de sinais potentes de comunicação desses seres e na canalização da informação para os outros.

EMOCIONAL: O Crisoberilo Olho de Gato traz uma sensação de paz maravilhosa para o campo energético da pessoa. Ele a ajuda a render-se à vontade divina e parar de tentar controlar cada aspecto de sua vida.

FÍSICO: O Crisoberilo Olho de Gato aumenta a quantidade e a frequência da energia transportada pelo corpo físico. É excelente para recarregar reservas de energia consumidas e auxilia o corpo na regeneração após doenças ou ferimentos.

AFIRMAÇÃO: Ao abandonar o desejo de controle eu obtenho o poder da manifestação.

CRISOBERILO VERDE

O Crisoberilo Verde estimula o coração e ajuda a pessoa a abandonar os julgamentos e entrar em um estado de discernimento iluminado. Ela concede à pessoa empatia pelas escolhas de vida e vivências dos outros, sem o peso de julgá-las. Capacita a pessoa a ser compassiva e ao mesmo tempo objetiva quando diante de circunstâncias emocionais. Ela pode ajudar a pessoa a avaliar com honestidade seu papel nas situações e perceber o caminho de resolução mais elevado.

O Crisoberilo Verde também pode ser uma pedra vigorosa de abundância. Elas ajudam a pessoa a abrir-se mais integralmente ao amor divino e à abundância verdadeira pela estimulação do coração e da habilidade para receber. Podem auxiliar no reconhecimento das dádivas que já se possui na vida e ajudar a pessoa a parar de medir seu valor por suas posses e realizações.

ESPIRITUAL: O Crisoberilo verde nos lembra de que o coração é o centro da criação. Ele estimula a ligação com a energia Divina (amor) e ajuda a pessoa a assumir a verdadeira hierarquia do coração acima da mente. Pode ajudar a banir pensamentos, crenças e motivações egoicas para que a pessoa possa estar consciente e presente com a energia do Divino.

EMOCIONAL: O Crisoberilo Verde auxilia na obtenção de uma perspectiva mais elevada em meio a situações emocionais. Ajuda a pessoa a ser gentil consigo e com os outros e manifestar paz com seu campo magnético. Ela capacita a pessoa a abrir-se para a abundância e as dádivas do Divino.

FÍSICO: O Crisoberilo Verde estimula a cura do coração físico. Ela pode ajudar aqueles com enfermidades do coração – principalmente quando o desequilíbrio está fundado no estresse. Pode auxiliar na recuperação de exposição a radiação, incluindo queimaduras pelo sol e terapia radioativa para câncer.

AFIRMAÇÃO: Eu olho para o espelho de meu coração e encontro a fonte verdadeira de minha disposição divina para o bem.

CRISOCOLA

PALAVRAS-CHAVE: Comunicação, expressão das energias sagradas da deusa, gentileza e poder.
ELEMENTO: Água.
CHACRAS: Garganta (quinto), Coração (sexto), Raiz (primeiro).

A Crisocola é um silicato de cobre hidratado com uma dureza de 2 a 4. Com maior frequência a cor é verde, azul ou azul esverdeada, embora impurezas possam escurecê-lo tornando a pedra amarronzada ou negra. Seu sistema de cristal é amorfo, e ele ocorre principalmente em agregados estreitamente comprimidos, e algumas vezes em forma de botrioidal, estalactite, fibrosa ou terrosa. A Crisocola é encontrada frequentemente em depósitos de cobre oxidados, em geral em associação com Malaquita e Azurita. Algumas pedras de Crisocola também contêm Cuprita e essas pedras combinadas têm sua própria mistura singular de energias. Foram encontrados depósitos de Crisocola no Chile, Zaire, Rússia e Estados Unidos.

ROBERT SIMMONS: A Crisocola é uma pedra de fortalecimento das energias femininas tanto nas mulheres como nos homens. Ela emana gentileza e poder, ensinando que o poder genuíno se expressa melhor por meio da gentileza. É uma pedra da Deusa, e os que ressoam com a Crisocola provavelmente sentirão suas energias antigas e persistentes subindo dentro deles.

A Crisocola estimula o chacra da garganta para a comunicação clara da visão interior. Ela pode ser de auxílio para aprender o que é essa visão de verdade. Os que tiveram a experiência de ser surpreendidos ao ouvirem-se expressando um pensamento mais profundo do que tinham em mente, saberão o que isso significa. O processo de formular e falar suas ideias, especialmente quando é feito espontaneamente, pode revelar a verdadeira sabedoria inata da pessoa. Usar Crisocola, em especial perto do chacra da garganta, pode facilitar a expressão dessa e de outras dádivas de expressão.

Crisocola tem uma sintonia íntima com as vibrações da Terra e pode facilitar a ligação empática com a consciência da Terra. Além de ativar o chacra da garganta, ela pode harmonizar e equilibrar o chacra do coração e fazer a conexão entre os dois chacras, da garganta e do coração, com o chacra da raiz, para maior força de vida e vitalidade física.

CRISOCOLA

A forma mais elevada de Crisocola é a Gema Sílica, uma forma cristalizada em que a Crisocola é introduzida em Quartzo. A Gema Sílica oferece uma versão magnífica de todas as energias da Crisocola e também é a melhor para produzir e/ou vivenciar sons sagrados. Aqueles que entoam, cantam ou falam mantras são avisados com ênfase a usar ou carregar Crisocola, especialmente Gema Sílica.

A Crisocola harmoniza com Larimar, Água-marinha e Ajoíta, que vibram no mesmo espectro geral. Ela também funciona bem com Malaquita, Azurita, Lápis e Shattuckite. A Fenacita possibilita à pessoa uma experiência visual interna do conhecimento interior comunicado pela Crisocola. A Azeztulite eleva sua vibração para o objetivo de canalização e outros tipos de comunicação com os reinos espirituais mais elevados.

A Cuprita Crisocola – a ocorrência dos dois materiais em uma só peça – combina uma abertura para energias vigorosas da força de vida e vitalidade com uma percepção dos elementos de consciência mais elevada e comunicação clara da visão interior da pessoa. Pode ser chamada de pedra do Deus e da Deusa, porque combina as energias do masculino e feminino, do físico e etéreo, poder e gentileza, tudo em um padrão de cores gracioso e belo. Usar essa pedra pode ajudar a pessoa a adquirir a habilidade de se movimentar decisivamente para a frente em seu caminho espiritual, enquanto mantém a graça que concede expressão precisa, bondade e compaixão.

NAISHA AHSIAN: A Crisocola é uma pedra cardinal do elemento Água, governando o fluxo de energia e comunicação. Ela é poderosa para abrir e limpar o chacra da garganta, permitindo à pessoa canalizar o conhecimento amoroso do coração para os outros. Auxilia-nos em possuir o poder de nossas palavras e reconhecer como as palavras que usamos afetam nossa realidade. Facilita a expressão da verdade profunda de nosso coração e também o conhecimento maior de nossa mente.

A Crisocola é a "pedra pedagoga" no sentido de que nos encoraja a expressar nosso conhecimento mais elevado para que os outros possam se beneficiar com nossas vivências. Esse ensinamento pode vir na forma de falar amorosamente com um amigo e oferecer seu *insight* para as situações da vida dele. Pode vir na forma de assumir o papel de professor com um estudante – oferecendo o benefício de sua vivência quando você se abre para aprender com os outros. Ou você pode ensinar simplesmente modelando o poder das palavras – escolhendo suas palavras conscienciosamente e com total conhecimento de seu impacto no mundo. Ensinar pode tomar várias formas, mas o ensinamento verdadeiro é o ato de dizer sua verdade a partir do coração e compartilhar o conhecimento adquirido por meio da experiência.

A Crisocola é uma aliada valiosa para os que falam para viver. Ela pode ajudar a abrir um canal entre a consciência mais elevada e a expressão verbal, concedendo um discurso e comunicação divinamente inspirados. Ela também é útil para os que têm medo de falar com sinceridade, ou que possam não perceber que suas palavras de experiência estão plenas de sabedoria que pode ajudar os outros. Essa pedra encoraja todos nós a compartilharmos nossos eus verdadeiros, sem o artifício de máscaras, de modo que nossa sabedoria – não apenas nossa informação – possa ser transmitida por nossas palavras e energias.

A Crisocola é um modelo poderoso para a consideração consciente do modo como a pessoa coloca sua energia no mundo. A pessoa pode falar e não dizer nada, ou permanecer em silêncio e ser muito eloquente. A Crisocola ensina o valor tanto do som como do silêncio. Suas energias calmantes e relaxantes facilitam o fluxo na vida e energias da pessoa. Pode ajudar a banir energias furiosas, palavras raivosas ou sarcasmo cheio de medo, para que nossa verdade mais valiosa seja compartilhada por nossas palavras ou silêncio.

ESPIRITUAL: A Crisocola governa todos os aspectos da cura pelo som, seja por palavras ou frequências de som. Sua energia ensina-nos como o som afeta nossa realidade física e como podemos mudar essa realidade ajustando o modo como usamos as palavras. A energia da Crisocola facilita a comunicação verdadeira entre todos os seres, promovendo a expressão da energia do coração.

EMOCIONAL: A Crisocola auxilia a pessoa a admitir o valor de suas vivências, conhecimento e contribuição. Ela ajuda a pessoa a sentir-se mais segura quando se comunica com os outros e banir o medo em situações sociais ou quando a pessoa está falando em uma situação com alta carga emocional. Auxilia a eliminar padrões de sarcasmo, crítica e zombaria na comunicação com os outros, e também a eliminar o medo de onde esses padrões brotam.

FÍSICO: A Crisocola auxilia na liberação do estresse, ansiedade e outros desequilíbrios do corpo baseados no medo. Pode ajudar na regulação da tireoide e da suprarrenal. Ela é excelente para garganta irritada, laringite e para sustentação geral da laringe.

AFIRMAÇÃO: Eu ouço profundamente a voz interior e expresso-a com liberdade, espontaneidade, paixão e reverência.

CRISOPRÁSIO

PALAVRAS-CHAVE: Crescimento, compaixão, ligação com a natureza, perdão, altruísmo.
ELEMENTO: Água.
CHACRAS: Coração (quarto), Plexo Solar (terceiro).

A Crisoprásio é uma Calcedônia verde, um membro do grupo Quartzo com uma dureza de 7. Seu sistema de cristal é hexagonal (trigonal). É uma das Calcedônias mais raras e valiosas. Sua cor verde vem do níquel e ela ocorre com frequência em nódulos ou em fissuras em depósitos de níquel. A Crisoprásio era usada como gema na Grécia Antiga já em 400 a.C. e foi extraída na Polônia desde o século XIV. Depósitos atuais importantes de Crisoprásio estão na Austrália, Brasil, Madagascar, África do Sul e Rússia.

ROBERT SIMMONS: A Crisoprásio é uma pedra adorável do raio verde puro, e como tal é uma pedra do coração. Sua cor fala de sua energia de cura potente e ligação com os domínio dos espíritos da Natureza. Usar ou meditar com essas pedras pode facilitar uma ligação profunda do coração com o espírito da Terra Mãe, e também dos devas e outras entidades do espírito da Terra. A Crisoprásio também ajuda a pessoa a permanecer centrada no coração o tempo todo, fornecendo a coragem para encarar dificuldades ou situações ameaçadoras com resolução firme e compaixão centrada na verdade. Pelas lentes compassivas da Crisoprásio, a pessoa é capaz de olhar para trás, para os relacionamentos que terminaram de forma desagradável e resolvê-los interiormente com um sentido de perdão, tanto para a outra pessoa como para consigo. Essas pedras dão mesmo força para o coração emocional e oferecem sustentação energética para o coração físico também.

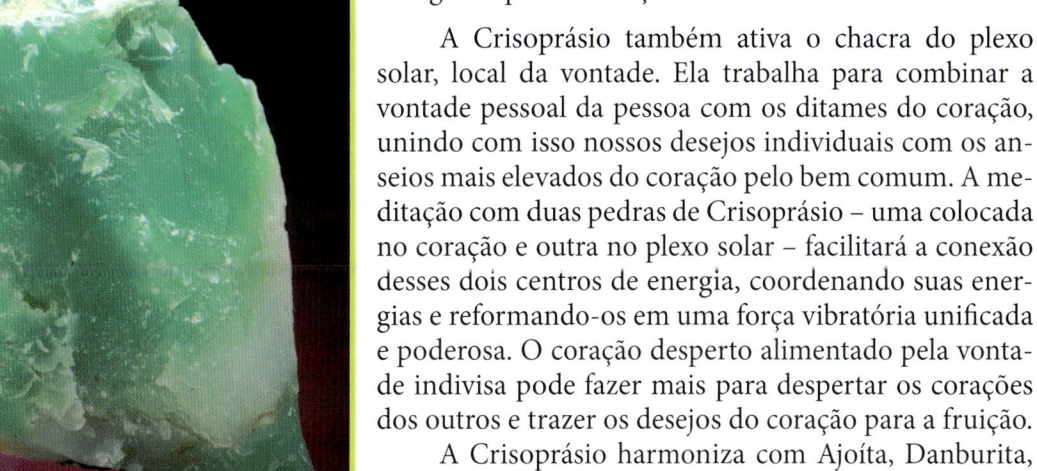

A Crisoprásio também ativa o chacra do plexo solar, local da vontade. Ela trabalha para combinar a vontade pessoal da pessoa com os ditames do coração, unindo com isso nossos desejos individuais com os anseios mais elevados do coração pelo bem comum. A meditação com duas pedras de Crisoprásio – uma colocada no coração e outra no plexo solar – facilitará a conexão desses dois centros de energia, coordenando suas energias e reformando-os em uma força vibratória unificada e poderosa. O coração desperto alimentado pela vontade indivisa pode fazer mais para despertar os corações dos outros e trazer os desejos do coração para a fruição.

A Crisoprásio harmoniza com Ajoíta, Danburita, Lepidolita, Ambligonita, Fenacita, Azeztulite, Kunzita e Morganita. A Kunzita e a Morganita geram os aspectos amorosos do coração. Fenacita e Azeztulite abrem a visão interior, para que a pessoa possa ver com clareza as visões espirituais da sabedoria do coração e a ligação com o coração de todos. A Lepidolita e a Ambligonita enfatizam as propriedades relaxantes e aliviantes do estresse da Crisoprásio, enquanto a Danburita completa a conexão do coração com o chacra da coroa. A combinação de Crisoprásio com Strombolita acrescenta um elemento de humor para seus *insights* compassivos. A Moldavita funciona especialmente bem com a Crisoprásio para fortalecer o chacra do coração e trazer uma sensação de estar à vontade com o fluxo dármico acelerado de sua vida interior e exterior.

NAISHA AHSIAN: A frequência da Crisoprásio lembra à pessoa a luz do sol caindo através das folhas frescas e novas da primavera. Ela transporta uma energia de crescimento e promessa de maturação. A Crisoprásio traz esperança mesmo nas regiões de sombras mais escuras da pessoa. Ela nos lembra de nossa constante ligação com a fonte de Tudo o Que É. Sua energia expande o chacra do coração e possibilita à pessoa que receba amor e abundância infinitos do Universo. Ajuda a pessoa a aceitar seu direito natural à prosperidade, alegria e saúde, auxiliando a entender sua interconexão com toda a criação e curar sentimentos de separação e isolamento.

A Crisoprásio é uma pedra de prosperidade excelente e poderosa para atrair o amor. Ela ajuda a pessoa a preparar o coração para um novo relacionamento. Concede a superação da amargura e desapontamentos do passado e a aproximação de um novo relacionamento com o coração curioso da juventude. Ela pode auxiliar na identificação de padrões e hábitos nos relacionamentos, removendo-os antes que criem bloqueios.

ESPIRITUAL: A Crisoprásio auxilia na ligação com a energia e amor abundantes do Divino. Ela estimula o chacra do coração e desperta uma habilidade expandida de sentir e expressar amor. A Crisoprásio pode ajudar a pessoa a ligar-se com os seres da natureza e a beleza do mundo natural. Auxilia-nos a promover pensamentos positivos e harmônicos uns com os outros e a Terra.

EMOCIONAL: Como uma pedra terapêutica para o coração, a Crisoprásio pode ajudar a pessoa a operar em meio a uma hoste de desequilíbrios emocionais. Ensina-nos que o que não é amor, não é amor. Ela nos ajuda a eliminar vínculos com emoções baseadas no medo, sistemas de crenças e ações. É uma pedra excelente para os que escolheram corrigir abusos, rompendo o ciclo de abuso para gerações futuras. Ela também é útil na compreensão das bases cármicas dos padrões emocionais dentro dos relacionamentos.

FÍSICO: A Crisoprásio serve de apoio à cura e regeneração em geral. Ela é a "pedra da juventude" no sentido de que auxilia a manutenção de um espírito, aparência e energia juvenis. Pode ser útil na recuperação de doenças degenerativas de todos os tipos.

AFIRMAÇÃO: Eu me vejo e aos outros pelas lentes da compaixão do coração, e eu cresço no caminho que serve ao bem de todos.

CRISTAIS SEMENTE DA LEMÚRIA

PALAVRAS-CHAVE: Ligação com o Divino Feminino, unidade com a alma, acesso ao conhecimento e sabedoria da antiga Lemúria.
ELEMENTO: Terra, Ar.
CHACRAS: Coroa (sétimo), Estrela da Alma (oitavo).

Os Cristais Semente da Lemúria são uma variedade especial de Quartzo Claro, um mineral dióxido de silício com uma dureza de 7. Eles vêm de Diamantina, região do Brasil, uma localidade famosa por seus cristais Bastão de Laser longos, afilados. Os Cristais Semente da Lemúria são diferentes em estrutura, mostrando ranhuras parecidas com escadas cruzando o corpo dos cristais e interiores muito claros. Em muitos desses cristais, existe uma tintura rosa avermelhado causada por uma camada leve e transparente de óxido de ferro.

ROBERT SIMMONS: O nome dado a esses espécimes adoráveis nos conta muito sobre suas energias. Lemúria é o nome da civilização antiga das fábulas que se acredita ter afundado no Oceano Pacífico há milhares de anos. Pensa-se que os vulcões do Havaí e de outras ilhas da Polinésia seriam os cumes das montanhas da antiga Lemúria.

A Lemúria é lembrada como uma civilização com um tipo de consciência diferente – muito mais centrada nas dimensões emocional e espiritual do que nosso mundo moderno fundado na mente. Essa ligação profunda com os domínios espiritual/emocional corresponde à ideia do Jardim do Éden, um lugar ou estado de ser paradisíaco em que a pessoa se sente em contato com o Divino e em unidade com nossos companheiros, das lâminas de capim aos animais à nossa família humana. Existe um sentido de inocência e um nível quase instintivo de percepção que caracteriza nossas impressões tanto do Éden quanto da Lemúria. Alguns diriam que a Lemúria foi a base para as histórias do Jardim do Éden.

Uma catástrofe, que ocorreu tanto no nível interno quanto externo, aconteceu ao povo lemuriano e seu nível de consciência e humanidade "caiu da graça". O mundo atlante é visto como um mundo em que foi feita uma tentativa de ascender uma vez mais ao nível do Divino, dessa vez usando o poder da mente e da invenção. O que faltou à percepção atlante foi a ligação do coração com o Espírito e a centralização emocional profunda que ela evoca. Embora as habilidades mediúnicas e paranormais em Atlântida fossem fortes, sem o conhecimento interior da verdade do coração os atlantes criaram sua própria ruína, segundo o que se diz.

Nossa época e cultura nos oferecem uma escolha singular. Embora nós, como os atlantes, tendamos a contar demais com a mente e a tecnologia, existem muitos que aprenderam a ligar-se e a confiar nos conhecimentos intuitivos e emocionais de nossas almas e Espírito. Para alcançar o próximo degrau na escada evolutiva e salvar-nos de outra "queda" catastrófica, devemos aprender a vivenciar e integrar totalmente tanto os aspectos emocional/intuitivo quanto o racional/mental de nós mesmos e buscar com toda a intensidade pela ligação com o Espírito.

Os Cristais Semente da Lemúria são exatamente o que seu nome implica – eles são codificados, programados, com as vibrações da consciência lemuriana. Quando a pessoa trabalha com eles em meditação, práticas de autocura ou outras modalidades, os cristais podem infundir a pessoa com a percepção pura emocional/intuitiva/espiritual dos lemurianos. Com essas pedras pode acontecer uma experiência maravilhosa de abertura do coração e cura do corpo emocional. A pessoa pode sentir o júbilo do "retorno ao paraíso", a religação com a alma, a sensação de tornar-se mais inteiro. Pode acontecer um aumento da sensualidade, uma apreciação deliciosa da vida física e emocional. A pessoa pode descobrir que seu "eu verdadeiro" finalmente emergiu e que a Presença Divina é quase uma substância tangível, especialmente quando a pessoa está fora, no mundo da Natureza. Esse é o presente do Semente da Lemúria – a "volta ao Jardim".

Claro, pede-se à pessoa fazer mais que tirar férias permanentes da vida como a conhecia. Os Cristais Semente da Lemúria podem ajudar a pessoa a obter de novo aquela consciência equilibrada, nutridora, amorosa, espiritual e sensual que foi perdida há muito pela maior parte da humanidade, mas ela não deve abandonar o mundo racional e mental quando o faz. Deve integrar ambos os tipos de consciência juntos e transcender tanto Lemúria quanto Atlântida.

Ainda assim, a reação a esses cristais em geral é tão emocional e tão carregada com amor que a pessoa os sente como um bálsamo para a alma. Os Cristais Semente da Lemúria podem beneficiar praticamente a todos. A maior parte das pessoas precisa da abertura do coração e da cura emocional/espiritual que eles oferecem. E mesmo quando a pessoa não "precisa" de cura, a sensação que eles oferecem é simplesmente deliciosa, o que é razão suficiente. Curadores podem usar esses cristais para trazer tais experiências para seus clientes.

Os Cristais Semente da Lemúria emanam uma energia decididamente *yin* ou feminina. Eles harmonizam maravilhosamente bem com gemas como Sílica Gema, Larimar, Celestita, Azeztulite, Quartzo Satyaloka, Petalita, Morganita, Quartzo Rosa e Kunzita. A Moldavita pode catalisar sua ativação para o nível espiritual mais elevado. Para trazer o contrapeso de energias mais atlantes, sugiro "Diamantes" Herkimer, Quartzo Azul Siberiano ou qualquer pedra cortada na forma dos Sólidos Platônicos ou da Mercabah.

Para finalizar, os Cristais Semente da Lemúria que também são Cristal Dow oferecem uma característica adicional de melhorar as habilidades de canalização e telepatia da pessoa. Podem ajudar na ativação dos chacras transpessoais acima da cabeça e são ferramentas que podem auxiliar definitivamente a trazer a consciência crística à pessoa e ao nosso mundo.

NAISHA AHSIAN: Os Cristais Semente da Lemúria são uma variedade de Quartzo que incorporam as energias suaves e amorosas dos reinos angelicais e cósmicos. De fato, as estrias parecidas com escadas presentes em todos os Cristais Semente da Lemúria são como "escadas para o céu", transportando a pessoa para cima, aumentando as frequências elevadas para criar uma ponte entre o plano terrestre e os reinos espirituais astrais mais elevados.

Essas pedras são poderosas ferramentas de meditação, que auxiliam a pessoa a se ligar com as energias femininas arquetípicas da Deusa, a Grande Mãe e outras representações do sagrado feminino. Apesar de sua incorporação da polaridade feminina, essas pedras são equilibradoras poderosas da dualidade e auxiliam a encontrar o ponto de harmonia interior, que vai além da polaridade, unindo a pessoa com a energia divina do Criador.

Os Cristais Semente da Lemúria ajudam a pessoa a elevar-se acima do isolamento, solidão e separação do plano terrestre percebido, para se reunir com os reinos celestiais de onde viemos. Eles trazem um bálsamo calmante para a alma, uma sensação de vir para casa que pode tornar a caminhada na Terra um pouco mais fácil. Esse aliado nos lembra de que nunca estamos sós, pois continuamos a existir em união perfeita com o Divino e uns com os outros nos planos mais elevados da existência.

Os Cristais Semente da Lemúria concedem à pessoa o acesso aos estados de consciência expandidos com facilidade e conforto e a capacitam a receber orientação de seu Eu Superior, a energia do nível da Alma, e seus guias mais elevados. É definitivamente a pedra para empregar quando a pessoa deseja acessar a proteção e o conselho dos Serafins e das entidades angelicais mais elevadas. Ele abre os chacras da coroa e da Estrela da Alma, auxiliando a pessoa a abrir-se para as energias da alma.

ESPIRITUAL: Os Cristais Semente da Lemúria expandem rapidamente a consciência da pessoa ao permitir a viagem através dos chacras da coroa e Estrela da Alma até as frequências mais elevadas da Luz que a pessoa pode esperar incorporar quando ainda está no corpo. São "pedras pedagogas", no sentido de que concedem que a pessoa sintonize com seus guias mais elevados e receba informação desses seres.

EMOCIONAL: Os Cristais Semente da Lemúria ajudam a enfrentar sensações de separação do Divino. Auxiliam a pessoa a sentir-se mais ligada às suas emanações do nível da alma e mais em harmonia com os outros e consigo. São pedras excelentes para crianças que sentem dificuldade para estar no corpo e precisam ser lembradas de sua origem celestial.

FÍSICO: Os Cristais Semente da Lemúria são apoios maravilhosos para o trabalho de cura e podem ser usados como portais para a comunhão com guias de cura. Como outros cristais de Quartzo, tendem a amplificar as energias de outras pedras com as quais são combinados.

AFIRMAÇÃO: Eu me religo com minha própria alma e o Divino Feminino, e convoco o conhecimento, a sabedoria e o poder dos reinos antigos de Lemúria.

CRISTAL CLORITA FANTASMA

PALAVRAS-CHAVE: Autocura, regeneração, ligação com a Terra e os espíritos da Natureza.
ELEMENTOS: Tempestade.
CHACRAS: Coração (quarto), Terceiro olho (sexto).

Clorita é o nome de um grupo de minerais tão próximos que é difícil distinguir uns dos outros. O mais conhecido é o Clinocloro, um silicato de magnésio de ferro e alumínio com uma dureza de 2 a 2,5. Seus cristais são tabulares, embora o Clinocloro também ocorra em padrões compactos, laminados, escamados, granulados ou terrosos. Existe uma variedade química notável nos minerais Clinocloro, que inclui espécies como Serafinita, Cooqueíta e Kamemerita. O próprio Clinocloro em geral é verde, embora possa ser branco, amarelado, incolor ou (raramente) roxo.

Algumas vezes, durante o ciclo de crescimento de certos cristais de Quartzo, uma camada de Clorita/Clinocloro fica depositada nas terminações do cristal, seguida pelo crescimento posterior do cristal. Se o cristal for transparente, o resultado será um "fantasma" interno esverdeado que revela a localização e forma da terminação do cristal de Quartzo antes do depósito de Clorita e crescimento posterior. Acredita-se que a incorporação da Clorita na estrutura do cristal altera as propriedades de ambos os minerais, misturando os dois.

Os Cristais Clorita Fantasma podem ser encontrados em uma série de áreas que produzem cristais de Quartzo, mas eles foram extraídos com mais frequência no Brasil e em Madagascar. A dureza desses espécimes é 7, a mesma dos outros Quartzos.

ROBERT SIMMONS: Os Cristais Clorita Fantasma são fontes excelentes para a ligação com os reinos dos espíritos da Natureza. Eles são altamente sintonizados com o reino das plantas, e a meditação com os Cristais Clorita Fantasma pode facilitar a comunicação e troca de energia com quase qualquer espírito de planta, bem como com os devas, fadas e outros seres dessa natureza. Os Clorita Fantasma ressoam com o batimento cardíaco da Terra e podem ajudar a pessoa a aprender a aterrar suas energias e emoções na Terra. Isso é significativo porque as pessoas precisam encontrar modos de descarregar energia emocional excessiva ou desequilibrada. Os Clorita Fantasma fazem uma diferença notável na facilidade com que a pessoa pode realizar esse trabalho de aterramento.

No que diz respeito à ressonância dos Clorita Fantasma com o "batimento cardíaco da Terra", mais pode ser dito. Fala-se amplamente, embora não seja totalmente compreendido, que a Terra é um ser vivo. Tal fato é verdadeiro não apenas fisicamente, mas também nos níveis da alma e do espírito. A Terra tem uma alma, e ela está profundamente entrelaçada com a alma da humanidade e de cada pessoa. Nós vivemos em simbiose com ela, cada um dependendo do outro. Do mesmo modo que os seres humanos são nutridos fisicamente pela Terra, a alma da Terra só pode ser totalmente percebida pela consciência dos seres humanos. Outras espécies já fizeram sua parte, e o reino mineral constantemente proclama sua energia, mas os humanos devem evoluir mais e despertar para se tornar seus parceiros felizes e completos. O Clorita Fantasma ressoa com uma versão clara e notável da energia pura da Terra. A meditação com eles pode ajudar a pessoa a entrar em contato consciente com a energia da Terra. O uso dessas pedras em trabalho de cura planetária também será mais eficaz.

Os Clorita Fantasma funcionam bem em combinação com Serafinita, Charoíta, Moldavita, Quartzo Verde de Serifos e muitos outros membros da família Quartzo. A Serafinita e o Quarto Verde de Serifos podem ajudar a ressoar e comungar com a consciência da Terra. Usar Danburita com Clorita Fantasma auxilia em criar uma conexão clara com os espíritos da Natureza. Juntar Fenacita melhora os componentes visionários dessas experiências.

NAISHA AHSIAN: A Clorita em todas as suas formas é um dos minerais mais poderosos para a cura física. Sua energia promove as funções celulares e a regeneração e pode auxiliar a regular o crescimento e a mutação celulares. Ajuda a proteger o corpo e os sistemas energéticos de irradiação desarmoniosa. Os minerais de Clorita têm vários graus de atividade energética, com o Clinocloro sendo o mais ativo fisicamente e a Serafinita (gema de Clinocloro) a mais ativa espiritualmente.

Os Clorita Fantasma em Quartzo são pedras de cura poderosas. Elas auxiliam a pessoa a encontrar o equilíbrio rapidamente e a saúde por meio de seus aspectos físicos e vibratórios, alinhando sucessivamente todos os níveis de seu ser com uma energia ideal de alma. Essas pedras podem auxiliar em viagens à fonte das indisposições físicas na meditação e encontrar os padrões correspondentes no campo energético da pessoa. Possibilitam que a pessoa se movimente em ressonância com o campo eletromagnético da Terra, permitindo que seu coração e cérebro movimentem-se em um ritmo coerente com o do planeta. Elas ajudam a pessoa a receber instruções de cura ou informações do Espírito.

ESPIRITUAL: Os Cristais Clorita Fantasma canalizam energias da alma de alta frequência para os sistemas físico e energético. Podem auxiliar na ligação com os guias de cura da pessoa. Eles ajudam os que sentem desconforto em receber energia de cura dos outros a ser mais receptivos.

EMOCIONAL: Os Clorita Fantasma concedem uma energia de esperança e otimismo geral para o corpo emocional.

FÍSICO: Os Cristais Clorita Fantasma são excelentes para cirurgia mediúnica. Por sua forma cristalina, podem canalizar com facilidade as energias da Clorita diretamente para localizações específicas no corpo. Isso é útil quando a pessoa está trabalhando em cura de áreas específicas, particularmente curando tumores, pólipos e outros crescimentos. Eles ajudam a proteger o corpo de radiações danosas e podem ser úteis para estabilizar o campo energético e o corpo físico durante terapia de radiação.

AFIRMAÇÃO: Eu me conecto com a Terra e o mundo da natureza, encontrando lá as chaves para o equilíbrio interior, saúde e bem-estar.

CROCOÍTA

PALAVRAS-CHAVE: Vitalidade física, sabedoria do coração, comunhão com o Divino, paixão, amor, iluminação.
ELEMENTO: Tempestade.
CHACRAS: Raiz (primeiro), Coração (quarto), Coroa (sétimo).

A Crocoíta é um mineral de cromato de chumbo com uma dureza de 2,5 a 3. Seu sistema de cristal é monoclínico, e ela forma cristais longos, prismáticos, em geral agrupados. Ocorre em zonas oxidadas de depósitos de chumbo e crômio, em geral em associação com Anglesita, Piromorfita, Cerussita, Wulfenita e/ou Vanadinita. A cor da Crocoíta é vermelha ou vermelho alaranjada, e algumas vezes amarela. Os depósitos mais conhecidos estão na Tasmânia, Austrália, mas espécimes de boa qualidade também foram encontrados nas Montanhas Urais na Rússia.

ROBERT SIMMONS: A Crocoíta é uma pedra benéfica para romper barreiras, em especial para os que buscam apaixonadamente a realização da iluminação. Essa pedra ativa uma vibração tríplice harmônica dos chacras da coroa, do coração e da raiz, abrindo o canal da kundalini e movendo as energias principais da pessoa através dela. Essa abertura vigorosa pode canalizar todos os tipos de saltos quânticos na consciência da pessoa, dissipando bloqueios antigos e permitindo a expressão integral do eu espiritual por meio do corpo físico. A estimulação da Crocoíta do chacra do coração inunda o campo áurico com o que se pode chamar de "energia da alma" – um tipo de percepção que está em maior sintonia com a espiritualidade do que o eu cotidiano da pessoa, mas muito menos separada do que seu espírito puro. Essa energia é o que é necessário para a cura compassiva de si mesmo, seus companheiros humanos e este planeta.

A Crocoíta pode estimular a paixão, o amor e a consciência espiritual, tudo ao mesmo tempo. Para casais, as vibrações da Crocoíta são altamente condutoras de práticas de sexo tântrico que despertam essas mesmas energias. Manter um grupo de Crocoíta na cama pode impregnar a área com ondas prazenteiras de união estática.

A Crocoíta estimula a fertilidade, tanto no corpo como na expressão criativa. É uma pedra excelente para artistas, escritores e músicos. Ela também anima os sistemas reprodutivos no corpo.

Para abertura e crescimento espiritual, a Crocoíta funciona bem quando combinada com Azeztulite, Herderita, Natrolita e/ou Fenacita. Para fertilidade, criatividade e sexualidade, Zincita, Calcita Laranja e/ou Cornalina são mais úteis. Para acrescentar energia ao chacra do coração, Dioptase, Kunzita, Morganita, Calcita Rosa e/ou Quartzo Rosa são escolhas excelentes.

NAISHA AHSIAN: A Crocoíta é uma pedra extremamente poderosa que ativa os chacras da raiz, do coração e da coroa – os três chacras sagrados para o corpo de energia em surgimento. É uma pedra excepcionalmente vigorosa do elemento Tempestade que pode ativar muitos níveis diferentes do campo áurico.

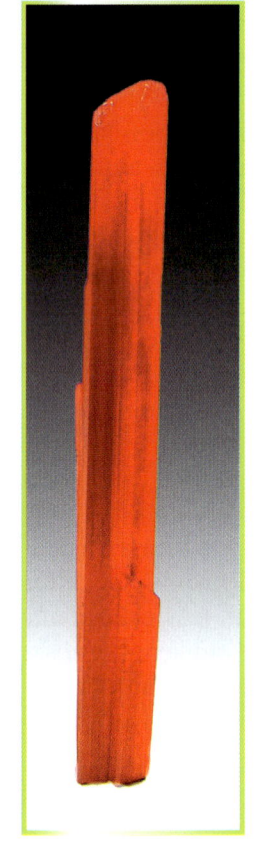

CROCOÍTA

Primeiro, sua emergia estimula o chacra da raiz. Ela aumenta a vitalidade física, auxilia a pessoa a sentir-se com poder de decisão na realidade física e a manifestar suas necessidades e desejos com maior facilidade. Ao estimular o chacra da raiz, a Crocoíta ajuda a ativar a corda de aterramento, crítica na manutenção de uma aura forte e energizada. Os efeitos da Crocoíta no chacra da raiz também auxiliam a pessoa a manter a saúde e o bem-estar físicos gerais.

Além de abastecer o chacra da raiz, a Crocoíta também ativa o coração. Ela estimula o campo eletromagnético do coração, o que contribui para uma aura forte e poderosa. Auxilia a pessoa a alinhar com a sabedoria do coração e encoraja-a a irradiar uma frequência de amor poderosa por toda a sua aura e ambiente. Pode-se pensar que abrir o coração significa ser excessivamente emotivo e sensível para as energias emocionais dos outros. Esse não é o caso, em especial ao se falar dos efeitos da Crocoíta. Ela encoraja um coração valoroso e heroico, que irradia as frequências vigorosas de amor e compaixão. Isso significa que as energias negativas se tornam um ativador do coração dos outros, criando um efeito de reação em cadeia.

Depois que o chacra da raiz e o do coração foram ativados, em seguida o chacra da coroa é despertado. Isso possibilita a ligação com os reinos mais elevados e o aterramento daquelas frequências mais elevadas através dos centros do coração e da raiz. Esse processo de aterramento da energia espiritual cria um canal de Luz para o mundo através do corpo físico. Cada pessoa que irradia desse modo se torna um farol de Luz para outras – iluminando a verdade de que essa realidade é uma manifestação do Divino e todos nós somos expressões da Luz na Terra. Essa ativação da coroa também estimula uma percepção mais elevada e habilidade sensitiva. Durante esse estado de ligação aberta com a consciência, contudo, esses efeitos são menos importantes que a pura experiência de comunhão com o Divino e canalização da energia divina através do ser da pessoa.

A ativação oferecida pela Crocoíta é uma experiência poderosa de despertar da pessoa para seu verdadeiro potencial e propósito. Essa abertura estimula suas capacidades para curar, habilidade mediúnica, manifestação e o comando da energia em geral. No processo, a pessoa vivencia uma vigorosa limpeza emocional e o alinhamento de seus pensamentos com o coração.

ESPIRITUAL: A Crocoíta estimula os chacras da coroa e do terceiro olho, ajudando a pessoa a ligar-se com os chacras acima da cabeça. Ela pode facilitar iniciações mediúnicas e espirituais vigorosas, incluindo experiências de iluminação, graça e até êxtase. Suas propriedades espirituais são apenas para ativar a pessoa a tornar-se um canal de manifestação para a luz divina na Terra.

EMOCIONAL: A abertura do coração pela Crocoíta auxilia a pessoa a eliminar bagagem, padrões e desequilíbrios emocionais. Ajuda a pessoa a permanecer centrada no interior do coração e presente no momento. Ela ativa para a frequência do amor divino e compaixão.

FÍSICO: A Crocoíta limpa e ativa o chacra da raiz, estimulando a saúde e vitalidade geral do corpo. É útil nos desequilíbrios do sistema imunológico, é muito estimulante do sistema endócrino e equilibra as glândulas.

AFIRMAÇÃO: Eu estou cheio de vitalidade física, criatividade, amor e iluminação espiritual.

CUPRITA

PALAVRAS-CHAVE: Força da vida, vitalidade, energia física, coragem, cura, Divino feminino.
ELEMENTO: Terra.
CHACRAS: Raiz (primeiro), Sexual/Criativo (segundo).

A Cuprita é um mineral óxido de cobre com uma dureza de 3,5 a 4. Quando em cristal seus hábitos de crescimento são octaédricos, cúbicos ou dodecaédricos. A cor é vermelha, indo de amarronzada ou enegrecida a carmesim, dependendo da formação e da presença de impurezas. A Cuprita se forma nas partes oxidadas de depósitos de cobre e em geral ocorre em associação com Crisocola, Malaquita e Azurita. Espécimes refinados de Cuprita foram coletados na África, no Congo e na Namíbia, e nos Estados Unidos, em Brisbee, Arizona. As formas mais vulgares de Cuprita têm ocorrência ampla e são encontradas em muitas áreas de produção de cobre.

ROBERT SIMMONS: A Cuprita é simplesmente o necessário para os que trabalham com dificuldades de pensamento no domínio físico. Questões de cura, ansiedades irracionais, medos em torno da mortalidade, terror inconsciente ligado a trauma passado – para todos esses problemas, a pessoa pode se beneficiar de uma pedra que trabalha no chacra da raiz, na parte inferior da coluna vertebral. A Cuprita é energia pura do primeiro chacra, e seu fluxo abundante de *prana* é uma bênção para qualquer um cujo primeiro chacra possa estar fechado ou enfraquecido. Todos os curadores que trabalham com pedras deveriam ter Cuprita disponível para lidar com esses problemas. Recomenda-se a qualquer um que deseja ativar, fortalecer ou curar o primeiro chacra que use ou carregue Cuprita por todo o dia.

A meditação com Cuprita ativará o primeiro chacra e pode ser instrumental na abertura das energias da kundalini. Ela pode ser especialmente útil para pessoas que sentem ser tipos de "baixa energia". A Cuprita oferece uma fonte de vitalidade a qual os que se sintonizam com suas vibrações podem usar para se recarregarem. A Cuprita, por ser uma pedra do *prana*, oferece apoio vibratório para os interessados em curar disfunções do pulmão, dificuldades de circulação, próstata, intestinos ou problemas com os órgãos sexuais.

A Cuprita é uma pedra do poder feminino, e ativa o arquétipo feminino da *deusa* Terra. Mulheres que desejam encontrar sua ligação com ela são aconselhadas a usar, dormir ou meditar com Cuprita, e imaginar seu chacra básico com uma raiz vermelha aprofundando-se na Terra. A Cuprita também é uma pedra da fertilidade em todos os níveis – útil para os que desejam conceber, um pouco arriscada para os que não o querem. Porém, os que desejam o "nascimento" de seus projetos criativos no mundo a considerarão uma aliada útil.

A Cuprita também pode ser uma pedra da Alquimia, e ela ressoa com os arquétipos do Mago e da Alta Sacerdotisa. Do mesmo modo que o cobre conduz a eletricidade tão bem, a Cuprita transporta as energias divinas do mundo interior para sua manifestação no mundo exterior. Criar um ritual

CUPRITA

utilizando a Cuprita é altamente recomendado para os que procuram ajuda nesse setor.

Para uma melhoria adicional das energias dos chacras inferiores, a Cuprita pode ser combinada com Zincita. Para usar essas pedras para despertar as energias da kundalini, recomenda-se usar ou trabalhar com Cuprita e Zincita em combinação com Tectito Tibetano. Esse é um trio poderoso para acender os fogos das energias dos chacras inferiores da pessoa e enviar essas energias em fervura para o topo da coroa! Ao usar essas três juntas, a pessoa deve ser avisada a ter cuidado e removê-las se sentir a energia com muito poder. Pode levar um tempo para ajustar sua intensidade.

NAISHA AHSIAN: A Cuprita é uma das três pedras da tríade do elemento Terra, que também inclui a Pirita e a Hematita. Essas três pedras juntas representam o equilíbrio das polaridades feminina e masculina e a manifestação do caminho espiritual em equilíbrio com a Terra. A Cuprita representa o elemento feminino dessa tríade.

A Cuprita incorpora o poder do receptivo e do movimento aprofundado para o interior do eu, para a ligação com o vácuo do potencial de onde tudo é criado. É nesse nível do ser que a pessoa pode dar nascimento a novas criações no mundo físico. Entrar no vazio é uma prática sagrada antiga que permite à pessoa renascer para seu poder e potencial nos reinos da fisicalidade.

A energia da Cuprita é a da caverna sagrada em que os xamãs se recolhem para entrar em comunhão com o útero do mundo. É uma pedra poderosa para a cura da Terra e do aspecto feminino/receptivo de si mesmo. A Cuprita incorpora as energias do nascimento e da morte. Ela é uma aliada excelente quando a pessoa está passando por um portal ou rito de passagem importantes. Pode auxiliá-la a abandonar o passado e renascer no presente como um ser novo e radiante.

ESPIRITUAL: A Cuprita encoraja a ligação com e equilíbrio da polaridade feminina em seu interior. Ela possibilita à pessoa buscar e encontrar o vazio da criação por meio da prática xamânica. A energia da Cuprita fala do potencial e do uso correto do poder. Ela é o poder do receptivo e é ideal para os que são incapazes de receber dos outros, que bloqueiam sua manifestação ou se sentem impotentes em suas vidas. A Cuprita é uma pedra dos mistérios femininos e pode ser usada para acessar o conhecimento antigo do DNA que herdamos de nossas mães, até o início da humanidade.

EMOCIONAL: A Cuprita transporta a energia do arquétipo feminino. Ela nos auxilia a encarar nossos relacionamentos com mães, irmãs, filhas, parceiras mulheres e os aspectos femininos do eu. A Cuprita pode auxiliar a identificar quaisquer problemas que possamos ter com o arquétipo feminino e a curar as dificuldades por meio da exploração sagrada do eu mais profundo e sombrio.

FÍSICO: A Cuprita é uma pedra excelente para auxiliar com problemas de reprodução femininos de todos os tipos – em especial menstruação dolorosa e irregular, sintomas de menopausa e equilíbrio hormonal durante e após o nascimento.

AFIRMAÇÃO: A fornalha de meu corpo queima com energia e vitalidade, e por isso eu honro o Divino feminino que é minha Fonte.

DANBURITA

PALAVRAS-CHAVE: Comunicação angelical, canalização, viagem interdimensional, paz, liberdade do estresse.
ELEMENTO: Ar.
CHACRAS: Coração (quarto), Coroa (sétimo), Transpessoal e Etéreo (oitavo e acima, acima da cabeça).

A Danburita é um cristal silicato de boro e cálcio com uma dureza de 7 a 7,5. Seu nome é derivado de sua descoberta original em Danbury, Connecticut, Estados Unidos. Os cristais de Danburita são ortorrômbicos e prismáticos, com estrias lineares que correm paralelas ao comprimento do cristal. Os cristais em geral têm quatro lados e suas terminações têm forma cinzelada. Na maioria das vezes, são incolores ou brancos, mas alguns espécimes são amarelo vinho ou rosa pálido. Os depósitos mais abundantes de Danburita estão no México, mas também são encontrados cristais na Rússia, Madagascar, Bolívia e Japão.

ROBERT SIMMONS: Qualquer um que deseja evoluir espiritualmente pode se beneficiar da exposição à Danburita. É uma aliada gentil e poderosa para a elevação da percepção às vibrações espirituais mais elevadas. A Danburita limpa e abre o chacra da coroa, conectando e harmonizando-o com o coração. Também ativa e integra os chacras etéreo e transpessoal acima da cabeça, direto até o 14º chacra. Ela permite à pessoa movimentar-se conscientemente até os domínios angelicais, com os quais a Danburita tem uma ressonância especial. Também facilita a viagem interdimensional e a comunicação com entidades espirituais que não sejam os anjos.

A Danburita é uma pedra excelente para os que precisam eliminar o estresse e as preocupações. Ela acalma o coração e envia-lhe a mensagem de que tudo está bem. Em geral, esse é um sinal muito necessário no mundo destes tempos tão cheios de ansiedades. Segurar uma Danburita em cada mão pode ser uma experiência realmente calmante e uma bênção para a meditação. Os que têm dificuldades para dormir são aconselhados a segurar uma Danburita na mão ou colocar uma na fronha do travesseiro, ou ambos, para trazer paz para o eu subconsciente. A Danburita tem um modo de acalmar a inquietação mental que pode com tanta facilidade transformar em insone qualquer um que tenha uma vida agitada.

Quase todas as Danburitas em circulação vêm do México, mas existem outras variedades de Danburitas de outras localidades, e essas têm assinaturas energéticas diferentes. Os cristais de Danburita peruana são cinzentos, opacos e com terminação dupla. Além das propriedades da Danburita mencionadas anteriormente, essas pedras têm uma afinidade vibratória especial com as entidades extraterrestres e podem auxiliar a pessoa a fazer contato com elas nos planos interiores. As Danburitas de Madagascar são douradas e sintonizam com a doçura da música etérea. Elas podem ajudar a pessoa a vivenciar a lendária "música das esferas". As Danburitas russas surgem em cristais que são levemente esfumaçados, com superfícies mais embaçadas que as Danburitas do México. As Danburitas russas

DANBURITA

vibram com maior intensidade que as outras variedades, e elas são ativadoras fortes do terceiro olho para a experiência visionária.

A Danburita é uma das pedras do grupo de 12 da sinergia, junto com Moldavita, Fenacita, Tanzanita, Azeztulite, Herderita, Petalita, Tectito Tibetana, Broquita, Natrolita, Escolecita e Quartzo Satyaloka. Essa combinação é a mais poderosa já descoberta para a ativação harmoniosa de todo o campo de energia humano. Para o objetivo de alívio do estresse e relaxamento, a Danburita harmoniza bem com Lepidolita Lilás, Ambligonita e Quartzo Lítio. Para viagem interdimensional, Calcita Merkabita e Calcita Celestial são aliadas ideais. O Quartzo Fumê fornece uma influência boa de ancoragem na terra, enquanto a Turmalina Rosa e a Morganita ajudam a fortalecer a ligação com o chacra do coração.

NAISHA AHSIAN: A Danburita transporta as frequências elevadas e suaves da comunhão angelical e da celebração com a Fonte Divina. Sua energia estimula o terceiro olho, os chacras etéreo e da coroa, acima da cabeça. Ela proporciona uma sensação de júbilo e comunhão com o Divino, facilita a meditação e transporta uma energia que é a mais próxima que eu encontrei com a frequência do reiki em uma pedra.

A Danburita é uma ferramenta perfeita para usar quando a pessoa está se abrindo para a canalização. Ela traz a pessoa para a ressonância com as energias da luz de alta frequência e permite à pessoa abrir-se graciosamente a essas frequências de modo que elas possam ser trazidas ao plano terrestre e usadas para o serviço ao mundo. Facilita a comunicação com os guias mais elevados da pessoa e as capacita a recordar o que acontece durante essas comunicações. No trabalho de cura, a Danburita auxilia a pessoa a superar o medo de intimidade com o Divino. Possibilita a vivência da imersão nos reinos do espírito e a abertura completa do coração à Fonte Divina, de modo que a pessoa possa ser um condutor para essa frequência no planeta. Esse atributo é particularmente útil nestes tempos, uma vez que somos chamados a expandir nossos corações e transportar uma vibração mais alinhada.

ESPIRITUAL: A Danburita encoraja a comunhão com os seres mais elevados e facilita a comunicação de conhecimento e informação desses seres durante a meditação. É uma pedra excelente para a ligação com as entidades e energias angelicais. Ela encoraja a ressoar com o coração divino e a manifestar energias de alta frequência por meio do corpo físico.

EMOCIONAL: A Danburita acalma o corpo emocional, trazendo para o interior uma frequência de conforto e resgate angelical. Ela pode ajudar a pessoa a lidar com o luto, medo intenso e ansiedade, ressentimento ou raiva.

FÍSICO: As energias da Danburita são as mais eficientes nos níveis emocional e espiritual. A Danburita pode ajudar a trazer uma aparência calma e otimista para os que estão doentes.

AFIRMAÇÃO: Eu expando minha percepção para o despertar interior dos mundos mais elevados, e posso chamar meus anjos para que me aconselhem e guiem.

DANBURITA OURO FOGO

PALAVRAS-CHAVE: Clareza, silêncio interior, verdade, coragem espiritual, ligação angelical, o Grande Sol Central.
ELEMENTO: Tempestade.
CHACRAS: Plexo Solar (terceiro), Coroa (sétimo), Estrela da Alma (oitavo).

Em 2006, uma nova mina de Danburita foi descoberta no sul da África. Esse material difere da Danburita Clara ou Branca encontrada no México, os cristais cinza claro do Peru ou as Danburitas da Rússia de cor champanhe, tanto em sua forma massiva irregular quanto em sua cor, que é um amarelo dourado brilhante. Danburita é um cristal borossilicado de cálcio com uma dureza de 7 a 7,5. Seu sistema de cristal é ortorrômbico. O nome Ouro Fogo é derivado de sua cor e intensidade das correntes flamejantes (*agni*) que dizem que ela emana.

ROBERT SIMMONS: *Agni* é a palavra sânscrita para fogo, e essa pedra transporta as correntes do fogo sagrado interior para o Grande Sol Central. Trabalhar com essa pedra pode ajudar a pessoa a descobrir sua ligação com a Fonte e facilitar o processo de clarear e purificar a consciência para que a pessoa fale e aja a partir do lugar da verdade. Amarelo é a cor da clareza mental, e a meditação com Danburita Ouro Fogo pode trazer um relaxamento interior do pensamento incessante, trazendo a pessoa para níveis de *insight* mais profundos. A mente pode ser visualizada como um lago, e a pessoa pode ver o pensamento como um vento que incita as ondas. Quando o pensamento acalma, a superfície da mente se torna mais tranquila, e é mais fácil para a visão da pessoa penetrar as profundezas. Trabalhar com Danburita Ouro Fogo pode sintonizar a pessoa com o silêncio interior de onde a visão clara (clarividência) é tão natural quanto olhar por uma janela.

As correntes da Danburita Ouro Fogo ressoam com o terceiro chacra, posição da vontade e o terceiro olho, janela da visão interior. Na meditação com essa pedra, a pessoa pode sentir as correntes trabalhando para cima a partir do plexo solar, subindo da base do crânio, depois se movendo em ondas tépidas para a região do terceiro olho. Com tempo e relaxamento, as correntes irão alcançar e se movimentar pelo chacra da coroa, para cima e para fora para os chacras acima da cabeça. O tom da sensação é de paz interior e prazer tranquilo.

De fato, existe uma corrente de prazer transportada por essas pedras. Simplesmente olhar para a pedra, ou segurá-la, pode iniciar uma sensação de bem-estar entusiástico. Tais estados são excelentes quando a pessoa está iniciando novos projetos, trabalhando para criar sua visão interior do mundo exterior, ou simplesmente começando o dia. De fato, uma meditação matinal com Danburita Ouro Fogo pode sintonizar o tom para clareza, força e satisfação das intenções mais nobres no decorrer do dia.

A respeito da ligação com o Grande Sol Central, parece-me que essas pedras têm ressonância com os seres angelicais que se ocupam do Grande Sol Central em um processo interminável de celebração jubilosa. O que se comemora aqui é a presença do Divino no interior do Universo. Em nós, isso pode significar que a pedra estimula nossa sensação de prazer e gratidão em relação à própria vida. Dessa posição fica fácil compreender que a pessoa também se sinta clara, calma, revitalizada, entusiástica e forte, e de fato são essas as correntes de sensações que elas geram dentro de nós. Pode ser que por meio dessas pedras fiquemos em contato com aqueles anjos, e eles conosco. Pelo menos a sensação é essa.

A Danburita Ouro Fogo pode acender o fogo interior do propósito e a participação prazenteira no cumprimento do próprio destino. Usar ou carregar essa pedra pode ajudar a pessoa a desenvolver uma sintonia constante com aquela corrente do destino. Outras pedras podem alinhar a pessoa com o plano do propósito da alma, pedras como Moldavita e Quartzo Nirvana podem aumentar esses efeitos. A ligação angelical da Danburita Ouro Fogo pode ser melhorada pela combinação com Petalita, Azeztulite ou Danburita Branca. Sua estimulação dos centros da mente é aprofundada quando é usada junto com Herderita. Para a cura, em especial do terceiro chacra e do coração, Serafinita é a melhor aliada.

NAISHA AHSIAN: A Danburita Ouro Fogo emana uma forma mais ativa fisicamente da energia da Danburita, auxiliando a pessoa a agir com coragem diante da informação e *insight* espiritual. Sua energia ajuda o processo de aprendizado e a transformação de informação em conhecimento. A Danburita Ouro Fogo é particularmente útil em acessar vidas alternativas e aprender da experiência passada, em especial quando esse aprendizado tem a ver com o uso correto do poder e a aplicação do conhecimento espiritual para o bem maior. Como outras manifestações da Danburita, essa variedade dourada transporta uma energia angelical meiga. Na forma dourada, contudo, a energia é dirigida para a instrução em vez de simplesmente apoio ou socorro. Por essa razão, a Danburita Ouro Fogo é uma pedra maravilhosa para engajar a pessoa quando ela precisa de um *insight* límpido ou orientação para agir. Ela é uma grande aliada para solução de problemas e para o aprendizado em geral, mas em específico para o aprendizado e *insight* espiritual.

ESPIRITUAL: A Danburita Ouro Fogo ajuda a pessoa a perceber em que o seu poder foi mal utilizado no presente e no passado, e auxilia a eliminar esses padrões e experiências do registro cármico. Ela facilita a compreensão de lições espirituais que subjazem à sua experiência e pode assistir a pessoa no aprendizado espiritual em geral.

EMOCIONAL: Essa pedra auxilia a pessoa a superar a voracidade, a avareza e a manipulação dos outros para ganhos pessoais. Ajuda a pessoa a tornar-se mais confiante e agir a partir de impulsos e informação espirituais, e pode ajudar a pessoa a sentir-se mais potente em sua jornada espiritual.

FÍSICO: A Danburita Ouro Fogo pode ajudar em quaisquer problemas digestivos, em especial os da ordem do metabolismo e digestão lentos.

AFIRMAÇÃO: Comprometo-me com a verdade, clareza e o bem maior, e uso meu poder pessoal a serviço da Luz.

DATOLITA

PALAVRAS-CHAVE: Ligação com os mundos mais elevados, recuperação de informações perdidas, poder mental, percepção espiritual.
ELEMENTO: Água, Ar.
CHACRAS: Plexo Solar (terceiro), Coração (quarto), Terceiro Olho (sexto), Coroa (sétimo), Transpessoal e Etéreo (do oitavo ao 14º, acima da cabeça).

A Datolita é um mineral borossilicato de cálcio com uma dureza de 5 a 5,5. Seu sistema de cristal é monoclínico. O mineral forma-se em pequenos cristais prismáticos de grande variabilidade ou em massas granulares parecidas com porcelana. Ela pode ser incolor, branca, de um amarelo pálido ou de um verde pálido. Algumas vezes impurezas podem tingi-la de rosa, avermelhada ou amarronzada. Muitos dos melhores espécimes de Datolita vêm da Rússia e são de cor amarelo-esverdeada.

ROBERT SIMMONS: Datolitas são cristais vigorosos para os chacras do terceiro olho, da coroa e os etéreos. Elas podem abrir a visão sutil da pessoa, permitindo-lhe ver auras, bem como seres dos domínios astral, causal e sutil. Espíritos da natureza, anjos, guias, professores não físicos, curadores e auxiliadores, todos se tornam visíveis e disponíveis para a comunicação. As energias de pulso rápido da Datolita aumentam as vibrações do campo de energia da pessoa de modo que ela possa vivenciar conscientemente seu próprio corpo espiritual, usando-o para explorar as muitas dimensões elevadas que nos cercam.

Essas pedras podem recuperar memórias perdidas da infância, de vidas passadas e até dos registros akáshicos da história antiga da humanidade. Podem melhorar a acuidade da memória e afiar as habilidades mentais. Elas ajudam em especial no desenvolvimento da inteligência matemática, mas também aprimoram aprendizados linguísticos, memorização, análise de sistemas, geometrias abstratas e outras aplicações da mente pensante. As Datolitas são pedras excelentes para a mesa de trabalho ou o altar de meditação. Elas trabalharão de modo diferente em cada um desses casos, mas os benefícios são excelentes.

A Datolita amarelo-esverdeada em particular pode ser usada para melhorar os chacras do coração e plexo solar e suas conexões com os chacras etéreos. Para evoluir de verdade, a pessoa deve desenvolver o coração e a vontade elevados, os aspectos exaltados do quarto e terceiro chacras. A Datolita amarelo esverdeada auxilia nesse processo, porque seu padrão de vibração exibe essa dinâmica exata em sua forma acabada. Ficar próximo desse tipo de Datolita ajuda a pessoa a desenvolver uma ressonância energética com ela que muda o próprio padrão da pessoa para esse espectro ideal.

A Datolita funciona muito bem com pedras de vibração elevada como Fenacita, Natrolita, Escolecita, Danburita e Azeztulite. Todas essas fortalecerão o despertar da Datolita da percepção da pessoa dos seres dos reinos de vibrações mais elevadas. Para melhorar as propriedades mental/intelectual

DATOLITA

da Datolita, ela pode ser combinada com Heliodora, Lápis e Quartzo Cinábrio. A Datolita também harmoniza com todas as Calcitas, que ajudarão a pessoa a sintonizar-se conscientemente com o corpo emocional. Fluorita, Pirita e Axinita assistem no aterramento das energias da Datolita e em manter a pessoa livre das ilusões e confusões enquanto sua consciência está imersa em outras dimensões.

NAISHA AHSIAN: A energia da Datolita é encorajadora para o coração, permitindo a pessoa libertar-se de cuidados e medos para que uma visão mais clara da realidade possa ficar disponível. Muitas vezes nossos próprios "o quês, e ses" presumidos e viagens ao futuro podem obscurecer nossa habilidade de perceber com precisão a verdadeira natureza de nossas experiências. A energia da Datolita auxilia a pessoa a ficar mais presente e no momento exato, para que a ação possa acontecer baseada no que realmente está acontecendo, não na interpretação emocional dos fatos. Essa pedra tem uma energia do "estar aqui e agora" que é estimulante e centradora. Em geral, as pedras que trabalham no nível do coração tendem a ser relaxantes e calmantes – não no caso da Datolita! Sua energia estimula a expansão do chacra do coração, eleva o humor e ajuda a eliminar medos e constrições. Essa pedra não é para ajudá-lo a sentir-se melhor, ela é para a percepção de que antes de tudo não existe por que se sentir mal.

A Datolita pode ser descrita como uma combinação das energias da Calcita Raio Estelar e Prehenita. Suas frequências são de limpeza suave, estimulantes e expansivas. Em trabalho de cura, a Datolita será de ajuda para os que estão em crise e se tornaram imersos em seus próprios medos. Usada primeiro no chacra do coração, ela auxiliará a pessoa a eliminar os medos e aproximar-se do futuro com alegria e animação. Depois, usada na coroa, sua frequência irá assistir a pessoa na percepção de opções e escolhas que podiam não estar aparentes enquanto em estado de dúvida ou medo.

A Datolita é útil na superação de luto, indecisão ou na sensação de estar massacrado. Ela traz uma sensação instantânea de expansão e bem-estar junto com um senso renovado de direção e determinação. A energia da Datolita está relacionada tanto com o elemento Ar quanto com o da Água, auxiliando a pessoa a perceber as circunstâncias emocionais a partir de um ponto vantajoso altamente espiritual.

ESPIRITUAL: A Datolita tem uma energia enaltecedora que realmente energiza as buscas espirituais da pessoa e encoraja-a a ser objetiva em circunstâncias emocionais. Ela engendra a presença no momento e auxilia a pessoa a libertar-se dos medos sobre o futuro ou o passado.

EMOCIONAL: Essa aliada ajuda a pessoa a libertar-se de constrições no chacra do coração, inclusive o coração pesado, desesperança e luto. Ela pode ajudar a pessoa a sentir-se emocionalmente renovada e purificada, com um sentido de propósito mais claro e uma perspectiva mais elevada.

FÍSICO: A Datolita é útil para acalmar o sistema nervoso e ajudar a regular suas funções. Ela pode ajudar a recobrar de um desequilíbrio dos nervos.

AFIRMAÇÃO: Minha mente, meu amor e minha vontade estão alinhados com o Divino, e tudo será Um comigo.

DIAMANTE

PALAVRAS-CHAVE: Intensidade, irradiação, soberania.
ELEMENTO: Tempestade.
CHACRAS: Coração (quarto), Terceiro Olho (sexto), Coroa (sétimo), Etéreo (oitavo até 14º, acima da cabeça)

O Diamante é um cristal de carbono puro com uma dureza de 10 – a substância mais dura entre todas. Seus cristais são encontrados em uma variedade de formas, incluindo octaedros, triângulos, cubos e formas amorfas. Os Diamantes são comumente pensados como pedras incolores, exibindo um fogo interno brilhante quando facetados em gemas. Contudo, Diamantes são encontrados em muitas cores – amarelos, marrons, azuis, rosa, verdes, laranja e até vermelhos. Embora os Diamantes sejam altamente estáveis sob a maioria das condições, aquecê-los a uma alta temperatura em que o oxigênio esteja presente pode fazer com que desapareçam, sendo transformados em gás dióxido de carbono. Desse modo é possível "perfurar" Diamantes usando feixes de raio *laser*.

Os Diamantes são valorizados há muito tempo por suas propriedades mágicas, e os hindus há 15 séculos acreditavam que essas pedras proviam seus possuidores com proteção contra os espíritos demoníacos, fogo, veneno, cobras, doenças e vários perigos. Em outras culturas, acreditava-se que os Diamantes concediam vitória, coragem, fidelidade, pureza e melhoria do amor.

ROBERT SIMMONS: Mantidos há muito nos tesouros dos reis e rainhas, acreditava-se que os Diamantes ofereceriam acesso às energias divinas. Essa é uma das razões de os Diamantes serem colocados em coroas. Colocar tais pedras próximas ao cérebro, em especial na fronte, pode estimular a visão interior e a ligação intuitiva com os domínios mais elevados do espírito. Uma vez que os reis e rainhas em geral eram vistos como intermediários entre os mundos humano e divino, eles precisavam de tais coroas, que serviam mais como antenas para sintonia com os canais de informação e autoridade divinos. O fato de que a maioria das realezas tenha sido extinta, com o acesso aos reinos divinos se tornando uma lembrança esmaecida, não diminui os poderes que a pessoa possa ainda acessar por meio do uso apropriado de Diamantes.

Os Diamantes podem auxiliar a pessoa a ativar os lobos pré-frontais do cérebro, o lugar da maioria das habilidades paranormais e da consciência visionária. De fato, em nossa época, em que os reis e rainhas exteriores foram perdidos, o Diamante é uma ferramenta que a pessoa pode usar para evocar o rei e/ou rainha interiores, aqueles seres arquetípicos no interior do eu que transmitem poder, conhecimento e soberania. Quando o *insight* espiritual é combinado com a sabedoria do rei/rainha interiores, o resultado é clarividência (visão clara) e uma sensação de certeza clara sobre os desejos da pessoa e o curso de ação apropriado. Os cristais de Diamante são transdutores que podem tornar as energias de alta frequência vibratórias dos reinos espirituais mais disponíveis para o eu consciente. Podem acelerar a evolução da pessoa e também abrir as portas aos poderes psíquicos. Usados em meditação, os cristais de Diamante facilitarão a entrada em estados visionários significativos. Usados

DIAMANTE

na vida cotidiana, eles podem intensificar as habilidades de focar a consciência na manifestação dos sonhos e objetivos.

Intensidade é a palavra-chave para os Diamantes. Eles parecem emanar mais energia comparativamente a seus tamanhos do que qualquer outra pedra. Essa intensidade pode funcionar no corpo emocional para amplificar o poder de qualquer estado emocional, do prazer ao desespero. Por essa razão, a pessoa deve ficar vigilante sobre o uso de Diamantes e provavelmente deve removê-los se estiver em um estado mental ruim. Contudo, podem ser usados terapeuticamente para intensificar e "queimar totalmente" problemas emocionais.

Para o uso metafísico, os cristais de Diamante são preferíveis para cortar Diamantes porque sua forma natural age para fortalecer e harmonizar as energias que se movem por eles. A grade de cristal de Diamante é muito forte (a mais forte entre todas as pedras, em razão de sua dureza), e a forma natural fornece uma ressonância macrocósmica com a estrutura microcósmica do Diamante.

Os cristais de Diamante podem melhorar e amplificar as energias de outras pedras de vibração elevada como Moldavita, Fenacita, Azeztulite, Herderita, Celestita, Tectito Dourada Líbia, Tectito Tibetano e outras. Também pode estimular o aspecto prospectivo das pedras de aterramento como Turmalina Negra e Quartzo Fumê. Cristais de Diamante podem ser usados em qualquer parte do corpo e afetarão todo o sistema de energia e campo áurico. Na meditação, o terceiro olho é o ponto ideal. Melhor ainda é colocar um cristal de Diamante no terceiro olho e outro sobre o coração. Isso pode ativar o circuito energético entre esses dois centros vitais, influenciando-os a agir em união sinérgica, como pretendido pela Natureza.

NAISHA AHSIAN: O Diamante transporta as altas frequências de energia que estimulam e abrem todos os chacras, em especial o da coroa e os etéreos. O Diamante é um aliado de base carbônica que modela as transformações de elementos básicos em luz pura. Quando o elemento nativo do Carbono é exposto a pressões e temperaturas tremendas, ele se transforma nesse material claro de alta frequência. Esse modelo é um que a humanidade pode usar com certeza nesses tempos, enquanto nos movemos de seres enredados nas ilusões físicas para incorporar a consciência de Luz. Embora os Diamantes incolores sejam os mais apreciados para a joalheria, esses aliados poderosos podem se manifestar em muitas nuances lindas, cada uma das quais acrescenta sua frequência ímpar à energia da pedra.

O Diamante encoraja a pessoa a perceber como os testes e lições da vida podem ter um uso positivo. Ele concede força em situações de alta pressão e capacita a pessoa a reagir a experiências estressantes com graça. O Diamante pode ser usado também como pedra para iniciação espiritual. Auxilia-nos a nos tornarmos faróis de Luz e modelos de fortaleza em tempos de adversidade, ensinando que nosso comportamento nessas situações pode revelar nossa verdadeira beleza interior e o conhecimento de nossa alma. Ele nos encoraja a buscar a Luz interior e irradiar essa Luz para fora, iluminando a densidade, dificuldade e ilusão. Desse modo, o Diamante pode ser um aliado poderoso quando a pessoa está "na noite escura da alma". Também pode ser um lembrete do destino espiritual da pessoa nesta vida, quando sua energia penetra os véus que podem mantê-la confusa, relutante ou incapaz de dar um passo firme em seu caminho.

Os Diamantes melhoram a visão interior e estimulam a imaginação. A frequência dessa pedra ativa vigorosamente os chacras do terceiro olho, da coroa e os etéreos, encorajando o desenvolvimento psíquico, a meditação e as buscas espirituais. Colocar um cristal de Diamante sobre o terceiro olho pode auxiliar com a visão remota, comunicação telepática e clarividência. O Diamante é uma pedra da verdade poderosa, encorajando a pessoa a agir alinhada com seu conhecimento interior e revelando as ilusões alheias. Ajuda a incorporar as qualidades de pureza e honra.

As vibrações do Diamante podem purificar e fortalecer as energias da pessoa, independentemente de onde seja colocado. Cristais brutos podem ser usados na cura para trazer clareza de energia para qualquer parte do corpo ou o nível do campo de energia. Uma grade octaédrica de cristais de Diamantes octaédricos pode ser utilizada para ativar o corpo de Luz, limpar os sistemas de energia e acelerar a manifestação do Eu Superior da pessoa.

Gemas de Diamantes facetados podem ser usadas para infundir a aura com um espectro completo da energia de Luz. O fogo irradiante dos Diamantes facetados reflete todos os matizes e frequências de energia na aura, fortalecendo e purificando-a. Embora os Diamantes facetados sejam os mais valorizados entre todos os Diamantes, os cristais naturais são melhores para usar por suas propriedades metafísicas.

ESPIRITUAL: Os Diamantes promovem a verdade, visão e alinhamento com a mente superior, para os que os usam conscientemente. São excelentes para purificar o campo de energia da densidade e alinhar a aura com frequências de luz mais elevadas. Eles modelam a transformação e transmutação, encorajando-nos a nos desenvolvermos a partir de nosso estado atual em um cheio com a Luz do Divino. Os Diamantes em geral transportam as energias dos seres angelicais que são alinhados tanto com a coragem quanto com a Luz. Eles nos encorajam a expressar com bravura nosso eu mais sagrado.

EMOCIONAL: Os Diamantes não trabalham diretamente no corpo emocional, mas preenchem todos os níveis energéticos do ser com um espectro completo de energia de Luz. Isso pode ajudar a dissipar a densidade no corpo emocional, permitindo que a pessoa se sinta mais leve, mais alegre e mais alinhada com o espírito.

FÍSICO: Os Diamantes são mais bem usados como pedras de apoio para outros minerais quando trabalham com problemas físicos específicos. São úteis em situações em que a congestão de energia tenha causado um desequilíbrio físico, uma vez que eles podem dissipar a congestão e promover o fluxo apropriado das energias.

AFIRMAÇÃO: Eu convoco a clareza de visão, radiação de Luz e soberania do Ser.

DIÁSPORA

PALAVRAS-CHAVE: Adaptabilidade, estímulo mental, meditação, exploração interior.
ELEMENTO: Ar.
CHACRAS: Plexo Solar (terceiro), Coração (quarto), Terceiro Olho (sexto).

Diáspora é um mineral hidróxido de alumínio, com uma dureza de 6,5 a 7. Seu sistema de cristal é ortorrômbico. Sua forma tem uma variação ampla, incluindo chata, granular, escalonada ou laminada. A gama de cores inclui rosa, roxa, marrom, esverdeada, amarela, branca, incolor ou cinza. A Diáspora é encontrada, em geral, em solo argiloso de bauxita ou pedra calcária cristalina. Uma descoberta de cristais de Diáspora de ótima qualidade na Turquia nos anos 1990 desencadeou um interesse considerável em seu uso como gema e como uma pedra metafísica.

ROBERT SIMMONS: A Diáspora auxilia no desenvolvimento de vigor e adaptabilidade na vida. É uma pedra incomum da vontade, porque ela estimula a boa vontade, ou seja, a rendição aos desejos pessoais para estar de acordo com a vontade divina. Qualquer estudante da evolução sabe que a adaptabilidade exterior sobrevive ao poder bruto na maioria das situações. Os pequenos mamíferos, por poder se adaptar à mudança súbita de clima, sobreviveram, enquanto os dinossauros morreram. Na vida humana, a adaptabilidade é a verdadeira força. A Diáspora emana um padrão vibratório que predispõe o usuário a encontrar o caminho do fluxo em vez de forçar sua passagem pelas situações. Portanto, ela é útil em aliviar o estresse, desenvolver relacionamentos estáveis, encontrar o melhor nicho para a pessoa no trabalho e na arena das carreiras, e trabalhar em parceria com seres espirituais dos planos mais elevados.

Os cristais de Diáspora algumas vezes podem parecer ter cores diferentes quando vistos de ângulos diversos. Essa é uma representação física de um entre outros aspectos de sua energia de adaptabilidade. A Diáspora ativa regiões da mente que estimulam a habilidade da pessoa de ver diferentes pontos de vista em todas as situações e ideias. Por isso, é uma ferramenta excelente para engenheiros, mediadores, pesquisadores científicos, terapeutas, médicos e outros que precisam trazer uma disposição de mente nova e multidimensional para cada situação nova. Na meditação, a Diáspora ajuda a pessoa a encontrar e manter o estado de "mente de iniciante" – a atitude de abertura e aceitação, não ofuscada por crenças de que a pessoa já sabe o que esperar.

A Diáspora é uma ferramenta ideal para exploradores dos planos interiores. Ela abre novas áreas da consciência e também preserva a pessoa de cair em padrões de expectativa e julgamento. Os que fazem leituras ou canalizações frequentemente descobrirão que a Diáspora traz de volta a sensação de surpresa, admiração e deleite com o inesperado que existiu no início de seu trabalho nesse campo, mas que pode ter esmaecido com o tempo.

A Diáspora harmoniza com Kunzita, Água-marinha e Peridoto para amplificar suas energias em uso geral. Natrolita, Escolecita, Fenacita, Azeztulite e Danburita podem ser de grande auxílio para a exploração dos domínios mais elevados. Ela é uma parceira excelente para a Moldavita, que inicia transformações poderosas. A Diáspora facilita enfrentar com graça as mudanças trazidas pela Moldavita.

NAISHA AHSIAN: A Diáspora é especialmente ativa no cérebro e na mente. Ela pode estimular a memória e melhorar tanto as recordações quanto a retenção de informação. É uma pedra excelente para estudantes ou para aqueles cuja memória esteja se tornando menos ágil com a idade. Em um plano mais físico, a Diáspora estimula as funções cerebrais. Ela é uma pedra da ativação da mente e pode ser usada para melhorar a concentração e o foco em tarefas mentais.

A Diáspora também é útil em buscas esotéricas. Quando usada na meditação, pode ajudar a pessoa a focar com clareza na jornada interior. É uma companheira excelente para os que têm dificuldade em manter o foco durante a meditação e práticas similares. Por sua habilidade de facilitar a exploração interior, a Diáspora pode ser usada para jornadas aos reinos mais elevados para a ligação com os guias e para receber instrução ou informação. As pedras com base em alumínio, como a Diáspora, prestam-se bem à ligação com outras realidades. A Diáspora pode auxiliar a pessoa na exploração dos mundos interdimensionais ou galácticos ou na comunicação com seres que os habitam.

ESPIRITUAL: A Diáspora ajuda em todos os níveis da função mental, desde o mundano ao esotérico. Auxilia a pessoa no desenvolvimento de foco interior e na concentração para que possa vivenciar com maior integridade o espiritual por meio da meditação. Ela pode assistir na ligação com outros reinos e na comunicação com os seres desses níveis de realidade.

EMOCIONAL: A Diáspora pode ajudar a dissipar a confusão, o pânico e o estresse que em geral estão relacionados à confusão mental. Ela ajuda a trazer clareza e recordação de propósito para a mente confusa. A Diáspora pode assistir a pessoa a se movimentar para além da experiência emocional. Ela ajuda-a a compreender que emoção não é verdade – é apenas um reflexo de nossa percepção. Ao movimentar-se além do nível emocional, a pessoa é capaz de adquirir uma perspectiva mais elevada e uma ligação clara com o espírito.

FÍSICO: A Diáspora pode ser usada para produzir apoio energético para aqueles com desordens do cérebro – em especial as doenças degenerativas. É uma das pedras mais fortes para o uso ligado a danos cerebrais, Alzheimer e Parkinson.

AFIRMAÇÃO: Eu estou sempre disposto a fluir com o rio da vontade divina, e vivo em pronta aceitação da mudança e transformação em minha vida.

DIOPSIDA

PALAVRAS-CHAVE: Ligação com a Terra, abertura do coração, cura, equilíbrio, percepção sutil.
ELEMENTO: Terra.
CHACRAS: Coração (quarto), Raiz (primeiro), Estrela da Terra (abaixo dos pés).

A Diopsida é um silicato de cálcio magnésio com uma dureza de 5,5 a 6. Seu sistema de cristal é monoclínico. Sua forma mais comum são pequenos cristais prismáticos, que em geral estão entrelaçados. Ela também pode ser encontrada nas formas colunar, granulada ou massiva. Sua cor em geral varia de branca a verde-clara, mas também pode surgir em nuanças mais escuras de verde, marrom avermelhado, marrom amarelado, cinza ou preto esverdeada. Algumas vezes os cristais são cortados em gemas facetadas, olhos de gato ou pedras de cabochão com quatro raios. As localidades mais importantes para Diopsida são a China, Índia e Nova York, Estados Unidos.

ROBERT SIMMONS: A Diopsida varia consideravelmente em sua energia, de acordo com sua cor, e os dois tipos mais importantes são a negra e a verde. A Diopsida negra ressoa com o chacra da raiz e ajuda a pessoa a estabelecer uma ancoragem firme na Terra. É uma pedra para melhorar o bem-estar físico por meio da ressonância energética com o "batimento cardíaco" do planeta. Por sua tendência para focar a consciência para baixo, em direção ao chão, ela é excelente para rabdomantes, ajudando a pessoa a desenvolver uma sensação intuitiva sobre o que está escondido embaixo de seus pés. Do mesmo modo, a Diopsida Negra é uma pedra excelente para a geomancia. Os que trabalham com linhas de energia (as energias "corrente de dragão") descobrirão sua percepção sendo melhorada pela Diopsida Negra.

A Diopsida Negra harmoniza bem com Tectito Tibetano, Turmalina Negra, Obsidiana, Azeviche e outras pedras do chacra da raiz, como Granada Vermelha, Rubi, Cuprita e Zincita. Ela é ideal para o aterramento quando a pessoa está trabalhando com pedras de vibração elevada como Fenacita, Natrolita, Escolecita, Berilonita, Datolita ou Herderita.

A Diopsida Verde envia suas energias ao longo de toda a coluna de chacras, desde o topo do crânio até o cóccix. Ela carrega e ativa os chacras do terceiro olho, do coração e o segundo chacra. Seu propósito é orientado para equilibrar e curar. Ela pode trazer todos os chacras para um alinhamento e enviar os raios verdes da cura por todo o corpo e o campo áurico. Pode ser particularmente equilibradora para mulheres na região dos órgãos reprodutivos. Eu a recomendo como um bálsamo energético para mulheres, especialmente as que estão no período da menopausa.

No chacra do coração, a Diopsida Verde fornece uma energia revigorante, dando apoio ao bem-estar emocional e melhorando a habilidade da pessoa para dar amor para si e para os outros. Ela também melhora a capacidade de aceitar e receber amor. É boa para o coração em todos os níveis – desde o espiritual até o físico.

No que diz respeito ao terceiro olho, a Diopsida Verde pode abrir os centros da mente para que o aprendizado de informações novas e a manipulação de conceitos sejam estimulados. Ela também pode ajudar a pessoa a sintonizar novas ideias e seres "enviados para baixo" por guias espirituais e outros seres dos planos mais elevados.

A Diopsida Verde harmoniza bem com Quartzo Rosa, Fenacita, Azeztulite, Quartzo Satyaloka e Danburita. Para mulheres fazendo trabalho no segundo chacra, Sílica Gema, Ajoíta, Larimar e outras pedras de energia feminina são recomendadas.

NAISHA AHSIAN: A Diopsida é uma aliada maravilhosa para o buscador espiritual, uma vez que ela ensina a lição importante da integração do espírito humano com o planeta vivo de que fazemos parte. Em ligação com o organismo integral de Gaia, a Diopsida nos ajuda a ver com clareza nosso impacto na Terra e seus habitantes e nos ensina como nos aproximarmos de nosso papel sagrado aqui de um modo equilibrado e amoroso. Ela liga diretamente o campo eletromagnético de uma pessoa com o campo eletromagnético do planeta por meio do centro do coração e do coração físico. Sua energia ressonante liga-se com o cálcio e o magnésio do corpo, criando uma energia relaxante que auxilia na dissolução de estresse, ansiedade e outros estados de tensão.

A energia da Diopsida abre os chacras do coração, da raiz e Estrela da Terra, criando um cordão de aterramento de Luz do coração da pessoa para o coração da Terra. Esse cordão completa um circuito elétrico com a Terra – aterrando o excesso de energia no interior do planeta e reabastecendo energia diminuída quando necessário. Ela também cria um campo ressonante entre a aura da Terra e a aura humana. Essa é uma conexão vitalmente importante para nosso crescimento espiritual, uma vez que ela nos prové com um espectro completo de energia de Luz equilibrada. Essa conexão também nos capacita a acessar com maior clareza a consciência do planeta e dos outros organismos da Terra.

A Diopsida concede à pessoa explorar profundamente a ligação entre a humanidade e a natureza. Ela permite ligar-se à consciência por trás do mundo natural – seja por meio de comunicação com animais ou plantas, ou sintonia com os reinos dévicos e das fadas. A Diopsida pode auxiliar no contato com qualquer dos níveis da consciência planetária.

A Diopsida Branca promove uma compreensão mais elevada da ligação com o mundo natural e pode auxiliar na comunicação com os animais. A Diopsida entre o azul e azul esverdeado estimula o terceiro olho e ajuda a pessoa a ver e interagir com o reino das fadas. A Diopsida que é de um verde mais escuro funciona para ativar a ligação com o coração da Terra. Ela pode sincronizar o campo de energia da pessoa com o planetário por meio do coração físico. A Diopsida que varia do marrom ao negro no espectro estimula o cordão de aterramento e o chacra Estrela da Terra, melhorando a capacidade da pessoa de aterrar o excesso de energia e recarregar-se a partir da Terra. Ambas são vigorosamente purificadoras, trazendo o ritmo sonoro profundo da Mãe Terra para seu coração e aura.

ESPIRITUAL: A Diopsida facilita a comunhão com Gaia e com todos os seus níveis de consciência e manifestações físicas – plantas, animais e minerais. Ela permite à pessoa compreender seu papel no organismo planetário maior e assumir maior responsabilidade. Pode auxiliar na conexão com o reino das fadas, o reino dévico e os reinos dos espíritos da natureza.

EMOCIONAL: A Diopsida é calmante para o corpo emocional, ajudando a pessoa a sentir-se mais centrada e alinhada com o Divino. É excelente para relaxamento, eliminação do estresse e encontrar seu centro emocional. Ela traz uma renovação emocional similar a uma visita a um lugar belo, onde a pessoa possa colocar seus problemas em perspectiva pela interação com nosso lar planetário.

FÍSICO: A Diopsida é excelente para a cura em geral. Nas gemas de cor verde, ela tende a funcionar para a cura física, em especial quando a regeneração é necessária – como após uma cirurgia ou na cura de um trauma físico. Ela é ideal para uso no coração para auxiliar na cura de ataque cardíaco ou outros problemas do coração físico. Pode ser valiosa na regeneração dos pulmões – por exemplo, depois de danos decorrentes de fumar ou inalação de venenos. Também pode ajudar em enfisema e asma.

As variedades de Diopsida que vão do marrom ao negro podem ser usadas quando doenças graves ou terminais criam fraqueza no corpo físico. Podem ajudar a pessoa a ter mais energia física durante a cura ou energia psíquica e espiritual para a passagem ao reino seguinte.

AFIRMAÇÃO: (Diopsida Negra) Eu estou ligado profundamente com a Terra e sou sensível a todos os aspectos da existência física. (Diopsida Verde) Meu coração está aberto e eu estou cheio com o raio verde do amor, cura e vitalidade.

DIOPTASE

PALAVRAS-CHAVE: Perdão, compaixão, liberação de padrões cármicos, prosperidade.
ELEMENTO: Água.
CHACRAS: Coração (quarto).

A Dioptase é um silicato de cobre mineral hidratado com uma dureza de 5. Seu sistema de cristal é hexagonal (trigonal). Ela se forma em cristais prismáticos com terminações de faces romboédricas. A cor é de verde-esmeralda a um verde azulado escuro. A Dioptase surge onde veios de cobre foram transformados pela oxidação, e em áreas côncavas em torno de pedras. Em geral, é associada com a Malaquita. A Dioptase foi encontrada no Chile, Namíbia, Rússia e Estados Unidos.

ROBERT SIMMONS: A Dioptase é uma aliada poderosa para despertar compaixão amorosa e para a cura de dor emocional. Ela emana a energia do raio verde puro do coração e é uma pedra ideal para apoio energético do coração de todos os modos. Empresta vigor para o coração emocional por meio do poder da compaixão, para si ou para os outros. Ela apoia o coração físico por meio de sua mensagem constante de serenidade e bem-estar. Desperta o coração espiritual com seu padrão vibratório de alta frequência, que ressoa com o chacra do "coração elevado" bem acima do coração físico. Por meio de todos esses canais, ela estimula o perdão e a cura de antigas mágoas internas.

A Dioptase é útil para a obtenção de *insights* sobre vidas passadas e ativação dos propósitos mais elevados da pessoa. Muitas das lições que carregamos adiante desde vidas passadas mostram-se em "ecos" de episódios repetitivos em que padrões cármicos similares são repetidos inúmeras vezes. A Dioptase abre nossos olhos interiores para a lembrança e visão desses padrões, eliminando nosso vínculo com eles e movimentando-nos para a frente com energia renovada.

A vibração da Dioptase é salutar e fresca, e pode ajudar a purificar o campo áurico e a desarmonia. Raiva emocional, frustração, ciúme, ansiedade ou desconfiança são emudecidos na presença da Dioptase, e isso a torna uma pedra excelente para o uso cotidiano em meditação e para ser mantida no ambiente ou até com a pessoa. A Dioptase também pode ser usada para criar abundância e prosperidade. Como uma das pedras mais puras do raio verde, ela atrai riqueza e todas as outras coisas boas que podem tornar nossa vida física mais prazenteira.

A Dioptase harmoniza com Malaquita, Azurita, Turquesa, Cuprita, Verascita. Todas essas têm base de cobre, como a Dioptase, portanto seus padrões vibratórios se mesclam com facilidade. Na meditação, Danburita, Quartzo Satyaloka, Escolecita, Herderita, Broquita, Fenacita e Azeztulite podem ser usadas para conectar o chacra do coração ativado aos chacras superiores no interior e além do corpo.

NAISHA AHSIAN: A Dioptase é uma das pedras mais vigorosas para a eliminação de padrões emocionais e contratos cármicos que impactam os relacionamentos. Sua energia concede à pessoa que perceba onde pode haver vínculos com outras que não são mais apropriados. Com a identificação desses laços emocionais, você pode liberar-se de representar papéis baseados em programações do passado, libertando a energia de seu coração para relacionamentos novos e mais maduros. A frequência da Dioptase auxilia na identificação e purificação de padrões cármicos familiares do corpo emocional da pessoa e de seu código genético. É excelente para eliminação de padrões cármicos de comportamento, abuso ou até doenças físicas herdados do corpo emocional da pessoa.

A Dioptase pode ajudar a pessoa a ser grata às lições emocionais aprendidas em meio a interações difíceis com os entes queridos. Ela nos ensina o valor de nos permitirmos e a outros de crescermos em meio aos relacionamentos íntimos, e como admitir para nós e aos outros quando não nos ajustamos mais a eles. Ela empresta à pessoa maturidade para reconhecer quando estamos esperando que os outros se ajustem a nossas expectativas em vez de lhes permitirmos estarem de acordo com seus eus verdadeiros. Também ajuda a pessoa a ver em que ela pode estar adaptando seu comportamento às expectativas dos outros, em vez de ser integralmente ela mesma.

A Dioptase assiste na compreensão dos papéis que representamos para os outros, bem como na dos papéis que os outros representam para nós. Ela nos encoraja a eliminar esses papéis do passado, para que ambas as partes no relacionamento possam ser honradas pelo que são de verdade. Esse é o verdadeiro processo do perdão – libertar-se e aos outros para que o verdadeiro crescimento possa ser reconhecido e o passado, abandonado. Quando isso é feito, o carma dos relacionamentos também é eliminado, libertando a todos para seguirem adiante.

Em razão de sua habilidade para ajudar a dissolver cordões de energia antigos e discordantes, a Dioptase é uma pedra excelente para os que estão passando por divórcios, morte ou interações emocionais familiares intensas. Ela pode auxiliar na manutenção de uma sensação de estar centrado quando a pessoa entra em uma situação em que ela encontrará padrões emocionais antigos (como durante férias em família). A Dioptase pode auxiliar a pessoa a manter um ponto de vista objetivo e não ser arrastada para dinâmicas do grupo familiar.

A Dioptase é um dos aliados de cura emocional cardinais. Quase todos os desequilíbrios emocionais estão vinculados a experiências e comportamentos passadas e nossa expectativas em relação a nós ou aos outros. Quando esses aspectos são abandonados, o coração e a mente são liberados para estar presentes e crescer além do passado. Isso produz um estado de alegria, contentamento, paz e equilíbrio emocional.

ESPIRITUAL: A Dioptase é uma das professoras emocionais mais poderosas desta época, demonstrando como curar o coração e nos libertarmos de papéis do passado que limitam nossa habilidade para incorporar nosso potencial pleno. É uma professora do amor e do maior ato de amor – o perdão. A Dioptase encoraja uma pureza emocional que concede à pessoa vivenciar os relacionamentos como uma oportunidade sagrada de ver o Divino nos outros. Ela também estimula a pessoa a assumir seu próprio poder ao libertar-se de expectativas egoicas e experiências e papéis emocionais.

EMOCIONAL: As energias emocionais da Dioptase estão conectadas estreitamente com seus poderes espirituais. É de extrema utilidade para os que estão constantemente revivendo o passado e, portanto, são incapazes de interagir com clareza no presente. Auxilia aqueles que assumiram um papel de vítima a perceber como se fortalecerem, eliminando o passado e permitindo-se evoluir. Ela assiste aos que constantemente se adaptam às expectativas e desejos dos outros e têm medo de revelar seus eus verdadeiros. A Dioptase pode ajudar qualquer um a sentir maior alegria, paz e completude na vida.

FÍSICO: A Dioptase é uma curadora especialmente poderosa para os que têm doenças físicas relacionadas a traumas decorrentes de abusos emocionais do passado. Exemplos desse padrão incluem mulheres que vivenciaram abuso sexual e manifestaram doenças no sistema reprodutor, ou os que vivenciaram abuso emocional e manifestaram doenças do coração. Qualquer doença física relacionada a traumas emocionais do passado pode ser positivamente afetada pela energia de cura da Dioptase.

AFIRMAÇÃO: Eu perdoo e elimino todos os antigos padrões que me seguraram, e aceito com o coração aberto as muitas bênçãos de minha vida.

DOLOMITA

PALAVRAS-CHAVE: Centralização, calma, equilíbrio, moderação, aterramento.
ELEMENTO: Terra.
CHACRAS: Todos.

A Dolomita é um carbonato de cálcio magnésio com uma dureza de 3,5 a 4. Seus cristais são romboédricos, com faces em curvas anticlinais e espiraladas. Ela também pode formar-se em formas massivas ou granulares. A cor varia de branca, cinza, esverdeada, amarronzada ou rosada. Ela se forma em rochas sedimentárias de magnésio e em veios hidrotermais. Depósitos excelentes de cristais de Dolomita foram encontrados na Espanha, Itália, Índia, Grã-Bretanha, Suíça e Namíbia.

ROBERT SIMMONS: A Dolomita é uma pedra excelente para conseguir calma, centralização e equilíbrio. Ela emana um padrão vibratório que traz o campo da energia humana para sua homeostase normal. Ao segurar uma peça de Dolomita, o campo áurico da pessoa preenche naturalmente todos os vazios, purga-se das energias negativas, recolhe os excessos de exposição e entra em sua melhor forma.

A Dolomita também age como um botão de "reinicialização" das emoções. É a própria essência da moderação. Ela amaina as emoções negativas como raiva, medo e também governa as paixões excessivas; leva embora o fascínio de fantasias irrealistas, sem detratar o entusiasmo da pessoa para seu propósito verdadeiro. Ela tende a desinflar o ego, o que a torna uma pedra útil para quase todo mundo, e em especial para os que trabalham com a prática de meditação em que o ego é o maior obstáculo.

A Dolomita é uma pedra ótima para colocar no ambiente e pode fornecer uma influência benéfica em torno de crianças. Pode ajudar a neutralizar mau humor e outros sintomas de "fúria hormonal". Com crianças pequenas, proporciona uma ambiência de calma e segurança que pode reduzir as possibilidades de pesadelos, manhas e outros extremos emocionais.

Para os que se tornam "desorientados" quando trabalham com pedras de energia elevada, a Dolomita pode prover uma "base" útil para aterramento e centralização. Para indivíduos que se sentem pouco confortáveis com a vida física e anseiam "voltar para casa", a Dolomita pode fornecer a sensação de estar em casa aqui na Terra. A Dolomita é uma pedra boa para segurar depois de uma disposição de pedras no corpo, uma regressão para vidas passadas, um renascimento, trabalho respiratório ou outras práticas de transformação.

A Dolomita harmoniza com quase todos os tipos de pedras, embora sua influência seja de moderação. Se a pessoa deseja vivenciar as intensidades de pico das energias de uma pedra, é melhor trazer a Dolomita para o jogo apenas depois da experiência, para a fase de aterramento e reequilíbrio.

DOLOMITA

NAISHA AHSIAN: A Dolomita é uma pedra de cura excelente para toxidade física e doença. A Dolomita, energeticamente, encoraja a autocura pela desintoxicação ativa do fígado e eliminação de metais pesados do corpo. É um apoio excelente para perda de peso, uma vez que ela assiste na regulação do apetite e encoraja a pessoa a agir de um modo amoroso com seu corpo. Ela pode ajudar a pessoa a superar comportamentos e hábitos nocivos e, portanto, é de grande ajuda na desintoxicação de álcool, drogas e uso de tabaco.

A Dolomita ajuda a pessoa a manter-se animada enquanto faz suas obrigações. Ela nos faz lembrar de colocar nossos corações em cada uma de nossas tarefas, como uma expressão da energia do Espírito que existe mesmo na mais mundana das experiências. A Dolomita abre o coração e concede à pessoa valorizar os pequenos dons e milagres que acontecem todos os dias. É uma pedra de humildade, paciência, constância e lealdade ao próprio caminho da pessoa. Ela pode ajudar os que têm dificuldades em visualizar os projetos até sua realização completa, ou que tendem a ser ressentidos por ter de realizar trabalhos triviais ou subalternos.

A Dolomita pode ser uma professora maravilhosa aos que sentem necessidade de vivenciar "fogos de artifício" internos para sentirem que estão tendo experiências espirituais. Aqueles que precisam de novas experiências espirituais ou exigem vivências "mágicas" para acreditar que estão sintonizados com o espírito podem se beneficiar muito da vibração estável e vigorosa da Dolomita. Essa aliada revela a constância da presença do Espírito e a maravilha de cada parte da realidade. Ensina-nos que em geral os fogos de artifício são mostrados aos que estão iniciando seu caminho para encorajar mais crescimento. Uma vez que alguma maturidade é atingida, esses "espetáculos de magia" espirituais não são mais necessários, porque a vida e a experiência em si tornam-se miraculosas. A Dolomita auxilia a pessoa a perceber tais milagres "mundanos" e a presença do Espírito em todos os momentos.

ESPIRITUAL: A Dolomita nos ensina que não existe para onde ir. Você já é tudo o que será. Você simplesmente tem de parar e conceder-se ser seu eu total. Não existe nada que precise fazer para "tornar-se" espiritual. Você já é espiritual. Portanto, tudo o que faz e tudo o que vivencia faz parte dessa realidade espiritual. A Dolomita nos ensina a parar de esperar milagres e começar a vivenciá-los em cada momento.

EMOCIONAL: A Dolomita concede uma energia calmante e serena para o corpo emocional. Ela nos capacita a ver quanto de nossa experiência emocional é criado por nosso apego a sermos entretidos pelo drama da vida. Sua energia concede à pessoa que se desligue desse drama e vivencie a perspectiva calma que nos capacita a perceber os milagres que sempre estão presentes. A Dolomita estimula o centro do coração, possibilitando que a pessoa vivencie o amor, a compaixão e a gratidão.

FÍSICO: A Dolomita é excelente para a desintoxicação física. Ela auxilia na cura dos ossos e pode assistir na prevenção de perda óssea. Ela equilibra o metabolismo e o apetite, encorajando com isso a administração natural do peso. É calmante para o sistema nervoso e pode reduzir o estresse.

AFIRMAÇÃO: Eu me sinto imperturbável – calmo, equilibrado, centrado e inteiro.

DUMORTIERITA

PALAVRAS-CHAVE: Inspiração divina, habilidade mediúnica, orientação interior, capacidade de aprender estimulada, disciplina mental.
ELEMENTO: Ar.
CHACRAS: Terceiro Olho (sexto).

A Dumortierita é um borato-silicato de alumínio mineral com uma dureza de 7. Seu sistema de cristal é ortorrômbico. Suas formas de crescimento habituais são massivas, raiadas, fibrosas e colunares. Algumas vezes ela forma cristais prismáticos. Ocorre em pegmatitas e outras rochas ígneas ácidas de granulação grossa. Sua gama de cores inclui o azul-escuro, azul violáceo e vermelho amarronzado. Ela recebeu seu nome em homenagem ao paleontologista francês Dumortier. Pode ser encontrada no Brasil, Sri Lanka, Madagascar, Canadá, Polônia, França, Namíbia e Estados Unidos.

ROBERT SIMMONS: A Dumortierita abre as portas da intuição, ativando o chacra do terceiro olho e auxiliando a pessoa a dar os saltos mentais necessários para transcender dificuldades intratáveis ou situações aparentemente desanimadoras. Ela melhora todas as habilidades mentais – linguística, matemática, abstrata, etc. –, bem como o que é denominado "inteligência emocional". Ela ativa as habilidades psíquicas latentes e estimula a clarividência, clariaudiência e clarisciência. Em indivíduos talentosos, ela pode instilar o dom da visão profética. Pode até facilitar a construção de habilidades em psicometria e psicocinese. O modo mais simples de trabalhar com Dumortierita para esses objetivos é meditar ou dormir com uma dessas pedras. Além disso, usar uma peça de Dumortierita em joalheria concede à pessoa ser imersa em seu padrão energético por todo o dia, acelerando o processo de assimilação vibratória.

A Dumortierita é uma pedra forte de disciplina mental e é capaz de melhorar o "poder da vontade" no que diz respeito ao aprendizado. É excelente para os estudantes, em especial os requeridos para adquirir uma quantidade imensa de informação em um período de tempo curto. Ela ajuda a retenção na memória e também na manipulação mental de conceitos necessária para a proposição de uma nova síntese de ideias.

Por sua estimulação dos poderes psíquicos e mentais, a Dumortierita é ideal para os que trabalham em áreas como astrologia e tarô. Em ambos os casos, a pessoa deve ter maestria de um sistema simbólico complexo e depois usar suas habilidades intuitivas para derivar a interpretação mais acurada da informação à sua disposição. Esse tipo de tarefa é feito sob medida para as propriedades da Dumortierita.

A Dumortierita harmoniza bem com Lápis-lazúli e Lazulita para melhoria das habilidades psíquicas. A Safira Azul aumentará sua capacidade de fortalecer a disciplina mental. Fenacita trará energia adicional para o terceiro olho, auxiliando a pessoa a "ver" os novos *insights* que ela adquire.

DUMORTIERITA

Azeztulite pode espiritualizar mais profundamente as energias da Dumortierita, elevando a experiência da pessoa e suas visões a um plano mais elevado.

NAISHA AHSIAN: A Dumortierita é uma pedra excelente para usar quando a pessoa necessita acessar e aplicar orientação mais elevada para sua vida. É uma aliada do elemento Ar e sua energia estimula a mente mais elevada e as habilidades visionárias. Sua estrutura a predispõe a transportar mensagens e energias diretas dos níveis superior de realidade para os reinos da matéria. É uma pedra poderosa para os que fazem canalização ou trabalho mediúnico, uma vez que ajuda a "sintonizar" as habilidades psíquicas da pessoa à informação, ao guia ou canal específico que ela busca. Melhora muito a habilidade para perceber os pensamentos alheios; seu atributo mais poderoso, contudo, é sintonizar a consciência da pessoa com a frequência da mente divina. Isso não significa que ela necessariamente compreenderá o que é recebido, uma vez que a habilidade para entender esse nível de consciência é determinada pela frequência e percepção espiritual da pessoa. Porém, uma vez que o canal esteja aberto, existe a oportunidade de usar sua ligação para obter *insight*, crescimento e compreensão sobre sua própria vida, ou reunir informação para benefício de outros.

A Dumortierita manifesta-se em várias cores, e cada uma tem uma frequência um tanto diferente. Embora exista uma leve variação nessas pedras, todas elas ativam os chacras do terceiro olho e da coroa, facilitando a abertura da visão interior da pessoa. A Dumortierita é uma pedra excelente para a recepção da inspiração divina. Ela pode ajudar a pessoa a encontrar soluções para problemas ou limitações existentes e ver além dos obstáculos. É uma pedra de clarividência e pode estimular visões de lugares ou épocas distantes. A Dumortierita pode ser usada efetivamente durante regressões para vidas passadas ou alternativas para obter uma compreensão profunda do desenvolvimento da alma da pessoa ou para religá-la às aptidões ou informações que ela possa ter tido em outra vida.

A Dumortierita é semelhante à Kyanita em sua habilidade de atravessar barreiras. É excelente para eliminar bloqueios no sistema de meridianos e chacras. Ela também pode auxiliar na movimentação de energias presas no nível mental, tais como em bloqueios de escritores ou artistas. Essa aliada é útil para dar à pessoa a visão necessária para perceber como circundar, passar por baixo ou atravessar um obstáculo que esteja bloqueando seu caminho. É útil para os que sentem estar no limiar de uma descoberta, mas simplesmente não conseguem ver como ir adiante.

ESPIRITUAL: A Dumortierita pode ser usada para abrir ou melhorar a ligação psíquica e habilidades intuitivas da pessoa. Ela facilita a conexão com a mente divina e auxilia a pessoa a receber orientação divina. Auxilia com a visão e inspiração mais elevadas e pode ajudar a ver além dos obstáculos. Ela cria uma abertura para sonhos proféticos.

EMOCIONAL: A Dumortierita ajuda a pessoa a ligar-se à fonte divina e sentir que tem um papel no plano divino. Ela pode ajudar aos que se veem como "excluídos" a sentirem-se mais ligados – tanto com o Divino quanto com os que estão à sua volta. Ela pode ajudar a inspirar a pessoa a superar as limitações da vida, concedendo a coragem necessária para que atravesse as dificuldades e surja no interior da Luz.

FÍSICO: As energias da Dumortierita podem ajudar a apoiar os que se sentem mentalmente nublados, incapazes de foco ou concentração, ou energeticamente bloqueados. A Dumortierita não é muito ativa no nível físico, mas pode auxiliar no equilíbrio mental geral.

AFIRMAÇÃO: Eu me abro à percepção psíquica, inspiração divina e disciplina mental, prometendo usar meus dons para o bem de todos.

EPÍDOTO

PALAVRA-CHAVE: Libertação da negatividade, aceitação de padrões positivos, atração do que a pessoa emana.
ELEMENTO: Terra, Água.
CHACRAS: Todos.

O Epídoto é um silicato de alumínio e ferro mineral com uma dureza de 6 a 7. Seu sistema de cristal é monoclínico e em geral ele cresce em cristais prismáticos. Também pode ocorrer em formas fibrosas, granulares ou massivas. Sua cor pode ser negra, verde-escura ou verde amarelada. Ela se forma em rochas ígneas e metamórficas, em associação com muitos outros minerais, incluindo Albita, Quartzo, Clorita, Granada, Vesuvianita, Diopsida e Calcita. Cristais de Epídoto de excelente qualidade foram encontrados na Áustria, Paquistão, México, Noruega, Moçambique e Estados Unidos.

ROBERT SIMMONS: O Epídoto é uma pedra que tende a trazer mais do que a pessoa já tem, de acordo com seu bem maior. Por exemplo, se alguém está cheio de amor e generosidade, trabalhar com Epídoto trará mais desses traços para sua vida, tanto interiormente como vindo de outras pessoas. Se, por outro lado, a pessoa está cheia de pensamentos negativos, ciúme e intolerância, o Epídoto aumentará consideravelmente o suprimento desses sentimentos. Em qualquer dos casos, ela é útil. O primeiro caso é óbvio, mas também é verdade no segundo exemplo. Se uma pessoa se torna inundada com negatividade, por dentro e por fora, logo ela se torna insuportável, ou pelo menos não será possível desconsiderá-la, e a pessoa é forçada a mudar. Esse tipo de dinâmica acontece frequentemente no mundo exterior, mesmo sem a ajuda do Epídoto. Na política, se apenas uma ideologia "ganha" de forma preponderante, frequentemente ela vai longe demais no exercício de seu poder e, cedo ou tarde, a população ultrajada "dá um chute no traseiro". No que diz respeito aos traços menos desejáveis da pessoa, o Epídoto pode dizer "o exagero leva à reforma", enquanto como um lema sobre as qualidades benevolentes poderia ser "a virtude traz suas próprias recompensas". A pedra, é claro, simplesmente funciona em termos de vibração como um tipo de magneto, amplificando sua atração natural para as coisas e situações.

Quando usado conscientemente e programado para estimular resultados desejados específicos, o Epídoto pode ser uma ferramenta muito poderosa. Pode ser usado para criar abundância e prosperidade, para atrair novos relacionamentos amorosos, para catalisar o processo criativo, etc. Porém, a pessoa deve sempre ter pelo menos a semente do que deseja atrair. Se a pessoa deseja prosperidade (generosidade vinda do Universo), ela deve agir com generosidade. Se deseja amor, deve ser amorosa, e assim por diante. O Epídoto não provê uma "carona", mas pode ser de grande ajuda para que os preparados deem um pouco do que desejam receber.

O Epídoto combina com a Moldavita para acelerar seus processos de magnetização. Com a Ametista, existe uma proteção adicional contra a negatividade. Com a Serafinita, o Epídoto pode atrair energias de cura poderosas. Com a Tsavorita, a capacidade do Epídoto para criar prosperidade é fortalecida (desde que a pessoa faça sua parte). Com Azeztulite, "Diamantes" Herkimer e/ou Fenacita, os inclinados misticamente podem vivenciar experiências visionárias vívidas e frequentes.

NAISHA AHSIAN: O Epídoto é um aliado dos elementos Água e Terra que auxilia a pessoa a transmutar densidade em energia. Pode aumentar a vibração do eu físico da pessoa, permitindo que ela se sinta mais leve, livre e menos sobrecarregada pelo corpo. Isso é especialmente útil para os que têm dificuldade com a densidade do plano terrestre ou que usam um corpo excessivamente pesado como medida de proteção. Também pode auxiliar os que usam a densidade emocional como medida de proteção. Os que utilizam sarcasmo excessivo, respostas amargas, pensamentos de desaprovação e outros padrões emocionais negativos podem encontrar alívio na energia iluminadora e positiva do Epídoto.

O Epídoto é excelente para a cura física. Ajuda a dissolver bloqueios, tumores, cistos e outras manifestações de densidade energética. Ele pode ajudar a revelar a essência emocional dessas densidades para que a pessoa possa transformar seus pensamentos, palavras e ações para refletir uma realidade mais positiva.

O Epídoto é útil na superação da negatividade habitual, desesperança, fatalismo e outros padrões emocionais destrutivos. Auxilia a pessoa a perceber o positivo em qualquer situação dada e encontrar meios de transformar sua realidade para criar uma experiência mais positiva. O Epídoto gera esperança para o futuro e disposição para a pessoa buscar seus sonhos. Encoraja-a a agir para transformar a densidade de sua vida para que reflita uma realidade mais elevada e alinhada. Ele pode ajudar os que se sentem presos em sua realidade atual a encontrar modos de agir para criar movimento.

ESPIRITUAL: O Epídoto ensina a pessoa a elevar a vibração de seus pensamentos, palavras e ações para que sua realidade física possa ser transformada. Ele revela amorosamente onde a pessoa está mantendo padrões negativos ou deliberadamente afundando em negatividade como um modo de proteger-se emocionalmente. Pode auxiliar na elevação da frequência de matéria densa para níveis mais iluminados.

EMOCIONAL: O Epídoto auxilia na liberação de padrões de negatividade do corpo emocional. Ele pode ajudar os que habitualmente usam crítica, sarcasmo, "esperteza" ou outras expressões de negatividade para elevar as energias de seus corpos emocionais a níveis mais positivos e iluminados. Ele ajuda a pessoa a superar a desesperança e estados emocionais deprimidos, emprestando-lhe uma sensação de otimismo.

FÍSICO: O Epídoto eleva imediatamente as vibrações em áreas que estão congestionadas, cheias de escombros ou excessivamente densas. Ela pode ajudar a pessoa a encontrar os padrões centrais por trás de doenças físicas, auxiliando-a a movimentar-se para um estado emocional mais esperançoso e positivo para estimular a cura em geral. Ela é excelente para trabalhos em tumores de câncer, cistite, fibrose e manifestações similares.

AFIRMAÇÃO: Eu elimino meus hábitos negativos e assumo os positivos, sabendo que colho o que planto.

ESCAPOLITA

PALAVRAS-CHAVE: *Insight*, persistência, autodisciplina, força de vontade, autotransformação, libertação.
ELEMENTO: Tempestade.
CHACRAS: Todos.

A Escapolita é um mineral complexo contendo sódio, cálcio, silício, alumínio, oxigênio, cloro, carbono e enxofre. Seu sistema de cristal é tetragonal e sua dureza varia de 5 a 6. Ele pode formar-se em cristais prismáticos e também em crescimentos colunar e massivo. A gama de cores da Escapolita inclui branca, cinza, verde-clara, azul, amarelada e avermelhada. Ela é comum em rochas metamórficas regionais como anfibolitos e gnaisses. Escapolita com grau de gema já foi extraída no Sri Lanka e Myanmar. Uma quantidade significativa de Escapolita Azul com grau para cabochão foi encontrada em Mont Saint-Hilaire, no Quebec, Canadá.

ROBERT SIMMONS: A Escapolita ajuda a pessoa a focar sua mente em um objetivo e persistir até que o alvo seja alcançado. É uma pedra maravilhosa para desenvolver a autodisciplina e força de vontade para conseguir e manter a liberdade interior. Sua energia sai em raios em um fluxo completamente estável, diferentemente de algumas pedras que pulsam e flutuam. Sua influência planetária é Saturno, o planeta da estrutura e disciplina, e essa pedra pode ajudar a pessoa a criar as formas e estruturas que nos permitem realizar nossos sonhos.

Aqueles que desejam escrever um livro, perder peso, controlar seu dinheiro, exercitar-se mais, abandonar hábitos ruins ou mudar seu eu cotidiano de qualquer modo, encontraram na Escapolita uma aliada. Sua frase-chave é "força de propósito" e ela pode ativar as áreas dormentes do ser em que reside a percepção do propósito da pessoa, bem como o poder de sair em busca dele. Portanto, ela é uma pedra do destino, do *dharma*. Ajuda a pessoa a ouvir a voz do Eu Superior e realizar o projeto de seu plano evolutivo para esta vida. Ela também pode iluminar a memória de vidas passadas em que os padrões de autossabotagem podem estar enraizados. Ela não só ajuda a pessoa a assumir novos padrões – também concede que ela elimine os velhos que não servem mais para seu bem maior.

Os videntes hindus antigos afirmavam que uma das maiores forças negativas que a pessoa deve aprender a superar é a inércia – a tendência das coisas de se manterem do mesmo modo, ou não irem para lugar algum. Esse tipo de inércia algema a alma e impede a realização dos sonhos. As vibrações da Escapolita são excelentes para quebrar esses padrões confinantes. Elas auxiliam a pessoa a fazer as mudanças que deseja, sejam elas mínimas ou revolucionárias.

A Escapolita também é uma pedra de *insight*. Antes de romper seus padrões limitantes, a pessoa deve ser capaz de vê-los e compreender suas raízes. A Escapolita é uma pedra de investigação profunda, e auxilia a pessoa a ir fundo na psique para descobrir o que a está segurando, quando se originou e o que deve ser superado para irromper para a liberdade. A Escapolita, definitivamente, é uma pedra de liberdade, ajudando a pessoa a superar as limitações passadas e auxiliando-a a exercitar a disciplina e a força de vontade necessárias para manter e expandir sua libertação.

ESCAPOLITA

A Escapolita funciona bem em conjunto com Moldavita, Quartzo e qualquer tipo de Safira. Com a Safira Azul, ela ajuda na formação de autodisciplina; com Safira Amarela, auxilia a seguir o caminho da prosperidade; com Safira Padparadsha, ajuda a realizar suas ideias criativas. A Escapolita Azul funciona excepcionalmente bem com Eudialita, auxiliando a integrar completamente a cura emocional.

NAISHA AHSIAN: A Escapolita ocorre em várias cores – cada uma delas com um foco específico para sua energia iniciatória poderosa. Todas as Escapolitas ressoam com o elemento Tempestade, trazendo purificação, transformação e realinhamento radical para o campo de energia. Esse silicato complexo contém vários elementos químicos que estimulam o campo áurico, o sistema nervoso e o cérebro. Dependendo de sua cor, ela foca em diferentes níveis do campo de energia e do corpo físico.

A Escapolita Branca/Cinza abre e limpa a coroa, estimulando os chacras etéreos acima da cabeça. Sua energia é da comunhão consciente com os níveis elevados de percepção, e ela é excelente para a comunicação com os guias e os seres angelicais. Ela pode melhorar o estado de sonho, tornando os sonhos mais vívidos e concedendo uma direção mais consciente deles. Também é útil para as experiências astrais ou fora do corpo, por abrir e limpar a coroa de modo que a consciência possa se movimentar com mais liberdade para fora do veículo físico.

ESPIRITUAL: A Escapolita Branca/Cinza é útil para jornadas conscientes pelos sonhos e planos astrais. Ela pode auxiliar a pessoa a se ligar com mais facilidades com as fontes de orientação mais elevada – inclusive anjos, guias e o próprio nível de consciência do Eu Superior.
EMOCIONAL: A Escapolita Branca/Cinza é emocionalmente neutra.
FÍSICO: A Escapolita Branca/Cinza é útil para estabilizar o estado mental da pessoa e regular a bioquímica do cérebro.

A Escapolita Azul é similar em energia com a Kyanita. Sua frequência corta a névoa e confusão mental e estimula a mente, capacitando a pessoa a pensar e raciocinar com mais eficiência. É altamente estimulante para os chacras do terceiro olho e da garganta, permitindo à pessoa que expresse seus pensamentos com coerência. Como ela estimula os sentidos psíquicos, a Escapolita Azul concede que a pessoa receba e radie os pensamentos com maior intensidade, fortalecendo as habilidades telepáticas e telecinéticas. É excelente para médiuns, agindo como uma amplificadora para as energias daqueles que passaram deste plano.

ESPIRITUAL: A Escapolita Azul estimula as habilidades visionárias e os talentos de comunicação da pessoa. Ela pode auxiliá-la a ser mais eficiente ao expressar seu conhecimento, *insight* e informação.
EMOCIONAL: A Escapolita Azul é emocionalmente neutra.
FÍSICO: A Escapolita Azul é útil no tratamento de degeneração da visão, desequilíbrios do nervo ótico e outros problemas nos olhos.

A Escapolita Amarela dirige sua energia do elemento Tempestade para o chacra do plexo solar, melhorando a habilidade da pessoa de agir com decisão. Ela ajuda a tomar decisões claras e agir imediatamente com base nelas. A Escapolita Amarela ajuda a pessoa a compreender questões de poder, mostrando claramente como usar seu poder para o bem maior. Simultaneamente, oferece a oportunidade de perceber como a pessoa está utilizando mal seu poder pela manipulação, postura de vítima, adiamento, etc. A Escapolita Amarela ajuda a superar o medo e ensina a irradiar sua energia vigorosamente a partir do plexo solar. Ela ajuda a evitar que a pessoa seja afetada por ataques psíquicos ou abuso de poder.

ESPIRITUAL: A Escapolita Amarela estimula a vontade e habilidade da pessoa para agir no mundo. Ela a ajuda a parar de sonhar e começar a fazer. Auxilia a encontrar e assumir seu poder e também revelará como suas crenças e seu comportamento estão evitando que ela se sinta fortalecida.

EMOCIONAL: A Escapolita Amarela é uma professora rígida, porém poderosa, do uso do poder emocional. Ela ajudará a pessoa a entender como pode estar usando seu poder para manipular as emoções ou ações dos outros, de modo que a pessoa possa começar a compreender um uso mais equilibrado de sua energia emocional. A Escapolita Amarela pode auxiliar aqueles com baixa autoestima a encontrar aspectos do Eu a valorizar e desenvolver.

FÍSICO: A Escapolita Amarela pode ser usada para equilibrar a hiperatividade e falta de atenção. Ela estimula a digestão, assimilação e eliminação. É útil para disfunções dos rins e da vesícula biliar.

A Escapolita Rosa é uma purificadora do coração poderosa. Sua energia é centrada em torno da potencialização do coração em nível físico e energético. Pode ser usada para evocar estados de amor incondicional, felicidade, perdão e compaixão sincera. Ela auxilia a pessoa a reconhecer onde o ego está governando sua vida, para que possa refocalizar a consciência no coração. A Escapolita Rosa ajuda a pessoa a sentir-se presente no momento e capaz de identificar o que é bom na vida. É uma pedra de esperança e compartilhamento de alegria.

ESPIRITUAL: A Escapolita Rosa ensina que o amor supera tudo. Ela abre a pessoa para a experiência da união com o divino coração e encoraja-a a ir da consciência centrada na cabeça para a consciência centrada no coração.

EMOCIONAL: A Escapolita Rosa ensina que a cura emocional não tem a ver com revisitar as mágoas passadas, mas, em vez disso, sobre libertar vínculos a elas como parte da identidade.

FÍSICO: A Escapolita Rosa pode ser usada para combater todos os tipos de enfermidades e desequilíbrios relacionados ao estresse. É especialmente útil para úlceras e transtornos digestivos causados por estresse.

AFIRMAÇÃO: Eu ajo com *insight*, determinação e autodisciplina para implementar as mudanças necessárias para tornar meus sonhos realidade.

ESCOLECITA

PALAVRAS-CHAVE: Paz interior, relaxamento, tranquilidade, viagem interdimensional, despertar o coração.
ELEMENTO: Ar.
CHACRAS: Terceiro Olho (sexto), Coroa (sétimo).

A Escolecita é um silicato de cálcio e alumínio hídrico, um mineral de zeolita com uma dureza de 5 a 5,5. Seu sistema de cristal é monoclínico. Ela ocorre como cristais prismáticos finos e verticalmente estriados, e também em massas fibrosas radiadas. Pode ser incolor, branca ou amarelada e tem um lustro vítreo sedoso. A Escolecita forma-se em cavidades de lavas basálticas e também em cavidades de sienitas e granitos. Cristais de Escolecita de ótima qualidade foram encontrados em Teigarhorn, Islândia, e Poona, Índia.

ROBERT SIMMONS: A frase que resume melhor a energia da Escolecita é "paz interior". Essas pedras, tanto em forma de cristal como roladas, emanam uma paz profunda que pode ressoar por todo o campo áurico da pessoa. Para os que desejam melhorar a meditação, ter um sono mais reparador ou sonhos mais doces, a Escolecita é altamente recomendada.

Ao segurar uma peça de Escolecita junto ao terceiro olho, a pessoa pode experimentar uma pulsação lenta, contínua, de energia que parece quase uma massagem naquele chacra. Uma sensação de calma desce, e com ela vem um sentimento de serenidade que pode elevar suavemente a pessoa aos planos elevados de percepção. Se a pessoa já "flutuou" para os planos mais elevados durante a meditação, massagem ou tratamento de energia, é semelhante à sensação gerada pela Escolecita.

O estado elevado e relaxado trazido pela Escolecita é ideal para sessões de cura, meditação, sonhos lúcidos ou sono reparador. Oferece proteção contra a intrusão de energias ou entidades astrais negativas, enquanto eleva a pessoa para os planos vibratórios superiores. Para os que desejam ativar os chacras do terceiro olho e da coroa, essa pedra é uma boa alternativa, se pedras tais como Fenacita e Herderita forem intensas demais. De fato, usar Escolecita junto com Fenacita ou Herderita pode estimular seu efeito enquanto suaviza seus padrões vibratórios.

A Escolecita é uma pedra muito interdimensional. Pode abrir uma gama diferente de espaços para o explorador da interioridade a partir daquelas disponíveis por meio de outros tipos de cristal. O contato com inteligências de domínios interiores e interdimensionais distantes é possível quando a Escolecita é usada para as viagens. Ela auxilia a viajar pelo tempo e também pelo espaço, permitindo que a pessoa acesse conhecimento de civilizações antigas e até futuras.

Emocionalmente, a Escolecita melhora as energias do chacra do coração, tornando a expressão espontânea do amor uma experiência mais frequente. É uma pedra boa para ser trocada entre amantes, ajudando a estabelecer uma ligação constante e invisível entre seus corações.

A forma cristalizada de Escolecita oferece a energia mais intensa e focada, enquanto as formas roladas ou massivas enfatizam as qualidades calmantes. Idealmente, a pessoa deveria trabalhar com ambas, já que seus pontos fortes são diferentes e elas podem ser usadas juntas para combinar seus benefícios. A Escolecita harmoniza bem com Fenacita, Herderita, Azeztulite, Danburita, Quartzo

Satyaloka e Apofilita. Talvez sua melhor aliada seja a Natrolita, que é quase idêntica à Escolecita e sua estrutura molecular; porém, enquanto a Escolecita é suave, a Natrolita é muito intensa. Usar as pedras juntas oferece o melhor de ambas.

NAISHA AHSIAN: A Escolecita é uma despertadora da mente superior suave, mas poderosa. Em vez de abrir "com estrondo" os chacras superiores, a Escolecita age como um purificador ameno, limpando suavemente os resíduos desses centros de energia e permitindo que a Luz brilhe neles. É uma amiga excelente para os que temem se abrir rápido demais ou que precisam aprender o poder da gentileza.

A Escolecita presta-se maravilhosamente para o trabalho de sonhos, uma vez que ajuda a pessoa a abrir-se a mensagens sutis do eu profundo e das fontes mais elevadas. Ela pode melhorar o estado de sonho e facilitar a recordação deles. Em trabalho de meditação, ajuda a abrir os canais entre o chacra da coroa (iluminação pessoal) e o chacra Estrela da Alma (iluminação transpessoal). Isso permite que a pessoa se ligue com seu nível de consciência do Eu Superior e obtenha uma compreensão profunda de toda a sua jornada de alma – não apenas sua jornada por esta vida. Esse ponto vantajoso pode ajudar a pessoa a entender sua verdadeira natureza, como um ser espiritual tendo uma experiência física.

ESPIRITUAL: A Escolecita permite à pessoa abrir-se suavemente à sua natureza mais elevada e aos reinos expandidos além do plano físico. Sua energia suave e pacífica convida à interação com outros seres amantes da paz para o propósito de curar a Terra e a humanidade da violência e do caos.

EMOCIONAL: A Escolecita é uma pedra de bondade, gentileza, e não reação. Ela ensina o poder da receptividade e expansão e ajuda a pessoa a tornar-se mais equilibrada quando diante da dificuldade. Paz é a palavra-chave dessa aliada.

FÍSICO: A Escolecita pode ser usada para ajudar a trazer uma sensação de paz e calma quando a pessoa está perturbada ou o desequilíbrio mental ou doenças no cérebro causam comportamento violento. Ela é suavemente estimulante para o cérebro e pode ajudar a manter os níveis adequados de serotonina.

AFIRMAÇÃO: Minha mente e meu coração estão em paz enquanto eu viajo mais e mais profundamente para dentro dos reinos do Espírito.

ESFARELITA

PALAVRAS-CHAVE: Força física e vitalidade, aterramento, equilíbrio, discriminação.
ELEMENTO: Terra, Fogo.
CHACRAS: Raiz (primeiro), Sexual/Criativo (segundo), Plexo Solar (terceiro).

A Esfarelita é um mineral sulfídrico de zinco com uma dureza de 3,5 a 4. Seu sistema de cristal é tetraédrico e dodecaédrico. A Esfarelita também ocorre em formas massiva, de agregados, granular e botrioides. Sua cor varia amplamente, incluindo tons de vermelho, negro, marrom, amarelo, verde, cinza, branco e, algumas vezes, incolor. Alguns cristais de Esfarelita são transparentes o suficiente para serem facetados em gemas, embora a segmentação perfeita da pedra dificulte que seja cortada. A Esfarelita com qualidade para corte é encontrada na Espanha e no México. Graus inferiores são encontrados em muitos países.

ROBERT SIMMONS: A Esfarelita é algo como uma prima da Zincita, e ambos os minerais funcionam muito bem para energizar e fortalecer os primeiros três chacras. A Esfarelita é mais aterradora que a Zincita, e ela ajuda a pessoa a retirar energias e vitalidade da Terra e eliminar excesso de energia para dentro da Terra.

O aterramento tem um significado maior do que muitas pessoas orientadas espiritualmente percebem. Com frequência, elas gostam do "zunido" que sentem de determinadas pedras, as visões mentais internas quando o terceiro olho é despertado e a oportunidade de "escapar" do mundo ordinário. Contudo, se as visões da pessoa e suas aspirações espirituais vão agregar algo aqui na Terra, ela terá de aterrá-las, e a si. Também é verdade que a estimulação excessiva dos chacras superiores pode levar a desequilíbrios caracterizados pelo excesso de energia *yin*. Isso é verdade também com muitas drogas recreativas. Uma pessoa completa é equilibrada, e o aterramento é uma parte importante disso, do mesmo modo que a necessidade de ter os chacras inferiores funcionando tão bem quanto os superiores. A Esfarelita pode ser útil para trazer o equilíbrio energético e aterramento para os que necessitam dele.

Em conexão, talvez, com sua natureza prática de aterramento, a Esfarelita é uma pedra de discriminação. Ao meditar com Esfarelita, a pessoa pode distinguir facilmente entre orientação e fantasia, entre *insights* espirituais verdadeiros e pensamentos produzidos pelos desejos. Ao usá-la em disposições de corpo, a pessoa pode detectar com maior facilidade em casos que os problemas são físicos ou têm base nas energias. Em aconselhamento, ela torna a percepção da pessoa mais aguçada para que seu "detector de verdade" tenha a melhor performance possível, seja focado em si ou em um cliente. Ela ajuda a pessoa a avaliar propostas, escolhendo apenas aquelas com verdadeiras promessas. Do mesmo modo, ela pode ajudar os que consultam oráculos a fazerem as interpretações corretas.

A Esfarelita energiza o primeiro chacra, aumentando a força de vida, coragem, força e vitalidade da pessoa. Ela estimula o segundo chacra melhorando a energia sexual, inspiração criativa, entusiasmo pela vida. Ela fortalece o terceiro chacra, criando grande sucesso na manifestação, pensamento mais claro e mais força de vontade.

A Esfarelita funciona bem em conjunto com Zincita, que espelha e magnifica muitas de suas propriedades. Suas energias de aterramento são melhoradas pela Turmalina Negra e Quartzo Fumê. Seus efeitos no poder de discriminação da pessoa são aumentados pela Safira Azul. A Tectito Ouro Líbio e Heliodoro aumentam seus poderes de manifestação e força de vontade. A Cornalina foca as energias mais intensamente nos aspectos sexual e criativo.

NAISHA AHSIAN: A Esfarelita ajuda no aterramento do sistema nervoso e regulagem do fluxo de energia pelo corpo. O conteúdo de zinco da Esfarelita estimula o elemento Fogo no corpo, que regula o fluxo de energia, expressão sexual e criatividade. Ela melhora a energia física da pessoa, enquanto mantém um estado de ancoragem e protege a pessoa contra a hiperatividade. O conteúdo de enxofre na Esfarelita aterra a energia da pessoa, auxiliando na oxigenação do sangue e recuperação dos músculos após exercícios.

A Esfarelita é uma pedra excelente para atletas ou os que desejam ter uma ligação mais equilibrada e positiva com seus corpos físicos. Ela ajuda a pessoa a segurar a energia do trabalho de cura muito tempo depois do feito e pode auxiliar a pessoa a integrar mais energia de cura durante as sessões.

ESPIRITUAL: A Esfarelita ajuda a aterrar e regular o fluxo de energia no corpo físico. Ela capacita o sistema nervoso a manejar energias de Luz de alta frequência e ajuda a prevenir as queimaduras que podem ser causadas pela abertura muito rápida às energias de alta frequência.

EMOCIONAL: A Esfarelita encoraja a pessoa a cuidar de seu corpo físico. Ela ensina a santidade do veículo físico e a necessidade de manter o "templo da alma" nutrido e amado apropriadamente. É uma pedra excelente para os que estão tentando quebrar hábitos danosos ou que estejam se recobrando de abuso de substâncias.

FÍSICO: A Esfarelita auxilia na recuperação de exercícios e treinamentos físicos. Ela estimula o sistema imunológico e é útil energeticamente na recuperação ou prevenção de infecções.

AFIRMAÇÃO: O fogo de minha vitalidade física queima com vigor, e meu eu espiritual está acordado, alinhado, aterrado e centrado aqui na Terra.

ESFENA (TITANITA)

PALAVRAS-CHAVE: Clareza e rapidez mental, aprendizado acelerado, intuição, vontade focada.
ELEMENTO: Tempestade, Ar.
CHACRAS: Terceiro Olho (sexto), Plexo Solar (terceiro).

A Esfena, também conhecida como Titanita, é um mineral silicato de cálcio e titânio com uma dureza de 5 a 5,5. Seu sistema de cristal é monoclínico. Ela se forma, tipicamente, como cristais achatados cuneiformes, mas também pode ocorrer em crescimento lamelar. É encontrada tanto em rochas ígneas como metamórficas. No maior depósito encontrado, na península de Kola da Rússia, a Esfena ocorreu em associação com Apatita e Nefelina. A Esfena também foi encontrada nos Alpes europeus, bem como em Madagascar e nos Estados Unidos.

ROBERT SIMMONS: A Esfena é uma pedra de energia mental. Ela trabalha vibratoriamente para limpar a mente e estimular o processo de pensamento. É uma pedra excelente para "limpar as teias de aranha" da mente e ajudar a pessoa a se movimentar com rapidez em qualquer trabalho ou empreendimento criativo na agenda. Para aqueles que ressoam com a Esfena, ela pode substituir a xícara de café matinal. Simplesmente coloque a pedra no chacra do terceiro olho e faça uma meditação de alguns minutos, permitindo que as energias da pedra entrem no cérebro. Isso pode ser bastante renovador e durar por todo o dia.

A Esfena acelera e estimula as habilidades mentais. É uma aliada excelente quando a pessoa está estudando ou lendo, tentando conseguir uma grande quantidade de informações novas. Ela auxilia a memória e também ajuda a pessoa a fazer ligações entre o novo material e a base de conhecimento da pessoa.

Ela pode assistir no aprendizado de uma nova língua, ou uma disciplina completamente nova, como programação de computadores ou matemática. Fortalece as habilidades intuitivas da pessoa e, portanto, é útil no aprendizado e prática de disciplinas esotéricas, tais como astrologia, numerologia ou cabala. Ela ajuda a pessoa a perceber os detalhes, facilitando tanto a auto-organização quanto desafios, como resolver crimes ou palavras cruzadas.

Do mesmo modo que a Esfena estimula a mente, ela também fortalece a vontade. Como uma pedra brilhante do puro raio dourado, pode ativar o chacra do plexo solar, aumentando a capacidade de a pessoa manifestar seus projetos, sonhos e desejos. Sua energia nessa área vai direto para baixo na Terra, então ela movimenta os pensamentos da pessoa na direção de soluções práticas. A Esfena não permitirá que a pessoa espere que seus desejos "simplesmente aconteçam", mas irá, energeticamente, compelir a pessoa à ação que leva à fruição de seus planos. A Esfena é uma pedra excelente para líderes grupais, porque energiza a mente e vontade da pessoa, permitindo que ela organize os outros e os dirija para as posições e atividades em que executarão as tarefas à mão com maior eficiência.

Em um nível mais profundo, o raio dourado da Esfena ressoa com a consciência de Cristo. Para os que estão no caminho místico, ela pode facilitar a conexão da mente da pessoa com os reinos mais elevados para absorver a sabedoria. Ela ajuda a pessoa a ver e compreender os ensinamentos e ações dos grandes mestres espirituais da história e seguir seus exemplos. Pode auxiliar a pessoa a dar os saltos intuitivos necessários para decifrar os significados de textos esotéricos. Também auxilia a pessoa a mover-se prontamente no estado de consciência entre os reinos interiores.

A Esfena funciona harmoniosamente com Lápis-lazúli, Iolita, Lazulita e Sodalita para a estimulação das habilidades mentais. Para maior ênfase na vontade, Heliodoro, Labradorita Dourada, Pedra do Sol e Citrino são aliados excelentes. A Pedra do Sol Iolita funciona muito bem em ambas as áreas. O Topázio Imperial pode ajudar a pessoa a focar no raio dourado e na ligação mística com a consciência de Cristo.

NAISHA AHSIAN: A Esfena é uma pedra do elemento Tempestade, que promove jornadas para os lugares mais distantes do espaço, tempo e consciência. Embora seja de cor escura, essa pedra está distante do aterramento. Suas frequências de cálcio e titânio combinam para estimular as capacidades visionárias. Essa aliada pode auxiliar a pessoa em jornadas em todos os níveis, incluindo viagem no tempo, jornadas xamânicas, viagem astral, explorações interdimensionais, sonhos e a simples meditação antiga. A Esfena ativa vigorosamente as glândulas pituitária e pineal, melhorando a visão e exploração interiores.

Essa aliada pode ajudar a pessoa a explorar vidas alternativas e passadas, melhorando os estados hipnóticos e de transe durante regressões a vidas passadas. Ela permite um entendimento claro e linear do tempo e também pode ser usada para explorar vidas futuras possíveis.

A Esfena também é uma companheira excelente para jornadas fora do corpo. Ela estimula e abre a coroa para que as transições do físico possam ser feitas com mais facilidade nas experiências fora do corpo. Ajuda a pessoa a acessar o plano astral para viajar ou ver a distância os acontecimentos atuais. Facilita as jornadas xamânicas e pode ajudar o xamã a ser mais efetivo na navegação pelos mundos subterrâneos.

A Esfena é mais bem combinada com Turmalina Negra, Hematita ou Obsidiana para ajudar a pessoa a voltar completamente dessas jornadas expansivas e integrar as energias encontradas lá.

ESPIRITUAL: A Esfena abre a visão interior e expande a consciência para a percepção de outros reinos. É uma estimuladora vigorosa do estado de sonho e pode ajudar na exploração de vidas alternativas.

EMOCIONAL: A Esfena ajuda a pessoa a encarar o desconhecido com excitação e curiosidade. Ela ajuda a superar o medo e necessidades inapropriadas para a segurança e estabilidade de modo que o crescimento possa acontecer.

FÍSICO: A Esfena pode apoiar energeticamente o fortalecimento dos ossos e ser usada para osteoporose ou recuperação de ossos quebrados. Também pode ser utilizada para estimular a audição e a visão.

AFIRMAÇÃO: Minha mente está desperta, alerta e funcionando a todo vapor, trabalhando em harmonia com minha vontade focada, enquanto viajo entre os mundos interiores.

ESMERALDA

PALAVRAS-CHAVE: Amor, compaixão, cura, abundância.
ELEMENTO: Água.
CHACRAS: Coração (quarto).

A Esmeralda é uma variedade de Berilo verde, um mineral silicato de berílio alumínio, com uma dureza de 7,5 a 8. Seu pigmento vem do crômio e vanádio. Seu sistema de cristal é hexagonal (trigonal). O termo Esmeralda deriva da palavra grega *smaragdos*, que significa "pedra verde", e nos tempos antigos era aplicado a várias outras pedras verdes. O significado mais antigo da Esmeralda foi dado no Egito, talvez tão tardiamente quanto 1300 a.C. Quando os espanhóis invadiram a América do Sul em 1500, eles viram os líderes nativos usando Esmeraldas que eram muito superiores às de fontes egípcias, e essas no fim acabaram dominando o comércio de Esmeraldas. As gemas e cristais mais requintados de Esmeralda foram encontrados primariamente na Colômbia, mas gemas de qualidade de Esmeralda também foram extraídas no Brasil, Rússia e África.

Na Roma antiga, a Esmeralda era vista como um símbolo de fertilidade e era associada com a deusa Vênus. As lendas cristãs falam da Esmeralda como a pedra da ressurreição. Outras lendas afirmaram que a Esmeralda cura uma variedade de doenças, alivia o medo, melhora a memória, estimula a persuasão, traz alegria e até confere o dom da profecia. A alquimia antiga fala de uma "Tábua de Esmeralda" secreta sobre a qual foi escrita a receita para a transformação e iluminação.

ROBERT SIMMONS: De todas as gemas, a Esmeralda é a emanação mais pura e cristalina do raio verde, cor do chacra do coração. Esse chacra está no centro de nossos eus físicos, e é nosso centro em muitos outros níveis também. O chacra do coração é a fonte das emoções, em especial o amor e a compaixão. Amor e compaixão são as emoções que refletem com maior verdade a natureza divina da pessoa, e são o foco e aspiração legítimos dos que estão no caminho espiritual. A Esmeralda é a pedra que representa os padrões de energia do chacra do coração ativado com mais pureza. É a pedra que ajuda a pessoa a viver e agir a partir do nível do coração, oferecendo um amor e compaixão incondicionais na vida e relacionamentos cotidianos, abrindo-a para que receba amor de outros e purificando o canal para sua ligação com o amor divino. A Esmeralda pode ajudar a pessoa a permanecer centrada na sabedoria do coração, para que ela não seja desvirtuada por ideias que soam razoáveis, mas não são caminhos verdadeiros do coração. A Esmeralda pode ajudar a pessoa a curar "corações partidos" e lembrar-se de dar amor a si e também aos outros.

Um coração aberto permite que a cornucópia de bênçãos universais fluam na vida da pessoa, e talvez seja por isso que a Esmeralda também é conhecida como pedra da prosperidade. Usar Esmeralda ajuda a sintonizar os padrões vibratórios da pessoa com o espectro da abundância, concedendo que a pessoa atraia o que precisa e deseja. A Esmeralda também é uma pedra da coragem – outra emoção que emana de um coração vigoroso e aberto. Ela ajuda a pessoa a seguir em frente em seu "caminho com o coração", independentemente de quaisquer ameaças ou perigos que pareçam colocar a pessoa em risco. Como a Moldavita, a Esmeralda é associada na lenda com a lendária pedra do Santo Graal, a gema que ativou e dirigiu as aventuras espirituais que no fim trouxeram iluminação e devoção perfeita ao cavaleiro Parsifal. Em nível sutil, essa lenda pode estar nos contando que o coração aberto é o Graal em si, o vaso da graça divina. A escolha da lenda pela Esmeralda (ou Moldavita) como a pedra do Graal pode estar sugerindo uma ferramenta para a abertura bem-sucedida do coração, com a experiência da graça resultante.

A Esmeralda funciona em harmonia com a Moldavita e outras pedras do coração como Dioptase, Aventurina, Morganita, Kunzita, Rodocrosita e Quartzo Rosa. A Tsavorita pode melhorar a eficiência da Esmeralda como pedra da prosperidade. Lepidolita e Esmeralda podem ser usadas juntas para acalmar o corpo emocional. A Esmeralda também conecta e amalgama-se com facilidade com outros Berilos, como Água-marinha, Heliodoro, Goshenita ou Bixbita.

NAISHA AHSIAN: A Esmeralda é uma pedra poderosa e bonita do elemento Água, que tem efeitos maravilhosos sobre os corpos emocional e físico. A Esmeralda abre o coração, alivia o peso no campo emocional e infunde a aura com um raio verde da Luz puro e nutridor. Ela traz uma energia de esperança, encorajamento, gentileza e abundância para o campo áurico da pessoa. Vindas de sua gentileza e esperança, encontramos a energia da compaixão e do amor. A Esmeralda é a pedra da consciência centrada no coração e da cura que essa consciência traz para todos os níveis do ser.

A Esmeralda estimula o coração físico e limpa o corpo emocional de padrões de vitimização e rejeição do poder pessoal; traz uma frescura e vitalidade para o coração emocional e físico. A Esmeralda tem sido usada tradicionalmente como uma pedra do amor por suas habilidades de purificar e fortalecer os centros do coração físico e emocional. Ela nos ajuda a ver todos os acontecimentos, circunstâncias e pessoas em nossas vidas com compaixão e aceitação. A Esmeralda estimula o "coração elevado", ou o centro de amor transpessoal pouco acima do lado esquerdo do chacra do coração. Auxilia a pessoa na prática da compaixão e compreensão respeitosa dos outros.

A Esmeralda também tem sido usada tradicionalmente para estimular tanto a riqueza como a abundância. A riqueza representa as posses físicas e materiais e a estabilidade financeira. A Esmeralda auxilia a pessoa a criar abundância por meio da remoção de pensamentos e sensações de que é indigno de seu campo de energia. Quando esses bloqueios são removidos, a prosperidade pode desenvolver-se naturalmente, se desejada.

A Esmeralda também auxilia a experimentar a verdadeira abundância, que não é o mesmo que riqueza. A abundância descreve a habilidade da pessoa de receber as dádivas do Espírito em todas as experiências de vida. Essa é uma sensação de abertura de sua vida para o Divino e aceitar todas as suas manifestações com gratidão. A verdadeira abundância é saber que tudo é fornecido e que não existe falta na realidade.

ESPIRITUAL: A Esmeralda liga a pessoa com a frequência do amor e compaixão divinos e a verdadeira valorização de todas as suas experiências e criações. É poderosa para mudar da consciência da escassez para a consciência da prosperidade, desenvolvendo a confiança de que o Universo proverá para todas as suas necessidades. Ela concede à pessoa desenvolver a gratidão pela percepção e recebimento das dádivas do Divino. A Esmeralda conecta o coração pessoal com a energia do amor divino.

EMOCIONAL: A Esmeralda é um remédio emocional maravilhoso. Permite à pessoa que mostre sua natureza compassiva e bondosa sem medo de vulnerabilidade. Ela encoraja a pessoa a confiar no Divino em todas as coisas e capitular de sua versão pessoal do que "deveria" ser a realidade. A Esmeralda pode auxiliar na superação de sensações de ser indigno, medo de escassez e abandono. Ela encoraja a aceitação dos outros sem julgamento ou imposição de seus pontos de vista sobre a realidade.

FÍSICO: A Esmeralda é um remédio forte para o coração e pode auxiliar o coração físico a se recobrar de todos os tipos de desequilíbrios e doenças.

AFIRMAÇÃO: Por meio do amor e da compaixão, todas as coisas são curadas e a bênção flui livremente.

ESPINÉLIO

PALAVRAS-CHAVE: Revitalização, inspiração, nova esperança, vitória, reenergização de todos os níveis do ser.
ELEMENTO: Água.
CHACRAS: Todos.

O Espinélio é um mineral óxido de magnésio e alumínio com uma dureza de 7,5 a 8. Seu sistema de cristal é cúbico. Ele se forma como cristais octaédricos, dodecaédricos ou cúbicos, bem como em crescimentos granulares, massivos ou compactos. A cor varia de vermelha a azul, verde, incolor, preta e marrom. O Espinélio se forma em rochas ígneas e também em rochas metamórficas como mármore, serpentinitas e gnaisses. Espécimes de boa qualidade de Espinélio foram encontrados em Madagascar, Burma e Sri Lanka.

ROBERT SIMMONS: O Espinélio é uma pedra de revitalização. Ele pode estimular qualquer um dos chacras, bem como o sistema de meridianos, trazendo energia nova onde ela é mais necessária. É um auxiliar excelente para reduzir a fadiga e recarregar energias desgastadas em todos os níveis; sustenta o corpo na recuperação de doenças e traumas. No que diz respeito às emoções, o Espinélio é uma pedra de nova esperança. Pode aliviar o peso de pensamentos negativos e lembrar à pessoa que a vida é uma dádiva. Mentalmente, o Espinélio pode ser um catalisador de inspiração e novas maneiras de pensar; auxilia a pessoa a "pensar fora da caixinha" e articular novas ideias. O Espinélio pode até facilitar o processo de construção de uma nova autoimagem. Ele afrouxa o controle de ideias entranhas sobre a atratividade da pessoa, talentos e capacidades para novos crescimentos, permitindo-lhe que liberte sua mente e transforme-se em seu eu mais elevado.

O Espinélio é uma pedra de vitória. Inspira a pessoa a aceitar os desafios para os quais ela é guiada pelos desejos da alma, e a fazer o que for necessário para realizá-los. Sua energia é tão abundante que ela pode aumentar a tolerância e persistência além do que a pessoa acreditaria ser possível. Ele auxilia a focar todo o eu no objetivo desejado, persistindo até que seja conquistado.

As cores diferentes do Espinélio emanam vibrações de certo modo diferentes, permitindo à pessoa refinar o foco nas qualidades que devem ser enfatizadas. O Espinélio incolor é o mais programável para qualquer variedade de propósito. Ele funciona para reenergizar todos os níveis dos corpos físico, etéreo e astral, além dos chacras e meridianos. O Espinélio vermelho é uma pedra de vitalidade física. Ele estimula o chacra da raiz, trazendo para seu interior as energias do *prana* para fortalecimento e tolerância. O Espinélio azul estimula o corpo mental, melhorando o processo de pensamento e habilidades psíquicas, e permitindo à pessoa trabalhar longas horas sem muita fadiga mental e a "ver" intuitivamente a solução de problemas. O Espinélio verde renova o corpo emocional, aumentando a compaixão, o amor, o perdão e a autoestima, e a expressão relaxada e fácil do afeto por outros. O

Espinélio marrom é uma pedra de proteção excelente e purificadora etérea, dissipando vínculos e entidades negativas do campo áurico. Ele pode agir como um espelho para ataques psíquicos, fazendo com que a energia negativa retorne para quem a enviou. O Espinélio negro estimula o chacra da raiz, permitindo o aterramento e equilíbrio das frequências de energia mais elevadas. Ele auxilia a pessoa a "puxar" as energias dos espíritos elevados para baixo por meio do chacra da coroa para o corpo e a Terra. O Espinélio amarelo acelera o processo de pensamento e ajuda na manifestação da abundância. O Espinélio laranja estimula as energias sexuais e criativas, trazendo uma sensação de alegria tanto para as aventuras amorosas quanto artísticas. O Espinélio violeta facilita a purificação espiritual e a manifestação do Paraíso na Terra.

Todos os Espinélios funcionam em harmonia uns com os outros. Para aumentar sua energia geral, é recomendada a Rodizita. Azeztulite e Natrolita podem levar todas as suas energias para os níveis espirituais mais elevados. A maioria das outras pedras combinará bem com o Espinélio. Em geral, misturar as cores do Espinélio com as de outra peça orientará a pessoa a fazer uma boa seleção.

NAISHA AHSIAN: O Espinélio vem em várias cores, cada uma com uma composição mineral levemente diferente. Todas as variedades de Espinélio são óxidos de magnésio e alumínio; entretanto, suas propriedades energéticas refletem suas composições químicas. Espinélios de todas as cores ajudam a pessoa a relaxar, abandonar resistências e deixar as preocupações para trás, e eles agem como um bálsamo geral para o sistema nervoso. Também auxiliam o corpo a livrar-se de venenos e toxinas pelo processamento adequado, e eliminação de resíduos – tanto energéticos quanto físicos.

O Espinélio encoraja a pessoa a "relaxar e entregar a Deus". É um aliado contra o estresse, sendo muito útil para personalidades Tipo A e trabalhadoras compulsivas, já que lhes concede que se acalmem e mudem para um ritmo mais lento. Ele age como um sedativo energético para apaziguar a acalmar o cérebro e o sistema nervoso.

O Espinélio ajuda a pessoa a apreciar a beleza da vida e do mundo à nossa volta. Ajuda a pessoa a reservar mais tempo para relaxar e desfrutar a verdadeira abundância da vida, em vez de caçar a ilusão da segurança financeira. Para os que não conseguem relaxar ou focar para a meditação, o Espinélio pode ser usado para ajudar a acalmar e centrar. Também melhora os efeitos de outras pedras usadas em meditação, permitindo ao sistema nervoso e ao cérebro se tornarem mais receptivos a suas energias.

O Espinélio Negro ajuda a pessoa a descartar o passado e purificar sua vida de associações passadas para que a pessoa possa com maior facilidade andar para a frente em direção ao futuro. Ele ajuda pessoas "retentivas" a abandonarem "lixo" físico ou emocional para que a clareza de mente e energia possa ser obtida. Também é útil para os que estão amarrados no processo de luto ou que sentem que um trauma emocional passado ainda rege sua vida. O Espinélio Negro facilita a desintoxicação dos intestinos e do sistema digestivo.

O Espinélio Verde/Azul funciona no nível emocional para conceder a eliminação de raiva, dor, ressentimento e criticismo do corpo emocional. Ele facilita uma comunicação clara e bondosa, e ajuda a pessoa a dizer como se sente de uma maneira não crítica. O Espinélio Vermelho/Rubi é um curador poderoso para estados de medo, pânico, ansiedade e a necessidade emocional de controle excessivo.

ESPIRITUAL: O Espinélio Azul/Verde ilumina os chacras do terceiro olho, garganta e coração, concedendo à pessoa que fale mais claramente sobre suas visões, sonhos, conhecimento e orientação. O Espinélio Vermelho/Rubi liga as energias do coração e do chacra da raiz, permitindo à pessoa que se sinta mais tolerante em circunstâncias ou desenvolvimentos inesperados, e dos diferentes pontos de vista e crenças dos outros.

EMOCIONAL: O Espinélio Verde/Azul é um conforto para os que se sentem usados pelos outros ou são incapazes de expressar apropriadamente seus limites emocionais. É ideal para aqueles que têm "complexo de mártir" ou àqueles incapazes de dizer não aos outros. O Espinélio Vermelho/Rubi ajuda a aceitar o auxílio dos outros, conter a sensação de que a pessoa deve "fazer tudo" para que algo seja bem feito. O Espinélio Vermelho/Rubi é um apoio maravilhoso para "entrar no clima" sexualmente, encorajando uma atitude amorosa, atenciosa e doadora com o parceiro. Ele pode ajudar a canalizar energia sexual excessiva para o chacra do coração, para expressão como energia amorosa sem conotações sexuais.

FÍSICO: O Espinélio Verde/Azul ajuda a conter o excesso de ácido no estômago e no corpo, e facilita a mudança para uma química alcalina. O Espinélio Vermelho/Rubi desbloqueia o chacra da raiz e garante uma conexão forte entre os chacras Estrela da Terra, da raiz e do coração, trazendo energia vital. Isso ajuda em problemas cardíacos relacionados a raivas extremas ou medo crônico, assim como em abusos maritais ou infantis.

AFIRMAÇÃO: Eu estou revitalizado, completamente vivo e cheio de entusiasmo pela vida, e uso minha energia de um modo inspirado e inovador para beneficiar a mim e aos outros.

ESTAUROLITA

PALAVRAS-CHAVE: Aterramento e bem-estar físico, conexão com os reinos próximos de consciência das fadas, devas, animal e plantas.
ELEMENTO: Terra.
CHACRAS: Raiz (primeiro), Coração (quarto), Terceiro Olho (sexto), Coroa (sétimo).

A Estaurolita é um mineral complexo, contendo ferro, magnésio, zinco, alumínio e silício. Sua dureza varia de 7 a 7,5 e seu sistema de cristal é monoclínico. Ela se forma em cristais prismáticos, em geral em gêmeos cruciformes (em formato de cruz). A cor é marrom avermelhada, marrom escura, ou preta amarronzada. O nome vem da palavra grega *stauros*, que significa "cruz", e os cristais gêmeos receberam o apelido de "cruz das fadas". Localidades para o cristal de Estaurolita incluem Fanning County, Georgia, Estados Unidos, Rubelita em Minas Gerais, Brasil, e Monte Campione na Suíça.

ROBERT SIMMONS: A Estaurolita vibra com a frequência das outras dimensões mais próximas à nossa. Como tal, ela pode agir como uma chave para o plano astral, o reino dos devas e o domínio das fadas. Ela também pode ser usada para a comunicação com os espíritos dos animais e das plantas.

Uma razão para os humanos causarem tantos danos ao mundo físico é o fato de terem perdido a linha de ligação na consciência que conecta o plano terrestre com outros domínios mencionados antes. Esses são reinos sagrados, e sua sacralidade ressoa através do mundo físico quando a pessoa pode vê-los em uma ligação alinhada uns com os outros. Em tal visão, a pessoa percebe que a destruição neste plano reverbera pelos outros, por todo o caminho daqui até a fonte divina. Sem a habilidade direta de saber isso, é fácil para a pessoa ver o mundo físico como "morto" e sem sentido. Se a pessoa só vê isso, por que não pilhar e jogar lixo no planeta? Manter a vibração da Estaurolita no campo de energia da pessoa ajuda a abrir seus olhos para os mundos próximos ligados e que existem em simbiose com a Terra física. A pessoa, então, é inspirada a tratar os seres e o ambiente deste plano com a mesma reverência que ela teria pelos mundos superiores. Também, o amor e a doçura que permeiam o reino das fadas ressoam profundamente no humano, trazendo de volta as partes esquecidas da alma. Para fazer essa religação, a Estaurolita é uma aliada benéfica.

A Estaurolita também ensina a pessoa a tratar-se e ao seu corpo com apreciação e reverência semelhantes. É uma ajuda útil para os que procuram abandonar hábitos autodestrutivos e pode auxiliar a pessoa a passar por regimes de limpeza. Ela pode até instigar purgações naturais espontâneas de energias negativas e organismos parasitários, auxiliando a pessoa a permanecer centrada e aterrada enquanto a batalha interior entre seu sistema imunológico e invasores minúsculos está acontecendo. A Estaurolita também ajuda a pessoa a assumir hábitos saudáveis, reduzindo a resistência a mudanças positivas na dieta e exercícios, e no estabelecimento de programas de meditação e alívio do estresse.

ESTAUROLITA

Aqueles que desejam aprender a prática da "comunicação animal" em que a pessoa pode conversar psiquicamente com animais de estimação e outros animais, descobrirão na Estaurolita uma ferramenta para conseguir a sintonia interior que abre as portas para tal trabalho.

Como um cristal que com frequência se manifesta como um símbolo das quatro direções, a Estaurolita também contém a conexão invisível com a "quinta direção", que é a direção vertical interior pela qual a pessoa tem experiências com outros mundos e por eles navega. A energia da Estaurolita aumenta a habilidade da pessoa para sintonizar seu próprio campo vibratório com a frequência de qualquer domínio que ela deseje visitar ou explorar. Por exemplo, dormir com um cristal de Estaurolita na fronha do travesseiro pode iniciar viagem astral ou sonho lúcido. Meditadores experientes serão capazes de fazer discriminação refinada de vibrações que permitem à pessoa escolher o portal interior que deseja abrir.

A Estaurolita pode ter seu poder expandido, pareando-a com o Rubi. A Kyanita Azul, uma prima próxima da Estaurolita, pode ajudar com a melhoria dos sentidos psíquicos. A Kyanita Verde e a Apofilita Verde assistirão na sintonia com os planos das fadas e devas. A Granada Vermelha ajudará a pessoa a permanecer aterrada e centrada enquanto conecta sua percepção com múltiplos mundos.

NAISHA AHSIAN: A Estaurolita é uma pedra equilibrada e de aterramento que ajuda a pessoa a entrar em contato com o campo magnético do planeta e as dimensões e reinos alternativos da Terra, incluindo o reino das fadas. A Estaurolita tem sido usada como um portal para o reino das fadas, permitindo à pessoa ver essa realidade dimensional incomum. Após o advento do Cristianismo, a forma de cruz das Estaurolitas foi usada como proteção contra os reinos das fadas, mas essa não é sua verdadeira natureza.

A Estaurolita pode ajudar a abrir os olhos da pessoa para os muitos seres que habitam este planeta conosco. Ela age como uma melhoria para as práticas de magia e para o acesso a fontes naturais de energia.

ESPIRITUAL: A Estaurolita ajuda a pessoa a abrir o olho interior para perceber os outros seres e reinos coexistindo conosco na Terra. Sua energia é de aterramento e, no entanto, também fortalece a capacidade visionária e a habilidade de encontrar objetos perdidos.

EMOCIONAL: A Estaurolita ajuda a pessoa a sentir-se a salvo, protegida e segura. É estabilizadora para o corpo emocional e pode ajudar a conter histeria, medo excessivo e paralisia emocional.

FÍSICO: A Estaurolita auxilia na formação dos músculos e sangue e na manutenção da saúde geral do corpo físico. É uma pedra excelente para usar no combate aos efeitos do envelhecimento, regenerando o corpo depois da falta de cuidados ou atenção, ou na recuperação de hábitos de autoabuso.

AFIRMAÇÃO: Na medida em que me torno ciente dos reinos sagrados tão próximos à Terra física, eu os reverencio e honro, oferecendo meu amor e intenção de cura a todos os mundos.

ESTIBINITA

PALAVRAS-CHAVE: Sintonia com as novas frequências, transformação, novas perspectivas, prosperidade, melhoria do poder pessoal.
ELEMENTOS: Terra.
CHACRAS: Todos.

A Estibinita é um mineral sulfídrico de antimônio com uma dureza de 2. Seu sistema de cristal é ortorrômbico e em geral ele se forma como cristais longos prismáticos com estriações longitudinais. Também ocorre em formas massivas, granulares ou em lâminas. A cor é cinza metálico e manchado de negro. A Estibinita é formada a partir de depósitos de fontes minerais quentes ou em veios hidrotermais de baixa temperatura. Os maiores depósitos de Estibinita estão na província de Hunan, na China, e outras localidades que produzem cristais bem formados incluem Baia Sprie, Romênia e a ilha de Shikoku, no Japão.

ROBERT SIMMONS: A Estibinita é uma pedra que transporta o poder do mundo subterrâneo. Está associada a Plutão – tanto o planeta quanto o deus – e emana a energia de transformação, morte e renascimento, novas perspectivas, grande riqueza e poder. Aqueles que desejam trazer quaisquer dessas qualidades para sua vida são aconselhados a trabalhar com a Estibinita. Entretanto, uma intenção altamente focada é necessária quando for trabalhar com Estibinita, para ter certeza de evocar apenas as qualidades que deseja dessa pedra. Se a pessoa consegue apenas uma atenção dispersa sem um foco forte, ela pode experimentar resultados inesperados e indesejados. Mas, para os que sabem o que realmente desejam, a Estibinita pode ajudar a manifestar esse desejo em abundância.

Do mesmo modo que a Estibinita ajuda a pessoa a ajustar-se às mudanças profundas que estão acontecendo na Terra, pode auxiliá-la a fazer mudanças profundas no ser. Se a pessoa sonha com uma carreira, uma vida espiritual, uma autoimagem ou personalidade externa completamente diferentes, a Estibinita ajuda a magnetizar as experiências, pessoas e sincronicidades para realizar isso. Aqueles que desejam usar a Estibinita desse modo são advertidos a acrescentar Moldavita à mistura. Suas energias de transformação são bem poderosas e ela parece apenas facilitar as mudanças que servem ao bem maior da pessoa. Essa é uma salvaguarda útil quando se lida com o poder da Estibinita.

Quanto à aquisição de riqueza, a Estibinita pode ser eficiente para atrair novas oportunidades pelas quais isso pode acontecer. Em tais situações, é prudente ter certeza de que as oportunidades são claras e honestas. A Estibinita tem em si uma qualidade de trapaça quando a pessoa a está usando para ganho pessoal em qualquer área – ainda mais com dinheiro. A Sodalita pode melhorar o conhecimento intuitivo, oferecendo bons "palpites" sobre escolhas potenciais. A Esfarelita ativa o "detector de verdade" da pessoa, ajudando-a a discernir quando uma oferta é, de fato, boa demais para ser verdade.

ESTIBINITA

Para magnificar a predileção da Estibinita em revelar novas perspectivas, as pedras visionárias como Fenacita, Azeztulite e Herderita podem ajudar bastante. Para melhorar o poder pessoal, Cuprita, Heliodoro e Zincita trabalharão em sinergia com a Estibinita. Para convidar o contato com extraterrestres, a Estibinita deveria ser combinada com Moldavita, Tectito Tibetano, Tectito Ouro Líbio e/ou Meteorito Pallasita.

NAISHA AHSIAN: A Estibinita é útil para movimentar a energia pelo corpo físico. Em trabalho de cura, ajuda o corpo a integrar a energia e a mudar os padrões genéticos para refletir a evolução espiritual da pessoa. Embora essa pedra ajude a pessoa a completar um circuito energético com a Terra, ela não é de aterramento mental e pode, de fato, ser usada efetivamente para facilitar a meditação e o contato com extraterrestres e seres interdimensionais.

A Estibinita é uma pedra excelente nestes tempos, já que auxilia a pessoa a mudar facilmente para entrar em ressonância com as frequências de alta energia que agora estamos sendo chamados a transportar em nossos corpos. Ela pode ajudar a combater sintomas de mudança energética – tais como tonturas, dores de cabeça, inabilidade para se concentrar e palpitações cardíacas causadas pela variação do campo magnético da Terra.

ESPIRITUAL: A Estibinita é uma pedra para manifestar Luz na forma física. Ela é poderosa para meditação, ajudando o corpo a incorporar as frequências elevadas encontradas lá.

EMOCIONAL: A Estibinita pode ajudar a pessoa a eliminar medos sobre a exploração do mundo espiritual e os reinos mais elevados. Promove a limpeza e eliminação de entulhos do corpo emocional.

FÍSICO: A Estibinita é perfeitamente adequada para canalizar energias de alta frequência e aterrá-las no corpo. Sua energia purificadora pode ser ajudada para curar lugares de infecção no corpo, para combater herpes, aftas decorrentes de febres, bolhas e outras lesões, e também infecções em ferimentos ou cortes.

AFIRMAÇÃO: Eu me harmonizo com as novas energias da Terra, prometo trabalhar para a emergência da Luz e conclamo a magnificência de tudo o que sou de verdade.

ESTILBITA

PALAVRAS-CHAVE: Pensamento claro, expansão da autopercepção, paz interior, melhoria nos sonhos.
ELEMENTO: Ar.
CHACRAS: Coração (quarto), Terceiro Olho (sexto), Coroa (sétimo).

A Estilbita é um mineral de zeolita, um silicato de sódio cálcio e alumínio hidratado, com uma dureza de 3,5 a 4. Seu sistema de cristal é monoclínico e tipicamente ele cristaliza em agregados em forma de feixes. A cor é branca, rosada, cinza, amarelada, avermelhada, laranja ou marrom. Ela se forma em cavidades no basalto ou outras lavas. Em geral, é encontrada em associação com Heulandita, Apofilita e outras zeolitas. A maior parte das Estilbitas do mercado vem de Poona, Índia, mas também é encontrada na Islândia, nas ilhas Faeroe e na Escócia.

ROBERT SIMMONS: Existe uma suavidade profunda e delicada nos cristais de Estilbita. Emanam uma alegria tranquila e incessante, e são, claramente, pedras da vibração do amor. São tanto abridoras como curadoras do chacra do coração e ajudam a pessoa a manter abertura e vulnerabilidade emocional, mesmo nas situações mais difíceis.

Quando usada em meditação, a Estilbita agrega e traz uma expansão gradual do sentido de si, começando no centro do coração e gradualmente aumentando até que a pessoa tenha crescido além dos confins do corpo, tornando-se uma esfera de percepção não mais limitada pelas leis da física, e ainda assim ligada por um cordão de Luz ao corpo físico. Portanto, a Estilbita parece fornecer uma expansão calma e sem esforço da consciência para o interior do reino astral, e além dele para as dimensões sutil e causal. A expansão que ela fornece é tão suave que a pessoa pode facilmente mergulhar na felicidade e não perceber realmente o que aconteceu.

Para os que são irrequietos à noite, a Estilbita pode trazer uma influência calmante capaz de ajudar a pessoa a cair no sono. Para os que têm dificuldade para meditar ou aquietar o diálogo interior da mente, a Estilbita serve para trazer paz interior que liberta o Ser. Para os que estão se curando de perdas ou luto, ela pode ser um bálsamo para as emoções.

Nos reinos dos sonhos, a Estilbita pode estimular o aspecto do subconsciente conhecido como "criador de sonhos". Ao manter uma Estilbita na fronha do travesseiro ou em uma mesa ao lado da cama, a pessoa pode experimentar um aumento da nitidez e profundidade de seus sonhos. Se a pessoa mantiver um diário de sonhos e refletir sobre eles, estes se tornarão ainda mais nítidos.

Quando a Estilbita e a Apofilita ocorrem na mesma formação, acontece uma combinação de seus poderes. O acesso interdimensional fornecido pela Apofilita é tornado mais suave e mais confortável pela Estilbita. Essas duas podem ajudar a pessoa a unir o coração e a mente, permitindo que eles funcionem como um.

ESTILBITA

A Estilbita também combina especialmente bem com suas primas zeolitas Escolecita, Natrolita, Apofilita, Heulandita e Thomsonita, bem como Morganita, Quartzo Satyaloka, Celestita, Azeztulite e outras pedras do coração e das dimensões espirituais mais elevadas.

NAISHA AHSIAN: A Estilbita tem um efeito tônico na mente e no campo de energia. Ela auxilia na limpeza dos destroços da aura e consequentemente limpa a mente de entulhos inconscientes refletidos do campo de energia para os pensamentos. A Estilbita pode ser usada para ajudar a pessoa a adquirir foco mental escudando a mente de influências exteriores ou informações psíquicas inconscientes. No interior desse estado de pensamento claro, a Estilbita ajuda a pessoa a decidir o que deseja criar em sua vida e planejar o caminho para a realização desses sonhos. Permite que a pessoa se aproxime de suas tarefas com um quadro mental positivo e organizado. A Estilbita é uma pedra excelente para os que se sentem oprimidos por um excesso de tarefas ou que não sabem por onde começar para trazer seu caminho espiritual para a realidade.

ESPIRITUAL: A Estilbita equilibra a função hemisférica cerebral, facilitando uma abordagem completa do cérebro a tarefas mentalmente desafiadoras. Ela pode acalmar processos de pensamento excessivos, permitindo o foco na tarefa à mão. Auxilia a pessoa a fazer escolhas e tomar decisões, e pode ajudá-la a ir além de determinar-se apenas para o que pensa ser possível, descobrindo em vez disso seus verdadeiros sonhos e desejos.

EMOCIONAL: A Estilbita ajuda a organizar a confusão da mente e encoraja a pessoa a assumir sua vida comprometendo-se com uma direção. Ela permite que a pessoa supere o medo de fazer a escolha "errada" e, em vez disso, ajuda-a a ver todas as escolhas como caminhos possíveis de aprendizado. Encoraja a pessoa a expandir sua mente e aprender o que for necessário para atingir suas metas.

FÍSICO: A Estilbita pode ser usada para melhorar o aprendizado, ajudar a acalmar DDA e TDAH e auxiliar a pessoa a conseguir e manter o equilíbrio mental.

AFIRMAÇÃO: Eu expando meu sentido de ser além dos limites do corpo, para dentro de meu campo áurico e além – para os reinos felizes do Espírito.

ESTRONCIANITA

PALAVRAS-CHAVE: Força e confiança, entusiasmo pela vida, vitalidade e sexualidade aumentadas, decisão e autocontrole.
ELEMENTO: Tempestade.
CHACRAS: Plexo Solar (terceiro), Terceiro Olho (sexto), Sexual/Criativo (segundo).

A Estroncianita é um mineral carbonato de estrôncio com uma dureza de 3,5. Seu sistema de cristal é ortorrômbico. Ela se forma em cristais prismáticos, em geral com forma de agulha. Ocorre em veios hidrotermais de baixa temperatura em mármores e pedra calcária, em geral em associação com Celestita, Barita e/ou Calcita. Ocasionalmente, forma-se como concreções em argila ou pedra calcária. A cor da Estroncianita inclui branca, amarelada, esverdeada, cinza, amarronzada, avermelhada e incolor. Os espécimes de melhor qualidade são de Strontian, na Escócia, e Munster, na Alemanha.

ROBERT SIMMONS: A Estroncianita é uma pedra de vigor e confiança. Ela limpa e abre o terceiro chacra, permitindo a expressão integral do poder pessoal. Ela canaliza a energia espiritual para o corpo físico, dando à pessoa uma vitalidade e resistência aumentadas, e também um suprimento de energia adicional que a pessoa pode requerer para atividades de alta intensidade como corrida de curta distância, um esporte como o tênis ou jogo da pela, ou uma luta contra um atacante. Ela recarrega o campo áurico, criando uma sensação palpável de seu espaço pessoal – uma energia que, de fato, pode repelir aqueles que não servem para o bem maior da pessoa. Ela auxilia a pessoa a conhecer-se mais profundamente, concedendo, portanto, certeza nas escolhas e compromissos em suas atividades.

A Estroncianita é uma pedra de praticidade. Ela encoraja a frugalidade e auxilia a pessoa a olhar para a frente para ver que obrigações e escolhas terá maior probabilidade de enfrentar. Ela ajuda a pessoa a organizar e planejar seu tempo, dinheiro e energia. Permite aos que se comprometem em demasia a se refrearem e estabelecerem prioridades, em vez de se tornarem exauridos pela tentativa de agradar todo mundo.

A Estroncianita inicia uma atitude positiva em relação à vida. Elimina dúvidas e hesitação, encorajando a pessoa a saltar para a experiência e desfrutar dela. Ela ajuda a superar medos pelo enfrentamento e aceitação dos fatos. Ela melhora os sentidos, tornando possível à pessoa descartar as sensações de desânimo e isolamento. Aumenta a receptividade ao prazer, estimulando os centros de prazer do cérebro e atenuando as ligações com memórias guardadas de culpa e vergonha. A Estroncianita acalma o criticismo interior da pessoa e aumenta a autoestima. Também melhora a receptividade e a satisfação com os outros. Ela abre os olhos para a humanidade comum que todos compartilhamos e encoraja a amizade.

ESTRONCIANITA

A Estroncianita promove uma sexualidade saudável. Ela sustenta um ótimo funcionamento dos órgãos sexuais e ao mesmo tempo estimula a programação psicológica que une os amantes. Ajuda a pessoa a valorizar seu parceiro, abrindo-lhe os olhos para o que a atraiu para ele ou ela em primeiro lugar. Ela encoraja a fruição do romance e lembra à pessoa que o amor não tem medo nem pressa.

Com todo esse entusiasmo, a Estroncianita também é uma pedra de autocontrole. Ela encoraja a pessoa a ouvir com atenção todos os lados de uma discussão – mesmo uma em que a pessoa esteja participando – antes de tomar uma decisão final. Ela clareia a percepção da pessoa, permitindo que entenda exatamente de onde seu amigo (ou oponente) está vindo. Quando possível, ela encoraja a compaixão e reconciliação. Contudo, também mostra à pessoa quando isso não resolverá o problema, permitindo-lhe tomar as medidas necessárias sem remorso.

A Estroncianita é uma pedra excelente para os que estão aprendendo artes marciais. Sua melhoria da força, percepção e julgamento das situações pode ser de auxílio imensurável em tais buscas.

A Estroncianita harmoniza com a Celestita, que suaviza sua obstinação e enfatiza a compaixão. Ela também funciona bem com todas as formas de Calcita, e também com Aragonita. Tectito Ouro Líbio pode melhorar sua capacidade de energizar o terceiro chacra.

NAISHA AHSIAN: A Estroncianita é uma aliada do elemento Tempestade que abre e energiza radicalmente o fluxo de energia semelhante à dupla hélice no centro da coluna de chacras. Ela ativa todos os chacras desde o Estrela da Terra ao Estrela da Alma, criando um fluxo poderoso para cima, desde a Terra e para baixo a partir do Cosmos, centrando sua energia no coração.

Os cristais de Estroncianita podem ser usados em cura para mudar radicalmente energias bloqueadas e estimular o sistema nervoso e o campo eletromagnético. Em meditação, podem com frequência produzir visões selvagens, "shows de luzes" e pulsos caleidoscópicos de cor através do olho interior, bem como uma energia pulsante e expansiva no chacra da coroa.

A Estroncianita pode estimular a energia da kundalini, produzindo ondas poderosas de energia que se movem para cima, desde a base da espinha e para fora do topo da cabeça. Essa energia subindo sequencialmente ativa e ilumina os chacras.

A Estroncianita é mais bem usada quando pareada com uma pedra de aterramento forte como a Hematita ou Turmalina Negra, que auxiliará o corpo físico a processar e integrar suas energias poderosas.

ESPIRITUAL: A Estroncianita é uma daquelas aliadas que vieram para abrir os olhos da pessoa por meio da geração de um despertar espiritual inegável. Não é uma pedra suave de modo algum, mas é uma aliada poderosa para os que buscam visão, limpeza e despertar para as energias mais elevadas.

EMOCIONAL: A Estroncianita pode criar uma limpeza profunda do corpo emocional, que em geral é exibida como uma liberação emocional intensa por meio de choro, raiva, pânico ou outras emoções intensas, aprofundando as energias do corpo emocional. Ela é ideal para os que são incapazes de liberar as emoções depois de uma experiência difícil ou trauma. Depois de sua limpeza, a Estroncianita pode produzir sensações fortes de felicidade e êxtase, levando a uma paz e iluminação profundas.

FÍSICO: A Estroncianita pode ser usada para ativar o campo de energia e limpar quaisquer entulhos emocionais ou energéticos no início de uma sessão de cura, para que o curador possa focar em problemas essenciais. Ela estimula a eliminação pela transpiração e pelos intestinos e rins.

AFIRMAÇÃO: Eu me movimento com confiança e engajamento total com a vida, cheio de clareza, entusiasmo e força interior.

EUCLÁSIO

PALAVRAS-CHAVE: Transformação da negatividade, integridade, honestidade, clareza, intuição, compromisso espiritual.
ELEMENTO: Ar.
CHACRAS: Coração (quarto), Garganta (quinto), Terceiro Olho (sexto).

O Euclásio é um mineral silicato de alumínio berílio com uma dureza de 7,5. Seu sistema de cristal é monoclínico. Seu nome deriva da palavra grega que significa "fratura fácil", que é um traço do Euclásio por causa da clivagem perfeita desses cristais. Essa tendência a clivar torna o Euclásio uma gema difícil de cortar, sendo também bastante rara. Forma-se como um cristal prismático em pegmatitas de granito. A gama de cores do Euclásio inclui incolor, azul, azul pálido e azul esverdeado. Os depósitos mais importantes de Euclásio estão no Brasil, sendo outros na Índia, Zimbábue, Tanzânia e Rússia.

ROBERT SIMMONS: O Euclásio é uma pedra de clareza interior e força do eu. Ela melhora a integridade e lança uma luz sobre tudo o que está fora de alinhamento com o modo mais elevado e verdadeiro do modo de ser da pessoa. Ele melhora a sensação de orgulho da pessoa, para que ela não aceite a possibilidade de desonrar-se nem mesmo com pequenos atos de desonestidade. Ela influencia a pessoa em direção à impecabilidade e abre seus olhos para o mar das prevaricações cotidianas e das desilusões em que vivemos. Torna a pessoa imune à desonestidade, seja nos anúncios, educação ou relacionamentos íntimos. Ajuda a pessoa a "limpar o ar" de agendas ocultas e acordos tácitos insalubres, embora ela não trabalhe por meio da raiva do justiceiro, mas pela adesão compassiva e persistente à verdade.

A âncora energética para os efeitos do Euclásio sobre a psique está nos chacras do coração e da garganta. O coração é o lugar em que tanto a verdade como a compaixão residem, e a garganta é o lugar de onde essas qualidades emergem por meio de nossa comunicação. O fato de o Euclásio também estimular o terceiro olho significa que a pessoa pode "ver" claramente a verdade que ele revela, em vez de ter de proceder com base apenas nas intuições do coração como guia. O estímulo do terceiro olho oferecido pelo Euclásio também auxilia os clarividentes e outros intuitivos em seu trabalho.

O Euclásio parece também ter o efeito de aumentar a frequência de sincronicidades na vida da pessoa. A sincronicidade, a coincidência significativa entre os acontecimentos interiores e exteriores em momentos estonteantemente apropriados, já foi descrita como uma "conversa com o Divino", ou como "o modo de Deus manter-se anônimo". Quando a pessoa se compromete com seguir realmente o caminho espiritual independentemente de onde a leve, parece que as sincronicidades aumentam imediatamente. Talvez isso seja a ênfase do Euclásio na clareza e honestidade – ambos os aspectos necessários do compromisso espiritual – que atraia essas coincidências do acaso. Indivíduos que experimentam tais momentos, com ou sem o Euclásio, são advertidos a desfrutar deles e prestar muita atenção. Se esses acasos são oportunidades verdadeiras para a conversação com o Divino, a pessoa não desejará dizer: "Você pode, por favor, repetir aquilo? Eu não estava ouvindo".

O Euclásio harmoniza bem com Topázio Azul natural, Turmalinas Azul e Verde, Apatita, Moldavita e Ajoíta. Para seu uso como um purificador energético e equilibrador, adicionar Turmalina Negra e/ou Azeviche pode melhorar seus efeitos.

NAISHA AHSIAN: O Euclásio é uma pedra vigorosa do elemento Ar, estimulando e amplificando as energias da mente, poderes da percepção e as habilidades psíquicas da pessoa. É muito ativa nos chacras que vão da garganta à coroa, estimulando as habilidades de comunicação da pessoa de suas ideias, pensamentos, sentimentos e informação intuitiva. A estrutura do Euclásio facilita o movimento de energia para baixo através da coroa até o chacra da garganta, tornando-o ideal para os que desejam comunicar suas ideias ou as informações recebidas do Espírito.

O Euclásio encoraja o aprendizado, particularmente em um nível cármico. Auxilia a pessoa na compreensão de que o carma não é um julgamento divino ou sistema de punição e recompensa. O carma simplesmente é o caminho da alma para equilibrar a experiência de modo que ela possa proporcionar o conhecimento mais completo de todos os níveis de energia. O Euclásio assiste na compreensão das influências cármicas da pessoa e no acesso à informação desta ou de outras vidas, de modo que ela possa entender o papel maior que esta vida representa no desenvolvimento de sua alma. Ajuda a compreender a justiça como uma função do aprendizado da alma – não uma punição ou recompensa transferida pelo Divino. A partir dessa perspectiva, a pessoa é capaz de se movimentar para além dos padrões cármicos inconscientes, para o uso consciente de suas lições cármicas como oportunidades de aprendizados. O Euclásio pode auxiliar a pessoa a acessar os registros akáshicos para expandir essa compreensão para si e para os outros.

O Euclásio transforma poderosamente as formas-pensamento negativas ou densas. Embora não seja uma pedra de aterramento, facilita o alinhamento das energias com as frequências de Luz do campo eletromagnético da Terra. Por essa razão, pode ser muito útil na purificação dos indivíduos e também dos ambientes. Seu poder esclarecedor assiste aos empatas na limpeza de seus campos de energia de formas-pensamento, padrões emocionais e outras energias negativas estranhas que eles possam pegar dos outros. Pode ser útil no trabalho de cura da Terra em que a pessoa esteja ajudando a purificar áreas da Terra submetidas a grande negatividade ou campos de energia inferiores.

O Euclásio é excelente para os que adiam, por sua habilidade de aliviar sensações de confusão ou de estar derrotado. Sua energia auxilia a mente a obter clareza e implementar orientação. Embora o Euclásio seja uma pedra do elemento Ar, ela pode auxiliar a ajudar pessoas excepcionalmente "aéreas" a focar e agir no plano terrestre. Melhora a ligação entre o corpo e a mente e assiste a pessoa a fazer escolhas saudáveis para o cuidado e alimentação de seu corpo.

ESPIRITUAL: O Euclásio ajuda na compreensão de padrões cármicos, transformando energias densas, limpando e alinhando os campos de energia com energias do nível da alma. Ele ajuda a acessar e compreender os registros akáshicos e as visões da pessoa sobre outras vidas. Pode estimular os sentidos psíquicos.

EMOCIONAL: O Euclásio ajuda a pessoa a perdoar-se com mais facilidade quando ela chega a um acordo com a natureza cármica de suas experiências. Ajuda a pessoa a parar de julgar-se e encoraja-a a encontrar um ponto neutro ou centro emocional de onde pode visualizar suas vivências.

FÍSICO: O Euclásio ajuda a melhorar a percepção e a visão. Ele melhora as funções cerebrais e pode assistir na aceleração e precisão do aprendizado e processos mentais. É uma pedra excelente para superar gagueira e outras dificuldades de fala.

AFIRMAÇÃO: Eu vivo na verdade, percorrendo meu caminho com clareza e compaixão.

EUDIALITA

PALAVRAS-CHAVE: Abertura e acompanhamento do coração, amor a si, cura do corpo emocional.
ELEMENTO: Terra, Água.
CHACRAS: Coração (quarto) e Raiz (primeiro).

A Eudialita é um silicato mineral complexo que contém sódio, cálcio, cério, ferro, manganês, ítrio e zircônio. Seu sistema de cristal é hexagonal (trigonal) e sua dureza entre 5 e 5,5. Os cristais de Eudialita podem ser tubulares, romboédricos ou prismáticos, mas eles ocorrem com maior frequência em forma granular. Sua cor varia do rosa ao vermelho e marrom avermelhado. Ela se forma em rochas ígneas ácidas ou de granulação bruta. A Eudialita foi encontrada na Groenlândia e Rússia e no Monte Saint Hilaire, em Quebec, Canadá.

ROBERT SIMMONS: Os raios vermelhos e rosa estão representados nessa pedra, indicando sua ligação com o primeiro e o quarto chacras. Portanto, essa é uma pedra da força da vida e da força do amor, combinadas para unificar os anseios do coração com a vida física. Muitos de nós sentimos que nossas vidas são dominadas pelas coisas que devemos fazer para sobrevivermos – prover alimento, roupas, abrigo e a manutenção da saúde física para nós e nossas famílias. Algumas vezes isso parece vir a expensas de realizarmos nossos desejos mais caros, as coisas que realmente trazem a satisfação emocional que torna a vida mais que sobrevivência. As energias da Eudialita trazem ressonância e harmonia para os caminhos paralelos da sobrevivência e realização. Ela ativa tanto o primeiro quanto o quarto chacras e alinha ambos, evocando a sincronicidade que pode reunir o que devemos com o que sonhamos fazer.

A Eudialita pode ser usada na autocura para reparar o corpo emocional e internalizar mais vitalidade e força de vida. As inclusões negras na Eudialita purificam suas energias e fornecem alguma proteção psíquica para os que a usam.

A Eudialita funciona bem com a Escapolita Azul, que ajuda a pessoa a realizar as possibilidades que ela começa a divisar quando o quarto e o primeiro chacras se harmonizam. Para trabalhos sobre o corpo emocional, Smithsonita, Lazurina Rosa e Lepidolita Lilás podem aumentar a eficiência da Eudialita. Para problemas do primeiro chacra, combinar Eudialita com Rubi, Zincita, Turmalina Negra e/ou Cuprita é recomendado.

NAISHA AHSIAN: A Eudialita é uma pedra de energias e propriedades complexas. É predominantemente uma pedra da Terra e da Água, equilibrando as emoções com as vivências externas. Ela é de grande ajuda para os que buscam receber e expressar mais amor, em especial o amor-próprio e aceitação. A Eudialita ajuda a pessoa a compreender que a única vontade do Divino para nós é de que sintamos e expressemos amor com tudo o que dizemos, pensamos e fazemos. Entender isso liberta a pessoa para seguir o caminho da sua verdadeira paixão e criar um trabalho e vida mais significativos para si. Muitas vezes, a pessoa pode sentir-se presa e fora do controle, por não saber com certeza o que "supostamente" deveria fazer. Ela pode esperar durante anos por um sinal do Divino de que determinado caminho é "O Caminho" que deve seguir. A Eudialita nos lembra de que nos é permitido escolher nossos caminhos e nossas criações, e que o Divino deseja apenas que vivamos a partir de nossos corações.

A Eudialita pode ser uma aliada poderosa para os que não sabem o que desejam ou qual o caminho concederia a eles completar o trabalho de seu coração. Ela pode ajudar na identificação dos dons com que a pessoa veio à Terra para compartilhar. Uma vez identificados os dons, a Eudialita estimula os esforços da pessoa para que encontre um modo apropriado de expressá-los e criar um caminho realizador e significativo na vida.

As energias da Eudialita ajudam a pessoa a superar o medo, a autodúvida e a confusão. Ela nos aconselha a honrar o eu, de modo que possamos honrar aos outros verdadeiramente. Sua energia empresta uma frequência estimuladora e energizante, possibilitando à pessoa dar os passos para a manifestação de seu coração por meio de sua ação no mundo.

ESPIRITUAL: A Eudialita ativa e abre o coração, concedendo à pessoa que encontre o caminho verdadeiro de seu coração. Ela a encoraja a honrar e respeitar a si para que suas dádivas e habilidades possam ser compartilhadas com o mundo por meio de qualquer trabalho que seja mais alinhado com seu coração. Ajuda a banir o medo e a tendência à mentalidade de escassez e auxilia a pessoa a reconhecer a abundância infinita do criador.

EMOCIONAL: A Eudialita ajuda a superar a autodúvida, as autocríticas e a autodepreciação. Ela promove a compreensão do valor da pessoa aos olhos do Divino e encoraja-a a buscar seu caminho mais elevado. Pode ajudá-la a estar mais presente e amorosa em relação a seu corpo físico.

FÍSICO: A Eudialita é estabilizadora para o sistema nervoso e de grande ajuda em desordens do sistema nervoso, como a Esclerose Lateral Amiotrófica, Esclerose Múltipla, Mal de Parkinson e Alzheimer. Ela pode ajudar a estabilizar os doentes em estado crítico e facilitar a passagem quando a pessoa estiver pronta para descartar o corpo físico. É uma pedra maravilhosa para ser usada com crianças prematuras ou com doenças graves.

AFIRMAÇÃO: Eu abro meu coração, dando amor a mim mesmo e ao mundo e sentindo o amor divino fluir por mim.

FENACITA

PALAVRAS-CHAVE: Ativação do terceiro olho, visão interior, despertar do Corpo de Luz, viagem interdimensional.
ELEMENTO: Tempestade.
CHACRAS: Terceiro Olho (sexto), Coroa (sétimo).

A Fenacita é um silicato de berílio com uma dureza de 7,5 a 8. É um mineral raro, especialmente em cristais bem formados com transparência. Seu sistema de cristal é hexagonal (trigonal) e em geral ele se cristaliza em prismas pequenos. Contudo, a Fenacita varia amplamente em forma, de um local para outro. De fato, seu nome deriva da palavra grega com significado de "enganador". Esse nome é porque a Fenacita varia tanto em forma que é facilmente confundida com outros tipos de cristal, como Quartzo, Topázio ou até Turmalina. A Fenacita é encontrada no Brasil, Sri Lanka, Madagascar, México, Zimbabwe, Zâmbia, Noruega, Rússia, Tanzânia, Suíça e nos Estados Unidos.

ROBERT SIMMONS: As Fenacitas emanam vibrações altas e poderosas, fortes o suficiente para ativar os chacras do terceiro olho e da coroa, e a capacidade de visão interior de simplesmente qualquer pessoa ou grupos de pessoas ao mesmo tempo. Elas são muito benéficas para a ativação do corpo de Luz e para levar o corpo de Luz da pessoa a uma harmonia e ligação conscientes com o físico. Com a ajuda de pedras como essas, os trabalhadores experientes de cristal deveriam ser capazes de viajar no corpo de Luz por todos os reinos mais elevados, trazendo na volta informação para o benefício dos que estiverem no plano físico. Essas pedras podem proporcionar limpeza instantânea do campo áurico, pois cada uma delas é um gerador poderoso de energia pura da Luz Branca. Podem ser usadas como condutoras para a comunicação com espíritos guias, seres angelicais e outras entidades dos domínios mais elevados. No trabalho com Fenacita, a pessoa pode passar por uma série de experiências iniciáticas durante um período de tempo, cada uma servindo como plataforma de onde lançar sua consciência para o nível mais elevado.

A Fenacita é verdadeiramente a pedra suprema do chacra do terceiro olho. Suas energias pulsantes são tão fortes que elas podem ser sentidas no terceiro olho, até por muitas pessoas que não são normalmente sensíveis às energias dos cristais. Ela abre os portais interdimensionais para a jornada interior, permitindo que a consciência da pessoa salte por corredores sem fim de formas geométricas sagradas. A estimulação do terceiro olho oferecida pela Fenacita é mais forte que a recebida virtualmente por qualquer outra pedra. Ela também pode ser usada para despertar as capacidades latentes especiais abrigadas nos lobos pré-frontais, as partes mais recentes e avançadas do cérebro. Algumas vezes, isso pode trazer experiências espontâneas de telepatia, psicocinese, visão profética ou remota. Sentar em meditação com uma Fenacita na fronte e outra na coroa pode conectar esses dois chacras, fornecendo ao usuário uma sensação profundamente prazerosa de suas energias reunidas.

Existem algumas diferenças sutis entre as Fenacitas de vários lugares. A Fenacita do Brasil é a mais consistentemente pura e elevada em seus padrões de energia. Seus efeitos no terceiro olho são de fazer uma abertura evidente, e a sensação que essa abertura engendra é bastante prazerosa. A Fenacita russa tem muito poder bruto, talvez mais do que qualquer outro tipo. Ela estimula todo o corpo de energia, além do terceiro olho. Sua vibração talvez não seja tão "suave" quanto a brasileira, mas seu poder é profundo. Também existe um tipo de Fenacita russa que está entrelaçada com a Fluorita e a Água-marinha. Esse material é mais aterrado do que outras Fenacitas, embora seus efeitos sobre o terceiro olho ainda sejam fortes. Ela também ativa o chacra da garganta para a comunicação clara das informações que a pessoa recebe por meio da experiência visionária. Uma terceira localidade russa de Fenacita produz Fenacitas ligadas a Serafinitas. Essas são excelentes para combinar as vibrações altas da Fenacita com as energias de cura da Serafinita. As Fenacitas africanas do Zimbabwe e Zâmbia combinam o poder da russa e a delicadeza das Fenacitas brasileiras. Seu principal senão é sua raridade e custo. As Fenacitas do Colorado são pequenos cubos de vibração de alta frequência excelentes. A maioria tem 0,6 centímetro ou menos em tamanho, mas elas ainda assim são bem poderosas e funcionam muito bem em ferramentas de energia. Para os que têm um orçamento apertado, elas em geral são as Fenacitas menos caras.

Gemas facetadas de Fenacita oferecem um foco e intensidade de energia aumentada, sobrepujando a maior parte das peças brutas. As mais bem cortadas são as trilhantes, ovais, redondas e corte de esmeralda. Usar Fenacitas em joalheria mantém a pessoa em um estado constante de ligação subjacente com os mundos mais elevados.

A conexão das Fenacitas com os reinos mais elevados torna-a uma ferramenta poderosa para a manifestação de imagens, padrões ou intenções interiores no mundo exterior. Para trazer prosperidade e abundância financeira, a combinação de Fenacita com Safira Amarela e Granada Tsavorita é altamente recomendada. Para assistência em projetos criativos, unir a Fenacita com Zincita é excelente. Para melhorar a habilidade da pessoa de manifestar por meio da vontade, a Fenacita deve ser combinada com Heliodoro, Tectito Ouro Líbio e/ou Labradorita Dourada.

A Fenacita é uma das 12 pedras de sinergia, junto com Moldavita, Pedalita, Danburita, Azeztulite, Herderita, Broquita, Tanzanita, Quartzo Satyaloka, Natrolita, Escolecita e Tectito Tibetano. Esse é, talvez, o grupo mais poderoso de pedras já descoberto para a transformação positiva e elevação. A Fenacita também harmoniza com Calcita Merkabita, Calcita Elestial, Papagoita e outras pedras de vibração elevada para a ativação dos chacras superiores do corpo e os chacras etéreos além do corpo.

NAISHA AHSIAN: A Fenacita é uma pedra forte do elemento Tempestade, para a ativação do corpo de Luz. Ela estimula e expande cada chacra e caminho de energia no corpo, possibilitando ao eu físico que manifeste um espectro muito mais amplo de frequências energéticas. Por meio de seu aterramento do corpo de Luz, o caminho espiritual da pessoa é tornado cada vez mais claro. Em contrapartida, a Fenacita pede que você aplique sua nova compreensão espiritual para limpar sua vida de padrões, ideias ou crenças limitadoras. Essa iniciação espiritual purificadora abre a pessoa para novos níveis de aprendizado e crescimento.

FENACITA

A Fenacita permite que a pessoa, rapidamente, acesse os níveis mais elevados de percepção e orientação. Ela ativa os chacras do terceiro olho, da coroa e etéreos, acima da cabeça, promovendo a percepção mediúnica, visões e sonhos intensos. É uma pedra excelente para meditação, uma vez que fornece um portal para a compreensão espiritual expandida.

ESPIRITUAL: A Fenacita age como um guia durante o processo de iniciação espiritual. Em geral, durante essas iniciações, a pessoa deve fazer escolhas que afetarão sua vida física na Terra. A Fenacita pode ajudar a pessoa a fazer as escolhas e agir de modo mais alinhado com seu propósito e caminho espiritual. Como uma pedra do elemento Tempestade, a Fenacita ativa intensamente as habilidades intuitivas e mediúnicas e age como um para-raios espiritual, extraindo uma energia de Luz poderosa para o corpo.

EMOCIONAL: A Fenacita ajuda a pessoa a obter resolução para que a ação adequada possa ser empreendida a fim de mudar sua vida para que reflita mais seu propósito espiritual. Ela fornece a "coragem espiritual" para fazer as mudanças necessárias.

FÍSICO: O uso da Fenacita é excelente para danos nos nervos, desequilíbrios do cérebro, danos ao cérebro e desordens genéticas que limitam a função cerebral. Ela pode ajudar a estimular e melhorar vários aspectos da função cerebral.

AFIRMAÇÃO: Eu me abro à iniciação para os reinos mais elevados da consciência.

FERRO TIGRE

PALAVRAS-CHAVE: Força, estamina, vontade focada, energia e força física, autocura, aterramento.
ELEMENTO: Terra.
CHACRAS: Raiz (primeiro), Sexual/Criativo (segundo), Plexo Solar (terceiro).

O Ferro Tigre é uma pedra com faixas contendo camadas de Olho de Tigre, Jaspe e Hematita. O Olho de Tigre e o Jaspe são ambos membros da família Quartzo de minerais dióxidos de silício, com uma dureza de 7. Seu sistema de cristal é hexagonal (trigonal). A Hematita é um mineral óxido de ferro com uma dureza entre 5 e 6. Seu sistema de cristal é hexagonal (trigonal). O Ferro Tigre retira seu nome da presença de Olho de Tigre e da Hematita, mineral rico em ferro. Sua bela cor dourada, vermelha e cinza prata a torna uma pedra popular para joalheria e objetos ornamentais. O Ferro Tigre é encontrado apenas na Austrália.

ROBERT SIMMONS: O Ferro Tigre é uma pedra de força, estamina e coragem. Ela combina três pedras que são poderosas em si, amplificando e mesclando seus efeitos. O Olho de Tigre é uma pedra solar de vitalidade, praticidade e ação física. Ele estimula o chacra da raiz e do plexo solar, auxiliando a pessoa a agir de modo efetivo em reação às necessidades e desafios da vida física e a permanecer aterrada, calma e centrada, independentemente da situação exterior ou interna. O Jaspe Vermelho é uma pedra de vitalidade e resistência. Ela emana um fluxo forte e constante de *prana*, ou energias de força de vida, e pode ser usado como um catalisador gradual, porém poderoso de cura. A Hematita é a pedra mais efetiva de todas para aterrar a pessoa no corpo e no mundo físico. Ela pode combater a desorientação e confusão, ajudando a pessoa a ver interesses práticos e ir adiante com ações úteis. A Hematita pode ser usada para equilibrar o campo áurico e alinhar os chacras. Ela manda energias desgarradas para baixo por meio do sistema de meridianos para o chacra da raiz.

Quando esses três minerais ocorrem juntos em uma só pedra, a sensação de poder é palpável. O Ferro Tigre é a mais energeticamente dinâmica entre as pedras de aterramento. Ele ancora as energias da pessoa firmemente, em alinhamento com os chacras e o corpo físico, sem prejuízo para a consciência. Por sua abundância de energias fisicamente orientadas, é muito útil para a autocura, principalmente de enfermidades crônicas. Ela pode ser uma bênção para os fisiculturistas ou qualquer um que deseje se tornar mais forte ou ativo fisicamente. Suas energias reforçam os padrões de saúde, poder pessoal, vontade focada, clareza mental e aterramento.

O Ferro Tigre encoraja a expressão criativa, especialmente nas áreas de performance, tais como música e atuação. Ela auxilia a pessoa a manter a dinâmica de foco e fluxo que é necessária para a perfeição da forma e interpretação inspirada de seu material.

O Ferro Tigre pode ser usado em disposições de corpo para cura a fim de fortalecer o primeiro, segundo e terceiro chacras. Ele ajuda os que são energética ou psiquicamente sensíveis a permanecerem confortáveis no corpo sem retornarem a hábitos que abaixam as vibrações, como fumar, beber ou comer em excesso. Ele pode instilar harmonia vibratória nos rins, pulmões, intestinos e pâncreas. Ajuda no fortalecimento do tônus muscular e do sangue. Ele auxilia a pessoa a manter a força de vontade necessária para abandonar hábitos ruins e manter dietas e programas de exercícios.

O Ferro Tigre funciona em sinergia com Heliodoro, Granada Vermelha, Labradorita Dourada, Cerussita, Esfarelita e todos os membros da família Quartzo e Jaspe. Ele ressoa especialmente bem com Jaspe Aranha para a melhoria da agilidade, persistência e força.

NAISHA AHSIAN: O Ferro Tigre é uma combinação de materiais com base de ferro e Quartzo, incluindo Hematita e Olho de Tigre. É uma pedra cardinal e aterradora, ajudando a ligar a pessoa com o coração da Terra e o centro do planeta. Ele ajuda a desenvolver e fortalecer o cordão de assentamento para que o excesso de energia possa ser mandado para dentro do planeta para reciclagem. Isso permite que o corpo e os sistemas de energia se tornem canais para que as energias de Luz se movimentem sobre ele e para dentro da Terra. O Ferro Tigre estimula os trabalhos de manifestação, ajudando a pessoa a extrair seus desejos dos domínios energéticos para dentro do plano físico.

O Ferro Tigre pode agir como uma pedra de proteção para os que são excessivamente distraídos ou desengajados do plano físico. Ele empresta força, vitalidade e energia para o corpo físico, ajudando a mantê-lo protegido de doenças e desequilíbrios. Sua combinação de minerais permite que ele atraia a Luz para a hemoglobina do sangue de base ferrosa e distribua-a para cada célula no corpo.

ESPIRITUAL: O Ferro Tigre contém um equilíbrio equânime de energias elétricas e magnéticas, permitindo-lhe que canalize um espectro completo de energias da Luz para o interior do corpo físico. Ele fortalece o campo de energia da pessoa, sintonizando-o com o campo eletromagnético da Terra.

EMOCIONAL: O Ferro Tigre oferece vigor para os que ressoam com sua energia. Essa força não é apenas física, mas também de natureza emocional – permitindo à pessoa que se sinta mais confiante e capaz de criar sua realidade.

FÍSICO: O Ferro Tigre fortalece o sangue ressoando com seu conteúdo de ferro. Ele pode ser usado para sustentar a pessoa na recuperação de anemia, baixa oxigenação do sangue e fraqueza geral do sangue. É útil para estimular a produção das células vermelhas do sangue na medula óssea e é fortalecedor em geral do sistema de esqueleto.

AFIRMAÇÃO: Eu sou forte, energético, aterrado, saudável e inteiro.

FLUORITA

PALAVRAS-CHAVE: Melhoria mental e clareza, decisão incrementada, purificação dos campos de energia.
ELEMENTO: Ar.
CHACRAS: Todos. (Algumas Fluoritas são ajustadas a chacras específicos. Veja abaixo.)

A Fluorita é um cristal de fluoreto de cálcio com uma dureza de 4. Seu padrão de crescimento é cúbico ou octaédrico, e ele ocorre em veios hidrotermais, em geral em associação com minerais como Quartzo, Calcita e Barita. Pode ser encontrada em uma gama variada de cores, incluindo incolor, verde, roxa, branca, amarela, vermelha, rosa e negra. Em geral, surgem cores múltiplas no mesmo espécime. A Fluorita recebeu seu nome em razão de sua fluorescência, da exibição de cores vívidas brilhantes sob luz ultravioleta. Depósitos importantes de Fluorita foram encontrados na Alemanha, Inglaterra, China, Argentina e Estados Unidos.

ROBERT SIMMONS: A Fluorita pode agir como um "aspirador de pó psíquico", limpando a atmosfera de confusão, pensamentos confusos, negatividade e qualquer tipo de "parasita" astral que estão causando danos no ambiente da pessoa. Ela é equilibradora para o chacra do terceiro olho e para as energias mentais em geral. Pode auxiliar a pessoa a pensar com clareza e a fazer discriminações sutis, mas importantes, relativas aos tipos de energias e pessoas que permitirá que entrem em seu mundo. No tarô, Espadas é o naipe que incorpora os poderes mentais, e a imagem da espada da inteligência cortando as incertezas do potencial com o poder da escolha é uma imagem potente. No reino mineral, a Fluorita é a pedra que com mais clareza emana a energia de Espadas. Então, para os que precisam fazer muitas escolhas com a mente clara em sucessão rápida para navegar nas águas de suas vidas, a Fluorita pode ser uma aliada importante.

Certas cores de Fluorita têm propriedades específicas especiais. A Fluorita Roxa é ideal para a purificação e o acesso da mente aos domínios do Espírito. A Fluorita Negra é a purificadora astral definitiva. A Fluorita Amarela, em especial a da Argentina, manifesta os poderes mentais e estimula a habilidade intelectual. A Fluorita Verde, as melhores sendo as verde-escuras de New Hampshire, pode limpar e curar o chacra do coração e ajudar a assegurar que os planos da mente sejam aprovados pelo coração. A Fluorita Rosa do México purifica e cura o corpo emocional e funciona para ativar o chacra do "coração elevado", ou "morada da alma", localizado no peito, cerca de 2,5 centímetros acima do coração. A Fluorita Azul é boa para o chacra da garganta, garantindo comunicação clara das ideias da pessoa. A Fluorita Multicolorida é a melhor para limpeza da energia em geral e reparação do campo áurico.

Para a limpeza dos campos de energia, a Fluorita harmoniza bem com Turmalina Negra, Quartzo Fumê, Azeviche e Obsidiana. Para a melhoria da habilidade mental, Lápis, Iolita, Labradorita Dourada e Heliodoro são de grande ajuda. Para o funcionamento do coração, Esmeralda, Dioptase, Turmalina Rosa, Quartzo Rosa, Kunzita e Morganita podem ser usadas em conjunção com a Fluorita Verde ou Rosa. A Fluorita também funciona em sinergia com todas as formas de Calcita.

FLUORITA

NAISHA AHSIAN: A Fluorita é uma força da ordem no reino das pedras, dando forma e estrutura às energias, ideias e conceitos e ajudando-os a se manifestarem na realidade tridimensional. Ela ajuda energias dispersas e discordantes a tornarem-se coesivas e harmônicas.

A Fluorita é uma pedra poderosa do elemento Ar. Ela fala do poder do pensamento, foco e concentração e encoraja a pessoa a pensar em tornar-se ordeira e coerente. Pode ajudar a eliminar a névoa mental, confusão ou ideias conflitantes. A Fluorita é uma pedra poderosa para usar no equilíbrio do cérebro. Ela pode animar harmoniosamente os dois hemisférios do cérebro para funcionarem juntos, criando um estado de "cérebro inteiro" de habilidades mentais e psíquicas melhoradas. Sua energia age para aquietar pensamentos temerosos e ansiedade causada por medo do futuro. É uma pedra excelente para aprender e estudar e pode auxiliar na informação, retenção e memorização.

Se a pessoa tem muitas ideias criativas, mas é incapaz de escolher uma e focar nela, a Fluorita pode auxiliar. Ela ajuda a pessoa a selecionar a direção, na dedicação à ação e no planejamento dos passos necessários para percorrer o caminho escolhido. Sua energia ajuda a trazer ordem para o caos, estruturando a energia da pessoa para que ela se comprometa com seus objetivos e sonhos.

As energias da Fluorita podem auxiliar na apreensão e mudança do plano etéreo que é o modelo energético subjacente a toda matéria física. Ela concede acesso para os níveis mais elevados do campo energético da pessoa e pode auxiliar curadores e trabalhadores da Luz na mudança da energia para esses níveis. Ela molda as vibrações caóticas em um padrão coerente e pode ser útil na resolução da confusão da pessoa sobre manifestar seu propósito de vida.

Cores diferentes de Fluorita expressarão essas habilidades de vários modos, mas todos os tons afetam o corpo mental, cérebro e níveis energéticos do ser. As Fluoritas Rosa e Verde harmonizam o coração com a mente, garantindo que os pensamentos, palavras e ações da pessoa estejam alinhados com a energia do coração. A Fluorita Roxa melhora as faculdades mentais. A Fluorita Azul é especialmente boa para a abertura do terceiro olho, assegurando clareza e apuro psíquicos. A Fluorita Dourada alinha a vontade com a mente, garantindo que a pessoa possa trazer seus pensamentos e ações para a realidade por meio da ação e intenção. A Fluorita Negra é especialmente purificadora para padrões de pensamentos negativos, entidades fixadas, pesadelos e desequilíbrios mentais. A Fluorita Multicolorida pode auxiliar na organização das energias em muitos níveis do corpo, mente e espírito.

ESPIRITUAL: A Fluorita traz estrutura e foco para energias incoerentes ou incoesas. Ela ajuda a pessoa a sintonizar com as orientações mais elevadas durante a meditação e tenderá a produzir meditação com visões e *insights* férteis. É ideal para fortalecer as habilidades da pessoa para receber informação mediúnica de campos de energia e pode melhorar a capacidade da pessoa para interpretar tais informações.

EMOCIONAL: A Fluorita pode remediar confusão, vacilações, instabilidade, desonestidade e desordens que surjam de padrões de pensamentos incoerentes. Ela ajuda a superar o medo do futuro; auxilia a "decidir depois de pensar muito" sobre as sensações da pessoa, quando ela é soterrada pela vivência emocional.

FÍSICO: A Fluorita auxilia a equilibrar a química cerebral, melhorando as habilidades de memorização e aprendizado, e estimulando o cérebro. Ela pode assistir em questões de confusão mental ou vertigem e pode ajudar a pessoa a ser mais equilibrada fisicamente. A Fluorita é fortalecedora dos ossos e dentes.

AFIRMAÇÃO: Minha mente e coração estão despertos, alertas, claros e ativos, funcionando em uníssono para fazer as melhores escolhas para meu propósito de vida.

FULGURITA

PALAVRAS-CHAVE: Manifestação do propósito pessoal mais elevado, melhoria das preces, despertar da kundalini, purificação, despertar súbito.
ELEMENTO: Tempestade.
CHACRAS: Todos.

Fulgurita é o nome dado a tubos vítreos formados por raios na areia ou outros solos ricos em silício. O acontecimento que cria a Fulgurita é caracterizado por uma liberação imensa de energia. Os raios transportam quantias extremamente grandes de eletricidade estática que é descarregada em um pequeno ponto, e a temperatura nesse momento já foi calculada como mais quente (por um instante) do que a superfície do sol. O calor é intenso o suficiente para vaporizar a areia no centro do impacto e fundir o material em torno das bordas. O tubo é formado com essa areia fundida e o buraco no meio é onde esteve o material vaporizado.

Muitas Fulguritas que foram colhidas em praias e desertos têm entre 2,54 e 7,6 centímetros de comprimento e menos de 2,54 centímetros de diâmetro. Contudo, alguns espécimes podem ser tão longos e grossos como um braço ou uma perna humanos. Algumas formam muitos ramos, como raízes de árvores, embora seja praticamente impossível extrair um desses intactos da terra.

As Fulguritas são formadas em um evento único e poderoso, em vez de crescer devagar durante períodos longos, como os cristais. Talvez isso tenha algo a ver com as energias e experiências intensas que as pessoas relatam de seus encontros com essas pedras.

ROBERT SIMMONS: A Fulgurita está entre as pedras mais poderosas para a pessoa manifestar sua visão pelo poder da oração. A energia do raio, há muito considerada como o toque do Divino, ainda reside nelas, e elas podem agir como amplificadoras da intenção da pessoa, criando uma ressonância poderosa entre si e os poderes latentes dos mundos mais elevados. Uma técnica recomendada para trabalhar com Fulgurita para a manifestação é sentar por um tempo em meditação, visualizando profundamente suas preces e intenções, e depois colocar o tubo de Fulgurita nos lábios, exalando pelo tubo e "soprar sua prece para o Divino". Quando o fizer, imagine a energia do raio movendo-se ao contrário, subindo de volta para as nuvens junto com sua prece. Então, *veja* as respostas à prece caindo em um dilúvio de manifestações inundando os riachos e rios de seu mundo, irrigando e nutrindo sua vida.

A Fulgurita das praias da Flórida e do deserto do Saara são os melhores espécimes, com as formações mais atraentes e as energias mais claras. Elas têm uma vibração de alta frequência muito forte, e parecem manter uma ressonância clara com a força elétrica poderosa que as criou. Segurando uma Fulgurita, a pessoa pode sentir o vórtice de energia zunindo através dos chacras e todos os níveis do corpo de Luz sendo purificados, limpando todo o sistema. Também pode haver um despertar intenso das forças da criatividade e poderes interiores da kundalini. Usar essas pedras em pares e em grupos para arranjos no corpo é muito recomendado. Seria ideal ter dez delas, uma para colocar em cada chacra do corpo, mais três extras – uma entre os pés, uma para a Estrela da Alma, 15 centímetros acima da cabeça, e uma para o nono chacra, por volta de 91 centímetros acima da cabeça. Esse tipo de arranjo pode criar um vórtice de energia, ou efeito tornado, em que toda a energia do corpo da pessoa recebe uma purificação e ativação completa. Para viagem interdimensional, Calcita Merkabita, Herderita, Escolecita, Fenacita ou Natrolita podem ser acrescentadas.

A Fulgurita tem uma afinidade tremenda com a Moldavita. Para a meditação, a pessoa deve segurar a Moldavita em uma mão e a Fulgurita na outra. A combinação dessas energias pode trazer uma purificação profunda, transformação e despertar de forças evolutivas no indivíduo.

A Fulgurita também funciona bem com Tectitos Tibetanos, Herderita, Azeztulite, Fenacita, Danburita e Broquita. Para os que consideram as Fulguritas um tanto intensas demais, pode-se combiná-las com as energias suaves da Ajoíta que amenizará a Tempestade.

NAISHA AHSIAN: A Fulgurita é uma pedra do elemento cardinal Tempestade. Ela transporta a energia do raio puro, capturado em um momento dentro de uma matriz de sílica liquefeita. Quando a sílica fundida readquire forma, ela alinha sua estrutura com a energia do raio e congela aquele instante de poder no tempo, tornando-o manifesto na Terra.

A transformação pela qual a sílica passa quando sofre o impacto do raio é uma metáfora para a aceleração espiritual da humanidade nestes tempos. Nós estamos sendo convocados para encarnar uma intensidade e frequência de energia que os humanos não incorporaram por um tempo muito longo. Nós também devemos renunciar a nossas velhas formas, unirmo-nos e criarmos um canal para a energia divina passar através de nós e entrar no mundo. A energia da Fulgurita pode nos ajudar a aceitar essa frequência mais elevada e trazê-la para cada aspecto de nossas vidas.

A Fulgurita ensina a pessoa como se tornar um canal consciente e disposto para a frequência pura da fonte divina. Essa rendição ao Divino é uma forma de oração pura. Com muita frequência, somos ensinados a usar a oração apenas como um meio de conseguir algo que desejamos ou para dizer "obrigado" por algo que acreditamos ter recebido. Mas a verdadeira oração não é dita em palavras – ela é expressa como energia. Quando nos rendemos a incorporar a energia do Divino, permitimos ao Divino encontrar expressão por nosso intermédio no plano terrestre. Esse é o ato de prece definitivo.

A Fulgurita nos ajuda a aceitar essa energia e nos tornarmos transformados por ela. É poderosa para ancorar na terra o corpo de Luz e manifestar seu propósito mais elevado. A Fulgurita é uma pedra de profecia, abrindo os chacras mais elevados à energia divina. Ele abre e limpa os sentidos mediúnico e intuitivo e pode auxiliar a pessoa a se ligar rapidamente às frequências do Divino por meio da meditação e da prece.

A Fulgurita é especialmente útil para os que estão prontos para vivenciar uma mudança radical importante e abandonar padrões de hábitos que já não servem. Essa pedra transporta uma expressão pura da energia do elemento Tempestade, então ela pode criar uma purificação e limpeza profundas em todos os níveis.

A lição da Fulgurita é: "Tenha cuidado com o que deseja, pois você o terá com certeza". Ao se tornar um canal para a energia divina, você é capaz de manifestar com mais eficiência. Cada criação é sua própria lição e, quando você pede por algo vindo do Divino, você simplesmente está pedindo para que o Divino envie sua próxima lição de uma forma particular. A Fulgurita irá assisti-lo a trazer seus pensamentos à forma, então se assegure de manter pensamentos positivos e fazer esse trabalho apenas depois de render-se ao Divino. Isso garantirá que suas criações sirvam ao bem maior.

ESPIRITUAL: A Fulgurita é uma das iniciadoras mais poderosas da transformação espiritual e da evolução rápida. Ela auxilia a pessoa a incorporar as frequências de energia mais elevadas e na ligação com a frequência do Divino. Ela é uma pedra excelente para professores, canalizadores e outros que devem comunicar com exatidão informações e orientações dos reinos mais elevados.

EMOCIONAL: Por causa da energia forte do elemento Tempestade da Fulgurita, ela pode limpar rapidamente padrões do corpo emocional e ajudar a purificar todas as formas de relacionamento. A Fulgurita também é excelente para lançar Luz aos aspectos cármicos dos relacionamentos com outros em sua vida.

FÍSICO: A Fulgurita pode ser útil em exemplos de energia física baixa ou constrita. Pode auxiliar na cura de bloqueios e fortalecimento do fluxo sanguíneo nas extremidades e capilares. A Fulgurita é uma pedra boa para usar em casos de impotência e disfunção sexual. Sua energia ajuda a facilitar uma experiência de morte consciente para os que estão se preparando para a passagem.

AFIRMAÇÃO: Eu convoco o Divino para juntar-se a mim na manifestação das preces de minha intenção mais elevada e submeto meus vínculos aos resultados.

GABRO

PALAVRAS-CHAVE: Equilíbrio da energia durante o crescimento espiritual, melhoria da cura e visão interior, aterramento, estabilização do campo áurico, intuição incrementada.
ELEMENTOS: Terra, Ar.
CHACRAS: Todos.

O Gabro é uma combinação de Clorita, Serpentina, Muscovita, Piroxene, Hercinita, Magnetita e Feldspato branco. O fundo dela é preto com flocos de branco, tornando-a similar em aparência com a Obsidiana Floco de Neve. O Gabro, como a Obsidiana, é uma rocha ígnea, embora não seja vítrea. É encontrado em vários locais no Alasca, Estados Unidos.

ROBERT SIMMONS: A mistura de minerais que forma o Gabro fornece uma combinação de energias benéficas para os que trabalham ativamente em sua evolução espiritual. Sua carga magnética alinha os chacras e equilibra o sistema de meridianos, mesmo quando ao mesmo tempo estimula as energias da kundalini e leva o campo áurico da maioria das pessoas para uma frequência de nível mais elevado. Ele faz isso de um modo mais gradual do que algumas outras pedras, concedendo maior conforto e estabilidade nos processos de ascensão.

O Gabro traz Luz para o chacra do terceiro olho e pode auxiliar a pessoa a alcançar o estado visionário. Pode ser de excelente ajuda nas jornadas xamânicas, facilitando a experiência consciente do "outro mundo". Para os que buscam conselhos do Espírito sobre questões de cura ou crescimento da alma, o Gabro pode prover uma assistência vibratória para alcançar um estado de consciência estável e coerente em que a pessoa possa compreender e conversar com seus guias.

O Gabro contém Clorita e Serpentina, ambas oferecem apoio vibratório para o processo de cura física. Essas energias benéficas são amplificadas e estabilizadas depois pelo Feldspato e Magnetita contidos na pedra, permitindo aos padrões arquetípicos de bem-estar permearem o campo de energia da pessoa, trazendo continuidade e duração à experiência de cura.

A Muscovita nessa pedra evoca inspiração, acuidade rápida e uma melhoria dos padrões vibratórios do corpo mental. De novo, as propriedades magnéticas da pedra estabilizam e integram essas energias no campo da pessoa, tornando os efeitos duradouros.

O Gabro combina com Fenacita, Azeztulite, Natrolita, Broquita, Herderita e outras pedras de ascensão, de modo a trazer grande coesão e estabilidade para o campo energético enquanto a pessoa se movimenta para níveis de vibração mais elevados. Se for necessário um aterramento adicional, a Hematita ou o Quartzo Fumê funcionarão bem. Os efeitos das pedras de cura como Ajoíta, Serafinita, Ouro do Curador, Sugilita e Ametista são acrescentados, estabilizados e amplificados pelo Gabro.

NAISHA AHSIAN: O Gabro é um dos poucos aliados minerais que ajudam a equilibrar as polaridades de Terra e Ar, físico e espiritual, luz e escuridão. Sua energia produz grande aterramento, auxiliando a pessoa a se conectar com o coração sagrado do planeta e seu pulso eletromagnético. Sua energia

GABRO

ajuda a regular e proteger o campo áurico da expansão excessivamente rápida. O Gabro é um material importante nesses tempos de diminuição do magnetismo planetário – um fenômeno que pode causar sintomas desconfortáveis de expansão magnética quando nossa frequência ressonante de base sobe. A energia magnética da pedra ajuda a regular essa expansão, tornando-a mais suave e gradual, de modo que a espacialidade excessiva, tonturas, dores de cabeça e outros sintomas de excesso de energia possam ser evitados.

Contudo, ele não é apenas para puxar para a terra. Também contém Feldspato e tem uma energia que é similar à da Labradorita em muitos sentidos. Sua energia pode ajudar a pessoa a processar a informação intuitiva e mediúnica que recebe de uma maneira mais consciente e acurada. Sua energia equilibra os chacras da raiz e da coroa, ajudando a pessoa a encontrar o centro energético dentro de seu coração. O Gabro é útil para conter a "obstinação" e pode ajudar a pessoa a trazer uma consciência mais elevada para o reino físico. Auxilia a vincular e manter equilíbrio energético, para que a pessoa possa reagir ao crescimento e expansão com mais conforto.

ESPIRITUAL: O Gabro ajuda a regular a expansão do campo energético, tornando a evolução física e espiritual mais fácil e confortável. Auxilia a regular o fluxo de energia no campo áurico e pode ajudar a pessoa a aplicar a visão e a informação espirituais de modos práticos.

EMOCIONAL: O Gabro é confortante e traz para a terra, permitindo que a pessoa se sinta mais presente em sua vida. Pode auxiliar a proteger o corpo emocional e é especialmente útil para empatas que podem ser lançados para fora de seu centro pelas energias emocionais dos outros. Pode reduzir histerias e dramas, já que ela iguala o campo emocional.

FÍSICO: O Gabro oferece assistência vibratória para regular as batidas do coração, oxigenando o sangue e melhorando o funcionamento do sistema cardiovascular em geral.

AFIRMAÇÃO: Eu cresço, curo-me e expando minha consciência, tudo em perfeito equilíbrio, alinhamento e ritmo divino.

GALENA

PALAVRAS-CHAVE: Recuperação da alma xamânica, autotransformação alquímica, recordação de vidas passadas.
ELEMENTO: Terra.
CHACRAS: Raiz (primeiro).

A Galena é um mineral sulfito de chumbo com uma dureza de 2,5. Seu sistema de cristal é cúbico. Ela é um mineral comum em veios minerais que cristaliza em forma octaédrica ou cúbica, e que também pode ocorrer em formas granular, massiva ou fibrosa. É encontrada em veios hidrotermais junto com outros sulfitos, como Esfarelita, Pirita e Calcopirita, além de Quartzo, Calcita, Fluorita, Barita e outros minerais. Bons geodos de cristal de Galena foram encontrados no Kansas, Missouri, e Oklahoma, nos Estados Unidos. Como fonte das mais importantes do mineral chumbo, a Galena também é encontrada com abundância em muitos outros países.

ROBERT SIMMONS: A Galena é uma pedra do processo alquímico de autotransformação. Sendo uma pedra de mineral de base chumbo, ela transporta padrões de vibração do chumbo, que simboliza o iniciante de alquimia, o ser humano no estado inicial de fisicalidade impura. Contudo, a Galena não tem energia estática. Do mesmo modo que um iniciante já embarcou em sua jornada, a Galena é uma pedra poderosa para iniciar o processo de despertar. O longo processo da transformação alquímica, de chumbo para ouro, e do discípulo para mestre, transporta no interior de sua matriz iniciadora o padrão definitivo da perfeição. Portanto, a Galena pode colocar no campo vibratório da pessoa o desejo incansável do iniciado, que não descansará enquanto a jornada para a iluminação seja completada.

A Galena é uma pedra de aterramento poderosa e pode transportar a percepção do meditador para as profundezas da Terra. De fato, é uma pedra ideal para levar a pessoa na jornada para o mundo subterrâneo, a exploração necessária para recuperar as partes perdidas da alma. Os interessados no trabalho xamânico encontrarão uma aliada a postos na Galena, que tende para baixo para as profundezas, para dentro do "outro mundo" onde os xamãs fazem muito de seu trabalho. Os afligidos com indisposições difíceis de diagnosticar podem encontrar na Galena a ferramenta que oferecerá os *insights* necessários para a descoberta da fonte psicoespiritual do problema e alcançar a cura.

A Galena pode assistir no trabalho de regressão a vidas passadas, funcionando como um "radar interior" para guiar a experiência visionária da pessoa às memórias apropriadas necessárias para ver e curar os problemas mais importantes para o indivíduo na ocasião. Para uma visão interior mais clara em tais jornadas, é recomendado acrescentar Fenacita.

Para a descida às profundezas interiores com objetivo de cura, o poder da Galena pode ser aumentado pela combinação com Nuummita, Labradorita ou Covelita. Para a proteção contra energias negativas enquanto empreende a jornada com Galena, use Ajoíta e Turmalina Negra. Para acelerar o progresso dos processos iniciados pela Galena, a Moldavita e a Fulgurita são recomendadas. Para acalmar e estabilizar, acrescente Dolomita.

GALENA

NAISHA AHSIAN: A Galena sagrada age como um espelho poderoso, refletindo a Luz para as regiões mais profundas e escuras da sombra do eu da pessoa. Suas energias emprestam a ela a coragem para enfrentar e aceitar, com compaixão e amor, as regiões mais profundas e temidas de sua própria alma. Ela encoraja a temperança, tolerância e a paz na medida em que a pessoa aprende a aceitar seus aspectos que temeu há tempos. Quando esses traços do eu são aceitos e amados, a pessoa experimenta uma cura profunda do Espírito.

A Galena, tradicionalmente, tem sido usada como ferramenta para as jornadas xamânicas e em práticas mágicas como pedra de proteção e poder. Auxilia a pessoa a adquirir estados de consciência profundos que ressoam com o mundo natural e os poderes arcaicos da natureza. Ela assiste na superação de medos instalados profundamente e encoraja a pessoa a usar o poder do Espírito quando colocada diante da adversidade. A Galena permite que a pessoa mantenha ligação com o Divino, mesmo quando nos lugares mais sombrios. Ela oferece proteção lembrando à pessoa da Luz dentro da escuridão e da verdade da unidade subjacente às polaridades aparentes.

A Galena é uma pedra do poder da receptividade. Ela ensina que podemos encontrar força na rendição, poder na suavidade, e o Eu, por meio de nossa habilidade de receber o Divino. A Galena é uma pedra de aterramento, concedendo que a pessoa entre rápido em ressonância com a energia da Grande Mãe Terra. Ela pode ser programada para a cura da Terra e usada em grades para criar vórtices em cerimônias de Cura da Terra. Sua energia ajuda a reagir contra radiação, poluição eletromagnética e outras formas de energia danosa para o ambiente. É uma pedra excelente para usar quando passamos muitas horas no computador ou em volta de outros eletrônicos.

ESPIRITUAL: A Galena permite à pessoa perceber todos os aspectos do eu e integrá-los em um todo coeso. Ela a auxilia a reclamar todo o seu poder enquanto reclama aspectos do eu negados ou amesquinhados. A Galena é uma pedra poderosa de proteção psíquica para os que tendem a ser afetados fortemente pela negatividade.

EMOCIONAL: A Galena pode emprestar à pessoa uma sensação de vigor, coragem e habilidade para enfrentar tarefas difíceis. Auxilia-a a reclamar seu poder ao reclamar sua responsabilidade.

FÍSICO: A Galena é uma pedra excelente para enfrentar infecções. Também ajuda a proteger a pessoa contra os efeitos adversos de certos tipos de radiação. Por essas razões, a Galena é uma pedra excelente para usar como apoio na lida contra o câncer, particularmente onde a infecção é uma possibilidade como resultado da quimioterapia ou radiação. É uma pedra maravilhosa para os que estão se recobrando de vícios e pode ser um apoio no processo de desintoxicação.

AFIRMAÇÃO: Eu abro meu coração ao Coração da Terra, e nós partilhamos amor e compaixão entre nós.

GASPEITA

PALAVRAS-CHAVE: Percepção e expressão espiritual, manifestação, cura emocional, controle do peso, digestão.
ELEMENTO: Terra.
CHACRAS: Estrela da Terra (abaixo dos pés), Base (primeiro), Plexo Solar (terceiro), Coração (quarto).

A Gaspeita é um carbonato de ferro com níquel e magnésio com uma dureza de aproximadamente 3. Seu nome deriva do local onde ela foi descoberta pela primeira vez, a península de Gaspe, em Quebec, Canadá. Sua gama de cores vai do verde pálido a um verde maçã, e em geral ela contém inclusões amarronzadas. Seu sistema de cristal é trigonal. A Gaspeita é encontrada como um mineral secundário em torno de depósitos de sulfureto de níquel. Algumas vezes ela está associada com Millerita, Pentlandita, Skutterudita, Annabergita e outros minerais de níquel. Além da península de Gaspe, no Canadá, bons espécimes de Gaspeita têm sido encontrados nas regiões de Kambalda e Widgie Mooltha, Norte de Perth, Austrália.

ROBERT SIMMONS: A energia da Gaspeita concerne a trazer os domínios espirituais à expressão na vida cotidiana. Ela também tem relação com a expansão da percepção de modo que a pessoa possa com mais prontidão discernir a presença do espiritual no mundo "mundano". A partir de dentro, a Gaspeita facilita que a pessoa seja capaz de "agir como prega" no que diz respeito a suas aspirações espirituais sem permitir que hábitos ou padrões antigos assumam o comando. A partir de fora, a Gaspeita ajuda a perceber as muitas pequenas sincronicidades que são oferecidas como orientação e indução vindas do Universo. Quando os olhos da pessoa estão abertos e sua percepção se torna mais aguda, ela percebe as pequenas "coincidências" que antes teriam passado despercebidas, e esses acontecimentos se tornam mais frequentes quando se dá atenção a eles. Essa é uma prova das palavras de Jesus, "Procure e encontrará". A Gaspeita pode ajudar os que procuram a perceber que suas respostas a questões mais prementes estão espalhadas em torno de seus pés. Esse dom de visão pode trazer grande alegria à pessoa.

A Gaspeita mistura as energias do coração e do plexo solar; entretanto, ela o faz de um modo mais aterrado, mais físico. A Gaspeita promove a saúde do coração e do sistema digestivo, bem como dos órgãos viscerais, e ela o faz de uma maneira que integre suas energias de forma que eles funcionem melhor como um todo.

A Gaspeita é uma pedra excelente para o despertar e a cura da criança interior no íntimo da pessoa. Muitas vezes, a pessoa sente-se exausta e estressada pela vida, sem saber de fato o porquê, mas sua criança interior com certeza sabe. Usar Gaspeita ou meditar com ela pode fazer muito para trazer fixações e mágoas inconscientes à superfície para a cura e libertação. Dar de "presente" uma peça de Gaspeita para sua criança interior é um modo de mostrar a autoestima que permite a essa parte negligenciada da pessoa sair das sombras.

GASPEITA

A Gaspeita pode ajudar aos com pouco apetite a ter prazer quando ingerir e a comerem os alimentos apropriados nos tempos certos. Ajuda a pessoa a "ouvir" interiormente que tipos de alimentos o corpo e a alma necessitam e desejam. Isso em si pode trazer curas profundas.

A Gaspeita combina harmoniosamente com Piromorfita para o bem-estar do sistema digestivo e dos órgãos viscerais. Pedras como Tugtupita, Criolita e Hiddenita podem enfatizar suas ligações com o coração. A Gaspeita também combina com Âmbar, Turquesa, Azeviche e Sugilita.

NAISHA AHSIAN: A Gaspeita é uma pedra maravilhosa para usar para a cura física, questões de metabolismo, perda de peso e para conter os efeitos do estresse no corpo. Sua energia auxilia a pessoa a integrar o espírito ao corpo e pode ser muito útil para os que resistem a estar na forma física, ou que precisam de assistência para estar presentes no reino físico. Embora possa ser considerada uma pedra de aterramento, sua energia também apoia a pessoa a liberar a energia estocada na matéria, para que a energia possa ser usada para criar nova matéria ou colocada para usos mais espirituais. Ela é de um apoio energético maravilhoso tanto para o trabalho de manifestação (trazer a energia à forma) quanto ao trabalho de descriação (retornar a matéria ao estado de energia).

A Gaspeita é uma das melhores pedras para usar como apoio para perdas de peso de longo prazo em razão da sua habilidade de regular o açúcar no sangue, melhorar a função da insulina e diminuir os hormônios relacionados ao estresse que possam contribuir para o ganho de peso. Porém, a Gaspeita também é excelente para os que lidam com o excesso de "peso" na forma de posses e "coisas" que precisam ser liberadas antes que a pessoa possa seguir adiante. É uma pedra poderosa para ajudar os acumuladores a eliminarem seus vínculos com suas "coleções" e ajudar a recobrar a energia utilizável que ficou presa em posses materiais excessivas.

ESPIRITUAL: A Gaspeita ajuda a pessoa a ancorar o espírito no corpo e a trazer a energia para a forma. Por essa razão, é uma excelente auxiliadora no trabalho de manifestação. Ela também assiste na liberação da forma de volta à energia, o que pode ser bastante útil quando a pessoa colecionou tantas posses ou experiências que possam estar drenando ou amarrando suas energias.

EMOCIONAL: A Gaspeita ajuda a pessoa a liberar os vínculos com "coisas" e pode ajudar a conter comportamentos colecionistas. Ela auxilia a pessoa a sentir-se a salva e segura, enquanto a encoraja a largar o passado e experiências e posses que já não servem. Pode ajudar a pessoa a receber mais amor e sentir maior alegria e abundância em todos os níveis.

FÍSICO: A Gaspeita estimula o metabolismo suavemente, ajuda a manter níveis de insulina apropriados e pode ser útil ao apoiar energeticamente a pessoa a se recobrar de sintomas de diabetes ou administrá-los. Ela é útil para lidar com o estresse – tanto emocional quando fisiologicamente.

AFIRMAÇÃO: Eu capto tudo o que me nutre – espiritual, emocional e fisiologicamente – e elimino o que não me alimenta.

GOETHITA

PALAVRAS-CHAVE: Acesso aos registros akáshicos, recordação de vidas passadas, conexão com a Terra, cura pelo luto, vida da alma estimulada, criatividade artística.
ELEMENTO: Terra.
CHACRAS: Raiz (primeiro), Sexual/Criativo (segundo), Terceiro Olho (sexto).

A Goethita é um mineral hidróxido de ferro com uma dureza de 5 a 5,5. Seu sistema de cristal é ortorrômbico. Algumas vezes ocorre em cristais prismáticos estriados verticalmente com um lustro adamantino, mas é encontrada com mais frequência em formas massivas, estalactíticas botrioidais ou terrenas. Sua cor é marrom enegrecida, marrom amarelada ou marrom avermelhada. A Goethita é um mineral abundante e alguns depósitos são considerados fontes significativas de ferro. Cristais bons de Goethita foram encontrados em Cornwall, Inglaterra e Pikes Peak, Colorado.

ROBERT SIMMONS: A Goethita é uma pedra para entrar fundo na interioridade, para encontrar a conexão entre o eu e a Terra. É uma pedra que leva a pessoa para baixo, dos voos entre as nuvens da fantasia, diretamente para o corpo e a matéria. Ela nos lembra que "matéria" e "mãe" são palavras com a mesma raiz. Usada em meditação, a Goethita pode facilitar a sensibilização da pessoa em si para a percepção e energias de seu corpo e da Terra. Isso é bem importante, porque até que a pessoa esteja conectada com a Terra, em seu êxtase, seu sofrimento e sua fisicalidade grosseira, ela não tem o enraizamento necessário para florescer totalmente como um ser humano.

A Goethita é uma pedra excelente para conselheiros que trabalham com clientes que necessitem confrontar suas próprias tristezas ou para indivíduos prontos para fazer o trabalho de luto. Ela leva a pessoa à percepção de suas mágoas, que em geral foram empurradas para o inconsciente. O luto é uma emoção primal, com que os homens modernos, pelo menos nos países ocidentais, lidam muito mal. Apesar disso o luto é muito importante, porque é o processo pelo qual a pessoa sobrevive à perda. Sem as lágrimas do luto, a pessoa fica mais inclinada à depressão, ao desinteresse, ao desânimo e aos fogos subterrâneos destrutivos da raiva e hostilidade inconscientes. Como a Goethita trazer a pessoa a um confronto com as realidades essenciais da vida, ela facilita a recuperação de seu luto perdido ou reprimido e a catarse da cura e renascimento emocional que o seguem. Desse modo, a Goethita é uma pedra de morte e renascimento.

Nesse ponto, é interessante citar as palavras do poeta, cientista e filósofo Goethe, em memória de quem a Goethita foi batizada, em seu poema *O Anseio pelo Sagrado*:

Até ter vivenciado isso – morrer e, portanto, crescer –
Você é apenas um convidado perturbado na terra escura.

GOETHITA

Essas poderiam ser as palavras da própria Goethita, e parece apropriado que a pedra e o homem que compartilham o nome estivessem em um alinhamento tão filosófico.

A Goethita é uma pedra para a melhoria da vida da alma. Ela estimula o corpo emocional, tornando a pessoa mais consciente de todo o espectro de suas sensações emocionais. Ela assiste na abertura do coração, despertando a compaixão e o amor da pessoa. Fortalece o aspecto criativo do segundo chacra, e é um auxílio poderoso para artistas, escritores e músicos; auxilia a pessoa a sintonizar com a natureza e apreciar os milagres cotidianos da vida. Ela ajuda a pessoa a recordar e reexperimentar a curiosidade da infância e auxilia na comunicação carinhosa com crianças.

A Nuumita pode combinar com a Goethita para assistir a pessoa em fazer jornadas interiores profundas e a resgatar os registros akáshicos da história da Terra, e também de suas vidas passadas. A Alexandrita e a Opala Oregon também podem ajudar, especialmente no que diz respeito à história da alma da pessoa. O Quartzo Fumê amplia os aspectos de ancoragem na terra da Goethita. Se a pessoa tiver dificuldade em "voltar para cima" dos passeios da Goethita às profundezas, a Danburita e a Petalita são recomendadas.

NAISHA AHSIAN: A Goethita transporta memórias e informações antigas da história da Terra. Ela age como uma arquivista mestre para o planeta, estocando informação da evolução e crescimento da Terra, e também de cada espécie do planeta. A Goethita pode ser usada para recordar a história pessoal e ancestral de alguém. Ajuda a pessoa a acessar a memória genética e limpar ou "apagar" padrões deixados por ancestrais ou a família mais imediata.

A Goethita também oferece informação aos interessados na semeadura genética deste planeta por outras raças de outros sistemas estelares. É excelente para auxiliar os que entram e interdimensionais a se aclimatarem com a vibração da Terra. A Goethita é uma pedra de aterramento excelente em geral, mas é especialmente boa para os que têm grande dificuldade de estar em um corpo físico.

A Goethita é ideal para programar com intenções, mensagens e orações. Ela mantém a programação tão bem quanto o Quartzo e tenderá a mantê-la por um período de tempo mais longo. É uma pedra do desejo maravilhosa. A pessoa pode programar sua Goethita usando a simples intenção enquanto segura o desejo na mente. Então, ela pode colocar a pedra em um altar ou lugar especial e ela irradiará a energia daquele desejo para o Cosmos pelo resto do dia. Por suas capacidades de aterramento, ela também pode ajudar a pessoa a trazer aquele desejo da energia etérea para a realidade.

A Goethita tem uma ligação forte com o nível físico do ser e é uma pedra excelente para manter a saúde ou curar.

ESPIRITUAL: A Goethita auxilia a acessar a memória genética ou os registros akáshicos deste planeta, seus habitantes e suas origens. Ela ajuda a trazer as vontades e sonhos da pessoa à realidade, ao mesmo tempo em que a assiste a tornar-se praticamente magnética para seus desejos.

EMOCIONAL: A Goethita é equilibradora para o corpo emocional. Pode ajudar a revigorar as emoções ou pode dissipar energia emocional excessivamente intensa, que depende do efeito de equilíbrio necessário para o indivíduo.

FÍSICO: Esse mineral fortalece o sangue e auxilia na oxigenação. Ela pode estimular energeticamente a medula óssea e o crescimento dela, e também a produção de células sanguíneas dentro da medula. Sua energia ajuda o corpo a restabelecer-se depois de traumas físicos.

AFIRMAÇÃO: Eu me abro para a percepção completa de tudo o que está na interioridade – amor e dor, alegria e tristeza – desta e de outras vidas, e os assumo como meus.

GOSHENITA

PALAVRAS-CHAVE: Estimulante mental, estímulo aos sonhos, lealdade, verdade, oração, assistência espiritual.
ELEMENTO: Ar.
CHACRAS: Terceiro Olho (sexto), Coroa (sétimo), Etéreo (do oitavo ao 14º, acima da cabeça).

A Goshenita é uma variedade de Berilo incolor, um mineral silicato de alumínio e berílio com uma dureza de 7,5 a 8. Seu sistema de cristal é hexagonal (trigonal). Seu nome vem de uma fonte em Goshen, Massachusetts. A Goshenita é a forma mais pura do Berilo, contendo menos impurezas do que as variedades coloridas. A Goshenita é encontrada no Brasil, Paquistão, Afeganistão, África do Sul e Estados Unidos.

ROBERT SIMMONS: A Goshenita limpa e ativa o chacra da coroa, abrindo os portais do Espírito para os que meditam com ela. Estimula os centros mentais e melhora a habilidade da pessoa para pensar logicamente. Ela é particularmente estimulante para a inteligência matemática e pode ser útil para estudantes nessa área.

A Goshenita é uma pedra da persistência, ajudando as pessoas a reter o foco e determinação para ver as coisas até seu término. Também é uma pedra da lealdade – quando uma pessoa usa a Goshenita, ela tanto sente quanto inspira lealdade entre si e os amigos e colegas de trabalho. Se a pessoa pertence a um grupo com uma orientação espiritual, ela pode considerar decidir que cada membro do grupo receba uma peça de Goshenita como um lembrete de participação no grupo. Isso tenderá a ajudar que o grupo permaneça focado em seu propósito e inicie o espírito do "um por todos, todos por um". A Goshenita também ajuda a pessoa a manter a fidelidade nos relacionamentos. Ela é uma pedra da fidelidade e respeito, lembrando-nos da importância de merecer a confiança que os outros colocaram em nós.

A Goshenita pode melhorar o poder da oração, em especial quando alguém pede ajuda – seja em questões de saúde, crescimento espiritual ou relacionamentos. Ela auxilia a chamar os anjos, guias e amigos em Espírito da pessoa, fazendo com que eles percebam sua situação e necessidades. Também pode ser usada para projetar a gratidão da pessoa em direção aos reinos espirituais, onde estão os espíritos nutridores e de ajuda.

Do mesmo modo que a Goshenita inspira a lealdade, ela também vibra na frequência da verdade. Sua falta de coloração sugere uma clareza imparcial que não é vulnerável aos matizes da ilusão. Se alguém carrega ou usa Goshenita, será muito mais difícil dizer as mentiras polidas da vida diária e muito mais fácil ver além das mentiras contadas por outros. Essa nem sempre é uma posição confortável, porém pode ser um tanto revigorante. Dar Goshenita para uma criança ou adulto que tem um problema com prevaricação pode ajudar a quebrar esse hábito ruim. Algumas vezes é melhor não mencionar o propósito subjacente desse presente. E a Goshenita fará com que a pessoa saiba se essa omissão é um engano não permissível!

Por sua melhoria das energias mentais, a Goshenita aumenta a habilidade e tendência a pensar analiticamente. Isso pode ser uma bênção em muitas situações, embora talvez não nas relações interpessoais. Para modificar o distanciamento claro e desapaixonado da Goshenita, a pessoa pode desejar empregar Esmeralda ou Morganita. Essas duas pedras, que têm relação próxima com a Goshenita em virtude de ser parte da família dos Berilos, trazem à pessoa as qualidades de amor e perdão do coração, acrescentando um elemento compassivo à resoluta contemplação da verdade da Goshenita.

A Goshenita ressoa bem com outros membros da família dos Berilos. A Água-marinha estimula a garganta, facilitando a comunicação dos *insights* conseguidos com a Goshenita. O Heliodoro trabalha no plexo solar, auxiliando a pessoa a agir baseada nas percepções claras da Goshenita.

A Fenacita, outro tipo de silicato de berílio, magnifica a ativação dos chacras do terceiro olho, da coroa e etéreo da Goshenita. A Herderita concede à pessoa mover-se além dos limites do corpo, para os "campos da consciência", tais como os corpos mental, astral e etéreo. A Nuummita combina com a Goshenita para jornadas perceptivas claras para o passado profundo e oculto. A Azeztulite movimenta as visões da Goshenita para os domínios do futuro, ajudando a pessoa a ver com clareza as possibilidades mais elevadas do que pode ser.

NAISHA AHSIAN: A Goshenita é a pedra de frequência mais alta da família dos Berilos, ativando com vigor os chacras do terceiro olho, da coroa e etéreo. Essa pedra oferece elevação, inspiração e alívio das preocupações. Ela melhora as visões interiores durante a meditação e é uma guia maravilhosa em viagens para outros níveis de consciência e outras frequências dimensionais.

A Goshenita é uma pedra de sonho poderosa. Ela cria um estado de sonho vívido e é uma assistente valiosa em trabalho de sonho lúcido. Pode ajudar a pessoa a se religar com seus sonhos para sua vida. Ela inspira a criar e manter uma visão nova e mais elevada do que é possível. Embora a Goshenita seja calmante para a mente preocupada, ela é estimulante para a mente mais elevada. É inspiradora, e pode facilitar a recepção de uma visão ou mensagem para ser expressa pela escrita, arte ou discurso.

A Goshenita melhora as propriedades de outras variedades de Berilo, como Água-marinha, Esmeralda, Morganita e Heliodoro, e pode ser usada em combinação com essas pedras para aumentar suas propriedades de cura e transformação. Em disposições no corpo, a Goshenita pode ser colocada em qualquer chacra para limpar e revigorar a área. Na joalheria, pode ser combinada com outras pedras, em especial outros berilos – para melhorar o efeito de cada pedra.

ESPIRITUAL: A Goshenita é poderosa para a estimulação do trabalho de sonhos e meditação. Pode acalmar e aclarar a mente, criando um canal mais puro para a consciência do Divino. Ela ajuda a revelar desequilíbrios, padrões e doenças no nível do Plano Etéreo, para que possam ser erradicados antes de se tornarem físicos.

EMOCIONAL: As energias da Goshenita fornecem uma sensação clara de elevação para o corpo emocional.

FÍSICO: As energias da Goshenita ajudam na cura de dores de cabeça, insônia, sinusite e desequilíbrios cerebrais.

AFIRMAÇÃO: Minha visão mais elevada está ativa, e eu vejo todos os níveis do ser com os olhos da verdade e o coração da lealdade, bondade e compaixão.

GRANADA

A Granada é uma gema conhecida comumente por sua cor vermelha, mas de fato é encontrada em uma variedade de cores. Os seis tipos de Granada – Rodolita, Almandina, Espessartina, Grossulária, Andradita e Uvavorita – têm cores, fórmulas químicas e propriedades espirituais diferentes, e nós examinaremos cada uma delas. A maioria, mas nem todas as Granadas, variedades de silicatos de alumínio. Sua dureza varia de 6,5 a 7,5. Seu sistema de cristal pode ser isométrico, rômbico, dodecaédrico e/ou icositetraédrico. Alguns tipos de Granada são conhecidos e têm sido usados há milhares de anos, enquanto outros, como a Tsavorita, uma Granada Grossulária, foram descobertos apenas há algumas décadas.

A palavra Granada deriva da palavra latina *granatum*, que significa "romã", uma referência à similaridade da pedra na forma e cor a uma semente de romã. As Granadas foram usadas na antiga Tchecoslováquia já na Idade do Bronze e, no Egito, há mais de 5 mil anos. Foram utilizadas na Suméria por volta de 2100 a.C. e na Suécia entre 1000 e 2000 a.C. Elas também eram populares nas civilizações da Grécia antiga e romana. Os astecas e outros povos nativos americanos usaram Granada em objetos ornamentais também. Na Boêmia, Tchecoslováquia, existe a mais importante lapidação e indústria de joalheria centrada em torno da Granada vermelha nativa, que começou no inícios dos anos 1500 e existe ainda hoje.

De acordo com o Talmude, a única luz na Arca de Noé era fornecida por uma imensa Granada. Na Europa, durante a Idade Média, dizia-se de a Granada estimular a verdade, fé e constância, e dissipar a melancolia. Era vista em alguns lugares como um remédio para hemorragia e proteção contra ferimentos.

ROBERT SIMMONS: As Granadas são ferramentas para tornar os produtos da imaginação criativa manifestos no mundo tridimensional. Os vários tipos de Granada são ajustados a diferentes tipos e níveis de manifestação, mas todos são bons para aterramento do sonho e desejos da pessoa no domínio físico.

NAISHA AHSIAN: Todos os tipos de Granada transportam a energia da prosperidade e alegria com os prazeres mundanos. Cada variedade de Granada carrega esse tema a níveis de experiência diferentes.

GRANADA ALMANDINA

PALAVRAS-CHAVE: Força, segurança.
ELEMENTO: Terra.
CHACRAS: Raiz (primeiro).

A Granada Almandina é um silicato de alumínio e ferro, com uma dureza de 7,5. Seu nome deriva da cidade de Almandina, na Ásia Menor. É encontrada no Sri Lanka, Índia, Afeganistão, Brasil, Áustria e a República Tcheca. Sua cor varia do laranja avermelhado ao vermelho arroxeado.

ROBERT SIMMONS: A Granada Almandina é uma pedra dos tempos antigos da história humana, quando as pessoas estavam ligadas mais intimamente à Terra e a vida era mais exigente em termos físicos. Suas energias são muito terrenas, e ela pode melhorar em termos de vibração sua vitalidade e paciência. A Granada Almandina ativa e fortalece o chacra da raiz, nosso portal de ligação com o mundo físico. É uma pedra excelente para os que estão um pouco sem chão ou que têm falta de energia. Ela também é uma pedra da verdade tangível. Se a pessoa tende a construir "castelos no ar", a Granada Almandina pode auxiliá-la na manifestação de uma versão realística deles na Terra. E se eles estão um pouco menos majestosos do que seu sonho, pelo menos são genuínos.

Como uma pedra do primeiro chacra, a Granada Almandina pode ajudar a erguer as energias da kundalini, o poder espiritual profundo dito estar dormente na base da espinha. Nessa aplicação, o Tectito Tibetano pode ser um aliado útil. Uma vez estimuladas, as energias da kundalini são estabilizadas e mantidas de certo modo mais aterradas pelas vibrações constantes e baixas da Granada Almandina.

A Granada Almandina também é uma pedra de proteção psíquica. Suas energias relativamente densas mantêm a pessoa vigorosamente ligada ao corpo, e, quando a pessoa está enraizada em seu caminho, é mais difícil para energias ou entidades negativas atacarem.

Se a pessoa desejar ajuda adicional para aterramento e proteção, aconselha-se a combinar Granada Almandina com Granada Andradita Negra.

NAISHA AHSIAN: A energia da Granada Almandina ajuda a cultivar uma sensação de segurança física, refúgio e abundância. Ela estimula o chacra da raiz e o do coração, permitindo a manifestação dos desejos do coração da pessoa no mundo. Ajuda a aliviar inquietações, pânico e medo, e auxilia na manifestação de uma sensação de calma e ligação aterrada com o presente. Ela concede à pessoa perceber o apoio absoluto do Universo e sua guarnição de tudo o que ela necessita.

A Granada Almandina auxilia a pessoa na ligação com o corpo físico e a encontrar alegria no mundo físico. É uma pedra de amor físico e do relacionamento entre parceiros amorosos. Ela é, portanto, uma aliada excelente para aqueles que desejam atrair ou revitalizar um relacionamento amoroso.

A Granada Almandina tem raízes profundas em muitas civilizações antigas. Ela pode auxiliar a pessoa na ligação com aprendizado de vidas passadas nessas civilizações ao estimular a memória celular. Pode ser muito útil para resolver influências de vidas alternativas em problemas atuais com relação a abundância, relacionamento amoroso e doença física.

ESPIRITUAL: A Granada Almandina ajuda a pessoa a encontrar alegria no plano físico, sentindo-se apoiada em suas necessidades e desejos, e a dar e receber amor. Pode auxiliar a acessar memórias de vidas passadas de civilizações antigas e em eliminar padrões cármicos.

EMOCIONAL: A Granada Almandina ajuda a eliminar o pânico, preocupações, medo e ansiedade, especialmente em torno de questões financeiras. Pode ajudar a pessoa a desenvolver confiança na abundância infinita do Universo e ajudá-la a sentir-se calma e aterrada.

FÍSICO: A Granada Almandina ajuda o corpo a ligar-se com a energia revitalizante da Terra. Ela auxilia a recuperação após ferimentos, e também na saúde dos ovários e testículos.

AFIRMAÇÃO: Eu estou aterrado e seguro em meu corpo físico e retiro força e vitalidade de fontes profundas.

GRANADA ANDRADITA NEGRA

PALAVRAS-CHAVE: Aterramento, proteção, conhecimento, poder criativo.
ELEMENTO: Terra.
CHACRAS: Estrela da Alma (abaixo dos pés), Raiz (primeiro).

A Granada Andradita Negra é um mineral silicato de cálcio ferroso, com uma dureza de 6,5 a 7,5. Ela é assim chamada em homenagem ao mineralogista português d'Andrada. Também é conhecida como Melanita, um nome derivado da palavra grega para negro. Espécimes de boa qualidade já foram encontrados no México e na Groenlândia. Os cristais mexicanos, em geral, ocorrem juntos em agrupamentos com cristais variando de pequenas camadas de drusa até cristais individuais de até um centímetro cada.

ROBERT SIMMONS: A Granada Andradita Negra é uma pedra poderosa de aterramento, mas esse não é seu único dom. É uma gema para despertar a magia e evocar os mistérios do plano terrestre. Por meio da comunhão com essa pedra, a pessoa pode sintonizar as forças elementais e engajar sua ajuda. Pode-se meditar com essa pedra para penetrar nas profundezas do inconsciente coletivo, para ler os campos morfogênicos do conhecimento mantidos não apenas pela humanidade, mas também por outras espécies inteligentes neste planeta. Ela é uma pedra que liga com a escuridão nutridora, e a pessoa pode usá-la para recrutar a ajuda de sua própria fonte secreta de poder. É ideal para a pessoa penetrar em sua força de vida, para estimular os fogos criativos da sexualidade e para o aumento de seu poder e do foco da vontade. Ela auxilia a estabelecer o aterramento dinâmico necessário para que os de intenções elevadas realizem suas visões. Em nossa época atual, existem inúmeros indivíduos de propósitos nobres que não têm energia para trazer seus sonhos à realidade, e isso em geral é pela falta de aterramento, o que os impede de extrair as energias da Terra, que são necessárias para a manifestação. A ativação do chacra Estrela da Terra abaixo dos pés é essencial para esse aterramento dinâmico, e a Granada Andradita Negra é a pedra ideal para auxiliar nesse trabalho – empregando-a em meditação ou em arranjos corporais. Também, usar a pedra mantém suas energias benéficas no campo áurico da pessoa por todo o dia.

As energias ígneas da Zincita fazem a combinação sinérgica perfeita com a Granada Andradita Negra, criando uma ativação ainda mais forte dos chacras Estrela da Terra e inferiores no interior do corpo. Quando usar a Granada Andradita Negra para atrair prosperidade, acrescentar Granada Tsavorita e Granada Verde Africana dará mais poder ao trabalho. Para a criatividade e a sexualidade, a Granada Espessartina, a Cornalina e a Zincita são úteis. Para a recordação dos sonhos e a manifestação, a Granada Vermelha é uma aliada de grande ajuda. Para a purificação, Turmalina Negra, Azeviche e Obsidiana Negra podem ser combinadas com a Granada Andradita Negra para melhorar os efeitos de todas.

NAISHA AHSIAN: A Granada Andradita Negra é uma pedra de proteção e poder. Ela liga imediatamente a força de vida da pessoa com o centro ígneo da Terra, permitindo à pessoa o acesso a um suprimento quase infinito de energia para o trabalho criativo. Seu poder para purificar e ativar o primeiro e segundo chacras e liberar a energia da kundalini no interior do corpo torna-a uma aliada forte na prática da magia branca e no desenvolvimento do poder pessoal da pessoa. Sua habilidade para limpar e ativar o chacra Estrela da Terra capacita a pessoa a manifestar as criações espirituais do plano terrestre.

A Granada Andradita Negra é uma poderosa purificadora de energia. Ela é uma excelente adição a um aposento de cura ou ambiente que requeira purificação e infusão de Luz constante. Também é de ajuda na purificação de formas-pensamento. Ela é uma boa pedra para uso em quartos de criança, para prevenir pesadelos, ou em qualquer caso em que pensamentos desagradáveis persistentes estiverem causando depressão, distúrbios ou angústias. São aliadas excelentes em quartos de doentes ou hospitais, já que elas previnem que vibrações negativas ou entidades desgarradas se fixem a sistemas energéticos já enfraquecidos. São pedras excelentes para os xamãs empregarem – tanto como proteção durante jornadas como para facilitar a recuperação de poder do mundo inferior.

Quando a pessoa entra em consciência ressonante com a Granada Andradita Negra, seus pés se fixam firmemente em seu caminho espiritual, e são garantidos proteção e poder para a criação e finalização do serviço de vida da pessoa. A Granada Andradita Negra sela a aura e reflete outras energias, criando um escudo em torno de quem segurar a pedra. Simultaneamente, ela preenche a aura com a força da vida, capacitando a pessoa a dirigir sua energia para as tarefas ditadas pelo Espírito.

ESPIRITUAL: A Granada Andradita Negra é uma pedra poderosa de proteção tanto física quanto psíquica. É uma auxiliar excelente para situações em que aterramentos de emergência podem ser de ajuda, tais como depois de experiências espirituais intensas, viagem astral, jornada xamânica, etc. Ela

GRANADA

pode assistir na manutenção do compromisso ao caminho espiritual e na continuidade da prática espiritual.

EMOCIONAL: A Granada Andradita Negra insiste na outorga de poder a si. Ela auxilia os que sentem que não têm a força, habilidade ou conhecimento para realizar seu caminho espiritual. Ela pode ajudar a pessoa a superar sentimentos de vitimização, ataque ou outros estados de impotência. É uma pedra importante para os que estão se recuperando de vícios ou que precisam de proteção contra pensamentos suicidas.

FÍSICO: A Granada Andradita Negra é uma pedra excelente para proteção física, auxiliando o corpo a resistir a infecções de todos os tipos. É uma aliada poderosa para os que têm um sistema imunológico comprometido ou que necessitem de proteção extra contra fontes exteriores de doenças.

AFIRMAÇÃO: Minha conexão com a Terra é forte, minhas energias são puras, e estou protegido e sou capaz de sempre manifestar meu bem maior.

GRANADA ESPESSARTINA

PALAVRAS-CHAVE: Criatividade, sexualidade, atração.
ELEMENTO: Terra, Fogo.
CHACRAS: Raiz (primeiro), Sexual/Criativo (segundo), Plexo Solar (terceiro).

A Granada Espessartina é um silicato de manganês e alumínio, com uma dureza de 7 a 7,5. Seu nome deriva de sua descoberta em Spessart, Alemanha. Também é encontrada no Sri Lanka, Brasil, Madagascar, Suécia e nos Estados Unidos. Sua cor característica é laranja amarelado.

ROBERT SIMMONS: As Granadas Espessartinas são pedras da atração poderosas. Podem ajudar a pessoa a "magnetizar" um amor, um novo trabalho, um projeto criativo ou qualquer coisa em que uma energia pessoal de atração seja um fator-chave. A Granada Espessartina ajuda a limpar o campo áurico da pessoa de elementos desarmoniosos que podem, inconscientemente, repelir os que, em vez disso, serão atraídos pelo ótimo padrão de energia da pessoa. Ela melhora o carisma, amplia as vibrações do segundo chacra, enfatizando a criatividade e a sexualidade. Também funciona no chacra do plexo solar, distribuindo poder à vontade da pessoa. Por ser uma Granada, ela arrasta as realidades potenciais à manifestação. Portanto, é uma pedra para ser usada com cuidado, já que ela aumenta a velocidade com que a intenção da pessoa adquire forma física. Também por sua amplificação das energias do segundo chacra, ela pode aumentar a fertilidade. Esse aumento pode acontecer em qualquer nível, de ficar grávida a ser inspirada por uma brilhante ideia para uma novela, poema, pintura ou outro projeto criativo. Qualquer que seja o foco, a Granada Espessartina movimenta as coisas e, portanto, é uma ferramenta potente para ser usada com cuidado e habilidade, embora também com uma sensação de satisfação e alegria.

As energias da Granada Espessartina são amplificadas pela Fenacita Russa, Zincita, Calcita Laranja, Cornalina, Heliodoro e Labradorita Dourada. Parear a Granada Espessartina com a Tsavorita cria uma energia muito poderosa para a prosperidade financeira. Ao combiná-la com Quartzo Rosa e Granada Rodolita, a pessoa poderá atrair um novo amor para sua vida.

NAISHA AHSIAN: A Granada Espessartina estimula todos os aspectos das habilidades e energias criativas da pessoa. Ela encoraja a pessoa a agir em busca de seus sonhos, visões e objetivos. Ela limpa e energiza os primeiros por meio do terceiro chacra. É especialmente estimulante para o segundo chacra e o *Hara*. Ela pode ajudar a aumentar o fluxo da energia do *chi* pelo corpo e é uma pedra excelente para o fortalecimento e a saúde em geral.

A energia transportada pela Granada Espessartina encoraja os empreendimentos criativos, paixão física, energia sexual e a habilidade para trazer ideias e conceitos à luz. É uma pedra de manifestação, criação, concepção e nascimento. A Granada Espessartina melhora a energia criativa da pessoa e a expressão dessa energia. É uma pedra boa para artistas, escritores, bailarinos, atores e outros que expressam a energia criativa pelo processo de manifestação.

A Granada Espessartina assiste na superação do medo da pessoa a novas experiências. Ela encoraja a pessoa a ser mais impulsiva, espontânea e intuitiva. Mesmo quando encoraja a assumir riscos, pode ajudar a aliviar o medo de fracasso. Ela proporciona confiança à pessoa para mudar sua vida e assumir novos rumos.

ESPIRITUAL: A Granada Espessartina ressoa com a energia criativa do Universo. Ela encoraja a expressão da Fonte da criação trazendo os sonhos e visões da pessoa à realidade. É uma professora excelente do processo de manifestação – transformando energia em forma.

EMOCIONAL: A Granada Espessartina encoraja o otimismo e a confiança, ousadia e ação. Pode ser de grande ajuda para os que vivenciam bloqueios criativos.

FÍSICAS: A Granada Espessartina ajuda nas questões de fertilidade e reprodução sexual. Ela estimula o corpo e pode ajudar com perda de peso. É um excelente tônico para o sistema endócrino.

AFIRMAÇÃO: Atraio para mim as pessoas, os projetos e as ideias criativas que acendem minha paixão.

GRANADA GROSSULÁRIA

PALAVRAS-CHAVE: Prosperidade, saúde.
ELEMENTO: Terra.
CHACRAS: Plexo Solar (terceiro), Coração, (quarto).

A Granada Grossulária, um grupo de Granadas que inclui a Tsavorita (do Quênia) e a Granada Verde Africana (de Mali), é um silicato de cálcio alumínio com uma dureza de 7 a 7,5. Seu nome deriva da palavra latina para groselha espinhosa, pela similaridade de cor entre as groselhas e certas Granadas Grossulárias verde-claras.

ROBERT SIMMONS: As Granadas Verdes Africanas são excelentes para aterrar com naturalidade manifestações de abundância. Se a pessoa puder concebê-la com clareza no etéreo, esses cristais são ferramentas preparadas para trazer sua visão para a realidade. Seus padrões vibratórios criam uma confiança ávida, uma motivação para arregaçar as mangas e fazer as coisas acontecerem. Com Moldavita, ela pode ser imbatível para trazer para a realidade a abundância a que a pessoa tem direito e o caminho mais elevado de realizações neste mundo.

A outra Granada Verde de particular interesse é a Tsavorita. Essa Granada com qualidade de gema é a mais focada energeticamente e refinada manifestação do grupo das Granadas Grossulárias. São pedras não apenas de prosperidade, mas de riqueza em todos os seus aspectos positivos – financeiro, criativo, emocional, artístico e até físico, a fundação de toda a riqueza. Elas têm sintonia com o raio verde puro e rivalizam com a Esmeralda em beleza e poder. As Tsavoritas podem abrir e limpar o chacra do coração, estimular a vitalidade, aumentar o ânimo para viver, induzir sensações de caridade e benevolência e ajudar a pessoa a alinhar e realizar os desejos do coração. Em sua forma de gema, as Tsavoritas podem transmitir suas qualidades benéficas pelos olhos dos que olham para elas. Suas energias do raio verde, então, plantam suas sementes de prosperidade e bem-estar no campo de energia de todos os que entram em contato com a pessoa que usa a Tsavorita. Isso pode criar sinergias interessantes que animam todos os envolvidos. Por exemplo, em situações de trabalho, usar uma Tsavorita pode "infectar" os colegas de trabalho, ou toda uma empresa, com suas vibrações otimistas e prósperas, e isso pode ajudar na "abundância" de todos.

Todos os tipos de Granada Grossulária harmonizam bem com Aventurina, Jade Verde, Esmeralda e Malaquita. Para dirigir seus poderes ou manifestação para áreas mais espirituais, é útil combiná-las com pedras de alta vibração como Celestita Ohio, Azeztulite, Natrolita e Apofilita Clara.

GRANADA

NAISHA AHSIAN: A Granada Grossulária é a pedra da prosperidade mais potente com que eu já trabalhei. Ela é um remédio para todas as limitações no nível físico – afetem elas a saúde ou a riqueza. A Granada Verde transporta uma energia especialmente regenerativa. É excelente para os que têm tido problemas de dinheiro e desejam fazer uma mudança. Ela ajuda a pessoa a perceber a verdadeira abundância em sua vida e a celebrar essa abundância com prazer. Fisicamente, a Granada Grossulária auxilia a recuperação geral de enfermidades ou traumas; auxilia o corpo na regeneração e, portanto, é uma pedra excelente para usar durante e após a cirurgia.

A Granada Verde Africana (uma Granada Grossulária) é maravilhosa para encorajar a prosperidade. Essa pedra adorável ajuda a superar a programação para a escassez e a falta de autoestima ao fortalecer as emanações amorosas da Terra. Sua energia de ancoragem do coração na terra ajuda a curar desequilíbrios causados por dissociação do plano terrestre e inabilidade para religar-se com o corpo de uma maneira amorosa.

Para a prosperidade, o raio verde dessa Granada mescla-se com as energias de abundância natural da Granada de um modo maravilhoso. Ajudando a curar a raiz da mentalidade de escassez, a Granada Verde Africana revela amorosamente a verdadeira abundância que a Terra Mãe e o Universo proveem.

Essas Granadas são aliadas poderosas para a cura de bloqueios e traumas no chacra da raiz, ajudando a abrir, limpar e ativar o primeiro chacra com uma energia adorável de cura. Essa pedra também pode ajudar na recuperação de informação vital sobre si e seu propósito na Terra.

ESPIRITUAL: A Granada Grossulária ensina as muitas facetas da abundância, da saúde física à ligação espiritual com o Divino. Ela nos ajuda a receber sustentação da fonte divina em todos os níveis de nossa experiência.

EMOCIONAL: A Granada Grossulária é poderosa para superar a mentalidade de escassez, pânico com relação a dinheiro e outras formas de ansiedade financeira. Pode ajudar na recepção consciente das dádivas constantes do Divino, celebrando o que a pessoa tem e aprendendo a gratidão.

FÍSICA: A Granada Grossulária ajuda a equilibrar o crescimento celular e acelerar a cura física depois de trauma físico. Ela ajuda a pessoa a assumir a responsabilidade para seu processo de cura, encontrando e utilizando seu poder inerente de cura.

AFIRMAÇÃO: Convoco a abundância, prosperidade, cura e bem-estar como meu direito natural de nascença, e manifesto-os em profusão.

GRANADA RODOLITA

PALAVRAS-CHAVE: Cura emocional, autoestima, percorrer o caminho espiritual.
ELEMENTO: Terra.
CHACRAS: Raiz (primeiro), Coração (quarto), Coroa (sétimo).

A Granada Rodolita é uma variedade de Granada Piropo, um silicato de alumínio e magnésio com uma dureza de 7 a 7,5. Sua cor varia de rosa a vermelha ao violeta pálido. Seu nome deriva de duas palavras gregas com o significado de "pedra rosa". É encontrada no Sri Lanka, Tanzânia, Zâmbia, Brasil e Estados Unidos.

ROBERT SIMMONS: A Granada Rodolita combina as energias do chacra da raiz, chacra do coração e chacra da coroa, oferecendo apoio físico, emocional e espiritual. Sua energia suave ativa sua ligação com os guias interiores e anjos da guarda, ao mesmo tempo em que coloca a pessoa em contato com a voz silenciosa dos anseios do coração. Desse modo ela cria uma alinhamento interno que permite à pessoa saber com clareza os passos a dar para enfrentar o caminho espiritual. Enquanto isso, as influências de ancoragem na terra da ligação da Rodolita com o chacra da raiz auxilia a pessoa a fazer e manter o compromisso íntimo para enfrentar e ir adiante naquele rumo.

A Granada Rodolita oferece cura emocional, particularmente nas áreas da culpa e vergonha. Aqueles que ficaram magoados desses modos podem perceber que a Rodolita ilumina e traz leveza ao peso das memórias. Se as memórias não forem conscientes, isso pode se manifestar como um acendedor do humor geral da pessoa e de uma sensação de felicidade tranquila. A Granada Rodolita fortalece o corpo emocional, tornando mais fácil ouvir o chamado do Espírito e percorrer o caminho espiritual.

NAISHA AHSIAN: A Rodolita reflete a Luz do coração e ajuda a pessoa a receber abundância em um nível emocional. Ela encoraja a pessoa tanto a receber como irradiar a frequência do amor. Auxilia na abertura do coração para a energia do amor divino. Ela também encoraja a expressão do amor entre as pessoas – desde a simples bondade, à compaixão, ao amor entre pessoas em um relacionamento compromissado.

A Granada Rodolita alivia os sentimentos de inadequação ou baixa autoestima que possam bloquear a habilidade da pessoa para receber amor e abundância. Pode ajudar a pessoa a ser mais amorosa e atenciosa consigo e com os outros. Ela possui uma frequência de conforto, socorro e apoio. É uma aliada maravilhosa para convocar quando a pessoa está se sentindo infeliz, sem autoestima ou incapaz de ver um caminho à sua frente.

Essa pedra estimula a sensação de autoestima e auxilia a pessoa a tomar posse de seus dons e habilidades e compartilhá-los com os outros. Esse aumento na confiança é o resultado direto do lembrete amoroso da Rodolita do valor da pessoa aos olhos do Divino. Ela pode auxiliar a pessoa a lembrar-se de seu contrato de Alma para esta vida e a completar os passos necessários para cumprir esse contrato. Ela ajuda a trazer relaxamento e prazer para o processo de crescimento espiritual – concedendo à pessoa "ficar mais leve" e encontrar felicidade no decorrer da jornada para um relacionamento mais próximo com a fonte divina.

ESPIRITUAL: A Rodolita permite à pessoa abrir-se para o canal do amor divino, que constantemente flui da fonte. Ela ajuda o coração a abrir-se para esse Amor, bem como para o amor dos outros. Pode ajudar a pessoa a ser mais aberta à troca amorosa, de bondade e compaixão. A Rodolita ajuda a pessoa a lembrar e cumprir seu propósito de vida, dando os passos apropriados em seu caminho.

EMOCIONAL: A Rodolita é maravilhosa para acalmar e curar o corpo emocional. Ela encoraja o autorrespeito e o amor-próprio. Ela lembra à pessoa suas habilidades e dons e encoraja sua expressão. Ajuda a pessoa a recobrar seu sentido de autoestima e sentir o amor do Divino.

FÍSICO: A Granada Rodolita é útil na recuperação de abuso ligado ao sexo. Pode auxiliar a iluminar os padrões emocionais ligados a tais abusos. Eles podem estar fixados no corpo físico e podem levar a desequilíbrios posteriores nos órgãos reprodutivos. A Rodolita é útil para trazer uma energia do coração suave para os chacras inferiores, encorajando a expressão das energias desses chacras com amor e consciência. É maravilhosa para usar durante a gravidez.

AFIRMAÇÃO: Meu corpo, emoções e espírito estão alinhados e funcionando para meu bem maior.

GRANADA UVAROVITA

PALAVRAS-CHAVE: Superação da consciência de escassez, manifestação de abundância.
ELEMENTO: Terra.
CHACRAS: Coração (quarto), Plexo Solar (terceiro).

A Granada Uvarovita é um silicato de cálcio e crômio com uma dureza de 7,5. Ela é encontrada na Rússia, Finlândia, Polônia, Índia e nos Estados Unidos. Por sua cor verde-escura, é confundida algumas vezes com a Esmeralda. A Uvarovita recebeu seu nome de um estadista russo.

ROBERT SIMMONS: A Granada Uvarovita cura a sensação de insuficiência em todos os seus aspectos. Seja na sensação de escassez nas finanças ou na falta de autoconfiança, amor, poder, conhecimento, vitalidade ou qualquer outro objeto, experiência ou qualidade. A Uvarovita pode eliminar a ideia de não ser o suficiente. Ela abre o coração, permitindo que a pessoa *veja* que contém tudo de que realmente necessita. Ela traz uma sensação de paz e contentamento, além do conhecimento de que o Universo provê a pessoa com precisamente o que é requerido em qualquer momento dado – pelo menos no que diz respeito à agenda de sua evolução espiritual. Ao ver isso, a pessoa aprende a render-se a essa agenda, curando a luta para satisfazer os desejos mais baixos, que são, afinal, a fonte das sensações de falta, para início de conversa.

Isso nos leva ao paradoxo bem conhecido de que uma pessoa pode ter tudo, desde que desista do desejo por tudo. A Uvarovita leva a essa lição com suavidade, pois tão logo a sensação de falta tenha sido descartada, a pessoa estará no fluxo da abundância universal. Isso também é melhorado pelas energias da Uvarovita.

Para amplificar as propriedades transformadoras da Uvarovita, é recomendado usá-la com Moldavita. Para a manifestação de prosperidade financeira, a combinação de ambas as pedras com Fenacita, e talvez outra pedra da prosperidade como Tsavorita ou Granada Verde Africana é o ideal.

NAISHA AHSIAN: A Uvarovita é uma variedade de Granada Verde que incorpora as frequências da prosperidade e riqueza. Similar em energia à Tsavorita, porém mais intensa, a Uvarovita pode auxiliar a pessoa a aprender a aceitar com alegria o que é oferecido pelo Universo. Ao limpar os canais de recebimento, a pessoa estará mais apta a aceitar a prosperidade que estiver disponível. A Uvarovita ensina que se pode não precisar lutar por abundância. De fato, é a luta que estreita o fluxo. A energia da Uvarovita ensina a pessoa a receber com graça a porção que é seu direito de nascença.

No nível do coração, a Uvarovita pode auxiliar a pessoa a curar mágoas emocionais causadas por sensação de escassez – sensação de não ter amor o suficiente, apoio suficiente, ou consideração suficientes em relacionamentos pessoais ou de família passados. Esses padrões de escassez emocional muitas vezes sustentam padrões de escassez financeira. A Uvarovita pode ajudar a pessoa a sintonizar com a fonte universal de energia, eliminando esses padrões de escassez, reescrevendo-os com frequências de amor, alegria e abundância.

ESPIRITUAL: A Uvarovita ajuda a limpar os canais de recebimento do Universo ou de outras pessoas. Pode auxiliar a mudar de um estado de "fazer" para um estado de "ser".
EMOCIONAL: A energia da Uvarovita estimula a cura do coração de mágoas emocionais do passado relacionadas a escassez.
FÍSICO: A Uvarovita fortalece o coração físico e pode ser usada para auxiliar na cura de problemas do coração.
AFIRMAÇÃO: Eu estou sempre no fluxo da abundância universal, e todas as minhas necessidades são satisfeitas.

HALITA

PALAVRAS-CHAVE: Limpeza, purificação, limpeza psíquica, abertura do coração, ativação de habilidades mediúnicas.
ELEMENTO: Terra.
CHACRAS: Todos.

A Halita é um cristal cloreto de sódio com uma dureza de 2 a 2,5. Seu padrão de cristal é cúbico, e ela também pode ocorrer em formas compactas, granulares ou massivas. É um mineral evaporado, formado pela evaporação da água do mar e, em geral, está associado a outros evaporados como a Calcita, Anidrita e Gipsita. A Halita é solúvel em água; portanto, os que usarem esses cristais devem ter cuidado para mantê-los bem secos. A Halita é encontrada em áreas espalhadas em torno da Terra, embora alguns tipos especiais ocorram apenas em alguns locais.

Duas dessas Halitas especiais, as mais escolhidas para trabalho metafísico, são a Halita Rosa e a Halita Azul. Ambas vêm das minas de sal da Polônia. A cor salmão da Halita Rosa se deve a impurezas no interior do cristal, mas a Halita Azul adquire seu tom aparente de irregularidades na estrutura do cristal que refletem a luz diferentemente das partes incolores ou brancas próximas.

NAISHA AHSIAN: A Halita é um sal, então ela é uma purificadora poderosa das energias e ambientes, transformando praticamente qualquer densidade em energia limpa e utilizável. A Halita surge em muitas cores, e cada cor age para purificar vários aspectos do corpo, da mente e do espírito.

Os cristais de Halita de incolor a branca podem ser usados para purificar e iluminar o corpo de energia. Auxiliam na remoção de densidades e outras obstruções que impedem a pessoa de acessar as energias de frequência completa de Luz vindas do nível da alma.

A Halita Roxa ou Violeta ajuda a purificar a consciência ou sonhos da pessoa. Ela auxilia a pessoa a perceber e eliminar padrões que a mantêm em um estado de separação visível do Divino. É uma pedra excelente para usar com a finalidade de enfrentar pesadelos e outros sonhos perturbadores.

A Halita Azul limpa o "olho interno" ou o chacra do terceiro olho. Assiste a pessoa na percepção de onde ela está se limitando de viver integralmente seu propósito ou caminho. Pode estimular as habilidades mediúnicas ou intuitivas e facilitar a meditação.

A Halita Amarela limpa o campo de energia imediato do corpo e estimula a vitalidade física da pessoa. Pode auxiliar no aprendizado e na retenção do conhecimento; ajuda a pessoa com autodisciplina e a desenvolver consistência.

A Halita Rosa limpa o coração e assiste a pessoa na superação de traumas emocionais do passado. Pode ajudar a revelar os próprios preconceitos e julgamentos da pessoa, guiando-a com carinho para a remoção desses hábitos emocionais de sua vida. A Halita Rosa auxilia a pessoa a abrir o coração e a se ligar com a fonte amorosa do Universo.

A Halita Vermelha é uma purificadora poderosa do corpo físico. É excelente ferramenta de cura para eliminar infecções e impurezas do corpo e um grande apoio energético para programas de jejum ou desintoxicação.

As Halitas que variam da Cinza à Negra são pedras poderosas para limpar as formas mais densas e mais negativas de energia. São poderosas para a proteção psíquica e para a limpeza e bênção de casas.

NOTA: Já que as Halitas Azul e Rosa são as variedades mais significativas metafisicamente, oferecemos as informações adicionais seguintes.

HALITA AZUL

ROBERT SIMMONS: A Halita Azul ativa os chacras do terceiro olho e da coroa, unificando-os com o chacra Estrela da Alma, acima da cabeça. As cores mostradas por esses cristais – azul-escuro, violeta e branco – são as cores associadas com esses centros energéticos, e a Halita Azul é o único mineral que mostra todas as três juntas.

O efeito dessa ativação tripla é a melhoria da habilidade mediúnica, purificação do campo de energia da pessoa e uma elevação de sua percepção dos níveis espirituais mais elevados. Ela ajuda a alcançar uma clareza de pensamentos cristalina e um fluxo completamente equilibrado das energias do Corpo de Luz em conjunção com o ser físico da pessoa. Abre os caminhos para a comunicação com os guias espirituais e mestres interiores, e isso auxilia a pessoa na expressão verbal da verdade espiritual.

A Halita Azul também é um purificador instantâneo para o corpo etéreo e pode "varrer" qualquer quantidade de entulhos psíquicos. É uma pedra ideal para segurar pouco antes da meditação, em especial se a pessoa deseja limpar a mente rapidamente dos pensamentos e preocupações do dia a dia.

A Halita Azul pode ser usada para purificar e limpar outros cristais. Simplesmente coloque a outra pedra em contato com a Halita Azul por algumas horas, e o trabalho estará feito! A própria Halita Azul pode ser purificada e carregada ao ser colocada na luz brilhante do sol por um dia. Ela harmoniza bem com Lepidolita Lilás, Halita Rosa, Lazurita Rosa, Escolecita, Natrolita, Calcita Merkabita, Calcita Elestial, Tectito Tibetano e todos os tipos de Fenacita.

NAISHA AHSIAN: A Halita Azul é uma ferramenta tremendamente valiosa para a limpeza de todos os tipos de entulhos, padrões ou bloqueios energéticos. A Halita rapidamente traz energias do entorno em ressonância, fazendo com que alterem seu padrão vibratório e mudem o fluxo energético. Quando colocada em qualquer chacra, essa variedade de Halita cria uma sensação de puxão, quando as energias em volta entram em alinhamento. Energias que estão presas ou estagnadas são rapidamente limpas e movimentadas, criando uma sensação quase instantânea de frescor e clareza.

Embora a Halita Azul possa ser usada em qualquer chacra ou sistema de energia no corpo, ela é particularmente útil para a limpeza de bloqueios e estagnação de energia dos chacras da garganta até a coroa. Nessas áreas, ela não apenas age como uma agente de limpeza, mas também como estimulante dos sentidos mediúnicos. É particularmente boa para a limpeza de bloqueios que impedem a meditação ou ligação com orientação eficiente. Enquanto ativa os chacras superiores, essa pedra pode não criar a sensação de estar "aéreo" associado com algumas das outras pedras de alta frequência. De fato, ela tem um efeito de aterramento nos sistemas de energia da pessoa ao mesmo tempo em que os expande e purifica.

A Halita Azul é excelente para a limpeza de outras pedras e cristais, ou limpeza das energias do espaço em que se vive ou trabalha. Colocar outras pedras perto ou sobre ela facilita a limpeza, ou colocar a Halita Azul em um lugar seco e ensolarado no qual você gostaria de uma limpeza energética do ambiente.

ESPIRITUAL: A Halita Azul assiste na remoção ou integração de bloqueios que impedem a habilidade da pessoa de mediar ou ligar-se com o Divino. Ela pode estimular os sentidos mediúnicos e incrementar a experiência de clarividência da pessoa.

EMOCIONAL: A Halita Azul ajuda a limpar o corpo emocional de antigos vínculos e padrões energéticos que não servem mais ao nível atual de vibração da pessoa. Pode estimular uma sensação eufórica ao mesmo tempo em que revela as áreas do corpo emocional que necessitam de atenção. A compaixão iluminada é a assinatura da energia emocional dessa pedra.

FÍSICO: A Halita Azul auxilia na limpeza e no equilíbrio dos sistemas de energia da pessoa. É particularmente ressonante com os sistemas de fluidos – tanto o linfático quanto o circulatório. É um apoio excelente para jejuns ou outras limpezas intensas. Ela auxilia o corpo no uso mais eficiente da água e pode ajudar a eliminar toxinas e metais pesados dos tecidos.

AFIRMAÇÃO: Meu olho interior está aberto e minha visão está clara.

HALITA ROSA

ROBERT SIMMONS: A Halita Rosa é uma pedra excelente para a manifestação de autoestima. Isso significa que ela ajuda a pessoa não só a experimentar as sensações de autoestima, mas também agir – para realmente fazer as coisas que a autoestima implica. Isso porque a Halita Rosa mistura as energias do coração e do plexo solar – os chacras do amor e da vontade. Portanto, alguém que trabalha com a Halita Rosa pode finalmente encontrar o sentido de propósito exigido para viver um estilo de vida mais saudável, ou começar um regime de meditação ou reservar um tempo para a recreação e diversão pessoal. A pessoa pode se ver eliminando os resíduos dos relacionamentos, compensando compromissos não realizados totalmente ou dizendo "não" a alguém que quer tirar vantagens. Todas essas são ações de autoestima e esclarecimento, e a Halita Rosa pode ser uma catalisadora para elas.

A Halita Rosa é uma pedra de esclarecimento. Sua presença tende a dissolver pensamentos enevoados, confusão, engano e dúvida. Pode realmente "limpar o ar" de muitos modos. É recomendado que os que trabalham em ambientes de negatividade ou comunicação indireta mantenham uma peça de Halita Rosa na escrivaninha ou junto a si. Sua energia ajudará a pessoa a expressar-se de forma direta e assistirá em ver a verdade em todos os tipos de interação.

A água do banho em que a Halita Rosa é dissolvida se revela uma experiência adorável e terapêutica. Ela é superior até aos banhos de limpeza com água do mar que muitas pessoas usam para limpar e recarregar suas energias. Apenas uma pequena porção de Halita Rosa é necessária para produzir uma limpeza etérea total, e somente uma pedra pode ser usada repetidamente, até que fique totalmente dissolvida.

A Halita Rosa combina sinergicamente com Morganita, Quartzo Rosa, Calcita Elestial, Calcita Raio Estelar e Dolomita. Tectito Ouro Líbio, Labradorita Dourada e Heliodoro auxiliam a pessoa a usar a Halita Rosa para ajudar a traduzir a experiência de amor em ações amorosas.

NAISHA AHSIAN: Enquanto a Halita Azul tem a ver com a limpeza em um nível energético e mental, a energia da Halita Rosa ativa a limpeza nos níveis físico e emocional. A energia da Halita Rosa é similar à do Quartzo Rosa, mas tem um efeito purificador muito maior nos tecidos do que o Quartzo Rosa. A Halita Rosa também funciona em um nível emocional, eliminando antigos padrões emocionais habituais para que eles possam ser limpos, integrados e eliminados.

A Halita Rosa tem um efeito calmante e apaziguador no corpo emocional. Sua vibração é vivificadora para o coração e ajuda a erradicar algum "ruído" emocional que a pessoa possa pegar de outros. Por essa razão é uma pedra de proteção para os que são empatas emocionais intensos.

ESPIRITUAL: A Halita Rosa facilita a compreensão dos padrões emocionais por trás das experiências. Ela capacita a pessoa a extrair antigos padrões para a superfície, para a integração e limpeza.

EMOCIONAL: A Halita Rosa limpa o chacra do coração e o do plexo solar, para curar a experiência e expressão das emoções. Ela capacita a pessoa a eliminar os vínculos emocionais com os outros, particularmente onde os relacionamentos terminaram sem a comunicação apropriada. Ela pode auxiliar a pessoa a eliminar os vínculos que outros possam ter consigo. Ao limpar o corpo emocional, a Halita Rosa ajuda a pessoa a ganhar um novo sentido de centro e serenidade emocional.

FÍSICO: A Halita Rosa trabalha para limpar as toxinas das células e tecidos do corpo. Ela pode assistir na purificação dos incômodos causados por experiências emocionais não resolvidas. Auxilia o corpo a processar e eliminar os metais pesados fixados nos tecidos, e em um metabolismo mais eficiente de nutrientes e água no nível celular.

AFIRMAÇÃO: Eu chamo a limpeza e a purificação em todos os níveis de meu campo energético e corpo físico, tornando-o um veículo aperfeiçoado para o Amor e a Luz.

HANKSITA

PALAVRAS-CHAVE: Purificação, dissolução de bloqueios, limpeza de energias tóxicas, "pedra da verdade".
ELEMENTO: Terra.
CHACRAS: Todos.

A Hanksita é um mineral sulfato de potássio com uma dureza de 3 a 3,5. Seu padrão de cristal é hexagonal e em geral ela ocorre em cristais prismáticos bem formados. Pode ser incolor, cinza ou amarelo pálido. A Hanksita é encontrada em lagos da Califórnia ricos em sais de boro, com a Halita, bórax e trona. Os cristais de Hanksita são solúveis em água e devem ser mantidos secos.

ROBERT SIMMONS: A Hanksita é uma pedra muito amistosa para seu usuário. Ela harmoniza rápida e facilmente com o campo de energia humana, trazendo uma influência de limpeza e purificação para todos os chacras. Ela estimula vigorosamente o terceiro olho e pode facilitar estados visionários. Pode ser usada para limpar as energias de qualquer outra pedra ou cristal e funciona do mesmo modo para limpar o quarto em que ela é mantida de quaisquer energias desarmoniosas.

As energias clarificadoras da Hanksita se estendem ao corpo mental também. É uma "pedra da verdade", auxiliando a pessoa a dissipar as mentiras ou ilusões vindas dos outros, ou até de si mesma. Ela ajuda a chegar à essência de todas as questões e mantém a percepção da pessoa alinhada com a realidade. Se a pessoa tem uma tendência para um excesso de fantasia, ou se é um tanto crédula, a Hanksita pode ser uma aliada útil.

Em uma utilização mais avançada, e especialmente em conjunto com pedras poderosas como Moldavita, Tectito Ouro Líbio e Heliodoro, a Hanksita pode auxiliar a pessoa a agir com vigor em nome da verdade. Quando a pessoa fica diante da inverdade e injustiça no mundo exterior, algumas vezes acontece uma tendência ao desencorajamento. Porém, é claro, a pessoa deve agir afirmativamente diante de tais desafios, ou ela se torna parte do problema. A Hanksita em conjunto com as pedras mencionadas anteriormente pode ajudar a pessoa a tornar-se um defensor persistente da verdade, independentemente de quaisquer bloqueios que estejam colocados em seu caminho. Nestes tempos de transformação, são necessários muitos de tais defensores.

A Hanksita combina sinergicamente com Halita Rosa, Halita Azul, Moldavita, Heliodoro, Tectito Ouro Líbio, Tectito Tibetano, Labradorita Dourada, Lápis-lazúli e a maioria dos tipos de Quartzo. Suas energias fortalecem e são fortalecidas pelo Quartzo Satyaloka e Azeztulite. Ela pode ser usada com a Fenacita para ativar estados de consciência visionários.

NAISHA AHSIAN: A Hanksita é um dos minerais de sal que empresta seus dons de limpeza para nós nestes tempos. É excelente para uso como purificador do corpo e do trabalho em que se vive ou trabalha. A Hanksita é ideal para extrair impurezas e toxinas do corpo físico, em preparação para uma expansão do Corpo de Luz. Ela é uma ativadora do terceiro olho, concedendo que a pessoa perceba os padrões energéticos que subjazem em problemas físicos ou na vida.

    A Hanksita é particularmente boa para uso em meditação se você está experimentando bloqueios ou dificuldades em ligar-se ao Espírito. Usada progressivamente subindo na coluna dos chacras, ela pode eliminar a estagnação e bloqueios menores, permitindo que problemas maiores possam ser enfrentados. A Hanksita é útil na limpeza de toxinas devidas a excesso de indulgência em álcool ou drogas recreativas. É estimulante para os sistemas energéticos e pode ser usada eficientemente para restaurar as energias da pessoa após doença.

ESPIRITUAL: A Hanksita limpa o corpo e o ambiente para erradicar energias desgarradas, estagnantes ou indesejáveis. Ela ajuda a aterrar o corpo de Luz no corpo físico pela ressonância com os sais do corpo.

EMOCIONAL: A Hanksita pode extrair ressentimento ou raiva supurantes para fora do corpo emocional.

FÍSICO: A Hanksita apoia o corpo físico na erradicação de toxinas. Também pode ser útil na eliminação de água retida nos tornozelos e pernas.

AFIRMAÇÃO: Eu me comprometo com a limpeza e purgação de tudo o que é tóxico ou ilusório dentro de mim e me ofereço para o serviço da verdade no mundo.

HELIODORO

PALAVRAS-CHAVE: Ativação da mente e da vontade.
ELEMENTO: Fogo.
CHACRAS: Plexo Solar (terceiro).

Heliodoro é uma variedade de Berilo amarelo dourada, um mineral silicato de berílio e alumínio com uma dureza de 7,5 a 8. Seu sistema de cristal é hexagonal (trigonal). Seu pigmento é ferro, e ele forma cristais prismáticos. Seu nome é derivado da palavra grega que significa "presente do sol". A primeira descoberta registrada de Heliodoro foi na Namíbia em 1919, embora pudesse ser conhecido antes no Brasil e em Madagascar. Nos tempos atuais, é encontrado no Brasil, Paquistão, Afeganistão, Madagascar, Sri Lanka e Namíbia.

ROBERT SIMMONS: O Heliodoro é um aliado potente para o desenvolvimento do poder pessoal por meio da ativação da mente e do uso apropriado da vontade. Em situações em que a pessoa deseja manifestar um propósito consciente, o Heliodoro ajuda-a a focar no plexo solar – o chacra pelo qual a pessoa pode canalizar as energias espirituais na realidade física. O terceiro chacra é o "centro de gravidade" tanto do corpo astral como do etéreo, e o Heliodoro ajuda a pessoa a tornar-se ciente dessas áreas de modo que possa dirigir suas energias conscientemente.

Em sentido arquetípico, essa pedra é masculina, enfatizando as qualidades da assertividade, autoconfiança, força física e mental, manifestação, discriminação, benevolência e poder. Claro, esses traços existem tanto em homens como em mulheres, mas eles são de "tom" masculino. Portanto, o Heliodoro ajuda a pessoa a desenvolver as virtudes dos aspectos masculinos do ser.

O Heliodoro é uma pedra de consciência mais elevada e bem-estar físico. Sua afinidade com o sol e as energias solares é refletido em seu nome. Do mesmo modo que o sol é a fonte primária de luz e força de vida na Terra, o Heliodoro, seu representante cristalino, pode nos trazer uma percepção mais abundante e uma vida mais vibrante. O Heliodoro pode revitalizar a pessoa quando suas energias estão baixas. Pode ajudar a pessoa a redescobrir seu sentido de propósito e assistir na descoberta da força de vontade para ir em frente com sua missão na vida. Ele aguça o intelecto "de dentro para fora", criando um alinhamento vibratório para os centros mentais do corpo etéreo.

O Heliodoro liga a mente e a vontade e depois conecta a vontade pessoal à vontade divina. Quando isso ocorre, a atitude do "eu quero" transforma-se em "eu estou disposto" assim que a pessoa percebe a verdade paradoxal de que seus desejos pessoais mais elevados são mais bem satisfeitos pela rendição ao Divino. Isso nos leva à ligação do Heliodoro com a consciência de Cristo. Como uma manifestação cristalina do Raio Dourado, o Heliodoro representa e pode ativar em nós os traços que associamos com o Cristo – o amor espiritual, a percepção totalmente desperta, clarividência, o poder de transmutação e por fim o salto vibratório quântico chamado Ascensão. Para os que estão totalmente comprometidos com o desenvolvimento espiritual, o Heliodoro pode auxiliar a pessoa a alinhar e mesclar com seu padrão Divino.

NAISHA AHSIAN: O Heliodoro invoca o raio dourado do conhecimento e aprendizado celestial. Ele estimula a mente mais elevada e possibilita que o cérebro trabalhe com mais eficácia. O Heliodoro é uma pedra de verdadeira nobreza e liderança altruística. Permite que a pessoa tome decisões baseadas na sabedoria e em seu aprendizado em vez de emoções ou antigos hábitos de reação.

O Heliodoro pode ser um apoio efetivo para sobreviventes de abuso de todos os tipos. Ele encoraja as responsabilidades da pessoa e pode auxiliá-la a readquirir seu poder. Concede confiança e uma sensação de autoconfiança e pode ser útil para os que evitam tomar decisões em razão do medo de fazerem a coisa "errada". Ele possibilita à pessoa encontrar coragem para buscar seus sonhos e objetivos.

A cor dourada do Heliodoro e sua energia ajudam a estimular a vontade e alinhar essa vontade com o propósito divino. Ele assiste a pessoa na superação de obstáculos na busca de seu caminho de serviço. O Heliodoro ajuda a pessoa a superar a confusão a respeito de seu propósito e auxilia na compreensão das maiores lições e dos benefícios por trás dos obstáculos que invariavelmente surgem em seu caminho.

Muitas pessoas mantêm a crença de que, se algo está em alinhamento com a vontade divina, isso simplesmente "acontecerá" com pouco ou nenhum esforço pessoal. Essa crença pode levar a pessoa a desistir até de seus sonhos mais acalentados quando um obstáculo é encontrado, acreditando ser um sinal de que a pessoa não está alinhada com a vontade divina. Porém, cada obstáculo no caminho é uma oportunidade de aprender e pode ser exatamente o que a pessoa precisa aprender ou superar para realizar a vontade divina. A energia do Heliodoro pode auxiliar a pessoa a compreender o aprendizado requerido para superar obstáculos enquanto ele reforça suas energias e fortalece sua resolução para conquistar seus objetivos e sonhos.

ESPIRITUAL: O Heliodoro ensina a liderança iluminada e autodeterminação. Auxilia a pessoa a aprender rapidamente o que for necessário para realizar seus sonhos. Ele ajuda a pessoa a alinhar sua vontade com o propósito divino e superar qualquer obstáculo que possa encontrar.

EMOCIONAL: O Heliodoro traz uma sensação de possibilidade, esperança e vitalidade para o corpo emocional. Pode ajudar a pessoa a sentir-se mais otimista, fortalecida e capaz de mudar sua realidade.

FÍSICO: O Heliodoro é benéfico para qualquer tipo de desordem gástrica ou intestinal, e pode auxiliar na digestão e assimilação tanto de energia como de alimento. Ele também estimula os sistemas básicos de energia do corpo, permitindo que a pessoa se sinta revitalizada e "disposta" a engajar-se na vida.

AFIRMAÇÃO: Eu alinho minha vontade, meus pensamentos e ações com a vontade divina.

HEMATITA

PALAVRAS-CHAVE: Aterramento, manifestação, tornar o espiritual físico.
ELEMENTO: Terra.
CHACRAS: Raiz (primeiro), [para magnetos de Hematita: todos].

A Hematita é um mineral óxido de ferro com uma dureza de 5 a 6. Seu sistema de cristal é hexagonal (trigonal). Seu nome deriva da palavra grega para sangue, uma referência à cor desse mineral na forma de pó. Cristais são incomuns, a maioria das ocorrências é na forma tabular. Ocasionalmente formam rosetas. A maioria das Hematitas no mercado é na forma massiva, com uma cor cinza metálico. A Hematita pode ocorrer como uma inclusão em cristais de Quartzo, algumas vezes com Ajoíta, exibindo uma cor marrom avermelhada. A Hematita é um mineral abundante e predominante em depósitos de ferro. Variedades de boa qualidade de Hematita, próprias para polimento, são encontradas em vários lugares no Brasil. A Hematita Especular, que reflete a luz em padrões cintilantes notáveis, é encontrada em Michigan, Estados Unidos. Em anos recentes, um processo para reconstituir e magnetizar a Hematita foi desenvolvido, e pedras e contas de Hematita magnética surgiram no mercado.

ROBERT SIMMONS: A Hematita é a mais eficiente de todas as pedras para aterrar a pessoa no corpo e no mundo físico. Ela pode neutralizar a sensação de estar aéreo e confuso, ajudando a pessoa a ver questões práticas e ir em frente com ações úteis. A Hematita pode ser usada para equilibrar o campo áurico e alinhar os chacras. Ela puxa as energias desgarradas para baixo através do sistema de meridianos até o chacra da raiz.

    A manifestação é um dos problemas mais comuns para pessoas espiritualmente orientadas. Muitas não percebem que não é suficiente viajar para os reinos mais elevados e vivenciar uma percepção expandida. Um objetivo, talvez o principal, da evolução humana é trazer as energias dos reinos etéreos para manifestação aqui no plano físico. A Hematita, como pedra de aterramento predominante, é a ferramenta ideal para esse trabalho. No cotidiano, carregar ou usar uma Hematita pode auxiliar a pessoa a trazer seus sonhos e aspirações para a realidade e ao aprendizado da diferença entre visão verdadeira e fantasia.

    A Hematita harmoniza com outras pedras de aterramento, como Turmalina Negra, Quartzo Fumê, Obsidiana e Azeviche, e também com Quartzo Negro Tibetano, Quartzos "Diamante" Herkimer, Moldavita e Tectito Ouro Líbio. Para ativação do chacra da raiz, combinar Hematita com Cuprita, Rubi ou Zincita funcionará bem. A Fenacita é uma boa auxiliar nas visões do que a pessoa deseja manifestar dos reinos mais elevados para o mundo físico.

HEMATITA

NAISHA AHSIAN: A Hematita é uma pedra da união manifesta entre o Espírito e o mundo. Sua frequência é a do campo ressonante muito curvo que contém as polaridades de Luz e Escuridão, positivo e negativo, Eu Superior e Eu Sombra, alma e corpo. A Hematita traz a mais alta frequência para o campo da fisicalidade, para que possamos manifestar nossos propósitos mais elevados por meio de nossa existência física. Não é uma pedra para escapar para as fronteiras exteriores da experiência, pelo contrário, ela é uma pedra de integração – trazendo toda a experiência para um todo coeso. Sua energia exige que a pessoa esteja aterrada e ligada com a Alma da Terra, bem como sua própria força de Alma. Apenas por meio de sua dinâmica de iluminação aterrada as mais altas frequências podem ser trazidas para a Terra.

A Hematita abarca tanto as polaridades masculina quanto feminina – o *yin* e o *yang* –, criando uma energia equilibrada que contém os opostos no interior da totalidade. Ela é um modelo poderoso para a humanidade nestes tempos. Como podemos superar a polarização até chegarmos à unidade? A Hematita nos assiste na ressonância com essa realidade e a encontrá-la na interioridade.

ESPIRITUAL: A Hematita ensina sobre a resolução das polaridades, o equilíbrio dos opostos e a manifestação da Luz. É uma pedra de aterramento vigorosa, auxiliando a pessoa a transportar frequências muito altas de energia enquanto ainda permanece ligada à Terra e a seu corpo.

EMOCIONAL: A Hematita pode ajudar a pessoa a ver o cordão de prata em cada nuvem escura e a luz no fim de cada túnel. Ela empresta à pessoa força, coragem e resiliência para se movimentar em meio à adversidade. É uma pedra poderosa para usar quando a pessoa está buscando integrar a própria sombra.

FÍSICO: A Hematita é excelente para manutenção energética de recuperação de qualquer enfermidade do sangue e da produção sanguínea na medula óssea. Ela pode trabalhar para fortalecer o fígado e pode auxiliar em processos de desintoxicação.

AFIRMAÇÃO: Por meio do meu corpo eu aterro as energias dos reinos de Luz neste mundo.

HEMATITA ESPECULAR

A Hematita Especular é uma hematita em cristais tabulares com um lustro metálico distinto. Alguns dos melhores espécimes de Hematita Especular vêm do Michigan, Estados Unidos. Eles exibem superfícies prateadas cintilantes, que algumas vezes são preservadas com resina.

ROBERT SIMMONS: A Hematita Especular traz aterramento e ao mesmo tempo energias elevadas. Permite à pessoa ver a operação do Divino nos acontecimentos da vida cotidiana e ajuda-a a obter a habilidade para compreender níveis múltiplos de realidade simultaneamente. Ela auxilia os trabalhadores da Luz a compreender como trazer suas aspirações elevadas a uma unidade no interior da vida física.

A Hematita Especular harmoniza bem com Moldavita, Azeztulite, Fenacita, Danburita, Petalita, Pedra do Profeta, Herderita e outras pedras de alta frequência, ajudando a aterrar suas energias.

NAISHA AHSIAN: Muitas vezes, quando tentamos manifestar nosso espírito no plano terrestre, agarramo-nos na forma que nosso espírito toma. Começamos a julgar nosso caminho como sendo "espiritual" ou não, dependendo de como nosso trabalho pessoal se encaixa com a norma aceita do esforço espiritual. A Hematita Especular cuida da transcendência da visão mundana do "o que é espiritual" e permite a vocês criarem suas próprias expressões únicas do Espírito aqui na Terra, usando seus dons e sonhos pessoais.

A Hematita Especular fala sobre a habilidade para transcender o que é corriqueiramente "aceitável" como uma expressão espiritual e a manifestar o que verdadeiramente traz alegria a você. Ela permite que você alcance as estrelas e busque suas próprias visões, sem ficar limitado pelo que pensa que é possível ou permitido. O Espírito não o julga na forma que suas criações adquirem. Ele conhece sua criação apenas pela energia e coração que você colocou nelas.

A Hematita Especular auxilia no aterramento de energias de alta frequência no mundo de baixa frequência da realidade cotidiana. Ajuda a perceber onde seus dons pessoais podem ser aplicados em qualquer situação, permitindo que a vida do dia a dia se torne uma expressão verdadeira de seu espírito.

ESPIRITUAL: A Hematita Especular encoraja a pessoa a abandonar o julgamento sobre se ela é "espiritual" ou "não espiritual". Ela auxilia a pessoa a encontrar uma expressão singular para os dons que ela traz para o mundo e a visão exclusiva que cada alma transporta para este reino. Ela lembra à pessoa de perseguir seus sonhos e manifestar suas visões mais prazenteiras.

EMOCIONAL: A Hematita Especular pode ajudar a pessoa a abandonar o julgamento de autorrecriminação sobre seu crescimento espiritual e valor próprio.

FÍSICO: A Hematita Especular energiza os cristais prismáticos rômbicos de hemoglobina em nosso sangue. Isso ajuda o corpo a integrar mais energia de Luz e torna a incorporação de frequências mais altas de energia mais confortáveis. Ela pode ajudar a regular os efeitos de campos eletromagnéticos no corpo de energia da pessoa, e é excelente para usar em qualquer situação em que a pessoa possa ser exposta a energias tóxicas de computadores e outros sistemas elétricos.

AFIRMAÇÃO: Embora eu seja uma criatura da Terra, meu espírito plana em alegria pelos céus do Paraíso.

MAGNETOS DE HEMATITA

Em anos recentes, pesquisadores na China descobriram um meio de reconstituir e magnetizar a Hematita, criando contas muito populares e itens da moda. Também aconteceu de essas pedras terem propriedades metafísicas diferentes e úteis.

ROBERT SIMMONS: A Hematita é conhecida há muito tempo por ajudar a aterrar as energias da pessoa, e para manifestar as energias de Luz mais elevada no plano terrestre. Magnetos de Hematita têm a propriedade adicional de equilibrar as polaridades de todo o campo de energia da pessoa e realinhar tudo o que possa estar funcionando mal. Isso é especialmente verdadeiro para pessoas que se sentem aéreas e confusas ou fatigadas. Alguns minutos de meditação com um par de magnetos de Hematita, um em cada mão, podem fazer maravilhas no que diz respeito a revitalizar a mente e o campo áurico.

Colocar magnetos de Hematita nos centros de energia do corpo é outro modo de usá-las para grande benefício. De fato, ao alinhar seis ou mais dessas pedras, arranjadas do começo ao fim da espinha, a pessoa pode trazer ao sistema nervoso o benefício de um campo magnético linear com pontos de interseção nodal espaçados igualmente – algo como ligar os cabos elétricos a uma bateria descarregada. E, é claro, os magnetos são amplamente usados na Ayurvédica e outros tipos de cura. Os magnetos de Hematita, com suas propriedades adicionais de aterramento e ativação de Luz, são adequados para estimular os efeitos benéficos pelos quais os magnetos já são conhecidos. Aqueles que recebem alívio da dor a partir do trabalho com outros magnetos são encorajados a tentar esses.

NAISHA AHSIAN: A Hematita magnetizada pode ajudar a regular a frequência de flutuação no campo de energias pessoais. Se a pessoa teve uma experiência de abrir-se a energias de alta frequência com muita rapidez, ela sabe os efeitos que essa energia tem – ficar aéreo, dores de cabeça, dores agudas pelo corpo todo, inabilidade de compreender a fala dos outros e *flashes* de informação psíquica fora de controle são apenas alguns deles. A Hematita Magnetizada previne esses sintomas de sobrecarga energética e auxilia a pessoa a regular seu campo de energia.

HEMATITA

A Hematita Magnetizada pode ser usada para fortalecer e selar o campo de energia. Pode ser útil para proteger a pessoa de campos eletromagnéticos emanados pelos eletrônicos e os computadores. Colocar uma Hematita Magnetizada na frente e atrás de cada chacra pode auxiliar a realinhar e limpar a energia desse chacra. Essa aplicação é mais bem usada quando a pessoa esteve muito doente ou tem algum outro tipo de dreno energético. A Hematita magnetizada pode auxiliar na reenergização dos chacras e limpeza de quaisquer entulhos energéticos que podem ter sido captados em estado de fraqueza.

ESPIRITUAL: A Hematita Magnetizada pode auxiliar a pessoa a regular seu campo de energia quando ela se torna muito aérea. Age como um mecanismo de proteção quando o campo de energia foi drenado ou desenergizado.

EMOCIONAL: A Hematita Magnetizada pode ajudar a acalmar explosões emocionais excessivas. Auxilia aos que se sentem paralisados por suas emoções.

FÍSICO: A Hematita Magnetizada pode ser usada para estimular a cura em áreas em que existe estiramento, cansaço ou laceração muscular. Ela é excelente para ajudar a curar ferimentos causados por esportes, por aumentar o fluxo de sangue quando a pedra é aplicada a uma área machucada.

AFIRMAÇÃO: Eu chamo a manifestação de meus sonhos mais elevados e potencial espiritual total em minha vida física.

HEMIMORFITA

PALAVRAS-CHAVE: Ativação de Luz, equilíbrio da aura, cura emocional e comunicação, empatia, alegria, canalização e mediunidade.
ELEMENTO: Tempestade.
CHACRAS: Coração (quarto), Garganta (quinto), Terceiro Olho (sexto), Coroa (sétimo), Transpessoal e etéreo (oitavo e além, acima da cabeça).

A Hemimorfita é um silicato hidratado de zinco, com uma dureza de 4,5 a 5. Seu padrão de cristal é ortorrômbico e tabular, e os cristais tabulares têm terminações diferentes em cada terminação. Em geral, os cristais de Hemimorfita acorrem em grupos em forma de leque, mas esse mineral pode assumir formas botrioides ou de estalactite, ou surgir como cobertura. As Hemimorfitas mais conhecidas no uso metafísico são as formas botrioides azul-turquesa. Os depósitos de Hemimorfita estão na Argélia, Itália, Grécia, México e Namíbia.

ROBERT SIMMONS: A Hemimorfita manifesta a energia de bem-estar em muitos níveis. Traz equilíbrio para o campo áurico, dissolvendo e dissipando pontos negros de negatividade ou fragilidade. Ela afeta o corpo emocional de modos muito positivos, trazendo uma vibração de alegria que não nega os incidentes inevitáveis da vida de luto e tristeza. De fato, a energia da Hemimorfita tende a misturar alegria e tristeza em um fluxo único de envolvimento emocional compassivo e empatia, por si e pelos outros. Quando a pessoa não resiste a nenhuma emoção, o fluxo desimpedido de sensação é, em si, tão recompensador que mesmo o luto retém algum elemento de alegria. A Hemimorfita possibilita que o corpo emocional interpenetre livremente a mente e o eu físico, para que esse fluxo desimpedido seja totalmente estabelecido.

A Hemimorfita Azul melhora a comunicação da verdade dos sentimentos da pessoa e pode ajudar no processo de cura de relacionamentos disfuncionais. Facilita o crescimento interior necessário pelo qual a pessoa pode aprender a se ligar e comunicar com almas que "saltaram" para o reino seguinte. Ela capacitará alguns indivíduos dotados a se tornarem médiuns ou canais, e sua vibração parece atrair espíritos guias e seres angelicais. A Hemimorfita Azul é uma pedra de empatia compassiva e como tal estimulará os talentos de curadores e conselheiros espirituais. É uma pedra ideal para colocar no chacra da garganta de clientes durante disposições de pedra; assim, ela irá melhorar a habilidade de cada indivíduo para expressar claramente a essência dos problemas que precisam de cuidados e atenção.

Todos os tipos de Hemimorfita combinam sinergicamente com Smithsonita, Andaluzita, Pirita, Aragonita e as muitas variedades de Calcita. A Hemimorfita Azul tem uma afinidade especial com Ajoíta, Água-marinha, Turmalina Paraíba, Aqua Lemúria, Lazurita Rosa e Morganita. Para os que usam Hemimorfita para canalização ou mediunidade, combiná-la com Fenacita, Azeztulite, Natrolita, Escolecita ou Herderita é muito recomendado.

HEMIMORFITA

NAISHA AHSIAN: A vibração do elemento Tempestade da Hemimorfita permite que ela toque a energia da pessoa em muitos níveis. A Hemimorfita é uma pedra de ativação da Luz. Auxilia a pessoa a integrar mais Luz para o interior dos corpos energético, emocional e físico. As variações da cor na Hemimorfita determinam os modos como esse mineral afetará os níveis energéticos do corpo.

As Hemimorfitas brancas e de cores claras emitem frequências que ativam os chacras etéreo, da coroa e do terceiro olho. Ela ajuda a limpar essas áreas de densidades ou bloqueios, capacitando a pessoa a extrair maior quantidade de energia para o corpo. Sua vibração age como um energizador para o corpo de Luz. A Hemimorfita branca é excelente para os que lutam para integrar frequências mais elevadas e refinadas para seus sistemas de energia. É uma pedra poderosa para canalização, comunicação angelical, ligação com os guias e para a ressonância consciente com a consciência divina.

As variedades azuis de Hemimorfita transportam uma frequência que limpa e energiza os chacras do coração e constrói pontes entre corações. Ajuda na resolução de problemas emocionais no interior dos relacionamentos e pode auxiliar a pessoa a expressar-se com mais verdade em questões emocionais. A Hemimorfita Azul estimula o chacra do terceiro olho e aumenta as habilidades visionárias da pessoa, auxiliando-a em visão remota, clarividência e esforços telepáticos, e estimul o estado de sonho.

A Hemimorfita Marrom auxilia a aterrar o corpo de Luz no eu físico. Ela apoia a cura ajudando o corpo a integrar mais Luz. A Hemimorfita Marrom ajuda a pessoa a elevar a vibração do corpo e a limpar padrões de doenças genéticas e herdadas. A Hemimorfita Marrom é uma pedra excelente para usar em ligação com os espíritos da natureza e devas, em trabalhos com as forças elementais naturais e no trabalho de cura da Terra.

ESPIRITUAL: A Hemimorfita é uma pedra metafísica poderosa para abertura e limpeza dos chacras mais elevados. Estimula as glândulas pituitária e pineal e energiza o terceiro olho e a coroa. Ela auxilia na ligação com a integração das frequências mais elevadas de energia da Luz.

EMOCIONAL: A Hemimorfita ajuda a acalmar o corpo emocional, permitindo à pessoa estar presente com suas emoções de um modo compassivo e amoroso. É uma pedra poderosa para o perdão, eliminação do ressentimento ou raiva, e a cura de laços cármicos entre as pessoas.

FÍSICO: A Hemimorfita ajuda em casos de dores de cabeça relacionadas a hormônios. É uma excelente pedra para sintomas de TPM, e pode ajudar a pessoa a manter uma atitude equilibrada quando passa por mudanças hormonais. A Hemimorfita Marrom é mais ativa no corpo físico e pode ser usada para ajudar e apoiar a cura em muitos níveis diferentes.

AFIRMAÇÃO: Eu aceito com alegria todo o espectro de minhas emoções, convoco a ativação de minha Luz interior e vivo em empatia compassiva com todas as almas, encarnadas ou desencarnadas.

HERDERITA

PALAVRAS-CHAVE: Evolução, ativação de capacidades latentes, despertar das funções mais elevadas do cérebro, descoberta do corpo de Luz.
ELEMENTO: Tempestade.
CHACRAS: Terceiro Olho (sexto), Coroa (sétimo), Estrela da Alma (oitavo), Transpessoal (nono).

A Herderita é um fosfato de cálcio e berílio com uma dureza de 5 a 5,5. Seu sistema de cristal é monoclínico. Ela ocorre como cristais tabulares ou prismáticos e é encontrada em pegmatitas de granito. Pode ser incolor, amarelo pálida, verde amarronzada, cinza e algumas vezes lavanda. Herderitas são cristais raros, mas têm sido encontrados mais abundantemente no Brasil. As Herderitas brasileiras frequentemente são amarronzadas, amarelas ou cinza, ocasionalmente de um verde pálido. A Herderita africana é de um cinza transparente, com algumas áreas em lavanda. Algumas Herderitas raras de um verde brilhante foram encontradas no Afeganistão nos anos 1980.

ROBERT SIMMONS: A Herderita é uma das pedras principais para despertar, carregar os chacras superiores do corpo e ligar totalmente sua percepção consciente com as dimensões mais elevadas conectadas aos chacras acima da cabeça no corpo etéreo. Todas as variedades de Herderita compartilham esse traço, e elas são ferramentas incrivelmente poderosas para viagem interdimensional, comunicação com guias espirituais e seres de Luz, e aceitar a percepção iluminada como um estado de ser contínuo. A Herderita inicia o crescimento na consciência. Abre os chacras do terceiro olho e da coroa, e também os dois primeiros chacras etéreos, expandindo a percepção da pessoa de si mesma. De fato, com a Herderita, a pessoa pode experimentar a si mesma como um campo de energia que existe bem além dos limites do corpo físico.

Embora suas energias essenciais sejam semelhantes, diferentes tipos de Herderita exibem algumas características um tanto distintas. As Herderitas Cinza Africanas são pedras altamente vibrantes, embora suas energias sejam elevadoras suaves e tranquilas. Elas têm a propriedade de rasgar o véu que se estende sobre nossa percepção cotidiana e abrir a mente a visões da natureza espiritual verdadeira da existência. Ao trabalhar com essas Herderitas, especialmente na meditação, a pessoa pode ver o fluxo dos padrões e energias arquetípicas subjacentes ao mundo material e ao que aparece aqui. Essas são pedras excelentes para clarividentes e para os que desejam melhorar suas habilidades mediúnicas e capacidades para visão espiritual. Astrólogos e leitores de tarô usam seus sistemas simbólicos para compreender os padrões, mas o que a Herderita pode ativar é a visão direta. O efeito variará com a sensitividade e o preparo do indivíduo, mas a abertura interior será sentida por todos, pelo menos em algum grau.

As Herderitas Cinza Africanas trabalharão mais vigorosamente se colocadas junto com a Herderita Dourada, e também serão estimuladas pela Azeztulite, Fenacita, Petalita, Natrolita e Quartzo Satyaloka. Gemas facetadas desse material oferecem a mais alta intensidade e, por sua raridade, devem ser tratadas com reverência e muito cuidado.

A Herderita Dourada e Herderita Dourada Marrom do Brasil ajudam a pessoa a aceitar diferentes aspectos da percepção expandida. Enquanto as energias da Terra continuam acelerando, as Herderitas Douradas trazem as energias das Herderitas que já são elevadas a uma oitava mais elevada. Essas são Herderitas da vibração do Raio Dourado, e elas estão aqui para ajudar os que estão prontos para ascender em meditação aos domínios conhecidos como Vazio Dourado. Nessa área da consciência, a atmosfera é como "poeira dourada tépida".

Existe uma percepção profunda da presença divina nesses reinos, e é o domínio em que nossas frequências vibracionais são lançadas acima para a oitava seguinte de nossa evolução.

Nos anos por vir, acontecerá um salto quântico evolutivo, e os humanos se tornarão menos densos. Eles podem evoluir para um estado transfísico em que se identificarão como campos de consciência em vez de uma personalidade no interior de uma pele. Essa é a experiência para a qual a Herderita Dourada pode apresentar alguém.

Os inclinados a trabalhar com Herderita são aconselhados a experimentar todas as variedades disponíveis, já que cada uma acelera sua evolução em áreas de certo modo diferentes. Um bônus do efeito da Herderita é que elas são contagiosas, mesmo sem a presença da pedra. Quando a pessoa tiver assimilado as energias da Herderita, ela se torna, digamos, uma incorporação viva dessas energias, de modo que os outros com quem ela se liga recebem os padrões vibratórios da exposição àquela pessoa, esteja a pedra por perto ou não. Isso é verdade, em um certo grau, sobre todas as energias das pedras, mas com as áreas latentes ativadas pela Herderita os efeitos são mais pronunciados.

A Herderita é uma das 12 pedras da sinergia, junto com Moldavita, Fenacita, Tanzanita, Danburita, Azeztulite, Tectito Tibetano, Broquita, Quartzo Satyaloka, Natrolita, Escolecita e Petalita. Essa combinação é o agrupamento de pedras mais harmonioso e poderoso já descoberto para o despertar interior e bem-estar. A Herderita também ressoa poderosamente com Calcita Merkabita, Calcita Elestial e Quartzo Cinábrio.

NAISHA AHSIAN: A Herderita chegou a este tempo como uma ferramenta extremamente poderosa para a evolução dos seres humanos. Enquanto muitas pedras até agora trabalharam no nível físico e também no espiritual, o propósito da Herderita é ajudar a fazer a mudança física para os planos mais elevados. Ela está aqui para nos assistir na elevação da vibração física do corpo. É particularmente ativa nos níveis do cérebro (físico) e mente (energético) do corpo.

A Herderita surgiu na superfície nesta época para ajudar a humanidade na evolução do cérebro. Enquanto a pedra é usada na meditação, o cérebro é sutilmente alterado, permitindo que novas ligações sejam feitas e aumentando o tamanho da capacidade cerebral usada. Por seus efeitos no cérebro, ela estimula naturalmente as capacidades psíquicas e melhora a habilidade da pessoa para processar conscientemente a informação energética. Ela tem um efeito particularmente forte nos chacras do terceiro olho e da coroa por ser tão estimulante para essas áreas do cérebro.

A Herderita pode ser usada para ajudar na dissolução de dores de cabeça e outras aflições de fundo cerebral. Também auxilia na sincronização das ondas cerebrais, permitindo um grande equilíbrio na percepção e um incremento na criatividade, memória e habilidade para aprender. A Herderita veio para ajudar-nos na evolução pela influência em nossa habilidade de usar nosso cérebro de modos que antes não estavam abertos para a raça humana. É uma aliada poderosa na evolução de uma nova linhagem de humanos.

A frequência da Herderita não estimula só o cérebro, mas também ativa os gatilhos genéticos pré-codificados que irão nos iniciar em uma nova fase de nossa existência. A Herderita fala da evolução em nossos corpos, nossos relacionamentos e nossas criações. Ao nos abrirmos para sua vibração, aceitamos nossa responsabilidade de permitir a transformação profunda e o surgimento de nosso direito de nascença como seres de Luz humanos. A Herderita é uma força unificadora, conectando nossas mentes, corações e energias para estimular a evolução humana.

ESPIRITUAL: A Herderita é uma pedra poderosa para estimular as habilidades mediúnicas, habilidades mentais e ativação dos chacras mais elevados. Ela facilita a visão e a comunicação com outras dimensões e níveis vibratórios de realidade. Ela veio para nos assistir na ativação de áreas do cérebro que auxiliarão a humanidade a integrar mais energias de Luz e de frequências mais elevadas.

EMOCIONAL: A Herderita é estimulante e iluminadora. Pode auxiliar a pessoa a ganhar uma perspectiva mais distanciada ou objetiva quando lida com situações carregadas emocionalmente.

FÍSICO: A Herderita ajuda o equilíbrio cerebral e aumenta as funções cerebrais. É excelente para dores de cabeça e enxaquecas, auxiliando a difundir a dor quando a dor de cabeça começa, enquanto ao mesmo tempo assiste no equilíbrio do cérebro para curar as causas subjacentes dos sintomas. Ela é uma pedra muito poderosa para os que sofreram alguma injúria cerebral por causa de acidente vascular cerebral e devem reaprender uma habilidade. A Herderita facilita o processo de aprendizado e a "religação" do cérebro.

AFIRMAÇÃO: Eu me abro para os reinos mais elevados e convoco a ativação de minhas capacidades latentes, aceitando na integridade o padrão para minha evolução como um ser desperto físico e espiritual.

HEULANDITA

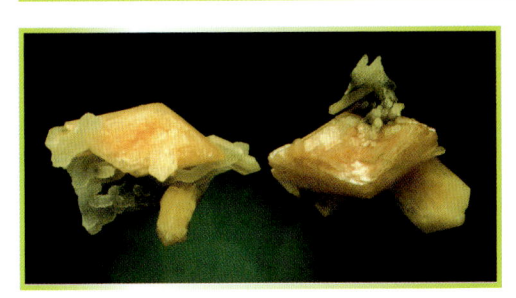

PALAVRAS-CHAVE: Sonhos, visões, viagem interdimensional, acesso a civilizações passadas, cura emocional.
ELEMENTO: Ar.
CHACRAS: Coração (quarto), Terceiro Olho (sexto), Coroa (sétimo).

A Heulandita é um membro da família Zeolita, um mineral silicato de alumínio, sódio e cálcio com uma dureza de 3,5 a 4. Seu sistema de cristal é monoclínico. Seus cristais surgem em formas tabular, trapezoidal e o mineral também pode se formar em disposições granular ou massiva. Pode ser incolor, rosa, vermelha, verde, amarela, cinza ou branca. Os depósitos mais abundantes de cristal de Heulandita estão na Índia, mas também são encontrados bons espécimes na Islândia. Os tipos mais populares de Heulandita para uso metafísico são a Heulandita Branca e a Heulandita Verde da Índia.

ROBERT SIMMONS: Ao usar a Heulandita Branca em meditação, a pessoa pode viajar interiormente para muitas das civilizações antigas do passado terrestre – para o Egito, Babilônia e até Lemúria e Atlântida. Essa pedra parece sintonizar os registros akáshicos de um modo muito visual. A Heulandita Branca pode ajudar a pessoa a recobrar memórias de vidas passadas, em especial as que têm a ver com problemas e bloqueios psicológicos. Isso pode ser de valor inestimável para a autocura espiritual. A Heulandita Branca funcionará muito bem em combinação com Cristais Semente da Lemúria e/ou Aqua Lemúria, especialmente para viajar para a memória e consciência interdimensional da antiga Lemúria. Os Diamantes Herkimer irão auxiliar os que têm essa intenção a sintonizar com as vibrações atlantes. Pedras como Natrolita oferecerão uma grande multiplicidade de acessos para escolher para viagem interdimensional. Outras escolhas recomendadas incluem Apofilita, Calcita Merkabita, Fenacita e Quartzo Satyaloka.

A distinção entre a Heulandita Verde e a Branca é em parte uma questão de foco. A Heulandita Verde é uma pedra do coração, e ajuda a pessoa a sintonizar com o coração da Terra. Essa é uma questão de grande importância, pois o estado natural do coração desperto é vibrar em ressonância com os corações da Terra, do Sol, da galáxia e do Universo, todos em uníssono harmônico. A Heulandita Verde facilita essa ressonância, ajudando a pessoa a encontrar as frequências energéticas certas. Isso é uma questão de sentir, não de pensar, e a Heulandita Verde estimula o que algumas vezes é chamado de "inteligência emocional". Esse é um aspecto essencial de nossa evolução.

A Heulandita Verde pode facilitar a cura emocional por meio do despertar da compaixão. Ela acalma o nervosismo e alivia o medo. Convoca a coragem e a determinação e, portanto, é uma aliada para os que trabalham para superar empecilhos de todos os tipos. Usando a Heulandita Verde com a Heulandita Branca – uma pedra centrada na mente de vibrações mais rarefeitas –, a pessoa pode reunir a mente e o coração, espírito e alma, o angelical e o humano, as estrelas e a terra. Esse objetivo digno e sublime é a ressonância natural dessas duas pedras funcionando juntas.

A Heulandita Verde harmoniza bem com Prasiolita (Ametista Verde), Apofilita Verde, Turmalina Verde e Rosa, Morganita, Ajoíta, Kunzita e outras pedras do coração.

NAISHA AHSIAN: A Heulandita é outra pedra de alta frequência aqui para ajudar em nossa evolução. Todas as Zeolitas têm propriedades de cura únicas focadas em criar as ligações evolutivas entre as energias do cérebro e do coração. A cura da Heulandita também é centrada na ativação da ligação cabeça/coração. Dependendo da cor da Heulandita que a pessoa usa, sua energia ficará focada em um aspecto específico dessa importante amplitude de frequência.

HEULANDITA BRANCA

A Heulandita Branca emite uma frequência que é mais ativa nos sistemas sutis do cérebro. Sua energia estimula os sonhos e visões. Ela abre o terceiro olho e promove a visão de vidas alternativas; estimula o canal da pessoa para orientação divina ou seus guias mais elevados. A Heulandita Branca é uma pedra estimulante para o cérebro, similar em frequência à Herderita. Ela assiste na sincronização dos hemisférios do cérebro e ajuda o cérebro a tornar-se sensível a sinais vibratórios mais elevados e sutis.

ESPIRITUAL: A Heulandita Branca ajuda a pessoa a tornar-se tranquila, de modo que a iluminação e a orientação possam penetrar na mente consciente. Ela facilita os estados de meditação e pode ajudar na abertura para a canalização.

EMOCIONAL: A Heulandita Branca pode auxiliar a acalmar pensamentos egoicos e a inquietude do processamento da consciência. Pode ajudar a pessoa a sentir-se calma, centrada e iluminada – elevando seu espírito e ajudando a aliviar sensações de sobrecarga emocional.

FÍSICA: A Heulandita Branca é útil para ajudar a melhorar as habilidades cognitivas e clareza de pensamento. Energeticamente ela estimula a evolução do cérebro e o desenvolvimento da consciência sem pensamento.

AFIRMAÇÃO: Minha mente se abre e expande em silêncio vigilante.

HEULANDITA VERDE

A energia da Heulandita Verde está focada no centro do coração e na expressão da alegria sincera. O coração físico é o gerador da maioria da energia eletromagnética da aura. A Heulandita Verde assiste o coração em permanecer ressonante com energias emocionais positivas e suas frequências eletromagnéticas correspondentes. Ela melhora a habilidade da pessoa de irradiar essas energias por toda a sua aura e ambiente. A Heulandita Verde é excelente para fortalecer auras fracas e é uma pedra de proteção ideal, no sentido de que promove uma aura naturalmente resistente e forte.

A Heulandita Verde pode ajudar a fortalecer corações enfraquecidos ou danificados por estresse. É excelente para usar no apoio à cura emocional vinda de experiências traumáticas, luto ou choque. É útil na recuperação física de ataques cardíacos, angina ou outras enfermidades relacionadas ao coração.

O grande talento da Heulandita Verde reside em sua habilidade de focar a percepção e consciência da pessoa da cabeça para o coração, transformando nossa consciência centrada no pensamento em uma consciência com base na frequência. O coração não é apenas o maior gerador da aura, é também o maior receptor de informação energética do corpo. Quando a pessoa alinha conscientemente com o coração em vez da cabeça, ela tem muito mais acesso à informação energética que é recebida pela aura, incluindo informação psíquica.

A Heulandita Verde é calmante para o corpo emocional e promove estados de consciência prazenteiros e benfazejos. Ela promove as frequências de compaixão e amor. Assiste a pessoa na eliminação de ressentimento, julgamento, cinismo e sarcasmo, e encoraja-a a permanecer conscientemente focada em seu centro do coração.

ESPIRITUAL: A Heulandita Verde promove o alinhamento consciente com o coração e a frequência de amor da criação. Ela encoraja a pessoa a manter uma consciência centrada no coração.

EMOCIONAL: A Heulandita Verde ajuda a pessoa a eliminar fixação em julgar e categorizar suas experiências. É excelente para os que vivenciam luto, choque ou traumas emocionais.

FÍSICO: A Heulandita Verde facilita a cura do coração físico e o fortalecimento do campo eletromagnético do corpo.

AFIRMAÇÃO: Eu sou capaz de viajar pelas muitas dimensões da consciência, e volto com a informação que me eleva e serve ao propósito do coração.

HIDENITA

PALAVRAS-CHAVE: Amor interpessoal, cura do coração, redescoberta da alegria dos relacionamentos.
ELEMENTO: Água.
CHACRAS: Coração (quarto).

A Hidenita é uma variedade de Espodumene, um mineral silicato alumínio de lítio com uma dureza de 6 a 7. Seu sistema de cristal é monoclínico. A Hidenita deriva seu nome de W. E. Hidden, que descobriu a pedra em 1879 na Carolina do Norte, Estados Unidos. Ela se forma em cristais prismáticos e é encontrada em veios de pegmatita. É uma pedra difícil de cortar em gemas, porque sua segmentação perfeita é sensível à pressão, o que pode fazer com que a pedra quebre enquanto está sendo trabalhada. Os depósitos mais importantes de Hidenita estão no Brasil, Madagascar, Burma e Estados Unidos.

ROBERT SIMMONS: A Hidenita ensina a pessoa como recobrar a espontaneidade e originalidade nos relacionamentos amorosos. Uma das dificuldades no amor é a tendência a, consciente ou inconscientemente, manipular o amado para objetivos de conseguir o que se quer. Mesmo que a pessoa obtenha sucesso, isso pode agir como um veneno. Se a pessoa pensar em retrospecto no início do relacionamento, o deleite inicial que a pessoa sentiu com o outro estava ligado a uma aceitação prazerosa daquela pessoa exatamente como ela era. Parte da excitação do amor é ter ciência da própria vulnerabilidade e ir em frente assim mesmo. A descoberta de que uma pessoa pode ser amada sem exercer nenhum poder sobre a outra era a grande alegria. Contudo, em muitos relacionamentos, esse estado não dura, porque cada desapontamento, grande ou pequeno, dá ao ego uma desculpa para voltar às políticas do poder, manipulação e controle. Isso pode perdurar por muitos anos, com o amor verdadeiro morrendo aos poucos.

A Hidenita vibra para a verdadeira corda do coração amoroso espontâneo, sintonizado com o futuro e ainda assim despreocupado com as consequências futuras. Ela ensina, por meio do sentimento que gera no ser, que o amor é sua própria recompensa, e que ter o que a pessoa deseja por meio de manipulação torna as uvas verdes. Essa é uma condição muito libertadora, e que transformaria toda a Terra em um paraíso se fosse praticada universalmente. A mensagem da Hidenita é simples – mesmo se o amor e a perda andam de mãos dadas, amor ainda é o melhor, a única coisa a fazer.

Aos que estão prontos para reclamar sua habilidade para amar com todo o seu coração, a recomendação é usar ou carregar uma Hidenita, que fornecerá um pulso constante de energia de coração amoroso. Se a pessoa está em um relacionamento em que o embate suplantou parte do prazer, um presente de Hidenita – ou para o parceiro ou para si – pode ajudar a dissolver bloqueios em torno de ambos os corações. Espalhar a Hidenita em todas as direções é bom para os relacionamentos e para o mundo.

A Hidenita funciona em sinergia com todas as pedras do coração, como Ajoíta, Kunzita, Morganita, Quartzo Rosa, Turmalina Rosa e Verde, Aventurina, Calcita Rosa, Esmeralda, Rodonita, Rodocrosita e muitas outras. Quando combinada com pedras interdimensionais como Fenacita, Herderita ou Natrolita, ela permite à pessoa ascender em meditação aos reinos do Amor Universal.

NAISHA AHSIAN: A Hidenita é uma pedra mestra do coração. Ensina-nos a receber o Amor do Divino e retornar esse amor em bondade, por meio da frequência da gratidão. A partir da vibração da gratidão, conhecemos a dádiva da vida e aprendemos o que é real. No interior dessa frequência, nós nos curamos e sentimo-nos renovados, porque aqui tocamos o coração do Divino.

Porém, a gratidão não pode ser sentida genuinamente até que reservemos um tempo para realmente receber a energia e as dádivas do Divino. Antes de nos sentirmos gratos por algo, primeiro temos de reconhecer que recebemos algo. A Hidenita ensina à pessoa parar e receber. Sua energia encoraja a pessoa a abrir seu coração para o amor, as dádivas e energias que o Divino oferece. Esse momento de recepção é o que precede a gratidão genuína e, sem ele, a verdadeira gratidão não pode ser sentida. A partir dessa prática de recepção consciente, a verdadeira gratidão pode brotar.

A Hidenita é uma pedra benéfica para os que têm dificuldade para receber por causa de uma sensação de não merecimento. Ela pode ajudar aos que julgam seu valor por sua riqueza financeira ou posses mundanas para que reconheçam seu merecimento imensurável aos olhos do Divino. A Hidenita pode auxiliar a pessoa a reconhecer como ela é realmente preciosa aos olhos do Criador. Essa compreensão invariavelmente leva a uma sensação de gratidão imensa e uma sensação de abundância verdadeira. As energias da Hidenita nos lembram de que, quando alguém pode realmente parar e receber o amor do Divino, ela não tem outras necessidades. A pessoa é infinitamente abundante naquele momento, e a verdadeira gratidão é a única troca de energia que pode ocorrer entre seu coração desperto e o coração do Divino.

A Hidenita ajuda a curar mágoas psíquicas profundas do coração e é uma pedra excelente para usar na recuperação de adição e abuso. Além de suas energias de cura, é uma pedra de renovação. Auxilia a pessoa a encontrar esperança em circunstâncias difíceis. É uma pedra maravilhosa para crianças.

ESPIRITUAL: A energia da Hidenita ensina à pessoa sobre a verdadeira energia da gratidão e abundância. Ela a assiste na recepção da energia, amor e dádivas do Divino e a encoraja a reagir com a frequência sincera da gratidão.

EMOCIONAL: A Hidenita estimula o coração e o corpo emocional e encoraja a experiência da alegria e felicidade. Ajuda a pessoa a eliminar vínculos a desejos futuros ou arrependimentos passados e focar nas dádivas que a pessoa recebe a cada momento. Pode ser utilizada para agir contra ansiedade, estresse e temores em torno de finanças, riqueza ou a percepção de valor próprio.

FÍSICO: A Hidenita pode agir como uma apoiadora gentil para o coração físico. Pode ajudar a pessoa a sentir-se equilibrada quando passa por ciclos hormonais e pode auxiliar a superar a melancolia.

AFIRMAÇÃO: Eu estou sempre vertendo amor para o mundo por meio da inexaurível fonte de meu coração.

INFINITA

PALAVRAS-CHAVE: Cura e proteção do campo áurico, ativação da kundalini, sensitividade a energias sutis.
ELEMENTO: Terra.
CHACRAS: Raiz (primeiro), Sexual/Criativo (segundo), Plexo Solar (terceiro), Coração (quarto)

Infinita é o nome de mercado para uma variedade de Serpentina verde ou cinza esverdeado da África do Sul, um mineral silicato de magnésio com uma dureza de 3 a 4. Seu sistema de cristal é monoclínico. A Infinita em geral é vendida em forma de pedra rolada, com peças variando de 3 a 7 centímetros. As peças menores são usadas primariamente como pedras de bolso, enquanto as maiores podem ser utilizadas em massagens ou em disposições de corpo. Ela atraiu a atenção entre os colecionadores de pedras metafísicas porque se acredita que suas energias são superiores às das outras Serpentinas.

ROBERT SIMMONS: A Infinita é uma pedra excelente para cura do corpo etéreo. Seu sistema de energia cerca e interpenetra o corpo físico – em geral é o que é visto pela visão clarividente como a aura –, e seu bem-estar está relacionado intimamente com a saúde física da pessoa. Um "buraco" ou perda de energia no corpo etéreo pode produzir sensações de fadiga, depressão e esgotamento. Isso pode provocar na pessoa um apetite insaciável, em que ela, inconscientemente, procura no alimento um tipo de nutrição que pode surgir apenas energeticamente. Os ferimentos ou buracos etéreos podem permitir que "vampiros" psíquicos se vinculem ao seu campo áurico, esgotando ainda mais suas fontes de vitalidade emocional, mental e física. As vibrações da Infinita recarregam o corpo etéreo e ajudam a selar os buracos. Carregar uma das pedras por todo o dia e/ou dormir com uma na fronha do travesseiro permitirá que as influências benéficas infinitas repadronizem o campo áurico à sua configuração adequada.

Em indivíduos saudáveis, a Infinita pode auxiliar a aumentar sua vibração a frequências mais elevadas. É uma pedra excelente para a ativação gradual do canal da kundalini – a coluna de chacras da base da espinha ao topo da cabeça. A meditação com a Infinita, com a visualização de um fogo benevolente e nutridor subindo pela espinha, pode, em grande medida, facilitar esse processo.

A Infinita pode assistir a pessoa na ligação com as energias da Natureza. É uma pedra boa para trazer junto em meditações em espaços exteriores, já que pode ajudar a pessoa a ver espíritos dévicos, fadas e os espíritos associados com cachoeiras, montanhas, cânions e outros lugares poderosos.

A Infinita é uma pedra de geomancia. Pode fortalecer a sensitividade das pessoas pelas linhas de energia, as "correntes de dragão" do sistema de meridiano da Terra; pode auxiliar em todos os tipos de busca mediúnica – por água, minerais, petróleo e outras coisas como objetos perdidos. Ela ajuda a pessoa nessa busca usando o corpo como na cinesiologia. Ela pode aumentar o potencial do *reiki* e outros tipos de cura energética.

O poder de cura da Infinita pode ser melhorado pela Serafinita, que tem uma estrutura molecular semelhante e é considerada a principal pedra de cura desta época. Sua habilidade para ativar as energias da kundalini pode ser aumentada pelo Tectito Tibetano. Sua sensibilização para os espíritos da Natureza pode ser incrementada pela Apofilita Verde e o Quartzo Verde de Serifos. Sua habilidade para purificar, recarregar e selar o corpo etéreo da pessoa pode ser aumentada pela Turmalina Negra e/ou Acmita. A Moldavita pode ajudar a capacidade da Infinita de quebrar padrões de energia cristalizados.

NAISHA AHSIAN: A Infinita é uma pedra do elemento Terra que age como um isolante energético para a aura. É útil para os que se sentem sugados ou drenados energeticamente, já que ela sela e revigora o campo de energia. A Infinita pode ser usada para proteção quando a pessoa está entrando em situações difíceis e é excelente para os que estão cercados de negatividade intensa.

A Infinita fornece uma frequência calmante e terapêutica que funciona em nível celular para dispersar padrões energéticos cristalizados. Tais padrões são causados por vibrações intensas ou habituais em frequências emocionais específicas. No decorrer do tempo, ou durante épocas de grande intensidade, essas vibrações podem se tornar "cristalizadas" no campo de energia. Esses padrões congelados recriarão as experiências emocionais muitas vezes até o padrão ser eliminado. A Infinita é uma pedra de purificação excelente para a aura, porque sua frequência é capaz de dissolver essas estruturas energéticas e restaurar um fluxo livre por todo o sistema da pessoa. A energia nutridora da Infinita flui do chacra da raiz até o coração, fornecendo apoio emocional durante todo o processo de cura. A Infinita é uma aliada excelente para a cura de padrões de perda, separação e traição, que em geral ficam presos no chacra da raiz. Embora não seja especificamente uma pedra do chacra da raiz, é uma ferramenta poderosa para eliminar bloqueios baseados em sobrevivência. A Infinita também se mostra uma pedra excelente para o luto, auxiliando a pessoa a resolver e eliminá-lo, e apoiar a pessoa a assumir uma nova fase da vida.

A Infinita traz uma energia limpa, calmante e renovadora para a aura da pessoa e para seu ambiente. São pedras maravilhosas para espaços de cura e também excelentes para uso em cerimônias de cura da Terra ou como ferramentas para purificar e alinhar sua energia com a Terra.

ESPIRITUAL: A Infinita ajuda a limpar o campo áurico de padrões cristalizados que podem criar experiências emocionais recorrentes. Pode ajudar a manter o foco durante o estudo ou a meditação.

EMOCIONAL: A Infinita pode ajudar a pessoa a ser menos sensível para os pensamentos, comentários e opiniões dos outros. Pode ajudar a pessoa a sentir-se mais autoconfiante e menos imbuída em receber elogios ou valorização externos. A Infinita é uma pedra de independência. Ela gera uma sensação de estar protegido, estimulando a pessoa a movimentar-se em novas áreas e círculos sociais sem hesitação ou medo.

FÍSICO: A Infinita é ideal para os sujeitos à poluição eletromagnética ou energética. Ela isola a aura, protegendo as estruturas energéticas delicadas do DNA e das células. Estimula a cura alinhando o campo de energia da pessoa com a Terra, o que pode revigorar o corpo.

AFIRMAÇÃO: Meu corpo etéreo é vibrante e inteiro, isolado e protegido, e estou aberto e sensível às muitas correntes vibratórias e frequências que percorrem a existência.

IOLITA

PALAVRAS-CHAVE: Visão interior, viagem xamânica, cura de mágoas antigas, recuperação da alma.
ELEMENTO: Ar.
CHACRAS: Terceiro Olho (sexto).

A Iolita é um mineral silicato de alumínio e magnésio com uma dureza de 7 a 7,5. Ela forma cristais pequenos prismáticos que têm uma estrutura ortorrômbica. O nome Iolita deriva da cor violeta da pedra. A Iolita também é conhecida como Cordierita, Dicroita e/ou Safira Água. Os principais depósitos de Iolita estão no Brasil, Madagascar, Burma, Índia e Sri Lanka.

ROBERT SIMMONS: A Iolita apresenta-se para levar a pessoa no caminho interior para o eu profundo. É uma pedra excelente para usar em viagem xamânica. Ela assiste e aumenta a vivacidade e o detalhe das visões interiores, convocando símbolos da profundeza da psique que iluminarão claramente as questões que a pessoa deve enfrentar para continuar a crescer. Ela ajuda a pessoa a abandonar as crenças que precisa soltar para controlar as experiências interiores, e dissolve o medo do desconhecido ou as partes suprimidas da psique. Ela aumenta a capacidade da pessoa para ir adiante até as profundezas de seu inconsciente e desvelar as partes perdidas de si. Quando isso for feito, a pessoa encontra o que mais necessita para ficar em paz e feliz – o mais importante de todos os tesouros.

A Iolita auxilia a mesclar o pensamento consciente normal com um conhecimento intuitivo. Ajuda a fortalecer as conexões energéticas entre o cérebro e o coração, e auxilia a mente a compreender os anseios do coração e reverenciá-los. Usar Iolita pode ajudar a despertar e manter os dons mediúnicos da pessoa. É uma pedra excelente para astrólogos e leitores de tarô, médiuns e outros canais intuitivos de informação interior.

A Iolita pode ser uma auxiliar para os que estão tentando acessar informações de vidas passadas. Ela parece ter uma sintonia especial com os períodos da história associados com os cátaros, os Cavaleiros Templários e as lendas arturianas. Existem muitos indivíduos encarnados agora e trabalhando para ter uma vida orientada mais espiritualmente que também viveram, com foco semelhante, nesses períodos. A Iolita pode ser uma ajudante para abrir os portais da memória para que a pessoa possa aprender e integrar as lições apropriadas de vidas passadas para auxiliá-la na encarnação atual.

A Iolita harmoniza com Lápis, Ametista, Tanzanita, Lazulita, Azurita e outras pedras do raio índigo/violeta. A Escolecita espiritualiza suas energias a um nível mais elevado. A Hematita e outras pedras de aterramento ajudarão a aterrar e integrar as lições que a Iolita oferece.

NAISHA AHSIAN: A Iolita transporta uma bela energia violeta azul que ativa e limpa o terceiro olho e abre a pessoa para visões, percepção e comunicação com os reinos de vibrações mais elevadas. É uma pedra da arte visionária e da expressão criativa de ideias espirituais e ideais por meio da escrita, música, movimentos e outras modalidades artísticas. A Iolita é uma pedra de musas, no sentido de que ativa o lado visionário e criativo da mente e concede à pessoa que acesse as ideias e pensamentos originados além da densidade desta dimensão. Ela gera individualidade e autoexpressão de todos os tipos.

A Iolita ressoa com a energia do crepúsculo. Pode estimular nossos corpos astrais e nossa percepção psíquica, revelando reinos além de nossa consciência desperta comum. Ela é ideal para projeção astral, trabalho dimensional ou outras práticas envolvendo a visão interior. É excelente para trabalho de vidas passadas e alternativas, já que auxilia a pessoa a ver outras vidas enquanto ainda retém sua objetividade.

A Iolita ajuda a acalmar a mente excessivamente ativa e a alcançar um estado de meditação focada. Ela permite que a pessoa perceba as circunstâncias a partir de um ponto vantajoso mais elevado e separe sua mente de suas emoções. Ela concede à pessoa reagir a partir de sua orientação mais elevada e não no calor do momento. É uma pedra de iluminação, discernimento e ação baseada na sabedoria.

ESPIRITUAL: A Iolita facilita a meditação, abre os centros visionários e auxilia a pessoa a comungar conscientemente com outros reinos e seus habitantes. Ela estimula as habilidades visionárias da pessoa e melhora a expressão criativa de informação mais elevada.

EMOCIONAL: A Iolita dá confiança à pessoa para que visualize soluções para problemas emocionais aparentemente insuperáveis. Ela pode dar esperança em circunstâncias difíceis e auxiliar a pessoa a perceber como melhor proceder. A Iolita encoraja uma mente positiva, calma e clara em meio à adversidade. Pode ajudar a pessoa a ganhar distância emocional e uma perspectiva mais clara nas situações de vida.

FÍSICA: A Iolita é excelente como apoio para a cura dos olhos. Ela estimula a memória e auxilia em desequilíbrios do sono.

AFIRMAÇÃO: Eu me abro ao caminho da visão interior e confio que serei guiado para o que eu preciso ver para meu bem maior.

IOLITA PEDRA DO SOL

PALAVRAS-CHAVE: Inspiração artística, ação produtiva, vitalidade física, habilidades intuitivas melhoradas.
ELEMENTO: Ar, Fogo.
CHACRAS: Sexual/Criativo (segundo), Plexo Solar (terceiro), Terceiro Olho (sexto).

A Iolita Pedra do Sol é uma combinação natural que ocorre da Iolita com a Pedra do Sol. A Iolita é um mineral silicato de magnésio alumínio com uma dureza de 7 a 7,5. Ela forma pequenos cristais prismáticos que têm uma estrutura ortorrômbica. O nome Iolita vem da cor violeta da pedra. A Iolita também é conhecida como Cordierita, Dicroita e/ou Safira Água. A Pedra do Sol é um mineral feldspato oligoclase com uma dureza de 6 a 6,5. Também é conhecida em alguns livros de referência como Aventurina Feldspato, nome derivado da semelhança da pedra com um tipo de vidro descoberto acidentalmente e conhecido como *a ventura*. A Pedra do Sol tem um sistema de cristal triclínico e comumente ocorre como agregados compactos. A cor é laranja e vermelho amarronzada, com inclusões brilhantes. O nome Pedra do Sol vem da cor quente e luz refletida, que lembra o sol. A Iolita Pedra do Sol vem de apenas uma fonte na Índia. Ela é principalmente azul profunda na cor, mas é cheia de inclusões de Pedra do Sol que rebrilham. Alguns espécimes mostram uma mistura de tons azul profundo e vermelho amarronzado.

ROBERT SIMMONS: A Iolita/Pedra do Sol, como se deve esperar, combina as propriedades da Iolita e da Pedra do Sol. Além disso, a sinergia desses dois materiais crescendo juntos produz alguns efeitos energéticos completamente novos.

A Iolita é uma pedra da visão interior; estimula o terceiro olho, melhora as habilidades psíquicas, atiça o dom da profecia, aumenta a sensibilidade para todos os tipos de energias sutis. Ela também é uma pedra da autodisciplina, capacitando a pessoa a criar e seguir planos concretos para a realização de seus objetivos. Portanto, ela auxilia a pessoa a ver mais profundamente, decidindo o que deve ser feito e seguir o caminho com as ações adequadas no decorrer do tempo.

A Pedra do Sol emana as vibrações de coragem e liderança. Ela melhora a capacidade inata da pessoa de assumir responsabilidade em andar para a frente em situações difíceis e arriscar sua segurança psicológica e até física para o bem do coletivo. Estimula o segundo e terceiro chacras, centros da criatividade e vontade. Aumenta o entusiasmo da pessoa para novos projetos e para melhorar-se e à sua comunidade. Ela transforma o trabalho em diversão por meio do gosto para a ação.

Além de suas propriedades individuais, a Iolita e a Pedra do Sol juntas unem a visão do terceiro olho com a disposição para agir do plexo solar, tornando possível para a pessoa movimentar-se com vigor para a realização de seus sonhos. Ela também capacita a pessoa a reter o poder de escolha dentro do mundo dos sonhos e viajar interdimensionalmente sem perder seu sentido de ser e seu propósito.

Para viagem interdimensional, use Fenacita e Herderita com a Iolita Pedra do Sol. Para realmente trazer os sonhos à manifestação, use Granada Tsavorita e Hematita. Os magnetos de Hematita são ideais.

NAISHA AHSIAN: A Iolita Pedra do Sol é uma aliada muito especial para artistas, escritores, músicos e criadores conscientes de todos os tipos. A Iolita é uma pedra do elemento Ar que estimula a mente e a percepção extrassensorial e inspira a comunhão com os planos mais elevados. A Iolita abre o olho interior e permite aos sensitivos que percebam a beleza e as visões comoventes de outros reinos. Ela limpa o canal para comunicação com seres mais sábios e guias e permite que as visões e informações deles sejam trazidas para este plano pela canalização, escrita inspirada e arte visionária.

A Pedra do Sol é uma aliada poderosa do elemento Fogo que encoraja e ensina a pessoa a agir para tornar esses sonhos realidades. Ela melhora sua habilidade para agir sobre as ideias e manifestá-las para o bem maior de sua comunidade. A energia da Pedra do Sol aterra as frequências inebriantes da Iolita e permite suas aplicações e expressão clara nesse nível de realidade. Ela permite à pessoa que encontre um modo de fazer as ideias tomarem forma física por meio do processo de manifestação.

A Iolita Pedra do Sol transporta essas duas energias em um único material. É uma das pedras mais poderosas para artistas visionários, compositores, poetas, escritores e comunicadores, bailarinos e atores. Incorpora o espectro da energia criativa, desde a inspiração e concepção até a manifestação. Pode ajudar a ligar a pessoa com seu eu criativo e a expressar visões e ideias inspiradas com mais eficiência. Ela pode auxiliar na superação de bloqueios de escritores e artistas, ou simplesmente se tornar inspirado quando a pessoa está sem ideias ou energia para executá-las.

O elemento Ar alimenta o elemento Fogo e o efeito desses dois elementos combinando suas energias em uma pedra é realmente poderoso. No corpo, o Ar é a respiração enquanto o Fogo é o metabolismo e os sistemas de energia. Essa combinação de energias é excelente para melhorar a energia física, o metabolismo e a perda de peso. Para os com uma superabundância de ideias criativas que têm dificuldade para a execução dos projetos, a Iolita Pedra do Sol pode ser nossa melhor amiga. Pode ajudar a pessoa a escolher a ideia mais apropriada e então agir para trazê-la à forma.

ESPIRITUAL: As propriedades espirituais da Iolita Pedra do Sol incluem: habilidades mediúnicas e intuitivas melhoradas, comunicação com os guias mais elevados, inspiração aumentada e criatividade, um sentido de consciência social melhorado e maior determinação para manifestar e criar.

EMOCIONAL: A Iolita Pedra do Sol ajuda a pessoa a sentir-se mais assertiva e confiante e é excelente para indivíduos extremamente tímidos. Ela melhora as habilidades de interação social e pode auxiliar a aliviar o medo do palco e de falar em público.

FÍSICO: A Iolita Pedra do Sol auxilia na perda de peso e ajuda a estimular o sistema endócrino.

AFIRMAÇÃO: Estou continuamente inspirado por minha visão interior e me delicio em agir para torná-la real.

JADE

Jade é um nome compartilhado por dois minerais distintos – Nefrita, um silicato de cálcio e magnésio, e Jadeíta, um silicato de sódio e alumínio. A Nefrita tem uma dureza de 6 e a Jadeíta tem uma dureza entre 6,5 e 7. Ambas têm um sistema de cristal monoclínico e são pedras excepcionalmente rígidas, um traço causado por suas estruturas de cristal finamente entrelaçadas e fortemente ligadas. O nome Jade é derivado, quase acidentalmente, do termo espanhol *piedra de yiada* (ou *lapis nephrictus* em latim), significando "pedra do quadril". Quando o termo foi mal impresso em uma tradução francesa, ele se tornou *pierre le jade*.

O primeiro Jade chegou à Europa da Mesoamérica, trazido pelos conquistadores. Durante o século XVII, quando os suprimentos de Jade das Américas diminuíram, esculturas chinesas de pedra de aparência semelhante foram chamadas de Nefrita, do latim, e mais tarde descobriu-se que esses eram materiais diferentes do Jade originado na América. Contudo, descobriu-se que pedras birmanesas que entraram no mercado em meados dos anos 1800 eram as mesmas que o Jade americano original, e ambas foram chamadas de Jadeíta. Hoje em dia ambos os tipos de pedras são comercializados como Jade.

A Nefrita em geral ocorre em três cores – branca, verde escura e marrom creme. A Jadeíta pode ser verde folha, verde azulada, verde-esmeralda, lavanda, preto esverdeada, verde esmeralda escuro ou preta. A Nefrita é encontrada hoje em dia na Columbia Britânica, Califórnia, Wyoming, Alaska, Nova Zelândia, China, Rússia, Taiwan, Polônia e Índia. A fonte principal de Jadeíta é a Birmânia, mas ela também pode ser encontrada na Guatemala, Rússia, Califórnia e Japão.

A dureza do Jade tornou-o a pedra predileta para as ferramentas dos povos primitivos. Era usada para fazer machados, clavas, facas e várias outras armas. Em culturas posteriores, ele foi valorizado por sua beleza, e uma tremenda variação de gemas, vasos de libação, queimadores de incenso, botões e até itens improváveis como instrumentos musicais e pingentes inscritos com poesia foram esculpidos em Jade.

Na China, o Jade tem sido a pedra mais admirada por toda a história registrada. Por muitos séculos, acreditava-se que fortalecia o corpo durante a vida e protegia a pessoa após a morte. Crenças similares também existiram no México pré-colombiano e na América Central. Os maoris da Nova Zelândia também apreciavam o Jade como uma pedra talismânica poderosa.

Os vários tipos de Jade e Jadeíta ainda são valorizados por suas propriedades de cura e proteção, mas novos aspectos de suas energias espirituais também estão sendo descobertos. Na discussão das propriedades metafísicas, nós nos referiremos tanto à Jadeíta como à Nefrita como Jade.

JADE AZUL

PALAVRAS-CHAVE: Conhecimento espiritual, pensamento claro, discriminação.
ELEMENTO: Terra, Ar.
CHACRAS: Terceiro Olho (sexto), Coroa (sétimo).

ROBERT SIMMONS: O Jade Azul pode acalmar a mente, concedendo à pessoa que "mantenha a cabeça fria" em situações estressantes. É uma "pedra do filósofo", estimulando a capacidade da pessoa de ver o mundo a partir de um ponto de vista mais elevado e vantajoso e evitar se perder nos dramas mesquinhos da vida. Ele melhora as habilidades mentais de ambos os lados do cérebro, beneficiando a capacidade da pessoa para pensamento racional e também intuição criativa. O Jade Azul ajuda a pessoa a ouvir as vozes interiores de seus guias espirituais e seu próprio coração e a fazer escolhas claras à luz do que a sabedoria revelou. Ele estimula as habilidades psíquicas e a sensitividade espiritual. É altamente recomendado para os que desejam ser médiuns, porque estimula tanto a abertura como o discernimento, para que a pessoa não apenas ouça a voz interior, mas também considere com cuidado suas palavras.

NAISHA AHSIAN: O Jade Azul é uma combinação maravilhosa das energias dos elementos Terra e Ar. Existem poucas pedras que incorporam as energias das polaridades elementais, mas o Jade Azul faz o trabalho admiravelmente. Ele estimula os chacras mais elevados do terceiro olho e da coroa, que estão relacionados ao elemento Ar; e ele ativa os chacras Estrela da Terra e o da raiz, relacionados ao elemento Terra. Essa mescla de energias cria tanto propriedades expansivas quanto de ancoragem na Terra.

O Jade Azul promove visões e sonhos. Ele melhora a meditação e providencia uma experiência de estados alterados de consciência mais suave e focada. É uma pedra de conhecimento e compreensão espiritual. Auxilia a pessoa a tomar decisões baseadas em seu conhecimento espiritual prévio e é uma pedra excelente para usar como apoio durante épocas de iniciação ou picos importantes de sua vida.

O Jade Azul ajuda a aterrar e limpar excesso de energia do Fogo. Fogo demais pode surgir como raiva habitual, preocupação com sexo, hiperatividade ou inflamações nas articulações ou nos pulmões. O Jade Azul pode esfriar e acalmar essa energia enquanto ajuda a pessoa a ver sua causa subjacente.

ESPIRITUAL: O Jade Azul fornece tanto a ativação de energias mais elevadas como o aterramento de excesso de energias, permitindo uma transição mais suave durante as experiências de iniciação. Ele pode ajudar a pessoa a acessar e utilizar sua compreensão espiritual quando está em crise.

EMOCIONAL: O Jade Azul em geral é calmante para o corpo emocional e pode auxiliar a pessoa a manter um comportamento objetivo e calmo durante situações estressantes.

FÍSICO: O Jade Azul auxilia no alívio de inflamações, inchaços, doenças artríticas, asma e enfermidades dos brônquios.

AFIRMAÇÃO: Minha mente está sintonizada com os reinos do espírito, e eu compreendo a verdade que ela revela.

JADE LAVANDA

PALAVRAS-CHAVE: Sintonia espiritual elevada, compaixão, serenidade.
ELEMENTO: Terra.
CHACRAS: Coroa (sétimo), Coração (quarto).

ROBERT SIMMONS: Os reinos angelicais planam em torno do Jade Lavanda como beija-flores em torno de um arbusto florido. A energia que ele emana é do espectro etéreo mais elevado, e fornece nutrição espiritual para todos os que o tocam ou até olham para ele. Pode ajudar a pessoa a sintonizar harmoniosamente com Kwaw Yin, o bodisatva da compaixão, e orientar-se para ações amorosas e caritativas no mundo. O Jade Lavanda é uma pedra do Raio Violeta da purificação espiritual, sendo uma companheira maravilhosa para levar em retiros. Na meditação, pode melhorar o estado visionário e ajudar com suavidade a pessoa a entrar no espaço do "não pensamento". Concede à pessoa a libertação do cinismo e raiva suprimida e abraçar uma atitude de aceitação serena.

NAISHA AHSIAN: O Jade Lavanda transporta uma energia mais etérea do que o Jade Roxo, mas ele incorpora muitas de suas propriedades. Visão, intuição e percepção psíquica são todas fortalecidas por sua energia. Em vez de ser orientadas para a Natureza, contudo, a energia do Jade Lavanda é dirigida para a ligação com os níveis cósmico e etéreo. Ele estimula a percepção emocional da pessoa e a habilidade empática enquanto promove a ligação com as fontes de orientação mais elevada.

AFIRMAÇÃO: Meu coração é uma fonte de compaixão, e minha mente está aberta e pronta para reagir à orientação divina.

JADE NEGRO

PALAVRAS-CHAVE: Proteção, eliminação da negatividade.
ELEMENTO: Terra.
CHACRAS: Todos.

ROBERT SIMMONS: O Jade Negro é uma pedra que age como um "guarda-costas" etéreo quando é usado ou carregado, emanando uma energia forte que limpa a aura da pessoa de qualquer vulnerabilidade ou vínculo com forças ou entidades negativas. É como se essa pedra tornasse a pessoa "invisível" para tais seres, incluindo vampiros de energia e pessoas que estão projetando raiva ou agressividade. O Jade Negro também pode proteger a pessoa de campos morfogênicos de energia negativa, tais como o medo e violência projetados pela mídia. É um aliado especialmente útil em tempos de guerra ou crise mundial, quando a pessoa deseja não ser colhida pela consciência de massa negativa.

Olhando para dentro, o Jade Negro pode auxiliar a pessoa a "limpar a casa" e descartar o medo, inveja, dúvida, raiva, ódio e outras emoções destrutivas de si. Ele concede ao inconsciente abrir e eliminar as memórias traumáticas originais que em geral são a raiz de tais sensações. A meditação com o Jade Negro pode iniciar viagens internas profundas, e ele é especialmente útil para os que estão fazendo recuperação de informações ou viagens xamânicas, ajudando a pessoa a ir às profundezas e voltar para um estado de consciência mais elevado. Como escreveu o poeta T. S. Eliot, "Para que a escuridão seja a Luz e a quietude, a dança".

NAISHA AHSIAN: O Jade Negro é uma pedra importante de purificação e proteção nos níveis espiritual e físico. O Jade Negro empresta à pessoa a coragem para perceber onde a negatividade reside, mesmo quando ela é criada por seus próprios hábitos e padrões. Ele ajuda a estimular a percepção da pessoa dos "ganchos" negativos estendidos por outros e a proteger seu campo de energia de intrusões.

O Jade Negro ajuda a pessoa a acessar honestamente onde estão suas próprias limitações. Essas limitações podem estar em sua maturidade emocional, padrões de comportamento, expressão do ego, etc. Uma vez tais limitações sejam identificadas e encaradas, elas podem ser eliminadas ou corrigidas. Esse processo é chamado "encarar o eu sombra". Essa é uma parte de importância crítica do crescimento espiritual de qualquer pessoa. O Jade Negro ajuda a conceder à pessoa fortaleza para passar por esse processo e encarar e amar seu eu sombra.

ESPIRITUAL: O Jade Negro auxilia a pessoa a encarar e integrar o eu sombra. É uma pedra de proteção e pode ajudar a manter a pessoa longe de danos físicos ou psíquicos.

EMOCIONAL: O Jade Negro promove uma autoavaliação honesta e integração amorosa de todos os aspectos do ser.

FÍSICO: O Jade Negro pode ser usado efetivamente para ajudar a proteger contra infecção viral e bacteriana, infestação parasitária e doenças associadas. É excelente para usar em viagens.

AFIRMAÇÃO: Estou cercado pela proteção divina e livre de vínculos negativos.

JADE ROXO

PALAVRAS: Humor, conhecimento espiritual e sintonia.
ELEMENTO: Terra.
CHACRAS: Coroa (sétimo), Terceiro Olho (sexto), Estrela da Terra (não físico, abaixo dos pés).

ROBERT SIMMONS: Essa pedra enche a pessoa com alegria e felicidade. O Jade Roxo é uma pedra excelente para a purificação da aura da pessoa e a dissipação de qualquer sensação ou atitude negativa que a impeça de experimentar a alegria espontânea da vida. Existe muito humor evocado por essa pedra, e ela também melhora a apreciação da pessoa da perfeição da ordem divina em todas as coisas. O Jade Roxo é um item valioso quando usado ou carregado por praticamente qualquer pessoa, especialmente as que precisam "alegrar-se" e relaxar no fluxo da vida.

O Jade Roxo também pode ajudar a pessoa a abandonar as limitações autoimpostas mantendo a percepção de que a abundância do Universo está disponível para si.

A combinação do Jade Roxo com Moldavita amplificará seu potencial para promover a prosperidade da pessoa e também sua apreciação do humor cósmico. A Danburita, Azeztulite ou Fenacita com o Jade Roxo se unem para trazer alegria para a experiência das dimensões mais elevadas e facilitar o acesso a esses domínios. O Jade Roxo é muito amistoso, seja com outras pedras seja com nossas energias humanas. Ele oferece uma experiência da verdade do júbilo essencial da pessoa.

NAISHA AHSIAN: O Jade Roxo abre os centros da coroa e do terceiro olho e conecta esses centros vigorosamente com o chacra Estrela da Terra, abaixo das solas dos pés. Sua frequência fala do conhecimento espiritual e das riquezas da alma. Ele auxilia na manutenção da bravura da pessoa na busca de seu caminho espiritual, de modo que ela não se torne desencorajada ou entediada com a prática espiritual. Sintoniza as habilidades intuitivas e mediúnicas para a frequência da Natureza. É excelente para a ligação com os seres dévicos que supervisionam o crescimento e a saúde do mundo natural.

O Jade Roxo é uma pedra do discernimento. Pode assistir na percepção de que informação, ensinamento, pessoas e situações estão alinhados com a verdade da pessoa – e quais não estão. Ao mesmo tempo em que melhora o discernimento, o Jade Roxo ajuda a pessoa a reconhecer quando ela está sendo excessivamente crítica com os outros. Isso pode ser de grande ajuda quando a pessoa está exposta a informação que possa não mesclar imediatamente com o que ela já aprendeu, mas que possa ser útil. O discernimento ajuda a aproximar-se de pessoas, informações e aprendizados novos ou diferentes, a partir de uma posição objetiva e centrada no coração. A crítica excessiva faz com que se rejeitem pessoas, informações a aprendizado que podem ser vitais para seu caminho. O Jade Roxo ajuda a pessoa a reconhecer as diferenças entre os dois e agir de acordo com ela.

Em um momento ou outro, todos nós precisamos de um mestre ou guia para nos auxiliar em nossa jornada espiritual. O Jade Roxo pode nos ajudar a entrar em contato com o professor ou guia mais bem alinhado com nosso caminho espiritual. Ele ajuda a pessoa a perceber e interpretar com mais facilidade as energias dos outros, de modo que o discernimento possa ser empregado. Por essa razão, o Jade Roxo é excelente para terapeutas e médiuns que devem interagir com campos de energia de um modo íntimo. Ele também proporciona alguma proteção energética por sua habilidade para abrir e limpar tanto os chacras superiores quanto os mais embaixo no campo de energia. Isso permite a expansão e o aterramento ao mesmo tempo.

O Jade Roxo auxilia em jornadas xamânicas e na meditação em que o recebimento de informação é o objetivo. Também é uma pedra útil para melhorar os sonhos, a recordação e interpretação dos sonhos.

ESPIRITUAL: O Jade Roxo abre o terceiro olho, melhorando visões, sonhos e a percepção extrassensorial. Ele também abre e limpa os chacras da coroa e o Estrela da Terra, abaixo das solas dos pés, concedendo a regulagem da energia por todo o corpo e a aura. É uma pedra do discernimento, promovendo a avaliação objetiva e centrada no coração das pessoas, informações e aprendizado para determinar o que é mais alinhado com o caminho espiritual da pessoa.

EMOCIONAL: O Jade Roxo ajuda a regular e proteger a aura e é útil para os que são empáticos e sensitivos ao corpo emocional de outros.

FÍSICO: O Jade Roxo é útil como calmante do sistema nervoso. Pode auxiliar os que sofrem de urticária, brotoejas ou erupções exacerbadas pelo estresse.

AFIRMAÇÃO: Eu aceito o humor e a perfeição espiritual da existência.

JADE VERDE

PALAVRAS-CHAVE: Saúde, abundância.
ELEMENTO: Terra.
CHACRAS: Coração (quarto).

ROBERT SIMMONS: O Jade Verde é uma pedra com um coração de cura, e uma pedra para a cura do coração. A cor dessas pedras é o verde puro do chacra do coração, e as energias são tão fortes e constantes que a pessoa sente um fluxo de bem-estar e equilíbrio quase que imediatamente após tocá-las. São pedras boas para usar durante o sono, tanto por suas vibrações harmoniosas e nutridoras como por seu efeito benéfico sobre a vida onírica da pessoa. O Jade Verde é da cor da grama e das folhas, e encoraja um crescimento total e constante do *chi* da pessoa, ou energias da força da vida. É recomendado que a pessoa tente usar ou carregar um Jade Verde quando caminha, pratica jardinagem ou relaxa fora de casa, porque ele extrai a força de vida da Terra e imbui o campo áurico da pessoa com essa energia. Quando a pessoa não pode sair, o Jade Verde pode ajudá-la a carregar a assinatura da Natureza até para os ambientes mais artificiais.

O Jade Verde pode harmonizar e equilibrar o chacra do coração, auxiliando tanto no bem-estar emocional quanto no físico. Pode ser usado para atrair abundância e prosperidade e para transmitir paz e bondade amorosa para todos no ambiente da pessoa.

JADE

NAISHA AHSIAN: O Jade Verde é uma pedra clássica da abundância. Ele representa o fluxo da energia divina nos reinos da matéria e a incessante fonte de abundância que é o Universo. O Jade Verde é uma pedra do elemento Terra em todos os aspectos, promovendo o fluxo do dinheiro, fertilidade e abundância para a vida da pessoa. Ele representa harmonia e felicidade nos negócios e nos relacionamentos familiares, e é uma pedra excelente para ser usada no escritório ou no ambiente doméstico para promover uma energia harmoniosa. Historicamente, o Jade Verde tem sido usado tanto para ferramentas como para ornamentos, representando a maestria e felicidade em todos os aspectos do mundo físico. Ele ensina a pessoa a ser mestre de seu dinheiro em vez de o dinheiro ser seu mestre.

O Jade Verde auxilia a pessoa a aprender a ter prazer na vida física. Ele lembra à pessoa de cheirar as flores, tocar alguém que ama e compartilhar seu coração abundante com os outros. Pode ajudar os que rejeitam o mundo físico em uma crença de que o sofrimento é sagrado. Ele ajuda a receber a abundância divina em todos os níveis e compartilhar essa abundância com os outros, em uma afirmação de riqueza.

O Jade Verde estimula o fluxo de energia por todo o corpo físico. É uma pedra excelente para usar como um tônico completo para o campo de energia. Ajuda a dissolver bloqueios e aumentar a habilidade do corpo para absorver e utilizar tanto a energia quanto a nutrição físicas.

ESPIRITUAL: O Jade Verde encoraja a pessoa a celebrar a vida e desfrutar totalmente essa excursão breve na matéria. Auxilia na ligação com a energia da verdadeira abundância e na manifestação dessa frequência na forma material. Ao mesmo tempo, ele ajuda a evitar que a pessoa seja presa na armadilha da mesquinharia, avareza e mentalidade de escassez ao ensinar a pessoa a ser mestre de suas criações.

EMOCIONAL: O Jade Verde ensina a pessoa a permitir o prazer em sua vida. Ele ajuda a pessoa a compreender que o sacrifício é uma ilusão e que não existe nem ganho nem perda para o Espírito. A partir desse lugar de objetividade, o Jade Verde ajuda a curar a mentalidade de escassez, medo do dinheiro e da pobreza, avareza, mesquinharia, cobiça ou outros sintomas da crença no dinheiro como medida de valor.

FÍSICO: O Jade Verde é um fortalecedor geral para os sistemas de energia, mas existem diferenças distintas nos efeitos físicos da Nefrita e da Jadeíta. O Jade Nefrita Verde é um poderoso terapeuta do coração físico. Também ajuda a acalmar e fortalecer o sistema nervoso. A Jadeíta Verde oferece apoio para a desintoxicação e regeneração dos tecidos após trauma ou cirurgia.

AFIRMAÇÃO: Eu amo a vida, e ela flui por mim em abundância cada vez maior.

JADE VERMELHO

PALAVRAS-CHAVE: Coragem, ação.
ELEMENTO: Terra.
CHACRAS: Raiz (primeiro), Plexo Solar (terceiro), Estrela da Terra (abaixo dos pés).

ROBERT SIMMONS: Para almas delicadas que têm dificuldade em ser afirmativas, o Jade Vermelho oferece a energia do guerreiro. É uma pedra do poder e da vontade individual, ajudando a pessoa a colocar o medo, as preocupações e dúvidas e a "ansiedade" do portal de lado. Essa última doença é parecida com a hesitação que a pessoa possa sentir no topo de um trampolim ou na entrada do escritório de seu chefe. O Jade Vermelho dissipa o medo que segura a pessoa, estimulando-a a "tomar a iniciativa" e deixar as fichas caírem onde devem. É uma pedra de ação que diz, "não fique aí parado – faça algo!". E com a ajuda do Jade Negro no bolso ou em torno do pescoço, nós seguimos esse impulso.

Afortunadamente, o Jade Vermelho também emana uma vibração de equilíbrio de sabedoria, que evita que a pessoa aja rudemente. De qualquer modo, seu modo é o da solução ativa, não da espera tranquila. O Jade Vermelho é um talismã excelente para os que estudam artes marciais ou treinam para performances atléticas.

NAISHA AHSIAN: O Jade Vermelho é uma pedra de vitalidade física, força e paixão. Estimula a energia da força de vida da pessoa, criando energia e energia sexual. O Jade Vermelho é uma pedra do *chi*, facilitando e melhorando o fluxo de energia da vida pelo corpo e o campo de energia.

O Jade Vermelho estimula os chacras da raiz e Estrela da Terra, combinando as energias do elemento Terra com aspectos do elemento Fogo. Ele auxilia a pessoa a agir de modo decisivo e encarar seus demônios interiores. Dá à pessoa a coragem para superar a adversidade e mudar aspectos de si que não estejam alinhados com sua natureza espiritual verdadeira. É um apoio excelente para superar autoabusos, tais como vício a drogas, tabaco ou jogo. É a pedra do guerreiro pacífico, que mostra bravura e força diante de circunstâncias difíceis.

O Jade Vermelho também é uma pedra de sorte e transporta a frequência de prosperidade material e saúde física. Pode ajudar a pessoa a revitalizar rápido suas finanças quando estão em baixa, mas é menos adequado para prosperidade de longo alcance do que o Jade Verde. Ele irá, entretanto, trazer sorte na busca de promoções, novo emprego ou aumento.

ESPIRITUAL: O Jade Vermelho é uma pedra vigorosa da força de vida. É excelente para curadores, capacitando-os a manter sua energia em alta quando trabalham intensamente. Ele é um apoio excelente para *tai chi, qi gung* e outras artes marciais ligadas ao fluxo de energia pelo corpo.

EMOCIONAL: O Jade Vermelho empresta bravura na superação de dificuldades ou vícios. É uma pedra da afirmação, auxiliando os que são hesitantes a agir com decisão.

FÍSICO: O Jade Vermelho é uma pedra tônica – um excelente revigorante para todos os sistemas do corpo.

AFIRMAÇÃO: Eu ajo com propriedade e coragem diante de todos os desafios.

JADE LEMURIANO

PALAVRAS-CHAVE: Ligação com a consciência da Terra, vivendo uma vida física fundada na espiritualidade, iniciação e transição, ligação com o Divino feminino.
ELEMENTO: Terra.
CHACRAS: Coração (quarto), Raiz (primeiro).

O Jade Lemuriano é o nome metafísico dado a um material extraído no Peru, que contém uma mistura de Jade, Quartzo, Pirita e outros minerais. Sua dureza é por volta de 6, e pode ser considerado um agregado mineral. Ele ocorre apenas na forma massiva. O Jade Lemuriano surge em duas cores distintas – verde-acinzentada e negra. O material negro, algumas vezes, contém flocos visíveis de Pirita. Esses dois tipos de Jade Lemuriano parecem tão diferentes que alguns praticantes os distinguem chamando as pedras verde acinzentadas de Jade Lemuriano Sombra e as pedras negras de Jade Lemúria Meia-noite.

ROBERT SIMMONS: O Jade Lemuriano, em ambas as formas, pode trazer para a humanidade as qualidades mais necessárias para fazer a transição para o próximo nível da evolução espiritual. Ele emana energias de cura, consciência mais elevada, clareza interior, vigor, poder da manifestação e amor incondicional. É uma pedra do Divino Feminino e pode evocar essa energia tanto nas mulheres quanto nos homens. Ele exemplifica a força da rendição, a Luz na escuridão e o portal da iniciação. Aqueles que usam ou trabalham com essas pedras encontrarão seus próprios caminhos iniciáticos abrindo-se diante deles, no ritmo e com as experiências mais adequadas para seu bem maior.

O material verde acinzentado pode ser chamado Jade Lemuriano Sombra. É uma pedra do portal de iniciação, e auxilia a pessoa a fazer todos os tipos de transição – em crescimento espiritual, em relacionamento amoroso, no trabalho e na carreira, nos relacionamentos consigo e com o Divino. Ele leva, suavemente, para a percepção da pessoa, quaisquer problemas que devam ser abordados para o crescimento e evolução contínuos, e auxilia a pessoa a "dar o salto" para o nível seguinte. Ele também traz à superfície quaisquer problemas, impurezas ou desequilíbrios que estão em seu caminho, auxiliando a eliminá-los. É uma pedra altamente protetora, fornecendo um "ninho" de energia em que o eu embrionário pode crescer até criar asas.

O material negro, com inclusões ocasionais de Pirita, pode ser chamado de Jade Lemuriano Meia-noite. Suas energias são as mais intensas e ele leva a pessoa mais fundo nos Mistérios. É uma pedra do Feminino Profundo, a Fonte de Tudo, e as viagens para as profundezas através da Escuridão para a Luz. Ele pode agir como um guia e uma presença protetora no caminho da pessoa, depois que o portal foi cruzado. Mais tarde, ele facilita a aquisição de coragem, força de propósito e o poder da manifestação. Usando essa pedra, a pessoa será levada aos indivíduos que ela está destinada a encontrar no caminho de seu destino evolutivo, e os acontecimentos sincrônicos que apontam o caminho serão numerosos e claros.

Idealmente, a pessoa deveria trabalhar com ambos os tipos de Jade Lemuriano, tanto em conjunto como separadamente, como ditado pela intuição. Embora suas funções sejam, de algum modo, diferentes, eles se complementam perfeitamente. Para os que desejam participar no despertar imanente da humanidade, essas pedras são ferramentas poderosas e nutridoras.

O Jade Lemuriano funciona bem com Moldavita, Fenacita, Natrolita, Escolecita, Herderita, Azeztulite e outras pedras de vibração elevada.

NAISHA AHSIAN: O Jade Lemuriano é uma pedra muito evoluída do elemento Terra, que ajuda a reconciliar a existência física da pessoa com sua visão espiritual. Ele auxilia a pessoa a reconhecer a abundância em todos os níveis de sua vida – e, sim, isso inclui o financeiro. Porém, mais que atrair o dinheiro, sua frequência estimula a energia da gratidão que é necessária para a pessoa receber o prazer de qualquer criação. Esse professor sábio ajuda a pessoa a parar de amuar-se com relação ao que não tem e começar a valorizar e celebrar as dádivas que já tem em sua vida.

O Jade Lemuriano emana a frequência do coração da Terra. Ele facilita a ligação com a Terra e a abundância incrível que este planeta nos oferece. Auxilia a alinhar nosso próprio coração com os batimentos cardíacos do planeta e nos encoraja a dançar com alegria e respeito durante nossa vida ao ritmo desse tambor poderoso. É útil para facilitar a comunicação com todos os aspectos da Natureza e é um aliado para o herbalista, jardineiro ou estudante de plantas medicinais.

O Jade Lemuriano também ajuda a pessoa a acessar os próprios registros mais antigos da Terra, que estão estocados no interior das pedras e rochas da terra. Pode ajudar a pessoa a encontrar, ativar e utilizar vórtices da energia terrestre, sendo uma ferramenta excelente para o geomante ou mago da Terra para ser empregada na cura e estabilização dos campos de energia em evolução do planeta.

O Jade Lemuriano aterra as energias dos reinos mais elevados no centro do coração e no chacra da raiz. Ele possibilita à pessoa estar presente para a beleza do mundo e reconhecer as dádivas que esse reino nos oferece. Pode ajudar a pessoa a recobrar a memória celular das civilizações mais antigas da Terra, de modo que possamos usar essa informação para voltar ao equilíbrio com esse vasto organismo, nosso lar.

ESPIRITUAL: O Jade Lemuriano ensina à pessoa sobre as raízes, as coisas em crescimento e o espírito do planeta. Ele oferece o acesso aos ensinamentos antigos que podem ajudar a humanidade a voltar ao equilíbrio com a Terra e todos os seres sobre ela. É uma pedra maravilhosa da abundância.

EMOCIONAL: O Jade Lemuriano acalma e cura o centro do coração. É especialmente útil para os que tiveram uma vida difícil ou que vivenciaram abuso ou modelos negativos de poder em sua vida. Ele pode ajudar a pessoa a ligar-se com vidas passadas ou alternativas que possam conter aprendizados-chave que libertem a pessoa de uma crença em falta e escassez.

FÍSICO: O Jade Lemuriano é uma pedra de cura maravilhosa. Ela oferece apoio ao coração físico e empresta vitalidade e estabilidade para os corpos físico e energético. É ideal para fortalecer os sistemas imunológicos e para a recuperação de qualquer tipo de doença ou enfermidade. É especialmente útil para apoiar a pessoa durante o câncer e HIV.

AFIRMAÇÃO: Eu me alinho com as energias da Terra, e com o Divino feminino, para a cura interior e o crescimento espiritual.

JASPE

Jaspe é uma variedade microcristalina do Quartzo, um mineral dióxido de silício, com uma dureza de 6,6 a 7. Seu sistema de cristal é hexagonal (trigonal). No Jaspe, os microcristais estão dispostos como grãos de açúcar, e não em camadas fibrosas encontradas em sua parente próxima, a Calcedônia. O nome Jaspe é derivado de uma palavra grega com o significado de "pedra salpicada". Os Jaspes podem incluir até 20% de material estranho, o que explica a grande variedade de cores e padrões. Ele ocorre em nódulos ou como preenchimento de fissuras. Os Jaspes são encontrados em todo o mundo, incluindo depósitos importantes na Índia, Rússia, Brasil, França, Alemanha e nos Estados Unidos. O foco abaixo se limitará a um número dos Jaspes mais conhecidos que são prezados por seu uso metafísico.

JASPE DA FLORESTA TROPICAL

PALAVRAS-CHAVE: Cura da Terra, ligação com a Natureza, prazer na vida.
ELEMENTO: Terra.
CHACRAS: Todos.

ROBERT SIMMONS: O Jaspe da Floresta Tropical oferece uma chave para a ligação do coração da pessoa com a Natureza e seu impulso para trabalhar para a cura planetária. Ele desperta a percepção de que nós como criaturas não somos separados do mundo dos animais e plantas – ou minerais, tanto quanto. Com essa ciência vem uma sensação deliciosa de júbilo – o prazer dos pássaros com asas no voo, o prazer do girassol seguindo seu amado pelo céu. O prazer orgânico pela existência foi perdido por muitas pessoas nesta era tecnológica, mas carregar uma peça de Jaspe da Floresta Tropical pode ajudá-las a redespertar para ele. Uma vez que essa alegria tenha sido despertada, uma percepção da posição precária da vida na Terra vem ao mesmo tempo. E essas duas experiências juntas – a compreensão do dom incrivelmente precioso da vida e a percepção de que tudo está sob risco – funcionam juntas para ajudar a pessoa a comprometer-se a agir em nome da preservação e apoio da vida.

O Jaspe da Floresta Tropical também trabalha para alinhar a pessoa em harmonia com o equilíbrio de seu padrão natural perfeito como um organismo vivo. Ele pode trazer o equilíbrio necessário para o corpo e pode auxiliar a pessoa a tratar melhor o corpo. Vivendo na vibração do seu próprio padrão orgânico, a pessoa tenderá a perder hábitos tais como reações extremadas, beber, fumar ou outras práticas que destroem o corpo. Ao mesmo tempo, o desejo por boa nutrição, exercício e o tempo passado na Natureza podem aumentar.

NAISHA AHSIAN: O Jaspe da Floresta Tropical é a porta de entrada para os reinos do poder e sabedoria natural. Poder natural é a habilidade de a pessoa reconhecer sua interconexão com todas as coisas e utilizar essa ligação para equilibrar e curar a terra e uns aos outros. A sabedoria natural consiste dos ensinamentos espirituais mais elevados contidos em toda a Natureza. As lições aprendidas ao observarmos a Natureza com um coração humilde e aberto pode ser muito mais valiosa do que a informação adquirida de qualquer livro ou mestre espiritual humano. O Jaspe da Floresta Tropical assiste a pessoa na participação consciente na dança da criação física que existe na natureza.

Essa variedade de Jaspe é uma pedra da cura da Terra e a ligação sagrada com a Grande Mãe. Nesta época de destruição natural cataclísmica, essa aliada fornece uma conexão com a cura da humanidade por meio do reparo de nosso relacionamento sagrado com a Terra.

O Jaspe da Floresta Tropical transporta uma energia de cura revigorante – a energia de crescimento das coisas. É excelente tanto para o corpo físico quanto para o eu emocional. Ele transporta uma energia do amor da Terra por todas as suas criaturas, incluindo os humanos. Essa energia de amor da Terra traz esperança, renovação e desejo de cura para os que abandonaram as esperanças para o futuro.

ESPIRITUAL: O Jaspe da Floresta Tropical liga a pessoa com a teia sagrada da vida que existe na Natureza. É uma pedra poderosa para trabalhar com os espíritos da Natureza e os seres dévicos. Para a cura da Terra e para trazer a energia pura do reino natural a qualquer aposento de tratamento ou ambiente.
EMOCIONAL: O Jaspe da Floresta Tropical traz esperança, renovação, revigoramento e energia. É útil no luto ou depressão, ou qualquer situação em que a pessoa perdeu o interesse em engajar-se com a vida.
FÍSICO: O Jaspe da Floresta Tropical pode ser usado para revigorar o fígado e desintoxicar o corpo.
AFIRMAÇÃO: Eu abraço com alegria um organismo orgânico e vivo, e ajo com amor em relação à Terra

JASPE DECORATIVO

PALAVRAS-CHAVE: Aterramento das energias mentais, disciplina e perseverança, cura lenta e constante.
ELEMENTO: Terra.
CHACRAS: Todos.

ROBERT SIMMONS: O Jaspe Decorativo realiza a tarefa de ajudar a pessoa a atender aos detalhes mundanos da vida com eficiência e bom humor. Ele aterra a pessoa firmemente no corpo e foca as energias mentais para lidar com quaisquer problemas e deveres que sejam mais significativos na ocasião. Ajuda a prevenir adiamento e auxilia a pessoa a fazer planos coerentes para o futuro. Ele encoraja a capacidade de previsão sobre a vida ao eliminar as dificuldades e medos pela raiz. O Jaspe Decorativo é uma pedra que ajuda a pessoa a "simplesmente lidar com a coisa", independentemente de que "coisa" seja.

O Jaspe Decorativo é uma boa pedra de cura lenta. Trabalha gradualmente, mas de forma completa, para auxiliar a pessoa a eliminar problemas crônicos no corpo e na psique. Sua influência pode ser imperceptível até que a pessoa olhe para trás e *veja* o quanto as coisas mudaram. Ele ressoa com todos os chacras, não de modo dramático, mas de um modo integral que no fim traz equilíbrio.

NAISHA AHSIAN: O Jaspe Decorativo auxilia a aterrar a energia excessiva do Ar, acalmando e focando a mente e permitindo um esforço mental prolongado. A energia dessa pedra ajuda a pessoa a refinar seu processo mental e a trabalhar com pensamentos, ideias ou quebra-cabeças intrincados. Traz organização para a mente e encoraja o desenvolvimento do intelecto, podendo ajudar a pessoa a pensar mais racionalmente e de um modo mais linear. É uma pedra para cientistas, engenheiros e outros que fazem trabalho mental intenso. Os efeitos de ancoragem na terra do Jaspe Decorativo na mente ajudam a acalmar a preocupação e o medo excessivos, especialmente quando são causados por pensamentos enevoados.

O Jaspe Decorativo também é uma pedra poderosa para visualizações e pode ser usada para ver o passado recente ou antigo. Também é útil na prática xamânica como uma porta de entrada energética para o outro mundo.

JASPE

ESPIRITUAL: O Jaspe Decorativo ajuda a aterrar e organizar a mente e auxilia a pessoa a encontrar solução para problemas mundanos. Pode ajudar a pessoa a ser mais linear em sua abordagem da vida.
EMOCIONAL: Essa variedade de Jaspe ajuda a acalmar o medo ou as preocupações, especialmente quando causados por uma mente hiperativa, mas sem foco. Ela pode evitar que a pessoa fique presa no passado ou futuro e auxilia a focar na resolução dos problemas do presente.
FÍSICO: O Jaspe Decorativo pode auxiliar em casos de insônia, em que uma imaginação ou processos de pensamento hiperativos estejam impedindo que se durma o suficiente.
AFIRMAÇÃO: Dia a dia eu melhoro minha saúde e meu bem-estar, minha organização e eficiência, e lido com os problemas logo que eles surgem.
e suas criaturas.

JASPE MOOKAITA

PALAVRAS-CHAVE: Retardamento do processo de envelhecimento, cura genética intergeracional, percepção das energias da Terra.
ELEMENTO: Terra.
CHACRAS: Terceiro Olho (sexto), Plexo Solar (terceiro), Raiz (primeiro).

ROBERT SIMMONS: O Jaspe Mookaita auxilia a pessoa a reclamar sua capacidade latente de sentir as correntes de energia eletromagnéticas da Terra e a usá-las em conjunto com suas próprias energias para maximizar os efeitos de sua vontade e seu poder pessoal. O Jaspe Mookaita redesperta a habilidade de simplesmente "saber" a direção certa a tomar, em viagens físicas e não físicas. Ele emana a energia do saber ou instinto animal, e permite à pessoa encontrar os fios de suas próprias capacidades instintivas. É uma pedra benéfica para os interessados em praticar comunicação animal, e pode ajudar a pessoa a encontrar igualdade de condições e comunicação com os espíritos dos ancestrais.

O Jaspe Mookaita pode limpar e ativar os chacras do terceiro olho e do plexo solar, e alinhá-los com o chacra da raiz, permitindo a percepção intuitiva dos padrões das energias da Terra e da força de vida, quando elas pulsam por nosso mundo e nós mesmos.

NAISHA AHSIAN: O Jaspe Mookaita é um recado poderoso dos espíritos eternos. Os processos de envelhecimento físico podem ser muito retardados pela elevação das vibrações do corpo e pensamentos da pessoa. O Jaspe Mookaita ajuda a pessoa a identificar suas próprias crenças sobre o envelhecimento e o processo de degeneração, de modo que esses pensamentos possam ser mudados, e com isso retardar o processo de envelhecimento. Ele ajuda a pessoa a manter tanto a atitude de "coração jovem" quanto um veículo físico vibrante.

O Jaspe Mookaita ativa os aspectos mais profundos da mente e da memória genética. Auxilia-nos a entender as lições ancestrais e eliminar essas lições para liberar as futuras gerações de terem de repeti-las. É uma pedra excelente para uso por grávidas, já que facilita o trabalho intuitivo; porém, é mais adequada para eliminar padrões genéticos pouco salutares do código genético.

ESPIRITUAL: O Jaspe Mookaita ajuda a pessoa a manter uma mente e corpo sempre jovens, elevando a vibração do veículo físico.
EMOCIONAL: O Jaspe Mookaita ajuda a perceber e compreender padrões emocionais e de comportamento herdados de seus ancestrais e apoiar a pessoa na eliminação desses padrões.
FÍSICO: O Jaspe Mookaita auxilia no processo de gravidez, reprodução e regeneração do corpo físico. Também pode ser usado para ajudar a enfrentar os efeitos do envelhecimento.
AFIRMAÇÃO: Desperto minha herança genética e minhas capacidades de sentir e fluir com o conhecimento que vem diretamente da Natureza.

JASPE PINTURA

PALAVRAS-CHAVE: Jornada interior para lugares sagrados e civilizações antigas, ligação com a consciência da Terra.
ELEMENTO: Terra.
CHACRAS: Terceiro Olho (sexto), Raiz (primeiro).

ROBERT SIMMONS: O Jaspe Pintura pode ser usado em meditação para mesclar com a consciência da Terra. Isso pode ser uma experiência fantástica de união com as energias da Mãe e todos os níveis de energia da Deusa. O Jaspe Pintura também pode ser usado para encontrar as linhas do sistema de meridiano da Terra. Isso pode ser útil quando temos de decidir como situar uma casa ou outra construção nova, ou onde podemos instalar uma grade de energia de cristal para conseguir o efeito máximo.

O Jaspe Pintura também pode facilitar outros tipos de viagem interior. Usando essas pedras, a pessoa pode "viajar" como um ponto de percepção consciente para os muitos pontos de poder do planeta, e até pelo tempo às civilizações antigas. Quando viajando para pontos de poder, a pessoa pode aprender a natureza e aplicações da energia residente e extrair delas em sua vida cotidiana. No caso de civilizações antigas, a pessoa pode trazer de volta conhecimento de tecnologias espirituais para aplicação em nosso mundo atual.

NAISHA AHSIAN: O Jaspe Pintura pode ser usado como um portal pelo qual uma pessoa pode se ligar com a energia de lugares sagrados durante a meditação. Nas linhas onduladas e tons do Jaspe Pintura, a pessoa pode ver áreas remotas do mundo, ligando-se com antigos lugares de poder e ressoando com sua energia.

O Jaspe Pintura é uma pedra do trabalho de sonho e visualização. As pinturas encontradas nas belas marcações, nuvens e sombras dessa pedra podem ser usadas para divinação ou previsão do futuro. Ele também pode ser usado para ver a história da Terra e do passado antigo da humanidade. Age como o "terceiro olho da Terra", permitindo que a pessoa obtenha acesso aos vastos registros estocados dentro dos bancos de dados minerais do planeta. Ele é particularmente ressoante com as práticas mágicas centradas na Terra e pode ser uma parte poderosa de cerimônias que empregam as forças elementais.

ESPIRITUAL: O Jaspe Pintura permite que a pessoa se sintonize com pontos de poder por todo o campo eletromagnético e sistemas de energia da Terra. Pode ajudar a pessoa a ressoar com as energias de lugares e tempos distantes por meio do sistema de manutenção de registros da Terra.

EMOCIONAL: A desconexão da consciência da Terra é um dos efeitos mais perniciosos da cultura humana moderna. Ela já criou milhares de efeitos negativos no ambiente e na psique humana. O Jaspe Pintura ajuda a pessoa a religar-se emocionalmente com a energia do planeta e com o conhecimento antigo de viver em equilíbrio que é tão necessário para estes tempos.

FÍSICO: O Jaspe Pintura estimula o crescimento e a cura dos ossos.

AFIRMAÇÃO: Sou um com a energia, história, substância e futuro da Terra. Eu viajo através do espaço e tempo interiores para descobrir o conhecimento sagrado e uso os frutos de minhas jornadas para o bem maior de todos.

JASPE

JASPE UNAKITA

PALAVRAS-CHAVE: Cura, equilíbrio libertação de maus hábitos, sintonia mais elevada, paciência, persistência.
ELEMENTO: Terra.
CHACRA: Todos, especialmente o Coração (quarto).

ROBERT SIMMONS: A Unakita incorpora as qualidades do Jaspe de influência benéfica lenta. Ela facilita a eliminação gradual de hábitos ruins, especialmente os de comilança e consumo excessivo de álcool. Ajuda a pessoa a descobrir e eliminar as amarras de mágoas emocionais antigas de um modo que anula o choque e o trauma. Ele estimula a purgação em um período de um a dois anos, de muitas energias e substâncias tóxicas do nível celular do corpo. Traz todos os corpos não físicos a um alinhamento final com o corpo físico e uns com os outros, criando a oportunidade de sintonia com os mundos mais elevados. A Unakita ensina a paciência e a persistência e recorda à pessoa que vale a pena esperar por tudo o que vale a pena possuir.

NAISHA AHSIAN: A energia do Unakita estimula a cura de doenças trazidas pela repressão de emoções, particularmente a raiva e o ressentimento. Essas emoções são realmente de baixa frequência e em geral baseadas no ego. A internalização habitual da raiva ou do ressentimento cria padrões de energia parada nos tecidos. O Jaspe Unakita ajuda a evitar que esses padrões se transformem em doenças ou a eliminá-los dos tecidos se eles já se manifestaram.

O Jaspe Unakita estimula os tecidos saudáveis em geral. É especialmente útil para promover a saúde física do coração e dos pulmões. Suas cores rosa e verde revelam sua habilidade de equilibrar os aspectos físicos e emocionais do coração.

O Unakita ajuda a pessoa a reconhecer emoções reprimidas e ver onde esses padrões emocionais estão sendo mantidos no corpo. Pode facilitar o processo de libertação emocional verdadeira, a qual não é apenas a expressão de emoções reprimidas, mas um processo de verdadeiramente abandonar os pensamentos e hábitos que perpetuam essas frequências emocionais.

O Jaspe Unakita é ideal para os corpos emocionais sensíveis das crianças. Ele estimula a resiliência emocional nelas e ajuda-as a se recuperarem de tristezas, luto ou desapontamentos.
ESPIRITUAL: O Jaspe Unakita pode elevar as vibrações dos corpos físico e emocional ao ajudar a pessoa a eliminar padrões emocionais desarmoniosos e as frequências emocionais mais baixas.
EMOCIONAL: O Unakita ajuda a pessoa a eliminar de verdade as emoções negativas e os pensamentos habituais e diálogos interiores que as criam.
FÍSICO: O Jaspe Unakita oferece apoio ao tratamento de cânceres e doenças do coração. Ajuda a promover o crescimento de tecidos saudáveis e pode ser útil na recuperação de ferimentos.
AFIRMAÇÃO: Eu conduzo o processo de cura e despertar a uma consciência mais elevada com paciência e fé, movendo-me sempre passo a passo em direção ao meu bem maior.

JASPE VERMELHO

PALAVRAS-CHAVE: Força física e vitalidade, estabilização das energias da pessoa.
ELEMENTO: Terra.
CHACRAS: Raiz (primeiro), Sexual/Criativo (segundo).

ROBERT SIMMONS: O Jaspe Vermelho pode ajudar a melhorar a resistência e estamina da pessoa e pode funcionar, no decorrer do tempo, para aumentar a quantidade de *chi*, ou força de vida em seu campo energético. Ele fortalece o chacra da raiz e revigora sua ligação com a Terra. Melhora a memória, especialmente para sonhos ou outras experiências interiores. Seu padrão de energia é tão estável que ele tende a estabilizar a própria energia da pessoa se ela usar ou carregar a pedra ou mantê-la em seu ambiente. Tal estabilização pode levar a boa saúde, emoções equilibradas, expressão verdadeira e ações justas. Essa pedra tem um tipo de nobreza prática que simplesmente "se pulveriza" em quem a possui. O Jaspe Vermelho não trabalha gradualmente, mas oferece a vantagem de que os ganhos que a pessoa tem sejam mais permanentes do que os conseguidos com outras pedras ou métodos.

NAISHA AHSIAN: A Frequência do Jaspe Vermelho abre e estimula o chacra da raiz e a "serpente" energética kundalini que reside na base da espinha. A subida dessa energia serpentina pela espinha é uma experiência espiritual poderosa, já que ela ativa, limpa e fortalece cada um dos chacras e níveis do corpo energético. A frequência do Jaspe Vermelho estimula o despertar dessas energias e concede força a elas na medida em que a força de vida sobe pelo corpo.

A frequência do Jaspe Vermelho pode ajudar a ativar a energia sexual e/ou criativa. É comumente usada para enfrentar problemas de impotência ou falta de interesse sexual. Também pode auxiliar a pessoa a equilibrar sua energia sexual e suas ideias e crenças sobre a expressão sexual. Ele ajuda a pessoa a eliminar vergonha ou culpa ligadas à expressão ou orientação sexual.

O Jaspe Vermelho ajuda a manifestar ideias criativas. Pode auxiliar a pessoa a continuar a trabalhar em um projeto ou ideia depois de ele ter perdido o encanto original. Sua energia ajuda a pessoa a ser disciplinada em seu trabalho criativo, trazendo autocontrole para os que estão um pouco dispersos em seu foco.

ESPIRITUAL: O Jaspe Vermelho ativa e estimula o chacra da raiz e auxilia a subida da energia da kundalini.

EMOCIONAL: O Jaspe Vermelho ajuda a pessoa a eliminar a vergonha ou culpa em torno de questões sexuais. É um aliado para os que estão determinados a curar-se e recuperar-se de experiências sexuais violentas.

FÍSICO: O Jaspe Vermelho é uma pedra da força e energia física. É maravilhoso para os que precisam de apoio extra para se recobrar de fraqueza física em razão de enfermidades. Ele também é útil para o aumento de peso e trabalho de fisiculturismo por sua capacidade para ajudar a gerar tecidos musculares. Pode ser usado para melhorar os efeitos dos exercícios e estimular os sistemas circulatório e respiratório. O Jaspe Vermelho é útil para ajudar a estabilizar gravidez e promover um crescimento robusto do feto.

AFIRMAÇÃO: Minha vitalidade física, equilíbrio emocional, integridade pessoal e prazer na vida ficam cada vez mais fortes.

JASPE ARANHA

PALAVRAS-CHAVE: Magia elemental, saúde e bem-estar, ligação com os arquétipos masculino e feminino, jornada xamânica, energia física.
ELEMENTO: Terra, Ar, Fogo, Tempestade.
CHACRAS: Raiz (primeiro).

O Jaspe Aranha é um membro da família Quartzo, um mineral dióxido de silício com uma dureza de 7. Seu sistema de cristal é hexagonal (trigonal). O Jaspe Aranha ocorre apenas em crescimentos massivos e não forma cristais. É uma pedra bicolor, mostrando um fundo preto preenchido com padrões intrincados ondulantes de linhas vermelho alaranjadas de várias espessuras. Os mineralogistas sugerem que o material original negro deve ter sofrido fraturas múltiplas que mais tarde foram preenchidas com vermelho. O nome Jaspe Aranha é derivado da semelhança entre a trama vermelho alaranjada com os padrões de uma teia de aranha. O Jaspe Aranha é encontrado em Idaho, nos Estados Unidos.

ROBERT SIMMONS: O Jaspe Aranha é uma pedra de magia. É um aliado poderoso para os que desejam trabalhar com as energias elementais da Terra, Ar, Fogo, Água e Tempestade. Ele assiste aos que desejam utilizar essas energias para propósitos de cura e despertar espiritual. Ele é a escuridão, incorporando as profundezas interiores da psique e da alma; e é vermelha, a cor e vibração da vitalidade da vida. Sua teia complexa de linhas interconectadas espelha sua habilidade de auxiliar a pessoa a encontrar e utilizar as ligações invisíveis entre si e Tudo o Que É. Um verdadeiro mago usa essas linhas de energias sutis para canalizar forças poderosas para dentro da manifestação física, dirigida por sua vontade. Esse é um mineral que pode despertar as capacidades latentes da pessoa para "fazer as coisas acontecerem". Existe, é claro, grande responsabilidade em assumir essas ações. A pessoa deve se examinar e perguntar se seus propósitos são bons, apropriados e corretos, pois a magia usada negativa ou inconscientemente irá se voltar contra o praticante.

O Jaspe Aranha também é simplesmente um talismã para a autocura e o bem-estar. Ele ativa o chacra da raiz, trazendo mais energias da força de vida, e protege contra influências negativas tanto em seu ambiente interior quanto exterior. Externamente ele oferece uma espécie de escudo protetor contra a negatividade dos outros, e interiormente traz a percepção de aspectos de si que são inconscientemente negativos. Em razão de sua purificação interna, dormir com a pedra é altamente recomendado. As respostas surgirão, com frequência, em sonhos.

Para os que necessitam de aterramento, o Jaspe Aranha funcionará não apenas como uma âncora, mas também como um condutor para as energias nutridoras da Terra.

Essa gema funcionará especialmente bem para homens que desejam realizar todo o seu potencial masculino. Sua ligação com a Terra e sua condução de vitalidade podem auxiliar a construir a autoconfiança e aprender a extrair a partir de sua fonte de poder. Para mulheres, ele abre as portas da

Deusa Negra, concedendo a percepção de partes valiosas delas mesmas que podem ter sido suprimidas ou negadas em função de sua educação.

Para os que estão no caminho xamânico, o Jaspe Aranha é um aliado benéfico para jornadas interiores. A trama complexa de sua teia de vermelho no negro reflete os estonteantes, porém significativos, labirintos que o viajante percorre nos mundos interiores. Essas pedras facilitarão as jornadas profundas, e suas qualidades protetoras ajudarão a garantir um retorno seguro.

O Jaspe Aranha harmoniza bem com todas as Labradoritas, especialmente a Labradorita Dourada, e também com as Safiras Padparadsha e Amarela, Turmalina Negra, Pedra do Sangue e Moldavita. Ele tem uma afinidade especialmente forte com a Zincita.

NAISHA AHSIAN: O Jaspe Aranha é uma pedra do elemento Terra que liga vigorosamente a pessoa com as energias da Natureza e o poder do mundo físico. Ele ativa e estimula o primeiro chacra, autorizando a pessoa a sentir e manipular as energias que criam o mundo físico. É similar à história da criação da Mulher Aranha, que lançou uma teia nos quatro cantos da criação, representados pelos quatro elementos e as quatro direções. Essa teia reuniu as energias da criação e fez com que se manifestassem para que toda a natureza pudesse adquirir forma. O Jaspe Aranha transporta essa energia da criação e magia primordiais. Ele ensina à pessoa como movimentar sua própria energia primordial em ressonância com o mundo natural para utilizar essa energia para criar seus sonhos e visões.

O Jaspe Aranha é uma pedra dos inícios e das fundações. Concede acesso ao conhecimento e sabedoria dos ancestrais, que já se foram para dentro do código genético. Ela possibilita à pessoa viajar para as profundezas do Vazio Potencial, para que novas criações possam ser trazidas.

O Jaspe Aranha é poderoso para a pessoa encontrar seu próprio poder e usá-lo para criar suas visões sagradas no mundo. Para realizar isso, a pessoa deve estar disposta a viajar para os confins mais sombrios de seu próprio coração e alma, para que as energias do manifestado e não manifestado possam ser reunidas.

ESPIRITUAL: O Jaspe Aranha é uma pedra de magia natural e potencial criativo. Ele ajuda a pessoa a tornar-se mais sintonizada com as pulsações e os ritmos das energias da natureza à medida que a ensina a usar essas energias para manifestar suas visões mais elevadas na fisicalidade.

EMOCIONAL: O Jaspe Aranha ensina a pessoa a encarar seu próprio poder e apossar-se dele, de modo que possa ser utilizado para o bem maior. Ele nos mostra a mentira da falsa humildade e a alegria que é encontrada na verdadeira humildade, colocando seu poder a serviço do Criador de Toda Vida.

FÍSICO: O Jaspe Aranha fortalece os pés, pernas, coxas e pélvis. É uma pedra de união, e pode auxiliar na cura de ferimentos, cortes e ossos quebrados.

AFIRMAÇÃO: Eu sou um com meu eu físico e retiro vitalidade dos elementos, para o bem-estar e manifestação do bem, enquanto viajo pelos reinos interior e exterior.

JASPE OCEANO

PALAVRAS-CHAVE: Desfrutar a vida, eliminação da negatividade e estresse, relaxamento, autoexpressão positiva, cura física e emocional.
ELEMENTO: Terra.
CHACRAS: Plexo Solar (terceiro), Coração (quarto), Garganta (quinto).

O Jaspe Oceano é uma variedade incomum de Jaspe encontrada apenas em Madagascar. Como outros Jaspes, ele é um membro da família dos Quartzos, um mineral dióxido de silício com uma dureza de 6,5 a 7. Seu sistema de cristal é hexagonal (trigonal). As cores do Jaspe Oceano variam amplamente, incluindo tons vívidos de branco, verde, rosa, vermelho e preto. Seus padrões são desordenados e indescritíveis, com faixas, pontos, linhas sinuosas, bordas fatiadas e floreios multicoloridos. As cavidades no Jaspe Oceano em geral são cheias de drusas de Quartzo cintilantes.

ROBERT SIMMONS: O Jaspe Oceano é uma pedra de alegria e espíritos elevados. Ele abre a percepção da pessoa para os aspectos benevolentes da vida e eleva seu humor por meio de suas vibrações positivas. Quando a pessoa está sob sua influência, é difícil levar seus problemas e dificuldades tão a sério como normalmente. O Jaspe Oceano ajuda a levantar o véu da negatividade que muitas pessoas usam inconscientemente sobre seus olhos, e quando esse véu é levantado é mais fácil ver e apreciar as muitas bênçãos da vida.

O Jaspe Oceano estimula os chacras do plexo solar, coração e garganta com suas vibrações benéficas, transmitindo o anseio para sentir, falar e agir mais positivamente. Estimula a expressão do amor nas palavras e feitos da pessoa e ajuda-a a perceber o que e quem ela ama de verdade. Ele bane a complacência e o hábito de ter como garantido os amados, saúde e prosperidade. Traz a consciência do momento presente, aliviando as preocupações com o futuro ou amargura em relação ao passado. Ele concede o alívio do estresse e escapismo, ajudando a pessoa a compreender o valor do aqui e agora.

O Jaspe Oceano é útil para os que sofrem de depressão. Sua capacidade de focar com suavidade a percepção da pessoa sobre os aspectos positivos e sadios da vida pode ser uma grande bênção para os que estão perdidos em uma nuvem de escuridão. Ele pode ajudar indivíduos a abandonarem comportamentos autodestrutivos de vício, tornando-os conscientes do que estão fazendo e abrindo seus olhos para uma realidade melhor.

É benéfico usar ou carregar o Jaspe Oceano em situações sociais, local de trabalho ou qualquer lugar em que a pessoa fique entre grupos de pessoas. Suas vibrações positivas são amplificadas e espalhadas pelo campo de energia da pessoa para todos à sua volta. Carregar um Jaspe Oceano em uma reunião de comitê pode ajudar a criar uma atmosfera de colaboração. Levá-lo a uma festa pode relaxar a pessoa e os outros, trazendo alegria ao ambiente.

Os praticantes de cura são aconselhados a colocar uma peça de Jaspe Oceano no espaço de cura, para manter prazenteira e relaxante a atmosfera do quarto. Colocar uma dessas pedras na mão do cliente ou em seu corpo pode tornar a pessoa mais receptiva para o trabalho. Usar o Jaspe Oceano em meditação ajudará a pessoa a relaxar seus pensamentos e se tornar mais centrada.

O Jaspe Oceano harmoniza com todos os outros tipos de Jaspe e com a família Quartzo. Ametista, Sugilita e/ou Charoíta acrescentam proteção espiritual e purificação às energias benéficas do Jaspe Oceano. Lepidolita e Ambligonita podem incrementar a influência relaxante dessa pedra. A Strombolita pode acrescentar leveza e humor aos espíritos elevados do Jaspe Oceano.

NAISHA AHSIAN: Apesar de seu nome, o Jaspe Oceano é uma pedra poderosa do elemento Terra com propriedades de cura física maravilhosas. Talvez os padrões de aparência encrespada dessa pedra tenham inspirado seu nome, mas em um exame mais atento você verá que as "ondulações" também se parecem com células. O nome "Jaspe Celular" talvez fornecesse uma descrição mais exata das propriedades dessa pedra.

O Jaspe Oceano concede à pessoa o acesso à memória celular e outros padrões energéticos que entram na fisicalidade e se manifestam no corpo em nível celular. Em trabalho de Terapia de Ressonância de Cristal, essa pedra é usada para movimentar para baixo através das células até a consciência para o interior da consciência pré-física, onde são mantidos os filtros energéticos que criam a realidade da pessoa. Ao mudar a frequência desses filtros, a pessoa pode mudar os padrões que manifestam doenças e nosso mundo físico.

O Jaspe Oceano é uma pedra calmante e centradora que é útil para facilitar estados de meditação e uma experiência da presença no momento. Ajuda a acalmar os pensamentos da pessoa e centrá-la dentro de uma experiência total de todos os níveis do corpo, mente e espírito.

ESPIRITUAL: O Jaspe Oceano nos lembra de abraçar o veículo físico e o mundo físico como templos para a alma da pessoa e a consciência da Criação. Ele auxilia a localizar e limpar padrões de energia limitantes ou "presos" que podem criar desequilíbrios físicos ou doenças.

EMOCIONAL: O Jaspe Oceano é uma pedra calmante, relaxante para o corpo emocional. Pode ajudar a pessoa a manter um estado emocional centrado e evitar reações extremadas ou identificação egoica.

FÍSICO: O Jaspe Oceano estimula a regeneração de tecidos no corpo, a cura de órgãos e o equilíbrio do sistema glandular. É útil na estabilização da tireoide e secreções suprarrenais e auxilia o sistema endócrino a equilibrar a bioquímica do corpo.

AFIRMAÇÃO: Eu elimino os padrões de pensamento, palavras e feitos negativos que possam afetar adversamente meu eu emocional/físico e abraço as muitas bênçãos da vida.

KUNZITA

PALAVRAS-CHAVE: Amor divino, cura emocional, ativação da sabedoria do coração.
ELEMENTO: Água.
CHACRAS: Coração (quarto).

A Kunzita é a forma de Espodumênio do rosa ao violeta, um silicato de alumínio e lítio com uma dureza de 6 a 7. Seu sistema de cristal é monoclínico. Ela forma cristais prismáticos com estrias verticais. A Kunzita é encontrada em pegmatitas graníticas, em geral em associações com Feldspato, Moscovita, Quartzo, Lepidolita mica e outros minerais de pegmatita. Ela pode ser facetada em belas gemas, mas é difícil cortá-la por causa do modo de rachar perfeito da pedra. O nome da Kunzita é em homenagem ao coletor de minerais G. F. Kunz, que primeiro descreveu o material em 1902. Os principais depósitos de Kunzita estão no Paquistão, Afeganistão, Brasil, Madagascar e Califórnia e Maine, Estados Unidos.

ROBERT SIMMONS: A Kunzita abre o coração para as energias do amor – autoestima, amor interpessoal, amor pela humanidade, animais, plantas, minerais – tudo isso. E o mais importante, a Kunzita é um condutor a partir do coração da pessoa para as vibrações do amor divino. Ao aceitar todos os outros tipos de amor, a pessoa está se preparando para receber conscientemente o amor divino, e, quando essa abertura ocorre, a reação imediata e inevitável é amor pelo Divino. Isso porque o amor é a essência do Divino em nós, e, ao sentirmos realmente esse amor, todos nós somos um com o Divino. A Kunzita é a pedra que harmoniza sua frequência com maior proximidade, e quando a pessoa trabalha com ela, existe uma tendência para entrar em ressonância com essa energia. Meditar com Kunzita pode facilitar experiências profundas do Amor Universal. Carregar ou usar a pedra ajuda a pessoa a viver seu dia com bondade, gentileza e serenidade.

A Kunzita é uma das melhores pedras para ser dada como presente. (Qual a melhor energia para receber do que as vibrações do amor divino?) As pessoas que recebem Kunzita, mesmo quando não percebem suas energias, em geral se sentem com um impulso para a bondade e o comportamento altruísta. Também pode facilitar o alívio do estresse, que é bom tanto para a saúde física quanto emocional.

A Kunzita pode ativar a voz silenciosa do coração, abrindo uma comunhão silenciosa entre os aspectos mental e emocional da pessoa. O coração é a parte que realmente "conhece" qual o melhor curso de ação. Seu conhecimento é direto, por sua conexão com todas as partes dessa realidade através do campo eletromagnético universal. Mesmo que a intuição do coração seja inexplicável pela lógica, seu conhecimento é inquestionável. A Kunzita pode despertar o coração e encorajá-lo a se comunicar mais intimamente com a mente. Se a pessoa se dispuser a ouvir e seguir os anseios silenciosos do coração, sua vida e o mundo se beneficiarão muito.

A energia da Kunzita se harmoniza quase perfeitamente com a pedra criada em laboratório Lazurita Rosa. Usar essas pedras juntas amplificará os efeitos das suas. Também tem uma ligação especial com a Hidenita, ambas são formas do mineral Espodumênio. Outras pedras que harmonizam com a Kunzita incluem Moldavita, Morganita, Quartzo Rosa, Ajoíta, Esmeralda e Turmalina Rosa. Pedras como Iolita e Lápis-lazúli podem tornar os centros da mente mais abertos e receptivos a suas energias. Fenacita, Azeztulite, Escolecita e Natrolita ajudam a abrir as portas aos reinos espirituais com os quais a Kunzita ressoa.

NAISHA AHSIAN: A bela energia da Kunzita nos ensina o valor da alegria e celebração. A alegria é a habilidade para abrir seu coração e receber de verdade o Amor da fonte divina, independentemente da forma que esse amor possa adquirir a qualquer tempo. Algumas vezes o Amor do Divino surgirá como um presente de forma física. Em outras ocasiões, virá como um conhecimento profundo e preciso em nosso coração de que nunca estamos sós e somos sempre amados. O Amor do Divino se manifesta em cada momento e em todas as coisas, pois essa é a energia que subjaz a toda a criação. A resistência a ele é a base de toda a doença, desequilíbrio ou problema conhecido pela humanidade. Se a pessoa pode simplesmente se abrir total e conscientemente para receber o amor divino, uma cura completa em todos os níveis pode ser realizada.

Receber o Amor do Criador é a primeira e última experiência da vida. Quando nascemos, entramos no mundo em um estado de receptividade completa. Quando crescemos e vivenciamos os embates e mágoas da vida, começamos a criar bloqueios de resistência um a um, em um muro energético em torno do coração e da mente. Essa resistência à vida também é uma resistência à energia e amor divinos e só pode levar à crença em separação, isolamento e escassez.

A energia da Kunzita ajuda com suavidade a pessoa a eliminar os bloqueios que ela criou em torno do coração e permite-lhe, de novo, entrar em um estado de receptividade completa e prazenteira. Ela encoraja a pessoa a aproximar-se da vida como uma criança se aproxima de um parente amoroso – com alegria, excitação e deleite. Cada experiência pode ser recebida com a alegria inocente de uma criança recebendo um presente. Cada experiência pode ser abordada com o otimismo e excitamento de uma aventura infantil.

Uma vez alcançado esse nível de receptividade, o Amor e dádivas do Divino fluem pelo coração da pessoa e por sua vida em abundância infinita. A energia da alegria se torna o tecido de sua experiência cotidiana, e o que parecia problema ou dificuldade se torna dádiva ou oportunidade.

A Kunzita é uma terapeuta poderosa do corpo emocional, particularmente para aqueles que se fecharam para a experiência plena da vida para se proteger emocionalmente. A frequência da Kunzita encoraja a pessoa a eliminar o medo e entrar na vida com prazer e exuberância.

ESPIRITUAL: A Kunzita liga a pessoa às energias do amor divino que subjazem a toda a criação.
EMOCIONAL: A Kunzita auxilia a pessoa a eliminar a resistência à vida e ajuda-a a tornar-se receptiva e vivenciar amor e energia.
FÍSICO: A Kunzita é um apoio excelente para a cura de quaisquer bloqueios ou obstruções físicas. Ela alivia o estresse e estimula o sistema nervoso parassimpático.
AFIRMAÇÃO: Eu me abro para receber o amor divino, e ouço sua voz silenciosa em meu coração.

KYANITA

PALAVRAS-CHAVE: Pontes interiores, habilidade psíquica, ligação com a Natureza, recordação de vidas passadas, telepatia, empatia.
ELEMENTO: Tempestade.
CHACRAS: Todos, especialmente Terceiro Olho (sexto), Coração (sétimo).

A Kyanita é um mineral silicato de alumínio com um tipo de dureza incomum. Medida ao longo dos eixos de cristal, a dureza é 4,5. Medida cruzando os eixos, a dureza é entre 6 e 7. Seu sistema de cristal é triclínico; forma cristais alongados, chatos, em forma de lâmina. As cores mais populares para uso metafísico são azul, índigo, verde e preta, mas a Kyanita também pode ser azul, rosa, amarela ou cinza. Ela ocorre no Brasil, África do Sul, Suíça, Burma, Quênia, México e Estados Unidos.

ROBERT SIMMONS: A Kyanita Azul tem uma vibração alta e cria uma transferência de energia muito rápida. Elas abrem os canais psíquicos e ativam os centros da mente, acentuando as capacidades mentais da pessoa e melhorando sua habilidade para "baixar" informação de fontes mais elevadas. Podem tornar a comunicação telepática entre indivíduos mais fácil, especialmente se ambas as partes a estão usando. Se a pessoa escolhe dormir com a Kyanita Azul, o processo de sonhos lúcidos será muito estimulado.

A Kyanita Azul pode conectar os corpos físico, astral e causal, catalisando a consciência plena no estado desperto, em sonhos ou no sono sem sonhos. A pessoa deve trabalhar para isso, mas valerá a pena quando o objetivo for alcançado.

A Kyanita Azul pode ser combinada com a Kyanita Verde para trazer suas energias em ressonância com o centro do coração. Usando ambas as pedras juntas, a pessoa pode canalizar as frequências de vibração elevada para a autocura e outros fins benéficos. A Kyanita Verde também pode manter as aberturas psíquicas da Kyanita Azul centradas no coração, protegendo o ser de usar as habilidades psíquicas melhoradas como uma desculpa para uma "viagem de ego".

A Kyanita Verde pode criar uma ponte entre o eu da pessoa e o equilíbrio dinâmico da Natureza. Em sistemas naturais, tais como ecossistemas ou corpos vivos, existe uma tendência a procurar um equilíbrio estável. A Natureza compensa e se reajusta a condições em mudança na medida em que seu jorro de vida flui no decorrer do tempo. A Kyanita Verde ajuda a pessoa a sentir o equilíbrio do *Tao*, a força de vida do Universo, no perfeito fluxo em movimento constante.

A Kyanita Verde ajuda a pessoa a se ligar com a verdade do coração. Ela pode ajudar a discernir a verdade em seu ambiente, seja quando está assistindo ao noticiário de TV ou escutando um amigo ou membro da família. Se alguém não está falando a partir de seu coração, a pessoa saberá. Ela não é necessariamente um "detector de mentiras", mas é um detector de sinceridade. Ter essa pedra por perto também ajuda a pessoa a viver a partir da verdade do coração. É muito recompensadora, porque viver nesta verdade significa que a pessoa não procura por respostas fora de si.

A Kyanita Verde também pode abrir os portais dos domínios íntimos. Primeiro e com maior facilidade, a pessoa pode entrar nos reinos dos espíritos da Natureza e dos devas. Com um pouco mais de experiência e disposição para relaxar, a pessoa pode alcançar o plano causal, onde os arquétipos existem e onde os grandes padrões de acontecimentos são formados antes que eles se manifestem em nosso mundo. Trabalhando para permanecer centrado no coração, a pessoa pode ir a muitos lugares com a Kyanita Verde. Até a viagem astral para outros planetas é possível. A Kyanita Verde pode melhorar vigorosamente a vida onírica e pode facilitar a entrada em estado de sonho lúcido. Para isso, deve ser colocada na fronha do travesseiro ou presa no terceiro olho. A Moldavita pode ser acrescentada para melhorar esses efeitos.

A Kyanita Negra pode limpar energias bloqueadas em qualquer chacra e pode recarregar o sistema de meridianos. Pode tanto aterrar como energizar, aumentando as frequências vibratórias da pessoa sem tirar a pessoa do corpo. É útil em cura energética, porque limpa, equilibra e traz um fluxo desimpedido através de todos os sistemas da pessoa.

A Kyanita negra pode levar a pessoa de volta a vidas passadas e para a frente, para futuros prováveis. Ela ensina a pessoa a experimentar consciência interdimensional sem perder sua ligação com a Terra.

A Kyanita Negra combina sinergicamente com a Nuummita. Ambas são pedras dinâmicas e poderosas que ajudam a pessoa a explorar as profundezas do mundo subconsciente e voltar a este mundo com *insights* novos. A Kyanita Negra funciona bem em combinação com a Turmalina Negra, Ajoíta, Azeztulite e Tectito Tibetano.

A Kyanita Índigo emana energias que se movimentam profundamente nos centros da mente, estimulando a glândula pineal e ativando habilidades psíquicas latentes. A pessoa pode usar essas pedras para entrar em estado de sonho lúcido, utilizando uma na cama ou colocando-a na fronha do travesseiro. A viagem astral quando em estado lúcido também é algo muito auxiliado pela energia da Kyanita Índigo.

Quando a pessoa precisa de visão penetrante para ver a verdade em situações, ou quando a confusão ou incertezas devem ser dissipadas, a Kyanita Índigo pode ajudar. Essa pedra também inspira a lealdade e o tratamento justo de seus camaradas humanos. Pode ajudar a pessoa a resolver desacordos e disputas e a reparar relacionamentos arruinados. Ela pode ajudar a pessoa a se religar com seus sonhos e aspirações mais valorizados, dando-lhe a visão clara necessária para torná-los realidade.

Todas as variedades de Kyanita se harmonizam bem umas com as outras, e é altamente recomendado usá-las em combinação. Elas podem magnificar os efeitos umas das outras, convocando o melhor que cada pedra tem a oferecer.

NAISHA AHSIAN: A Kyanita é uma pedra de ligação, de construção de pontes de Luz entre aspectos contrastantes da experiência. Ela pode criar passagens em bloqueios energéticos da aura e em bloqueios emocionais entre pessoas e ajudar a reestruturar as energias e hábitos mentais que mantêm a pessoa movimentando-se em direção a níveis mais elevados de aprendizado. A energia poderosa da Kyanita cria pontes de energia onde antes não existia nada.

A Kyanita pode auxiliar em negociações, missões diplomáticas, arbitragens e outras formas de comunicação entre pessoas desarmoniosas. Ela age como uma ponte energética, permitindo que energias em desacordo se movimentem suavemente em ressonância e encontrem uma frequência em comum. Pode ajudar a pessoa a encontrar uma maneira de unir ideias e crenças diferentes. Pode também auxiliar a encontrar um modo de incorporar todos os aspectos do eu em um todo harmonioso. A Kyanita permite que a pessoa forje seu próprio caminho ímpar ao unir seus vários interesses, talentos e conhecimento. Isso a auxilia a ver seu mosaico singular de dons e como eles podem ser usados para seu caminho de Alma na Terra.

A Kyanita ativa a habilidade mediúnica, promove comunicação com os seres mais elevados e pode ser usada para abrir o terceiro olho durante a meditação ou sessões de cura. Sua estrutura e vibrações a tornam um transmissor de energia ideal de um ser para outro. Ela pode ser usada para melhorar a telepatia entre duas pessoas e transmitir energia de um facilitador de cura para um cliente.

A Kyanita é uma das aliadas mais proeminentes para ser usada para a Terapia de Ressonância de Cristal e outras formas de cura baseadas em cristais. Pode limpar o campo energético da pessoa e criar um escudo protetor que fornecerá um espaço seguro para se fazer trabalho mediúnico ou de cura. A frequência da Kyanita exige que a pessoa aja a partir de orientação intuitiva, construindo pontes sólidas entre nossos eus interiores e externos. Ela pode ajudar a pessoa a atravessar pensamentos nebulosos, indecisões e hesitação para que a pessoa possa ir para a frente na vida.

ESPIRITUAL: A Kyanita estimula o terceiro olho e as habilidades psíquicas. Ela cria passagens em bloqueios nos corpos energético e físico e ajuda a proteger o campo áurico de intrusões. Ela pode facilitar a telepatia e a transferência de energia de pessoa a pessoa.

EMOCIONAL: Os padrões emocionais habituais podem criar bloqueios no campo energético que agem como riscos em um disco – o mesmo diálogo interior e conteúdo emocional repetindo-se infindavelmente. A Kyanita pode ajudar a criar passagens nesses padrões, auxiliando a criar rapidamente novos caminhos de fluxo de energia e trazendo mudanças imediatas na percepção de mundo da pessoa.

FÍSICO: A Kyanita pode ajudar a unir as brechas de energia criadas por ossos quebrados, cirurgia e outros traumas intrusivos, auxiliando os nervos e tecidos a restabelecerem os caminhos, através e em torno do lugar do trauma. Ela é ideal para trabalhar para a cura do cérebro dos efeitos de trauma na cabeça, convulsões ou acidente vascular cerebral. Pode ajudar a criar novos caminhos neurais em torno das áreas danificadas.

AFIRMAÇÃO: Eu cruzo as pontes internas que levam ao meu crescimento, abrindo-me para os reinos etéreos, o mundo da Natureza e a terra do coração.

LABRADORITA

PALAVRAS-CHAVE: Magia, proteção.
ELEMENTO: Ar.
CHACRAS: Todos.

A Labradorita é um feldspato plagioclásio, um silicato de cálcio e alumínio com uma dureza de 6 a 6,5. Sua estrutura de cristal é triclínica, em geral em agregados complexos. Seu nome deriva da península de Labrador, no Canadá, onde a pedra foi primeiro encontrada em 1770. Ela é apreciada por seu jogo de cor impressionante (labradorescência), que mostra flashes vívidos de verde, azul, ouro, laranja, vermelho e algumas vezes violeta. A Labradorita é encontrada no Canadá, Madagascar, México, Rússia e Estados Unidos. Nos anos 1940, foi descoberta Labradorita na Finlândia que exibia todo o espectro de cores, e essas foram chamadas de Espectrolitas. Larvikita é uma Labradorita cinza prateada da Escandinávia. Outra prima próxima da Labradorita é a Nuummita, uma gema nativa da Groenlândia. Ela exibe cores similares às da Labradorita e Espectrolita, mas em um padrão de cristal diferente. Essas pedras têm verbetes em separado neste livro.

O povo indígena do Maine era familiarizado com a Labradorita e usou-a há mil anos. Quando os missionários morávios descobriram o material no Canadá em 1770, nomearam-no a partir da região do descobrimento. Depois de sua descoberta na Rússia e Noruega, a gema tornou-se popular na Europa nos séculos XVIII e XIX.

ROBERT SIMMONS: A Labradorita é a gema da magia, e ela desperta nos que a carregam ou usam a percepção de seus poderes mágicos inatos. O termo "magia" refere-se às habilidades mentais e intuitivas que incluem, mas não se limitam, a clarividência, telepatia, viagem astral, profecia, leitura mediúnica, acesso aos registros akáshicos, recordação de vidas passadas, comunicação com guias e espíritos mais elevados e controle sobre coincidências. "Controle de coincidências" é a prática de aumentar o grau de sincronicidade e coincidências felizes observado na vida da pessoa. É uma pedra idealmente adequada para facilitar a melhoria dessas habilidades. É uma pedra interdimensional, emanando uma energia que ajuda a pessoa a conscientemente penetrar o véu entre nosso mundo desperto e os muitos domínios e planos da percepção interior. É uma gema da aventura, pois oferece à pessoa a oportunidade de embarcar em uma multiplicidade de viagens de autodescoberta. Diz-se que um tirano deseja poder sobre os outros, e um verdadeiro mago deseja poder sobre si. Ao usar ou trabalhar com a Labradorita, a pessoa se desliga de qualquer tendência de tentar controlar os outros, enquanto se liga profundamente ao conhecimento de que a automaestria é o caminho da verdadeira realização.

Usar uma Labradorita como pingente pode centrar a pessoa na percepção constante das múltiplas camadas da realidade. Em anéis, pode melhorar o recebimento e envio dos impulsos de todas as variedades de magia. Em brincos, pode melhorar especialmente a "audição" das mensagens de seus guias espirituais. Colocada no terceiro olho em meditação, a Labradorita pode facilitar as experiências visionárias do futuro, do passado e dos muitos domínios interiores do tempo e da eternidade.

LABRADORITA

A Labradorita harmoniza com a maioria dos outros Feldspatos, incluindo Pedra da Lua, Pedra do Sol, Espectrolita e Labradorita Dourada. A Pedra da Lua traz equilíbrio emocional e as vibrações do Divino Feminino. A Pedra da Lua e a Labradorita Dourada auxiliam na abertura dos chacras inferiores durante a prática de magia e nas manifestações por meio da magia. A Espectrolita funciona com o "Corpo Arco-íris" da pessoa, para melhorar a percepção dos reinos mais elevados.

NAISHA AHSIAN: A Labradorita é uma pedra poderosa do elemento Ar usada para magia e divinação. Ela ativa o olho interior, permitindo que a pessoa visualize com mais clareza o passado, o futuro e lugares distantes. Apesar de sua aparência externa escura, ela tem um arco-íris de tons brilhantes visível apenas quando a pedra é segura contra a luz. Esse efeito espelha a energia dessa aliada, que possibilita à pessoa se movimentar pelos reinos invisíveis enquanto purifica suas energias na Luz.

A Labradorita é uma pedra de vigor e da união por trás da dualidade aparente. Pode ajudar a pessoa a ver e compreender que as polaridades aparentes são, de fato, um único contínuo de energia que se expressa em extremos. Ela auxilia a pessoa a reconhecer a interligação de toda a dualidade aparente e a unidade da criação que subjaz ao paradoxo.

A Labradorita age como uma aliada para os que desejam entrar no vazio para obter informação e conhecimento dos aspectos invisíveis da vida. Para xamãs, magos e outros "feiticeiros", ela é uma pedra protetora e poderosa que ajuda a recordar experiências que a pessoa teve em outros reinos, outros tempos e outras vidas. Pode auxiliar a pessoa a movimentar-se para níveis alternativos de consciência e vibração, ajudando-a a "movimentar-se entre os mundos" conscientemente.

A Labradorita cria um campo de força por toda a aura, protegendo e fortalecendo as energias interiores e evitando que outras pessoas "coloquem uma torneira" em sua energia pessoal e drenem você. Pode ser usada para assegurar que todas as forças elementais sejam fortalecidas e estejam em proporção adequada nos sistemas de energia da pessoa. A Labradorita é uma auxiliar importante quando a pessoa trabalha com aliados elementais, já que ela auxilia na invocação dessas energias naturais poderosas.

Os trabalhos sutis de nossos eus interiores e guias mais elevados em geral são chamados de "mágicos" em nossa cultura. As sincronicidades e oportunidades maravilhosas que surgem quando estamos em harmonia com todos os nossos aspectos criam um sentido de mistério e maravilha e constroem uma ressonância entre nossos aspectos mundano e espiritual, capacitando nossa energia total para trabalhar em harmonia com nosso propósito divino. Quando estamos alinhados com nosso propósito divino, nosso destino se desdobra diante de nós.

A energia da Labradorita ajuda a penetrar nos véus do Vazio, onde todo o conhecimento e possibilidade são mantidos. O Vazio é o lugar de todo o potencial e é a fonte de toda a criação. A Labradorita ajuda os trabalhadores da Luz a acessar esse lugar de potencial e trazer para dentro deste reino as criações que são o bem maior de todos os seres.

ESPIRITUAL: A Labradorita auxilia a pessoa a se movimentar entre as realidades e a conectar-se com reinos invisíveis. Ela melhora as habilidades psíquicas e aumenta a capacidade da pessoa para visualizar e perceber com o olho interior. A Labradorita é particularmente útil para o trabalho mágico e ritual e age como proteção psíquica para os que viajam e servem em outros níveis de realidade.

EMOCIONAL: A Labradorita pode ajudar a descobrir padrões de crenças inconscientes e subconscientes que geram estados emocionais desagradáveis. Pode ajudar a pessoa a ficar claramente ciente da fonte das crenças, diálogos interiores e influências egoicas nos estados emocionais habituais da pessoa.

FÍSICO: A Labradorita pode ajudar a revelar a natureza de "doenças misteriosas". Pode mostrar os padrões que criaram as doenças e amplificar os pensamentos de cura e orações da pessoa.

AFIRMAÇÃO: Eu convoco a magia da percepção mais elevada.

LABRADORITA DOURADA

PALAVRAS-CHAVE: Uso correto da vontade, clareza, confiança, poder, vitalidade, criatividade, propósito.
ELEMENTO: Fogo.
CHACRAS: Plexo Solar (terceiro).

A Labradorita Dourada (também conhecida como Bytownita) é uma variedade de feldspato plagioclásio com uma dureza de 6 a 6,5. Seu sistema de cristal é triclínico. Algumas vezes ele se forma como blocos de cristal tubular, que podem ser duplos. A Labradorita Dourada em geral é transparente e sua cor é amarelo dourada. Ela não exibe a labradorescência cintilante de outras Labradoritas. Contudo, quando cortada em gemas, pode exibir um brilho incomum. A Labradorita Dourada pode ser encontrada no Oregon, onde ela é identificada algumas vezes como um tipo de Pedra do Sol, mas os maiores depósitos de materiais com valor para gemas estão no México.

ROBERT SIMMONS: A Labradorita Dourada é uma das melhores pedras para trabalhar com o terceiro chacra. Representa as qualidades solares da Labradorita – força interior, vitalidade, coragem, pensamento claro, resistência, atividade mental, foco espiritual e propósito. Ela pode acalmar as emoções aumentando a clareza da mente, e pode ajudar a pessoa a ver o padrão divino em suas lutas diárias. Em trabalho de sonho, auxilia a pessoa a despertar conscientemente nos planos mais elevados e a trazer informações importantes na volta.

A Labradorita Dourada leva a pessoa não só a uma comunhão com as energias de nosso próprio sol, mas por um fio de Luz ela também se liga com o Grande Sol Central, a casa e origem da consciência no Universo. Esse é o maior presente da Labradorita Dourada. O Grande Sol Central é o centro espiritual do Universo, existindo no reino etéreo. Ela é constantemente cercada por multidões de anjos em órbita, e é desse domínio que emana a "música das esferas". Na meditação, a pessoa pode seguir o fio dourado da energia da Labradorita Dourada até esse reino, e, se a jornada for completada, a pessoa não a esquecerá. Ela infundirá permanentemente a consciência da pessoa com admiração, reverência e gratidão, e uma consciência da perfeição magnificente de Tudo o Que É.

As energias da Labradorita Dourada têm tom masculino e solar, como se disse. Ela pode ser usada para ativar o aspecto masculino do eu da pessoa, tanto em homens como em mulheres. Ela estimula os traços de assertividade, autoconfiança, criatividade, autoexpressão em linguagem, atividade física e extroversão. Para os que se sentem hesitantes, sem foco, passivos ou fracos, a Labradorita Dourada pode ser uma aliada útil.

Se a pessoa desejar trazer as energias masculinas e femininas do interior de si mesma a uma expressão completa e equilíbrio dinâmico, ela é advertida a trabalhar com uma combinação de Labradorita Dourada e Pedra da Lua. Usar as duas pedras juntas em uma peça de joalheria ou meditar com uma em cada mão, ambas as opções são excelentes modos de realizar isso.

Ao trabalhar com questões de poder e vontade do terceiro chacra, recomenda-se Labradorita Dourada, em especial quando unida à Zincita. A Zincita ativa todos os chacras inferiores, e a Labradorita Dourada traz as energias para cima, para o terceiro chacra, para focar a energia expandida lá para cura e desenvolvimento. Para enfatizar os efeitos estimuladores da consciência da Labradorita Dourada, ela pode ser combinada com Moldavita, Fenacita, Azeztulite, Herderita, Escolecita, Natrolita ou uma combinação dessas pedras. Isso pode abrir as áreas espirituais mais elevadas à percepção consciente mais focada. Ela pode melhorar a habilidade da pessoa para lembrar-se e integrar as experiências espirituais. Além de trabalhar com essa pedra na meditação e em disposições corporais, usá-la em joias é altamente recomendado – pela melhoria da confiança, vitalidade, clareza mental e criatividade. Essas estão entre as principais energias necessárias para promover a eficiência do indivíduo em suas atividades diárias e no desfrute contínuo de tudo o que a vida traz.

NAISHA AHSIAN: A Labradorita Dourada estimula diretamente o chacra do plexo solar ao mesmo tempo em que nos ensina sobre o uso apropriado do poder e da vontade. Essa pedra pode auxiliar a eliminar problemas de uso do poder, particularmente os relacionados a vidas alternativas ou passadas. É uma pedra excelente para usar para controlar adiamentos e ajudar a pessoa a desenvolver consistência para agir.

A Labradorita Dourada estimula a habilidade da pessoa para aprender e adaptar-se a situações ou ambientes novos. Pode ajudar os que se sentem inseguros em situações sociais ou que tenham dificuldades em misturar-se com outras pessoas. Ela ajuda o ser a perceber seus talentos e habilidades e desenvolver uma autoestima forte. A Labradorita Dourada também liga a pessoa com as frequências de alegria e jovialidade infantis. Ajuda o indivíduo a reconhecer o Divino em todos os aspectos de sua vida e em todas as experiências.

ESPIRITUAL: A Labradorita Dourada auxilia a pessoa a ver onde ela pode usar mal seu poder. Ela permite que a pessoa perceba e honre suas habilidades espirituais e melhore sua confiança para usá-las.

EMOCIONAL: A Labradorita Dourada ajuda o ser a sentir-se mais confiante e à vontade em situações sociais. Ela ajuda a pessoa a sentir-se com mais autonomia e encoraja-a a deixar sua Luz brilhar.

FÍSICO: A Labradorita Dourada auxilia nos problemas dos rins, da vesícula biliar e do baço. Ela ajuda a sanear os sistemas de purificação do corpo ajudando a desintoxicar os órgãos responsáveis pela limpeza e depuração. Pode ajudar a parar de fazer xixi na cama durante a noite. A energia da Labradorita Dourada pode melhorar a digestão e o metabolismo de alimentos.

AFIRMAÇÃO: Eu convoco meu poder pessoal, para ser usado com clareza e integridade, pela ação da vontade iluminada.

LÁGRIMAS DE APACHE

PALAVRAS-CHAVE: Aterramento, proteção, prazer com a experiência física, limpeza emocional.
ELEMENTOS: Terra, Fogo.
CHACRAS: Raiz (primeiro), Sexual/Criativo (segundo), Coração (quarto).

Lágrimas de apache é uma variedade de Obsidiana, uma pedra vulcânica vítrea rica em sílica com um conteúdo de água menor que 1%. Sua dureza é de 5 a 5,5. As Lágrimas de Apache são naturais do México e do sudoeste dos Estados Unidos. Seu nome deriva de uma história sobre uma tribo de índios apaches perseguida pela cavalaria. Diz-se que os guerreiros foram forçados a pular para a morte de um precipício e que as lágrimas negras de luto das mulheres apaches se solidificaram em pedras com forma de gotas que podem ser encontradas naquela região. As Lágrimas de Apache são arredondadas, com tamanhos variando de 1,3 centímetro a 2,5 centímetros de diâmetro e em geral são semitransparentes e de cor marrom enegrecida.

ROBERT SIMMONS: As Lágrimas de Apache, como a maioria dos tipos de Obsidiana, podem ser usadas para assentamento e proteção das energias negativas. São convenientes para se carregar em uma bolsinha ou no bolso, pelo tamanho e forma arredondada, e são sentidas como mais "amistosas" que qualquer variedade de Obsidiana. Elas se ligam com facilidade ao corpo emocional e podem ser usadas para limpar e curar as feridas ou "bagagem" emocional que a pessoa pode estar carregando do passado, seja desta vida ou de uma anterior.

As Lágrimas de Apache facilitam o objetivo de processar e eliminar padrões de paralisia emocional, especialmente os mantidos abaixo do nível de percepção da pessoa. São ajudantes ideais quando se trabalha para revelar e eliminar tais bloqueios – em aconselhamento espiritual, terapia, trabalho de respiração ou renascimento. A meditação com Lágrimas de Apache pode abrir as comportas da dor, permitindo a limpeza e liberação de sentimentos de mágoas e vitimização.

As Lágrimas Apache podem ser talismãs excelentes para proteção de todos os tipos de forças negativas. Elevam o nível de sintonia psíquica, de modo que a pessoa possa "sentir" a aproximação de pessoas, situações ou energias ameaçadoras. Podem ser uma espécie de "aspirador" para vibrações negativas, mantendo a pessoa livre, magnetizando e neutralizando frequências desarmoniosas. Portanto, também é possível usá-las para limpar seu próprio campo áurico e corpo etéreo de todos os tipos de influências desagradáveis, sejam elas parasitas astrais ou suas próprias limitações e aflições.

As Lágrimas de Apache aliam-se a outras pedras de aterramento e proteção, como Quartzo Fumê, Turmalina Negra, Acmita, Granada Vermelha Jade Lemúria Meia-noite e Ouro do Curador. Elas também têm uma afinidade forte com Moldavita, Tectito Tibetano e Tectito Ouro Líbio. Embora essas pedras tenham origem extraterrestre, sua similaridade estrutural com as Lágrimas de Apache fornece uma possibilidade de ressonância. Nesses casos, as Lágrimas de Apache podem ajudar a assentar no corpo as altas frequências dos vários Tectitos, permitindo à pessoa integrar suas energias com maior facilidade. Para a cura emocional, a Rodocrosita pode auxiliar as Lágrimas de Apache a despertar para a catarse, perdão e libertação.

NAISHA AHSIAN: As Lágrimas de Apache são uma forma de Obsidiana, em geral com inclusões minerais de base ferrosa. As Lágrimas de Apache carregam uma energia forte do elemento Terra, que ajuda na ligação com os aspectos sagrados dos reinos físicos. Como outras Obsidianas, as Lágrimas de Apache também têm ressonância com a energia do Fogo, por terem nascido de um crisol vulcânico. Esse equilíbrio de energias da Terra e do Fogo auxilia a pessoa a aterrar a energia e purificar os meridianos e chacras. Essa aliada auxilia na criação e no fortalecimento da corda de aterramento que se estende do chacra da raiz através do chacra Estrela da Terra abaixo das solas dos pés, e para o interior do coração do planeta.

Algumas vezes, as pessoas em um caminho espiritual podem negar o plano terrestre e suas energias de baixa frequência. Podem sentir que a Terra não é espiritual e que se deve mover além do físico para obter compreensão espiritual. Elas chegam a acreditar que apenas as altas frequências de energia são "de luz", e que a energia de baixa frequência é "negativa". As Lágrimas de Apache nos lembram de que o espírito está à nossa volta – dentro de cada partícula e onda deste plano material denso. As Lágrimas de Apache nos ajudam a entender que todas as frequências de energia emanaram da fonte divina e cada uma se encaixa dentro do plano divino para sua criação. Você não pode ter um arco-íris apenas da cor púrpura! As Lágrimas de Apache nos levam a lembrar de que as baixas frequências do plano terrestre também podem ser fontes de ensinamento e conhecimento espiritual. Auxiliam-nos na descoberta do humor diante de nossas limitações humanas e nas limitações do reino material. Elas podem ajudar na descoberta do prazer na experiência física e na beleza do mundo.

As Lágrimas de Apache nos ensinam sobre o movimento da energia por todo o mundo natural. São aliadas excelentes para o curador por sua habilidade de auxiliar a pessoa na travessia entre o mundo inferior e o plano terrestre. Abrem os portais para os mundos interdimensionais da natureza, ajudando a pessoa a ligar-se com o mundo das fadas, os seres elementais, energias dévicas e outras fontes de conhecimento espiritual e energia naturais.

As Lágrimas de Apache são valiosas por regularem o excesso de energia do elemento Fogo. Elas podem ser úteis para a personalidade de tipo A que possa querer aprender o valor da quietude. São fortalecedoras do sangue e do sistema imunológico – especialmente úteis para conter doenças transmissíveis pelo sangue. Elas podem ajudar a acalmar a febre e emprestar uma vitalidade geral ao corpo.

ESPIRITUAL: As Lágrimas de Apache ajudam a pessoa a entender o valor do plano físico e das lições espirituais que ele tem de nos ensinar. São úteis para proteção psíquica e podem ajudar a abrir os reinos dos espíritos da natureza e de outros coabitantes da Terra, desta e de outras dimensões.

EMOCIONAL: As Lágrimas de Apache ajudam os que se sentem aprisionados na fisicalidade a encontrar o prazer na experiência física. Podem ser úteis para ressaltar com gentileza o valor dessa vida para os que podem tender para a depressão. Elas ajudam a conter os padrões de pensamento negativos e podem auxiliar a pessoa a encontrar pensamentos mais positivos com que criar sua realidade.

FÍSICO: Essas pedras conferem saúde e estamina geral, ajudam na vitalidade e purificação do sangue, estimulam o crescimento de unhas e cabelos, e auxiliam o sistema imunológico.

AFIRMAÇÃO: Eu afirmo que a Terra é minha casa, que estou com os pés no chão, a salvo e protegido, e desato quaisquer mágoas ou negatividade que possam atrasar meu crescimento espiritual.

LÁPIS-LAZÚLI

PALAVRAS-CHAVE: Visão interior, comunicação verdadeira, virtudes reais.
ELEMENTO: Ar.
CHACRAS: Terceiro Olho (sexto), Garganta (quinto).

O Lápis-lazúli é um silicato de sódio e alumínio com enxofre, cloro e hidroxila, e inclusões variáveis de Pirita e Calcita Branca. Sua dureza varia de 5 a 6 e seu sistema de cristal é isométrico, em geral agregado. Os antigos gregos e romanos chamavam a pedra de *sapphirus* até o termo Lápis-lazúli começar a ser usado na Idade Média. Em latim o nome significa "pedra azul" e veio da antiga palavra persa *lazhuward*, que significa azul. Os melhores Lápis-lazúli vêm das montanhas do Hindu Kush Oeste do Afeganistão. Outros depósitos, em geral de menor qualidade, estão no Chile e na Rússia.

Os antigos egípcios usavam os Lápis em escaravelhos, contas, pingentes e outras joias desde pelo menos 3100 a.C. Naquela civilização, ele também era transformado em pó para uso medicinal e como cosmético para sombra dos olhos. O sarcófago dourado do rei Tutancâmon é ricamente decorado com Lápis, como foram os outros ornamentos sepulcrais de outros reis e rainhas egípcios. O Lápis também era uma pedra da realeza na antiga Suméria e foi muito apreciado na China há pelo menos 2.500 anos. Durante a Renascença europeia, o Lápis foi amplamente usado para esculpir objetos de arte, e Catarina, a Grande, decorou um aposento em seu palácio com paredes, lareiras, portas e molduras de espelhos feitos de Lápis. As crenças budistas recomendavam o uso do Lápis-lazúli como uma pedra para trazer paz interior e libertação de pensamentos negativos. Na Europa, também se pensava que o Lápis curava várias doenças e era um antídoto para picadas de cobra.

ROBERT SIMMONS: O Lápis era usado para sepultar e decorar os faraós do antigo Egito. Como uma pedra da realeza e espiritualidade, era incomparável. Ela ainda transporta as vibrações dos "reis" ou "rainhas" interiores que estão enterrados dentro de nós. Para os que desejam despertar esse aspecto do eu, o Lápis é um auxiliar resoluto para a jornada interior profunda. Conhecer-se profundamente é ressuscitar sua natureza interior divina. Portanto, o Lápis é realmente a pedra da realeza em sua verdadeira natureza, e seu caminho de autoconhecimento é o meio para revelar essa verdade.

O Lápis ativa os centros psíquicos do Terceiro Olho, permitindo que a pessoa desenvolva uma intuição melhorada e tenha acesso à orientação espiritual. É uma pedra de percepção visionária, trazendo novas informações para a mente em imagens em vez de palavras. Melhora a habilidade intelectual, tornando a pessoa um leitor e professor melhor. É uma pedra da verdade e uma influência estimulante para o chacra da garganta – portanto, ela auxilia a pessoa tanto para discernir como para falar a verdade em todas as situações. O Lápis também é uma pedra de iniciação – dar uma joia de Lápis-lazúli a um amigo pode ser o catalisador de uma viagem mística para uma percepção mais elevada. O Lápis,

LÁPIS-LAZÚLI

em geral, é particularmente atraente para indivíduos com vidas passadas ligadas ao Antigo Egito, e meditar com a pedra pode auxiliá-los a recobrar memórias dessas vidas passadas, ajudando a evolução da encarnação atual.

O Lápis-lazúli funciona muito bem com Moldavita, facilitando a transformação para o propósito mais elevado da pessoa. A Alexandrita e a Opala do Oregon podem auxiliar o Lápis na abertura das memórias de vidas passadas. Também harmoniza com Turquesa, Rodocrosita, Sugilita, Crisoprásio, Rodonita e Larimar.

NAISHA AHSIAN: O Lápis-lazúli é um dos minerais mais conhecidos por ativar a mente mais elevada e as habilidades psíquicas. É uma pedra poderosa do elemento Ar, que funciona predominantemente no terceiro olho, com um efeito secundário dependendo das inclusões minerais. As inclusões de Pirita auxiliam a agir a partir dos ideais e visões mais elevados. As inclusões de Calcita ajudam a limpar os sistemas de energia do corpo para acomodar as energias espirituais mais elevadas.

O Lápis-lazúli tem sido usado tradicionalmente para auxiliar a pessoa a entrar em contato com os Deuses e invocar a inspiração divina. É a pedra do investigador espiritual e estudante, estimulando o desejo da pessoa por conhecimento e compreensão. Pode ajudar a pessoa a aprender com mais eficiência e é excelente para melhorar a memória.

O Lápis-lazúli também é uma das melhores pedras para usar em explorações de vidas alternativas e passadas. Auxilia a pessoa a ganhar acesso aos registros akáshicos para que ela possa receber informação sobre sua vida em civilizações que valorizaram e usaram o Lápis-lazúli – incluindo Atlântida, o antigo Egito, Peru, Suméria e Índia, entre outras. Ela pode ajudar a pessoa a readquirir conhecimento esotérico perdido dessas civilizações, inclusive informações sobre a origem estelar da humanidade.

Acima de tudo, o Lápis-lazúli é uma pedra de autoconhecimento e reflexão. Ele ajuda a pessoa a sair da mente mundana e entrar em uma percepção expandida de suas motivações e crenças. Esse conhecimento do eu proporciona à pessoa uma perspectiva clara sobre sua vida e criações. Ele a capacita a identificar seus dons e habilidades, e também suas limitações e oportunidades de crescimento. O Lápis-lazúli oferece à pessoa a oportunidade para um balanço da vida antes da morte, permitindo que a pessoa integre suas experiências para que possa ir para um nível de percepção mais elevado.

ESPIRITUAL: o Lápis-lazúli desperta o terceiro olho e melhora a habilidade da pessoa para visualizar e receber orientação ou informação visual. Melhora as viagens meditativas e facilita a visão de vidas passadas e alternativas. É uma pedra de clarividência e predição.

EMOCIONAL: O Lápis-lazúli ajuda a pessoa a movimentar sua consciência além do mundano e concede que identifique hábitos, padrões e lições que ela pode ter dificuldade para perceber conscientemente e que podem estar bloqueando-a de fazer progresso espiritual.

FÍSICO: O Lápis-lazúli ajuda a pessoa a identificar as raízes cármicas de doenças. Pode ser particularmente útil na identificação de hábitos e padrões de pensamento e emoções que sabotam sua cura.

AFIRMAÇÃO: Eu exijo a soberania e o poder de meu eu mais elevado, e alinho-me com minha verdade mais elevada.

LARIMAR

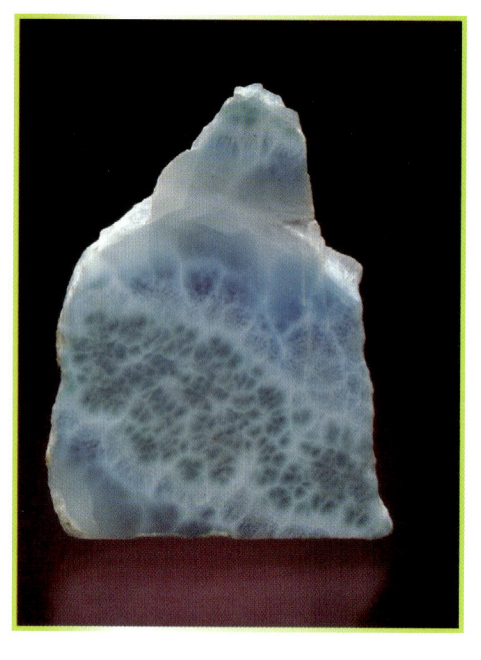

PALAVRAS-CHAVE: Calmante, relaxante, moderador para o corpo emocional, comunicação melhorada, poder feminino, ligação com as energias da deusa.
ELEMENTO: Água, Fogo.
CHACRAS: Garganta (quinto).

Larimar é uma forma de Pectolita azul, um mineral silicato de sódio e cálcio com uma dureza de 4,5 a 5. Ele ocorre como agregados de cristais parecidos com agulhas, que crescem juntos em uma massa sólida, caracterizada por padrões dramáticos de azul, azul esverdeado e branco. Forma-se em cavidades no interior de lava basáltica. Algumas Larimar também contêm inclusões de Hematita de um vermelho amarronzado vívido. A Larimar vem apenas da ilha de Hispaniola no mar caribenho.

ROBERT SIMMONS: A Larimar é uma pedra de tremendo benefício para o chacra da garganta, fornecendo o poder para limpar a comunicação e a força e estabilidade emocional que possibilita à pessoa falar a partir do coração. É uma pedra do poder feminino, trazendo as energias da Deusa e permitindo à pessoa acessar o Divino Feminino interior. Ela estimula um estado de bem-estar confiante e conhecimento relaxado pela pessoa de suas capacidades.

O relaxamento é um dos benefícios da Larimar. Ela acalma o corpo emocional, eliminando vínculos indesejáveis e aliviando o estresse. Ao usar a pedra, a pessoa sente-se cercada por um oásis de calma, sempre ciente de que está "tudo certo" no mundo, independentemente das circunstâncias transitórias.

A Larimar pode acalmar temperamentos esquentados e guiar o excesso de paixão à paz. Pode ser usada para diminuir a frequência e intensidade de ondas de calor e é um antídoto útil quando as energias da kundalini se tornaram desconfortavelmente ativas.

Como uma pedra que liga a pessoa com as energias da Deusa do Mar e do Céu, a Larimar ajuda as mulheres que a usam ou carregam a despertar para o Divino Feminino em sua interioridade. Ela emana vivacidade e bom humor, acompanhado por confiança e uma sensação de seu poder inato. Auxilia as mulheres a convocarem a Deusa interior, para manifestarem totalmente seu propósito mais elevado na vida.

Na meditação, a Larimar pode ajudar a pessoa a ver e liberar-se de vínculos interiores doentios com outras pessoas, ou com princípios que não servem a seu bem maior. Ela abre os caminhos para a "escada de ascensão divina", em que a pessoa deixa para trás qualquer compromisso passado obsoleto.

Colocar uma pedra de Larimar em sua casa ou ambiente de trabalho garantirá uma atmosfera serena e prazenteira. Usar a pedra no chacra da garganta, em um pingente ou em tratamento de disposição e retirada de pedras ajudará a desatar a voz da sabedoria profunda da pessoa. Cantores também são encorajados a tentar Larimar como um talismã para melhorar e proteger a voz.

LARIMAR

A Larimar combina bem com Água-marinha, Ajoíta, Turquesa, Opala Azul Andina, Aqua Lemúria e Crisocola. Ela tem afinidade especial com Cristais Semente da Lemúria, que podem ser usados com Larimar e Aqua Lemúria para viajar ao passado, para a história daquela civilização. Larimar pode suavizar as energias elevadas da Moldavita e do Tectito Tibetano. Pode exaltar as energias da Cuprita, Rubi, Zincita e outras pedras dos chacras inferiores. Com Fenacita, Broquita ou Natrolita, a pessoa pode usar a Larimar para "flutuar" para as dimensões mais elevadas.

NAISHA AHSIAN: A Larimar é uma das pedras do elemento cardinal Água, embora tenha nascido da atividade vulcânica. Ela age como equilibradora das energias da Água e do Fogo tanto no corpo físico quanto no emocional, sendo uma das poucas pedras que pode incorporar essas polaridades de energia. É uma pedra poderosa de equilíbrio, cura, nutrição e movimento para além da experiência egoica.

A energia da Larimar é calmante e relaxante. Ela ajuda a acalmar o medo excessivo e dissipar a raiva explosiva. As frequências da Larimar aliviam o estresse e seus efeitos físicos e energéticos. Ela ajuda a eliminar os "nós" energéticos que o estresse pode causar na aura, podendo ser usada efetivamente para reduzir tensão muscular, espasmos e crescimento anormal de tecidos. Sua energia age sobre inflamações, infecções, febre e outros sintomas de energia excessiva do elemento Fogo. Ela acalma e relaxa tanto o corpo físico quanto o energético, facilitando a cura e o retorno do equilíbrio. Pode ser útil em tratamentos de urticária, brotoejas, eczema, psoríase e outras enfermidades da pele agravadas pelo estresse.

A Larimar é uma pedra poderosa do chacra da garganta. Auxilia a pessoa na comunicação eficiente de suas emoções e seus limites de um modo que os outros possam ouvir e aceitar. A Larimar ensina a pessoa a respeitar o amor e a nutrir-se, de modo que ela possa ter os recursos interiores para distribuir essa dádiva para os outros. Por isso ela é uma pedra poderosamente benéfica para curadores e cuidadores.

A Larimar é uma pedra importante nestes tempos em que a humanidade sai de uma cultura centrada no ego para uma nova consciência e percepção. A Larimar pode ajudar as pessoas que se queixam continuamente de que as coisas não são como deveriam a se tornar presentes e aprender a amar o que está dado. Ela assiste aos que estão em um estado constante de ressentimento a abandonar o julgamento egoico e aprender a aceitar o Divino no momento.

A Larimar pode ajudar a quebrar barreiras emocionais que a pessoa construiu em torno de seu coração, permitindo a eliminação de dor, medo, raiva, estresse e outras energias emocionais que não servem mais. Ela facilita a libertação emocional durante o trabalho de cura e encoraja a eliminar padrões emocionais profundos. É excelente para usar durante o renascimento ou outras modalidades em que as fixações emocionais criadas durante a infância, nascimento e anteriores ao nascimento estão sendo abordadas.

A Larimar é uma pedra maravilhosa para mães durante e depois da gravidez. Pode aliviar a depressão pós-parto e relaxar o estresse associado a pais de primeira viagem. A Larimar auxilia tanto homens como mulheres a fazerem a ligação com suas naturezas feminina, receptiva e intuitiva.

ESPIRITUAL: A Larimar ensina o valor da autonutrição e o respeito próprio. Facilita o equilíbrio entre os aspectos ativo e receptivo de si mesmo. A Larimar encoraja a comunicação e a expressão de energia emocional.

EMOCIONAL: A Larimar é um purificador e remédio emocional. É especialmente útil para os que têm fobias, ataques de pânico, desequilíbrios relacionados ao estresse e medo ou raiva excessivos. Ela pode ajudar a pessoa a eliminar o julgamento e a interpretação egoica dos fatos.

FÍSICO: A Larimar é uma ferramenta útil durante a gravidez, o nascimento e pós-parto; ajuda a aliviar pressão alta sanguínea e doenças relacionadas ao estresse. A Larimar pode aliviar sintomas de energia excessiva do elemento Fogo, tais como inflamações, infecções e febre. É uma pedra excelente para usar durante resfriados e gripes, para ajudar a regular produção de muco, dores de garganta e febre.

AFIRMAÇÃO: Eu estou frio, calmo e sereno, ao mesmo tempo totalmente em contato com meu poder feminino, e comunico com clareza minha sabedoria e meus desejos.

LAZULITA

PALAVRAS-CHAVE: Habilidades mediúnicas, foco mental e disciplina, melhoria da função transcendente do cérebro.
ELEMENTO: Ar.
CHACRAS: Terceiro Olho (sexto).

A Lazulita é um fosfato de magnésio ferro e alumínio com uma dureza de 5 a 6. Seu sistema de cristal é monoclínico. É encontrada nas formas massiva, compacta ou granular, embora os espécimes mais valorizados sejam geodos de cristais pseudopiramidais. A cor varia de um azul-celeste intenso ao azul pálido e, algumas vezes, azul esverdeado. A Lazulita é encontrada no Brasil, Índia, Madagascar, Áustria, Suíça e Estados Unidos. Alguns cristais de grande qualidade em geodos foram encontrados no Yukon, Canadá. A Lazulita era uma pedra de cura muito valorizada, de acordo com os escritos de Edgard Cayce.

ROBERT SIMMONS: A Lazulita talvez seja a mais pura representante do raio índigo e, portanto, é muito estimulante para o chacra do terceiro olho. Ela pode ser usada para ativar todas as habilidades psíquicas, incluindo clarividência, clariaudiência e clarisciência, psicometria, mediunidade, visão profética, canalização, visão remota, telepatia, psicocinese e outras formas de PES. É ideal para os que já têm alguma experiência psíquica e desejam aumentar suas habilidades. Também pode ser de ajuda para iniciantes que desejam começar a desenvolver suas capacidades latentes. A Meditação com a Lazulita colocada em cima do terceiro olho é a prática mais significativa para a assimilação de energias oferecidas por essa pedra. Sonhar com uma Lazulita na fronha do travesseiro, também, pode trazer experiências espontâneas de viagem astral. Nesses episódios, a pessoa é lembrada de que o "fio de prata" de conexão energética ao corpo garante que ela sempre possa encontrar seu caminho de volta; portanto, nunca existe motivo para ansiedade.

A Lazulita também trabalha para trazer um maior foco e disciplina para as atividades mentais da pessoa. É uma pedra excelente para estudantes, especialmente durante "épocas de pressão" como preparo para exames ou trabalhos de fim de semestre. Ela pode assistir profissionais com cargas de trabalho pesadas que precisam trabalhar durante muitas horas sem se tornar excessivamente fatigados ou distraídos. Em um sentido um pouco diferente, pode ser uma pedra de *insight* inspirador para pesquisadores, filósofos, psicólogos e até poetas que estejam explorando fronteiras do conhecimento novas ou não mapeadas. A ênfase da Lazulita no foco pode fornecer uma energia que concede à pessoa reunir conceitos ou dados divergentes para formar uma nova síntese.

A Lazulita emana uma vibração que é consonante com o funcionamento do cérebro em seu máximo e, como tal, oferece energias que tendem a influenciar o campo de energia do cérebro para um equilíbrio e coerência excepcionais entre os hemisférios. É uma pedra boa para carregar ou usar para manter as "teias de aranha da idade" fora de ação. Ela pode ajudar a pessoa a preservar e melhorar a memória e é uma auxiliar para os que precisam memorizar uma grande quantidade de fatos, nomes ou outras informações. Por meio de sua influência equilibradora, pode desencadear conexões associativas no hemisfério direito que auxiliarão um pensamento mais linear no hemisfério esquerdo. Talvez, o mais importante, a Lazulita parece estimular os lobos pré-frontais do cérebro de modos que são misteriosos, embora perceptíveis. Diz-se que as habilidades paranormais têm sua morada no córtex pré-frontal. Talvez a ativação das habilidades psíquicas catalisadas pela Lazulita seja o prelúdio de um despertar ainda mais profundo.

A Lazulita harmoniza com Iolita, Lápis-lazúli, a pedra criada em laboratório Quartzo Azul Siberiano, Sodalita e Azurita. Fenacita, Natrolita, Escolecita, Danburita, Herderita, Broquita e Azeztulite auxiliam em sua estimulação das capacidades do cérebro direito.

NAISHA AHSIAN: A Lazulita é uma pedra dos níveis inconsciente e subconsciente da mente. Seu uso é excelente ao trabalho de sonho e para alcançar estados de meditação profundos. Sua energia poderosa do elemento Ar permite à pessoa entrar nos níveis mais profundos da mente e trazer luz para os recessos mais escuros desse nível do eu.

A Lazulita é adepta da revelação de padrões de pensamento. Os pensamentos não são apenas criados, mas também sintonizados, como frequências de um rádio, dependendo do nível de consciência habitual que se mantém. A pessoa atrai pensamentos do inconsciente coletivo que vibram com sua energia habitual. Esses pensamentos são experimentados quando passam pela mente consciente, criando então a experiência da realidade da pessoa. Se alguém muda seu nível habitual de vibração, ela muda os pensamentos que atrai e a realidade que cria. A Lazulita ajuda a pessoa a tornar-se ciente das vibrações de seu pensamento e pode ser uma aliada vital na mudança dessa vibração para frequências mais positivas. É excelente para mudar os pensamentos e crenças da pessoa pelo uso de afirmações, audições subliminares ou programas de sincronização hemisférica.

A Lazulita é uma pedra de sonho poderosa. Pode ajudar a pessoa a permanecer consciente no estado de sonho (sonho lúcido) e reter na memória as informações adquiridas nesse estado. Ela ajuda a pessoa a acessar o nível inconsciente da mente – a fonte de experiência e informação que é inacessível para nós no estado desperto. No interior desse nível de vibração, a pessoa pode acessar o reservatório de conhecimento, orientação, inspiração e criatividade da mente holográfica.

A Lazulita auxilia a pessoa a acessar e explorar memórias de vidas passadas mantidas nos níveis inconsciente e subconsciente da mente. É excelente para usar em regressão, permitindo à pessoa acessar as experiências de outras vidas, além das habilidades, do conhecimento e das informações adquiridas nelas.

A Lazulita estimula os sentidos psíquicos e intuitivos do terceiro olho e pode ser usada para facilitar viagens astrais e visão remota.

ESPIRITUAL: A Lazulita é ideal para sintonizar a mente da pessoa para ressoar com as frequências mais elevadas. Pode assisti-la na sintonização com outros níveis de realidade, incluindo outras dimensões. Ela melhora a recordação dos sonhos e é excelente para o trabalho de sonho lúcido. A Lazulita amplifica a energia das afirmações e pode melhorar os efeitos da sincronização da audioprogramação hemisférica ou subliminar.

EMOCIONAL: As habilidades da Lazulita para facilitar a exploração de vidas alternativas podem auxiliar a pessoa a identificar e liberar padrões emocionais de outras vidas.

FÍSICO: A Lazulita é uma pedra excelente para dores de cabeça e enxaqueca. Também pode auxiliar na recuperação de visão reduzida em razão de muitas horas olhando para televisão ou telas de computadores.

AFIRMAÇÃO: Eu reivindico minhas capacidades inatas por habilidades psíquicas e me comprometo a trabalhar para descobrir as funções transcendentes de meu eu totalmente desperto.

LEPIDOCROCITA

PALAVRAS-CHAVE: Cura emocional, eliminação de padrões autodestrutivos, amor e empatia, recuperação da alma, inspiração criativa e comunicação.
ELEMENTO: Fogo, Água.
CHACRAS: Coração (quarto).

A Lepidocrocita é um mineral hidróxido de ferro com uma dureza de 5. Seu sistema de cristal é ortorrômbico. Ocorre mais comumente em formas fibrosas ou massivas, mas algumas vezes se forma em cristais achatados, planos. Sua cor é marrom avermelhada e vermelho escura. A Lepidocrocita tem a propriedade incomum de se tornar fortemente magnética quando aquecida. Ela se forma como um mineral secundário com a Goethita, e alguns textos a classificam como uma forma rara de Goethita. Em Madagascar foram descobertos cristais de Quartzo que têm inclusões "fantasmas" de Lepidocrocita próximas das terminações. De vez em quando, também ocorre como inclusões em cristais de Ametista.

ROBERT SIMMONS: A Lepidocrocita é uma pedra de alinhamento energético, trazendo todos os aspectos dos corpos astral, sutil, etéreo e os sistemas de chacra da pessoa a um relacionamento e harmonia apropriados. Ela pode ajudar a curar "buracos" no campo áurico causados por drogas ou abuso de álcool, ou por vínculos negativos com entidades. Ela fortalece o escudo natural de proteção psíquica da pessoa, cercando-a com um "ovo" de Luz branca dourada que é permeável apenas para as energias e os seres de acordo com seu bem maior.

A Lepidocrocita é benéfica para o corpo emocional, ajudando a pessoa a beber nas fontes do amor divino, o que auxilia na cura de suas antigas feridas. Ajuda no processo do luto e no alívio da depressão. Pode auxiliar na recuperação e na eliminação de memórias de abuso, o que pode liberar tremendas quantidades de energia para o uso consciente da pessoa. A Lepidocrocita pode ajudar a pessoa a trazer sua "criança interior" para uma relação consciente com seu eu atual, concedendo que ela recupere fragmentos de alma deixados para trás em momentos traumáticos de sua vida.

Com relação ao trabalho de recuperação da alma, a Lepidocrocita é potencialmente de grande ajuda para os que auxiliam os outros em sua atividade vital de cura. Ela aumenta a ligação empática da pessoa com os outros, permitindo que *veja* com mais clareza os lugares feridos nos outros e que se movimente apropriadamente para ajudá-los a reclamarem suas partes perdidas. Ela pode auxiliar tanto o cliente quanto o facilitador a reconhecerem o poder animal ou guia espiritual que veio para ajudar. Também torna mais fácil para os iniciantes no trabalho com os espíritos guias sentirem a ligação e interagir com o guia.

A Lepidocrocita facilita vários tipos de comunicação – verbal, empática, telepática, emocional, matemática, musical e artística. É útil a palestrantes e professores para fazer suas mensagens chegarem a cada membro da classe ou do grupo. Ela melhora o envio e recebimento de todos os tipos de telepatia que vêm do contato visual e linguagem corporal. Ajuda atores e músicos a sentirem, compreenderem e ressoarem com as energias da audiência. Pode ajudar terapeutas a chegarem a um patamar de confiança em que o cliente se abre de verdade. Pode ajudar trabalhadores de ciência e matemática a receberem inspiração e traduzirem seus *insights* em formas que outros possam compreender. Pode até ajudar poetas a encontrarem as palavras exatas que iluminem suas ideias.

A Lepidocrocita transporta a vibração do amor e pode abrir o chacra do coração. É excelente para ajudar parceiros românticos a se comunicarem profundamente um com o outro.

Para a melhoria das energias do amor, a Lepidocrocita pode ser combinada com Quartzo Rosa, Kunzita, Morganita e/ou Rodocrosita. Para a comunicação, acrescentar Ajoíta, Larimar ou Água-marinha pode ser útil. Para a sintonia psíquica, Quartzo Azul Siberiano, Lápis e Iolita podem aprofundar a ligação.

NAISHA AHSIAN: A Lepidocrocita é uma aliada maravilhosa para o equilíbrio dos elementos Fogo e Água. Ela pode auxiliar a pessoa a sair de estados de emoções profundas que a impedem de seguir adiante e ajudá-la a parar para "cheirar as rosas" quando está excessivamente orientada para a ação e muito ocupada. Ela ensina sobre o equilíbrio entre o movimento e a imobilidade, reflexão interior e ação exterior. A energia da Lepidocrocita estimula o coração e a vontade, auxiliando a pessoa a encontrar suas mágoas mais profundas, eliminando-as, então, com alegria e gratidão pelas lições que elas deram.

A Lepidocrocita pode assistir aos que manifestaram doenças como autopunição por equívocos percebidos no passado. Ela ajuda a pessoa a reconciliar seu coração com seus feitos, garantindo que ela sempre aja de um modo equilibrado e amoroso. Pode ajudar a pessoa a render-se à crença no poder divino para equilibrar todas as experiências e pode impedi-la de ficar obcecada com o conceito de "justiça" neste mundo. Auxilia a pessoa a eliminar identificação com a polaridade da vítima e encoraja-a, com suavidade, a explorar brincando o processo de criar sua vida.

Essa aliada pode ajudar a equilibrar os que sentem a necessidade de ser dominadores ou controladores dos outros. Ao eliminar o medo gentilmente, ela possibilita que a pessoa se abra para o futuro sem a necessidade de controlar os resultados. Ela pode ajudar a ir para um estado de concessão, em vez de lutar em um estado de tentativa. Sua frequência ajuda a pessoa a mover-se em direção à percepção da inteligência do coração, em vez de continuar com a análise intelectual constante de sua vida e experiências.

ESPIRITUAL: A Lepidocrocita abre o coração e permite que a vontade da pessoa se torne subserviente a seu amor. Ela encoraja a ação correta e a abordagem equilibrada de todos os aspectos da vida. Sua ativação do centro elevado do coração capacita a pessoa a alinhar sua vontade emocional com a vontade divina.

EMOCIONAL: A Lepidocrocita é uma equilibradora e terapeuta emocional poderosa. Ela auxilia a pessoa na autoaceitação e autoestima. Encoraja a abordar os outros com uma atitude de honestidade e poder centrado no coração. É uma pedra maravilhosa para usar quando as mudanças hormonais criam estados de flutuação emocional violentos, ou quando a depressão é agravada por ciclos hormonais. Pode ajudar intimidadores, mártires e manipuladores a enfrentar seus medos e aceitar-se amorosamente, e com isso curar os padrões destrutivos que são manifestações negativas de ódio por si.

FÍSICO: A Lepidocrocita fortalece o sangue e auxilia o coração e os pulmões a oxigenarem as células apropriadamente. É excelente para equilibrar o sistema endócrino e diminuir mudanças hormonais radicais. Ela ajuda a estabilizar a saúde reprodutiva e encoraja a fertilidade em ambos os sexos.

AFIRMAÇÃO: Por meio da compaixão, eu me curo e aos outros; por meio do amor, eu vejo a mão do Divino movimentando-se por todo o mundo.

LEPIDOLITA

PALAVRAS-CHAVE: Cura emocional e equilíbrio, purificação, serenidade, relaxamento, alívio do estresse.
ELEMENTO: Água.
CHACRAS: Todos, especialmente Coração (quarto) e Terceiro Olho (sexto).

A Lepidolita é um silicato de potássio lítio e alumínio com uma dureza de 2,5 a 3. Seu sistema de cristal é monoclínico. Ela cristaliza em massas segmentadas, agregados escalares e cristais tabulares hexagonais. A Lepidolita, em geral, ocorre em associação com outros minerais que contêm lítio, tais como Turmalina ou Espodumênio. A cor, na maioria das vezes, é rosa, arroxeada ou lavanda, embora a Lepidolita também possa ser cinzenta, branca ou até incolor. Bons depósitos de Lepidolita foram encontrados na África, Brasil, Groenlândia e Estados Unidos. Nos Estados Unidos as melhores localidades para Lepidolita são Auburn, Maine, e o município de São Diego, Califórnia. Um dos tipos de Lepidolita mais recentes e prediletos para uso metafísico é a Lepidolita Lilás, da África.

ROBERT SIMMONS: A Lepidolita é mais eficiente para acalmar nervos em frangalhos, ajudando a eliminar estresse e ansiedade, colocando a pessoa no caminho da disposição para a aceitação. Tem seu melhor efeito quando a vida apresenta os maiores desafios – quando alguém tem de enfrentar pessoas raivosas, preocupações financeiras, perda de emprego ou relacionamento, ou a necessidade de fazer mudanças importantes em um curto espaço de tempo. Ela não apenas traz calma para mares emocionais tempestuosos, mas também fornece a energia da percepção iluminada que mantém a pessoa "no foco" para que possa administrar a situação do melhor modo, preservando sua integridade e bem-estar.

A Lepidolita é uma pedra da serenidade, e essa característica estende-se em muitas direções. Ela encoraja a pessoa a reagir à hostilidade sem armar defesas, a encontrar o caminho da ação harmoniosa e ver problemas como oportunidades para aprender. Melhora a graça física e pode ser de grande ajuda para bailarinos autoconscientes. Ela empresta eloquência fácil à fala da pessoa e ensina-a a ouvir com atenção compassiva e paciente. Encoraja o olho a ver a beleza, mesmo em ambientes aviltantes. Se a pessoa está deprimida, concede que a disposição desça para o interior do luto por trás da depressão, e a compreensão de que a maioria dos sofrimentos não está no luto, mas na resistência a senti-lo.

A pessoa pode tomar um "banho de Lepidolita", colocando uma ou mais pedras em uma banheira aquecida, acendendo uma vela e permitindo que as energias suaves da pedra permeiem seu campo de energia. Esse é um dos modos mais eficientes de receber as influências calmantes da Lepidolita.

A Lepidolita também é uma pedra da purificação espiritual, e a meditação com ela pode limpar energias bloqueadas em qualquer um dos chacras e por todo o sistema de meridianos. Pode dissipar pensamentos negativos e remover vínculos emocionais negativos, tais como ressentimento e in*veja*.

A Lepidolita harmoniza com outros minerais que contêm lítio, como Turmalina, Kunzita, Petalita e Ambligonita. Sua propriedade de purificação pode ser melhorada pela Ametista. Suas energias espirituais mais elevadas podem ser aumentadas pela Fenacita, Azeztulite, Natrolita, Escolecita, Calcita Elestial e Calcita Merkabita. Sua propriedade de serenidade pode ser, mais tarde, ativada pelo Cristal Semente da Lemúria e Aqua Lemúria. Combinada com Alexandrita, pode levar a pessoa a jornadas de cura por vidas passadas.

NAISHA AHSIAN: A Lepidolita é uma pedra com alta quantidade de lítio e é muito útil para equilibrar o corpo emocional e acalmar a mente. Ela ativa os chacras do coração, liberando uma energia expansiva e amorosa pelo campo áurico. A Lepidolita é profundamente relaxante e é uma das pedras mais poderosas para combater estresse, ansiedade, medo, luto e outras frequências emocionais traumáticas.

A Lepidolita é a pedra cardinal do "pare e sinta o aroma das rosas". Ela elimina os "e se" da mente egoica e coloca no lugar uma qualidade de consciência do tipo zen que simplesmente vive e aprecia o momento presente da realidade. Ela traz um suspiro de alívio energético para a aura, permitindo que a pessoa deixe as preocupações de lado – relaxe, libere e desfrute a dádiva da vida e consciência.

A Lepidolita auxilia a pessoa a perceber e eliminar traumas emocionais passados que ela pode estar mantendo inconscientemente. Ela impede a pessoa de usar esses traumas como uma marca de coragem ou uma fonte secreta de orgulho. Ajuda-a a desligar seu sentido de identidade das experiências que teve no passado e, em vez disso, encoraja-a a identificar-se apenas com a presença do Criador e o momento presente. Ela pode ajudar aos que continuamente atraem crises em suas vidas a reconhecer seu papel nessas criações e parar de se identificar como vítimas.

A Lepidolita é útil para equilibrar extremos emocionais. Permite que a pessoa encontre um centro emocional forte e estável, de modo que os distúrbios sem importância e turbulências da vida não a coloquem em estados emocionais descontrolados. É muito útil para hiperatividade e déficit de atenção. É excelente para crianças, particularmente as com naturezas emocionais sensíveis. A Lepidolita pode ser útil na prevenção de pesadelos e na eliminação do medo do desconhecido ou as preocupações da pessoa sobre o futuro. A Lepidolita oferece apoio para os com tendências depressivas que vivenciam ansiedades extremas. Pode ajudar a acalmar os pensamentos, auxiliando a pessoa a viver o momento.

ESPIRITUAL: A Lepidolita encoraja o abandono de identificações com o ego e aceitação do momento presente como o lugar de morada da alma.

EMOCIONAL: A Lepidolita auxilia a pessoa a encontrar um centro emocional forte, não afetado pelos dramas e acontecimentos de sua experiência externa. Ela ajuda a equilibrar as emoções e impede mudanças emocionais extremas. É uma pedra excelente para os que têm medo ou ansiedade excessivos.

FÍSICO: A Lepidolita é um excelente apoio para muitos tipos de desequilíbrios emocionais e mentais. Pode controlar energeticamente hiperatividade e/ou desordem de déficit de atenção. Ela é uma pedra excelente para desordens de sono, incluindo insônia em razão de estresse, ansiedade ou pesadelos.

AFIRMAÇÃO: Eu passo por todas as alegrias e tristezas da vida, triunfos e traumas, com serenidade e graça.

LEPIDOLITA LILÁS

PALAVRAS-CHAVE: Relaxamento do corpo emocional, alívio do estresse, melhoria da meditação, paz, serenidade, amor, ligação divina.
ELEMENTO: Tempestade, Água.
CHACRAS: Todos, especialmente Coração (quarto) e Coroa (sétimo).

A Lepidolita Lilás, como outras variedades de Lepidolita, é um silicato de potássio lítio e alumínio com uma dureza de 2,5 a 3. Cristaliza como uma massa divisível e sua cor é um lavanda intenso, com translucidez em algumas peças. Essa variedade de Lepidolita só foi encontrada no Zimbábue, África. É uma das descobertas mais recentes de Lepidolitas, e uma das mais populares para uso metafísico.

ROBERT SIMMONS: A Lepidolita Lilás mescla o raio rosa do coração com a chama violeta da purificação e do despertar espiritual. Ela ativa a ligação consciente da pessoa com o Eu Superior e auxilia a pessoa a manter essa conexão. Usar ou carregar a Lepidolita Lilás pode facilitar o desenvolvimento pela pessoa da percepção da presença divina e pode ajudá-la a tornar-se um cocriador consciente com essa presença.

O leitor é convidado a imaginar por um momento seu próprio corpo, em pé em uma coluna de Luz violeta, no topo da qual está uma réplica perfeita e expandida de sua imagem corporal. Esse é o diagrama da coluna vertical da consciência, também chamada de presença divina. A Lepidolita Lilás pode ser usada para ativar o canal da Luz Violeta e abrir a mente da pessoa para a percepção da presença divina. Quando a pessoa está nesse estado de consciência, ela pode sentir quase literalmente que o eu do dia a dia e o Eu Superior estão funcionando acoplados, agindo juntos em uma harmonia dinâmica para orquestrar o fluxo da vida. Quando isso ocorre, o número de sincronicidades positivas na vida da pessoa sobe dramaticamente. É como ter "boa sorte" ou ser abençoado, exceto que a boa fortuna flui a partir da própria intenção da pessoa. Esse é um estado para o qual muitos de nós estamos evoluindo. A Lepidolita Lilás é uma ferramenta para ativar e acelerar esse processo.

A Lepidolita Lilás estimula a sensação de paz, serenidade e amor, tornando-a ideal para aliviar o estresse, acalmar nervos desgastados e simplesmente relaxar. É recomendada para os que desejam se recobrar de luto ou depressão e para indivíduos que querem melhorar sua sensação de bem-estar. Qualquer um que esteja passando por uma época difícil, como uma doença, separação no casamento, mudança de carreira ou outro desafio pessoal, pode considerar a Lepidolita Lilás um talismã de paz interior e condutor para a alegria.

A Lepidolita Lilás harmoniza bem com Lazurita Rosa, Azeztulite, Morganita, Turmalina, Sílica Gel de Lítio, Ambligonita, Quartzo Lítio, Smithsonita e Serafinita.

NAISHA AHSIAN: As energias profundamente relaxantes da Lepidolita dão uma virada maravilhosa nessa variedade de cor lilás. Sua vibração é imediatamente calmante, facilitando a eliminação do estresse, da tensão e das preocupações. Sua energia é como um banho profundo e morno para a aura – limpando os entulhos psíquicos e energéticos do dia e equilibrando o corpo emocional.

Além de suas qualidades redutoras do estresse, a Lepidolita Lilás é uma pedra de cura do coração. Suas energias calmantes e estimulantes são excelentes para os que estão em luto por uma perda ou para os que vivenciaram algum outro tipo de trauma emocional intenso. A Lepidolita Lilás é particularmente boa para acalmar e apoiar os corpos emocionais de crianças e animais de estimação.

A Lepidolita Lilás ajuda a aquietar a mente para meditação e centrar os que estão dispersos energeticamente. Ela ajuda a conseguir um estado de meditação semelhante ao nível entre o estado desperto e o sonho; abre o coração ao mesmo tempo em que encoraja a compreensão das experiências emocionais.

Essa pedra auxilia o corpo a eliminar o estresse e a tensão. Seu uso é excelente para inflamações ou doenças inflamatórias. É calmante para a artrite e dores nas juntas, sendo recomendada para crianças que têm dificuldade para dormir ou aqueles com excesso de pesadelos.

ESPIRITUAL: A Lepidolita Lilás ativa a conexão da pessoa com a presença divina, o padrão aperfeiçoado do eu espiritual. Pense nele como a pessoa em sua forma angelical. Assim que a conexão é fortalecida e tornada consciente, a pessoa pode começar a "escrever o roteiro" para os acontecimentos interiores e externos de sua vida.

EMOCIONAL: A Lepidolita Lilás ajuda no alívio do estresse e na aceitação da serenidade e do amor. Ela estimula a espiritualização das emoções, em que o drama é substituído por aceitação e prazer.

FÍSICO: Enquanto dissipa o estresse e a tensão nervosa, a Lepidolita Lilás assiste na mudança dos órgãos e sistemas do corpo para seus modos de funcionamento mais eficientes. É uma pedra excelente para os que estão se recuperando de ataques cardíacos e esgotamento nervoso.

AFIRMAÇÃO: Eu estou sintonizado com minha presença divina e cheio de paz, amor e alegria.

LINGAM DE SHIVA

PALAVRAS-CHAVE: Ativação da kundalini, vitalidade e prana, transformação espiritual e renascimento, iluminação, unidade com o Todo.
ELEMENTO: Terra, Ar, Água, Fogo, Tempestade.
CHACRAS: Todos.

Os Lingam de Shiva são pedras em formato ovoide de Quartzos criptocristalinos (com impurezas), um mineral dióxido de silício com uma dureza de 7. Os Shiva Lingam se originaram no Rio Narmada em Onkar Mandhata, na Índia Ocidental, um dos sete lugares sagrados da Índia. Os aldeões colhem as pedras brutas nas margens rasas do rio e fazem o polimento manual com as proporções elípticas clássicas. Entre as características-chave dos Lingam de Shiva estão pontos e faixas avermelhadas encontradas na pedra, que em geral é cinza ou marrom amarelada. Vários significados foram atribuídos ao local e ao número desses pontos avermelhados.

A forma alongada ovoide do Lingam de Shiva na verdade é considerada um símbolo do falo do deus hindu Shiva. Em templos, ele em geral é pareado com o objeto correspondente simbolizando a mulher, ou a *yoni*. Contudo, no interior de sua própria forma, o Lingam de Shiva simboliza tanto o masculino quanto o feminino, e também o ovo cósmico de onde se diz que toda a criação emergiu.

Diz a lenda que a deusa Parvati moldou um Lingam de Shiva de um punhado de areia em Kanchipuram e cultuou Shiva. Esse espécime é conhecido como *Prithvilingam*, simbolizando o elemento primordial da Terra. Alguns dos Lingam de Shiva nos templos hindus são chamados de *swayambus*, denotando que eles apareceram por si, intocados por ferramentas ou mãos humanas. Os Lingam de Shiva simbolizam a energia primordial do Criador. Os devotos hindus creem que no fim da criação, na época do grande dilúvio, todos os vários aspectos de Deus encontram um lugar de descanso no Lingam – Brahma é absorvido à direita, Vishnu à esquerda e Gayatri no centro. Diz-se também que o Lingam de Shiva é uma representação da Coluna de Fogo Cósmica infinita.

ROBERT SIMMONS: Os Lingam de Shiva ressoam profundamente com as energias da Terra, contudo eles transportam energias fortes da Água, do Ar e até do Fogo. De fato, a energia de fogo dessas pedras é tão intensa que são capazes de ativar as energias da kundalini e carregar todo o sistema de chacras. Para aqueles que sentem que precisam de um jorro de vitalidade e energias de *prana*, meditar ou dormir com um Lingam de Shiva é altamente recomendado.

As lendas esotéricas (e hoje em dia até alguns cientistas) sugerem que existe um campo de conhecimento invisível – similar de certo modo com o inconsciente coletivo – em que a energia psíquica estocada de rituais e crenças humanas pode residir. Quando alguém faz algo que produz uma ligação com alguma porção desse campo da consciência, pode entrar em contato com a energia de toda consciência passada que contribuiu para tal campo. Portanto, quando uma pessoa trabalha com um objeto sagrado como o Lingam de Shiva, ela pode receber os benefícios dos esforços coletivos de todos os que usaram tais pedras em buscas espirituais por toda a história. Uma vez que os Lingam de Shiva têm sido objeto de devoção ao Divino e um talismã de iluminação durante muitos séculos, a pessoa pode entrar em contato com a energia de tudo isso por meio do trabalho com essas pedras aqui e agora. Isso é especialmente verdade porque as próprias pedras são compostas principalmente de Quartzos microscópicos. Por meio da ressonância do cristal, qualquer Lingam de Shiva pode ligar-se energeticamente a todos os outros por todo o mundo, em todos os tempos e lugares. Não é de admirar que eles sejam talismãs espirituais tão potentes.

    Os Lingam de Shiva são emblemas da transformação interior, participando do elemento Tempestade para quebrar padrões de hábitos e crenças autolimitantes, para que a pessoa possa ser inundada com o Espírito. Como Shiva, eles destroem o que é velho e corrompido para limpar o caminho para o renascimento. Aqueles que desejam tal transformação encontrarão neles um aliado pronto e feroz.

    Os Lingam de Shiva harmonizam com todos os tipos de Quartzo. Para transformação espiritual, eles têm uma afinidade especial com Moldavita.

NAISHA AHSIAN: Os Lingam de Shiva podem ser feitos de vários materiais, mas os que são vendidos mais comumente como "Lingam de Shiva" vêm do Rio Narmada na Índia. Os Lingam de Shiva do Rio Narmada são belas pedras polidas que contêm faixas, anéis e ondulações. A própria forma representa o aspecto masculino da criação e a feitura da pedra representa o aspecto feminino. O efeito energético total da pedra é o da união e ativação da energia sagrada da kundalini que sobe pela espinha, ativando os chacras e trazendo iluminação.

    As energias da pedra ressoam com o elemento Tempestade. Elas amplificam o campo eletromagnético do corpo e estimulam os meridianos. Tanto energética quanto metafisicamente, os Lingam de Shiva representam a cura das polaridades e a força unificadora da criação.

ESPIRITUAL: Os Lingam de Shiva nos lembram de que as oposições percebidas são simplesmente expressões energéticas diferentes do todo. Além do "masculino" e "feminino", "luz" e "escuridão", "bem" e "mal", existe uma força unificadora subjacente. Os Lingam de Shiva ajudam a unir todos os lados do ser e aceitar amorosamente as diferenças nos outros como expressão das muitas faces do Criador único.

EMOCIONAL: Os Lingam de Shiva podem auxiliar a superar criticismo, separação e o desejo de ser "individuais" ou apartados. A palavra "apartado" significa separado, e de fato ela é composta das palavras "a parte" que indica totalidade. Os Lingam de Shiva nos ajudam a sentir a unidade, mesmo em situações de separação aparente.

FÍSICO: Os Lingam de Shiva estimulam os sistemas energéticos do corpo, auxiliando a cura geral em todos os níveis. Eles podem ser usados para tratar impotência, infertilidade e outros desequilíbrios sexuais e reprodutivos. Seu melhor uso, entretanto, é para fortalecer e equilibrar todo o corpo.

AFIRMAÇÃO: Eu me dou ao Divino – com confiança completa e devoção total peço para ser refeito e iluminado.

MADEIRA PETRIFICADA

PALAVRAS-CHAVE: Crescimento constante, um corpo forte, recordação de vida passada, paciência, paz interior.
ELEMENTO: Terra.
CHACRAS: Raiz (primeiro), Terceiro Olho (sexto).

A Madeira Petrificada (também chamada de madeira fossilizada ou madeira agatizada) é um membro da família Quartzo, um mineral dióxido de silício com uma dureza de 6,5 a 7. Seu sistema de cristal é hexagonal (trigonal). Ao contrário da crença popular, a madeira não se tornou pedra de verdade. Apenas a forma da madeira permanece – a substância orgânica da madeira foi substituída por dióxido de silício. Os especialistas se referem a esse processo como "pseudomorfose de Calcedônia (ou Jaspe ou Opala) a partir da madeira". Se a madeira, depois da morte, for coberta rapidamente por rochas sedimentárias de grãos finos, isso permite a petrificação, que preserva muito da forma original da madeira. Anéis de crescimento, a casca exterior e até buracos de vermes na madeira podem ser preservados nesse processo.

A maior parte da Madeira Petrificada é marrom ou cinza, embora algumas peças contenham cores amarela, vermelha, preta e até azuis ou violeta. A localização de Madeira Petrificada mais espetacular é perto de Holbook, Arizona, onde troncos de árvores petrificados de até 64 metros foram encontrados. Por volta de 200 milhões de anos atrás, as águas depositaram os troncos de árvores nessa área, depois os cobriram com sedimentos compactados de centenas de metros. No fim, algumas das madeiras fossilizadas foram expostas às intempéries. A Madeira Petrificada dessa localidade é a mais espetacularmente colorida que qualquer outra no mundo e, em 1962, a "Floresta Petrificada" foi transformada em um parque nacional. Outras fontes importantes existem no Egito, Brasil e Argentina.

ROBERT SIMMONS: A Madeira Petrificada é uma pedra de paciência, de crescimento lento e constante em direção ao objetivo da transformação espiritual. Ela lembra a pessoa a não "empurrar o rio" e também a não nadar contra a corrente! Ela avisa-nos que podemos confiar no fluxo da vida e evolução, e que o ritmo divino, provavelmente, é melhor que a agenda dos desejos que pessoa pode preferir.

A Madeira Petrificada é uma boa pedra para fortalecer o corpo gradualmente. É recomendada para ser carregada ou usada pelos que necessitam de uma estabilidade maior na espinha ou estrutura do esqueleto. Ela também instila fortaleza de caráter e ajuda a pessoa a viver por seus ideais. Ela dá à pessoa uma sensação de paz durante épocas de mudança. Mesmo simplesmente ao olhar para uma dessas pedras e imaginar sua existência como uma árvore, centenas de milhões de anos atrás, a pessoa é lembrada da vastidão da grande Roda da Vida e da importância de render-se a suas viradas inevitáveis.

A Madeira Petrificada auxilia a pessoa na recordação de vidas passadas. É especialmente útil para ancorar na Terra os *insights* que a pessoa adquire da vivência dessas memórias – fazer a ligação entre os problemas e temas de encarnações anteriores e as questões de sua vida atual. Ela ajuda a pessoa a transformar fraquezas passadas em novas forças, do mesmo modo que a madeira perecível evoluiu sua forma para a de uma pedra imortal.

A Madeira Petrificada transporta uma impressão da história "recente" (100 milhões a 200 milhões de anos) da Terra, e ela pode ser utilizada para ver os registros akáshicos deste planeta. Ao usar a Madeira Petrificada em conjunto com outras pedras sintonizadas com o passado remoto (por exemplo, Nuummita e Aqua Lemúria), a pessoa pode obter visões claras e estáveis de civilizações antigas e de tempos anteriores aos humanos estarem aqui em forma física. A pessoa pode retroceder ainda mais vendo a "semeadura" da evolução da Terra por entidades não humanas de grande inteligência e poder espiritual.

A Madeira Petrificada pode ser combinada harmoniosamente com todos os membros da família Quartzo, especialmente Ágata, Jaspe e Calcedônia. Para vitalidade e força física, Pedra do Sangue, Jaspe Vermelho, Ônix e Cornalina são aliados ideais. Para recordação de vidas passadas, Opala Oregon, Opala Azul Owyhee e Alexandrita são altamente recomendadas.

NAISHA AHSIAN: A Madeira Petrificada é uma pedra de raízes, inícios e conhecimento antigo. Ela incorpora o conhecimento dos "Antigos" da Terra – as árvores antigas que testemunharam os primórdios, os dias mais prístinos deste planeta. A Madeira Petrificada auxilia a pessoa a entrar em contato com suas raízes antigas, e a obter conhecimento a partir desse contato. Ajuda a recordar os tempos em que os humanos de todas as raças caminhavam em equilíbrio sobre a Terra, adquirindo conhecimento e sabedoria de todos os reinos da Natureza. É uma pedra poderosa para os curadores da Terra e aqueles que desejam fazer a virada de uma consciência consumista para a ressonância com o poder, beleza e sabedoria do mundo natural. Essa virada é uma parte importante do processo de ascensão e é um dos primeiros passos na manifestação da Nova Era.

A Madeira Petrificada permite que a pessoa acesse os registros genéticos contidos no interior da vasta livraria de nossas células. Ela pode ajudar a pessoa a viajar para dentro das células e "ler" energeticamente os registros codificados no DNA. Esse processo pode ser usado para curar desequilíbrios genéticos, evitar a transmissão de padrões ancestrais antiquados e redespertar o conhecimento da Natureza e do poder da Terra inerente da pessoa. Para os magos da Terra, a Madeira Petrificada oferece um portal para a aura eletromagnética do planeta. Pode ajudar a pessoa a "aterrar" ou completar o circuito eletromagnético com a Terra, para que mais energia possa correr através do corpo físico.

ESPIRITUAL: A Madeira Petrificada incorpora o Espírito na forma. É uma professora da beleza e poder do reino físico e ajuda a pessoa a receber e aprender as lições de ser um espírito consciente incorporado no plano terrestre. Ela auxilia a reconhecer que a Terra provê tudo o que precisamos e ajuda a superar a consciência de escassez e a avareza que a pessoa cria em seu interior.

EMOCIONAL: A Madeira Petrificada pode ajudar a pessoa a reconhecer e superar padrões emocionais limitantes transmitidos por seus ancestrais. Em geral, esses padrões emocionais foram criados como ferramentas de sobrevivência para lidar com situações que seus ancestrais (ou pais) encontraram, mas que não são mais apropriadas. A Madeira Petrificada pode ajudar a pessoa a identificar quais desses padrões não são mais necessários, para que tais limitações possam ser eliminadas, livrando a humanidade dos ecos destrutivos do passado, enquanto ainda mantém a antiga sabedoria que pode nos ajudar a voltar ao equilíbrio.

FÍSICO: A Madeira Petrificada é um apoio maravilhoso para todos os tipos de cura física. Ela é particularmente boa para equilibrar o fígado e a vesícula biliar. Pode ajudar na limpeza do fígado e do sangue, e facilitar a manufatura adequada de células sanguíneas na medula óssea.

AFIRMAÇÃO: Eu cresço e evoluo devagar, constantemente, com força e paciência, extraindo as lições da história de minha alma.

MAGNESITA

PALAVRAS-CHAVE: Despertar das sensibilidades mais elevadas, abertura da visão interior, verdade e alegria, ouvir o coração.
ELEMENTO: Tempestade.
CHACRAS: Terceiro Olho (sexto), Coroa (sétimo).

A Magnesita é um mineral carbonato de magnésio com uma dureza de 3 a 4. Ela ocorre em cristais romboédricos e, ocasionalmente, em outras formas de cristais. Também é encontrada em constituições granular, massiva e fibrosa. Ela surge em sedimentos, veios hidrotermais e rochas metamórficas. A Magnesita é frequentemente branca, mas também pode ocorrer em tons de cinza, amarelo ou marrom. Alguns dos melhores espécimes cristalinos de Magnesita vêm de Minas Gerais, Brasil.

ROBERT SIMMONS: A Magnesita é uma das pedras mais poderosas para ativação do terceiro olho e do chacra da coroa. A forma cristalina é mais poderosa que a massiva (que, em geral, está disponível na forma de pedras roladas), mas ambas são muito potentes. Ao colocar uma dessas pedras sobre a testa e fechar os olhos, a pessoa pode contar que sentirá uma energia de ritmo pulsante, tornando-se mais forte à medida em que os minutos passam. Em alguns indivíduos, isso será acompanhado pela sensação de que seus olhos fechados estão se cruzando e "olhando" para cima, para o centro da testa. Esse é o começo da ativação do olho da visão interior nos lobos pré-frontais do cérebro. Se a pessoa continuar a meditar com a Magnesita desse modo, sonhos despertos e pequenos "filmes" interiores surgirão em seguida. Quando a pessoa continua, ela sentirá as energias mais profundamente no cérebro, e por fim acontecerá a sensação de uma conexão vibrante de energia entre o terceiro olho e o chacra da coroa, no topo da cabeça. Se a pessoa receber a experiência completa dessa abertura, virá um momento em que a coroa "floresce" em um "lótus de mil pétalas", e essa experiência, de fato, produz a sensação de uma flor se abrindo, de repente, no topo da cabeça. Essas aberturas são acompanhadas pela sensação de alegria e experiências realmente surpreendentes de conhecimento direto. É como se a informação, simplesmente, pulasse no ar. Claro, trabalhar com Magnesita não garante por si essa experiência – a pessoa deve ao mesmo tempo estar preparada e ser afortunada. Contudo, a maioria dos que têm pelo menos uma leve sensibilidade às energias das pedras deve sentir a pulsação no terceiro olho. Daí, o céu é o limite.

A Magnesita pode ajudar a pessoa no processo de autorreflexão e pode tornar a visão interior mais clara. É algo como um "detector de verdade" quando a pessoa está fazendo trabalho interior, e ela pode ajudar a ver através das cortinas do inconsciente que podem manter a pessoa em um estado de confusão. "Enganar-se" é praticamente impossível sob a influência da Magnesita.

Entre as propriedades místicas da Magnesita está o despertar da mente à comunicação com o coração. O coração fala, não em palavras, mas em anseios, desejos e sensações momentâneas de prazer ou dor. Quando o coração está em comunhão com a mente mais elevada, existe uma experiência contínua de prazer inefável. A Magnesita não ativa o chacra do coração, mas estimula a parte do cérebro/mente, que pode ouvir e reagir à voz do coração. Se a pessoa usar Magnesita em meditação, ela é aconselhada a prestar atenção ao seu potencial. "Pergunte" ao coração sobre o que fazer, a respeito de praticamente qualquer coisa, e tente discernir as leves sensações que surgem. Seguir os comandos do coração é o início da sabedoria.

NAISHA AHSIAN: A Magnesita é uma daquelas pedras raras que pode ser considerada uma ativadora poderosa e completa da ressonância de alta frequência. Sua energia vigorosa do elemento Tempestade tem um efeito direto no cérebro. Ela promove a sincronização hemisférica e melhora a função cerebral. A gama de frequência da Magnesita é singularmente adequada para ativar as glândulas pituitária e pineal e seus chacras associados, o terceiro olho e a coroa. Por sua habilidade de estimular esses centros evolutivos de energias no cérebro, a Magnesita ativa os sentidos psíquicos e capacita a pessoa a alcançar estados de consciência mais elevados. De fato, a habilidade dessa pedra de elevar a consciência é tão forte que é melhor usá-la em combinação com pedras de aterramento para assegurar que sua energia seja canalizada para o plano terrestre e utilizada de maneiras práticas para o bem maior.

Quanto mais claro o cristal de Magnesita, mais poderosos se tornam esses estados transcendentes. Contudo, os cristais opacos podem ser usados de modo eficiente como ferramentas de meditação e cura, e suas energias criam uma ponte mais eficaz entre os reinos mais elevados e o plano terrestre. As Magnesitas marrons têm um grande conteúdo de ferro e podem ser usadas para aterrar a alta frequência da energia dessa pedra ao nível celular. As cores mais claras de Magnesita funcionam em níveis mais etéreos, permitindo à pessoa acessar seus guias com maior facilidade, receber orientação com maior clareza e colocar a orientação em ação com mais eficácia.

Além das propriedades espirituais da Magnesita, ela é uma curadora emocional maravilhosa. Por seu conteúdo de magnésio, ajuda os corpos físico e emocional a relaxarem e se libertarem. É ideal para os que se prendem firmemente a mágoas do passado ou que são rígidos emocionalmente. A Magnesita é uma professora poderosa do princípio do "deixe estar e deixe Deus agir". Ela pode ajudar a pessoa a eliminar o estresse básico e relaxar a necessidade de controlar, manipular ou superar os outros emocionalmente. A Magnesita ajuda a dissolver bloqueios e cristalizações no corpo emocional. Isso é especialmente útil para os afundados em luto ou que gastam tempo e energia em reminiscências sobre o passado. A Magnesita oferece um apoio vibratório para os que buscam equilíbrio entre a ação e a imobilidade e pode ajudar a aliviar a resistência ao futuro.

ESPIRITUAL: Para experiências puramente transcendentes, é difícil superar o poder da Magnesita. Sua habilidade para ativar os sentidos psíquicos e estimular a capacidade da pessoa para receber e processar informação dos reinos mais elevados é uma dádiva importante. A Magnesita ajuda a pessoa a focar essas habilidades para que a informação recebida seja clara, mais concisa e relevante para a vida da pessoa. Ao mesmo tempo em que estimula a habilidade da pessoa para se ligar aos guias e entidades evoluídas, as energias da Magnesita assistem na sintonização aos registros akáshicos e na informação contida no grupo de almas da humanidade. Por ser uma pedra com base de carbono, ela permite à pessoa acessar a memória genética da humanidade, inclusive nossas origens como sementes estelares.

EMOCIONAL: A Magnesita é uma equilibradora das emoções poderosa. É especialmente útil para os que estão sob estresse excessivo ou que são incapazes de abandonar o controle. Ela pode ajudar emocionalmente os indivíduos rígidos a encontrarem fluidez e expressão para seus sentimentos. Com frequência ela promove a alegria e a harmonia emocional; pode ajudar a pessoa a sentir-se mais segura e mais apoiada pelo Divino.

FÍSICO: A Magnesita ajuda o corpo a eliminar tensões ou estagnação. É útil para os intestinos e pode ser usada em casos de constipação. Ela é ideal para espasmos, aderência muscular e tensão muscular crônica por causa do estresse. Ela pode ajudar a aliviar peles, fáscias e tecidos musculares muito sensíveis. Ela é um bom apoio para a cura de fibroses ou desordens similares.

AFIRMAÇÃO: Eu abro meu olho interior para a verdade mais elevada e desperto para meu potencial completo.

MAGNETITA

PALAVRAS-CHAVE: Alinhamento das energias sutis com o corpo, aterramento, equilíbrio de polaridades, despertar de potenciais ocultos.
ELEMENTO: Terra.
CHACRAS: Todos.

A Magnetita é um mineral óxido de ferro com uma dureza de 5,5 a 6,5. Ela ocorre como cristais octaédricos e em formas granulares ou massivas. A Magnetita é altamente magnética, como indica seu nome. Ela atrai limalhas de ferro e pode defletir uma agulha de bússola. A Magnetita pode ser encontrada na Suíça, Suécia, Áustria, Alemanha, Itália e em Nova York e Utah, nos Estados Unidos.

ROBERT SIMMONS: A Magnetita é uma das pedras essenciais para os terapeutas de cristal por seus muitos usos para alinhar as correntes do campo áurico e os múltiplos níveis do corpo de energia. É excelente para equilibrar as polaridades – masculino e feminino, físico e espiritual, hemisférios esquerdo e direito do cérebro, e muitas outras. Seu magnetismo natural ocorre como um campo simétrico que, por meio de ressonância, traz o próprio campo de energia da pessoa para uma configuração semelhante. E, uma vez que o Universo de padrão fractal repete a mesma forma em cada nível do atômico ao galáctico, encontrar um campo equilibrado de energia com que a pessoa possa criar ressonância é meio caminho andado para conseguir saúde e bem-estar.

A pessoa pode receber as energias benéficas da Magnetita simplesmente sentando-se e segurando uma pedra em cada mão. Isso afetará todo o seu campo áurico, movimentando-o em direção a um equilíbrio simétrico, e a energia percorrendo o sistema de meridianos inicia um equilíbrio hemisférico no cérebro. Quando isso acontece, o potencial oculto começa a aparecer. As pessoas que são predominantemente racionais e lineares em seus pensamentos perceberão seu lado intuitivo despertando. Outras que são intuitivas, mas não práticas, podem tornar-se organizadas. Esses são meros exemplos, porém esse tipo de reequilíbrio está disponível para os que trabalham com Magnetita.

Em disposições de corpo, a Magnetita pode afetar beneficamente todos os chacras e pode abrir o fluxo de energia em meridianos bloqueados. Colocar uma Magnetita em cada chacra, bem como nos nodos secundários mais importantes de energia no sistema de meridianos, pode ter o efeito de proporcionar à pessoa um verdadeiro "zunido" à medida que as energias sutis começam a fluir como deveriam. Contudo, a forte influência de ancoragem na terra da Magnetita impede a pessoa de "voar para longe" dentro dos mundos mais elevados. Ela é muito mais uma âncora dinâmica, mantendo a pessoa firmemente ligada com o corpo enquanto traz para dentro todas as energias sutis, alinhando-as com o eu físico.

A Magnetita harmoniza com todas as pedras de aterramento, tais como Turmalina Negra, Quartzo Fumê, Azeviche, Acmita e Obsidiana. Ela tem uma afinidade especial com Hematita, uma vez que as duas são quase a mesma em sua produção química. A Cuprita e a Zincita dão um impulso à sua estimulação do chacra da raiz. A Magnetita funciona de modo extremamente dinâmico com Âmbar e Azeviche, dois materiais orgânicos que têm a capacidade de construir uma carga elétrica. Combinar a eletricidade dessas pedras com o magnetismo da Magnetita pode produzir um aumento importante na potência do campo de energia da pessoa e pode trabalhar para ativar a kundalini.

NAISHA AHSIAN: A Magnetita é um cristal óxido de ferro naturalmente magnético. É vigorosamente ativa no nível físico em razão de suas propriedades magnéticas naturais e pode ser usada na terapia magnética como opção aos magnetos construídos pelo homem. Sua energia é grandemente de aterramento e ela é uma pedra excelente para manifestação, tornando a pessoa magnética para o que ela deseja criar.

Por suas propriedades de aterramento, a Magnetita é extremamente útil para curadores e médiuns. Pode ajudar a conter a sensação de flutuação e desorientação que pode ocorrer quando a pessoa não está suficientemente ressonante com o campo eletromagnético da Terra. Quando a pessoa não está suficientemente aterrada desse modo, o excesso de energia não tem para onde fluir, causando uma sobrecarga dos sistemas energéticos e resultando em equilíbrio. A Magnetita assiste a pessoa na manutenção dessa ligação vital ao planeta, de modo que a energia possa fluir apropriadamente. Muitos médiuns sensitivos tentam, talvez inconscientemente, aterrar e se proteger ganhando peso. A Magnetita pode ajudar a evitar esse ganho de peso, já que sua frequência energética fornece a proteção e o aterramento necessários.

As Magnetitas são melhores se usadas em pares para o trabalho de cura, com uma pedra ocupando cada terminação de uma polaridade. Por exemplo, uma Magnetita em cada mão auxilia a pessoa a equilibrar os lados receptivo e diretivo do corpo. Uma Magnetita na coroa e outra na base ajudam a equilibrar cada terminação do espectro de frequência do corpo e assistem na integração de todas as outras frequências. A exceção a essa regra de pares é quando as Magnetitas são usadas para estimular pontos específicos nos meridianos ou quando são colocadas sobre uma área para alívio da dor ou para melhorar a circulação.

Por causa de a energia magnética da Magnetita ajudar a regular frequência, essas pedras podem ser usadas depois de sessões de equilíbrio de energia para proteger o campo de energia e "preparar o campo" para a sustentação de novas frequências obtidas durante a sessão.

ESPIRITUAL: A Magnetita ajuda a regular as frequências de energia e aterrar excessos de energia, prevenindo com isso sobrecargas energéticas e fadiga. É muito útil para sensitivos, curadores e outros que possam precisar de proteção dos padrões energéticos de outros.

EMOCIONAL: A Magnetita pode ajudar a acalmar a energia do corpo emocional e prevenir mudanças bruscas de humor. É muito útil para amenizar os efeitos emocionais de mudanças hormonais devidas a desequilíbrios no sistema endócrino durante a puberdade, TPM ou menopausa.

FÍSICO: A Magnetita é estimulante para o fígado e a medula óssea. Ela pode auxiliar na oxigenação do corpo e no apoio do sistema circulatório em geral. Quando colocada sobre uma região de ferimento, pode estimular o fluxo sanguíneo no local e acelerar a cura. A Magnetita ajuda a energia a movimentar-se através de áreas bloqueadas nos meridianos e pode ser usada como opção às agulhas de acupuntura para estimular os pontos meridianos. É útil para combater a anemia e auxiliar no aumento tanto do número como da eficiência das células de hemoglobina.

AFIRMAÇÃO: Eu me abro para o equilíbrio energético e a estabilidade, e ao alinhamento ideal de meus campos vibratórios com meu corpo físico.

MALAQUITA

PALAVRAS-CHAVE: Liderança iluminada, criatividade, confiança, proteção e coração curado.
ELEMENTO: Fogo.
CHACRAS: Plexo Solar (terceiro), Coração (quarto).

A Malaquita é um mineral carbonato de cobre com uma dureza de 3,5 a 4. A maioria das Malaquitas encontradas no mercado é cortada de massas botroidais com faixas fibrosas de tons claros e escuros de um verde vívido. A Malaquita pode ocorrer, raramente, em forma de cristal, e os cristais são, em geral, longos em forma prismática ou de agulha. Ela também pode adquirir a forma de estalactite ou ocorrer como uma crosta. Seu nome pode ser derivado da palavra grega para sua cor *malache* (malva), ou por sua dureza baixa, do grego *malakos* (mole). Algumas vezes a Malaquita ocorre crescendo misturada com Azurita, o que forma a Malaquita-Azurita; ou com a Crisocola, formando a Malaquita-Crisocola. A atualmente rara pedra de Eliat, de Israel, é uma combinação de Malaquita, Crisocola e Turquesa.

A Malaquita foi conhecida no Egito bastante cedo, em 3000 a.C. Ela também era popular entre os antigos gregos e romanos, para joalheria, ornamentos e, em forma de pó, para sombra dos olhos. Na Idade Média, acreditava-se que a Malaquita protegia contra mau-olhado e curava vários tipos de indisposições estomacais.

Os czares russos usaram a Malaquita dos imensos depósitos dos Urais para produzir ornamentos e painéis para seus castelos, e também para trabalhos intrincados de machetaria. Hoje em dia, a fonte mais importante de Malaquita está no Zaire. Outros depósitos de Malaquita estão na Austrália, Chile, África do Sul e Estados Unidos.

ROBERT SIMMONS: A Malaquita é uma das pedras mais importantes para proteção contra energias negativas. Ela permeia o campo áurico com vibrações positivas e fortalece a "concha" energética natural que pode refletir as forças hostis. Ela ativa o "radar" sensitivo pelo qual a pessoa "sente" a presença de perigo. Oferece um "manto de invisibilidade" que pode impedir que a pessoa seja percebida pelos que podem constituir uma ameaça para o bem-estar físico ou emocional dela. Ela até acentua o equivalente vibratório da "sorte" em que as sincronicidades parecem conspirar para manter a pessoa protegida e a salvo.

A Malaquita emana os padrões de energia mais saudáveis para o coração. Ela beneficia tanto o coração emocional como o próprio batimento por meio de sua harmonização do chacra do coração. Auxilia a pessoa a manter o equilíbrio emocional, em que ela permanece em um estado positivo e benevolente, mas não é tentada a assumir as bagagens emocionais dos outros. Ela também oferece uma habilidade melhorada para ver onde suas próprias armadilhas e ciladas emocionais residem, e evitá-las.

O chacra do plexo solar também é estimulado pela Malaquita, e nesse caso existe uma melhoria da força de vontade. Na presença da Malaquita, é mais fácil recusar todos os tipos de tentação, desde sorvete a infidelidade e, desse modo, perceber que a pessoa está apenas servindo a seu próprio bem maior. A Malaquita instila confiança e autorresponsabilidade e é útil para proporcionar progresso espiritual por meio da ação correta no mundo.

A Malaquita harmoniza com Olho de Tigre para energia física e proteção, e com Morganita para equilíbrio do chacra do coração. Ela também trabalha facilmente com outros minerais de base de cobre como Azurita, Turquesa, Shattuckite, Crisocola e Ajoíta.

NAISHA AHSIAN: A Malaquita é um dos poucos minerais verdes do elemento Fogo. Ela possui a polaridade "masculina" ou *yang* da condutividade elétrica poderosa do cobre. A energia da Malaquita fortalece nossa habilidade para agir no mundo e criar a forma a partir de nossos pensamentos e ideias. Ela estimula o chacra do plexo solar e promove o alinhamento da vontade pessoal e da vontade divina na pessoa, bem como sua expressão. Sua energia conduz a pessoa a criar e manifestar seus desejos e sonhos.

A Malaquita transporta a frequência do líder iluminado. Auxilia aqueles em posição de grande responsabilidade a transportar a vontade do Divino sem motivações baseadas em ego. Ela pode ajudar a pessoa a "assumir suas responsabilidades" e agir com confiança. Pode ajudar a pessoa a encontrar a solução para superar dificuldades e a integridade de manter-se fiel à sua orientação. A Malaquita nos lembra de que somos cocriadores neste mundo e que as possibilidades para nossas criações são infinitas.

A Malaquita pode ser uma aliada poderosa para os que estão imobilizados na espera pela mudança de sua realidade. Pode auxiliar a pessoa a perceber as rachaduras no muro que bloqueia seu progresso, para que a pessoa possa utilizar sua vontade para romper as limitações, barreiras e apatia. Ela estimula as paixões mais elevadas da pessoa para a vida e criação. Ela empresta à pessoa a habilidade para apropriar-se conscientemente de suas responsabilidades em forjar sua vida de qualquer forma que escolha.

A cor verde intensa e bela da Malaquita revela sua habilidade para curar os níveis físico e emocional. A Malaquita pode ser usada para retirar impurezas, densidades e ligaduras no campo de energia. Sua frequência "mescla" padrões de energias constritivas na aura e estimula um fluxo de força de vida energizado por toda a aura e corpo.

ESPIRITUAL: A Malaquita nos lembra de que viemos para cá para cocriarmos com o Universo e de que o destino é uma ilusão. Ela ajuda a pessoa a reconhecer e utilizar seu poder de uma forma construtiva e criativa. Pode ser usada como uma ferramenta de aterramento e assistirá a pessoa na identificação dos passos necessários para trazer sonhos, visões e desejos para a realidade física. Ela revela limites emocionais e energéticos e ajuda a pessoa a honrar esses limites para si e para os outros. Ela pode ser uma pedra poderosa para proteção contra abuso de poder nos níveis psíquico, energético e emocional.

EMOCIONAL: A Malaquita é ideal para dissipar a névoa da confusão emocional que pode impedir a pessoa de fazer escolhas conscientes. Ela ajuda a pessoa a superar a polaridade agressor/vítima e encontrar força em sua interioridade. A Malaquita pode auxiliar os que têm muitas ideias criativas, mas são incapazes de organizar ou agir a partir delas. Ela é uma aliada excelente para os que têm medo de usar seu poder por causa de experiências passadas com indivíduos abusivos. Pode auxiliar a pessoa a superar o medo de confronto ou medo de autoexpressão. Ela pode ajudar aos que têm medo de ser vistos ou percebidos, ou que resistem em assumir seu lugar de direito como forças cocriativas do Universo.

FÍSICA: A Malaquita pode assistir a pessoa na reconstituição de sua força e vitalidade depois de enfermidades e na reconstrução ou reparo de tecidos após cirurgias. Ela auxilia a formação das células vermelhas do sangue e hemoglobina, ajudando na oxigenação do sangue e na vitalidade em geral. A Malaquita é excelente para reduzir inflamações devidas a torções, luxações ou outros ferimentos. Ela pode ajudar a retirar toxinas do corpo e ser usada para auxiliar em jejuns, desintoxicações e outros rituais de purificação. Pode ajudar a aliviar a dor de artrite ou outras doenças inflamatórias. É uma aliada maravilhosa para a digestão e estimula as funções do estômago e do cólon.

AFIRMAÇÃO: Eu alinho minha vontade pessoal com minha compreensão da vontade divina, e eu me movimento para a frente com clareza e confiança.

MARCASSITA

PALAVRAS-CHAVE: Vitalidade física, espiritualidade na vida física, equilíbrio das polaridades energéticas.
ELEMENTO: Tempestade.
CHACRAS: Raiz (primeiro), Sexual/Criativo (segundo), Plexo Solar (terceiro), Estrela da Terra (abaixo dos pés).

A Marcassita é um mineral de ferro sulfídrico com uma dureza de 6 a 6,5. Ela é quimicamente idêntica à Pirita, mas é de cor mais clara. As formas de crescimento de seu cristal são diferentes e ela se decompõe com maior facilidade. Sua cor varia do amarelo latão ao amarelo prateado e ela cristaliza em uma variedade de formas, incluindo piramidal e tabular. A Marcassita é encontrada amplamente em muitos países diferentes. As gemas de "Marcassita" encontradas em joalheria de estilo antigo eram na verdade Piritas, porque a Marcassita verdadeira esfarela com muita facilidade para ser cortada em gemas.

ROBERT SIMMONS: A Marcassita possibilita à pessoa ver a interpretação dos mundos espirituais e físicos. Ela permite à pessoa que *veja* como os acontecimentos físicos espelham os padrões arquetípicos espirituais e dão pistas sobre onde devem ser feitas as ações físicas para que ressoem com os padrões espirituais que a pessoa deseja abraçar. Em outro nível, ela assiste a pessoa a "fazer o que prega" sobre a espiritualidade em sua vida cotidiana.

A Marcassita ajuda a equilibrar as polaridades no sistema de energia, mantendo o equilíbrio dinâmico que embasa a boa saúde mental e física. Ela provê clareza a respeito de questões de gênero; limpa o campo áurico de influências desarmoniosas e ajuda a cortar os cordões de ligação entre a pessoa e outros com quem ela possa ter relacionamentos doentios.

A Marcassita estimula e integra os três chacras inferiores no corpo – o raiz, o sexual/criativo e o plexo solar – e conecta-os firmemente com o chacra Estrela da Terra abaixo dos pés. Por meio desses três chacras, a Marcassita trabalha para otimizar a força de vida da pessoa e a coragem, energia sexual, criatividade, força de vontade e clareza mental. Quando esses chacras são carregados e equilibrados, o coração e os chacras superiores têm muito mais energia com que trabalharem, e a pessoa descobre um novo entusiasmo para todos os seus objetivos, interior ou exteriormente.

A Marcassita mescla sinergicamente com a Pirita, Hematita, Ímã, Cuprita e Zincita. Malaquita e Morganita ajudam suas energias benéficas a permearem o coração. Ela é complementada nos chacras superiores pela Halita Azul, Fenacita, Natrolita e Escolecita.

NAISHA AHSIAN: Embora a Pirita e Marcassita sejam irmãs, suas energias são distintas. A Pirita aterra o pensamento criando ação e ajudando a pessoa a manifestar seus sonhos. A Marcassita estimula aqueles que estão "atolados" na densidade do plano terrestre e encoraja-os a adquirir o controle sobre seus destinos com ações para cocriar suas vidas. Ela pode assistir os que se sentem sem poder ou escapatória em suas experiências atuais estimulando-os a encontrar um caminho para a frente.

A Marcassita auxilia a pessoa na percepção das limitações que a impedem de ir adiante em seu caminho espiritual. Pode revelar padrões de comportamento destrutivos ou contraprodutivos e é útil na recuperação de vícios, já que ajuda a pessoa a assumir as responsabilidades sobre suas ações.

Por causa de seu conteúdo de ferro, a Marcassita é uma pedra de aterramento, magnetizando a energia da pessoa no interior do físico. Ela aumenta força e estamina e ajuda a pessoa a construir disciplina em torno da atividade física. Seu conteúdo de enxofre ativa o elemento Fogo e ajuda a queimar bloqueios, estimulando áreas estagnadas dos corpos físico e energético. A Marcassita pode purificar a aura e remover padrões constritivos nos chacras, e é extremamente útil na limpeza de entulhos áuricos e vínculos mediúnicos ou de entidades. Pode ser usada como pedra de proteção, já que evita que fendas psíquicas e buracos na aura se tornem infetados com energias ou entidades desgarradas.

ESPIRITUAL: A Marcassita promove autodireção e a disposição para assumir sua vida. Auxilia a determinar uma direção ou objetivo e a perceber e dar os passos necessários para realizá-lo. Ela ajuda a pessoa a criar e organizar seus pensamentos e ações.

EMOCIONAL: A Marcassita pode ajudar a pessoa a abandonar a mentalidade de mártir e levá-la a uma expressão saudável de seus limites, delimitações e escolhas. Ela lembra gentilmente a pessoa a ser responsável por sua realidade – não rejeitar seu poder ou capacidade cocriativa. A Marcassita fortalece o corpo emocional e ajuda a evitar exaustão e fadiga em meio a circunstâncias desafiadoras.

FÍSICO: A Marcassita pode auxiliar a pessoa a criar uma rotina de exercícios e ser consistente nas atividades físicas de todos os tipos. Ela pode ser usada para ajudar a purificar o corpo de infecção bacteriana, erupções na pele, furúnculos, acne e outros desequilíbrios da pele com fundo bacteriano. É útil contra o crescimento exagerado de fungos e infecções do fígado e dos rins. Ela pode auxiliar na perda de peso ao ajudar a pessoa a superar sentimentos de uma perda de controle sobre seus desejos.

AFIRMAÇÃO: Minha vida física e minha vida espiritual são um par de espelhos, refletindo infinitamente um ao outro.

MERLINITA

PALAVRAS-CHAVE: Magia, intuição, ligação com as energias elementais, recordação de vidas passadas, abertura psíquica, mediunidade.
ELEMENTO: Tempestade.
CHACRAS: Plexo Solar (terceiro), Terceiro Olho (sexto).

A Merlinita é uma combinação que ocorre naturalmente entre o Quartzo (dióxido de silício) e a Psilomelana (óxido de manganês) com uma dureza de 6 a 7. Algumas Merlinitas ocorrem em forma compacta, com áreas mistas de Quartzo branco e Psilomelana negra. Outros espécimes surgem como formas botrioides cinza escuro ou negros salpicados com cristais de Quartzo drusi. O nome Merlinita não é um termo mineral, mas foi cunhado pelos utilizadores metafísicos como uma palavra aludindo a suas energias. A única fonte conhecida de Merlinita é no Novo México, Estados Unidos.

ROBERT SIMMONS: A Merlinita pode afastar os véus entre os mundos visível e invisível, ao abrir as portas para habilidades intuitivas mais profundas, sendo a comunicação com os espíritos uma das principais entre elas. A meditação com Merlinita pode auxiliar a pessoa a contatar as almas dos falecidos que desejam enviar mensagens para os vivos. Inicialmente os entes queridos da pessoa são os que têm probabilidade de aparecer, mas, à medida que a habilidade se desenvolve, a pessoa pode ser visitada pelos pais e amigos de outras pessoas que partiram, os quais têm esperança de usá-la como meio para chegar aos seus. Se a pessoa se sente confortável fazendo tais ligações, é possível um grande serviço.

A Merlinita é de ajuda no aprendizado de todos os tipos de magia. Ela abre os canais psíquicos para a compreensão intuitiva e também atrai professores de outros planos para auxiliarem a pessoa nos "estudos" durante o estado de sonho e meditação. Ajuda a pessoa a entender a inter-relação entre astrologia, tarô, numerologia e outras ciências ocultas. Ela facilita a prática de visualização em que a pessoa olha em um espelho, pedra polida ou outra superfície refletora para ver futuros prováveis. Ela atrai sincronicidades frequentes, o que demonstra a coordenação absoluta pela qual a realidade funciona simultaneamente em todos os níveis. Ela abre o campo de energia da pessoa para sua capacidade inata de servir de canal para manifestação – o nascimento no mundo físico de forças criativas dos planos superiores.

A Merlinita, em si uma pedra do elemento Tempestade, liga a pessoa com todas as outras forças elementais – Terra, Água, Ar, Fogo e Tempestade –, concedendo à pessoa convocá-las para ajuda em suas buscas e ambições. Por meio dessa ligação, a pessoa pode aprender a influenciar processos elementais exteriores, talvez começando com a vaporização de nuvens, mas potencialmente mudar o tempo com a dança, e até se tornar um fazedor de chuva. A pessoa deve ter a cautela de não entrar em uma "viagem de poder" nessas áreas. Tais habilidades são apenas um passo no caminho e devem ser transcendidas quando a pessoa se movimenta acima.

A Merlinita pode ser um catalisador potente de recordações de vidas passadas. Ela evoca os reinos dos sonhos e imaginação e torna as recordações de encarnações passadas mais vívidas do que seriam por outros meios. Ativa o "radar interior" que acerta quais as experiências de vidas passadas são mais relevantes para as necessidades atuais de cura e crescimento interior da pessoa. Em acordo com seu nome, contudo, a Merlinita tem afinidade com vidas passadas nos tempos arturianos e guiará rapidamente qualquer um que tenha estado naquele reino.

A Merlinita harmoniza com a Moldavita, que eleva sua vibração. Ela também se liga com a Obsidiana para trabalho de magia e visualização. A Ametista e a Sugilita podem fornecer um elemento extra de purificação e proteção psíquica quando a pessoa trabalha com Merlinita.

NAISHA AHSIAN: A Merlinita é uma pedra de magia, sombras e descida para os lugares mais escuros e profundos na interioridade da pessoa. Ela leva a energia centrada no coração do manganês ao seu nível mais profundo, descendo às profundezas do coração e aos lugares mais profundos da sombra na interioridade da pessoa. Ela revela as motivações mais profundas da pessoa e assiste na ligação com o *self* sombra e em sua integração. Ajuda no reconhecimento da natureza mais básica de alguém como criação da mente do Divino, levando-o ao vazio do potencial de onde tudo foi criado. É uma aliada poderosa para o trabalho xamânico, as práticas de magia e cura.

A ressonância com as frequências da Merlinita ligam a pessoa com o fluxo universal por trás de toda criação. Ela pode ajudar a pessoa a tornar-se mais cônscia dos movimentos sutis de energia, bem como abrir seus centros psíquicos e percepção mais elevada. É extremamente útil para os que tendem a receber imagens, sensações ou informações negativas quando se abrem em um nível sensitivo. Se a informação é necessária para auxiliar outra pessoa, ela protegerá seu transmissor de incorporar essas energias difíceis e pode ajudar a pessoa a permanecer mais objetiva. Se a informação não for necessária, mas está chegando pelo próprio estado de ressonância da pessoa com esses níveis, a Merlinita pode ajudar a movimentar-se para além dessas frequências, para energias mais centradas na Luz.

A Merlinita pode auxiliar os trabalhadores da Luz na compreensão de como utilizar as frequências mais baixas de energia com eficiência. Você não pode ter um arco-íris apenas com a cor roxa. Do mesmo modo, você não pode negar seus aspectos mais baixos e ao mesmo tempo esperar integrá-los na Luz. Ao aprender a acessar, utilizar e dominar as frequências mais baixas do espectro eletromagnético (Luz), a pessoa torna-se inteira e iluminada, incorporando o equilíbrio de todas as polaridades com sabedoria e aceitação. Desse modo, a Merlinita é verdadeiramente uma pedra de autodomínio.

A Merlinita é uma pedra de sabedoria, permitindo à pessoa que compreenda que a maior beleza da vida reside em seu mistério. A Merlinita pode ajudar a pessoa a desenvolver paciência e compreensão de que seus desejos não se equivalem necessariamente com o que ela precisa. A Merlinita pode auxiliar a conseguir equilíbrio entre a luz e a escuridão – entre o conhecido e o desconhecido.

ESPIRITUAL: A energia da Merlinita é singularmente adequada para trabalhar com as energias naturais e, portanto, é uma ferramenta excelente para xamãs, wiccanos e outros no caminho de acessar os poderes da criação por meio do mundo natural. Ela pode ajudar a comunicar com as energias arquetípicas da natureza, tais como devas das plantas, espíritos animais e os aliados elementais. Pode ajudar a afiar as habilidades da pessoa de perceber além dos reinos físicos e no interior dos reinos espirituais e energéticos. Sua energia dá à pessoa coragem para encarar seu eu sombra e integrar conscientemente esse aspecto.

EMOCIONAL: Vergonha, culpa e rejeição de si são causadas pela inabilidade para aceitar todos os aspectos de si mesmo. A energia da Merlinita concede à pessoa ver que não existem equívocos – apenas experiências de aprendizado. Ela pode ajudar a pessoa a se reconciliar com o passado, seus equívocos, seus desejos pouco iluminados e outros aspectos de si que deseje negar. Ela encoraja a autoclemência, a autoaceitação e o amor-próprio. Também pode auxiliar a pessoa a trabalhar o luto e perda, ao mesmo tempo em que a lembra de que o espírito é eterno e permanece além do físico.

FÍSICO: A Merlinita assiste na criação de movimento no campo de energia, invocando o elemento Tempestade para trazer os sistemas energéticos para um estado de equilíbrio dinâmico. Em vez de simplesmente remover bloqueios, ela ajuda a pessoa a se movimentar para dentro do bloqueio para determinar suas origens e as lições que ele contém, para que ele não se restabeleça depois da sessão de cura. Ela pode ser útil no apoio a curas do coração físico quando o desequilíbrio do coração foi criado por meio de autodepreciação, vergonha ou medo crônicos. Pode ser útil para combater dores de cabeça em decorrência da abertura do terceiro olho e do chacra da coroa, e para estabilizar o sistema nervoso.

AFIRMAÇÃO: Eu entro no reino do misticismo e magia pelo propósito único de promover meu crescimento espiritual e bem maior.

METAIS

Os metais estão na periferia do que estamos cobrindo neste livro sobre os usos metafísicos das pedras, gemas e minerais. Entretanto, existem vários metais que exibem propriedades energéticas dignas de menção e que já são de interesse para os amantes de pedras. Nós daremos, portanto, atenção aos seis mais significativos – Ouro, Prata, Platina, Cobre, Titânio e Nióbio.

OURO

PALAVRAS-CHAVE: Energia solar, o arquétipo masculino, energia, criatividade, confiança, vitalidade.
ELEMENTO: Terra.
CHACRAS: Todos, especialmente o Raiz (primeiro), Sexual/Criativo (segundo) e Plexo Solar (terceiro).

ROBERT SIMMONS: O Ouro é o metal da realeza e da energia do Pai Divino. Ele é associado com o Sol, com fogo, com a força de vida em seu modo criativo e com a energia masculina. É o metal do eu externo, a personalidade solar. Ouro é o metal que conduz eletricidade com maior facilidade, e também é o mais adequado para ser condutor das energias sutis das pedras para todos os objetivos. Embora o Ouro seja o "melhor" metal para joalheria energeticamente ativada, a pessoa deve levar em consideração as pedras e os indivíduos envolvidos. Ambos variam amplamente em seus padrões de energia, então existem muitos casos em que outro metal deve ser preferido.

O Ouro revitaliza as energias físicas da pessoa e magnifica o poder da maior parte das gemas. Ele estimula a abertura e integridade e constrói confiança em quem o usa. Em contos de fadas, ele simboliza o cumprimento com sucesso de um processo de crescimento interior e a recompensa pela realização. Em sua radiação, também simboliza os reinos celestiais.

NAISHA AHSIAN: O Ouro é um metal do raio solar, transportando uma frequência estimulante do elemento Fogo para auxiliar a pessoa a expressar sua energia no mundo. Sua energia é mais bem representada pelo deus Rá. O Ouro intensifica as energias das pedras dos elementos Fogo, Ar e Tempestade e ajuda a estimular as energias das pedras dos elementos Terra e Água. O Ouro está relacionado ao conhecimento mundano e ao entendimento da manifestação. Ele estimula a paixão, a criatividade e a sexualidade.

ESPIRITUAL: O Ouro ativa os chacras da base ao terceiro, permitindo à pessoa que interaja prazerosamente com o reino físico. Transporta a energia do Sol, estimulando a vontade de crescer da pessoa e de ir além de suas experiências atuais.

EMOCIONAL: O Ouro pode ser estimulante para o corpo emocional, auxiliando a pessoa a superar a paralisia emocional e o medo. Ele pode ajudar a superar circunstâncias difíceis. Traz alegria, excitação e otimismo para o campo energético; evoca vigor, determinação e vontade.

FÍSICO: O Ouro pode auxiliar em exemplos de eliminação de letargia, baixa vitalidade física e tendências depressivas. É medianamente ativo quando sozinho e mais bem combinado com outros minerais para focar e amplificar suas propriedades terapêuticas para o corpo.

AFIRMAÇÃO: Sou abençoado com a dádiva da energia divina e a uso para multiplicar e transmitir as bênçãos que recebo.

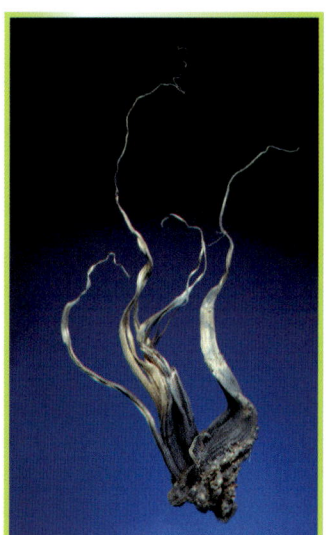

PRATA

PALAVRAS-CHAVE: Energia lunar, a energia do feminino arquetípico, mistério, introversão, o inconsciente.
ELEMENTO: Terra.
CHACRAS: Todos.

ROBERT SIMMONS: A Prata é o metal da Deusa, a Lua, a noite, o secreto, o misterioso, a Alta Sacerdotisa, a energia feminina, a força da vida em seu aspecto oculto. A Prata vem em seguida ao Ouro em sua condutividade elétrica, e ela também harmoniza bem com a maioria das gemas. Enquanto o Ouro emana uma energia extrovertida, a Prata é introvertida. Enquanto o Ouro engendra a autoconfiança, a Prata encoraja a autocontenção e reflexão introvertida. Enquanto o Ouro inflama com luz ígnea, a Prata é um espelho para a alma, o metal da luz da Lua.

A Prata funciona melhor com pedras que estimulam as habilidades psíquicas e/ou trabalham para curar o corpo emocional. Em contos de fadas, a Prata simboliza a jornada pela floresta negra e o confronto com o mistério. É um símbolo do reino inconsciente, o mundo da alma, de onde os padrões arquetípicos da vida surgem.

NAISHA AHSIAN: A Prata é um metal do raio lunar e do elemento Água que estimula o esforço da pessoa para ir em direção à sua interioridade para explorar os aspectos mais profundos do eu e da Natureza. É um metal calmante e ajuda a serenar as energias das pedras dos elementos Fogo e Ar, enquanto acrescenta profundidade e energia para pedras dos elementos Água e Terra. A Prata age como um portal para o subconsciente, inconsciente e reinos subterrâneos. Ela assiste a pessoa na ligação com os mistérios e na percepção da verdade por trás das aparências superficiais.

ESPIRITUAL: A Prata liga a pessoa com as polaridades feminina e da Deusa. Auxilia na exploração dos reinos interiores profundos da emoção e intuição. Pode ajudar a abrir os sentidos mediúnicos e aguçar as habilidades empáticas da pessoa. Ela é uma favorita para os que cultuam o aspecto feminino da natureza.

EMOCIONAL: A Prata traz sintonia com o eu emocional. Para os que já são emocionalmente sensíveis ou altamente empáticos, a energia da Prata pode ser intensa demais, já que ela fortalece essas sensitividades. Pode auxiliar a pessoa a abraçar o mistério e render-se ao desconhecido. Para os que perderam a percepção do mistério em suas vidas, a Prata pode ajudar na redescoberta da excitação de tudo que é desconhecido e incognoscível.

FÍSICO: A Prata ajuda a esfriar excesso de calor no corpo. É uma boa equilibradora para mulheres vivendo desequilíbrios hormonais. É também uma excelente agente antibacteriana e antiviral, podendo ajudar a estimular a capacidade do sistema imunológico de enfrentar infecções.

AFIRMAÇÃO: Eu vou para dentro de mim para encontrar a Luz da verdade oculta e trazê-la de volta para compartilhar.

PLATINA

PALAVRAS-CHAVE: Ligação cósmica, comunicação interdimensional.
ELEMENTO: Tempestade.
CHACRAS: Todos, especialmente o Terceiro Olho (sexto), Coroa (sétimo) e Transpessoal/Etéreo (do oitavo ao 14º, acima da cabeça).

ROBERT SIMMONS: Enquanto o Ouro é a personalidade e a Prata é a alma, a Platina é o espírito. Ela é as estrelas, a energia angelical andrógina, a força de vida em seus aspectos de transformação. A Platina tem o espectro vibratório mais elevado do que qualquer metal, e sua ressonância é melhor com pedras em sintonia com os chacras superiores do corpo e os chacras não físicos acima da cabeça. Enquanto o Ouro e a Prata são extrovertido e introvertido, a Platina é transcendente. Ela evoca a energia da iluminação e o arquétipo da Estrela.

A Platina pode melhorar a ligação da pessoa com os anjos e espíritos guia. Ela transporta o padrão de energia da revelação; trabalha no campo áurico para curar as feridas da alma que foram predestinadas ou escolhidas para o aprendizado da pessoa (e bênçãos) nessa vida.

NAISHA AHSIAN: A Platina é um metal da ligação cósmica e conhecimento estelar. É um metal poderoso do elemento Tempestade que ativa e estabiliza os chacras mais elevados. A Platina é uma escolha excelente para aqueles com linhagem estelar ou para os que entram e os visitantes de todos os tipos. A Platina pode ser usada com qualquer mineral ou gema, mas ressoa mais vigorosamente com pedras dos elementos Ar e Tempestade. A Platina transporta as energias *yin* e *yang* em equilíbrio perfeito. Suas vibrações do elemento Tempestade serão focadas pelas energias elementais da pedra com a qual é unida.

ESPIRITUAL: A Platina ativa os chacras mais elevados e estimula a comunhão e comunicação com os reinos mais elevados. Cristais naturais de Platina, embora extremamente raros, são os aparelhos mais potentes disponíveis para comunicação interdimensional. A Platina auxilia os visitantes que não são da Terra, tais como os que entram e interdimensionais, a se aclimatarem aos corpos e experiências humanos. Pode auxiliar os terráqueos a sair para o Cosmos e explorar o Universo. A Platina auxilia em viagens fora do corpo e cria um campo protetor poderoso em torno do corpo.
EMOCIONAL: A Platina é neutra emocionalmente.
FÍSICO: A Platina é estimulante para os sistemas energéticos, mas não tem propriedades terapêuticas específicas em si mesma. Ela amplifica as energias das pedras e minerais usados na cura.
AFIRMAÇÃO: Eu convoco meus guias e anjos para a revelação que traz despertar e reconhecimento de meu propósito espiritual.

METAIS

COBRE

PALAVRAS-CHAVE: Canalização e aterramento de vibrações elevadas, condução e melhoria das pedras de energia.
ELEMENTO: Terra.
CHACRAS: Todos.

ROBERT SIMMONS: O Cobre é o metal de canalização de energias. Ele tem a habilidade de aterrar e transferir uma gama imensa de frequências vibratórias do espiritual para o físico. É o metal do Mago. Ele crepita com eletricidade e fogo, mas o fogo não é seu – pertence aos reinos elevados. O Cobre é um condutor entre o Céu e a Terra, e ele executa a tarefa essencial de prover o meio para a manifestação do invisível no visível.

O Cobre pode transportar as energias das pedras do mesmo modo que um fio de cobre transporta a eletricidade. Grades de cristais podem ser melhoradas ligando as pedras com um fio de cobre. Um Bastão de Laser de Quartzo ou outro cristal pode ser intensificado enrolando um anel de fio de cobre em volta dele. Um dos apetrechos mais poderosos e básicos de energia que alguém pode fazer é um tubo de Cobre cheio com pedras e uma ponta de cristal em uma terminação ou em ambas. Esse é o tipo mais simples de ferramenta de bastão de energia. As pirâmides ou formas geométricas construídas de tubos de cobre cheios com cristais criam câmaras de meditação de energias extremamente altas. O Cobre encoraja a experimentação e invenção. Ele ressoa com o planeta Urano e sua energia de ideias revolucionárias e mudanças inesperadas e venturosas.

Os braceletes de Cobre usados há muito tempo para tratamento de artrite funcionam liberando o bloqueio do fluxo das energias do qual os sintomas de artrite são uma manifestação.

NAISHA AHSIAN: O Cobre é um metal versátil e útil tanto para objetivos metafísicos como de cura física. Ele ressoa com o elemento Terra e ensina os modos antigos de caminhar em equilíbrio com o planeta e todos os seres sobre ele. O Cobre é um forte condutor de energia, e melhora a energia de qualquer pedra da terra com que for usado. A exceção são os meteoritos e tectitos que podem criar campos energéticos discordantes ou excessivamente intensos quando combinados com Cobre. A pátina que o Cobre desenvolve naturalmente quando oxida não reduz sua energia. De fato, o Cobre com uma pátina pode ser especialmente útil para fortalecer a oxigenação do sangue e a capacidade do sistema e da função respiratória.

O Cobre pode fortalecer o sangue e ajuda a ativar o conhecimento celular da herança antiga da pessoa. É receptivo em sua energia, não direto. É fortalecedor para o sistema reprodutivo da mulher. O Cobre é o metal mais poderoso para ser usado em cura do corpo físico, uma vez que ele ajuda a pessoa a equilibrar e fortalecer todos os seus níveis e sistemas.

ESPIRITUAL: O Cobre ensina o caminho de equilíbrio e respeito com a Terra e seus seres. Ele ajuda a pessoa a encontrar inspiração no mundo natural e encoraja o aprendizado por meio da observação receptiva. O Cobre transporta as energias da avó sábia que aprendeu muito da vida, mas apenas compartilhará seu conhecimento se você for paciente, respeitoso e atento.

EMOCIONAL: O Cobre transporta a energia dos pensamentos e emoções com bastante facilidade. Pode ajudar a pessoa a ficar mais ciente do diálogo interior inconsciente que muitas vezes cria nossa experiência emocional. O Cobre pode ajudar a obter sabedoria e uma perspectiva mais elevada desta experiência.

FÍSICO: O Cobre ajuda o ferro na formação das células vermelhas do sangue e da hemoglobina – os cristais líquidos prismáticos rômbicos que são a parte que conduz a vida em cada célula vermelha de sangue. O Cobre é um elemento importante na formação dos tecidos e pode auxiliar o corpo na reparação de tecidos após acidentes, ferimentos ou cirurgias. É um metal excelente em todos os sentidos para empregar na cura física e trabalho de recuperação. Ele pode ser útil para fortalecer o sistema reprodutivo da mulher e pode ser usado em combinação com minerais que contenham zinco no tratamento da infertilidade feminina, cistites e outros desequilíbrios reprodutivos. Em homens, o Cobre pode melhorar a vitalidade geral e a cura física. Ele estimula o fisiculturismo e treinamento físico em geral.
AFIRMAÇÃO: Eu conclamo as forças dos mundos superiores para se manifestarem na Terra por meu intermédio.

TITÂNIO

PALAVRAS-CHAVE: Poder, ação, percepção mais elevada.
ELEMENTO: Terra.
CHACRAS: Todos.

ROBERT SIMMONS: O Titânio é o metal do poder e da invencibilidade. Ele evoca a imagem do gigante, o guerreiro, o herói, o defensor a postos de tudo o que é precioso. Ele ressoa com as energias do planeta Marte. Ele melhora a vitalidade física da pessoa e traz mais energia para o campo áurico. Pode ser um antídoto vibratório para a letargia e a fadiga. É uma pedra de ação, mais que de reflexão; de movimento, mais que de meditação.

O Titânio funciona especialmente bem com pedras de alta energia como Moldavita, Natrolita, Herderita, Zincita, Tectito Tibetano e Pedra da Profecia. É ideal para uso na construção de ferramentas de Luz. O Titânio também é um metal de grande *insight*, trazendo a pessoa à resolução de conflitos internos e da síntese de pensamentos aparentemente contraditórios. Ele é um amigo de ideias fabulosas e impossíveis e pode suportar a tensão inerente aos paradoxos. É um metal da nova consciência que será a norma depois que acontecer a grande transformação da humanidade. Usar ou carregar Titânio planta firmemente uma semente daquela energia no campo áurico da pessoa.

NAISHA AHSIAN: O Titânio é um metal útil para o bem-estar energético geral. Você pode pensar nesse metal como um espelho vibratório que deflete as energias negativas e encoraja um campo equilibrado e forte. O Titânio é estimulante para o campo áurico e os meridianos, agindo como um prisma para a energia do nível da alma e infundindo a aura com um espectro de Luz do arco-íris. O Titânio tem um amplo espectro de frequências e pode ser usado com qualquer tipo de cristal ou pedra para melhorar e fortalecer a energia de tal pedra em sessões de cura.

Esse metal auxilia a pessoa a manter a clareza e o foco mental. Estimula o corpo mental e concede à pessoa acessar os níveis mais elevados de conhecimento e informação.
ESPIRITUAL: O Titânio incorpora o vigor e a pureza energéticos. Ele é protetor e aumenta a amplitude do campo vibratório da pessoa, tornando impossível que energias mais fracas mexam na aura. Ele leva a pessoa à determinação e propulsão, proporcionando-lhe a vontade de agir com base em ideais mais elevados.
EMOCIONAL: O Titânio oferece uma sensação de proteção e segurança. É útil quando medo, pânico ou ansiedade excessivos estão presentes. Em geral, ele estimula e reforça o corpo emocional, por causa da sua habilidade de trazer todo o espectro de Luz visível para a aura.
FÍSICO: O Titânio oferece proteção energética dos campos eletromagnéticos gerados por computadores e outros eletrônicos. É mais ativo para os níveis espiritual e emocional do que na cura física, a qual, porém ele sustenta fortalecendo o campo de energia.
AFIRMAÇÃO: Eu conclamo o poder de meu ser integral e uso-o a serviço da grande transformação da humanidade.

NIÓBIO

PALAVRAS-CHAVE: Ativação do Corpo Arco-íris, comunicação com ETs e entidades etéreas.
ELEMENTO: Terra.
CHACRAS: Todos.

ROBERT SIMMONS: O Nióbio é um metal tão selvagem que a pessoa fica se perguntando se ele pertence realmente à Terra. Ele vibra com as frequências usadas por muitos dos visitantes extraterrestres e pode ajudar a pessoa a movimentar-se em seus planos de consciência. Ele encoraja a pessoa a ver todas as formas de novas perspectivas e ajuda-a a discernir a magia que ela deixou de perceber bem na frente de seu nariz.

O Nióbio é um metal do Corpo Arco-íris, e adornar uma pessoa com ele pode ajudar a alinhar todas as formas não físicas do eu de tal modo que o verdadeiro Corpo Arco-íris toma forma. Esse metal pode harmonizar com qualquer pedra, mas Azeztulite e Fenacita são suas favoritas para saltos dimensionais. O Nióbio é útil para criar ferramentas de Luz e aparatos de energia de cristais. Ele ressoa com as energias místicas do planeta Netuno.

NAISHA AHSIAN: O Nióbio é um metal fascinante que é muito similar em energia ao Titânio, mas é capaz de transportar uma extensão de frequência mais elevada. É excelente para canal de transe, médiuns, sensitivos ou qualquer um que deseja manter seu aterramento enquanto se expande para estados de consciência mais elevados. O Nióbio pode expressar-se em um arco-íris de cores e também pode ser usado como apoio para terapia de cores. Ele combina bem com qualquer pedra.

ESPIRITUAL: O Nióbio é um condutor maravilhoso para pedras de alta frequência. Como tal, ele é estimulante para os chacras da coroa e etéreos acima da cabeça, que pode abrir canais psíquicos e permitir a comunicação com os guias mais elevados e entidades de Luz. Quando combinado com pedras de alta frequência, pode estimular experiências visionárias e a comunicação cruzando barreiras dimensionais.
EMOCIONAL: O Nióbio é neutro emocionalmente.
FÍSICO: O Nióbio é fisicamente neutro.
AFIRMAÇÃO: Eu sou um ser livre, e retiro alegria na exploração do Universo interior e exterior.

METEORITO

Meteoritos são pedras de origem extraterrestre que sobreviveram à sua queda através da atmosfera terrestre. Há muito se imagina que elas tenham poderes sobrenaturais. Os antigos chineses consideravam os meteoritos pedras sagradas e os tibetanos as conheciam como pedras *vajra* associadas ao poder ígneo da criação. Talvez o meteorito mais lendário da Terra seja a *kabba*, uma pedra negra no centro do lugar mais sagrado para os muçulmanos em Meca, dita ser um presente de Deus. Milhares de meteoritos colidem com a Terra todos os dias, mas apenas uma pequena fração chega ao chão sem ter queimado completamente. Os três tipos de meteoritos de maior interesse metafísico serão considerados aqui – Meteoritos Níquel-Ferro, Condrito e Palassito.

Os Meteoritos Níquel-Ferro são quase completamente metálicos, sendo compostos de uma mistura de níquel e ferro. Eles podem ser fatiados e entintados, revelando padrões de linhas cruzadas, chamadas figuras Widmanstatten. Nos tempos antigos, esses meteoritos eram valorizados como uma fonte pura de metal para confeccionar armas. Excalibur, a espada lendária do rei Artur, tinha a fama de ter sido feita de um Meteorito Níquel-Ferro. Esses meteoritos são compostos do mesmo material que forma o núcleo da Terra, e eles podem ter vindo de núcleos de planetas destruídos ou de corpos planetários em formação, chamados de planetesimais.

Condritos são meteoritos de pedra. Eles contêm silicatos minerais, a maior parte das vezes Piroxênio e Olivina, e pequenas porções de Feldspato Plagioclásio. Também contêm uma pequena proporção de Níquel-Ferro. Sua estrutura consiste em pequenos grãos esféricos chamados de côndrulos. A estrutura química dos Condritos sugere que eles podem vir da cobertura de planetesimais. Condritos podem ser datados radioativamente como sendo de até 4,6 bilhões de anos atrás, a idade estimada do próprio sistema solar.

Palassitos tem a aparência mais impressionante entre todos os Meteoritos. Eles consistem em grades de Níquel-Ferro com bolsões de cristal Olivina amarelo verdes por toda a estrutura. O Palassito é uma variedade rara de Meteorito Condrito, contendo uma grande proporção de material silicato. Esses Meteoritos não exibem côndrulos e são de textura mais granulada que os Condritos. Contêm muito pouco ferro metálico. Essas pedras podem ter se originado de planetesimais, embora sua composição sugira serem eles de origem vulcânica.

METEORITO CONDRITO

PALAVRAS-CHAVE: Comunicação interdimensional e extraterrestre, acesso aos registros akáshicos do sistema solar.
ELEMENTO: Terra.
CHACRAS: Terceiro Olho (sexto), Coroa (sétimo), Estrela da Alma (oitavo).

ROBERT SIMMONS: Se existisse uma única pedra que todo extraterrestre com autoestima deveria ter em sua coleção de pedras, ela seria o Meteorito Condrito. Essas pedras ricas em silício vindas do espaço vibram com as frequências mais bem sintonizadas com a comunicação interdimensional com e entre os ETs. Como pedras com base de silício, Condritos são programáveis, do mesmo modo que os Quartzos. Eles podem ser alinhados com funções específicas, como a abertura do canal telepático da pessoa ou "viajar" interdimensionalmente para outras estrelas e planetas. Também podem ser usados para estocar informação, em especial conhecimento esotérico relacionado à "escada de consciência" em que são trocados vários níveis de energias de alta frequência. A meditação com essas pedras ajudará a pessoa a descobrir se já contém programação latente desse tipo. Se tiver, a pessoa pode ter um veículo espacial já pronto para a mente. Se não, apenas sua imaginação é o limite para o número de portas interiores que essas pedras podem abrir, por meio do poder da intenção focada.

Os Condritos transportam os registros espirituais desse sistema solar. Eles registram as histórias das entidades etéreas que existem em todos os outros planetas, de Mercúrio a Saturno. Embora esses planetas sejam impróprios para a vida física como a conhecemos, os que realizam viagens astrais para lá, ou entram em contato com suas histórias espirituais, descobrem que a consciência sempre existiu no sistema solar. De fato, a pessoa percebe que o "estilo" de consciência associado com cada planeta é similar às características atribuídas a eles pela astrologia. Para uma experiência em primeira mão desse e de outros aspectos desses reinos elevados, a meditação com Meteorito Condrito é altamente recomendada.

O Meteorito Condrito combina harmoniosamente com a Herderita e Broquita para a expansão da percepção além dos limites do corpo. A Danburita e Petalita podem ajudar a elevar a percepção da pessoa dos canais de comunicação interdimensionais aos níveis angelicais. Se a pessoa sentir a necessidade de proteção contra ETs ou outras entidades negativas, Ametista, Sugilita e Moldavita são um bom trio para ter à mão. Para aterramento, a Hematita rica em ferro funciona melhor com Meteoritos Condritos.

NAISHA AHSIAN: Condritos, ou meteoritos de pedra, são a forma mais comum de meteorito. Acredita-se que teriam se originado na formação do sistema solar. Os Condritos contêm os registros do nascimento de nosso sistema solar e podem transportar informação para sementes estelares e outras pessoas de origem estelar. Em geral, eles não transportam informações sobre as origens da Terra (uma vez que são de origem extraterrestre), mas carregam registros das raças e civilizações que viveram em outros planetas e corpos de nosso sistema solar.

ESPIRITUAL: Os Meteoritos Condritos assistem os que vieram para cá de outros sistemas solares a se aclimatarem ao nosso planeta. Eles auxiliam a aterrar esses indivíduos em corpos humanos e a aclimatarem-nos ao campo energético de nosso planeta. Os Condritos Carbonáceos auxiliam a pessoa a acessar informações relativas a origens estelares e semeadura estelar do DNA. Meteoritos Enstatita assistem no aterramento de visitantes extraterrestres e na estabilização do corpo físico para os entrantes e outros visitantes.

EMOCIONAL: Os Meteoritos Condritos são aliados não emocionais, embora possam ter um efeito estabilizante no corpo emocional.

FÍSICO: Os Meteoritos Condritos podem ser usados para ajudar a estabilizar a degeneração óssea (as variedades carbonáceas) e a fortalecer o sangue e sistema circulatório (as variedades Enstatitas).

AFIRMAÇÃO: Eu me sintonizo com as energias e memórias dos planetas, e com isso aumento minha visão interior.

METEORITO NÍQUEL-FERRO

PALAVRAS-CHAVE: Ativação da kundalini, visão interior, despertar espiritual, paciência e persistência com relação ao crescimento espiritual.
ELEMENTO: Fogo.
CHACRAS: Raiz (primeiro), Plexo Solar (terceiro), Terceiro Olho (sexto), Coroa (sétimo).

ROBERT SIMMONS: Os Meteoritos Níquel-Ferro vibram com uma intensidade quase elétrica. Eles têm a capacidade de ativar o canal da kundalini ao longo da espinha, trazendo o fogo em geral dormente que existe em todos os seres humanos à sua potência máxima. Essas pedras conduzem a energia das estrelas, a Saura Agni dos vedas hindus, a energia oculta que anima o Universo. Quando a pessoa mescla essa energia no interior do ser, um grande despertar e grandes mudanças podem acontecer com muita rapidez, acredite a pessoa estar preparada ou não. Contudo, os efeitos variam muito entre as pessoas. Algumas não sentirão nada, porque sua frequência vibratória é muito baixa para ressoar com o que emana desses Meteoritos. Outras se sentirão superestimuladas e irão querer se livrar deles. Talvez isso seja porque o corpo emocional não é forte o suficiente para tolerar as transformações potenciais que essas pedras engendram. Contudo, existirão os que estão perfeitamente preparados para dar o salto para dentro das energias cósmicas que os Meteoritos Níquel-Ferro incorporam. Para esses indivíduos, uma grande jornada terá começado.

O Meteorito Níquel-Ferro estimula os chacras da coroa e do terceiro olho. Portanto, são pedras que agem como catalisadores para a visão interior e o despertar espiritual. Contudo, eles também ativam o chacra da raiz e o plexo solar. O chacra da raiz é o local das energias da kundalini, e essas pedras podem acordá-las, como já foi dito. Talvez por sua composição de ferro e níquel, eles também fornecem uma âncora para aterramento, que é muito necessária para administrar tudo o mais que eles fazem. Além disso, os Meteoritos Níquel-Ferro estimulam o plexo solar, o chacra de ação e vontade. Isso facilita o processo pelo qual a pessoa determina a ação apropriada para honrar as dádivas do despertar e transformação que essa pedra provê. O valor da bela visão ou *insight* inspirado, ou mesmo da serpente ígnea da kundalini, pode ser perdido ou desperdiçado se a pessoa não age em seguida.

Meteoritos Níquel-Ferro harmonizam especialmente bem com Moldavita, que ecoa e magnifica suas energias de transformação bem como sua ligação cósmica. Tectito Ouro Líbio, outra pedra com raízes no céu, pode aumentar o foco no terceiro chacra e suas energias de ação e manifestação por meio da vontade. Os Tectitos Tibetanos irão acrescentar mais fogo até para a ativação da kundalini que esses Meteoritos iniciam.

NAISHA AHSIAN: O Meteorito Níquel-Ferro é um meteorito puramente metálico que combina as energias dos metais Ferro e Níquel. Em geral, apresentam belos padrões geométricos no interior de sua estrutura metálica.
ESPIRITUAL: Os Meteoritos Níquel-Ferro ajudam aqueles que são impacientes para o crescimento espiritual e, portanto, focam mais no resultado do que no processo. Pode auxiliar a pessoa a desenvolver paciência e constância e a desfrutar a estrutura de rotina de sua vida. Esses aliados transportam a energia do "Macaco", no sentido de auxiliarem a pessoa a encontrar o espiritual nas tarefas mais mundanas e rotinas repetitivas. São úteis para ver os projetos até sua completude e facilitam que a pessoa compreenda a estrutura necessária para trazer uma ideia à realização.
EMOCIONAL: Os Meteoritos Níquel-Ferro aterram e protegem o corpo emocional. Ajudam na abordagem de problemas com um sentido de direção claro e podem proteger a pessoa de chafurdar nas dificuldades. Trazem equilíbrio emocional e ajudam a pessoa a desenvolver sabedoria a partir de experiências emocionais. Evitam que a pessoa "perca as estribeiras" ou reaja impetuosamente.

METEORITO

FÍSICO: Os Meteoritos Níquel-Ferro são fortalecedores do sangue e dos tecidos. Eles podem auxiliar a pessoa a construir a estamina física e força e, portanto, são auxiliares maravilhosos para o processo de cura. Podem ajudar a pessoa a permanecer presente na Terra e podem ser úteis para bebês prematuros ou para ajudar a estabilizar a pessoa que está vivenciando uma enfermidade prolongada e difícil. Oferecem força e esperança diante de uma luta longa ou enfermidade física.

AFIRMAÇÃO: Meu compromisso resoluto ao crescimento espiritual alimenta os fogos de meu despertar interior.

METEORITO PALASSITO

PALAVRAS-CHAVE: União com a Supermente cósmica e campos de conhecimento, viagem interdimensional, prosperidade, estabilidade emocional.
ELEMENTO: Terra.
CHACRAS: Coração (quarto), Terceiro Olho (sexto).

ROBERT SIMMONS: Os Meteoritos Palassitos com suas "janelas" de Olivina entrelaçadas por toda a sua grade de níquel e ferro talvez sejam o Meteorito de aparência mais impressionante. Ele parece ao mesmo tempo de outro mundo e familiar – sua combinação estranha de materiais cotidianos –, e suas energias refletem esse paradoxo. O Palassito, surpreendentemente, estimula as energias amorosas do chacra do coração, com as capacidades visionárias do terceiro olho. Não há nada na composição química dessas pedras que sugira isso, entretanto o Palassito abre os portões emocionais do coração junto com o olho interior da imaginação e da percepção expandida, para o propósito de permitir à pessoa que vivencie a conexão entre si e o Cosmos.

Na meditação com Palassito, a pessoa pode encontrar a ressonância entre sua vida individual e a vida do Universo. A mente da pessoa pode movimentar-se para uma união iluminada com a Supermente cósmica, tornando possível para ela entrar em contato com os campos morfogênicos do conhecimento, em que pode simplesmente "perguntar e saber" em um simples instante. Por meio da ligação do coração, é possível para a pessoa movimentar-se para uma união estática com o coração do cosmos, também conhecido como Grande Sol Central. A pessoa pode reconhecer essa experiência quando ela se sente como se seu coração estivesse transbordando com uma radiação de Luz dourada, e essa Luz também é amor. Quando essas duas conexões são ativadas em uníssono, a pessoa pode sentir que seu corpo se estende por todo o Universo – de que ela, em certo sentido, é o Universo.

Em um nível mais mundano, o Palassito ajuda a pessoa a perder o medo de expandir sua consciência para além do corpo. Ele ajuda os que se sentem "presos" no corpo a relaxar e viajar para o astral e outros planos mais elevados. Em nível físico, ele pode acalmar o medo de voar e pode também auxiliar os que sofrem de agorafobia. Afinal, se todo o Universo é você, onde você estará, senão em casa? O Palassito também pode auxiliar a pessoa a manifestar prosperidade e abundância em sua vida material.

O Meteorito Palassito harmoniza com Fenacita e "Diamante" Herkimer para o propósito de estimular os aspectos visionários da experiência de meditação. Para uma abertura mais completa do coração, a pessoa pode combinar o Meteorito Palassito com Dioptase, Morganita, Esmeralda e/ou Kunzita. A Hematita, a Turmalina Negra e o Quartzo Fumê são escolhas excelentes se a pessoa sentir que é necessária uma influência para aterramento.

NAISHA AHSIAN: Os Palassitos são uma combinação de material de meteorito de pedra e metálico e contêm inclusões em metal de Olivina (ou Peridoto). Esses aliados meteoritos têm uma energia rica e potente para a abundância e incremento em vários níveis. Eles combinam a energia fortalecedora e de ancoragem na Terra de sua composição metálica com as propriedades de abundância inerentes ao Peridoto e Olivina. Essas pedras podem ser usadas para auxiliar na ligação com dimensões terrestres alternativas – especialmente as dos reinos das fadas e dévico.

ESPIRITUAL: O Meteorito Palassito auxilia os que são muito "desnorteados" a se aterrarem no reino da Terra. Ele pode ser de grande ajuda para estabilizar as energias de viajantes interdimensionais ou entrantes. Suas inclusões de Peridoto auxiliam na ligação com a energia da abundância. Essas pedras são assistentes maravilhosas para trazer uma ideia ou projeto à realização, estimulando a sensação de abundância da pessoa e sua habilidade para aterrar o pensamento em ação para criar sua realidade.

EMOCIONAL: Os Meteoritos Palassitos podem estabilizar o campo emocional, ajudando indivíduos empáticos a evitar serem jogados para fora do centro por energias emocionais dos que estão à sua volta. Eles podem ajudar a superar o luto e encarar conscientemente a transição da morte. São aliados excelentes para auxiliar os que estão "presos" em uma consciência de escassez, já que ajudam a pessoa a reconhecer a prosperidade que existe atualmente em suas vidas, abrindo-as para a abundância.

FÍSICO: Os Meteoritos de Palassito são úteis para os que têm batimentos cardíacos irregulares, doenças cardíacas ou que estejam se recobrando de um ataque do coração. Eles se mostram fortes purificadores do sangue e podem ser usados para auxiliar o corpo a purgar invasores bacterianos ou virais. São úteis para combater a anemia.

AFIRMAÇÃO: Eu me abro para a união com a Supermente cósmica e o Grande Sol Central, e sei que sou um com Tudo o Que É.

MOLDAVITA

PALAVRAS-CHAVE: Transformação, evolução espiritual rápida, ativação do chacra, limpeza, proteção, incidência aumentada de sincronicidade.
ELEMENTO: Tempestade.
CHACRAS: Todos, especialmente o Coração (quarto) e Terceiro Olho (sexto).

A Moldavita é um membro do grupo dos Tectitos, uma mistura vítrea de dióxido de silício, óxido de alumínio e outros óxidos metálicos, com uma dureza de 5,5 a 6. Seu sistema de cristal é amorfo. A cor da maioria dos espécimes é um verde floresta intenso, embora algumas peças sejam de um verde pálido e outras, em especial as da Morávia, sejam de um marrom esverdeado. Algumas raras pedras com grau de gemas são um pouco mais escuras que o verde-esmeralda. A formação da Moldavita coincide com a queda de um imenso meteorito no que hoje é conhecido como o platô da República Tcheca na Boêmia, aproximadamente há 14,8 milhões de anos. A maior parte dos espécimes é encontrada espalhada por toda aquela área. Fazendeiros já escavaram pedaços de Moldavita quando aravam os campos, e "mineiros" de Moldavita peneiram e escavam pelas areias e cascalhos. Alguns dos achados mais finos aconteceram nas cidades de Chlum e Slavce. Uma forma rendada muito delicada de Moldavita foi encontrada próximo da vila de Besednice.

ROBERT SIMMONS: Cientistas teóricos têm pontos de vistas diferentes sobre as hipóteses relativas à origem da Moldavita. Alguns afirmam que a Moldavita é uma pedra terrestre fundida pelo calor de queda de meteorito, enquanto outros sugerem que o material é de origem extraterrestre, possivelmente um tipo de Obsidiana ejetada por um vulcão lunar. Uma terceira teoria mantém que a Moldavita é uma fusão, produto de material meteórico e pedras terrestres que foram vaporizadas no calor tremendo da explosão de impacto, o gás resultante tendo sido impelido alto na atmosfera. Esse material gasoso teria esfriado e condensado em um líquido vítreo, que "choveu" na cratera e nas áreas adjacentes. Independentemente de uma dessas teorias ser correta, é sabido que a Moldavita, de fato, caiu do céu pela forma aerodinâmica de algumas de suas peças, e virtualmente todos os cientistas a associam com a colisão meteórica que formou o planalto boêmio e as montanhas à sua volta.*

O acontecimento que deu origem à Moldavita foi muito intenso. A força da explosão de impacto tem sido estimada em 6 trilhões de megatons, muito mais do que todas as bombas atômicas da Terra. O calor, como mencionado anteriormente, foi alto o suficiente para vaporizar rochas, e o corpo principal do meteorito, acreditam, atravessou a crosta terrestre, penetrando no ferro líquido do coração

---

* Nota do Autor: A Moldavita é a pedra que me iniciou na percepção das propriedades espirituais dos cristais e minerais, e também de meu destino espiritual. Durante os 22 anos que tenho trabalhado nesse campo, ela teve efeitos similares em milhares de outras pessoas com quem eu falei e me correspondi. De meu ponto de vista, ela teve um papel importante no despertar da humanidade que agora está a caminho, e por essa razão entramos na história da Moldavita de um modo um pouco mais profundo do que com outras pedras.

do planeta. Dizem que esse impacto profundo perturbou as correntes de ferro líquido em rotação o suficiente para produzir uma reversão nos polos magnéticos da Terra.

Por toda a história, e até nos tempos da Pré-História, a Moldavita tem sido considerada um talismã espiritual. Os povos do Neolítico da Europa Oriental usavam Moldavita pelo menos há 25 mil anos, e a famosa Vênus de Willendorf – a mais antiga estátua de deusa conhecida – foi descoberta em um local de escavação que continha uma quantidade de amuletos de Moldavita. As pessoas daquela época também usavam a Moldavita para pontas de flecha e ferramentas de corte.

Mais recentemente, a Moldavita tem sido vista como uma relíquia da lenda do Santo Graal. Em alguns relatos, foi dito do Graal não ser um cálice, mas uma pedra, a Esmeralda que caiu do céu. Em outras histórias, o cálice do Graal foi esculpido de uma Esmeralda. A correspondência da Pedra do Graal com a Moldavita é clara. Os antigos chamavam todas as gemas verde-claras "Esmeraldas", e a Moldavita é a única entre tais pedras que caiu do céu. Na história, existiu inclusive um "Graal" físico descoberto e trazido a Napoleão, que ficou desapontado ao perceber que era vidro verde. Contudo, é claro, a Moldavita é um vidro verde. Outro cálice, esse feito de ouro e adornado com Moldavitas, percorreu os séculos e desapareceu durante a Segunda Guerra Mundial. Nos anos 1930, o famoso artista e místico Nicholas Roerich comparou a Moldavita (que ele chamava de *agni mani* com o sentido de "pérola de fogo") com a lendária Pedra de Shambhala, afirmando mais tarde que era a mesma pedra contida no Santo Graal. Curiosamente, os efeitos energéticos da Moldavita correspondem aos atribuídos pela pedra do Graal das fábulas. No folclore tcheco, acreditava-se que a Moldavita traria harmonia para o relacionamento marital, e ela foi usada como um presente tradicional de noivado por séculos. De novo, acreditava-se que a Pedra do Graal tinha propriedades semelhantes.

Nos tempos modernos, a Moldavita surgiu como uma das pedras mais valorizadas para propósitos metafísicos. Seus efeitos variam amplamente, de amenos a impressionantes, de limpeza física a reviravoltas espirituais – ainda assim, o denominador comum parece ser a revitalização e aceleração do caminho de evolução pessoal.

As pessoas que seguram a Moldavita pela primeira vez, na maioria das vezes, sentem sua energia como tepidez ou quentura, em geral sentida primeiro em sua mão e, progressivamente, por todo o corpo. Em alguns casos, existe uma abertura do chacra do coração que é caracterizado por sensações no peito, estranhas porém não dolorosas, uma exaltação das emoções e rubor no rosto. Isso aconteceu vezes o suficiente para receber o nome "rubor da Moldavita". Outros modos de sentir a energia da Moldavita incluem pulsação na mão enquanto segura a pedra, estremecimento nos chacras do terceiro olho e coração, uma sensação de confusão ou vertigem e, ocasionalmente, a sensação de ser elevado acima de seu corpo. A maioria das pessoas sente que a Moldavita excita suas energias e acelera suas vibrações, especialmente nos primeiros dias ou semanas, até que a pessoa se torna aclimatada a ela. Contudo, alguns indivíduos, especialmente os Filhos das Estrelas, consideram que a Moldavita os relaxa, como se fosse um pequeno pedaço de "casa".

MOLDAVITA

As energias da Moldavita podem ativar qualquer um dos chacras. Suas vibrações tendem a focar em áreas em que a pessoa tem bloqueios ou "ferimentos", primeiro limpando essas áreas e então mudando para uma ressonância com todo o sistema energético da pessoa. A ressonância com Moldavita pode tomar muitas formas – chacras podem abrir, sincronicidades podem aumentar sua frequência e significado, a vida onírica da pessoa pode tornar-se dramaticamente mais vívida e significativa, a pessoa pode entrar em contato com espíritos guias, podem ocorrer cura física, emocional ou espiritual, os trabalhos e relacionamentos podem mudar, a meditação pode tornar-se mais profunda e poderosa – entretanto, tudo isso pode ser visto como sintomas de uma mudança nas próprias energias da pessoa. Essa mudança é o que a Moldavita pode catalisar. Com suas vibrações elevadas e intensas, ela pode ressoar com o padrão energético da pessoa de um modo que cria uma intensificação de sua vitalidade espiritual e uma aceleração do progresso no caminho de seu destino mais elevado. Esse é, mais ou menos, o efeito que a lenda atribui à exposição da pessoa à lendária Pedra do Graal.

O Graal espiritual pode ser visto como o despertar e a realização integral da inteligência do coração humano. De novo, a Moldavita compara-se à Pedra do Graal em sua afinidade com o coração e o chacra do coração. Por meio do campo eletromagnético do coração e seu campo adjacente de energias sutis imensuráveis, podemos perceber diretamente as condições das outras pessoas no mundo. O campo do coração ressona com Tudo o Que É, dos átomos às galáxias, da alma individual à consciência cósmica. E o coração não apenas percebe – ele também muda condições. Por meio da vontade do coração, é possível alterar a realidade e, sabendo disso, a pessoa tem a responsabilidade de desejar o bem maior a cada momento sem saber que forma esse bem maior tomará. A Moldavita oferece a promessa e carrega o potencial para auxiliar a pessoa a despertar integralmente a inteligência do coração.

A Moldavita é uma auxiliar poderosa para a meditação e o trabalho de sonho. Em ambos os casos, prender uma peça de Moldavita à fronte pode ter o efeito de criar uma experiência interior mais vívida e visionária.

A Moldavita aumenta a sensitividade da pessoa à orientação e sua habilidade de discernir as mensagens enviadas dos reinos mais elevados. A Moldavita pode ser uma catalisadora poderosa para autocura, eliminar bloqueios e abrir os meridianos, e também para energizar as interconexões entre todos os aspectos de seus corpos etéreo, astral, causal e físico. Como o antigo e lendário *agni mani*, reverenciado nas lendas antigas, a Moldavita é um talismã de despertar espiritual, transformação e crescimento evolutivo.

Além do uso em meditação e trabalho de sonho, a Moldavita pode ser usada como joia. Ela tem a vantagem de ser capaz de manter suas energias no campo vibratório da pessoa por todo o dia, para fortalecimento posterior de seus efeitos. Esse uso também leva a um aumento dos incidentes de sincronicidade benéfica na vida diária da pessoa. Algumas pessoas têm de se acostumar gradualmente a usar Moldavita, por causa de sua intensidade energética, mas a maioria fará o ajuste em poucos dias.

A Moldavita também oferece uma energia de proteção espiritual. Quando a pessoa está em ressonância com suas vibrações de alta frequência, as energias e entidades negativas não podem se acoplar ao seu campo. Em alinhamento com as propriedades transformadoras, a Moldavita tende a desligar a pessoa de vínculos insalubres e magnetizar as pessoas e situações das quais mais necessite para seu progresso evolutivo.

A Moldavita pode ser cortada e facetada em gemas e outras formas, algumas das quais podem melhorar suas energias. As formas que magnificam e focam as vibrações da Moldavita incluem pirâmides, sólidos platônicos, esferas e tetraedros estrela. As gemas mais poderosas entre as cortadas têm formas redondas brilhantes, octógonos radiantes, triângulos brilhantes e oval. As contas arredondadas de Moldavita são ao mesmo tempo suaves e poderosas. Como as esferas, elas permitem um fluxo das vibrações da Moldavita em todas as direções, acompanhadas por um tipo de suavidade, que pode vir da forma arredondada da pedra.

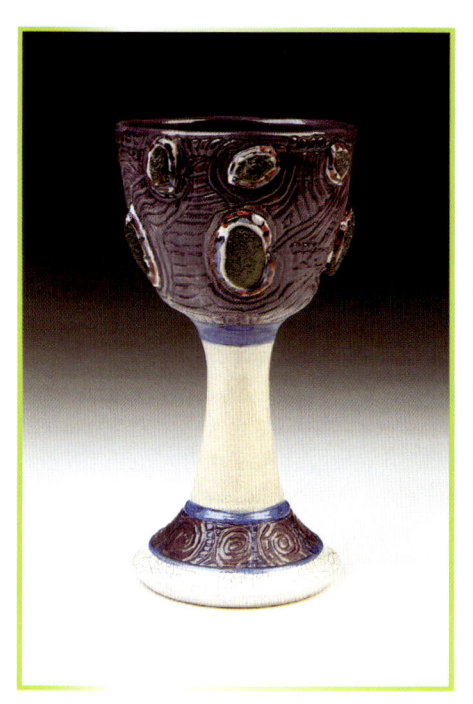

A Moldavita é uma pedra ideal para uso na confecção de ferramentas de energia. Ela pode ser colada ou ligada de outro modo a outras pedras para magnificar ambas as energias. Pode ser acrescentada a bastões, tiaras, instrumentos cortantes, grades e todos os tipos de aparatos para intensificar seus efeitos.

A Moldavita tem a habilidade de melhorar e acelerar os efeitos benéficos de muitas outras pedras. Ela funciona bem com todos os tipos de Quartzo e também Ametista, Citrino, Quartzo Rosa, Sugilita, Charoíta, Lápis, Larimar, Rodocrosita, Água-marinha, Heliodoro, Pietersita, Quartzo Fumê, Selenita e a maioria das outras gemas. Para objetivos de cura, funciona muito bem com Serafinita. Para melhorar a experiência visionária, "Diamantes" Herkimer são aliados excelentes. O Diamante genuíno, em forma de cristal ou gema, intensifica ainda mais as energias transformadoras da Moldavita. O Tectito Ouro Líbio aumenta o fortalecimento do terceiro chacra propiciado pela Moldavita, foco do poder e vontade pessoais.

A Moldavita é uma das 12 pedras de sinergia, com Danburita, Tanzanita, Azeztulite, Fenacita, Herderita, Tectito Tibetano, Quartzo Satyaloka, Petalita, Broquita, Natrolita e Escolecita. Essa combinação é a mais poderosa já descoberta para melhorar o padrão etéreo do eu aperfeiçoado. A Moldavita também funciona harmoniosamente com cada uma dessas pedras separadamente.

Se a pessoa fosse forçada a ficar presa em uma ilha deserta com apenas uma pedra como aliada, a Moldavita seria uma escolha excelente.

ROBERT SIMMONS: MAIS SOBRE A MOLDAVITA – LIGAÇÕES COM O SANTO GRAAL

Uma das primeiras ligações que fiz à natureza mística da Moldavita me levou ao contato com a lenda do Graal. O artigo de revista ao qual eu fui levado por uma cadeia de acontecimentos sincrônicos, que discutia as lendas e o folclore em torno da Moldavita, mencionou que o famoso artista espiritual Nicholas Roerich comparava a Moldavita com a lendária Pedra de Shambhala, afirmando em seguida que era a mesma pedra contida no Santo Graal. Sem saber muito sobre a lenda do Graal, pesquisei-a em um livro escrito pelo acadêmico especialista no Graal, John Matthews. Ele menciona que, em alguns relatos da lenda, o Graal não é um cálice, mas uma pedra – uma Esmeralda que caiu do céu, vinda da coroa de Lúcifer, antes de ele ser expulso do Paraíso. Fiquei animado com o paralelo com a história física da Moldavita, uma vez que ela era uma gema verde (não muito diferente da cor da Esmeralda) que, de fato, caíra do céu.

Existiram outras associações interessantes. O Graal é ilustrado na maior parte das vezes como um vasilhame, tal como um cálice. Isso o relaciona ao corpo feminino, como o cálice que mantém a essência da vida e pode trazer uma nova vida. O culto do Divino Feminino foi centrado em torno desse mistério sagrado, e um dos fatos curiosos sobre a Moldavita – o de que talismãs de Moldavita foram encontrados na mesma escavação arqueológica que a Vênus de Willendorf, a mais antiga estátua da Deusa conhecida – indica que a Moldavita foi associada a Ela antes do Graal como uma taça ser imaginado.

Na história registrada, o vasilhame do Graal na maioria dos casos era considerado a taça que colheu o sangue de Cristo quando Ele morreu na cruz. Nos romances arturianos em que o Graal aparece, o cálice do Graal circulava magicamente entre os cavaleiros e as damas sentados na Távola Redonda durante a comemoração do Pentecostes, fornecendo a cada um a bebida e comida que ele ou ela mais desejasse – proporcionando nutrição sagrada. Beber do Graal trazia cura e rejuvenescimento, e também despertar espiritual. Isso acelerava o caminho do destino dos cavaleiros, guiando-os para as aventuras de que necessitavam para promover seu crescimento interior. O Graal também era um talismã de relacionamento correto. Quando um cavaleiro, como Percival, olhou para o Graal, ele não pôde ser infiel a seu verdadeiro amor, e o Graal sempre o guiaria de volta para ela.

De novo, os paralelos com a Moldavita são impressionantes. No folclore tcheco, por centenas de anos, a Moldavita foi usada como presente de noivado para trazer harmonia ao casamento. Nos dias atuais, os comentários mais frequentes que eu ouço de pessoas sobre os efeitos de carregar ou usar a Moldavita se referem à aceleração da evolução espiritual pessoal, ou caminho do destino. Ter uma Moldavita parece acelerar a atração das situações que a pessoa mais necessita para crescer, e a dissolução de ligações com qualquer coisa que a prendam.

Depois de dizer tudo isso, a ligação mais evocativa com o Graal que eu vejo na Moldavita tem a ver com o despertar para o coração do Graal. Como escrevi no primeiro capítulo deste livro, biólogos dizem agora que os corpos dos organismos vivos como os nossos são de cristal líquido, evidenciando uma coerência de estrutura e organização dinâmica que os aproxima dos cristais sólidos. Os cristais líquidos são ajustáveis a diferentes frequências, como nós. Os cristais sólidos emanam padrões de vibração específicos, com os quais podemos ressoar. A mudança que sentimos nessa ressonância pode ser nosso realinhamento interior, nossa sintonia com a frequência da pedra. Como uma substância vítrea, a Moldavita é, tecnicamente, um cristal mais "líquido" do que "sólido". Com suas ligações com a pedra lendária do Graal, ela pode ser um talismã pelo qual podemos "beber" daquele cálice sagrado.

Agora pense na cena do Cristo na cruz. Seu sangue foi colhido no cálice do Graal, o que significa que aquele "cálice" transportou o padrão vibratório – o alinhamento do cristal líquido – de seu sangue. Se acreditarmos nas lendas, Ele viveu em perfeita harmonia com – completamente em nome de – o Divino. Em outras palavras, ele foi preenchido com amor e livre do medo. Ele foi nutrido completamente pela ligação divina. Beber do Graal – o vasilhame contendo o padrão vibratório daquele sangue – era levar aquele padrão para dentro do corpo da pessoa que o bebeu. Fazer tal coisa era assumir Cristo em seu coração (lembre-se de que todas as ilustrações artísticas de Cristo mostram seu coração exposto do lado de fora do peito). De fato, o coração é a taça, o cálice que colhe nosso sangue. Se levamos o padrão de Cristo para nosso coração, nós "bebemos" o padrão de sintonia com o Divino que ele incorpora, e recebemos toda a nutrição que vem da sintonia com esse padrão.

Mais correspondências: Ilustrações do Graal sempre o mostram como uma taça transbordando com a emanação da bênção divina. Se nós, como seres de cristal líquido, ressintonizamos o padrão de nossos corações com as frequências do Divino, então o coração bombeará o sangue – nosso próprio sangue –, transportando esse padrão para todas as partes de nosso corpo –, uma analogia perfeita do transbordamento do cálice do Graal.

Agora, se a Moldavita for a incorporação da pedra mística do Graal no mundo físico, pode ser possível por meio da sintonia com os padrões de frequência da Moldavita realinhar nossos corações com o Divino, ativando com isso nosso Graal interior, recebendo sua nutrição e nos tornando fontes da nutrição divina no mundo. Quando o coração bombeia o sangue através de seu padrão recristalizado e aperfeiçoado, o sangue assume o padrão, e todo o nosso corpo torna-se um Graal, transbordando com bênçãos para o mundo. Se um número suficiente de pessoas consegue essa ressintonia (com ou sem Moldavita), tal mudança poderia se manifestar como uma ampla, ou até universal, sintonia da consciência de Cristo – uma apresentação do que foi imaginado como o Segundo Advento.

Existem mais ligações nessa história do que eu tenho espaço aqui para escrever, e algumas das especulações mais radicais citadas talvez não aconteçam nunca – ou talvez aconteçam. Eu encorajo qualquer um sensibilizado ou convocado por essas ideias a experimentá-las, e com a Moldavita, sem nenhum vínculo com o que é "impossível" ou com o que a pessoa deseja que aconteça. Firme suas intenções, libere sua imaginação e permita que o futuro se desdobre como for.

MEDITAÇÃO DO GRAAL COM MOLDAVITA

Sente-se calmamente com uma Moldavita na mão, ou deite-se com uma sobre seu coração, ou grude uma peça de Moldavita ao seu peito. Entre em silêncio interior e imagine o espaço no centro de seu peito, a área de seu coração. Desenhe uma forma oval ou de ovo, mais ou menos do tamanho de seu coração físico, e imagine a Moldavita dentro desse espaço. Permita-se visualizar esse espaço cheio de uma luz verde dourada, emanando da pedra e preenchendo o oval interior. Deixe o espaço tornar-se mais e mais repleto, até sentir uma tepidez ou vibração ou luz escorrendo por esse espaço. Coloque sua atenção na área em torno daquele lugar e sinta o calor/vibração/luz começando a espalhar-se pelo resto do peito. Então, dissolva a casca do ovo e deixe o calor/vibração/luz encher todo o seu corpo. Preste atenção à sensação dela se espalhando. Imagine que a cristalização do padrão de cada célula de seu corpo é dissolvida ou queimada, e é reconstituída na medida em que é penetrada pelo novo padrão gerado por meio da pedra sagrada/semente que você colocou no centro de seu coração. Sinta como o coração bombeia esse novo padrão para cada célula através do padrão transmutado do sangue, que é reconstituído na medida em que passa pelo coração. Sinta como cada inalação traz mais luz, aumentando a intensidade da reformatação, e como cada exalação elimina o padrão antigo. Sinta como você é auxiliado por seres amorosos, dentro da pedra, dentro de você e à sua volta. Sinta a essência de pura verdade em seu coração e permita-se render-se a ela. Agora fique um pouco em seu coração, sentindo e sendo a nova radiação que brilha por todo o seu corpo. Perceba que seu corpo é o Santo Graal, o cálice transportando o padrão sagrado da Nova Vida, e que seu coração é a taça secreta carregando a semente cristalina desse padrão. Sinta como a Moldavita manteve esse padrão em potência, e como ele foi liberado para cumprir seu destino mais elevado.

Agora, se você estiver pronto, imagine a radiação dentro de você expandindo-se, com raios saindo para curar seus relacionamentos com cada pessoa em sua vida. Imagine seu coração enviando raios de cura verde/dourados de compaixão, amor e clareza para todos os que você ama, todos que você conhece, todos com quem já se encontrou, e todos com quem nunca se encontrou. E, por fim, envie seu amor/energia de cura/luz de seu coração para o coração da Terra, até que sua radiação brilhe em cada grão de solo, pedra, gota d'água, cada metal, cada criatura. E, quando o Graal da Terra rebrilhar com sua radiação transmutada, permita-se ver sua luz encontrando a luz do Grande Sol Central, espalhando-se por todo o Universo com amor ilimitado.

Quando você tiver terminado e permitido que essas imagens desapareçam, saia e as viva. *Namaste*.

NAISHA AHSIAN: A Moldavita é uma pedra cardinal do elemento Tempestade. Tempestade representa transformação massiva, purificação e mudança em todos os níveis, e a Moldavita, com certeza, é digna dessa reputação. Talvez a Moldavita seja o mineral sentido com maior facilidade. Ela transporta uma frequência intensa que ativa profundamente todo o sistema de chacras, estimula a kundalini, abre os canais psíquicos da pessoa e a impulsiona para seu futuro com a força de um furacão. Porém, não deixe que isso o assuste! Algumas vezes esse "chute no traseiro" cósmico é exatamente o que é necessário para desalojar os entulhos psíquicos da vida da pessoa e dar início ao seu desenvolvimento espiritual.

A Moldavita revela as limitações que a pessoa impôs à sua vida e desenvolvimento. Então, ela explode essas limitações e impulsiona de cabeça em direção ao seu caminho espiritual. Se você é viciado em segurança e garantias, então tenha cuidado com a Moldavita! Essa aliada não tolera acréscimos limitantes à declaração da pessoa de que ela está pronta para ir para a frente. Uma vez que tiver invocado o poder dessa aliada, é melhor estar verdadeiramente disposto a encarar e eliminar o que o estava segurando. Você pode seguir adiante com graça e disposição ou pode ir quicando e gritando – mas você IRÁ! Como me disse uma vez um guia sábio e importante, "Você pediu por isso!".

Além de suas capacidades para mudar a vida, entretanto, a Moldavita pode ser uma pedra realmente divertida para nos envolvermos. Suas energias abrem os chacras progressivamente, permitindo uma ativação intensa, viagens cósmicas fantásticas e revelações humilhantes sobre o tamanho e escopo dessa coisa que chamamos de "Espírito". É um excelente aparato de comunicação para falar com os amigos e parentes da pessoa em outros planetas e outras dimensões. De fato, eu a qualificaria como a pedra de sintonia cósmica.

Ela melhora vigorosamente o estado de sonho e deveria ser usada com moderação até a pessoa se acostumar com sua frequência. De fato, sempre aconselho meus estudantes e clientes a meditarem com Moldavita uma vez por dia por cinco dias, antes de carregá-la consigo ou usá-la por qualquer intervalo de tempo. Caso contrário, dores de cabeça, ondas de calor, tonturas, náuseas e outros sintomas interessantes de ajustes de frequência podem acontecer. Essa aliada ensina a pessoa a respeitar o poder que ela transporta e a respeitar o poder que a própria pessoa carrega consigo. Se você realmente estiver pronto para ir em frente em seu caminho, então a Moldavita é o aliado para você abordar.

ESPIRITUAL: Sim. A Moldavita permite que a pessoa tenha a experiência que a maioria das pessoas busca quando se refere a "experiência espiritual". Ligação com guias, percepção expandida que colocaria qualquer alucinógeno no chinelo e uma experiência visceral das frequências mais elevadas são possíveis quando alguém invoca as energias dessa aliada.

EMOCIONAL: Esteja pronto para olhar para dentro do grande ventre aberto de seus medos mais profundos e sombrios, segredos e sombras. A Moldavita traz à superfície aquilo que você mais necessita reconhecer, honrar, integrar, ou limpar, para estar preparado para realmente olhar naquele espelho. Uma vez você tenha mexido na lama, contudo, a Moldavita brilhará com a Luz mais intensa no interior das profundezas, iluminando os monstros e revelando que na verdade eles não passam de camundongos.

FÍSICO: A Moldavita é uma pedra de ativação – não realmente uma pedra de cura. Em geral, não a uso em clientes a não ser que eles sejam bem saudáveis e equilibrados, e estejam preparados para ir para uma fase seguinte. Se você está frustrado por não ser capaz de identificar as raízes de seu desequilíbrio ou doença, contudo, então invoque as energias dessa aliada de qualquer jeito. Em geral, ela cria uma crise de cura que claramente aponta para a compreensão de como você fez isso a si mesmo, e como sair fora disso.

AFIRMAÇÃO: Eu me abro para a transformação e invoco a manifestação de meu destino mais elevado.

MORGANITA

PALAVRAS-CHAVE: Amor e compaixão divinos.
ELEMENTO: Água.
CHACRAS: Coração (quarto).

A Morganita é uma variedade de berilo rosa, pêssego ou roxa/rosa, um mineral silicato de alumínio e berílio com uma dureza de 7,5 a 8. Seu sistema de cristal é hexagonal (trigonal). Sua cor é causada pelo manganês. A Morganita foi extraída pela primeira vez em Madagascar em 1902. Ela recebeu seu nome em homenagem ao financista e colecionador de minérios J. P. Morgan. Depósitos importantes de Morganita estão no Brasil, Madagascar, África e Estados Unidos.

ROBERT SIMMONS: Assim como o Quartzo Rosa é o grande energizador do amor pessoal e da autoestima, a Morganita tem sintonia mais claramente com o amor divino. Ela abre o coração em outro nível, tornando-nos cientes do imenso oceano do amor cósmico dentro do qual todos nós existimos. A Morganita nos dá a oportunidade de nos rendermos ao imenso poder do amor divino e a deixarmos que esse amor nos mostre nosso caminho de vida com mais clareza.

A Morganita pode trazer um alívio imediato de antigas dores e tristezas e uma sensação de leveza, como se um peso tivesse sido retirado. Ela pode tornar a cura de velhas mágoas mais fácil, trazendo traumas há muito esquecidos à consciência de modo que a pessoa possa colocá-los em foco pela última vez enquanto são eliminados. A Morganita traz a frequência da compaixão divina, que nos dá o que mais necessitamos para nosso crescimento, embora nem sempre seja o que pensamos precisar. A Morganita é recomendada para todos os que desejam fazer um trabalho interior sério e autocura emocional. Ela não apenas pode limpar e ativar o coração, colocando-o em harmonia com o plano divino, mas também nos despertar para a percepção de que todo o sofrimento e dor de nossa vida serviram ao propósito elevado de nosso crescimento espiritual. Com essa percepção vem a rendição íntima que nos libera da dor à qual inconscientemente estávamos presos.

Usar Morganita, especialmente em forma de gema, traz uma sensação de paz, alegria e força interior, expressa do modo mais gentil e amoroso. Quando a pessoa mantém a Morganita em si por períodos longos, existe um crescimento da confiança e poder que surge por estar constantemente ciente de sua ligação com o amor divino. A pessoa sente-se como um condutor para que esse amor flua para o mundo por meio de todas as suas interações e relacionamentos.

MORGANITA

A Morganita harmoniza com todas as outras pedras do chacra do coração (Quartzo Rosa, Rodocrosita, Rodonita, Esmeralda, Turmalinas Verde e Rosa, etc.), bem como com Fenacita, Danburita, Petalita e Azeztulite.

NAISHA AHSIAN: A Morganita é uma aliada do elemento Água que age para limpar e energizar o coração e o corpo emocional. A energia da Morganita abre e purifica o chacra do coração e promove a cura do medo, ressentimento e raiva. É excelente para livrar a própria pessoa de vínculos com relacionamentos passados que acabaram mal ou a respeito dos quais a pessoa se sinta não resolvida. Ela pode ajudar a pessoa a reconhecer padrões emocionais que precisam ser eliminados antes que novos relacionamentos possam ser bem-sucedidos. Se a pessoa está procurando um relacionamento de alma gêmea, a Morganita a auxilia a identificar as atitudes, mágoas passadas e padrões habituais de relacionamento que possam estar no caminho da atração de sua alma gêmea.

Além dos relacionamentos pessoais, a Morganita assiste na ligação com o amor divino, a frequência do Coração Universal. Ela pode ajudar a pessoa a se afastar do criticismo e separação e entrar em um paradigma emocional mais holístico. A Morganita tem sintonia com as energias angelicais e pode ser usada para ligação com os seres angelicais e recebimento da orientação deles. Por suas propriedades de ativação do coração, essa aliada ajudará a pessoa a alinhar-se mais estreitamente com as energias amorosas das entidades mais elevadas, concedendo-lhe que se sinta mais apoiada pelo Espírito no nível emocional. Ela pode auxiliar a pessoa no desenvolvimento da confiança no Espírito – particularmente quando a pessoa teve uma perda ou tragédia que testou sua fé no Divino.

A Morganita também é chamada de "Esmeralda Rosa" e é um nome apropriado. Ela fala da abundância do coração e da prosperidade do amor. Ajuda a sintonizar a pessoa com as energias de abundância e a abrir-se para receber o amor do Divino. Enquanto a frequência da Esmeralda estimula a prosperidade mundana, a Morganita traz uma sensação de abundância emocional, amor e aceitação pacífica e confiança no plano divino para sua vida.

ESPIRITUAL: A Morganita assiste a pessoa na ligação com o amor divino e o coração angelical. Ela ajuda a pessoa a ser receptiva às palavras, ações e energias amorosas dos outros e a ser menos defensiva em relação a suas vulnerabilidades emocionais. Ensina proteção por meio do amor em vez do medo.

EMOCIONAL: A Morganita ajuda no reconhecimento dos padrões emocionais de julgamento, autoproteção baseadas no medo e manipulação que pode tornar difíceis os relacionamentos significativos. Ela pode ajudar a pessoa a atrair sua alma gêmea ou aprofundar seus relacionamentos atuais. Pode ser usada para trazer sensações de paz e aceitação quando a pessoa está diante do luto ou de uma perda profunda.

FÍSICO: A energia da Morganita apoia o coração físico, fortalece seu campo de energia e ajuda a estabelecer o domínio natural do coração na aura.

AFIRMAÇÃO: O amor divino entra neste mundo pelos portões de meu coração.

MUSCOVITA

PALAVRAS-CHAVE: Estimulação mental, inspiração, solução de problemas, sintonia com o futuro, PES, moderação de despertar espiritual rápido demais.
ELEMENTO: Ar.
CHACRAS: Terceiro Olho (sexto), Coroa (sétimo).

A Muscovita é um mineral silicato de alumínio e potássio com uma dureza de 2,5 a 4. Seu sistema de cristal é monoclínico. Sua forma mais frequente é a de cristais pseudo-hexagonais tabulares, mas também pode acontecer em formas lamelares e criptocristalinas. Suas principais cores são branca, cinza e incolor, mas algumas vezes ela pode apresentar toques de vermelho, violeta, amarelo, verde ou marrom. Ela se forma em rochas metamórficas, tais como gnaisses e xisto, e também em rochas ígneas como o granito. O xisto de mica algumas vezes contém altas concentrações de Muscovita. A Fucsita é um tipo de Muscovita verde com base de crômio.

ROBERT SIMMONS: A Muscovita é uma pedra de alta energia positiva. Ela afeta os centros da mente e os processos mentais mais do que os corpos físico e emocional. A Muscovita estimula a mente racional, promovendo um pensamento claro e ágil, solução eficiente de problemas e a síntese de novas ideias a partir de informações antigas. É uma pedra do novo, ensinando a pessoa a tentar quadros de referência não familiares. Ela auxilia a pessoa a abandonar o hábito de pensar que as coisas devem ser vistas como "assim ou assado". Concede que a pessoa se movimente além da lógica estreita e entre na meta lógica do "tanto quanto". A Muscovita estimula as capacidades superiores do cérebro, levando a pessoa a abraçar o paradoxo, manter a tensão dos opostos no interior da mente sem tolher o cérebro.

Com suas vibrações de estimulação mental alta, a Muscovita é excelente para estudantes, professores, escritores, inventores, cientistas, matemáticos, empresários, consultores, pessoas que trabalham com política e outros que desejam engajar as capacidades totais da mente. É uma pedra de inspiração, estimulando a criação de novas conexões neurais e aumentando a frequência dos momentos "aha!". À medida que a pessoa trabalha com essa pedra, ela sente em geral aumentar a confiança em sua habilidade de resolver problemas ou projetos desafiadores. Tal confiança reduz o estresse mental e psicológico, melhorando ainda mais os poderes da mente da pessoa por meio do relaxamento da tensão.

A Muscovita auxilia a pessoa a se sintonizar com o fluxo de tempo do futuro. Ela o faz concedendo ao aparato mental da pessoa que descanse confortavelmente no estado de indeterminação. A maioria de nós é treinada para sempre tentar amarrar os fatos e "controlar" a realidade. Além disso, somos educados para acreditar que o futuro tende a ser semelhante ao passado. Essa profecia autorrealizável nos mantém amarrados a previsibilidades fatigantes e mata a imaginação. As energias da Muscovita encorajam a pessoa a voltar-se para o futuro com expectativa esperançosa e sem nenhuma noção preconcebida. Isso libera o Universo para nos apresentar novas experiências e respostas inéditas para as questões da vida – ou talvez perguntas inéditas sem resposta.

A Muscovita estimula o sexto e sétimo chacras, ativando os centros mais importantes da mente. Além dos processos mentais convencionais, a Muscovita estimula o funcionamento da intuição, telepatia, clarividência ou outras formas de PES. Ela torna a pessoa receptiva a informações e sugestões de seu espírito guia. Auxilia a pessoa a abraçar "pensamentos maiores", concedendo-lhe que *veja* as conexões entre disciplinas tão diversas quanto arte, música, filosofia e matemática.

A Fucsita, a variedade verde de Muscovita, ativa a ligação do chacra do coração, conectando o intelecto da mente com a inteligência do coração. Por essa razão, a Fucsita é a forma mais elevada de Muscovita, e trabalhar com essa pedra permite que a pessoa use as dádivas da mente guiadas pela sabedoria do coração.

A Muscovita harmoniza com a Lepidolita para elevação espiritual e eliminação do estresse. A Moldavita pode levar as energias mentais da Muscovita a um nível mais elevado. Para artistas e outros que desejam inspirações visionárias, a Fenacita e o "Diamante" Herkimer são aliados ideais.

NAISHA AHSIAN: A Muscovita é uma isolante espiritual maravilhosa. Ela é uma das pedras de proteção mais importantes para o campo energético. É excelente para os que são suscetíveis à negatividade ou que absorvem as energias emocionais complicadas de outras pessoas. A Muscovita sela a aura, evitando ataques psíquicos e emocionais ou vínculos de entidades. É fantástica para usar depois do desligamento de cordões psíquicos ou entidades, já que ela evita a revinculação à aura. Pode auxiliar crianças sensitivas a encontrarem sua autopercepção e prevenir o excesso de identificação com as emoções dos outros.

ESPIRITUAL: A Muscovita auxilia os que estão se abrindo rapidamente ao Espírito e que vivenciam sintomas psíquicos difíceis vindos de um despertar rápido demais. Ela pode ajudar a regular e "baixar o tom" das informações mediúnicas para que não aconteça sobrecarga. Ela ajuda os indivíduos altamente sensitivos a manter sua integridade energética e emocional e a determinar com maior facilidade que energias "pertencem" a eles, bem como que energias podem estar intrometendo-se vindas de fontes externas.

EMOCIONAL: A Muscovita ajuda a pessoa a readquirir sua integridade emocional depois da dissolução de relacionamentos. Relacionamentos de longa duração podem criar cordas psíquicas muito fortes e altamente amarradas entre as pessoas. A Muscovita isola o campo emocional, fazendo com que essas cordas se atrofiem e caiam, evitando uma religação. Ela pode auxiliar a pessoa a não reagir a antigos gatilhos emocionais quando outra pessoa está tentando "apertar seus botões". Ela é excelente para os que estão atravessando divórcios ou que precisam quebrar relacionamentos intensos emocionalmente.

FÍSICO: A Muscovita pode auxiliar na prevenção de sintomas de despertar psíquico rápido, incluindo dores de cabeça, tonturas, vertigem, pesadelos, desequilíbrios do sono, e uma inabilidade para desligar o fluxo de informações mediúnicas. É equilibradora para o cérebro e pode ser usada para ajudar a aliviar outros tipos de dores de cabeça, enxaquecas e desequilíbrios cerebrais.

AFIRMAÇÃO: Eu me abro para meus potenciais mais elevados, para o fluxo de tempo do futuro e para a inspiração espiritual, enquanto mantenho a estabilidade e o equilíbrio.

NATROLITA

PALAVRAS-CHAVE: Experiência visionária, salto quântico para uma consciência mais elevada, evolução cerebral, ligação com os ETs.
ELEMENTO: Tempestade.
CHACRAS: Terceiro Olho (sexto), Coroa (sétimo), Etéreo (oitavo e além, acima da cabeça).

A Natrolita é um mineral silicato de sódio e alumínio com uma dureza de 5 a 5,5. Seu sistema de cristal é ortorrômbico. Sua forma típica são cristais finos, prismáticos, verticalmente estriados, embora ela também possa ocorrer nas formas massiva, granular, fibrosa, radiada ou compacta. As pedras podem ser incolores, brancas, amareladas ou cinza. Em geral, ocorrem em cavidades no basalto, em associação com outros zeólitos. Elas também podem ser encontradas em rochas ígneas, tais como nefelina sienitas. Belos cristais de Natrolita foram coletados no norte da Boêmia, República Tcheca e em New Jersey, Estados Unidos. Outras localidades com Natrolita existem na Índia e Rússia.

ROBERT SIMMONS: A Natrolita é uma das duas ou três pedras mais poderosas para a estimulação dos chacras do terceiro olho e da coroa. Quando uma pessoa trabalha em meditação segurando uma Natrolita em um desses dois pontos ou em ambos, uma forte energia pulsante movimenta-se para o interior dos chacras, puxando as vibrações dos chacras para que entrem em ressonância com as emanações da Natrolita. Isso inicia um processo pelo qual os chacras do terceiro olho e da coroa se conectam e se expandem, criando uma experiência em que a pessoa sente como se eles tivessem se mesclado em um chacra único e imenso, pulsando com Luz e vibrações intensas. Se a pessoa continua essa meditação, ela pode perceber que seus olhos, involuntariamente, cruzam e olham para cima em direção ao terceiro olho. Essa é uma experiência clássica de yoga da abertura do Olho da Sabedoria. A Natrolita é uma das pedras mais fortes para iniciar tais experiências.

As energias da Natrolita movimentam-se além dos confins do corpo físico, ativando a conexão consciente da pessoa com os chacras do oitavo ao 14º acima da cabeça. Esses chacras estão alinhados com os corpos mais elevados da pessoa, o astral e o causal, bem como ao Eu Superior, do qual em geral a pessoa é inconsciente. Uma parte do salto evolutivo para o qual os seres humanos estão no limiar de voltarem sua atenção envolve tornar-se conscientes desses corpos mais elevados e usar a intenção amorosa, a vontade do coração, de tornar-se ativo nesses reinos enquanto ainda permanecem no mundo físico. Esses são os níveis de realidade em que os acontecimentos "randômicos" e ao mesmo tempo significativos de sincronicidade são colocados em movimento, e aprender a navegar no interior deles é um salto imenso para uma consciência mais elevada. Mesmo assim, é o que estamos sendo convocados a fazer. A Natrolita ajuda a abrir os portais interiores para esses reinos, para a exploração e iluminação do indivíduo.

Falando de um mundo mais cotidiano, a Natrolita provê proteção psíquica, tornando impossível para as entidades ou influências negativas penetrarem no campo áurico da pessoa. Suas vibrações pulsantes podem trazer Luz para qualquer área do corpo em que as energias estejam bloqueadas ou lentas. Ela pode ser usada para limpar os chacras e meridianos e remover vínculos negativos do campo áurico. É útil para estimular o sistema nervoso a níveis mais altos de sensitividade para com as energias espirituais sutis que nos cercam. Ela permite à pessoa um acesso mais fácil à orientação interior e pode até ajudá-la a criar comunicações em dois sentidos com seus auxiliares angelicais.

A Natrolita é uma pedra de otimismo e esperança. Ela auxilia a pessoa a ver o que é possível – o melhor cenário para si e o mundo. Ela inspira a pessoa a agir de acordo com tais visões e a expressar gratidão por suas bênçãos, mesmo as ainda não manifestadas. Ela ajuda a pessoa a ter fé em si e no futuro.

A Natrolita é uma pedra de Ascensão, junto com Herderita, Fenacita, Danburita, Azeztulite, Escolecita, Broquita, Fenacita e Quartzo Satyaloka. Esse é o grupo otimizado de pedras para elevar as energias vibratórias da pessoa em ressonância com os mundos mais elevados. A Natrolita também é uma das 12 pedras de sinergia, que incluem as pedras de Ascensão, mais a Tanzanita, Moldavita e Tectito Tibetano. Essa combinação é a mais desejável para construir um padrão de energia otimizado para o próximo estágio da evolução humana. Além disso, a Natrolita pode espiritualizar as energias da maioria das outras pedras.

NAISHA AHSIAN: O elemento Tempestade da Natrolita pode ativar qualquer um dos chacras no corpo, embora sua energia seja focada primariamente na ativação psíquica e espiritual. Sua energia abre vigorosamente os chacras do terceiro olho, coroa e etéreo para criar um fluxo poderoso de informação intuitiva, visão psíquica e comunicação com seres espirituais.

A Ativação da energia da Natrolita pode ser um pouco perturbadora, e ela deveria inicialmente ser usada intencional e moderadamente, até que seu fluxo seja estabelecido confortavelmente. É uma ferramenta excelente para abrir as habilidades de visualização da pessoa e estimular a clarividência e visão remota. A Natrolita é excelente para os que desejam desenvolver percepção visual sensitiva.

Além dessa capacidade de melhoria de sensitividade, a Natrolita também estimula a evolução do cérebro e das funções superiores do cérebro. Ela pode facilitar o "cérebro total" a pensar e resolver problemas criativamente. É particularmente sintonizada com a energia dos ETs e pode auxiliar a pessoa a entrar em contato com inteligências extraterrestres.

ESPIRITUAL: A Natrolita ajuda a pessoa a compreender sua natureza espiritual e pode ser valiosa na superação da confusão sobre seu caminho de serviço. Ela facilita as habilidades psíquicas e promove o desenvolvimento de talentos latentes como clarividência, clariaudiência, telepatia e telecinese. Pode ajudar em viagem astral e comunicação interdimensional. A Natrolita é excelente para canalizadores e outros que desejam se abrir a entidades de frequências mais elevadas.

EMOCIONAL: A Natrolita auxilia a pessoa a superar a autocrítica e a inclinação em direção a comportamentos autoabusivos. Ela pode auxiliar a pessoa a sentir-se mais confiante sobre suas habilidades e seu conhecimento. Ela ajuda a pessoa a tornar-se destemida em seu crescimento e exploração espiritual.

FÍSICO: A Natrolita é uma ferramenta excelente para usar em casos de Parkinson, Alzheimer, acidente vascular cerebral e qualquer dano no cérebro causado por acidente ou ferimentos. Ela pode auxiliar o cérebro energeticamente a compensar áreas com danos e reconstruir redes neurais. Ela também é útil para outras desordens do sistema nervoso – especialmente as doenças nervosas degenerativas como MS e ALS.

AFIRMAÇÃO: Eu coopero totalmente com a ativação de meu cérebro/mente para sua capacidade superior, e mudo rápido para uma percepção mais elevada e expandida.

NUUMMITA

PALAVRAS-CHAVE: Magia pessoal, a jornada profunda ao centro do eu, clarividência aumentada, sintonia com as forças elementais, adquirir automaestria.
ELEMENTO: Terra, Tempestade.
CHACRAS: Terceiro Olho (sexto), Plexo Solar (terceiro), Raiz (primeiro).

A Nuummita é uma combinação única de Antrofilita, um silicato de ferro e magnésio e, Gedrita, um anfibólio com lítio. A dureza da Nuummita é por volta de 6. Ela é encontrada apenas na Groenlândia e é muito antiga – por volta de 3 bilhões de anos. É caracterizada pelo entrelaçamento de cristais no crescimento que mostram *flashes* de cores iridescentes. A cor base da Nuummita vai de cinza carvão a negro, e suas cores labradorescentes incluem o vermelho, laranja, ouro, amarelo, verde, azul e violeta. A cor refletida mais comum é o ouro. A Nuummita é extraída em uma região remota da Groenlândia e pode ser retirada apenas durante os meses tépidos. Embora seja difícil encontrar e deva ser cortada com cuidado para mostrar as cores, a Nuummita tornou-se bastante popular como um talismã metafísico e gema.

ROBERT SIMMONS: Essas são pedras do aspecto mais profundo do elemento Terra. Elas extraem as energias ígneas do centro da Terra e oferecem-nos a dádiva do poder interior. No que diz respeito ao poder, diz-se que a diferença entre o tirano e o mago é que o tirano deseja o poder sobre os outros enquanto o mago deseja poder apenas sobre si. No trabalho maior da realização mística, o mago faz muito mais progresso que o tirano. A Nuummita, sendo uma pedra de poder interior, pode ser usada na busca magística pela automaestria.

A Nuummita tem o poder de levar a pessoa em uma jornada para as profundezas da psique. Ela pode ajudar a pessoa a liberar as energias presas no subconsciente – partes do eu que podem ter sido perdidas por causa de medo, traumas, culpa ou vergonha. Ela pode ajudar a pessoa a recordar e liberar energias fixadas desde a infância, nascimento ou até vidas passadas. É uma aliada sólida que reforça a coragem e determinação da pessoa para fazer qualquer trabalho interior que seja necessário para que ela seja curada e inteira.

Além disso, a Nuummita pode ser usada como pedra para visualização, ajudando a pessoa a mudar para estados alterados de consciência. Pode melhorar a clarividência e intuição; pode ajudar a pessoa a aprender a linguagem do corpo e canalizar energias de cura para si e para os outros. Ela pode auxiliar a sintonizar com as forças elementais da Terra, para que a pessoa possa convocá-las em tempos de necessidade. Ela é uma pedra de magia pessoal que pode incrementar a frequência de sincronicidades e "boa sorte" na vida de alguém. A Nuummita facilita os esforços da pessoa para transformar fantasias sem base em realidade mágica.

NUUMMITA

A Nuummita pode ser uma pedra poderosa de meditação, abrindo as portas interiores da autodescoberta. Pode ser usada como joia para trazer a dinâmica do poder interior, automaestria, magia e manifestação para a vida da pessoa. Como uma pedra presenteada, ela significa amor profundo, pois simboliza a dádiva da soberania. Essa pedra harmoniza bem com Moldavita (para a transformação acelerada), com Azeztulite (para trazer mais Luz na viagem interior, às vezes escura), Tectito Ouro Líbio (para manifestação), Granada Tsavorita (para prosperidade), Serafinita (para cura) e com Ametista (quando é necessário proteção espiritual adicional). Outras pedras que funcionam em sinergia com a Nuummita incluem Labradorita, Amazonita, Pedra do Sol, Pedra da Lua, Escolecita e Natrolita.

NAISHA AHSIAN: A Nuummita é uma pedra vigorosa do elemento Tempestade que traz Luz para os aspectos mais densos do mundo físico e da psique humana. Ela concede à pessoa encarar o eu sombra com bravura e honestidade e encontrar amor em seu coração para esses aspectos do eu que ela negou, vilificou ou ignorou. É uma pedra poderosa para xamãs que executam resgates de almas, já que assiste na localização e integração dos aspectos do ser que foram separados da totalidade.

A Nuummita é uma ferramenta de meditação poderosa, em geral facilitando as jornadas para o passado pré-humano antigo, diretamente para a época da criação. É um lembrete poderoso do momento da separação percebida, quando rejeitamos o Criador por medo de sermos rejeitados por Ele. É uma pedra forte para cura mental e psíquica, ajudando a pessoa a recuperar seu poder dos cantos escuros para onde foi empurrado e esquecido. A Nuummita fala não apenas da recuperação do poder da pessoa, mas também da recuperação de seu sentido de ser – superação da autodúvida, autodepreciação, e todas as ferramentas que o ego usa para manter oculta a verdadeira natureza da pessoa.

A Nuummita pode facilitar as experiências sensitivas, particularmente o acesso a vidas passadas ou alternativas. Essas visões são dadas para que a pessoa aprenda sobre seu eu verdadeiro, não como entretenimento para viagens de ego. Muitas vezes esse conhecimento pode vir com algumas lições difíceis sobre como a pessoa usou seu poder no passado e como pode estar rejeitando seu poder no presente. É uma aliada para empregar quando a pessoa está realmente pronta para reconhecer, integrar e amar todos os aspectos de si, de modo que possa colocar-se totalmente a serviço do Bem Maior.

ESPIRITUAL: A Nuummita oferece uma visão clara da verdadeira natureza da pessoa; assiste na percepção dos dons, suas lições e poder. Ela ensina a autorresponsabilidade e ajuda a pessoa a abster-se de falsa humildade. Negar os seus dons não faz bem a ninguém. A Nuummita nos lembra com suavidade disso e ajuda a pessoa a identificar e utilizar os dons que ela adquiriu durante a jornada de sua alma.

EMOCIONAL: A Nuummita ajuda a pessoa a superar a propensão a declarar falsamente impotência, confusão e devastação. Ela insiste para que a pessoa perceba suas habilidades, emprestando confiança e honrando o Criador com o ato de honrar a si mesma. Encoraja a pessoa a aceitar-se e a integrar a sombra, para que ela possa tornar-se inteira e efetiva em trazer a Luz para o mundo.

FÍSICO: A Nuummita não é uma pedra forte para a cura, mas é excelente para auxiliar outras pedras de cura. Ela pode ajudar a pessoa a compreender que partes do eu devem ser honradas e integradas para que a cura se inicie. Ela tem um efeito calmante ameno sobre o sistema nervoso e o coração.

AFIRMAÇÃO: Eu vou com disposição para as profundezas de mim para curar e recuperar o que foi perdido, e adquiro automaestria ao fazer essa jornada.

OBSIDIANA

A Obsidiana é uma pedra vítrea vulcânica rica em silício com uma dureza de 5 a 5,5. Ela é uma pedra amorfa, significando que sua estrutura não contém padrões geométricos regulares. Por ela quebrar com fraturas pontudas concoides, foi muito usada para fazer pontas de flecha e outras ferramentas desde os tempos paleolíticos. O nome Obsidiana deriva do nome do antigo romano proeminente Obsius. A Obsidiana é no mais das vezes negra ou de um marrom muito escuro, mas ela também pode ser cinza ou verde. Além disso, várias pátinas, variações na cor, marcas e subtons de cor criam uma gama de vários tipos de Obsidiana usados para joalheria, ornamentos e itens metafísicos. As mais proeminentes entre elas são descritas a seguir.

OBSIDIANA ARCO-ÍRIS

PALAVRAS-CHAVE: Recuperação de mágoas emocionais, a jornada profunda pela escuridão para dentro da Luz.
ELEMENTO: Terra.
CHACRAS: Raiz (primeiro).

A Obsidiana Arco-íris é uma Obsidiana Negra que, quando polida e exposta a uma fonte de luz intensa, revela faixas de vermelho, azul, ouro e/ou matizes de verde que parecem corresponder às camadas de lava liquefeita que esfriou em intervalos diferentes de tempo.

ROBERT SIMMONS: A Obsidiana Arco-íris ajuda a pessoa a fazer a jornada subterrânea à Luz inesperada. Em geral, as pessoas esperam encontrar a Luz espiritual acima, em seus voos em direção ao céu, mas para a maioria dos seres humanos é impossível escapar da prisão de suas próprias psiques feridas sem ir para baixo. Essa jornada para as profundezas é tão impressionante quanto necessária. À medida que a pessoa desce, ela encontra as peças perdidas de si que foram deixadas para trás a cada mágoa. Ao reclamar as partes e continuar a descer, a pessoa pode vivenciar mais vazio e uma escuridão profunda antes de repentinamente precipitar-se para dentro da Luz no verdadeiro nadir da descida.

Em geral, tais viagens para baixo são precipitadas por uma crise na vida externa da pessoa. Contudo, a meditação com a Obsidiana Arco-íris pode facilitar uma experiência mais voluntária das profundezas. Usar a pedra em meditação e em sessões de disposição no corpo pode mostrar o momento de oportunidade em que a pessoa pode escolher ir mais abaixo em seu caminho. Tais descidas por opção são em geral de duração mais curta que as trazidas por uma crise, e elas ajudam a pessoa a trazer a alma para mais perto da percepção consciente.

Claro, a parte favorita da história de todos é a emergência para dentro da Luz, e a Obsidiana Arco-íris incorpora esse aspecto em sua própria aparência. Na penumbra, uma esfera de Obsidiana Arco-íris parece ser completamente negra, mas, quando uma luz forte é lançada sobre ela, anéis de cor radiantes e vívidos surgem. O mesmo acontece com a própria psique quando a pessoa alcança a luz no fim da caverna da descida.

A Obsidiana Arco-íris compartilha uma afinidade com a Pedra da Lua Arco-íris. Ao usá-las juntas, a pessoa pode manter uma percepção dual, quando parte de si permanece no mundo aceso enquanto a outra faz a jornada sombria.

NAISHA AHSIAN: A Obsidiana Arco-íris pode ser utilizada para limpar o corpo emocional de padrões prolongados de trauma emocional. É útil para dissolver padrões genéticos e carma ultrapassados. A Obsidiana Arco-íris é uma protetora emocional poderosa, mas a pessoa deve se preparar para processar as causas na raiz do problema emocional. A Obsidiana Arco-íris cria uma ponte de Luz no interior da escuridão e dos locais dolorosos da mente, corpo e emoções, permitindo à pessoa que vá e os cure.

ESPIRITUAL: A Obsidiana Arco-íris é uma pedra maravilhosa para aterramento de Luz na aura e no corpo físico. Ela ajuda a limpar e alinhar todos os chacras, enquanto remove os bloqueios e densidades.

EMOCIONAL: A Obsidiana Arco-íris traz esperança, iluminação e energia para a maioria das áreas com bloqueios e estagnadas do corpo emocional. Ajuda a pessoa a sentir-se mais otimista e disposta a engajar-se com a vida. Ela é uma pedra maravilhosa para usar no alívio da depressão e mudanças abruptas de humor.

FÍSICO: A Obsidiana Arco-íris é útil para arranhões, ossos quebrados ou outros traumas em tecidos. Ela pode ser colocada em cima do coração para auxiliar a estabilizar o coração físico durante tempos de estresse. É uma pedra boa para extrair a memória para a consciência do nível celular, para que memórias reprimidas não se transformem em doenças físicas.

AFIRMAÇÃO: Eu escolho de boa vontade fazer a viagem pela escuridão de meu inconsciente, recobrando as partes perdidas de mim, indo para o renascimento na Luz.

OBSIDIANA DOURADA

PALAVRAS-CHAVE: Cura de abuso de poder, ativação da vontade mais elevada, melhoria da manifestação.
ELEMENTO: Terra.
CHACRAS: Raiz (primeiro), Plexo Solar (terceiro).

A Obsidiana Dourada parece negra na luz fraca, mas na presença de luz intensa, quando vista do ângulo apropriado, uma faixa brilhante cintilante dourada cruza a pedra. Algumas vezes o dourado parece estar vindo de sob a superfície da pedra.

ROBERT SIMMONS: A Obsidiana Dourada sintoniza a pessoa com as energias do Grande Sol Central por meio de sua purificação e ativação do terceiro chacra. O Grande Sol Central poderia ser chamado de fonte para a manifestação no reino físico e, como tal, ele emana e mantém uma corda de ligação com o terceiro chacra (ou centro de energia equivalente) de cada ser no Universo. A Luz dourada do Grande Sol Central vibra em ressonância com o raio dourado do terceiro chacra, que também é refletido na iridescência cintilante da luz da Obsidiana Dourada.

Essas pedras, como outras variedades de Obsidiana, são boas para eliminar energias negativas e purificar o campo áurico da pessoa. Com a Obsidiana Dourada, isso é especialmente verdadeiro no que diz respeito ao chacra do plexo solar. Quando o canal está claro, em todo o caminho para a fonte, a vontade da pessoa está alinhada com o Divino e seu poder de manifestação é muito melhorado. Aqueles que usam essas pedras com diligência irão encontrar uma capacidade aumentada de criar sua própria realidade, acompanhada por um sentido amplificado de desejar manifestar apenas o que é mais apropriado para o bem maior de todos os seres. Portanto, quando a pessoa tem o poder de mover montanhas, em geral ela vê que as montanhas já estão nos lugares certos.

A Obsidiana Dourada é útil para ajudar a pessoa a realizar seus talentos ocultos. Pode ser uma aliada para conseguir o sucesso mundano na expressão desses talentos, especialmente quando eles são expressos diretamente, sem comprometê-los ou adaptá-los às demandas de situações exteriores.

A Obsidiana Dourada harmoniza bem com a Labradorita Dourada, Heliodoro, Ambligonita e Citrino, todas pedras do terceiro chacra e do raio dourado. A Moldavita melhora sua capacidade de manifestar seu chamado verdadeiro.

NAISHA AHSIAN: A Obsidiana Dourada assiste na limpeza de questões da Vontade. É uma pedra excelente para perpetradores ou vítimas de abuso que desejam eliminar todos os aspectos de abuso de poder de seus sistemas de energia. Ela é uma pedra poderosa para expor as motivações do ego e auxiliar a pessoa a realinhar seu poder e ações de acordo com a vontade divina.

A frequência da Obsidiana Dourada também age como um canal de comunicação pelo qual a pessoa possa se ligar com entidades e seres da Terra. Ela é particularmente forte para o trabalho de cura da Terra. Pode ajudar na localização de regiões de distúrbios nos sistemas de energia da Terra e trazer essas áreas a um equilíbrio.

ESPIRITUAL: Muitas pessoas têm problemas com reclamar seu poder pessoal e usá-lo para o bem maior. A obsidiana Dourada auxilia a pessoa em sua jornada e concede-lhe se tornar mais consciente do modo como ela usa (e usa mal) o poder. Ela pode auxiliar no alinhamento da vontade pessoal com a intenção divina, e na ligação com o poder da Terra para propósitos de cura.

EMOCIONAL: A Obsidiana Dourada pode ajudar a pessoa a sentir-se mais capaz de criar e dirigir sua vida. É ideal para melhorar a direção e clareza de propósito da pessoa.

FÍSICO: A Obsidiana Dourada pode ser útil em desordens digestivas, úlceras, refluxo e problemas de estômago similares. Ela ajuda a limpar, energizar e equilibrar o plexo solar e o segundo chacra. Ela pode ser útil para homens com problemas de impotência por causa do estresse.

AFIRMAÇÃO: Eu curo todos os abusos passados e me sintonizo com a manifestação da vontade divina.

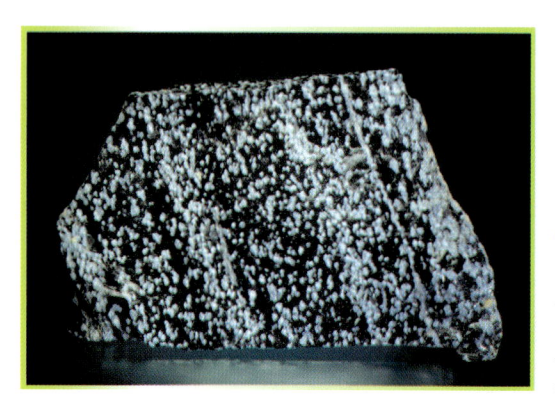

OBSIDIANA FLOCO DE NEVE

PALAVRAS-CHAVE: Perseverança, *insight*, sintonia com orientação espiritual, recordação de vidas passadas, comunicação espiritual.
ELEMENTO: Terra.
CHACRAS: Raiz (primeiro), Terceiro Olho (sexto).

A Obsidiana Floco de Neve é negra com pontos brancos, formados onde o vidro se tornou desvitrificado em volta de pontos detectáveis. Quando polida, os pontos brancos parecem flocos de neve.

ROBERT SIMMONS: A Obsidiana Floco de Neve capacita a pessoa a "tirar o melhor" das situações negativas, limpando os pensamentos negativos de autoderrota e inspirando a pessoa com novas ideias que podem melhorar sua condição, independentemente de qual ela possa ser. A Obsidiana Floco de Neve aterra o pensamento da pessoa eliminando fantasias que drenam as energias. Ao mesmo tempo, ela aumenta a sensitividade psíquica, tornando a pessoa mais capaz de perceber as sincronicidades significativas que podem apontar o rumo para seu caminho mais elevado. Embora ela não seja a melhor pedra para visualizações, meditar com a Obsidiana Floco de Neve pode colocar a pessoa em contato com o mundo das almas, facilitando a comunicação com os entes queridos perdidos. Também sintoniza a pessoa com as memórias de vidas passadas ou acontecimentos esquecidos da vida atual, focando em ambos os casos na recordação de fatos que se relacionam com dificuldades presentes. Em tal recordação está a chave para os *insights* que permitirão superar e eliminar os problemas. A Obsidiana Floco de Neve é uma assistente hábil na jornada interior para a cura e completude.

A Obsidiana Floco de Neve funciona em sinergia com Magnesita, que melhora a sintonia com mundos de vibrações mais elevadas. A Zincita assiste no fortalecimento dos chacras inferiores, cujo desequilíbrio deve ser exposto pelo trabalho com a Obsidiana Floco de Neve. Lápis-lazúli, Iolita, Quartzo Siberiano Azul, Escolecita e Herderita auxiliam no aumento da sintonia psíquica.

NAISHA AHSIAN: A Obsidiana Floco de Neve transporta coragem e persistência para os que estão no limite da esperança. Ela auxilia a perceber as fontes de apoio que podem ter sido ignoradas ou tidas como garantidas. A Obsidiana Floco de Neve ajuda a pessoa a prestar atenção aos detalhes, recebendo orientação das pistas que vêm por meio da interação com os outros e das experiências da caminhada na Terra. É uma pedra do investigador, permitindo à pessoa sintonizar-se com seu ambiente e perceber o fluxo da energia Universal que o forma e apoia. Nesse estado de percepção inclusiva, a pessoa é capaz de receber as pistas, momentos de agir e sinais que surgem nas experiências cotidianas.

ESPIRITUAL: A Obsidiana Floco de Neve ajuda a pessoa a reconhecer a orientação e assistência que estão sempre disponíveis por todo o mundo natural. É uma pedra excelente para usar na sintonização com os totens e aliados animais. Ela pode ser usada para ajudar a pessoa a se tornar mais sensível ao fluxo e movimento sutil de energia em seu ambiente.

EMOCIONAL: A Obsidiana Floco de Neve ajuda a pessoa a superar as atitudes e sentimento "pobre de mim" de vitimização. Ela capacita a pessoa a encontrar força e disposição para mudar sua realidade para melhor.

FÍSICO: Essa aliada pode ser usada do mesmo modo que a Obsidiana Negra. Também pode ajudar energeticamente a limitar o espalhamento de células cancerosas pelo corpo. Ela auxilia a pessoa a tornar-se mais receptiva às energias de cura e a uma atitude de cura.

AFIRMAÇÃO: Em meu processo evolutivo, eu clamo pela assistência do Universo e todos os amigos no Espírito, e peço que me seja mostrado tudo que eu preciso ver para minha cura e meu despertar.

OBSIDIANA MOGNO

PALAVRAS-CHAVE: Eliminação de limitações interiores, cura de sentimentos de desmerecimento.
ELEMENTO: Terra.
CHACRAS: Raiz (primeiro), Sexual/Criativo (segundo).

A Obsidiana Mogno é uma mistura de cores – preta retinta e marrom avermelhada – em padrões ondulantes ou salpicada. A cor marrom avermelhada é semelhante à da madeira mogno.

ROBERT SIMMONS: A Obsidiana Mogno pode ajudar a limpar o segundo chacra de energias negativas e resíduos de antigas mágoas. Tais fixações podem bloquear o fluxo da energia criativa da pessoa ou criar problemas em toda a expressão de sua sexualidade, portanto é importante trabalhar para garantir que esse chacra opere livremente. Usando a Obsidiana Mogno em meditação ou especialmente em disposições de corpo, entre o primeiro e segundo chacras, a pessoa pode "retirar o veneno" de antigas memórias inconscientes de vergonha, humilhação ou abuso, liberando-as para a Luz para que sejam dissolvidas e curadas.

A Obsidiana Mogno pode remover "implantes" psíquicos negativos que seguram a pessoa em outras regiões. É ideal para dissipar sentimentos de desmerecimento que impedem a pessoa de realizar seu potencial no trabalho, no amor e no despertar espiritual. Carregar ou usar uma Obsidiana Mogno protege a pessoa de ataques psíquicos, seja de entidades negativas do plano astral, ou de uma tentativa inconsciente de um colega de trabalho de puxar seu tapete. É um pouco como ter um guarda-costas etéreo.

A Obsidiana Mogno funciona harmoniosamente com Quartzo Negro Tibetano, Sugilita e Turmalina Negra, para conseguir proteção psíquica. A Zincita ajuda na cura de ferimentos no segundo chacra. Acrescentar Moldavita é útil para ajudar a pessoa a sair de limitações passadas.

NAISHA AHSIAN: A Obsidiana Mogno é útil para os que desejam sair da mentalidade mesquinha e ir em direção à abundância. Ela ajuda a revelar limitações criadas pela pessoa por causa do medo e separação percebida. É estimuladora, purificadora e energizadora para o primeiro e o segundo chacras.

ESPIRITUAL: A Obsidiana Mogno auxilia na abertura e limpeza do canal de aterramento, o que é crítico se a pessoa vai incorporar um espectro total de frequências energéticas.

EMOCIONAL: A Obsidiana Mogno ajuda a pessoa a dissolver os padrões ancestrais de abuso, negatividade, ódio ou medo que estão incrustrados no DNA e no corpo emocional. Ela é útil para eliminar trauma de nascimento para a mãe e a criança, e pode ser uma aliada maravilhosa em experiências de renascimento.

FÍSICO: A Obsidiana Mogno fortalece os órgãos e tecidos. Ela estimula a desintoxicação melhorando as funções do fígado e dos rins e a habilidade do corpo de eliminar venenos.

AFIRMAÇÃO: Eu mereço as bênçãos de uma vida boa e frutífera.

OBSIDIANA NEGRA

PALAVRAS-CHAVE: Proteção psíquica, aterramento, eliminação da negatividade, comunicação com espíritos.
ELEMENTO: Terra.
CHACRAS: Raiz (primeiro).

A Obsidiana Negra é de uma cor pura, negra e brilhante, que pode parecer marrom escura quando uma luz forte é lançada em suas bordas finas.

ROBERT SIMMONS: A Obsidiana Negra elimina vigorosamente as energias negativas na pessoa e em seu ambiente. Ela é como um "aspirador de pó psíquico", limpando o campo áurico da desarmonia, vínculos negativos, "lixo" do plano astral e as próprias emanações de raiva, avareza, medo e ressentimento da pessoa. É uma pedra de aterramento forte, estimuladora do chacra da raiz para fazer sua ligação com o chacra Estrela da Terra abaixo dos pés, e profundamente no coração da Terra.

A Obsidiana Negra é útil para todos os tipos de visualização, incluindo comunicação com espíritos. Se a pessoa cria um ambiente de penumbra e senta olhando para uma Obsidiana Negra polida em forma de prancha ou esfera, é bem possível que as imagens dos entes queridos que faleceram surjam refletidas na superfície. Ao mesmo tempo, a pessoa pode sentir suas mensagens como pensamentos surgindo em sua própria mente. A afinidade da Obsidiana Negra com o mundo das almas, mais suas qualidades protetoras, a torna ideal para tais atividades.

A Obsidiana Negra harmoniza com Azeviche, Turmalina Negra e Quartzo Fumê para o aterramento. A Moldavita pode elevar as vibrações da Obsidiana Negra e construir uma energia mais ativa para a autotransformação. O Âmbar traz uma influência de cura. Alexandrita e Opala do Oregon auxiliam no uso da Obsidiana Negra para visualizar vidas passadas. As pedras de vibração elevada como Fenacita, Escolecita, Natrolita e Azeztulite ativam os chacras do terceiro olho e coroa, fornecendo habilidades mediúnicas melhoradas e trazendo um foco espiritual elevado para o trabalho com a Obsidiana Negra.

NAISHA AHSIAN: A energia da Obsidiana Negra é de proteção. Sua frequência sela a aura e remove os vínculos, ganchos e cordas energéticos. A energia da Obsidiana Negra cria um escudo protetor que ajuda a pessoa a ficar centrada quando diante da negatividade.

As energias protetoras da Obsidiana Negra também se estendem à mente, iluminando pensamentos negativos e hábitos mentais para que se possa agir para eliminar as causas na raiz. Ela permite que a pessoa perceba onde cria negatividade em sua própria vida e a orienta na mudança dos padrões subjacentes que criam a realidade negativa.

A Obsidiana Negra ajuda a revelar pensamentos e padrões inconscientes que inibem o crescimento espiritual e pessoal. Esses padrões podem auxiliar com vícios, comportamento abusivo (consigo ou com outros), negatividade, mesquinharia e outros traços indesejáveis. A Obsidiana Negra aponta com gentileza, porém com firmeza, onde a pessoa mantém esses padrões e auxilia na eliminação deles do campo áurico e da memória celular.

ESPIRITUAL: A Obsidiana Negra auxilia no reconhecimento de onde a pessoa está mantendo a negatividade e ajuda a iluminar e limpar os padrões emocionais negativos da aura. Ela pode auxiliar os que são muito sensitivos emocional ou psiquicamente a manter a integridade de seus campos de energia.

EMOCIONAL: A Obsidiana Negra é uma pedagoga emocional poderosa. Ela leva a pessoa a entender e aceitar o lado mais negro de sua natureza, para que esse aspecto possa ser evocado e iluminado. Ela auxilia a quebrar padrões baseados em negatividade emocional, tais como autoabuso, desordens da alimentação e vícios, quando a pessoa está disposta a ser responsável por sua própria cura.

FÍSICA: A Obsidiana Negra auxilia na remoção de bloqueios no sistema de meridiano. Essa energia é útil na eliminação de problemas de reprodução baseados em casos de abusos passados ou autoabuso atual. A Obsidiana Negra abre e limpa os chacras base e segundo.

AFIRMAÇÃO: Eu limpo meu campo de energia da negatividade e me aterro no coração da Terra.

OBSIDIANA PAVÃO

PALAVRAS-CHAVE: Jornada xamânica, viagem astral, proteção psíquica.
ELEMENTO: Terra.
CHACRAS: Raiz (primeiro), Terceiro Olho (sexto).

A Obsidiana Pavão parece negra até que as peças polidas sejam expostas a uma fonte de luz intensa, revelando padrões ondulantes de vermelho, dourado, verde, violeta, laranja e/ou azul. As cores não são distribuídas em camadas distintas, como na Obsidiana Arco-íris, mas dispostas em ondulações complexas, como se a lava liquefeita tivesse sido vigorosamente esticada antes de endurecer.

ROBERT SIMMONS: A dança de cores iridescentes da Obsidiana Pavão abre o terceiro olho para o mundo interior da percepção visionária. Ela é excelente para sonhos lúcidos, trabalho respiratório, meditação guiada e outras práticas de expansão da consciência. Como a Obsidiana Arco-íris, ela pode mostrar à pessoa a Luz inesperada na escuridão, mas a Obsidiana Pavão não é exatamente uma pedra das profundezas. Ela é muito mais para entrar nos planos próximos do mundo astral, sutil e causal. É uma ferramenta para xamãs e outros que "caminham entre mundos" – uma aliada para proteção e visão clara, ajudando a pessoa a negociar com confiança nos portais entre as dimensões.

A Obsidiana Pavão também é uma pedra que conclama os mundos a se unirem em celebração. Ela é excelente para uso em rituais e colheitas para as quais a pessoa deseje chamar os ancestrais, guias e espíritos de ajuda. Nos outros mundos, as energias da Obsidiana Pavão aparecem como padrões parecidos com serpentes ondulantes de cor iridescente vívida, radiando em todas as direções a partir da pedra "física". Uma pedra como essa atrai a atenção de seres espirituais e age como um farol para atração. Como tal, ela pode ser usada quando a pessoa chama os entes queridos falecidos para comunicação espiritual.

A Obsidiana Pavão funciona excepcionalmente bem com a Moldavita, que provê uma energia de alta frequência que bane entidades negativas e torna impossível a ressonância com as energias inferiores do astral. Para experiência visionária, acrescentar Fenacita melhora muito a vividez das imagens e a leva a níveis espirituais mais elevados.

A Obsidiana Pavão funciona em sinergia com as Pedras Xamã e Pedras Profecia, especialmente no que diz respeito a fazer jornadas entre os mundos. A Moldavita ajuda a aumentar o poder da Obsidiana Pavão como um todo. A Fenacita e Escolecita elevam as vibrações para que a viagem da pessoa seja para os reinos mais elevados do Espírito.

NAISHA AHSIAN: A Obsidiana Pavão auxilia a pessoa na abertura para as visões interiores e sonhos claros. É uma pedra de viagem xamânica e viagens para outros reinos da Terra. Ela pode fornecer proteção para a viagem astral e durante o trabalho de magia. A Obsidiana Pavão auxilia na remoção do medo em relação à abertura dos sentidos intuitivos. É boa para sensitivos que trancaram suas habilidades por sentir-se massacrados ou pela dificuldade de controlar a informação psíquica que eles recebem. Ela pode ajudar a proteger esses indivíduos enquanto aprendem a sintonizar seus sentidos com mais eficiência. A Obsidiana Pavão pode ajudar a prover o apoio de energias sutis para aqueles com desordens cerebrais e é uma pedra excelente para aqueles com desequilíbrios mentais.

ESPIRITUAL: A Obsidiana Pavão é a Obsidiana mais forte para a jornada espiritual. Ela pode agir como uma força protetora em torno do corpo durante a viagem astral e tornar o retorno ao corpo uma experiência mais confortável.
EMOCIONAL: Veja Obsidiana Arco-íris.
FÍSICO: Veja Obsidiana Arco-íris.
AFIRMAÇÃO: Eu me abro para ver e vivenciar os "outros mundos", sabendo que estou protegido, trazendo em minha volta informações úteis para mim e para os outros.

OLHO DE TIGRE

PALAVRAS-CHAVE: Equilíbrio entre extremos, discernimento, vitalidade, força, praticidade, equanimidade.
ELEMENTO: Fogo, Terra.
CHACRAS: Plexo Solar (terceiro), Sexual/Criativo (segundo), Raiz (primeiro).

O Olho de Tigre é um membro da família Quartzo, um mineral dióxido de silício, com uma dureza de 7. Seu sistema de cristal é hexagonal (trigonal) e ele ocorre como um agregado fibroso. Ele é formado do olho de falcão por meio do pseudomorfismo da Crocidolita no Quartzo. O Olho de Tigre tem faixas de cor amarelo amarronzada a dourada, que exibem cintilações. Os maiores depósitos de Olho de Tigre estão na África do Sul, e ele também já foi encontrado na Índia, Burma, Austrália Ocidental e Estados Unidos.

ROBERT SIMMONS: O Olho de Tigre é uma pedra solar de vitalidade, praticidade e ação física. Ele estimula o chacra da raiz e o plexo solar, auxiliando a pessoa a agir de modo efetivo em reação às necessidades e desafios da vida física, e a permanecer aterrada, calma e centrada, independentemente das situações exteriores ou internas.

O Olho de Tigre é uma pedra de clareza mental. Ele ativa e aguça o intelecto, afiando a espada da lógica. Também abre a mente para abraçar paradoxos, capacitando a pessoa a manter ideias contraditórias simultaneamente em uma aceitação não crítica que não tenta "solucionar" o conflito favorecendo uma delas. Tal pensamento é indispensável quando a pessoa entra em estados de consciência mais elevados e começa a ver os muitos paradoxos que tornam a natureza essencial das coisas enigmática.

O Olho de Tigre energiza o corpo para que cumpra os imperativos da vontade. Quando a pessoa precisa perseverar por longo tempo, esforço duro e dificuldades intrincadas, usar ou carregar um Olho de Tigre pode emprestar à pessoa o vigor para superar a fadiga e o desencorajamento. O Olho de Tigre ativa e alinha os chacras inferiores para que as ações da pessoa mobilizem todo o espectro da força e criatividade primais e da intenção iluminada.

Como uma pedra do raio dourado, o Olho de Tigre pode ajudar a pessoa a fazer contato com o reino vibratório da consciência de Cristo. A meditação com essa pedra pode ajudar a pessoa a entrar em um estado em que reside como um ponto de percepção dentro de uma atmosfera de "cálida poeira dourada", um lugar permeado por um amor e compaixão incondicionais. Quando a pessoa volta, ela não deseja simplesmente "flutuar por aí" na felicidade consequente. Em vez disso, ela deseja agir informada por essa consciência que trará suas energias mais completamente para o mundo físico.

Como uma pedra de equilíbrio, o Olho de Tigre funciona com o paradoxo. Ele permite que a pessoa encontre o centro harmonioso entre todos os tipos de polaridades. Ajuda a pessoa a ver os dois lados em discordância. É uma pedra excelente para mediadores profissionais. Os que estão passando por negociações difíceis, tais como divórcio ou questões de custódia, são encorajados a levar consigo um Olho de Tigre. A própria habilidade e disposição da pessoa para encontrar uma concordância com o outro irá em geral inspirar uma reação semelhante.

O Olho de Tigre harmoniza com todos os membros cristalinos da família Quartzo, bem como Malaquita, Charoíta, Serafinita e a maior parte dos tipos de Jaspe. A Moldavita acrescenta energias positivas transformadoras e pode ajudar a pessoa a movimentar-se por espaços "emperrados", auxiliada pela vitalidade e força do Olho de Tigre.

NAISHA AHSIAN: O Olho de Tigre estimula os chacras do primeiro ao terceiro. Ele estimula a vitalidade física e energia, e facilita a respiração celular e metabolismo. A energia do Olho de Tigre ajuda na manutenção do equilíbrio entre extremos. Esses podem ser os extremos do lado escuro e iluminado da pessoa, humanidade e espírito, ou estados extremos de alegria e tristeza.

O Olho de Tigre auxilia a pessoa a sair do mundo da dualidade – certo e errado, bom e mau, escuridão e luz – e a entrar no reino em que todas as polaridades são expressões da Fonte única. O Olho de Tigre permite à pessoa fazer escolhas baseadas no discernimento, não julgamento, de acordo com sua orientação mais elevada.

O Olho de Tigre aterra a energia do raio solar na Terra. Ele transporta a frequência da criação – da luz solar no solo. Ele ajuda a pessoa a viver como um espírito equilibrado e integrado no veículo físico, expressando o Espírito por meio de cada ação no mundo.

ESPIRITUAL: O Olho de Tigre ensina o equilíbrio entre polaridades, e a unidade subjacente por trás de oposições aparentes. Ele auxilia a equilibrar o físico e o espiritual, e atualizar o Espírito por meio de tarefas mundanas.

EMOCIONAL: O Olho de Tigre ajuda os que tendem a ir a extremos para encontrar equilíbrio em suas vidas emocionais. Ele pode ajudar a criar harmonia entre pessoas com pontos de vista, crenças religiosas e abordagens da vida diferentes. É um aliado excelente para trazer harmonia para famílias e relacionamentos em que diferenças de opinião ou expressão estão causando discórdia.

FÍSICO: O Olho de Tigre é um fortificante do sangue, sustentando a vitalidade geral. Ele fortalece o sistema endócrino e auxilia a levar os hormônios e a bioquímica da pessoa a um equilíbrio.

AFIRMAÇÃO: Eu ajo com confiança, clareza, equilíbrio, sinceridade, entusiasmo e força.

ÔNIX

PALAVRAS-CHAVE: Força interior, atenção focada, força de vontade, autodomínio, disciplina razão.
ELEMENTO: Terra.
CHACRAS: Raiz (primeiro), Plexo Solar (terceiro), Terceiro Olho (sexto).

O Ônix é uma variedade de Calcedônia, um membro da família Quartzo com uma dureza de 7. Seu sistema de cristal é hexagonal (trigonal). O Ônix é definido como uma Calcedônia listrada em que as linhas das listras são paralelas. Esse Ônix listrado frequentemente é usado para esculpir camafeus, uma vez que as cores em camadas ajudam no contraste de fundo necessário. O Ônix Negro, em geral, é criado por Calcedônia cinza claro de vários modos.

ROBERT SIMMONS: O Ônix é uma pedra de força interior. Ela melhora a resistência da pessoa e sua persistência, capacitando-a a conduzir mesmo tarefas difíceis e monótonas até sua finalização. No nível mental, aumenta a habilidade da pessoa de manter o foco, permitindo que ela aprenda novos materiais desafiadores e use bem tudo o que foi ensinado. Estimula energeticamente a retenção de memória e encoraja a atenção aos detalhes. Esses traços fazem do Ônix uma ferramenta útil para estudantes, professores, proprietários de negócios, contadores, advogados, técnicos de computadores e *software* e todos aqueles cujo trabalho exige algum nível de foco, perseverança e disciplina.

O Ônix também é uma pedra de força física. Auxilia a pessoa a conter suas energias em vez de permitir que as dissipe. Ajuda a pessoa a, gradualmente, construir sua vitalidade. Isso pode ser especialmente útil após uma enfermidade prolongada, ou até um projeto de trabalho prolongado, ambos os quais podem esgotar os recursos da pessoa. Ele pode manter a pessoa focada em um regime de exercícios, programa de perda de peso ou outro esforço para melhorar sua saúde. O Ônix é uma pedra excelente para fisioculturistas, mesmo quando seus objetivos são modestos. Ele encoraja a pessoa a permanecer no programa e facilita a sensação de satisfação que vem quando os alvos são atingidos.

O Ônix emana a energia do autodomínio. Ele pode ajudar a pessoa a controlar, focar e dirigir a vontade, e isso traz um aumento considerável no poder pessoal da pessoa. Para os que têm uma abundância de ideias, mas são desprovidos da disciplina para as executarem, o Ônix pode trazer a pessoa para a Terra e mantê-la na tarefa. Auxilia a pessoa a aprender que o controle mais importante é o autocontrole. Aqueles que vão em busca de seus desejos manipulando outras pessoas e coisas fora de si mesmos são aconselhados a tirar vantagem da capacidade do Ônix de realinhar sua atenção para suas próprias ações. Então, podem conseguir o sucesso que até então se esquivou deles.

O Ônix esfria e condensa o excesso de energia. Ele acalma o nervosismo, suprime a ansiedade, controla temperamentos exaltados e traz razão à paixão. É uma força de aterramento boa quando a pessoa esteve trabalhando com pedras de energia elevada, que pode trazer visões e *insights* excitantes, mas ativar em excesso o campo de energia da pessoa. Ele funciona por meio do primeiro, terceiro e sexto chacras, os locais da vitalidade física, vontade e atividade mental. É uma pedra excelente para levar em situações de conflito, em que a pessoa deve manter a "cabeça fria".

O Ônix funciona bem com outras pedras, não aumentando suas energias, mas consolidando-as. Ele ajuda a integrar *insights* espirituais, permitindo à pessoa torná-los seus. Com Fenacita e outras pedras visionárias, ele ajuda a aterrar seus benefícios no mundo físico.

NAISHA AHSIAN: O Ônix vem em muitas cores, cada uma delas causada por uma impureza no interior da base de Quartzo. Como as várias formas de Jaspe, as propriedades principais do Ônix podem ser inferidas a partir de sua cor. Existem duas variedades de Ônix que cobrirei aqui – branca e preta.

O Ônix Branco (incluindo variedades cinza claro) age mais como outras formas massivas de Quartzo Branco. Ele estimula os chacras mais elevados, especialmente o terceiro olho e a coroa. Ele pode melhorar o trabalho de sonho e facilitar a ligação com energias lunares.

ESPIRITUAL: O Ônix Branco pode melhorar a visão espiritual e as experiências de sonho. É útil na estimulação dos sentidos mediúnicos e muitas vezes é usado para inspiração espiritual.

EMOCIONAL: O Ônix Branco é emocionalmente neutro.

FÍSICO: O Ônix Branco pode ajudar a amainar sintomas de dor de cabeça e é usado para fortalecer os olhos e nervos óticos.

O Ônix Negro estimula os chacras Estrela da Terra e primeiro, auxiliando a pessoa a aterrar e se ligar com a energia eletromagnética da Terra. É uma pedra excelente para uso em visualização e trabalho de magia. Ele tem sido usado como pedra mágica por milhares de anos e é considerado um dos melhores materiais para esculpir amuletos mágicos.

ESPIRITUAL: O Ônix Negro ensina o uso apropriado do poder e a focar a energia em força positiva. É excelente para os que trabalham para desenvolver suas habilidades telecinéticas.

EMOCIONAL: O Ônix Negro é neutro emocionalmente.

FÍSICO: O Ônix Negro pode ser usado para ajudar a estimular a ligação entre os pés e o primeiro chacra. Isso pode ser útil para os que sofrem de pernas fracas ou que têm dificuldade para aterrar ou eliminar resíduos do corpo ou excesso de energia.

AFIRMAÇÃO: Eu trabalho em todas as minhas tarefas escolhidas com foco claro, disciplina férrea, perseverança inquebrantável e alta eficiência.

OPALA

A Opala é um material hidratado de silício com uma dureza de 5,5 a 6,5. Ela é composta de esferas de silício submicroscópicas que são coladas umas às outras com silício e água. Algumas vezes a água na Opala pode evaporar criando buracos na pedra. Algumas, mas não todas, exibem o jogo de cores conhecido como "fogo". Isso é causado pela esferas diminutas da Opala sendo amontoadas em uma formação regular o suficiente para causar difração da luz.

O nome Opala deriva do latim *opalus* e do sânscrito *upala*, com o significado de "pedra preciosa". As Opalas preciosas são extraídas na antiga Tchecoslováquia pelo menos desde o século XIV. A Opala de Fogo Mexicana foi usada pelos astecas e trazida à Europa pelos conquistadores. Na Europa do século XIX, a popularidade da Opala declinou por sua associação com a má sorte, mas ela renasceu no século XX e permanece uma das gemas mais populares.

Na civilização romana, a Opala tinha conexões com a boa sorte e esperança. A crença na França de que a Opala poderia tornar seu portador invisível, permitindo que ele roubasse sem ser pego, pode ter sido o início das associações negativas à Opala. Uma lenda australiana diz que uma Opala gigante governa as estrelas, o amor humano e o ouro no interior das minas.

O pensamento metafísico atual vê os vários tipos de Opala como tendo propriedades energéticas diferentes, então discutiremos cada uma em separado.

OPALA AZUL OWYHEE

PALAVRAS-CHAVE: Força tranquila, confiança calma, decisão, exploração interior, amplificação de emoções positivas, proteção psíquica.
ELEMENTO: Água.
CHACRAS: Garganta (quinto), Terceiro Olho (sexto), Plexo Solar (terceiro).

A Opala Azul Owyhee (pronuncia-se ó-uá-re) é uma nova variedade de Opala, descoberta no leste do Oregon em 2003. Ela é caracterizada por uma cor azul rica, similar em tom com a Calcedônias Azul de excelente qualidade. Seu nome deriva da localização em que foi encontrada – perto das fontes sagradas dos indígenas owyhee. A Opala Azul Owyhee em geral é translúcida quando removida do chão, mas pode se tornar gradualmente opaca se exposta ao ar, e a água em seu interior começar a evaporar.

ROBERT SIMMONS: Essas pedras combinam um raio azul muito puro dos chacras da garganta e terceiro olho com realces dourados sutis que ativam o plexo solar. Portanto, elas combinam os poderes da percepção, expressão e vontade, uma combinação vibratória admirável que pode possibilitar que o usuário *veja*, fale e aja com clareza, autoridade e confiança. Essas pedras são um antídoto para indecisão, timidez, impotência, confusão, desarticulação e muitas outras expressões de energias bloqueadas. Mesmo assim, o poder que elas despertam em nós não é arrogante ou confrontador. Ele está imbuído com a suavidade que vem da certeza, onde não existe necessidade de vanglória ou insistência. A Opala Azul Owyhee é uma pedra de força calma, tranquila, permitindo que a pessoa escolha as palavras, ação ou não ação como o melhor meio de alcançar seu propósito.

Elas são também pedras de memória profunda, que partem o véu que separa a pessoa da percepção de suas encarnações passadas. Elas podem ser usadas para partir outros véus também, e são talismãs poderosos para todos os tipos de magia positiva. Como a Opala Oregon transparente, a Opala Azul Owyhee melhora a experiência da pessoa com emoções positivas, mas não amplifica as negativas. De fato, essa pedra age como uma proteção contra ataque psíquico ou a intrusão de energias astrais e entidades.

Para os que desejam explorar os domínios interiores, as Opalas Azul Owyhee são aliadas poderosas. Podem ajudar a pessoa a despertar para o estado lúcido nos sonhos e facilitar as jornadas xamânicas. Podem assistir a pessoa na comunicação com inteligências não humanas, tornando mais fácil a troca telepática. São ideais para aprender a ver e interagir com espíritos guias, e podem auxiliar a pessoa a compreender intuitivamente o simbolismo visual que esses guias empregam com frequência.

A Opala Azul Owyhee combina bem com Opala Oregon Branca, Moldavita, Herderita, Opala Preciosa Negra e Opalas Andina Rosa e Azul.

NAISHA AHSIAN: A Opala Azul Owyhee é similar em energia à Opala Azul Comum, com um refinamento sutil de sua frequência. Ela pode ser usada para comunhão angelical e para ajudar a pessoa a abrir-se à orientação mais elevada. Em geral ela é estimulante para os chacras do terceiro olho e da garganta, o que pode ajudar canalizadores, médiuns, sensitivos e professores para comunicar orientação mais elevada por meio da fala e do som. A Opala Azul Owyhee ajuda a limpar e equilibrar o chacra da garganta e é uma companheira maravilhosa para palestradores e cantores. Sua energia ajuda a pessoa a encontrar as palavras ou sons certos para comunicar seu sentido verdadeiro.

ESPIRITUAL: A Opala Azul Owyhee é maravilhosa para a ligação angelical. Ela promove a comunicação com os seres angelicais e pode auxiliar na incorporação das frequências mais elevadas na aura.
EMOCIONAL: A Opala Azul Owyhee ajuda a pessoa a ser destemida – não no sentido de incauta, mas, em vez disso, destemida com graça e sentido de centralidade. Ela ajuda a pessoa a fazer o que deve ser feito sem se sentir presa de medos, suposições ou fantasias sobre o que pode dar errado. Ela pode ajudar a pessoa a tornar-se focada e a permanecer focada durante uma tarefa.
FÍSICO: A Opala Azul Owyhee é útil para desequilíbrios da garganta, incluindo inflamações causadas por infecção viral ou bacteriana, uso excessivo das cordas vocais ou exposição à fumaça. Ela tem efeito mediano em outras inflamações do corpo também.
AFIRMAÇÃO: Eu vejo mais profundamente, falo com sinceridade, ouço com clareza e ajo com convicção calma.

OPALA COMUM

PALAVRAS-CHAVE: Branca/purificação; Rosa/cura emocional; Azul/calmante da mente; Marrom e Negra/proteção emocional.
ELEMENTO: Terra, Água.
CHACRAS: Branca/Coroa (sétimo); Rosa/Coração (quarto); Azul/Garganta e Terceiro Olho (quinto e sexto); Marrom e Negra/Raiz e Sexual/Criativo (primeiro e segundo).

A Opala Comum pode ser de várias cores diferentes, mas em geral é opaca e não mostra o fogo exibido

OPALA

pela Opala preciosa. A Opala Comum é encontrada em muitos lugares, mas boas pedras brancas e marrons/pretas vêm do Oregon, e as melhores entre as Rosa e Azul são encontradas no Peru.

ROBERT SIMMONS: A Opala Comum vibra com uma frequência baixa e intensidade mais amena que a das Opalas transparentes e/ou Opalas ígneas, e isso melhora seus efeitos calmantes e relaxantes sobre o corpo emocional. A Opala Comum em todas as suas cores é uma pedra de energias suaves. É adequada para pessoas sensitivas, que são facilmente massacradas por pedras mais poderosas, ou para os que estão sobrecarregados com estresse e precisam de uma pedra que os ajude a relaxar. Cada cor, é claro, oferece uma ênfase um pouco diferente.

A Opala Branca fornece purificação do campo energético da pessoa, limpeza e reequilíbrio dos chacras do corpo etéreo, ajudando em sua ligação com o eu físico. Ela pode atrair seres angelicais e é um "presente" ideal para deixar para eles em um lugar invisível. Algumas vezes a pedra, aparentemente, desaparecerá ou mudará de lugar. Outras vezes, apenas a energia é recebida. Em geral, o presente da pessoa será "retribuído" com sincronicidades afortunadas.

A Opala Rosa é uma pedra adorável para a cura emocional, em especial das emoções ligadas à dor mantida no subconsciente. As Opalas são em geral associadas com vidas passadas e o mundo dos sonhos, e esses são os lugares de onde as antigas mágoas podem vir à superfície. Dormir com Opala Rosa ou segurá-la durante uma sessão de regressão a vidas passadas ajuda a pessoa a resolver lembranças dolorosas com suavidade e compaixão por si.

A Opala Azul é um antídoto para pensamentos inquietos. Se a pessoa tende a acordar à noite com a mente a todo vapor, reencenando o passado ou antecipando o futuro, uma Opala Azul na fronha do travesseiro a ajudará a dormir mais em paz. Como bônus, ela pode melhorar a recordação dos sonhos da pessoa, e pode até trazer experiências de sonho mais prazenteiras. Ela auxilia a pessoa a compartilhar seus sentimentos e a comunicar-se sobre problemas emocionais.

As Opalas Comuns Marrom e Negra são catalisadoras suaves do processo de cura física, mediante seu apoio ao corpo emocional da pessoa. Podem ajudar a remover a depressão, não por meio da "animação", mas moderando a sensação de isolamento. Elas podem ajudar a pessoa a receber maior força de vida e energias criativas por meio da estimulação suave dos dois primeiros chacras.

NAISHA AHSIAN: A Opala Comum fala-nos do relacionamento entre os elementos da Terra e da Água. Ela é estimulante e nutridora emocionalmente, sem as energias emocionais muitas vezes intensas de outros tipos de Opala. Ela aterra o corpo emocional e é uma pedra excelente para aliviar ansiedade, estresse crônico e depressão. A Opala Comum vem em cores diferentes, com cada cor variando levemente o foco de sua energia calmante e relaxante.

A Opala Branca limpa o campo energético e ajuda a aterrar a Luz na aura. Sua energia traz sensação de nutrição e iluminação, quando ela aponta com suavidade os problemas emocionais que precisam ser eliminados.

ESPIRITUAL: A Opala Branca ajuda a clarear, focar e acalmar a mente para que sinais espirituais mais sutis possam ser recebidos e processados. É uma estimuladora da informação psíquica em geral.

EMOCIONAL: A Opala Branca acalma o corpo emocional e promove uma aparência positiva.

FÍSICO: A Opala Branca é uma pedra maravilhosa para os que estão se recobrando de todos os tipos de abuso. Ela ajuda a iluminar densidades no corpo e pode auxiliar na dispersão de fibroses e vários tipos de cistos.

A Opala Rosa limpa e acalma o coração e traz uma sensação de paz e tranquilidade para a aura da pessoa. É excelente para crianças que têm dificuldades de sono ou tendem a ter pesadelos.

ESPIRITUAL: A Opala Rosa traz paz e alívio para o coração da pessoa, permitindo-lhe que descarte traumas passados, tensões e estresse. Ela pode ser usada para manter aberta e limpa a ligação da pessoa com os reinos angelicais.

EMOCIONAL: A Opala Rosa pode ajudar os que têm medo, preocupações ou ansiedade excessivos. É útil para dissipar o estresse e conceder à pessoa que se torne mais centrada emocionalmente e calma.

FÍSICO: A Opala Rosa acalma o coração diretamente e pode ser útil em casos de batimento cardíaco errático ou irregular. Ela estimula os pulmões e a utilização do oxigênio pelo corpo.

A Opala Azul promove uma mente calma e centrada. Ela pode facilitar a oração contemplativa e a meditação ao conceder à pessoa ser testemunha, em vez de participante, das atividades mentais. A Opala Azul pode auxiliar na retenção de conhecimento e é uma pedra excelente para estudantes.

ESPIRITUAL: A Opala Azul facilita a compreensão espiritual. Pode ajudar a pessoa a aceitar e seguir orientação espiritual sem resistência do ego.

EMOCIONAL: A Opala Azul ajuda na rendição à vontade divina, relaxando a resistência da pessoa a seu caminho espiritual. Ela auxilia a pessoa a encontrar uma compreensão calma de experiências de vida difíceis do passado e ajuda-a a abraçar o futuro com alegria.

FÍSICO: A Opala Azul ajuda a acalmar inflamação no sistema respiratório e pode ser de assistência em casos de tosse crônica em razão da asma, danos nos pulmões ou alergias. Ela pode ajudar a aliviar inflamações e também eczemas e psoríase.

As Opalas Comuns Marrom e Negra limpam, fortalecem e protegem o corpo emocional. Elas emprestam força para o corpo físico e agem como um tônico geral para o primeiro e segundo chacras.

ESPIRITUAL: As Opalas Comuns Marrom e Negra agem de modo semelhante ao Ônix Negro e outras pedras mágicas de aterramento. Elas auxiliam na comunicação com os seres da natureza, em jornadas xamânicas e na manutenção de proteção durante viagens astrais.

EMOCIONAL: As Opalas Comuns Marrom e Negra são úteis para reforçar o corpo emocional e a aura, evitando ataques psíquicos e ajudando a livrar a pessoa de vínculos com entidades. É altamente protetora contra influências energéticas negativas e pode ser usada para ajudar a pessoa a sentir-se mais forte e mais no controle quando diante da negatividade, confronto ou abuso moral por outros.

FÍSICO: As Opalas Comuns Marrom e Negra fortalecem o corpo. Em geral ela é tônica e bastante útil para fortalecer ossos frágeis, ajudar na digestão e eliminação lentas, e regeneração de músculos atrofiados.

AFIRMAÇÃO: Branca: Eu me abro para a purificação e elevação espiritual. Rosa: Eu curo meu corpo emocional por meio da compaixão gentil. Azul: Eu aquieto a mente inquieta sentando como uma testemunha silenciosa. Marrom/Negra: Eu estou seguro e protegido, e fico mais forte a cada dia.

OPALA FOGO

PALAVRAS-CHAVE: Paixão, criatividade.
ELEMENTO: Fogo.
CHACRAS: Sexual/Criativo (segundo).

A Opala Fogo recebe seu nome de sua cor laranja vívida. Ela em geral não opalesce, mas algumas vezes é clara o suficiente para facetar gemas, e essas podem ser de uma beleza estonteante. As fontes mais significativas da Opala Fogo estão no México, mas foram descobertos depósitos no Brasil, Guatemala, Honduras, Turquia, Austrália e Estados Unidos.

ROBERT SIMMONS: A Opala Fogo é uma despertadora das paixões. A paixão da pessoa pode ser canalizada em muitas direções, desde os desejos do corpo ao sublime da espiritualidade. Qualquer que seja a escolha da pessoa, a Opala Fogo estimulará a intensidade e o prazer da experiência. Em matéria de sexualidade, a ligação da Opala com o corpo emocional ajudará a misturar mais amor à experiência. Em situações em que timidez, medo ou vergonha amarram a pessoa, a Opala Fogo irá abrandar suas inibições e permitir maior prazer e menor inibição.

Nos domínios espirituais, a Opala Fogo pode melhorar a busca apaixonada pela iluminação. Pode ajudar a engendrar o estado em que muitos investigadores espirituais na história fizeram da divindade o alvo de seu amor e desejos. Já foi dito que, em questões de crescimento espiritual, "é a intensidade do anseio que faz o trabalho". Se a pessoa usa ou porta a Opala Fogo durante a meditação e oração, ela pode descobrir que a intensidade da experiência subiu vários pontos.

NAISHA AHSIAN: A Opala Fogo transporta as frequências do êxtase. É estimulante para o primeiro e segundo chacras; portanto, inicialmente esse êxtase pode ser de natureza sexual. Contudo, àmedida que a energia da kundalini é ativada e começa a subir a espinha, essa experiência de êxtase mudará para refletir a energia de cada chacra. A Opala Fogo estimula o eu criativo e a expressão das emoções da pessoa por meio da arte. Essa aliada estimula o *chi* e o sistema endócrino. Ela é uma excelente equilibradora das energias *yin* e *yang*.

ESPIRITUAL: A Opala Fogo pode auxiliar a pessoa a vivenciar um completo abandono espiritual à frequência da energia criativa que flui por todo o Universo. Sua energia promove criatividade artística, manifestação a partir do etéreo, prazer sexual, fertilidade e energia física.

EMOCIONAL: A Opala Fogo ajuda a pessoa a superar a timidez, o medo de agir e o pensamento derrotista. Ela pode ajudar a pessoa a tornar-se mais otimista, extrovertida socialmente e confiante em si e em suas habilidades. Ela traz uma energia de divertimento e curiosidade para a vida.

FÍSICO: A Opala Fogo é excelente para usar em problemas de fertilidade tanto para homens como para mulheres. Ela é útil em casos de fadiga crônica e em situações em que o desequilíbrio hormonal cria problemas menstruais.

AFIRMAÇÃO: Eu amplifico minhas paixões e poderes criativos, dirigindo-os para a realização dos desejos de meu coração.

OPALA OREGON

PALAVRAS-CHAVE: Alegria, autoexpressão, imaginação.
ELEMENTO: Fogo.
CHACRAS: Plexo Solar (terceiro), Coração (quarto) e Coroa (sétimo).

A Opala Oregon talvez devesse ser chamada de Opala Transparente do Oregon, para distingui-la da Opala Comum e outras variedades que vêm de Opal Butte, Oregon. Ela foi descoberta acidentalmente lá por um pastor há mais ou menos cem anos. Essas gemas eram originalmente comercializadas pela Tiffany's e foram avidamente procuradas na virada do século XX. É um tipo de Opala surpreendentemente clara que em geral tem uma tintura azulada e que algumas vezes mostra *flashes* de rosa e amarelo em seu interior, depois de ter sido facetada.

Esses *flashes* não são parecidos com os do "fogo" opalescente, mas podem ser muito bonitos em uma pedra bem cortada.

ROBERT SIMMONS: A Opala Oregon concede a experiência prazerosa e a expressão das emoções e da imaginação. Essa pedra encoraja a pessoa a agir de acordo com seus desejos de uma maneira amorosa. Diferentemente de algumas Opalas, que podem amplificar a experiência das emoções mais difíceis, a Opala Oregon liga a pessoa ao lado prazenteiro da experiência emocional, enquanto a capacita a integrar e eliminar antigas mágoas no corpo emocional.

A Opala Oregon pode ser a chave para abrir os segredos de vidas passadas, especialmente se a vida atual da pessoa está sendo afetada por padrões problemáticos de vidas passadas. A Opala Oregon facilita a entrada da pessoa em um estado de consciência em que as memórias de vidas passadas vêm à superfície. Ela também ativa o "radar interior" que infalivelmente escolhe revelar a vida ou vidas que a pessoa mais necessita rever para compreender e superar as dificuldades na vida atual. Isso é especialmente verdadeiro nos exemplos em que os problemas presentes são "ecos" ou repetições de padrões de vidas passadas. A energia de aceitação prazenteira da Opala Oregon permite à pessoa compreender e eliminar tais problemas recorrentes e seguir adiante com liberdade e clareza.

Enquanto outras Opalas estão relacionadas ao elemento Água, a Opala Oregon tem relações com o elemento Fogo e, portanto, encoraja a pessoa a transmitir qualquer negatividade que ela possa encontrar em energia útil. Diz-se que a emoção é o portal para a experiência espiritual e o crescimento interior. Para os que desejam adentrar nela, a Opala Oregon pode ser a chave. Também já foi dito que, quando sentimos a maior alegria, estamos mais perto da verdade. A Opala Oregon pode ser o condutor para a verdade de nossa alegria essencial.

NAISHA AHSIAN: A Opala Oregon auxilia a pessoa a agir para buscar sua alegria. Ela é maravilhosa para os que têm baixa autoestima, uma vez que auxilia a confiar nos instintos e orientação pessoais. Ela estimula suavemente o plexo solar, facilitando a autoexpressão e a ação decisiva. Encoraja a pessoa a seguir sua alegria e liberar-se de visões limitantes do que é possível.

ESPIRITUAL: A Opala Oregon ensina à pessoa sobre a alegria de buscar seus sonhos e desejos, mesmo quando eles não se manifestam. É uma pedra de processo e exploração, em oposição à aquisição e finalização. Ela pode ajudar a pessoa a desfrutar os processos da vida, crescimento e experiência.

EMOCIONAL: A Opala Oregon traz uma sensação de prazer, elevação e excitação ao corpo emocional da pessoa. Ela a ajuda a superar a tagarelice interior negativa e a desolação que isso cria.

FÍSICO: A Opala Oregon pode ser usada em desequilíbrios dos rins, incluindo infecções renais, incontinência urinária noturna e dificuldade ou urinação dolorosa como consequência de pedras nos rins.

AFIRMAÇÃO: Eu me abro para a experiência completa do prazer, eliminando tudo o que possa me segurar.

OPALA PRECIOSA BRANCA

PALAVRAS-CHAVE: Intensificação das emoções, purificação.
ELEMENTO: Água.
CHACRAS: Todos.

A Opala Preciosa Branca é a Opala mais conhecida e a usada mais amplamente em joalheria. Sua cor branda de fundo é decorada com fogo multicolorido de um modo muito atraente. Em alguns casos, madeira fossilizada ou conchas marinhas têm sua substância original substituída por Opala Preciosa Branca, criando espécimes realmente estonteantes. A maior parte das Opalas Preciosas Brancas vêm da Austrália, especialmente Cobber Pedy e Andamooka. Outros depósitos foram encontrados no Brasil, Guatemala, Honduras, Japão e nos Estados Unidos (Nevada).

ROBERT SIMMONS: A Opala Preciosa Branca transporta a semente do "fogo sagrado", a energia espiritual intensa que consome os aspectos impuros do eu sem nos "queimar", necessariamente (causando angústia e desconforto). Quanto mais dispostos estivermos para eliminar nossos vínculos com nossas raivas, medos, mágoas ou outros padrões negativos, melhor ela pode funcionar. Se nós as mantemos teimosamente, é claro, até a eliminação de energias insalubres pode ser bastante dolorosa.

A Opala Preciosa Branca é um amplificador emocional – ela pode intensificar tanto os estados positivos como os negativos. Em cada caso existe benefício. Com as emoções positivas, a recompensa é evidente. Porém, com os sentimentos negativos, a magnificação pode tornar a pessoa totalmente ciente da destruição que tais indulgências podem trazer – e isso ajuda a pessoa a concordar em eliminá-los. A Opala Preciosa Branca pode ser uma professora calorosa e amistosa, ou uma professora severa. Tudo depende do que trazemos conosco para a experiência.

A Opala Preciosa Branca funciona bem com todos os outros tipos de Opala, amplificando seus efeitos. Ela melhora a energia dos Quartzos, Ametista, Citrino, Jaspes e Calcedônias. Com Lápis-lazúli ela pode despertar o rei ou rainha interiores. Com Quartzo Verde de Serifos, ela pode sintonizar a pessoa com as energias da deusa. Com Zincita, ela empresta uma intensidade fabulosa para a sexualidade e criatividade.

NAISHA AHSIAN: A Opala Preciosa Branca é muito mais estimulante para o corpo emocional que a Opala Comum Branca. Ela tende a amplificar os padrões de energia no corpo emocional, concedendo que a pessoa identifique os padrões predominantes e os mude. Uma vez limpo o corpo emocional, a Opala Preciosa Branca instila a aura com a frequência da alegria.

A Opala Preciosa Branca age como um prisma no interior da aura, dividindo a Luz em suas frequências de arco-íris. Isso enche a aura com um espectro de Luz completo, nutrindo-a profundamente.

Essa iluminação da aura tenderá a tornar os pontos negros na aura da pessoa mais evidentes; contudo, é importante ter disposição para fazer o trabalho necessário para limpar os corpos energéticos. Uma vez que esse trabalho seja completado, a Opala Preciosa Branca pode ser uma aliada maravilhosa na manifestação da Luz do Divino pelo campo energético da pessoa.

ESPIRITUAL: A Opala Preciosa Branca pode ser chamada para trazer as energias angelicais e o "fogo do espírito" para o interior do campo energético. É extremamente útil para infundir a aura com todo o espectro de energia e pode ajudar a pessoa a sentir seus guias espirituais mais vigorosamente.

EMOCIONAL: A Opala Preciosa Branca trará à superfície da consciência da pessoa quaisquer padrões emocionais que precisam ser eliminados. Algumas vezes, isso pode criar um período de sensibilidade emocional intensa quando a pessoa começa pela primeira vez a trabalhar com essa pedra. Depois desse período inicial de limpeza, entretanto, essa aliada pode auxiliar a pessoa a tornar-se mais positiva e amorosa.

FÍSICO: A Opala Preciosa Branca ajuda a fortalecer a pele, o cabelo e as unhas. É útil para problemas de pele como eczema, psoríase e rosácea. Ela pode ser usada para combater perda de cabelo ou cabelo e unhas fracas.

AFIRMAÇÃO: Eu me torno ciente de minhas emoções e suas fontes, e as libero para o interior da Luz.

OPALA PRECIOSA NEGRA

PALAVRAS-CHAVE: Manifestação da intenção da pessoa, amplificação das emoções, revelação e eliminação de mágoas psíquicas.
ELEMENTO: Tempestade.
CHACRAS: Raiz (primeiro), Coroa (sétimo).

As Opalas Preciosas Negras são uma variedade de Opala semelhante em vários sentidos com a Opala Preciosa Branca, mas com uma diferença importante na cor de fundo. A Opala Preciosa Negra tem uma cor de fundo preta, cinza escuro ou azul-escura acinzentada. Ela está cheia de "fogo" iridescente do mesmo modo que a Opala Preciosa Branca, mas sua cor de fundo escura faz com que ela pareça visivelmente diferente. A fonte mundial de Opala Preciosa Negra natural mais importante é Lightning Ridge, Austrália.

ROBERT SIMMONS: A Opala Preciosa Negra é uma pedra de magia e mistério. Ela estimula e conecta os chacras raiz e coroa, auxiliando a pessoa na ligação de suas aspirações espirituais mais elevadas com sua vida física. Em termos de magia, a Opala Preciosa Negra é uma ampliadora poderosa das intenções da pessoa, especialmente se a intenção tem uma carga emocional.

Já foi dito que a emoção é a corrente sobre a qual todos os poderes extrassensoriais navegam. A Opala Preciosa Negra pode amplificar a intensidade e os efeitos das emoções da pessoa e, quando elas são misturadas com as intenções focadas, a manifestação pode ocorrer rapidamente. De fato, a pessoa deve ter a cautela de, antes de trabalhar com a Opala Preciosa Negra, tornar suas intenções tão conscientes quanto possível, especialmente as que nascem das emoções. Isso porque a Opala Preciosa Negra trabalha tão poderosamente que a pessoa pode bem manifestar um resultado que não deseja conscientemente. As energias da Opala Preciosa Negra enfatizam a importância do dito antigo "Cuidado com o que deseja – você pode obter".

A intenção aqui não é amedrontar as pessoas para que não trabalhem com essa pedra – ela é uma das mais poderosas e potencialmente benéficas entre as pedras de manifestação. Como em todos os casos em que lidamos com grande poder, a pessoa é aconselhada a ter cautela e ser consciente do que está fazendo. A Opala Preciosa Negra tende a amplificar a intensidade do estado emocional da pessoa – da mesma maneira que sua intenção – de modo que a pessoa deve manter-se ciente e manter o controle sobre seus pensamentos e sensações. Um bom humor pode tornar-se maravilhoso, mas uma atitude azeda também pode se transformar em uma malevolência sombria. A partir disso, a pessoa pode fazer coisas maravilhosas ou terríveis acontecerem.

A Opala Preciosa Negra é uma auxiliar excelente para os que estão fazendo trabalho interior profundo. Usada em meditação, ela pode levar a pessoa à raiz da psique, expondo e permitindo a liberação de memórias traumáticas de experiências passadas que agora podem estar governando parte de sua vida. Essas pedras são úteis no resgate da alma e na recordação de vidas passadas e, de novo, auxiliam a pessoa a encontrar e eliminar experiências negativas que a estão amarrando. A pessoa é advertida a não fazer esse trabalho sozinha, mas ter um praticante espiritual, terapeuta ou guia xamânico por perto, só para evitar que caia no abismo.

A Moldavita e/ou Ametista pode ser combinada com Opala Preciosa Negra para fornecer proteção espiritual enquanto a pessoa está engajada em trabalho interior profundo. Strombolita, Muscovita e Jaspe Oceano ajudarão a manter os estados emocional e mental em um território positivo enquanto a pessoa trabalha com a Opala Preciosa Negra. Fenacita, Danburita e Azeztulite podem ainda estimular o chacra coroa, ajudando a garantir a manifestação do potencial espiritual mais elevado da pessoa.

NAISHA AHSIAN: A Opala Preciosa Negra é uma pedra poderosa para acessar o vazio da criação e os "mundos subterrâneos" do trabalho xamânico. É uma pedra do elemento Tempestade de morte e renascimento e encoraja a eliminação de padrões cármicos e retroalimentação de vidas alternativas ou passadas. A Opala Preciosa Negra ajuda a pessoa a acessar o subconsciente e inconsciente e pode ser útil em combinação com psicoterapia ou outros trabalhos de aconselhamento. A Opala Preciosa Negra ajuda a pessoa a ressoar com os poderes da Luz inerente no interior do vazio do potencial. Ela pode auxiliar a pessoa a se movimentar para dentro de espaços sombrios enquanto mantém seu sentido de ligação com a Luz. É uma pedra excelente para hipnoterapeutas, conselheiros de regressão a vidas passadas, xamãs e outros que precisam acessar os reinos mais profundos do ser e da mente para facilitar a cura.

ESPIRITUAL: A Opala Preciosa Negra incorpora a Luz no interior do vazio escuro. É uma pedra poderosa para o guerreiro espiritual, que deve adentrar a escuridão levando a Luz da consciência. Ela pode ajudar aos que vieram para facilitar a passagem de espíritos e fantasmas para os reinos mais elevados. É uma pedra xamânica poderosa e pode facilitar a jornada para o mundo subterrâneo.

EMOCIONAL: A Opala Preciosa Negra ajuda a pessoa a enfrentar os medos mais sombrios. Ela auxilia os que desejam superar fobias, ataques de ansiedade, preocupações crônicas e outras manifestações da energia do medo.

FÍSICO: A Opala Preciosa Negra pode ser útil para romper as densidades do corpo, tais como tumores e cistos, mas sua melhor aplicação é no trabalho de cura espiritual e emocional.

AFIRMAÇÃO: Eu escolho conscientemente meu estado emocional e o foco de minha intenção, manifestando meu bem maior no mundo físico.

OURO DO CURADOR

PALAVRAS-CHAVE: Cura, aterramento de energias de alta frequência no corpo, harmonia energética e equilíbrio.
ELEMENTO: Terra.
CHACRAS: Todos.

Ouro de Curador é o nome metafísico dado à combinação de Pirita e Magnetita extraído no Arizona. A Pirita é um mineral de ferro sulfídrico com uma dureza de 6 a 6,5 e a Magnetita é um mineral óxido de ferro com uma dureza de 5,5 a 6,5. O cristal de ambos os minerais tem estrutura cúbica. A cor do Ouro de Curador é uma mistura de negro e dourado, algumas vezes ocorrendo em padrões dramáticos. O nome é derivado do uso metafísico do material como uma pedra de cura e no apelido da Pirita, Ouro de Tolo.

ROBERT SIMMONS: No Velho Oeste, a Pirita costumava ser chamada de "Ouro de Tolo", mas essa combinação de Pirita e Magnetita não é para tolos. O Ouro de Curador é um nome bem melhor, porque, para os que prezam as pedras por suas propriedades energéticas benéficas, esse material é uma verdadeira bonança. Raramente alguém encontrará uma pedra que emana uma energia positiva tão poderosa. Ela harmoniza os corpos astral, sutil e causal e alinha-os corretamente com o físico. É equilibradora dos aspectos feminino e masculino do ser. Ela ativa chacras frágeis ou preguiçosos e melhora o fluxo das energias sutis por todo o sistema de meridianos. Ela ajuda às pessoas com energia baixa e elimina a passividade. Curadores que trabalham com essa pedra descobrirão que eles não mais experimentam a "drenagem de energia" – de fato o Ouro de Curador traz uma sinergia em que o praticante e o cliente sentirão um aumento marcante em seus níveis de energia tanto durante quanto depois da sessão.

O Ouro de Curador pode ser usado em qualquer chacra. Uma das disposições mais benéficas deve incluir sete dessas pedras, uma para cada chacra, com quaisquer outras pedras que forem indicadas. As energias positivas intensas do Ouro de Curador funcionarão em sinergia com as outras pedras, e também com o *reiki* ou outras modalidades de cura. Essa pedra é uma fonte de *prana*, ou força da vida, e também um equilibrador integrativo de todos os sistemas de energia.

O Ouro de Curador promove uma atitude positiva e facilita a iniciação de novos projetos criativos. Não é uma pedra que traga nova inspiração, mas ela capacita a pessoa a seguir com alegria com as ações apropriadas até que sua visão seja realizada.

Usar o Ouro de Curador pode criar uma sensação de bem-estar geral, conforto no corpo, confiança em si, aceitação dos outros e equilíbrio em todos os níveis. Dormir com essa pedra pode melhorar o relaxamento e conceder a reabilitação dos campos magnético e áurico do corpo durante a noite. Ela também pode ajudar a proteger a aura da pessoa de influências negativas ou desarmônicas durante o dia.

OURO DO CURADOR

O Ouro de Curador funciona especialmente bem com Moldavita, que pode acelerar e fortalecer seus efeitos. Seus efeitos de cura podem ser aumentados pela Serafinita e Sugilita. Sua habilidade de eliminar as energias negativas do campo da pessoa é melhorada quando combinado com Acmita, Quartzo Fumê, Obsidiana ou Turmalina Negra. Ele harmoniza com quase todas as outras pedras de cura e pode ser útil para aterramento depois de trabalhos com Fenacita ou outros cristais de vibração elevada.

NAISHA AHSIAN: O Ouro de Curador é uma mistura de Pirita e Magnetita – ambas minerais com base de ferro que são intensamente sensíveis ao aspecto magnético da energia eletromagnética (Luz). Essas propriedades magnéticas são essenciais para o aterramento da Luz no corpo físico e no campo energético. Pela combinação de minerais nessa pedra, o Ouro de Curador é um aliado maravilhoso para o trabalho de cura. Ele auxilia o curador ao garantir que a energia fornecida na sessão esteja aterrada no corpo físico em um nível celular.

O Ouro de Curador é uma ferramenta de meditação valiosa. Ele cria um vórtice de energia magnética em torno do meditador, protegendo o veículo físico enquanto a consciência permanece livre para explorar outros reinos da realidade. Pode ser usado com virtualmente qualquer outra pedra para melhorar seus efeitos e dirigir as energias ao nível adequado dos corpos espiritual, emocional e físico.

A energia magnética também tem um efeito regulador na frequência da pessoa, garantindo que ela não viajará muito longe ou depressa demais – o que pode causar desligamento e dificuldade para reentrar no corpo depois da meditação ou da sessão de cura. O Ouro de Curador é uma pedra boa para usar como escudo contra campos eletromagnéticos emitidos por computadores e outros eletrônicos.

ESPIRITUAL: O Ouro de Curador auxilia a pessoa a incorporar as energias de uma sessão de cura tão completamente quanto possível. Ela conduz vibrações de alta frequência para o corpo e assiste a pessoa no aterramento dessas frequências no plano terrestre, para a manifestação de seus desejos.

EMOCIONAL: O Ouro de Curador assiste os que estão indecisos a tomar decisões mais claras e confiantes. Ele empresta à pessoa uma base sólida de onde experimentar e explorar seu corpo emocional, de modo que um grande nível de autoconhecimento possa ser obtido.

FÍSICO: O Ouro de Curador é uma excelente pedra de cura. Ele fortalece o corpo, assiste em sua oxigenação e aumenta a vitalidade do veículo físico. É particularmente útil para lidar com problemas de assimilação, e também para desequilíbrios dos intestinos e problemas com eliminação. É benéfica em casos de infertilidade masculina e problemas nos testículos ou próstata.

AFIRMAÇÃO: Eu me alinho com o padrão perfeito de ótimo vigor e me curo e auxilio a curar os outros.

PAPAGOITA

PALAVRAS-CHAVE: Retorno ao estado de graça, ligação com dimensões mais elevadas, transmutação da tristeza, cristalização da consciência além do corpo.
ELEMENTO: Ar.
CHACRAS: Terceiro Olho (sexto), Coroa (sétimo), Transpessoal e Etéreo (do oitavo ao 14º, acima da cabeça).

A Papagoita é um mineral à base de cobre com uma cor azul intensa, similar em tom ao Lápis-lazúli. Ela pode ocorrer em crostas ou veios estreitos, ou como inclusão em cristais de Quartzo de Messina, África do Sul. Esses espécimes apresentam manchas vívidas de Papagoita Azul e são os mais populares para uso metafísico. Uma inclusão azul-turquesa chamada Ajoíta também está presente no Quartzo de Messina, e, embora rara, ela é consideravelmente mais abundante que a Papagoita. Algumas vezes tanto a Ajoíta como a Papagoita são encontradas no mesmo cristal de Quartzo. A Papagoita em Quartzo de Messina hoje em dia é considerada "extinta", uma vez que não foram mais extraídos cristais daquela mina há muitos anos. Contudo, de vez em quando, espécimes de coleções tornam-se disponíveis.

ROBERT SIMMONS: Em um número de mitologias humanas, existe a lenda da queda da Graça. Talvez o Jardim do Éden fosse mais um estado de consciência que um lugar. A maioria das atividades espirituais humanas gira em torno da busca para readquirir o estado paradisíaco. Quando uma pessoa segura um cristal de Papagoita na cabeça, é possível entrar naquele estado. Em geral, existe uma grande sensação de expansão da percepção e uma alegria intensa e serenidade impregnando todo o campo áurico da pessoa, a qual se sente completa e, de algum modo, muito maior do que na percepção normal. É como se a pessoa fosse uma "nuvem" transparente de consciência, centrada no corpo físico, mas não confinada a ele. A expansão pode ser tão imediata e profunda que pega a pessoa de surpresa, e voltar à consciência "normal" depois de retirar o cristal pode demorar vários minutos.

Do mesmo modo que sua prima Ajoíta é conhecida por transformar energia negativa em positiva, a Papagoita também parece transformar tristeza em felicidade. Eu me sinto preenchido por uma sensação de bem-estar quando seguro a pedra. Também existe a sensação de estar em harmonia, de estar unido com o fluxo do Universo, de modo que não existe a necessidade de "empurrar o rio". A tristeza transformada assim não é negada – pelo contrário, a aceitação dela no interior de sua percepção expandida pode curar a dor e liberar a alegria.

A Papagoita ativa as habilidades sensitivas da pessoa e facilita atividades como viagem fora do corpo. Ela estimula o chacra do terceiro olho e melhora as capacidades intuitivas. Se a pessoa continuar a trabalhar com a Papagoita, vivenciará a abertura do chacra da coroa e, por fim, sua conexão com os chacras não físicos no corpo etéreo. Essa é uma experiência que vai além da experiência inicial da "nuvem" de consciência. Uma vez que as conexões etéreas são estabelecidas, a pessoa muda para

PAPAGOITA

uma condição em que a nuvem se "solidifica" em um "cristal" – uma forma de energia com muitas terminações com pontos focais muito específicos e extensão para o interior de dimensões mais elevadas. Portanto, a Papagoita auxilia na construção do "Veículo Merkabah de Luz". Desse modo, sua união com Tudo o Que É pode ser experimentada.

A sensação de união engendrada pela Papagoita é tão tangível que ela cria uma compaixão espontânea, por outros e por si. A sensação de "nós contra eles" desaparece, e torna-se verdadeiramente possível amar, por eles seus "inimigos", ou pelo menos sentir empatia. Ao meditar com essa pedra, a pessoa sente uma percepção melhorada da beleza de Tudo, em cada manifestação.

A Papagoita funciona maravilhosamente bem quando unida à sua prima Ajoíta. Ela também harmoniza com Calcita Merkabita, Natrolita, Escolecita, Celestita, Quartzo Satyaloka, Azeztulite, Danburita, Herderita, Broquita, Quartzo Negro Tibetano e Quartzo Lítio.

NAISHA AHSIAN: A Papagoita é um vigoroso mineral do elemento Ar que ativa e limpa os chacras do terceiro olho, coroa e etéreos acima da cabeça. Ela abre a visão interior e melhora a comunicação com os guias. A Papagoita é excelente para uso na exploração de vidas passadas. Ela conduz a pessoa a uma ressonância com os registros akáshicos, permitindo acesso à informação sobre sua jornada de alma e ativando a chave para liberar conhecimento antigo.

A Papagoita é uma pedra excelente para trabalho de grupo no nível etéreo. Ela facilita comunicação psíquica de longa distância e esforços de cura. Ela pode focar a energia mental para facilitar a transmissão de todas as frequências da energia psíquica, cruzando distâncias e dimensões. A Papagoita pode ajudar a pessoa a acessar vidas passadas e é especialmente útil na recuperação de conhecimento sobre suas verdadeiras origens, bem como a natureza espiritual eterna da alma.

ESPIRITUAL: A Papagoita, como uma pedra de "visão aguçada", ajuda a pessoa a perceber e ressoar com os domínios do nível de consciência da Alma, energias interdimensionais e o passado ou futuro distante. Ela ajuda a acessar vidas passadas ou alternativas e a comunicar-se com auxiliares angelicais.

EMOCIONAL: A Papagoita é uma pedra de apoio, calmante e iluminadora. Eleva a frequência do corpo emocional para que a pessoa possa desfrutar de uma consciência emocional pacificada e alegre.

FÍSICO: A Papagoita é útil no alívio de desconforto menstrual, melhoria da oxigenação do sangue e apoio emocional à pessoa durante enfermidades ou desequilíbrios. Pode ser usada diretamente no terceiro olho para auxiliar contra enxaquecas.

AFIRMAÇÃO: Eu ofereço tudo o que tenho sido, para entrar em união com o Eu Superior, para me tornar tudo o que Eu Sou.

PEDERNEIRA

PALAVRAS-CHAVE: Assentamento do espiritual no físico, criação de estrutura e autodisciplina, aumento da honestidade e praticidade.
ELEMENTO: Terra.
CHACRAS: Todos.

A Pederneira é uma rocha sedimentar composta inteiramente de sílica. Ela ocorre como concreções, em faixas ou forma de nódulos, em pedras calcárias, especialmente giz. Sua cor em geral é preta, marrom ou escura. Ela tem origem marinha. A Pederneira é uma pedra dura e bruta com fraturas em forma de concha. Lâminas de Pederneira eram usadas por povos primitivos para fazer pontas de flechas, raspadeiras e outras ferramentas. A Pederneira contém com frequência fósseis invertebrados. O que surge como sílica criptocristalina na Pederneira pode ser Opala orgânica que foi formada nas agulhas contidas na esponja.

ROBERT SIMMONS: A Pederneira aterra o corpo etéreo mais completamente no físico. Isso afeta tanto a consciência e a força de vida. Ela ajuda aqueles com temperamento distraído ou desorganizado a ancorar em seus corpos e focar-se no mundo físico. Ela fornece mais força de vida ao trazer o corpo etéreo em alinhamento com o físico. É especialmente útil para os que trabalham para recobrar-se de doenças que esgotaram suas reservas de energia. Em ambos os casos, carregar Pederneira em uma bolsinha ou no bolso ou dormir com uma pedra pode ser muito útil.

A Pederneira pode afetar as habilidades intuitivas e psíquicas da pessoa, melhorando a especificidade e clareza da informação recebida. Isso é outro efeito que se origina de sua capacidade de trazer os corpos etéreo e astral da pessoa a uma ressonância melhor com o corpo físico e o eu consciente. O corpo astral é o órgão perpétuo para a telepatia e os poderes psíquicos. Permitir ao eu consciente uma percepção mais detalhada do que o astral está sentindo pode criar uma imagem interior mais clara e uma compreensão melhor do que é percebido. Por essa razão, a Pederneira é altamente recomendada para os que praticam leituras, canalização, mediunidade ou outros trabalhos relacionados. Também pode ajudar os que estão iniciando tais atividades a aprender com mais rapidez.

No trabalho de cura, a Pederneira é uma recarregadora, aterrando uma quantidade grande de Luz espiritual para a forma física. Ela fortalece as conexões entre o chacra da raiz e todos os outros chacras e o sistema de meridianos, permitindo que o *prana* se movimente com mais liberdade por todos esses canais. Melhora as ligações da pessoa com o chacra Estrela da Terra abaixo dos pés, facilitando um fluxo de energia nas duas pontas – da Terra para o corpo e campo áurico da pessoa e do Cosmos através da pessoa para a Terra. Uma das funções importantes dos seres humanos nestes tempos é aterrar a Luz na Terra para a cura do planeta, e a Pederneira pode ser de grande ajuda nesse processo.

Para fazer uma analogia astrológica, as energias da Pederneira são saturninas. A Pederneira é útil para reforçar a estrutura e a autodisciplina na vida da pessoa. Ela fornece um "dado de realidade" para os voos sem base na realidade das fantasias e sonhos da pessoa. Ela facilita o foco mental, a organização e a criação de sistemas. É uma ajudante excelente para os que desejam planejar melhor seu tempo, finanças e energias. Ele pode ajudar a pessoa a aprender informações novas, estudar para testes ou escrever ensaios. Pode auxiliar a suportar tarefas desafiadoras ou tediosas, como fazer cálculos de impostos.

As energias saturninas da Pederneira são amplificadas pela Safira Azul, Iolita e Citrino. Seus efeitos de ancoragem na Terra são incrementados pela Hematita, Turmalina Negra e Acmita. A Pedra da Profecia pode ser usada para melhorar o fortalecimento das habilidades psíquicas proporcionada pela Pederneira.

NAISHA AHSIAN: A Pederneira é uma pedra do elemento Terra com um poder e intensidade fabulosos, considerando sua aparência humilde. Embora sua função primária seja a do aterramento, seus tentáculos energéticos alcançam longe no interior dos domínios de vibrações superiores, trazendo as frequências mais elevadas do espiritual para o interior da manifestação no mundo físico.

A Pederneira permite a compreensão mental de verdades espirituais impronunciáveis. Quando a pessoa viaja nos reinos dos domínios angelicais, em geral ela retorna com uma sensação prazenteira e até estática; entretanto, a recordação da pessoa sobre "o que aconteceu" ou o que ela aprendeu em geral é confusa. A pederneira ajuda a pessoa a trazer tais experiências "para baixo, para a Terra" de forma que elas possam ser lembradas e integradas em sua vida. Isso é de grande importância, pois o alvo da espiritualidade não é simplesmente ter tantas experiências "elevadas" quanto possível, mas trazer os reinos mais elevados para uma manifestação terrestre.

A respeito da manifestação, a Pederneira funciona bem para fazer os sonhos da pessoa se tornarem realidade de formas práticas. Ela facilita que a pessoa pratique ações físicas baseadas em sua inspiração espiritual. Dessa maneira, auxilia a pessoa a "agir como prega" no que diz respeito à vida espiritual. Todos nós conhecemos pessoas que podem se encher de eloquência sobre princípios espirituais quando vivem uma vida totalmente em conflito com essas ideias. Nós também podemos ser assim de vez em quando. Carregar ou usar a Pederneira faz com que a pessoa perceba tais inconsistências e pode ajudá-la a ver modos de agir de acordo com suas ideias no aqui e agora com simplicidade e humildade.

A Pederneira aguça as habilidades analíticas da pessoa e aumenta sua honestidade. Ela também ajuda a discernir a honestidade dos outros. Ela apoia a adesão a virtudes antiquadas, tais como parcimônia, discurso sincero, fidelidade, lealdade e ser digno de confiança.

ESPIRITUAL: A Pederneira ajuda a pessoa a fazer as mudanças de frequência essenciais para a manifestação de suas inspirações espirituais no mundo físico. Ela proporciona à pessoa que se lembre e integre os *insights* dos reinos mais elevados para sua vida. Isso facilita o processo de trazer seus sonhos para a realidade.

EMOCIONAL: A Pederneira acalma o corpo emocional, aterrando o excesso de energias emocionais. Estimula a compreensão mútua e acalma os excessos dos que são aficionados ao drama emocional. Ela ajuda os que focam em demasia em mágoas passadas a aceitar os fatos e ir em frente.

FÍSICO: A Pederneira pode facilitar a cura aterrando o corpo etéreo no físico e imbuindo as células com o plano divino do funcionamento correto do veículo humano.

AFIRMAÇÃO: Eu trago a inspiração dos reinos divinos para a manifestação prática no mundo físico.

PEDRA CRISÂNTEMO

PALAVRAS-CHAVE: Aterramento, prosperidade, descoberta e alcance do propósito da alma.
ELEMENTO: Terra.
CHACRAS: Todos.

A Pedra Crisântemo é uma pedra preta e branca feita de gesso, dolomita e calcário, com cristais internos de Calcita, Feldspato, Celestita e Andaluzita, em padrões que se assemelham a flores de crisântemo. Essas pedras, descobertas originalmente no Japão, também são encontradas no Canadá, China e Estados Unidos.

ROBERT SIMMONS: A Pedra Crisântemo pode agir como catalisadora para ativar as capacidades dormentes que residem no interior do indivíduo. Os que percebem em si certas sensações incômodas – de não estar vivendo como deveriam, que ainda não ouviram ou seguiram seu chamado interior, que alguma semente dentro deles ainda precisa germinar – podem descobrir nessa pedra uma aliada que irá ajudá-los a despertar seu potencial adormecido. Se a pessoa sempre quis fazer algo – escrever, dançar, escalar uma montanha, começar um negócio –, a Pedra Crisântemo oferece o apoio energético para encontrar a coragem e oportunidades para viver seu sonho. Se a pessoa nem conhece ainda seu sonho, dormir ou meditar com essa pedra pode ajudá-la a receber a mensagem interior que torna clara a natureza de seu propósito negligenciado.

Essas pedras auspiciosas oferecem ainda mais. Elas são magnetos para sincronicidades positivas – o tipo de coisa que algumas pessoas chamam de "sorte". Muitos indivíduos no caminho espiritual estão cônscios do modo como o Universo lança muito auxílio diante dos pés das pessoas, na forma de oportunidades sincrônicas inesperadas, uma vez a jornada tenha se iniciado. Quando embarcamos na estrada dos anseios de nossa alma, o próprio ato de virar nessa direção e ir em frente pode dar ao Universo a dica que ele precisa para nos ajudar. A Pedra Crisântemo, como outros talismãs de boa fortuna, parece atrair, ou pelo menos estar presente na ocorrência de, tais viradas bem-vindas do destino. Talvez isso seja porque ela vibra em ressonância com o florescimento de nosso bem maior.

A Pedra Crisântemo harmoniza bem com Moldavita, outra pedra que trabalha para encaminhar a pessoa ao seu caminho mais elevado. Ela também tem sinergia com a maioria das pedras de cura, em especial Serafinita. Para a melhoria da força de vida e a vitalidade necessária para a pessoa levantar-se e ir em busca de seus desejos mais profundos, combinar a Pedra Crisântemo com Cuprita, Zincita ou Cornalina é muito recomendado.

NAISHA AHSIAN: A Pedra Crisântemo é uma aliada que você pode chamar para aterramento, riqueza e boa fortuna em todas as coisas físicas. Ela promove uma sensação de equilíbrio entre os reinos espiritual e físico e sua energia encoraja a expressão do amor e alegria. Sua composição mineral cria uma energia que pode queimar ao longo dos obstáculos em direção à abundância, saúde e alegria na vida.

PEDRA CRISÂNTEMO

A Pedra Crisântemo é poderosa para o trabalho xamânico e para os praticantes de viagem astral, uma vez que auxilia a pessoa a manter seu corpo físico quando ela está ausente do mesmo.

A Pedra Crisântemo reflete a explosão de energia primal criativa em seu lindo padrão parecido com uma flor. Essa energia de criação pode ser usada para a manifestação ou para a fertilidade física. A Pedra Crisântemo encoraja a pessoa a vivenciar a alegria da realidade física e reconhecer que tudo na criação é uma manifestação e um reflexo do Divino. Essa é uma pedra que representa a boa fortuna em todos os níveis da vida física e, portanto, é um presente excelente como amuleto para recém-nascidos e parceiros recém-encontrados.

ESPIRITUAL: A Pedra Crisântemo é uma companheira excelente para os que trabalham a fim de se abrir para a abundância em todos os níveis da vida. Ela encoraja a manifestação de ideias e energia no mundo físico e pode apoiar curadores e outros que convocam e usam a energia com consistência. A Pedra Crisântemo auxilia na ligação da pessoa com a memória da energia da criação primordial e o nascimento de sua alma. Ela pode ajudar a estabilizar o campo energético e é útil para possibilitar que a pessoa manifeste a energia do nível da alma no corpo físico.

EMOCIONAL: A Pedra Crisântemo permite que a pessoa se ligue à alegria da criação, expressão e manifestação. Ela a ajuda a tornar-se mais aberta e ousada em sua abordagem da vida. Ela pode auxiliar na superação do medo e de limitações e encorajar a vivência da abundância, contentamento e júbilo.

FÍSICO: A Pedra Crisântemo pode ser usada para socorrer mulheres afetadas adversamente em sua menstruação ou fertilidade como consequência de fibromas ou cistites. É uma pedra de fertilidade excelente para mulheres e pode auxiliar a pessoa a reconhecer as bases emocionais da infertilidade tanto física quanto criativa.

AFIRMAÇÃO: Eu me doo livremente para o chamado interior de minha alma e o seguirei até a fruição integral de seu propósito.

PEDRA DA LUA

PALAVRAS-CHAVE: Mistério, autodescoberta, intuição, *insight*, sonhos, a deusa.
ELEMENTO: Ar.
CHACRAS: Terceiro Olho (sexto), Coroa (sétimo).

A Pedra da Lua é um mineral feldspato, um silicato de alumínio e potássio com uma dureza de 6 a 6,5. Seu sistema de cristal é monoclínico e prismático. A Pedra da Lua recebeu seu nome em razão de seu brilho branco azulado, que é causado por sua estrutura lamelar. Ela é encontrada em Madagascar, Sri Lanka, Burma, Austrália, Índia e Estados Unidos.

A Pedra da Lua era usada na joalheria romana há quase 2 mil anos, e mais cedo ainda no Oriente. Ela foi uma escolha popular entre os joalheiros durante o período da Art Nouveau. Na Índia, a Pedra da Lua sempre foi considerada uma pedra sagrada, com um significado especial para amantes. Acreditava-se que colocar uma Pedra da Lua em suas bocas quando a lua estivesse cheia lhes permitiria ver seu futuro. A Pedra da Lua também é um presente de casamento tradicional por lá, para trazer harmonia ao casamento. Na Europa, a Pedra da Lua tinha fama de reconciliar amantes separados e curar insônia.

ROBERT SIMMONS: A Pedra da Lua é a gema da Alta Sacerdotisa, guardiã dos mistérios femininos. Em sua luz refletida, podemos projetar e, portanto, observar as verdades ocultas que residem nas profundezas de nós mesmos, fora da luz da consciência. A Pedra da Lua é um talismã para a viagem interior, e meditar com ela pode levar a pessoa às profundezas do eu. O que se revela lá, muitas vezes, é reconhecido como a peça ou peças perdidas do quebra-cabeça de sua vida – partes da alma que foram deixadas para trás ou esquecidas. A Pedra da Lua também pode levar a pessoa em uma viagem para vidas passadas. É uma pedra ideal para usar durante sessões de regressão a vidas passadas. Ela pode revelar para as mulheres seu poder feminino e sua ligação com a deusa. Para os homens, ela concede a expressão de seu lado feminino, um passo importante no caminho da completude.

NAISHA AHSIAN: A Pedra da Lua é uma pedra de mistério. Ela foi com frequência associada com o feminino por sua habilidade de melhorar o lado intuitivo da mente. A Pedra da Lua tem sido valorizada há muito tempo por ajudar a pessoa a chegar mais perto da Grande Mãe. Quando a Pedra da Lua é empregada pelas mulheres, ela acorda as energias da kundalini e promove a habilidade psíquica para a clarividência. Quando utilizada por homens, ela estimula o lado direito do cérebro, encorajando o pensamento não linear e o equilíbrio emocional. Em ambos os sexos, sua frequência auxilia a limpar a aura, ativar o sexto e sétimo chacras e a coluna central de energia dos chacras.

A Pedra da Lua tem sido usada há séculos para ligação com o poder e energia da lua. A lua tem um papel vital na saúde da Mãe Terra. Suas marés e seus ritmos são governados pelo puxão e liberação da Mulher Lua. Os ciclos da lua também têm um efeito intenso nos seres que habitam a Terra. Considere o comportamento estranho dos animais e pessoas durante a lua cheia, ou o fato de que o termo "lunático" se referia originalmente a alguém que se acreditava ter sido desequilibrado por influência da lua.

A frequência da Pedra da Lua encoraja-nos a prestar atenção nos ciclos de nossas vidas. Cada ciclo que completamos nos leva a um nível mais elevado na grande espiral. Com cada ciclo nossa sabedoria, compreensão e autoconhecimento são aumentados. A Pedra da Lua nos pede para celebrarmos os marcos e ritos de passagem que cada ciclo traz. Do mesmo modo que a lua mesma cresce e míngua, o mesmo acontece com os aspectos de nossa vida.

ESPIRITUAL: A Pedra da Lua evoca a paciência e a ação adequada. Ela ensina à pessoa o valor de trabalhar com o ritmo divino em vez de protestarmos contra seu passo algumas vezes lento. Cada criação que uma pessoa assume tem estágios de crescimento, do mesmo modo que uma planta. A Pedra da Lua ensina a identificar o estágio atual da criação da pessoa e agir apropriadamente para promover nutrição adequada para aquele estágio. Por exemplo, se sua criação está nos estágios iniciais de crescimento pode ser contraprodutivo tentar colhê-la. Você não puxaria uma muda em uma tentativa de fazê-la crescer mais rápido. No entanto, é precisamente o que a impaciência nos levaria a fazer enquanto esperamos que uma criação se manifeste. A Pedra da Lua permite a compreensão da ação apropriada no momento adequado, para nutrir e, no fim, fazer a colheita de nossas criações.

A Pedra da Lua é poderosa para a percepção psíquica e intuição. A habilidade psíquica permite que a pessoa se abra à orientação externa dos seres mais elevados. A Pedra da Lua melhora essas comunicações e auxilia a pessoa a expor-se a elas no momento adequado. A Pedra da Lua pode ajudar a pessoa a tornar-se sintonizada com seus guias e seguir sua orientação para agir de modo adequado.

EMOCIONAL: A Pedra da Lua pode ajudar a pessoa a escolher suas emoções e adquirir uma perspectiva mais elevada de seu significado e propósito. Ela pode ajudar a eliminar frustração e render-se à progressão natural dos ciclos da vida. Ela estimula a paciência e ajuda a pessoa a permanecer objetiva quando recebe informação empática de outros.

FÍSICO: A Pedra da Lua é uma pedra tradicional para sintonizar com a maré baixa e o fluxo da energia da lua. Por essa razão, pode ser de ajuda para estabilizar os ciclos femininos e auxiliar os homens a se tornarem mais sintonizados com as mudanças hormonais sutis que eles vivenciam durante as fases da lua. Ela também pode ser usada para ajudar a equilibrar a retenção de água.

AFIRMAÇÃO: Eu conclamo as energias do Feminino profundo, e me abro para as dádivas interiores da Deusa.

PEDRA DA LUA ARCO-ÍRIS

NAISHA AHSIAN: A Pedra da Lua Arco-íris age como um prisma que espalha a energia por toda a aura. Ela auxilia na purificação dos sentidos psíquicos e mentais e traz a frequência da alegria para o campo de energia da pessoa. É uma pedra de proteção positiva, ajudando a desviar a negatividade e densidades antes que elas entrem no campo de energia. Ela é particularmente boa para proteção psíquica e para a manutenção da clareza de energia enquanto se trabalha em um nível intuitivo. A Pedra da Lua Arco-íris pode ser útil para limpar o corpo emocional e também pode ser usada para amenizar traumas emocionais.

ROBERT SIMMONS: Essa gema de beleza impressionante emana uma grande vitalidade, força de vida e alegria exuberante. As Pedras da Lua Arco-íris oferecem as dádivas da paz e harmonia interiores, equilíbrio emocional e vigor, purificação e transformação da negatividade, bem como proteção psíquica. Essas características são comuns às Pedras da Lua em geral. Contudo, a Pedra da Lua Arco-íris parece vibrar com mais poder do que as outras variedades, para que a pessoa tenha uma "dose" mais perceptível dessas energias benéficas. Além disso, a Pedra da Lua Arco-íris pode facilitar o alinhamento e a ativação de todos os chacras, enquanto ajuda a pessoa a manter um sentido de aterramento e centralidade claros. Essas gemas são terapeutas poderosas do corpo emocional. São recomendadas para qualquer um que sofra de estresse diário ou que carregue antigas mágoas emocionais ou tristezas. A Pedra da Lua Arco-íris promove um otimismo saudável, que permite à pessoa superar obstáculos e pessoas difíceis e que pode apoiá-la em tempos sombrios. São pedras de grande Luz, e ajudam a pessoa a acender a luz interior do coração.

Do mesmo modo que cada Pedra da Lua Arco-íris é diferente das outras, essas pedras nos lembram de que nossa individualidade é preciosa e valiosa. Elas podem nos ajudar a encontrar a coragem para sermos alegremente verdadeiros conosco, mesmo quando estamos sob pressão para nos rendermos aos outros. Elas também podem facilitar a ativação do Corpo Arco-íris de Luz, o "veículo" espiritual pelo qual nossa consciência individual pode viajar por todos os mundos interiores.

As Pedras da Lua Arco-íris são alinhadas com as energias da Deusa, e podem ajudar a pessoa a fortalecer seus aspectos femininos. Por meio da ligação da Deusa com a Pedra da Lua Arco-íris, a pessoa também pode comungar com as energias e espíritos da Natureza, dos devas das plantas à consciência galáctica.

A Pedra da Lua Arco-íris harmoniza bem com a Pedra do Sol, Labradorita, Jade Negro, Âmbar, Labradorita Dourada, Moldavita, Ametista, Azeviche e Tectito Tibetano.

PEDRA DA LUA BRANCA

A Pedra da Lua Branca representa a energia da lua cheia no pico de seu poder. Ela estimula todos os aspectos da percepção psíquica e pode melhorar a visão e o trabalho de sonho. Do mesmo modo que a lua cheia, a Pedra da Lua Branca pode amplificar as emoções da pessoa. Usada por mulheres, ela ativa a energia da kundalini e abre o olho interior. Sua energia ajuda os homens a conseguir equilíbrio emocional e a desenvolver seu poder receptivo.

PEDRA DA LUA CINZA

A Pedra da Lua Cinza é uma pedra de percepção além dos véus. É uma pedra poderosa para o clarividente e os xamãs, auxiliando a pessoa a movimentar-se para os reinos invisíveis. A Pedra da Lua Cinza é também chamada de Pedra da Lua Nova e transporta as energias misteriosas e poderosas da lua nova, quando todas as coisas existem como potencial. É uma amplificadora poderosa das intenções e pode auxiliar a pessoa a trazer criações do vazio.

PEDRA DA LUA OLHO DE GATO

A Pedra da Lua Olho de Gato promove clareza da mente e visão interior. Ela ajuda a pessoa a permanecer focada enquanto em um estado meditativo ou alterado de percepção. A Pedra da Lua Olho de Gato auxilia a pessoa a perceber as lições emocionais e as implicações das correntes subjacentes das experiências de vida. É excelente para os que desejam *insights* profundos dos padrões emocionais seus ou de outros. A Pedra da Lua Olho de Gato traz um equilíbrio maravilhoso das energias *yin* e *yang*, ajudando a equilibrar essas forças no interior do campo de energia da pessoa.

PEDRA DA LUA PÊSSEGO

As energias suaves e amorosas da Pedra da Lua Pêssego sustentam o coração enquanto estimulam a mente. Ela concede à pessoa perceber a existência positiva e amorosa do Divino em todas as situações. Pode ajudar a acalmar preocupações ou ansiedades ao mesmo tempo em que auxilia a pessoa a celebrar as experiências positivas em sua vida. A Pedra da Lua Pêssego transporta uma energia calmante para o corpo emocional e é excelente para uso por crianças intuitivas ou sensitivas.

PEDRA DO PROFETA

PALAVRAS-CHAVE: Aterramento da Luz espiritual no eu físico e no mundo, ter visões proféticas.
ELEMENTO: Terra.
CHACRAS: Estrela da Alma (oitavo), Coroa (sétimo), Terceiro Olho (sexto), Estrela da Terra (abaixo dos pés).

A Pedra do profeta é uma pedra rara e estranha, encontrada no deserto da Líbia. Ela parece ser uma concreção ou um mineral pseudomorfo, embora apresente uma cor e textura externa que lembra o Meteorito. (Incidentalmente, ela vem da mesma área em que a Tectito Ouro Líbio e alguns tipos de meteoritos são encontrados.) Sua feitura química não é conhecida, embora a oxidação de alguns espécimes indique a presença de ferro. A Pedra do Profeta foi nomeada pelo homem que a descobriu, e ele deu-lhe esse nome porque experimentou o que chamou de uma "visão profética" enquanto meditava com uma delas.

ROBERT SIMMONS: A Pedra do Profeta talvez seja o mais poderoso dos minerais para aterrar a energia da Luz no corpo físico. Quando a pessoa segura ou medita com uma dessas pedras, uma grande quantidade de energia entra pelo chacra da coroa, enchendo o corpo por todo o caminho até as solas dos pés. Depois de alguns minutos, a energia se movimenta mais profundamente, estimulando o chacra Estrela da Terra, abaixo dos pés, e ancorando a própria Terra. Essa experiência é comum a muitos indivíduos que trabalham com a Pedra do Profeta, e muitas pessoas ficam assombradas com a força das vibrações que se movimentam por elas quando as seguram.

A maneira singular com que a Pedra do Profeta funciona, puxando as energias de alta frequência para o corpo a partir de cima, ecoa os ensinamentos do mestre espiritual Sri Aurobindo. Ele ensinava que a pessoa não devia tentar transcender a Terra e movimentar-se para cima em direção ao nirvana, pelo contrário, ele orientava seus seguidores a extraírem as energias mais elevadas para o interior do corpo, para a transfiguração dos seres humanos em sua forma destinada – Aurobindo a chamava de "super-homem". Esse mestre revolucionário não orientava seus estudantes a elevarem a kundalini a partir do chacra da raiz, mas, em vez disso, trazer as "forças supramentais" para baixo, através do chacra da coroa para o eu físico. A Pedra do Profeta parece fazer justamente isso.

Fiel a seu nome, a Pedra do Profeta pode catalisar visões de futuros prováveis. Para experimentar essas visões, a pessoa deve, como regra, trabalhar com uma dessas pedras em meditação, regularmente, por algumas semanas, embora indivíduos sensitivos possam receber as visões muito mais rápido. Em geral, as experiências iniciais são fragmentárias e a pessoa pode não estar certa do intervalo de tempo a que elas se referem. Aqui estão três sentenças que escrevi depois de uma de minhas experiências iniciais com a Pedra do Profeta em meados dos anos 1990: "Minhas meditações me colocaram em um 'tempo de transição' não muito distante de agora. Eu estava em um edifício muito grande em uma imensa cidade, em que as pessoas entravam e saíam depressa. Eu tinha a sensação de que elas tentavam resgatar outras de algum perigo ou desastre". Na época, eu não tinha como localizar ou verificar essa imagem, embora mais tarde tenha começado a me perguntar se eu estava vendo o desastre do World Trade Center. Foi um acontecimento psíquico tão poderoso que muitas pessoas tiveram sonhos proféticos, visões e intuições antes que ele acontecesse. Eu não duvido de que a Pedra do Profeta possa desencadear tais visões, mas a pessoa tem de trabalhar para compreender os sentidos das mensagens prescientes.

A Pedra da Profecia harmoniza especialmente bem com Moldavita, que pode trazer uma quantia maior ainda de energia da Luz. Suas capacidades visionárias são melhoradas ainda mais com a combinação delas com Pedra do Xamã e/ou Fenacita. Sua habilidade para "aterrar a luz" é fortalecida colocando-a junto com Hematita. O "Diamante" Herkimer e a Fenacita podem melhorar a vivacidade das visões interiores.

NAISHA AHSIAN: A Pedra do Profeta é uma aliada do elemento Terra que equilibra harmoniosamente as energias da Terra e do Céu. Elas facilitam o aterramento e o fechamento do circuito de energia entre o corpo e a Terra, ao mesmo tempo em que estimulam o terceiro olho e a coroa para facilitar a comunicação vinda de outros reinos. São aliadas poderosas no trabalho xamânico, ajudando a estabilizar o corpo durante a jornada xamânica e registrando as experiências do xamã no mundo subterrâneo para recuperação posterior.

Como dito por seu nome, a Pedra do Profeta ajuda os que buscam orientação dos reinos mais elevados sobre o futuro. Elas podem ser usadas para investigar caminhos discordantes em pontos de escolha, para que o futuro provável de qualquer das escolhas seja explorado antes de se comprometer com o caminho. Por elas serem pedras do elemento Terra, essas aliadas são particularmente boas para auxiliar a pessoa a receber orientação sobre questões "mundanas" e escolhas práticas que devem ser feitas.

ESPIRITUAL: As Pedras do Profeta são aliadas para viagens xamânicas e para a exploração de futuros prováveis. Elas ajudam a aterrar as energias no corpo e podem apoiar trabalho de cura espiritual.

EMOCIONAL: As Pedras do Profeta são neutras emocionalmente.

FÍSICO: Essas aliadas podem ser usadas como apoio geral para todos os tipos de curas energéticas. Elas são magneticamente suscetíveis e, portanto, são úteis para estabilizar as frequências que devem ser integradas no corpo. Elas são ferramentas excelentes para eliminar toxinas celulares e podem ajudar a sustentar o corpo em meio à quimioterapia e radiação para retardar o espalhamento de câncer.

AFIRMAÇÃO: Eu me comprometo a aterrar a verdadeira Luz do Espírito aqui no mundo físico, e me abro para a orientação da corrente de tempo do futuro.

PEDRA DO SANGUE

PALAVRAS-CHAVE: Força, coragem, purificação, vitalidade.
ELEMENTO: Terra.
CHACRAS: Raiz (primeiro).

A Pedra do Sangue (ou heliotropo) é uma variedade de calcedônia com uma dureza de 6,5 a 7. É verde-escura com pontos e manchas vermelhas. Ela também é conhecida como Heliotrópio, da palavra grega "que gira o sol", embora a derivação desse nome seja desconhecida. Na Idade Média, acreditava-se que os pontos vermelhos da Pedra do Sangue fossem pingos do sangue de Cristo, e eram atribuídos poderes mágicos à pedra. Depósitos de Pedra do Sangue foram encontrados na Índia, China, Brasil, Austrália e Estados Unidos.

ROBERT SIMMONS: A Pedra do Sangue é uma grande purificadora, uma ferramenta de cura para dissipar influências negativas do campo áurico e trazer as energias sutis da pessoa para o equilíbrio e inteireza. Quando isso é feito para o eu invisível, os benefícios para o eu físico virão em seguida.

A Pedra do Sangue assenta a pessoa totalmente no corpo e com esse assentamento vem a melhora da capacidade da pessoa para funcionar com força, determinação e coragem por toda a gama de desafios inerentes à vida na Terra. Ao mesmo tempo em que a Pedra do Sangue aumenta a vitalidade, ela auxilia a pessoa a encarar as realidades da mortalidade física e da morte. É um bom talismã para os que estão doentes, mesmo quando é impossível curar a enfermidade, por seu poder de permitir que a pessoa olhe para a verdade sem se abalar, qualquer que seja a verdade, e ir em frente do modo mais apropriado.

A Pedra do Sangue é uma pedra do sacrifício nobre, e talvez seja mais que coincidência que uma vez os pontos de sangue foram ditos serem gotas do sangue de Cristo. Para os que foram convocados a doar-se para o bem da comunidade, a Pedra do Sangue pode oferecer coragem e consolo. Ela tem um modo de trazer à tona os traços de caráter mais elevados e altruísticos em qualquer pessoa que a use ou carregue.

Em seu efeito máximo, estimula o anseio em direção à consciência de Cristo no interior do Eu. A partir dessa vibração, pode auxiliar a pessoa a compreender e valorizar essa consciência e a aspirar alimentar sua chama no interior do coração.

A Pedra do Sangue fortalece o chacra da raiz, fonte de nossa energia física, e ajuda a pessoa a dissipar a preguiça nessa área. Trabalhar com Pedra do Sangue – usar ou carregar a pedra – propiciará à pessoa um incremento em seu entusiasmo pela vida e a tenacidade na atividade física. É útil para todos, dos atletas aos inválidos, por sua vibração firme de purificação e bem-estar.

PEDRA DO SANGUE

A Pedra do Sangue funciona bem com Cuprita, Quartzo Fumê, Zincita, Turmalina Negra, Azeviche e Obsidiana. As pedras negras melhoram a qualidade de purificação da Pedra do Sangue e as outras trabalham principalmente para energizar os chacras mais inferiores. Para a ligação com as vibrações com a consciência de Cristo, a pessoa pode querer combinar Pedra do Sangue com Topázio Imperial, a pedra mais verdadeira do raio rosa/dourado. Quando a Pedra do Sangue é combinada com Moldavita, seus efeitos são acelerados e existe uma força intensa em direção à transformação de vida da pessoa pelo alinhamento com seu *dharma* – seu caminho mais elevado.

NAISHA AHSIAN: A energia da Pedra do Sangue oferece apoio e coragem durante tempos de adversidade. Ela empresta vigor para o corpo físico e pode ajudar a manter a resistência durante dificuldades extremas. Também fornece apoio emocional ao ajudar a pessoa a encontrar a coragem para seguir seu coração e agir com base no que sabe em seu coração ser verdadeiro. A Pedra do Sangue auxilia a pessoa a perceber o curso de ações correto e pode ajudá-la a permanecer fiel a seu caminho quando diante do desencorajamento ou resistência. Em geral, é vista como uma pedra do "guerreiro espiritual". Sua combinação das energias do Quartzo e Jaspe Vermelho torna-a ideal para os que se sentem abandonados pelos outros, em razão da busca de seu caminho espiritual. Ela é excelente para os que estão com medo de tomar decisões ou que sentem que precisam de apoio extra para perseverar com ações difíceis.

ESPIRITUAL: A Pedra do Sangue instila coragem e auxilia a agir de modo adequado. Pode ajudar a pessoa a cumprir seus compromissos diante dos obstáculos. É excelente para os que estão passando por mudanças tremendas em suas vidas por causa do despertar espiritual. Ela pode auxiliar a pessoa a manter a fé e confiança no Divino e superar a solidão e encontrar sua força interior.

EMOCIONAL: A Pedra do Sangue pode evitar que a pessoa se torne desencorajada diante de obstáculos em seu caminho. Ela pode auxiliá-la a sentir-se capaz e autossuficiente. Ela fortalece a sensação de conexão com o Divino, revelando sensações de isolamento ou solidão como ilusões.

FÍSICO: Como é de suspeitar pelo seu nome, a Pedra do Sangue é útil para todos os tipos de enfermidades do sangue. Ela funciona na fonte sanguínea dentro da medula óssea. Ela pode auxiliar a fortalecer e fortificar o sangue superando fraquezas suas como anemia. Ela é estimulante para o fígado e o sistema endócrino. Também é útil para equilibrar os desequilíbrios hormonais femininos e ajudar a estabilizar os hormônios durante a menopausa.

AFIRMAÇÃO: Eu estou em casa e vivo em meu corpo físico, que vibra em seu melhor nível de vigor, vitalidade e pureza, e ajo para o bem maior de todos.

PEDRA DO SOL

PALAVRAS-CHAVE: Liderança, benevolência, força, abundância de bênçãos, energia masculina iluminada.
ELEMENTO: Fogo.
CHACRAS: Sexual/Criativo (segundo), Plexo Solar (terceiro).

A Pedra do Sol é um mineral feldspato oligoclássico com uma dureza de 6 a 6,5. É também conhecido em alguns livros de referência como Feldspato Aventurina, um nome derivado da semelhança da pedra com um tipo de vidro descoberto acidentalmente conhecido como *a ventura*. A Pedra do Sol tem um sistema de cristal triclínico e ocorre em geral como agregados compactos. A cor varia de laranja a marrom avermelhada, com inclusões brilhantes. O nome Pedra do Sol vem de sua cor quente e luz refletida que lembra o sol. Os depósitos de Pedra do Sol conhecidos estão na Índia, Canadá, Noruega, Rússia e Estados Unidos. Em 2002, uma nova descoberta na África produziu uma Pedra do Sol transparente facetada que refletia luz laranja avermelhada e azul de pequenas plaquetas de Hematitas e Goethitas incrustadas no material de base claro.

ROBERT SIMMONS: A Pedra do Sol é uma pedra de poder pessoal, liberdade e consciência expandida. Entre todas as pedras da Terra, apenas essa realmente reflete as qualidades da Luz Solar – abertura, benevolência, calidez, força, clareza mental e a disposição e habilidade para distribuir bênçãos sobre os outros. Essas também são as qualidades desejadas de liderança, e a Pedra do Sol pode acender o fogo da liderança dentro dos que a usam ou carregam. Aqueles que sentem o chamado para liderar podem descobrir que a Pedra do Sol os ajuda a encontrar a convicção e autodisciplina para ir em frente. Aqueles que são seguros por medos e insegurança podem descobrir que a Pedra do Sol dissipa a sensação de desmerecimento que pode impedir a pessoa de ser integralmente quem ela é. A Pedra do Sol emana um espectro de energias rico e positivo, e, quando a pessoa sintoniza com ela, algumas vezes sente que uma cornucópia de enriquecimentos entrou em sua vida. Ela engendra uma sensação de abundância a respeito de todas as suas necessidades e desejos e, de fato, pode auxiliar a pessoa a manifestar prosperidade e também a aquisição de conhecimento e a atingir a sabedoria.

Uma Pedra do Sol usada em um anel pode ajudar a pessoa a receber o que ela precisa e deseja, quando usada na mão receptiva. Na mão de transmissão, a Pedra do Sol ajudará a canalizar uma multiplicidade de curas e bênçãos para os outros. Usada sobre o coração como um pingente, a Pedra do Sol pode trazer a sabedoria do coração em alinhamento com a inspiração da mente. Meditar com uma Pedra do Sol no terceiro olho ajudará a pessoa a ver seu caminho mais elevado de ação em qualquer situação.

PEDRA DO SOL

A Pedra do Sol energiza o segundo e terceiro chacras, estimulando não apenas a liderança e vontade, mas também a criatividade e sexualidade. A mistura dessas energias pode trazer um amor excepcional por aventuras, diversão e experimentação inovadora em sua vida romântica e/ou expressão artística. Essa é uma combinação de grande exuberância que a pessoa deverá sentir como muito agradável.

A Pedra do Sol é o *yang* que equilibra o *yin* da Pedra da Lua e, quando usadas juntas, essas pedras trabalham em bela harmonia. A Labradorita combina excepcionalmente bem com ambas essas pedras, trazendo a qualidade da magia e manifestação de bênção do outro lado do véu. Parear a Moldavita com a Pedra do Sol enfatiza a realização do propósito mais elevado da vida da pessoa. A Pedra do Sol também funciona bem em combinação com Âmbar, Selenita, Labradorita Dourada, Prasiolita, Azeviche, Larimar e Quartzo.

NAISHA AHSIAN: A Pedra do Sol é uma aliada do elemento Fogo que transporta a frequência do raio solar, representando a liderança iluminada e a habilidade para utilizar o conhecimento e sabedoria do bem maior de todos. O raio solar transporta a energia de Rá, o deus Sol, cuja energia faz nascer a vida potencial no interior da Terra. Isso nos lembra da iniciação da Luz pela qual estamos todos passando, em que nossa verdadeira natureza está sendo criada pela exposição contínua às frequências mais elevadas da Luz.

No passado, a liderança muitas vezes significava o uso de poder para ganho pessoal, ou o poder sobre a vontade alheia. No paradigma emergente, a liderança, pelo contrário, representa a habilidade de tomar responsabilidades para o bem comum. Não é assumir o poder, mas, em vez disso, assumir a responsabilidade combinada com a vontade de manifestar o potencial mais elevado do Espírito na Terra. A Pedra do Sol ensina sobre a liderança como o ato de se colocar a serviço dos outros, em vez de insistir que os outros estejam a serviço de si.

A Pedra do Sol tem a habilidade maravilhosa de revelar desejos e motivações baseados no ego. É uma pedra excelente para usar em negociações, graças à sua habilidade de revelar as motivações verdadeiras dos outros e expor a desonestidade.

A Pedra do Sol ativa e alinha o segundo e terceiro chacras, capacitando a pessoa a manifestar a vontade divina com maior facilidade por meio de suas ações e criações. Ela estimula a energia sexual e criativa da pessoa e melhora sua estamina física.

ESPIRITUAL: A Pedra do Sol ensina a pessoa a utilizar seus talentos e habilidades a serviço dos outros. É uma pedra de abundância, ajudando a pessoa a agir para manifestar seus desejos na fisicalidade. A Pedra do Sol emana o raio solar, sintonizando a pessoa com a Luz e energia do Grande Sol Central.

EMOCIONAL: A Pedra do Sol aquece e estimula o corpo emocional. Ela pode ajudar a pessoa a transformar raiva em energia, criticismo em alegria. Ela eleva as vibrações dos padrões emocionais.

FÍSICO: A Pedra do Sol aquece o corpo, estimulando o metabolismo, digestão e vitalidade. Ela ajuda no equilíbrio do sistema endócrino e em problemas reprodutivos em razão de desequilíbrios hormonais.

AFIRMAÇÃO: Eu exijo meu verdadeiro lugar de liderança, dando e recebendo bênçãos abundantes.

PEDRA DO XAMÃ

PALAVRAS-CHAVE: Jornada xamânica, recuperação da alma, equilíbrio de polaridade, proteção psíquica, intuição.
ELEMENTO: Terra.
CHACRAS: Todos.

As Pedras do Xamã são concreções de arenito encontradas na margem norte do Grand Canyon, no sul de Utah. Essas pedras são naturalmente esféricas, e sua cor é marrom médio. Elas variam em tamanho de menos de dois centímetros a cinco centímetros de diâmetro. As Pedras do Xamã também são conhecidas como "bolas de gude moqui", porque dizem que crianças dos índios moqui daquela região usaram-nas para brincar, do mesmo modo que as crianças de outros lugares do mundo brincam com bolas de gude. O nome Pedra do Xamã também é derivado de outra história sobre os moquis, que dizem terem usado as pedras como talismãs em cerimônias xamânicas.

ROBERT SIMMONS: As Pedras do Xamã são ferramentas e talismãs excelentes para os engajados em jornadas xamânicas, renascimento, trabalho de respiração holotrópica e outras formas intensas de trabalho interior de transformação. Essas pedras ajudam a guiar a pessoa para a experiência que será a mais benéfica para a cura da alma e avanço no caminho do crescimento espiritual. Elas têm um modo de sintonizar o "radar interior" da pessoa – a parte da psique que é ciente dos conteúdos do subconsciente e sabe intuitivamente do que alguém mais precisa trazer para a consciência.

Estimular esse aspecto do eu é muito importante, uma vez que ele guia a pessoa para experiências interiores específicas. Sem isso, todas as técnicas de abertura do subconsciente significariam pouco. Embora sua orientação esteja sempre disponível, as Pedras do Xamã podem fornecer um acesso mais fácil.

As Pedras do Xamã oferecem proteção psíquica para os viajantes da interioridade. Para os engajados em trabalho xamânico, tais como recuperação da alma, elas fornecem um escudo energético que evita que entidades negativas se vinculem ao curador ou cliente. Elas também aumentam a percepção intuitiva da pessoa, tornando mais fácil para ela perceber a aproximação de todos os tipos de seres, tanto positivos quanto negativos. Isso pode ajudar aos não familiarizados com o trabalho xamânico a perceberem e se ligarem com seu poder animal e com outros auxiliadores e guias. Segurar uma Pedra do Xamã em meditação pode auxiliar a pessoa a estabelecer comunicação verbal com esses guias.

A Pedra do Xamã ajuda a equilibrar as polaridades do campo vibratório da pessoa. Elas podem trazer os aspectos masculino e feminino do eu para um equilíbrio dinâmico e também harmonizar as energias do sistema de meridianos. Ao trabalhar com essas pedras em meditação, a pessoa pode experimentar o alinhamento de todos os chacras e sua sintonia adequada com os corpos etéreo e astral.

Como pedras de equilíbrio e harmonia interna, as Pedras do Xamã são ferramentas excelentes para a cura vibratória. Elas apoiam naturalmente o funcionamento adequado do sistema digestivo, tiroide e suprarrenal, e podem ser programadas para auxiliar outros órgãos ou sistemas corporais.

A Pedra do Xamã funciona bem em conjunto com Pedras da Profecia para trazer Luz espiritual para o corpo. Podem ser combinadas com Alexandrita e Opala do Oregon em jornadas interiores para recuperar tratamentos de vidas passadas. A pessoa pode usá-las com Turquesa para sintonizar os registros akáshicos do passado xamânico dos nativos americanos. Para jornada aos reinos de vibrações mais elevadas, Azeztulite, Escolecita, Apofilita e Fenacita são aliadas ideais.

NAISHA AHSIAN: As Pedras do Xamã são aliadas poderosas do elemento Terra que facilitam as jornadas profundas para o interior dos reinos da Natureza. Elas melhoram a jornada xamânica para o mundo subterrâneo e assistem à pessoa no acesso à consciência dos seres que compartilham o planeta conosco. As Pedras do Xamã agem como aliados protetores para os sentidos psíquicos da pessoa e seu corpo físico, enquanto ela está viajando para outros reinos ou dimensões. Elas evitarão que energias ou entidades desgarradas se vinculem aos corpos físico e energético enquanto a consciência da pessoa está focada em outro ponto.

As Pedras do Xamã são úteis para superar o medo da morte e o medo da dor, liberando a pessoa para buscar seu caminho sem limitações. Elas são professoras poderosas da permanência do Espírito e impermanência do corpo. São pedras do asceta, ajudando a pessoa a aprender a superar o desconforto físico na busca para a iluminação espiritual.

ESPIRITUAL: A Pedra do Xamã ajuda a superar o medo da morte, para que a pessoa possa seguir seu caminho espiritual sem restrições. Elas agem como pedras de proteção psíquica e física durante a meditação e viagens fora do corpo.

EMOCIONAL: Medo da morte, dor, desconforto e inconveniência são barreiras sérias para a iluminação espiritual – mesmo assim, são uma parte básica da psique humana. As Pedras do Xamã nos ensinam a seguir em nosso caminho espiritual sem dar importância ao desconforto ou queda do veículo físico. Ao mesmo tempo, elas nos instruem a reverenciar a sacralidade de toda a vida e perceber a verdadeira permanência na forma do Espírito.

FÍSICO: As Pedras do Xamã podem ser usadas como guardiãs protetoras durante sessões de cura – particularmente onde a remoção de entidades é necessária.

AFIRMAÇÃO: Enquanto viajo profundamente nos reinos de minha alma e da Alma do Mundo, eu sou guiado, protegido e livre do medo.

PEDRA GAIA

PALAVRAS-CHAVE: Ligação com o Coração da Terra, amor e compaixão, cura emocional, energias da deusa.
ELEMENTO: Água.
CHACRAS: Coração (quarto)

Pedra Gaia é o nome dado a um material vítreo derivado das cinzas da erupção vulcânica do Monte Santa Helena de 1980. De acordo com algumas histórias, sua descoberta foi um acidente. Segundo o relatado, depois da erupção do vulcão, os trabalhadores subiram a montanha para demolir e remover equipamentos pesados destruídos pelas avalanches de cinza vulcânica. Aparentemente, os trabalhadores usando maçaricos para cortar perceberam que as cinzas aquecidas se reconstituíam como um material vítreo esverdeado depois de serem liquefeitas pelos maçaricos. Mais tarde, artesãos locais trabalharam para refinar e melhorar o processo, que no fim rendeu um belo material transparente, adequado para produção de gemas, em tons verde-escuros. Embora ela possa ser designada como um vidro feito pelo homem, sua derivação da cinza vulcânica fresca e as propriedades energéticas relatadas por muitos usuários qualificam a Pedra Gaia para ser incluída neste livro.

ROBERT SIMMONS: Essas gemas recebem o nome apropriado de Pedra Gaia, pois elas transportam a energia do chacra do coração da *anima terra*, a alma da Terra. A erupção vulcânica que depositou sua substância bruta trouxe com ela a essência do interior do planeta, e as pedras feitas dela podem servir para abrir o coração humano e trazer a pessoa para a ressonância com o coração da Terra. Esse tipo de sintonia é vastamente importante em nossos tempos atuais, quando é tão vital que os seres humanos comecem a se ligar mais profundamente com a Terra. Devemos aprender a ter compaixão por nosso planeta, porque só em interdependência cocriativa com os ritmos e fluxos energéticos da Terra encontraremos harmonia que garantirá a sobrevivência da humanidade aqui. Usar ou carregar conscientemente uma dessas dádivas do coração da Terra é abrir-se para fazer contato com a Deusa da Terra.

A Pedra Gaia promove o relacionamento amoroso entre as pessoas. É um presente ideal para o parceiro romântico, já que sua energia promove o crescimento do amor e da intimidade. Ela pode ser usada para curar tensões entre pais e filhos, ou entre qualquer membro marginalizado de uma família ou círculo de amizades. É ideal para trazer acordo harmonioso com grupos e pode ser bem útil se usada ou carregada em reuniões de comitês. A Pedra Gaia induz a compaixão e dispersa a raiva. Ela dissolve as barreiras psíquicas entre "nós" e "eles", tornando mais possível a tolerância. Ela pode auxiliar a pessoa em negociações em que ela deva tentar persuadir uma pessoa antipática a compreender seus pontos de vista.

A Pedra Gaia é uma das pedras da Deusa, e a pessoa deve usá-la para enviar e receber amor para e de qualquer aspecto do Divino feminino. Essas pedras são especialmente ressonantes com a divindade tibetana conhecida como Tara Verde, que oferece amor e proteção aos seres humanos.

Por elas estarem entre as mais puras representações do raio verde, as Pedras Gaia podem ser usadas para curar e acalmar o coração e energizar o corpo emocional. O raio verde da Pedra Gaia estimula o crescimento saudável em todos os níveis da vida interior e exterior.

Essas gemas são recomendadas para aqueles que estejam fazendo autocura de mágoas emocionais e para os que desejam se centrar no coração e agir a partir daquele centro o tempo todo. A Pedra Gaia transporta uma energia de compaixão vigorosa, e pode ajudar a pessoa a expandir aquela qualidade em si. Curadores podem usá-la em clientes para ativação do chacra do coração e para trazer harmonia para todos os chacras.

A Pedra Gaia combina harmoniosamente com Ametista, Danburita, Azeztulite, Fenacita e todos os tipos de Quartzo. Para cura emocional e abertura do coração, ela funciona especialmente bem com Quartzo Rosa cristalizado e Morganita.

HAZEL RAVEN: A gema de um verde vívido é da cor da Natureza, e esse tom de verde em particular está exatamente no meio do espectro de cor. Porque os músculos dos olhos não precisam ajustar-se a esse tom de verde, ele traz harmonia, serenidade e calma visualmente. Quando usada ou carregada, a Pedra Gaia acalma todos os nossos sentidos e promove equilíbrio em todos os níveis. É uma pedra de confiança.

A Pedra Gaia é protetora; ela protege energeticamente as mulheres de abuso e violência doméstica. Ela fortalece as mulheres e ajuda-as no ambiente de trabalho a superar sexismo ou preconceitos. Ela escuda conselheiros e trabalhadores sociais de ambos os sexos de se tornarem sobrecarregados pelas responsabilidades. Ela encoraja a colaboração e o trabalho de equipe. Ajuda a acalmar crianças que estão estressadas com exames, por diminuir o medo de falhar. Ela assiste na assimilação de novas ideias e temas ou modos de trabalhar não familiares. Ela minimiza as sensações de restrição causadas por influências externas; possibilita-nos "ir com a corrente" ao eliminar o medo do desconhecido. Isso ajuda a mudança a acontecer.

ESPIRITUAL: A Pedra Gaia é um auxiliar potente tanto para o desenvolvimento psíquico quanto mágico. Ela aumenta a clarividência e as habilidades telepáticas. Ela encoraja a recordação de vidas passadas. Pode ser usada em rituais para o aumento gradual da prosperidade. Ela atrai a boa sorte e ajuda os que estão começando novos empreendimentos. Também auxilia aos que trabalham com forças naturais, incluindo os espíritos da Natureza.

EMOCIONAL: A Pedra Gaia encoraja o julgamento equilibrado e é muito útil para adolescentes e qualquer um com as emoções perturbadas. Ela é útil para curar relacionamentos e promover a fidelidade em relacionamentos de longa duração. A Pedra Gaia bane os pesadelos e auxilia um sono reparador.

FÍSICO: Os terapeutas de cristal utilizam a Pedra Gaia para aliviar enxaqueca e dores de cabeça, estresse, perturbações gástricas, ansiedade e todos os estados emocionais agitados produzidos por tensão. Ela também tem sido utilizada para ajudar na fertilidade e trazer alívio para o coração e os pulmões. É útil na cura de problemas nos olhos e tem sido usada para eliminar estresse mantido no interior dos músculos dos olhos.

AFIRMAÇÃO: Eu abro meu coração para o coração da Terra, e nós trocamos amor e compaixão um com o outro.

PEDRA NÉBULA

PALAVRAS-CHAVE: Trazer a Luz espiritual para a matéria, sintonia com futuros prováveis, realização das mais altas aspirações da pessoa, sentir-se em casa no corpo e na Terra.
ELEMENTO: Tempestade.
CHACRAS: Todos, especialmente Raiz (primeiro) e Coroa (sétimo).

Pedra Nébula é o nome dado a um material descoberto no deserto do sudoeste americano. O nome deriva dos pontos verdes que aparecem salpicados por todo o fundo negro, que lembram as nebulosas no espaço. A Pedra Nébula é uma pedra vulcânica alcalina incomum composta quase exclusivamente de quatro minerais: Quartzo, Anortoclase, Riebequita e Acmita. Ela se presta facilmente ao polimento e confecção de joias.

ROBERT SIMMONS: A Pedra Nébula oferece energias únicas e poderosas. Ela combina e mistura propriedades de seus quatro elementos principais. O componente Quartzo da Pedra Nébula pode ser visto como a força energizadora que ativa e amplifica os outros minerais presentes nela. O Quartzo torna a Pedra Nébula programável, de modo que a pessoa que a usa ou carrega possa utilizá-la para auxiliar na realização de objetivos pessoais e espirituais. O componente Quartzo também torna a Pedra Nébula um material que harmoniza com todos os tipos de Quartzo e a maioria das outras pedras. Ela é, portanto, ideal para disposições de corpo, grades de energia e peças de joalheria com múltiplas pedras.

O componente Riebequita da Pedra Nébula ativa os sentidos psíquicos e facilita o crescimento nas áreas de busca espiritual e de subsistência. A Acmita elimina a negatividade do campo áurico e estimula a kundalini e a psique, dando à pessoa a energia e coragem para fazer o que for necessário para a realização de seu caminho mais elevado. A Anortoclase fornece uma energia não ortodoxa e revolucionária que retira sua inspiração de sua ressonância com a "atração do vir a ser" – em outras palavras, os padrões de possibilidades futuras vistos pelos olhos da intuição. As características de todos os seus componentes se combinam para tornar a Pedra Nébula um talismã poderoso para a transformação.

Existe algo muito atraente na Pedra Nébula – aos olhos, ao toque e às emoções. Ela "gosta de ser segurada" e proporciona satisfação para a pessoa quando é tocada, esfregada ou usada. Ela é muito confortadora, e gera uma sensação de familiaridade que vem do efeito da Pedra Nébula de harmonizar as energias da pessoa – ela a faz se sentir mais contente em seu corpo, mais completa em sua vida, mais em casa na Terra. A Pedra Nébula faz com que a pessoa se sinta mentalmente alerta e capaz, fisicamente forte e confortável, e espiritualmente sintonizada com as vibrações mais elevadas da consciência. É uma pedra valiosa para ter em todas as épocas, como joia ou pedra de bolso ou bolsa.

Combinadas com Pietersita, as energias da Pedra Nébula podem criar um equilíbrio e centramento interior em meio a um fluxo dinâmico de energia da kundalini desperta. Combinar Moldavita com Pedra Nébula melhora as habilidades de contatar e utilizar inteligência intergaláctica. Acrescentar

PEDRA NÉBULA

Fenacita, Danburita, Azeztulite, Natrolita, Escolecita, Herderita ou Broquita à Pedra Nébula pode facilitar a ligação da pessoa com as energias e entidades espirituais mais elevadas. Combinar Zincita com a Pedra Nébula enfatiza a vitalidade física e vigor. Unir Crisoprásio ou Esmeralda com a Pedra Nébula cria uma ativação mais elevada do chacra do coração e uma capacidade de cura melhorada. Colocar o Quartzo Siberiano Azul criado em laboratório com a Pedra Nébula ajudará a pessoa a incrementar suas habilidades psíquicas. Muitas outras pedras, tais como Ametista, Rubi, Safira Amarela, Jade Lavanda e todos os tipos de Quartzo, combinarão harmoniosamente com o material singularmente belo e poderoso conhecido como Pedra Nébula.

NAISHA AHSIAN: Depois de momentos segurando essa pedra, eu fiquei mais quente e uma pulsação começou em minha mão. Senti uma onda de energia de cura no primeiro e segundo chacras, que se movimentou para cima rapidamente pela coluna de chacras e me levou para fora do corpo e para as profundezas do coração do espaço. Essa pedra ativa os aspectos mais antigos e básicos do corpo físico, energizando as moléculas de carbono e sintonizando a consciência da pessoa com a dança das partículas subatômicas que são a base do mundo físico.

Ao mesmo tempo em que a Pedra Nébula é de um aterramento vigoroso, ela ativa as lembranças da Luz no interior das células, levando Luz para o interior do corpo físico e ativando a consciência de cada partícula de matéria. Isso cria uma expansão da consciência da pessoa que produz um despertar vigoroso. Essa ativação das células e partículas do corpo físico pode iniciar uma experiência de cura, mas, o mais importante, ela facilita a recordação de quem e o que somos de verdade – Espírito como corpo.

A Pedra Nébula transporta as energias do arquétipo da Grande Mãe. Ela representa o aspecto antigo e primal do Universo. Auxilia na recuperação do poder da pessoa e utilização desse poder no processo da criação.

ESPIRITUAL: A Pedra Nébula sintoniza a pessoa à energia primordial da criação e melhora sua habilidade de encontrar seu conhecimento interior do Criador. Ela ajuda a pessoa a transportar uma gama mais expandida de frequências de Luz e pode auxiliar no aterramento da pessoa durante o processo de abertura espiritual.

EMOCIONAL: A Pedra Nébula ajuda a purificar e fortalecer o corpo emocional. Sua energia é de apoio e encorajamento, impelindo a pessoa a eliminar quaisquer padrões emocionais ou hábitos antigos que estejam no caminho de seu crescimento.

FÍSICO: A Pedra Nébula é purificadora para o corpo físico. Ela pode ajudar em desintoxicação de abuso químico e em quebrar padrões e comportamentos autoabusivos. É ideal para a recuperação de vício em drogas e álcool. A Pedra Nébula encoraja a liberação de toxinas e metais pesados dos órgãos e tecidos. Ela pode ajudar a regular a cistite e promove a fertilidade nas mulheres.

AFIRMAÇÃO: Da miríade de futuros possíveis em minha vida, eu seleciono e cumpro meu caminho espiritual mais elevado.

PERIDOTO

PALAVRAS-CHAVE: Incremento, prosperidade, calor, bem-estar.
ELEMENTO: Terra.
CHACRAS: Plexo Solar (terceiro), Coração (quarto).

O Peridoto é um mineral silicato de ferro com uma dureza de 7. Seu sistema de cristal é ortorrômbico e em geral ele se forma em prismas pequenos e compactos que são estriados verticalmente. Sua cor variando de oliva a lima é causada pelo ferro. O nome Peridoto é de origem grega, mas o sentido original é desconhecido. Algumas vezes é usado o nome Crisólito para descrever o Peridoto amarelo-esverdeado, e seu nome é derivado das palavras gregas "ouro" e "pedra".

Por 3 mil anos, o Peridoto tem sido colhido e extraído na inóspita ilha egípcia de Zagbargad. O nome Zabargad é a palavra grega para Olivina ou Peridoto. Os egípcios fizeram contas de Peridoto há mais ou menos 2.500 anos. Ele também era usado para anéis e outras joias na Grécia e Roma dos séculos III e IV. Nos anos 1800, o Peridoto era uma gema popular nos Estados Unidos e Europa. Fontes importantes de Peridoto estão no Paquistão, Burma, Austrália, Brasil, África do Sul e Estados Unidos.

Desde os tempos antigos, o Peridoto era visto como um símbolo do sol, e na Grécia acreditavam que ele conferia a energia da realeza a quem o usasse. Algumas vezes era usado como proteção contra espíritos maléficos e, na Inglaterra do século XIII, acreditava-se que usar um Peridoto gravado com o símbolo de um carregador de tocha trazia riqueza. Curiosamente, a ideia do Peridoto como uma pedra da prosperidade ressurgiu na informação intuitiva dos dias atuais.

ROBERT SIMMONS: Essas pedras são pepitas pequenas e verdes de poder positivo. Sua vibração traz uma sensação interna de calor e bem-estar, como a do sol em um dia de primavera. Os Peridotos ajudam a ativar e harmonizar o terceiro e quarto chacras, criando uma integração entre amor e vontade. Eles podem nos ajudar a ter a coragem para agir a partir dos desejos do coração, e ser generosos com os outros, mesmo quando buscamos nossos destinos individuais. O Peridoto é uma pedra de abundância financeira e espiritual, e pode ajudar na atração e criação de nossas visões interiores mais significativas aqui na Terra.

O Peridoto pode ser usado para abençoar e energizar o trabalho da pessoa, seja cuidar de seu jardim, criar filhos, trabalhar como curador, criar um negócio ou auxiliar outras pessoas nessas atividades. Ela não é uma pedra para levar a pessoa "para fora deste mundo". Pelo contrário, é uma ferramenta para ajudar a trazer a dimensão física da realidade da pessoa a um alinhamento com sua verdade interior. Isso, definitivamente, inclui sucesso e abundância em seus empenhos de carreira, se a pessoa faz o trabalho certo, e se ela se acredita merecedora de sucesso.

O Peridoto pode auxiliar a pessoa a restabelecer um sentido de valor próprio se a pessoa é assombrada pela culpa ou arrependimento por ações passadas. Ela aquieta os medos do espírito – por exemplo, os relativos à sensação de dívida cármica – e permite que a pessoa siga em frente em seu caminho evolutivo. Ela estimula que a pessoa assuma responsabilidade e faça as correções de quaisquer sofrimentos que possa ter causado a outros.

NAISHA AHSIAN: O Peridoto é um gerador poderoso da frequência de incremento. Ele pode ser usado para manifestar o incremento da riqueza, da saúde, da alegria e bem-estar emocional. Essa pedra permite que você expanda suavemente sua habilidade de receber do Universo, aceitando seu direito de nascença a uma abundância completa em todos os níveis da vida. No processo, ela pode revelar as áreas em que questões de valor próprio não permitiram à pessoa receber no passado.

O Peridoto é uma pedra élfica, transportando a frequência de seres interdimensionais da Terra que compartilham esse planeta com a raça humana. Ela pode ser usada para contato com os reinos élficos e das fadas e para a comunicação com espíritos da Natureza de todos os tipos. O Peridoto é uma pedra excelente para os curadores da Terra, uma vez que suas energias sintonizam a pessoa com os reinos sutis da Natureza.

ESPIRITUAL: O Peridoto ajuda a pessoa a perceber e honrar as fontes de toda a abundância. Essa fonte é a frequência de Amor do Criador. Ao abrir a pessoa para que receba mais desse Amor Universal, o Peridoto pode ajudá-la a receber abundância em todos os níveis de sua vida. Ele também ensina o conhecimento de outros reinos terrestres, incluindo o reino das fadas. É útil na ligação e comunicação com outros seres terrestres, tais como os reinos das plantas e dos animais. É uma pedra maravilhosa para usar em cura e comunicação com os animais.

EMOCIONAL: O Peridoto ajuda a remover bloqueios da capacidade para receber. Muitas pessoas espirituais são adeptas a darem seu amor, tempo e energia, mas não podem ser muito boas para receber. Os bloqueios em geral estão localizados atrás dos chacras e existem como nuvens no interior do corpo emocional. O Peridoto pode auxiliar na dissipação desses bloqueios e ensinar à pessoa receber com graça e gratidão.

FÍSICO: O Peridoto pode ser usado para aliviar o peso no coração e todos os tipos de desequilíbrio relacionados ao coração. Ele ajuda a fortalecer o sangue e pode ser usado para combater a anemia e oxigenação pobre. É uma pedra excelente para usar na recuperação de vício em tabaco e inalantes.

AFIRMAÇÃO: Eu recebo com gratidão meu direito de nascença ao sucesso, abundância e prosperidade em todos os níveis.

PETALITA

PALAVRAS-CHAVE: Tranquilidade, elevação, expansão da percepção, manifestação do espiritual no físico, abertura aos mundos mais elevados.
ELEMENTO: Ar.
CHACRAS: Terceiro Olho (sexto), Coroa (sétimo), Transpessoal (oitavo ao 14º).

A Petalita é um silicato de lítio, sódio e alumínio com uma dureza de 6 a 6,5. Seu sistema de cristal é monoclínico. Ele se cristaliza com raridade relativa e, na maioria das vezes, ocorre como massas grandes e que podem ser rachadas. Sua cor pode ser branca, incolor, cinza, rosada ou amarela. Peças incolores podem ser facetadas em gemas excepcionalmente faiscantes. Algumas podem ser colocadas dentro de olhos de gato. A Petalita se forma em pegmatitas de granito e em geral está associada com outros minerais que contêm lítio, tais como Ambligonita, Kunzita, Espodumênio e Lepidolita. A Petalita é encontrada na Austrália, Brasil, Suécia, Namíbia e Afeganistão.

ROBERT SIMMONS: A Petalita tem uma ligação profunda com o reino do Espírito. Ao segurá-las, a pessoa pode descobrir que sua percepção é expandida e elevada com suavidade, chegando aos reinos de luz branca pura e suave – um lugar infundido com uma sensação profunda de paz e alegria. A Petalita pode levar a pessoa à dimensão do descanso e cura, um espaço em que as preocupações e atribulações deste mundo são eliminadas, permitindo que a pessoa se banhe no prazer tranquilo do espírito desimpedido.

A Petalita também é uma pedra de visão. Como a Fenacita, elas podem abrir o olho interno para as muitas mansões das dimensões mais elevadas, permitindo à mente investigativa descobrir múltiplos novos horizontes. A Petalita pode ser usada para melhorar os poderes psíquicos, como clarividência e telepatia, e ajudar a pessoa a sintonizar-se com o conhecimento de seu *dharma*, ou caminho de destino maior. Para cada pessoa existe um esquema que reside no plano de seu Espírito para seu caminho mais elevado nesta vida, e meditar com Petalita pode auxiliar a pessoa a alcançar a perspectiva a partir da qual esse esquema seja visível e compreendido prontamente.

Curiosamente, para uma pedra com tal vibração elevada, a Petalita tem um aspecto de aterramento que ajuda a pessoa a ficar ligada com a vida mundana enquanto explora as dimensões interiores que ela abre. Portanto, é também uma pedra de manifestação, ajudando a pessoa a trazer à realidade física as visões exaltadas que descobre em sua jornada aos mundos mais elevados. A Petalita ajuda a pessoa a permanecer ligada à perspectiva espiritual enquanto traduz e manifesta suas mensagens aqui na Terra.

No que diz respeito a usar essas pedras suaves e poderosas, tanto as peças brutas como as gemas podem ser eficientes. Os curadores são aconselhados a usar Petalita durante sessões com clientes, uma vez que isso ajuda a abrir os canais espirituais pelos quais as energias de cura são acessadas. Colocar as pedras nos clientes nos pontos apropriados dos chacras ajudará a abrir aqueles canais para eles também.

A utilização mais simples da Petalita é colocá-la sobre o terceiro olho durante a meditação. A maioria dos que tentam isso se descobre entrando rapidamente em um estado de paz e relaxamento profundo. Embora a Petalita possa ser usada para a exploração interior, sua aplicação mais fácil é na aquietação dos pensamentos e elevação da percepção para os espaços tranquilos das mansões de Luz. Quando a pessoa visita esses domínios, ela volta com uma serenidade interior que age como um reservatório de calma durante as tribulações da vida diária.

A Petalita é uma das 12 pedras de sinergia, também incluindo Moldavita, Fenacita, Danburita, Azeztulite, Herderita, Broquita, Tanzanita, Quartzo Satyaloka, Natrolita, Escolecita e Tectito Tibetano. Esse é, talvez, o grupo mais poderoso de pedras já descoberto para transformação positiva e elevação. A Petalita também pode ser combinada com Calcita Merkabita, Papagoita e/ou Calcita Elestial para exploração interdimensional. Ajoíta, Lepidolita, Sílica Gel de Lítio, Turmalina, Ambligonita e/ou Morganita podem ser usadas com Petalita para melhorar ainda mais suas energias de paz, alegria e tranquilidade. Suas qualidades adoráveis são amplificadas com mais vigor quando a Petalita é combinada com Quartzo Rosa, particularmente em sua forma cristalizada.

NAISHA AHSIAN: A Petalita é uma ativadora da mente mais elevada. Ela tem a energia suave e equilibrada que pode elevar a pessoa, fácil e rapidamente, para o interior dos reinos mais elevados de percepção durante a meditação, ou pode ajudar a pessoa a manter um estado de percepção elevado durante as atividades cotidianas. A energia de ativação da mente mais elevada da Petalita está conectada intimamente com as energias da Danburita. Suas qualidades calmantes podem ser atribuídas ao seu conteúdo de Lítio. O Lítio concede calma e equilíbrio a emoções e energias traumatizadas. A Petalita é excelente no uso para equilibrar as energias dos que passaram por traumas físicos e emocionais, e pode auxiliar esses indivíduos a verem as lições espirituais por trás de suas experiências traumáticas.

A Petalita é uma pedra excelente para os que são mentalmente dispersos ou avoados. Quando usada como joia ou carregada com a pessoa por todo o dia, ela a auxiliará a perceber seu mundo partir da energia calma, centrada e elevada do eu "testemunha". Ela ajuda os que possam ficar excessivamente tomados pelo que está acontecendo à sua volta, permitindo que eles foquem nas tarefas à mão.

ESPIRITUAL: A Petalita é uma ferramenta de meditação poderosa, auxiliando a pessoa na transição fácil da mente egoica para a consciência centrada. Ela pode ser usada para melhorar o sentido de ligação com Tudo o Que É e ajuda a pessoa a incorporar essa consciência mesmo após o fim da prática de meditação. Ela auxilia na abertura dos chacras do terceiro olho e coroa e pode estimular percepções mais elevadas.

EMOCIONAL: A Petalita é calmante e terapêutica para o corpo emocional. É excelente para curar todos os tipos de trauma emocional, mas é particularmente valiosa para superar padrões algoz/vítima. É uma pedra de proteção ideal para crianças que estão superando abusos ou que estão tendo dificuldade em manter seus centros diante de abuso moral. A Petalita traz uma frequência de autoaceitação calma e amor-próprio.

FÍSICO: A Petalita pode ser usada para DDA, TDAH, ansiedade ou estresse excessivos, e outros tipos de ego-mente hiperativos. Ela é útil para regulação da pressão sanguínea e para combater ataques de ansiedade.

AFIRMAÇÃO: Eu permito à minha consciência ascender com facilidade e suavidade até os reinos mais elevados de apercepção.

PIETERSITA

PALAVRAS-CHAVE: *Insight*, intuição, poder da vontade incrementado, pré-cognição, viagem interdimensional, autotransformação.
ELEMENTO: Tempestade.
CHACRAS: Plexo Solar (terceiro), Terceiro Olho (sexto).

A Pietersita é um membro da família Quartzo, um mineral dióxido de silício com uma dureza de 7. Seu sistema de cristal é hexagonal (trigonal). Ela forma-se em massas que são inclusões de Jaspes pseudomórficos em asbestos. É caracterizada por cintilações dramáticas e cores contrastantes que incluem matizes douradas, marrons, cinza, azul acinzentadas e negras, bem como áreas ocasionais claras e incolores. A Pietersita é encontrada na África do Sul e China.

ROBERT SIMMONS: A Pietersita cria uma ativação unificada dos chacras do plexo solar e terceiro olho, engendrando um incremento poderoso na energia da vontade e nas capacidades intuitivas da pessoa. Sob a influência da Pietersita, os *insights* aguçados da pessoa sobre a natureza das situações a levam a ações decisivas com o objetivo de influenciar o resultado de modo favorável a suas esperanças e desejos. Em outras palavras, a pessoa vê o que está acontecendo, sabe o que deseja e vai em busca de seu desejo. Com a dádiva de poder incrementado da Pietersita, é bem provável que a pessoa atinja suas metas.

Ao mesmo tempo que a Pietersita estimula o terceiro olho desse seu modo preciso, as habilidades de a pessoa entender a natureza do momento se expandem em uma percepção do futuro ou da gama de probabilidades de onde o futuro emerge. Os leitores de tarô ou outros oráculos descobrirão que sua visão se torna mais aguçada e suas previsões mais exatas. Todos os usuários de Pietersita irão sentir do mesmo modo uma melhoria na frequência de seus momentos de conhecimento telepático.

A Pietersita é uma auxiliar excelente em viagem interdimensional não apenas pela ativação do terceiro olho, mas também porque sua estimulação da vontade por meio do terceiro chacra concede à pessoa muito mais oportunidades de escolher com sucesso a direção de sua jornada interior. A pessoa pode dizer, "Eu quero ir ao Hall of Records", e realmente se encontrar lá. Essa capacidade melhorada de dirigir tais experiências permite que a pessoa desenvolva um repertório de "mapas" internos com os quais possa começar a entender o labirinto das "muitas mansões" na casa do Espírito.

Além de suas outras características, a Pietersita melhora a clareza de pensamento e encoraja saltos intuitivos. Com a Pietersita, pode-se ver com mais facilidade as linhas de ligação entre pensamentos e escolas de pensamento díspares, criando pontes entre seus cismas com *insight* iluminados. Ela é uma pedra excelente para estudantes, pesquisadores e investigadores espirituais que estudam as filosofias do misticismo. Em certos casos, as epifanias semeadas pela Pietersita podem levar ao estado de *samadhi* ou iluminação espontânea extática.

PIETERSITA

Outras vezes, a Pietersita pode "semear" as nuvens de construções de sensações e problemas internalizados, conduzindo a uma efusão não diferente de uma tempestade de raios em sua intensidade. Contudo, tais incidentes são uma necessidade para "a limpeza do ar" que inicia o processo de cura. Tais tempestades emocionais podem acontecer em relacionamentos ou internamente, mas o resultado sempre traz uma mudança para o bem maior da pessoa.

A Pietersita harmoniza com Moldavita, em especial no que diz respeito à transformação pessoal rápida e *insights* espirituais revolucionários. Fenacita, Natrolita, Calcita Merkabita ou Escolecita podem ser usadas com Pietersita para melhorar a jornada interior. A Nuummita tornará essas jornadas mais profundas. A Iolita pode auxiliar na estimulação da habilidade mediúnica da Pietersita. Tectito Ouro Líbio, Heliodoro e Labradorita Dourada, todos enfatizam o fortalecimento da vontade. Outras pedras que funcionam em sinergia com a Pietersita incluem Olho de Tigre, Olho de Falcão, Azeviche, Ajoíta, Cacoxenita, Citrino, Pedra da Lua, Pedra do Sol e Labradorita.

NAISHA AHSIAN: A Pietersita manifesta o elemento Tempestade pela limpeza profunda de todos os níveis do campo áurico da pessoa. Também chamada de "Pedra Tempestade", a sensação da Pietersita é da atmosfera altamente carregada de um temporal com trovões. Ela ativa a mente e a imaginação, estimula a visão psíquica e melhora a telepatia. Ela age como um para-raios etéreo, aterrando energias de alta frequência no reino físico.

Como uma tempestade desencavando tesouros do oceano, a Pietersita agita os cantos escondidos do campo de energia da pessoa e revela novas direções para sua vida. Ela ajuda a limpar energias, hábitos e padrões estagnantes da vida da pessoa e a encoraja a agir por seus sonhos.

A Pietersita é uma pedra poderosa para o trabalho de magia, em especial quando uma mudança dramática e profunda é desejada. É uma aliada excelente quando a pessoa se sente amarrada ou incapaz de fazer progresso.

ESPIRITUAL: A Pietersita é uma pedra de ativação espiritual. Ela ajuda a pessoa a encontrar novas direções e ir adiante quando o caminho parece bloqueado, ou quando a pessoa é incapaz de ver seu caminho. Ela ativa vigorosamente o sistema de chacras para permitir o aterramento de um espectro completo da energia eletromagnética, aumentando a quantidade de energia de Luz no corpo e campo de energia da pessoa.

EMOCIONAL: A Pietersita pode "acender o fogo" sob o chacra da raiz da pessoa, dando-lhe a resolução para agir e mudar sua vida. Ela pode ajudar a pessoa a tornar-se destemida e superar incerteza e indecisão.

FÍSICO: A Pietersita estimula o corpo físico, emprestando energia e vigor. É uma pedra do sistema nervoso e é útil para estimular e fortalecer os nervos e o cérebro.

AFIRMAÇÃO: A clareza da visão interior revela as melhores escolhas para a ação, e eu as realizo sem hesitação.

PIRITA

PALAVRAS-CHAVE: Energia masculina, manifestação, ação, vitalidade, força de vontade, criatividade, confiança.
ELEMENTO: Terra.
CHACRAS: Plexo Solar (terceiro).

A Pirita é um mineral sulfureto de ferro com uma dureza de 6 a 6,5. Seu padrão de cristais é cúbico, piritoédrico ou octaédrico. A Pirita também pode ser massiva, granular, botrioidal, estalactítica ou nodular. O nome Pirita deriva da palavra grega para fogo, porque bater duas peças uma contra a outra pode produzir faíscas. A aparência amarelo metálica brilhante da Pirita fez com que ela ganhasse o apelido de "ouro de tolo". Os antigos incas usavam a Pirita como espelho. É encontrada por todo o mundo, mas depósitos importantes estão na Itália, Espanha e Peru.

ROBERT SIMMONS: A Pirita é excelente para melhorar o poder do chacra do terceiro olho tanto nos homens como nas mulheres. Ela produz um aumento imediato da vitalidade e dá à pessoa a coragem para realizar tarefas desafiadoras no mundo físico. Melhora o poder da vontade, auxiliando a pessoa na superação de maus hábitos e criando novos padrões de saúde e energia positiva.

Ela ajuda a pessoa a superar o medo e a ansiedade, e também a estabelecer uma atitude "posso fazer" sobre qualquer coisa que decida tentar. Pode tirar de cena influências negativas no ambiente da pessoa e dar-lhe a coragem para banir tais influências de sua vida.

A Pirita pode ser uma ferramenta útil para equilibrar as polaridades e criar harmonia no interior do campo áurico. Em disposições de corpo, ela deveria ser usada no terceiro chacra, nas mãos e no chacra da raiz. Isso irá ancorar o campo áurico da pessoa firmemente no corpo, em alinhamento adequado para o ótimo funcionamento do eu espiritual no mundo físico. Em meditação, segurar uma Pirita em cada mão pode trazer um instante de reequilíbrio e um jorro refrescante de energia. Quando você não pode tirar um cochilo, segure uma Pirita!

A Pirita estimula a criatividade em arte, matemática, escultura, arquitetura, ciência e muitas outras disciplinas. Ela nutre as qualidades da ambição, compromisso e persistência. Ajuda a pessoa a "ser decidida" e levar as coisas até sua finalização. Ela aumenta a clareza mental e o foco, tornando-a uma pedra ideal para estudantes.

A melhoria das energias masculinas da Pirita pode beneficiar tanto os homens como as mulheres. Ela estimula a pessoa a agir com assertividade, proteger outros humanos e a Terra, e desenvolver o guerreiro interior em benefício da comunidade. Para os homens, ela melhora a sensação de confiança em sua masculinidade e apoia a expressão sublime e entusiástica do erotismo masculino.

A Pirita harmoniza com a Zincita e a Cornalina para a estimulação das energias sexuais masculinas. A Prehenita engaja as energias da Pirita mais totalmente com o chacra do coração, tornando o amor um componente até mais importante da sexualidade. A Pirita também funciona em sinergia

PIRITA

com Heliodoro, Tectito Ouro Líbio, Labradorita Dourada e Citrino para fortalecer as energias do terceiro chacra da vontade e clareza mental. Para objetivos de aterramento, a companheira ideal da Pirita é a Hematita.

NAISHA AHSIAN: A Pirita é uma das três pedras da tríade do elemento Terra, representando o aspecto de comando ou masculino da Grande Terra Mãe (os outros dois são Hematita e Cuprita). Ela ressoa tanto com a Terra quanto com o Fogo. A Pirita permite que a pessoa se ligue com a energia da Terra e canalize essa energia através do corpo. Ela pode aumentar a estamina e melhorar a performance física. Ela estimula energeticamente o sangue e sua capacidade para transportar oxigênio. A Pirita é excelente para usar em manifestação, já que ajuda a pessoa a agir a partir de suas ideias ou conceitos. Ela também ajuda a aterrar o conhecimento mais elevado em ação e é ideal para usar no fim de uma meditação para trazer a energia completamente para o reino físico. Embora seja uma pedra do elemento Terra, a Pirita transporta aspectos da energia do fogo também. Ela é calorosa e estimulante para os sistemas de energia e é particularmente boa no tratamento dos aspectos de energia sutil das disfunções sexuais masculinas.

ESPIRITUAL: A Pirita ajuda a pessoa a integrar energias de alta frequência em seu corpo físico. É uma aliada para auxiliar a pessoa a agir para criar abundância em sua vida. Sua frequência é útil para estimular a energia criativa e promover expressão sexual saudável.

EMOCIONAL: A Pirita encoraja a pessoa a superar medos e agir. Ela pode ser usada para ajudar a trazer a pessoa para fora de sua concha e encorajá-la a ser mais dinâmica e confiante.

FÍSICO: O componente de Enxofre da Pirita ajuda a purificar o corpo de infecções e estimular a função endócrina adequada. É excelente para combater a impotência masculina e a infertilidade. Seu componente de Ferro foca o poder da Pirita no sangue e nos tecidos, permitindo que ela seja usada para combater doenças de pele, infecções por fungos e invasão celular por vírus.

AFIRMAÇÃO: Minha vontade é forte, e uso-a para realizar a manifestação de minhas esperanças e desejos mais benevolentes.

PIROMORFITA

PALAVRAS-CHAVE: Digestão e assimilação melhoradas, remoção de energias e substâncias tóxicas, misturar amor e vontade.
ELEMENTO: Terra.
CHACRAS: Plexo Solar (terceiro), Coração (quarto).

A Piromorfita é um mineral fosfato de chumbo com uma dureza de 3,5 a 4. Seu sistema de cristal é hexagonal (trigonal). Sua cor é mais frequentemente verde pera, mas também pode ser marrom, amarela, laranja ou cinza. Ela se forma em pequenos cristais prismáticos hexagonais, mas também pode ocorrer em crescimentos granular, globular, terroso, botrioidal, fibroso ou em forma de rins. É um mineral que varia de transparente a translúcido, com um lustro de resinoso a diamantino. Ela se forma como um mineral secundário nas zonas de oxidação de veios de chumbo. Foram encontrados bons cristais na Alemanha, Grã-Bretanha, Austrália e Estados Unidos.

ROBERT SIMMONS: A Piromorfita é uma pedra da víscera. Ela pode auxiliar energeticamente a correta digestão e assimilação de alimentos e a manutenção de uma flora impecável no trato intestinal. Também limpa vibratoriamente o intestino grosso na eliminação de resíduos.

A Piromorfita, metaforicamente, funciona de modo semelhante em relação à vida psicológica e espiritual. Ela melhora os poderes intuitivos dos corpos físico e etéreo, de modo que a pessoa receba "pressentimentos" sobre outras pessoas e situações, que podem ser contados como certos. Ela ajuda a digerir e assimilar novas informações e energias tanto no nível mental como espiritual. Ela ajuda a pessoa a eliminar maus hábitos e associações negativas; concede uma percepção mais atenta do corpo e dos muitos processos que acontecem nele para sua manutenção, e inicia uma avaliação profunda do eu físico da pessoa. Ela elimina a autocrítica baseada em conceitos estereotipados de como seu corpo deveria parecer ou de como a pessoa deveria tentar ser vista por outros.

A Piromorfita sustenta o fígado, a vesícula biliar, o baço e o pâncreas – com limpeza vibratória e estimulação do funcionamento adequado. Em níveis psicológicos relacionados, ela ajuda a acalmar a raiva e eliminar padrões de pensamentos negativos. Ela transmuta energias emocionais brutas em expressão apropriada e sutil. Ela concede à pessoa ser tolerante a certo nível de toxidade entre as pessoas em seu ambiente sem ser afetada negativamente por elas.

A Piromorfita é uma pedra dos chacras do plexo solar e coração. Ela alinha e mistura amor e vontade, para que a pessoa não possa facilmente escolher agir de modo que não seja amoroso. Ela extrai as energias espantosamente poderosas do coração para propósitos de manifestação e as foca por meio da vontade. É poderosa para a prática de magia benevolente, mas não é útil para a manipulação dos outros. Essa pedra emana muito poder, mas apenas sobre a própria pessoa.

Embora a Piromorfita encoraje a tolerância para com os outros, ela tem seus limites, e, quando esses são alcançados, a tolerância chega ao fim. Aqueles sob a influência da Piromorfita são dispostos a dar aos outros o benefício da dúvida, mas, uma vez que não exista mais dúvida, o mau comportamento levará à destruição rápida dos laços. Ela ensina à pessoa a valorizar muito bem a si e a seu tempo, a ser generosa mas não "jogar pérolas aos porcos".

Para aumentar a estimulação do plexo solar da Piromorfita, Pirita, Heliodoro e Labradorita Dourada são as aliadas ideais. Para estimulação adicional do coração, especialmente se a pessoa deseja temperar o julgamento com compaixão profunda, Dioptase, Esmeralda e Morganita são recomendadas. Zincita pode melhorar os efeitos benéficos da Piromorfita nos sistemas digestivos.

NAISHA AHSIAN: A Piromorfita é uma aliada poderosa para a cura e é uma das pedras mais utilizadas para tratamento de câncer de todos os tipos. Espiritualmente, ela evita o crescimento de padrões de pensamentos negativos para formas de pensamentos malignos que podem envenenar todos os aspectos da realidade da pessoa. Ela promove a limpeza da vida da pessoa e seu corpo, e protege aqueles que têm campos de energia frágeis de se tornarem ressonantes com frequências discordantes.

A Piromorfita também auxilia no processo da evolução física. Ela ajuda o corpo a integrar a gama aumentada de energias às quais está sendo exposto, por causa da poluição eletromagnética e enfraquecimento do campo magnético da Terra. Ela facilita a adaptação celular saudável às energias eletromagnéticas e ajuda a evitar mutações que podem causar desequilíbrios e doenças.

A Piromorfita é uma pedra maravilhosa para proteger o campo de energia da pessoa de energias emocionais e físicas desarmoniosas em seu ambiente, ou de pessoas ressoando com a negatividade.

ESPIRITUAL: A Piromorfita auxilia na adaptação a uma gama maior e mais intensa de energias. É uma pedra de aterramento, mantendo a saúde dos chacras inferiores. Ela pode proteger a pessoa de entidades energéticas negativas, incluindo *poltergeists*, entidades astrais e influências demoníacas.

EMOCIONAL: A Piromorfita revela a negatividade nos pensamentos, ações e atitudes da pessoa. Ela evita que a pessoa tenha reações egoicas intempestivas a ofensas e insultos percebidos. Pode ajudar a remover formas de pensamento e energias emocionais capturadas do ambiente ou de outros que estão ressoando com negatividade em alta amplitude.

FÍSICO: A Piromorfita é uma aliada de primeira linha para regulagem vibratória do crescimento de células cancerosas e para evitar o espalhamento do câncer para outras células. Pode ajudar o corpo a se recobrar mais rapidamente da exposição à radiação e a químicas tóxicas, e é útil no tratamento de todos os tipos de envenenamento eletromagnético.

AFIRMAÇÃO: O mundo me nutre em todos os níveis – eu assimilo o que preciso e descarto o que é inapropriado para meu bem-estar.

PRASIOLITA (AMETISTA VERDE)

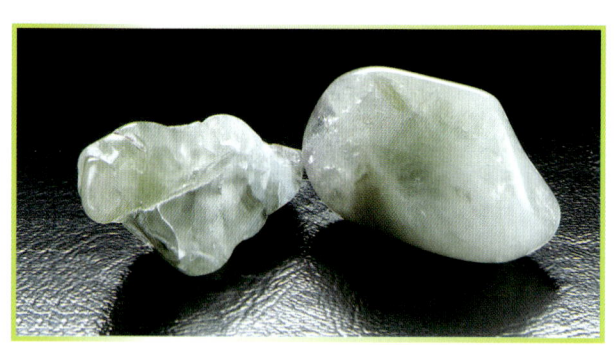

PALAVRAS-CHAVE: Despertar do coração, conectar o eu inferior e o superior, ligação profunda com a Natureza.
ELEMENTO: Terra.
CHACRAS: Coração (quarto), Coroa (sétimo), Terceiro Olho (sexto), Plexo Solar (terceiro).

A Prasiolita (Ametista Verde) é um membro da família Quartzo, um cristal dióxido de silício com uma dureza de 7. Seu sistema de cristal é hexagonal (trigonal). Seu nome deriva da palavra grega com significado de "alho-porro", e a cor da Prasiolita é verde alho-porro. A Prasiolita se origina como um tipo de Ametista roxa, encontrada nos depósitos de Montezuma, em Minas Gerais, Brasil, e sua cor é mudada para verde pelo calor. Isso pode ser feito artificialmente em fornos ou fornalhas, aquecendo o material roxo a uma temperatura de 932 graus Fahrenheit, ou possivelmente por atividade vulcânica termal. Além da variedade brasileira, uma variedade de Prasiolita é encontrada no Arizona, Estados Unidos.

ROBERT SIMMONS: A Prasiolita transporta a conexão energética entre os chacras do coração e da coroa, e ela pode ser uma catalizadora para a identificação do ser humano individual com o Eu Superior espiritual. Por meio da associação da Ametista Roxa com o chacra da coroa e proteção psíquica, combinada com a ativação pela Prasiolita das vibrações de cura do coração, existe o potencial para unificar a experiência em que a pessoa se abre com toda a mente e coração para a experiência do Divino. Iniciando-se como uma Ametista roxa e tendo, pela energia do Fogo (calor), se transformado internamente, a Prasiolita se mostra como uma metáfora física do que deve ser cumprido na evolução espiritual humana. Nós somos convocados a puxar o raio roxo do Espírito para a manifestação no mundo físico, por meio do raio verde do coração. O "calor" necessário vem do fogo da vontade da pessoa – o terceiro chacra no plexo solar –, o desejo ardente de que sua existência, e a de todos os outros, seja tudo que estiver destinado a ser. Pela ressonância com a Prasiolita, esse padrão de possibilidade pode ser ativado.

A Prasiolita auxilia a trazer os ideais espirituais à expressão na vida diária. Ela lembra à pessoa amar e abençoar os outros, vendo por suas fraquezas humanas a essência divina em seus interiores. É uma pedra de *namaste*, o reconhecimento da centelha divina dentro de todos os seres. Ela ajuda a pessoa a permanecer cônscia dessa verdade – uma mudança de foco que permite à pessoa transcender as tentações do julgamento e negatividade. Em essência, ela facilita a pessoa a "agir como prega" no que diz respeito à espiritualidade.

Usar, segurar ou carregar Prasiolita junto com Ametista Roxa amplifica a ligação da pessoa com os reinos mais elevados. A Prasiolita também harmoniza com a Danburita, criando uma conexão com os domínios angelicais e facilitando a ativação do "corpo de Luz". Se a pessoa tem um desejo de incrementar o poder ou velocidade dos efeitos da Prasiolita, combiná-la com Moldavita pode facilitar o processo. A Prasiolita facetada é mais focada e intensificada que as peças brutas, mas ambas as variedades podem ser muito poderosas.

PRASIOLITA (ametista verde)

NAISHA AHSIAN: A Prasiolita concede a ancoragem na terra das energias de alta frequência por meio do coração. Sua energia engatilha o centro do coração para se abrir para a energia da Terra e seu Eu Superior. Isso permite à pessoa tornar-se um "para-raios" de energia de cura para a Terra. Os efeitos de aterramento da Prasiolita fazem com que a energia passe através dos centros do coração, eliminando padrões emocionais desarmoniosos. Ela abre o coração para a energia da compaixão e ligação com todas as coisas.

A Prasiolita traz uma síntese entre os aspectos mais elevados e inferiores do corpo. Conectada com ambas, a Ametista, a pedra da Mente, e Citrino, a pedra da Vontade, a Ametista Verde age como uma ponte entre os chacras mais inferiores (aqueles que dizem respeito à vida mais física) e os chacras superiores (aqueles que dizem respeito aos planos de existência não físicos). A Prasiolita é uma pedra do chacra do coração, não apenas por sua cor, mas porque é a pedra do equilíbrio entre os reinos inferiores e mais elevados. O chacra do coração é o centro de energia pelo qual somos capazes de vivenciar as energias etéreas do amor e as energias da procriação e do desejo físico. A Ametista Verde serve como o tradutor entre esses níveis, para que o coração governe tanto os pensamentos como as ações em nossa vida terrena. Em conexão com as vibrações da Ametista Roxa, a Ametista Verde ajuda a pessoa a agir a partir de orientação mais elevada, seguindo seu coração no caminho do Espírito. Com sua ligação ao Citrino, a Ametista Verde possibilita à pessoa conectar a vontade pessoal com a vontade Divina para que a pessoa possa ser um condutor para a expressão da vontade divina na Terra.

A Prasiolita também abre os chacras da coroa e do terceiro olho, iniciando a visão interior. Ela apoia o trabalho de cura feito em níveis xamânicos ou por meio da espiritualidade dirigida para a Terra. Pode ajudar a pessoa a se ligar e comunicar com seres de interdimensões terrestres, como as fadas.

ESPIRITUAL: A Prasiolita auxilia os que estão "sem chão" a se ligar à Terra, enquanto estimula os que estão excessivamente preocupados com questões mundanas a se abrirem para o Espírito. Ela permite que a pessoa se sintonize com a frequência do amor, que é a base de todo o conhecimento espiritual e o meio pelo qual esse conhecimento é compartilhado.

EMOCIONAL: A Prasiolita encoraja a compaixão, a autoaceitação e a autovalorização. Ela nos lembra de que nós todos podemos compartilhar o amor, e compartilhar o amor é o primeiro e mais importante ato espiritual. Ela capacita a pessoa a receber a energia do amor, lembrando-nos de que, ao receber essa frequência dos outros ou do Divino, estamos honrando o coração do Criador.

FÍSICO: A Prasiolita é uma pedra excelente para estimular o coração físico. Ela também é útil em problemas de digestão, desequilíbrio de ácido estomacal, assimilação de nutrientes e nutrição celular. Ela pode auxiliar no tratamento de transtornos alimentares.

AFIRMAÇÃO: Eu me conecto e integro os aspectos inferiores e mais elevados de meu ser no interior de meu coração desperto.

PREHENITA

PALAVRAS-CHAVE: Paz interior, união do coração e da vontade, comunicação com seres não físicos.
ELEMENTO: Terra, Água.
CHACRAS: Plexo Solar (terceiro), Coração (quarto).

A Prehenita é um mineral silicato de cálcio e alumínio com uma dureza de 6 a 6,5. Seu sistema de cristal é ortorrômbico. Em geral, ocorre em formas massivas, botrioides granulares ou de estalactite, mas também, raramente, pode formar cristais prismáticos piramidais ou tabulares. A cor em geral é amarelo-esverdeada, mas pode ser amarela, branca, cinza ou incolor. A Prehenita é encontrada na Austrália, China, África do Sul, Escócia e New Jersey, Estados Unidos.

ROBERT SIMMONS: A Prehenita conecta o coração com a vontade, para que o poder da pessoa seja usado para realizar os comandos do coração. Quando a vontade está conectada com o coração em vez da mente egoica, as ações da pessoa assumem as cores da paz e seus desejos estão alinhados com o maior bem possível em cada situação. A Prehenita acalma a inquietação, nervosismo e ansiedade. Ela ajuda a pessoa a ficar no momento presente e evitar o uso insalubre da imaginação (por exemplo, visualizar todos os futuros desastrosos possíveis!). A Prehenita lembra à pessoa sobre a existência de seu poder pessoal e ao mesmo tempo invoca o uso desse poder a serviço do amor.

A conexão da Prehenita aos terceiro e quarto chacras é profunda em sua habilidade de facilitar o contato com seres de outras dimensões. O coração produz um campo eletromagnético muito mais poderoso do que o cérebro, e seu campo está em contato, por meio das ondas quânticas, com todo o restante do Universo.

Quando a vontade é subordinada ao campo do coração, a pessoa é capaz de dirigir a atenção para qualquer ponto, ou qualquer nível do ser, e seu campo de energia se torna um farol de retransmissão. Consequentemente, os seres em planos mais elevados, dos devas e fadas aos ETs e Mestres Ascensionados, são capazes de notar essa novidade humana e serão levados a se comunicar.

Assim como sua habilidade de "transmitir" é melhorada pela Prehenita, também sua habilidade de receber melhora. Ao usar essa pedra em meditação, a pessoa pode aprender a "ouvir" as correntes da comunicação angelical, a orientação dos seres espirituais ou a canção de seu próprio Eu Superior. A Prehenita também pode ajudar sensitivos e leitores intuitivos a ser mais precisos em suas previsões.

A Prehenita é uma pedra boa para ser levada em retiros ou outras situações em que a pessoa deva passar por algum tipo de disciplina espiritual. Essas pedras auxiliarão a pessoa a tranquilizar a dissonância no interior da mente e "fixar seu coração" na meta da rendição espiritual.

A Prehenita é uma purificadora das energias do sistema digestivo, e também dos rins, suprarrenal, fígado e vesícula biliar. Ela emana uma vibração harmoniosa com o funcionamento suave e integrado dessas áreas do corpo físico.

A Prehenita harmoniza com Adamita, Jade, Smithsonita, Hemimorfita, Aragonita Azul, Tectito Ouro Líbio, Heliodoro, Esmeralda e Moldavita. Azeztulite, Natrolita, Escolecita e Herderita são úteis para incrementar a capacidade da Prehenita de abrir as portas de comunicação com seres de dimensões mais elevadas. A Lepidolita Lilás, Sílica Gel de Lítio, Ambligonita e Petalita são úteis na acentuação da habilidade da Prehenita de aquietar a mente irrequieta e colocar a pessoa em um estado de paz interior. A Prehenita também harmoniza com Lazurita Rosa, Turmalina Rosa, Verde e Negra, Fenacita e Quartzo Satyaloka.

NAISHA AHSIAN: A Prehenita é uma aliada dos elementos Terra e Água, que traz alegria para o coração e paz para a mente. Ela emana renovação, esperança e nutre o campo de energia da pessoa aterrando-o no interior da energia da Grande Mãe Terra. A Prehenita ajuda a acalmar e aterrar a raiva ou energia nervosa excessivas, encorajando uma sensação de paz e calma. Ela ajuda a renovar o *chi* da pessoa e fortalecer o fluxo de energia vital no corpo. A Prehenita liga a pessoa ao coração da Natureza, encorajando uma conexão entre nossos corações e o coração do planeta. Ela é excelente para a intuição e a magia, uma vez que liga a pessoa com as correntes de poder natural à nossa volta.

O aspecto elemento Terra da Prehenita estabiliza o fluxo de energia no corpo, ajudando a pessoa a sentir-se menos nervosa ou menos drenada. Ela estimula a cura, particularmente quando existe um desequilíbrio no sistema circulatório ou no sangue. O aspecto do elemento Água da Prehenita facilita a expressão das emoções ou pensamentos e ajuda a pessoa a se comunicar sem criticismos. Ajuda a pessoa a considerar o impacto de suas palavras antes de falar e acalma os que falam em excesso.

ESPIRITUAL: A Prehenita oferece um ponto de vantagem calmo e reflexivo de onde a pessoa pode explorar a natureza de suas vivências. Ela facilita a ligação com toda a criação centrada no coração.

EMOCIONAL: A Prehenita é uma pedra suave e nutridora que pode ajudar a pessoa a eliminar a identificação egoica com mágoas passadas. É como um "sabonete emocional" que ajuda a lavar os entulhos emocionais da aura. Ela pode agir como um "auxiliar de resgate" ajudando a pessoa a eliminar imediatamente a identificação com mágoas emocionais e evitar que pequenos males cresçam e se tornem feridas emocionais supurantes.

FÍSICO: A Prehenita ajuda a equilibrar e curar o sistema circulatório e a linfa. Ela pode auxiliar na eliminação de toxinas e restos do corpo por meio dos sistemas linfático e urinário. É útil para acalmar infecções do trato urinário e das glândulas.

AFIRMAÇÃO: Eu coloco meu poder pessoal a serviço do coração, e minha vontade está disposta a fazer como o coração deseja.

PROUSTITA

PALAVRAS-CHAVE: Reclamar sua sombra das profundezas, aterrar o corpo e a Terra.
ELEMENTO: Terra.
CHACRAS: Raiz (primeiro), Estrela da Terra (abaixo dos pés).

A Proustita é um mineral de sal de enxofre e Prata com uma dureza de 2 a 2,5. Seu sistema de cristal é hexagonal (trigonal). Pode formar cristais que são prismáticos, romboédricos ou escalenoédricos, e também em formas massivas e compactas. Sua cor é um vermelho escarlate escuro, que pode justificar seu antigo nome Prata Rubi. A Proustita é um mineral de estágio final, encontrado em veios hidrotermais de baixa temperatura, em geral em associação com outros minerais de Prata, Calcita e Galena. Ela já foi encontrada em vários locais de mineração de Prata, e espécimes particularmente bons vêm da Alemanha.

ROBERT SIMMONS: A Proustita ativa o chacra da raiz da pessoa, conectando-o com o chacra Estrela da Terra abaixo dos pés e além dele no interior das profundezas da Terra. Essa pedra tem uma afinidade com as profundezas, tanto física quanto psicologicamente, e pode ser de grande assistência para aqueles cujos caminhos os levam para baixo.

Um preconceito entre muitas pessoas espiritualizadas é a ideia de que "em cima é bom e embaixo é ruim". Esse tipo de pensamento pode criar uma situação em que a pessoa nega seus aspectos inferiores e ao mesmo tempo fica sem contato com suas energias. Esse tipo de pessoa pode ser considerado um "garoto voador" ou "garota voadora". O estado é caracterizado pelo esforço da pessoa em transcender os aspectos inferiores, bagunçados, da vida, "sobrevoando-os" ao agir espiritualmente e vivendo em fantasia. Elas são chamadas de "garotos" e "garotas" em função de seu estado imaturo. Tais pessoas podem ser muito agradáveis e bondosas, mas em geral lhes falta energia e têm dificuldade para fazer as coisas acontecerem para si. Pedras como a Proustita têm a capacidade de trazer esses voadores de volta para a Terra, fortalecendo-os pelos encontros com as profundezas.

Um aspecto importante das profundezas de uma pessoa pode ser chamado de Sombra. Ele compreende todas as partes rejeitadas, negadas, humilhadas e perdidas da pessoa que vivem no inconsciente, no "porão" da psique. Quando a pessoa trabalha com a Proustita em meditação, suas energias de aprofundamento funcionam para trazer esse material de volta para a percepção consciente. Se a pessoa estiver disposta a fazer os esforços para reclamar e integrar esse material de Sombra, ela em geral sentirá um grande ressurgimento da força de vida e entusiasmo vindos de baixo. Tal trabalho pode, é claro, ser feito sem a ajuda de uma pedra, mas a Proustita pode acelerar o processo ao trazer de volta as partes perdidas do eu para cura e reintegração.

A Proustita pode ser útil na cura de um chacra da raiz danificado, talvez depois de trauma ou abuso na infância. Mesmo sem passar pelo processo da "Sombra", essa pedra pode auxiliar no reparo da ligação da pessoa com o corpo e com a Terra. A Proustita também é benéfica para pessoas fisicamente sensitivas que se tornam facilmente desligadas da Terra. Pode ajudar a pessoa a superar *jetlag* ligando a pessoa com a Terra e o fluxo de seu tempo local logo que chega ao seu destino. É um antídoto excelente quando a pessoa esteve trabalhando com pedras de vibração elevada que podem levar a pessoa a sentir-se desligada do corpo.

A Proustita trabalha muito bem com a Zincita e Esfarelita para a ativação dos chacras inferiores. Se for requerido aterramento adicional, a Turmalina Negra e o Quartzo Fumê são recomendados. A Proustita combina maravilhosamente com a Pedra do Profeta para aterrar a Luz espiritual no eu físico e na Terra.

NAISHA AHSIAN: A Proustita também é chamada de "Prata Sangue" por sua cor vermelho sangue e seu uso na purificação do sangue. É um dos minerais mais poderosos para empregar no combate tanto de infecções virais como bacterianas e é uma aliada forte contra fungos e parasitas.

Em um nível mais esotérico, a Proustita também funciona como uma purificadora do campo energético, dos corpos mental e espiritual. Pode ser usada para ajudar a remover fixações etéreas da aura e também padrões de pensamentos negativos do corpo mental. É útil na remoção de cordas e para evitar vampirismo psíquico e parasitas etéreos.

A Proustita é uma aliada do elemento Terra, que ativa e estimula o chacra Estrela da Terra, o base e o segundo chacra. Ela ajuda a pessoa a identificar medos e resistência, e pode auxiliá-la a superar a resistência à mudança ou ao crescimento. É excelente para combater a mentalidade de escassez.

ESPIRITUAL: A Proustita fortalece o campo energético da pessoa para que ela não entre em ressonância com a negatividade com tanta facilidade. É uma pedra de magia poderosa também, ajudando a pessoa a alinhar-se com as forças elementais e o poder da Terra para moldar sua realidade com mais eficiência.

EMOCIONAL: A Proustita pode ajudar a pessoa a superar questões em torno da sexualidade, particularmente onde esses problemas são em razão de abusos passados ou mudança de poder negativa da sexualidade. Ela pode ajudar a remover fixações iniciadas por outros, como em casos de vampirismo psíquico ou parasitismo.

FÍSICO: A Proustita é uma das pedras mais poderosas para ajudar o corpo a curar-se de invasão por vírus, bactérias, fungos ou parasitas. Ela age como uma purificadora energética do sangue e é útil para a desintoxicação e o fortalecimento da imunidade da pessoa. A Proustita é uma aliada excelente para aqueles com o sistema imunológico comprometido, já que ajuda a prevenir infecções oportunistas e outras complicações.

AFIRMAÇÃO: Eu escolho viver integralmente em meu corpo, assentado na Terra, saudável e íntegro, aceitando todos os aspectos de mim, meu amor e perdão.

PURPURITA

PALAVRAS-CHAVE: Purificação, iniciação, liberdade, *insight*, verdade, poder, soberania.
ELEMENTO: Ar, Terra.
CHACRAS: Coroa (sétimo), Terceiro Olho (sexto).

A Purpurita é um mineral fosfato de manganês e ferro, com uma dureza de 4 a 4,5. Seu sistema de cristal é ortorrômbico. Ocorre com mais frequência como uma oxidação mineral nas superfícies de um mineral relacionado, chamado de Trifilita. O nome Purpurita é derivado de sua cor roxa vívida. Os melhores espécimes foram encontrados primariamente na Namíbia.

ROBERT SIMMONS: A Purpurita é uma das pedras mais puras do raio violeta, que oferece a purificação dos campos de energia da pessoa e todos os meridianos. Ela pode ativar o chacra coroa, abrindo a pessoa a experiências de consciência dentro dos reinos espirituais mais elevados. A Purpurita emana uma energia de proteção psíquica, limpando o campo áurico da pessoa e mantendo-a livre de entidades e fixações negativas.

A Purpurita é uma pedra de iniciação. Ao trabalhar com ela em meditação, a pessoa pode fazer uma ligação consciente com seus guias espirituais e ouvir seus conselhos com maior clareza. No estado de sono, a presença da Purpurita perto do corpo estimula a separação do corpo astral do físico e permite que a pessoa permaneça consciente durante e após esse processo. Nos sonhos que acontecem em seguida, a pessoa pode entrar em um espaço em que percebe seus guias angelicais. Essas são as entidades que criam encontros sincrônicos e acontecimentos de "acasos" significativos na vida diária da pessoa. Quando ela é capaz de trabalhar conscientemente com esses guias, a pessoa pode entender melhor o aprendizado do caminho de sua vida, e pode se tornar um participante consciente na orquestração desses acontecimentos importantes.

A Purpurita é uma pedra de liberdade. Ela concede que a pessoa *veja* as barreiras psicológicas que a mantêm presa a rotinas seguras, porém mortificantes, da vida diária, e ela lhe dá a inspiração para se libertar. Ela ensina a pessoa a amar o desconhecido e estar em casa em um futuro indeterminado. Ajuda-a a encontrar coragem para deixar para trás seu sentido de eu familiar e buscar a promessa espiritual de uma identidade maior, que a pessoa pode sentir, mesmo quando não tem um conceito claro do que isso implica ou se ela será capaz de encontrar meios de sobrevivência confortável ao longo desse caminho.

A Purpurita é uma pedra de *insight* e verdade. Ela ajuda a pessoa a "continuar cavando" em busca da realidade que subjaz à aparência. Concede às pessoas que utilizam oráculos, tais como tarô ou *I Ching*, a compreender com mais precisão as orientações que recebem. Ela revela as ilusões dos outros, e torna a pessoa incapaz de enganá-los conscientemente. Se a pessoa, inconscientemente, estiver enganando, ela a torna desconfortavelmente ciente do que está fazendo, o que em geral cessa o comportamento.

A Purpurita é uma pedra do "eu real", iniciando no interior da pessoa o desejo de reivindicar seu poder e usá-lo com sabedoria para o benefício de todos. Ela ajuda os que têm medo de poder a superar suas hesitações. Sua energia de purificação protege a pessoa das tentações de abuso de poder, e sua qualidade de inspiração revela os caminhos de ação mais elevados para dar ao seu poder seu melhor uso. A Purpurita ajuda a pessoa a realizar a soberania do ser e lembrar-se de que o Reino dos Céus está tanto dentro como fora.

A Purpurita harmoniza com Ametista, Sugilita e Charoíta, todas pedras benéficas do raio violeta. Suas energias podem ser levadas mais profundamente no coração combinando-a com Lepidolita Lilás e/ou Lazurita Rosa. Quanto ao poder pessoal, Labradorita Dourada e Heliodoro são boas pedras para magnificar e focar essa energia.

NAISHA AHSIAN: A Purpurita é uma das raras aliadas que constroem uma ponte entre os elementos Terra e Ar. Esses dois elementos são polaridades, e em geral é difícil encontrar um ponto de equilíbrio entre eles. A Purpurita oferece esse equilíbrio, ensina-nos como caminhar na Terra mantendo a consciência espiritual.

A Purpurita é um fosfato de ferro e manganês, e suas propriedades são alinhadas intimamente com as funções desses elementos no corpo. O componente Manganês da Purpurita ativa o coração e a mente, estabilizando o sistema nervoso e abrindo a pessoa para a experiência do amor e da felicidade. Quando usada em meditação, a Purpurita estimula experiências de êxtase e união com a mente e coração do Criador. O componente Ferro da Purpurita aterra essas experiências no corpo físico, ajudando a pessoa a caminhar em alinhamento com o Divino e a manifestar a energia do Divino por meio de suas palavras, pensamentos e ações. Esse efeito de aterramento também se presta bem para o trabalho de cura, já que estabiliza o fluxo de energia no corpo e concede à pessoa integrar mais Luz no nível físico. O componente fósforo da Purpurita permite a iluminação da mente e a revelação da verdade espiritual. O fósforo é o elemento portador de luz. É necessário para a atividade cerebral e alimenta as células do cérebro para que possam funcionar adequadamente. O fósforo na Purpurita ajuda a mente a integrar a informação que ela recebe de comunhão espiritual, possibilitando à pessoa que traga mais luz para a Terra.

A Purpurita é uma pedra mestra para a incorporação espiritual e o alinhamento da mente com a mente maior do Divino. A Purpurita ensina a pessoa a caminhar na Terra com graça e beleza e a usar sua experiência terrestre como uma oportunidade para iluminar o reino material.

ESPIRITUAL: A Purpurita traz a Luz mais elevada para os reinos mais densos da fisicalidade. Ela alinha todo o sistema de chacras, permitindo um fluxo mais livre e potente de energia pelo corpo e a aura. Usada em meditação, a Purpurita alinhará a mente com a energia do Coração Universal, e levará a pessoa ao mais elevado caminho de expressão para sua energia espiritual na Terra.

EMOCIONAL: O conteúdo de manganês ajuda a aliviar o estresse e acalmar os nervos. Ajuda a pessoa a relaxar ansiedades e preocupações e caminhar com graça pelas tempestades da vida.

FÍSICO: A Purpurita facilita a incorporação de mais Luz (energia eletromagnética) no corpo. Ela estimula a função cerebral e pode ajudar a reparar danos no cérebro construindo pontes eletromagnéticas entre os neurônios. Sua energia alimenta o cérebro e melhora a função cerebral. A Purpurita é útil para ajudar o corpo a integrar os campos eletromagnéticos de um modo saudável e pode ser usada a fim de tratar envenenamento radiativo de queimaduras de sol, terapia de radiação ou outras fontes nucleares.

AFIRMAÇÃO: Eu apelo ao Espírito por purificação, orientação, inspiração e verdade, e assumo a responsabilidade pela expressão mais elevada de meu poder pessoal.

QUARTZO (CLARO)

PALAVRAS-CHAVE: Programabilidade, ampliação da intenção da pessoa, magnificação das energias do ambiente, limpeza, purificação, cura, melhoria da memória.
ELEMENTO: Tempestade.
CHACRAS: Todos.

O Quartzo é um cristal dióxido de silício com uma dureza de 7. Seu sistema de cristal é hexagonal (trigonal), e ele está entre os minerais mais abundantes. A família Quartzo inclui muitas pedras discutidas em todas as partes deste livro, e de fato a molécula de quartzo de óxido de silício faz parte de ampla gama de minerais designados como silicatos. Os cristais de Quartzo são encontrados em todos os continentes, e talvez em todos os países da Terra. Os escritos desta seção são principalmente sobre variedades de cristais de Quartzo Claro, exceto quando especificado de outro modo.

Classicamente, as pedras de Quartzo Claro são imaginadas como cristais prismáticos incolores, em forma de cilindro hexagonal com lados relativamente regulares e terminações naturais facetadas em um ou ambos os lados. Essa descrição se encaixa na maioria das variedades neste capítulo, embora o Quartzo possa ocorrer em muitas outras formas de crescimento, incluindo massas compactas ou concretoidais e formas fibrosas, bem como Quartzos macrocristalinos, que não são prismáticos.

O Quartzo ocorre em uma faixa ampla de ambientes e é um elemento essencial em xistos de mica, gneissoides, quartzito, granito e sedimentos consolidados, tais como arenitos, conglomerados, etc. O Quartzo é o principal ingrediente para o vidro feito pelo homem, bem como vidros naturais como Obsidiana e Tectito.

O cristal de Quartzo exibe a propriedade da piezeletricidade, pela qual ele pode transformar energia mecânica (por exemplo, pressão) em energia eletromagnética e vice-versa. Isso o torna útil em aparelhos como rádios, microfones, radiotransmissores, etc.

O Quartzo Claro algumas vezes é chamado de "Cristal de Rocha", e é a pedra mais imaginada quando o termo Quartzo é usado. O nome vem do grego para "gelo" e alguns dos antigos acreditavam que os cristais de Quartzo eram água congelada a uma temperatura tão baixa que nunca poderia derreter.

O Quartzo Claro é há muito objeto de crenças e folclore espiritual. Os japoneses chamavam o Quartzo Claro de "joia perfeita" e o viam como um símbolo do espaço, pureza, perseverança e paciência infinitos. As culturas indígenas da América do Norte de Burma acreditavam que os Quartzos Claros seriam entidades vivas e os presenteavam com alimentos como oferendas rituais. Bolas de Cristal trazidas pelos cruzados tinham fama de possuírem poderes mágicos. Na Escócia e na Irlanda, esferas de cristal de rocha eram usadas há muito tempo para curar enfermidades no gado. Em culturas passadas das Américas Central e do Sul, os cristais de Quartzo esculpidos em forma de crânios humanos eram

QUARTZO (CLARO)

venerados como objetos religiosos poderosos – as moradas dos ancestrais falecidos ou dos deuses. Em uma coincidência ou sincronicidade digna de nota, as tribos aborígenes tanto na Austrália como na América do Sul descreveram em seus mitos de criação a imagem da "serpente cósmica" progenitora de toda a vida, sendo conduzida e orientada por um cristal de Quartzo.

ROBERT SIMMONS: O Quartzo Claro de longe é a pedra mais versátil e multidimensional no reino mineral. Três de suas propriedades-chave são amplificação de energia, programabilidade e memória. Diferentemente da maioria das outras pedras, que possuem determinadas propriedades relativamente fixas, o Quartzo Claro pode ser "programado" pela atenção focada da pessoa para assisti-la em alcançar virtualmente qualquer objetivo na vida interior ou exterior. Ao sentar em meditação com uma peça de Cristal Claro, a pessoa pode visualizar uma imagem de sua intenção ou resultado desejado no interior do cristal, e isso terá o efeito de amplificação psíquica poderosa. Depois de tal sessão, ou especialmente se alguém pratica o mesmo programa, repetidamente, com o mesmo cristal, inúmeros acontecimentos internos e externos parecerão conspirar sincronicamente para criar a manifestação de seu desejo. Claro, quanto mais a pessoa faz um esforço pessoal para realizar a meta, mais oportunidades existirão de que tais sincronicidades benéficas ocorram. De qualquer modo, experiências com esse tipo de amplificação de intenção costumam produzir resultados poderosos e surpreendentes, e também podem auxiliar a pessoa a chegar a uma crença completa no poder invisível da intenção focada. O fato de que o cristal programado "lembra" e amplia o poder do desejo da pessoa pode auxiliar, e muito, a "manter o padrão" de energia por tempo e vigor suficientes para que a manifestação ocorra.

O Quartzo Claro também é uma pedra de Luz, trazendo uma percepção espiritual elevada a qualquer um que o carregue, use ou medite com ele. Ele provê um corredor claro para as frequências vibratórias mais elevadas dos reinos do Espírito para que sejam transmitidas e traduzidas no mundo da forma física. Dormir com um Cristal Claro pode melhorar a vividez dos sonhos e segurá-lo em geral aprofunda a experiência de meditação.

O Quartzo Claro pode ser usado para amplificar as energias de outras pedras ou misturar e melhorar as energias de um grupo de pedras. Isso torna o Quartzo Claro a "base" ideal para ferramentas de energia como bastões, cajados, gabaritos, etc. Os cristais de Quartzo Claro são também ideais para fazer "grades de energia" – disposições padronizadas de cristais no chão ou piso, dentro das quais a pessoa pode sentar ou deitar para receber as energias geradas pela combinação do Quartzo e as formas geométricas da grade. As energias de quaisquer outras pedras colocadas no padrão de grade também serão ampliadas pelo Quartzo.

O Quartzo Claro pode ser usado para praticamente qualquer objetivo metafísico, incluindo cura, expansão da consciência, abertura de chacra, comunicação com guias, recordação de vidas passadas, viagem interdimensional, equilíbrio de polaridade, melhoria da meditação e dos sonhos, atração e envio de amor, geração de prosperidade e praticamente qualquer outra coisa que a pessoa possa imaginar. Ele pode até ser programado para aumentar o poder da imaginação da pessoa. Indivíduos sedentos para usar o Quartzo Claro para "fazer as coisas acontecerem" são avisados de que todas essas manifestações têm seu efeito inicial e mais forte sobre a pessoa que usa o cristal; portanto, quaisquer intenções negativas irão inevitavelmente atingi-la como um bumerangue.

Pelo fato de o Quartzo Claro ser um amplificador indiscriminado de quaisquer energias que o cercam ou entram nele, ele pode coletar uma quantidade singularmente grande de entulhos psíquicos. Isso torna necessário que a pessoa o "limpe" ou "purifique" periodicamente, o que pode ser feito de várias maneiras. A pessoa pode deixar o cristal mergulhado por toda a noite em uma solução de água salgada, cobrir o cristal com sal seco por alguns dias, enterrar o cristal no chão, colocá-lo ao sol, passar fumaça de sálvia em volta dele, segurá-lo em água corrente. Em todos os casos, a pessoa é aconselhada a focar a intenção de limpeza e purificação no centro do cristal. Um efeito colateral feliz disso é que servirá para limpar e purificar sua própria energia pessoal ao mesmo tempo.

Pelo fato de os Quartzos poderem ser usados para facilitar a realização de virtualmente qualquer objetivo, deixamos a afirmação sugerida nesta seção para a imaginação do usuário. E, por minha coautora Naisha Ahsian ser uma especialista nessa área, deixo as descrições de energia das várias formas de cristal de Quartzo para ela. A não ser que seja afirmado em específico, a pessoa pode assumir que todos os cristais a seguir ressoam com o elemento Tempestade e são aplicáveis a todos os chacras.

NAISHA AHSIAN: Os cristais de Quartzo Claro são as ferramentas mais comuns e versáteis no reino mineral. Eles vêm em graus variados de clareza, de claros como água a densamente enevoados. Suas estruturas podem surgir em diversas configurações baseadas no sistema hexagonal. Quantias diminutas de outros minerais podem dar ao Quartzo Claro um tom levemente amarelado, laranja ou rosa.

O Quartzo Claro é um aliado cardinal da Tempestade, trabalhando em todos os níveis dos corpos físico e energético e ressoando com todos os chacras. Sua estrutura e amplitude de ressonância permitem a ele amplificar qualquer energia com a qual entre em ressonância. Ele amplificará as energias de qualquer outra pedra e pode ser usado para fazer as energias de pedras menores serem sentidas com maior facilidade. Por sua habilidade de amplificar qualquer frequência de energia, é um excelente aliado na cura e no trabalho de oração. Por sua energia do elemento Tempestade, é mais ativo no sistema nervoso e nos tecidos conectivos do corpo.

O Quartzo Claro incorpora o conceito de clareza e o valor de tornar-se um recipiente para a Luz do Divino. Ele traz clareza de pensamentos e propósito para a mente e o coração da pessoa e pode assisti-la na superação de confusão. Ele ajuda a estabelecer uma ligação clara e forte com a orientação mais elevada, agindo como um "rádio" etéreo para amplificar a comunicação mediúnica com os seres mais elevados. Pode ser usado para melhorar a comunicação telepática e estimular a visão psíquica.

Os Quartzos Claros são aparelhos de estoque holográfico que podem ser programados ou colocados em ressonância com qualquer pensamento ou sensação que a pessoa deseje transmitir mais vigorosamente para o mundo. Uma vez que o Quartzo Claro tenha sido programado desse modo, ela continuará a ressoar com o pensamento, oração ou sensação – transmitindo constantemente aquela energia pelo campo eletromagnético da Terra e nos reinos etéreos. Isso pode acelerar a realização de suas preces, intensificar trabalhos de cura, ou banhar a Terra e a humanidade em frequências de energia específicas para o propósito de cura da Terra.

Enquanto o Quartzo Claro transporta as energias descritas acima, variações ocorrem, dependendo de onde o Quartzo cresceu e os arranjos de suas superfícies planares interiores e exteriores.

ESPIRITUAL: O Quartzo Claro encoraja a clareza em todos os níveis. Pode ser usado para melhorar a comunicação dos guias e amplificar as habilidades psíquicas. Ele age para estimular e abrir todos os chacras e caminhos de energia no corpo, concedendo um campo áurico mais iluminado e expansivo.

EMOCIONAL: O Quartzo Claro é neutro emocionalmente, mas amplificará qualquer emoção com que ele entra em ressonância.

FÍSICO: O Quartzo Claro estimula o sistema nervoso e o crescimento das unhas e do cabelo. Ele pode auxiliar na remoção de adesões nos tecidos conectivos.

LOCALIZAÇÕES

Os cristais de Quartzo Claro se formam em muitas áreas em todo o mundo, e cada localização empresta suas energias particulares para os cristais. A seguir, algumas energias gerais transportadas pelos cristais de Quartzo Claro mais disponíveis comercialmente.

ARKANSAS: O Quartzo de Arkansas é o mais neutro e mais rapidamente afetado da família dos Quartzos Claros. Ele tem grande claridade e uma energia primordial que é facilmente programável. Os Quartzos de Arkansas são excelentes para trabalho de visão e programação para preces ou cura.

BRASIL: Os Quartzos do Brasil têm uma variedade incrível de energias e formas. O Brasil é o coração mundial da produção de Quartzo e essa energia também é notada nas próprias pedras. O Quartzo brasileiro tem uma frequência suave de coração que é excelente para o trabalho de cura. Ele ainda parece transportar as energias antigas da Lemúria, que combinam as frequências do coração e da mente para nos sintonizar com a fonte divina.

QUARTZO (CLARO)

MADAGASCAR: O Quartzo de Madagascar é aquele com maior predomínio das sensações antigas da tribo dos Quartzos Claros. Suas energias são associadas com o conhecimento antigo, e muitos desses cristais transportam informações registradas de civilizações passadas. O Quartzo de Madagascar ativa a mente espiritual e auxilia no trabalho de visão e meditação. É uma ferramenta excelente para usar em cura, para estimular a ligação espiritual da pessoa e a habilidade do corpo de carregar um espectro expandido de frequência de Luz.

FORMAÇÕES

Todos os Quartzos Claros crescem no sistema cristalino hexagonal, mas existe uma variedade tremenda de formações. A seguir, delineio as formas mais importantes de Quartzo Claro.

BASTÃO LASER: Os Bastões Laser, em geral, são cristais longos, afinados nas pontas com terminações estreitas e são caracterizados por sua habilidade de focar energia em um feixe intenso. Esse feixe de energia pode ser usado depois como um *laser* para remover densidades, entidades, fixações, programas, implantes e cordas do corpo energético. Os Bastões de Laser são para utilização em trabalho de cura, exclusivamente. Eles não tendem a manter as programações com muito vigor como as outras formações de Quartzo Claro.

GERADOR: Uma configuração de Gerador de Quartzo consiste em seis lados iguais encontrando-se perfeitamente no ápice. Essa é uma formação bastante rara e deve ser colecionada se você tiver a oportunidade de encontrar uma. Essas pedras agem como "baterias" de energia da Terra, permitindo à pessoa acessar e utilizar com facilidade a energia eletromagnética da aura da Terra. A pessoa pode usar essa energia receptivamente para recarregar seus próprios reservatórios de energia se ela estiver drenada, ou esteve doente ou machucada. Também pode ser usada de maneira dirigida para transmitir preces e energia do pensamento pelo campo eletromagnético do planeta, de modo muito semelhante ao de uma transmissão de rádio.
Os Cristais Geradores são entidades especiais e agora estão surgindo no planeta para auxiliar na transformação em massa e mudança energética que está acontecendo. Indivíduos e grupos podem utilizar essas pedras para transmitir amor e cura pelo campo energético da Terra, para ser recebida por todos os seres sobre o planeta.

TABULAR: O Quartzo Tabular é chamado assim porque seu padrão de crescimento é plano e largo. Com frequência, os cristais de Quartzo Tabular têm terminação dupla. Eles agem como pontes de Luz que permitem que a energia se movimente sobre áreas em que bloqueios ou rupturas no campo vibratório iriam, sem sua presença, impedir o fluxo de energia. Os Tabulares são aliados excelentes para usar em uma mesa de cura, porque podem amplificar as energias de outras pedras, uma vez que facilitam o movimento de energias da pedra pelos meridianos e sistema de chacra. Em meditação, os cristais de Quartzo Tabular podem auxiliar em viagem astral e exploração de outras vidas.

DUPLA TERMINAÇÃO: Os cristais de Quartzo com Dupla Terminação, como o nome já diz, têm uma ou mais pontas ou terminações em cada lado do corpo do cristal. O padrão de crescimento em espiral dupla dos cristais de Quartzo com Dupla Terminação permite que a energia flua em ambas as direções no corpo da pedra. Enquanto as pedras de terminação única absorvem energia por meio de sua base e a dirigem para fora por sua terminação, os cristais de Quartzo de Dupla Terminação podem receber e transmitir energia por qualquer uma das terminações. Isso só acontece com o cristal com Dupla Terminação natural. Pedras com apenas uma terminação que foram facetadas em formas de terminação dupla ainda transportarão energia em apenas uma direção.

Os Quartzos de Dupla Terminação podem ser usados como Quartzo Tabular para criar pontes em bloqueios ou lacunas no campo de energia ou sistema de meridianos. Quando usados como pingentes, podem dirigir a energia para cima e para baixo na coluna de chacras, fortalecendo o fluxo de energia e auxiliando a pessoa a manter a clareza energética.

Os Quartzos de Dupla Terminação são exemplos maravilhosos da necessidade de tanto dar como receber energia. Eles auxiliam a pessoa a expandir sua consciência ao mesmo tempo em que a ajudam a dissipar o excesso de energia e aterrar o corpo.

AUTOCURADO: Quartzos Autocurados têm uma terminação completa em uma das pontas e uma forma não quebrada, mas não terminada, na outra. É possível identificá-los pelo fato de não existir fratura discernível – embora com frequência alguns padrões muito interessantes – no fim não terminado. São chamados autocurados porque o fim "quebrado" original cresceu de novo com cristais de Quartzo em algum momento da história. Os cristais de Quartzo Autocurados são professores hábeis. Podem auxiliar a pessoa a aceitar suas experiências difíceis e traumas passados, e perceber como aquelas experiências contribuíram para seu crescimento. É pela integração dessas experiências que a pessoa fica sabendo das muitas facetas de seu verdadeiro eu, do mesmo modo que as muitas facetas da base de um cristal autocurado refletem sua estrutura interna.

Os cristais de Quartzo Autocurado podem ser usados para facilitar a cura em todos os níveis, por meio da prática da integração reflexiva. Ao meditar com um cristal Autocurado, a pessoa pode perceber as partes de sua essência íntima que precisam ser aceitas dentro do todo. Que aspectos de seu passado precisarão ser curados? Como você pode progredir em seu caminho de autoconhecimento? Os Quartzos Autocurados podem ajudar você a responder a essas questões.

Os cristais de Quartzo Autocurado também são ferramentas excelentes para usar em trabalho de cura. Eles facilitam a cura de ferimentos de cirurgia ou traumas e são excelentes para uso com ossos quebrados. Em um nível mental, podem auxiliar a pessoa a adquirir uma compreensão de suas lições emocionais e experiências de vida.

ESPÍRITO MANIFESTO (ÍSIS): O cristal Espírito Manifesto apresenta uma face com cinco lados na frente da terminação do cristal, representando os cinco elementos: Terra, Fogo, Água, Ar e Tempestade. O número cinco também representa a expressão do Espírito e energia pela forma e tem sido tradicionalmente conectado com o arquétipo da Deusa. O pentagrama sagrado formado por esses cinco lados estimula a ligação com a fonte divina, particularmente a energia nutridora e criativa da Deusa ou Grande Mãe. Esses cristais têm a habilidade de guiar a pessoa em sua ligação com a energia arquetípica da Deusa e a dar à luz os sonhos da pessoa por meio da ação.

Em meditação, os cristais Espírito Manifesto podem ajudar a guiar a pessoa a ligar-se com a fonte divina e canalizar aquela energia por meio do corpo físico para uma expressão no plano terrestre. Essa configuração de Quartzo é particularmente útil para os que desejam dedicar suas vidas e essências à expressão da energia divina nos reinos da matéria.

TRÍADE DE CRISTAIS MESTRES: CRISTAL INICIAÇÃO, CRISTAL INTEGRAÇÃO E CRISTAL TEMPLO CORAÇÃO

O Cristal de Iniciação é a primeira configuração na tríade de Cristais Mestres. Esses três cristais são, todos, cristais pedagogos Mestres, exibindo as geometrias do sete e do três. O Cristal Iniciação tem uma face de sete lados e outra de três lados. O Cristal Integração exibe duas faces de sete lados em cada lado de uma face triangular. A última e mais evoluída das formações é o Cristal Templo Coração, que exibe três faces de sete lados alternadas com três faces triangulares.

CRISTAL INICIAÇÃO (Canalizador): O Cristal Iniciação permite à pessoa ligar-se com a fonte de conhecimento e compreensão divina. Essa ligação pode ser usada para descobrir e compreender seu caminho, lições e propósito na vida. É uma pedra de aprendizado, representando os estudantes espirituais. Meditar com um Cristal Iniciação permite à pessoa perceber sua fonte de orientação, utilizando essa informação para adiantar seu aprendizado.

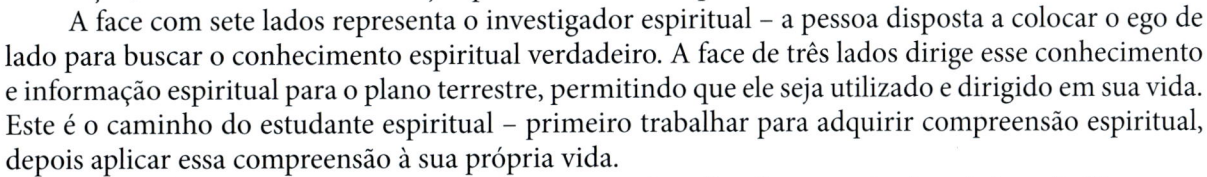

A face com sete lados representa o investigador espiritual – a pessoa disposta a colocar o ego de lado para buscar o conhecimento espiritual verdadeiro. A face de três lados dirige esse conhecimento e informação espiritual para o plano terrestre, permitindo que ele seja utilizado e dirigido em sua vida. Este é o caminho do estudante espiritual – primeiro trabalhar para adquirir compreensão espiritual, depois aplicar essa compreensão à sua própria vida.

O Cristal Iniciação ativa a visão interior e o terceiro olho. Sua energia abre visões e facilita a meditação ao focar a mente na energia da Fonte. Pode ajudar a pessoa a encontrar guias e professores ou a entrar em contato com o conhecimento ou ensinamento que será mais benéfico para seu caminho.

CRISTAL INTEGRAÇÃO (Transmissor): Depois de a pessoa ter utilizado o Cristal Iniciação para se ligar com seus guias e professores, ela pode seguir adiante e trabalhar com a configuração de Integração. Os Cristais Integração exibem duas faces de sete lados em cada lado de um triângulo perfeito, representando o equilíbrio entre o conhecimento espiritual e a ação. Essa configuração representa o fim do aprendizado e o inicio da ação autônoma. A pessoa recebeu o conhecimento de que era necessário compreender seu caminho, e agora ela pode começar a aplicar esse conhecimento no mundo real.

No passado, era mais aceito que pessoas passassem suas vidas em isolamento monástico, apoiadas na busca do conhecimento espiritual. Ao tornar-se um monge, uma freira, um asceta espiritual ou outro investigador dedicado, a pessoa podia retirar-se das preocupações do mundo e focar somente nas questões da alma. Esse é o nível de aprendizado ensinado pelo Cristal Iniciação.

Nos tempos atuais, contudo, nos é pedido que tragamos nosso aprendizado espiritual e conhecimento para o mundo, em vez de os escondermos atrás dos muros de um templo. Isso é muito mais difícil como tarefa, uma vez que requer a integração do Espírito em cada nível da vida da pessoa – mesmo quando sua prática consiste em ir trabalhar, cozinhar refeições, limpar a casa, levar as crianças para treinar ou a outros eventos, e viver uma vida geralmente "normal", com consciência. Nesse nível de vibração, já não é mais suficiente "ficar alto" com energia e conhecimento.

É necessário trazer essa frequência para seu corpo e aterrá-la em cada ação da pessoa. Essa é a frequência e o ensinamento do Cristal Integração.

O Cristal Integração concede à pessoa perceber como viver, agir e reagir a partir de um lugar centrado de compreensão espiritual. Diz respeito à aplicação do aprendizado em situações da vida real e equilibrar a vida da alma com a vida física. O Cristal Integração auxilia a pessoa a perceber que aspectos de sua vida estão em alinhamento com seu propósito espiritual e que aspectos devem mudar para refletir seu conhecimento adquirido.

Enquanto a configuração do Cristal Iniciação diz respeito a receber conhecimento e informação, o Cristal Integração é sobre dirigir essa energia para dentro do mundo e do Cosmos. É por meio do processo de dirigir energias mais elevadas para dentro do mundo que a pessoa vem a entender e utilizar seu próprio poder. Uma vez que alguém tenha praticado dirigir a energia espiritual para dentro do mundo, está na hora de progredir para o cristal de configuração Templo Coração.

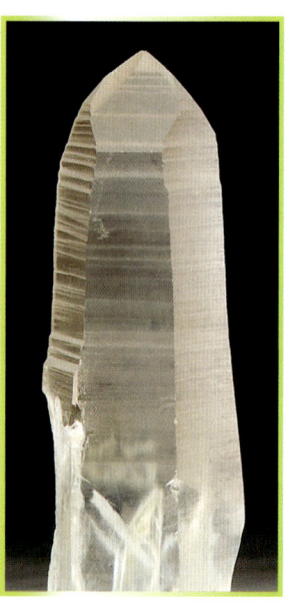

CRISTAL TEMPLO CORAÇÃO (Dow): O Cristal Templo Coração tem três faces de sete lados que alternam com três faces triangulares, todas se encontrando em uma terminação perfeita. Esse cristal é significativo não apenas por sua bela geometria e simetria, mas também por sua poderosa propriedade de ativação do coração.

O Templo Coração é uma formação bastante rara de Quartzo. Quando uma dessas joias surge, em geral é um sinal de transformação iminente e um salto quântico em consciência e compaixão. Ele tem uma das frequências mais elevadas do que qualquer configuração de cristal de Quartzo Claro – uma frequência de energia que é particularmente importante nesses termos. Ele estimula o chacra do coração e auxilia a pessoa a perceber e expressar a compaixão e amor divinos. Suas energias de cura mais importantes vêm de sua habilidade para abrir o coração e auxiliar a pessoa a ressoar com essa energia do amor divino.

A frequência do cristal Templo Coração é a da Sacerdotisa iluminada. Ela tem grande conhecimento espiritual e praticou colocando esse conhecimento para funcionar. Ela aceitou seu poder pessoal como uma extensão e expressão do poder divino e está disposta a fazer escolhas e tomar decisões baseadas em sua compreensão espiritual, temperada por um sábio e poderoso coração de compaixão. O Cristal Templo Coração transporta a frequência de *Kwan Yin*, a deusa da compaixão e da cura.

Nesse nível de aprendizado, o Cristal Templo Coração revela que o poder verdadeiro da pessoa está assentado no interior do chacra do coração. É por meio do casamento do conhecimento espiritual e da compaixão que a verdadeira iluminação e ação iluminada podem se tornar manifestas no mundo.

Os Cristais Templo Coração podem ser usados para ativar a mente e o coração, auxiliando a pessoa a abrir-se para a compaixão, compreensão iluminada e cura verdadeira a partir do coração. Cristais Templo Coração grandes são ferramentas excelentes para altares e lugares sagrados ou quartos de cura. Eles auxiliam a pessoa a se ligar com o coração do Divino e a desenvolver compaixão pelo mundo e por cada um. Grupos podem sintonizar a energia do Templo Coração para enviar preces de cura para o Cosmos, onde elas podem ser acessadas por qualquer um que possa precisar de direção, orientação ou cura.

QUARTZO (CLARO)

ARQUIVISTAS: ARQUIVISTA ELEVADO e ARQUIVISTA SUBMERSO

O Cristal Arquivista Elevado é, de longe, a forma mais comum encontrada hoje em dia. É reconhecido pelos triângulos elevados que aparecem nas faces principais das terminações da pedra, apontando "para cima", para o ápice da terminação. Embora esses triângulos possam aparecer ou "pipocar" de repente, é mais possível que eles já fossem visíveis quando a pessoa recebeu a pedra.

Os Arquivistas Elevados ativam a memória celular e auxiliam a recuperar informação de sua linhagem ou vidas passadas. Essas pedras tendem a não ser programadas com informações: pelo contrário, elas agem como chaves para destravar o que está registrado no interior da estrutura celular da pessoa. Cada triângulo surge como um gatilho para ativar uma corrente específica de conexão no DNA. Ao trabalhar com essas pedras, não é incomum que os triângulos subam ou desapareçam na medida em que os aspectos da memória celular da pessoa são eliminados e integrados, e novos aspectos são ativados.

Os Arquivistas Submersos são indicados por um triângulo apontando para cima que parece ser cortado na pedra e recua para a superfície do cristal. São similares a "fechaduras" na superfície da face, mas têm formas triangulares distintas. O Arquivista Submerso é um "verdadeiro" arquivista, e eles são mais raros que os Cristais Arquivistas Elevados. Enquanto os Arquivistas Elevados ativam a memória celular para que a informação possa ser recuperada dos arquivos internos dos bancos de dados da pessoa, o Arquivista Submerso contém um banco de dados de informações dentro da própria pedra. Em geral, essa informação foi registrada durante os tempos das civilizações antigas. Muito dessa informação tende a ser atlântica, mas informações de outras civilizações e das nações Semente Estelar também já foram recuperadas. Em geral, apenas a alma que programou o cristal originalmente será capaz de acessar totalmente sua informação, embora o triângulo possa ser visível e o cristal utilizado por outros.

QUARTZO PORTAL (Conexão de Tempo): O Quartzo Portal pode ser usado para acessar outras dimensões, tempos e reinos da existência.

A configuração de Quartzo Portal consiste em um paralelogramo que cria uma sétima face na terminação do cristal. Quando se olha para a face principal da pedra, esse paralelogramo pode ser ou no lado esquerdo ou no direito. Ocasionalmente, o Portal aparecerá exibindo ambos os lados ao mesmo tempo. A direção do paralelogramo indica o tipo de jornada que a pessoa poderá ter ao meditar com a pedra.

Um paralelogramo de face esquerda ativa o lado direito do cérebro, capacitando a pessoa a acessar visões, experiências emocionais e informações sobre cura. Um paralelogramo no lado direito da face principal ativa o lado esquerdo do cérebro, permitindo que a pessoa acesse informações sobre tecnologias, ciências, processos e estruturas de uma natureza mais linear. Em geral, um portal de lado direito ligará a pessoa com tempos de vida, dimensões e seres que podem auxiliar em cura emocional e trabalho intuitivo, enquanto o do lado esquerdo irá ligar a pessoa com tempos de vida, dimensões e seres que revelarão tecnologias e ciências que podem ser úteis em nosso desenvolvimento evolutivo e cognitivo.

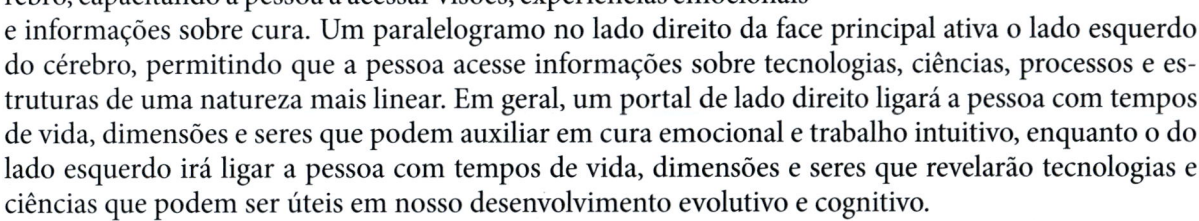

Os Quartzos Portal podem ser usados efetivamente em trabalho de cura de vida alternativa. Todos os tempos de vida ocorrem simultaneamente, e curar ou crescer em um tempo de vida afeta todos os outros. Em geral, um portal de face direita pode ser usado para curar ferimentos emocionais do passado ou de vidas passadas. O portal de face esquerda pode ser usado para explorar vidas futuras e visualizar os desejos futuros para essa vida. Os portais dirigidos para a direita podem auxiliar a pessoa a perceber as raízes cármicas para as situações de vida atual, enquanto os dirigidos para a esquerda podem auxiliar a pessoa a perceber os efeitos cármicos de suas escolhas da vida atual.

QUARTZO CETRO: O Quartzo Cetro combina a energia poderosa da Tempestade dos Quartzos com o poder direcional do fogo. Sua forma é muito parecida com uma ponta de flecha e sua energia pode ser relacionada à do naipe de bastões do tarô – encorajando a criatividade, direção e ação. O Quartzo Cetro estimula a aura, ajudando a pessoa a sentir-se mais energizada e excitada em agir e movimentar-se em novas direções. Sua frequência ajuda a pessoa a abrir-se para a mente criativa e encontrar novos modos de trazer os pensamentos para a forma física. O Quartzo Cetro ajuda a pessoa a "agir como prega" e alinhar suas ações com seus ideais. Essa energia aliada é maravilhosa para ajudar alguém a readquirir seu poder e encarregar-se de fazer mudanças em sua vida. Pode ajudar a evitar que a pessoa se sinta impotente, controlada pelos outros ou incapaz de agir por outras razões.

O Quartzo Cetro estimula o corpo emocional a liberar raiva, ressentimento ou medos presos ou enterrados. Sua frequência ajuda a pessoa a expressar seus pontos de vista de um modo equilibrado, para que essas emoções não cresçam e se tornem tóxicas. Esse aliado também ajuda a pessoa a sentir-se mais capaz, poderosa e apta a responsabilizar-se por sua situação de vida.

O Quartzo Cetro é um grande aliado de cura para todos os tipos de desequilíbrio do elemento Fogo. Ele pode ser usado em meridianos bloqueados nos pontos de energia para ajudar a estimular e eliminar a estagnação. Sua energia é ideal para superar disfunção sexual e desequilíbrios hormonais.

QUARTZO TRIGÔNICO

ROBERT SIMMONS: Embora este capítulo seja de Naisha, eu tinha de enfiar esse no fim! Os cristais de Quartzo Trigônico estão entre as formações mais raras em todo o *entourage* dos Quartzos. São caracterizados por um triângulo inscrito em uma ou mais das faces de terminação, similar ao do Arquivista Submerso. Mas, diferentemente do Arquivista, que mostra o triângulo apontando "para cima", para o cimo da terminação, o triângulo Trigônico aponta "para baixo", distanciando-se da terminação. Esse é o meio de identificar os cristais de Quartzo Trigônico, que são muito mais raros que os Arquivistas. Contudo, o importante sobre eles é a energia e informação disponível por meio deles.

Os Quartzos Trigônicos são cristais de transição – moradores do portal do limiar entre mundos. Eles permitem à pessoa que sintoniza com sua vibração ver e viajar para o interior dos reinos visionários além da morte. Eles são ideais para praticantes de xamanismo, que devem, com frequência, visitar o Outro Mundo, em nome de seus clientes – recuperando partes da alma, expulsando entidades negativas e, de vez em quando, lutando pelas vidas dos que estão sob sua proteção. O Quartzo Trigônico fornece tanto o acesso quanto uma medida de proteção para os que estão trabalhando com ele desse modo, mas essa não é a única porta que ele abre.

Do mesmo modo que os Arquivistas fornecem acesso para acontecimentos do passado profundo da humanidade e da Terra, os Trigônicos podem dar ao investigador a chave para o futuro. Essa é uma experiência ainda mais estonteante do que ver o passado, porque o futuro é indeterminado.

Ele flui à nossa frente como um rio de potencial ilimitado, e, logo que a pessoa define uma imagem dele, o futuro desaparece. Os Trigônicos nos ensinam a nos abrirmos, em um estado de antecipação grata, ao desconhecido indefinido, às possibilidades irrestritas do que pode ser, sem tentar conceituar nada. Esse tipo de verdade absoluta – dar-se ao adiante para o interior do momento seguinte sem ter como saber ou controlar o que virá – segue paralelamente com o que é chamado de iluminação e o Reino do Céu. Meditar com um Quartzo Trigônico pode dar à pessoa primeiro um petisco e, no fim, uma porção de todo esse banquete do mundo que está vindo a ser. A pessoa deve aprender a residir no coração e interromper seus programas de controle arraigados para receber essa dádiva, mas o mundo dos cristais não oferece nada melhor. E os que praticam essa rendição radical de si prestam grande serviço para o mundo.

O Trigônico pode ocorrer em Quartzos Claros, Ametistas, Citrino ou Quartzo Fumê. O Quartzo Claro oferece a vibração mais elevada; a Ametista melhora a proteção; o Citrino aumenta a clareza mental e o Quartzo Fumê ajuda no aterramento. Os Quartzos Trigônicos podem ser usados com qualquer outra pedra, e suas capacidades não diminuirão. Pelo contrário, elas amplificarão o que as outras pedras oferecem.

QUARTZO AURA DO ANJO

PALAVRAS-CHAVE: Elevação, paz, serenidade, consciência expandida.
ELEMENTO: Ar.
CHACRAS: Coroa (sétimo), Etéreo (oitavo e além, acima da cabeça).

A partir da perspectiva deste livro, existem apenas poucas pedras com as cores intensificadas que sentimos serem energeticamente ativas, singulares e úteis. Em geral, nossa posição é que pedras tingidas, descoloridas ou revestidas para torná-las atraentes não são melhores e muitas vezes são piores do que em suas formas não enfeitadas. Uma das exceções a essa regra é o Quartzo Aura do Anjo (outra é seu primo Aqua-Aura). Essa pedra é produzida quando pontos ou nódulos do Quartzo Claro passam por um processo de tratamento especial em que suas superfícies são unidas com platina, prata e outros traços de metal vaporizados ou na forma de pós muito finos. O cristal resultante exibe superfícies prateadas com *flashes* de cor brilhante iridescente. O nome Quartzo Aura do Anjo deriva de sua cor parecida com as imagens das asas delgadas de anjos e de sua ligação energética com os domínios dos anjos.

A dureza do Quartzo Aura do Anjo é 7 e sua camada de cor é permanente. Ela não vai desbotar ou perder a tinta, embora serras e moinhos possam cortá-la. As energias do Quartzo, Platina e Prata combinam para emanar um espectro singular de energias sutis.

ROBERT SIMMONS: As sombras rebrilhantes das cores iridescentes que destacam o Quartzo Aura do Anjo imediatamente colocam a pessoa na mente dos anjos. Existe algo delicadamente elevador no Quartzo Aura do Anjo, uma qualidade de doçura que estimula o espírito e eleva o humor da pessoa. Ao meditar com essa pedra, a pessoa pode com facilidade se movimentar além do corpo e ir para seu "templo interior". Esse é um lugar de purificação e descanso, em que os guias angelicais da pessoa estão presentes prontos para ajudá-la a aliviar o estresse e se movimentar em direção a uma paz profunda.

A lembrança de encarnações passadas, *insights* sobre o propósito espiritual, habilidade para canalizar conhecimento superior e a oportunidade para comungar com entidades espirituais amorosas estão entre as possibilidades disponíveis pelo trabalho com o Quartzo Aura do Anjo. E todas essas coisas acontecem em uma "bolha" de paz, tranquilidade e contentamento.

O Quartzo Aura do Anjo é uma pedra de sintonia com a beleza e pode auxiliar a pessoa a lembrar-se de prestar atenção à beleza que a circunda, tanto na Natureza como no Espírito. Usar um Quartzo Aura do Anjo ajuda a pessoa a ser um farol de beleza interior, paz e percepção espiritual durante sua jornada neste mundo.

QUARTZO AURA DO ANJO

O Quartzo Aura do Anjo harmoniza bem com o Aqua-Aura que ativa o chacra da garganta e auxilia na comunicação dos *insights* recebidos enquanto trabalha com o Quartzo Aura do Anjo. Ela também funciona em sinergia com a Danburita, Petalita e Serafinita, todos de apoio para a comunicação com os domínios angelicais. Combinar Opala Azul Ohyhee, Opala Oregon ou Alexandrita com Quartzo Aura do Anjo pode ajudar a trazer memórias mais vívidas de vidas passadas. Para estimular as energias de serenidade e paz do Quartzo Aura do Anjo, Kunzita e Ambligonita, Turmalina Rosa e Quartzo Lítio são aliados recomendáveis.

HAZEL RAVEN: O Quartzo Aura do Anjo é um produto da tecnologia moderna, do mesmo modo que o Aqua-Aura. A beleza desses Quartzos é aparente, uma vez que a "nova" tecnologia estimula as propriedades poderosas do mestre da cura, o Quartzo Claro. A Luz de arco-íris do Quartzo Aura do Anjo traz alegria e otimismo.

O Aura do Anjo é um ativador de brilho em todos os níveis do corpo e campos de energia. Tem sido usado para limpeza de aura e chacra, removendo "laços", crenças limitadas, atitudes mentais errôneas, contratos psíquicos não declarados e parasitas astrais. Ele alinha e purifica todo o sistema de chacras, permitindo que o "Corpo Arco-íris de Luz" seja ativado e integrado. O Corpo Arco-íris de Luz é a integração total do "eu superior" e sua ativação total leva à iluminação.

O Aura do Anjo concede que a pessoa alcance estados de meditação profunda para integrar o conhecimento adquirido. Durante a prática de meditação, a mente pode assumir vários estados de quietude e paz que podem ser ilusórios. Existe um prazer supersensual que vem com os estágios inferiores do samadhi que, uma vez experimentados, levam o meditador a imaginar que o alvo final foi alcançado. O Aura do Anjo mostra-lhe que você nunca deve ficar satisfeito com essas vivências inferiores, mas continuar em frente em direção à experiência de samadhi total ou união total.

A meditação é uma prática para toda a vida, pois nunca existirá um ponto em que não haja nada mais para ser aprendido. O último obstáculo que todos os que meditam têm de enfrentar antes que a união total seja alcançada é o grande vazio. Esse também deve ser cruzado pelo meditador. Ele é acompanhado por uma sensação muito intensa de ser deixado nu e totalmente sozinho. Não existe nada que pode ser visto ou ouvido. O meditador está além de buscar consolo nos outros e confronta essa ilusão individualmente. A força da mente é necessária nesse ponto e, ao extrair coragem e força do interior, é feito um salto de fé triunfante. O Quartzo Aura do Anjo dará Luz do arco-íris, força e coragem para os que sinceramente buscam a iluminação e a consciência cósmica.

ESPIRITUAL: O Quartzo Aura do Anjo abre a percepção da pessoa para a frequência do domínio angelical. Auxilia a pessoa a lembrar das lições de encarnações passadas e sintonizar com seu propósito espiritual.

EMOCIONAL: O Quartzo Aura do Anjo levanta os ânimos da pessoa e a coloca em um estado de serenidade e paz, em que é capaz de perceber e receber as energias de amor dos planos elevados.

FÍSICO: O Quartzo Aura do Anjo permite o alívio do estresse e a harmonização do campo de energia com o corpo físico da pessoa.

AFIRMAÇÃO: Eu convoco minha ligação com os reinos angelicais, e peço por elevação, paz e serenidade.

QUARTZO AURA TANZINE

PALAVRAS-CHAVE: Habilidade psíquica, a Pérola Azul, conhecimento interior direto, reconhecimento de seu "plano" espiritual.
ELEMENTO: Tempestade.
CHACRAS: Terceiro Olho (sexto), Coroa (sétimo), Estrela da Alma (oitavo).

Na perspectiva deste livro, existem apenas algumas pedras com cor aprimorada energeticamente ativas, singulares e úteis. Em geral, nossa posição é que as pedras que foram tingidas, descoloridas ou salpicadas para torná-las atraentes não são melhores, e algumas vezes são piores, do que em sua forma sem adornos. Uma das exceções para a regra é o Quartzo Aura Tanzine. Essa pedra é produzida quando as pontas ou geodos de Quartzos Claros passam por um processo de tratamento especial em que suas superfícies são amarradas com Índium, Nióbio ou Ouro, ou traços de outros metais vaporizados ou em pó fino. Os cristais resultantes exibem uma superfície azul violácea vívida, com *flashes* de cores brilhante iridescentes. O nome Quartzo Aura Tanzine deriva de sua cor e semelhança energética com a Tanzanita. A dureza do Quartzo Aura Tanzine é 7, e sua camada de cor é permanente. Ele não desbotará ou desgastará, embora possam acontecer recortes ou grades neles. As energias do Índium, Nióbio e Ouro do Quartzo Aura Tanzine combinam-se para emanar um espectro singular de energias sutis.

ROBERT SIMMONS: O Quartzo Aura Tanzine é uma bela gema do raio índigo/violeta. Ele cobre o mesmo espectro de cor da inspiradora de seu nome Tanzanita, e de fato sua radiação de cores é semelhante à apresentada pelas gemas mais finas de Tanzanita. Como seus primos Aqua-Aura, Ouro Imperial e Quartzo Aura do Anjo, o Quartzo Aura Tanzine é criado pela amarração piroelétrica do Quartzo Claro natural com componentes metálicos atomizados – neste caso, Índium, Ouro e Nióbio, todos as três substâncias poderosas em si mesmas. Quando combinados com o Quartzo puro, que amplifica seus poderes, esses três elementos criam um padrão de vibração intenso.

O Quartzo Aura Tanzine é um dos materiais mais poderosos para o desenvolvimento das habilidades psíquicas latentes da pessoa e a melhoria de sua ligação consciente com o Espírito. É um aliado incrivelmente potente para a intuição de todos os tipos – médiuns, xamãs, leitores, canalizadores, curadores – e também para os que simplesmente desejam tornar suas percepções sutis mais claras. Ele estimula os chacras do terceiro olho e da coroa, misturando e unificando suas energias. Pode, com efeito, ativar todos os centros da mente e conectá-los de forma a trabalharem juntos como um. É um precursor do despertar do cérebro inteiro e da realização do potencial humano integral.

O Quartzo Aura Tanzine pode abrir o olhar interior para a percepção do "outro mundo" que coexiste com o nível de vibração da Terra física. Ele permite à pessoa comunicar-se com guias espirituais, anjos, seres humanos falecidos, ETs e outras entidades dos reinos normalmente invisíveis. Ele melhora o acesso da pessoa ao conhecimento oculto e pode ajudar viajantes interdimensionais a acessarem os registros akáshicos e outros campos de informação morfogênicos. Ele pode auxiliar a pessoa a unificar a consciência individual com a do Eu Superior.

Usar ou meditar com o Quartzo Aura Tanzine pode ativar a percepção da pessoa da "Pérola Azul", descrita pelos místicos como um pequeno círculo de luz azul elétrica que aparece algumas vezes por um instante no campo visual das pessoas, em geral como um sinal de progresso espiritual ou uma decisão correta relativa a seu caminho dármico. Meditar sobre a Pérola Azul enquanto usa ou segura um Quartzo Aura Tanzine pode facilitar a percepção da pessoa relativa a fenômenos paranormais, o que pode fornecer uma orientação espiritual significativa. Sustentar a visão da Pérola Azul por períodos de tempo cada vez mais longos é um modo de fortalecer os sentidos mais elevados, e pode levar ao samadhi. O Quartzo Aura Tanzine pode ser uma ferramenta útil para tal empreendimento.

O Quartzo Aura Tanzine pode melhorar a habilidade mental nos níveis mundanos também. Ele estimula o pensamento claro e ajuda na memória. Auxilia a pessoa a encontrar inspiração e pode evocar experiências de momentos "aha!". Ele ajuda a descobrir novas soluções para problemas de longa duração pensando "fora da caixinha".

Emocionalmente, o Quartzo Aura Tanzine permite à pessoa acender a paixão espiritual e transcender estados de indiferença e tédio. Renova o entusiasmo da pessoa pelo caminho do misticismo e da autorrealização.

O Quartzo Aura Tanzine sustenta energeticamente a função cerebral e pode ajudar a unir as atividades dos hemisférios cerebrais. Ele concede à pessoa trabalhar conscienciosamente para refazer e "reprogramar" padrões neuronais disfuncionais. Por suas energias espirituais benéficas, é recomendado para os que sofrem com deteriorações ligadas à função cerebral.

O Quartzo Aura Tanzine harmoniza com os Quartzos Aqua-Aura, Aura do Anjo e Ouro Imperial, e também com Moldavita, Azeztulite, Fenacita, Natrolita, Lápis e Ametista.

HAZEL RAVEN: O Quartzo Aura Tanzine manifestou-se nestes tempos, principalmente, para ativar o chacra Estrela da Alma. Esse chacra está localizado por volta de 15 centímetros acima da cabeça. Algumas vezes é mencionado como o oitavo chacra e é o primeiro dos chacras não físicos transcendentes acima da cabeça. Você tem outros chacras ou centros de energia mais elevados acima de sua cabeça, mas esse é o que lhe dá acesso a outros níveis, esferas ou dimensões. O chacra Estrela da Alma é dormente na maior parte das pessoas, uma vez que elas perderam ou se esqueceram de sua ligação com a alma. O Quartzo Aura Tanzine trabalha com a chama violeta da transformação espiritual e a pérola "semente" azul do discernimento da Alma. A pérola "semente" azul é o símbolo do chacra Estrela da Alma e pode ser ativada apenas quando o chacra coroa tiver sido aberto e alinhado com nosso propósito mais elevado. Em um sentido muito verdadeiro, esse cristal maravilhoso traz o Espírito e a Alma a um alinhamento perfeito. Isso facilita as viradas imensas na consciência quando começamos a perceber integralmente nossa natureza divina. O Quartzo Aura Tanzine também limpa e ativa os chacras da garganta e do terceiro olho, trazendo uma cura profunda para os que fecharam seus olhos para a injustiça e se abstiveram de falar sua verdade. Os benefícios dessa cura serão aprender a ver, falar e ouvir a "linguagem da Luz". Essa compreensão é baseada na geometria sagrada, sons sagrados e as imagens lampejantes do universo quântico em que a ciência e o misticismo são uma e mesma coisa.

ESPIRITUAL: O Quartzo Aura Tanzine eleva de repente a assinatura vibratória de quem o usa; isso expande sua mandala pessoal ou "plano original", que está contido no interior da pérola "semente" azul, permitindo baixar as informações que são ativadas a partir dos registros akáshicos. O Aura Tanzine pode ser usado para jornadas interiores/exteriores. Sua assinatura vibratória elevada fará com que você *veja* o estreitamento do véu entre os vários planos de consciência, permitindo uma comunicação clara com os Mestres Ascensionados, Anjos, guias espirituais e outros seres iluminados de dimensões não disponíveis comumente para você.

EMOCIONAL: O Quartzo Aura Tanzine ajuda o *insight* compassivo. Ele permite amigavelmente que eliminemos o estresse e as preocupações que podem ter retardado nosso crescimento emocional. O Quartzo Aura Tanzine manifesta a ação divina correta no íntimo de nossas vidas, dissolvendo padrões antigos de doenças cármicas e criando um espaço seguro para que novos padrões sejam integrados.
FÍSICO: Físicamente, o Quartzo Aura Tanzine nos ajudará a lidar com qualquer resíduo cármico que possa afetar adversamente o corpo físico.
AFIRMAÇÃO: Conclamo todas as minhas capacidades interiores à medida que percorro o caminho da realização de meu propósito espiritual.

QUARTZO AZUL SIBERIANO

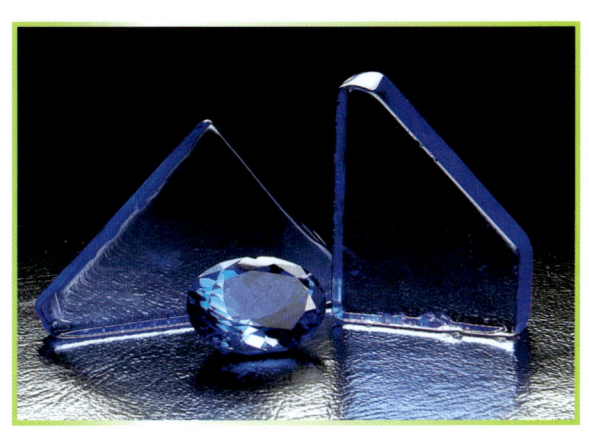

PALAVRAS-CHAVE: Despertar psíquico, mediunidade, clareza mental e *insight*, sensação de estar em casa na Terra.
ELEMENTOS: Ar, Água.
CHACRAS: Terceiro Olho (sexto), Garganta (quinto).

O Quartzo Azul Siberiano é o nome dado a um Quartzo criado em laboratório de cor azul cobalto que foi criado primeiro na Rússia. Ele é um material dióxido de silício com uma dureza de 7. Seu sistema de cristal é hexagonal (trigonal). Sua cor azul estonteante vem do cobalto introduzido na solução de cristal em crescimento.

ROBERT SIMMONS: Embora essas pedras sejam cultivadas em laboratório, muitos indivíduos sensitivos concordam que o Quartzo Azul Siberiano transporta uma grande quantidade de energia. Não existe outra gema que exiba de modo tão impressionante o raio azul como o Quartzo Azul Siberiano. Essas gemas impressionantes ativam imediatamente tanto o chacra da garganta como o terceiro olho, em uma harmonia mesclada que tanto desperta os *insights* da mente mais elevada como facilita a comunicação eloquente de seu conhecimento. A energia do elemento Ar dessa pedra evoca o despertar psíquico, e ela pode ser de assistência para os que desejam desenvolver os poderes da clarividência, clariaudiência, clarisensciência, profecia, psicocinese, mediunidade e comunicação interdimensional. Para indivíduos que já estão bem despertos nesses domínios, a pedra fornece uma influência equilibradora e calmante, estabilizando as energias que entram e permitindo à pessoa permanecer centrada e limpa, tanto durante quanto depois de receber informações de fontes mais elevadas.

Como o Quartzo natural, o Quartzo Azul Siberiano é programável, e nesse caso as pedras são predispostas para a melhoria das habilidades psíquicas. Por sua sintonia, a pessoa pode ter excelentes resultados quando programa o Quartzo Azul Siberiano para assistência psíquica. Por exemplo, se a pessoa está tentando localizar um objeto perdido, ela pode meditar com uma peça de Quartzo Azul Siberiano, imaginando o objeto em questão e focando na intenção de localização. Depois, a pessoa pode dormir com a pedra, observando seus sonhos por pistas, e ela também pode voltar atrás e meditar com a pedra de novo, prestando muita atenção às imagens e impressões que possam surgir. O mesmo tipo de processo pode melhorar seus resultados com qualquer outro poder psíquico.

O Quartzo Azul Siberiano liga a pessoa com o elemento Água e, portanto, com os domínios da emoção e do Espírito. Pode ser uma pedra de cura para os que se sentem incompreendidos ou desconfortáveis no plano terrestre, ou qualquer um que se sinta alienado dos outros. Existe tanto uma sensação de sentir-se "em casa" quando usa a pedra, como também um condutor energético de ligação com os outros em seu ambiente, de tal modo que a sensação de ser desconfortavelmente "diferente" dos outros desaparece. Essas pedras iluminam a humanidade comum que compartilhamos nos planos emocional e espiritual, e nos ajudam a lembrar e comunicar essa verdade.

Aqueles que trabalham em várias investigações que demandam clareza de mente e poderes fortes de *insight* descobrirão que o Quartzo Azul Siberiano é um aliado útil. É altamente recomendado para os que estudam ciência, matemática, escrita criativa, falam em público, ensinam e atuam, e também os que desejam desenvolver habilidades psíquicas. Também pode ajudar os que desejam recuperar informação de vidas passadas ou que desejam receber mensagens de seus guias espirituais.

O Quartzo Azul Siberiano harmoniza com Danburita, Ametista, Moldavita, Opala de Oregon, Aragonita Azul, Shattuckita e Fenacita. Sua ativação psíquica é melhorada ainda mais pela Iolita e a Opala Azul Owyhee.

HAZEL RAVEN: O Quartzo Azul Siberiano é o resultado das energias híbridas do homem e do mundo mineral. As pedras foram cultivadas em laboratório especificamente pela sua natureza infalível e altamente refinada e pelas cores vibrantes. Os Quartzos cultivados são, atualmente, a forma mais pura de Quartzo, não tendo inclusões e com um padrão mais estável de rotação nas moléculas, o que acelera o movimento de energia no interior do cristal.

Os componentes de Quartzo dessa pedra agem como amplificadores, transportadores e focalizadores para as energias do cobalto com que ela foi cultivada. O Raio Azul Cobalto tem uma mistura maravilhosa de serenidade, pureza e beleza. Ele está relacionado aos chacras da garganta e fronte, o que incorpora as qualidades de visão interior, clarividência, intuição, comunicação e desapego.

O Quartzo Azul Siberiano limpa e ativa os chacras da garganta e da fronte, o que inicia as habilidades psíquicas avançadas e facilita uma interpretação mais clara da informação recebida. Ele leva a pessoa além de seus sistemas de crença autolimitantes para reinos não cartografados de possibilidades infinitas. Ele instila confiança na própria intuição da pessoa e em suas habilidades intuitivas. Reduz a tensão e traz calma para o corpo aquietando a mente e proporcionando objetividade de suas emoções mais baixas.

O Quartzo Azul Siberiano melhora o fluxo da comunicação em todos os níveis e ajuda na compreensão e assimilação de novos conceitos. Ele mostra à pessoa o quadro maior e remove o estresse e a confusão de não ver com clareza.

O Quartzo Azul Siberiano limpa os estados caóticos em qualquer nível da psique, então ele é uma ferramenta de cura excelente, para ser usada quando a pessoa necessita encontrar novamente seu próprio "espaço" ou quando ela precisa de descanso, solidão, paz, serenidade, tranquilidade e objetividade. Ele ajuda o investigador da verdade espiritual a permanecer no caminho mais elevado do conhecimento, sabedoria e iluminação.

ESPIRITUAL: O Quartzo Azul Siberiano abre os chacras do terceiro olho e da garganta, ativando habilidades mediúnicas e permitindo à pessoa comunicar claramente a informação recebida.

EMOCIONAL: O Quartzo Azul Siberiano ajuda as "crianças das estrelas" e outros indivíduos espiritualmente sensitivos a sentirem-se em casa na Terra e confortáveis consigo mesmos.

FÍSICO: O Quartzo Azul Siberiano oferece apoio energético para curar problemas que tenham a ver com a garganta e o cérebro, especialmente dos lobos pré-frontais. Ele pode auxiliar com a retenção de memória e ajudar a acalmar os que sofrem de demência.

AFIRMAÇÃO: Eu estou altamente sintonizado com a orientação interior e expresso claramente a sabedoria que recebo de meus guias.

QUARTZO BASTÃO DE FADA

PALAVRAS-CHAVE: Sintonia com os reinos das fadas, devas e angelical, relaxamento, paz interior.
ELEMENTO: Água, Ar.
CHACRAS: Coração (quarto), Terceiro Olho (sexto), Coroa (sétimo), Etéreo (oitavo e além, acima da cabeça).

Quartzo Bastão de Fada é o nome dado a uma variedade incomum de cristais de Quartzo encontrada no México. São cristais de dióxido de silício com uma dureza de 7. Seu sistema de cristal é hexagonal (trigonal). O nome deriva da profusão de variações nas formas extravagantes em que esses cristais ocorrem. Alguns são pontos de terminação única, enquanto outros podem não ter uma terminação principal, mas carregar múltiplos cristais pequenos terminados no corpo. Alguns se parecem com cetros, enquanto outros parecem minicatedrais. Contudo, todos os Bastão de Fada vêm do mesmo local no México, e são caracterizados por corpos alongados e interiores leitosos, com transparência surgindo principalmente nas terminações. Praticamente todos eles contêm algum tipo de formação complexa e incomum ao longo do corpo.

ROBERT SIMMONS: O Quartzo Bastão de Fada com certeza faz jus a seu nome em termos de aparência. Esses cristais são formados em muitas formas extravagantes; é fácil imaginá-los aparecendo em jardins de fadas ou sendo criados por tais seres. Além disso, deve-se dizer que esses cristais são pedras-chave para a viagem interdimensional, auxiliando seu usuário a movimentar-se com liberdade para dentro e para fora da maioria dos mundos interiores.

O reino das fadas é facilmente acessado com esses cristais. Esse domínio parece e dá a impressão de ser como a Terra, exceto pelo fato de não ter estações, existindo uma espécie de verão eterno. Embora esse reino seja banhado por uma bela luz, não existe sol, e o tempo como o vemos não existe nesse reino. Na lenda, muitos viajantes a esse mundo nunca voltam, talvez porque eles não desejam abandonar esses paraísos. Contudo, isso não é uma preocupação para os que estão viajando apenas na consciência, sem o corpo. O corpo é um magneto para a consciência da pessoa, que sempre volta. E o reino das fadas é realmente adorável e acolhedor para os que entram com respeito e admiração. É um lugar magnífico para visitar, cheio de seres etéreos adoráveis.

Viajar interdimensionalmente com Quartzo Bastão de Fada é mais bem feito durante a meditação, embora também possa acontecer em sonhos. Em ambas as situações, o Quartzo Sonho pode ser uma ajuda fortalecedora. O Quartzo Bastão de Fada estimula o terceiro olho e a partir dele ativa a consciência visionária. Segurando-o perto desse chacra, a pessoa pode experimentar o "ímpeto" imediato dos corredores geométricos interdimensionais, e com a prática a pessoa pode aprender a parar e entrar em um domínio escolhido simplesmente visualizando e pedindo por ele. Ao acessar as dimensões mais elevadas, tais como o reino angelical, juntar o Quartzo Bastão de Fada com Fenacita pode melhorar o efeito.

Outros benefícios do Quartzo Bastão de Fada incluem a facilitação da cura emocional, a eliminação de fixações traumáticas no passado, incluindo vidas passadas, e a ativação e melhoria da criatividade, em especial nas áreas das artes visuais e da música. De fato, a meditação com essas pedras pode abrir a pessoa para ouvir a "música das esferas" e outras músicas celestiais. O Quartzo Bastão de Fada também pode trazer visões de templos e paisagens dos planos interiores de uma beleza impressionante.

Usar ou carregar uma peça de Quartzo Bastão de Fada durante o dia melhora o relaxamento e dá à pessoa uma sensação de doçura, clareza e paz interior. É ideal para a redução do impacto do estresse e para proteger a pessoa de ser fisgada pelas tensões da vida frenética do mundo exterior. É como se a pessoa tivesse uma vida em um reino que não conhece o estresse, um mundo em que o objetivo de vida é deleite. Idealmente, a pessoa pode trabalhar com essas pedras para unir esses dois mundos – o mundano e o espiritual.

O Quartzo Bastão de Fada produz uma combinação ideal com o Quartzo Sonho. Ele também funciona bem com os Cristais Semente da Lemúria, Quartzo Lítio, Sílica Gel de Lítio, Quartzo Negro Tibetano, Ajoíta, Ambligonita, Opala de Oregon, Turmalina e Alexandrita.

NAISHA AHSIAN: Os Bastões de Fada são Quartzos belos e delicados com uma energia que espelha sua aparência etérea. As frequências do Quartzo Bastão de Fada ativam o chacra da coroa e o etéreo, estimulando a comunhão com presenças angelicais e dévicas. Esses aliados podem ajudar a pessoa a sentir-se alinhada com a inteligência e o cuidado dos seres auxiliadores das frequências mais elevadas e seus próprios anjos da guarda. A habilidade para ligar a pessoa aos seres de frequências mais elevadas torna o Quartzo Bastão de Fadas útil na abertura para canalização de informação ou energia dos domínios mais elevados. Sua vibração é diferente das energias algumas vezes devastadoras ou intensas de outras pedras de canalização. Essa energia aliada é suave, gentil e colaborativa, concedendo uma sintonização mais gradual e progressiva para os reinos mais elevados. O Quartzo Bastão de Fada pode ajudar aqueles que facilmente se tornam sobrecarregados pelas frequências mais elevadas ou em quem essas energias possam produzir sintomas como dores de cabeça, náusea, tonturas ou alheamento.

Essas pedras são mais úteis em joalheria ou trabalho de meditação. Elas ajudam a pessoa a relaxar na experiência de alternância entre reinos e podem facilitar um estado de meditação calmo e focado.

ESPIRITUAL: Os cristais Quartzo Bastão de Fada auxiliam a pessoa a ligar-se e comunicar-se com seus anjos da guarda e outros seres benevolentes dos níveis mais elevados. Eles são úteis para abrir com gentileza os canais entre os chacras Estrela da Alma e coroa, possibilitando à pessoa que traga informações e compreensão dos reinos mais elevados.

EMOCIONAL: O Quartzo Bastão de Fada ajuda a pessoa a superar o medo do desconhecido e o medo do julgamento. Essas pedras gentis enchem o corpo emocional com uma energia calmante e expansiva que auxilia na superação de qualquer resistência ao caminho espiritual.

FÍSICO: O Quartzo Bastão de Fada pode ser usado para auxiliar com os sintomas de uma mudança muito intensa para os planos mais elevados. Pode ser útil no equilíbrio de dores de cabeça, vertigem e problemas de visão.

AFIRMAÇÃO: Eu me abro para a sintonia com os anjos, espíritos da Natureza e outros seres dos reinos mais elevados.

QUARTZO CATEDRAL

PALAVRAS-CHAVE: Orientação interior, acesso à informação espiritual, consciência multidimensional.
ELEMENTOS: Tempestade, Ar.
CHACRAS: Terceiro Olho (sexto), Coroa (sétimo), Etéreo e Transpessoal (do oitavo ao 14º).

Quartzo Catedral é o nome dado a uma variedade de Quartzos incolores ou brancos, um dióxido mineral de silício com uma dureza de 7. Seu sistema de cristal é hexagonal (trigonal). O Quartzo Catedral recebeu esse nome porque seu hábito de crescimento é tal que os pontos menores surgem ao longo do corpo do cristal principal, crescendo paralelos ao eixo do corpo e parcialmente incrustados no corpo principal do cristal. Vendo-os, a pessoa se lembra dos torreões de um castelo ou catedral antigos, sobressaindo de leve das paredes principais. Muitos exemplos sofisticados de Quartzo Catedral foram extraídos no Brasil, mas também se encontraram bons espécimes na África, Rússia, Suíça e Madagascar.

ROBERT SIMMONS: Os cristais Quartzo Catedral estão entre os mais ricos entre as pedras que portam informações no reino mineral. Eles foram programados por entidades espirituais para tornar possível aos seres humanos acessar o conhecimento necessário para elevar suas frequências vibratórias e evoluir para o próximo nível de existência. Essas pedras podem ser usadas por indivíduos, casais ou grupos que trabalhem juntos. De fato, uma vez que a pessoa tenha se sintonizado com as frequências de um cristal Quartzo Catedral em especial, ela pode entrar em meditação e acessar sua biblioteca interna, mesmo sem estar próximo do cristal em si.

Entre outras coisas, essas pedras agem como repositórios de conhecimento da estrutura energética das dimensões mais elevadas. Pelo trabalho com elas, a pessoa pode desenvolver a clarividência necessária para criar um "mapa" interno do mundo astral, sutil, causal, dévico, angelical e outros reinos. Isso os torna muito valiosos para os que desejam explorar esses mundos. Também é importante para os que se sentem atraídos para trabalhar assim, para fazer mais que investigar e voltar. O benefício definitivo de tais esforços é conceder à humanidade desenvolver a percepção multidimensional, em que a pessoa pode ver e estar em muitos níveis ao mesmo tempo, compreendendo como todos eles funcionam em harmonia perfeita, como planos de referência complementares. Com tal visão e compreensão, a pessoa pode internalizar de verdade os muitos paradoxos da existência – um aspecto essencial para o próximo estágio da evolução humana.

Alguns cristais de Quartzo Catedral agem como repositórios de informação "histórica". Trabalhar com eles em meditação permite à pessoa acessar um tipo de registro visual dos domínios atlantes e/ou lemurianos, bem como dos antigos egípcios e outras civilizações do passado. A pessoa pode sintonizar até os tempos da visita dos seres estelares que ensinaram à humanidade como usar as energias espirituais para escavar e movimentar pedras imensas em movimentos como Stonehenge e Macchu Pichu. Alguns indivíduos que desenvolveram seus talentos de clarividência a um alto grau podem até ser capazes de aprender algumas dessas técnicas eles mesmos. Quando a pessoa trabalha por um tempo com os Quartzo Catedral, ela pode se movimentar mais profundamente ainda em seus códigos, além do "cinema" dos acontecimentos passados e para dentro da experiência interior dos que viveram esse passado.

Alguns Quartzos Catedral portam informações sobre o uso e poderes dos outros cristais e pedras. Os indivíduos que desejem acessar tais informações são advertidos para que coloquem a pedra que desejam investigar em contato físico com um Quartzo Catedral. Isso ajuda a criar a conexão energética necessária para acessar o campo de conhecimento sobre a pedra. Depois, a pessoa pode entrar no estado de meditação necessário e "baixar" a informação.

Os Quartzos Catedral podem ser usados com quaisquer outras pedras e também com ervas, óleos, sons e várias frequências de luzes. Com todos esses, os cristais são capazes de abrir as portas interiores para o conhecimento mais profundo. Quando colocados em certas caixas de luz que podem ser programadas para pulsar com cores diferentes em velocidades diferentes, os Quartzos Catedral podem catalisar a entrada quase instantânea na consciência multidimensional.

NAISHA AHSIAN: Os cristais Quartzo Catedral transportam a frequência do potencial mais evoluído da alma da humanidade. Todos que escolheram incorporar no plano físico também têm uma entidade de alma supervisionando a jornada terrestre. Essas entidades de alma trabalham juntas para dirigir o processo de aprendizado de todos os seres encarnados na Terra em qualquer tempo. Eles oferecem coletivamente orientação, apoio e uma visão de qual pode ser o potencial do crescimento espiritual de alguém. Utilizar as frequências dos cristais Quartzo Catedral pode possibilitar à pessoa o acesso a essa orientação, sabedoria e apoio. Na meditação, esses cristais oferecem um porto seguro que a pessoa pode usar como uma base de exploração para os reinos espirituais. Ao entrar na pedra em meditação, a pessoa pode acessar o altar dessa energia para energizar e fortalecer o corpo físico e seu crescimento espiritual.

Como outros "grupos de almas", as formações de Quartzo, tais como o Cacto ou o Quartzo Espírito, Quartzo Celestial e o Quartzo Elestial, esse pode auxiliar a aprender a trabalhar em harmonia com os outros para manifestar novos modos de estar no plano terrestre. A pessoa pode acessar essas pedras para aprender novos padrões para as estruturas política, social e educacional que devem ser manifestadas para acomodar a evolução da humanidade. São excelentes para convocar energias de grupos de almas em salas de cura, meditação, reuniões e outros arranjos de grupos.

ESPIRITUAL: O Quartzo Catedral ensina a necessidade de ir além do individualismo e para grupos de crescimento colaborativo. Se a pessoa se sente isolada, tendo se mudado para além de seus velhos amigos ou ambiente social, o Quartzo Catedral pode auxiliar a atrair um novo grupo ou pessoas de mentalidade semelhante com quem a pessoa possa aprender e crescer. Usados em meditação em um altar, os cristais Quartzo Catedral criam um ambiente seguro e estruturado energeticamente de onde a pessoa pode explorar os reinos mais elevados. São excelentes para trabalho de cura em grupo ou para comunidades espirituais de todos os tipos.

EMOCIONAL: Os Quartzo Catedral fornecem um portal excelente para pessoas temerosas de se ligarem com os reinos mais elevados. Pode auxiliar na manutenção de um progresso constante e crescimento na vida e pode ajudar a prevenir "retrocessos" espirituais.

FÍSICO: Os Quartzo Catedral disponibilizam a energia básica do Quartzo em um ambiente de cura, mas são menos suscetíveis à programação inconsciente por energias desgarradas. Ele traz um espectro amplo de Luz para o campo energético e apoia uma aura equilibrada e vitalizada.

AFIRMAÇÃO: Eu abro minha consciência para aceitar o conhecimento mais elevado e a percepção multidimensional.

QUARTZO CELESTIAL

PALAVRAS-CHAVE: Acesso à informação estocada e aos registros akáshicos, aterramento do espiritual no físico.
ELEMENTO: Ar, Tempestade.
CHACRAS: Todos.

O Quartzo Celestial, também conhecido como "Quartzo Abacaxi", é um dióxido de silício mineral com uma dureza de 7. Seu sistema de cristal é hexagonal (trigonal). Ele tem a característica incomum de formar centenas de terminações pequeninas por todo o corpo do cristal principal, paralelas ao eixo do corpo principal do cristal e em geral apontando para a mesma direção que a da terminação do cristal principal. A maioria dos Quartzos Celestial foi encontrada em Madagascar, mas também foram encontrados bons espécimes na Romênia. Os cristais Quartzo Celestial de Madagascar ocorrem principalmente em duas cores – marrom avermelhada ou branca. A maioria dos espécimes da Romênia é branca. Nossa discussão focará os cristais de Madagascar, mas a informação do Branco Celestial se aplica também aos cristais romenos.

ROBERT SIMMONS: Esses cristais parecem muito vivos e visualmente estão entre as entidades mais impressionantes de Quartzo que a pessoa verá em toda a sua vida. As centenas de cristais pequeninos que salpicam os lados de cada uma dessas extremidades aumentam tanto sua energia quanto sua beleza. Muitos deles podem ser melhorados ao fazermos um processo de "despertar" energético com eles. Uma vez ativados, tanto o Celestial "vermelho" como o "branco" simplesmente transbordam com energia, zunindo nas mãos da pessoa como computadores de Quartzo.

De fato, a analogia do computador é bastante apropriada. Os Celestiais de Madagascar mantêm uma quantidade imensa de informação e também podem ser usados para acessar as chaves para campos de informação não mantidos diretamente no interior deles. A pessoa pode pensar neles, um pouco excentricamente, como ferramentas de busca para a internet akáshica. Quando se medita com os Celestiais Vermelhos de um marrom avermelhado, pode-se sentir que o grande salão de registros da Terra permanece aberto diante do olhar interior. É como se a pessoa pudesse enviar sua atenção em qualquer direção e os acontecimentos apropriados do passado se desdobrassem, projetados em sua tela interior. Quando trabalha com os Celestiais Brancos, a pessoa pode de novo sentir uma ligação com uma história vasta, mas essa história parece existir além do plano terrestre, talvez em uma dimensão mais elevada ou simplesmente outras partes do Universo. Em ambos os casos, as ligações mais fortes parecem ser com informações sobre seu próprio passado – tanto em vidas físicas anteriores como em domínios não físicos em que o espírito da pessoa trabalhou. Na verdade, a informação não se limita ao passado, porque a ideia do passado em si é irrelevante nesse domínio. De algum modo, todas as existências da pessoa estão acessíveis, sejam "passadas", "presentes" ou "futuras". Se a pessoa focar em outros indivíduos ou grupos, ela pode chegar à conclusão de que esse tipo de informação também vem. Até cenários retratando futuros potenciais da humanidade na Terra estão disponíveis com os Celestiais Vermelhos, e por meio do Celestial Branco a pessoa pode ver a possibilidade do destino espiritual da humanidade.

Em aplicações de cura, o uso dos Celestiais Vermelhos para trazer vigor, vitalidade, assentamento e outros fundamentos para o corpo é altamente recomendado. Esses cristais podem ajudar indivíduos "alienados" a ligar suas visões com a vida real e podem ajudar a tornar seus sonhos manifestos no mundo tridimensional. Os Celestiais Brancos podem ajudar pessoas que estão "empacadas" no plano físico a fazer contatos com os planos mais elevados. Conexões com os guias, anjos e o Eu Superior são todas facilitadas pelos Celestiais Brancos. Ambas as pedras podem ajudar com a recordação de vidas passadas e é recomendado que a pessoa trabalhe com cada uma delas, para que todos os aspectos de seu ser sejam acessados.

Geodos de Quartzo Celestial de Madagascar são, talvez, as formas mais poderosas desse material. Gêmeos ligados, tercetos ou grupos desse cristal amplificam e multiplicam as energias uns dos outros.

Os Quartzo Celestiais de Madagascar são poderosos quando usados em grupos ou grades. Se possível, os curadores que usam cristais deveriam utilizar pelo menos seis desses em torno do corpo do cliente em um padrão circular ou ovoide. Os Celestiais Vermelhos são os mais benéficos para a maioria das aplicações de cura, uma vez que eles têm uma ligação maior com o plano físico. De fato, a maioria das pessoas inclinadas metafisicamente irá se beneficiar dos Celestiais Vermelhos, já que eles são inclinados aos reinos mais elevados e muitas vezes precisam se integrar ao domínio físico. Os Celestiais Brancos fornecem uma ligação profunda com os planos mais elevados e serão ferramentas à mão, para os que precisam ou desejam tal acesso.

Os Quartzos Celestiais de Madagascar harmonizam com pedras de vibração alta como Moldavita, Fenacita, Azeztulite, Herderita, Broquita, Danburita, Natrolita e Escolecita. Pedras como Hematita, Obsidiana, Quartzo Fumê e Turmalina Negra podem ajudar a aterrar suas energias.

NAISHA AHSIAN: Eu quero dividir os Celestiais Madagascar em duas categorias, pelas variações energéticas que percebo.

CELESTIAIS BRANCOS

Essas pedras são guardadoras de registros poderosas – cada cristal minúsculo é seu compartimento de informação, com a pedra central sendo a "biblioteca" por onde a pessoa pode acessar esses registros. Muito da informação estocada aqui envolve nossas próprias origens celestiais e a semeadura do planeta, bem como informações sobre o plano de evolução da Terra e nossa parte nele quando chegamos à Luz. Em nível físico, os Celestiais Brancos estimulam as células para liberarem informações para a mente consciente. Essas são informações sobre outras vidas e também o propósito mais elevado de nosso destino. Essas pedras foram projetadas para registrar quantidades imensas de dados, e eu sinto que apenas toquei a superfície do que elas contêm.

As Celestiais Brancas são mais bem utilizadas como pedras de altar, para uso em meditação para recuperar informação. Comunicar-se intimamente com elas na época de acontecimentos celestiais e planetários – tais como solstícios, equinócios, eclipses solares e lunares, e as fases da lua- liberará informações específicas pelas mudanças na vibração da Terra nessas ocasiões. Os que trabalham com essas pedras deveriam registrar as informações que recebem, para que elas possam reentrar em nossa cultura. Essas pedras poderosas são uma dádiva, representando um pórtico para nosso passado e futuro.

CELESTIAIS VERMELHOS

Alguns desses pontos Celestiais contêm minerais que tornam sua base de um tom avermelhado. Embora carreguem parte da mesma energia das pedras brancas, as pedras vermelhas também transportam muitas informações sobre as viradas bruscas no campo de energia da Terra e corpo físico. A informação sobre as mudanças da Terra está narrada cronologicamente dentro desses cristais – tanto o que já aconteceu no passado e o que acontecerá no futuro próximo, assim como seu significado para nossa consciência em evolução. As vibrações dos Cristais Vermelhos alinham a pessoa com as energias da Terra, Lua e outros corpos celestiais e nossa região da galáxia e, portanto, seriam valiosas para xamãs, astrólogos e os que se sentem convocados para curar a Terra e sintonizarem-se com as mudanças da Terra.

AFIRMAÇÃO: Eu abro minha consciência para receber informação dos reinos mais elevados, para o bem de todos.

QUARTZO "DIAMANTE" HERKIMER

PALAVRAS-CHAVE: Sonhos, visões, purificação, espiritualização da vida física.
ELEMENTO: Tempestade.
CHACRAS: Terceiro Olho (sexto), Coroa (sétimo).

Os Quartzo "Diamantes" Herkimer são uma variedade de cristal de Quartzo encontrados em Herkimer e em seu entorno, Nova York, Estados Unidos. Seu sistema de cristal é hexagonal (trigonal). São cristais de dióxido de silício com uma dureza em torno de 7,5. É mais duro que a maioria das variedades de Quartzo, e talvez seja porque os Herkimer são formados em matrizes de rochas duras. Os "Diamantes" Herkimer são chamados assim por sua forma – as pequenas formas curtas e grossas de terminação dupla e a superfície polida fazem com que superficialmente se assemelhem a cristais de Diamante. Os Herkimer podem ser claros ou incluídos. Inclusões em geral são depósitos de carbono negro. Alguns Herkimer são fumê em vez de coloridos, e cristais maiores frequentemente mostram esqueletas de formações de Quartzo. Inclusões de ênidro e água são encontrados em uma pequena porcentagem desses cristais. Cristais de aparência semelhante foram encontrados em outros locais, mas em geral eles não têm a dureza nem o brilho dos "Diamantes" Herkimer verdadeiros.

ROBERT SIMMONS: Esses cristais, além de quase todos os outros, são manifestações de Luz espiritual pura solidificada. Eles emanam uma energia elevada, harmoniosa, que canta positivamente nos níveis superiores da vibração do espectro do Quartzo. Os Herkimer são ideais para disposições de corpo, trabalho de sonho, peças para meditação, joalheria, modelos, ferramentas de energia, ou simplesmente qualquer outra aplicação. Eles não só transmitem sua energia – também podem captar e magnificar as frequências de outras pedras. Isso pode ser de grande ajuda quando a pessoa está usando um espécime pequeno, como uma pequena Herderita, ou uma energia de "energia suave" como a Morganita. No primeiro caso, o Herkimer pode fazer uma pedra pequena transmitir a sensação tão forte quanto uma grande e, no segundo caso, pode fortalecer os efeitos de algumas das pedras mais suaves.

O Herkimer emana a Luz de cristal mais brilhante, e eles ajudam a purificar o campo de energia da pessoa e sintonizá-la com a Luz branca da essência divina. Usar um "Diamante" Herkimer pode dar à pessoa a graça de uma ligação constante, quase subliminar, com os domínios espirituais mais elevados. Os anjos são atraídos para a radiação pura, quase etérea, emanada por essas pedras, e o Herkimer pode, portanto, ser usado como um auxiliar para os que desejam comunicar ou comungar com os anjos.

Existe bem-aventurança e êxtase na vibração dos "Diamantes" Herkimer, e a pessoa pode usá-los no processo de vibração ascensional. A pessoa pode ir tão longe quanto puder em direção às oitavas mais elevadas do Espírito, enquanto ainda permanece no corpo físico e ligada com a Terra.

QUARTZO "DIAMANTE" HERKIMER

Esse é o processo de espiritualização da matéria, e é o projeto que muitos encarnaram para realizar. Os Herkimer podem ser ferramentas à mão para ajudar a pessoa a sintonizar com as frequências espirituais elevadas que ela deve no fim das contas aprender a incorporar em sua vida cotidiana.

O trabalho de sonho com os "Diamantes" Herkimer podem ser uma experiência maravilhosa. A pessoa deve simplesmente dormir com uma ou mais dessas pedras, seja as usando ou colocando no travesseiro. É recomendado programar tanto você mesmo como a pedra antes de dormir com a afirmação: "Eu invoco meus sonhos mais elevados e me lembro deles e os integro perfeitamente". Essa ou uma prática similar pode produzir resultados excelentes.

Os Diamantes Herkimer podem melhorar as propriedades de qualquer pedra benéfica, contudo eles têm uma afinidade especial com a Moldavita. Talvez por a Moldavita ser uma catalisadora da transformação e evolução pessoal, o Herkimer se mescla com a vibração dessa pedra trazendo uma percepção mais consciente do processo de crescimento. Os Herkimer também parecem gostar de estar com Herderita, Quartzo Satyaloka, Azeztulite, Fenacita, Natrolita, Escolecita, Celestita e Danburita. Essas são todas pedras das frequências vibratórias mais elevadas, e os "Diamantes" Herkimer irão magnificar os efeitos.

NAISHA AHSIAN: Os "Diamantes" Herkimer são pedras populares para usar para trabalhos de sonhos e visões. Eles ativam e abrem as áreas da coroa e do terceiro olho, estimulando as visões interiores e um estado de sonho intensificado. São úteis em trabalhos de sonho lúcido, já que ajudam a pessoa a permanecer consciente no estado físico inconsciente.

Os "Diamantes" Herkimer são aliados poderosos para a viagem astral, mudanças dimensionais e outros métodos pouco convencionais de exploração interior. São particularmente adequados para viagem astral no tempo e trabalho interdimensional. Grades de "Diamantes" Herkimer grandes são usadas para criar portais dimensionais. Sua estrutura interna torna-os ideais tanto para enviar como receber energia. Eles são escolhas lógicas quando a pessoa está fixando vórtices para a cura da Terra ou espaço sagrado e são apropriados tanto para grades elétricas como magnéticas.

Os Herkimer podem assistir na meditação abrindo os chacras mais elevados da pessoa e ajudando-a a manter-se focada no estado de meditação. São altamente estimulantes para os chacras do terceiro olho, coroa e etéreo e tendem a aumentar a sensitividade psíquica. Eles podem ser usados para ajudar a estimular a correção ou cura da visão.

Os "Diamantes" Herkimer são extremamente úteis na cura de um ambiente, onde sua clareza, brilho e vibração elevada facilitam a remoção de bloqueios de energia ou entulhos energéticos, introduzindo uma frequência alta e clara na aura. Cristais grandes podem ser usados para criar grades de cura no aposento de tratamento, ou podem ser colocados sob a mesa terapêutica para purificar as energias liberadas.

Não só os cristais claros de "Diamante" Herkimer são úteis. Cristais de Quartzo grandes com Herkimer incluídos são excelentes purificadores para espaços de cura e para outras pedras. Eles auxiliam a trazer energias de alta frequência para o corpo físico. Para os que foram submetidos a terapias de radiação ou expostos a ela, os Herkimer podem integrar essas energias de um modo fácil e saudável.

"Diamantes" Herkimer com inclusões de água são remédios especiais para o corpo emocional. Eles auxiliam a pessoa a olhar para seu eu mais profundo e trazer a luz do Espírito para os lugares escuros. Nos Herkimer claros, as águas de inclusão canalizam os efeitos da pedra para o centro do coração, criando uma energia iluminadora e revigorante que facilita a experiência de êxtase. Nos Herkimer enevoados, as inclusões de água ajudam a pessoa a ver o que mais teme em sua interioridade, enquanto mantém um espaço claro no coração de autoestima.

ESPIRITUAL: Os "Diamantes" Herkimer auxiliam em todos os trabalhos de sonho, viagem astral, viagem no tempo, mudança dimensional e outras explorações na realidade expandida. São ferramentas excelentes para criar e manter portais dimensionais, grades de cura e grades de vórtice. São purificadores úteis no campo energético ou quarto de cura.

EMOCIONAL: "Diamantes" Herkimer com inclusões de água ajudam a iluminar e limpar o corpo emocional. "Diamantes" Herkimer incluídos com água e carbono podem auxiliar na remoção de cordões energéticos, flechas ou padrões do corpo emocional.

FÍSICO: O "Diamante" Herkimer claro auxilia na saúde geral, aumentando a quantidade de energia de Luz que o corpo pode utilizar. Eles são excelentes para estimular o olho e a visão. Herkimers incluídos podem ajudar o corpo físico na purificação e limpeza e podem estimular a estamina física geral e os níveis de energia.

AFIRMAÇÃO: Eu convoco meus sonhos mais profundos e visões mais elevadas e me comprometo a conquistar e aterrar no mundo físico as energias espirituais o mais elevadas possível.

QUARTZO ELESTIAL

PALAVRAS-CHAVE: Infusão de energia vinda dos reinos mais elevados, amor divino, comunicação angelical, aterramento do Eu Superior na vida terrena.
ELEMENTO: Terra.
CHACRAS: Todos.

Quartzo Elestial é o nome dado ao cristal de Quartzo de determinada formação, com terminações naturais por todas as faces e o corpo de um cristal em camadas ou entalhado. O Quartzo Elestial é um cristal dióxido de silício com uma dureza de 7. Seu sistema de cristal é hexagonal (trigonal). Ele inclui a formação algumas vezes chamada "Quartzo esqueleto", mas não se limita a ela. Os cristais de Quartzo Elestial contêm inclusões de água "ênidro" com maior frequência que a maioria das outras variedades de Quartzo. A maioria dos espécimes Elestiais é Quartzo Fumê, embora também existam alguns Quartzos Claros que são Elestiais. A maior parte deles no mercado vem do Brasil, embora também tenham sido encontrados exemplares coletados na África, Madagascar, Romênia e Estados Unidos.

ROBERT SIMMONS: Os cristais de Quartzo Elestial são um dos meios mais poderosos pelos quais os padrões de energia, informação e amor dos seres dos planos mais elevados podem ser traduzidos e transferidos para os seres humanos engajados na vida física da Terra. Eles são como quadros de distribuição cristalinos conectando múltiplas dimensões, tempos e níveis de consciência uns para os outros. Quando a pessoa mantém um Quartzo Elestial em seu ambiente, é como ter um rádio no quarto, sintonizado o "Canal do Eu Superior". Esses cristais emanam constantemente vibrações que nos lembram dos mundos interiores do Espírito e nos religam com eles. Os Elestiais Fumaça fazem o melhor trabalho de aterramento das vibrações mais elevadas no reino físico, e eles são os mais acessíveis para os humanos, por sua qualidade de aterramento do Quartzo Fumê. Os Elestiais Fumaça oferecem proteção poderosa contra a negatividade, que não está necessariamente presente em outros tipos de Elestial.

Os Quartzo Elestial sintonizam com maior facilidade com as frequências dos domínios angelicais. Ao trabalhar com essas pedras na meditação, podem-se realmente ouvir as vozes dos coros angelicais cantando a "música das esferas". Por meio da ligação proporcionada pelo Elestial, a pessoa pode receber um "*download*" de amor cósmico, que pode infundir cada célula no corpo com alegria e bem-estar. Esse processo, é claro, é de grande assistência em todos os tipos de cura vibratória, e pode também aumentar as energias de indivíduos saudáveis a novos níveis de funcionamento superiores. Além disso, é uma maravilha e um prazer ver os reinos angelicais por meio do olho interior e comungar com seus habitantes através do coração. Os cristais Elestial Fumaça podem facilitar essa experiência.

Os Quartzo Fumê Elestial também são conhecidos por trazer leveza ao coração, aliviando o peso da tristeza e depressão. Eles podem sintonizar a pessoa com o conhecimento dos registros akáshicos e à eterna sabedoria que permeia o Universo. Eles podem auxiliar na recordação de vidas passadas e na compreensão das lições-chave daquelas vidas. Eles concedem à consciência da pessoa que viaje livremente pelo tempo e espaço, contemplando futuros prováveis e também acontecimentos passados. Sua programação inerente é benévola; então, a informação e vivência que trazem estão todas sintonizadas com o bem maior para a pessoa.

Os cristais Elestial Fumaça podem ser usados para eliminar a desarmonia e confusão. Eles ajudam a trazer harmonia aos relacionamentos pessoais e podem auxiliar na revelação de fixações ou bloqueios emocionais subjacentes. Elas podem assistir o eu consciente na apreensão e no entendimento das mensagens do subconsciente, tanto quanto às do inconsciente coletivo da humanidade. Essas pedras podem ajudar videntes a verem com mais clareza, auxiliar curadores a acessarem o plano universal de harmonia e bem-estar, e abrir as portas para místicos para que entrem no estado de unidade com Tudo o Que É.

Os Quartzos Fumaça Elestial podem ser combinados com Moldavita para melhoria mútua de seus poderes de transformação, sintonia e despertar. O Fumaça Elestial amplifica os efeitos da Fenacita, Danburita, Azeztulite, Herderita, Natrolita, Escolecita, Broquita, Petalita e Quartzo Satyaloka. De fato, o uso do Fumaça Elestial em conjunto com as pedras de sinergia ou ascensão (por exemplo, em um colar ou bastão de energia) pode ajudar a pessoa a integrar e articular muito mais do conhecimento e informação disponível por meio da exploração intuitiva.

NAISHA AHSIAN: Os cristais de Quartzo Elestial são cristais elementais da Terra poderosos, transportando a frequência que estrutura e regula a energia. Você pode imaginar essa função reguladora de energia como um comutador de luz com dímero. A pedra recebe todo o espectro de energia da Luz e ajusta-o até que possa ser absorvido e utilizado pelo sistema físico e energético da pessoa. Dependendo do nível de Luz com o qual ela for capaz de ressoar, esse aliado irá ou diminuir ou intensificar a energia de Luz para combinar com a frequência de que o indivíduo mais necessite. Essa é uma função extremamente importante no trabalho de cura, uma vez que ela capacita a pessoa a ressoar com as frequências mais elevadas possíveis sem "queimar" seu sistema de energia. A presença do Elestial em um aposento de cura pode garantir que o cliente será capaz de integrar o máximo da energia da Luz sem desconforto.

O Quartzo Elestial pode ser usado pelo mesmo indivíduo durante toda a sua vida, sem a possibilidade de ele superar em evolução a energia da pedra. É um aliado extremamente versátil para ser empregado tanto na cura quanto no trabalho pessoal de meditação. Como sabemos, a Luz transporta informação. Quando a habilidade da pessoa de integrar frequências mais elevadas de Luz se desenvolve, o nível de informação recebida também muda para as de frequências mais elevadas, tornando o Quartzo Elestial uma fonte inexaurível de conhecimento apropriado para o nível de crescimento da pessoa. Ele é uma biblioteca de informações contendo tudo, desde o "primeiro nível" básico espiritual de informação ao "nível de mestre" espiritual.

O Quartzo Elestial é um aliado excelente para empregar quando a pessoa deseja explorar seu próprio código genético e celular. Ele auxilia a pessoa a movimentar-se para dentro dos níveis mais profundos da forma física e recuperar informação pertinente para sua cura e evolução.

ESPIRITUAL: O Quartzo Elestial pode auxiliar o estudante espiritual, oferecendo energia e informação para apoiar o crescimento. Tecnicamente, é uma pedra de aterramento, significando que ela funciona como uma ferramenta de integração que possibilita ao corpo físico que receba e utilize energias de alta frequência de luz.

EMOCIONAL: O Quartzo Elestial pode auxiliar na purificação do corpo emocional e dissolver os filtros cristalizados que criam padrões emocionais repetitivos. Ele também assiste na obtenção da compreensão adequada das raízes desses padrões e sua função no caminho de alma da pessoa.

FÍSICO: Os cristais de Quartzo Elestial são ferramentas de cura excelentes, especialmente para problemas no esqueleto. São excelentes para a recuperação do câncer ósseo, ossos quebrados e na cura de cirurgias nos ossos. Podem ser usados para estimular qualquer trabalho de cura, fornecendo as frequências apropriadas que o paciente necessita para se movimentar para um estado de equilíbrio energético dinâmico.

AFIRMAÇÃO: Eu me abro para o amor, conhecimento, sabedoria e as bênçãos dos reinos mais elevados, e posso ajudar a trazê-los para o mundo.

QUARTZO ESPÍRITO

PALAVRAS-CHAVE: Mesclando com o Eu Superior, purificação, proteção, evolução espiritual, libertação do medo.
ELEMENTO: Tempestade.
CHACRAS: Coroa (sétimo), Plexo Solar (terceiro).

O Quartzo Espírito é uma variedade incomum de Quartzo, um mineral dióxido de silício, com uma dureza de 7. Seu sistema de cristal é hexagonal (trigonal). Ele apresenta um modo de crescimento incomum – um cristal central com forma de cone com terminações facetadas e um corpo de cristal principal coberto com pequenos pontos de terminação. A maior parte dos Quartzos Espírito são Ametistas de maior ou menor qualidade, mas alguns Citrinos e Quartzos esbranquiçados também foram extraídos. O Quartzo Espírito é encontrado apenas na África do Sul. Seu nome é derivado da similaridade entre a cor roxa da Ametista e a de uma solução de limpador de janelas popular (na África do Sul) chamada Espírito. Isso é de uma ironia risível para os utilizadores metafísicos dessas pedras. Eles também são conhecidos em alguns círculos como Quartzo Cacto ou Quartzo Ouriço.

ROBERT SIMMONS: O Quartzo Espírito tem um nome adequado, mesmo tendo sido atribuído acidentalmente, porque é uma pedra para trazer o Espírito para a cena em todos os aspectos da vida interior ou externa da pessoa. Ele alinha o "eu local" cotidiano com o Eu Superior e auxilia este a se manifestar por meio de sua forma humana. Isso cria uma via dinâmica em que o ritmo da evolução da pessoa é acelerado e os efeitos positivos dela sobre outras pessoas e o mundo, muito melhorado. A Ametista na forma de Quartzo Espírito conecta diretamente a mente consciente da pessoa com o Eu Superior, permitindo que ela compreenda e expresse verbalmente o conhecimento e sabedoria daquele aspecto de seu ser irradiado para seu interior. A forma Quartzo Espírito do Citrino funciona diretamente através do terceiro chacra, fazendo com que a pessoa aja diretamente a partir da vontade do Eu Superior, sem necessariamente entender o porquê. A variedade "branca" do Quartzo Espírito é a mais ressoante com o corpo físico da pessoa, limpando e purificando, para que o corpo se torne um veículo adequado para ser ocupado pelo Eu Superior, quando ele se mescla com o eu terreno.

Quando usado em meditação, o Quartzo Espírito pode trazer paz para a mente e liberdade do medo. Esse é um de seus traços mais significativos. Como todos nós sabemos, o medo governa muito do comportamento humano. Desde a ansiedade em relação ao futuro financeiro até a construção da bomba atômica para proteção contra supostos inimigos, o medo compele-nos a sacrificar amor e alegria espontânea em troca de "segurança". O Quartzo Espírito gentilmente libera as tensões de nossos medos conscientes e inconscientes, permitindo-nos viver realmente.

A forma de Quartzo Espírito da Ametista é realmente limpadora e purificadora para o campo áurico. Pode dissipar vínculos e entidades negativas, reparar "buracos" no corpo etéreo, equilibrar o corpo astral e trazer os chacras e meridianos para cima, até seu nível de funcionamento ótimo. Ele estimula o chacra coroa, abrindo-o integralmente para que a pessoa receba *downloads* de informação espiritual e comunicação dos guias. Ele pode dissolver desequilíbrios nos pontos nodais dos meridianos – o modo mais simples é o terapeuta segurar a pedra a alguns centímetros da área bloqueada, dirigindo o cristal em direção ao ponto e rodando-o no sentido anti-horário até que o bloqueio seja dissolvido e sua "sombra" energética desapareça.

A forma Quartzo Espírito do Citrino limpa e estimula o terceiro chacra. De fato, ele pode reparar um terceiro chacra danificado do mesmo modo descrito antes para eliminar bloqueios. O Quartzo Espírito Citrino liberta a vontade dos "devo ou não" da criação da pessoa para que ela possa focar totalmente na manifestação de seu objetivo escolhido e os do Eu Superior. Essa pedra amplia a sensação de autoestima da pessoa, permitindo que ela exija seu poder de direito.

O Quartzo Espírito branco é altamente programável, especialmente para apoio do processo de cura física, e é um revitalizante vigoroso das energias corporais.

O Quartzo Espírito funciona harmoniosamente com todos os membros da família Quartzo e Berilo. A Moldavita tem a capacidade de acelerar os efeitos do Quartzo Espírito.

NAISHA AHSIAN: O Quartzo Espírito, também chamado de Quartzo Cacto, é um aliado do elemento Tempestade que surge em diferentes variações de cor – Ametista, Quartzo Branco, e Citrino –, cada um focando sua energia sobre um nível diferente do sistema de chacras. Esse aliado é de fato uma comunidade em uma pedra, com cada espécime exibindo muitas formações pequenas incrustadas em seus lados. Cada um desses pequenos cristais funciona em harmonia com o cristal "hospedeiro", tudo para criar o efeito de um coro de centenas de vozes cantando em harmonia. Harmonia, de fato, é a palavra-chave que eu usaria para descrever as energias desses aliados importantes. O Quartzo Espírito ajuda a harmonizar os níveis da aura, os chacras, meridianos e o corpo físico. Auxilia na integração das energias em um nível físico e pode ajudar a erradicar vibrações discordantes do campo energético.

O Quartzo Espírito Ametista foca essa energia harmônica nos chacras do terceiro olho e coroa, auxiliando a pessoa a trazer energias de alta frequência para o corpo físico. Ele ajuda a pessoa a trabalhar cooperativamente com guias e trazer as informações ou energias necessárias para a realização de uma consciência de grupo harmoniosa. Suas frequências são excelentes para o trabalho de meditação e para atingir uma sensação de unidade com Tudo o Que É.

O Quartzo Espírito Branco ativa todos os centros e sistemas de energia do corpo. Ajuda a sintonizar os níveis da aura com o físico em um nível celular, de modo que tanto a cura como a evolução possam ocorrer. Ele assistirá o praticante a manifestar mais energia de cura no interior do corpo físico, garantindo que o trabalho de cura dure mais tempo e seja mais efetivo.

O Quartzo Espírito Citrino ajuda a alinhar a vontade pessoal com a vontade divina e a trazer ideias, pensamentos e conceitos para a realidade por meio do processo de manifestação. Esses cristais são especialmente úteis para trazer esforços de grupo à fruição e podem ser usados para harmonizar grupos para atingir um único propósito. O Quartzo Espírito Citrino auxiliará a pessoa a sentir-se mais potente e fisicamente vitalizada. Ele pode assistir a pessoa a superar procrastinação.

ESPIRITUAL: O Quartzo Espírito é uma pedra de alinhamento e harmonia, auxiliando os corpos físico, emocional, mental e espiritual a ressoarem totalmente uns com os outros, de modo muito semelhante às partes de um coro. Por essa razão, o Quartzo Espírito pode ajudar a pessoa a evoluir seu corpo para que fique compatível com sua vibração espiritual, e aterrar as frequências elevadas de energia no mundo por meio de suas criações.

EMOCIONAL: O Quartzo Espírito encoraja a cooperação, consciência de grupo e disposição para colocar o eu de lado a favor do bem maior. É um companheiro excelente para os que tendem a ser autocentrados, confrontadores, egoístas e antissociais. Ele pode auxiliar os que têm medo de situações sociais a se tornarem mais abertos e amistosos e menos tímidos.

FÍSICO: O Quartzo Espírito é excelente para a cura, especialmente em disposições corporais. Ele traz as energias de uma disposição corporal para um campo de energia coerente e harmônico. Concede ao corpo físico tornar-se mais limpo e mais alinhado com os corpos energéticos, ajudando o tratamento a ser mais efetivo e duradouro.

AFIRMAÇÃO: Eu escolho o caminho da mescla com meu Eu Superior, levando todos os níveis de meu ser ao alinhamento e harmonia.

QUARTZO FADEN

PALAVRAS-CHAVE: Cura dos corpos etéreo e áurico, catalisador de cura física.
ELEMENTO: Terra, Tempestade.
CHACRA: Todos.

O Quartzo Faden é uma variedade de cristal de Quartzo, um mineral dióxido de silício com uma dureza de 7. Seu sistema de cristal é hexagonal (trigonal). O Quartzo Faden distingue-se dos outros cristais de Quartzo pela presença de linhas brancas difusas que percorrem o cristal. A palavra Faden é a palavra alemã para fibra, e a derivação do nome desses cristais vem da semelhança da linha branca interna com um trançado de um fio ou cordel. A linha *faden* em geral é relativamente reta e pode variar de um milímetro a 2,54 centímetros de largura. Uma explicação possível para o filamento é que os cristais podem ter sido quebrados e crescido de novo uma vez ou mais, com a linha marcando o lugar das fraturas curadas. Essas fraturas podem ter sido causadas por terremotos ou outras alterações no estrato circundante. Os cristais de Quartzo Faden em geral são tabulares e nesses cristais a linha *faden* sempre é paralela aos lados tabulares. Isso pode fornecer evidência adicional para a teoria da fratura. A maioria dos Quartzo Faden encontrados atualmente no mercado vem do Paquistão e essencialmente é Quartzo Claro. Contudo, um número de Quartzos Fumaça foi extraído no Brasil nos anos 1990 e pequenos Faden claros foram encontrados em minas de cristal no Arkansas, Estados Unidos.

ROBERT SIMMONS: O Quartzo Faden é uma das principais pedras de cura da família Quartzo. Talvez porque as próprias pedras foram "machucadas" (quebradas e remendadas) durante seu processo de crescimento, elas transportam o padrão de cura com muito vigor em sua programação natural. Portanto, quando a pessoa se movimenta em ressonância com um desses cristais, sua capacidade para a cura é ativada ou reforçada.

Os cristais de Quartzo Faden são altamente programáveis, tornando possível aumentar sua potência como pedras de cura. Trabalhando com atenção focada, a pessoa pode "instalar" programas para diferentes cristais trabalharem em doenças diversas. Com Fadens o suficiente, um praticante pode construir um conjunto de ferramentas de cristal adaptado para quase qualquer aplicação de cura vibratória. Uma razão para usar os Fadens, além de sua orientação natural para a cura, é eles reterem sua programação por longos períodos de tempo sem precisar ser recarregados. De fato, se alguém deseja mudar a programação de um cristal Faden, primeiro ele deve ser limpo dos antigos programas. Enterrá-lo no chão por uma semana é recomendado, mas um banho no decorrer da noite com água salgada também será suficiente para a maior parte dos objetivos.

A maioria dos utilizadores perceberá que essas pedras são de uma energia singularmente alta, ideal para a expansão da consciência e para acessar quaisquer dos planos vibracionais mais elevados. Também são apropriadas para os que desejam se sintonizar com os movimentos internos da Terra.

A experiência dos Faden sobre as mudanças passadas da Terra torna-os ferramentas ideais para os que buscam informações sobre as mudanças vibratórias físicas atuais e futuras da Terra. Esses cristais também podem ser programados para fornecer proteção contra fraturas físicas, tanto para indivíduos como para lugares. Para áreas, é melhor posicioná-los pelo menos em número de quatro nos cantos, apontando nas quatro direções. Para os indivíduos, carregar ou usar cristais de Quartzo Faden pode ser mais benéfico. A pessoa pode programar um único cristal para usos múltiplos, tais como proteção, acessar um ou mais entre os planos mais elevados, ativação do chacra, etc.

O Quartzo Faden pode ser carregado a uma ativação mais forte ainda por sua combinação com pedras de poder como Moldavita, Fenacita, Tanzanita, Danburita e Azeztulite. Todas essas estimularão sua capacidade de ajudar a pessoa a acessar as dimensões mais elevadas. Para objetivos de cura, a Serafinita e a Sugilita são ambas amplificadoras poderosas da influência natural de cura do Quartzo Faden.

NAISHA AHSIAN: O Faden e outros cristais de Quartzo estruturados de modo semelhante são aliados poderosos para emendar rupturas, perdas, buracos energéticos e outras fraturas no campo de energia e na estrutura do corpo. Podem ser usados para reparar o nível do programa etéreo do campo energético, auxiliando o corpo e a aura a reobter integridade depois que intrusões ou outras rupturas ocorreram. Por sua estrutura tubular, os cristais de Quartzo Faden agem como bandagens vibratórias, permitindo que a energia transite em ambas as direções sobre os aspectos comprometidos do campo energético e do corpo físico.

O Quartzo Faden estimula o campo áurico e assiste na reenergização da aura quando vazamentos, buracos, apegos ou remoção brusca de cordas energéticas criaram um dreno – semelhante a um buraco em um pneu. Ao criar essa bandagem ou ponte energética, o Faden auxilia a pessoa a readquirir seu próprio nível e força vibratória. Essa função pode ser extremamente útil em trabalho de cura, em que a estabilidade é necessária enquanto o problema subjacente é tratado.

ESPIRITUAL: O Quartzo Faden ajuda a estabelecer uma ligação forte do eu físico com os aspectos das frequências mais elevadas dos níveis de energias do Eu Superior e da alma. Ele pode auxiliar no reparo de vazamentos psíquicos, buracos e esgarçamento nos chacras e no programa etéreo do corpo. O Quartzo Faden ajuda a pessoa a estabelecer ou ativar as conexões entre os chacras físicos (do base até a coroa) que estão aterrados nos gânglios de nervo do corpo e os chacras etéreos que foram criados pela tomada e distribuição de energia no topo e na base da forma de toro da aura. A integração desses centros é necessária para a ativação do padrão evolucionário no DNA e no campo energético.

EMOCIONAL: Os cristais de Quartzo Faden são emocionalmente neutros, mas eles auxiliam a pessoa a remover com segurança apegos ou cordas de base emocional na aura.

FÍSICO: Os Quartzo Faden são excelentes para uso na cura física que surge de quebras de ossos, estiramentos nos músculos, desconexões no sistema nervoso (incluindo vários nervos) e cirurgia. Eles agem como bandagens etéreas que concedem estabilidade enquanto é conduzido o trabalho mais profundo para curar esses problemas.

AFIRMAÇÃO: Eu aceito o modelo energético perfeito de minha cura e totalidade.

QUARTZO FANTASMA BRANCO

PALAVRAS-CHAVE: Acesso aos registros akáshicos, campos morfogênicos e memórias de vidas passadas, ligação com espíritos guias, purificação da energia.
ELEMENTO: Tempestade.
CHACRAS: Terceiro Olho (sexto), Coroa (sétimo).

O Quartzo Fantasma Branco é uma variedade do Quartzo Claro, um mineral dióxido de silício com uma dureza de 7. Seu sistema de cristal é hexagonal (trigonal). Um Quartzo Fantasma Branco é um cristal de Quartzo claro que exibe no interior do corpo do cristal um contorno branco de uma versão menor do mesmo cristal. Parece existir um cristal dentro de outro. Essa imagem é uma "pegada" de um estágio anterior do crescimento do cristal, no ponto em que o material branco foi depositado, antes de o cristal começar a crescer novamente. Algumas vezes existem múltiplos "fantasmas" que retratam muitos estágios passados no processo de crescimento do cristal. As formações de Quartzo Fantasma podem ter várias cores, dependendo do mineral depositado. Por ele criar diferenças energéticas, este livro trata cada variedade separadamente. Os melhores espécimes de Quartzo Fantasma Branco são encontrados no Brasil e no Arkansas, Estados Unidos.

ROBERT SIMMONS: Os cristais de Quartzo Fantasma Branco são ideais para entrar nos arquivos do passado. Por esses cristais demorarem milhares ou milhões de anos para crescer, eles transportam os padrões de energia do passado profundo, que podem ser lidos pelos que aprendem a sintonizar com eles. Os Quartzos Fantasma Branco são os melhores tipo de Quartzo para tais objetivos, porque a natureza para-e-começa de seu crescimento fornece um padrão pelo qual a pessoa pode "parar e começar" o fluxo e o foco da consciência pelos rios do tempo. Os Fantasmas Brancos podem facilitar os que viajam interiormente a especificarem a meta de sua busca e se assegurarem de chegar lá.

Na literatura esotérica, existem muitas referências aos registros akáshicos, o suposto campo invisível em que existem as memórias de todos os acontecimentos passados da Terra. Adeptos são capazes de chegar a esse campo para recuperar a sabedoria de civilizações esquecidas do passado, como as de Atlântida e Lemúria. É interessante no pensamento científico moderno a descoberta do conceito de "campo morfogênico", outro nome para um campo invisível de memória e conhecimento. Alguns biólogos acreditam que campos específicos morfogênicos de espécies estão onde as memórias instintivas dos animais podem residir. Aparentemente, existe um número infinito desses campos, mantendo os padrões de conhecimento em todos os campos humanos e na história, bem como os dos átomos, plantas, animais e universos. O Quartzo Fantasma Branco auxilia a pessoa a sintonizar a mente para que receba informação de tais campos, de modo escolhido conscientemente pelo praticante.

Se tais campos de memória de civilizações existem, por que não para indivíduos? De fato, o "campo morfogênico" do passado da pessoa inclui as memórias, a sabedoria e o conhecimento de suas encarnações passadas. Esses, também, podem ser acessados pelo Quartzo Fantasma Branco. Para fazer isso, é recomendado que a pessoa se sente em meditação com um desses cristais, focando no interior do cristal sua intenção de revisitar uma vida passada. É melhor concentrar-se na própria formação do fantasma, pois isso ajuda a recuperar a informação correta exata. A pessoa pode especificar qualquer parâmetro desejado – por exemplo, uma vida passada no antigo Egito, ou com sua esposa, ou relacionada à sua profissão atual – e o Quartzo Fantasma Branco ajudará a selecionar as memórias apropriadas. Claro, o melhor pedido em geral é: "Deixe-me recordar as memórias mais em alinhamento com meu bem maior agora". Então, a pessoa permite que sua alma escolha o que ela sabe que a pessoa precisa saber. Ao fazer essas viagens para vidas passadas, é útil ter um amigo vigiando a pessoa para fazer perguntas e auxiliá-la com emoções difíceis.

O Quartzo Fantasma Branco é bom para limpeza do campo áurico e do ambiente da pessoa de energias negativas. Ele pode iniciar o contato com espíritos guias e professores interiores. Ajuda a pessoa a readquirir as energias perdidas em experiências traumáticas do passado, permitindo que ela alivie e remova o estresse excessivo.

O Quartzo Fantasma Branco funciona em sinergia com todos os outros Quartzos Fantasmas e também com Ametista para purificação e Quartzo Rosa para o amor. A Opala Oregon, a Opala Azul Owyhee e Alexandrita ajudam no trabalho de vidas passadas. Aqua Lemúria e Cristal Semente da Lemúria podem ajudar a pessoa a acessar memórias e conhecimento das civilizações lemurianas.

NAISHA AHSIAN: O Quartzo Fantasma Branco ajuda a trazer energias do nível puro da alma para o corpo por meio do aterramento do corpo de Luz no nível celular. É uma pedra de comunhão com a Fonte. Ela pode ajudar na compreensão e manifestação do propósito de alma da pessoa.

O Quartzo Fantasma Branco pode ajudar em viagem astral e jornada interior. É excelente para a meditação, abrindo as portas para novos reinos e auxiliando na ligação com a orientação mais elevada.
ESPIRITUAL: Por meio do acesso aos registros akáshicos e a história de alma da pessoa, o Quartzo Fantasma Branco revela padrões passados que ou foram retidos ou facilitaram a evolução espiritual da pessoa. Ele pode revelar possibilidades para escolhas que acelerarão o progresso interior nesta vida.
EMOCIONAL: O Quartzo Fantasma Branco pode revelar padrões de fixação emocional de encarnações anteriores que atualmente afetam o relacionamento da pessoa e seu bem-estar emocional. Ao eliminar tais padrões, novas fontes de liberdade e energia emocional podem surgir.
FÍSICO: Ao facilitar a eliminação de influências cármicas de vidas passadas, o Quartzo Fantasma Branco pode auxiliar na cura de problemas físicos trazidos pelos ecos desses padrões passados.
AFIRMAÇÃO: Eu entro em ressonância com os reinos interiores da memória, conhecimento e sabedoria, por meu bem maior e pelo do mundo.

QUARTZO FANTASMA DO ANJO
(QUARTZO ANFIBÓLIO)

PALAVRAS-CHAVE: Ligação com os reinos angelicais, sintonização com o Eu Superior, encontrar a paz interior.
ELEMENTO: Tempestade.
CHACRAS: Terceiro Olho (sexto), Coroa (sétimo).

O Quartzo Fantasma do Anjo, também conhecido como Quartzo Anfibólio, entre os muitos tipos de cristal de Quartzo disponíveis com inclusões de outros minerais é um dos com aparência mais dramática. O grupo dos Anfibólios inclui minerais significativos metafisicamente, tais como a Tremolita, Actinolita, Hornblenda, Riebequita, Ricterita. As inclusões brancas, amarelas e vermelho alaranjadas abundantes no Quartzo Fantasma do Anjo podem consistir em uma ou mais dessas. Os cristais de Quartzo Fantasma do Anjo foram descobertos em regiões remotas do Brasil e são bastante raros. Sua dureza é 7. A maioria dos espécimes não polidos exibe lascas de cobertura opaca em suas superfícies; então, em geral, eles são polidos para mostrar melhor sua beleza.

ROBERT SIMMONS: Os Fantasmas do Anjo retiraram seu nome não apenas pelas formações dentro deles parecidas com asas brancas de anjos – eles também emanam energias suaves, delicadas, poderosas dos reinos angelicais. Esses cristais ressoam com os centros superiores da mente, inclusive os chacras do terceiro olho e da coroa. Tocar a testa com a ponta de um desses cristais envia feixes de vibrações refinadas para dentro do terceiro olho e acima através da coroa, ligando e ativando ambos os centros de energia importantes. É possível despertar com essas pedras o "lótus de mil pétalas", o chacra da coroa totalmente ativado.

Claro, não são apenas as pedras em funcionamento nesse caso. A afinidade do Quartzo Fantasma do Anjo com as entidades angelicais significa que esses seres são atraídos para trabalhar com os cristais e aqueles que os portam. Uma pessoa pode usar essas pedras para se ligar e interagir com seu "anjo da guarda" bem como com outros seres daquele reino. Se combinar Serafinita com o Quartzo Fantasma do Anjo, existe a oportunidade de comungar também com as ordens superiores dos anjos.

Outra qualidade importante do Quartzo Fantasma do Anjo é trazer para nós a manifestação de nosso eu superior. Quando nos permitimos ser influenciados pelas energias desses cristais especiais, percebemos que estamos agindo a partir do coração com mais frequência. A perspectiva mais elevada engendrada pelas energias da pedra nos leva a agirmos a partir do lugar do amor, para o benefício de todos.

Assim como o Quartzo Fantasma do Anjo pode nos deslocar para uma perspectiva mais iluminada, ele influencia do mesmo modo todos os que se aproximam dele. Portanto, é uma pedra ideal para a casa ou espaço de trabalho da pessoa. Manter um Fantasma do Anjo em sua escrivaninha ou mesa de trabalho pode mudar sutilmente as energias e atitudes das pessoas que entram nesse espaço, dissolvendo a negatividade e criando interações mais positivas. Os geradores maiores podem preencher toda uma casa com vibrações positivas e prazenteiras.

Colocar um Fantasma do Anjo sob o travesseiro engendra bons sonhos. Carregá-lo em seu bolso pode trazer uma sensação de alegria, bondade e bem-estar por todo o dia. Meditar com um pode abrir as portas interiores para a consciência expandida. Usar um Fantasma do Anjo em uma disposição de cristais sobre o corpo irá limpar e purificar os corpos físico e etéreo. Usar um em cada mão pode varrer todo o campo seu de energia ou o de outra pessoa, purificando e conduzindo-o para uma vibração mais elevada.

O Quartzo Fantasma do Anjo funciona especialmente bem com Serafinita, Azeztulite, Fenacita, Angelita e Anidrita Asa de Anjo, para ligação com os reinos angelicais. Ele harmoniza com o Aqua Lemúria para recordação de conhecimento antigo, com a Herderita para viagem fora do corpo e com o Quartzo "Negro" Tibetano para proteção espiritual contra negatividade.

NAISHA AHSIAN: Todos os Quartzos Fantasmas têm a habilidade de despertar a pessoa para sua divindade. O Quartzo Fantasma do Anjo não é exceção. Esse aliado tem uma energia singular que não é encontrada em formações comuns de Quartzo Fantasma. As inclusões minerais no Quartzo Anfibólio, ou Quartzo Fantasma do Anjo, criam toda uma energia que é altamente estimulante para o terceiro olho e coroa. Esse aliado mineral é um elemento da Tempestade potente despertador do terceiro olho.

O Quartzo Fantasma do Anjo ajuda a abrir as portas da mente inconsciente e subconsciente. É um aliado poderoso para empregar em trabalho de sonho, uma vez que auxilia a pessoa a navegar conscientemente no mundo dos sonhos para receber orientação dos reinos astrais. É um mineral excelente para usar em sonhos lúcidos, uma vez que ele assiste na manutenção da consciência quando a pessoa entra e navega pela paisagem dos sonhos. Ele também ajuda a pessoa a lembrar-se de seus sonhos para análise posterior.

O Quartzo Anfibólio pode ajudar a pessoa a atingir e manter o estado de meditação. Sua influência relaxante e calmante permite à pessoa deixar para trás as preocupações do dia enquanto entra em comunhão com a fonte divina. Sua influência calmante também pode ser empregada para auxiliar a pessoa a dormir, particularmente quando o estresse, os medos ou preocupações são as raízes da insônia.

O Quartzo Fantasma do Anjo pode ajudar a transcender a autoimagem mundana e auxiliar na conexão com o Eu Superior. Ele tem uma presença confortante e renovadora da confiança e pode ajudar a recobrar a ligação com sua essência espiritual quando circunstâncias ou experiências difíceis causam sensação de separação ou perda de potência.

ESPIRITUAL: O Quartzo Fantasma do Anjo pode ajudar a pessoa a se ligar com o Eu Superior Ele tem uma energia forte, calmante e meditativa e é uma pedra excelente para trabalho de sonho. Pode ajudar a pessoa a ver onde está perpetuando a ilusão de separação do Divino e auxiliar em viagem astral, sonhos lúcidos e comunicação interdimensional.

EMOCIONAL: O Quartzo Fantasma do Anjo pode auxiliar a pessoa a dissipar medo ou preocupação excessivos e ajudar a aquietar a "mente de macaco" do ego. É energizante e um lembrete útil do apoio espiritual durante tempos emocionalmente difíceis. Ele auxilia a pessoa na percepção do que ela está tentando esconder de si, revelando seus padrões, crenças e influências cármicas mais profundas. O Quartzo Fantasma do Anjo é uma pedra maravilhosa para crianças afligidas por terrores noturnos ou pesadelos.

FÍSICO: O Quarto Fantasma do Anjo tem propriedades isolantes para o sistema nervoso em razão de suas inclusões de anfibólio. Portanto, é útil em situações em que os "nervos inflamados" criam desconforto, ou em doenças envolvendo a perda da cobertura de mielina em volta das fibras nervosas.

AFIRMAÇÃO: Eu sou um com meus guias angelicais e meu Eu Superior, em paz e protegido.

QUARTZO FANTASMA NEGRO

PALAVRAS-CHAVE: Trazer a Luz para os aspectos sombrios do eu, eliminar autojulgamento, recuperar fragmentos perdidos da alma, coragem e resolução, incremento na autopercepção.
ELEMENTO: Tempestade.
CHACRAS: Todos.

O Quartzo Fantasma Negro é um dióxido mineral de silício com uma dureza de 7. Seu sistema de cristal é hexagonal (trigonal). Cresce em cristais prismáticos, como muitas variedades de Quartzo. O Quartzo Fantasma Negro é caracterizado por inclusões de "fantasmas" de carbono ou manganês, em geral ecoando dentro do corpo do cristal a forma de um ponto de término de um estágio anterior do crescimento do cristal. Alguns dos melhores espécimes de Quartzo Fantasma Negro são encontrados no Arkansas, Estados Unidos.

ROBERT SIMMONS: O Quartzo Fantasma Negro é uma ferramenta útil para ver e integrar a sombra pessoal. O eu sombra contém tudo o que foi negado ou considerado inaceitável pela família, comunidade, cultura e internalizações da pessoa. Na maior parte do tempo, não temos consciência de nossa sombra, e manter a sombra no inconsciente drena a força de vida. Portanto, o trabalho interior que traz o material da sombra para a consciência pode libertar essas energias presas para uso pelo eu consciente. Tal trabalho também religa as partes ausentes ou "perdidas" da alma, curando a psique e trazendo uma sensação de integridade profunda. Usar o Quartzo Fantasma Negro em meditação, oração ou trabalho de sonhos pode auxiliar na abertura das portas internas para que esse material possa ser experimentado, compreendido e resolvido.

O Quartzo Fantasma Negro, por meio da luz que ele ajuda a pessoa a lançar sobre as áreas sombrias do eu, aquieta o "juiz" interno que sempre diz a ela que "não é boa o suficiente". Essa pedra promove a autoaceitação e o amor-próprio, tornando possível oferecer aos outros amor incondicional.

Se existem padrões de vidas passadas que alimentam as limitações psicológicas da pessoa nesta vida, o Quartzo Fantasma Negro pode ser usado para relembrá-los e eliminá-los. Essas pedras não são particularmente úteis para simplesmente "vasculhar os arquivos" da vida passada da pessoa, mas são ferramentas ideais para focar em vidas específicas relevantes para suas dificuldades na encarnação atual. Para melhorar as qualidades visionárias de tais experiências interiores, é recomendado combinar o Quartzo Fantasma Negro com "Diamantes" Herkimer e/ou Fenacita.

Cristais de Quartzo Fantasma Negro com base de manganês podem auxiliar a pessoa a superar teimosia e/ou relutância em tentar coisas novas. É uma pedra que ajuda a pessoa a fazer as ações apropriadas baseadas em novos *insights* e é de ajuda na superação da inércia inicial que a pessoa encontra quando tenta mudar um velho hábito. Os Fantasmas Negros com base de carbono são apoiadores do corpo físico e podem auxiliar na limpeza física e cura que muitas vezes acompanha o progresso psicológico. Ele também ajuda a pessoa a ver a ligação entre os sintomas psicológicos e os problemas físicos.

O Quartzo Fantasma Negro de ambos os tipos se harmoniza bem com Moldavita, que podem acelerar o processo interno iniciado pelo trabalho com os cristais. Natrolita, Escolecita, Danburita, Petalita e Azeztulite pode ajudar a pessoa a focar os aspectos espirituais das mudanças iniciadas pelo trabalho com esses cristais poderosos.

NAISHA AHSIAN: O Quartzo Fantasma Negro auxilia a pessoa a assentar suas ideias, poder e determinação no plano terrestre. As energias dos Fantasmas Negros com carbono e Fantasmas Negros contendo manganês são levemente diferentes, mas ambas agem para puxar os reinos etéreos para o físico.

Os Fantasmas Negros contendo carbono como sua inclusão predominante são pedras poderosas para aterrar as energias etéreas no corpo para a cura de doença física. Auxiliam na integração das energias de Luz em um nível celular e ajudam a fortalecer os sistemas de energia do corpo. Eles podem ser usados para ajudar a pessoa a escapar do diálogo interior do ego que cria medo, desencorajamento e autoimagem negativa. Sua energia provê determinação para continuar em seu caminho e assumir novos riscos, mesmo quando o resultado é incerto e o caminho não é claro.

O Quartzo Fantasma Negro que tem inclusões de manganês pode ser usado para fornecer coragem ao coração da pessoa quando ela está diante de dificuldades. Eles ajudam a fortalecer o sistema nervoso e o sistema cardiopulmonar. Quartzos Fantasma Negro com manganês podem ajudar a pessoa a encontrar e usar apropriadamente seu poder em qualquer situação. Essas pedras são especialmente úteis para os que estão tentando soltar-se de relacionamentos, situações de trabalho e/ou quaisquer situações difíceis em que o direito de usar seu poder é requerido para que ela se erga e crie limites firmes. São excelentes para superar o medo de confronto ou de usar o poder pessoal, baseado no medo de usar mal esse poder.

ESPIRITUAL: Todos os cristais de Quartzo Fantasma Negro podem ser usados para puxar energias de alta frequência para os sistemas físico e energético. Sua energia fortalece a aura, ajuda a reparar goteiras áuricas e remover cordas e setas que podem estar presas ao campo áurico.

EMOCIONAL: Todos os Quartzos Fantasma Negro podem auxiliar a pessoa a superar o discurso interno e o medo de possuir ou usar seu poder pessoal. Sua energia pode assistir no estabelecimento de limites firmes a respeito do que a pessoa irá aceitar ou não em sua vida e experiência – particularmente quando esses limites são necessários para curar e limpar o uso negativo de poder em relacionamentos. A frequência desses aliados ajuda a pessoa a encontrar nova determinação para seguir em frente em meio a circunstâncias difíceis e pode fortalecer a resolução para ultrapassar obstáculos.

FÍSICO: O Quartzo Fantasma Negro com carbono ajuda a fortalecer o corpo físico, em especial os sistemas muscular e de esqueleto. Os Quartzos Fantasma Negro com base em manganês podem auxiliar no fortalecimento do coração e pulmões e apoiar o sistema nervoso e a cobertura neural de mielina.

AFIRMAÇÃO: Eu exijo todas as partes perdidas e exiladas de mim, e dou-lhes as boas-vindas com alegria pois me trazem uma inteireza cada vez maior.

QUARTZO FUMÊ

PALAVRAS-CHAVE: Aterramento, transformação de energias negativas, praticidade, organização, manifestação dos sonhos e inspirações.
ELEMENTO: Terra.
CHACRAS: Raiz (primeiro).

O Quartzo Fumê é uma variedade de Quartzo, um mineral dióxido de silício com uma dureza de 7. Como outros cristais de Quartzo, o Quartzo Fumê tem um sistema de cristal hexagonal (trigonal) e forma-se em prismas. O Quartzo Fumê pode variar em cor de um tom muito pálido a um marrom chocolate escuro. Sua cor vem de irradiação natural. O Quartzo Claro pode ser transformado em Quartzo Fumê artificialmente por tratamento com rádio ou raios X. O Quartzo Fumê é encontrado em muitos países, incluindo Brasil, Austrália, Madagascar, Suíça e Estados Unidos.

ROBERT SIMMONS: O Quartzo Fumê é uma das principais pedras de aterramento. Ele pode ajudar até os indivíduos mais aéreos a colocar os pés na terra de modo que possam funcionar bem como seres físicos. Quando a pessoa está trabalhando nos reinos mais elevados, ativando os chacras superiores do corpo e alinhando-os com os chacras não físicos acima da cabeça, o Quartzo Fumê pode ajudar a pessoa a voltar para o corpo e o mundo físico. Também facilita o aterramento da informação espiritual, tornando possível fazer algo de prático e benéfico com os *insights* que a pessoa recebe nas atmosferas rarefeitas dos planos vibratórios mais elevados.

O Quartzo Fumê melhora a praticidade e organização. É uma pedra boa para ter por perto quando a pessoa está fazendo o balanço no talão de cheques ou pagando os impostos. Ele empresta foco para os estudantes e paciência para os professores. Também pode ajudar a pessoa a evitar extravagância, exceto quando se trata de comprar um Quartzo Fumê!

O Quartzo Fumê oferece proteção contra energias negativas no ambiente da pessoa. Ele pode absorver e transmutar quantidades praticamente ilimitadas de negatividade pelo aterramento delas na Terra, onde podem ser neutralizadas. É uma boa pedra para "manter as coisas claras", purgando a atmosfera de ressentimentos não expressos e conflitos suprimidos. A pessoa pode pegar um Quartzo Fumê quando está com um péssimo humor e, poucos minutos mais tarde, pode se perguntar onde foi parar o mau humor. Pelo fato de o Quartzo Fumê puxar a negatividade com tanta facilidade, mesmo com a maior parte dessa energia sendo aterrada na Terra, ainda é uma boa ideia limpar a pedra energeticamente com regularidade.

O Quartzo Fumê tem um modo de atrair o etéreo para a manifestação. Quando a pessoa está usando ou carregando um Quartzo Fumê, é mais provável que ela *veja* tais fenômenos como fantasmas, óvnis, fadas e guias espirituais. Diferentemente das situações em que a vibração da pessoa é elevada a uma frequência mais elevada de habilidade perceptiva, nesse caso o Quartzo Fumê atrai as entidades ou fenômenos para o campo áurico da pessoa e para baixo até o nível de percepção dela. Por razões semelhantes, o Quartzo Fumê é útil para ajudar a trazer seus sonhos e ideias inspiradas para a realidade física.

Algumas vezes, o Quartzo Fumê ocorre com fios dourados de Rutilo correndo por ele. Esses espécimes são excelentes ferramentas para manifestação. Podem ajudar a pessoa a aterrar seus sonhos de carreira, prosperidade, aventura e crescimento espiritual em sua vida física – e o Rutilo acelera em muito o processo.

O Quartzo Fumê funciona em harmonia com outras pedras de aterramento como Sugilita, Turmalina Negra, Azeviche e Obsidiana. Com Moldavita, ele traz a energia da transformação mais totalmente para o reino físico.

NAISHA AHSIAN: O Quartzo Fumê é uma das pedras de aterramento e limpeza mais poderosas entre as disponíveis. Como a fumaça de um feixe de sálvia, a energia do Quartzo Fumê limpa e purifica a aura e os sistemas energéticos. Ele auxilia a pessoa a ligar-se com a Terra e completar o circuito elétrico entre o corpo físico dela e o planeta. Sem esse circuito completo, os sistemas de energia da pessoa são muito semelhantes a linhas de alta tensão que arrebentaram. Embora tenha muita energia disponível, não existe para onde ela ir. A energia é liberada por meio da aura para o ambiente, o que pode causar efeitos desagradáveis do tipo *poltergeist* – até "combustão" energética e distúrbios do sistema nervoso. Ao aterrar, a pessoa completa o circuito, dá uma saída segura para o excesso de energia e restabelece um fluxo energético saudável no corpo. O Quartzo Fumê é um dos maiores aliados para estabelecer e usar esse circuito energético.

A cor amarronzada do Quartzo Fumê em geral é causada pela exposição à radiação natural. Por ele ainda ser ressoante com as frequências de radiação, pode ser usado efetivamente para combater campos eletromagnéticos excessivos, tais como os emitidos por computadores e outros eletrônicos, ou por outras fontes de radiação natural no ambiente.

Em trabalho de cura, o Quartzo Fumê extrai densidades fora da aura e aterra suas energias para serem reprocessadas pela Terra. Em certo sentido, o Quartzo Fumê é um aparato para compostagem energética. Ele possibilita que a energia negativa seja limpa de modo que possa se tornar utilizável e saudável de novo.

ESPIRITUAL: O Quartzo Fumê é uma pedra de aterramento espiritual, ajudando a pessoa a receber e utilizar mais energia de alta frequência. Ele auxilia a pessoa a alinhar o corpo físico com uma gama de frequências de Luz expandida, e é tanto purificador como protetor.

EMOCIONAL: O Quartzo Fumê é um amigo maravilhoso para os que resistem a estar incorporados. Ele pode ajudar a pessoa a sentir-se mais engajada no mundo e capaz de criar mudanças em sua realidade.

FÍSICO: O Quartzo Fumê é mais bem usado para combater os efeitos negativos da radiação, incluindo queimaduras de sol, exposição a materiais radiotivos, terapia médica de radiação e exposição a campos eletromagnéticos focados.

AFIRMAÇÃO: Eu estou aterrado e centrado em meu corpo físico, e trabalho passo a passo para alcançar meus objetivos.

QUARTZO HOLLANDITA

PALAVRAS-CHAVE: Caminho do destino, Eu Superior, regeneração, *insight* espiritual, Luz aumentada.
ELEMENTO: Tempestade.
CHACRAS: Todos (primeiro ao sétimo), Estrela da Alma (oitavo).

Essas pedras incomuns são cristais de Quartzo com inclusões de Hollandita. A Hollandita surge dentro do cristal de Quartzo como pequenos pontos cinzentos, que sob a inspeção de uma lupa se mostram como estrelas de seis pontas. O Quartzo é um cristal dióxido de silício com um sistema de cristal hexagonal (trigonal) e uma dureza de 7. As inclusões de Hollandita são cristais de óxido de manganês e bário com um sistema de cristal monoclínico e uma dureza de 4 a 6. A Hollandita foi descoberta originalmente na Índia e tem sido conhecida desde pelo menos 1906. Ela foi nomeada em homenagem a T. H. Holland (1868-1947), diretor do Geologycal Survey of India. A origem da maioria dos Quartzo Hollandita é Madagascar.

ROBERT SIMMONS: As pequenas estrelas de Hollandita dentro desses cristais de Quartzo podem agir como chaves para o despertar e a ativação do verdadeiro eu da pessoa. Tal ativação pode ocorrer nos níveis cognitivo, emocional, físico e até celular. Por exemplo, a meditação com um Quartzo Hollandita pode trazer "memórias do futuro" relativas a quem a pessoa está destinada a se tornar. Tais "memórias" carregam um sentido de convicção poderoso, mesmo que a pessoa possa nunca ter experimentado tal identidade no passado. É como se esses cristais, energeticamente, abrissem os ferrolhos que tinham fechado a percepção consciente da pessoa de recordar o destino que ela escolheu para sua vida. Quando essas portas interiores se abrem, a sensação de certeza que as visões que sobem das profundezas trazem pode ser surpreendente para as suposições anteriores sobre seu caminho de vida. Contudo, o despertar é inegável. Momentos de reconhecimento como esse carregam cargas tanto emocionais quanto mentais, e a euforia criada por essas energias pode transportar a pessoa à frente acima das dificuldades potencias do caminho para assumir seu papel de individualidade, e exercer o poder soberano que reside em nosso interior como seres integrais.

No nível físico, carregar ou usar um Quartzo Hollandita pode ativar o modelo de sua forma ideal. Se o corpo da pessoa está fora de alinhamento com sua verdadeira identidade, ele deve mudar, colocando seu padrão em ressonância com a nova individualidade reclamada. Para muitos, tal mudança pode surgir como melhoria na saude e aparencia, incluindo perda de peso, força e estamina aumentadas, relaxamento de linhas faciais, limpeza dos olhos, e inúmeros outros fenômenos regenerativos.

No nível celular, a energia do Quartzo Hollandita pode se manifestar como um aumento dos padrões de frequência vibratória emanados por seu DNA. É sabido pela ciência que a molécula de DNA emite fótons de luz a intervalos regulares. Alguns autores compararam as qualidades de emissão de luz do DNA a um "laser ultrafraco". Outros especularam que essas qualidades, que podem ser melhoradas nos que são espiritualmente abertos, são responsáveis pelos halos de luz observados em torno do coração e das mentes dos mestres espirituais, e pelos fenômenos mais comumente observados da aura humana. Uma vez que os Quartzo Hollandita aceleram as manifestações da verdadeira identidade da pessoa, os padrões vibratórios do DNA podem mudar e aumentar sua frequência, trazendo uma emissão de fótons maior – mais Luz. Tais mudanças vibratórias podem aumentar a longevidade e prolongar a saúde juvenil.

Tendo lido tudo isso, as pessoas devem ser avisadas que as mudanças não são automáticas. O Quartzo Hollandita, ou um incidente de sincronicidade, ou algum outro estímulo, pode desencadear um momento de despertar e autolembrança, porém tal momento apenas mostra a porta. É caminhar por essa porta, como uma escolha totalmente consciente, que permite que todo o restante aconteça. De qualquer modo, esses cristais servem como aliados a postos para facilitar tais despertares.

Dormir, meditar ou fazer disposições de pedra com Quartzo Hollandita pode abrir a pessoa para muitas variedades de momentos "aha!". Usar ou carregar as pedras durante o dia convida o fluxo de acontecimentos sincrônicos a trazerem ações ou acontecimentos recíprocos que apenas fazem sentido para o novo paradigma do Eu Superior.

Os Quartzo Hollandita harmonizam com Moldavita e Herderita para acelerar a evolução da pessoa. Natrolita e Fenacita melhoram os aspectos visionários do despertar. A Criolita com Quartzo Hollandita também abre a visão interior, conectando-a com a fonte de sabedoria no coração.

NAISHA AHSIAN: A energia da Hollandita é de Iluminação, manifestação do Espírito na forma, revelação e alinhamento com os guias mais elevados da pessoa. Embora a Hollandita seja um aliado do elemento Tempestade, sua energia é moderadamente suave, embora ainda traga estados poderosos de percepção, consciência e presença. Embora a Hollandita na forma mais massiva não seja uma pedra particularmente bonita, sua manifestação como pequenas estrelas radiantes dentro dos cristais de Quartzo é impressionante. Os cristais de Quartzo amplificam as energias da Hollandita e permitem que ela seja focada e dirigida com mais facilidade do que a Hollandita em sua forma mais massiva. Eles também oferecem uma excelente introdução à energia da Hollandita, sem ser tão estonteantes energeticamente quanto as formas mais massivas desse mineral podem ser. Como uma aliada, a Hollandita ajuda a erradicar qualquer resistência ao caminho espiritual da pessoa e a suposição de seu poder espiritual. Ela ajuda a limpar e abrir todos os chacras, dando autonomia à pessoa para incorporar mais energia de luz nos sistemas físicos. É um estimulante poderoso para os sentidos mediúnicos e para os que desejam cultivar esses sentidos para uso em canalização, cura ou práticas visionárias.

ESPIRITUAL: O Quartzo Hollandita estimula as habilidades visionárias, habilidades de cura e a habilidade para trazer as frequências mais elevadas de energia para o corpo físico. É uma pedra de integração de luz, assistindo a pessoa no realinhamento de sua vida com sua visão e propósito espiritual mais elevado. Ela pode auxiliar a semente estelar e seres que entram em nossa dimensão a se aclimatarem ao sistema de energia da Terra.

EMOCIONAL: O Quartzo Hollandita ajuda a pessoa a cultivar uma perspectiva objetiva e desapaixonada, que pode auxiliar a pessoa a identificar claramente o que precisa ser feito para cultivar sua vida espiritual na Terra. Ela pode auxiliar a desenvolver a disciplina e dedicação ante as dificuldades.

FÍSICO: O Quartzo Hollandita auxilia com o alinhamento geral de energia no corpo, aterramento e processamento de radiação e energias de luz de frequência mais elevada. Ela pode fornecer um apoio energético excelente para os que passaram por terapia de radiação ou envenenamento por radiação.

AFIRMAÇÃO: Eu desperto para meu propósito espiritual e escolho realizar meu destino mais elevado.

QUARTZO LÍTIO

PALAVRAS-CHAVE: Paz interior, despertar do Eu Superior, eliminação de vínculos negativos, cura da aura, harmonização.
ELEMENTO: Tempestade, Água.
CHACRAS: Todos.

O Quartzo Lítio é um membro da família dos Quartzos, um mineral dióxido de silício com uma dureza de 7. Ele ocorre como cristais de Quartzo prismáticos com inclusões de material lavanda ou cinza rosado. Os materiais incluídos contêm lítio, o que explica a derivação do nome. A única localidade para esse material raro é uma região muito remota de Minas Gerais, Brasil.

ROBERT SIMMONS: Ao tocar ou segurar pela primeira vez um cristal de Quartzo Lítio, a pessoa pode sentir energias suaves, mas poderosas, movendo-se por seu corpo. O chacra do coração abrirá, seguido por uma onda de euforia prazenteira. No momento seguinte, o terceiro olho é estimulado e a pessoa pode sentir uma pulsação rítmica de energia positiva fluindo para dentro de todos os centros da mente. Esses cristais são surpreendentemente fortes, se levarmos em conta as energias em geral suaves dos outros minerais de lítio. Talvez suas inclusões em cristais de Quartzo brasileiro tenham ampliado suas vibrações. Em todo caso, eles podem ser usados para ativar de modo seguro qualquer um dos chacras. Eles irão melhorar a meditação profunda e também a qualidade das visões interiores recebidas. A vibração dessas pedras é de cura profunda, paz emocional, liberação da tensão e despertar do Eu Superior.

Rendição é uma das chaves da autolibertação, e o Quartzo Lítio parece facilitar o estado de ativação energética e a abertura emocional necessária para uma profunda libertação dos vínculos que atam o ser. Isso o torna uma pedra ideal para meditação. Também, usar o Quartzo Lítio trará ao usuário um estado mais contínuo de ligação com sua mente e seu coração mais elevados.

Os curadores adorarão trabalhar com essas pedras, em especial os cristais maiores. Eles irão levar o cliente a um estado de relaxamento fácil, sem qualquer lentidão no corpo de energia. Os cristais de Quartzo Lítio facilitam a eliminação de vínculos negativos de todos os tipos e reforçarão o fluxo de energia positiva em quaisquer áreas. Esses cristais também são úteis em disposições de corpo. Sua ligação mais natural é com o chacra do coração, terceiro olho e as mãos, mas eles irão beneficiar todos os centros de energia. Alguns curadores podem querer prender quantidades desses cristais ao lado de baixo das macas de tratamento. Isso manterá os campos de energia tanto do cliente quanto do facilitador puros e livres de energias negativas e podem também engendrar uma ligação maravilhosa e harmoniosa entre eles.

Os cristais de Quartzo Lítio podem beneficiar a todos os que buscam harmonia em seus vários relacionamentos – de amigos e famílias a esposas e amantes. De fato, a pessoa pode experimentar com um pequeno cristal embaixo do travesseiro de cada parceiro para melhorar tanto a intimidade quanto a paixão.

O Quartzo Lítio no banho pode conceder uma experiência maravilhosa de paz e relaxamento. "Plantar" esses cristais em jardins ou em plantas envasadas irá fornecer uma estimulação positiva para o crescimento e um convite para a participação dos devas e espíritos da Natureza. Esses seres serão naturalmente atraídos para as energias suaves e fortes do Quartzo Lítio.

O Quartzo Lítio funciona em harmonia com quase todas as pedras e é particularmente bom com Ajoíta, Petalita, Kunzita, Celestita, Moldavita, Sugilita, Ambligonita, Hiddenita e outros minerais de Lítio. Além dessas, o Rubi irá acrescentar intensidade na ligação com os chacras inferiores. A Danburita, Fenacita, Azeztulite, Natrolita, Escolecita ou Quartzo Satyaloka irá trazer uma ligação mais forte com os chacras transpessoais e dimensões acima e além do corpo.

NAISHA AHSIAN: O Quartzo com inclusão de lítio é uma pedra de cura do coração, que funciona aliviando o estresse e acalmando os nervos esgotados, permitindo à pessoa que relaxe. Ele abre naturalmente a pessoa para uma abordagem do mundo a partir de um espaço de coração mais equilibrado. Essa pedra é excelente para crianças usarem no fim de seu dia para se tornarem calmas e centradas em seus sonhos. Ela auxilia os adultos com sonhos pacíficos, também. Quando o estresse ou as preocupações do dia não permitem à pessoa que relaxe e durma, o Quartzo Lítio pode auxiliá-la a entrar em um espaço centrado no coração e livre de estresse. Na prática de meditação, o Quartzo Lítio permite à pessoa que abra e equilibre o coração enquanto acessa um estado de consciência mais elevado. Depois de utilizar a energia relaxante inicial para acalmar e centrar, a pessoa pode, em seguida, deslocar sua consciência para dentro da própria pedra, para recuperar ou receber a informação de dentro dela. Essas pedras podem auxiliar a pessoa a acessar problemas de vidas alternativas em que essas questões estão diretamente relacionadas a lições emocionais atuais nesta vida.

O Quartzo Lítio também é útil para ajudar a pessoa a não se prender a resultados desejados. Existe um ditado que diz: "O maior presente de Deus é uma prece não atendida". Algumas vezes o que desejamos de verdade e acreditamos ser nosso maior bem não se manifesta. Nessas ocasiões, abrir-se à vontade do Divino e entregar o controle e esforços é o único caminho que assegurará o equilíbrio interior. Render-se não significa desistir – significa entregar. Em geral, quando a pessoa é capaz de abandonar o controle ao Divino, um resultado irá se manifestar que é ainda melhor que o que a pessoa visualizou anteriormente. Esse processo de rendição e concessão empresta à pessoa uma paz emocional e bem-estar que em geral é o melhor caminho.

ESPIRITUAL: Quartzos com inclusão de Lítio facilitam a meditação acalmando a mente e abrindo o coração. Ele encoraja a pessoa a estar presente e eliminar pensamentos dispersivos. Auxilia a eliminar expectativas de resultados específicos e a render-se ao Divino.

EMOCIONAL: O Quartzo Lítio permite que energias calmantes, pacíficas e amorosas preencham o corpo emocional. Suas energias são parecidas com a da Lepidolita e isso facilita a eliminação de preocupações, estresse e ansiedade.

FÍSICO: O Quartzo Lítio é particularmente efetivo no trabalho vibratório para redução da intensidade e frequência do pânico e ataques de ansiedade. Ele pode ajudar a reduzir o estresse e aliviar desequilíbrios no corpo relacionados ao estresse. É uma pedra importante para apoiar os que usam antidepressivos e outros medicamentos para a saúde mental.

AFIRMAÇÃO: Eu me movimento em alinhamento com meu Eu Superior, em um fluxo calmo de paz e alegria para uma paz e alegria maiores.

QUARTZO NEGRO TIBETANO

PALAVRAS-CHAVE: Proteção espiritual e purificação, melhoria da meditação, equilíbrio dos chacras e meridianos, limpeza e energização da aura.
ELEMENTO: Tempestade.
CHACRAS: Todos.

O Quartzo Negro Tibetano é um membro da família Quartzo, um mineral dióxido de silício, com uma dureza de 7. Seu sistema de cristal é hexagonal (trigonal). Os cristais são quase todos de dupla terminação e muitos, embora não todos, contêm inclusões negras de um mineral não identificado. Portanto, a palavra "negro" no nome não é uma descrição literal de todos os cristais desse grupo, uma vez que mesmo a maioria das pedras, que contêm material negro, não é completamente negra, e algumas são próximas do claro. O Quartzo Negro Tibetano é encontrado nas montanhas do Himalaia do Tibete e Nepal.

ROBERT SIMMONS: Os Himalaias do Tibete, onde os cristais são encontrados, estão entre as regiões mais sagradas da Terra. O povo tibetano, sem dúvida, foi atraído para lá por sua própria alta sintonia espiritual, e os milhares de anos de prática espiritual feita nessa região também melhoraram as vibrações de toda a sua área.

Os cristais de Quartzo Negro Tibetano com terminação dupla estão entre as pedras mais poderosas para a proteção espiritual que já foram encontradas. Carregar ou usar uma cria uma "bolha de Luz" em torno do corpo, permitindo que apenas as vibrações positivas penetrem no campo áurico. Dormir com ou perto de um Quartzo Negro Tibetano protege a pessoa de energias astrais inferiores e pode ajudar a eliminar sonhos perturbadores. Manter uma ou mais dessas pedras no espaço em que se vive pode purificar e limpar a área de quaisquer influências negativas. Eu até recomendo colocar uma em cima da televisão ou tela do computador para combater as desarmonias que podem emanar deles.

A meditação com o Quartzo Negro Tibetano pode ser a mais benéfica, especialmente para os que sentem uma afinidade com o Budismo tibetano. As pedras parecem emanar um "om" silencioso o tempo todo, e podem ser ativadoras poderosas para o terceiro olho. Elas também ressoam com o estado de alerta silencioso que é essencial para a meditação, e auxiliam a pessoa a não cair no sono nem ser carregada para longe por um vórtice de pensamentos.

Além de oferecer proteção e purificação, os cristais de Quartzo Negro Tibetano emanam energias que podem ativar e equilibrar os chacras e sistemas de meridiano. Se um dos chacras ou ponto nodal está bloqueado ou lento, tocar aquele ponto com um desses cristais pode aliviar o problema rapidamente. Para um tratamento completo de cristais do corpo, coloque pontas com terminação dupla em cada um dos sete chacras, alinhando-os de forma que os cristais fiquem no sentido do comprimento ao longo da coluna de chacras. Isso permite uma conexão energética entre todos os cristais e um fortalecimento ressonante das ligações entre todos os pontos do corpo de energia da pessoa. Ao usar essas pedras desse modo, a pessoa também limpa todo o sistema de energias sutis, permitindo um fluxo vibratório livre de energias positivas por todos eles.

Outros usos dessas pedras benéficas e poderosas incluem fazer grades de cristais em torno da cama ou do espaço de meditação, criando um minivórtice de boas vibrações. Também, colocá-las nos cantos de fora da casa, bem como em cada porta ou janela, pode melhorar as energias sutis de todo o ambiente. Rituais feitos com Quartzo Negro Tibetano serão amplificados em poder e pureza em seus poderes positivos.

O Quartzo Negro Tibetano harmoniza com Moldavita, Cristais Semente da Lemúria, Quartzo Lítio e Quartzo Faden. Combinar essas pedras com Azeztulite trará as energias angelicais para dentro, e usá-las com Fenacita pode melhorar a experiência visionária.

NAISHA AHSIAN: O Quartzo Tibetano Negro é uma pedra do elemento Tempestade que fornece uma expansão rápida da consciência combinada com uma ativação do cordão de aterramento. Esses aliados transportam a energia e os registros antigos do Tibete em sua matriz. Para aqueles com forte afinidade com essa região do planeta, esses aliados trarão a sensação de "voltar para casa". Eles são despertadores vigorosos dos chacras superiores, concedendo uma comunhão melhorada com os planos mais elevados. O Quartzo Negro Tibetano ajuda a pessoa a incorporar o nível de consciência do Eu Superior. Eles pulsam em um tom quase audível que ressoa no interior dos chacras do terceiro olho, da coroa e do coração.

O Quartzo Negro Tibetano traz para a aura uma energia como uma lanterna na noite. Sua frequência age como uma "lavagem na janela" psíquica, limpando os resíduos do campo energético e permitindo que mais Luz encha a aura. À medida que a Luz permeia o campo energético, a aura se expande e se fortalece, criando um campo de "não força" de Luz em torno do corpo físico da pessoa. Esse campo de "não força" ilumina tudo o que toca, trazendo Luz e consciência para qualquer ambiente. Em certo sentido, essas pedras fazem de você um portador de suas energias, espalhando-as para onde vá.

O Quartzo Negro Tibetano é uma ferramenta de cura excelente, mexendo até com o padrão energético mais teimoso e permitindo que um espectro de Luz completo banhe o veículo físico até o nível celular.

ESPIRITUAL: O Quartzo Negro Tibetano abre a pessoa para estados de consciência mais vastos. Essas pedras limpam o campo áurico e enchem os corpos energético e físico com um espectro de luz completo. O Quartzo Negro Tibetano auxilia o corpo a integrar e usar essa Luz como é necessitada para o crescimento espiritual ou reparo físico.

EMOCIONAL: Os Quartzos Negros Tibetanos ajudam a eliminar vínculos às emoções e entrar em uma perspectiva mais elevada, em que as emoções são pistas do que ainda precisa ser eliminado e limpado do campo energético. Eles auxiliam a pessoa a praticar o distanciamento e a não resistência.

FÍSICO: O Quartzo Negro Tibetano é essencialmente para cura e reparação do sistema nervoso, incluindo a camada de mielina, o cérebro e os gânglios nervosos que geram as energias eletromagnéticas dos chacras.

AFIRMAÇÃO: Meu campo áurico está limpo, energizado e cheio de Luz, e eu transporto e compartilho essa Luz com todos os que eu encontro.

QUARTZO NIRVANA™

PALAVRAS-CHAVE: Abertura para o futuro, sinergia coração/cérebro, silêncio interior, destino, evolução, verdade, autoaceitação.
ELEMENTO: Tempestade.
CHACRAS: Todos.

Quartzo Nirvana foi o nome cunhado para descrever um grupo específico de interferência no crescimento dos cristais de Quartzo, descobertos nas alturas das montanhas do Himalaia na Índia. Como outros Quartzos, eles são cristais de dióxido de silício com um sistema de cristal hexagonal (trigonal) e uma dureza de 7. As pedras foram encontradas pela primeira vez em 2006 a uma altura de 5.486 metros, onde as geleiras recuaram em razão do aquecimento global, derreteram e as expuseram. Aparentemente, ficaram sob o gelo por milhares de anos. Os próprios cristais, visualmente, parecem-se com as camadas pontudas de gelo e rochas fendidas que os esconderam por tanto tempo. (Um dos outros nomes pelo qual o conhecemos é Quartzo Gelo.) Eles têm formação irregular e intrincada, com recessos profundos e contornos esquisitos. Não existem duas peças iguais, embora seja claro todos serem da mesma "espécie". Embora a maioria não exiba o corpo regular de seis lados e terminações pontudas da maioria dos tipos de Quartzo, algumas vezes eles mostram corpos naturalmente facetados e parcialmente regulares. A maioria é áspera e com forma de bastão, embora muitos sejam mais compactos e curtos. Uma porcentagem incomum deles é trigônica, exibindo triângulos apontados para baixo inscritos ou gravados em suas superfícies. Estranhamente eles surgem em duas cores – branco-clara ou rosa. A cor rosa de aproximadamente metade dos espécimes parece derivar de inclusões sobre sua superfície ou próximas.

É dito dos Quartzos com interferência no crescimento que derivariam suas formas fantásticas do crescimento de Calcita ou outros minerais no interior e durante a formação dos corpos dos cristais de Quartzo. Mais tarde, o mineral interlaçado dissolve, deixando o Quartzo com uma formação peculiar.

ROBERT SIMMONS: Os cristais de Quartzo Nirvana ressoam na fronteira do passado e do futuro. Eles aparentemente existiram em isolamento tranquilo em meio ao gelo glacial por milhares de anos, quase como que esperando por seu momento de aparecer no mundo humano. Embora transportem as correntes do passado profundo e silencioso, sua missão é sintonizar-nos com o potencial ainda não formado do que pode vir a ser. Os seres espirituais que se expressam como esses cristais complexos, quase sobrenaturais, estão disponíveis para nos ajudar na transmutação evolutiva que é nosso destino mais elevado. A palavra Nirvana conota iluminação, que tanto revela como obscurece o que esses cristais oferecem. Eles podem ser condutores para correntes de iluminação interior profunda, entretanto, seu despertar, diferentemente do Nirvana como ele foi, não é uma ascensão para fora do mundo. É a encarnação da iluminação aqui e agora, em nossos corpos e na Terra.

A meditação com essas pedras é, antes de tudo, uma imersão em paz profunda e silêncio interior. O diálogo interior de pensamentos é cessado com muito mais facilidade do que o comum. É como se uma mão gentil se movesse para dentro da cabeça e o pequeno eu do ego tagarela ficasse quieto em assombro pelo toque de tal ser. Pela suavidade do Quartzo Nirvana, ele é comparado com uma corrente de força que mesmo os que não são normalmente sensitivos a cristais podem sentir. Se uma pessoa permite que o desdobramento continue, em geral surgem visões – sonhos despertos que mostram o que a pessoa deve ver para escolher conscientemente o caminho de seu destino mais elevado. Uma vez que também é possível recusar o chamado do destino, tais visões podem ser uma bênção difícil, e ainda assim têm o potencial para inspirar a pessoa a movimentar-se além do meramente mágico, para dentro do fluxo do miraculoso.

Outro modo de descrever os efeitos do Quartzo Nirvana, ou outro aspecto deles, diz respeito à conexão integral do cérebro/mente com o coração. Os cristais de Nirvana Quartzo claros/brancos tendem a despertar os chacras do terceiro olho e coroa, enquanto os cristais rosa são sentidos profundamente pelo coração. Contudo, as correntes de ambos os tipos de Quartzo Nirvana podem fluir por toda a passagem entre a cabeça e o coração.

De fato, uma das aplicações mais significativas dessas pedras é usar duas juntas para estimular ambas as áreas em uníssono sincrônico, iniciando um círculo fechado de retroalimentação em que a mente envia amor e apreciação ao coração, que responde com emanações de alegria, o que inspira ondas mais vigorosas de apreciação, ressonância de prazer intensificada e por aí vai. O despertar do circuito de retroalimentação positiva e bem-estar natural e profundo entre coração e cérebro é a razão de a pedra ter recebido o nome de Quartzo Nirvana. Esse circuito sempre existiu em nosso interior e tem o potencial de iluminação e alegria, contudo o hábito do passado humano foi sacrificar o prazer pelo medo e a ilusão da proteção contra o medo. As correntes do Quartzo Nirvana podem, gentilmente, com firmeza, cortar esses padrões. A paz transcendente que eles incorporam, vinda de seus séculos passados sob o gelo e seu potencial futuro como aliados para nossa evolução, reverbera por todo o corpo físico, anímico e espiritual da pessoa, desalojando padrões antigos autolimitantes e autodestrutivos. No início, essa repadronização pode ser sentida com certo desconforto, irritação até. Contudo, se a pessoa permanecer no processo, ela pode sentir a benevolência da mudança e o movimento em uma calma que está além do alcance de circunstâncias exteriores e principalmente interiores.

Em termos ideais, trabalhar com Quartzo Nirvana do modo descrito envolve o uso de um cristal rosa e um branco. A pessoa pode começar segurando a pedra rosa no coração e a branca sobre o terceiro olho ou a coroa – a "casa" natural de cada uma delas. Depois, quando a pessoa sente a corrente fluindo, ela pode seguir a percepção interior para reverter as posições dos cristais e/ou usar ambos na cabeça, coração ou outras áreas. A pessoa é aconselhada a seguir as mínimas incitações que sentir, especialmente as que surgirem do coração nesse processo.

Talvez a aplicação mais revolucionária do Quartzo Nirvana envolva colocar em prontidão o plano do destino pós-humano. Ser pós-humano significa estar além das limitações humanas históricas de medo, dúvida e violência – vivendo e criando cada momento por meio do engajamento confiante, completo e contínuo com o não ainda, o fértil desconhecido que é o futuro. Os seres que se expressam por meio dessas pedras podem ser vistos como os anjos de nosso potencial, ou como nossos eus futuros nos chamando para o que podemos ser. Encenar esse padrão sem padronização é estar totalmente disposto a viver em paradoxo, criar e liberar em cada momento e cantar o júbilo da existência de volta para o Supremo Divino. Essa saudação cantada de prazer deve reverberar de nossas mentes, nossos corações, almas e espíritos, por todo o caminho através de nossas células, até a essência de cada átomo de nosso ser sem que nenhum grão seja deixado para trás. E isso deve manar de nós como um gesto em direção do futuro desconhecido, enviando-nos para a frente em constante sacrifício (tornar sagrado), em gratidão pré-manifesta pelo que não sabemos o que é. Se as culturas humanas fizeram isso um dia, há muito foi esquecido. Mesmo assim é essa a sedução de nosso vir a ser.

Uma sugestão para sintonizar com essa corrente do tempo futuro e seu potencial com o Quartzo Nirvana é sentar com um par desses cristais, centrando a atenção no coração. Enquanto isso, interiormente, entoe o mantra em sânscrito "Om Namo Baghavate", talvez alternando com uma versão portuguesa de seu significado, por exemplo, "Eu Saúdo o Supremo Divino" ou "Eu canto minha alegria para o Ser Infinito". Segure um dos cristais na cabeça e o outro no coração, imaginando e sentindo-se no interior do circuito autorreforçador de apreciação/alegria descrito antes. A pessoa pode sentir o fluxo vindo dos cristais e a ajuda de seus seres atendentes nesse processo. Uma vez que isso se inicie, mantenha o processo.

Os cristais de Quartzo Nirvana rosa são associados primariamente com a corrente feminina e os brancos, com a masculina. Contudo, esses termos são limitados e não se deve permitir que eles limitem as possibilidades do que pode emergir durante o trabalho com essas pedras. Similarmente, embora os cristais brancos ressoem facilmente com o sexto e sétimo chacras, enquanto o rosa flui com o coração, a pessoa pode encorajar e permitir a eles que fluam por todos os níveis de si, como acontece com a expressão mais completa deles.

Os cristais de Quartzo Nirvana funcionam bem com Moldavita, outra pedra de destino espiritual, e com Danburita Ouro Fogo, que traz sintonia com o raio dourado da percepção iluminada. Outras pedras de frequências vibratórias elevadas como Fenacita, Herderita, Azeztulite, Quartzo Satyaloka, Petalita e Danburita Branca trazem coros de afirmações harmoniosas para a canção do Quartzo Nirvana. Pedras de qualidades amorosas do coração como Morganita, Kunzita, Quartzo Rosa e Turmalina Rosa podem acrescentar uma ênfase nos aspectos do coração da dualidade mente/coração central ao Quartzo Nirvana.

QUARTZO NIRVANA TRIGÔNICO

Por muitos desses cristais serem Trigônicos, eu remeto o leitor ao capítulo dos Quartzos deste livro, e à seção final sobre os Trigônicos. Um cristal é um Trigônico se mostra um triângulo inscrito em uma ou mais das faces de terminação, com a ponta do triângulo apontando para baixo a partir da terminação. Quartzos Trigônicos de todos os tipos são pedras da fronteira do portal entre mundos, facilitando a transição interior e transmutação, e são sintonizados com as correntes do futuro. Estão entre os cristais mais poderosos para o despertar espiritual e autotransformação.

Os Trigônicos podem ocorrer em Quartzos Claros, Ametistas, Citrino ou Quartzos Fumê. Os Quartzos Claros oferecem as vibrações mais elevadas; a Ametista melhora a proteção; o Citrino aumenta a clareza mental; e o Quartzo Fumê auxilia no aterramento. Os Quartzos Trigônicos podem ser usados com qualquer outra pedra, e sua capacidade não diminuirá; pelo contrário, amplificará o que as outras pedras oferecem.

Os cristais de Quartzo Nirvana Trigônico acrescentam uma corrente mais profunda e forte do que qualquer outra variedade, e ajudam grandemente na movimentação do centro primário de percepção da cabeça para o coração. Ao fazê-lo, auxiliam a pessoa a mudar do mero pensamento ao conhecimento, ao alinhamento comprometido com a verdade, capacitando a pessoa a ser de verdadeira utilidade no mundo.

Naisha Ahsian escreve a seguir sobre a Interferência no Crescimento do Quartzo em geral, da qual o Quartzo Nirvana talvez seja a variedade mais poderosa entre as conhecidas.

NAISHA AHSIAN: O Quartzo com Interferência no Crescimento é uma expressão singular da energia do aliado Quartzo. Ele representa a habilidade de superar dificuldades e experiências dolorosas enquanto cultiva beleza e força interiores. Exteriormente, o Quartzo com Interferência no Crescimento pode parecer incompleto, com cicatrizes e até distorcido. Sua beleza, entretanto, brilha em todo ele, e sua energia é única na família dos Quartzos. Enquanto outras formas de Quartzo podem nos ensinar a perfeição na forma, os QIC revelam a importância da radiação interior e a necessidade de superar dificuldades e privações como parte do caminho da ascensão espiritual.

Quartzos com Interferência no Crescimento ajudam a pessoa a dissipar a ilusão de imperfeição, devastação e vitimização, enquanto nos encorajam a assumirmos e celebrarmos nossa própria singularidade e individualidade. Os QIC nos ensinam que cada uma das experiências que percebemos ter parado nosso crescimento foram na verdade experiências-chave para temperar nosso espírito. Essas experiências podem deixar suas cicatrizes, mas as próprias cicatrizes evocam nossa verdadeira beleza ao revelar a força e sabedoria adquiridas durante a jornada da vida.

ESPIRITUAL: Os QIC auxiliam a pessoa a celebrar os movimentos da vida e jornadas experimentais, em vez de reclamarmos da falta de caminhos retos e de ascensão direta à sabedoria espiritual. Ele auxilia a pessoa a descobrir e honrar a sabedoria adquirida por meio dos desvios da experiência de vida. É um aliado excelente para o trabalho de meditação, auxiliando a pessoa a acessar as fontes internas de sabedoria e informação. Ele também pode ser valioso na recuperação de experiências de vida alternativas.

EMOCIONAL: O QIC ajuda os que se julgam positivamente ou negativamente em sua aparência externa a reconhecer a verdadeira beleza de espírito que subjaz em toda a criação. Sua energia pode ajudar a superar padrões de vitimização, desvalorização e autodegradação.

FÍSICO: Embora as dádivas do QIC residam principalmente em seus níveis emocional e espiritual, ele pode ser útil para auxiliar a pessoa a encontrar vigor e sabedoria para enfrentar doenças debilitantes e desequilíbrios.

AFIRMAÇÃO: Eu me abro para o futuro desconhecido em completa confiança, e elimino o passado com gratidão pelo fato de ele ter abençoado meu caminho com alegria e dificuldades.

QUARTZO OURO IMPERIAL

PALAVRAS-CHAVE: Manifestação, soberania, cocriação com o Divino, resiliência emocional.
ELEMENTO: Tempestade.
CHACRAS: Plexo Solar (terceiro), Coração (quarto).

A partir da perspectiva deste livro, existem apenas algumas pedras com sua cor intensificada que são energeticamente ativas, singulares e úteis. Em geral, nossa posição é que as pedras que são tingidas, descoloridas ou revestidas para torná-las atraentes não são melhores e, algumas vezes, são piores do que em sua forma sem adornos. Uma das exceções a essa regra é o Quartzo Ouro Imperial. Essa pedra é produzida quando pontos de Quartzo claro ou geodos passam por um processo de tratamento especial em que suas superfícies são ligadas com Ferro vaporizado ou em pó fino, Titânio e outros traços de metal. O cristal resultante exibe superfícies laranja dourado com *flashes* de cores brilhantes iridescentes. O nome Quartzo Ouro Imperial deriva de sua cor e semelhança com o Topázio Imperial. A dureza do Quartzo Ouro Imperial é 7, e sua camada de cor é permanente. Ela não diminuirá com a lavagem ou descascará, embora riscos e pequenas partículas soltas possam surgir nele. As energias do Quartzo, Ferro e Titânio combinam-se para emanar um espectro singular de energias sutis.

ROBERT SIMMONS: O Quartzo Ouro Imperial fornece uma ligação perfeita entre o plexo solar e o chacra do coração, para criar uma mescla de seus traços mais elevados. O plexo solar é o assento da vontade e do poder de manifestação da pessoa. É o centro de poder de onde a pessoa pode trazer seus sonhos para a realidade. O chacra do coração é, claro, o portal de energia pelo qual a pessoa expressa o amor e por meio do qual ela sente sua ligação com o Divino. O Quartzo Ouro Imperial emana uma energia que unifica e mescla as vibrações dos chacras do coração e do plexo solar. Portanto, ele estimula a unidade do amor e da vontade, ajudando a pessoa a devotar seu poder de manifestação à orientação da sabedoria do coração.

O Quartzo Ouro Imperial transmite uma energia de soberania, garantindo o "domínio" da pessoa sobre o reino de sua vida e melhorando seu poder de cocriar conscientemente com o Divino. Isso ajuda a eliminar a autossabotagem, trazendo as ações da pessoa para um alinhamento com seu bem maior. Ele estimula todos os desejos benevolentes e ajuda-os a se manifestarem. Ele assiste no desenvolvimento da generosidade, o que aumenta o fluxo de abundância na vida da pessoa. É uma pedra de compaixão profunda e evoca o sucesso em atividades altruístas.

O Quartzo Ouro Imperial beneficia o núcleo do corpo, emprestando energia para o coração e os pulmões, sistema circulatório e também estômago e sistema digestivo. Ele também oferece apoio vibratório para o fígado, a vesícula e o baço. Ele auxilia os que têm pouca energia vital a obter uma saúde e bem-estar mais vibrantes.

O Quartzo Ouro Imperial é altamente programável, então ele pode amplificar a intenção da pessoa em qualquer área, especialmente nas inspiradas pelo amor e compaixão.

O Quartzo Ouro Imperial funciona sinergicamente com os Quartzos Aqua-Aura, Aura do Anjo e Aura Tanzine, e também com Vivianita, Jaspe Oceano, Citrino, Labradorita Dourada, Danburita, Ametista e Moldavita.

HAZEL RAVEN: O Quartzo Ouro Imperial tem muitos atributos suspeitos pela intensa camada de cor dourada, rosa e laranja. É um cristal empático que dirige a energia para onde é mais necessária para estimular cura, recarga e remotivação. Ele, rapidamente, permite-nos alcançar nossas reservas e recursos interiores cortando caminho de nossas dúvidas, medos e incertezas. Ajuda-nos a reconhecer nossos próprios talentos especiais e habilidades criativas e instila estamina e entusiasmo, atraindo para nossas vidas pessoas que possam nos ajudar. O Quartzo Ouro Imperial também é um cristal feliz e otimista que exsuda confiança enquanto nos auxilia a elevar nossa autoestima e autoconfiança, removendo nossas tendências autodestrutivas; instantaneamente ele promove um sentido de valor pessoal e da importância dos limites pessoais. O Quartzo Ouro Imperial pode integrar os chacras sacral, solar e do coração para uma centralidade sinérgica verdadeiramente espantosa. Para estarmos a serviço da humanidade, devemos permitir ao coração que dê e também receba, renove e revigore-se.

ESPIRITUAL: O Quartzo Ouro Imperial nos ensina a focar nossa intenção no aspecto espiritual de nossas vidas enquanto busca acelerar nosso desenvolvimento espiritual, principalmente quando ele se mostrou laborioso ou nosso objetivo careceu de clareza de propósito.

EMOCIONAL: O Quartzo Ouro Imperial é um excelente apoio emocional, já que facilita a estabilidade emocional centrada no coração e na maturidade, tornando-nos receptivos ao amor vindo de todas as fontes. Ao usarmos essa pedra como uma bateria emocional, ela nos recarrega com otimismo e fortalece nossa fé nos lembrando de nossa origem divina.

FÍSICO: Essa pedra aumenta a vitalidade e ajuda no sistema digestivo. Ela também fortifica nossos nervos e estimula o metabolismo. É excelente para os que têm tendência à exaustão nervosa ou ao esgotamento físico.

AFIRMAÇÃO: Eu escolho lembrar de minha totalidade e viver como o soberano cocriador de minha vida e meu mundo.

QUARTZO ROSA

PALAVRAS-CHAVE: Amor, gentileza, cura emocional, liberação do estresse, unidade com o divino.
ELEMENTO: Água.
CHACRAS: Coração (quarto).

O Quartzo Rosa é um membro da família dos Quartzos, um cristal dióxido de silicone com uma dureza de 7. Seu sistema de cristal é hexagonal (trigonal). Em geral, ele ocorre em forma massiva, mas, algumas vezes, cresce em geodos de pequenos cristais prismáticos. Seu nome deriva de sua cor, que varia de um rosa muito pálido para um rosa avermelhado escuro. Sua clareza varia do opaco ao translúcido ou transparente, embora a maioria das peças transparentes seja na verdade enevoada. Em alguns espécimes, traços de Rutilo no interior da pedra criam cabochões ou esferas com estrelas de seis raios. O Quartzo Rosa é encontrado no Brasil e Madagascar, e também em Dakota do Sul, Estados Unidos.

ROBERT SIMMONS: O Quartzo Rosa é a pedra da quintessência do amor – amor por si, seu parceiro de vida, crianças, família, amigos, comunidade, a Terra, o Universo e o Divino. Meditar com uma dessas pedras fornece uma cobertura de energia em torno da própria pessoa e ativa o chacra do coração para a emanação de seu amor inato. Quando a pessoa está realmente vivendo o amor, ela não pensa sobre dar e receber, porque o amante e o amado tornaram-se um. O Quartzo Rosa ajuda a dissolver as fronteiras de isolamento e desconfiança da pessoa e muda-a para o sentido de união com tudo que é a essência no centro do coração.

Curar o coração de suas mágoas e redespertar sua confiança é um dos presentes do Quartzo Rosa. Suas vibrações calmantes são um bálsamo para as emoções, e elas acalmam e limpam todo o campo áurico. Ela engendra a eliminação da tensão e do estresse, a dissolução da raiva e do ressentimento, a dissipação do medo e da suspeita, e o renascimento da esperança e da fé na benevolência do Universo. O Quartzo Rosa é claramente feminino no tom, e é uma das pedras da Grande Mãe. Ela não só ativa o chacra humano do coração – também conecta o coração pessoal ao coração da Terra e o Coração do Universo. Suas vibrações de amor podem penetrar no nível celular, reprogramando as células para a alegria e longevidade em vez de desespero e morte. Essa capacidade de reprogramação é a fonte do potencial de cura do Quartzo Rosa.

O Quartzo Rosa é uma das pedras mais importantes para carregar; para usar em meditação, sono e disposições de corpo, e para manter no ambiente. Colocar um pedaço de bom tamanho de Quartzo Rosa em cada quarto da casa pode encher toda a estrutura com energias suaves, mantendo a energia do amor em foco para todos os que vivem lá. Para o quarto de meditação ou de dormir da pessoa, um Quartzo Rosa em cada canto não é exagero. No trabalho, um Quartzo Rosa em torno do pescoço da pessoa ou na mesa pode manter sua interação com os outros no maior estado de harmonia possível.

O Quartzo Rosa pode estimular o chacra coroa, e os chacras do terceiro olho e da garganta, colocando-os em harmonia e união com o coração. Mesmo os chacras inferiores respondem favoravelmente à abundância de energia de amor que flui do coração sob a influência do Quartzo Rosa.

Essa pedra é ideal para presentear qualquer um, até estranhos. Um talismã do amor, as pedras de Quartzo Rosa podem espalhar compaixão e compreensão gentil por todo o mundo. Quando a pessoa dá a um amante, amigo, estranho ou a uma criança um Quartzo Rosa, existe uma gratidão velada que reverbera por todo o Universo, quando mais uma fronteira é suavizada ou dissolvida.

Todas as formas de Quartzo Rosa emanam as mesmas energias essenciais, mas os geodos de Quartzo Rosa prismático são mais poderosos em relação ao seu tamanho do que qualquer outra variedade. Mais claros e/ou de cores escuras, o Quartzo Rosa em geral é considerado mais poderoso do que o material que é opaco e pálido. Os Quartzo Estrela Rosa combinam a energia do amor, pela qual essa pedra é conhecida, com a intensidade elétrica do Rutilo. Portanto, o Quartzo Estrela Rosa acelera e amplifica os efeitos do Quartzo Rosa. É uma pedra excelente para presentear com o fim de acelerar o início de um romance.

O Quartzo Rosa harmoniza com a maioria das pedras do coração, incluindo Rodonita, Calcita Rosa, Turmalina Rosa, Rodocrosita, Morganita, Esmeralda e Granada Tsavorita. A Moldavita ativa a capacidade do Quartzo Rosa de efetuar a transformação espiritual pelo poder do amor. Fenacita, Natrolita e Escolecita melhoram a habilidade da pessoa para usar o Quartzo Rosa como uma janela para o amor divino.

NAISHA AHSIAN: Não deixe a cor rosa suave e a energia calmante dessa pedra levá-lo a subestimar seus poderes. O Quartzo Rosa é uma das pedras mais importantes de nossa época. Ela estimula e abre o chacra do coração, limpa o corpo emocional e auxilia na integração e resolução de programas emocionais velhos.

O Quartzo Rosa é uma das pedras mais poderosas para ativar o Humano Cristal, precisamente por suas propriedades de cura do coração. À medida que evoluímos para um novo paradigma, nosso centro energético está mudando do ponto *hara* abaixo do umbigo para o chacra do coração. Enquanto essa mudança acontece, é muito importante limpar e fortalecer esse chacra. O centro do coração é o mais forte gerador de energia de Luz do corpo – mais forte até do que o cérebro. A energia do Quartzo Rosa ajuda o botão do coração desabrochar em um lótus de mil pétalas de Luz.

Meditar com o Quartzo Rosa pode auxiliar a pessoa a conseguir ressonância com a frequência da compaixão, eliminando padrões emocionais que estão mantendo a pessoa presa e abraçando frequências de energia mais elevadas e refinadas.

O Quartzo Rosa pode sustentar vibratoriamente a estabilização energética do coração físico enquanto muda para entrar em sintonia com a frequência do planeta que está aumentando. Pode ajudar os que têm palpitação ou arritmia cardíaca, batimentos irregulares do coração ou aflições emocionais por causa dessas mudanças energéticas. Ela é uma pedra de proteção maravilhosa para crianças, já que sua energia forte do coração transforma negatividade em compreensão compassiva.

ESPIRITUAL: O Quartzo Rosa é uma das pedras mais humildes, ainda assim mais poderosas entre as aliadas espirituais. Ela volta o coração para o amor e banha o corpo, mente e espírito naquela frequência terapêutica e iluminadora. Ela transporta a consciência amorosa do Cristo e outros mestres espirituais centrados no coração.

EMOCIONAL: O Quartzo Rosa é calmante para a mente, auxiliando a pessoa a eliminar preocupações, medo, ansiedade e traumas emocionais passados. Ele limpa o corpo emocional de padrões conduzidos pelo ego e pode ajudar a pessoa a sentir-se mais aberta para receber e compartilhar amor, compaixão e bondade.

FÍSICO: O Quartzo Rosa é uma pedra estabilizadora suave para usar para traumas e desequilíbrios no coração físico. Pode ajudar o coração a fazer a mudança da fisiologia com base no estresse para as frequências mais elevadas da fisiologia baseada no amor. É ideal para bebês prematuros e crianças jovens com fraqueza no coração ou doença, mas pode ser usada por qualquer um que deseje um coração forte e mais estável.

AFIRMAÇÃO: Eu abro meu coração para receber e expressar a energia do amor.

QUARTZO RUTILADO

PALAVRAS-CHAVE: Programável para sintonização, amplificação, aceleração, percepção expandida, acelerar e aterrar manifestação.
ELEMENTO: Tempestade.
CHACRA: Todos.

O Quartzo Rutilado é uma combinação de Quartzo Claro com Quartzo Fumê, um mineral dióxido de silício com uma dureza de 7, com inclusões de Rutilo, um mineral óxido de titânio com uma dureza de 6 a 6,5. O sistema de cristal do Quartzo é hexagonal (trigonal), e o do Rutilo é tetragonal. As inclusões de Rutilo, em geral, parecem cabelos metálicos finos ou agulhas, e elas podem ser douradas, prateadas ou cor de cobre. O Quartzo pode ocorrer em forma massiva ou cristais prismáticos. A maioria dos Quartzos Rutilados no mercado vem do Brasil ou de Madagascar.

ROBERT SIMMONS: O Quartzo Rutilado é uma combinação sinérgica em si, reunindo a sintonia, amplificação e aceleração do Rutilo com a multiplicação posterior de energia fornecida pelo Quartzo Claro e/ou a influência fortalecedora do Quartzo Fumê. O Quartzo Rutilado simplesmente chia com energia – é como se ele estivesse eletrificado. Para algumas pessoas, o Quartzo Fumê Rutilado é a melhor escolha. É um pouco menos inebriante e intenso do que o Quartzo Claro Rutilado, embora seja um pouco menos potente em termos de sua amplificação de outras vibrações. Contudo, quando usado para manifestação, o Quartzo Fumê Rutilado é excelente, já que sua influência de aterramento tende a trazer as coisas para o mundo físico.

Como a maior parte das formas de Quartzo, o Quartzo Rutilado é programável. Ele pode ser usado para magnificar a energia de praticamente qualquer intensão ou afirmação. Ao sentar com a pedra em meditação, a pessoa imagina-se "entrando" no cristal como um ponto de consciência e "instalando" o programa por meio da radiação da luz emanando de si e enchendo o interior do cristal. Com o Quartzo Rutilado, a pessoa é aconselhada a também visualizar a energia da intenção programada zunindo ao longo dos fios de Rutilo como energia elétrica cantando pelos fios de um circuito. Depois, visualize o cristal, com seu ponto de consciência ainda em seu interior, transmitindo a energia programada para o Universo como uma antena transmite ondas de rádio. Afastando-se gradualmente, a pessoa continua a imaginar a energia irradiada vindo do cristal. Com o Quartzo Rutilado, o efeito da programação pode ser bem poderoso.

Em geral, o Quartzo Rutilado é uma versão mais forte e de uso mais fácil do Rutilo (*veja* o verbete do Rutilo). Ele auxilia a pessoa a sintonizar com o fluxo da ação graciosa e a canção interior do Divino. Ajuda a pessoa a saber, instantaneamente, se uma pessoa ou situação carrega "vibrações" boas ou ruins. Ele amplifica as intenções, emoções e a consciência pura. Acelera os processos de manifestação, intuição, catarse emocional, abertura psíquica, expansão da consciência, viagem interdimensional, etc. Similarmente, as inclusões de Rutilo melhoram, expandem e aceleram todas as propriedades inerentes do Quartzo. Se o cristal é de uma natureza especializada, como a de um Cristal Arquivista, Gerador ou Canalizador, o Rutilo o torna uma versão "turbinada".

O Quartzo Rutilado harmoniza com todos os outros membros da família Quartzo. Ele pode ainda amplificar as energias dos 12 sinérgicos – Moldavita, Fenacita, Tanzanita, Danburita, Azeztulite, Herderita, Broquita, Quartzo Satyaloka, Petalita, Natrolita, Escolecita e Tectito Tibetano. Usado só com Moldavita, o Quartzo Rutilado acelera o processo da transformação pessoal e o despertar da pessoa para seu propósito mais elevado. Com pedras interdimensionais como Fenacita, Calcita Merkabita, Danburita, Calcita Elestial, Herderita e Broquita, o Quartzo Rutilado pode funcionar para trazer uma conexão instantânea com os reinos mais elevados. Para incluir um elemento de aterramento e proteção psíquica, acrescente Sugilita, Turmalina Negra, Obsidiana ou Azeviche.

NAISHA AHSIAN: O Quartzo Rutilado ativa a mente mais elevada, auxiliando a pessoa a adquirir informação e conhecimento de natureza espiritual. Ele aterra a energia de Luz no nível celular, ajudando a trazer iluminação para todos os níveis do ser da pessoa. O Quartzo Rutilado pode ajudar a manter o foco e clareza mental, auxiliando a pessoa a seguir em frente com suas ideias ou planos.

O Quartzo Rutilado surge em várias cores, em geral variando do vermelho acobreado ao amarelo dourado e algumas vezes raios prateados. A cor das inclusões de Rutilo indica como essa pedra dirigirá sua energia de Luz para o interior do corpo. Os cristais com agulhas variando de vermelho a marrom auxiliam o corpo físico a integrar frequências mais elevadas de energia e podem ajudar na remoção de bloqueios para saúde e abundância. Os Rutilos de raios de laranja a dourado ativam as energias criativas da pessoa e a habilidade para receber inspiração divina. Os Rutilos de prata estimulam as habilidades intuitivas.

Os Quartzos Rutilados podem ajudar com trabalho sobre nível de consciência do plano etéreo, para curar bloqueios, rasgos ou obstruções etéreas no corpo de energia antes que eles se manifestem fisicamente.

ESPIRITUAL: O Quartzo Rutilado instila o campo de energia da pessoa com energia da Luz. Ele é excelente para comunicação telepática, recebendo inspiração espiritual para tarefas criativas como arte ou escrita, ou para melhorar as habilidades psíquicas da pessoa.

EMOCIONAL: O Quartzo Rutilado traz uma vibração alegre para o campo energético. É usado para "aliviar o peso" e pode ajudar a pessoa a sentir-se menos sobrecarregada com as responsabilidades da vida.

FÍSICO: O Quartzo Rutilado pode ser usado para ajudar com o fenômeno da "dor fantasma" quando uma parte do corpo é removida, e ainda assim é percebida. Ele ajuda a estimular o crescimento do cabelo e pode ser usado para combater perda de cabelo. O Quartzo Rutilado também é útil para ajudar a unir ou "emendar" ferimentos para que eles curem mais rapidamente.

AFIRMAÇÃO: Todas as minhas intenções positivas e o desdobramento de meu propósito são magnificados, acelerados, sintonizados com a frequência da graça e estão em harmonia com o propósito divino.

QUARTZO SATYALOKA

PALAVRAS-CHAVE: Despertar espiritual, consciência planetária, receber luz e conhecimento dos planos mais elevados.
ELEMENTO; Tempestade.
CHACRAS: Terceiro Olho (sexto), Coroa (sétimo), Estrela da Alma (oitavo), Transpessoal (do nono ao 14º).

O Quartzo Satyaloka é uma variedade de Quartzo das montanhas Satya Loka do sul da Índia. É um mineral dióxido de silício com uma dureza de 7. Seu sistema de cristal é hexagonal (trigonal). O Quartzo Satyaloka forma-se como cristais prismáticos e também em forma massiva. O material massivo é principalmente branco, algumas vezes com inclusões marrom avermelhadas ou cinza. Os cristais são incolores, com bases enevoadas em algumas peças. Esse Quartzo é colhido por monges das imediações do monastério de Satya Loka, que enviam as peças para o mundo como um meio de espalhar as energias da iluminação espiritual. Os monges acreditam que essa energia é a qualidade das montanhas onde eles vivem, e que as pedras são capazes de transportar e dispersar essa energia por todo o mundo.

ROBERT SIMMONS: O Quartzo Satyaloka vibra com a frequência da Luz Branca espiritual pura. Ele transporta uma das energias mais rarefeitas de todas as pedras do reino mineral e seu propósito é auxiliar na mudança vibratória que já começou, em que a humanidade e a Terra despertarão para um novo nível de autorrealização. Essa é realmente uma pedra sagrada, imbuída com as energias de um dos lugares sagrados da Terra relativamente desconhecido – as montanhas em volta do monastério de Satya Loka. Já foi sugerido que esse local é o chacra coroa da Terra. Certamente, essas pedras ressoam poderosamente com o chacra coroa da humanidade e podem ser de grande ajuda na construção da consciência planetária emergente.

O Quartzo Satyaloka era, em seu estado original, uma pedra bastante humilde, não muito diferente das pedras de Quartzo encontradas comumente por todo o mundo ou os cristais do Brasil e Arkansas. Contudo, essas pedras foram programadas e energizadas por entidades espirituais que estão comprometidas a assistir na evolução da humanidade na Terra. Esses seres encontraram no Quartzo Satyaloka a estrutura e o padrão vibratório capazes de receber e transportar suas programações. Os monges do monastério de Satya Loka compreenderam em que esses seres estão trabalhando e deram sua colaboração. Eles tratam as pedras com grande reverência e trabalham, diligentemente, para encontrá-las e distribuí-las.

O Quartzo Satyaloka pode estimular o terceiro olho para a melhoria da visão espiritual e auxiliar a pessoa a se comunicar com guias e mestres espirituais de planos vibratórios mais elevados. Essas pedras também ativam o chacra coroa, concedendo o despertar espiritual e renascimento, bem como a capacidade de "baixar" informação das fontes mais elevadas. O Quartzo Satyaloka pode elevar as vibrações de todos os níveis do eu, inclusive dos corpos físico, etéreo, astral e causal, potencialmente movimentando a pessoa para dentro do nível em que a consciência pura e a forma física estão unidas.

Como sua pedra irmã, Azeztulite, o Quartzo Satyaloka é uma pedra alinhada com a Luz Inominável do Grande Sol Central. Ele pode introduzir a pessoa a muitos planos elevados de realidade, e pode assistir na integração de conhecimento espiritual elevado à vida da pessoa na Terra.

O Quartzo Satyaloka é uma das 12 pedras de sinergia, com Moldavita, Fenacita, Danburita, Azeztulite, Herderita, Broquita, Tanzanita, Petalita, Natrolita, Escolecita e Tectito Tibetana. Esse talvez seja o agrupamento de pedras mais poderoso já descoberto para transformação positiva e elevação. Ele também harmoniza com Calcita Merkabita, Calcita Elestial, Apofilita e outros tipos de Quartzo. Pode espiritualizar as energias de qualquer pedra.

NAISHA AHSIAN: O Quartzo Satyaloka é uma das poucas variedades de Quartzo Claro que transportam a energia da Azeztulite. Eles são pedras vigorosas do elemento Tempestade que abrem a pessoa para a experiência de reinos, realidades e níveis de vibração alternativos. O Quartzo Satyaloka transporta as frequências da energia cósmica e percepção puras. Ele inicia a pessoa à rememoração da energia da consciência que preexiste ao pensamento e conhecimento, facilmente levando a pessoa a um estado meditativo de presença com o Eu Sou. Talvez sua frequência tenha a ver, parcialmente, com a localização poderosa em que o Quartzo Satyaloka é coletado, mas eu acredito que um padrão etéreo específico foi programado nessa pedra, concedendo à pessoa acessar frequências de energia que não estão comumente disponíveis entre os minerais terrestres.

O Quartzo Satyaloka é um aliado para o devoto espiritual. Ele leva a pessoa além dos conceitos de "psíquico" e "espiritual" e para um reino em que esses conceitos são vivenciados diretamente. Ela tem energias extraterrestres fortes, e seu padrão de energia parece ter se originado além do sistema solar.

ESPIRITUAL: O Quartzo Satyaloka ressoa com o Um que subjaz a toda a criação. Ele contorna a mente e age diretamente sobre a consciência para promover o estado de percepção sem pensamento.

EMOCIONAL: O Quartzo Satyaloka promove a cura da separação. Pode ajudar os que se sentem separados do restante da humanidade e criação a experimentar unidade e completude.

FÍSICO: O Quartzo Satyaloka pode ser usado para amplificar as energias de outras pedras de cura no trabalho de cura. Ele não tem propriedades de cura específicas, além das curas miraculosas que são possíveis enquanto ressoamos com o estado espiritual puro.

AFIRMAÇÃO: Eu me abro para a energia do despertar espiritual e me comprometo ao serviço no despertar da humanidade e do mundo.

QUARTZO SICHUAN

PALAVRAS-CHAVE: Expansão da percepção, equilíbrio dos corpos energéticos, abertura dos canais psíquicos.
ELEMENTO: Tempestade.
CHACRAS: Todos.

O Quartzo Sichuan é uma variedade de Quartzo, um mineral dióxido de silício com uma dureza de 7. Seu sistema de cristal é hexagonal (trigonal). Quase todos os cristais têm terminação dupla e a maioria deles é pequena, de dois a cinco centímetros. A maioria contém inclusões esbranquiçadas ou de material negro. Os Quartzo Sichuan vêm da província de Sichuan, na China.

ROBERT SIMMONS: Do mesmo modo que o Quartzo "Diamante" Herkimer, com os quais se parecem, os cristais de Quartzo Sichuan podem estimular vigorosamente os chacras do terceiro olho e da coroa. Eles parecem capazes de abrir a consciência para visões interiores profundas e têm uma tendência particular para levar a pessoa a vidas passadas. Podem estimular as habilidades psíquicas e abrir a percepção da pessoa para qualquer visão interior cuja revelação seja mais necessária.

No campo da mediunidade, o Quartzo Sichuan pode ajudar os que desejam contato com os espíritos de seus entes queridos falecidos, ou com as pessoas que vêm a eles para tais serviços.

O Quartzo Sichuan parece ajudar a pessoa a "abrir o canal" para os domínios invisíveis que estão próximos de nossa própria realidade. Portanto, esses cristais podem ajudar a expandir a percepção para tais atividades, como ver e comunicar-se com espíritos, ver a aura das pessoas, receber informação psíquica, fazer leituras mediúnicas, entrar em contato com guias, e até ver coisas como óvnis. Eles são altamente recomendados como ferramentas para praticantes ou aspirantes a sensitivos, curadores, médiuns e profetas. O Quartzo Sichuan pode não levar a pessoa para os domínios espirituais mais elevados, mas faz um trabalho maravilhoso de abertura dos olhos interiores da pessoa para o populoso mundo espiritual "vizinho" que reside simplesmente além dos véus psíquicos mais próximos. Isso significa que esses cristais são ferramentas extremamente importantes, porque as áreas que eles revelam são próximas e intimamente ligadas com a realidade cotidiana da pessoa. Se as pessoas pudessem sempre "ver" esses domínios, poderiam fazer um trabalho bem melhor de cura de si e dos outros, compreendendo as pessoas à sua volta, vendo os padrões cármicos e sincrônicos de suas vidas, ouvindo o que os guias espirituais estão tentando falar para elas e tendo compaixão e empatia pelos outros. O Quartzo de Sichuan é, de muitas maneiras, uma ferramenta para ajudar-nos a dar os primeiros passos importantes para os eus expandidos que todos estamos nos tornando.

Os espécimes com inclusões negras parecem limpar o campo áurico do usuário, descarregando toda a energia ou formas de pensamento negativas. Eles agem de forma muito semelhante ao Azeviche ou Turmalina Negra em seus efeitos de limpeza, e isso é muito útil, uma vez que também abrem a pessoa para os reinos mediúnico e astral. Os cristais sem inclusões negras parecem vibrar em um nível de certo modo mais elevado e com mais intensidade, mas sem os efeitos de limpeza e proteção.

Idealmente, a pessoa pode usar dois dos cristais de Sichuan, um com e outro sem as inclusões negras. Isso fornecerá a maior expansão de percepção possível e a maior proteção.

Usar Quartzo Sichuan é o modo de integrar suas energias totalmente na vida diária. Ele é recomendado aos que desejam aprender a funcionar o tempo todo como pessoas abertas psiquicamente, vendo através dos véus da vida. Para alguns, isso é um pouco demais para manejar o dia todo, e para esses talvez seja melhor usar esses cristais principalmente para meditação e disposições de corpo. Claro, a força dos efeitos dessas pedras também depende da sensitividade de cada pessoa.

O Quartzo Sichuan funciona bem em conjunto com "Diamantes" Herkimer, que expandem a abertura visionária para domínios ainda mais elevados. A Moldavita acrescenta intensidade de poder e extrai as visões e experiências de que a pessoa mais precisa para a transformação evolutiva. Usar Apofilita com eles abre os domínios dos devas e dos espíritos da Natureza. Os Quartzos Sichuan também harmonizam com Natrolita, Escolecita, Quartzo Satyaloka, Lápis, Andalusita, Quartzo Faden e Azeztulite.

NAISHA AHSIAN: A primeira palavra que salta à mente quando ressoando com essa pedra é "centralidade". Outros Quartzos com essa formação diamantina tendem a puxar-me diretamente para minha coroa, mas a energia do Quartzo Sichuan parece abrir um canal de energia por todo o meu corpo, centrando minha consciência e alinhando meus corpos físico e energético.

Os Quartzos Claros (com poucas inclusões esbranquiçadas) com os quais eu trabalhei permitiram que minha energia se expandisse para fora de meu corpo físico – esticando meu corpo de Luz e auxiliando a eliminar densidades energéticas de meu campo áurico. Essa expansão e liberação auxiliam no contato com as vibrações mais elevadas e a integração da Luz no corpo. Eles concedem a eliminação do estresse e estagnação nos corpos físico e energético.

O outro aliado Quartzo Sichuan com que trabalhei foi um Quartzo de terminação dupla, bem formado, com inclusões de material negro. A energia desses cristais é bastante diferente da energia das pedras claras. Ele funciona quase como um magneto no centro do ser da pessoa, alinhando rapidamente os corpos físico, mental, e energético. Esse alinhamento é quase como círculos concêntricos, com a consciência da pessoa atraída para o centro. Essa energia tremendamente centradora é muito benéfica para acalmar nervos tensos, preparação para a meditação, eliminação de estresse do corpo e dos sistemas energéticos, e concedendo à pessoa diminuir o ritmo e se religar com o ser total.

Trabalhar com as duas pedras juntas estimula um sentido de equilíbrio profundo, com um centro calmo e uma mente iluminada. Esse é um estado ideal para os que desejam se tornar canais para a abertura das faculdades intuitivas, ou para manifestação de seu caminho espiritual por meio da integração acelerada das frequências de Luz mais elevadas.

ESPIRITUAL: Os Quartzo Sichuan facilitam o equilíbrio dos corpos físico e energético, a integração da energia de Luz no interior do veículo físico e a expansão da consciência.

EMOCIONAL: O Quartzo Sichuan infunde o corpo emocional com Luz, expandindo-o e eliminando a estagnação emocional. Pode ajudar a pessoa a sentir-se mais livre e expressiva emocionalmente.

FÍSICO: O Quartzo Sichuan pode ser alinhado em grades para apoiar o trabalho de cura. Os Sichuans com inclusões negras podem auxiliar a eliminar obstruções intestinais ou intestino preguiçoso. Os Sichuans com inclusões esbranquiçadas podem ser usados em acupuntura ou pontos de acupressura para estimular os meridianos.

AFIRMAÇÃO: Eu me abro para a sintonização total com as muitas dimensões que tocam meu mundo.

QUARTZO SONHO

PALAVRAS-CHAVE: Estímulo do sonho, viagem astral, contato com os guias, eliminação do estresse.
ELEMENTO: Tempestade, Terra, Água.
CHACRAS: Terceiro Olho (sexto), Coroa (sétimo), Estrela da Alma (oitavo).

Quartzo Sonho é o nome metafísico dado aos cristais de Quartzo com inclusões de Epídoto. Esses são cristais de dióxido de silício com uma dureza de 7. Seu sistema de cristal é hexagonal (trigonal). Como muitos dos cristais de Quartzo, o Quartzo Sonho se forma em cristais prismáticos com partições hexagonais em cruz. As inclusões de Epídoto variam de verdes a verde azuladas e variam em intensidade de levemente tingidas ou formações de fantasmas a uma cor opaco escura que preenche todo o cristal. Até hoje, todos os Quartzo Sonho vêm de minas de cristal na Colômbia.

ROBERT SIMMONS: O Quartzo Sonho emana uma energia suave e calmante, condutiva a estados de meditação profunda e sonhos lúcidos. Essas pedras podem ajudar a trazer paz ao coração e relaxamento para o corpo e a mente. Ao segurar uma durante a meditação, ou colocá-la no plexo solar, a pessoa pode entrar nos portais internos à experiência visionária e viagem interdimensional com maior facilidade. O Quartzo Sonho pode facilitar o contato consciente com os guias espirituais e ser um auxiliar para o desenvolvimento de habilidades mediúnicas e de canalização.

O Quartzo Sonho, como o nome já diz, está sintonizado com o reino dos sonhos. Se a pessoa dormir com uma dessas pedras próxima à cabeça – seja na fronha do travesseiro ou no criado-mudo –, pode considerar mais fácil lembrar os sonhos, e a qualidade espiritual de seus sonhos será melhorada. No mundo desperto, o Quartzo Sonho concede à pessoa visualizar com maior clareza e manifestar seus sonhos para o tipo de vida que deseja criar.

Para os que desejam recordar e compreender experiências de vidas passadas, o Quartzo Sonho pode facilitar a abertura da consciência para tais memórias. A pessoa é lembrada de perguntar com clareza pelas visões que servirão para seu maior bem e relacioná-las com o que está acontecendo em sua vida agora. Em seu máximo, o Quartzo Sonho pode ajudar a pessoa a acessar e compreender os padrões do passado que ainda possam estar governando sua vida, e quebrar os que já não servem mais. Além disso, a exploração de vidas passadas com o Quartzo Sonho pode ajudar a pessoa a lembrar de habilidades e talentos que possuía antes, mas que atualmente podem estar adormecidos no inconsciente. Por exemplo, um anseio de realizar pinturas pode ter origem em uma vida passada como artista, e recobrar essas memórias pode ajudar a pessoa a ativar aquele aspecto de si nesta vida.

O Quartzo Sonho harmoniza bem com a Moldavita e "Diamantes" Herkimer, ambos intensificadores da atividade vívida de sonhos. A Opala de Oregon e a Alexandrita incrementam a recordação de vidas passadas. O Quartzo Sonho funciona muito bem com o Quartzo Bastão de Fada para entrar em comunhão consciente com os mundos interiores.

NAISHA AHSIAN: Os cristais de Quartzo Sonho combinam as energias iluminadoras do Epídoto com as energias do elemento Tempestade do Quartzo. O resultado é uma pedra que pode auxiliar a pessoa a libertar-se de padrões limitantes, do corpo físico e densidades de todos os tipos. Como seu nome já diz, o Quartzo Sonho é uma ferramenta excelente para os sonhos lúcidos, trabalho de viagens astrais ou desdobramento, e para movimentar-se entre as barreiras vibratórias dimensionais. Suas inclusões de Epídoto tendem a diminuir a densidade e liberar a energia da pessoa para que ela se movimente além dos reinos físicos. Essa pedra também tem uma qualidade protetora que ajuda na reentrada bem-sucedida dos reinos astrais. O Quartzo Sonho pode ajudar a pessoa a alcançar as estrelas, tanto figurativa quanto literalmente. É uma aliada excelente para a exploração de outros planetas e sistemas estelares de energia em meditação. O Quartzo Sonho oferece proteção contra pesadelos e outros distúrbios relacionados ao sono ou aos sonhos e pode ser usado com eficiência nos quartos de crianças para repelir entidades ou energias que possam incomodá-las durante o sono.

Essa aliada também pode ajudar a proteger a pessoa de seu pior inimigo – o ego rabugento que em geral oferece sua opinião negativa quando não é bem-vinda. O Quartzo Sonho pode ajudar a pessoa a tornar-se mais objetiva a respeito das vozes negativas em sua mente, enquanto assiste a pessoa no cultivo de uma atitude positiva. Pode auxiliar indivíduos excessivamente cínicos ou sarcásticos a diminuir o peso de sua carga psíquica e começar a perceber as coisas em uma luz mais positiva.

ESPIRITUAL: O Quartzo Sonho pode ser usado para que se vá além do reino físico e utilize o corpo astral para viagem, exploração e aprendizado. Ele capacita a pessoa a ressonar com energias menos densas e ajuda a aliviar a sensação de estar aprisionado na fisicalidade. Pode oferecer proteção contra entidades negativas que surgem no ambiente ou agarradas à aura da pessoa.

EMOCIONAL: O Quartzo Sonho traz uma frequência positiva, protetora e confortante para o corpo emocional, ajudando a pessoa a sentir-se segura. Ajuda a aliviar estados emocionais negativos e o estresse emocional que ela invariavelmente cria. Pode auxiliar a superar cinismo excessivo, desesperança, sarcasmo e outras formas de padrões de pensamento negativo.

FÍSICO: O Quartzo Sonho pode ser usado para questões relacionadas ao peso excessivo, densidades físicas como cistos e tumores e para a proteção do corpo de ataques energéticos ou psíquicos.

AFIRMAÇÃO: Eu mergulho no oceano interior do reino dos sonhos, convocando as visões que servem ao meu bem maior.

QUARTZO TANGERINA

PALAVRAS-CHAVE: Criatividade, sexualidade, paixão, curiosidade, inspiração, jovialidade, inocência.
ELEMENTO: Fogo.
CHACRAS: Sexual/Criativo (segundo).

O Quartzo Tangerina é uma variedade de cristal de Quartzo, um mineral dióxido de silício com uma dureza de 7. Seu sistema de cristal é hexagonal (trigonal). O Quartzo Tangerina se distingue por sua coloração alaranjada, dita ter sido causada por inclusões ou incrustações de ferro e possivelmente outros minerais no interior ou na superfície da pedra. Os Quartzo Tangerina mais atraentes vêm principalmente de Diamantina, região de Minas Gerais, Brasil, mas Madagascar também produziu bons espécimes. O Quartzo Tangerina ocorre tanto em pontas individuais como em geodos, com cristais individuais variando de dois centímetros, ou menos, a pelo menos 30 centímetros de comprimento.

ROBERT SIMMONS: O Quartzo Tangerina trabalha para ativar o segundo chacra. Ele estimula a criatividade da pessoa bem como suas energias sexuais, e a mistura dessas qualidades pode proporcionar grande crescimento espiritual.

O segundo chacra é o centro de energia no nível dos órgãos sexuais. A criatividade e nossa sexualidade estão profundamente conectadas. A criação de um novo ser humano é iniciada por meio do contato sexual. A criação de um grande trabalho de arte em geral é similar em intensidade e experiência emocional ao orgasmo sexual. E o "Big Bang" que se diz ter sido o momento da criação de nosso Universo surge como um momento orgástico para a inteligência divina. Em nossas próprias vidas, o despertar das energias da kundalini em geral começa próximo ou no segundo chacra e é associado com grandes explosões de poder criativo. O Quartzo Tangerina é o tipo de Quartzo mais em sintonia com o segundo chacra e sua gama de energias sexuais e criativas.

A meditação com o Quartzo Tangerina pode facilitar uma erupção de novas ideias e inspiração vindas das profundezas da interioridade do eu, e esses cristais podem nos ajudar a encontrar o entusiasmo e energia para implementá-las. O Quartzo Tangerina também pode ser usado para ativação do desejo sexual, especialmente se a pedra for colocada no segundo chacra ou próxima a ele. Casais podem meditar ou dormir em uma grade desses cristais, para a melhoria da criatividade mútua e novas inspirações para buscarem juntos. Tal arranjo pode melhorar o nível de erotismo no relacionamento também. Se a pessoa preferir focar apenas em uma dessas ativações, ela pode programar os cristais para melhorar apenas as energias desejadas. E, no que diz respeito à programação, a pessoa pode usar o Quartzo Tangerina para melhorar um empreendimento criativo em particular, meditando com a pedra e pedindo sua assistência com aquele projeto específico.

O Quartzo Tangerina pode ser suplementado com Calcita Laranja, Zincita, Cornalina e Safira Padparadsha para amplificar seus efeitos. A pessoa pode acrescentar Cuprita para acrescer energias do primeiro chacra ou Labradorita Dourada para envolver o terceiro. As energias do Quartzo Tangerina podem ser transmutadas para focar na criatividade espiritual mais elevada, usando-a em conjunção com Fenacita, Azeztulite ou Herderita.

NAISHA AHSIAN: O Quartzo Tangerina estimula a energia jovial e criativa da criança interior. Ele encoraja o bom humor e a habilidade da pessoa de explorar seu mundo e experiências com curiosidade destemida. O Quartzo Tangerina ajuda a pessoa a usar sua curiosidade para aprender e crescer. Pode auxiliar na eliminação do medo de parecer "idiota" se a pessoa não tem conhecimento ou informação sobre certo tópico, e em vez disso encoraja uma natureza questionadora e corajosa que admite com alegria a ignorância e busca novos conhecimentos.

O Quartzo Tangerina estimula a paixão em todos os níveis – da paixão sexual à mente apaixonada. Ele ajuda a pessoa a expressar paixão por meio da criatividade jovial. É excelente para artistas, poetas e outros que desejam abordar com jovialidade a expressão criativa de ideias e sensações.

O Quartzo Tangerina pode ser usado para ajudar a superar limitações ou problemas aparentemente intransponíveis. Ele dá esperança à pessoa e ajuda-a a tornar-se resoluta em sua vontade. É uma pedra de resolução de problemas criativos e pode ser empregada para estimular novas ideias e perspectivas inéditas.

ESPIRITUAL: O Quartzo Tangerina encoraja a criatividade, jovialidade e a busca de novos conhecimentos. Ele é poderoso para ativar o segundo e terceiro chacras.

EMOCIONAL: O Quartzo Tangerina pode auxiliar na superação do medo – particularmente o medo de ser inferior e "não suficientemente bom". Ele ajuda a pessoa a ultrapassar o ego e avaliar honestamente seus talentos, vendo o que ela ainda precisa aprender. Ele é ideal para os que tiveram experiências sexuais negativas e gostariam de recapturar sua inocência, abordando o sexo com disposição para brincar e curiosidade.

FÍSICO: O Quartzo Tangerina estimula as glândulas, particularmente as gônadas. Pode ser usado para ajudar a estimular a suprarrenal preguiçosa e outras glândulas relacionadas para encorajar energia abundante. É uma boa pedra para empregar para combater infertilidade e falta de interesse sexual.

AFIRMAÇÃO: Eu abordo minha vida com jovialidade, curiosidade, criatividade, paixão, humor e entusiasmo brincalhão.

QUARTZO TITÂNIO

PALAVRAS-CHAVE: Força de vida e vitalidade aumentadas, ativação do Corpo Arco-íris, humor e relaxamento, satisfação na vida.
ELEMENTO: Fogo, Tempestade.
CHACRAS: Todos.

Quartzo Titânio é o nome dado a um tipo especial de Quartzo salpicado, um mineral dióxido de silício com uma dureza de 7. Seu sistema de cristal é hexagonal (trigonal). O Quartzo Titânio foi colocado em uma câmara em que titânio e outros óxidos minerais foram introduzidos na forma vaporizada e grudados no Quartzo. O processo para fazer isso é proprietário; portanto, detalhes não são disponibilizados. O resultado, entretanto, é um Quartzo que apresenta reflexos multicoloridos e, de acordo com fontes metafísicas, emana uma energia significativamente diferente da apresentada pelo Quartzo não tratado.

ROBERT SIMMONS: O Quartzo Titânio é o material mais poderoso e intenso vibratoriamente entre todos os Quartzos tratados e salpicados. Energeticamente, o titânio projeta força, acuidade mental e poder físico. Essas propriedades são amplificadas pelas pedras com base de Quartzo. Visualmente, os cristais multifacetados usados nessas pedras pegam e refletem a luz em todas as direções, e as superfícies iridescentes de titânio brilham e mudam de cor na medida em que se movimentam e enviam a luz para ângulos diferentes. Os tons lindos de azul, vermelho, dourado, magenta e verde nessas pedras são um deleite para os olhos e um ativador ressonante do Corpo Arco-íris. O Quartzo Titânio é energizador para todo o sistema de chacra, e também para o corpo físico. Usar ou carregar um desses cristais pode fazer a pessoa sentir-se aterrada, centrada e energizada ao mesmo tempo.

A combinação de Quartzo Titânio parece tornar a pessoa mais capaz do que o usual para manejar o mundo mundano – mais focada, mais confiante, mais ciente de tudo em seu entorno, mais divertida com a vida em geral e mais pronta a lidar com o que necessite de sua atenção. A pessoa é capaz de aceitar grandes responsabilidades sem senti-las como um peso. A pessoa também pode perceber uma ativação de suas habilidades mentais, especialmente as do lado analítico, racional, bem como uma melhoria no humor e percepção da diversão. Esse aliado é excelente para qualquer um que tenha baixas energias ou cuja agenda diária é desafiadora de um jeito físico ou mental.

A pessoa pode receber uma grande quantidade de vitalidade desse material, e ele é recomendado para os que tendem a ser um pouco distraídos demais, sérios demais ou que queiram trazer para si mais energias de força vital. Os que já têm um suprimento bom de energias fornecidas pelo Quartzo Titânio podem desfrutá-la para aumentar o entusiasmo e satisfação com a vida que sentem com ela. O Quartzo Titânio emergiu em um tempo em que muitos trabalhadores da Luz serão capazes de beneficiar-se de suas qualidades energizantes. Nos anos desde que o Quartzo Titânio foi introduzido, um número de intuitivos percebeu um aumento do poder dessas peças, na medida em que mais pessoas entraram em contato com elas e suas vibrações movimentaram-se pelo campo morfogênico da consciência humana. Esse processo deve continuar à medida que mais Quartzo Titânio entra em circulação.

O Quartzo Titânio pode estimular o humor e relaxamento, ajudando a pessoa a levar a vida com mais leveza. Ele deveria ser carregado por qualquer um que faz comédia *stand-up*, e até os que querem apenas contar piadas em volta do bebedouro de água parecem melhorar seu compasso e estilo. Essas são pedras de Hermes, o deus da inteligência rápida e esperteza, e elas podem aguçar a ambas nos que o usam. São ideais quando usados em joias pelo modo como aumentam as energias e vitalidade da pessoa. Também podem ser usados em meditação e disposições de corpo para os mesmos efeitos.

Em combinações, recomendo Quartzo Titânio com Moldavita, que melhorará as energias espirituais e dirigirá a vitalidade física e mental aumentadas para as direções mais positivas. Cacoxenita pode ajudar a focar as energias renovadas da pessoa para realizações espirituais. Lápis-lazúli, Safira Azul, Iolita e Lazulita podem multiplicar sua estimulação das habilidades mentais. A Strombolita aumenta seu foco na apreciação e expressão de humor.

HAZEL RAVEN: O Quartzo Titânio é um cristal da Nova Era que tem o espectro mais fantástico de cores metálicas escuras do arco-íris. Ele funciona limpando os caminhos para a força vital fluir. Ele também sustenta e nutre as forças de vida sutis no interior de todos os corpos – físico, emocional, mental, espiritual – e no campo áurico ao redor. Ele concede uma grande abundância de energia vital para que seja concretizada. Essa energia positiva, então, escuda a pessoa contra todos os tipos de poluição, incluindo as pessoas negativas e raios danosos.

ESPIRITUAL: O Quartzo Titânio é muito energizante e vivificante para todos os chacras. Ele irá despertar e ativar qualquer centro de energia, dissipando a tristeza e colocando em seu lugar uma alegria ilimitada. Pode acender e ativar o Corpo Arco-íris de Luz. Usar essa gema estonteante ou meditar com ela também proporcionará novos *insights* para seu relacionamento em todos os níveis. Mesmo com seus guias e anjos, a pessoa encontrará novos modos de se relacionar que pode ter pensado não serem possíveis. Esses podem incluir talentos ocultos e dons divinos.

EMOCIONAL: O Quartzo Titânio ajuda a curar relacionamentos estressantes. Nossa interação com os outros apenas serve para refletir um aspecto de nós mesmos. Isso nos dá a oportunidade de nos vermos com maior clareza. Usar o Quartzo Titânio pode acelerar o processo de aprendizado pessoal. Trabalhar os conflitos pode nos abrir para possibilidades mais amplas. Os que abandonam velhos sistemas de crença e modos de se relacionar serão recompensados pela transformação e regeneração e perceberão que a vida pode fluir com mais suavidade – sem dor, ressentimento ou conflitos.

FÍSICO: O Quartzo Titânio estimula todo o sistema endócrino e é especialmente útil para reativar o sistema imunológico preguiçoso.

AFIRMAÇÃO: Eu abraço a vida com alegria, entusiasmo e bom humor, e sinto o fluxo da energia de vida correndo com força por mim.

QUARTZO TURMALINADO

PALAVRAS-CHAVE: Purificação, recuperação de influências negativas.
ELEMENTO: Tempestade.
CHACRAS: Todos.

O Quartzo Turmalinado, para propósitos desta discussão, é definido como Quartzo Claro que possui cristais de Turmalina Negra (Schorl) percorrendo-o. A maioria deles é encontrada no Brasil, e os espécimes podem variar de totalmente nublados a claros como água, com fios finos ou agrupamentos de Turmalina Negra. Essa combinação incomum de duas pedras em uma cria um padrão de energia singular e benéfico.

ROBERT SIMMONS: Para todos os que já desejaram um aspirador de pó psíquico para que seu campo de energia volte a seu estado prístino e não poluído, o Quartzo Turmalinado é um aliado ideal. O Quartzo Claro pode ser a mais versátil e maravilhosa das ferramentas, com sua capacidade para amplificar praticamente qualquer energia ou intenção vibratória, e a facilidade com que é programável. Contudo, essa força também pode ser uma fraqueza, já que o Quartzo Claro pode pegar e amplificar energias desarmoniosas. Porém, em seu material, a Turmalina Negra exerce uma influência de aterramento e limpeza que mantém o Quartzo Claro livre da negatividade. O Quartzo, por seu lado, amplifica as energias purificadoras da Turmalina Negra, tornando o Quartzo Turmalinado uma das ferramentas mais poderosas para limpar "vibrações negativas" de todos os tipos, reparando o campo áurico, restaurando seu equilíbrio dinâmico para todos os chacras e promovendo o bem-estar em geral.

O Quartzo Turmalinado facilita o pensamento claro. Ele é benéfico para pessoas que precisam de ajuda para se manter no caminho espiritual, em especial as que afundaram em comportamentos muito negativos, tais como crimes e abusos de drogas. Usar ou carregar um Quartzo Turmalinado durante todo o dia cria uma "bolha de Luz" em torno do corpo, colocando para fora as energias destrutivas. É ideal para a proteção psíquica, porque ela mantém as forças negativas nas margens, enquanto melhora a percepção em geral.

Os aspectos protetores do Quartzo Turmalinado são amplificados pela Moldavita, Charoíta, Sugilita, Obsidiana Negra e Azeviche. O Citrino pode amplificar sua melhoria da clareza mental.

NAISHA AHSIAN: O Quartzo Turmalinado é uma pedra poderosa do elemento Tempestade, combinando as propriedades da Turmalina Negra com o Quartzo Claro, permitindo que a pessoa acesse e integre todo o espectro da energia eletromagnética – desde as frequências inferiores até as mais elevadas. Ter um espectro completo de energias disponível para o campo de energia assegura que o corpo e a aura recebam todas as frequências necessárias para o equilíbrio e a saúde. As frequências de Luz são como nutrientes no corpo. Se você deixa o campo de energia faminto de algumas frequências, você experimentará, no fim, desequilíbrio e doenças. Nestes dias, existe muita falação sobre energias de alta frequência. Enquanto estamos, como espécie, expandindo nossa habilidade para processar essas frequências elevadas de Luz, ainda precisamos das frequências mais baixas para manter nossa saúde física e emocional. Nos tempos antigos, essas energias eram absorvidas do ambiente, já que os seres humanos passavam a maior parte do tempo ao ar livre sob a luz do sol, a luz da lua e na presença da Terra em sua glória. Hoje em dia, muitas pessoas isolaram-se em casas – separadas das energias nutridoras da Natureza. O Quartzo Turmalinado nos ajuda a receber todas essas energias enquanto removemos as densidades e os bloqueios que podem impedir sua absorção apropriada.

    O Quartzo Turmalinado "lava" a aura, limpando os padrões de energia que criaram estagnação. Ao eliminar esses padrões e restabelecer o fluxo apropriado, o Quartzo Turmalinado pode fazer com que a pessoa se sinta ao mesmo tempo iluminada e aterrada. Ela oferece purificação, proteção e estimulação dos corpos de energia.

ESPIRITUAL: O Quartzo Turmalinado ajuda a pessoa a receber todo o espectro de Luz necessário para a saúde física e energética apropriadas. Ele a auxilia a purificar-se no nível físico, emocional e espiritual, para que possa acontecer um novo crescimento.

EMOCIONAL: O Quartzo Turmalinado ajuda a pessoa a identificar padrões emocionais que precisam ser purificados e eliminados para a pessoa vivenciar um estado espiritual mais expandido. Ela auxilia a eliminar esses padrões para que seja experimentada a clareza emocional.

FÍSICO: O Quartzo Turmalinado é excelente para quartos e ambientes de cura. Quando as energias são liberadas durante as sessões, essas pedras as purificam e transformam em energia utilizável. O Quartzo Turmalinado pode ajudar os que tentam purificar seus corpos depois de abuso de substâncias ou aos que estão tentando melhorar suas dietas.

AFIRMAÇÃO: Eu estou cheio de luz espiritual e cercado por ela, que limpa, purifica e me protege.

QUARTZO VERDE DE SERIFOS

PALAVRAS-CHAVE: Percepção da Terra como um Paraíso, aceitação jubilosa da vida física, cura.
ELEMENTO: Terra.
CHACRAS: Coração (quarto).

O Quartzo Verde de Serifos é um tipo especial de cristal de Quartzo, um mineral dióxido de silício com uma dureza de 7. Seu sistema de cristal é hexagonal (trigonal). Ele é encontrado apenas na pequena ilha Grega de Serifos, no Mar Egeu, por volta de cem quilômetros a sul de Atenas. A cor verde folha desses cristais em forma de lâmina vem das inclusões do mineral verde Hedenbergita. As formações desse cristal aconteceram em dois estágios – primeiro, a Hedenbergita verde fibrosa foi formada, seguida pelo Quartzo, que englobou a Hedenbergita durante o último período de crescimento. O Quartzo Verde de Serifos é depositado em cavidades irregulares no mármore e em geral é encontrado em associação com "rosas de ferro" de Hematita.

O Quartzo Verde de Serifos é singular não apenas por sua coloração, que varia de verde alface pálido a uma cor escura de espinafre. Ele também cresce em formas estranhas e incomuns que sugerem mais plantas do que cristais. Alguns espécimes são como folhas longas e delgadas, estreitadas em cada terminação, enquanto outras são agrupadas como ramalhetes de flores. Poucos são cobertos com pequenas cristalizações em drusa, parecendo que são respingadas com orvalho. Raramente eles crescem mais de cinco centímetros, e grupamentos maiores são extremamente raros.

ROBERT SIMMONS: A sincronicidade devia estar trabalhando quando a ilha em que essas pedras são encontradas recebeu o nome de anjos. Ou, talvez, seja simplesmente a sensação que existe por lá. Em todo caso, os cristais de Quartzo Verde de Serifos emanam uma energia muito celestial, e a pessoa pode imaginar os canteiros de flores dos reinos mais elevados brotando como eles. Contudo, eles não são como Apofilitas Claras, Calcitas Elestiais ou outras pedras que vibram com os planos elevados das energias angelicais. O paraíso do Quartzo Verde de Serifos é aqui mesmo na Terra!

Segurar, usar ou dispor essas pedras traz a pessoa à percepção da Terra como Paraíso. Elas emanam uma vibração suave e forte, que evoca o estado de celebração benéfica da vida física e facilitam a obtenção de uma saúde boa e vibrante. O Quartzo Verde de Serifos é o mineral equivalente ao suco de folhas de trigo ou um bom tônico de ervas. Ele ajuda o usuário ou possuidor a ficar aterrado do melhor modo possível – pelo amor ao mundo material e seu lugar nele. Ele nos lembra de que também somos florescências saídas do ventre da Terra fértil, e nossa experiência da vida pode ser excelente quando levamos nossa atenção para sua beleza e prazer.

O Quartzo Verde de Serifos é um companheiro ideal para meditações ao ar livre, em caminhadas ou outras atividades que liguem a pessoa ao mundo natural. Usá-lo ou carregá-lo ao ar livre ajuda a pessoa a ver e apreciar as belezas do mundo vivo, desde o mar majestoso e as florestas silenciosas ao mato que cresce entre as fissuras do pavimento. Essas pedras são particularmente úteis para os que se sentem desconfortáveis em seus corpos ou estão perturbados diante das dificuldades da vida na Terra. Simplesmente segurar e olhar para as próprias pedras pode trazer uma suavização das bordas agudas do estresse da pessoa. A meditação com o Quartzo Verde de Serifos pode ajudar a pessoa a obter o *insight* que nos mostra que estamos aqui por nossa escolha, e que nossa escolha foi boa. Sensações de "Eu quero ir para casa – tire-me daqui!" podem mudar para "Eu abraço minha vida – eu estou em casa".

O Quartzo Verde de Serifos harmoniza com Apofilita Verde, Ametista, Turquesa e, talvez surpreendentemente, com Moldavita. Combiná-lo com Fenacita ou Azeztulite traz a percepção do aspecto dimensional elevado de si em alinhamento com sua vida terrena.

NAISHA AHSIAN: O Quartzo Verde de Serifos é uma pedra cardinal do elemento Terra de cura para o planeta e o corpo físico. Como sua parente Serafinita, o Quartzo Verde de Serifos facilita a comunicação com os reinos angelicais e dévicos. Em razão de sua forma cristalina e os efeitos de amplificação do silício nessa pedra, o Quartzo Verde de Serifos é uma ferramenta excelente para levar energia pura de cura para localizações específicas do corpo. Por sua habilidade para canalizar energia de cura diretamente dos reinos dévicos, esse é um aliado particularmente bom para a cura da Terra ou em trabalhos com a vida vegetal. Ele pode ser usado para melhorar os efeitos de ervas curativas e é uma pedra excelente para jardineiros.

O Quartzo Verde de Serifos é útil para a cura do coração. Ele ativa e energiza o chacra da raiz e o chacra do coração, permitindo à pessoa ser mais amorosa com toda vida, incluindo seu corpo físico.

ESPIRITUAL: O Quartzo Verde de Serifos transporta as energias regeneradoras da Natureza. É uma pedra de comunicação poderosa para o trabalho com entidades e energias naturais, incluindo devas das plantas e consciência mineral e animal. Ele ensina sobre a saúde e o equilíbrio apropriados para o qual todo ser nasce.

EMOCIONAL: O Quartzo Verde de Serifos ajuda a pessoa a sentir-se mais cuidadosa em relação à Terra, a si e a toda a vida. É ideal para a ligação com Todas As Nossas Relações e ajuda a equilibrar e curar a relação da humanidade com os outros seres. Ele pode ser usado para remover ganchos psíquicos e cordas do corpo emocional e selar os vazamentos áuricos que podem causar exaustão emocional.

FÍSICO: O Quartzo Verde de Serifos pode ser usado para cauterizar ferimentos etereamente, fazer cirurgias mediúnicas de tumores e cistos e estimular a cura dos ossos e tecidos. É útil para remover etereamente cicatrizes em tecidos do coração e densidades do chacra do coração.

AFIRMAÇÃO: Eu abraço a Terra como meu lar, aceito com alegria e gratidão minha encarnação aqui e chamo minha cura e bem-estar.

QUARTZO VERMELHO RUSSO

PALAVRAS-CHAVE: Força da vida, sexualidade, criatividade, elevação da kundalini, entusiasmo pela vida.
ELEMENTO: Fogo.
CHACRAS: Raiz (primeiro), Sexual/Criativo (segundo), Estrela da Terra (abaixo dos pés).

O Quartzo Vermelho Russo é um membro raro da família Quartzo, um mineral dióxido de silício com uma dureza de 7. Seu sistema de cristal é hexagonal (trigonal). Ele ocorre em partes remotas das montanhas do Ural na Rússia. Ele se forma em cristais prismáticos, em geral em geodos. A cor é de um vermelho alaranjado escuro. A maior parte dos cristais não é transparente, embora eles sejam translúcidos.

ROBERT SIMMONS: O Quartzo Vermelho Russo tem energias em comum com o Rubi e a Cornalina. Ele estimula vigorosamente o primeiro e segundo chacras, trazendo para seu interior uma abundância de força de vida e também energias sexuais e criativas. Sua singularidade vem parcialmente do fato de que sua tendência é movimentar essas energias para cima através dos chacras, imbuindo todo o sistema de energias da pessoa com um entusiasmo pela vida poderoso e apaixonado.

Uma vez que o Quartzo Vermelho Russo ocorre em geodos, a pessoa experimentará sua energia mais como um campo do que como um fluxo direcional focado, como ela sentiria de um Bastão Laser. Se a pessoa colocar um desses geodos em sua cozinha, por exemplo, todos os que entrarem no aposento receberão uma dose de sua energia. Isso torna tais espécimes ideais para quartos de cura, porque eles permearão a atmosfera com força de vida e vitalidade. A pessoa também pode experimentar levar um geodo de Quartzo Vermelho Russo para o quarto em ocasiões especiais, embora mantê-lo lá todo o tempo pode fazer com que ela não durma o suficiente.

O Quartzo Vermelho Russo tem a capacidade de fazer as energias da kundalini despertarem. Para trabalhar com ele desse modo, a pessoa é advertida a sentar em meditação com o geodo tocando a base da espinha. Essa proximidade com o sacro, onde reside a kundalini, em geral dormente, intensifica os efeitos do Quartzo Vermelho Russo. A pessoa provavelmente sentirá um calor subindo por dentro da espinha, enquanto, gradualmente, a kundalini é desperta. Quando a energia chega ao chacra coroa, a pessoa pode sentir um tipo de explosão no momento em que o chacra abre e se torna um "lótus de mil pétalas" da tradição da yoga. Mesmo se essa abertura completa não acontecer, o Quartzo Vermelho Russo pode agir para iniciar o despertar da kundalini em muitas pessoas. É uma pedra boa para levar para encontros de meditação, de modo que muitas pessoas possam se beneficiar de suas energias.

No ambiente de trabalho, o Quartzo Vermelho Russo tem a capacidade de estimular o fluxo criativo e dar à pessoa a energia necessária para conduzir a inspiração durante todo o processo até a manifestação. É uma pedra excelente para escritores, artistas e músicos, ou para qualquer um cujo trabalho requeira criatividade em uma base diária.

O Quartzo Vermelho Russo pode fornecer o apoio energético para a cura de desequilíbrios dos dois primeiros chacras ou daquelas áreas do corpo. Eles são ferramentas ideais para aqueles feridos por abuso sexual ou com problemas físicos dos órgãos sexuais. Essas pedras podem ajudar no fluxo adequado de dejetos pelo intestino grosso e catalisar a cura de hemorroidas. Também podem ser úteis para tornar a pessoa confortável e feliz no corpo físico.

O Quartzo Vermelho Russo harmoniza com Cornalina, Rubi, Zincita, Calcita Laranja, Proustita, Esfalerita e Granada Vermelha. Para ativação da kundalini, o Tectito Tibetano é uma aliada útil.

NAISHA AHSIAN: O Quartzo Vermelho Russo é um ativador potente das energias da força de vida e dos sistemas de energia do corpo. Ele ajuda o eu físico a tornar-se mais dinâmico e energético, melhorando a vitalidade e a vontade de viver. É excelente para os que estão se recobrando de ou passando por doenças sérias. O Quartzo Vermelho Russo estimula fortemente o primeiro e segundo chacras, ajudando a pessoa a sentir-se mais capaz, forte e eficiente para criar sua realidade. Ele dá à pessoa a fortaleza para continuar em meio a dificuldades e ajuda-a a sentir-se mais ligada e feliz no corpo.

O Quartzo Vermelho Russo pode ativar a kundalini, enviando energias potentes acima pela espinha para ativar todos os centros vibratórios. É uma pedra excelente para viciados em sexo ou outros que são incapazes de elevar as vibrações do primeiro e segundo chacras a um nível mais elevado, tornando-se presos a expressões não saudáveis daquelas energias.

O Quartzo Vermelho Russo liga o chacra da raiz da pessoa com o chacra Estrela da Terra abaixo das solas dos pés, ativando o fio terra que permite que o excesso de energia seja eliminado e a energia em falta seja restaurada.

ESPIRITUAL: O Quartzo Vermelho Russo ajuda a pessoa a sentir-se mais presente e energizada no corpo físico. Ele encoraja a pessoa a tratar o corpo como um templo, e pode ser útil para aterrar energias de alta frequência no veículo físico.

EMOCIONAL: O Quartzo Vermelho Russo ensina a pessoa a elevar as vibrações dos chacras inferiores, conduzindo essas energias para os chacras superiores para expressão mais elevada. É útil para os que têm uma atitude desequilibrada em relação à sexualidade ou ao corpo. Ele pode ajudar as pessoas com raiva excessiva a eliminar os vínculos com ela, de modo que a raiva possa ser transformada em uma expressão mais positiva.

FÍSICO: O Quartzo Vermelho Russo é um estabilizador excelente para os que estão passando por uma doença ou enfermidade séria que drena sua força e vitalidade. Ele pode ajudar o corpo físico a tornar-se mais forte e auxiliará a pessoa a ficar presente no domínio físico, para que um trabalho importante possa ser completado antes da morte. Ele pode ser usado para ajudar a tratar vício sexual ou repulsa ao sexo, problemas de peso e letargia física.

AFIRMAÇÃO: Eu abraço meu corpo físico e amo minha vida, e estou cheio de criatividade e entusiasmo.

RODIZITA

PALAVRAS-CHAVE: Amplificação das energias de outras pedras, aumento do poder pessoal e confiança.
ELEMENTO: Tempestade.
CHACRAS: Plexo Solar (terceiro).

A Rodizita é um mineral complexo, um borato contendo potássio, césio, berílio, alumínio, boro e oxigênio. Seu sistema de cristal é cúbico e sua dureza é 8,5. Ela se cristaliza com maior frequência como dodecaedros rômbicos. Pode ser incolor, branca ou amarela. A Rodizita tem um lustro vítreo forte. Ela ocorre com maior frequência em pegmatitas graníticas. Cristais de boa qualidade foram encontrados na Rússia e em Madagascar.

ROBERT SIMMONS: Os cristais de Rodizita em geral são bem pequenos, mas vibram com poder e intensidade surpreendentes. Eles estimulam o chacra do plexo solar e são capazes de aumentar o poder da vontade da pessoa e da manifestação por meio da vontade. Indivíduos que têm dificuldade em ser assertivos podem se beneficiar muito simplesmente por grudar um ou mais cristais de Rodizita no plexo solar e ficar atentos ao que acontecerá no decorrer do dia. Não apenas é possível que a pessoa experimente maior habilidade de fazer as coisas acontecerem, mas, muitas vezes, outras pessoas inconscientemente sentirão a mudança em sua energia e não tentarão tirar seu poder. Isso tenderá a aumentar a autoconfiança da pessoa, permitindo-lhe alcançar um efeito semelhante mesmo sem a Rodizita.

A Rodizita aumenta o poder de outras pedras, além de aumentar o poder das pessoas. Um bom experimento é tentar segurar praticamente qualquer pedra até sentir sua energia, tendo uma boa percepção do que a pedra está fazendo. Depois, coloque um ou mais cristais de Rodizita na mão junto com a outra pedra, e segure-as juntas por alguns momentos. Na maioria dos casos, a pessoa experimentará um grande aumento no poder da pedra original. Com Rodizita, a pessoa pode conseguir a energia de um cristal "gerador" para uma peça segurada na mão. Quando usada desse modo, a Rodizita simplesmente aumenta a amplitude das energias da outra pedra sem alterá-las de nenhum outro modo. É uma ampliadora vibratória limpa, que não deixa sua própria "marca" nos padrões de energia estimulados.

Por suas propriedades de amplificação, a Rodizita é uma pedra boa para usar em ferramentas de energia e joalheria. O tamanho pequeno desses cristais torna possível para a pessoa colocá-los em bastões, tiaras, gabaritos, pingentes e até anéis. As câmaras de meditação ou quartos de cura podem ser melhorados grudando ou prendendo Rodizita às outras pedras no quarto. Se a pessoa tem uma pirâmide de cobre sob a qual possa se sentar durante a meditação, colocar algumas Rodizitas sobre ou dentro dos tubos de cobre aumentará significativamente a energia da pirâmide.

A amplificação de energias feita pela Rodizita pode ser especialmente útil em aplicações de cura. Ela pode aumentar os efeitos das pedras de cura se as está tocando. Também, curadores por imposição de mãos podem aumentar o fluxo que vem por meio deles usando um anel de Rodizita ou mantendo uma Rodizita em uma bolsa em torno do pescoço. Chacras ou pontos de meridianos fracos podem ser fortalecidos colocando cristais de Rodizita neles. Colocar cristais de Rodizita no chacra do terceiro olho pode melhorar as habilidades mediúnicas da pessoa.

Pode ser que a Rodizita funcione como um "gerador orgone" natural. O pesquisador Wilhelm Reich, que cunhou o termo "orgone", disse que essa energia permeia o Universo, e que a redução do orgone leva a doenças, enquanto níveis ótimos de orgone podem trazer cura e muitos outros benefícios. De suas caixas de "gerador orgone", diz-se terem sido capazes de amplificar o poder de tudo, desde a potência sexual à radiação atômica. A Rodizita parece funcionar de modos muito similares.

A Rodizita harmoniza com todas as outras pedras e praticamente tudo o mais. A única palavra de cautela é tomar cuidado quando usar a Rodizita com outras intensificadoras naturais de energia como os Diamantes. É possível ter excesso mesmo de algo bom. Também se assegure de não permitir que a Rodizita amplifique energias negativas ou seja usada em ambientes negativos sem tomar medidas de proteção.

NAISHA AHSIAN: A Rodizita é um despertador psíquico pequeno mas poderoso, que ressoa com o elemento Tempestade. Sua energia é predominantemente ativa nos chacras do terceiro olho e coroa, mas também pode ser usada para ativar e estimular os chacras inferiores. Sua energia melhora o centro visionário no terceiro olho. É uma pedra excelente para usar em meditação, particularmente se você deseja experiências fora do corpo, viagem astral ou visão interdimensional.

A energia da Rodizita pode ser intensa, embora os cristais em geral sejam muito pequenos. Quando usada em combinação com pedras de aterramento, essa aliada ajudará a aterrar o corpo de Luz da pessoa no interior do físico, no nível celular. Ela melhora o trabalho de sonho e pode auxiliar com sonhos lúcidos. A Rodizita também é útil para ver o passado, futuro ou vidas alternativas ao mesmo tempo em que a pessoa permanece emocionalmente separada deles. Pode ajudar a ver e integrar todos os lados de uma situação.

ESPIRITUAL: A Rodizita estimula as habilidades psíquicas e torna mais fácil separar a consciência do corpo físico para o objetivo de experiências fora do corpo ou viagem astral. Pode ser usada para regressões de vidas passadas a fim de ajudar a processar conscientemente lições aprendidas em outros tempos.

EMOCIONAL: A Rodizita traz uma energia de bem-estar "alta", quase maníaca, para o corpo emocional. Ela pode ajudar a pessoa a ser mais otimista, entusiástica e disposta a mudar radicalmente sua vida.

FÍSICO: A Rodizita pode ser útil para combater a depressão, tratar enxaquecas e dores de cabeça, e ajudar a fortalecer os olhos e nervos óticos.

AFIRMAÇÃO: Eu aumento meu poder pessoal e confiança, e me comprometo a trabalhar para o bem de todos.

RODOCROSITA

PALAVRAS-CHAVE: Cura emocional, recuperação de memórias perdidas e dons esquecidos, autoestima, compaixão.
ELEMENTO: Fogo, Água.
CHACRAS: Coração (quarto), Plexo Solar (terceiro).

A Rodocrosita é um carbonato de manganês com uma dureza de 3,5 a 4. Seu sistema de cristal é hexagonal (trigonal). Com frequência, a Rodocrosita ocorre em crescimentos massivos, granulares, botrioides, nodulares ou de estalactite, mas ela ocasionalmente forma cristais prismáticos, tabulares ou romboédricos. O nome Rodocrosita é uma referência à palavra grega para sua cor rosa avermelhado. A maioria das Rodocrositas está na faixa do rosa para o vermelho, mas elas podem ser amareladas, laranja ou marrom.

Os depósitos mais importantes estão na Argentina, onde a Rodocrosita se formou nas minas de prata dos incas depois que elas foram abandonadas no século XIII. Espécimes de cristal de boa qualidade de Rodocrosita foram encontrados no Colorado, nas minas de Sweet Home e de outras localidades próximas.

ROBERT SIMMONS: O rosa é a cor de expressão do amor e, virtualmente, todas as pedras rosa têm energias que se relacionam com esse tema central. No caso da Rodocrosita, o amor é dirigido primeiro em direção ao eu, especialmente para o objetivo de cura emocional. A Rodocrosita auxilia a fazer o trabalho necessário para a recuperação, alívio e liberação de memória das mágoas emocionais da pessoa. Se aconteceram momentos na infância, meninice ou até em vidas passadas em que a pessoa vivenciou violência física ou emocional, humilhação severa ou foi jogada de outro modo em uma situação emocionalmente traumática, o resultado pode ser a fixação de uma parte de suas energias de força de vida naquele ponto. Em um pânico desarrazoado, motivado pelo medo racional ou irracional de que sua sobrevivência está ameaçada, a pessoa pode fazer ajustes severos para sobreviver. Dons internos e talentos podem ser abandonados, reprimidos ou esquecidos em uma tentativa de entrar em acordo com as demandas imediatas das situações externas. Além dessas perdas diretas, a energia que ela retira para manter as memórias reprimidas pode causar danos sérios na própria vitalidade da pessoa.

A Rodocrosita funciona vibratoriamente para sustentar a autocura nessas áreas importantes. Na meditação, ela pode assistir a pessoa em se movimentar para trás no tempo para a recuperação e o alívio das memórias perdidas. Durante a meditação ou depois, a Rodocrosita pode ser usada com afirmações ou outros rituais para liberar a memória e recuperar as energias que foram arrebanhadas na fixação. Em alguns casos, determinadas características ou dons podem ser lembrados e trazidos de volta para o reino do eu consciente. Então, descobrimos que os dons da pessoa – aquilo que torna alguém especial e único – podem ter sido o próprio alvo das mágoas por meio das quais a pessoa perdeu o contato com eles. As curas desses tipos de mágoas podem ser o processo interior mais importante na vida da pessoa, porque permitem a ela reclamar o eu que nasceu para ser. Por meio de suas vibrações de autoestima e compaixão por sua criança interior, a Rodocrosita pode ser uma aliada poderosa para esse trabalho.

Usar uma Rodocrosita ou colocá-la sobre o coração durante a disposição de corpo, meditação ou sono pode limpar, acalmar e curar o campo de energia em torno do coração. Ela pode reparar "buracos" ou áreas de desarmonia no campo áurico, especialmente no corpo emocional. Pode aprofundar as meditações e regressões a vidas passadas; também é uma pedra de alegria. Ao levar a Rodocrosita para um passeio em um belo dia e permitir que a beleza da Natureza penetre em seus sentidos, a pessoa pode reentrar na sensação de graça e felicidade mágica que é natural à criança que se sente segura e amada.

A Rodocrosita emana uma das energias mais ternas e amáveis entre as pedras. Ela acalma o coração e conforta a alma, ajudando a pessoa a exigir seus poderes de direito e ser tudo que deve ser. Ela vibra para as frequências de paz interior e autoclemência, permitindo que a pessoa desabroche integralmente.

A Rodocrosita harmoniza com a maioria das outras pedras do coração, incluindo Quartzo Rosa, Calcita Rosa, Rodonita, Morganita, Esmeralda, Granada Tsavorita e outras. A Moldavita pode aumentar a profundidade da jornada da pessoa para recuperar partes esquecidas do eu que têm a chave para seu destino. A Fenacita pode melhorar a vividez das visões interiores e recuperação de memórias. A Alexandrita e a Opala Oregon podem ajudar com recordações de vidas passadas. A Turmalina Negra e o Azeviche fornecem proteção psíquica e aterramento em épocas de trabalho interior e autocura.

NAISHA AHSIAN: A Rodocrosita é uma curadora do coração poderosa, formando uma ponte entre os chacras inferiores do Fogo e os chacras superiores da Água. Por seu relacionamento com os dois elementos, ela tem a capacidade de esfriar o calor emocional e fornecer *insight* em questões do coração e da vontade. A vibração da Rodocrosita ajuda na cura de mágoas emocionais. Suas frequências ressoam com a criança interior, permitindo à pessoa recuperar seu sentido de diversão e alegria na vida. Por meio de suas energias de cura, somos capacitados a reclamar talentos inatos e habilidades que foram deixados para trás em função de traumas passados ou mágoas emocionais.

A Rodocrosita transporta a frequência do coração corajoso. Ela encoraja a pessoa a agir com base no conhecimento de seu coração sem medo. Auxilia na expressão do amor e afeto e a eliminar pequenas aflições ou mágoas. Ela empresta fortaleza para os que têm medo de agir ou expressar suas emoções. Ajuda a pessoa a encontrar coragem para buscar seus sonhos.

ESPIRITUAL: A Rodocrosita auxilia a redescobrir a prática sagrada da brincadeira. Ela estimula a criatividade e expressão e ajuda a pessoa a alinhar-se com a frequência do amor.

EMOCIONAL: A Rodocrosita é a aliada principal na cura da criança interior, em especial quando traumas emocionais profundos tornaram a pessoa incapaz de sentir alegria ou expressar sua criatividade. Ela pode ajudar a pessoa a sentir-se mais confiante no uso de sua vontade para criar sua realidade.

FÍSICO: A Rodocrosita é ideal para desequilíbrios no sistema nervoso. Ela oferece cura energética para a camada de mielina que cobre e protege os nervos e pode ser uma ótima aliada para abandonar a cafeína e outros estimulantes. É uma pedra excelente contra ansiedade e estresse.

AFIRMAÇÃO: Com compaixão por mim e pelos outros, eu me engajo no processo de cura de mágoas passadas e abraço com alegria a recuperação de minha integridade.

RODONITA

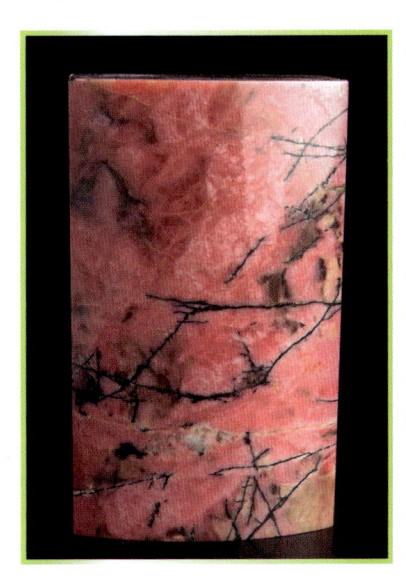

PALAVRAS-CHAVE: Descoberta e desenvolvimento de talentos ocultos, compaixão, amor, generosidade, altruísmo.
ELEMENTO: Fogo, Terra.
CHACRAS: Coração (quarto), Raiz (primeiro).

A Rodonita é um mineral metassilicato de manganês com uma dureza de 5,5 a 6,5. Seu sistema de cristal é triclínico. Ela ocorre no mais das vezes em crescimentos massivos ou granulares, mas também pode cristalizar em forma tabular, em geral com bordas arredondadas. O nome da Rodonita deriva da palavra grega com o sentido de rosa avermelhado, e é em geral dessa cor, embora também possa ser de um vermelho amarronzado. A Rodonita contém com frequência inclusões negras de óxido de manganês. No passado, ela foi extraída nas montanhas Urais da Rússia e agora é encontrada na Suécia, Austrália, Índia, Madagascar, México, África do Sul, Brasil, Canadá e nos Estados Unidos.

ROBERT SIMMONS: Como outras pedras do raio rosa, a Rodonita promove a energia do amor. Nesse caso, o amor é mais dirigido para fora do que com pedras como a Rodocrosita. Contudo, a Rodonita e a Rodocrosita são semelhantes em mais que cor e similaridade do nome – ambas são ferramentas-chave para a recuperação dos dons interiores da pessoa. Enquanto a Rodocrosita foca na lembrança de partes perdidas, a Rodonita assume o processo de usar os dons recuperados em sua vida, para o benefício da comunidade. O amor dirigido para fora engendrado pela Rodonita é o do altruísmo e generosidade, usando seus talentos para trazer dons para os outros.

Como a pessoa às vezes descobre, esse caminho de generosidade em geral oferece maior satisfação para a própria pessoa do que qualquer quantia recebida "daquilo que ela deseja" pode trazer. A Rodonita atrai as pessoas e situações mais adequadas para a aplicação dos talentos únicos da pessoa, que, ao usá-los, pode experimentar a satisfação do desejo profundo de amar e ser amado. Essa é a dádiva da Rodonita – trazer mais amor ao mundo agindo como catalisadora para a satisfação do propósito de vida da pessoa, pela expressão de seus dons ocultos.

Na meditação e no trabalho de sonho, a Rodonita pode melhorar a profundidade, clareza e significado de sua experiência interior, tornando mais fácil compreender as mensagens por trás dos sonhos e visões. Ela pode fornecer uma ligação psíquica com o padrão arquetípico do destino pessoal, ajudando a pessoa a permanecer "no foco", agindo com propósito e persistência, em direção à satisfação de suas aspirações mais elevadas.

A Rodonita harmoniza com a maioria das pedras do coração, incluindo Quartzo Rosa, Calcita Rosa, Rodocrosita, Morganita, Esmeralda, Granada Tsavorita e outras. Ela tem afinidade especial com Fenacita, Escolecita, Natrolita e Herderita para o objetivo de despertar para o Eu Superior e agir a partir daquela percepção. A Rodonita também combina sinergicamente com Sugilita e Quartzo Negro Tibetano para limpeza e dissipação de energias negativas. Funciona bem com Granada Vermelha para manifestar os sonhos no mundo físico e com a Granada Tsavorita quando esses sonhos envolvem prosperidade.

NAISHA AHSIAN: A Rodonita ajuda na percepção de onde residem os talentos, e na utilização desses talentos para o bem maior de todos. É uma pedra de aprendizado e desenvolvimento – encorajando a pessoa a expandir ou aperfeiçoar suas habilidades para que essas habilidades possam ser empregadas para ajudar os outros. A Rodonita transporta a energia da comunidade colaborativa. Ela nos fala sobre nossa responsabilidade de usar nossos talentos para auxiliar no nascimento espiritual da Terra e uns aos outros nestes tempos de transformação.

A Rodonita é verdadeiramente uma pedra de poder. Poder é simplesmente a habilidade de reconhecer onde a pessoa pode utilizar sua energia ou talentos para afetar a mudança no plano terrestre. A Rodonita estimula a pessoa a perceber seus dons e utilizar esses dons para efetuar aquela mudança.

Em um nível físico, a Rodonita fortalece os tecidos, órgãos e glândulas. Ela sustenta o fluxo do *chi* pelos meridianos do corpo e ajuda a dirigir aquela força vital para o sistema endócrino que, por seu lado, sustenta a energia e vitalidade da pessoa. É particularmente eficiente no apoio ao fígado durante processos de desintoxicação. Pode ser útil para estimular o metabolismo e sustentar a expressão da energia da pessoa por meio de exercícios ou atividades físicas.

ESPIRITUAL: A Rodonita ajuda a pessoa a compreender seu propósito, como revelado por seus dons ou habilidades. Todos têm uma perícia, dom ou habilidade que podem utilizar a serviço do Espírito. A Rodonita ajuda a pessoa a valorizar seus dons e habilidades, e a aperfeiçoá-los para o bem maior.

EMOCIONAL: A Rodonita é uma pedra de autoestima. Ela ajuda a pessoa a sentir-se segura em relação a seu propósito. Pode ajudá-la a encontrar um sentido do eu mais vigoroso e um chamado mais claro para seu caminho espiritual.

FÍSICO: A Rodonita é um apoio excelente para perda de peso, desintoxicação e purificação do corpo físico. Embora não seja em si uma purificadora, ela estimula e fortalece os órgãos e glândulas permitindo a eles que purifiquem o corpo com mais eficiência. É boa para livrar o corpo de pedras na vesícula ou nos rins e pode sustentar a cura do fígado de enfermidades ou danos.

AFIRMAÇÃO: Eu reclamo meus talentos e habilidades escondidos, e uso-os amorosamente para o bem de todos.

RUBI

PALAVRAS-CHAVE: Força da vida, coragem, paixão, força, entusiasmo, aventura, proteção.
ELEMENTO: Terra.
CHACRAS: Raiz (primeiro).

O Rubi é uma variedade vermelha de coríndon, um óxido de alumínio com dureza 9. Seu sistema de cristal é hexagonal (trigonal). Ele se forma em cristais prismáticos, tabular, bipiramidal ou romboédrico. Ele também pode ocorrer em crescimentos granulares ou massivos. Até 1800, quando o Rubi era conhecido como uma variedade de coríndon, Espinélios vermelhos e Granadas também eram confundidos com Rubi. A cor intensa do Rubi vem do crômio. Em alguns Rubis, inclusões de óxido de titânio causam uma difusão de luz em pedras cortadas como cabochão que podem parecer estrelas de cinco pontas. Rubis têm sido extraídos no Sri Lanka, Burma, Tailândia, Índia, Brasil e Estados Unidos.

Uma lenda antiga em Burma sustentava que inserir um Rubi na carne de uma pessoa a tornaria invulnerável. Na tradição europeia durante a Idade Média, acreditava-se que o Rubi trazia boa saúde, resolvia desentendimentos e removia pensamentos negativos. Ela foi muito reverenciada como uma pedra da realeza, e dizia-se do imperador chinês Kublai Khan ter oferecido toda uma cidade em troca de um Rubi imenso.

ROBERT SIMMONS: Os Rubis emanam o puro raio vermelho com uma vibração sem igual no reino mineral. São ferramentas poderosas para estimular o chacra da raiz e trazer força de vida adicional e vitalidade para o ser. Usar Rubi tem o efeito de energizar e ativar os corpos físico, mental e emocional da pessoa.

Os Rubis estimulam a paixão e coragem da pessoa, permitindo a busca devotada de suas aspirações. Eles eliminam a sensação de desesperança ou derrota de seus pensamentos e abrem uma fonte de otimismo e determinação necessária para atingir metas difíceis. Transmitem uma sensação de poder para quem os usa, melhorando a autoconfiança e o espírito de aventura.

Os Rubis vibram com entusiasmo pela vida, instilando uma disposição de coração aberto para dar quaisquer saltos de fé requeridos para seguir adiante. Se a pessoa se sente amarrada em qualquer tipo de rota – na carreira, no relacionamento ou em seu caminho espiritual –, o Rubi pode fornecer a energia para fazer as coisas se movimentarem. Essa pedra é um magneto para a novidade e aventura. Sua vibração parece atrair oportunidades para mudanças de cenário e/ou de situações inesperadas. Quando você usa ou carrega um Rubi, é como se os anjos da sincronicidade pudessem vê-lo melhor, e eles enviam para você as surpresas mais benéficas. E, para o que tende para a timidez e "segurança", o Rubi o predispõe a dizer sim antes que possa pensar em uma razão para dizer não.

O Rubi é uma pedra de coragem. Ele torna a dúvida menos intensa e auxilia a pessoa a lidar com a ansiedade. Ele ajuda-a a ficar confortável com o desconhecido e ensina a não temer a morte. A mensagem do Rubi é: "Melhor morrer do que não viver". Com seu magnetismo para a novidade e sincronicidade, o Rubi, muitas vezes, leva a pessoa para situações em que ela deve enfrentar antigos medos (pense em subir em pedras, saltar de paraquedas, falar em público, etc.). Ao mesmo tempo ele ensina a pessoa a desfrutar a emoção de tais confrontos. Coragem, afinal, não é ausência de medo – é ir adiante enfrentando o medo. O Rubi o inspira a seguir em frente.

O Rubi inspira os aspectos protetores do caráter. Ele encoraja a pessoa a dar um passo à frente e erguer-se por aqueles que são ameaçados, sejam eles amigos, crianças, animais, árvores, um mendigo desconhecido ou uma vítima de guerra em outro país. Ele estimula a falar a verdade para o poder, mesmo quando a pessoa se sente vulnerável. Ele compele a "chutar o balde" se o capitão for corrupto. O Rubi ajuda-o a ser o tipo de pessoa pela qual você procuraria.

O Rubi harmoniza com Safira Azul, que acrescenta autocontrole ao entusiasmo e à coragem do Rubi. Proustita, Cuprita e Zincita funcionam com Rubi para um melhoramento aumentado da força de vida. O Quartzo Rosa e a Morganita emprestam romance à paixão violenta do Rubi.

NAISHA AHSIAN: O Rubi transporta a frequência do chacra da raiz iluminado. Ele estimula o fluxo da energia da força de vida ou *chi* pelo corpo, fortalece a habilidade da pessoa de encontrar suas necessidades e manifestar seus desejos, e pode ser um catalisador para a ativação da kundalini.

O Rubi é uma pedra da prosperidade tradicional. Auxilia a pessoa a ir ao encontro de suas necessidades em todos os níveis do ser e é particularmente bom para atrair abundância. Ele estimula a energia sexual e o desejo, e pode ajudar a pessoa a superar disfunções sexuais e alguns tipos de infertilidade. O Rubi auxilia na ligação do campo de energia da pessoa com a Terra, concedendo-lhe que recarregue seus estoques de energia. É excelente para aterramento e pode ser usado para combater distração, vertigem e outros sintomas de sobrecarga energética. Ele é um apoio excelente em tempos de estresse ou quando a pessoa deve dirigir um pouco mais antes de ter oportunidade de descansar.

O Rubi fala dos prazeres sensuais da vida – a beleza e a expressão da energia criativa. É uma pedra poderosa para os que estão tentando desenvolver uma atitude mais amorosa para com seus corpos físicos e pode ser de grande ajuda para regular o metabolismo. O Rubi pode auxiliar vítimas de abuso sexual a curar suas ligações com o corpo. Ele encoraja a pessoa a expressar amor por si cuidando de seu veículo físico. Por essa razão, ele também pode ser um grande estímulo para os que estão se recuperando de vício ou autoabuso.

RUBI ESTRELA

O Rubi Estrela é uma expressão pura da Luz do Espírito quando ela está aterrada por meio do primeiro chacra e da Estrela da Terra. A Luz da Alma é refletida no estonteante brilho estelar criado pela luz refratando dentro da pedra. A Luz, então, é aterrada no interior do Rubi, de modo que ela possa ser integrada e expressa por meio dos aspectos mais mundanos da vida da pessoa. Essa manifestação direta da Luz espiritual pelo primeiro chacra torna o Rubi Estrela uma pedra poderosa para o trabalho tântrico e manifestação. É uma pedra para incorporação da Luz e pode ser usada por trabalhadores da luz e curadores para integrar as energias de frequência elevada no interior do corpo.

O Rubi Estrela reflete a manifestação da Luz no plano terrestre e pode auxiliar a pessoa a perceber a verdadeira abundância em sua vida. O Rubi Estrela pode ser útil para lançar luz sobre as raízes para disfunção sexual e a cura de traumas de abuso sexual ou de poder vindos do passado.

ESPIRITUAL: O Rubi ensina a pessoa a gostar de estar no mundo físico. Ajuda-a a perceber a energia espiritual que existe por todo o reino da matéria, e oferece lições sobre como controlar a transformação de pensamento e intenção em manifestação física. O Rubi ajuda a pessoa a eliminar dos registros celulares a marca física de trauma emocional ou abuso físico do passado.

EMOCIONAL: O Rubi é excelente para os que sentem repulsa de estar em um corpo no mundo físico. Ele pode ajudar a pessoa a sentir-se mais engajada na vida e mais amorosa em relação a seu corpo físico e existência humana.

FÍSICO: O Rubi é uma pedra de cura excelente para o primeiro e segundo chacras. Pode ser usada para tratar circulação inadequada do fluxo de energia nos pés e pernas. Ele é muito usado para tratamento de disfunção sexual e infertilidade. Pode ser usado para regular peso, particularmente onde o excesso de peso é mantido no corpo para aterrar a pessoa no mundo físico.

AFIRMAÇÃO: Eu abraço minha vida com impetuosidade, paixão e a coragem de realizar tudo o que desejo fazer.

RUTILO

PALAVRAS-CHAVE: Sintonização, amplificação, aceleração, expansão da percepção, aceleração da manifestação.
ELEMENTO: Tempestade.
CHACRAS: Todos.

O Rutilo é um cristal óxido de titânio com uma dureza de 6 a 6,5. O cristal que ele forma é tetragonal, normalmente prismático, e geralmente é longo em forma de agulhas. Algumas vezes, cristais de Rutilo se formam em padrão radiado de seis feixes de cristais em forma de agulha dourados, emanando de um hexágono preto pequeno. O Rutilo também pode ocorrer em forma massiva. A cor é amarelo dourada, marrom avermelhada, vermelha ou negra. A maior parte dos cristais de Rutilo é encontrada no Brasil e Madagascar.

ROBERT SIMMONS: Cristais de Rutilo são como antenas de rádio sintonizadas à frequência da intenção divina. Eles auxiliam a pessoa a ver quais de suas muitas escolhas potenciais estão em alinhamento com o fluxo cósmico, permitindo com isso que a pessoa reduza empecilhos e dificuldades e melhore as sincronicidades e experiências da graça. O Rutilo ajuda a pessoa a elevar sua "antena" de sensitividade psíquica, para que ela possa se sintonizar com pessoas e situações antes de se tornar envolvida com elas. O Rutilo intensifica a capacidade da pessoa de sentir "vibrações" boas ou ruins, dando-lhe a oportunidade de abraçar ou se desengajar da pessoa ou atividade.

Da mesma forma que é uma antena, o Rutilo também é um amplificador. Pode magnificar e acelerar os efeitos da intenção focada da pessoa e, portanto, é um auxiliar para a manifestação. Ele pode magnificar todas as energias emocionais – amor, medo, alegria, luto, etc. –, tornando mais fácil discernir o que a pessoa sente de verdade e agir em função dessas emoções. É claro, a pessoa deve estar ciente e usar de discernimento. A amplificação de emoções negativas pode ser terapêutica, mas é melhor ter ajuda qualificada antes de ir fundo em tais áreas. Além da intenção e das emoções, o Rutilo pode amplificar a energia da consciência pura, expandindo o sentido do eu da pessoa e abrindo o acesso a mundos mais elevados.

O Rutilo também é um acelerador. Quando a pessoa o usa, tudo acontece com mais rapidez, manifestação, intuição, catarse emocional, abertura psíquica, expansão da consciência, viagem interdimensional ou vários outros processos. Ele pode ajudar a pessoa a manter as coisas em movimento quando elas parecem paradas, e pode acelerar o aprendizado ou o processo criativo. Ele auxilia a pessoa a dar saltos de *insights* e acelera sua habilidade de encontrar ligação entre partes de informações de áreas diferentes. Pode ajudar autores a superarem "bloqueios criativos" e trazer novas inspirações para artistas nos momentos de estagnação. Nos negócios, pode acelerar a acumulação de riqueza e a implementação de novos produtos ou ideias.

RUTILO

O Rutilo harmoniza bem com pedras de alta vibração como as 12 sinérgicas – Moldavita, Fenacita, Tanzanita, Danburita, Azeztulite, Herderita, Broquita, Quartzo Satyaloka, Petalita, Escolecita, Natrolita e Tectito Tibetano. De fato, ele pode intensificar os efeitos até dessa combinação de energias já poderosa. Usado só com Moldavita, o Rutilo acelera o processo de transformação pessoal e despertar do propósito mais elevado da pessoa. Com pedras interdimensionais como Fenacita, Calcita Merkabita, Danburita, Calcita Elestial, Herderita e Broquita, o Rutilo pode trabalhar para trazer uma conexão instantânea com os reinos mais elevados.

NAISHA AHSIAN: O Rutilo transporta as energias expansivas e ainda assim de aterramento do metal titânio e seu estado mais etéreo (oxidado). Ele estimula a mente mais elevada, aumenta a criatividade e, em geral, melhora o aprendizado e processo de pensamento. O Rutilo "puxa" a energia de alta frequência para o interior dos chacras mais elevados e auxilia a aterrar a energia de Luz de alta frequência nas células do corpo. Embora seja estimulante para as habilidades psíquicas da pessoa e seus sentidos intuitivos, o Rutilo também age como uma influência de aterramento, ajudando a combater a distração enquanto permite que a pessoa mantenha um estado de consciência expandido por todo o dia.

Por causa de sua melhoria das habilidades psíquicas, o Rutilo pode efetivamente oferecer à pessoa um acesso constante e mais expandido à orientação mais elevada sem ter de entrar em um estado de meditação.

O surgimento de Rutilo no interior de uma das três formações de cristais Quartzo Mestre (Iniciação, Integração, Templo Coração) é de significado especial, já que ele amplifica enormemente a energia de qualquer configuração em que apareça. Essas pedras podem ser usadas como "receptores" para instrução, informação ou conhecimento especial para adiantar a evolução atual da humanidade.

O Rutilo oferece apoio vibratório para o sistema endócrino e o metabolismo celular. Sua energia melhora a digestão e assimilação de nutrientes e pode ajudar a controlar tanto o apetite quanto a ânsia por alimentos baseada nas emoções ou na mente. O Rutilo estimula os meridianos e pode ser útil na determinação da localização de bloqueios nessas "super-rodovias de energia". Eles também são úteis na estimulação dos chacras, particularmente os da coroa, terceiro olho e plexo solar.

ESPIRITUAL: O Rutilo ajuda a pessoa a expandir a consciência enquanto mantém ligação com a Terra. É um aliado maravilhoso para recordação de sonhos e para lembrar jornadas de meditação profundas. Auxilia no aprendizado e retenção do conhecimento e na comunicação com os reinos mais elevados.

EMOCIONAL: O Rutilo ajuda a pessoa a sentir-se mais dirigida e cheia de propósito. Pode ajudá-la a superar procrastinação ou relutância e assumir novos caminhos e projetos com alegria. Ele cria um efeito iluminador no corpo emocional, diminuindo as pressões e preocupações da vida diária.

FÍSICO: Os cristais de Rutilo podem ser usados para estabilizar o sistema digestivo e melhorar a absorção de nutrientes. É um bom aliado para utilizar quando a pessoa estiver assumindo um novo regime de exercícios ou dieta, já que ele ajuda a pessoa a manter a resolução e a estamina. Pode ser usado para conter desejos intensos por alimento, tabaco, cafeína e outras substâncias pelas quais a pessoa possa ser viciada.

AFIRMAÇÃO: Todos os processos de meu crescimento espiritual e o desdobramento de meu propósito são magnificados, acelerados e sintonizados com a frequência da intenção divina.

SAFIRA

A Safira é uma variedade de coríndon, um óxido de alumínio com uma dureza de 9. Seu sistema de cristal é hexagonal (trigonal). Ela se forma como cristais prismáticos, bipiramidais, romboédricos ou tabulares, e também pode ser encontrada em crescimentos granulares ou massivos. É encontrada em rochas metamórficas ou ígneas, bem como em depósitos aluviais. Foram descobertas Safiras de ótima qualidade na Índia, Sri Lanka, Camboja, Tailândia, Madagascar, Tanzânia, Paquistão, Afeganistão, África Oriental e Austrália. Nos Estados Unidos, belas Safiras azuis e violeta pálido, bem como uma paleta pastel de outras cores, foram encontradas em Yogo Gulch, Montana.

Embora as pessoas em geral pensem na Safira como azul-escura, ela é encontrada em uma diversidade de cores, incluindo muitos tons de azul, violeta, rosa, branco, verde, preto, amarelo e laranja. De fato, todas as cores de coríndon (exceto o vermelho, que é o Rubi) são chamadas de Safiras. A coloração azul da Safira é ferro e titânio, e na Safira violeta seu pigmento é o vanádio. Um conteúdo pequeno de ferro cria Safiras amarelas ou verdes e o cromo produz as de cor rosa. A Safira era usada pelos etruscos já há 2.500 anos, e também era apreciada na Roma antiga, Grécia e Egito. Hoje em dia a fonte mais abundante de Safira é a Austrália, embora a pedra seja também extraída na África Oriental, Índia, Paquistão, África e Estados Unidos.

Reverenciada como uma pedra de realeza, acreditava-se que a Safira mantinha os reis a salvo de injúrias ou in*veja*. Ela também, supostamente, protegia a pessoa de desonestidade, fraude, terror, pobreza e até de estupidez e mau humor. Dizia-se que as três linhas cruzadas da Safira Estrela representavam a esperança, a fé e o destino, e no folclore alemão ela era considerada uma pedra da vitória.

Embora todos os coríndon compartilhem algumas energias em comum, a variação de cores da Safira tem assinaturas vibratórias individuais e propriedades espirituais diferentes. Portanto, nós as consideraremos em separado.

SAFIRA AMARELA

PALAVRAS CHAVE: Abundância, força de vontade.
ELEMENTO: fogo.
CHACRAS: Plexo Solar (terceiro).

ROBERT SIMMONS: A Safira Amarela é conhecida há muito tempo como uma pedra da prosperidade. Na Índia os mercadores usam gemas refinadas de Safira Amarela para melhorar seu sucesso e pessoas são queimadas ou enterradas com frequência com Safiras Amarelas colocadas em suas bocas, para garantir saúde na vida seguinte. No Ocidente, os praticantes de metafísica usam a Safira Amarela para auxiliar a trazer não apenas abundância financeira mas também para manifestar a visão que a pessoa deseja realizar.

As Safiras Amarelas fornecem a vibração ideal para o terceiro chacra, assento da vontade. Com elas, a pessoa pode focar suas intenções para a realização de praticamente qualquer objetivo. Não surpreende que a Safira Amarela seja usada para a conquista da prosperidade, já que este é praticamente um desejo universal. Ainda assim, essas pedras assistirão a pessoa em manifestar com sucesso praticamente tudo o que ela desejar, amplificando a intenção da pessoa por meio do plexo solar.

O poder das intenções irredutíveis da pessoa não é reconhecido pela maioria, provavelmente porque suas vontades não são focadas e não muito se manifesta por eles. Muitas pessoas têm terceiros chacras fracos. Parte disso vem de não serem ensinados como e porque focarem as intensões, e parte disso pode ser atribuído a preguiça. Mesmo assim, livros de autoajuda de todos os tipos contam as histórias de pessoas que alcançaram coisas assombrosas depois de descobrirem seu poder interior de manifestação criativa por meio da vontade. Esse mundo em si é uma manifestação de pensamento, e os que podem sustentar claramente suas visões por tempo suficiente descobrirão que seus próprios pensamentos podem, de fato, de concretizarem. Essa sustentação da visão é, algumas vezes, chamada de fé, mas a pessoa pode descrevê-las tão prontamente como vontade. Em ambos os casos, os venenos são a dúvida e o medo. Um terceiro chacra forte é um escudo contra a dúvida e o medo e uma força projetiva para a manifestação.

A Safira Amarela harmoniza bem com Rubi, Diamante Herkimer e todos os outros tipos de Safira. Ela funciona sinergicamente com Tectita Ouro Líbio, Moldavita e Tectita Tibetana. Ela tem uma afinidade particular com todas as variedades de Fenacita, talvez porque as Fenacitas são usadas para projetar a visão para o interior do domínio etéreo para o propósito de manifestá-las aqui.

NAISHA AHSIAN: A Safira Amarela é uma aliada do elemento fogo que transporta a frequência da prosperidade e riqueza. Ela é uma pedra da criatividade e da manifestação das ideias na forma. A Safira Amarela é uma pedra excelente para os negócios e para assegurar empreendimentos de sucesso. Ela estimula a mente e a vontade, permitindo que a pessoa alinhe suas ações com seus pensamentos. A Safira Amarela estimula o segundo e terceiro chacras, concedendo à pessoa que coloque sua energia criativa em uso por meio da ação. Ela auxilia a pessoa a formular planos e a segui-los até sua finalização.

Além de suas energias criativas e de manifestação, a Safira Amarela também ajuda a pessoa a desenvolver e alinhar sua vontade pessoal com a Vontade Divina. Ela pode ajudar a pessoa a ver onde a perseverança é necessária para superar obstáculos, ou quando os obstáculos podem estar apontando para um desalinhamento com a Vontade Divina. Nem todos os obstáculos indicam que o projeto da pessoa é contrário à Vontade Divina. Algumas vezes eles surgem devido a problemas com o ritmo Divino ou porque a pessoa precisa aprender uma lição em particular para superar o obstáculo. A Safira Amarela pode ajudar a pessoa a distinguir quando ela está sendo chamada a superar um problema de quando está sendo pedido a ela que mude de direção.

A Safira Amarela transporta uma energia alegre e excitante que pode estimular as visões e o desejo da pessoa de manifestá-las. Ela é uma aliada maravilhosa para superar a procrastinação ou medo de agir. Ela pode ajudar a pessoa a sentir-se mais atrevida e disposta enfrentar riscos que possam permitir que a pessoa conquiste recompensas maiores do que se ela "jogasse com segurança". A Safira Amarela auxilia a pessoa a sentir alegria no processo de criação – não apenas na conquista de suas metas. Ela estimula a criatividade e o talento artístico e pode trazer visões novas e excitantes do que é possível.

ESPIRITUAL: A Safira Amarela traz o raio dourado da criatividade, expressão e manifestação. Ela ajuda a pessoa a conceber novas direções e alinhar sua vontade com a intenção Divina. Ela estimula o segundo e terceiro chacras e pode melhorar a energia sexual bem como uma variedade de expressões criativas.

EMOCIONAL: a Safira Amarela ajuda a pessoa a sentir-se mais excitada e contente com as possibilidades da vida. Ela pode auxiliar a superar a procrastinação e a expressar ideias e sensações de uma maneira brincalhona e destemida. Ela pode ajudara a pessoa a superar o medo e ficar disposta a assumir os riscos para que grandes criações surjam.

FÍSICO: No trabalho de cura, a Safira Amarela pode ajudar a equilibrar o baço. Ela pode auxiliar em problemas digestivos onde a estimulação do sistema digestivo é requerida. Ela é ideal para a energia e vitalidade físicas e pode ser um apoio excelente para exercícios.

AFIRMAÇÃO: Por meio do foco de minha vontade mantido, eu manifesto meus sonhos.

SAFIRA AZUL

PALAVRAS-CHAVE: Ciência, disciplina.
ELEMENTO: Ar, Terra.
CHACRAS: Terceiro Olho (sexto), Garganta (quinto).

ROBERT SIMMONS: A Safira Azul é uma pedra de ativação psíquica e mental, uma estimuladora do *insight*, percepção extrassensorial e agilidade mental. Acreditava-se de ela ajudar a pessoa a ver a verdade subjacente à aparência superficial e falar com clareza com a voz da sabedoria interior. Astrologicamente, a Safira Azul é associada ao planeta Saturno, o arquétipo da ordem, estrutura, limitação e disciplina. Ela é uma aliada ideal para organizar as ideias e percepção da pessoa e trazê-las à forma.

Eu associo a Safira Azul com a disciplina e o foco mental, a determinação e habilidade para usar as energias mentais ativadas para realizar qualquer objetivo em que a pessoa tenha colocado os olhos. O raio azul forte dessas Safiras é ideal para facilitar o despertar integrado e utilização dos chacras da garganta e do terceiro olho. Com esses dois chacras trabalhando em uníssono, a pessoa tem a capacidade da visão interior, o foco para usar sua visão interior como um raio laser e a lucidez para comunicar sua visão para os outros de um modo eficiente. A Safira Azul pode estimular as habilidades psíquicas e ativar a inteligência mais elevada da pessoa. Ela abre os canais para a comunicação com a sabedoria mais elevada da pessoa e permite-lhe agir como um condutor para a informação vinda dos planos mais elevados. É recomendada para canalizadores, tanto como um meio de abrir a percepção quanto como um auxiliar para focar e aterrar as informações recebidas pela pessoa. A Safira Azul também é útil para os que desejam assistência em questões de autodisciplina. Ela pode funcionar para questões tão mundanas quanto manter-se em um programa de perda de peso ou agenda de meditação para os exaltados, como ajudar a pessoa a manter-se centrada e observante durante um estado de *samadhi*.

A Safira Azul pode ser combinada com Lápis-lazúli, Azurita, Lazulita, Iolita e Escapolita Azul para aumentar o estímulo das habilidades psíquicas e acuidade mental. Com o Quartzo Rosa e outras pedras do coração, ela traz lealdade e fidelidade nos relacionamentos amorosos.

NAISHA AHSIAN: A Safira Azul é uma pedra do elemento Ar que estimula as visões psíquicas, a percepção extrassensorial e a percepção da pessoa da sabedoria interior. Ela transporta um raio azul puro que traz ordem e cura para a mente. Todas as variedades de coríndon representam força. A Safira Azul transporta a energia da "força da mente". É uma influência excelente para combater pensamentos negativos. A Safira Azul ajuda a pessoa a perceber o nível inconsciente da mente e estimula seu estado de sonho. Ela pode ser usada com eficiência para viagem astral e trabalhos de sonhos lúcidos, ou para viajar para os reinos mais elevados da consciência durante a meditação.

A Safira Azul é uma pedra real. Ela pode ser usada para evocar a sabedoria em situações negativas. É também uma pedra de aprendizado; auxilia a pessoa a adquirir e reter conhecimento e acessar aquele conhecimento quando for necessário. É uma pedra excelente para usar em combinação com terapia de vidas passadas ou alternativas, já que auxilia a pessoa a lembrar-se de outras vidas e das lições que elas proporcionaram. Ela pode ser usada para melhorar estados de hipnose e transe.

ESPIRITUAL: A Safira Azul empresta vigor para a mente e habilidade aumentada para aprender. Ela ajuda a pessoa a acessar os níveis mais profundos de consciência, promovendo uma compreensão mais abrangente do eu. É estimulante para o terceiro olho e a coroa, e pode melhorar as visões e habilidades psíquicas.

EMOCIONAL: A Safira Azul auxilia os que são levados facilmente pela opinião alheia. Ela os ajuda a se tornarem mais seguros de suas opiniões e conhecimentos. É uma pedra poderosa para acessar e curar problemas emocionais que manam de vidas alternativas ou passadas.

SAFIRA

FÍSICO: A Safira Azul pode ser usada para ajudar em dores de cabeça, problemas nos olhos, desequilíbrios do ouvido interno e vertigem.
AFIRMAÇÃO: Eu convoco os recursos da Mente e a inspiração do Espírito, para que eu possa falar com a voz da Sabedoria.

SAFIRA BRANCA

PALAVRAS CHAVE: Apercepção, clareza, discernimento.
ELEMENTO: vento.
CHACRAS: Terceiro Olho (sexto), Coroa (sétimo).

ROBERT SIMMONS: A Safira Branca é uma Safira incolor, facilmente confundida com o Diamante. Suas energias são puras e revigorantes, auxiliando a pessoa a clarear seus pensamentos e assumir novas tarefas com uma "lousa limpa". Sua energia equilibrada pode melhorar a objetividade, facilitando a discriminação bem sucedida entre caminhos alternativos.

A Safira Branca abre os poderes da mente e fortalece o condutor para comunicação com o Espírito. Ela é uma pedra que ajuda a pessoa a combinar o insight espiritual com tarefas ou dilemas mundanos, ajudando a pessoa a trazer uma perspectiva mais elevada para tolerar quando diante de decisões difíceis. Ela estimula os chacras do terceiro olho e coroa e ativa os meridianos de menor energia no cérebro, ajudando a pessoa a sintonizar com os guias espirituais, anjos e até humanos que "cruzaram para o outro lado". Ela auxilia a pessoa a desenvolver as qualidades de equanimidade, discernimento e objetividade e a manter uma perspectiva espiritual em todas as situações.

A Safira Branca combina sinergicamente com Fenacita para aprofundar o insight da pessoa e melhorar a clareza de sua visão interior. Petalita, Danburita, Quartzo Satyaloka e Azeztulita todos trabalham com a Safira Branca para abrir as portas interiores para os reinos angelicais. A Safira Branca, quando combinada com Moldavita, pode trazer clareza à mente e compreensão para o processo de transformação espiritual que a Moldavita inicia.

NAISHA AHSIAN: A Safira Branca é a pedra da "força do espírito". Ela traz clareza de pensamento e mente, e ajuda a pessoa a encontrar a resolução interior necessária para superar obstáculos ao seu caminho espiritual. Ela auxilia na ligação com o nível de consciência do Eu Superior para receber visões ou informação para guiar a pessoa em seu caminho mais elevado. Ela auxilia a superar os medos em geral associados com perseguição espiritual – particularmente onde a perseguição por crenças espirituais causou a morte em uma vida alternativa. A Safira Branca encoraja a coragem espiritual e a busca da verdade interior. Ela pode auxiliar a pessoa a superar hábitos ou comportamentos autodestrutivos que possam estar bloqueando o progresso espiritual da pessoa.

A Safira Branca ativa as glândulas pineal e pituitária e estimula os dons e percepção sensitivos – particularmente o talento para canalizar energia ou informação de frequências elevadas. Ela é excelente para abrir para canalização ou quando a pessoa busca comunicação com seres mais elevados ou espíritos humanos que faleceram.

A Safira Branca auxilia a pessoa a viver com integridade e permanecer alinhado com seus ideais quando diante de escolhas ou circunstâncias difíceis.

ESPIRITUAL: A Safira Branca traz clareza espiritual, inclusive clareza de ligação, comunicação e direção. Ela auxilia e conseguir e manter sua ligação com o nível de consciência do Eu Superior.
EMOCIONAL: A Safira Branca ensina coragem espiritual. Ela é excelente para os temerosos de possuir seu poder ou propósito espiritual por perseguição espiritual em vidas alternativas ou passadas.
FÍSICO: A Safira Branca estimula as glândulas pituitária e pineal. Ela é um apoio excelente para desvendar influências de vidas passadas ou alternativas em enfermidades atuais. Ela também auxilia a pessoa a arrebanhar coragem para ir além do véu, quando a pessoa está pronta para abandonar a forma física.
AFIRMAÇÃO: Por meio da visão espiritual e clareza mental, eu escolho o caminho mais elevado.

SAFIRA ESTRELA

ROBERT SIMMONS: A Safira Estrela é criada quando o coríndon está entremeado com inclusões fibrosas sedosas de Rutilo. Os fios de Rutilo combinam com a estrutura trigonal da Safira para criar reflexos estelares de seis e às vezes de 12 raios quando a luz brilha sobre a pedra. Portanto, a Safira Estrela combina as propriedades vibratórias da Safira com as do Rutilo. Isso torna as Safiras Estrela as mais ativas energeticamente entre todas as Safiras. Todos os seus efeitos são acelerados e amplificados pelas emanações altamente carregadas dos fios de Rutilo.

As Safiras Estrela focam e refletem as energias espirituais do mesmo modo que respondem à luz. Elas lembram-nos de que a Estrela de nossos desejos do coração está latente em nosso interior e que toda manifestação que valorizamos é um reflexo da Luz de nossa própria essência. Por essas pedras serem menos transparentes que as outras Safiras, as energias das Safiras Estrela são mais densas e mais aterradas no mundo físico, embora elas também sejam mais intensas. Isso as torna ferramentas ideais para indivíduos que precisam de ajuda para aterrar suas ideias na realidade tridimensional e que também necessitam de energia extra para completar as coisas.

NAISHA AHSIAN: Quando a estrela se exibe em qualquer tipo de Safira, ela aumenta e fortalece a energia da pedra. A Estrela em si representa a manifestação do conhecimento e Luz Divinos na realidade mais densa. O surgimento de uma estrela em uma Safira de qualquer cor indica uma energia estimulada e uma intensificação das propriedades da pedra.

AFIRMAÇÃO: Eu confio que os anseios do meu coração são a voz do Divino em mim, e ajo para trazer esses desejos à fruição completa.

SAFIRA PADPARADSHA

(SAFIRA LARANJA)

PALAVRAS-CHAVE: Criatividade, sexualidade e entusiasmo pela vida, criação adorável.
ELEMENTO: Fogo.
CHACRAS: Sexual/Criativo (segundo), Coração (quarto).

ROBERT SIMMONS: O termo Padparadsha vem da palavra cingalesa para "Flor de Lótus" e faz referência à sua cor laranja/rosa. As Safiras Padparadsha eram encontradas originalmente no Sri Lanka, onde se pensava delas e de outras Safiras conterem o poder da sabedoria e a habilidade para superar obstáculos desafiadores. Ela está entre as mais raras e mais caras variedades de Safira, e suas propriedades espirituais evocam uma mistura singular de criatividade, sensualidade e espiritualidade.

As Safiras Padparadsha rebrilham com o fogo da força de vida e energias criativas. Elas são altamente ativadoras e purificadoras para o segundo chacra, lugar das energias sexuais da pessoa e também a fonte da criatividade em todas as áreas da vida. Um segundo chacra forte e limpo é importante para todos, porque os três chacras mais baixos têm a ver com nossa incorporação física e nosso poder aqui na Terra. Muitas pessoas espiritualizadas tendem a negligenciar os chacras inferiores, sentindo-se mais em casa nas energias rarefeitas dos reinos mais elevados. Mas nós estamos aqui na Terra para manifestar o Amor e a Luz dos planos mais elevados nesse domínio. Portanto, precisamos não apenas estar aterrados, mas também fortes, vibrantes e poderosos. A Safira Padparadsha, junto com a Safira Amarela, o Rubi e outras pedras do espectro vermelho-laranja-amarelo, são gemas aliadas ideais para ativar essas potentes energias de vida dentro de nós.

A Safira Padparadsha pode ajudar a pessoa a sentir-se em casa no mundo físico, encorajando-a a celebrar e deliciar-se na fascinante experiência sensorial da vida. Ela pode ajudar a pessoa a encontrar maior gosto e entusiasmo por sua vida sexual, e também abrir as comportas de sua natureza criativa. A Safira Padparadsha é uma pedra solar, trazendo calor e conforto físico. Também está ligada a Marte, o planeta da ação, e sua energia pode melhorar a habilidade da pessoa para seguir adiante com projetos ou manter-se firme contra oposições. Ela pode auxiliar aqueles com constituição frágil a desenvolverem maior vitalidade e pode ajudar a pessoa a superar distração, confusão e irresponsabilidade.

É adequado que o nome Padparadsha derive das palavras com o sentido de "flor de lótus", porque essa gema pode ajudar a pessoa a descobrir "a joia no lótus" quando usada em meditação. Por isso, sugiro à pessoa visualizar o segundo chacra como uma flor de lótus da cor da pedra Padparadsha. Foque mais profundamente ainda no centro dessa flor, até que a joia em seu centro seja encontrada. Depois, vá ao interior da joia até seu coração para descobrir a pepita ígnea da consciência/força da vida pura, e mescle-se com ela. Colocar um pingente ou gema não montada de Safira Padpardsha no umbigo, ou alguns centímetros abaixo, pode energizar a região e ajuda a pessoa a realizar o alvo de suas meditações.

Zincita, Cornalina, Calcita Laranja, Quartzo Vermelho Russo e Proustita, todas combinam bem com Safira Padparadsha, amplificando suas energias de criatividade e sensualidade. A Safira Azul pode trazer disciplina e força aumentada para o propósito de suas energias criativas vivazes.

NAISHA AHSIAN: A Safira Padparadsha traz a frequência da expressão brincalhona e criação afetuosa para o campo de energia da pessoa. Ela é uma aliada poderosa do elemento Fogo que estimula o segundo, terceiro e quarto chacras, alinhando a vontade da pessoa para criar com seu coração. As palavras-chave para essa pedra são "criação afetuosa". Seja ela expressa pelo estímulo da experiência sexual, expressão divertida de ideias ou ação alegre, o poder dessa pedra traz o coração da pessoa para o mundo.

A energia das Safiras Padparadsha garante que os esforços da pessoa estejam alinhados com o coração e que suas criações sirvam para o bem maior. Ela ajuda a pessoa a considerar os efeitos de suas criações sobre o mundo e se esses efeitos são para o bem maior. Embora melhore as habilidades da pessoa para manifestar, apenas o fará quando os desejos da pessoa estiverem alinhados com seu coração.

A Safira Padparadsha é uma pedra cardinal para artistas, escritores, cantores e outros que desejam expressar sua verdade mais profunda em expressões criativas. Essa aliada também estimula a visão mais elevada da pessoa – concedendo-lhe se tornar inspirada pelas revelações, comunicações e experiências divinas. É uma pedra de felicidade, êxtase e rendição ao Criador eterno.

ESPIRITUAL: A Safira Padparadsha é uma aliada potente para os que desejam trazer visão espiritual à manifestação. Ela encoraja a pessoa a agir para trazer à realidade seus desejos mais elevados.

EMOCIONAL: A Safira Padparadsha pode ajudar a pessoa a sentir-se mais extrovertida, alegre, brincalhona, expressiva e dinâmica. É uma excelente aliada para aqueles que anseiam mais dessas energias emocionais e também muito útil para os que desejam atitudes e expressões mais saudáveis em relação à energia sexual.

FÍSICO: A Safira Padparadsha é uma pedra poderosa para a energia sexual e fertilidade. Ela é útil para ambos os sexos para melhorar o desempenho sexual, aumentar o prazer sexual, superar experiências sexuais passadas negativas e sentir-se confiante para expressar sua sexualidade.

AFIRMAÇÃO: Eu produzo minhas criações por meio do entusiasmo. Eu expresso com alegria a força da vida.

SAFIRA ROSA

PALAVRAS-CHAVE: Amor, Perdão.
ELEMENTO: Água, Fogo.
CHACRAS: Coração (quarto).

ROBERT SIMMONS: A Safira Rosa poderia também ser chamada com justiça de "Rubi pálido" e, energeticamente, ela suge como uma versão mais suave, leve, da intensidade emocional apaixonada do Rubi. A Safira Rosa estimula as emoções suaves de amor, perdão, aceitação e relaxamento.

A Safira Rosa contém os padrões do poder da vulnerabilidade. Ela encoraja a pessoa a ser dócil e flexível, como o salgueiro. A força que ela engendra é a força da resiliência. É uma pedra ideal para proteção emocional e psíquica, para situações em que a pessoa não tem a autoridade para comandar os acontecimentos, mas de onde não pode simplesmente ir embora. O salgueiro perdura por mais tempo em uma ventania do que o carvalho, e a Safira Rosa concede à pessoa suportar as tempestades da vida sem danos. Ela também auxilia a curar as mágoas de traumas emocionais passados e facilita a compaixão pelos outros, mesmo os que nos fizeram mal.

A Safira Rosa evoca a energia do coração e une-a com o poder da mente disciplinada. É uma pedra excelente para unir coração e mente em equilíbrio e coerência um com o outro. A Safira Rosa ensina as lições da valorização e gratidão, lembrando-nos de que o amor é sua própria recompensa e que o anseio de nosso coração pelo Divino é idêntico ao desejo que o Divino sente por nós.

As energias emocionais da Safira Rosa são amplificadas pelas pedras do coração, como Quartzo Rosa, Morganita, Kunzita, Rodocrosita e Rodonita. Quando combinada com Moldavita, a Safira Rosa pode facilitar a transformação da localização da "sensação de si" da cabeça para o coração – um movimento que pode mudar de modo irrevogável a vida da pessoa, para o benefício de si e de todos à sua volta.

NAISHA AHSIAN: A Safira Rosa transporta a energia leve e calmante para a área do coração. É estimulante para as emoções, auxiliando a pessoa a superar tendências depressivas ou a inclinação de prender-se a mágoas emocionais passadas. Ela encoraja o perdão e a libertação do passado. A Safira Rosa equilibra os elementos Água e Fogo, possibilitando à pessoa tanto agir no mundo quanto recuar para dentro de si mesma para ligar-se à orientação interior.

A Safira Rosa é uma pedra de paixão e força do coração. Ela pode ajudar a superar a timidez e expressar as emoções mais completamente. Ela traz uma energia amorosa e brincalhona para qualquer relacionamento. Pode ser usada para ajudar a superar sensações de ressentimento ou dor em relação a relacionamentos passados que se prolongam e renovar a habilidade de a pessoa ser vulnerável e apaixonada com outros.

ESPIRITUAL: A Safira Rosa ensina a alegria de interagir com os outros de uma maneira amorosa. Ela ajuda a pessoa a sentir-se mais corajosa para abrir-se ao amor e superar mágoas de traumas emocionais passados.

EMOCIONAL: A Safira Rosa auxilia a pessoa a expressar suas emoções de uma maneira amistosa e bondosa. Pode ajudá-la a desenvolver a coragem de ser vulnerável em relacionamentos e remover barreiras "protetoras" limitantes que a pessoa erigiu contra os outros por causa da desconfiança, medo ou mágoas passadas.

FÍSICO: A Safira Rosa ajuda a fortalecer e equilibrar o coração. Ela também é útil para equilibrar o açúcar no sangue, metabolismo da glicose e, em casos de diabetes, a hipoglicemia e hiperglicemia.

AFIRMAÇÃO: Eu sou forte em minha gentileza – o que eu perdoo e liberto perdeu seu poder sobre mim.

SELENITA

PALAVRAS-CHAVE: Ativação espiritual, comunhão com o Eu Superior, guias espirituais e anjos.
ELEMENTO: Ar.
CHACRAS: Terceiro Olho (sexto), Coroa (sétimo), Transpessoal e Etéreo (do oitavo ao 14º, acima da cabeça).

A Selenita é um mineral sulfato de cálcio hídrico com uma dureza de 2. É uma forma de gipsita e é chamada de Selenita se for relativamente clara e bem formada. A Selenita é próxima da gipsita fibrosa, também conhecida como Estaca de Cetim; e a forma massiva, de granulação fina, conhecida como Alabastro. Seus cristais são tipicamente tabulares, com estrias percorrendo ao longo do comprimento. A Selenita é formada como um evaporado em lençóis de argila e em torno de fontes quentes. Os cristais de anidro contendo inclusões de água e bolhas de gás são encontrados com relativa frequência. Alguns cristais de Selenita têm a propriedade espantosa de ser moles e flexíveis o suficiente para serem dobrados na mão. A Selenita pode ser incolor, cinza, branca, verde ou marrom dourada. A Selenita é encontrada em muitos países, incluindo Austrália, Grécia, México e Estados Unidos. Os cristais de Selenita mais bem conhecidos e populares para uso metafísico são os cristais longos e claros vindos do México.

ROBERT SIMMONS: A Selenita abre rapidamente e ativa os chacras do terceiro olho e da coroa e o chacra Estrela da Alma acima da cabeça. A intensidade de energia disponibilizada pela Selenita é maior do que praticamente qualquer outra das pedras dos chacras superiores. Um bastão de Selenita apontado para o terceiro olho envia energia que pode ser sentida como um sopro de vento atravessando a fronte e saindo pelo topo da cabeça. A Selenita é rápida e eficiente na limpeza do campo áurico, podendo eliminar energias ou negatividade congestionada do corpo físico e etéreo da pessoa. Os curadores de cristal são aconselhados a trabalhar com bastões de Selenita, ideais para a purificação e todos os tipos de limpeza energética. Quando a pessoa prende outras pedras aos bastões de Selenita, suas energias são amplificadas muitas vezes. Quando a pessoa combina várias pedras e as prende a um bastão de Selenita, as energias do grupo são misturadas e amplificadas, emanando do bastão como um todo harmonioso.

A Selenita pode elevar a percepção aos planos mais elevados da experiência interior, tornando possível para a pessoa encontrar conscientemente seus guias espirituais e anjos da guarda. Ela facilita a experiência de receber conselhos e informações de seus guias na forma de "filmes interiores". Em tais experiências, a pessoa fecha os olhos em meditação enquanto deita com um bastão de Selenita pousado no chacra do coração e apontando para a cabeça. Se possível outro bastão de Selenita deve ser colocado ao chão, ou em um travesseiro, com a ponta apenas tocando o chacra coroa. Na medida em que a pessoa entra em estado de meditação, ela pode ver um ou mais guias, em geral em formas que simbolizam algo sobre a mensagem. O guia ou guias levarão a pessoa por uma "história" que revelará a mensagem simbolicamente. Palavras são usadas raramente, o que torna o trabalho dos guias mais fácil. Pode-se dizer que, quando a Selenita abre o olho interior, o mundo espiritual entra.

Ao colocar um bastão de Selenita sobre as costas, ao longo do comprimento da espinha, a pessoa pode conseguir um alinhamento energético das vértebras e também dos chacras.

A Selenita é uma pedra excelente para construir grades de energia na casa ou do lado de fora da residência. Um grupo de seis ou mais bastões de pelo menos 20 centímetros podem ser arranjados para criar um vórtice de energia em miniatura, que pode ser arranjado ou desarranjado de acordo com a vontade da pessoa. Deitar no centro de tal grade pode trazer a experiência de ascensão espiritual.

A Selenita combina sinergicamente com quase qualquer pedra ou combinação de pedras. Ela parece disposta a misturar e amplificar quaisquer energias que a pessoa deseje para trabalhar. Portanto, a Selenita é o material ideal para fazer ferramentas de energia com outras pedras. Uma ferramenta simples é o bastão de harmonização de chacras, feita colando uma pedra para cada uma das cores dos chacras na superfície de um cristal de Selenita. Tal ferramenta funciona bem para equilibrar energias e prover um jorro de vitalidade para indivíduos que estão fatigados ou estressados. A Selenita funciona fantasticamente bem com as 12 pedras de sinergia. Uma ferramenta muito poderosa pode ser feita prendendo Moldavita, Fenacita, Tanzanita, Danburita, Azeztulite, Herderita, Petalita, Broquita, Quartzo Satyaloka, Natrolita, Escolecita e Tectito Tibetano em um bastão de 25 a 50 centímetros de Selenita. Essa ferramenta pode ser usada no terceiro olho ou colocada ao longo do eixo da espinha, ou na frente ou atrás do corpo. Ela ajuda a elevar as vibrações da pessoa à frequência mais elevada, completa e harmoniosa possível. Em outra área, prender um cristal de Zincita a um desses bastões cria uma ferramenta que é até mais poderosa que a própria Zincita para ativar os chacras inferiores e elevar suas energias. Usar Selenita como base para prender pedras de cura como Serafinita e Ametista é um modo excelente de fazer ferramentas de energia para qualquer aplicação de cura vibratória.

NAISHA AHSIAN: A Selenita é a chave que destrava as portas para os chacras etéreos. Uma vez essa porta tenha sido aberta conscientemente, o Eu Superior é livre para se estabelecer aterrando o Corpo de Luz de um indivíduo, potencializando seu próximo passo de evolução em Humano/Ser de Luz. A frequência da Selenita é ressoante com o chacra coroa – abrindo, limpando e ativando seu centro de energia e transformando-o em um portal para os níveis mais elevados do eu. Os bastões de Selenita dirigem sua energia por todo o corpo e podem ser usados como "varinhas mágicas" ou "varetas de prece" que transportam as intenções e os pensamentos da pessoa até o Eu Superior e além.

Os bastões de Selenita são ferramentas úteis para curadores e são eficientes como "*scanners*" no interior do campo de energia, já que dissolvem quaisquer bloqueios e permitem à pessoa o acesso ao conhecimento de suas origens espirituais.

ESPIRITUAL: A energia da Selenita limpa os bloqueios e escombros etéreos, permitindo um fluxo livre de energia pelos chacras superiores – particularmente os chacras etéreos que facilitam a ligação e comunhão com o Eu Superior.

EMOCIONAL: A base de cálcio e enxofre da Selenita estimula o corpo emocional e compele a pessoa a seguir adiante com sua vida. Ela ajuda a superar estagnação e evita que a pessoa sucumba às ilusões de "segurança" e "conforto".

FÍSICO: A Selenita limpa ou elimina bloqueios ou densidades no campo de energia. Os bastões de Selenita podem ser usados para dirigir energia de alta frequência para o corpo estimulando a cura física.

AFIRMAÇÃO: Eu me movimento em união com meu Eu Superior e meus sentidos interiores estão despertos.

SERAFINITA

PALAVRAS-CHAVE: Autocura, regeneração, completude, ligação angelical.
ELEMENTO: Tempestade.
CHACRAS: Todos.

A Serafinita é uma variedade de Clinocloro, um silicato de magnésio ferro e alumínio hidratado com uma dureza de aproximadamente 4. Seu sistema de cristal é monoclínico. A Serafinita é encontrada apenas na região do Lago Baikal na Sibéria. Ela se caracteriza por sua cor verde profunda, enlaçada com padrões rebrilhantes de prata que se movem com a mudança de ângulo de reflexão da luz. A Serafinita deriva seu nome de sua conexão percebida com os Serafins, a ordem mais elevada dos anjos.

ROBERT SIMMONS: A Serafinita está entre as pedras mais poderosas para trazer todos os elementos dos corpos não físicos em alinhamento ao longo da coluna EU SOU da medula espinhal. Ela é ao mesmo tempo centradora e energizadora, e seus belos tons de verde mostram quanto ela é adequada para o chacra do coração. Além do mais, essa pedra pode ser utilizada beneficamente para qualquer chacra ou qualquer outra parte do corpo em que se desejem energias estimuladas e harmonizadas. Ela pode movimentar energias bloqueadas nos meridianos e pode ser usada sozinha ou combinada com acupuntura para esse objetivo. Usar uma Serafinita imbui o campo áurico com as vibrações de completude e bem-estar, e isso afeta não apenas quem a usa, mas também os que a observam. A atenção atraída pela Serafinita vem de suas energias atraentes tanto quanto de sua beleza. A Serafinita é muito evoluída e levará seu usuário rapidamente ao longo de sua própria evolução.

Não é um engano a Serafinita retirar seu nome dos Serafins. Essas pedras ressoam fortemente com todos os níveis dos domínios angelicais, mesmo os mais elevados. Aqueles que desejam encontrar os anjos em meditação ou em sonhos podem usar essa pedra para facilitar a sintonia necessária.

As energias da Serafinita são de tom feminino, e podem ajudar a pessoa a experimentar uma percepção maior do Divino Feminino. Ao meditar enquanto segura ou usa uma peça de Serafinita, a pessoa pode encontrar uma figura feminina que está vestida com plantas em crescimento e flores. Alguns que a viram dizem que esse ser é Sofia, reverenciada como a deusa da sabedoria e a promessa do futuro. Qualquer encontro com Sofia provoca uma reação instantânea de amor devocional na maioria dos aspirantes espirituais, com a descoberta de que Sua presença em nosso mundo talvez seja nossa maior bênção. As vibrações suaves da Serafinita podem auxiliar a pessoa a fazer uma ligação consciente com esse ser sublime, e tal ligação não deve ser perdida. O melhor ambiente de meditação para tais experiências é ao ar livre, tão longe quanto possível da civilização mecanizada. Ainda assim, os que têm olhos para ver podem também encontrá-la nas águas fluindo à beira da calçada ou na grama que cresce entre as fissuras do concreto.

A Serafinita harmoniza facilmente com as vibrações de outras gemas de energia elevada como Moldavita, Fenacita, Escolecita, Petalita, Tanzanita, Danburita, Azeztulite, "Diamantes" Herkimer, Tectito Tibetano e Charoíta. A Azeztulite em particular auxilia a fazer a ligação com o Divino Feminino. Para a cura, a Serafinita pode ser combinada com Sugilita. Para a ligação com espíritos da Natureza, Apofilita Verde e Quartzo Verde de Serifos são aliados ideais.

NAISHA AHSIAN: A Serafinita é uma variedade de gema do Clinocloro que exibe anéis lindos de luz por toda uma matriz verde-escura. Essa pedra ressoa com os reinos dos anjos – particularmente aqueles ligados à restauração do planeta e da humanidade a um estado de saúde e equilíbrio. Sua energia de frequência elevada pode estimular a kundalini a subir à espinha, ativando progressivamente cada chacra ao longo do caminho. A Serafinita pode auxiliar na limpeza da matriz genética de todos os padrões e tendências ultrapassadas.

A Serafinita é a pedra mais eficiente que eu senti para a regeneração celular. No nível físico, ela parece agir como um fertilizante na grama, causando um jorro de pura energia de cura. É um veículo excelente para a descoberta e o processamento de doenças ligadas a outras vidas. É uma conexão direta para acessar a estrutura energética do DNA e a decodificação dos padrões dele.

A Serafinita age como um gatilho, fazendo com que velhos padrões de doença ou desequilíbrio desabem e permitindo que novos padrões sejam criados com maior facilidade. Ela é muito útil para apoio energético do coração e dos pulmões, e também para todas as enfermidades sistêmicas relacionadas à regeneração celular.

A Serafinita apresenta-se indisputada como a principal pedra de cura desta época. É a ferramenta mais adequada para levar o corpo a um alinhamento com a energia de Luz. Ela é ideal para os que se sentem desconectados de seus eus físicos, permitindo-lhes compreender a natureza da fisicalidade. O propósito da Serafinita é trazer Luz para dentro do corpo, expressando-a por meio de nós como saúde incandescente.

ESPIRITUAL: A Serafinita conecta o nível físico com o angelical de energia. É uma pedra poderosa para comunicação angelical e dévica, auxiliando a pessoa a trazer cura para o corpo, a mente, o espírito e para a Terra.

EMOCIONAL: A Serafinita ajuda a eliminar energias emocionais que já não servem. Ela traz uma energia iluminadora e alegre para o corpo emocional e estimula o fluxo e a elasticidade das energias da pessoa, garantindo que ela possa reagir emocionalmente de um modo equilibrado e harmonioso.

FÍSICO: A Serafinita pode ser usada para ajudar a regular o crescimento e a reprodução de todos os tipos de células cancerosas. É excelente para a cura em geral de desequilíbrios ou enfermidades sistêmicas. Ela é uma fortalecedora do sangue e pode ajudar na respiração celular e na disponibilização de nutrientes para as células.

AFIRMAÇÃO: Eu convoco os padrões de cura, integridade e regeneração, para o bem-estar de meu corpo e a evolução de minha alma e espírito.

SERPENTINA

PALAVRAS-CHAVE: Acesso à história espiritual da Terra, ligação com a Natureza, despertar da kundalini.
ELEMENTO: Terra.
CHACRAS: Todos.

A Serpentina é um mineral silicato de magnésio com uma dureza que varia de 2 a 5,5. A estrutura de seu cristal pode ser monoclínica, ortorrômbica ou hexagonal, mas ela não forma cristais macroscópicos. Pelo contrário, ocorre em massas densas de formações fibrosas. A Serpentina retira seu nome da similaridade de sua cor verde e em geral superfície suave à pele de algumas serpentes. A Serpentina pode variar em cor de um verde pálido amarelado a um verde-escuro de floresta a quase negra. Algumas variedades contêm pontos de Magnetita. O famoso mármore Connemara da Irlanda é uma mistura de Serpentina com mármore. A Serpentina é encontrada amplamente, incluindo depósitos significativos na Grã-Bretanha, África do Sul, Brasil e Estados Unidos.

ROBERT SIMMONS: A Serpentina é uma das melhores pedras para a elevação das energias da kundalini – o "poder da serpente", dito residir na base da espinha, enrolada três vezes e meia em volta do sacro. Quando a kundalini é desperta, os indivíduos podem experimentar uma ampla gama de fenômenos espirituais e psíquicos, alguns deles bastante intensos. Contudo, a experiência central é a sensação da serpente subindo como um fogo pela espinha, ativando cada chacra e por fim emergindo na coroa, como a cobra flutuando acima da cabeça da Esfinge. Essa experiência coincide com o que o yoga kundalini vê como iluminação. Claro, existem muitas dimensões na energia da kundalini, e os interessados nela são aconselhados a ler mais profundamente. Para essa discussão, o ponto primário é que a Serpentina é uma ativadora da kundalini e auxilia a criar um despertar seguro e equilibrado dessas energias profundas.

Um modo de usar a Serpentina para a ativação da kundalini é fazer uma meditação com disposição de corpo. Coloque uma pedra de Serpentina no chacra da raiz e uma na coroa, enquanto segura uma Serpentina em cada mão. Se a pessoa tem um praticante ou auxiliar disponível, faça o facilitador segurar uma Serpentina em cada mão, passando-a ao longo da espinha de baixo para cima, muitas vezes, por 15 ou 30 minutos, ou até que a intuição diga para parar. Esse processo pode ser incrementado com o acréscimo de Tectito Tibetano, Azeviche e/ou Moldavita. Todas essas podem ajudar a fazer subir as energias latentes da kundalini. Colocar essas ou outras pedras sobre os pontos dos chacras pode ser útil e a pessoa pode produzir tantas energias úteis quanto desejar, de acordo com sua orientação interior e intuição.

A Serpentina é uma boa pedra para colocar nos pontos meridianos para eliminação de energias bloqueadas e permitir que o fluxo natural saudável seja restabelecido. Ela é poderosa para trabalhar energeticamente a fim de trazer as antigas partes reptilianas do cérebro para o serviço do cérebro mais elevado. Com muitas pessoas, por causa de humilhações psíquicas de sua família e cultura, o reverso é o caso. Isso cria o interminável padrão repetitivo de defesa e agressão que corre à solta por todo o planeta. Carregar, usar ou meditar com Serpentina pode ajudar a estabelecer a ordem pretendida pela Natureza, trazendo paz e alegria para o indivíduo e reverberando para o mundo exterior. A Serpentina com Magnetita é a forma mais poderosa para as aplicações citadas.

A Serpentina harmoniza para propósitos de cura com a Serafinita, especialmente no caso de desmontar padrões insalubres do cérebro mencionados anteriormente. Herderita, Fenacita, Natrolita, Escolecita e Azeztulite podem ajudar nesse processo estimulando as áreas mais elevadas do cérebro. Azeviche e Tectito Tibetano reforçam as energias da Serpentina no processo de despertar da kundalini. Outras pedras que funcionam bem com a Serpentina incluem Ametista, Pedra da Lua, Tectito Ouro Líbio, Labradorita Dourada, Zincita, Olho de Tigre, Esmeralda, Jade Verde, Jade Roxo e Strombolita.

NAISHA AHSIAN: Como o DNA da vida neste planeta, a Serpentina transporta dentro dela a matriz da evolução da própria Terra. Embora essa pedra esteja entre as mais comuns, sua energia é tudo, menos comum. Pela sintonia com a Serpentina, a pessoa pode acessar a história, o aprendizado e a história evolutiva de toda a Natureza em todas as dimensões em que este planeta existe. Dentro dessa pedra, estão contidos as histórias e os épicos dos domínios das fadas, dos reinos dévicos e dos reinos das plantas, animais e minerais. A frequência desse mineral permite que a pessoa abra o conhecimento cumulativo estocado do mundo natural.

A Serpentina, em geral, contém Magnetita e outros minerais magnéticos. Ela age como um gravador das mudanças e viradas da Terra como contada por meio dos padrões geológicos e magnéticos dessa pedra metamórfica. Pela ligação com a pedra Serpentina, viradas futuras e mudanças na Terra podem ser percebidas, permitindo que a pessoa aja como uma parteira energética para o planeta.

Em meditação, a Serpentina pode auxiliar a pessoa a se ligar com a mente e o coração da Natureza. É uma pedra poderosa para os curadores da Terra e magos, que focam suas energias e conhecimento e auxiliam o planeta em meio à sua transformação atual.

ESPIRITUAL: A Serpentina assiste na exploração da história profunda da Terra e da Natureza, e ajuda a pessoa a encontrar seu lugar natural no interior da grande teia da vida. A Serpentina melhora a comunicação com a Natureza e a Terra – incluindo a comunicação com animais, plantas e pedras.

EMOCIONAL: A Serpentina é calmante para o corpo emocional, permitindo que a pessoa elimine o medo de mudança e de dificuldades, e olhe adiante para o futuro com expectativa e excitação. Ela nos lembra do grande período de tempo em que a Terra e a Natureza estavam aprendendo, contra o momento relativamente breve que a humanidade habita este planeta. Essa perspectiva pode ajudar a pessoa a sentir-se menos autocentrada e mais disposta a gastar tempo e energia contribuindo para o bem maior, em vez de focar apenas em objetivos pessoais.

FÍSICO: Em trabalho de cura, a Serpentina pode auxiliar na regeneração celular e em recarregar suas energias.

AFIRMAÇÃO: Eu me comprometo a manifestar o potencial divino que reside nas células de meu corpo físico e no padrão vibratório de meu corpo de energia, e ofereço meus serviços para a cura e evolução da Terra.

SHATTUCKITA

PALAVRAS-CHAVE: Intuição, comunicação, canalização, mediunidade, trabalho com oráculos.
ELEMENTO: Água, Ar.
CHACRAS: Coração (quarto), Garganta (quinto), Terceiro Olho (sexto).

A Shattuckita é um mineral silicato de cobre hidróxido com uma dureza de 3,5. Seu sistema de cristal é ortorrômbico. Ele é encontrado em minas de cobre, geralmente em associação com Ajoíta, Turquesa, Crisocola, Malaquita e outros silicatos de cobre. Sua cor varia de azul-claro a azul-escuro, e algumas vezes verde. Uma de suas formas de crescimento é fibrosa, e os cristais de Shattuckita são formados a partir de fibras. Ela também pode ocorrer em crescimentos granulares. O nome Shattuckita deriva de sua descoberta na mina de Shattuck em Bisbee, Arizona. Outras localidades são Argentina, Congo, Áustria, Alemanha, Grécia, Namíbia, Noruega, África do Sul e Grã-Bretanha, bem como vários lugares no sudoeste dos Estados Unidos.

ROBERT SIMMONS: A Shattuckita é uma pedra de ligação com os reinos interiores – uma que assiste na compreensão e comunicação de informações do Espírito. Shattuckita pode ser usada para abrir o canal mediúnico da pessoa, capacitando-a a "ouvir" mensagens dos guias e professores interiores e também do espírito dos falecidos. Se a pessoa deseja trabalhar como médium, a Shattuckita é a aliada ideal para iniciar e expandir suas capacidades para a comunicação com os espíritos. Ela vibra no tom da verdade, para que também auxilie a pessoa a ter certeza de que sua interpretação das mensagens do "outro lado" seja tão exata quanto possível.

A Shattuckita estimula o chacra da garganta, melhorando os talentos de comunicação da pessoa. É uma pedra excelente para professores, palestrantes, ministros e outros que usam a comunicação verbal como ferramenta de trabalho principal. Como uma pedra da verdade, ela é altamente recomendada para advogados e políticos. Embora possam ocorrer alguns momentos embaraçosos, a vibração de verdade da Shattuckita no fim servirá tanto ao indivíduo quanto aos que ele representa.

Tendo dito isso, deve ser enfatizado que o uso mais elevado da Shattuckita é na comunicação da sabedoria e informação dos reinos mais elevados. Como uma pedra do terceiro olho e dos centros psíquicos, ela facilita a prática de escrita automática e também de canalização vocal. Ela ajuda a pessoa a encontrar as palavras adequadas para expressar a comunicação geralmente carregada de imagens dos guias e professores espirituais. Ela facilita a sensação de sinestesia da pessoa, a capacidade de tradução sensorial, em que os sons têm cores e as visões têm aromas, etc. Essa habilidade é muito útil quando a pessoa está tentando transformar impressões psíquicas em informação com sentido, a partir da qual alguém possa agir.

Outro aspecto da energia da Shattuckita é que ela pode estimular a habilidade mental e intuitiva a trabalharem em uníssono. Isso a torna mais útil para os que estudam disciplinas intuitivas como astrologia, tarô, runas, o *I Ching* e outros guias oraculares. A Shattuckita ajuda a pessoa a perceber os padrões sutis que subjazem as manifestações exteriores de tais oráculos e explicar o significado e potencial dos cenários futuros que eles indicam.

A Shattuckita azul-clara enfatiza sua estimulação do chacra da garganta e a comunicação, enquanto as azul-escuras colocam o foco no terceiro olho e na intuição. A maioria das pessoas que ressoam com essas pedras desejará usar ambas, e existem alguns espécimes de Shattuckita que incorporam ambos os tons em uma única pedra. A Shattuckita funciona harmoniosamente com Turquesa, Crisocola, Larimar e, especialmente, Ajoíta para a ativação do chacra da garganta. Para estimulação do terceiro olho, Fenacita, Lápis-lazúli, Natrolita, Lazulita e Calcita Merkabita são as aliadas mais recomendadas.

NAISHA AHSIAN: A Shattuckita é uma aliada bela, pacífica, que ressoa com os elementos Água e Ar. É uma pedra da verdade sagrada e de compartilhar a verdade sagrada com os outros por meio de ações – não palavras. A Shattuckita é a pedra de "agir como prega". Ela estimula os chacras do coração, garganta e terceiro olho, concedendo à pessoa modelar sua verdade para os outros, e também compartilhar conhecimento por meio de palavras. Muitas vezes o que a pessoa faz diz muito, enquanto as palavras ditas são esquecidas rapidamente.

Essa aliada ajuda a pessoa a alinhar-se com a sabedoria universal, para que ela possa compreender em que sua vida está distante da integridade. Ela ajuda a pessoa a amorosamente, porém com firmeza, redirecionar suas palavras, pensamentos, ações e atitudes de modo que elas reflitam a sabedoria profunda do Espírito. Suas energias auxiliam a alinhar a realidade exterior da pessoa com seu conhecimento interno do que é bom e correto para sua vida.

A Shattuckita também ajuda a pessoa a reconhecer onde os pensamentos e palavras de julgamento alimentaram o ego e deixaram o Espírito faminto. Ela auxilia na cura dos relacionamentos em que palavras ou julgamentos prejudiciais causaram mágoas. Ela ensina o autocontrole como o primeiro caminho da percepção espiritual.

ESPIRITUAL: A Shattuckita ajuda a pessoa a entender onde sua vida está fora de alinhamento com a verdade espiritual e ajuda a trazer a pessoa de volta à integridade. Ela a ajuda a perceber amorosamente onde a correção é necessária, e fazer a mudança antes de apontar o desalinhamento nos outros.

EMOCIONAL: A Shattuckita ensina que antes a pessoa deve ser verdadeira para depois ensinar a verdade. Ela insiste que a pessoa olhe para onde suas palavras, ações ou pensamentos estão causando discórdia em vez de culpar os outros por suas dificuldades. É uma pedra calmante e relaxante para os que são excessivamente críticos, reativos, agressivos ou irresponsáveis.

FÍSICO: A Shattuckita pode ajudar a equilibrar o baço, bile e ácido no corpo.

AFIRMAÇÃO: Eu me volto ao Espírito para a verdade, sabedoria e orientação, e expresso com clareza a mensagem que recebo.

SÍLICA GEL DE LÍTIO

PALAVRAS-CHAVE: Calmante, relaxante, serenidade e estabilidade emocional, antídoto para o estresse e a negatividade.
ELEMENTO: Água.
CHACRAS: Todos, em especial o Coração (quarto).

A Sílica Gel de Lítio é uma forma de Lepidolita com uma bela cor magenta, um mineral silicato de alumínio, potássio e lítio com uma dureza de 2,5 a 3. Seu sistema de cristal é monoclínico. Ela ocorre em forma massiva e sua gama de cor varia de magenta muito escuro a pálido. Algumas das melhores peças podem ser levemente transparentes quando fatiadas. Quase todas as Sílica Gel de Lítio vêm de uma mina remota no Novo México, Estados Unidos.

ROBERT SIMMONS: A Sílica Gel de Lítio transporta as vibrações de tranquilidade e receptividade puras. Ela é a verdadeira incorporação da energia *yin*, o poder do feminino. A Sílica Gel de Lítio é recomendada não apenas para a meditação, mas também como uma pedra para facilitar o processo da oração. A paz profunda inerente nessas pedras ressoa com a pessoa para trazê-la para o lugar interior tranquilo, de onde possa falar com o Divino e ouvi-lo mais claramente. Elas são pedras excelentes para eliminar o estresse. Se uma peça é colocada embaixo do travesseiro, pode auxiliar a conseguir um sonho mais tranquilo. Deixar esse mineral de molho em um banho morno com sal marinho também pode ajudar a pessoa a aliviar tensões e encontrar o melhor relaxamento possível.

A Sílica Gel de Lítio pode prover um "escape" das desarmonias e estresses da vida diária. É uma pedra boa para carregar em áreas urbanas, onde o acesso às influências de cura da natureza é limitado. Ela pode manter a pessoa serena no ambiente de trabalho e até ajudá-la a conservar a calma e compostura em situações sociais difíceis. Quando a pessoa está em negociações adversas, como um divórcio ou outros procedimentos em tribunais, a Sílica Gel de Lítio pode ajudá-la a manter a equanimidade ante a grande dificuldade.

A Sílica Gel de Lítio é uma pedra da paz e pode auxiliar a pessoa a espalhar a paz no mundo. É uma pedra excelente para dar como presente, uma vez que a pessoa está dando a dádiva da tranquilidade, serenidade e algumas vezes até euforia. Ela também é capaz de fazer seu trabalho secretamente. Por exemplo, se o filho de alguém está em conflito com outra criança na escola, a pessoa pode trabalhar energeticamente para diluir a situação. Coloque uma peça de Sílica Gel de Lítio sob o colchão de seu filho e outra perto de uma foto, peça de roupa ou "testemunha" similar da outra criança. Entre em meditação e peça para que a tensão entre os dois que estão em conflito relaxe. Em geral, esse tipo de magia simpática funciona, podendo também ser praticado em inúmeras outras situações em que a pessoa deseja trazer paz. A pessoa pode tentar isso com fotos de parentes afastados, políticos ou até mapas de países em guerra. Não se deve desprezar a eficiência potencial de tais práticas. Nossa intenção é uma força poderosa nos planos interiores. Usar a Sílica Gel de Lítio para projetar paz clarifica e amplifica as intenções benevolentes conscientes da pessoa, e isso pode ser muito mais efetivo que a bruma inconsciente confusa que passa por intenção em muitas pessoas, especialmente as que se espelham na negatividade.

Outros minerais com base de lítio, tais como Turmalina e Ambligonita, podem ser combinados com a Sílica Gel de Lítio para melhorar o efeito geral. Acesso aos planos vibratórios mais elevados pode ser trazido pela combinação da Sílica Gel de Lítio com pedras como Fenacita, Azeztulite, Herderita, Danburita, Broquita e Selenita. Proteção contra energias negativas pode ser auxiliada acrescentando Moldavita, Ajoíta, Sugilita, Turmalina Negra, ou uma combinação dessas. A Sílica Gel de Lítio é uma pedra para ser guardada como um antídoto para as negatividades e desequilíbrios da vida moderna.

NAISHA AHSIAN: A Sílica Gel de Lítio é profundamente relaxante e calmante para o corpo emocional por causa de sua grande quantidade de lítio. Ela pode auxiliar a pessoa a encontrar equilíbrio em estados emocionais extremos. Ela aterra o campo de energia por meio do centro do coração, permitindo *insight* emocional e compreensão das experiências de vida da pessoa. Por suas propriedades calmantes, pode ser usada para ajudar a trazer a hiperatividade, depressão, medo excessivo e preocupações ao equilíbrio.

A Sílica Gel de Lítio ajuda a purificar e limpar o centro do coração de traumas e pesares passados. Pode ajudar a pessoa a adquirir uma compreensão consciente das experiências subjacentes que criaram o desequilíbrio emocional. Uma vez adquirida essa compreensão, a Sílica Gel de Lítio ajuda a pessoa a abrir o coração em compaixão, para que possa acontecer a cura emocional.

Ela é uma aliada poderosa para os que são empatas ou têm sensibilidade emocional extrema, graças à sua habilidade de fortalecer o centro do coração e aterrar o excesso de emergia emocional. A Sílica Gel de Lítio também é uma pedra excelente para usar como um auxílio na meditação.

ESPIRITUAL: A Sílica Gel de Lítio ajuda a pessoa a compreender os padrões emocionais da sua vida e experiências. Auxilia a aquietar a mente para que a pessoa possa entrar em estado de meditação.

EMOCIONAL: A Sílica Gel de Lítio, a forma mais pura da Lepidolita, é uma aliada de primeira ordem para superar luto, eliminar vínculos com experiências emocionais do passado e curar trauma emocional. É excelente para equilibrar o corpo emocional e fortalecer o chacra do coração.

FÍSICO: A Sílica Gel de Lítio oferece assistência energética se a pessoa está tomando remédios para qualquer tipo de desequilíbrio emocional, incluindo medicações contra depressão ou suplementos herbáceos. Ela estimula o corpo a encontrar equilíbrio e recobrar o bem-estar emocional.

AFIRMAÇÃO: Estou centrado e calmo, independentemente do surgimento de circunstâncias exteriores.

SÍLICA GEMA

PALAVRAS-CHAVE: Comunicação melhorada, ligação com as energias das deusas, clarividência, alegria, paz.
ELEMENTO: Água, vento.
CHACRAS: Garganta (quinto), Coração (quarto), Terceiro Olho (sexto).

A Sílica Gema é uma Crisocola impregnada com sílica, uma combinação de Crisocola com Quartzo, com uma dureza de 6 a 7. É um material raro encontrado em pequenas bolsas de minas de cobre, em geral em associação com formas mais comuns de Crisocola. Sua cor pode variar de verde azulado a azul-turquesa profundo. Em geral, existe pelo menos uma transparência parcial nas pedras. Algumas são salpicadas com cristais drusi. A Sílica Gema é muito apreciada, especialmente na Ásia, para gemas e entalhes. Está entre as mais desejadas e menos adquiridas entre as pedras místicas, tanto por seu custo quanto por sua raridade.

ROBERT SIMMONS: A Sílica Gema talvez seja a pedra mais requintada no reino mineral para energizar o chacra da garganta e trazer à tona a verdade interior, com impecabilidade, clareza e eloquência. Suas energias são totalmente suaves, sendo ao mesmo tempo poderosas com elegância. Usar a Sílica Gema ou colocá-la no chacra da garganta em uma disposição de cura pode abrir as portas da autoexpressão de um modo a causar admiração na pessoa que a usa e em seu ambiente.

Porém, a Sílica Gema é mais que uma pedra da comunicação do chacra da garganta. Ela também é uma manifestação material do poder do feminino profundo. A Sílica Gema evoca as energias da deusa no interior dos que a usam ou carregam. Pode trazer memórias das vidas passadas vividas como uma sacerdotisa ou outro acólito do culto à deusa. Ela pode trazer para o interior do eu uma percepção da presença aqui e agora do Divino Feminino. Pode incitar no coração sentimentos profundos de amor pela Grande Mãe e inspirar a pessoa a agir a serviço Dela. Nesse contexto, a Sílica Gema pode abrir as portas interiores a capacidades imaginativas e criativas não exploradas. Essa pedra pode ajudar a pessoa a perceber que sua própria identidade está inextricavelmente tramada no tecido do infindável desdobramento da Deusa.

Embora a Sílica Gema possa levar a pessoa para as profundezas do reino espiritual, também é uma pedra de leveza do coração. Ela auxilia a abandonar as muitas preocupações insignificantes que podem sobrecarregar a psique, liberando o coração para decolar para a alegria. Ela aumenta a discriminação emocional, para que a pessoa possa focar no que realmente importa em sua vida interior e relacionamentos. Ela tende a remover julgamentos mesquinhos e sensações de depressão que mascaram um pesar subjacente, e isso ajuda a pessoa a eliminar pesares antigos e reprimidos em um dilúvio de lágrimas que no fim abre caminho para o perdão e renovação. Essa união de coração leve e alegre com pesar não é contradição – uma pessoa deve estar em contato com seus sentimentos mais profundos e verdadeiros, inclusive o pesar, para que o coração crie asas. E, quando o tempo vem para compartilhar essas sensações, a Sílica Gema facilita sua expressão completa e clara.

Do mesmo modo que a Sílica Gema empresta clareza à comunicação da pessoa, ela pode melhorar seus poderes de visão interior. É excelente para estimular a clarividência, e duas pessoas trabalhando juntas com a Sílica Gema podem descobrir que sua habilidade de interagir telepaticamente fica muito mais forte. Ela também pode ser usada para invocar visões proféticas do futuro e visitar almas no "outro lado".

A Sílica Gema pode trazer equilíbrio e paz para o corpo emocional. Pode curar "buracos" energéticos nos corpos astral e etéreo, especialmente em torno do coração. Ela pode estimular curas vibracionais do corpo físico, particularmente no que diz respeito a problemas com o coração e a garganta.

A Sílica Gema funciona harmoniosamente com Crisocola, Crisoprásio, Turquesa, Ajoíta, Azurita, Malaquita e a maioria dos minerais com base de cobre. Ela também se mescla muito bem com a maioria dos membros da família dos Quartzos, em especial o Quartzo Negro Tibetano e Cloritas Fantasma. A Azeztulite em especial melhora as qualidades de clarividência, imaginação criativa e crescimento espiritual da Sílica Gel. Com todas as pedras, a Sílica Gel empresta uma energia de paz, compaixão, comunicação clara e cura emocional.

NAISHA AHSIAN: Essa esplêndida variedade azul de Crisocola é uma das principais pedras para a abertura e emancipação do chacra da garganta. A Sílica Gema empresta energia para a palavra falada e a vibração do som em geral. Ela amplifica os efeitos da oração, da música sacra, encantos e mantras. É uma aliada vigorosa para curadores por som, cantores, professores e palestrantes. Ela melhora o poder da voz da pessoa, concedendo-lhe explicar seu ponto de vista com mais assertividade e clareza. A energia da Sílica Gema ajuda a transformar o som de vibração a matéria, trazendo com isso as palavras da pessoa à realidade. Pode ser utilizada para melhorar o poder e efeito das afirmações.

Esse belo material azul também estimula e limpa o terceiro olho. Facilita a comunicação com os guias e anjos mais elevados e melhora a habilidade da pessoa para aprender dos seres superiores. Ela permite à pessoa perceber e compreender o impacto das palavras que usa para criar sua realidade. A Crisocola permite que as comunicações mais elevadas sejam trazidas ao mundo pela canalização, comunhão psíquica, oração e meditação. Ajuda a manter clara e coerente a informação recebida durante esses estados de consciência.

Embora em geral a Crisocola seja uma pedra do elemento Água, a Sílica Gema, a mais purificada das energias da Crisocola, vibra com os elementos Água e Ar.

ESPIRITUAL: A Sílica Gema ajuda a pessoa a receber e comunicar informação espiritual. Ela facilita estados expandidos de consciência e *insights* espirituais. Melhora o poder da voz e ajuda a criar forma da energia por meio de afirmações e da palavra falada.

EMOCIONAL: A Sílica Gema é uma das pedras da comunicação mais elevadas. Sua energia facilita a expressão da verdade mais profunda da pessoa. Ela melhora a compreensão em todos os relacionamentos, em especial quando está envolvido compartilhar sentimentos pessoais.

FÍSICO: A Sílica Gema é uma pedra excelente para o sistema respiratório, em especial quando inflamações como bronquite ou asma são um problema. É boa para relaxar as cordas vocais e pode ser de grande ajuda para palestrantes ou cantores. A Sílica Gema também ajuda a enfrentar laringites e garganta inflamada.

AFIRMAÇÃO: Eu abro meu coração e minha voz como uma coisa só, oferecendo minhas visões interiores e verdade mais elevada por meio de minhas palavras.

SMITHSONITA

PALAVRAS-CHAVE: Calmante das emoções, eliminação de estresse, aprofundamento do amor e compaixão, relaxamento para a percepção profunda.
ELEMENTO: Água.
CHACRAS: Todos.

A Smithsonita é um mineral carbonato de zinco com uma dureza de 5. Seu sistema de cristal pode ser romboédrico ou hexagonal, e ela pode ocorrer em crescimentos botrioidal, massivo, granular ou de estalactite. Raramente ela forma cristais. É encontrada, frequentemente, nas zonas superiores oxidadas de depósitos de zinco, muitas vezes como um produto alterado da Esfarelita. A Smithsonita ocorre em associações com minerais como Cerussita, Malaquita e Hemimorfita. A cor da Smithsonita pode ser azul, rosa, roxa, verde, amarela, branca, cinza ou marrom. Depósitos de Smithsonita foram encontrados na Grécia, México, África, Espanha e Estados Unidos. Seu nome foi dado em homenagem ao fundador da Smithsonian Institution.

ROBERT SIMMONS: A Smithsonita é uma das principais pedras para acalmar o corpo emocional e eliminar o estresse. Ela acalma a raiva e o ressentimento, permitindo à pessoa restabelecer a percepção da unicidade. Ela libera as tensões e dissipa a ansiedade; emana uma sensação oceânica de calma e clareza, encorajando a pessoa a ver as situações difíceis com olhos renovados e compassivos. Ela concede à pessoa ver a Luz mesmo nos tempos sombrios da depressão. Carregar ou usar Smithsonita é como ter um amigo cuidadoso ao lado da pessoa – de modo que ela pode estar só, mas nunca solitária.

A Smithsonita ressoa com as vibrações do Kwan Yin, bodhsattva da compaixão. Kwan Yin talvez seja a forma mais adorável no mundo do arquétipo feminino. As pessoas em todos os lugares se dirigem a ela para ajuda e assistência de todos os tipos.

Diz-se que ela ajudar em discussões e conflitos interpessoais, problemas legais e problemas de amor, bem como na cura. Trazer a Smithsonita para a vida da pessoa ajuda-a a construir uma conexão energética com a energia de Kwan Yin.

A Smithsonita é uma pedra de relaxamento em todos os domínios. Ela auxilia a pessoa a entrar em estado de meditação acalmando e relaxando a mente. Ela facilita a amizade e os bons sentimentos nos relacionamentos ao tornar cada pessoa confortável consigo e com os outros. Ela promete relaxamento durante disposições de corpo e cura por sua harmonização do campo de energia da pessoa.

A Smithsonita é uma pedra para estimulação das sensibilidades psíquicas. Ela ajuda a pessoa a entrar em alfa, estado em que está mais aberta para as energias sutis dos reinos não físicos. Pode auxiliar a pessoa a fazer todos os tipos de leituras para outros e engajar-se em atividades como visão remota, psicometria e comunicação telepática. Em sessões de disposição de corpo, quando tanto o cliente quanto o praticante seguram uma peça de Smithsonita, o entendimento não verbal entre eles é muito aumentado, e os guias espirituais de ambos os indivíduos serão capazes de participar mais integralmente na sessão.

Para o relaxamento e eliminação do estresse, a Smithsonita harmoniza com Lepidolita, Água-marinha, Kunzita, Crisoprásio, Aqua Lemúria e Lazurita Rosa. Iolita e Fenacita estimulam a melhoria das habilidades psíquicas.

NAISHA AHSIAN: A Smithsonita é uma aliada maravilhosa que se dirige energeticamente a todos os níveis do corpo emocional. Ela surge nas belas cores do arco-íris, do rosa intenso e azul esverdeados, ao laranja tangerina e amarelos. A cor da pedra indica o nível do corpo emocional para o qual a energia da pedra é dirigida. Ela pode ser usada em qualquer chacra, de acordo com sua variação de cor. Independentemente de onde é colocada, sua frequência irá afetar diretamente um aspecto das emoções. As variações de cor verde e azul são particularmente boas para cuidar de problemas de comunicação e da habilidade da pessoa de compartilhar seu coração e emoções. As pedras rosa estimulam o chacra do coração e encorajam a eliminação de programas emocionais passados e o estabelecimento de abordagens mais saudáveis. As pedras de laranja a amarelo ajudam a superar problemas em torno do uso da vontade, bem como eliminar padrões de abuso dos sistemas energéticos.

A Smithsonita é uma iniciadora poderosa do corpo emocional. Suas energias representam as vibrações mais elevadas da emoção – alegria, paz, comunicação, compartilhamento, compreensão, compaixão e amor. Essas vibrações são angelicais por natureza, fortalecendo os aspectos do eu que podem expressar essas emoções no plano terrestre.

A Smithsonita ajuda a combater energia negativa e bloqueios no interior do campo de energia, introduzindo as vibrações mais elevadas das emoções amorosas. Essas vibrações ativam o coração por meio do chacra coroa, estimulando uma compreensão maior de problemas emocionais. A Smithsonita capacita a pessoa a sentir-se mais próxima de seus anjos da guarda e guias espirituais. Ela ajuda a acalmar preocupações ou medo e concede à pessoa sentir-se mais apoiada e amada pelo Todo Universal. Ela pode ajudar a pessoa a eliminar a tristeza do luto e dores de cabeça, estimulando uma compreensão profunda do amor eterno.

ESPIRITUAL: A Smithsonita veio para nos ensinar a experiência e expressão da energia do Amor. Ela pode tornar a pessoa mais receptiva ao Amor, concedendo-lhe a experiência do Amor Universal, além do amor interpessoal. Ela encoraja a comunicação com entidades angelicais e guias que facilitarão à pessoa experimentar suas energias e comunicá-las a outros.

EMOCIONAL: A Smithsonita é uma curadora emocional valiosa. Ela ensina a diferença entre o amor baseado no ego (afeto condicional) e a frequência do amor divino (energia criativa incondicional). Ela pode auxiliar a pessoa a expressar melhor bondade, compaixão e apoio.

FÍSICO: A energia da Smithsonita pode ajudar a curar e equilibrar os órgãos reprodutivos e o sistema endócrino. É muito útil para regular o peso e aumentar a energia física.

AFIRMAÇÃO: Eu estou calmo e puro, meu corpo emocional está em um estado de repouso, relaxamento, rejuvenescimento e paz, e minha percepção se estende para realidades múltiplas.

SODALITA

PALAVRAS-CHAVE: Acesso ao subconsciente e habilidades intuitivas, melhoria do *insight* e performance mental, intuição aprofundada.
ELEMENTO: Ar.
CHACRAS: Terceiro Olho (sexto).

A Sodalita é um silicato de sódio e alumínio clorado com uma dureza de 5,5 a 6. O nome refere-se a seu conteúdo de sódio. O sistema de cristal da Sodalita é isométrico, formado de dodecaedros ortorrômbicos. Raramente ela forma cristais, e aparece o mais das vezes em crescimentos massivos ou granulares. A Sodalita é principalmente azul ou cinza, mas pode ser branca, amarelada, avermelhada ou esverdeada. Os tons de azul da Sodalita são encontrados entremeados com Calcita branca. O maior depósito de Sodalita está na Bahia, Brasil e outros estão no Canadá, Namíbia, Índia e Estados Unidos.

ROBERT SIMMONS: A Sodalita é uma pedra de *insight*, ajudando a pessoa a penetrar em paradoxos e contradições para formar uma nova síntese de pensamento. Ela melhora os poderes mentais de análise, intuição, observação e criatividade, e é estimulante para o gênio latente na pessoa. Ela facilita a autodisciplina, eficiência, organização e estrutura na pesquisa e outras atividades mentais. É uma pedra excelente para escritores, pessoas de negócios, professores, estudantes, psicólogos e aqueles que lidem com filosofia.

A Sodalita é uma das pedras da jornada profunda. Ela provê *insight* no interior do eu e uma avaliação desapaixonada das motivações, forças, fraquezas, desejos, dons e padrões de destino pessoal. Se a pessoa está fazendo meditações profundas ou viagens xamânicas, a Sodalita pode ser uma aliada importante. Pode reforçar a consciência "testemunha" da pessoa, tornando-a mais capaz de ver e lembrar as cenas e os símbolos apresentados. Ela traz um tipo de coragem teimosa no interior da pessoa, tornando-a mais propensa a se manter firme durante dificuldades ou aspectos dolorosos de seu caminho para a Fonte. Ela estimula a visão psíquica e uma compreensão em muitos níveis, momentos de "aha!" faiscantes em que ela vê os padrões que ligam os mundos interior e exterior e os acontecimentos que surgem em ambos os lugares ao mesmo tempo.

Como pedra do *insight* e de padrões de reconhecimento, a Sodalita pode auxiliar astrólogos, numerólogos, leitores de tarô e também os indivíduos que consultam o *I Ching* e outros oráculos. Ela ajuda a pessoa a traduzir os padrões arquetípicos revelados nos oráculos em compreensão significativa sobre os acontecimentos na vida terrestre. Também ajuda os leitores intuitivos a acessarem as personalidades e os padrões de energia de seus clientes.

A Sodalita pode aumentar a capacidade da pessoa para a intuição. Ela aumenta a frequência e exatidão dos "palpites" da pessoa e dá-lhe confiança em seu conhecimento interior. Ajuda a pessoa a relaxar o criticismo que causa críticas em retrospecto. Ela também facilita entrar em estado de meditação profunda e abre o subconsciente. Essa abertura ajuda a pessoa a rememorar e curar mágoas do passado e receber imagens simbólicas da parte sábia do eu que se comunica sem palavras.

Para o *insight*, intuição e habilidade mental aumentada, a Sodalita harmoniza com Iolita, Lápis-lazúli, Quartzo Azul Siberiano, Safira Azul e Lazulita. A Moldavita traz uma vibração mais elevada e intensidade de transformação para ajudar a Sodalita em seu trabalho. Fenacita, Escolecita, Natrolita, Danburita e Herderita, todas trabalham para trazer a ativação mental e psíquica poderosa da Sodalita para um nível espiritual mais elevado.

NAISHA AHSIAN: A Sodalita evoca imagens da interioridade profunda do subconsciente, capacitando a pessoa a perceber suas lições fundamentais nesta vida e compreender onde ela está no caminho para completá-las. A Sodalita age como um guia para viagens interiores – por meio de meditação, sonhos ou jornada xamânica. Ela auxilia a pessoa a permanecer focada no momento, sem ser distraída por preocupações com o futuro ou passado. A Sodalita ajuda a pessoa a integrar todos os aspectos de si no agora, de modo que possa usar tudo o que está aprendendo e vivenciando para lidar com as lições à mão.

A Sodalita pode ser eficiente para se alcançar estados hipnóticos ou de transe. Ela remove a pessoa das pressões e tormentos da vida e permite que ela mergulhe profundamente nas mentes subconsciente e inconsciente. Pode ser usada para ajudar a pessoa a recordar seus sonhos ou praticar o sonho lúcido.

ESPIRITUAL: A Sodalita ajuda a pessoa a perceber onde reside seu caminho. Ela age como um "sinalizador" da jornada pessoal, ajudando-a a tornar-se imersa na experiência do crescimento espiritual, sem ficar obcecada com os "truques mágicos" que podem surgir com seu despertar. Por exemplo, ela pode abrir a pessoa para a percepção mediúnica e ao mesmo tempo evitar que se torne egoica sobre suas habilidades psíquicas.

EMOCIONAL: A Sodalita cultiva o desapego das preocupações e dos tormentos da vida cotidiana. Pode reduzir o estresse e a ansiedade ao permitir que a pessoa *veja* sua realidade a partir de uma perspectiva mais serena e elevada.

FÍSICO: A Sodalita pode ser usada para ajudar a apoiar o ajuste da pressão sanguínea, diminuindo a retenção de líquidos e melhorando a hidratação celular.

AFIRMAÇÃO: Minha mente está totalmente desperta em todos os níveis e funcionando com sua maior capacidade.

STICHTITA

PALAVRAS-CHAVE: Ativação da kundalini, amor e perdão, compaixão, proteção espiritual, resiliência física e emocional.
ELEMENTO: Ar.
CHACRAS: Coração (quarto), Coroa (sétimo), Raiz (primeiro).

A Stichtita é um mineral carbonato de magnésio e crômio hidratado com uma dureza de 1,5 a 2. Seu sistema de cristal é trigonal. Ele se forma principalmente em massas compactas ou agregados micáceos. A cor da Stichtita é roxa rosada, não muito diferente dos tons mais claros da Sugilita. Sua localização mais abundante é perto de Dundas, na ilha da Tasmânia. A Stichtita geralmente ocorre em associação com a Serpentina verde, e algumas vezes os dois minerais são entrelaçados, fornecendo espécimes de verde vívido com pontos roxos.

ROBERT SIMMONS: Como sua prima, a Serpentina verde, a Stichtita estimula as energias da kundalini, movimentando as energias dormentes da base da espinha para cima através dos chacras, até a coroa da cabeça. Enquanto a Serpentina verde centra no coração e tem fama de emanar energias de cura, especialmente naquela área, a Stichtita mistura as vibrações do amor, perdão e iluminação espiritual, conectando os chacras do coração e da coroa. Como a Sugilita, a Stichtita emana energias de proteção contra a negatividade, colocando seu usuário dentro de um "ovo de Luz" que escuda o corpo emocional. Como uma pedra do perdão, a Stichtita permite à pessoa ver com mais facilidade o "outro lado" de problemas emocionais, facilitando a compaixão para com aqueles que nos magoaram. Ela manda embora a consciência do "nós contra eles", substituindo "só nós" por "justiça".

Emocionalmente, a Stichtita pode servir para suavizar atitudes endurecidas, permitindo à pessoa abandonar teimosia desarrazoada e ver as coisas a partir de outro ponto de vista. Ela promove o perdão e facilita o desenvolvimento de amizade com aqueles com quem a pessoa pode, aparentemente, ter pouco em comum. Ela encoraja a demonstração espontânea de afeto, dissipando a timidez e hesitação. Ajuda a pessoa a perceber que a vida é curta e nós temos apenas um número limitado de oportunidades para expressar amor no mundo.

A Stichtita conecta a pessoa com o aspecto do Eu Superior conhecido como "Presença Mágica". Sua energia pode inspirar a pessoa a dar sua vida ao Espírito, completamente e sem hesitação, limpando seu carma e comprometendo-se com uma vida de serviço espiritual.

A Stichtita é uma pedra de resiliência física e emocional, permitindo à pessoa se recuperar rapidamente de doença, trauma, desapontamento, raiva ou depressão. Ela reacende a alegria da vida por si só, ajudando a pessoa a eliminar a insistência em que o Universo se arranje de acordo com seus próprios planos e desejos. Ela ajuda a pessoa a lembrar-se de ver com os olhos de uma criança, em percepção jubilosa, livre de expectativas.

Na cura, a Stichtita sustenta vibratoriamente a regeneração dos caminhos neurais, tornando-a uma aliada excelente para lidar com enfermidades como danos na espinha, demência, Parkinson e

Alzheimer. Ela é recomendada para ser colocada ao lado da cama, perto da cabeça do indivíduo ou em disposições de cura, diretamente nas áreas afetadas.

A Stichtita harmoniza com Moldavita, Ametista, Sugilita, Serpentina, Escolecita, Sílica Gema e Morganita. A Fenacita amplifica suas propriedades visionárias e o Tectito Tibetano intensifica suas energias da kundalini. A Serafinita é a pedra perfeita para combinar com Stichtita para todos os tipos de autocura.

NAISHA AHSIAN: A Stichtita é uma bela pedra do raio roxo, que ressoa com a frequência do Ar. Sua energia é estimulante para a mente mais elevada e calmante para o corpo e o sistema nervoso. A Stichtita em geral ocorre com a Serpentina, a isolante de energia, e sua combinação é uma ferramenta poderosa para abrir o Espírito, limpar o campo áurico e energizar o coração.

A energia da Stichtita estimula os chacras do terceiro olho e da coroa, e leva Luz para dentro do coração físico, iluminando e desenvolvendo o centro da consciência no coração. Ela pode fortalecer os sentimentos de amor, compaixão e cuidado, uma vez que estimula o desenvolvimento do coração corajoso. Ela encoraja a pessoa a "deixar o passado no passado" e eliminar a identificação com mágoas do ego. Ajuda a pessoa a ser mais cuidadosa e amorosa consigo e eliminar a tagarelice interior negativa.

A Stichtita pode auxiliar a pessoa a ficar mais ciente do apoio espiritual que sempre está disponível para nós, vindo de nossos guias mais elevados e anjos da guarda. Embora não seja uma pedra para a comunicação direta com outros seres, ela ajuda a pessoa a sentir sua presença e aquecer-se em sua energia com maior facilidade. Ela pode amenizar sensações de solidão, isolamento e separação.

ESPIRITUAL: Espiritualmente, a Stichtita lembra à pessoa sobre o poder do coração. Encoraja-a a chamar por seus guias e anjos tanto em tempos bons como nos ruins, e pode ajudar a pessoa a sentir sua presença. Ela ativa o terceiro olho e a coroa e estimula experiências visionárias.

EMOCIONAL: A Stichtita é uma pedra do Amor, unidade e colaboração. Ela ajuda a pessoa a superar a relutância de pedir apoio aos outros e encoraja-a a se sentir mais compassiva com os que necessitam de nossa assistência. É uma pedra de proteção excelente contra campos emocionais negativos criados pelos outros e ajudará a pessoa a sentir-se mais compassiva com esses indivíduos

FÍSICO: A Stichtita acalma o sistema nervoso, ajuda a sustentar os níveis saudáveis de pressão sanguínea e uma bioquímica positiva e saudável. Pode auxiliar com dores de cabeça vindas de tensão ou tensão muscular por causa do estresse. Ela é uma ajudante para a digestão e pode auxiliar a prevenir desejo compulsivo por comida e excessos na alimentação de fundo emocional.

AFIRMAÇÃO: Eu abandono meus medos e julgamentos, libertando meu coração para amar sem limites.

STROMBOLITA (SPURRITA)

PALAVRAS-CHAVE: Humor, relaxamento, cordialidade, magia, afinidade entre as pessoas.
ELEMENTO: Ar.
CHACRAS: Raiz (primeiro), Coroa (sétimo).

Strombolita é o nome para uma variedade de Spurrita, com uma dureza de 4 a 5. Ela cristaliza em forma massiva e é encontrada em blocos que variam em tamanho de uma bola de beisebol a blocos de rocha. A cor varia de roxo acinzentada a roxo escura. Antigas linhas de fraturas na pedra em geral são preenchidas com Calcita Branca, criando a imagem de "relâmpagos". O único local para encontrar Strombolita é o Novo México.

ROBERT SIMMONS: A Strombolita transporta uma energia de otimismo. Ela ajuda a pessoa a ver que mesmo as situações e experiências desconfortáveis e difíceis têm um propósito elevado. Ela lembra a pessoa de que suas necessidades são sempre alcançadas, mesmo quando alguns desejos não são satisfeitos. Ela inspira a pessoa a seguir em frente com seu trabalho, dando o melhor de suas habilidades, independentemente das circunstâncias exteriores.

A Strombolita é uma pedra de humor. Ela dá um basta na negação e em vez disso encoraja a pessoa a rir diante do desapontamento. De fato, a Strombolita gostaria de ver as pessoas rindo na cara de praticamente tudo. Ela sugere que, se a pessoa quer alcançar a Luz, ela tem de "ser leve". A perspectiva renovada trazida pela Strombolita é aquela em que a pessoa vê o humor cósmico em sua situação e na condição humana. A Strombolita lembra a pessoa de que rir é viver.

A Strombolita emana uma energia muito social e amistosa. É útil para ajudar pessoas tímidas a estender a mão e fazer novos amigos. Ela possibilita relaxamento de modo que a pessoa fica aberta para as energias dos outros. Ela ajuda a destruir as barreiras entre grupos, dissolvendo as sensações de "nós contra os outros". É uma pedra excelente para colocar discretamente em torno da área em que as reuniões sociais acontecerão. Se isso for feito, a pessoa provavelmente perceberá que o gelo foi quebrado muito mais rapidamente do que em geral aconteceria.

A Strombolita também emana uma energia de magia. Ela pode ser usada para canalizar as energias do reino invisível para criar algo novo neste plano. Ela pode redirecionar a energia elemental para que a pessoa possa realizar façanhas como controle do clima (em pequenas áreas). Ela é ideal para aqueles que desejam atrair chuva das nuvens pelos poderes da concentração e visualização. Além disso, embora a Strombolita não seja uma pedra de limitação ou autodisciplina, ela facilita um tipo de comando relaxado de seus poderes de modo que o resultado é autodomínio – o objetivo de todo bom mago.

A Strombolita ajuda a pessoa a educar outras por meio do humor e apelando para suas esperanças e seus ideais positivos. É uma pedra excelente para professores, já que ela os ajuda a criar uma afinidade instantânea com os estudantes. Ela pode trabalhar quase do mesmo modo com os que falam em público, políticos e até vendedores. Ela traz a sensação instantânea de "nós" em qualquer encontro humano.

A Strombolita tem vários efeitos benéficos sobre os sistemas de energia. Ela estimula o chacra coroa, permitindo à pessoa fazer contato com guias espirituais, seres angelicais e entes queridos que já faleceram. Ela ativa o chacra da raiz, trazendo aterramento e centralização. Com suas energias ancoradas em cada ponta da coluna de chacras, a Strombolita alinha os corpos físico e etéreo, permitindo o fluxo ideal de energias sutis por todo o campo da pessoa.

A vibração da Strombolita é ao mesmo tempo amigável e potente. É uma energia bem humorada que ajuda a pessoa a cumprir com alegria qualquer obrigação cármica que ela tenha e também auxiliar os outros. Ela combina com Moldavita para trazer equilíbrio e confiança em tempos de transformação. Também harmoniza com Fenacita, Tectito Tibetano, Natrolita, Escolecita, Danburita, Azeztulite e Tanzanita. Carregá-la com Turmalina Negra constrói uma bolha de poder purificado em torno de quem a carrega, tornando mais fácil realizar praticamente qualquer ambição decente.

NAISHA AHSIAN: A Strombolita traz uma frequência de liderança iluminada e organização, combinada com humor. Ela é ideal para os que estão em posição de responsabilidade e podem tender a levar seu trabalho excessivamente a sério. A Strombolita permite à pessoa ser mais leve e relaxar.

Ela é excelente para os aterrorizados pela possibilidade de falhar ou cometerem equívocos e que são incapazes de agir. Ela lembra a pessoa de que mesmo o trabalho sério pode ser abordado com alegria e de modo brincalhão.

A Strombolita pode ser usada como uma pedra de meditação para a pessoa receber orientação sobre direções ou ações específicas que irão levá-la aos resultados desejados. Ela ajuda a pessoa a entrar em estado de meditação com mais facilidade e pode melhorar o estado de sonho.

ESPIRITUAL: A Strombolita ajuda a pessoa a encontrar o lado alegre e bem-humorado da vida. Ela pode proporcionar à pessoa uma perspectiva mais ampla que a ajuda a ficar acima das preocupações ou cuidados mundanos. A Strombolita transporta a energia do Trapaceiro e, com frequência, orienta a pessoa para que ria mesmo em circunstâncias difíceis.

EMOCIONAL: A Strombolita ensina a pessoa a não levar as coisas demasiadamente a sério. Com frequência, podemos ser capturados por nossos dramas e sentir que o mundo está caindo sobre nossas cabeças. A Strombolita nos lembra de que "isso também passará" e que nenhuma dificuldade é permanente a não ser que continuemos a criá-las com nossas atitudes e ações.

FÍSICO: A Strombolita é um excelente remédio para tristeza, fraqueza do coração e depressão.

AFIRMAÇÃO: Eu me movimento pela vida com bom humor relaxado, pronto a fazer amigos com cada pessoa que encontro e ver a mão do bem maior movendo-se em meio à miríade de acontecimentos da vida.

SUGILITA

PALAVRAS-CHAVE: Sonhos, proteção espiritual e purificação, tornar-se um "farol de Luz".
ELEMENTO: Ar.
CHACRAS: Terceiro Olho (sexto), Coroa (sétimo), Transpessoal e Etéreo (do oitavo ao 14º).

A Sugilita é um mineral raro, um silicato de potássio, sódio, lítio, ferro, manganês e alumínio com uma dureza de 6 a 6,5. Sua forma em geral é massiva, embora raramente ele se forme como cristais prismáticos minúsculos. O mineral recebeu seu nome em homenagem ao geólogo japonês Kenichi Sugi, que descobriu os primeiros espécimes em 1944. A cor varia de um roxo pálido a escuro. Um tom magenta arroxeado é considerado o mais precioso, especialmente em sua forma translúcida conhecida como "gel". Embora a Sugilita tenha sido encontrada no Japão e Canadá, quase todas as Sugilitas no mercado vêm de minas de manganês muito profundas na África do Sul.

ROBERT SIMMONS: A Sugilita é uma das principais pedras desta era, por suas numerosas propriedades benéficas. Entre elas está a proteção contra influências negativas no ambiente da pessoa, a melhoria da habilidade para aterrar as energias espirituais e a purificação e forte influência para a cura.

Os aspectos de proteção da Sugilita são excepcionais. Carregar ou usar uma peça de Sugilita cria uma espécie de "escudo de luz" em torno de quem a usa, tornando a pessoa impermeável à desarmonia dos outros. Esse tipo de proteção é especialmente importante para almas delicadas que tendem a pegar qualquer energia que está à sua volta.

Talvez a Sugilita seja a pedra mais poderosa para convocar a chama violeta da purificação. Essa energia pode ser de benefício imensurável para os que estão no caminho espiritual, pois ela tende a queimar os "pontos cinza" no campo áurico, removendo ligações negativas e influências cármicas. A energia da chama violeta da Sugilita torna impossível para entidades parasitas do plano astral permanecerem no campo áurico da pessoa. Quando a pessoa começa a usar ou carregar Sugilita, é iniciado um processo de limpeza energética. As influências tóxicas do ambiente interno e externo da pessoa ficam desalojadas e são dissipadas. Esse processo também pode acelerar em muito o desenvolvimento interior e ajudar a pessoa a ser um farol espiritual para o mundo.

Quanto a ser um farol espiritual, deve ser mencionado que a Sugilita trabalha para estimular e abrir o chacra coroa no topo da cabeça. Essa abertura não é para propósitos de escapar para os reinos de vibrações mais elevadas. Pelo contrário, é para aterrar a Luz na Terra por meio do próprio ser da pessoa. Muitos encarnaram aqui como voluntários para ajudar a Terra e todas as suas entidades a se movimentarem para a próxima oitava vibratória, dentro da qual certo nível do que é conhecido como "iluminação" será conquistado por todos. A Sugilita ajuda a pessoa a lembrar e alcançar esse chamado essencial, e seus efeitos sobre o chacra coroa se manifestam como um aspecto-chave de como o eu deve abrir-se e transformar-se para ser um condutor para a Luz espiritual entrar neste plano.

A Sugilita também é uma pedra do reino dos sonhos. Quando a pessoa medita ou sonha com essa pedra, as profundezas da experiência interior podem ser muito incrementadas, e as imagens que recebe podem ser carregadas de sentido e significado simbólico. A chave para os anseios da alma é revelada nos sonhos profundos da pessoa, e compreender essas imagens que surgem pode colocá-la no caminho para a comunhão com a alma e um acordo harmonioso com seu propósito de alma.

A Sugilita funciona excepcionalmente bem com as energias transformadoras da Moldavita. Fenacita, Natrolita, Herderita, Broquita e Escolecita, todas auxiliam na intensificação do componente visionário das energias da Sugilita. A Hematita pode ser utilizada para enfatizar os efeitos de aterramento da Luz no mundo físico. A ametista aumenta os efeitos da Sugilita de "proteção da aura".

NAISHA AHSIAN: A Sugilita é uma pedra poderosa para a abertura dos chacras do terceiro olho, coroa e etéreo. Ela ativa a visão interior e abre os portais para as motivações, pensamentos e crenças mais secretas da pessoa. A Sugilita é a pedra dos sonhos. Ela auxilia a pessoa a lembrar-se de seus sonhos noturnos e a praticar o sonho lúcido. Ela também ajuda a pessoa a lembrar-se dos sonhos que ela teve para sua vida e de algum modo colocou de lado, a favor daquilo que ela acreditava ser possível de conseguir. Ela ajuda a pessoa a recuperar o sonho que sua alma desejou para esta vida – e ao trazer a lembrança desses sonhos ela empresta à pessoa a coragem e o otimismo para ir em busca deles.

A Sugilita ativa o coração e a mente, auxiliando a pessoa a encontrar sua verdadeira paixão espiritual e a seguir essa paixão para a abundância e integridade.

A Sugilita pode se manifestar em cores variando de roxo claro a quase negra. As cores mais brilhantes e vibrantes tendem a abrir e ativar os chacras superiores e concedem à pessoa entrar em contato com seus sonhos. As de cores mais escuras auxiliam a aterrar esses sonhos na realidade e manter a fortaleza da pessoa na busca de seus sonhos.

ESPIRITUAL: A Sugilita ajuda a pessoa a acreditar nas possibilidades da vida. Ela ajuda a pessoa a visualizar algo mais que aquilo que a pessoa está vivenciando atualmente, oferecendo esperança e otimismo para um futuro melhor. A Sugilita pode ajudar a repelir a negatividade e a encher a aura da pessoa com Luz de alta frequência.

EMOCIONAL: A Sugilita ajuda a pessoa a superar a desesperança, a devastação e a sensação de não ter opção na vida. Ela lembra a pessoa de que ela pode conseguir qualquer coisa que sonhe, e empresta-lhe a força e coragem para manifestar esses sonhos. Ela é ideal para as pessoas que tendem a cair em pensamentos negativos ou que não têm confiança em suas habilidades.

FÍSICO: A Sugilita é útil para combater pesadelos, insônia e outros desequilíbrios do sono. Ela oferece paz de mente e pode auxiliar a acalmar os nervos e eliminar preocupações.

AFIRMAÇÃO: Eu estou a salvo e protegido dentro de minha própria "bolha de Luz" e trabalho para trazer à realidade meus sonhos mais profundos, e também o sonho coletivo de um planeta de Luz.

TANZANITA

PALAVRAS-CHAVE: Conexão da mente e coração, percepção espiritual melhorada, autoexpressão compassiva, adesão à verdade.
ELEMENTO: Ar.
CHACRAS: Coração (quarto), Garganta (quinto), Terceiro Olho (sexto), Coroa (sétimo), Estrela da Alma (oitavo).

A Tanzanita é um membro da família Zoisita, um mineral silicato de cálcio e alumínio com uma dureza de 6,5 a 7. Seu sistema de cristal é ortorrômbico, e ele forma cristais prismáticos, em geral estriados. A cor varia de azul a azul violácea, embora alguns cristais sejam dourados ou amarelo amarronzados. Quando aquecidos a uma temperatura próxima de 482ºC, os cristais de tons amarelos se transformam em azuis ou azul violáceos. A Tanzanita, cuja denominação vem do país onde a pedra é encontrada, foi introduzida pela Tiffany and Co., joalheria de Nova York. Esse se tornou um nome aceito em todo o mundo, embora os cientistas se refiram a ela como Zoisita Azul.

ROBERT SIMMONS: A Tanzanita é uma das pedras metafísicas mais valiosas. Ela é a pedra que integra mais efetivamente as energias da mente e do coração, ajudando a pessoa a permanecer centrada na sabedoria do coração, enquanto avalia as ideias da mente ativada. Ela abre uma cascata de pensamentos e *insights*, mas mantém a pessoa calmamente ancorada no trono interior da humanidade compassiva, garantindo com isso que a pessoa não seja carregada por tangentes mentais de pouco valor verdadeiro. Quando os olhos da pessoa pousam sobre pedras de Tanzanita de boa qualidade e cor, ela é afetada por sua beleza, e a "beleza" apreciada por ela é um reflexo das qualidades mentais e emocionais que a pedra desperta no eu. É bom usar a Tanzanita como joia, porque, ao tornar essa pedra visível para os outros, a pessoa está espalhando o autodespertar que a Tanzanita pode trazer. E, é claro, manter a pedra no interior do campo áurico da pessoa é a escolha mais benéfica de todas, porque elas criam uma ressonância que mistura interiormente e pode levar a consciência da pessoa a um estado elevado permanente.

A integração da mente e do coração oferecida pela Tanzanita acontece pela conexão e sintonia dos chacras do coração e do terceiro olho. A importância desse desenvolvimento na vida espiritual da pessoa não pode ser enfatizada em excesso. A necessidade de levar o coração a uma cooperação e comunhão com a mente é parte do que é conhecido como a busca da totalidade. A Tanzanita ajuda nesse processo ao tornar as motivações do coração mais visíveis para a mente e ligar um circuito vibratório de energia entre os chacras do coração e do terceiro olho. A pessoa sente esse circuito como uma vibração palpitante de alegria e prazer. Uma vez que a mente compreenda o que o coração negligenciado tem a oferecer, não existe volta. A mente reflete seu prazer para o coração, que libera grande alegria, causando na mente a reflexão desse prazer, e por aí vai.

Outro efeito da conexão da Tanzanita entre a mente e o coração acontece no chacra da garganta. Sob a influência da Tanzanita, a pessoa acha muito mais fácil falar a verdade do coração com todos os recursos e eloquência que a mente possa conjurar. De fato, a Tanzanita torna difícil esconder ou negar o que a pessoa sabe em seu íntimo. Com a passagem do tempo, esse efeito se torna mais potente, fazendo até o inconsciente mais autoconsciente.

A Tanzanita é uma das 12 pedras de sinergia, junto com Moldavita, Fenacita, Danburita, Azeztulite, Herderita, Tectito Tibetano, Petalita, Broquita, Natrolita, Escolecita e Quartzo Satyaloka. Essa é a combinação de pedras mais poderosa já descoberta para a aceleração da evolução e elevação do nível vibratório da pessoa. Outras pedras que se harmonizam bem com a Tanzanita incluem Larimar, Charoíta, Rubi-Zoisita e a maior parte dos membros da família Quartzo.

NAISHA AHSIAN: A Tanzanita ativa os chacras do terceiro olho, coroa e etéreo, produzindo visões, mensagens e informações das fontes vibratórias mais elevadas. Ela cria uma conexão entre o coração e a mente, permitindo que a pessoa perceba situações, experiências e circunstâncias a partir da perspectiva de uma compaixão iluminada.

A frequência da Tanzanita ajuda a pessoa a compartilhar informação e conhecimento espiritual a partir de uma perspectiva centrada no coração. É excelente para conselheiros ou outros que estão em posição de precisar interpretar intelectualmente experiências emocionais. Ela pode auxiliar indivíduos empáticos a criarem interpretações da informação emocionalmente baseada que eles recebem intuitivamente.

ESPIRITUAL: A Tanzanita alinha o coração e a mente, permitindo uma experiência da espiritualidade mais equilibrada e centrada. Para aqueles com mente hiperativa, mas pouca ligação emocional com os outros, a Tanzanita pode ser uma conexão para ajudar a aterrar a energia mental por meio do corpo emocional.

EMOCIONAL: A Tanzanita ajuda a pessoa a sentir-se mais compassiva, amorosa e centrada. Ela a auxilia a adquirir *insight* em questões emocionais, mas evita que a pessoa lide com eles desnecessariamente. A Tanzanita gera uma energia de felicidade e alívio de preocupações.

FÍSICO: A Tanzanita pode ser usada para ajudar a acalmar a mente hiperativa e auxilia no trabalho de cura, sincronizando as energias eletromagnéticas do coração e da mente. Ela pode ser usada para ajudar a acalmar a tireoide hiperativa ou suprarrenal exaurida.

AFIRMAÇÃO: Minha mente e meu coração encontram-se de novo, como amantes reunidos, e eu entro em sua dança espiral de alegria.

TECTITO

PALAVRAS-CHAVE: Contato com ETs, comunicação telepática, elevar o nível vibratório.
ELEMENTO: Tempestade.
CHACRAS: Todos.

Os Tectitos são objetos vítreos associados com impactos de meteoritos. Sua dureza varia de 5,5 a 6,5, e seu sistema de cristal é amorfo. Os Tectitos são ricos em silício, com conteúdo de dióxido de silício variando de 68% a 82%. O nome Tectito vem da palavra grega *tectos*, que significa fundido. A forma clássica dos Tectitos – lágrimas, "botões" arredondados e halteres – sugere que essas pedras foram, na época do impacto associado a elas, aquecidas até um estado líquido e arremessadas para a atmosfera. Os cientistas debatem há muito se os próprios Tectitos eram meteoritos, rochas terrestres fundidas pelo impacto meteórico ou alguma fusão entre material terrestre e extraterrestre. A maior parte dos Tectitos é negra ou marrom empretecida, com a Moldavita verde-garrafa como uma exceção digna de nota. Os Tectitos já foram encontrados na América do Norte, Austrália, África, China e Sudoeste da Ásia. Os Tectitos mais abundantes são encontrados espalhadas nos vastos campos entre a China e Indochina. É a eles que a informação metafísica a seguir se refere principalmente. [Veja também Moldavita, Tectito Tibetano, Tectito Ouro Líbio.]

Os Tectitos têm uma longa história de folclore e lenda. Há mais de 2 mil anos, o escritor chinês Liu Sun deu aos Tectitos o nome de Lei-gong-mo, com o significado de "pedras de tinta do deus do trovão". Os aborígenes australianos se referem a elas como Maban, que significa "magia", e acreditam que encontrar um Tectito significa boa sorte. Na Índia, eram conhecidos como *Saimantakimani*, as "gemas sagradas de Krishna". O nome em sânscrito para Tectitos, *agni mani*, pode ser traduzido como "pérola do fogo" ou "lágrima da lua". Os nativos das Ilhas Billiton, no Mar Java, onde existem muitos Tectitos em formato de lágrimas, denominam-nos "sementes negras mágicas", que acreditam poderem ser plantadas para que cresça estanho, um material importante para venda e exportação. Dizem dos monges tibetanos terem cultuado os Tectitos, chamando-os "Pedra de Shambhala".

ROBERT SIMMONS: Os Tectitos transportam as energias de um número de veios de comunicação e informação extraterrestre. Essas pedras, sejam elas mesmas meteoritos ou não, vibram com pulsações de alta frequência que podem colocar a pessoa em contato com extraterrestres. Acredita-se que um ser conhecido como Ashtar, que foi nomeado como um guardião ET por vários canais intuitivos, usa Tectitos como facilitadores para comunicação telepática com humanos. Para os interessados na experimentação com tais intercâmbios, é recomendado dormir ou meditar com um Tectito grudado no terceiro olho ou colocado perto da cabeça. A ressonância com o Tectito pode colocar a pessoa em contato com as frequências de imagem visual não verbal usadas por esses e outros seres das dimensões mais elevadas. Vivenciar tal ligação pode produzir a sensação de voltar para casa para os Nascidos das Estrelas e outros humanos que sentem afinidade com entidades extraterrestres.

Carregar ou usar um Tectito pode elevar o nível vibratório do campo áurico da pessoa. Isso pode ter várias consequências, tais como elevar a sensitividade psíquica, experiências de clariaudiência, frequência de sincronicidades aumentada, uma sensação de "ver através dos véus" do mundo físico. A pessoa pode tornar-se ciente do campo fervilhante de entidades astrais, e também dos campos de energia dos humanos e outras criaturas do plano terrestre. Outro resultado dessa elevação da Luz interior da pessoa pode ser que outras pessoas sejam atraídas para sua energia e iniciem contato sem conscientemente saber o porquê. Em geral, são pessoas com quem alguém pode compartilhar benefício mútuo na amizade, conselho e gentileza. Alguns desses tipos de experiência podem ser responsáveis pela fama do Tectito como uma pedra de "boa sorte".

Todas as variedades de Tectito harmonizam umas com as outras e tendem a ampliar mutuamente seus efeitos. Os Tectitos Negros da Indochina, como os descritos aqui, podem acelerar e amplificar o despertar psíquico precipitado pela Moldavita, fortalecer as manifestações de poder do Tectito Ouro Líbio, e estimular ainda mais as energias da kundalini despertadas pelo Tectito Tibetano. Todos funcionam em sinergia com Lápis-lazúli, todas as formas de Quartzo, Jaspe, Calcedônia e Opala. As Madeiras Petrificadas podem aterrar as energias dos Tectitos sem as amortecer.

NAISHA AHSIAN: Todos os Tectitos são pedras do elemento Tempestade. O poder de seu nascimento no momento do impacto meteórico é registrado no interior de sua estrutura de silício. Quando esses aliados são trazidos para o campo energético, seu impacto pode ser sentido por meio de um "solavanco" imediato no interior do campo de energia. Já discuti a Moldavita em seu próprio verbete. Aqui daremos uma olhada nos Tectitos negros mais comuns.

Os Tectitos negros, tais como os da China e Filipinas, iniciam o fluxo de energia a partir do chacra Estrela da Terra para cima, através da coluna do chacra Estrela da Alma acima da cabeça. Essas não são pedras de aterramento, mas ajudam a abrir e limpar os chacras mais inferiores, auxiliando a pessoa a permanecer presente no corpo enquanto se abre para a consciência mais elevada. À medida que os chacras são abertos progressivamente, o Tectito estimula as habilidades psíquicas e intuitivas da pessoa.

O poder incrível presente no nascimento dos Tectitos meteóricos e retido no interior das pedras tem um efeito intenso no campo de energia da pessoa. Sua frequência expande rapidamente a consciência e revigora a aura, ajudando a "queimar" resíduos energéticos.

São ferramentas ideais para meditação, ajudando a pessoa a expandir a consciência no interior das frequências mais elevadas. Então, ajudam a integrar aquelas frequências no corpo em um nível celular.

Os Tectitos são guias excelentes para as fronteiras exteriores do Cosmos. Eles ajudam a explorar outros planetas e o sistema solar etereamente, e também na comunicação com seres de outros mundos. Eles auxiliam os que se sentem dissociados de seus corpos a serem mais ligados a eles. Podem ajudar os entrantes ou visitantes extraterrestres que têm dificuldades para se conectar com as energias terrestres.

ESPIRITUAL: Os Tectitos ajudam na expansão da percepção e consciência da pessoa além da Terra e para dentro das estrelas. São ferramentas de viagem psíquica poderosas, ajudando a pessoa a ir além das limitações do tempo e espaço para experimentar reinos diferentes e outros mundos. Sua habilidade para ajudar o corpo físico a integrar energia de alta frequência é vital para a evolução humana nesta época.

EMOCIONAL: Os Tectitos têm um efeito de fortalecimento na maioria das pessoas, expandindo rapidamente a aura e "descartando" resíduos energéticos, levando a um corpo energético mais reativo e fluente em seu fluxo.

FÍSICO: Os Tectitos podem ser usados para ajudar o corpo a integrar as energias de alta frequência.

AFIRMAÇÃO: Eu escolho fortalecer a Luz em minha aura e comunicar-me com seres benignos dos planos mais elevados.

TECTITO OURO LÍBIO

PALAVRAS-CHAVE: Confiança, acuidade mental, proteção psíquica, acesso aos registros akáshicos, manifestação, realização do potencial pessoal.
ELEMENTO: Fogo, Tempestade.
CHACRAS: Todos, especialmente Plexo Solar (terceiro) e Sexual/Criativo (segundo).

O Tectito Ouro Líbio é um material vítreo leitoso com uma dureza entre 5 e 6. Seu sistema de cristal é amorfo. Essa pedra é encontrada no deserto do Saara, na Líbia e no Egito. Também é conhecida como Vidro do Deserto Líbio. É similar em composição à Moldavita e outros Tectitos, embora a cor seja diferente. Os cientistas não têm certeza sobre a origem desse material, e alguns duvidam que ele possa ser classificado como uma Tectito, embora seja encontrado nas mesmas regiões em que os meteoritos foram descobertos. Essas pedras foram valorizadas para a feitura de esculturas e joalheria por muitos séculos. No Egito Antigo, o colar funerário do rei Tutancâmon tinha em sua peça central um grande escaravelho esculpido feito de uma peça de Tectito Ouro Líbio. Como com todas as peças cerimoniais, esse colar tinha a fama de estar imbuído com poderes sobrenaturais, que convergiam para quem o usava, mesmo depois da morte.

ROBERT SIMMONS: O Tectito Ouro Líbio transporta uma energia fora do comum para melhorar a força de vontade da pessoa, estabilidade para criar e seu poder de manifestação. Da mesma forma que outras pedras, como a Moldavita e o Tectito Tibetano, transporta energias extraordinárias, talvez por causa das tremendas forças envolvidas em sua formação em explosões de queda de meteoros. Qualquer que seja a razão para sua intensidade, não surpreende que o Tectito Ouro Líbio tenha sido usado como a peça central no colar de um rei egípcio antigo – essas pedras emanam o tipo de poder místico associado com o rei-deus de antigamente, e elas também podem facilitar o despertar do rei ou da rainha interiores na pessoa.

Aqueles que trabalham com a recuperação de conhecimento antigo podem considerar o Tectito Ouro Líbio um acesso poderoso para os registros akáshicos. Essas pedras podem ajudar os que desejam recuperar os laços das civilizações egípcias antigas com a influência de entidades extraterrestres. Podem conectar a pessoa com as energias de Ísis e Osíris, as figuras místicas ditas terem dado à humanidade o impulso evolutivo extraordinário que deu nascimento à civilização. As energias do sistema estelar de Sirius também parecem estar ligadas a essa pedra. Aqueles que desejam fazer viagens interdimensionais para lá e para outros reinos de vibração elevada podem usar essas pedras para pegar o "raio" correto.

Meditação e ritual pessoal executado com o Tectito Ouro Líbio serão fortemente melhorados, particularmente se o objetivo da pessoa for obter algum resultado no mundo material. Se a pessoa sentir no interior do eu o chamado para ser mais do que tem sido até agora, a sensação de que ainda precisa realizar seu potencial integral, é muito recomendado trabalhar com essas pedras. Combiná-las com Moldavita é ideal para a realização da autotransformação em direção ao chamado mais elevado. Acrescentar Tectito Tibetano ao Tectito Ouro Líbio acelerará enormemente o processo de manifestação dos objetivos da pessoa. Usar todas essas três juntas pode facilitar a transformação o mais rápido possível, sob a orientação da vontade mais elevada da pessoa.

Outra aplicação especializada do Tectito Ouro Líbio é combiná-lo com Safira Amarela para a manifestação de prosperidade. Ambas as pedras combinam o Raio Dourado puro da manifestação, e a Safira Amarela há muito é considerada na tradição hindu uma pedra da abundância financeira. Se a pessoa está trabalhando para tais resultados, acrescentar Fenacita à mistura é outro modo de fortalecer o ato de trazer à forma o objetivo visualizado.

NAISHA AHSIAN: O Tectito Ouro Líbio é uma pedra poderosa do elemento Fogo com tons do elemento Tempestade. Ela estimula vigorosamente todos os sistemas do corpo, mas é particularmente útil para ajudar a digestão, o metabolismo e o sistema endócrino. Esse Tectito ativa todos os chacras, trazendo o Raio Dourado da iluminação para o campo de energia. Essa operação é especialmente útil para os que têm o segundo e terceiro chacras letárgicos. Pode auxiliar a pessoa a ficar em chão firme ou firmar sua mente quando existe necessidade de limites claros. Estimula a mente e auxilia na aquisição de *insight* profundo sobre as origens e resoluções de problemas na vida.

O Tectito Ouro Líbio pode ajudar pessoas tímidas a saírem de suas conchas. Pode auxiliar a pessoa a superar o medo de situações sociais, sensações de inadequação ou comportamento antissocial. Ele estimula os aspectos ativos do campo de energia, trazendo uma frequência vitalizadora para o corpo emocional, e a sensação de felicidade, curiosidade, disposição e divertimento. É uma pedra excelente para os que levam a si mesmos ou a vida muito a sério. Esse aliado pode assistir em situações de aprendizado, já que ajuda a estimular e afiar as habilidades mentais.

O Tectito Ouro Líbio é excelente para fortalecer o chacra do plexo solar e prevenir "efeitos colaterais" psíquicos advindos de ser conduzido para essa área. É protetora para indivíduos sinestésicos que tendem a operar a partir de "voz interior". Pode ser usado por curadores para evitar o cruzamento do desequilíbrio do campo de energia do cliente para o seu. Para os que se sentem enjoados em situações de confronto, o Tectito Ouro Líbio pode ajudar fortalecendo o campo de energia da pessoa, impedindo que os outros invadam seu plexo solar e roubem sua energia de potência.

ESPIRITUAL: O Tectito Ouro Líbio, por carregar as frequências fortemente energizantes de seu nascimento meteórico, ativa as energias criativas da pessoa. É um professor poderoso de limites, o uso correto do poder e da rendição à vontade divina.

EMOCIONAL: O Tectito Ouro Líbio pode ajudar pessoas excessivamente tímidas ou reclusas a serem mais atiradas e sociais. Ajuda a cultivar uma abordagem da vida mais criativa e divertida.

FÍSICO: O Tectito Ouro Líbio é um curador espiritual de problemas do estômago e digestivos, incluindo úlceras, síndrome do intestino irritado, náusea, excesso de ácido no estômago e absorção imprópria de nutrientes pelos intestinos, especialmente se esses sintomas são criados ou agravados pelo estresse.

AFIRMAÇÃO: Exijo meu poder pessoal de direito, extraindo de meu conhecimento recordado e sabedoria adquirida durante muitas vidas, e eu o uso para manifestar o bem maior.

THULITA

PALAVRAS-CHAVE: Alegria, prazer, afeto, cura de padrões negativos, generosidade, amizade, centramento no coração, conexão entre coração e mente.
ELEMENTO: Água, Ar.
CHACRAS: Coração (quarto), Sexual/Criativo (segundo), Plexo Solar (terceiro), Garganta (quinto).

A Thulita é um membro da família zeolita, um mineral silicato de cálcio e alumínio com uma dureza de 6,5 a 7. Seu sistema de cristal é ortorrômbico. A cor da Thulita varia de rosa pálido a escuro, similar à da Rodonita, com a qual ela é confundida algumas vezes. O tom mais escuro da Thulita está relacionado à concentração de manganês no interior do espécime. A Thulita foi encontrada pela primeira vez na Noruega, perto de um lugar chamado Thule, e desde então foi descoberta na Austrália e África do Sul.

ROBERT SIMMONS: A Thulita promove a alegria emocional e o deleite com a vida. Ela estimula o segundo, terceiro, quarto e quinto chacras, lugares da sexualidade e criatividade, vontade e ação, amor e relacionamento, e comunicação. Ao mesclar harmoniosamente essas energias em si e facilitar a ressonância da própria vibração da pessoa com seu padrão de assinatura, a Thulita encoraja a felicidade, o contentamento, entusiasmo, afeto, prazer e alegria. Auxilia a pessoa a ver a bondade fundamental do mundo e de si, concedendo à pessoa experimentar a unificação do eu com o mundo.

A Thulita inicia a afinidade entre as pessoas. Portanto, é uma pedra excelente para a pessoa carregar se ela deseja fazer novos amigos ou iniciar um relacionamento romântico. Ela encoraja a empatia permitindo que a pessoa compreenda os pontos de vista dos outros. Quando carregada em uma situação de possível discussão ou conflito, a Thulita pode dissipar as tensões e facilitar o encontro de um campo comum.

Por suas energias de alegria e empatia, a Thulita é uma pedra ideal para ser usada ou carregada por pessoas ligadas ao entretenimento ou políticos. Ela ajuda a pessoa a encontrar o fio de ligação com uma audiência, o que permite à plateia que *veja* a pessoa como boa e admirável. Contudo, ela não pode superar a falta de talento ou falas desonestas. Essa pedra é útil para os relacionamentos, mas não para a falsidade.

A Thulita é ideal para crianças, ajudando-as a sentirem-se seguras, felizes e em casa no mundo. Para pessoas de todas as idades, ela encoraja a autoestima e a sensação de estar "confortável em sua pele". Ela estimula a formação de hábitos saudáveis a partir dessa base de autoestima e, a partir desse mesmo ímpeto, pode auxiliar a pessoa a quebrar padrões autodestrutivos. Isso pode ser verdadeiro para vícios, tais como fumar, e também para desequilíbrios emocionais como vergonha e autocrítica.

A Thulita é uma pedra do coração, e da sinceridade. Ela ajuda a pessoa a falar com sinceridade e agir com generosidade, sem preocupações com sua vulnerabilidade. Ela concede que a pessoa quebre antigos muros de autoproteção insalubres que a isolam dos outros. Ela aumenta a frequência de ações espontâneas para o bem dos outros e ensina a pessoa a "amar primeiro e questionar depois".

A Thulita fortalece as vibrações do chacra do coração, dando à pessoa a oportunidade de abraçar o coração como o centro de seus pensamentos e ações. O cérebro e o coração estão em diálogo constante, e o coração olha para o cérebro para a avaliação de situações. Se o cérebro reage ao coração com a afirmação de que a vida é segura e boa, o poder de criação incrível do coração e manifestação se movimenta para que seja assim, mais do que a pessoa poderia sonhar. A Thulita facilita esse diálogo possível, que pode mudar a experiência da pessoa do mundo.

A Thulita harmoniza com todas as pedras do chacra do coração, especialmente Quartzo Rosa, Rodonita, Morganita e Dioptase. A Moldavita pode acelerar os efeitos positivos da Thulita. A Iolita pode melhorar o poder de *insight* da pessoa, de modo que ela possa escolher conscientemente agir em harmonia com os anseios do coração.

NAISHA AHSIAN: A Thulita casa as energias do coração e da mente, levando a uma sensação de bem-estar melhorada e aparência mais leve. Essa aliada ressoa com os elementos Água e Ar, e suas propriedades refletem sua habilidade para funcionar nos níveis emocional e mental.

A Thulita promove, alegria, risadas e leveza de coração e espírito. Suas frequências "fazem cócegas" no corpo emocional, permitindo que a pessoa chacoalhe para fora as densidades e desfrute um ponto a mais de vantagem emocional. No nível mental, a Thulita melhora a habilidade de adquirir uma perspectiva mais elevada, de modo que a pessoa não se torne tão entranhada em suas vivências emocionais.

A Thulita pode ajudar a pessoa a reconhecer quando ela está permitindo que seu ego reja suas experiências de vida. Ela revela gentilmente onde raiva, criticismo, aprovação condicional e arrogância estão no caminho, impedindo que a pessoa *veja* um retrato mais amplo e amistoso da outra.

A Thulita ressoa com os chacras do coração, garganta e terceiro olho, permitindo que a pessoa expresse seus pensamentos, sentimentos e crenças alegremente – ao mesmo tempo em que reconhece que esses são temporários e passageiros. Ela ajuda a pessoa a tornar-se mais tolerante e flexível emocionalmente, de modo que possa retirar alegria nas viradas súbitas que possam acontecer em seu caminho.

ESPIRITUAL: A Thulita ensina alegria e transitoriedade de todas as dificuldades. Ela torna o coração mais leve, permitindo que a pessoa aja a partir de uma perspectiva mais iluminada. Ensina-nos o amor incondicional e a alegria eterna.

EMOCIONAL: A Thulita ajuda a pessoa a abandonar a identificação com problemas e evita o síndrome da "rainha do drama". É excelente para os que vivem em um estado constante de desastre e negatividade, ou para os que simplesmente desejam manter uma perspectiva mais alegre em suas circunstâncias.

FÍSICO: A Thulita é uma pedra de cura tanto para o chacra do coração quanto para o do plexo solar.

AFIRMAÇÃO: Eu ouço a voz de meu coração, movimentando-me cada vez mais profundamente em amor e alegria.

TOPÁZIO

O Topázio é um cristal silicato de alumínio hidróxido fluorídrico com uma dureza de 8. A estrutura de seu cristal é ortorrômbica, e ele forma cristais prismáticos com frequência, em geral de oito lados com estrias ao longo do comprimento. Muitos têm partes com cruzes em formato de diamante e terminações piramidais. O Topázio é encontrado no Brasil, Sri Lanka, Rússia, Burma, Austrália, Japão, Madagascar, México, África e Estados Unidos. As cores naturais de Topázio incluem dourada, azul, rosa, marrom, laranja, incolor e alguns outros tons mais raros, tais como verde e vermelho pálidos. Algumas vezes o Topázio incolor é irradiado artificialmente para criar vários tons de azul. Já foram encontrados cristais de Topázio de até 99 quilos, e gemas de Topázio pesando milhares de quilates estão na coleção da Simthsonian Institution.

O nome Topázio pode derivar de *topazos*, uma palavra que significa "buscar", que era também o nome de uma ilha obscura difícil de localizar no Mar Vermelho. Contudo, as gemas encontradas naquela ilha na verdade são Peridotos. A outra derivação possível do nome da gema é a palavra em sânscrito *topaz*, que significa "fogo". O Topázio era usado no antigo Egito e Roma e na joalheria do século XVIII da realeza francesa e espanhola. Sua popularidade aumentou e espalhou-se pela Inglaterra e França no século XIX.

Na Idade Média da Europa, acreditava-se que o Topázio melhorava os poderes mentais e evitava a insanidade. Dizia-se que ele também melhorava a visão, promovia o favor dos reis e autoridades civis, aumentava a sabedoria e amainava a raiva. No pensamento metafísico atual, o Topázio é visto como emanando uma variedade de energias benéficas, que variam de acordo com o tipo e cor. Nós discutiremos as variedades mais importantes e fáceis de obter do Topázio – branco, dourado e azul.

TOPÁZIO AZUL

PALAVRAS-CHAVE: Melhoria da mente e comunicação.
ELEMENTO: Fogo.
CHACRAS: Garganta (quinto), Terceiro Olho (sexto).

ROBERT SIMMONS: O Topázio Azul pode claramente fornecer uma melhoria dos processos mentais e talentos verbais da pessoa, e também aperfeiçoar a amplitude da atenção e habilidade para se concentrar em tarefas mentais. Pode ajudar a pessoa a conceber e alcançar a perfeição em vários projetos e aspirações, bem como auxiliar a fazer uma discriminação clara entre o que a pessoa quer ou não em sua vida. Ele pode limpar e ativar o chacra da garganta, melhorando a habilidade para articular ideias e *insights*.

O Topázio Azul é um ampliador natural das habilidades psíquicas e pode auxiliar os que desejam sintonizar com a orientação interior, bem como os que esperam servir os outros fazendo leituras ou trabalho de cura espiritual. De fato, essas pedras deveriam ser usadas em disposições de gemas para cura, porque elas ressoam com os padrões aperfeiçoados do corpo humano e seus sistemas de energia. Embora seja difícil encontrar pedras de Topázio Azul naturais, suas energias as tornam as mais desejáveis para qualquer um que seja capaz de encontrá-las.

NAISHA AHSIAN: O Topázio Azul reflete a energia da mente e do conhecimento. Ele abre suavemente os chacras da garganta e do terceiro olho, facilitando a comunicação de visões e conhecimento para os outros. Ele transporta a energia do "fogo da mente", estimulando a habilidade da pessoa para aprender e pensar em meio a conceitos e ideias complexas. O Topázio Azul natural ajuda a pessoa a expressar suas emoções e necessidades. Ele promove o compartilhamento e a comunicação, e também o aprendizado e a percepção mental.

ESPIRITUAL: O Topázio Azul ajuda a pessoa a integrar as lições e adquirir conhecimento a partir de suas experiências. Ajuda a acalmar a mente para a meditação e pode auxiliar na comunicação com seres espirituais mais elevados.

EMOCIONAL: O Topázio Azul tem um efeito calmante e suavizante no corpo emocional. Pode facilitar a comunicação dos sentimentos mais profundos da pessoa e sua verdade mais elevada.

FÍSICO: O Topázio Azul é útil para garganta inflamada, impedimentos da fala, medo de falar em público, tireoide hiperativa (use apenas Topázio Azul natural para isso) e a saúde geral do pescoço e garganta. Ele também pode ser usado para acalmar enxaquecas.

AFIRMAÇÃO: Eu percebo e expresso meus *insights* intuitivos com clareza e precisão.*

TOPÁZIO BRANCO (TOPÁZIO INCOLOR)

PALAVRAS-CHAVE: Espiritualidade, dons psíquicos, clareza mental.
ELEMENTO: Fogo.
CHACRAS: Coroa (sétimo), Etéreo (do oitavo ao 14º, acima da cabeça).

ROBERT SIMMONS: O Topázio Branco trabalha para ajudar a pessoa no processo de esclarecer sua intenção, alinhando-a com a vontade divina e manifestando-a no mundo físico. Por ser basicamente incolor, ele é neutro em sua magnificação de qualquer energia que seja focada por meio dele. Portanto, a pessoa dever ser consciente e responsável em seu uso dessas pedras. É importante manter sua intenção mais elevada para receber os resultados mais positivos.

O trabalho de manifestação funciona em grande parte por meio do foco. Onde colocamos nossa atenção com maior consistência determina o que receberemos. Em nosso mundo, as vibrações se movimentam com maior lentidão do que nos planos mais elevados. Consequentemente, existe usualmente um período de tempo entre a visão da pessoa e sua realização. Em geral, as pessoas não mantêm um foco claro por tempo suficiente para manifestar nada, exceto seus medos e ansiedades. A fé, que, segundo rumores, pode mover montanhas, é simplesmente manter o foco enquanto se permanece em um estado de expectativa e gratidão. Na medida em que aprendemos esse processo e confiamos mais nele, as coisas caem juntas, nossas sincronicidades aumentam e aprendemos que podemos ser cocriadores conscientes com o Divino.

---

* Nota: A maior parte das gemas disponíveis de Topázio Azul no mercado não é natural, mas produto da irradiação do Topázio Branco. Essa forma de Topázio não tem as mesmas propriedades da forma que ocorre naturalmente. Quando possível, é preferível trabalhar com Topázio Azul natural em pedra bruta ou cristais.

A magia do Topázio Branco é que ele pode ser usado para acelerar as vibrações de energia das intenções da pessoa, encurtando o período de tempo entre o foco inicial e a realização da visão da pessoa. Isso é uma dádiva, porque ajuda a aprender mais facilmente sobre a fé, o que acelera o progresso da pessoa para se tornar um cocriador.

NAISHA AHSIAN: O Topázio Branco incorpora as energias do Espírito e facilita a expressão da energia espiritual por todas as criações da pessoa. Ele estimula os chacras coroa e etéreo, abrindo os sentidos interiores para o fluxo de energia na forma de pensamento e Luz de cura. Ele auxilia a pessoa a aguçar seus dons psíquicos e intuitivos – em especial os dons de clarividência e clarisciência. É uma pedra da verdade, permitindo que a pessoa perceba a verdade nos outros e mantenha a adesão à verdade em si.

ESPIRITUAL: O Topázio Branco auxilia a pessoa a manifestar seu caminho espiritual mais elevado e a perceber a vontade divina. Ajuda a pessoa a alinhar suas palavras com a verdade e a perceber a verdade ou inverdade nos outros.

EMOCIONAL: O Topázio Branco ajuda os que têm dificuldade para falar a verdade em razão do medo, ou que cultivam o desejo de manipular os outros. Ele pode auxiliar esses indivíduos a adquirirem a confiança para encarar a verdade e expressá-la com clareza. Também é um aliado para os que precisam determinar sua verdade pessoal e ser capazes de dizer se os outros estão mentindo.

FÍSICO: O Topázio Branco pode ajudar a fortalecer o cabelo e as unhas.

AFIRMAÇÃO: Eu expresso as vibrações mais elevadas do Espírito em tudo o que faço.

TOPÁZIO DOURADO (TOPÁZIO IMPERIAL)

PALAVRAS-CHAVE: Manifestação da intenção, vontade e desejos pessoais.
ELEMENTO: Fogo.
CHACRAS: Plexo Solar (terceiro).

ROBERT SIMMONS: O Topázio Dourado é uma pedra de grande valor para a melhoria da criatividade, vontade pessoal e habilidade para manifestar os desejos pessoais. Ele difere do Topázio Branco porque suas energias se movimentam com maior lentidão e são mais aterradas. É uma pedra excelente para criar abundância no contexto do que é apropriado para o caminho mais elevado da pessoa. Ele a ajuda a colocar seus desejos pessoais em alinhamento com a vontade divina e trazer uma aceitação e compreensão alegres da operação da vontade divina em sua vida. É um transportador do raio dourado e rosa da consciência de Cristo, e pode ser usado para auxiliar no contato com aquela frequência em meditação.

NAISHA AHSIAN: O Topázio Dourado é uma pedra de intenção e do uso da vontade pessoal para manifestar criações. O Topázio Dourado ativa e limpa o segundo e terceiro chacras, estimulando a habilidade da pessoa de dirigir suas próprias energias ou a energia universal para a forma. Intenção é uma parte importante do processo criativo. É muito difícil trazer algo à luz a não ser que seus pensamentos, ações e energia estejam alinhados com o resultado. A intenção age como um laser para focar os pensamentos, energias e ações para que se tornem uma força poderosa para a manifestação.

O Topázio Dourado também nos ensina a importância dos limites, os quais são simplesmente uma expressão da intenção da pessoa. Se alguém diz uma coisa e faz outra, isso reflete uma falta de limites e uma confusão de intenções. O Topázio Dourado ajuda a esclarecer as intenções e os limites emocionais, físicos e mentais da pessoa para que ela não manifeste experiências indesejadas. No nível físico, o Topázio Dourado estimula os rins e a suprarrenal, auxiliando a manter os níveis de energia pessoal e eliminando bloqueios à manifestação.

ESPIRITUAL: O Topázio Dourado nos ensina a focar nossa vontade e desejos por meio de nossas intenções. É uma pedra poderosa para manifestação e pode ajudar a pessoa a trazer suas visões mais elevadas à luz.

EMOCIONAL: O Topázio Dourado ensina "medicina paralela", permitindo-nos aprender o valor dos limites emocionais e honrar espaços sagrados. Pode ajudar os que têm dificuldade para manter seus limites ou honrar os de outras pessoas.

FÍSICO: O Topázio Dourado pode ser usado para desequilíbrios urinários ou renais.

AFIRMAÇÃO: Eu manifesto meus desejos de acordo com meu bem maior, honrando os desejos e limites dos que estão à minha volta.

TREMOLITA

PALAVRAS-CHAVE: Acesso ao conhecimento mais elevado, calma e clareza, ativação da mente superior, êxtase místico.
ELEMENTOS: Ar.
CHACRAS: Coroa (sétimo), Estrela da Alma (oitavo), Transpessoal e Etéreo (do nono ao 14º, acima da cabeça).

A Tremolita é um mineral silicato de ferro cálcio e magnésio com uma dureza entre 5 e 6. Seu sistema de cristal é monoclínico. Quando ele cristaliza, forma cristais longos e espatulados que em geral são gêmeos. Também ocorre nos crescimentos massivo e granular, bem como com agregados colunares ou plumosos. Sua cor é branca, cinza, rosa, verde ou marrom. Algumas vezes ele apresenta áreas cristalinas transparentes. Algumas das Tremolitas de melhor qualidade são encontradas no Paquistão e Afeganistão.

ROBERT SIMMONS: A Tremolita é um cristal poderoso que pode ser usado para ativar a glândula pineal e conectá-la com os circuitos neurais circundantes, levando à abertura dos chacras do terceiro olho e da coroa e o acesso consciente aos campos mórficos do conhecimento. A experiência do acesso direto ao conhecimento sem qualquer processo de aprendizado foi relatada por muitos místicos ao longo dos tempos. Com esse acesso vem a convicção do saber, e não apenas da crença.

A incerteza, e o medo que a acompanha, é uma doença do ego, o pequeno eu que a maioria de nós acredita ser toda nossa identidade. O ego, sendo apenas uma parte da pessoa, não pode saber nada – ele pode apenas ter pensamentos e opiniões. Porém, quando o eu superior aflora, a incerteza desaparece na luz do conhecimento. A pessoa tem apenas de se perguntar sobre alguma coisa e a resposta surge na mente. Essa é a consciência do "reino dos céus", o estado em que a pessoa precisa apenas "pedir e lhe será dado". A Tremolita vibra nessa frequência, e quando a pessoa se permite ressoar com ela, existe a ativação de sua ligação com esse nível de consciência. Claro, é necessário tempo, persistência e finalmente rendição para chegar a essa ressonância.

Antes da abertura mística, ou se a pessoa não acessa tudo o que a Tremolita oferece, ela facilita uma sensação de calma e clareza, diferente de qualquer outra pedra. Ela permite à pessoa eliminar facilmente o estresse e a ansiedade e encarar mesmo os tempos difíceis com uma equanimidade que vem de estar profundamente aterrado no Espírito. Ele pode ajudar a pessoa a aliviar a depressão e aflições, especialmente sobre problemas do "mundo lá fora", como os que a pessoa vê nos noticiários.

A Tremolita afeta os circuitos neurais não utilizados do neocórtice, a parte mais nova e complicada do cérebro. Ao segurar essa pedra junto ao terceiro olho, a pessoa recebe feixes de energia que colocam em funcionamento centros da mente preexistentes, mas dormentes, para a nova fase da evolução humana. Quando essa mudança de consciência é feita, muitos dos problemas aparentemente complicados da vida se dissolvem, porque eles simplesmente não existem para alguém nesse nível tão elevado. É como despertar de um sonho – uma vez desperto, não existe necessidade de voltar e desembaraçar a situação do sonho.

Para a maior parte das pessoas, será melhor meditar ou dormir com a Tremolita do que usá-la. Ela é praticamente poderosa demais para ser usada, e a pessoa irá em geral obter maior benefício quando não estiver distraída por muitas atividades. Eu recomendo a Tremolita em combinação com Fenacita, Azeztulite, Broquita, Danburita, Petalita e especialmente Herderita e Berilonita. A Herderita é a outra pedra-chave especificamente para a ativação dos padrões de evolução para o plano humano divino, e a Berilonita ajuda a ativar a glândula pituitária em ressonância com a glândula pineal, para a visão espiritual e o êxtase místico.

NAISHA AHSIAN: A Tremolita é uma aliada do elemento Ar, que ajuda a pessoa a regular a energia, consciência e atitude. Ela estimula o *prana* e ajuda a pessoa a ser mais ciente do movimento de energia e força de vida pelo corpo e a aura. A Tremolita encoraja a pessoa a respirar profundamente e estar presente no momento. Ela pode assistir a pessoa a focar mais facilmente durante a meditação e estar mais conscientemente presente no "agora" durante seu dia.

A energia da Tremolita ajuda a cessar a "mente do macaco", proporcionando à pessoa a experiência da consciência sem pensamento. Ela ajuda a responder à realidade em vez de sair em "viagens da mente" geradas pelo ego. Sua frequência é emocionalmente neutra, ajudando a pessoa a adquirir *insight* sem apegos. Ela tem uma energia distinta de "felicidade extrema", permitindo à consciência da pessoa que se expanda enquanto ainda mantém ligação com o mundo físico e consciência dele.

A Tremolita amplifica a consciência, ajudando a pessoa a estar presente em meditação por períodos mais longos de tempo. Pode amplificar as energias de pensamentos ou orações específicas também, auxiliando a pessoa a tornar-se totalmente ressonante com uma energia pretendida.

ESPIRITUAL: A Tremolita ajuda a pessoa a manter o foco, expandir a consciência e permanecer presente durante a meditação. Sua energia é expansiva, mas não deixa a pessoa "aérea".

EMOCIONAL: A Tremolita é neutra emocionalmente.

FÍSICO: A Tremolita é útil para problemas respiratórios, tais como asma, bronquite e enfisema. Ela estimula a oxigenação do corpo.

AFIRMAÇÃO: Eu me ofereço ao Divino, com uma mente rendida e um coração aberto.

TUGTUPITA

PALAVRAS-CHAVE: Amor intenso e apaixonado, ativação profunda do coração, êxtase místico, luto, transformação emocional.
ELEMENTO: Tempestade.
CHACRAS: Coração (quarto), Garganta (quinto), Terceiro Olho (sexto), Coroa (sétimo).

A Tugtupita é um silicato de sódio alumínio e berilo alumínio com uma dureza de 4. Seu sistema de cristal é tetragonal. Ela foi descoberta em Tugtup Agtakorfia, Groenlândia, em 1962 e recebeu o nome da localidade. A Tugtupita é próxima da Sodalita, diferindo apenas levemente na estrutura química. Contudo, a Tugtupita exibe uma coloração rosa linda, em vez do azul da Sodalita. Alguns espécimes de Tugtupita escurecem sua cor com a exposição à luz do sol e se tornam mais pálidos quando deixados no escuro. A Tugtupita é encontrada quase exclusivamente na Groenlândia, onde ela foi achada em veios hidrotermais, em associação com minerais como Albita e Acmita. Os inuit da Groenlândia têm uma lenda sobre a Tugtupita, declarando que os amantes podem fazer a pedra reluzir como fogo com o calor de sua paixão.

ROBERT SIMMONS: A Tugtupita é uma pedra das energias mais profundas do chacra do coração. Suas vibrações podem redespertar as paixões perdidas e o amor esquecido. Ela também pode colocar a pessoa em contato com o luto e tristezas suprimidas, permitindo a expressão purificadora e liberação dessas emoções. Se o coração humano pudesse ser visto como um vulcão dormente, a Tugtupita seria o terremoto que faz com que a lava flua de novo.

O amor é uma emoção com muitas facetas, e muita incompreensão. Muito do que é expresso como amor são várias outras coisas – codependência, dominação, necessidade, até medo e raiva. Com maior frequência, o amor como o conhecemos é uma pálida imitação de si. A Tugtupita, para o bem ou para o mal, libera a emoção pura do amor em toda a sua intensidade incontrolável. Aqueles que usam ou carregam a pedra podem experimentar muitas coisas, mas o embotamento não é uma delas. Inicialmente, entretanto, como a Tugtupita trabalha no chacra do coração, a pessoa pode se tornar inconfortavelmente ciente de que estivera embotada ou dormente para o fogo vivo do amor que pode transformar a vida de um navegar suave (mas entediante) para uma cavalgada turbulenta pelo furacão da paixão.

A Tugtupita não faz nenhuma dessas coisas acontecerem – ela simplesmente abre o coração, completamente. O que vem em seguida pode tomar muitas formas, mas são todas consequências dessa abertura. É claro, nada acontece contra a vontade da pessoa. Ela deve estar aberta a essas potencialidades para que algo ocorra. E um anseio para que o coração de alguém seja desperto é de grande ajuda nessa questão.

Mesmo se a pessoa não vivencia uma paixão por outra pessoa, a abertura do coração que a Tugtupita facilita ainda pode transformar a experiência de vida da pessoa. A ativação completa do chacra do coração, para algumas pessoas, é expressa como uma experiência extática da Natureza e jorro de amor para a Terra. Em outros, ela pode se manifestar como uma alegria inefável sem nenhum objeto.

Diz-se que a alegria e a tristeza são dois lados de uma moeda, e isso pode ser muito verdadeiro quando o coração da pessoa é influenciado pela Tugtupita. A pessoa pode passar por uma experiência profunda de luto, que pode se iniciar com a tristeza pessoal, mas pode aflorar em memórias trágicas de experiências de vidas passadas e até luto e dor da própria Terra. Se a pessoa puder permitir tais sensações fluírem livremente, ela pode chegar a um lugar de paz profunda, em que o êxtase e a agonia são experimentados, ambos, calmamente, como um. Essa é a dádiva definitiva que a Tugtupita pode ajudar a pessoa a receber.

Na medida em que a Tugtupita abre as comportas do coração, os chacras superiores recebem a maré alta de energia e são abertos e energizados. Isso pode levar a um funcionamento harmonioso e integrado dos chacras do coração, terceiro olho, garganta e coroa, em que todos são vivificados, e existem alegria e percepção elevada passando por todo o corpo emocional e mental da pessoa.

A Tugtupita harmoniza com pedras do chacra do coração como Quartzo Rosa, Kunzita, Morganita, Esmeralda, Dioptase e Rodocrosita. Moldavita ajuda a tornar a experiência da paixão uma transformação espiritual. Azeztulite eleva a vibração do amor humano em cósmico.

NAISHA AHSIAN: A Tugtupita é uma pedra altamente expansiva, encorajando a abertura dos chacras superiores e ligação com os reinos mais elevados. Sua energia é fortemente estimulante para as funções do cérebro superior, criando estados de consciência altamente expandidos, ligação com entidades de energia evoluídas e habilidades psíquicas incrementadas. A energia da Tugtupita foca na ligação do coração até a coroa. Suas frequências podem criar estados de felicidade, êxtase e amor abrangente, e união com a mente do Criador. É uma pedra poderosa para a iniciação no amor e consciência universais, e pode ser usada como uma ferramenta de meditação para ajudar a facilitar uma expansão rápida do centro do coração, compaixão e cura do eu emocional.

A Tugtupita poderia ser chamada de "ayahuasca mineral", já que ela produz estados de consciência visionários combinados com uma intensa abertura e cura do coração. Não é apropriado, contudo, simplesmente "viajar" em sua energia. Pelo contrário, a pessoa deve usá-la conscienciosamente para promover a sensação de uma consciência mais elevada, centrada no coração, que possa elevar a vibração de qualquer um que ela encontre.

ESPIRITUAL: A Tugtupita é uma transformadora de paradigma. Sua energia é a do Coração e Mente Universais, concedendo à pessoa sentir o amor divino e transmitir essa frequência para outros.

EMOCIONAL: A Tugtupita cria um estado de consciência emocional expandida, cura e felicidade. Ela facilita a eliminação de todas as densidades do campo emocional. Sua frequência promove compaixão, amor, bondade, paz e uma consciência centrada no coração.

FÍSICO: A Tugtupita tem poucas aplicações de cura diretas, mas pode ser usada para ajudar a fortalecer de forma geral o sistema nervoso, o campo áurico e o coração.

AFIRMAÇÃO: Eu abro meu coração absolutamente, na medida em que me dou completamente para o amor.

TURMALINA

A Turmalina é um dos grupos minerais mais significativos para uso metafísico e inclui uma variedade de formas, cores e espectros de energia diferentes. Embora a Turmalina possa ser encontrada em todos os continentes, espécimes de cristais de boa qualidade e gemas ainda são considerados raros e em geral têm preços elevados. A Turmalina fez sua entrada no mundo comercial das gemas em 1876, quando George Kunz vendeu uma gema de Turmalina Verde do Maine para a Tiffany and Co. Nos anos seguintes, a Turmalina adquiriu grande popularidade como gema e mais recentemente suas propriedade sutis de energia a tornaram favorita para colecionadores e praticantes metafísicos.

A Turmalina é um borossilicato de alumínio complexo com uma dureza de 7 a 7,5. Seu padrão de cristal é hexagonal (trigonal) com cristais prismáticos e estriações correndo paralelas ao eixo principal. Nenhuma gema tem variações tão amplas de cor. As Turmalinas podem ser vermelhas, rosas, amarelas, marrons, negras e vários tons de verde, azul lilás e violeta. Em geral, as cores variam, algumas vezes amplamente, em um único espécime. Cristais com um centro rosa, cercados por uma camada externa de verde, são chamados de Turmalina Melancia. Aquecer e esfriar ou esfregar cristais de Turmalina pode fazê-los se tornarem eletricamente carregados, com um lado negativo e outro positivo. Quando carregados, os cristais atrairão partículas de poeira ou pedacinhos de papel. Essa propriedade de piroeletricidade (do calor), ou piezeletricidade (da pressão ou esfregação), era conhecida pelos mercadores holandeses que usavam os cristais para retirar as cinzas de seus cachimbos de sepiolita, e eles as chamavam de *aschentrekkers* ou "puxadores de cinzas".

As Turmalinas eram conhecidas nos tempos antigos no Mediterrâneo. Uma efígie de Alexandre, o Grande esculpida na Índia e datada de por volta do século II ou III a.C. confirma esse fato. No início dos anos 1700, a Turmalina era importada do Sri Lanka para a Europa por mercadores holandeses. Ela recebeu o nome cingalês de *turamali*, que significa "algo pequeno da terra". As maiores regiões em que a Turmalina é encontrada incluem Brasil (a maior), Estados Unidos, África, Madagascar, Sri Lanka e Rússia.

Consideraremos a seguir as variedades de Turmalina mais importantes para uso metafísico.

TURMALINA AZUL (INDICOLITA)

PALAVRAS-CHAVE: Percepção mais elevada, comunicação.
ELEMENTO: Água, Ar.
CHACRAS: Garganta (quinto), Terceiro Olho (sexto).

O nome alternativo da Turmalina Azul, Indicolita, é uma variação do original *Indigolita*, em referência à sua cor azul-escura. Ela é mais rara que as variedades negra, rosa e verde, e é encontrada no Brasil, Afeganistão, Paquistão e África. É conhecida metafisicamente como uma auxiliar na meditação e expansão da consciência.

ROBERT SIMMONS: A Turmalina Azul ou Indicolita pode ajudar a pessoa a desenvolver os dons mediúnicos – clarividência, clariaudiência, clarisciência, profecia e comunicação espiritual. É particularmente útil para os que desejam tornar-se canalizadores e médiuns, porque ela melhora a habilidade da pessoa para ver e ouvir através do véu que nos separa dos mortos e de nossos espíritos guias. Colocar uma Turmalina Azul sobre o sexto chacra pode capacitar até um noviço a abrir o terceiro olho e "atravessar o túnel" para o outro mundo. Porque a Turmalina Azul afeta o chacra da garganta, ela ajuda a pessoa a processar as impressões psíquicas recebidas por ela e permitir-lhes fluir por meio da comunicação verbal. Mesmo quando não é usada deste modo, a Turmalina Azul assiste a pessoa a encontrar as palavras para expressar graciosamente sensações e *insights* profundos.

Por sua habilidade para receber e transmutar as altas vibrações do reino dos espíritos, os curadores consideram a Turmalina Azul uma ferramenta útil. Ela ajuda a sintonizar e canalizar as energias de cura oferecidas livremente para nós a partir das dimensões elevadas. (Perceba que o Buda Medicina, Krishna e outros seres espirituais elevados são retratados em peças artísticas como azuis.) A Turmalina Azul facilita o contato com esses seres e a recepção de suas bênçãos. Em sua habilidade para demonstrar que o "outro mundo" dos espíritos existe, ela pode ser utilizada para diminuir o medo da morte. Para indivíduos dedicados, a meditação com a Turmalina Azul pode abrir as portas para os reinos espirituais mais elevados, oferecendo experiências de exaltação extática. Se a pessoa tem dificuldade para voltar ao estado aterrado, é recomendado segurar uma peça de Turmalina Negra.

As energias da Turmalina Azul são aumentadas beneficamente pela combinação com Kyanita Azul ou Índigo, Lápis-lazúli, Calcedônia Azul, Lazulita, Quartzo Aqua-Aura, Quartzo Azul Siberiano e/ou Sodalita.

NAISHA AHSIAN: A Turmalina Azul evoca a energia da mente pacífica. Ela facilita o estado de percepção elevada e atenção, acompanhada por uma completa rendição à fonte divina. A Turmalina Azul pode facilitar a meditação profunda e um estado de vazio iluminado semelhante ao zen. Ela auxilia a pessoa a eliminar vínculos a resultados e também ao passado.

A Turmalina Azul é uma ferramenta de cura avançada, em razão de sua habilidade de ativar a percepção mais elevada enquanto induz um estado de desapego. Nesse estado de imparcialidade, a pessoa pode perceber com mais precisão as causas de doenças ou desordens. Ela pode auxiliar a eliminar cordões ou padrões emocionais que perpetuaram o passado, libertando a pessoa para criar um futuro que reflita sua natureza espiritual.

ESPIRITUAL: A Turmalina Azul alinha a mente com a energia divina. Ela cessa a atividade excessiva do pensamento para que a percepção pura possa se desenvolver. Pode ajudar a pessoa a se comunicar com seres mais elevados em questões de cura e desenvolvimento espiritual.

EMOCIONAL: A Turmalina Azul ajuda a pessoa a compreender a causa raiz de trauma ou desequilíbrio emocional. É ideal para a exploração de vidas passadas para resolver problemas emocionais atuais.

TURMALINA

FÍSICO: A Turmalina Azul permite à consciência espiritual elevada da pessoa dirigir cura física enquanto a pessoa também ganha compreensão das raízes do desequilíbrio. É especialmente boa para dores de cabeça e enxaquecas.
AFIRMAÇÃO: Eu abro minha visão para os reinos do Espírito e compartilho livremente sua cura, orientação e sabedoria.

DRAVITA (TURMALINA MARROM)

PALAVRAS-CHAVE: Autoaceitação, autocura, trazer o *self* sombra para a consciência, autoestima.
ELEMENTO: Terra, Tempestade.
CHACRAS: Raiz (primeiro), Coração (quarto).

A Dravita é uma variedade de tom marrom da Turmalina. Seu nome deriva do mineralogista austríaco Drave. Sua cor é marrom-escura e raramente ela é clara o suficiente para ser facetada, mas as peças de melhor qualidade, quando facetadas, parecem com gemas de Quartzo Fumê. A maioria das Dravitas é encontrada em depósitos de Turmalina no Brasil.

ROBERT SIMMONS: Os seres humanos são cindidos – divididos entre o lado solar e o lado que reside nas sombras. Em geral, a sombra significa o inconsciente e o eu sombrio da pessoa consiste nas partes rejeitadas que foram empurradas para o inconsciente. Existem vários problemas com essa situação. Primeiro, ela retira energia da força de vida para manter os conteúdos confinados no inconsciente. Portanto, aqueles com sombras maiores (praticamente todos) têm apenas uma fração de sua energia original disponível para si. Segundo, a sombra quer ser tornada consciente, então ela surge frequentemente em comportamentos compulsivos, problemas de fala, depressão e mudanças emocionais bruscas. Terceiro, os dons mais preciosos da pessoa são, frequentemente, empurrados para o território da sombra, porque suas primeiras manifestações, aparentemente, encontraram a rejeição dos pais ou outros.

Para os que estão em um caminho espiritual, é imperativo que a sombra seja trazida para o consciente. A pessoa deve pegar o caminho difícil de examinar suas mágoas, vendo o eu distorcido e desfigurado que foi esquecido no "porão" interior, e por fim recuperar os fragmentos perdidos do eu por meio do amor não sentimental e a aceitação verdadeira. Muitas pessoas com inclinação metafísica abraçaram a espiritualidade para evitar olhar para baixo para tudo isso, mas isso deve ser feito para que exista progresso verdadeiro. Ninguém encontrará o Céu voando. A jornada para baixo, para a escuridão, é o portal para a Luz.

Tendo lido tudo isso, a pessoa dever ser encorajada a aprender que a Dravita é a gema aliada ideal para iniciar e acompanhar a pessoa nessa jornada essencial. Ela tem grande poder de aterramento e conterá tentativas de "ascender" antes que a pessoa esteja preparada. Ela é nutridora para as energias de força de vida, emprestando estamina para os que estão fazendo um trabalho interior profundo. Ela inspira a coragem e a persistência, e até ajuda a pessoa a ver humor em algumas situações mais sombrias da vida. A Dravita também é uma auxiliar para os que se sentem confusos – os que têm dificuldade para sentir o luto ou outras emoções sinceras. Suas vibrações podem ajudar a remover couraças energéticas em torno do coração. A Dravita, como o encanador que desentope os esgotos, é indesejada até que alguém perceba necessitar realmente de ajuda. Então, ela é vista como a grande bênção que realmente representa.

A Dravita funciona bem em conjunto com Turmalina Negra, Azeviche, Obsidiana Negra, Acmita e Quartzo Fumê, todas pedras que limpam e aterram o chacra da raiz e fornecem proteção psíquica. A Moldavita pode ajudar a acelerar o processo da transformação interior que a Dravita inicia e estimula.

NAISHA AHSIAN: Como muitos dos seres que pertencem ao grupo Turmalina, a Dravita tem um efeito calmante e relaxante sobre os sistemas energéticos e o corpo. Sua energia ajuda a pessoa a relaxar, libertar-se e tornar-se centrada dentro de si. A habilidade da Dravita de acalmar e tranquilizar é comparável à sua habilidade de limpar profundamente os corpos emocional e físico. A Dravita extrai os padrões e problemas mais profundos da pessoa para a superfície, permitindo que ela os reveja calmamente e os elimine. Isso ajuda a ver os aspectos do eu que ela escondeu de si por medo ou negação.

A Dravita casa as energias purificadoras da Turmalina Negra com a energia curativa do coração da Turmalina Verde. Ela pode ajudar a pessoa a identificar com simpatia o que necessita ser eliminado antes que o crescimento seguinte possa ocorrer. Ela pode auxiliar a encarar escolhas com coragem e tomar atitudes difíceis no sentido da verdade. As energias da Dravita concedem à pessoa perceber e integrar o eu sombra, elevando aquele aspecto do eu à consciência e infundindo-o com a energia e amor mais elevados. Ela pode ajudar a pessoa a aceitar aqueles aspectos do eu que parecem aborrecidos ou impossíveis de ser amados.

A Dravita tem uma ligação forte com a Terra e seu campo energético. Pode ser usada para aterrar ou ajudar a pessoa a fazer contatos fortes com a Terra. Ela concede que a pessoa veja seu caminho espiritual em termos concretos, de modo que possa planejar os passos envolvidos no alinhamento da sua vida mundana com seu propósito espiritual. É excelente para os que se sentem derrotados e precisam liberar a ansiedade. A energia da Dravita empresta à pessoa uma sensação de bem-estar e competência.

ESPIRITUAL: A Dravita ajuda a pessoa a entrar em acordo com o impensável. Ela ilumina suavemente e limpa aspectos da pessoa que foram negados ou experiências passadas que parecem dolorosas demais para ser lembradas. A Dravita ajuda os que se sentem pouco amados ou imperdoáveis a encontrar a compaixão para si e novos caminhos para manifestar seus eus em sua realidade diária. Ela guia a pessoa em uma cura suave e aceitação do eu total.

EMOCIONAL: A Dravita ajuda a encontrar uma força emocional e sensação de autoaceitação, iniciando uma cura profunda para os que experimentaram traumas emocionais. Suas influências de aterramento ajudam os que se sentem derrotados a eliminar o pânico e começar a encontrar um lugar de calma a partir de onde abordar a vida. Ela ajuda a ver o que foi negado, para que possa ocorrer a cura emocional.

FÍSICO: A Dravita é excelente para a purificação do sangue e para a limpeza e cura do sistema linfático. Ela ajuda a mudar o corpo físico por meio da mudança de hábitos e padrões negativos, tais como superação de vícios, parar com comportamentos de autoabuso ou mudar para um estado de saúde mais vibrante. A Dravita ajuda na absorção de nutrientes dos alimentos e pode ser útil para acalmar desordens intestinais, tais como doença de Crohn ou Síndrome do Intestino Irritável.

AFIRMAÇÃO: Eu abro meus olhos para tudo em mim, aceitando agora com amor todos os aspectos que foram exilados, esquecidos e perdidos.

RUBELITA (TURMALINA VERMELHA)

PALAVRAS-CHAVE: Alinhamento do coração individual com o universal, cura do coração e das emoções, reacender a paixão pela vida.
ELEMENTO: Água, Terra.
CHACRAS: Coração (quarto), Raiz (primeiro).

A Rubelita, também conhecida como Turmalina Vermelha, é um silicato de alumínio e berilo, com uma dureza entre 7 e 8. Seu sistema de cristal é hexagonal (trigonal). Ela forma cristais prismáticos com estriações verticais ao longo dos lados. Ela também ocorre em crescimentos massivos e compactos. O nome Rubelita é derivado da semelhança de sua cor com a do Rubi, embora a maioria das Rubelitas seja mais rosa que vermelha. A

TURMALINA

Rubelita é encontrada principalmente no Brasil, mas bons espécimes têm vindo da África e também da Califórnia e do Maine.

ROBERT SIMMONS: A Rubelita vibra em ressonância profunda com o chacra do coração. Ela vai mais fundo que as outras pedras do coração, que podem ativar esse centro de energia e estimular as sensações de amor. Ela fortalece o coração da pessoa e o conecta ao coração da Terra. Ela tem o potencial para abrir a pessoa ao amor que vai além do relacionamento humano – o amor que permeia o Universo.

A Rubelita é recomendada para os que têm enfermidades do coração, porque ela transporta e emana um padrão vibratório perfeito do coração. Por ter a capacidade de conectar o coração da pessoa com o coração universal, ela pode ser uma fonte de energia nutridora que a pessoa pode extrair para a cura. Estudos já mostraram que os pacientes de doenças cardíacas se recuperam mais facilmente se têm uma família e amigos que os apoiem e uma atitude positiva e otimista. O apoio energético da Turmalina Rubelita, embora intangível para a maioria das pessoas, é semelhante aos benefícios invisíveis dessas outras formas de energia positiva e mescla-se muito bem com elas.

A Rubelita beneficia o coração emocional também. Ela permite à pessoa extrair energias do amor universal quando está trabalhando para curar mágoas emocionais. Ela lembra à pessoa que "coração partido" pode significar "coração aberto", e que o luto pode ser tão valioso quanto a alegria. Ela ajuda os que caíram em paralisia – como resultado de um trauma pessoal ou simplesmente pelos ataques depressivos da vida cotidiana – a encontrar seu caminho de volta para o sentimento. Ela ajuda os que se tornaram passivos a redescobrirem seu entusiasmo pela vida. A Rubelita é um presente excelente para o parceiro romântico da pessoa por sua capacidade de estimular as chamas da paixão. Embora ela não afete diretamente as partes sexuais do corpo, pode ser um afrodisíaco psicológico maravilhoso.

A Rubelita estimula o chacra da raiz e também o coração. Ela traz um fluxo incrementado de *prana* ou energias de força de vida, e pode ser uma influência de aterramento, especialmente para as emoções. Como o Rubi, ela estimula a coragem e inspira a pessoa a ser protetora para com todos os que ama. Ela melhora a capacidade para fazer e cumprir compromissos, se eles forem inspirados pelo amor.

A Rubelita funciona em harmonia com todos os outros tipos de Turmalina. Para ajuda adicional com o apoio à cura para o coração físico, a Turmalina Verde é recomendada com Serafinita. Para melhorar as energias do amor, Quartzo Rosa, Morganita, Kunzita e Rodonita são ajudantes ideais. Quando a pessoa estiver trabalhando para curar mágoas emocionais da criança interior, a Rodocrosita pode ser uma aliada importante. Para uma ligação mais profunda com o coração da Terra, a Pedra Gaia pode ser de grande assistência. Para extrair das correntes do amor universal, a Rubelita pode ser combinada com Danburita, Petalita e/ou Azeztulite.

NAISHA AHSIAN: A Turmalina Rubelita combina as energias dos elementos Água e Terra. Ela ajuda a pessoa a superar os medos relativos a abundância, sobrevivência, estabilidade e segurança, enquanto acalma o corpo emocional e abre o coração. A Rubelita é uma aliada para aqueles com dificuldades para sentirem-se em casa no mundo e em suas vidas. Ela pode ajudar aos emocionalmente isolados a sentirem-se em contato com o mundo. É uma pedra proeminente para a cura do coração, mas também cura padrões limitantes no interior do primeiro chacra, ajudando a pessoa a sentir-se mais amorosa e também mais amada, protegida e apoiada.

A habilidade da Rubelita de equilibrar os chacras base e coração capacita a pessoa a ligar-se com a verdadeira abundância – a sensação de que o que necessitamos é fornecido pelo Espírito. Ela auxilia a pessoa na abertura para perceber e receber abundância, de modo que possa sentir-se mais em paz e satisfeita. É uma pedra excelente para os que são desesperados e temerosos, e dá à pessoa a coragem de enfrentar a dificuldade e a dor. Em circunstâncias em que a pessoa se sente ameaçada fisicamente, a Rubelita pode auxiliá-la a encontrar a coragem e força interior para encarar e mudar a situação.

A ligação entre o coração e o chacra da raiz ajuda a pessoa a se sentir mais amorosa em relação a seu corpo físico e mais capaz de criar sua realidade. A energia da Rubelita sintoniza a pessoa com o pulso vigoroso do coração da Terra, que é espelhado em seu próprio batimento cardíaco. Essa ligação fortalece o corpo físico e auxilia a pessoa a sentir-se mais unida com a Natureza.

ESPIRITUAL: A Rubelita auxilia na conexão do coração da pessoa com o mundo, de modo que ela possa receber amor e apoio dos outros e do Espírito. Ela ensina o poder do amor para superar o medo, e é fortalecedora do chacra do coração e da ligação da pessoa com o reino físico por meio de sua estimulação do chacra da raiz.

EMOCIONAL: A Rubelita é uma pedra aliada maravilhosamente encorajadora para as emoções. Ela assiste a pessoa a encontrar a força emocional para sair de relacionamentos difíceis, situações de abuso de poder e outros tipos de dificuldades emocionais.

FÍSICO: A Rubelita ajuda a equilibrar o cérebro impedindo que as emoções da pessoa assumam o controle. Ela acalma o sistema nervoso e pode ajudar a curar histeria, desespero e obsessão.

AFIRMAÇÃO: Eu alinho meu coração com o Coração da Terra e o Coração do Universo, lançando as gotas de meu amor no oceano de Amor que permeia Tudo.

TURMALINA DOURADA

PALAVRAS-CHAVE: Vontade, confiança, força interior.
ELEMENTO: Água.
CHACRAS: Plexo Solar (terceiro).

ROBERT SIMMONS: A Turmalina Dourada é uma auxiliar poderosa para os que desejam reparar os danos ao terceiro chacra. Ela pode ajudar a pessoa a reduzir e eventualmente eliminar sensações de medo visceral, surgidas por confrontos com os outros. Ela auxilia a "manter-se firme" em todas as situações, ajudando indivíduos tímidos a encontrar a coragem para encarar experiências que antes eram ameaçadoras. Em terapia de vidas passadas, ajuda a pessoa a aliviar e eliminar traumas que se tornaram padrões negativos repetitivos. Se usada ou carregada, ela cria uma "roda de fogo" no plexo solar, que age como um escudo contra as "viagens de poder" dos outros e melhora a habilidade da pessoa para focar e atingir seus objetivos.

A Turmalina Dourada promove o pensamento claro, estabelecimento de metas, solução criativa de problemas, confiança, perseverança, autoestima e uma atitude positiva. Por ajudar a levar a pessoa a uma sensação de autoconfiança e força, ela também estimula a tolerância, benevolência e a outorga de poder para os outros. A partir desse lugar de confiança e benevolência, é possível criar facilmente abundância e prosperidade.

A melhoria das energias do terceiro chacra da Turmalina Dourada é incrementada pela combinação com Heliodoro, Labradorita Dourada e/ou Tectito Ouro Líbio. Ela pode ser usada em conjunto com Safira Amarela e Fenacita para a manifestação de prosperidade.

NAISHA AHSIAN: A Turmalina Dourada acalma o terceiro chacra e ajuda a pessoa a eliminar a necessidade de controlar sua vida e a vida dos outros. Ela ajuda a reconhecer que a necessidade de controle se iguala à falta de confiança no Divino. A Turmalina Dourada pode auxiliar a pessoa a desenvolver uma confiança maior no Espírito, enquanto aprende a alinhar sua vontade com a vontade divina.

A Turmalina Dourada é extremamente útil para os sobreviventes de abuso de poder em qualquer nível (emocional, físico e sexual), enquanto elimina gentilmente constrições e cicatrizes emocionais do terceiro chacra. Ela ajuda a pessoa a compreender a verdadeira natureza do poder como um estado de ser radiante – não um ato de sujeição da vontade dos outros. As lições de poder da Turmalina Dourada podem auxiliar a pessoa a tornar-se mais confiante e a manifestar seus desejos com maior facilidade. A Turmalina Dourada é uma pedra poderosa para empatas emocionais e curadores, uma vez que ela evita que a pessoa absorva as energias emocionais dos outros por meio do chacra do plexo solar.

ESPIRITUAL: A Turmalina Dourada ajuda a pessoa a desenvolver a confiança no Divino e a eliminação da necessidade de controlar as circunstâncias externas. Ajuda a pessoa a compreender a verdadeira natureza do poder ao mesmo tempo em que a ensina a exigir seu próprio poder e usá-lo para o bem maior.

EMOCIONAL: A Turmalina Dourada pode ajudar a pessoa a sentir-se com mais autonomia de decisão, capaz, forte e apoiada. É uma aliada excelente para qualquer um que esteja se recobrando de qualquer forma de abuso de poder.

FÍSICO: A Turmalina Dourada sustenta energeticamente aqueles com excesso de ácidos digestivos, refluxo de ácido, intestino irritável, etc. Ajuda a reduzir os sintomas de úlceras e pode conter náusea.

AFIRMAÇÃO: Eu estou confiante em minha força, valor e poder, e uso minhas energias para manifestar o bem maior.

TURMALINA MELANCIA

PALAVRAS-CHAVE: Calma, alegria.
ELEMENTO: Água.
CHACRAS: Coração (quarto).

A Turmalina Melancia é o nome dado a cristais de Turmalina com centros rosa e uma "pele" verde em volta do lado de fora. Elas podem ocorrer em qualquer área em que as Turmalinas Verde e Rosa puderem ser encontradas. Muitos dos melhores espécimes vêm do Brasil e da África. Elas estão entre os cristais mais procurados para trabalhar com as energias do coração.

ROBERT SIMMONS: A Turmalina Melancia é uma combinação sinérgica de Turmalina Rosa e Verde que amplifica e equilibra as energias de cada uma delas. É particularmente bem adaptada para trabalhar simultaneamente com os componentes físicos, emocionais e espirituais do coração e despertar o "coração mais elevado", o centro de energia exatamente acima do chacra do coração que também é conhecido como "assento da alma". Quando a experiência emocional da pessoa é definida pelas elevações e baixas das marés dos acontecimentos da vida, a felicidade em geral é passageira. Contudo, a Turmalina Melancia ensina à pessoa o significado de alegria – aquela felicidade sem limites que não é causada por nenhuma circunstância exterior, mas, em vez disso, é a condição natural do ser. Essa também é a fonte da capacidade da Turmalina Melancia para curar. Quando a pessoa está sintonizada com a frequência natural da alegria, existe uma harmonização resultante de todos os aspectos de si, desde o campo áurico ao corpo físico. A vida pode continuar a trazer seus momentos de tristeza, mas mesmo eles podem ser experimentados com alegria. A percepção da beleza experimentada de forma praticamente universal pelos que veem ou tocam um bom espécime de Turmalina Melancia é em parte uma ligação com o próprio coração mais elevado da pessoa e a frequência de alegria.

A Turmalina Melancia funciona harmoniosamente com Thulita, Opala Oregon, Opala Rosa Andina e Calcita Rosa. A Lazurita Rosa contribui bastante para o foco na ativação do coração mais elevado. O Rubi pode trazer uma intensidade de paixão para a energia de alegria da Turmalina Melancia.

NAISHA AHSIAN: A Turmalina Melancia é rosa por dentro e verde por fora. Essa combinação de Turmalina Rosa e Verde ativa, limpa e acalma o chacra do coração e o coração físico. Ela é um apoio poderoso para os com condições cardíacas que surgem a partir de estresse excessivo. Essa energia é calmante e combate rapidamente a raiva ou o ressentimento.

Em meditação, a Turmalina Melancia auxilia a acalmar a mente e as emoções, eliminando o estresse do dia e entrando em um estado profundo de percepção centrada no coração.

ESPIRITUAL: A Turmalina Melancia é maravilhosa para virar a consciência da pessoa do cérebro para o coração. Ela fortalece a energia do coração e ajuda a gerar um campo energético poderoso de amor e compaixão que pode curar em todos os níveis.

EMOCIONAL: A Turmalina Melancia ajuda a levar pessoas histéricas e dramáticas a uma ressonância com energias fortemente centradas no coração que, imediatamente, as acalmam e focam. Ela é ideal para crianças hiperativas, afeitas a drama e aqueles que precisam ser acalmados e encontrar seus centros.

FÍSICO: A Turmalina Melancia é útil para ajudar a curar problemas com o coração físico. Seu grande conteúdo de lítio também pode ajudar a pessoa a manter um estado de mente calmo e centrado.

AFIRMAÇÃO: Eu estou unido com a serenidade e alegria de ser.

TURMALINA NEGRA

PALAVRAS-CHAVE: Purificação, proteção.
ELEMENTO: Terra.
CHACRAS: Base (primeiro).

Embora menos colorida que as outras variedades, a Turmalina Negra (também conhecida como Schorl) é uma das pedras mais populares para objetivos espirituais. Ela se forma em uma gama de tamanhos variada, de cristais com terminação dupla de um centímetro do Nepal a cristais brasileiros maiores, de vários quilos cada. Alguns dos melhores espécimes vêm do Brasil, África, Paquistão e Maine, nos Estados Unidos.

ROBERT SIMMONS: Os cristais de Turmalina Negra são ideais para proteção psíquica de qualquer um que deva trabalhar ou viver em espaços ou circunstâncias desafiadores. Carregar uma ou meditar com ela pode manter o campo áurico da pessoa livre de desequilíbrios, mesmo na presença de energias destrutivas. Todos nós sabemos que encontramos com frequência indivíduos ou situações que emanam "vibrações ruins". De fato, algumas vezes podemos transmiti-las. Os cristais de Turmalina Negra agem como aspiradores de pó etéreos, limpando a pessoa e quem está à sua volta da negatividade e desarmonia. Além disso, onde tais influências não são um problema, a Turmalina Negra pode fornecer altos níveis de purificação que servem para elevar a consciência da pessoa.

Outra aplicação para a Turmalina Negra é a purificação etérea. Carregar uma dessas pedras no bolso, segurá-la em meditação ou dormir com uma no travesseiro fornecerá uma dose renovadora de purificação para o campo áurico e todas as dimensões do corpo etéreo. Essa influência purificadora pode até ecoar na forma física. Esses cristais são também recomendados para livrar a pessoa de pensamentos negativos, ansiedades, raiva e ideias de inutilidade pessoal. A purificação disponível por meio da Turmalina Negra é poderosa e é uma energia necessária para todos nós nesses tempos desafiadores.

Um pequeno número de Turmalinas Negras tem terminação dupla. Esses são os espécimes ideais para disposições de corpo, porque o fluxo linear de energias é melhorado igualmente em ambas as direções ao longo da forma cristalina. Praticantes de cura que utilizam cristais são especialmente aconselhados a usá-las com seus clientes.

As energias de proteção da Turmalina Negra podem ser melhoradas ainda mais combinando-as com Azeviche, Obsidiana, Granada Andradita Negra, Quartzo Fumê, Sugilita, Charoíta e Ametista. Suas qualidades de aterramento podem ser incrementadas pela Hematita.

NAISHA AHSIAN: A Turmalina Negra (Schorl) é uma das principais pedras de nossa era. Ela tem a habilidade de transmutar e purificar a energia negativa, tornando-a utilizável. Isso é especialmente importante quando a pessoa abre totalmente suas habilidades psíquicas e empáticas – a Turmalina Negra age para proteger o campo de energia da pessoa contra anexações, entidades e resíduos energéticos.

A Turmalina Negra também é uma gema elétrica e pode ser usada para purificar e regular os sistemas elétricos e outros sistemas energéticos do corpo. É especialmente útil para os que experimentam altos níveis de estresse em seu trabalho e vidas domésticas. Eu as usei com eficiência com clientes para combater estresse excessivo, aflição ou comportamento obsessivo.

A Turmalina Negra é aterradora e é uma das pedras mais eficientes para usar na criação de circuito de aterramento com o campo energético da Terra. Esse circuito de aterramento é cada vez mais importante na medida em que lutamos para nos ajustarmos às viradas nos campos eletromagnéticos da Terra. A não ser que a pessoa esteja aterrada e em sintonia com as energias planetárias, essas viradas podem aumentar as sensações de estresse e negatividade. Ao utilizar as energias de sustentação da Turmalina Negra, a pessoa se torna capaz de mudar rapidamente em alinhamento com essas mudanças sutis.

ESPIRITUAL: A Turmalina Negra fornece um caminho aterrado para a Luz entrar no plano terrestre.

EMOCIONAL: Essa aliada ajuda a pessoa a desengajar-se de comportamentos obsessivos ou compulsivos e eliminar aflições e ansiedades crônicas.

FÍSICO: A Turmalina Negra ajuda a purificar o corpo de toxinas e dejetos. Ela pode sustentar a limpeza de metais pesados e poluentes ambientais do corpo.

AFIRMAÇÃO: Eu expulso todos os vínculos negativos, dentro e fora. Estou purificado, aterrado e centrado na Terra.

TURMALINA ROSA

PALAVRAS-CHAVE: Amor, cura emocional.
ELEMENTO: Água.
CHACRAS: Coração (quarto).

A Turmalina Rosa varia amplamente em tom (de um rosa pálido a um vermelho escuro), bem como em transparência (de gemas transparentes sem falhas a peças de cristal brutas e opacas). Os amantes de cristais em geral demonstram um afeto quase instintivo por essas pedras, talvez por tocarem o coração tão diretamente. Muitas Turmalinas Rosa de boa qualidade têm vindo de Pala, Califórnia, mas espécimes de boa qualidade também são encontrados no Brasil, África e Afeganistão.

ROBERT SIMMONS: A cor rosa é associada ao amor e outras questões do coração, e a Turmalina Rosa é a pedra quintessencial do chacra do coração. É uma representante das energias femininas ou *yin*. Ela é uma pedra sem igual como gema no auxílio para a cura de mágoas emocionais antigas, particularmente as da infância. Ela emana uma energia suave e calmante que engendra sensações de conforto, segurança e nutrição. Em meditação, a pessoa deve segurar ou colocar uma Turmalina Rosa sobre o chacra do coração, visualizando uma luz rosa irradiando da pedra e por fim circundando o corpo com uma nuvem ou bolha rosa. Isso infundirá todo o corpo emocional com amor e pode restaurar uma sensação de bem-estar.

A Turmalina Rosa pode ser usada para reparar "buracos" no campo áurico criados por ligações negativas ou abusos no passado. Usar ou carregar um cristal ou gema de Turmalina Rosa durante todo o dia pode auxiliar a pessoa a eliminar o estresse, aflições, depressão e ansiedade. Esses cristais podem ajudar o "paralisado" emocionalmente a recobrar sua paixão e seu entusiasmo pela vida. Elas fortalecem a conexão entre o chacra do coração e o da coroa, abrindo os caminhos para a infusão do coração com as energias divinas mais elevadas. Podem ajudar o tímido a encontrar coragem para amar, e podem melhorar o traço de gentileza na maior parte dos indivíduos. Usar uma Turmalina Rosa transforma a pessoa em um farol de suas energias amorosas e terapêuticas, tornando mais difícil para os outros projetar negatividade na direção da pessoa e muitas vezes influenciando-a à maior bondade e tolerância.

A Turmalina Rosa funciona em sinergia com o Quartzo Rosa, Morganita, Kunzita, Thulita, Rodonita, Rodocrosita, Malaquita, Dioptase e Calcita Rosa, para cura do coração e restauração do amor.

NAISHA AHSIAN: A Turmalina Rosa sustenta a cura emocional e a ativação do chacra do coração. Ela estimula a sensação de alegria, felicidade e relaxamento. Por causa de seu grande conteúdo de lítio, é uma pedra calmante poderosa que pode acalmar as emoções e o corpo físico. É uma parceira da Turmalina Negra no alívio do estresse e difusão de aflições ou comportamento obsessivo. Na meditação, a Turmalina Rosa pode auxiliar a limpar e alinhar o corpo emocional. Ela ajuda a identificar padrões emocionais que não mais estejam alinhados com o crescimento espiritual da pessoa, e pode auxiliar na mudança desses padrões para refletirem abordagens mais elevadas aos relacionamentos e comunicações.

A Turmalina Rosa é uma pedra excelente para crianças – particularmente as espiritualmente sensitivas "índigos" –, porque ela fornece uma energia centralizadora e calmante que pode auxiliá-las a considerarem o carma e consequências antes de agirem.

ESPIRITUAL: A Turmalina Rosa ativa o centro do coração elevado e a habilidade da pessoa para render-se ao amor. Ela ajuda a pessoa a encontrar força na vulnerabilidade e sentir alegria em todas as suas experiências de aprendizado.

EMOCIONAL: A Turmalina Rosa é uma equilibradora e purificadora emocional poderosa. É uma das pedras mais fortes para aliviar o estresse e o desequilíbrio emocional que pode brotar desse estado. Ela é uma pedra poderosa para crianças, especialmente quando a hiperatividade ou dificuldade para dormir é um problema.

FÍSICO: A Turmalina Rosa ajuda a acalmar e confortar o coração, auxiliando em casos de angina, batimentos irregulares e recuperação de ataque cardíaco. É útil para reequilibrar a bioquímica do cérebro para ajudar a promover um estado mental equilibrado.

AFIRMAÇÃO: Meu coração está curado e íntegro, e eu irradio as energias do amor.

TURMALINA VERDE

PALAVRAS-CHAVE: Cura, força, vitalidade, bem-estar.
ELEMENTO: Água.
CHACRAS: Coração (quarto).

As cores da Turmalina Verde variam dos tons pastel das primeiras folhas da primavera ao esmeralda brilhante, até o oliva e próximo ao negro. As pedras são encontradas no Brasil, Afeganistão, Paquistão, Estados Unidos e África. Enquanto a Turmalina Rosa é associada às emoções, a Turmalina Verde é vista como uma influência benéfica para o bem-estar físico.

ROBERT SIMMONS: A Turmalina Verde é uma das principais pedras para a autocura. Ela centra as energias no chacra coração, e está mais ligada com as vibrações mais densas da vida física do que sua prima orientada para o coração,

TURMALINA

a Turmalina Rosa. O coração físico nos humanos é um gerador poderoso de bioeletricidade, criando um campo de energia mensurável que se estende por cerca de 3,5 a 4,5 metros em torno do corpo. A Turmalina Verde emana um campo de energia sutil que pode harmonizar com o do coração, engendrando bem-estar, equilíbrio dinâmico e estabilidade. Do mesmo modo que a interação coerente dos campos bioelétricos de duas células do coração podem sincronizar-se para bater juntas em um ritmo ressonante, mesmo quando não estão se tocando, as vibrações espirituais emanando da Turmalina Verde podem criar uma ressonância que beneficie o chacra do coração e, como consequência, o coração físico. Porque o coração é o centro do ser da pessoa, levar harmonia para aquele chacra cria um fluxo de energia de bem-estar para todas as partes do eu.

A Turmalina Verde, por suas ligações com o mundo da vida física, é uma pedra de influência benéfica para todas as coisas que vivem e crescem. Ela pode ser usada para melhorar os jardins e as plantas domésticas e para ligar a fisicalidade com o espírito das plantas e animais. É uma pedra de portal para os reinos dévicos e pode ser usada na meditação para entrar em comunhão com os espíritos da Natureza. A Turmalina Verde é a contraparte masculina ou *yang* da energia feminina da Turmalina Rosa. Ela pode melhorar a vitalidade e estamina nas atividades físicas, e pode evocar coragem e força. Ela ajuda pessoas espirituais a abraçar e desfrutar a vida no mundo físico.

As energias da Turmalina Verde são melhoradas pela combinação com Aventurina, Esmeralda, Hidenita, Peridoto, Granada Tsavorita e/ou Granada Uvarovita. O Ferro Tigre acrescentará sua habilidade para restaurar a saúde e vitalidade e conectará o coração com os chacras inferiores.

NAISHA AHSIAN: A Turmalina Verde funciona mais poderosamente no coração físico e no corpo do que a Turmalina Rosa. Embora ambas sejam pedras de ativação do coração, a Turmalina Verde ajuda a integrar as energias no coração físico e no chacra do coração. Ela auxilia no alinhamento do campo eletromagnético do coração com o campo eletromagnético da Terra, ajudando a fortalecer o próprio coração. Por ela poder alinhar o coração físico, a Turmalina Verde é uma pedra de cura poderosa. Ela ajuda a acalmar o sistema nervoso e as emoções, e facilita o fluxo apropriado de energia de cura pelo corpo.

ESPIRITUAL: A Turmalina Verde é ideal para canalizar os poderes curativos da natureza. Ela sintoniza a pessoa com as energias da Terra na medida em que abre o coração e estimula a ligação com o amor divino.

EMOCIONAL: A Turmalina Verde traz uma energia revigorante de crescimento e expansão para o corpo emocional. Ela pode ajudar a pessoa a tornar-se menos inibida e mais expressiva. É útil para combater o medo de mudança ou a regulação excessiva da vida e dos hábitos.

FÍSICO: A Turmalina Verde pode ajudar a estimular a função e reprodução celular adequadas. É uma excelente assistente no tratamento etéreo do câncer e outros desequilíbrios do crescimento celular. É uma das pedras mais fortes para a cura vibratória do coração físico.

AFIRMAÇÃO: Estou fisicamente íntegro e vibrantemente vivo. O vigor de meu coração me enche e envolve, e eu sou uma força positiva no mundo.

TURQUESA

PALAVRAS-CHAVE: Completude, comunicação e expansão espiritual.
ELEMENTO: Tempestade.
CHACRAS: Garganta (quinto).

A Turquesa é um mineral fosfato de cobre e alumínio, com uma dureza entre 5 e 6. Sua cor azul impressionante é causada pelo cobre, e os tons esverdeados da Turquesa são devidos ao ferro. Sua estrutura de cristal é triclínica e, em geral, ela é composta por cristais submicroscópicos, tornando a pedra opaca. O nome Turquesa é derivado do francês *pierrre turquoise* com o significado de "pedra turca". Isso é porque as rotas de comércio pelas quais a Turquesa chegava à Europa vindas das minas da Ásia Central passavam pela Turquia, e os mercadores venezianos em geral compravam as pedras em bazares turcos.

A Turquesa pode ser a gema mais antiga entre as usadas. Contas datando de 5000 a.C. foram encontradas no Iraque. Os egípcios extraíam Turquesas no Sinai em 3200 a.C. Por toda a história, a Turquesa foi transformada em joias e decoração para uma série de objetos, desde armas a amuletos. A Turquesa é a gema nacional do Irã, e foi a pedra mais valorizada no Tibete por muitos séculos. Por volta de mil anos atrás, os nativos americanos começaram a extrair e moldar a Turquesa, e a gema foi encontrada em locais de sepultamento desde a Argentina até o Novo México. Nos tempos atuais, as Turquesas de melhor qualidade vêm do Irã, Afeganistão, Austrália, Tibete e do sudoeste dos Estados Unidos.

Tanto nas crenças hindus como nas persas, ver uma Turquesa e a lua nova ao mesmo tempo levará à boa sorte, proteção do mal e/ou aumento da riqueza. Os navajos usaram a Turquesa para trazer a chuva necessária, jogando a pedra em um rio enquanto rezavam para o deus da chuva. Os apaches acreditavam que a Turquesa poderia melhorar a exatidão de suas armas, e os zuni acreditavam que ela poderia protegê-los dos demônios. Na Ásia Central, a crença de que a Turquesa poderia evitar que os cavaleiros caíssem levou ao uso da Turquesa na decoração dos arreios dos cavalos. Nas culturas dos países em que a Turquesa é encontrada, a crença em suas propriedades benéficas persiste até os dias de hoje.

ROBERT SIMMONS: A Turquesa não é apenas uma pedra para encontrar perfeição e verdade, ela também é um auxílio na comunicação e manifestação dessas qualidades. Ela estimula e harmoniza o chacra da garganta, tornando menor o esforço para a pessoa articular e trazer à tona sua sabedoria mais profunda. Usar a Turquesa pode dar confiança aos tímidos em compartilhar seu conhecimento, e ela pode ajudar a pessoa a perceber que, ao falar a partir da totalidade de nosso ser, cada um de nós tem algo de importante para contribuir para o coletivo.

Por ser uma pedra da totalidade, a Turquesa também é benéfica para o bem-estar geral e a boa condição do humor e emoções. Ela é equilibradora e induz uma sensação de serenidade e paz. Segurar ou usar uma Turquesa pode ajudar a pessoa a restaurar vitalidade esgotada e elevar espíritos decaídos. Essa pedra tem a capacidade de curar o corpo emocional, aliviar o estresse e trazer o ponto focal de percepção para seu centro apropriado no coração.

A Turquesa ensina a sabedoria da compaixão e perdão e oferece à pessoa a oportunidade de experimentar o *insight* de que o egoísmo iluminado é idêntico à bondade e generosidade. O que a pessoa deseja para si, em sua essência, é felicidade, amor e liberdade das limitações e do medo. Por meio de sua elevação da inteligência emocional, a Turquesa demonstra que, quando a pessoa abandona sua insistência na "justiça" e vê os outros através das lentes da compaixão e perdão, ela recebe imediatamente aquelas bênçãos por meio de seu próprio coração. Portanto, o gesto mais generoso em direção aos outros também traz o que a pessoa mais deseja para si. Isso não é tudo – tais ações são contagiosas e autofortalecedoras! E a dádiva de comunicação da Turquesa auxilia a pessoa a compartilhar efetivamente tais *insights* com outros.

A Turquesa funciona harmoniosamente com a Sílica Gema, Shattuckita, Crisocola, Ajoíta, Malaquita, Azurita e a maioria dos outros minerais com base de cobre. Ela também é amistosa com todos os tipos de Calcita, Smithsonita e Hemimorfita. Larimar é um complemento quase perfeito para a Turquesa para acalmar e curar o corpo emocional.

NAISHA AHSIAN: A Turquesa combina as energias da Água, Ar, Fogo e Terra, contendo, portanto, o poder e unidade do elemento Tempestade. Ela melhora a habilidade da pessoa para perceber os aspectos díspares do eu e integrá-los em um todo coeso. Na medida em que a pessoa se movimenta ao longo do caminho espiritual, algumas vezes pode ser tentador tentar "livrar-se" de traços do eu que não parecem ser totalmente iluminados. A Turquesa lembra à pessoa de que todas as partes do eu refletem aspectos da fonte divina. É apenas abraçando e integrando esses aspectos que podemos verdadeiramente tornar-nos inteiros. Você não pode ter um arco-íris apenas com a cor roxa. A pessoa precisa abarcar todo o espectro da frequência e aprender a partir disso, de modo que possamos expandir nossa habilidade para transportar todo o espectro da Luz em nosso interior.

ESPIRITUAL: A Turquesa representa a sabedoria que vem de todas as experiências de vida. Ela é um aliado Avô antigo, aconselhando a pessoa de que todas as experiências são válidas e que os equívocos são apenas outra experiência. A Turquesa nos lembra de que a completude só pode surgir quando estamos dispostos a abraçar a totalidade do que somos e do que aprendemos em nossa caminhada na Terra.

EMOCIONAL: A Turquesa é uma pedra de autoperdão, autoaceitação e eliminação de remorsos inúteis. Ela encoraja a pessoa a honrar a si como uma criação e ferramenta do Divino.

FÍSICO: A Turquesa ajuda a oxigenar o sangue e aumenta a quantidade de *prana* no corpo físico.

AFIRMAÇÃO: A partir de meu coração e minha totalidade, eu falo minha verdade com clareza, certeza e amor.

ULEXITA

PALAVRAS-CHAVE: Intuição, visão interior, telepatia, clarividência, imaginação, criatividade e agilidade mental.
ELEMENTO: Ar.
CHACRAS: Terceiro Olho (sexto).

A Ulexita é um mineral borato de sódio e cálcio com uma dureza de 2,5. Sua estrutura de cristal é triclínica, e ele se forma em agregados arredondados, massas com topetes ou estruturas fibrosas. A Ulexita é branca ou incolor. É encontrada em bacias evaporadas, em geral associada com o bórax. Uma das localidades mais importantes para a Ulexita é o deserto do sudoeste americano. Fatias de Ulexita incolor têm uma propriedade única como "fibra ótica". Se a fatia é colocada sobre outro objeto, como um jornal, a imagem do objeto parecerá surgir no topo da superfície da fatia, de modo semelhante ao surgimento da imagem na tela da televisão. Isso deu à Ulexita o apelido de "pedra de TV".

ROBERT SIMMONS: A Ulexita é uma pedra de clarividência. Ela ajuda a abrir o olho interior para "visão a distância". Isso pode se manifestar como a visão de acontecimentos do futuro provável, acontecimentos presentes em lugares distantes ou episódios passados que têm importância em termos de problemas atuais. A Ulexita age sobre o terceiro olho para abrir portões interdimensionais, de modo que a pessoa possa ver e interagir com seres de planos mais elevados. Ela também pode ser programada para vibrar em várias frequências, permitindo à pessoa entrar em contato com extraterrestres, guias espirituais e outras entidades.

A Ulexita ativa as habilidades intuitivas latentes. Ela sensibiliza o eu para o campo da consciência em torno e além do corpo, e permite à pessoa "ler" as energias e intenções dos outros. Isso em geral se manifestará como uma sensação sobre alguém, e com a Ulexita essas sensações são magnificadas de modo que sua verdade e seu significado se tornem indubitáveis.

A imaginação é a chave da criatividade, e a Ulexita é um estimulante para ambos. À medida que ela ativa o terceiro olho, imagens e visões de todos os tipos começam a flutuar das profundezas da psique. A pessoa é advertida a prestar muita atenção a elas e registrar quanto for possível. A Ulexita liberta esses potenciais criativos latentes daqueles que sintonizam com suas vibrações, para que as imagens que surgirem sejam como representações de conceitos, arte ou invenções dos desejos profundos do eu para serem trazidas para este mundo. Muitas das grandes descobertas e inovações vieram em momentos meditativos de devaneio, e a energia da Ulexita parece agir como uma força de atração para a inspiração.

A telepatia é um dos potenciais interiores que pode ser despertado por meio da meditação com a Ulexita ou de dormir com ela. Quando isso começa a acontecer, a pessoa é aconselhada a praticar trabalhando com um parceiro. Cada pessoa deve colocar uma peça de Ulexita sobre o terceiro olho. Em seguida, os dois indivíduos podem revezar-se enviando e recebendo imagens, palavras, números, etc., para "tonificar o músculo" da habilidade telepática. A pessoa chega à conclusão de que a Ulexita funciona como um "*walk-talkies* psíquico", amplificando o poder e volume de seus pensamentos e projeções.

A Ulexita é uma bênção para outros poderes psíquicos. Ela pode acelerar o processo mental, permitindo que a pessoa *veja* instantaneamente respostas para problemas complexos. Pode acelerar o aprendizado de línguas estrangeiras, matemática, ciência, engenharia e outros campos. Ao carregar uma peça de Ulexita em situações de estudo, a pessoa pode experimentar uma melhoria na memória e uma apreensão mais clara de conceitos.

A Ulexita funciona em sinergia com Selenita, Celestita e Angelita para o contato com dimensões mais elevadas. A Moldavita acrescenta poder extra para o despertar de capacidades intuitivas.

NAISHA AHSIAN: A Ulexita ativa e estimula o chacra do terceiro olho. Ela abre o olho interior para a visão de outros reinos, guias e acontecimentos do passado, presente ou futuro. Pode ser usada a fim de auxiliar com a visão remota e na percepção de seres de outros reinos, tais como fadas, gnomos, silfos e outras criaturas da natureza.

ESPIRITUAL: A Ulexita é uma pedra de visão remota. Ela ajuda a desbloquear visão psíquica e física, e pode melhorar a habilidade da pessoa para interpretar corretamente suas visões e informações psíquicas.

EMOCIONAL: A Ulexita é emocionalmente neutra.

FÍSICO: A Ulexita ajuda a curar e equilibrar a visão física. Pode ser usada para ajudar a fortalecer a visão e superar fadiga ocular, e visão borrada ou dupla.

AFIRMAÇÃO: Meus olhos estão abertos para a verdade, melhorando minha habilidade para ver, interior e exteriormente, com clareza de visão em todos os níveis da realidade.

VANADINITA

PALAVRAS-CHAVE: Finalização de trabalhos, estamina, aterramento, criatividade, disciplina, conexão com as energias da Terra.
ELEMENTO: Fogo.
CHACRAS: Raiz (primeiro), Sexual/Criativo (segundo), Plexo Solar (terceiro), Terceiro Olho (sexto).

A Vanadinita é um mineral da família vanádio, combinando chumbo, vanádio, oxigênio e cloro. Sua dureza é 3, e seu sistema de cristal é hexagonal. Os cristais prismáticos que ela forma são vermelho, laranja avermelhado, vermelho amarronzado, marrom ou amarelo, e algumas vezes são côncavos. É um mineral relativamente raro e, às vezes, encontrado nas partes superiores oxidadas de depósitos de chumbo. A Vanadinita é encontrada no Marrocos, e também no Novo México e Arizona, nos Estados Unidos.

ROBERT SIMMONS: Quando a pessoa tem uma carga de trabalho a fazer, e não existe como colocá-la de lado, é aconselhada a adquirir um pouco de Vanadinita o mais rápido possível. Essa pedra ativa os três primeiros chacras, dando à pessoa uma resistência adicional, persistência, força e vontade de ver grandes projetos ser completados. Além disso, ela estimula os centros da mente e conecta-os com os chacras inferiores, fornecendo a combinação ideal de pensamento claro, organização, determinação e vitalidade para alcançar metas que exigem trabalho duro. A pedra também ajuda a pessoa a ficar livre de distrações, para que ela se mantenha "na tarefa".

Além do trabalho comum, a Vanadinita pode ajudar pessoas em campos especializados a alcançar seus objetivos. Ela é excelente para atletas que devem treinar por longas horas, fornecendo tanto foco quanto energia. É útil para escritores que têm de reunir suas energias criativas para cumprir prazos, e pode ajudar a quebrar "bloqueios de escrita". Ela é útil até para combater sonolência e fadiga naqueles que têm de permanecer acordados por longas horas para cumprir seus compromissos.

Para aqueles cujo trabalho envolve leituras psíquicas, canalização ou mediunidade, a Vanadinita pode fornecer tanto estamina quanto aterramento. O mesmo é verdade para os curadores que trabalham com energias sutis. A Vanadinita ajuda a pessoa a permanecer conectada com o corpo e a Terra sem diminuir sua ligação com os reinos de vibração mais elevada. A Vanadinita pode auxiliar os que usam pedras de vibração muito altas na meditação para melhorar seu acesso ao mundo espiritual.

A Vanadinita fornece uma conexão direta com as energias da Terra, e ela pode aumentar a sensibilidade às forças elementais. Ao carregar ou meditar com uma Vanadinita, a pessoa pode sentir e até prever mudanças no clima. Aqueles que trabalham com geomancia poderão descobrir que sua percepção das linhas de energia da Terra e vórtices detectáveis melhora. Indivíduos que buscam água com observação de bastões sentirão sensações mais claras e fortes, e seus pêndulos ou vergas funcionarão com maior eficiência.

A Vanadinita estimula as energias sexuais e criativas. Ela pode ajudar a pessoa a encontrar a inspiração necessária e o estímulo para a ação. Ajuda a pessoa a entrar em contato com seu eu animal e saborear a experiência da vida física.

A Vanadinita harmoniza com Zincita, Cerussita, Cornalina e Calcita Laranja para a estimulação do segundo chacra. Safira Amarela, Labradorita Dourada, Iolita e Lápis-lazúli podem ajudar a ativar mais completamente os centros da mente. A Safira Azul enfatiza mais a capacidade da Vanadinita de trazer ordem, persistência e disciplina para o trabalho. O Ferro Tigre oferece melhoria adicional para as energias psíquicas, entusiasmo e confiança.

NAISHA AHSIAN: A Vanadinita é uma pedra poderosa do elemento Fogo que promove ação e produção. Ela estimula o corpo físico e traz um jato de energia criativa pura para dentro da aura da pessoa. A Vanadinita é principalmente estimulante para o segundo e terceiro chacras. Ajuda a equilibrar e estimular a energia sexual da pessoa e as funções reprodutivas, encorajando-a a expressar suas ideias e desejos com maior facilidade. Ela pode ser bastante adstringente para o campo de energia, removendo estagnação e instituindo um fluxo livre tanto de energias como de ideias. É uma pedra maravilhosa para tarefas criativas, pois ajuda a pessoa a encontrar a expressão apropriada de suas ideias.

A Vanadinita ajuda a sustentar a energia durante os trabalhos ou empreendimentos criativos, capacitando a pessoa a ser mais produtiva e energética. Para os que devem "percorrer quilômetros extras" para chegar a seus objetivos, a Vanadinita pode se mostrar indispensável. Ela pode auxiliar a pessoa a ter controle e estamina para completar projetos, e foco para manter sua direção sem distração. A Vanadinita é uma excelente aliada para manifestação precisamente por essa razão. A Vanadinita também é uma pedra de aterramento, ajudando a pessoa a adquirir mais alegria a partir do corpo. Ajuda a pessoa a sentir-se mais no comando de seu corpo e mais adepta em utilizá-lo para criar sua realidade desejada.

ESPIRITUAL: A Vanadita ajuda a pessoa a colocar o Espírito em ação. Ela abre os olhos interiores da pessoa para a miríade de expressões da energia espiritual e pode ajudá-la a ver a beleza em todas as coisas e pessoas.

EMOCIONAL: A Vanadinita encoraja a criatividade, o divertimento e a curiosidade. Pode ajudar a pessoa a sentir-se aventureira, disposta a assumir riscos e libertar-se de expectativas ou rigidez alheia.

FÍSICO: A Vanadinita estimula energeticamente a produção de hormônios e pode ser usada vibratoriamente para ajudar a combater envelhecimento degenerativo por causa da diminuição da produção de certos hormônios. É útil como apoio durante a menopausa ou andropausa. A Vanadinita também ajuda a proteger a pessoa contra a radiação no ambiente – especialmente a causada por eletrônicos como computadores e campos de emissão de frequências extremamente baixas.

AFIRMAÇÃO: Eu tenho a energia, a vitalidade, a disciplina e o desejo de ver meus projetos até sua finalização bem-sucedida.

VARISCITA

PALAVRAS-CHAVE: Paz interior, amor e compaixão, alinhamento do corpo físico e de luz, simplicidade, clareza, cura emocional.
ELEMENTO: Água.
CHACRAS: Coração (quarto).

A Variscita é um mineral fosfato alumínio hidratado com uma dureza de 4 a 5. Seu sistema de cristal é ortorrômbico, e ela ocorre principalmente em crescimentos massivos ou duros, embora se forme algumas vezes em veios ou como crostas. A cor é em tons variados de verde. Ela se forma onde águas ricas em fosfato alteraram as rochas ricas em alumínio. A Variscita é encontrada em Utah, nos Estados Unidos (um de seus nomes é Utahlita), e pode também ser encontrada em Nevada, Estados Unidos, e em Queensland, Austrália.

ROBERT SIMMONS: A Variscita é imediatamente calmante, trazendo paz ao coração e tranquilidade para a mente. Quando a pessoa segura ou usa uma dessas pedras, o corpo de Luz é levado a um alinhamento e congruência com o eu físico. Isso cria a sensação de serenidade, em que a pessoa está contente e em paz com Tudo o Que É. A Variscita é uma pedra excelente para ser usada ou carregada pelos que se sentem "estressados", uma vez que o alinhamento com o corpo de Luz abre os canais pelos quais a pessoa pode liberar todas as desarmonias internas para dentro da Luz.

A Variscita é purificadora para o campo áurico, e pode ter o efeito de precipitar a limpeza no corpo físico. Isso acontece pela ideia de ressonância, que é central no uso das pedras para todos os objetivos metafísicos. As vibrações da Variscita são harmoniosas com o campo humano de energia e têm uma influência de bem-estar sobre ele. Ela tanto limpa o campo como o liga com o mundo físico por meio do corpo. Ela aproxima os padrões do campo de energia da Terra, de modo a produzir uma conexão ressonante entre o ser humano e a Terra. Nesse processo, o corpo, que está no limiar entre a Terra e o domínio espiritual, praticamente não tem escolha além de entrar em alinhamento com as energias harmoniosas acima e abaixo.

A Variscita traz uma ativação e estabilização do chacra do coração fortes. Isso não só gera estados emocionais positivos, mas também ajuda a pessoa a fixá-los como seu modo de ser normal. Em vez de ver a alegria como uma experiência de pico, ela pode tornar-se um modo de vida. Na cura emocional, a Variscita empresta coragem ao coração, de modo que a pessoa possa encarar o passado sem medo. Essa clareza e força de coração é a essência da cura emocional e, quando elas forem estabelecidas, examinar e eliminar suas velhas mágoas é simplesmente uma questão de processamento.

A Variscita ajuda a pessoa a apreciar a simplicidade e deixar de lado complicações desnecessárias. Ela concede à pessoa descartar hábitos emocionais não saudáveis e obsessões. Essa pedra tem a capacidade de acalmar e clarear os pensamentos e sensações da pessoa, de modo que ela possa ver as soluções simples para problemas que podem ter persistido por anos. Ela encoraja a pessoa a dar os passos necessários para mudar padrões não saudáveis. É menos uma pedra de estimulação e excitação

VARISCITA

e mais um reservatório de energia calma e positiva que ajuda a pessoa a valorizar e cuidar de si dos modos mais simples e sensíveis.

Como pedra da prosperidade, a Variscita é forte e útil em termos de ajudar a pessoa a assegurar-se de ter sempre o "suficiente", mas nunca o excesso. Sua tendência vibratória em direção ao equilíbrio e simplicidade evita que a pessoa crie excessos desnecessários, já que a ajuda efetivamente a banir a falta. Mesmo assim, para os que parecem incapazes de manter sua situação financeira horizontal, a Variscita pode ser uma aliada útil.

A Variscita funciona em harmonia com a Tsavorita, Uvarovita e Moldavita. Essas três juntas farão uma combinação poderosa para manifestar abundância. A Variscita também combina bem com Crisoprásio, Danburita, Quartzo Rosa e Calcita Rosa.

NAISHA AHSIAN: A Variscita é uma aliada do elemento Água que encoraja a unificação dos corações. É uma pedra de ativação poderosa para o chacra do coração e pode ser usada para estimular a compaixão da pessoa e o amor pelos outros. A energia da Variscita pode ajudar a unir tipos de pessoas díspares por meio do amor pelos outros. Ela pode ser usada para ajudar a suavizar relacionamentos com outros que a pessoa considere difíceis ou que possam ter crenças completamente diferentes das suas. É uma pedra da comunidade verdadeira, no sentido de que encoraja todos a viver e trabalhar juntos independentemente de suas diferenças.

A Variscita ajuda a pessoa a eliminar criticismos, em pensamentos, palavras e atitudes. Ela pode auxiliar a pessoa a reconhecer onde ela está colocando condições para seu amor ou aceitação dos outros e, portanto, de si. A Variscita pode ser utilizada com sua prima Turquesa, para capacitar a pessoa a perceber onde há falta de autoestima e aceitação, e para curar sua percepção de si.

ESPIRITUAL: A Variscita ajuda a pessoa a acalmar e centrar a mente, de modo que possa sintonizar com a "pequena voz interior". Ela melhora a consciência da pessoa, de modo que possa alinhar mais completamente sua vida com a verdade. É uma pedra expansiva que auxilia a pessoa a ligar-se com a frequência do Amor Universal.

EMOCIONAL: A Variscita abre o coração e concede à pessoa amar-se mais completamente. Ela ajuda os indivíduos a reconhecerem onde seu julgamento dos outros está refletindo seu próprio julgamento de si mesmo, e as condições que eles colocam sobre seu amor.

FÍSICO: A Variscita promove as funções mais elevadas do cérebro que somente estão disponíveis quando a pessoa está em um estado emocional positivo. Ela melhora o aprendizado, cognição, raciocínio e lógica. A Variscita é útil na nutrição geral do cérebro e encorajamento da química cerebral adequada. Ela pode ajudar a sustentar os que têm desequilíbrios degenerativos de sistemas nervosos ou doenças cerebrais.

AFIRMAÇÃO: Eu estou cheio de calma e bem-estar, meu coração está cheio de amor e minha vida, em equilíbrio harmonioso.

VESUVIANITA

PALAVRAS-CHAVE: Unir o coração e a vontade, entusiasmo pela vida, eliminação de vínculos negativos, coragem para mudar.
ELEMENTO: Terra.
CHACRAS: Todos.

A Vesuvianita, também conhecida como idocrásio, é um mineral silicato de cálcio alumínio e magnésio com uma dureza de 6 a 7. Seu sistema de cristal é tetragonal. Ela pode se formar em pequenos cristais prismáticos ou piramidais, e também em crescimentos massivo, compacto, granular ou em colunas. Sua cor pode ser verde, roxa, vermelha, branca, marrom ou amarela. Ela ocorre nas rochas ígneas nefelina e sienita e também em pedras calcárias impuras. É encontrada em associação com minerais, tais como Calcita, Epídoto, Granada e Diopsida. A Vesuvianita foi descoberta no Monte Vesúvio na Itália, de onde deriva seu nome. Ela também já foi encontrada no Quebec, Canadá, e também em Lowell, Vermont e Sandford, Maine, nos Estados Unidos.

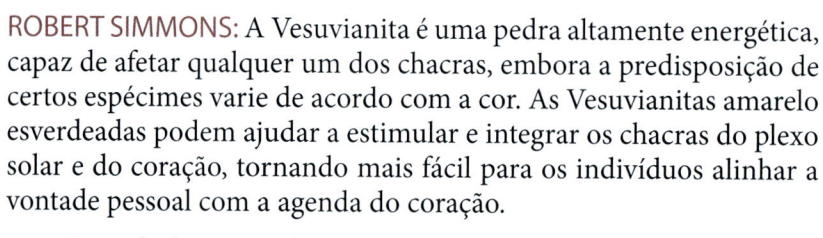

ROBERT SIMMONS: A Vesuvianita é uma pedra altamente energética, capaz de afetar qualquer um dos chacras, embora a predisposição de certos espécimes varie de acordo com a cor. As Vesuvianitas amarelo esverdeadas podem ajudar a estimular e integrar os chacras do plexo solar e do coração, tornando mais fácil para os indivíduos alinhar a vontade pessoal com a agenda do coração.

Esse alinhamento da vontade com o coração é da maior importância, pois descreve a solução da batalha entre o ego e o eu. Quando o ego, que em geral tem o controle da vontade, entrega o comando que ele usurpou do coração (o verdadeiro eu da pessoa), o indivíduo pode se tornar inteiro. Ao fornecer uma moldura energética disso como um fato reconhecido, a Vesuvianita concede ao usuário a assimilação dos padrões vibratórios da totalidade integrada.

A Vesuvianita também é útil para a manifestação dos desejos do coração aqui na Terra. Ela é de apoio para que a pessoa assuma ou seu caminho verdadeiro ou chamado na vida. Auxilia a pessoa a encontrar coragem para fazer mudanças em empregos, relacionamentos, padrões de hábitos, pensamentos e emoções, para realizar totalmente os anseios do coração. Aqueles que estão fazendo mudanças importantes na vida em consideração a seu chamado interior são aconselhados a carregar ou meditar com uma das Vesuvianitas amarelo esverdeadas, para continuar com a resolução necessária para realmente fazer as mudanças. Se a pessoa se sente insegura quanto aos desejos de seu coração, a variedade rosa roxa de Vesuvianita pode melhorar sua percepção.

A Vesuvianita é útil para combater pensamentos negativos e trazer o entusiasmo de volta para a vida da pessoa. Ela a ajuda a alcançar os *insights* que a inspirem a ir em frente em seu desenvolvimento

VESUVIANITA

espiritual. Ela auxilia na eliminação de medos inconscientes e crenças limitantes. Ajuda a pessoa a desenvolver assertividade e auxilia os tímidos a superarem o medo do confronto. Ela pode catalisar a abertura do inconsciente, de modo que a pessoa possa ver quais antigas mágoas ou memórias ruins estão segurando-a, e ela concede a eliminação desses padrões.

A Vesuvianita ajuda os que estão passando por trabalhos de transformação, tais como psicoterapia, trabalho de respiração, regressão a vidas passadas e outras modalidades de crescimento interior. Sua habilidade para trazer material oculto para a consciência e sua estimulação da coragem fazem dela uma aliada útil.

A Vesuvianita, em especial a variedade amarelo verde, harmoniza com a Moldavita e o Tectito Ouro Líbio para trabalhar com as energias dos chacras do plexo solar e coração e trazer transformação interior. Ela também funciona bem com Labradorita Dourada, Heliodoro, Esmeralda, Morganita, Dioptase, Tsavorita e outros tipos de Granada Verde. Para a jornada interior, Nuummita, Labradorita e Azeviche podem melhorar seus efeitos. O tipo rosa roxo de Vesuvianita funciona em sinergia com Kunzita e Tugtupita para sintonizar o coração com o amor divino.

NAISHA AHSIAN: A Vesuvianita é uma aliada do elemento Terra que auxilia na regulação e organização da mente e do corpo. Ela ajuda a pessoa a alinhar seus pensamentos (tais como: "Eu preciso perder peso") com a realidade física da pessoa (por exemplo: "É melhor eu colocar esse sorvete de lado e sair para uma caminhada"). Algumas vezes, uma desconexão entre a mente e o corpo pode prejudicar seriamente nossa habilidade para manifestar nossos desejos ou objetivos. Isso em geral é em razão de ignorar o corpo em favor do desenvolvimento dos chacras superiores e o corpo espiritual ou mental. De fato, o corpo e o mundo físico são vitais para nosso aprendizado espiritual. A Vesuvianita auxilia na reconexão da mente com o corpo e a assegurar que os pensamentos da pessoa podem se tornar realidade por meio da ação alinhada.

A Vesuvianita ajuda a pessoa a desenvolver a habilidade de usar efetivamente a mente e o corpo a serviço do Espírito. Ajuda a pessoa a integrar as ideias e os princípios espirituais em sua vida diária, e a identificar e agir a partir de seu caminho de serviço. Ela ajuda a pessoa a alinhar sua vida com sua verdade.

ESPIRITUAL: A Vesuvianita ajuda a alinhar o corpo, mente e espírito da pessoa, para que todos os aspectos do eu possam ser equilibrados. Ela ajuda a aterrar a energia mental excessiva e alinhar o corpo com a vontade.

EMOCIONAL: A Vesuvianita ajuda a pessoa a sentir-se mais em contato com seu corpo e vida físicos. Ela pode trazer o *insight* necessário para realinhar a vida mundana da pessoa para combinar com sua visão espiritual e verdade interior.

FÍSICO: A Vesuvianita é uma pedra de apoio. Pode ser usada para ajudar a fortalecer as pernas e os pés, para combater varizes e veias de aranha, e melhorar a integridade e saúde de todos os tipos de tecidos do corpo.

AFIRMAÇÃO: Eu rendo minha vontade aos anseios de meu coração, e estou disposto a transformar minha vida, alinhando as ações que assumo com a verdade do que sei.

VIVIANITA

PALAVRAS-CHAVE: Compaixão, amor, paz interior, gentileza, alívio, inspiração, despertar místico.
ELEMENTO: Terra, Água.
CHACRAS: Coração (quarto).

A Vivianita é um mineral fosfato de ferro hidratado com uma dureza de 1,5 a 2. Seu sistema de cristal é monoclínico. Forma-se em cristais prismáticos e também em crescimentos fibroso, massivo ou laminado. As pedras em geral são transparentes e podem ser incolores, azul esverdeadas ou azul-escuras. A Vivianita ocorre próxima à superfície em zonas de oxidação de depósitos ricos em ferro e manganês. Alguns dos cristais de melhor qualidade vêm das partes superiores das minas bolivianas de estanho, tais como a mina de Morococala em Ururo.

ROBERT SIMMONS: A Vivianita ajuda a pessoa a mergulhar profundamente na fonte do coração. Ela auxilia a pessoa a alcançar o silêncio interior durante a meditação e a ouvir a voz silenciosa dos anseios do coração. À luz disso, a Vivianita pode ser vista como uma pedra para entrar e permanecer em um estado de compaixão iluminada. Isso pode ser focado na própria pessoa ou em outros, e pode tornar-se a consciência normal para a pessoa que aceitou as energias emanadas pela Vivianita.

A Vivianita ajuda a remover a negatividade dos pensamentos e limpar energias desarmoniosas do campo áurico da pessoa. Ela funciona abaixo do nível de percepção para dissipar mágoas autoinflingidas e baixa autoestima. Traz suavidade para sua avaliação de outras pessoas e ajuda a pessoa a ver a humanidade cheia de sentimentos quando olha para cada par de olhos, mesmo aquele visto no espelho! Ela sustenta sentimentos de altruísmo e bondade, e inspira a generosidade, mais nas ações que com dinheiro.

A Vivianita pode inspirar de novo aqueles em profissões de assistência que estejam sofrendo de exaustão e "fadiga". Pode lembrar aos médicos e enfermeiras o verdadeiro sentido de curar. Ela pode proporcionar aos professores a alegria que eles sentiram pela primeira vez em que viram a luz do entendimento nos olhos dos estudantes. E os cuidadores não profissionais, tais como os que cuidam de parentes enfermos, podem receber um jato renovador simplesmente sentando e segurando uma dessas pedras.

Por meio de seu despertar do coração, a Vivianita pode lembrar a pessoa do amor que reside por trás de todas as coisas – o mar em que o próprio Universo flutua como um pequeno barco. Quando a pessoa sente o ritmo daquele oceano e suas marés subindo no coração, as queixas, os ressentimentos, criticismo e as dores se dissolvem em gratidão e bênçãos – e a disposição da pessoa para servir àquele amor torna-se absoluta. Quando a pessoa segura uma Vivianita, ela emana uma vibração que oferece ao coração um fio que o leva à sua própria essência. Nesse ponto, a pessoa pode escolher ou não seguir aquele fio, e quão longe. Se ela for até o fim, descobre um oceano de amor. A Vivianita não se impõe ou insiste – ela oferece. A partir disso, é uma questão de escolha e graça.

VIVIANITA

A energia da Vivianita mistura bem com Morganita, Quartzo Rosa, Rodocrosita, Moldavita, Esmeralda, Kunzita e Calcita Rosa. Natrolita, Escolecita, Herderita e Fenacita trazem a mente a uma frequência mais elevada que pode ressoar com o coração iluminado da energia da Vivianita. A Uvarovita acrescenta uma energia entusiástica para a vibração de despertar pacífico da Vivianita. A Tugtupita traz paixão e intensidade para a abertura do coração da Vivianita.

A Vivianita é uma pedra de paz, amor, compaixão, cuidado e iluminação espiritual. Embora rara, vale a pena procurá-la, bem como a energia que ela oferece.

NAISHA AHSIAN: A Vivianita traz uma frequência azul esverdeada maravilhosa para a aura, que ressoa tanto com o elemento Água como com o da Terra. Essa energia renovadora e nutridora alimenta tanto o corpo como as emoções. A Vivianita é uma aliada de cura poderosa que estimula tanto a recuperação física quanto emocional de trauma e desequilíbrio.

No nível físico, a Vivianita estimula as funções imunes do corpo e as capacidades regenerativas. Ela pode acelerar a recuperação de doenças ou enfermidades, e é especialmente eficiente na cura de ferimentos físicos e trauma. Ela provê as células com uma frequência energética que age como um nutriente e "fertilizante", encorajando a reparação celular e o crescimento equilibrado.

As capacidades de cura emocional da Vivianita também são impressionantes. Essa linda pedra ajuda a abrir e fortalecer o chacra do coração e encoraja a expressão do que reside em seu interior. A ressonância com essa pedra cria uma sensação de paz profunda e centralidade emocional. Sua energia é ao mesmo tempo calmante e estimulante para o chacra do coração, ajudando a pessoa a eliminar ansiedades e preocupações enquanto banha o coração em Luz feliz.

As energias da Vivianita dos elementos Água e Terra torna-a uma pedra que melhora o aspecto feminino ou receptivo da natureza da pessoa. Na medida em que o coração da pessoa é aberto e purificado por essa bela pedra, a pessoa torna-se mais receptiva para o amor dos outros e da fonte divina.

ESPIRITUAL: A Vivianita ensina sobre o amor divino e a manifestação do amor por meio do coração.
EMOCIONAL: A Vivianita abre e limpa o chacra do coração, ajudando a pessoa a tornar-se mais receptiva para os poderes de cura do amor e mais efetiva na divisão dessa vibração com os outros.
FÍSICO: A Vivianita promove a regeneração celular e a cura de machucados e traumas do corpo. Ela também apoia energeticamente o sistema imunológico.
AFIRMAÇÃO: Meu coração é um portão aberto pelo qual o amor flui com abundância.

WILLEMITA

PALAVRAS-CHAVE: Viagem interdimensional, aventuras no corpo astral, contato com seres astrais mais elevados.
ELEMENTO: Terra, Fogo.
CHACRAS: Terceiro Olho (sexto).

A Willemita é um mineral silicato de zinco com uma dureza de 5,5. Seu sistema de cristal é hexagonal (trigonal). Ele forma cristais hexagonais prismáticos que em geral têm terminações romboédricas e também podem ocorrer em crescimentos massivos, granulares, compactos e fibrosos. A Willemita se forma em zonas oxidadas de depósitos do metal zinco e em rochas calcárias metamórficas. Nos depósitos de metal de zinco de Franklin, New Jersey, a Willemita é encontrada em associação com Zincita e Franklinita. A Willemita compartilha uma estrutura molecular idêntica à da Fenacita, exceto por conter zinco em vez de berílio. A Willemita é um mineral relativamente raro e o material de New Jersey com Franklinita e Zincita é o mais facilmente disponível.

ROBERT SIMMONS: A Willemita é uma pedra de iniciação espiritual. Ela abre as portas de muitos dos reinos elevados mais próximos, permitindo à pessoa começar a aprender como se movimentar com a consciência além do plano terrestre. Ela fornece um portal dimensional para os reinos astrais mais elevados, onde espíritos benevolentes envolvidos com a Terra e com acontecimentos no plano material residem. Quando a pessoa trabalha com a Willemita em meditação, ela pode escorregar para fora do corpo e entrar nesse domínio. Os seres que existem lá oferecerão boas-vindas entusiásticas para todos os humanos que chegam em seu mundo, porque é um grande passo para um ser humano ir, conscientemente, além do corpo, e esses seres são cuidadores da humanidade que estão encorajando nossa evolução.

A Willemita ativa o chacra do terceiro olho e estimula as visões interiores, bem como viagens interdimensionais. Ela funciona de modo similar ao de sua prima, a Fenacita, embora esta tenha maior intensidade. A Willemita tem um traço adicional de auxiliar a pessoa a formar um corpo astral. Nos reinos astrais mais elevados, as entidades em geral exibem formas – "corpos de energia" – e, embora a pessoa possa entrar em outros domínios como um ponto de vista sem forma, ela estará melhor no reino astral com um "corpo". O corpo astral pode parecer diáfano e indistinto – a maioria dos seres astrais de forma humana é relativamente bem formada na cabeça e no torso, mas tende a perder a forma nas extremidades. A aparência inicial da pessoa nesses reinos pode ser bastante instável, e isso reflete uma instabilidade de sua consciência. A Willemita auxilia estabilizando tanto a percepção focada da pessoa quanto sua manifestação como um corpo astral. Ambas vão juntas – quanto mais coerente a consciência, mais estável a forma. Quando a pessoa aprende a se movimentar e funcionar nos reinos mais elevados, ela é limitada em quão "alto" pode ir principalmente por seu sucesso em manter um autossentido forte e desperto. Na Terra, o corpo fornece isso para nós sem muito esforço de nossa parte.

Nos mundos mais elevados, isso é mais desafiador, mas a Willemita pode ajudar. Outro benefício dessa pedra é ela não ressoar com os reinos astrais inferiores, e sua presença ajuda a pessoa a evitar aquela "vizinhança ruim".

A Willemita de New Jersey ocorre naturalmente em combinação com Zincita, Franklinita e Calcita Branca. Essa combinação é excelente em muitos níveis. Como afirmado, a Willemita abre as portas interiores para a percepção mais elevada e viagem astral. A Zincita oferece uma ativação vigorosa dos três primeiros chacras, fornecendo uma melhor vitalidade, criatividade e força de vontade. Ela auxilia a pessoa a manter contato com o corpo e suas energias. A Franklinita oferece uma vibração de proteção forte das energias e entidades da "alta escuridão" – o mais virulento dos planos elevados. A Calcita estimula o chacra coroa, elevando o padrão vibratório da pessoa. Portanto, essa combinação natural de pedras é ideal para os que desejam iniciar a exploração dos mundos interiores.

NAISHA AHSIAN: A Willemita é uma aliada dos elementos Terra e Fogo que estimula a energia em todos os níveis. Como sua prima Zincita, a Willemita promove a expressão criativa, a energia sexual e a habilidade para agir. A Willemita é uma auxiliar forte para a manifestação. Ela pode agir como um talismã para a "sorte", ou manifestação sincrônica, atraindo as pessoas, experiências ou oportunidades adequadas para levar à frente os desejos da pessoa. Nada ocorre por acaso, e a Willemita pode ajudar a pessoa a tornar-se mais consciente das oportunidades que o Universo envia para seu caminho. A Willemita é uma grande pedra para levar durante negociações empresariais, entrevistas de emprego ou outros encontros relacionados a negócios ou finanças.

A Willemita é uma pedra poderosa para a fertilidade e o crescimento. Pode ser empregada pelas mulheres que desejam engravidar ou como pedra de proteção para o desenvolvimento do feto durante a gravidez.

ESPIRITUAL: A Willemita é uma pedra de sincronicidade e alinhamento com as oportunidades. Ajuda a pessoa a ficar mais ciente do apoio e auxílio do Espírito.

EMOCIONAL: A Willemita combate a "Lei de Murphy". Para os que sentem que nada acontece como eles querem, a Willemita pode ajudar a mudar essa crença e fornecer evidência do contrário. Ajuda a pessoa a ser otimista e sempre vigilante para uma oportunidade de melhorar sua realidade.

FÍSICO: A Willemita fornece a proteção energética para a radiação e mutação celular. Ela melhora a função sexual e o prazer, e ajuda tanto com a fertilidade do homem como da mulher.

AFIRMAÇÃO: Eu estou aberto para o fluxo sincrônico de energias através dos mundos interior e exterior, e cresço e me fortaleço em todas as dimensões.

WULFENITA

PALAVRAS-CHAVE: Criatividade, manifestação, determinação, sexualidade, alquimia, ligação com a Terra.
ELEMENTO: Fogo.
CHACRAS: Sexual/Criativo (segundo), Plexo Solar (terceiro).

A Wulfenita é um mineral óxido de chumbo e molibdênio com uma dureza de 2,5 a 3. Seu sistema de cristal é tetragonal e ele se forma tanto em cristais prismáticos e quadrados como em tabulares. Ele também pode surgir em crescimentos massivo ou granular. A cor em geral é laranja ou amarela, mas também pode ser cinza, marrom ou marrom esverdeada. A Wulfenita é encontrada nas partes superiores oxidadas de depósitos de chumbo e molibdênio, em geral associada com Piromorfita, Cerussita e/ou Vanadinita. Os depósitos de Wulfenita estão no Marrocos, e cristais de muito boa qualidade foram retirados da mina Red Cloud e outras minas no Arizona, Estados Unidos.

ROBERT SIMMONS: A Wulfenita é altamente sintonizada com a Terra. Ao trabalhar com essa pedra, a pessoa pode facilmente entrar em ressonância com a vibração central do planeta, ou batimento cardíaco energético. Quando a pessoa está trabalhando com essa pedra e sente essa reação ressonante dentro do eu com a força de vida da Terra, pode ser uma experiência estonteante e comovente. Sentir mesmo o eco do coração da Terra dentro de si é compreender quão profundo, bom, generoso e cheio de vida é seu planeta Mãe. E com isso também acontece a dor dos ferimentos do planeta. Os que recebem a dádiva completa da Wulfenita com certeza serão transformados pela experiência, e muitos se tornarão ativistas em nome da Terra viva.

A Wulfenita é um cristal à base de chumbo e pode auxiliar na alquimia do desenvolvimento pessoal. Na alquimia, a pessoa deve aprender a transmutar o "chumbo" da base material humana no "ouro" do Eu Divino. Os tons laranja dourado da Wulfenita apontam para a possibilidade de que essa transformação não só é possível, mas natural. A própria Wulfenita pode ser vista como uma forma de chumbo transmutada em "ouro", para que na meditação com ela a pessoa possa sentir que a vibração da transmutação realizada é semelhante.

Além da autocriação alquímica, a Wulfenita pode auxiliar na criação artística. Ela estimula tanto a inspiração como a persistência, auxiliando a pessoa a levar mesmo os projetos mais ambiciosos até sua finalização. A Wulfenita é uma pedra de originalidade, trazendo novas ideias e visões para pintura, música, poesia e outras formas de arte. Ela pode até ajudar a pessoa a imaginar formas de arte inteiramente novas. Uma vez que também ativa as energias sexuais da pessoa, o pendor da Wulfenita pela originalidade pode levar a novas aventuras no amor tanto quanto na arte.

A Wulfenita estimula o chacra do terceiro olho, ativando o poder e vontade pessoais. Ela fortalece a capacidade da pessoa para saber o que ela deseja e agir para fazer isso acontecer. Ela auxilia a pessoa a

WULFENITA

ver o que deve ser feito para alcançar suas metas e melhora a energia da pessoa para a realização desses objetivos. Ela ajuda a livrar a pessoa da hesitação e do medo.

Quando a Wulfenita é unida à Zincita, as propriedades de criatividade, sexualidade e vontade são mais enfatizadas. A Wulfenita tem muito em comum com a Safira Padparadsha, no sentido de que ambas as pedras são influências fortes para auxiliar a pessoa na experimentação da visão criativa e em seguida ter a persistência para trazer a visão para a realidade. Essas são qualidades também melhoradas pela Tectito Ouro Líbio e pela Safira Amarela, de modo um tanto diferente. Usar essas pedras juntas cria uma sinergia que transcende o que qualquer uma delas pode fazer sozinha.

NAISHA AHSIAN: A energia da Wulfenita é estimuladora do processo criativo – trazer pensamentos inspirados e ideias à luz pelo princípio organizado da ação. Essa aliada auxilia a perceber o que necessita ser feito para trazer uma ideia para a realidade. Ela energiza o primeiro e segundo chacras, dando à pessoa a energia para agir tanto no nível físico quanto no energético.

Para os que têm muitas ideias, mas dificuldade para torná-las realidade, a Wulfenita auxilia a emprestar uma influência de aterramento e um sentido de determinação. Onde o medo de falhar limitou a habilidade de manifestar, a Wulfenita oferece força interior para superar obstáculos e a disposição para começar. Para os que sentem falta de inspiração, ou que têm bloqueios criativos, a Wulfenita elimina as restrições e inicia o fluxo de energia através dos três primeiros chacras.

Como iniciadora de energia criativa, a Wulfenita também pode ajudar a pessoa a estimular e equilibrar a energia sexual do corpo. Pode ser usada para iniciar o fluxo da kundalini pela coluna dos chacras, abrindo e limpando progressivamente cada chacra com uma frequência pura de energia criativa. Ela auxilia a pessoa a entrar em contato com a inspiração e o propósito divinos em seus empreendimentos criativos.

ESPIRITUAL: A frase-chave para a Wulfenita é criação divina. Sua energia auxilia a pessoa a realizar seu papel como cocriador com o Divino.

EMOCIONAL: A Wulfenita ajuda a pessoa a sentir-se inspirada e energizada de modo que o pessimismo, a procrastinação e as atitudes de autoderrota possam ser superados.

FÍSICO: A Wulfenita estimula o metabolismo, melhora a função sexual e o prazer e promove a atividade física.

AFIRMAÇÃO: O fogo de minha criação queima com grande paixão, enquanto manifesto minhas visões e sonhos.

ZINCITA

PALAVRAS-CHAVE: Força de vida, criatividade, sexualidade, poder pessoal, manifestação.
ELEMENTOS: Fogo.
CHACRAS: Raiz (primeiro), Sexual/Criativo (segundo), Plexo Solar (terceiro).

A Zincita é um cristal óxido de zinco com uma dureza de 4. Seu sistema de cristal é hexagonal, e na natureza ela ocorre apenas raramente na forma de cristal, surgindo principalmente em crescimentos massivos, granulares ou laminados. A cor é vermelha ou laranja amarelo. A Calcita natural ocorre principalmente em associação com minerais como Calcita, Willemita, Franklinita e Tefrita. A localização mais importante para a Zincita natural é em Franklin, New Jersey. A Zincita de New Jersey é de forma massiva, composta por Calcita Branca com múltiplos "pontos" de Zincita, Willemita e Franklinita.

Nos anos 1990, belos cristais de Zincita transparentes e prismáticos apareceram no mercado. Esses cristais foram produzidos acidentalmente nos dutos de ventilação de uma antiga fundição de produção de zinco na Polônia. Surgiram em várias cores, incluindo vermelho escura, vermelho amarronzada, laranja brilhante e laranja avermelhado, verde, amarela, cinza e incolor. Os cristais individuais variavam de 1,25 centímetro a 25 centímetros de comprimento, e geodos de 450 gramas estavam entre os espécimes recuperados quando a fundição estava sendo reconstruída. Embora não fossem "naturais" de verdade, os cristais foram e são valorizados pelos utilizadores metafísicos e também pelos colecionadores de minérios. Todos eles desapareceram do mercado, mas ainda podem ser encontrados em coleções.

ROBERT SIMMONS: A Zincita é uma pedra ideal para os que são espiritualmente inclinados e precisam do fogo das energias dos chacras inferiores para trazer suas aspirações para a realidade física. Muitos dos que são atraídos para o trabalho com as energias das pedras e outros objetivos espirituais têm a tendência de lidar em demasia com os chacras superiores e têm dificuldade para aterrar tanto a si mesmos quanto a seus objetivos no mundo físico. A Zincita pode trabalhar muito poderosamente para consertar essa deficiência pela estimulação vigorosa do primeiro, segundo e terceiro chacras e a movimentação dessas energias para cima, para conectá-las com os chacras superiores. O efeito é um aumento no nível geral de energia e vitalidade, bem como uma capacidade melhorada de realizar os desejos que a pessoa formula como resultado de inspiração dos reinos espirituais.

A Zincita aumenta a força de vida, coragem, paixão, criatividade, vontade e poder pessoal. É uma das pedras realmente "fortes" que até pessoas que não são normalmente sensíveis às energias dos cristais podem sentir. Sua estimulação do chacra da raiz traz a consciência da pessoa firmemente para o interior do corpo, enquanto provê uma abundância de novas energias para a realização física. Sua energia opera no segundo chacra de um modo que acende os fogos tanto da criatividade como da sexualidade. Onde a expressão maior se manifestará é uma questão da personalidade da pessoa, situação e escolha. Uma vez que a Zincita desperte a energia, depende da pessoa decidir como canalizá-la. A Zincita carrega o terceiro chacra, aumentando o reservatório de determinação, perseverança, foco de intenção e capacidade para a manifestação da pessoa. É excelente para fornecer o "empurrão final" necessário para realizar projetos criativos, grandes cargas de trabalho, novos regimes de saúde ou outros objetivos até sua finalização.

Uma vez que os chacras inferiores estejam ativados (algumas vezes em questão de minutos), a energia da Zincita se movimenta para os chacras superiores, transportando as energias despertas dos primeiros três. Isso pode ser sentido como um tipo de "explosão de poder" para os que não estão acostumados a operar com seu nível total de energia. Inicialmente, a Zincita pode ser um pouco intensa demais para usar o tempo todo. Contudo, os humanos foram planejados para operar com todos os chacras funcionando em uníssono; portanto, o presente da Zincita nessa área é muito valioso. O aumento nas energias emocional, mental e espiritual que resulta de sua ativação completa dos chacras e meridianos pode ser colocado em uso de modos que realmente revitalizam a vida da pessoa.

Entre os dois tipos de Zincita – a pedra natural e os cristais da fundição polonesa –, os cristais poloneses oferecem a forma mais poderosa das energias da Zincita. Isso acontece porque sua forma de cristal e sua pureza funcionam para intensificar os efeitos. A Zincita natural vem misturada na mesma pedra com Calcita, Willemita e Franklinita, que servem para suavizar suas vibrações e trazer o mesmo efeito mais gradualmente.

A Zincita pode melhorar as energias de muitas outras pedras quando são usadas em combinação. Para as energias sexuais e criativas, combinar Zincita com Cornalina é aconselhado. Para a concentração no primeiro chacra e aumento da força vital, acrescentar Cuprita é recomendado. Para foco na vontade e no poder de manifestação, combinar Zincita com Heliodoro, Labradorita Dourada ou Tectito Ouro Líbio pode ser de grande benefício. Para uma energia praticamente explosiva de transformação, despertar e aceleração do caminho de propósito mais elevado, as almas aventureiras são aconselhadas a combinar Zincita com Moldavita. Para limpeza e remoção de energia negativa entranhada no corpo, uma combinação de Zincita e Selenita funciona bem.

NAISHA AHSIAN: A Zincita incorpora a energia da criação e a sexualidade. É uma aliada potente para a fertilidade sexual, o desejo e a estamina. Ela estimula vigorosamente, ativa e limpa o primeiro, segundo e terceiro chacras. Ela capacita a pessoa a dirigir sua energia para trazer à luz novas ideias e formas. A Zincita é uma ajuda poderosa no processo de criação (a concepção do que a pessoa deseja criar) e manifestação (trazer à luz a forma final da criação).

A Zincita é uma estimuladora poderosa dos chacras superiores, particularmente o terceiro olho e a coroa. Ela capacita a pessoa a abrir-se à energia intensa de alta frequência, aterrando essa energia por meio dos chacras inferiores e dando forma a ela por meio da criação. Ela é estimulante para todos os sistemas de energia e meridianos do corpo. Pode eliminar bloqueios de energia do mesmo modo que a água quebrando uma barragem "facilita" o fluxo de um rio. A energia da Zincita pode ser muito intensa! Ela deveria ser usada apenas por períodos curtos até seus efeitos no sistema da pessoa serem compreendidos. O uso excessivo pode causar um acesso de calor, superestimulação do chacra do coração, raiva excessiva ou outros sintomas desconfortáveis. Usada com moderação, ela pode ajudar a pessoa a ultrapassar limitações e trazer seus sonhos à realidade pelo processo de criação e manifestação.

ESPIRITUAL: A Zincita ensina o processo espiritual de criação e manifestação. Essa é uma das lições-chave da fisicalidade, pois é apenas no reino físico que a manifestação tem sentido. A Zincita alinha a pessoa com o fluxo criativo do Universo e ajuda a pessoa a dirigi-lo.

EMOCIONAL: A Zincita ajuda a pessoa a superar sensações de desabono, inabilidade para mudar sua vida ou experiência e impotência emocional.

FÍSICO: A Zincita estimula vigorosamente os órgãos reprodutivos e o sistema endócrino; melhora a fertilidade e o interesse sexual.

AFIRMAÇÃO: Eu desperto todo o espectro e poder de minha vitalidade física e meus chacras inferiores, e a energia espalha-se por todo o meu ser em um fluxo de vida nova.

ZIRCÔNIO

PALAVRAS-CHAVE: Estimulação de todos os chacras, força de vida aumentada, aterramento de ideais no mundo físico.
ELEMENTO: Tempestade.
CHACRAS: Todos.

O Zircônio é um mineral silicato zircônio com uma dureza entre 6,5 e 7,5. Seu sistema de cristal é tetragonal, e ele se forma como cristais prismáticos com terminações bipiramidais. Os cristais de Zircônio formam-se em rochas ígneas e algumas rochas metamórficas. O Zircônio natural em geral é vermelho amarronzado ou amarelo amarronzado. O tratamento do Zircônio com calor para gemas produz pedras incolores, amarelas, verdes ou azuis. Quando facetados como gemas, os Zircônios têm grande brilho e um fogo intenso. Cristais de Zircônio grandes foram encontrados perto de Betroka, Madagascar e Renfrew, Canadá. Depósitos aluviais de Zircônio com pureza para gemas foram descobertos no Camboja, Burma, Tailândia, Sri Lanka, Madagascar, Austrália, França, Vietnã e Tanzânia.

ROBERT SIMMONS: O Zircônio é uma pedra de alta intensidade e foco preciso. Pode ser usado para estimular energias letárgicas em qualquer um dos chacras ou meridianos. Uma de suas capacidades especiais é a transmutação de energias espirituais no plano físico. É uma pedra que pode ajudar a pessoa a "tornar real" o que diz respeito à integração de suas vidas interior e exterior. Ele também ajuda os que tendem a ficar sem chão a "tornar real" o que diz respeito aos cuidados com as necessidades da vida terrena de modo prático e organizado. O Zircônio é uma pedra excelente para os que não desejam desistir de seus ideais, mas precisam focar em como tirá-los da mente e dá-lhes forma no mundo. Portanto, eles podem ser úteis especialmente para jovens que estão lutando para reunir as visões idealistas com a realidade da vida como eles veem à sua volta. O Zircônio empresta energia e força de propósito para os que poderiam, caso contrário, ficar soterrados pelo conflito entre seus desejos de mudar o mundo e o medo de seus sonhos serem impossíveis.

Em trabalho de energia, os cristais de Zircônio são ferramentas valiosas para disposições de corpo. Podem ser usados para ativar qualquer um dos pontos de conexão entre os corpos físico e etéreo, e auxiliam a pessoa a trazer o eu físico e espiritual a uma união. Por causa de seu foco e intensidade, os Zircônios podem ser usados próximos de qualquer outra pedra para amplificar seus efeitos. Uma linha de nove cristais de Zircônio – um colocado em cada chacra do corpo, mais um por volta de 30 centímetros abaixo dos pés e outro por volta de 15 centímetros acima da cabeça – pode despertar e alinhar os sete chacras físicos e mais o Estrela da Terra e Estrela da Alma, criando um padrão de energia que é ideal para o ser humano integral. Praticantes são aconselhados a acrescentar outras pedras de acordo com a necessidade, para lidar com déficits ou excessos de energias particulares em clientes individuais.

O Zircônio pode funcionar como talismã de proteção espiritual. Ao usar um facetado em forma de joia, suas vibrações agem como um "escudo de Luz" em torno da pessoa que o usa, mantendo energias intrusas ou perigosas de fora e também prevenindo com suavidade que a pessoa envie "ganchos" que atraiam situações negativas. Os Zircônios facetados azul brancos emanam vibrações que podem fornecer uma conexão com o plano sobre o qual certas raças benevolentes de seres extraterrestres têm sua existência básica. Esse também é o plano de muitos dos "deuses azuis" de várias mitologias.

O Zircônio harmoniza com a Pedra do Profeta, especialmente no que diz respeito ao aterramento de energias espirituais no corpo físico. Com Moldavita, a transformação positiva da vida da pessoa torna-se ainda mais acelerada. Com Fenacita, as energias intensas do Zircônio são geralmente acompanhadas por experiências visionárias. O Zircônio pode magnificar e acelerar os efeitos de praticamente qualquer outra pedra.

NAISHA AHSIAN: O Zircônio é um aliado do elemento Tempestade que estimula cada chacra do corpo, trazendo energia de alta frequência através da coroa e aterrando-a pelos chacras base e Estrela da Terra. Ele estimula o fluxo do *chi* pelo sistema de meridianos e pode ser útil a fim de a superação de energias letárgicas ou deprimidas.

O Zircônio abre os portais para os reinos mais elevados. Ele é um energizador para as habilidades psíquicas e auxilia em uma tradução mais exata de impulsos intuitivos em entendimento consciente. O Zircônio empresta uma energia de proteção para os que deixam o corpo físico para explorarem outros reinos de consciência. É particularmente útil para canalizadores.

O Zircônio ajuda a pessoa a equilibrar o reino "mundano" e o "espiritual". Ele pode auxiliar na manutenção da consciência espiritual enquanto faz a limpeza, ou conceder que a pessoa receba orientação espiritual durante um encontro de negócios. Sua energia representa uma combinação dos reinos e uma cura das polaridades percebidas.

O Zircônio estimula a habilidade do corpo de limpar toxinas dos sistemas. Pode ser usado para ajudar na desintoxicação e limpeza do corpo físico ao mesmo tempo que suas energias limpam a aura e os sistemas energéticos.

ESPIRITUAL: O Zircônio ajuda a pessoa a tornar-se um veículo para o Espírito, enquanto mantém sua ligação com o plano terrestre. Ele amplifica em muito a informação psíquica e intuitiva e auxilia a pessoa a interpretar essa informação com acuidade.

EMOCIONAL: O Zircônio pode ajudar a pessoa a sentir-se reconciliada com o fato de ser um ser espiritual em um corpo físico, ou com menos medo de ser um ser físico abrindo-se para o Espírito. Ele ajuda a equilibrar essas polaridades, ajudando a pessoa a sentir-se mais estável e alinhada tanto com o reino físico quanto com o espiritual.

FÍSICO: O Zircônio ajuda a equilibrar a suprarrenal, podendo auxiliar em sua sustentação quando a pessoa está sobrecarregada com trabalho ou estresse. Ele é útil na limpeza de toxinas do corpo e pode ser usado como apoio na eliminação de hábitos de cafeína, tabaco e outras substâncias.

AFIRMAÇÃO: Pela conexão total de meu eu físico com meu corpo de energia, integro o mundo interno e exterior, trazendo meu sonho mais elevado para a realidade.

ZOISITA (COM RUBI)

PALAVRAS-CHAVE: Incremento no desenvolvimento interior e externo, despertar do eu verdadeiro, engajamento jubiloso com a vida, cura, aumento da força de vida.
ELEMENTO: Tempestade.
CHACRAS: Raiz (primeiro), Coração (quarto), Terceiro Olho (sexto).

Zoisita é o nome de uma família de minerais silicatos de cálcio e alumínio com uma dureza de 6,5 a 7. Seu sistema de cristal é ortorrômbico, e ele se forma em cristais prismáticos, bem como em crescimentos massivos, granulares e colunares. A cor varia em tons de verde, cinza, branco, marrom esverdeado, incolor, azul, roxo, amarelo e rosa. A Zoisita é encontrada em muitos países, incluindo Tanzânia, Austrália, África do Sul e Índia. A Zoisita Verde com Rubi é encontrada na Índia. Essa combinação é bastante colorida, com os Rubis de um vermelho escuro em contraste absoluto com o verde folha pontilhado de negro da Zoisita. [Para as propriedades químicas do Rubi, *veja* o verbete Rubi.]

ROBERT SIMMONS: A Zoisita com Rubi é uma daquelas combinações verdadeiramente afortunadas de minerais. A Zoisita Verde emana uma energia de crescimento e fertilidade em todos os aspectos da vida. Ela pode estimular o processo reprodutivo em todos os níveis, desde a concepção ao nascimento, e também otimizar o crescimento e desenvolvimento durante a infância. Fornece energia para o renascimento da pessoa na alma, estimulando o desenvolvimento interior e aumentando a compreensão de si e do mundo. Ela é uma pedra excelente para os que "despertaram" recentemente para sua espiritualidade, porque fortalece as ligações neurais e energéticas entre o cérebro e o coração. Isso permite à mente "ouvir" os anseios do coração e entendê-los o suficiente para agir em seu favor.

O Rubi é uma pedra de força de vida, coragem e paixão. Ele estimula o chacra da raiz, fornecendo uma infusão de vitalidade que pode fazer a pessoa sentir-se rejuvenescida e com entusiasmo pela vida. Ela lembra a pessoa de que viver com animação e intensidade é mais satisfatório do que "viver em segurança". O Rubi nutre o corpo e as energias físicas, sem o que a vida emocional e espiritual pode ficar paralisada.

Quando o Rubi e a Zoisita são combinados em uma única pedra, os chacras raiz, coração e terceiro olho ficam fortemente estimulados e harmonizados. Isso cria o potencial para a manifestação verdadeiramente mágica do desenvolvimento interior e externo da pessoa. A energia da Zoisita com a do Rubi energiza o corpo e cria uma sensação de bem-estar. Ela melhora a intensidade dos anseios do coração e facilita a abertura dramática do chacra do coração, que tem a capacidade de mudar toda a experiência da pessoa para um engajamento extático com o mundo. Essa pedra pode trazer um aumento das habilidades intuitivas, em que a pessoa simplesmente "sabe" coisas sem ter de trabalhar logicamente para chegar a elas. Todos esses despertares se misturam em uma sensação – é como se a pessoa tivesse vivido em um tipo de eco de seu eu verdadeiro, completo, mas agora tal totalidade realmente chegou.

A Zoisita com Rubi funciona em níveis mais baixos de intensidade, para harmonizar o relacionamento da pessoa com os outros, aumentando a empatia e a compaixão. Ela ajuda o corpo a tornar real seu estado ótimo de saúde e auxilia o tratamento vibratório de enfermidades como depressão, síndrome de fadiga crônica, desmaios, tireoide preguiçosa e exaustão da suprarrenal. Pode auxiliar a pessoa a ficar ciente da tristeza suprimida e eliminá-la ao permitir que a tristeza seja expressa. A Zoisita com Rubi aumenta a potência do campo de energia da pessoa, fortalecendo o corpo etéreo e limpando o corpo astral de vínculos negativos. É excelente para eliminar o tédio e envolver a pessoa com outras em amizade e serviço.

A Zoisita com Rubi harmoniza com Tanzanita, Apofilita e todas as formas de Safira. Quando combinada com Tugtupita, sua ativação do chacra do coração pode ser estonteante.

NAISHA AHSIAN: A Zoisita Verde traz uma cura profunda no nível físico, acompanhada por uma sensação profunda de apoio da fonte divina. É excelente para desequilíbrios do sistema imunológico e cânceres, já que ela ativa as defesas do corpo e os mecanismos de cura. A Zoisita é uma pedra útil para restaurar a vitalidade depois de radiação, quimioterapia e tratamentos farmacêuticos.

A Zoisita Verde traz a energia da manhã de verão para o coração da pessoa. Ela lhe oferece as energias da felicidade, valorização, abundância, vitalidade e crescimento. Ela estimula o coração e ajuda a abri-lo para o amor eterno do Divino.

A Zoisita auxilia na rendição à vontade divina. Ela encoraja a pessoa a perceber e integrar os ensinamentos de sua doença enquanto vive sua vida o mais completamente possível. Embora ela possa não fornecer a cura para doença, essa pedra sempre fornecerá cura.

Quando a Zoisita Verde é naturalmente entrelaçada com o Rubi, ocorre uma combinação de energia verdadeiramente benéfica, em que as qualidades de cura da Zoisita são energizadas e aumentadas pelas energias intensas de força de vida do Rubi.

ESPIRITUAL: A Zoisita ensina sobre crescimento, cura e desfrute do momento. Ela ajuda a pessoa a perceber o presente em cada sopro de vida, ao mesmo tempo em que reconhece a ilusão da morte.
EMOCIONAL: A Zoisita pode ajudar a aliviar luto, raiva, desespero, falta de esperança e derrota. É uma curadora poderosa do corpo emocional, promovendo estados positivos que estimulam a cura.
FÍSICO: A Zoisita Verde (e o Rubi na Zoisita Verde) é uma das principais pedras para a cura na experiência de doenças terminais e transição para a morte.
AFIRMAÇÃO: Minha mente, coração, corpo, alma e espírito se mesclam em perfeita harmonia à medida que manifesto meu eu verdadeiro.

EPÍLOGO:
O DESPERTAR DA AZEZTULITE

"A Pedra Filosofal – uma substância comum, encontrada em qualquer lugar, mas não reconhecida e não valorizada."

Diz a lenda que os alquimistas estavam continuamente buscando a Pedra Filosofal, em geral retratada como uma pedra branca que por fora era inexpressiva, mas que tinha o poder de converter chumbo em ouro e transmitir longevidade, iluminação e até imortalidade. Os mitologistas e os folcloristas em tempos mais recentes viram a Pedra Filosofal como uma metáfora em vez de um objeto real – simbólica da totalidade do eu, conseguida com a finalização do Grande Trabalho. Alguns de nós que trabalhamos com pedras olhamos para essa e outras lendas, tais como a da Pedra do Santo Graal, como possivelmente ressonantes com pedras reais que são capazes de misteriosamente fazer a ponte sobre a fissura aparente entre os reinos físico e espiritual. Pode ser verdade também que essa "fissura" tenha apenas um mícron de largura, e o passo para cruzá-lo seja uma virada na percepção.

Qualquer que seja a verdade de tais especulações, a história do surgimento da Azeztulite do completamente desconhecido para sua proeminência no mundo dos investigadores espirituais é, para mim ao menos, altamente provocativa e digna de consideração para aqueles abertos a possibilidades realmente estonteantes.

A Azeztulite chegou a nós na Heaven and Earth de um modo incomum, sobre o qual já escrevemos antes. Naisha Ahsian, minha coautora de *O Livro das Pedras*, em 1991, antes de nos conhecermos bem, chamou-me com uma história (ela fazia muitas canalizações e pesquisas intuitivas naqueles tempos, e era uma clarividente bastante aberta). Ela disse que estivera interiormente em contato com um grupo de almas de entidades angelicais, que se anunciavam com o nome Azez. Esses seres etéreos disseram-lhe que eles viajavam pelo Universo procurando planetas prontos para fazer a virada para um nível vibratório de espiritualidade mais elevada e que, ao encontrar esse planeta, eles estacionavam etereamente em pontos de grade e lugares de poder, afunilando em correntes espirituais benéficas. Eles se autodenominaram servos da Luz Inominável, uma vibração de amor e percepção, emanando do Grande Sol Central, o centro espiritual do Universo. Como um aspecto de seu trabalho, eles disseram que, em muitos casos, encontravam e repadronizavam o programa vibratório de uma pedra que os habitantes do planeta poderiam usar para atingir as correntes da Luz Inominável, ajudando com isso a fazer a virada. Os Azez contaram a Naisha que eles estavam a ponto de ativar uma pedra na Terra para esse propósito e ela deveria ser chamada de Azeztulite.

A razão para ela vir a mim com essa história foi que os Azez disseram-lhe que a Heaven and Earth seria a fonte para a Azeztulite. Eles instruíram Naisha a ter um pingente especial feito para seu amigo contendo Moldavita, Fenacita, Tanzanita, Danburita e Azeztulite. Quando Naisha chegou a essa parte da história, eu disse a ela que faria o pingente com todo o prazer, mas que eu certamente não tinha nenhuma Azeztulite. Naisha respondeu que os Azez haviam dito para ela não se preocupar – que eu ainda não tinha a pedra, mas a teria em breve.

Existe muito mais nessa parte da história, inclusive algumas sincronicidades estonteantes, a aparente desmaterialização e rematerialização de um cristal imenso de Fenacita, e a chegada da primeira Azeztulite na Heaven and Earth – na correspondência de um completo desconhecido. (Os interessados podem encontrar os detalhes no capítulo sobre a Azeztulite de *O Livro das Pedras*.) É suficiente dizer que, quando as primeiras peças chegaram, Naisha as reconheceu instantaneamente e nos estimulou a comprá-las, o que fizemos. Embora o vendedor pensasse que essas pedras eram Fenacita, elas mostraram ser um tipo de Quartzo com uma formação esquisita que ele tinha extraído na Carolina do Norte havia 25 anos. Mas no nível vibratório elas eram diferentes de tudo o que tínhamos sentido antes. Elas eram de uma frequência muito mais elevada e intensa do que qualquer Quartzo que já havíamos tocado, contudo com um subtom de suavidade que as tornava muito agradáveis de segurar. Como sugerido, chamamos a nova pedra de Azeztulite, e as estamos oferecendo há pelo menos 15 anos. Durante o decorrer desse tempo, gradualmente compramos todo o estoque original da mina e, mais tarde, descobrimos outras pedras de Azeztulite em Vermont, como predito pelos Azez.

A primeira dessas nos foi trazida, de novo, por um desconhecido, um colecionador de pedras de Vermont que havia encontrado algumas pedras de Quartzo não descritas e que se perguntou se estaríamos interessados em comprá-las. Eu quase o dispensei, porque elas não eram pontas de cristal e não existia muito para olhar, mas então me dispus a sentir as correntes das pedras.

Os cabelos atrás de meu pescoço arrepiaram quando senti, de novo, intensa, e no entanto amistosa, a bênção da pulsação da Azeztulite. Eu levei as pedras para que Naisha Ahsian as verificasse, e ela confirmou que a profetizada Azeztulite de Vermont havia sido encontrada. Nós acrescentamos a nova pedra ao nosso estoque e elas nos permitiram oferecer muitos itens adicionais para joalheria, pedras roladas, colares e pedras polidas. A Azeztulite estava começando a circular mais amplamente no mundo.

Durante os 15 anos em que oferecemos Azeztulite, tive muitas confirmações da história improvável e aparentemente maluca de sua origem, ativação, propósito e potencial. Um padrão repetitivo mostrou-se nas feiras de pedras de que participávamos. A cada ano, novas pessoas que nunca haviam ouvido falar da Azeztulite descobriam-nas em nosso estande ou sala de exposição. Para uma porcentagem deles a descoberta produzia uma mudança imediata em suas vidas. Repetidamente, um indivíduo pegava uma Azeztulite, segurava-a por alguns momentos, sentia uma onda de reconhecimento e caía em lágrimas. (Mais de uma vez, era alguém que não acreditava na energia das pedras.) Uma mulher descreveu a pedra como a essência do "lar", no sentido do lugar de sua origem como um ser. Isso ressoa em minha mente como uma conexão da Azeztulite com o Grande Sol Central. Outra vez, no último dia de nossas duas semanas na feira anual de Tucson, uma mulher ligou, implorando-nos para esperar um pouco para empacotar nossas mercadorias, porque o guia espiritual dela havia lhe dito que a pedra de seu destino estava em nossa sala. Quando chegou, ela também caiu em lágrimas quando segurou a Azeztulite, e soube que aquela era a pedra sobre a qual seu guia havia falado.

Outro fenômeno repetitivo em torno da Azeztulite é o de arrepios da cabeça aos pés. Eu aprendia a associá-los com a presença invisível dos Azez. Isso é porque eles, inevitavelmente, vêm quando estou atrás do balcão da sala expositiva falando a alguém sobre a história da Azeztulite. Em algum ponto da história, eu, o cliente, ou ambos (em alguns casos até quatro pessoas de uma vez) têm uma corrente súbita de vibração no corpo, que traz o arrepio em todo o corpo. É como se os Azez fossem chamados quando falamos deles, ou eles vêm porque querem facilitar a ligação que está acontecendo. Isso tem acontecido durante esses 15 anos, praticamente todas as vezes em que conto a história, embora eu já a tenha contado centenas de vezes.

EPÍLOGO: O DESPERTAR DA AZEZTULITE

Esses relatos são histórias do limiar – da primeira reação que as pessoas têm ao encontrar a Azeztulite. Tais momentos são mágicos, mas onde eles levam? Onde eles querem nos levar? Quando Naisha comunicou-se pela primeira vez com os Azez, ela recebeu essas palavras:

"Depois de algumas manipulações e alterações, nós (os Azez) criamos a pedra Azeztulite. Ela tem a capacidade de administrar as energias intensas que transporta. Até recentemente, não tínhamos a tecnologia para construir um vaso para conter essa frequência de energia. A Azeztulite é esse recipiente. Em nossa cultura, 'Azez' é o termo para a 'Luz Inominável', a incorporação do Grande Sol Central. Por favor, compreenda as implicações do que estamos explicando. Essa pedra é a incorporação do Azez e transporta nela a energia manifesta do Grande Sol Central. Ela é uma pedra poderosa. Essa pedra é o arauto de muitas mudanças.

Essa pedra irá capacitar aqueles entre vocês que são 'janelas' telepáticas e engenheiros dimensionais a começarem a exigir o conhecimento dessas práticas de seus bancos de memória genéticos. Agora começaremos, nós mesmos, a nos fazermos conhecidos mais completamente para esses seres para ajudar nesse despertar e transformação.

A doença em seu planeta é resultado de determinadas frequências de luz. Vocês bloqueiam no nível celular essas frequências de luz por meio de escudos de formas-pensamento e padrões emocionais de contração. Sua consciência celular, portanto, fica incapaz de aprender e expandir apropriadamente, resultando em doenças. A Azeztulite transporta energias e frequências de Luz que ajudam a eliminar os escudos e bloqueios, curando doenças e auxiliando no rejuvenescimento e na expansão celular. Do mesmo modo, sua ativação em determinados pontos de seu planeta ajudará na cura do organismo total de Gaia."

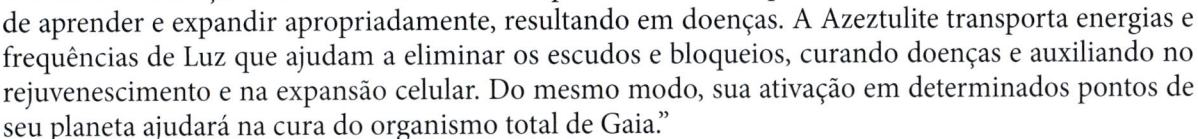

Quando leio essas palavras agora, 15 anos mais tarde, seu contexto é claro. Os Azez dizem que a pedra Azeztulite carrega e é em sua essência a forma material da pura Luz do Grande Sol Central, a fonte de Luz Espiritual em nosso Universo. Eles dizem que ela é a incorporação dos Azez, portanto, quando seguramos as pedras, estamos tocando os seres angelicais, os próprios Azez.

Eu devo parar aqui e trazer uma citação de um clarividente talentoso, cientista e pedagogo, Rudolf Steiner, sobre as pedras e anjos: "Nossos órgãos dos sentidos estão, portanto, percebendo com, mas não percebendo a si mesmos. O mesmo se aplica aos anjos e ao mundo mineral. Os órgãos dos sentidos deles devem ser encontrados no mundo físico mineral. Nossas pedras preciosas são os órgãos dos sentidos dos anjos. As pedras preciosas são o instrumento secreto com que os anjos percebem". Quão ressonantes essas palavras são com as palavras dos Azez! E, como Robert Sardello já ressaltou: "Essa passagem impressionante nos diz que, quando seguramos uma pedra e sentimos algum tipo de corrente, estamos sendo percebidos pelo mundo espiritual! Tal noção, que aqui não é uma teoria, mas uma observação por um dos mestres espirituais mais respeitados do mundo, pode servir como um antídoto para a orientação do tipo 'eu, eu' prevalecente no trabalho com pedras. Elas não são, talvez, sobre nós e o que desejamos, mas são meios para encontrar nosso destino espiritual e como entrar nele, aprofundar nossa percepção dele e segui-lo".

Essa sensação de descoberta do destino espiritual da pessoa e o desejo de servir ao mundo pelo cumprimento desse destino é a reação que a maior parte das pessoas que experimentam um reconhecimento profundo com a Azeztulite relata. Servir ao mundo trazendo para ele mais da Luz Inominável é o propósito que os Azez estão aqui para realizar, e nós temos a oportunidade de facilitar isso pelo nosso alinhamento com eles.

Porém, vamos prosseguir considerando a citação de Naisha e os paralelos da Azeztulite com a lendária Pedra Filosofal. Dizia-se que a Pedra Filosofal era um catalisador da transformação de chumbo em ouro. Nos escritos alquímicos, isso era visto em geral como uma metáfora da transformação do eu da pessoa crua amarrada ao ego para o ser humano desperto espiritualmente. Essa é, precisamente, a suposta transmutação que se diz que a Azeztulite facilita. E onde está o conhecimento que nos permite exigir nossa capacidade de clarividência, cura e rejuvenescimento? Em nossas células, nossos "bancos de memória genéticos". Isso ressoa com as antigas afirmações alquímicas de que o "ouro" estava dentro do "chumbo" e que o processo de transformação iria "libertar" o ouro do chumbo.

Outra correspondência com a transmutação alquímica do chumbo em ouro diz respeito à aura humana. As pessoas que são capazes de ver auras dirão com frequência que a aura de uma pessoa doente, amedrontada ou deprimida é cinza. Por contraste, a aura de uma pessoa iluminada, alegre e cheia de amor é branca dourada. Por sua infusão das correntes da Luz Inominável, a Azeztulite pode efetuar essa mudança de cor no campo áurico da pessoa – mudando a pessoa escravizada cinza "chumbo" em um ser humano radiante "dourado", e o alvo da alquimia espiritual sempre foi a transmutação do ser.

Também, note que a cura e a "regeneração celular" prometida pelos Azez é como alcançar a "imortalidade" que, segundo diziam, a Pedra Filosofal tornava possível. Isso me tenta a trazer uma história paralela sobre o santo indiano Sri Aurobino e sua contraparte feminina conhecida como Mãe.

Sri Aurobino encorajava uma nova visão do objetivo do empenho espiritual – o objetivo não de uma fuga do mundo para o Nirvana, mas de trazer as energias divinas para a manifestação no mundo da matéria por nosso intermédio. Seu nome para a corrente que entrava era "força supramental". Ela era uma força, por definição, além do pensamento ou concepção. Eu vejo similaridade dela com o termo "Luz Inominável" dado pelos Azez.

Após Aurobino deixar o mundo, a Mãe começou seu grande projeto de tentar trazer a força supramental totalmente para seu corpo, para as próprias mentes de suas células. Em sua exploração interior, ela descobriu que as células são programadas, por um hábito profundamente impregnado em vez de uma lei da Natureza, a degenerar e morrer. Ela disse que não existiam na realidade leis da Natureza, apenas hábitos, que podem ser mudados. (A teoria do biólogo moderno Rupert Sheldrake dos campos morfogênicos afirma praticamente o mesmo.) Eu comparo o "hábito" das células de desistir e morrer com os "padrões emocionais de contração" que, de acordo com os Azez, levam nossas células a adoecer.

A solução da Mãe para o problema da mente celular foi de impressionante semelhança à dos Azez. Por meio de concentração profunda e disciplina de meditação, ela alcançou o nível da mente celular e começou a reprogramar os padrões lá. Em lugar do hábito de morrer, que tem o poderoso hábito-*momentum* da história, ela instalou novos padrões vibratórios de som sagrado – o mantra *Om Namo Bhavavate* –, cuja tradução é "Eu saúdo o Supremo Divino". Repetir esse mantra é voltar-se para o centro da luz espiritual, que reside na essência da matéria... que a pessoa também pode chamar (como os Azez chamam) de Grande Sol Central. (Os antigos *rishis* hindus, há 5 mil anos o chamavam de *saura agni*, o Sol na escuridão.) No caso da Mãe, ela fez todo o seu trabalho sozinha, a partir de sua própria vontade. Em nosso caso, com a ajuda dos Azez e da pedra que transporta o padrão de vibração e alinhamento com a Luz Inominável do Grande Sol Central, o trabalho pode ser mais fácil. É interessante ver os paralelos entre o trabalho da Mãe sobre a imortalidade, a mensagem dos Azez e a lenda da Pedra Filosofal, com sua capacidade de transmitir essa dádiva.

A palavra "iluminação", outro dos presentes prometidos pela Pedra Filosofal, significa "estar preenchido pela Luz", e esse é o propósito e função principais da Azeztulite – trazer a Luz Inominável, a *saura agni*, o Sol na escuridão dos rishis hindus à total expressão no mundo através de nós. Esse era o objetivo fundamental da Mãe e, para mim, parece que o mesmo objetivo foi profetizado pelos Azez.

O que nos leva para a questão do mundo. Como Robert Sardello ressalta, tendemos a pensar em pedras com muita frequência como os meios para nós mesmos "obtermos algo" quando seu uso mais elevado é indubitavelmente entrar em parceria com os reinos espirituais para o benefício do mundo. Se eu mesmo sou curado, iluminado, ou até tornado imortal, que bem existe nisso se o mundo permanece doente e suas pessoas são escravizadas ao medo e à morte? Não existe dúvida de que nosso planeta precisa de cura, e eu creio que nossa participação nisso é crucial. Aqui, de novo, a Azeztulite entra em cena. Os Azez nos dizem: "Sua ativação em certos pontos de nosso planeta auxiliará na cura de todo o organismo de Gaia".

Mesmo enquanto escrevo isso, fico maravilhado com as implicações. Minhas experiências passadas com a Azeztulite são numerosas e convincentes o suficiente para provar ao meu lado cético que algo de muito real, e de natureza verdadeiramente espiritual, está acontecendo com a Azeztulite. Seu paralelo com a Pedra Filosofal é impressionante. E eu amo o fato de que, como com a Pedra Filosofal, a Azeztulite parece comum e não impressionante. Ela se parece com qualquer pedaço de Quartzo, mas as correntes que ela emana são extraordinárias. Como com a Pedra Filosofal, nem todos são capazes de perceber as correntes da Azeztulite, embora senti-las não seja uma questão de iludir-se com uma fantasia. Se fosse assim, como explicar incidentes em que pessoas que desacreditavam firmemente nas propriedades espirituais das pedras terem sido levadas às lágrimas ao toque da Azeztulite?

Então, o que fazer agora? Para mim, e para a Heaven and Earth, a missão parece ser continuar a levar a Azeztulite para as mãos do maior número de pessoas possível entre as que estão preparadas para receber suas dádivas. E esse número está aumentando. O interesse na Azeztulite, não apenas nos Estados Unidos, mas em países em todo o mundo, multiplicou-se nos últimos anos. O Japão, onde a percepção das qualidades espirituais da pedra é muito grande, está experimentando atualmente uma onda de interesse na Azeztulite.*

Como complemento, devo mencionar que nós voltamos da Tucson Gem Show em fevereiro de 2007 com muito poucas Azeztulites com grau para facetar para contas, e muitos pedidos para elas. A neve estava com a profundidade de 90 centímetros em Vermont onde esse tipo de Azeztulite é localizado, então nossas chances de encontrarmos mais pedras de Azeztulite pareciam inexistentes. Contudo, a sincronicidade nos levou a encontrarmos as pedras de que precisávamos, mesmo embaixo da neve, em questão de apenas dois dias. Casos como esse me convenceram de que existe mais em funcionamento do que minha própria agenda, e que toda a nossa participação ajuda a facilitar o despertar do mundo profetizado por Naisha por meio dos próprios Azez.

Como todos nós deveríamos trabalhar com Azeztulite? Eu creio que a resposta é multifacetada. Simplesmente trazer essas pedras para nosso campo vibratório, provavelmente, é o mais importante. Depois, a transmutação de nosso "chumbo" pessoal em "ouro" espiritual pode acontecer. O processo de ressintonia celular – a repadronização da estrutura de cristal líquido de nosso próprio organismo – pode proceder em parte no nível subconsciente, simplesmente ao nos expormos à Luz Inominável e ficarmos abertos à sua influência.

A meditação com a Azeztulite pode introduzir um elemento mais ativo de escolha para o processo. Dar nossa atenção às correntes de Azeztulite acelera e melhora sua influência dramaticamente. Dizer um "sim" interior rendendo-se à dádiva que está sendo oferecida é um modo de alinhar nossa consciência com os novos padrões. Como os Azez disseram: "A doença em seu planeta é o resultado de determinadas frequências de luz. Vocês bloqueiam no nível celular essas ondas de luz por meio de escudos de formas-pensamento e padrões emocionais de contração. A consciência celular de vocês, portanto, fica incapaz de aprender e expandir apropriadamente, resultando em doença. A Azeztulite transporta as energias e frequências de Luz que ajudam a eliminar os escudos e bloqueios, curando as doenças e ajudando na regeneração e expansão celular". Nós podemos participar na eliminação de velhos padrões de doenças testemunhando e ativamente eliminando nossos "padrões emocionais de contração" (isto é, medo e criticismo). Podemos aprender a eliminar o medo e o seus aparentados, indo para nossos corações, habitando lá, encontrando a verdade interior e vivendo a partir dessa verdade. A verdade mais profunda do coração que eu conheço é que nossa identidade genuína é o amor. Esse é, a partir do meu ponto de vista, essencialmente o mesmo amor que os Azez chamam de Luz Inominável. Talvez a

---

* Nota: com sua popularidade, um número de pessoas, especialmente em sites de internet, começaram a vender vários cristais de Quartzo chamando-os de Azeztulite. A Heaven and Earth tem a marca registrada do nome Azeztulite, que nós firmamos para proteger a pedra e seus objetivos espirituais de serem diluídos por tais imitações, e acessamos e ativamos todas as nossas pedras para termos certeza de suas propriedades vibratórias. Embora a Azeztulite seja um Quartzo, nem todos os Quartzos são Azeztulites.

pessoa possa dizer que a Luz Inominável é o Amor Divino, e amor humano é nossa ressonância particular com esse amor. A negação do amor, sucumbir ao medo, é a própria "contração" descrita pelos Azez.

De uma coisa eu tenho certeza. Nós, seres humanos, somos necessários para que a Luz Inominável se manifeste aqui na Terra. Eu comparo a ligação a um circuito elétrico. A bênção potencial de energia da Luz Inominável reside em um reino que está vibratoriamente "acima" do nível da maioria de nós, e acima de onde a Terra está vibrando. Os Azez transportam as correntes tão próximas a nós quanto possível, oferecendo-se e à pedra Azeztulite como condutores. Agora, cabe a nós, humanos, fazer o gesto de nos abrirmos em confiança para recebermos e aterrarmos essa Luz. Nós somos como os "fios" pelos quais a corrente pode passar, mas como seres vivos também somos abençoados, curados e iluminados por ela. À medida que mais de nós fazemos isso, mais Luz pode brotar por esses fios, curando (tornando íntegros) e regenerando-nos e ao mundo. À medida que isso aumenta, tanto nós como as pedras transportaremos intensidades ainda mais elevadas para essa corrente, e mais pessoas, assim como mais pedras, pegarão e transportarão esse padrão vibratório, até que, por fim, todo o mundo seja preenchido com ela. Isto é, ao menos, o que é possível.

MEDITAÇÃO DA AZEZTULITE

Uma meditação que pode ser tentada é sentar calmamente com a atenção colocada no lugar do coração. O espaço pode ser imaginado como uma área na forma de um ovo do tamanho aproximado de nosso coração físico, no centro do peito. Então, a pessoa deve colocar ou segurar a pedra de Azeztulite sobre aquela área no peito e, gradualmente, imaginar que a pedra se movimentou para dentro daquele espaço do coração. Veja a imagem da pedra no centro do coração. Então, permita-se ver os volumes de Luz brotando da pedra branca, inicialmente contida dentro do ovo do coração. Quando você sentir o espaço do coração cheio em toda a sua capacidade, dissolva a linha divisória e permita que a Luz se espalhe por todo o corpo, até que ele seja preenchido com Luz. Quando vir isso claramente, deve acontecer uma sensação de felicidade por toda a sua percepção. Se você puder continuar, a próxima parte é muito importante: a partir de seu corpo saturado de Luz, permita à linha divisória que se dissolva até que você consiga imaginar o quarto ou espaço em que você se senta cheio com a mesma Luz. Então, expanda para além daqueles limites espalhando essa luz até que a Terra seja preenchida e cercada por uma coroa de Luz pura. No fim, essa luz pode conectar e misturar-se com a luz emanada pelo Grande Sol Central, e o circuito estará completo. Por essa Luz emanar do coração, ela é idêntica ao amor. Encher o coração, o corpo e o mundo com amor é a essência da cura, a chave para o que é conhecido como "imortalidade", e a transmutação do ego-chumbo para o espírito-ouro.

Como uma prática ao ar livre para unir com a meditação interior, a pessoa é encorajada a lembrar-se daquele lugar no centro do coração, e se relacionar com todos os outros a partir daquele ponto, em verdade clara, amistosa e livre de criticismo. Pelo fato de a Azeztulite ter o efeito de amenizar nossa rigidez e dissolver nossas estruturas atadas pelo medo (lembre-se dos reconhecimentos repletos de lágrimas em nossos estandes de feira), é útil usar ou carregar a Azeztulite durante a rotina diária.

Tendo dito tudo isso, quero afirmar claramente que ninguém precisa necessariamente da Azeztulite. O que importa é o exercício de meditação e as práticas de vida mencionadas aqui, que podem ser feitas por si, mesmo sem nenhuma pedra. Contudo, eu fico impressionado com a história da Azeztulite e a ajuda que, supostamente, é oferecida por ela. Pensar que uma pessoa segura em suas mãos a própria incorporação da consciência angelical conhecida como Azez, que as pedras são meios pelos quais eles nos percebem, e também nossa conexão com eles – essas são possibilidades espantosas. Pensar que tais pedras humildes e de aparência comum transportam os dons espirituais mais profundos fazem com que eu sorria e assinta.

Afinal, é como conosco. O coração é um órgão comum, e bastante humilde também. Ele trabalha incessantemente por toda a nossa vida, nunca falando em palavras ou equações, e, contudo, transportando a centelha de luz divina dentro de si. O cérebro pensa, mas o coração sabe. O cérebro analisa, desconstrói e reconstrói os padrões encontrados no passado, enquanto o coração sente no futuro. O coração confia, levando-nos para a frente para o que podemos ser. Essa é a essência da Azeztulite, que eu vejo como uma das pedras mais profundas do coração – transportando o padrão espiritual do destino humano, nosso futuro mais elevado.

E, por falar nesse destino, algumas semanas antes dessa nova edição de *O Livro das Pedras* ir para a impressão, eu falei com minha coautora Naisha sobre minhas novas especulações sobre a Azeztulite. Para minha surpresa e animação, ela me contou que em sua comunicação mais recente com os Azez, os seres disseram a ela que seu plano definitivo incluía sintonizar todos os Quartzos da Terra com a frequência da Luz Inominável. Caro leitor, considere as implicações disso. O Quartzo é o mineral mais abundante na crosta da Terra. Aqueles de vocês que experimentaram as vibrações elevadas da Azeztulite sabem quanto elas são extraordinárias, e quão profundamente suas correntes podem ser sentidas. Se todos os Quartzos da Terra começarem a vibrar com tal nível, não existe como afirmar com que rapidez e profundidade tal virada na energia pode transformar a consciência humana. Pode até levar a própria Terra a um nível de percepção mais elevado, talvez de um modo que a abrirá e a nós juntos para um novo estado de unidade espiritual. Em tais circunstâncias, poderemos experimentar a dissolução de todo o medo e sofrimento da vida como a conhecemos. Mesmo a imortalidade prometida pela lenda da Pedra Filosofal e sugerida pelos Azez pode se tornar possível. Na medida em que a virada acontecer, o que pode se passar pode transmutar não apenas a nós, mas toda a vida, e talvez toda a matéria no mundo. E a Terra entraria integralmente em seu destino como um planeta de Luz.

Nosso caminho muitas vezes cria retornos estranhos. Eleitos podem convocar suas causas. Como escreveu o poeta T. S. Eliot: "O fim de nossa exploração será chegar aonde nós começamos, e conhecermos o lugar pela primeira vez". Eu quero concluir este livro com uma canalização ou um "*download*" que minha esposa Kathy Helen Warner recebeu em meditação, em 1987, ao escarlamos o lugar de poder chamado Bell Rock em Sedona, Arizona, quando estávamos no início de nosso Caminho das Pedras. Kathy entrou em um tipo de transe em que recebeu uma visão da Terra e do potencial do destino humano. Hoje a visão me parece profética – dos Azez, da Luz Inominável, de muitas coisas que aconteceram e de coisas que ainda podem acontecer.

Namaste.

Robert Simmons

VINDO DA LUZ

Quando eu olho para o Universo, ou esta parte do Universo, eu vejo que a Terra está no círculo externo de quão longe a Luz se espalhou, e nós precisamos que a Terra esteja na Luz para que continue sua expansão. É como um ponto crítico, no qual se ela se voltar para a escuridão seria como um buraco negro. Porém, se ela se voltar para a Luz, ela teria tal brilho e radiação que traria a Luz para muito mais do Universo. Uma vez que começamos a saber que somos um com a Luz, não seremos mais capazes de ferir ninguém, ou o ser que é este planeta Terra. Ela é como alguém que precisa descansar, ser nutrida e curada. Ela está purgando, mas purgar demais a está enfraquecendo. Ela precisa de todos na Terra que sejam trabalhadores da Luz, que criem uma teia de Luz que a segurará firme – uma grade pela qual mais Luz possa ser derramada nela de fora da Terra. Sem essas grades e esses lugares que são magnetos para a Luz, não será possível enviar energia de cura o suficiente para a Terra. É importante para os que entendem conscientemente atraírem a Luz para descer e envolver nosso planeta.

Nosso único objetivo em toda a eternidade é ser um com a Luz e nela. Nós devemos sempre expandir a Luz em nosso ser individual, e nos tornarmos totalmente conscientes desse Ser, para que tudo o que somos seja da Luz e para ela. Cada respiração, se estivermos conscientes, leva Luz para nosso Ser. Cada palavra que falamos envia Luz, se cada palavra for falada com consciência. Cada vez que focamos nossa atenção em outro ser, estamos abrindo aquele canal para a Luz e um feixe de luz sai, e se aquele ser reage do mesmo modo, existe um grande brilho. Como já disse o mestre Jesus, "Quando dois ou mais de ti se reunirem em meu nome, eu estarei lá". Eu Sou. Porque com os dois sendo realmente conscientes, mesmo por um momento, ocorre uma ligação que cria mais daquela rede de Luz.

Cada contato feito com cada pessoa está ligando essas pessoas com o filamento de Luz. Cada pessoa que encontrou de verdade e se comunicou, torna-se parte da rede, se ela reconhece que nós somos da Luz e trabalhamos para servir à Luz, e que elas também têm a responsabilidade de serem da Luz. Isso não tem de ser feito com palavras elaboradas ou floridas. Algumas palavras, algumas sentenças reconhecendo a Luz são tudo de que precisamos. E, às vezes, tudo o que é requerido é um toque ou olhar, ou até ver alguém claramente por um instante.

Existe grande responsabilidade e existe grande alegria em espalhar a Luz.

ÍNDICE DE REFERÊNCIA DE PROPRIEDADES DAS PEDRAS

Este índice está dividido em duas partes – correspondências físicas e correspondências emocionais/espirituais. Os interessados em trabalhar com pedras para facilitar a autocura física, emocional ou espiritual são encorajados a utilizar sua intuição e discriminação a respeito de tais explorações. Trabalhar com pedras para qualquer tipo de autocura é experimental e especulativo, e os autores deste livro não pretendem sugerir que tais práticas levarão a quaisquer resultados específicos. Tanto os autores quanto o editor recomendam que os leitores não usem as pedras em troca de cuidados médicos ou psicológicos tradicionais.

CORRESPONDÊNCIAS FÍSICAS

"Bebês azuis": Aventurina; Aventurina Azul
"Dor fantasma": Quartzo Rutilado
Absorção de nutrientes: Tectito Ouro Líbio
Abuso de substâncias: Pedra Nébula; Quartzo Turmalinado; *veja também* álcool; drogas; tabaco
Abuso Sexual: *veja* problemas sexuais
Acidente vascular cerebral: Herderita; Kyanita
Ácido: Shattuckita; Turmalina; Dourada
Acne: *veja* problemas de pele
Acupressura: Quartzo Sichuan
Acupuntura: Magnetita; Quartzo Sichuan
Administração do peso: Adamita; Angelita; Apatita Dourada; Astrofilita; Calcita Clara, Calcita Vermelha; Celestita; Cerussita; Citrino Tratado com Calor; Dolomita; Quartzo Sonho; Granada Espessartina; Gaspeita; Iolita; Pedra do Sol; Jaspe Vermelho, Jaspe Floresta Tropical, Jaspe Unakita; Magnetita; Marcassita; Ônix; Rodonita; Rubi Estrela; Quartzo Vermelho Russo; Smithsonita
Agorafobia: Cerussita
Alergia: Água-marinha
Alívio da dor: Magnetos de Hematita; Aragonita Geodo de Estrelas
Alzheimer: Albita; Diáspora; Eudialita; Natrolita; Stichtita
Andropausa: Vanadinita
Anemia: Ajoíta; Pedra do Sangue; Magnetita; Meteorito; Pallasita; Peridoto; Ferro Tigre
Angina: *veja* problemas do coração
Ansiedade: Cerussita; Pedra Gaia; Quartzo Lítio; Petalita; Rodocrosita

Apetite: Albita; Celestita; Dolomita
Aponeurose: Magnesita
Arranhões: Obsidiana, Obsidiana Arco-íris
Artrite: Angelita; Jade, Jade Azul; Lilás; Lepidolita; Malaquita
Asma: Diopsida; Sílica Gema; Jade, Jade Azul; Opala, Opala Comum (Azul); Tremolita.
Assimilação de alimentos: *veja* digestão
Assimilação de nutrientes: Broquita; Cacoxenita; Calcita Rosa, Calcita Opaca; Dravita; Prasiolita
Assimilação de vitaminas: Broquita
Assimilação: Ouro do Curador; Piromorfita; Rútilo; Escapolita; Escapolita Amarela
Ataque de Epilepsia: Kyanita
Atividade neural: Ágata, Ágata Musgo
Atração entre parceiros: Ágata, Ágata de Fogo; Tugtupita
Audição: Esfena
Autoabuso: Pedra Nébula; Dravita
Autodescoberta: Astrofilita
Azia: Ambligonita; *veja também* estômago
Baço: Acmita; Apatita Dourada; Brasilianita; Labradorita Dourada; Piromorfita; Safira Amarela; Shattuckita
Batimentos cardíacos: Pedra da Nevasca; Meteorito Pallasito; Opala; Comum (Rosa); Quartzo Rosa; Turmalina; Turmalina Rosa
Bile: Sattuckita
Bloqueio arterial: Calcita, Calcita Verde
Bloqueio de energia: Calcita, Calcita Clara
Bloqueio: Epídoto; Fulgurita
Brotoeja: *veja* problemas de pele

Cabelo: Amazonita; Lágrimas de Apache; Opala, Opala Preciosa (Branca); Quartzo Rutilado; Topázio, Topázio Branco
Calcificação de juntas: Angelita; *veja também* sistema esquelético
Campo áurico: Celestita; Tugtupita
Campo eletromagnético: Adulária; Infinita; (Metais): Titânio; Quartzo Fumê.
Campos de FEL: Vanadinita
Câncer: Bixbita; Clinocloro; Epídoto; Galena; Jaspe Unakita; Jade Lemúria; Obsidiana, Obsidiana Floco de Neve; Pedra do Profeta; Piromorfita; Quartzo Elestial; Serafinita; Turmalina, Turmalina Verde
Capilares, fluxo sanguíneo pelos: Fulgurita
Cataratas: Calcita; Calcita Azul
Células vermelhas do sangue: Magnetita; Malaquita; (Metais): Cobre, Ferro Tigre; *veja também* sangue
Cérebro: Albita; Alexandrita; Azurita; Diáspora; Quartzo Negro Tibetano
Chi: Clinocloro; Rodonita
Cicatriz no tecido do coração: Quartzo Verde de Serifos
Circulação: Ágata, Ágata Musgo; Calcita Rosa, Calcita Opaca; Cuprita; Rubi, Rubi Estrela
Cirurgia no coração: Apatita, Apatita Verde
Cirurgia psíquica: Cristais Fantasma de Clorita; Quartzo Verde de Serifos
Cistite: Pedra Crisântemo; Epídoto; (Metais): Cobre; Pedra Nébula
Cistos: Quartzo Sonho; Opala, Opala Comum (Branca), Opala Preciosa (Negra); Quartzo Verde de Serifos
Cobertura de Mielina: Quartzo Fantasma Negro, Quartzo Negro Tibetano; Rodocrosita
Comida em excesso: *veja* problemas de peso
Coração, físico: Amegrina; Apatita, Apatita Verde; Aventurina, Aventurina Verde; Quartzo Fantasma Negro; Calcita, Calcita Rosa; Calcita Trsansparente; Crisoberilo; Crisoberilo Verde; Esmeralda; Pedra Gaia; Granada; Uvarovita; Hidenita; Jaspe, Jaspe Unakita; Jade Lemúria; Lepidocrocita; Merlinita; Morganita; Obsidiana, Obsidiana Arco-íris; Prasiolita; Serafinita; Turmalina, Turmalina Verde, Turmalina Melancia; Tugtupita
Cordas vocais: Sílica Gema; Calcedônia Azul
Crescimento celular: Granada, Granada Grossulária; Prasiolita; Turmalina, Turmalina Verde; Willemita
Crescimento de cabelo: *veja* cabelo
Crescimento de unhas: Lágrimas de Apache; Opala Preciosa (Branca); Topázio, Topázio Branco
Crescimento fetal: Jaspe, Jaspe Vermelho
Crescimento ósseo: Jaspe, Jaspe Pintura
Cura vibratória: Pedra do Xamã
Cura: Ágata Púrpura Sálvia; Apatita, Apatita Verde; Aventurina, Aventurina Verde; Diopsida; Quartzo "Diamante" Herkimer; Sugilita
Danos no cérebro: Albita; Natrolita; Fenacita; Purpurita
DAS: Adamita; Âmbar
DDA/TDAH: Ambligonita; Cerussita; Lepidolita; Petalita; Silbita
Demência: Quartzo Azul Siberiano; Stichtita
Densidade óssea: *veja* Osteoporose
Dentes: Fluorita
Derrame: *veja* Acidente Vascular Cerebral

Desenvolvimento do bebê e da criança: Aventurina, Aventurina Verde
Desequilíbrio auditivo interno: Safira, Safira Azul
Desequilíbrio intestinal: Cuprita; Ouro do Curador; Espinélio, Espinélio Negro; *veja também* doenças intestinais
Desintoxicação: Apatita, Apatita Verde; Astrofilita; Calcita Vermelha; Cornalina; Dolomita; Galena; Labradorita Dourada; Hematita; Jade, Jade Verde; Jaspe, Jaspe Floresta Tropical; Malaquita; Pedra Nébula; Obsidiana, Obsidiana Mahogany; Proustita; Rodonita; Espinélio, Espinélio Negro; Zircônio
Desmaios: Zoisita
Desordem Afetiva Sazonal: *veja* DAS
Desordens alimentares: Prasiolita; Stichtita
Diabetes: Gaspeita; Safira, Safira Rosa
Distúrbios da fala: Euclásio; Topázio Azul
Distúrbios do sono: Iolita; Lepidolita; Muscovita
Distúrbios gástricos: Cacoxenita; Pedra Gaia; Heliodoro; Tectito Ouro Líbio; Malaquita; Obsidiana, Obsidiana Dourada; Espinélio, Espinélio Verde/Azul
Distúrbios genéticos: Fenacita
Distúrbios intestinais: Quartzo Sichuan; Ferro Tigre; *veja também* intestino
Distúrbios nervosos: Ametista; Natrolita; Fenacita
DNA: Madeira Petrificada
Doença de Crohn: Dravita
Doença de Parkinson: Albita; Diáspora; Eudialita; Natrolita; Stichtita
Doenças autoimunes: Aventurina, Aventurina Vermelha
Doenças cerebrais: Barita; Diáspora; Kyanita; Obsidiana, Obsidiana Pavão; Variscita
Doenças degenerativas: Apofilita, Apofilita Verde; Crisoprásio
Doenças do coração: Apatita, Apatita Verde; Calcita, Calcita Rosa, Calcita Opaca; Crisoberilo, Crisoberilo Verde; Diopsida; Dioptase; Jade, Jade Verde; Lepidolita; Lilás; Meteorito, Meteorito Pallasito; Peridoto; Quartzo Rosa; Turmalina, Turmalina Rosa; Rubelita
Doenças do sangue: Pedra do Sangue; Meteorito, Meteorito Condrito
Doenças nos ossos: Aragonita Geodo de Estrelas; Quartzo Elestial; Fluorita; Kyanita; Opala, Opala Comum (marrom ou negra); Quartzo Verde de Serifos; Esfena
Doenças respiratórias: Aragonita, Aragonita Azul; Opala, Opala Azul
Dores de cabeça relacionadas a hormônios: Hemimorfita; Herderita
Dores de cabeça: Ágata, Ágata Púrpura Sálvia; Apatita, Apatita Azul; Calcita, Calcita Azul; Cavansita; Quartzo Bastão de Fada; Pedra Gaia; Goshenita; Herderita; Lazulita; Merlinita; Muscovita; Ônix; Rodizita; Safira, Safira Azul; Estibinita; Stichtita; Turmalina, Turmalina Azul
Dores nas costas: Ágata, Ágata Dendrítica
Eczema: *veja* problemas de pele
ELA: Eudialita; Natrolita
Eliminação de metais pesados: Dolomita; Halita, Halita Azul, Halita Rosa; Pedra Nébula; Turmalina, Turmalina Negra.
Eliminação de resíduos: Ouro do Curador; Metais; Ônix; Opala, Opala Comum (Marrom ou Negra); Escapolita, Escapolita Amarela; Quartzo Sichuan; Espinélio

Índice de Referência de Propriedades das Pedras

Eliminação de toxinas: Acmita; Halita Azul, Halita Rosa; Pedra Nébula; Prenita; Pedra do Profeta; Piromorfita; Turmalina Negra; Espinélio

Emoções tóxicas: Ágata Dendritica

Energia física: Ágata, Ágata de Fogo

Energia sexual: Ágata, Ágata de Fogo; Safira, Safira Padparadsha

Energia tóxica e poluição por sistemas elétricos: Hematita Especular; Jaspe Unakita; Piromorfita

Energia: Cuprita; Diamante; Infinita; Iolita; Pedra do Sol; Serpentina; Smithsonita; Tectito; (Metal): Ouro

Enfermidades sistêmicas: Serafinita

Enfisema: Calcita, Calcita Azul; Diopsida; Tremolita

Envelhecimento: Calcita, Calcita Azul; Jaspe, Jaspe Mookaita; Estaurolita; Vanadinita.

Envenenamento por radiação: *veja* radiação

Enxaquecas: Azurita; Cavansita; Pedra Gaia; Herderita; Lazulita; Muscovita; Papagonita; Rodizita; Topázio, Topázio Azul; Turmalina, Turmalina Azul

Equilíbrio e desequilíbrio cerebrais: Ametista; Goshenita; Herderita; Muscovita; Fenacita.

Equilíbrio e desequilíbrio hormonal: Ajoíta; Aventurina, Aventurina Azul; Pedra do Sangue; Brasilianita; Calcita, Calcita Laranja, Calcita Vermelha; Cuprita; (Metal): Prata; Opala Preciosa (Fogo); Quartzo, Quartzo Cetro; Pedra do Sol; Olho de Tigre; Vanadinita

Equilíbrio: Adulária

Esclerose múltipla: Natrolita

Esgotamento nervoso: Lepidolita Lilás; Quartzo Lítio

Espasmos e convulsões musculares: Aventurina, Aventurina Azul; Magnesita

Espinha: Madeira Petrificada; Stichtita

Estagnação: Magnesita

Estamina: Acmita; Ágata de Fogo; Citrino; Meteorito Níquel Ferro; Rutilo

Estresse por cafeína e desabituação de: Rodocrosita; Rutilo; Zircônio; *veja também* adição

Estresse: Ágata, Ágata Dendrítica; Albita; Amazonita; Ambligonita; Quartzo Aura do Anjo, Quartzo Aqua Aura; Calcita Rosa, Calcita Transparente; Cavansita; Crisoberilo, Crisoberilo Verde; Crisocola; Dolomita; Pedra Gaia; Jade Roxo; Kunzita; Lepidolita Lilás; Quartzo Lítio; Petalita; Rodocrosita

Evolução cerebral: Benitoita; Heulandita, Heulandita Branca

Evolução física: Piromorfita

Exaustão nervosa: Quartzo Negro Imperial

Exercício: Marcassita; Esfarelita

Experiência de morte consciente: Fulgurita

Fadiga crônica: Opala Preciosa (Fogo)

Febre: Ágata, Ágata Azul Ellensburgo; Larimar

Ferimentos esportivos: Magnetos de Hematita

Ferimentos: *veja* traumas

Fertilidade: Ágata de Fogo; Pedra Crisântemo; Cinábrio; Crocoíta; Cuprita; Granada, Granada Espessartina; Lepidocrocita; Pedra Nébula; Rubi; Willemita; Zincita

Fígado: Acmita; Aventurina, Aventurina Vermelha; Bixbita; Pedra do Sangue; Crisoberilo, Crisoberilo Dourado; Jaspe, Jaspe Floresta Tropical; Azeviche; Magnetita; Marcassita; Obsidiana, Obsidiana Mahogany; Madeira Petrificada; Piromorfita; Rodonita

Fisiculturismo e levantamento de peso: Jaspe Vermelho; (Metais) Cobre; Ônix

Fisiologia do amor: Quartzo Rosa

Fluxo de sangue nas extremidades: Fulgurita

Foco mental: Aventurina, Aventurina Azul; Turmalina, Turmalina Rosa

Força física: Jaspe, Jaspe Vermelho

Força vital: Aventurina, Aventurina Verde; *veja também* prana

Força: Jaspe Vermelho; Malaquita; Meteorito Níquel Ferro; Ônix

Forma física: Adamita

Formação do sangue: Estaurolita

Fortalecimento do sangue: Fulgurita; Goethita; Hematita; Lepidocrocita; Madeira Petrificada; Serafinita; Olho de Tigre

Fortalecimento dos nervos: Pietersita

Fraqueza no coração: Heulandita, Heulandita Verde; Quartzo Rosa; Strombolita

Fraqueza: Jaspe Vermelho

Função celular: Turmalina, Turmalina Verde

Função cerebral: Ametista; Astrofilita; Criolita; Euclásio; Herderita; Fenacita; Pietersita; Purpurita

Funcionamento do cólon: Malaquita

Funções glandulares: Âmbar; Calcita, Calcita Mel; Jaspe Oceano; Prenita; Rodonita; Quartzo Tangerina

Furúnculos: Cinábrio; Marcassita; Estibinita

Gagueira: Euclásio

Gânglios nervosos: Quartzo Negro Tibetano

Garganta irritada: Ágata; Calcedônia Azul; Crisocola; Sílica Gema; Larimar; Topázio Azul

Glândula pineal: Adamita; Alexandrita; Cavansita; Hemimorfita; Safira, Safira Branca; Esfena; Magnesita

Glândula pituitária: Adamita; Alexandrita; Cavansita; Hemimorfita; Safira, Safira Branca; Esfena Magnesita

Glândula próstata: Ouro do Curador

Gota: Amazonita

Gravidez: Calcita, Calcita Vermelha; Jaspe, Jaspe Vermelho, Jaspe Mookaita; Larimar

Gripe: Larimar

Hábitos autodestrutivos: Estaurolita

Hemisférios cerebrais: Calcita, Calcita Merkabita

Hemoglobina: Hematita, Hematita Especular; Malaquita; (Metais): Cobre; *veja também* sangue

Herpes: Água-marinha; Cinábrio; Estibinita

Hidratação: Sodalita

Hiperatividade: Aventurina, Aventurina Azul; Cerussita; Lepidolita; Escapolita, Escapolita Amarela; Turmalina, Turmalina Rosa, Turmalina Melancia

Hiperglicemia: Safira, Safira Rosa

Hipoglicemia: Safira, Safira Rosa

HIV: Cinábrio; Jade Lemúria

Impotência: Jaspe, Jaspe Vermelho; Obsidiana, Obsidiana Dourada; Pirita; Lingam de Shiva

Inchaço: Jade Azul

Indigestão: *veja* distúrbios gástricos

Infecção: Âmbar; Celestita; Cinábrio; Covellita; Galena; Jade, Jade Negro; Larimar; Marcasita; Meteorito, Meteorito Pallasito; Opala, Opala Preciosa (Azul Owyhee); Proustita; Pirita Estibinita

Infecções microbianas: *veja* infecções

Infecções nos rins: Opala, Opala Oregon

Infecções por fungos: Marcassita; Proustita; Pirita

Infecções por levedura: Covelita
Infertilidade, masculina e feminina: Bixbita; Ouro do Curador; (Metais): Cobre; Pirita; Lingam de Shiva; Quartzo Tangerina; *veja também* problemas reprodutivos
Inflamação: Calcedônia, Calcedônia Azul; Jade, Jade Azul; Larimar; Lepidolita Lilás; Malaquita; Opala, Opala Comum (Azul), Opala Preciosa (Azul Owyhee)
Insônia: Quartzo Fantasma do Anjo; Goshenita; Jaspe, Jaspe Mookaita; Lepidolita; Sugilita
Intimidade sexual: Calcita, Calcita Vermelha
Irregularidades menstruais: Covelita; Cuprita; Pedra da Lua; Papagonita
Jardinagem: Apofilita, Apofilita Verde; Quartzo Verde de Serifos
Jet lag: Proustita
Juntas: Anidrita Asa de Anjo; Lepidolita Lilás; *veja também* sistema esquelético
Laringite: Ágata; Água-marinha; Crisocola; Sílica Gema; *veja também* garganta
Lesões musculares: Quartzo Faden; Magnetos de Hematita; Jaspe, Jaspe Vermelho
Lesões: Cinábrio
Letargia: Quartzo Vermelho Russo
Leucemia: Bixbita
Ligação entre mãe e bebê: Calcita, Calcita Rosa, Calcita Transparente
Limpeza: Quartzo "Diamante" Herkimer
Lobos pré-frontais: Diamante; Quartzo Azul Siberiano; *veja também* cérebro
Machucados: Jaspe, Jaspe Unakita
Massas fibroides: Pedra Crisântemo; Magnesita; Opala, Opala Comum (Branca)
Medula óssea: Bixbita; Pedra do Sangue; Goethita; Hematita; Magnetita; Madeira Petrificada.
Memória: Barita; Iolita; Quartzo Azul Siberiano
Menopausa: Pedra do Sangue; Cuprita; Diopsida; Vanadinita
Metabolismo de glicose: Safira, Safira Rosa; *veja também* açúcar no sangue
Metabolismo: Albita; Danburita Ouro Fogo; Apatita, Apatita Verde; Calcita, Calcita Laranja; Celestita; Citrino, Citrino Natural, Citrino Tratado a Fogo; Dolomita; Gaspeita; Labradorita Dourada; Halita, Halita Rosa; Quartzo Ouro Imperial; Rodonita; Rutilo; Pedra do Sol; Wulfenita
Morte: Zoisita
Mudança hormonal: Hemimorfita; Lepidocrocita; Pedra da Lua
Narcolepsia: Calcedônia, Calcedônia Roxa
Nascimento: Calcita, Calcita Vermelha
Náusea: Tectito Ouro Líbio; Turmalina, Turmalina Dourada
Nervo ótico: Ônix; Rodizita; Escapolita, Escapolita Azul
Nervos rompidos: Quartzo Faden; Quartzo Negro Imperial
Níveis de insulina: *veja* diabetes
Níveis de serotonina: Escolecita
Nível de açúcar no sangue: Calcita, Calcita Mel
Órgãos sexuais: Bixbita; Brasilianita; Bustamita; Calcita, Calcita Laranja; Cuprita; Estroncianita
Ossos quebrados: Quartzo Celestial, Quartzo Faden; Kyanita; Obsidiana, Obsidiana Arco-íris; Quartzo Claro; Autocurado
Osteoporose: Angelita; Quartzo Fantasma Negro; Calcita, Calcita Vermelha; Criolita; Dolomita; Meteorito, Meteorito Condrito; Esfena

Ovários: Cornalina; Granada; Almandina; *veja também* sistema reprodutivo
Oxigenação do sangue: Pedra da Nevasca; Ouro do Curador; *veja também* oxigenação
Oxigenação: Ametista; Goethita; Ouro do Curador; Lepidocrocita; Magnetita; Papagoita; Esfarelita; Tremolita; Turquesa
Palpitações: Quartzo Rosa
Pâncreas: Calcita, Calcita Mel; Piromorfita; Ferro Tigre
Parasitas: Proustita; Jade, Jade Negro
Paredes de veias e artérias: Aventurina Azul; *veja também* sistema circulatório
Pedra da juventude: Crisoprásio
Pedra de ativação: Moldavita
Pedra tônica: Jade Vermelho
Pélvis: Jaspe Aranha
Perda de cabelo: *veja* cabelo
Perda de peso: *veja* administração do peso
Perda e degeneração óssea: *veja* Osteoporose
Performance atlética: Jade, Jade Vermelho; Esfarelita
Pernas: Ônix; Jaspe Aranha; Vesuvianita; *veja também* sistema esquelético
Pés: Jaspe Aranha; Vesuvianita; *veja também* sistema esquelético
Pesadelos: Lepidolita, Lepidolita Lilás; Muscovita; Sugilita
Pescoço: Topázio, Topázio Azul
Pólipos: Cristais Fantasma de Clorita
Poluição ambiental: Turmalina, Turmalina Negra
Prana: Cuprita
Pressão sanguínea: Petalita; Sodalita; Stichtita
Principal pedra de cura: Serafinita
Problemas alimentares: Rutilo; Stichtita; *veja também* desordens alimentares
Problemas de concentração: Estibinita
Problemas de pele: Água-marinha; Jade, Jade Roxo; Marcassita; Opala, Opala Comum (Azul), Opala Preciosa (Branca); Pirita
Problemas de visão: Quartzo Bastão de Fada; Lazulita; Escapolita Azul; Esfena; Ulexita
Problemas Digestivos: Ágata de Fogo, Ágata Musgo; Albita; Âmbar; Ametrina; Danburita Ouro Fogo; Apatita, Apatita Dourada; Bustamita; Cacoxenita; Calcita Laranja; Celestita; Citrino, Citrino Tratado a Fogo; Labradorita Dourada; Heliodoro; Quartzo Ouro Imperial; Tectito Ouro Líbio; Obsidiana, Obsidiana Dourada; Opala, Opala Comum (Marrom ou Negra); Prasiolita; Piromorfita; Rutilo; Safira, Safira Amarela; Escapolita, Escapolita Amarela; Escapolita Rosa; Pedra do Xamã; Espinélio, Espinélio Negro; Stichtita; Pedra do Sol; Turmalina, Turmalina Dourada
Problemas estomacais: *veja* desordens gástricas
Problemas musculares: Opala, Opala Comum (Marrom ou Negra); Ferro Tigre
Problemas na garganta: Água-marinha; Calcedônia Azul; Opala Preciosa (Azul Owyhee); Topázio Azul
Problemas nas veias: Vesuvianita
Problemas nos brônquios: Sílica Gema; Jade, Jade Azul; Tremolita
Problemas nos olhos: Apatita, Apatita Azul; Celestita; Pedra Gaia; Quartzo "Diamante" Herkimer; Iolita; Ônix; Rodizita; Safira, Safira Azul; Escapolita, Escapolita Azul; Ulexita
Problemas reprodutivos: Calcita, Calcita Vermelha; Covellita; Cuprita; Dioptase; Granada, Granada Espessartina;

Índice de Referência de Propriedades das Pedras

Lepidocrocita; Obsidiana, Obsidiana Negra; Lingam de Shiva; Smithsonita; Pedra do Sol; Vanadinita; Zincita

Problemas sexuais: Cinábrio; Dioptase; Fulgurita; Jaspe, Jaspe Vermelho; Quartzo Cetro; Rubi; Quartzo Vermelho Russo; Safira; Quartzo Padparadsha (Safira Laranja); Quartzo Tangerina; Willemita; Wulfenita; Zincita

Problemas sociais: Cerussita

Problemas urinários: Celestita; Opala Preciosa (Oregon); Prenita; Topázio Dourado

Produção de células sanguíneas: Aventurina, Aventurina Vermelha; Meteorito; Ferro-Níquel; Ferro Tigre

Prognóstico terminal: Cassiterita

Prosperidade: Âmbar; Apatita, Apatita Dourada; Aventurina, Aventurina Verde

Psoríase: *veja* problemas de pele

Pulmões: Aragonita, Aragonita Azul, Aragonita Negra; Quartzo Fantasma; Calcita, Calcita Azul, Cuprita; Diopsida; Pedra Gaia; Jaspe, Jaspe Unakita; Lepidocrocita; Opala, Opala Comum (Rosa), Opala Comum (Azul); Serafinita; Ferro Tigre

Purgação natural espontânea: Estaurolita

Purificação do sangue: Cinábrio; Dravita; Meteorito; Pallasita; Proustita

Purificação: Quartzo "Diamante" Herkimer; Azeviche; Rodonita; Turmalina, Turmalina Negra

Queimaduras de sol: Crisoberilo Verde; Purpurita

Queimaduras: Ágata, Ágata Azul Ellensburgo

Química cerebral: Barita; Fluorita; Escapolita, Escapolita Branca-Cinza

Quimioterapia: Galena; Pedra do Profeta; *veja também* câncer

Radiação: Cristais Fantasma de Clorita; Crisoberilo, Crisoberilo Verde; Galena; Quartzo "Diamante" Herkimer, Quartzo Hollandita; Pedra do Profeta; Purpurita; Piromorfita; Quartzo Fumê; Vanadinita; Willemita

Raízes cármicas de doenças: Lápis-lazúli

Recuperação de cirurgia: Calcita Rosa, Calcita Opaca; Quartzo Faden, Quartzo Claro, Quartzo Autocurado

Recuperação de enfermidade: Crisoberilo; Olho de Gato

Refluxo: Obsidiana, Obsidiana Dourada; Turmalina, Turmalina Dourada; *veja também* acidez; problemas digestivos

Regeneração celular: Amazonita; Serafinita; Serpentina; Vivianita

Regeneração das redes neurais: Stichtita

Regeneração e reparação de tecidos: Calcita Rosa, Calcita Opaca; Jade Verde; Jaspe Unakita; Malaquita; (Metais): Cobre; Jaspe Oceano; Quartzo Verde de Serifos

Regeneração óssea: Jaspe, Jaspe Pintura

Regeneração: Crisoprásio; Diopsida; Jaspe, Jaspe Mookita

Regimes de limpeza: Estaurolita

Remoção de entidades: Pedra do Xamã

Renovação energética: Crisoberilo; Olho de Gato; Heliodoro

Reparação celular: Aventurina, Aventurina Verde.

Repulsa ao sexo: Quartzo Vermelho Russo

Respiração celular: Serafinita.

Retenção de água: Hanksita; Pedra da Lua; Sodalita

Rins: Brasilianita; Celestita; Crisoberilo, Crisoberilo Dourado; Labradorita Dourada; Azeviche; Marcassita; Obsidiana, Obsidiana Mahogany; Opala, Opala Preciosa, Opala Oregon; Rodonita; Escapolita, Escapolita Amarela; Ferro Tigre; Topázio, Topázio Dourado

Rosácea: *veja* problemas de pele

Sangue: Ajoíta; Lágrima de Apache

Saúde geral: Ágata, Ágata Musgo; Axinita; Berilonita; Crocoíta; Jade, Jade Vermelho

Síndrome de fadiga crônica: Adamita; Zoisita

Síndrome do intestino irritável: Ambligonita; Dravita; Tectito Ouro Líbio; Turmalina, Turmalina Dourada

Sinusite: Goshenita

Sistema cardiovascular: Pedra da Nevasca; *veja também* coração

Sistema circulatório: Aventurina, Aventurina Verde; Clinocloro; Halita; Magnetita; Meteorito, Meteorito Condrito; Prenita

Sistema de meridianos: Calcita, Calcita Laranja; Obsidiana, Obsidiana Negra; Rodonita; Quartzo Sichuan

Sistema endócrino: Ametrina; Apatita, Apatita Dourada; Pedra do Sangue; Brasilianita; Calcita, Calcita Laranja, Calcita Vermelha; Cavansita; Citrino; Crocoíta; Granada, Granada Espessartina; Iolita; Pedra do Sol; Lepidocrocita; Jaspe Oceano; Opala, Opala Preciosa (Fogo); Pirita; Rutilo; Pedra do Sol; Olho de Tigre; Quartzo Titânio; Zincita.

Sistema esquelético: Anidrita Azul Asa de Anjo; Angelita; Quartzo Fantasma Negro; Madeira Petrificada; Ferro Tigre

Sistema imunológico: Lágrimas de Apache; Aventurina, Aventurina Vermelha; Calcita, Calcita Mel; Cinábrio; Crocoíta; Granada; Andradita Negra; (Metal): Prata; Proustita; Quartzo Titânio; Vivianita.

Sistema linfático: Calcita, Calcita Vermelha; Halita, Halita Azul; Prenita; Dravita

Sistema muscular: Quartzo Fantasma Negro; Estaurolita

Sistema nervoso parassimpático: Kunzita

Sistema nervoso: Quartzo Aura do Anjo; Astrofilita; Benitoita; Quartzo Fantasma Negro; Calcita, Calcita Merkabita; Datolita; Dolomita; Eudialita; Quartzo Faden; Jade, Jade Verde, Jade Roxo; Merlinita; Rodocrosita; Quartzo Negro Tibetano; Tugtupita; Variscita

Sistema reprodutivo feminino: Crocoíta; Jaspe, Jaspe Mookaita; (Metais): Cobre; Smithsonita

Sistema respiratório: Calcita, Calcita Azul; Clinocloro; Sílica Gema

Suprarrenal: Adamita; Amazonita; Cacoxenita; Crisocola; Jaspe Oceano; Quartzo Tangerina; Tanzanita; Topázio, Topázio Dourado; Zircônio; Zoisita.

Tecidos conectivos: Benitoita

Temperamento quente: Ágata, Ágata Azul Ellensburgo

Tensão muscular: Magnesita Stichtita

Tensão: Magnesita

Testes: Cornalina; Granada Almandina; Ouro do Curador

Timo: Ágata

Tireoide: Adamita; Ágata; Amazonita; Cacoxenita; Crisocola; Jaspe Oceano; Pedra do Xamã; Tanzanita; Topázio Azul; Zoisita

Tontura: *veja* vertigem

Tosse: Opala, Opala Comum (Azul)

TPM: Adamita; Ajoíta; Hemimorfita

Trauma (físico): Amazonita; Amegrina; Dioptase; Goethita; Kunzita; Kyanita; Quartzo Claro, Quartzo Autocurado; Jaspe Aranha; Vivianita

Tumores: Quartzo Sonho; Epídoto; Opala Preciosa (Negra); Quartzo Verde de Serifos

Úlceras: Ambligonita; Tectito Ouro Líbio; Escapolita Rosa; Turmalina Dourada

Unhas das mãos: *veja* unhas

Urinação involuntária à noite: Celestita; Labradorita Dourada; Opala; Opala Preciosa; Opala Oregon

Urticária: *veja* problemas de pele

Uso de álcool: Dolomita; Jaspe; Unakita; Pedra Nébula

Uso de drogas: Dolomita; *veja também* adição

Uso de tabaco: Dolomita; Jaspe Floresta Tropical; Peridoto; Rutilo; Zircônio

Veneno: Espinélio

Verrugas: Cinábrio

Vertigem (tonturas): Apatita Azul; Azurita; Quartzo Bastão de Fada; Fluorita; Moscovita; Safira Azul; Estibinita

Vesícula: Acmita; Apatita, Apatita Dourada; Crisoberilo, Crisoberilo Dourado; Labradorita Dourada; Madeira Petrificada; Piromorfita; Rodonita; Escapolita, Escapolita Amarela

Vício a inalantes: Peridoto

Vício: Ágata, Ágata Dendrítica, Ágata Púrpura Sálvia; Astrofilita; Galena; Pedra Nébula; Rubi; Dravita; Zircônio.

Vírus: *veja* infecção

Vitalidade: Adamita; Ágata de Fogo; Axinita Clinocloro; Crocoíta; Cuprita; Ouro do Curador; Jaspe Vermelho; Jade da Lemúria; Malaquita; Metais; Rubi; Quartzo Vermelho Russo; Safira Amarela; Pedra do Sol

Zumbido: Ametista; Azurita

CORRESPONDÊNCIAS ESPIRITUAIS E EMOCIONAIS

12 pedras de sinergia: Azeztulite; Broquita; Danburita; Herderita; Moldavita; Natrolita; Petalita; Fenacita; Quartzo Satyaloka; Escolecita; Tanzanita; Tectito Tibetano

Abertura do coração: Diopsida; Eudialita; Cristais Semente da Lemúria; Tugtupita

Abertura do coração: Halita

Abundância: Ágata Musgo; Apatita Verde; Cassiterita; Crisoberilo; Clinocloro; Esmeralda; Granada Uvarovita; Jade Verde; Azeviche; Jade Lemúria; Obsidiana Mahogany; Safira Amarela; Topázio Dourado; Turmalina Dourada

Abuso de poder: Obsidiana Dourada

Abuso emocional: Calcita Mel; Dioptase

Abuso sexual: Calcita Laranja, Calcita Mel

Acalmar o corpo emocional: Calcita Azul; Lepidolita Lilás; Smithsonita; Topázio Azul

Ação graciosa: Quartzo Rutilado

Ação produtiva: Iolita – Pedra do Sol; Jade Vermelho; Pirita; Quartzo Claro, Quartzo Cetro

Aceitação: Calcita Rosa, Calcita Transparente; Quartzo Verde de Serifos

Aceleração: Quartzo Rutilado; Rutilo

Acender o coração: Vivianita

Acesso ao conhecimento: Apatita Azul; Cavansita; Granada Andradita Negra; Pedra do Sol

Aconselhamento: Calcedônia Azul

Adaptabilidade: Diáspora

Afinidade: Strombolita; Thulita

Afrodisíaco: Calcita Laranja; Rubelita

Agni mani **(pérola de fogo)**: Moldavita; Tectito

Agorafobia: Meteorito Pallasito

Alegria: Adamita; Alexandrita; Quartzo Fantasma do Anjo; Apatita Verde; Berilonita; Bustamita; Calcita Rosa, Calcita Transparente; Dioptase; Sílica Gema; Hemimorfita; Jaspe Floresta Tropical, Jaspe Oceano; Opala Oregon; Quartzo Rosa; Smithsonita; Estilbita; Thulita; Turmalina Rosa, Turmalina Melancia; Tugtupita

Alinhamento com o plano divino: Cacoxenita

Alinhamento da vontade com o coração: Crisoberilo

Alinhamento de energias: Magnetita

Alinhamento do coração: Heulandita Verde

Alinhamento energético: Barita

Alinhamento físico com a luz: Variscita

Alívio: Ágata Azul Ellensburgo

Alma da Terra: Pedra Gaia

Alma gêmea: Calcedônia Roxa; Morganita

Alquimia: Cinábrio; Cuprita; Wulfenita

Alta Sacerdotisa: Cuprita; (Metal): Prata; Pedra da Lua

Altruísmo: Calcita Verde; Crisoprásio; Kunzita; Rodonita; Vivianita

Ambição: Pirita

Amizade: Strombolita

Amor da Terra: Jaspe Floresta Tropical

Amor divino: Alexandrita; Calcita Verde; Clinocloro; Quartzo Elestial; Kunzita; Lepidocrocita; Morganita; Smithsonita; Tugtupita

Amor físico: Granada Almandina

Amor incondicional: Calcita Rosa, Calcita Transparente; Charoíta; Escapolita; Olho de Tigre

Amor interpessoal: Hiddenita

Amor pela Terra: Tugtupita

Amor universal: Smithsonita

Amor: Adamita; Bixbita; Clinocloro; Crocoíta; Esmeralda; Pedra Gaia; Jade da Lemúria; Lepidocrocita; Lepidolita Lilás; Rodonita; Quartzo Rosa; Safira Rosa; Smithsonita; Estilbita; Turmalina Rosa; Tugtupita

Ampliação de intenção: Amazonita; Pedra da Lua Cinza

Amplificação: Quartzo Claro, Quartzo Rutilado; Rutilo

Amplificador emocional: Opala Branca Preciosa

Ananda: Celestita Ohio

Anjo da guarda: Ágata Púrpura Sálvia; Angelita

Anjos em forma humana: Anidrita Azul Asa do Anjo

Anjos: Ágata Azul Ellensburgo; Ametista; Crisoberilo; Olho de Gato; Covellita; Sílica Gema; Quartzo "Diamante" Herkimer; (Metal): Platina; Fenacita; Selenita; Serafinita

Ansiedade financeira: Granada Grossular

Ansiedade/preocupação: Ágata Púrpura Sálvia; Granada Almandina; Sílica Gel de Lítio; Lepidolita; Opala Comum; Turmalina Rosa

Ansiedade: Andalusita; Calcedônia Azul; Cuprita; Danburita; Smithsonita; Turmalina Rosa; Tremolita

Aparência positiva: Ágata Dendrítica; Lágrimas de Apache; Calcita Azul; Ouro do Criador; Estroncianita

Aprendizado de vidas passadas: Granada Almandina

Aprendizado: Apatita Dourada; Diopsida; Dumortierita; Fluorita; Herderita; Rutilo; Esfena; Ulexita

Arquétipo do mago: Cinábrio

Arquétipo masculino e feminino: Jaspe Aranha

Artes marciais: Jade Vermelho

Artistas: *veja* pessoas criativas

Ascensão: Barita; Broquita; Calcita Raio Estelar, Calcita Merkabita; Heliodoro; Quartzo "Diamante" Herkimer;

Ashtar: Tectito

Índice de Referência de Propriedades das Pedras

Assento da alma: Turmalina Melancia
Assertividade: Heliodoro; Jade Vermelho; Vesuvianita
Assistência espiritual: Goshenita
Assumir riscos: Ágata de Fogo
Astrologia: Herderita; Iolita
Ataque psíquico: Andalusita; Quartzo Aqua-Aura; Quartzo Sonho; Muscovita; Obsidiana Mahogany; Opala Comum; Opala Azul Owyhee; Escapolita
Aterramento da Luz: Pedra do Profeta
Aterramento do espiritual no físico: Quartzo Celestial; Pederneira
Aterramento: Ágata Musgo; Andalusita; Lágrimas de Apache; Obsidiana Negra; Pedra Nevasca; Pedra Crisântemo; Crocoíta; Dolomita; Granada Andradita Negra; Ouro do Curador; Hematita, Hematita Especular; Azeviche; Magnetita; (Metal): Cobre; Proustita; Rubi; Quartzo Fumê; Vanadinita Negra; Zircônio
Ativação da Luz: Hemimorfita
Ativação dos chacras: Moldavita
Ativação espiritual: Selenita;
Ativação psíquica: Apatita Azul
Atividade paranormal: Ágata Azul Holly
Atlantis: Calcita Raio Estelar; Quartzo Catedral, Quartzo Fantasma Branco
Atração de amor: Crisoprásio
Atração: Epídoto; Espessartina
Autoaceitação: Anidrita Azul Asa do Anjo; Astrofilita; Quartzo Nirvana; Dravita
Autoconfiança: Heliodoro; Rubi; Jaspe Aranha
Autoconhecimento: Amazonita; Astrofilita; Estilbita; Turquesa
Autocura: Cristal Clorita Fantasma; Lepidocrocita; Moldavita; Serafinita; Jaspe Aranha; Ferro Tigre; Dravita
Autodescoberta: Astrofilita
Autodisciplina: Aventurina Azul; Pederneira; Iolita-Pedra do Sol; Lazulita; Escapolita; Sodalita
Autodúvida: Eudialita
Autoestima: Bixbita; Labradorita Dourada; Opala Oregon; Tanzanita
Autoestima: Eudialita; Halita Rosa; Rodocrosita; Thulita; Dravita
Autojulgamento: Quartzo Fantasma Negro
Automaestria: Nuummita; Ônix; Estroncianita
Autossabotagem: Apatita Dourada
Autotransformação: Pietersita; Escapolita
Autovalorização: Apatita Dourada; Rodolita; Granada; Obsidiana Mahogany; Quartzo Espírito; Estroncianita
Aventura: Rubi; Pedra do Sol
Bagarem emocional, eliminação: Água-marinha
Baixar informação espiritual: Celestina
Bandagem etérea: Quartzo Faden
Batimento do coração da Terra: Cristais Clorita Fantasma; Pedra Gaia
Bem-estar: Apatita Verde; Calcita Rosa, Calcita Opaca; Ouro do Curador; Peridoto; Jade Aranha; Estaurolita
Bênção: Pedra do Sol
Benevolência divina: Ágata Púrpura Sálvia
Benevolência: Quartzo Elestial; Heliodoro; Pedra do Sol
Bloqueio do escritor: Rutilo
Bloqueios: Calcita Raio Estelar; Hanksita; Moldavita; Quartzo Claro, Quartzo com Terminação Dupla; Zincita
Boa sorte: Pedra Crisântemo

Bondade: Thulita; Turmalina Rosa
Brilho: Diamante
Buracos na aura: Calcedônia Azul; Turmalina Rosa
Calma: Ágata Blue Lace, Ágata Azul Ellensburgo; Ajoíta; Ambligonita; Quartzo Aqua-Aura; Calcedônia Azul; Dolomita; Sílica Gel Lítio; Opala Comum Azul, Opala Azul Owyhee; Smithsonita; Turmalina Melancia; Tremolita
Calma: Água-marinha; Larimar
Calmante emocional: Cavansita
Calmante: Água-marinha; Sílica Gel de Lítio; Larimar
Calor: Âmbar; Peridoto
Caminho de serviço: Charoíta
Caminho do destino: Quartzo Hollandita; Quartzo Nirvana; Rodonita; Escapolita
Caminho espiritual: Granada Rodolita
Caminho para o Céu: Cristal Semente da Lemúria
Campo áurico: Aragonita Geodo de Estrelas; Quartzo Faden; Infinita; Fenacita
Campos de conhecimento: Meteorito Pallasito
Campos de energia: Ametista; Aragonita Geodo de Estrelas; Quartzo Faden; Fluorita
Campos mórficos de conhecimento: Tremolita; Quartzo Fantasma Branco
Campos morfogênicos: Meteorito Pallasito
Canalização: Angelita; Quartzo Aqua-Aura; Benitoita; Calcedônia Azul; Creedita; Danburita; Quartzo Sonho; Sílica Gema; Hemimorfita; Iolita, Iolita-Pedra do Sol; Lazulita; (Metais): Cobre
Capacidades latentes, ativação: Herderita
Carisma: Espessartina
Casamento: Moldavita
Casulo de Luz: Celestita Ohio
Cátaros: Iolita
Cavaleiros Templários: Iolita
Centralização: Ágata Blue Lace; Calcedônia Azul; Dolomita; Quartzo Sichuan
Centros psíquicos do cérebro: Ágata Azul Holly
Cérebro mais elevado: Herderita; Datolita
Cerimônias de morte: Cassiterita
Chacra do terceiro olho: Fenacita
Chacras etéreos: Selenita
Chama Violeta: Sugilita
Chave para o futuro: Quartzo Claro, Quartzo Trigônico
Chi: Cinábrio; Espessartina; Jade Verde, Jade Vermelho; Jaspe Vermelho; Opala Fogo; Prenita; Rubi; Zircônio
Cinesiologia: Infinita
Círculos em plantações: Âmbar
Cirurgia mediúnica: Calcita Raio Estelar
Civilizações antigas: Calcedônia Roxa; Granada Almandina; Heulandita; Jaspe Pintura; Madeira Petrificada; Quartzo Claro; Arquivista Submerso
Civilizações passadas: Quartzo Catedral; Heulandita
Clareza mental: Adamita; Albita; Citrino; Quartzo Azul Siberiano; Esfena; Topázio Branco
Clareza: Ágata Blue Lace; Danburita Ouro Fogo; Albita; Âmbar; Ambligonita; Ametrina; Apatita Dourada; Calcita Clara; Calcita Vermelha; Euclásio; Fluorita; Labradorita Dourada; Jade Azul, Jade da Lemúria; Pedra da Lua; Safira Branca; Smithsonita; Estilbita; Tremolita; Variscita

Clariaudiência: Cavansita; Celestita Ohio; Calcedônia Roxa; Dumortierita; Lazulita; Quartzo Azul Siberiano; Turmalina Azul

Clarisciência: Celestita Ohio; Calcedônia Roxa; Dumortierita; Lazulita; Quartzo Azul Siberiano; Topázio Branco; Turmalina Azul

Clarividência e mediunidade: Adamita; Adulária; Ágata Azul Holly; Angelita; Berilonita; Calcita Azul; Cavansita; Celestita Ohio; Calcedônia Roxa; Covellita; Diamante; Dumortierita; Sílica Gema; Pedra da Lua Cinza; Halita; Heliodoro; Hemimorfita; Herderita; Iolita; Jade Azul; Azeviche; Labradorita; Lazulita; Merlinita; (Metal): Nióbio; Pedra da Lua; Muscovita; Natrolita; Nuummita; Petalita; Shattuckita; Quartzo; Azul Siberiano; Quartzo Sichuan; Topázio Branco; Turmalina Azul; Ulexita

Cocriação divina: Quartzo Imperial Dourado

Codificação celular: Quartzo Elestial

Compaixão: Ajoíta; Amazonita; Amegrina; Calcita Verde; Calcita Rosa; Calcita Transparente; Celestita Ohio; Crisoprásio; Dioptase; Esmeralda; Pedra Gaia; Halita; Jade Lavanda; Morganita; Prasiolita; Quartzo Claro; Cristal Templo do Coração (Dow); Rodocrosita; Rodonita; Quartzo Rosa; Safira Amarela; Smithsonita; Stichtita; Quartzo Tangerina; Variscita; Vivianita

Comportamento passivo/agressivo: Calcita Rosa; Calcita Opaca

Compreensão cármica: Acmita; Euclásio

Compromisso espiritual: Euclásio

Compromisso: Pirita

Comunhão com a criação: Broquita

Comunicação angélica: Ajoíta; Anidrita Azul Asa do Anjo; Angelita; Celestina; Clinocloro; Danburita; Quartzo Elestial; Opala Azul Owyhee; Prenita

Comunicação com animais e plantas: Diopsida; Peridoto; Serpentina

Comunicação com animais: Jaspe Mookaita

Comunicação com espíritos: Merlinita; Obsidiana Floco de Neve; Obsidiana Pavão; Shattuckita;

Comunicação com espíritos: Safira Branca

Comunicação com seres mais elevados: Kyanita; Obsidiana Negra; Prenita

Comunicação divina: Ajoíta; Calcedônia Azul; Covellita; Crocoíta

Comunicação extrassensorial: Meteorito Condrito

Comunicação interdimensional: Quartzo Aqua-Aura; Astrofilita; Broquita; (Metal): Platina; Meteorito Condrito; Quartzo Azul Siberiano

Comunicação psíquica: Broquita; Quartzo Sichuan

Comunicação verbal: Shattuckita

Comunicação: Ágata Blue Lace, Ágata Azul Ellensburgo; Amazonita; Angelita; Quartzo Aqua-Aura; Água-marinha; Aragonita Azul; Cavansita; Calcedônia Azul; Crisocola; Sílica Gema; Hemimorfita; Lápis-lazúli; Lepidocrocita; Quartzo Claro; Shattuckita; Smithsonita; Topázio Azul; Turmalina Azul; Turquesa

Concentração: Ágata Musgo; Ambligonita

Conexão entre o Eu Superior e o eu inferior: Prasiolita

Conexão entre a mente e o coração: Tanzanita; Thulita

Confiança: Acmita; Ágata Blue Lace; Ajoíta; Albita; Apatita Dourada; Aragonita Geodo de Estrelas; Aventurina Verde; Calcita Laranja, Calcita Mel; Cornalina; Labradorita Dourada; Ouro do Curador; Tectito Ouro Líbio; Malaquita; (Metal): Ouro; Morganita; Opala Azul Owyhee; Pirita; Rodizita; Estroncianita; Turmalina Dourada

Confiança: Quartzo Nirvana

Conforto emocional: Andalusita

Confusão emocional: Malaquita

Conhecimento antigo: Cuprita; Papagoíta

Conhecimento divino: Quartzo Claro; Cristal Iniciação (canalização); Safira Estrela

Conhecimento do coração: Apatita Verde; Kunzita; Lepidocrocita; Moldavita; Muscovita

Conhecimento elevado: Quartzo Satyaloka

Conhecimento interior: Quartzo Aura Tanzine

Conhecimento mais elevado: Calcita Raio Estelar; Calcita Merkabita; Magnesita; Safira Azul; Tremolita

Consciência da Terra: Jaspe Pintura; Jade Lemuriano

Consciência de Cristo: Heliodoro; Esfena; Olho de Tigre; Topázio Dourado

Consciência do eu sombra: Dravita

Consciência mais elevada: Natrolita; Turmalina Azul

Consciência multidimensional: Papagoita

Consciência planetária: Quartzo Satyaloka

Consciência pura: Quartzo Satyaloka

Consciência silenciosa: Calcita Vermelha

Consciência visionária: Diamante

Contato com Atlantis: Brasilianita

Contato com guias: Quartzo Sonho

Contentamento: Andalusita

Controle sobre coincidências: Labradorita

Coração amoroso: Hidenita

Coração corajoso: Rodocrosita; Stichtita

Coração da natureza: Serpentina

Coração da Terra: Rubelita

Coração superior: Datolita; Dioptase; Esmeralda

Coração universal: Rubelita; Tugtupita

Coragem espiritual: Danburita Ouro Fogo; Fenacita

Coragem: Albita; Apatita Dourada; Apofilita Clara; Bixbita; Quartzo Fantasma Negro; Pedra do Sangue; Cornalina; Cuprita; Esmeralda; Hematita; Heulandita; Iolita-Pedra do Sol; Jade Vermelho; Marcassita; Obsidiana Floco de Neve; Peridoto; Rubi; Esfarelita; Sugilita; Ferro Tigre; Rubelita; Turmalina Dourada; Dravita; Vesuvianita

Cordas: Quartzo Claro

Corpo Arco-íris (Metal): Nióbio; Pedra da Lua Arco-íris; Quartzo Titânio

Corpo de luz: Herderita; Fenacita

Corpo emocional: Ajoíta; Andalusita; Lágrimas de Apache; Quartzo Aqua-Aura; Smithsonita; Topázio Azul

Corpo etéreo: Ágata Musgo; Quartzo Faden; Infinita

Corpo mental: Albita

Corpos sutis: Acmita

Corrente de tempo do futuro: Quartzo Nirvana

Corrente de tempo futura: Criolita; Muscovita

Crenças essenciais: Amazonita

Crescimento espiritual: Ametrina; Pedra Nevasca; Turquesa

Crescimento: Ágata Dendrítica; Aventurina Verde; Crisoprásio; Madeira Petrificada

Criação de estrutura: Pederneira; Sodalita

Criação divina: Wulfenita

Criação: Apatita Dourada

Índice de Referência de Propriedades das Pedras

Criança interior: Bustamita; Lepidocrocita
Crianças: Quartzo Lítio
Criatividade: Adamita; Ágata de Fogo; Ambligonita; Amegrina; Ametrina; Granada Andradita Negra; Brasilianita; Bustamita; Calcita Laranja; Citrino; Crocoíta; Quartzo Bastão de Fada; Espessartina; Goethita; Labradorita Dourada; Herderita; Jade Vermelho; Lepidocrocita; Malaquita; (Metal): Ouro; Pirita; Quartzo Claro Cetro, Quartzo Vermelho Russo; Rutilo; Safira Amarela, Safira Padparadsha; Sodalita; Quartzo Tangerina; Ferro Tigre; Topázio Dourado; Ulexita; Vanadinita; Willemita; Zincita
Cristo: Quartzo Rosa
Cura à distância: Calcita Rosa, Calcita Opaca
Cura da aura: Quartzo Lítio
Cura da Terra: Apofilita Verde; Jaspe Floresta Tropical; Obsidiana Dourada
Cura de tristeza: Goethita
Cura de um chacra da raiz prejudicado: Proustita
Cura do coração: Hidenita; Malaquita; Quartzo Rosa; Rubelita; Turmalina Melancia
Cura e amor, transmissão: Quartzo Claro
Cura emocional: Amegrina; Lágrimas de Apache; Aragonita Geodo de Estrelas, Aragonita Azul; Aventurina Verde; Calcita Rosa, Calcita Transparente; Eudialita; Pedra Gaia; Granada Rodolita; Gapeita; Hemimorfita; Heulandita; Kunzita; Lepidocrocita; Lepidolita; Jaspe Oceano; Opala Comum Rosa; Rodocrosita; Quartzo Rosa; Turmalina Rosa; Rubelita; Dravita; Variscita
Cura espiritual: Angelita
Cura física: Pedra Nevasca; Quartzo Faden
Cura genética: Jaspe Mookaita
Cura planetária: Jaspe Floresta Tropical
Cura: Ágata Púrpura Sálvia; Âmbar; Pedra Nevasca; Charoíta; Clinocloro; Crocoíta; Cuprita; Diopsida; Esmeralda; Ouro do Curador; Iolita; Jaspe Decorativo, Jaspe Unakita; Jade da Lemúria; Cristais Semente da Lemúria; Quartzo Claro Autocurado, Quartzo Claro Cristal Templo Coração (Dow), Quartzo Verde de Serifos; Turmalina Verde; Ziosita
Curadores fundamentados: Aragonita Azul
Curadores psíquicos: Adamita
Curiosidade: Quartzo Tangerina
Decisão: Ametrina; Fluorita
Densidade: Epídoto; Quartzo Claro
Depressão: Andalusita; Quartzo Elestial; Eudialita; Sílica Gel Lítio; Lepidocrocita; (Metal): Ouro; Obsidiana Mahogany; Jaspe Oceano; Opala Comum; Strombolita; Turmalina Rosa; Rubelita; Tremolita;
Desconforto mental: Papagoita
Desejo: Topázio Dourado
Desenvolvimento interior e externo: Zoisita
Desesperança: Datolita
Desespero: Calcedônia Azul
Desmerecimento: Granada Rodolita; Hidenita
Desorientação: Jaspe Pintura; Magnetita
Despertar do coração: Prasiolita; Escolecita
Despertar dos chacras mais elevados: Broquita
Despertar psíquico: Benitoíta; Rodizita; Quartzo Azul Siberiano
Despertar: Fulgurita; Moldavita; Muscovita; Quartzo Satyaloka; Escolecita; Vivianita; Zoisita
Destino espiritual: Diamante

Determinação: Ágata Musgo; Rubi; Wulfenita; Zincita
Deus interior: Adulária; Diamante; Lápis-lazúli; Tectito Ouro Líbio
Deusa da Terra: Cuprita
Deusa interior: Diamante; Lápis-lazúli; Tectito Ouro Líbio
Deusa Negra: Jaspe Aranha
Deusa: Água-marinha; Cristais Semente da Lemúria; Moldavita; Pedra da Lua; Quartzo Claro Cristal Espírito Manifesto (Ísis); *veja também* feminino; Alta Sacerdotisa; Grande Mãe
Devas, seres dévicos: Ágata Musgo; Âmbar; Clorita Cristais Fantasma; Crisoprásio; Hemimorfita; Infinita; Jade Roxo; Jaspe Floresta Tropical; Merlinita; Peridoto; Prenita; Estaurolita.
Dharma **caminho do destino maior**: Petalita; Escapolita
Dimensão vertical: Ágata Azul Holly
Dimensões causais: Obsidiana Pavão
Dimensões mais elevadas: Celestita; Papagoita
Direção: Quartzo Claro, Quartzo Cetro
Discernimento: Jade Roxo; Safira Branca; Olho de Tigre
Disciplina mental: Dumortierita
Disciplina: Jaspe Decorativo; Lazulita; Ônix; Safira Azul; Vanadinita
Discriminação: Heliodoro; Jade Azul; Esfarelita
Divertimento: Calcita Laranja; Opala Fogo; Safira
Divino Feminino: Água-marinha; Cuprita; Larimar; Jade Lemúria; Cristais Semente da Lemúria; Serafinita
Divórcio: Dioptase
DNA: Quartzo Claro Arquivista Elevado
Domínio angelical: Quartzo Fantasma do Anjo; Celestita; Credita; Quartzo Elestial, Quartzo Bastão de Fada; Opala Comum; Quartzo Verde de Serifos
Dons psíquicos: Iolita; Safira Branca; Topázio Branco; Turmalina Azul
Dúvida: Jade Negro; Safira Amarela
Eficiência: Sodalita
Eliminação da dor: Aragonita Geodo de Estrelas
Eliminação da negatividade: Epídoto
Eliminação da raiva: Calcita Rosa, Calcita Opaca
Eliminação da tristeza: Alexandrita
Eliminação de estagnação: Calcita Clara; Quartzo Sichuan
Eliminação de vínculos negativos: Barita; Lepidocrocita; Quartzo Claro
Eliminação do estresse: Calcita Verde; Danburita; Lepidolita Lilás; Lepidolita; Quartzo Lítio; Jaspe Oceano; Quartzo Rosa; Smithsonita; Estaurolita; Turmalina Rosa
Eliminação do estresse: Quartzo Sonho
Eloquência: Sílica Gema
Empatia: Calcita Rosa, Calcita Opaca; Hemimorfita; Kyanita; Lepidocrocita; Thulita
Encarar o eu sombra: Jade Negro
Energia cósmica: Quartzo Satyaloka
Energia criativa: Jaspe Vermelho
Energia da alma: Crocoíta
Energia da Deusa: Crisocola; Pedra Gaia; Sílica Gema; Jaspe Pintura; Larimar
Energia de cura: Pedra Nébula
Energia drenada: Andalusita
Energia elemental: Merlinita; Strombolita
Energia eletromagnética: Astrofilita; Magnetos de Hematita

Energia espiritual: Quartzo Claro; Quartzo Integração (Transmissor)
Energia feminina: Ajoíta
Energia masculina: Pirita
Energia mental: Jaspe Decorativo
Energia negativa: Lágrimas de Apache
Energia regenerativa: Quartzo Verde de Serifos; Espinélio
Energia sexual: Jade Vermelho; Jaspe Vermelho; Marcassita; Rubi; Safira Padparadsha; Vanadinita; Willemita
Energia solar: Âmbar; Heliodoro
Energia yin: Sílica Gel de Lítio
Energia, amorosa: Rodocrosita
Energia, arquétipo feminino: (Metal): Prata
Energia, arquétipo masculino: (Metal): Ouro
Energia, comando da: Crocoíta
Energia, lunar: (Metal): Prata
Energia, magnificação: Rodizita
Energia, masculina: Pedra do Sol
Energia, sobrecarga de: Magnetos de Hematita
Energia, transmissão de: Quartzo Claro com Dupla Terminação
Energia: Acmita; Rubi; Jaspe Aranha; Ferro Tigre
Energias astrais: Opala Azul Owyhee; Quartzo Negro Tibetano
Energias da Terra: Jaspe Mookaita; Azeviche; Vanadinita
Energias das pedras: (Metal): Cobre
Energias dévicas: Lágrimas de Apache; Aventurina Verde
Energias negativas: Ágata Azul Holly; Quartzo Aqua-Aura; Azeviche; Obsidiana Dourada; Piromorfita; Quartzo Fumê
Energias sutis: Infinita
Entidade etérea: (Metal): Nióbio
Entidades angelicais: Hemimorfita; Cristal Semente da Lemúria; Morganita; Smithsonita
Entidades astrais: Piromorfita; Willemita
Entidades extraterrestres: Calcita Raio Estelar; Covellita; Ulexita; Zircônio
Entidades negativas, proteção contra: Acmita; Quartzo Claro, Quartzo Trigônico
Entidades negativas: Ágata Azul Holly; Quartzo Aqua-Aura; Azeviche; Obsidiana Dourada; Piromorfita; Quartzo Fumê
Entidades psíquicas: Marcassita
Entrantes: Astrofilita; Goethita; (Metal): Platina; Meteorito Pallasito
Entusiasmo pela vida: Ágata de Fogo: Safira Padparadsha
Entusiasmo: Adamita; Rubi; Quartzo Vermelho Russo; Estroncianita; Quartzo Titânio; Vesuvianita; Wulfenita
Envelhecimento, desaceleração: Jaspe Mookaita
Equilíbrio da aura: Hemimorfita
Equilíbrio de energias: Pedra Nevasca; Quartzo Sichuan
Equilíbrio de polaridades: Ágata Dendrítica; Magnetos de Hematita; Pedra do Xamã
Equilíbrio de polaridades: Magnetita; Marcassita
Equilíbrio emocional: Adulária; Calcita Verde; Jaspe Vermelho; Malaquita; Pedra da Lua Arco-íris; Thulita
Equilíbrio: Ametista; Calcedônia Azul; Diopsida; Dolomita; Ouro do Curador; Jaspe Unakita; Lepidolita; Esfarelita; Olho de Tigre; Turmalina Rosa
Ervas de cura: Quartzo Verde de Serifos
Escrita automática: Shattuckita
Escrita inspirada: Iolita-Pedra do Sol
Escudo de Luz: Sugilita
Esperança de renascimento: Quartzo Rosa

Esperança: Alexandrita; Berilonita; Espinélio
Espíritos da Natureza: Ágata Musgo; Lágrimas de Apache; Apatita Verde; Apofilita Verde; Broquita; Cristais Clorita Fantasma; Pedra Gaia; Hemimorfita; Jaspe Floresta Tropical; Turmalina Verde; Turmalina Melancia
Espiritualidade: Marcassita; Topázio Branco
Espiritualização da vida física: Quartzo "Diamante" Herkimer
Estabilidade emocional: Meteorito Palassito
Estabilidade: Ágata Musgo; Aragonita Azul; Sílica Gel de Lítio
Estabilização do campo áurico: Pedra Nevasca
Estado de graça: Papagoita; Estibinita
Estado de pré-nascimento: Calcita Raio Estelar
Estado de sonho: Hemimorfita; Moldavita
Estados de transe: Sodalita
Estamina: Pirita; Ferro Tigre; Turmalina Verde; Vanadinita
Estimulação do terceiro olho: Anidrita Azul Asa do Anjo; Fenacita
Estimulante mental: Goshenita; Muscovita
Estresse emocional: Quartzo Rosa
Estresse: Ambligonita; Apatita Verde; Quartzo Bastão de Fada; Opala Comum; Tremolita
Estudos: Fluorita
ETs: Astrofilita; Broquita; Crisoberilo; Olho de Gato; Tectito Ouro Líbio; (Metal): Nióbio; Meteorito Condrito; Natrolita; Prenita; Estibinita; Tectito
Eu multidimensional: Astrofilita
Eu Sou: Cavansita; Quartzo Satyaloka
Eu Superior: Ágata Musgo; Amegrina; Quartzo Fantasma do Anjo; Apofilita Clara; Barita; Calcedônia Roxa; Clinocloro; Quartzo Elestial; Natrolita; Prasiolita; Safira Branca; Escapolita; Selenita; Quartzo Espírito
Eu positivo: Jaspe Oceano
Euforia: Quartzo Lítio
Evolução cerebral: Herderita; Natrolita
Evolução da Terra: Apofilita
Evolução espiritual rápida: Moldavita; Quartzo Espírito
Evolução pessoal: Cerussita; Fulgurita; Moldavita; Quartzo Nirvana
Exaustão emocional: Quartzo Verde de Serifos
Exorcismo: Astrofilita
Expansão da consciência: Ágata Azul Holly; Amegrina; Astrofilita; Benitoíta; Berilonita; Calcita Merkabita; Cavansita; Magnesita; Obsidiana Pavão; Quartzo Claro, Quartzo Rutilado, Quartzo Sichuan; Estaurolita; Pedra do Sol; Quartzo Negro Tibetano; Tugtupita
Expansão da percepção: Adamita; Ágata Púrpura Sálvia; Quartzo Aura do Anjo; Angelita; Creedita; Moldavita; Petalita; Quartzo Rutilado; Rutilo; Safira Azul, Safira Branca; Quartzo Sichuan
Expansão do chacra coração: Datolita
Expansividade: Ágata Azul Ellensburgo
Experiência "ahá!": Calcita Azul; Sodalita
Experiência fora do corpo: Astrofilita; Calcita Raio Estelar; Papagoita; Rodizita; Escapolita; Esfena
Experiência visionária: Berilonita; Danburita; Quartzo Sonho, Quartzo "Diamante" Herkimer; Heulandita; Natrolita
Experimentação: Pedra do Sol
Exploração interior: Albita; Diáspora
Expressão artística: Ágata de Fogo; Iolita
Expressão espiritual: Gaspeita

Índice de Referência de Propriedades das Pedras

Expressão sagrada: Crisocola
Êxtase: Opala Fogo
Fada: Lágrimas de Apache; Diopsida; *veja também* fadas
Fadas: Cristais Clorita Fantasma; Quartzo Faden; Infinita; Meteorito Pallasito; Peridoto; Prenita; Quartzo Fumê; Estaurolita; Ulexita
Fadiga: Espinélio
Falar em línguas desconhecidas: Calcedônia Azul; Especulita; Hematita; *veja* Hematita; Espessartina; *veja* Granada
Fantasmas: Quartzo Fumê
Fé: Berilonita
Feixe de luz: Sugilita
Felicidade divina: *veja* ananda
Felicidade: Papagoita
Feminino: Pedra da Lua; *veja também* Deusa; Grande Mãe; Alta Sacerdotisa
Ferramentas de diagnóstico: Aragonita Geodo de Estrelas
Fobias sociais: Calcita Verde
Fobias: Larimar
Foco de atenção: Ônix
Foco mental: Ametrina; Lazulita; Tectito Ouro Líbio
Fogo sagrado: Opala Preciosa Branca
Fonte divina: Danburita
Força de vontade: Marcassita; Ônix; Pirita; Escapolita
Força espiritual: Safira Branca; Sugilita
Força interior: Aventurina Azul; Nuummita; Ônix; Turmalina Dourada
Força supramental: Pedra da Profecia
Força vital: Âmbar; Andalusita; Cuprita; Eudialita; Jaspe Mookaita; Marcassita; Rubi; Quartzo Vermelho Russo; Esfarelita; Jaspe Aranha; Quartzo Titânio; Zincita; Zircônio; Zoisita *veja também* prana; *chi*
Força: Aragonita Geodo de Estrelas; Pedra do Sangue; Granada Almandina; Heliodoro; Hematita; Jade Vermelho; Madeira Petrificada; Rubi; Esfarelita; Estroncianita; Pedra do Sol; Olho de Tigre; Ferro Tigre
Forças elementais: Merlinita; Nuummita
Fortalecimento da aura: Heulandita Verde
Frequência do coração: Quartzo Claro
Frequências da Luz: Acmita
Frugalidade: Estroncianita
Função cerebral: Ametista; Lazulita; Tugtupita
Futuros prováveis: Quartzo Elestial; Pedra Nébula; Pedra da Profecia
Gema para disposições de cura: Topázio Azul
Gêmeo espiritual: Ágata Musgo; Calcedônia Púrpura
Generosidade: Rodonita; Thulita
Gentileza amorosa: Jade Verde
Gentileza: Quartzo Rosa; Vivianita
Geomancia: Diopsida; Infinita; Vanadita
Gerador de orgone: Rodizita
Grande Mãe: Sílica Gema; Jaspe Floresta Tropical; Cristal Semente da Lemúria; Pedra da Lua; Pedra Nébula; Prenita; Quartzo Rosa
Grande Sol Central: Danburita Ouro Fogo; Labradorita Dourada; Meteorito Pallasito; Obsidiana Dourada; Quartzo Satyaloka; Pedra do Sol
Gratidão: Apatita Verde; Hiddenita
Guarda costas etéreo: Jade Negro
Guerreiro espiritual: Pedra do Sangue

Guia etéreo: Broquita
Guias angelicais: Benitoíta; Celestita; (Metal): Platina; Purpurita
Guias espirituais: Ágata Azul Holly, Ágata Púrpura Sálvia; Anidrita Azul Asa do Anjo; Apofilita Clara; Calcita Raio Estelar; Covelita; Lepidocrocita
Guias espirituais: Quartzo Sonho; Hemimorfita; (Metal): Platina; Opala Azul Owyhee; Selenita; Quartzo Fumê, Quartzo Fantasma Branco
Habilidade mental: Albita; Cinábrio; Datolita; Safira Azul; Quartzo Titânio; Ulexita
Habilidade visionária: Dumortierita; Iolita; Iolita-Pedra do Sol; Jade Lavanda; Rodizita
Habilidades paranormais: Benitoíta; Diamante
Habilidades psíquicas: Ágata Azul Ellensburgo, Ágata Azul Holly, Ágata Púrpura Sálvia; Albita; Amegrina; Ametista; Aragonita Azul; Benitoíta; Calcita Azul; Calcedônia Roxa; Crisoberilo; Olho de Gato; Cinábrio; Covelita; Crocoíta; Quartzo Sonho; Dumortierita; Pederneira; Fluorita; Halita; Herderita; Jade Roxo; Quartzo Aura Tanzine; Jade Azul; Kunzita; Kyanita; Lazulita; (Metal): Prata; Natrolita; Nuummita; Papagoita; Fenacita; Rodizita; Quartzo Rutilado; Rutilo; Safira Azul; Escapolita; Quartzo Azul Siberiano, Quartzo Sichuan; Tectito; Topázio Azul; Tugtupita; Zircônio
Hábitos Ruins: Jaspe Unakita
Hábitos saudáveis: Estaurolita; Thulita
Harmonia: Amazonita; Aragonita Azul; Ouro do Curador; Pedra da Lua Arco-íris; Quartzo Espírito
Hiperatividade: Sílica Gel de Lítio
Hiperventilação: Cavansita; Obsidiana Pavão
Hipnose: Safira Azul
Histeria: Água-marinha; Estaurolita; Rubelita
História espiritual: Serpentina
Honestidade: Pederneira
Humildade: Dolomita
Humilhação: Obsidiana Mahogany
Humor: Jade Roco; Strombolita; Quartzo Titânio
Iluminação espiritual: Apofilita; Cavansita; Datolita; Moldavita; Quartzo Satyaloka; Vivianita
Iluminação: Quartzo Aura do Anjo; Crocoíta; Herderita; Quartzo Nirvana; (Metal): Platina; Pietersita; Quartzo Claro; Cristal Templo Coração (Dow)
Imaginação: Citrino; Opala Oregon; Ulexita
Implantes psíquicos negativos: Obsidiana Mahogany
Implantes: Quartzo Claro
Inconsciente: (Metal): Prata
Incorporação da Luz: Rubi Estrela
Incremento: Peridoto; Indicolita; *veja* Turmalina Azul; "Índigos" Turmalina Rosa
Indecisão: Calcita Laranja; Datolita
Influências demoníacas: Piromorfita
Influências negativas: Ágata Púrpura Sálvia; Quartzo Turmalinado
Informação espiritual: Quartzo Catedral
Infusão com luz: Astrofilita
Infusão de energia: Quartzo Elestial
Iniciação espiritual: Willemita
Iniciação: Bustamita
Iniciação: Jade da Lemúria; Fenacita; Purpurita
Inocência: Quartzo Tangerina

Insight espiritual: Angelita; Apofilita Clara; Gaspeita; Herderita; Quartzo Hollandita; Jade Verde; Jade Azul; Quartzo Claro: Cristal Integração (Transmissor); Safira Branca

Insight: Aragonita Azul; Calcita Clara; Calcita Mel; Cinábrio; Lazulita; Pedra da Lua; Obsidiana Floco de Neve; Pietersita; Purpurita; Rutilo; Safira Azul; Escapolita; Quartzo Azul Siberiano; Sodalita

Inspiração divina: Dumortierita; Lápis-lazúli

Inspiração: Iolita-Pedra do Sol; Muscovita; Rutilo; Espinélio; Quartzo Tangerina; Vivianita

Instinto: Jaspe Mookaita

Integração mente/coração: Amegrina

Integração: Hematita

Integridade: Amazonita; Euclásio

Integridade: Crocoíta; (Metal): Ouro

Intenção divina: Rutilo

Intenção: Topázio Dourado

Intensidade: Diamante

Introversão: (Metal): Ouro

Intuição: Ágata Azul Holly; Alexandrita; Amegrina; Aragonita Azul; Benitoita; Euclásio; Iolita Pedra do Sol; Nuummita; Papagoita, Fenacita; Pietersita; Prenita; Piromorfita; Pedra do Xamã; Shattuckita; Sodalita; Esfena; Tectito; Ulexita; Zoisita

Inveja: Jade Negro

Invencibilidade: Cinábrio; (Metal): Titânio

Isolamento: Andalusita

Jornada interior: Adulária; (Metal): Prata

Jornada interior: Jaspe Pintura

Jornada profunda: Nuummita; Obsidiana Arco-íris

Jornada xamânica: Âmbar; Pedra Nevasca; Iolita; Jade Roxo, Jade Negro; Obsidiana Pavão; Opala Comum, Opala Azul Owyhee; Pedra do Profeta; Pedra do Xamã; Sodalita; Esfena; Jaspe Aranha

Kundalini: Broquita; Cinábrio; Crocoíta; Cuprita; Fulgurita; Granada Almandina, Granada Andradina Negra; Infinita; Jaspe Vermelho; Moldavita; Pedra da Lua; Pedra Nébula; Meteorito Ferro Níquel; Opala Fogo; Rubi; Quartzo Vermelho Russo; Serafinita; Serpentina; Lingam de Shiva; Stichtita; Estroncianita; Quartzo Tangerina

Kwan Yin: Calcita Rosa, Calcita Transparente; Jade Lavanda; Quartzo Claro: Cristal Templo Coração (Dow); Smithsonita

Lealdade: Goshenita

Leituras mediúnicas: Albita; Labradorita; Prenita

Lendas arturianas: Iolita

Leveza de coração: Sílica Gema

Liberdade: Purpurita; Pedra do Sol

Libertação interior: Obsidiana Mahogany

Libertação: Criolita; Escapolita

Liderança: Heliodoro; Iolita Pedra do Sol; Malaquita; Strombolita; Pedra do Sol

Ligação angélica: Danburita Ouro Fogo; Serafinita

Ligação com a natureza: Jaspe Floresta Tropical; Lyanita; Prasiolita; Serpentina

Ligação com a Terra: Diopsida; Wulfenita

Ligação cósmica: (Metal): Platina

Ligação divina: Alexandrita; Ametista; Lepidolita Lilás

Ligação do coração: Calcita Verde

Ligação espiritual: Amegrina

Limites: Amazonita

Limpeza da aura: Ágata Púrpura Sálvia; Calcedônia Roxa; Quartzo Fumê

Limpeza de espaços: Calcita Raio Estelar

Limpeza de toxinas: Hanksita

Limpeza do campo áurico: Selenita

Limpeza dos chacras: Quartzo Aura do Anjo, Quartzo Claro

Limpeza psíquica: Halita

Limpeza: Acmita; Quartzo Claro

Limpeza: Andalusita; Brasilianita; Halita; Moldavita; Quartzo Claro; Sugilita; Quartzo Fantasma Branco

Linguagem da Luz: Calcedônia Azul

Linhas de poder da Terra: Diopsida; Infinita; Jaspe Pintura

Lobos pré-frontais: Lazurita; Fenacita

Longevidade: Âmbar; Quartzo Rosa

Lótus de mil pétalas: Magnesita

Luto: Alexandrita; Lágrimas de Apache; Água-marinha; Cavansita; Danburita; Datolita; Sílica Gel de Lítio; Lepidocrocita; Pedra da Lua Arco-íris; Morganita; Estilbita; Strombolita; Dravita; Tugtupita; Zoisita

Luz espiritual: Pedra Nébula

Luz inominável: Quartzo Satyaloka

Luz na escuridão: Berilonita

Luz: Âmbar; Ametista; Apofilita Clara; Quartzo Hollandita; Quartzo Satyaloka

Magia benevolente: Piromorfita

Magia branca: Granada Andradita Branca

Magia: Cerussita; Cinábrio; Azeviche; Labradorita; Merlinita; Nuummita; Ônix; Opala Negra, Opala Preciosa Azul Owyhee; Pietersita; Jaspe Aranha; Strombolita

Mago: Cuprita

Mágoa emocional: Pedra da Lua Arco-íris; Obsidiana Mahogany

Manifestação e destruição: Cornalina

Manifestação: Apatita Dourada; Brasilianita; Calcita Clara; Cinábrio; Citrino; Gaspeita; Heliodoro; Hematita; Quartzo Ouro Imperial; Espessartina; Granada Uvarovita; Jade da Lemúria; Tectito Ouro Líbio; Opala Dourada, Opala Preciosa Negra; Petalita; Pirita; Piromorfita; Rubi Estrela; Quartzo Rutilado; Safira Amarela; Quartzo Fumê; Ferro Tigre; Topázio Dourado; Wulfenita; Zincita

Manto de invisibilidade: Malaquita

Matemática: Benitoíta; Datolita; Goshenita

Meditação: Ametista; Apofilita Clara; Aragonita Azul; Broquita; Calcita Verde; Danburita; Diamante; Diáspora; Dioptase; Quartzo Sonho; Sílica Gel de Lítio, Sílica Gema; Halita; Ouro do Curador; Herderita; Lepidolita Lilás; Quartzo Lítio; Merlinita; Pedra da Lua; Natrolita; Obsidiana Pavão; Opala Comum, Opala Preciosa Negra; Petalita; Fenacita; Pedra do Profeta; Proustita; Quartzo Claro, Quartzo Claro Cristal Iniciação (Canalização); Rodizita; Quartzo Vermelho Russo, Quartzo Rutilado; Safira Azul; Escolecita; Sodalita; Esfena; Estaurolita; Estibinita; Quartzo Negro Tibetano; Olho de Tigre; Turmalina Azul; Tremolita; Vivianita

Mediunidade: *veja* clarividência

Medo da dor: Pedra do Xamã

Medo da morte: Pedra do Xamã; Turmalina Azul

Medo de altura: Apatita Azul

Medo de cair: Apatita Azul

Medo de confronto: Quartzo Fantasma Negro

Medo de usar o poder pessoal: Quartzo Fantasma Negro

Medo de voar: Meteorito Pallasito

Índice de Referência de Propriedades das Pedras

Medo do desconhecido: Pedra Gaia; Iolita
Medo: Ágata, Ágata Blue Lace; Ajoíta; Andalusita; Quartzo Fantasma do Anjo; Aragonita; Barita; Danburita; Espinélio; Sílica Gel de Lítio; Jade Vermelho; Larimar; Lepidocrocita; Moldavita; Opala Comum, Opala Azul Owyhee; Safira Amarela; Escapolita; Serpentina; Quartzo Espírito; Estaurolita; Turmalina Dourada
Melhoria da mente: Diáspora; Fluorita; Sodalita
Melhoria dos sonhos: Quartzo Sonho
Memória celular: Granada Almandina; Jaspe Oceano; Quartzo Claro Arquivista Levantado
Memória genética: Goethita
Memória: Albita; Dumortierita; Herderita; Jaspe Vermelho; Lazulita; Quartzo Claro; Esfena
Memórias de vidas passadas: Dioptase; Goethita; Kyanita; Labradorita; Merlinita; Madeira Petrificada; Quartzo Claro: Arquivista Elevado, Quartzo Fantasma Branco
Memorização: Datolita
Mente divina: Alexandrita; Dumortierita
Mente mais elevada: Aragonita Geodo de Estrelas; Jade da Lemúria; (Metal): Titânio; Rutilo; Escolecita; Tremolita
Mente: Calcita Rosa, Calcita Opaca; Heliodoro; Topázio Azul
Meridianos: Magnetita; Moldavita
Mesclar amor e vontade: Piromorfita
Mestres ascensionados: Prenita
Metamorfose: Cinábrio
Mistério: (Metal): Prata; Pedra da Lua
Modelo etéreo: Calcita Feixe Estelar; Quartzo Faden, Quartzo Rutilado
Moderação: Dolomita
Momento "Eureca!": Albita
Mudanças de carreira: Cerussita
Mudanças de humor: Ágata Musgo; Obsidiana Arco-íris
Mudanças na Terra: Quartzo Faden
Mundo interdimensional: Lágrimas de Apache
Música das esferas: Danburita; Quartzo Elestial, Quartzo Bastão de Fada; Labradorita Dourada
Músicos: *veja* pessoas criativas
Namaste: Prasiolita
Nascimento e morte: Cassiterita
Negatividade internalizada: Charoíta; Nióbio; Shattuckita; Zircônio
Nível vibratório: Tectito
Nobreza: Heliodoro
Noite escura da alma: Apofilita Clara; Diamante
Novas direções: Calcita Mel
Novos paradigmas: Quartzo Rosa
Objetividade: Albita
Objetos perdidos: Estaurolita
Observação: Sodalita
Ódio: Jade Negro
Olhar em bola de cristal: Diopsida; Infinita; Vanadinita
Olhar interior: Quartzo Claro; Cristal Iniciação (canalização)
Olho da sabedoria: Natrolita
OM: Quartzo Negro Tibetano
Oportunidade: Willemita
Oração: Fulgurita; Sílica Gel de Lítio; Sílica Gema; Goshenita
Oráculos: Pietersita; Shattuckita; Sodalita
Ordem: Fluorita
Organização: Quartzo Fumê

Orientação divina: Ajoíta; Ametrina
Orientação interior: Adulária; Ágata Púrpura Sálvia; Quartzo Catedral; Dumortierita
Orientação mais elevada: Adulária; Sílica Gema; Jade Lavanda; Labradorita; Opala Azul Owyhee
Originalidade: Wulfenita
Otimismo: Ágata Azul Ellensburgo; Quartzo Aura do Anjo; Aventurina Verde; Citrino Tratado a Fogo; Natrolita; Pedra da Lua Arco-íris; Obsidiana Arco-íris; Opala Fogo; Rubi; Sugilita
Óvnis: Quartzo Sichuan, Quartzo Fumê
Paciência: Dolomita; Madeira Petrificada
Padparadsha: Quartzo Tangerina; Vanadinita
Padrão energético: Infinita
Padrões cármicos: Dioptase
Padrões de pensamentos negativos: Citrino; Jade Tratado a Calor Roxo; Piromorfita; Thulita
Padrões de reconhecimento: Sodalita
Padrões emocionais destrutivos: Epídoto
Padrões positivos: Epídoto
Pai Divino: (Metal): Ouro
Paixão: Ágata de Fogo; Bixbita; Crocoíta; Jade Vermelho; (Metal): Ouro; Opala Fogo; Rubi; Safira Rosa; Quartzo Tangerina; Tugtupita; Zincita
Palavras de cura: Aragonita Azul
Pânico: Calcedônia Azul; Larimar
Paradoxo: Muscovita
Paralisia emocional: Estaurolita
Parasitas astrais: Quartzo Aura do Anjo; Lágrimas de Apache
Parasitas etéreos: Proustita
Paz interior: Quartzo Fantasma do Anjo; Cavansita; Celestita Ohio; Quartzo Bastão de Fada, Quartzo Lítio; Madeira Petrificada; Prenita; Escolecita; Estilbita; Variscita; Vivianita
Paz: Adulária; Ágata Musgo; Quartzo Aura do Anjo, Quartzo Aqua-Aura; Dioptase; Sílica Gema; Lepidolita Lilás; Opala Comum; Smithsonita; Quartzo Espírito; Sugilita; Turquesa
Pedra da ascensão: Natrolita
Pedra da Deusa: Adulária; Crisocola
Pedra da juventude eterna: Ágata de Fogo
Pedra da Verdade: Hanksita
Pedra das musas: Ametrina; Iolita
Pedra de ativação: Moldavita
Pedra de Avalon: Adulária
Pedra de ensinamento: Crisocola
Pedra de Shambhala: Moldavita; Tectito
Pedra Deusa: *veja* pedra da deusa
Pedra do Graal: Moldavita
Pedra do sonho: Albita; Apatita Azul
Pedra dos milagres: Benitoíta
Pensamento claro: Quartzo Turmalinado
Percepção da Terra como Paraíso: Quartzo Verde de Serifos
Percepção em níveis múltiplos: Ágata Azul Holly; Calcita Clara; Quartzo Catedral
Percepção emocional: Aragonita Azul; Turquesa
Percepção espiritual: Quartzo Claro; Estroncianita; Tanzanita;
Percepção extrassensorial: Safira Azul
Percepção interdimensional: Apofilita Clara
Percepção psíquica: Ágata Azul Ellensburgo; Anidrita Azul Asa de Anjo; Eudialita; Magnesita; Natrolita; Pedra da Lua Arco-íris; Pedra da Lua Branca

Percepção sensorial: Calcita Vermelha
Percepção sutil: Diopsida
Percepção: Opala Azul Owyhee; Smithsonita
Perda: Cavansita
Perdão: Ajoíta; Anidrita Azul Asa do Anjo; Astrofilita; Calcita Clara; Crisoprásio; Dioptase; Safira Rosa; Stichtita; Turquesa
Perseverança: Adamita; Jaspe Decorativo; Obsidiana Negra; Obsidiana Floco de Neve; Ônix; Zincita
Persistência: Ágata Musgo; Calcita Mel; Goshenita; Jaspe Unakita; Pirita; Escapolita; Dravita; Vanadinita
Perspectiva: Estibinita
PES: Apofilita Clara; Lazulita
Pesadelos: Quartzo Aura do Anjo; Charoíta; Quartzo Sonho; Pedra Gaia; Quartzo Negro Tibetano
Pessoas criativas: Ágata Azul Ellensburgo; Iolita Pedra do Sol; Larimar
Plano divino: Ágata Dendrítica, Ágata de Fogo, Ágata Musgo; Clinocloro; Pederneira
Plano espiritual: Quartzo Aura Tanzine
Planos astrais: Escapolita; Quartzo Sichuan; Esfena; Estaurolita; Estilbita
Poder da serpente: Serpentina
Poder feminino: Larimar; Pedra da Lua
Poder intelectual: Calcita Mel; Cinábrio
Poder pessoal: Petalita; Ônix; Zincita
Poder: Ambligonita; Labradorita Dourada; Heliodoro; (Metal): Titânio; Purpurita; Rodizita; Estibinita
Poderes psíquicos: Pedra Nébula; Petalita; Rutilo
Poetas: *veja* pessoas criativas
Polaridade *yang*: Malaquita
Polaridades emocionais: Ajoíta
Poltegeists: Piromorfita
Ponte entre o mundo mais elevado e o inferior: Covelita
Ponte interna: Kyanita
Portais dimensionais: Apofilita Verde; Calcita Raio Estelar; Quartzo "Diamante" Herkimer, Quartzo Claro, Quartzo Portal (conexão de tempo); Estilbita
Portal do limiar: Cassiterita
Portões interdimensionais: Cassiterita; Fenacita
Potencial da alma: Quartzo Catedral
Potencial pessoal: Tectito Ouro Líbio
Prana: Calcita Vermelha; Cuprita; Pederneira; Ouro do Criador; Jade Vermelho; Lingam de Shiva; Ferro Tigre; Rubelita; Tremolita
Pranayama: Aragonita azul
Prática tântrica: Calcita Vermelha; Rubi Estrela
Prática xamânica: Adamita; Jaspe Decorativo; Opala Negra Preciosa; Pedra do Profeta
Praticidade: Pederneira; Estroncianita
Prazer com a vida: Jaspe Oceano; Quartzo Verde de Serifos; Zoisita
Prazer intenso: Clinocloro; Purpurita; Safira Padparadsha; Turmalina Azul; Tremolita; Tugtupita; Zoisita
Prazer sensual: Rubi
Prazer: Thulita
Pré-ciência: Calcedônia Roxa
Pré-cognição: Pietersita
Predição do futuro: Merlinita; Obsidiana Negra; Ônix
Presença mágica: Calcedônia Roxa; Stichtita

Procrastinação: Ambligonita; Ametrina; Calcita Mel; Quartzo Espírito
Profecia: Celestita; Calcedônia Roxa; Quartzo Azul Siberiano; Turmalina Azul
Programabilidade: Quartzo Claro
Projeção astral: Albita; Azeviche
Propósito da alma: Pedra Crisântemo
Propósito divino: Berilonita; Criolita; Heliodoro
Propósito mais elevado: Fulgurita
Propósito: Ágata de Fogo; Labradorita Dourada
Prosperidade: Cassiterita; Pedra Crisântemo; Crisoprásio; Dioptase; Esmeralda; Granada Grossular, Granada Uvarovita; Jade Verde, Jade Vermelho; Meteorito Pallasito; Peridoto; Quartzo Claro; Rubi; Safira Amarela; Estibinita; Pedra do Sol; Turmalina Dourada; Variscita
Proteção contra rompimento físico: Quartzo Faden
Proteção emocional: Opala Comum Negra e Marrom
Proteção espiritual: Quartzo Negro Tibetano
Proteção psíquica: Ágata Púrpura Sálvia; Andalusita; Lágrimas de Apache; Quartzo Aqua-Aura; Benitoíta; Granada Almandina; Labradorita; Lepidocrocita; Tectito Ouro Líbio; Obsidiana Negra, Obsidiana Pavão; Purpurita; Pedra do Xamã; Turmalina Negra; Quartzo Turmalinado
Proteção: Acmita; Ágata Púrpura Sálvia; Âmbar; Ametista; Andalusita; Lágrimas de Apache; Charoíta; Granada Andradita Negra; Jade Negro; Azeviche; Labradorita; Malaquita; Moldavita; Rubi; Quartzo Fumê, Quartzo Espírito; Stichtita; Turmalina Negra
Psicocinese: Cavansita; Dumortierita; Lazulita; Fenacita; Quartzo Azul Siberiano
Psicometria: Cavansita; Calcedônia Roxa; Dumortierita
Purgação de negatividade: Charoíta; Jade Negro; Obsidiana Negra; Jaspe Oceano
Purificação da aura: Jade Roxo
Purificação da aura: Marcassita
Purificação do campo de energia: Ágata Dendrítica
Purificação espiritual: Ágata Azul Ellensburgo, Ágata Púrpura Sálvia
Purificação: Ametista; Pedra do Sangue; Cacoxenita; Calcedônia Roxa; Fulgurita; Hanksita; Quartzo "Diamante" Herkimer; Jade Negro; Azeviche; Lepidolita; Opala Comum Rosa, Opala Preciosa Branca; Purpurita; Selenita; Quartzo Espírito; Sugilita; Quartzo Tibetano Negro; Turmalina Negra; Quartzo Turmalinado
Qi gong: Jade Vermelho
Radar interior: Pedra do Xamã
Raiva: Anidrita Azul Asa do Anjo; Água-marinha; Danburita; Jade Negro; Larimar
Rapidez: Esfena
Razão: Ônix
Recém-nascidos: Cassiterita
Receptividade: Kunzita
Reconciliador: Amazonita
Recuperação da alma: Iolita; Jade Negro; Lepidocrocita; Nuummita; Pedra do Xamã
Recuperação da memória: Rodocrosita
Recuperação de informação perdida (antiga): Andalusita
Recuperação de informação perdida: Datolita
Recuperação de partes perdidas da alma: Quartzo Claro, Quartzo Trigônico

Índice de Referência de Propriedades das Pedras

Recuperação do conhecimento: Benitoíta
Reenergização dos chacras: Magnetos de Hematita
Regeneração do corpo: Cacoxenita; Cristais Clorita Fantasma; Quartzo Hollandita; Serafinita
Registros akáshicos: Alexandrita; Angelita; Apatita Azul; Calcita Raio Estelar; Cavansita; Quartzo Celestial; Calcedônia Roxa; Covelita; Credita; Datolita; Quartzo Elestial; Euclásio; Goethita; Heulandita; Labradorita; Lápis-lazúli; Tectito Ouro Líbio; Magnesita; Meteorito Condrito; Papagonita; Madeira Petrificada; Quartzo Fantasma Branco
Reiki: Danburita; Ouro do Curador; Infinita
Reino dos Céus: Quartzo Claro, Quartzo Trigônico; Tremolita
Reinos alternativos: Quartzo Satyaloka
Reinos angelicais: Diopsida; Quartzo Bastão de Fada; Meteorito Pallasito; Quartzo Verde de Serifos; Estaurolita; Turmalina Verde, Turmalina Melancia
Reinos mais elevados: Ágata Azul Ellensburgo; Apofilita; Datolita; Jaspe Unakita; Petalita; Fenacita
Relacionamento amoroso: Bixbita; Granada Almandina
Relacionamento disfuncional: Hemimorfita
Relacionamentos: Clinocloro; Pedra Gaia; Hiddenita; Quartzo Lítio
Relaxamento: Ágata Azul Ellensburgo; Apatita Verde; Quartzo Aqua-Aura; Calcita Verde; Quartzo Sonho, Quartzo Bastão de Fada; Sílica Gel de Lítio; Ouro do Curador; Lepidolita; Jaspe Oceano; Escolecita; Strombolita; Quartzo Titânio; Turmalina Rosa
Relaxar: Safira Rosa
Remoção de entidade: Astrofilita; Quartzo Claro
Renascimento da esperança, renascimento: Obsidiana Mahogany; Pedra do Xamã; Lingam de Shiva
Rendição: Ajoíta; Criolita
Resiliência emocional: Quartzo Ouro Imperial
Resiliência: Safira Rosa; Stichtita
Resistência: Ágata Musgo; Espinélio; Vanadinita
Resolução de problemas: Muscovita
Ressentimento: Anidrita Azul Asa do Anjo; Danburita;
Revelação: Cavansita
Revitalização: Apatita Verde; Espinélio
Revitalização: Rodizita
Riqueza: Ágata Musgo; Alexandrita; Cinábrio; Esmeralda; Rutil; Safira Amarela
Romance: Estroncianita; Thulita
Sabedoria do coração: Crocoíta; Criolita; Magnesita
Sabedoria: Ágata Dendrítica; Alexandrita; Jade Vermelho; Esfena; Pedra do Sol; Tanzanita; Turquesa;
Saguão dos registros: Calcita Merkabita; Quartzo Celestial
Samadhi: Quartzo Aura do Anjo
Santo Graal: Moldavita
Satisfação: Pedra Nébula; Rodonita
Saúde: Calcita Rosa, Calcita Opaca; Crisoprásio; Clinocloro; Jade Grossular, Jade Verde, Jade Vermelho; Jaspe Vermelho, Jaspe Aranha, Jaspe
Segurança: Granada Almandina
Semente estelar: Meteorito Condrito; Quartzo Claro; Arquivista Submerso
Sensitivos: Covelita; (Metal): Nióbio
Sentir-se em casa na Terra: Quartzo Azul Siberiano
Serafim: Cristal Semente da Lemúria; Serafinita

Serenidade: Quartzo Aura do Anjo, Quartzo Verde de Serifos; Angelita; Celestita; Sílica Gel de Lítio; Jade Lavanda; Lepidolita, Lepidolita Lilás; Escolecita; Variscita
Seres elementais: Lágrimas de Apache
Seres interdimensionais: Broquita; Estibinita
Serviço ao mundo: Quartzo Claro: Quartzo Trigônico
Sexo tântrico: Crocoíta
Sexualidade: Adamita; Ágata de Fogo; Bustamita; Calcita Laranja; Cornalina; Espessartina; Marcassita; (Metal): Ouro; Opala Fogo; Quartzo Vermelho Russo; Safira Padparadsha; Estroncianita; Pedra do Sol; Wulfenita
Shakti: Azeviche
Silêncio interior: Ágata Blue Lace; Agnita Danburita Dourada; Quartzo Nirvana; Vivianita
Sincronicidade: Benitoita; Charoíta; Pedra Crisântemo; Euclásio; Eudialíta; Malaquita; Merlinita; Moldavita; Natrolita; Nuummita; Obsidiana Floco de Neve; Quartzo Comum, Quartzo Claro; Rubi; Willemita
Sinergia coração/cérebro: Quartzo Nirvana
Sinestesia: Shattuckita
Síntese: Dumortierita; (Metal): Titânio; Sodalita
Sintonia com frequências: Estibinita
Sintonia cósmica: Quartzo Aura do Anjo; Moldavita
Sintonia psíquica: Angelita; Lágrimas de Apache; Aventurina Azul; Iolita; Jade Lavanda; Merlinita.
Sintonia: Jade Roxo, Jade Lavanda; Obsidiana Floco de Neve; Quartzo Vermelho Russo; Rutilo
Sírius: Calcita Raio Estelar
Situações legais: Azez Lemúria; Quartzo Catedral; Cristais Semente da Lemúria; Quartzo Claro, Quartzo Fantasma da Lemúria Branco
Soberania: Diamante; Quartzo Ouro Imperial; Purpurita
Sobrecarga energética: Pedra Nevasca
Solidão: Andalusita
Sombra material: Quartzo Fantasma Negro
Sombra, reclamar a: Proustita
Sombra: Covellita; Proustita
Sonho lúcido: Ágata Azul Holly; Albita; Quartzo Fantasma do Anjo; Covellita; Quartzo Sonho; Goshenita; Kyanita; Lazulita; Obsidiana Pavão; Rodizita; Safira Azul; Escolecita; Estaurolita; Sugilita
Sonhos: Bustamita; Goshenita; Quartzo "Diamante" Herkimer; Heulandita; Jade Roxo; Pedra da Lua; Quartzo Claro, Quartzo Fumê; Estilbita; Sugilita
Subconsciente: Sodalita
Superação da culpa: Ágata Dendrítica
Superação de consciência de carência: Granada Uvarovita
Supermente Cósmica: Meteorito Pallasito
Tai chi: Jade Vermelho;
Talento escondido: Rodonita
Talentos para negócios: Apatita Dourada
Tara Verde: Pedra Gaia
Tarô: Creedita; Dumortierita; Herderita; Iolita; Pietersita
Teimosia: Quartzo Fantasma Negro
Telecinese: Natrolita; Ônix
Telepatia: Apofilita Verde; Calcita Azul; Calcedônia Azul; Diamante; Pedra Gaia; Hemimorfita; Kyanita; Labradorita; Lazulita; Muscovita; Natrolita; Petalita; Fenacita; Pietersita; Quartzo Claro; Rodizita; Quartzo Rutilado; Escapolita; Tectito; Ulexita

Tempo do sonho: Esfena
Tempos arturianos: Merlinita
Terapia magnética: Magnetita
Terapia: Calcedônia Azul
Terra Mãe: Ajoíta; Crisoprásio; Pedra da Lua; *veja também* Deusa Feminina; Alta Sacerdotisa
Terror noturno: Quartzo Fantasma do Anjo
Timidez: Calcita Laranja
Totalidade: Calcita Rosa, Calcita Opaca; Serafinita; Tanzanita; Turmalina Verde; Turquesa
Trabalho de respiração: Aragonita Azul; Pedra do Xamã
Trabalho de sonho: Quartzo Fantasma do Anjo, Quartzo "Diamante" Herkimer; Jade Verde; Jaspe Pintura; Lazulita; Rodonita
Trabalho interior: Ágata Dendrítica
Trabalho: Vanadinita
Tranquilidade: Adulária; Quartzo Aura do Anjo; Angelita; Petalita; Escolecita
Transformação alquímica: Cerussita
Transformação de negatividade: Euclásio
Transformação espiritual: Fulgurita; Lingam de Shiva
Transformação: Cerussita; Covellita; (Metal): Platina; Moldavita; Quartzo Claro; Tugtupita
Transição: Jade da Lemúria
Transmutação da tristeza: Papagoita
Trapaceiro: Estibinita
Trauma emocional: Cuprita; Lepidolita
Trauma emocional: Obsidiana Mahogany
Tumulto emocional: Calcita Rosa, Calcita Opaca
União com o Divino: Quartzo Rosa
União do coração e da vontade: Prenita; Vesuvianita
União total: *veja* samadhi
Unidade com o Todo: Lingam de Shiva
Valorização: Safira Rosa
Vampirismo psíquico: Adamita; Infinita; Proustita
Vazamentos áuricos: Quartzo Verde de Serifos
Vazio do potencial: Jade Aranha
Vazio dourado: Herderita
Veículo de Luz Merkabah: Papagoita
Verdade do coração: Kyanita
Verdade espiritual: Criolita
Verdade interior: Ajoíta; Sílica Gema
Verdade: Danburita Ouro Fogo; Ajoíta; Água-marinha; Jaspe Vermelho; Purpurita; Tanzanita; Turquesa
Vergonha: Obsidiana Mahogany; Thulita
Viagem astral: Benítoita; Calcita Azul; Quartzo Sonho, Quartzo "Diamante" Herkimer; Labradorita; Lazulita; Natrolita; Obsidiana Pavão; Opala Comum; Quartzo Claro Tabular; Rodizita; Safira Azul; Esfena
Viagem interdimensional: Barita; Calcita Raio Estelar; Calcita Merkabita; Cavansita; Danburita; Quartzo Sonho, Quartzo Bastão de Fada; Heulandita; Natrolita; Meteorito Pallasito; Fenacita; Pietersita; Quartzo Claro; Rodizita; Quartzo Rutilado; Escolecita; Esfena; Willemita
Viagem no tempo: Benitoíta; Quartzo "Diamante" Herkimer; Esfena
Vibração mais elevada: (Metal): Cobre
Vibrações danosas: Astrofilita

Vício, comportamento e recuperação: Acmita; Ágata Musgo; Ametista; Granada Andradita Negra; Jade Vermelho; Lepidocrocita; Jaspe Oceano
Vida da alma: Goethita
Vidas alternativas: Nuummita
Vidas futuras: Quartzo Claro: Quartzo Portal (conexão de tempo)
Vidas passadas: Âmbar; Angelita; Apatita Azul; Quartzo Sombra Negro; Covelita; Quartzo Sonho, Quartzo Elestial; Iolita; Azeviche; Lazulita; Nuummita; Obsidiana Floco de Neve; Opala Comum, Opala Oregon; Papagoita; Quartzo Claro: Quartzo Portal (conexão de tempo); Escapolita; Quartzo Sichuan; Esfena
Vínculo de entidade: Muscovita; Opala Comum
Vínculos emocionais, eliminação: Ágata Azul Holly
Vínculos etéreos: Anidrita Azul Asa de Anjo
Vínculos negativos: Quartzo Lítio; Vesuvianita
Virtude real: Labradorita
Visão da aura: Calcita Clara
Visão interior: Ajoíta; Anidrita Azul Asa do Anjo; Barita; Pedra Nevasca; Calcita Azul; Covellita; Diamante; Goshenita; Iolita; Lápis-lazúli; Quartzo Lítio; Magnesita; Olho de Gato; Pedra da Lua; Fenacita; Ulexita; Willemita
Visão profética: Apofilita Clara; Crisoberilo; Dumortierita; Fenacita; Pedra do Profeta
Visão psíquica: Calcita Clara; Pietersita; Quartzo Claro; Safira Azul; Sodalita
Visão remota: Albita; Apofilita Clara; Benitoíta; Covellita; Diamante; Lazulita; Fenacita; Ulexita
Visão remota: Rodizita
Visão sutil: Datolita
Vitalidade: Ágata de Fogo; Âmbar; Aventurina Verde; Bixbita; Bustamita; Calcita Vermelha; Cornalina; Clinocloro; Eudialita; Labradorita Dourada; Iolita-Pedra do Sol; Jade Vermelho; Marcassita; (Metal): Ouro; Titânio; Pirita; Rubi; Esfarelita; Estroncianita; Olho de Tigre; Ferro Tigre; Quartzo Titânio; Turmalina Verde; Turquesa;
Vitória: Espinélio
Voar: Anidrita Azul Asa do Anjo
Volta ao paraíso: Cristais Semente da Lemúria
Vontade divina: Ametrina; Apatita Dourada; Calcita Feixe Estelar; Heliodoro; Tectito Ouro Líbio; Obsidiana Dourada; Opala Comum; Prasiolita; Quartzo Espírito; Topázio Branco, Topázio Dourado; Turmalina Dourada
Vontade elevada: Datolita
Vontade pessoal: Citrino
Vontade: Ágata de Fogo; Ambligonita; Labradorita Dourada; Heliodoro; Opala Azul Owyhee; Pietersita; Safira Amarela; Esfena; Ferro Tigre; Topázio; Turmalina Dourada
Vulnerabilidade: Safira Rosa; Estilbita; Turmalina Rosa
Xamã: Pedra da Lua Cinza; Quartzo Claro, Quartzo Trigônico

CRÉDITOS DAS FOTOS

John Goodman
37, 39, 44, 45, 47, 48, 49, 50, 51, 53, 56, 57, 58, 65, 70, 72, 74, 79, 81, 83, 87, 88, 89, 91, 93, 94, 96, 98, 99, 101, 105, 107, 116, 122, 123, 125, 126, 128, 129, 133, 135, 136, 137, 140, 141, 142, 144, 146, 148, 149, 151, 153, 156, 158, 160, 163, 165, 169, 170, 171, 174, 176, 179, 181, 184, 188, 189, 191, 192, 194, 196, 204, 208, 210, 212, 215, 217, 219, 223, 226, 228, 230, 237, 239, 340, 242, 244, 245, 247, 250, 254, 256, 258, 260, 261, 264, 265, 269, 270, 272, 277, 278, 282, 283, 286, 288, 290, 292, 296, 298, 299, 300, 301, 303, 307, 308, 309, 310, 311, 313, 317, 318, 322, 324, 326, 327, 328, 331, 333, 335, 336, 337, 339, 341, 342, 343, 345, 347, 351, 356, 358, 359, 360, 365, 366, 367, 368, 370, 372, 376, 378, 381, 382, 385, 387, 389, 391, 392, 393, 395, 396, 397, 398, 400, 404, 406, 411, 412, 414, 416, 418, 420, 424, 426, 430, 432, 434, 436, 438, 440, 442, 445, 446, 447, 448, 449, 450, 452, 454, 457, 459, 461, 463, 467, 472, 475, 479, 481, 483, 485, 487, 489, 492, 495, 497, 501, 503, 505, 507, 509, 511, 513, 517, 519, 520, 524, 526, 528, 531, 534, 535, 537, 539, 541, 543, 545, 547, 548, 549, 551, 553, 559, 561, 563, 565, 567, 569, 571, 573, 575, 578, 584, 585, 588, 592, 594, 595, 600, 601, 603 e 605.

Jeff Scovils
37, 61, 62, 68, 74, 75, 77, 84, 103, 110, 111, 112, 120, 138, 159, 167, 173, 174, 176, 179, 186, 190, 199, 201, 206, 217, 221, 234, 244, 245, 252, 267, 268, 276, 469, 274, 276, 280, 282, 285, 294, 297, 301, 305, 320, 331, 349, 354, 355, 363, 372, 374, 380, 383, 384, 402, 403, 408, 422, 466, 499, 500, 501, 523, 528, 547, 555, 556, 565, 574, 579, 581, 582, 586, 588, 590, 595, 598 e 600.

Rob Lavinsky
83, 114, 116, 132, 154, 175, 186, 213, 315, 357, 396, 532, 576 e 596.

Agradecimentos reafirmados são feitos para os seguintes pelos empréstimos generosos de minerais e gemas para serem fotografados para este livro:

Daniel Deardorff – Ágata Azul Ellensburgo
Lehigh Minerals – Shattuckita
Bob Isaac/Ceridwen's – Tugtupita
Dimitry Belakowsky – Lepidocrosita em Quartzo, Meteorito Ferro Níquel, Grupamento de Eudialita, Meteorito Condrito,
Donald K Olson – Cassiterita, Granada Espessartina, Granada Rodolita, Ágata Azul Holly, Grupamento de Smithsonita, Jaspe Pintura, Calcedônia Azul, Bustamita, Ágata de Fogo
Bill Gangi/ Multisensory Arts – Opala Fogo, Thulita Rosa
Gem-Fare – Crisoberilo Amarelo, Cristal Crisoberilo, Quartzo Cetro, Rubi Estrela, Cristal de Safira Rosa, Cristal de Safira Branca
Derek Levin/Gem Maker – Jade Lavanda de Burma
Steve Rosley/Rosley's Rocksand Minerals – Bustamita, Thulita
Bobonne – Quartzo Titânio
Carnival Company – Espécimes de Cristal Claro
Allan Brooks – Merlinita

FONTES

Como descobrimos mais pedras e escrevemos sobre suas propriedades espirituais e energéticas, colocaremos esses novos artigos no website do livro <wwww.thebookofstones.com>. Nós encorajamos os leitores a visitarem o site e nos escreverem com seus comentários e sugestões. O endereço para correspondência é:

Heaven and Earth Publishing
P.O. Box 249
East Montpelier, VT 05651

Ou você pode nos mandar um e-mail: <heavenandearth@earthlink.net>.

Leitores que quiserem contatar Naisha Ahsian para leituras privadas, retiros, treinamento em Terapia de Ressonância de Cristal ou Ativação Primária de cura são encorajados a visitarem seu website: <naisha.com>. Esse website também oferece leituras de graça com as *Crystall Ally Cards* bem como a agenda de workshops de Naisha.

Leitores interessados em convidar Robert Simmons para irem a sua loja ou organização para apresentarem uma palestra, workshop e/ou cristais e joias, são encorajados a contatarem ele por meio da Heaven and Earth Publishing.

Informações adicionais sobre pedras e suas propriedades metafísicas pode também ser encontradas em <www.heavenandearthjewelry.com>.

The Crystal Conference é um seminário anual em que um número de professores, incluindo os autores deste livro, se reúnem para oferecerem uma série de quatro dias de workshops sobre uma variedade de modalidades de trabalho com pedras e suas energias. Para informações sobre as datas, locais e os palestrantes agendados para a próxima The Crystal Conference, entre em contato com Heaven and Earth Publishing ou visite o website da conferência: <www.thecrystalconference.com>.

Nota do Editor

A Madras Editora não participa, endossa ou tem qualquer autoridade ou responsabilidade no que diz respeito a transações particulares de negócio entre o autor e o público.

Quaisquer referências de internet contidas neste trabalho são as atuais, no momento de sua publicação, mas o editor não pode garantir que a localização específica será mantida.